长沙市
开福区志

·1989－2012·

长沙市开福区志编纂委员会　编

方志出版社

图书在版编目（CIP）数据

长沙市开福区志：1989—2012 / 长沙市开福区志编纂委员会编. --北京：方志出版社，2020.5
ISBN 978-7-5144-4210-6

Ⅰ.①长… Ⅱ.①长… Ⅲ.①区（城市）—地方志—长沙—1989-2012 Ⅳ.①K296.44

中国版本图书馆CIP数据核字(2020)第078347号

长沙市开福区志（1989—2012）

编　　者：	长沙市开福区志编纂委员会
责任编辑：	齐　笑
出 版 者：	方志出版社
	地址　北京市朝阳区潘家园东里9号（国家方志馆4层）
	邮编　100021
	网址　http://www.fzph.org
发　　行：	方志出版社图书经销中心
	电话（010）67110500
经　　销：	各地新华书店
印　　刷：	湖南省美如画彩色印刷有限公司
开　　本：	889×1194　　1/16
印　　张：	54
字　　数：	1622千字
版　　次：	2020年5月第1版　　2020年5月第1次印刷
印　　数：	0001～2000册

ISBN 978-7-5144-4210-6　　　**定价**：360.00元

《长沙市开福区志》编纂委员会

编委会名誉主任：曹再兴

主　　任：谢伟峰

副 主 任：许振勤　熊建伟　蔡 冰　张春雄　易文斌　朱　江

委　　员：金霞经开区、各街道办事处、区直各部门行政负责人

编委会曾任名誉主任：李　蔚　廖建华　沈裕谋

曾任主　　任：廖建华　沈裕谋　刘拥兵

曾任副 主 任：胡政旗　黄　阳　邹犇淼　何惠风　杨光华　谢伟峰

编委会总编室顾　　问：梁小进

总编室主　　编：朱志雄

副 主 编：李正宇（常务）　罗海嵩

执行主编：李正宇（ 兼 ）　吴冬良

编　　辑：（以姓氏笔画为序）

王从福　龙伟述　朱志雄（兼）

李正宇（兼）　吴娅君　吴冬良（兼）　梁小进（兼）

编委会总编室曾任副主编：吴娅君　周立辉

曾任编　辑：杨　伟

编委会办公室主　任：罗海嵩（ 兼 ）

副主任：任少文　常　灿

编委会办公室曾任主　任：吴娅君　周立辉

曾任副主任：王从福

国家方志出版社审稿验收人员

齐　笑（初审）　张景增（复审）　张大伟（终审）

湖南省地方志编纂院终审验收人员

彭楚筠　邓建平　隆清华　李章进　田　丰

长沙市地方志编纂室审稿验收人员

王习加　姚　兰　张列群　贺国成　肖清平　高　路
周建文　姚宇琳

《长沙市开福区志》评审小组

组　　长：曹再兴
常务副组长：谢伟峰
副 组 长：邹犇淼　许振勤　熊建伟
成　　员：黎　明　欧干军　蔡　冰　张春雄　舒全球
何惠风　晏成方　李国军　张贻龙　易文斌　廖　勇
朱　江　杨光华　李　杨　陈再武

《长沙市开福区志》承编单位名录

（以承编任务序号为序）

区民政局	区农林水利局	国土分局	公安分局
区交警大队	区消防大队	清水塘街道	望麓园街道
通泰街街道	湘雅路街道	东风路街道	伍家岭街道
新河街道	四方坪街道	洪山街道	浏阳河街道
月湖街道	芙蓉北路街道	沙坪街道	捞刀河街道
秀峰街道	新港街道	青竹湖镇	区委办
区直属机关工委	区人大办	区政府办	区法制办
区政务服务中心	区政协办	区纪委	区委组织部
区编办	区委党校	区委宣传部	区委统战部
区委政法委	区史志档案局	区信访局	区民宗外侨局
区工会	团区委	区妇联	区工商联
区科技局	区残联	区人口计生局	区卫生局
区老干局	工商分局	区文体新局	区检察院
区法院	区司法局	区武装部	区人防办
区发改局	区统计局	区审计局	区安监局
区质监局	区财政局	国税分局	地税分局
区金融服务中心	区工信局	金霞经开区	金霞保税物流中心
区商务旅游局	规划分局	区城乡建设局	区城管局
区城管执法大队	区环卫管理中心	区市政管理中心	区园林绿化管理中心
区住房保障局	区环保局	区交通运输局	区工务局
区城建投	区教育局	区人社局	

《长沙市开福区志》承编单位联络员及执笔人名录

联络员名录

（以报送登记先后为序）

莫玲艳	钟　翠	宋晓丽	李　蒙	罗桢莉	毛云芝	李　巧
陶泽恩	肖晓华	阳　可	唐际力	喻鲁宁	谢志刚	张锦艳
罗玉坚	黄　艺	罗　坚	李津华蕾	彭　响	陈嫵文	蔡慧君
康万强	姚亚敏	胡双玲	向　薇	韩金周	陆　地	刘　蓉
杨　杰	易枝芳	陈　军	凌湘红	胡　芳	吴　维	周　涛
孙灿明	刘水清	高小军				

执笔人名录

（以报送登记先后为序）

刘　远	钟　翠	宋晓丽	李　蒙	肖林红	彭放鸣	卢明辉
张翰秋	黄志立	罗学贵	甘正德	余钢建	陈庆华	陶泽恩
梁　超	邓治国	肖晓华	邹　明	唐际力	周明虎	张晓阳
张锦艳	罗玉坚	郑立雄	刘季常	李刚洲	李津华蕾	何自庆
龙　琼	石仕杰	康万强	姚亚敏	王伟华	尹红芳	余　聪
鲁红雨	李　科	郑应琼	屈凯元	杨　杰	杨国慈	陈　军
刘　莎	胡　芳	周　敏	周　涛	邹海平	王云翔	高小军
黄沐定	易厚德	黄兆明				

（部分中途更换及外聘执笔人，因承编单位不曾补报，未列入）

《长沙市开福区志》供图单位名录

（以供图先后为序）

中共区委宣传部　　长沙市金霞经济开发区　　区农水局

区环保局　　团区委　　区民政局

区老干局　　区档案馆

（《长沙市开福区志》另有少量专题图片由区志总编室组织拍摄，参加人员有王从福、胡珂、周军等。此外，绝大部分历史旧照出自区档案馆馆藏资料，此类图照大多年代久远，且几经转载，而非原刊，其作者多已无从查考。鉴此，本志图照，均不署名。）

凡 例

一、《长沙市开福区志（1989—2012）》以马克思列宁主义、毛泽东思想、邓小平理论、“三个代表”重要思想、科学发展观、习近平新时代中国特色社会主义思想为指导，运用辩证唯物主义和历史唯物主义的立场、观点和方法，坚持实事求是、直笔著史的原则，记述开福区自然、政治、经济、文化、社会的历史与现状，力求史料性、知识性、可读性相结合。

二、《长沙市开福区志（1989—2012）》是继20世纪80年代《长沙市北区志》之后编纂的又一部区地方志，也是长沙市开福区成立以来的第一部地方综合志书。上限为1989年，下限为2012年，记述长沙市北区1989—1996年、长沙市开福区1996—2012年期间历史与现状。部分重要史事，为前志《长沙市北区志》所阙纪者，本志或新设篇、章，或适当上溯，以存史料。

三、全书采用述、记、志、传、图照、表、录、索引等体裁，各以其宜，具载史事。

四、《长沙市开福区志（1989—2012）》设置篇、章、节、目，篇章设计，各据其不同部类之实际设置。政治部类，按社会实体设志；经济部类，按行业设志；社会部类，按事业设志。全书共23篇89章353节，计100余万字。

五、本志设置乡镇、街道篇，以专述其建置沿革、所辖范围及其经济社会发展状况。

六、本志所设人物篇，分为“人物传”“人物表”两种。因前志《长沙市北区志》未曾设置人物篇，故收录人物，始自可溯年代，而止于2012年年底。凡入传列表的人物，国别、籍贯各异，但均系定居或长时间生活、工作于今长沙市开福区范围，并在历史上产生了重要影响之人物。

七、本志附录。一为区政文献辑要，即本区1989—2012年间重要历史文献；二为地方著述辑要，即此一时期本区所编辑出版的著作；三为诗词楹联辑存，系选录古往今来记述吟咏本区范围内山水风情、名胜古迹、重要史事人物的诗词楹联；四为旧文辑存，选录有关本区范围内风景名胜、重要史事的文赋；五为历史地名辑存，录入本区保存的历史地名；六为“中央、省、市驻区单位一览表”；七为历史地图辑存，选辑几种有关开福区的重要历史地图；八为《长沙市北区志》勘误。

八、本志行文使用现代语体文，以第三人称记述。文风力求严谨、朴实、简洁，不作渲染夸张之语，不冠褒贬之词。

九、时间表述，大事记以公元纪年。其他各志，清代以前（含清代）使用帝王纪年，括注公元纪年；1912年起均用公元纪年。

十、地名，均使用当时地名。如该地名今已不再使用，或该地名所指街巷已经消失，则括注现用地名，或作简要注释。

十一、各项数据以统计部门提供的为准，统计部门没有的数字，采用有关部门的统计数字。数字按 GB/TI15835—1995 中华人民共和国国家标准《出版物上数字用法的规定》书写。

十二、计量单位，采用国家法定计量单位。货币单位，据各历史时期实际情况记述。

长沙市开福区地形图（2012）

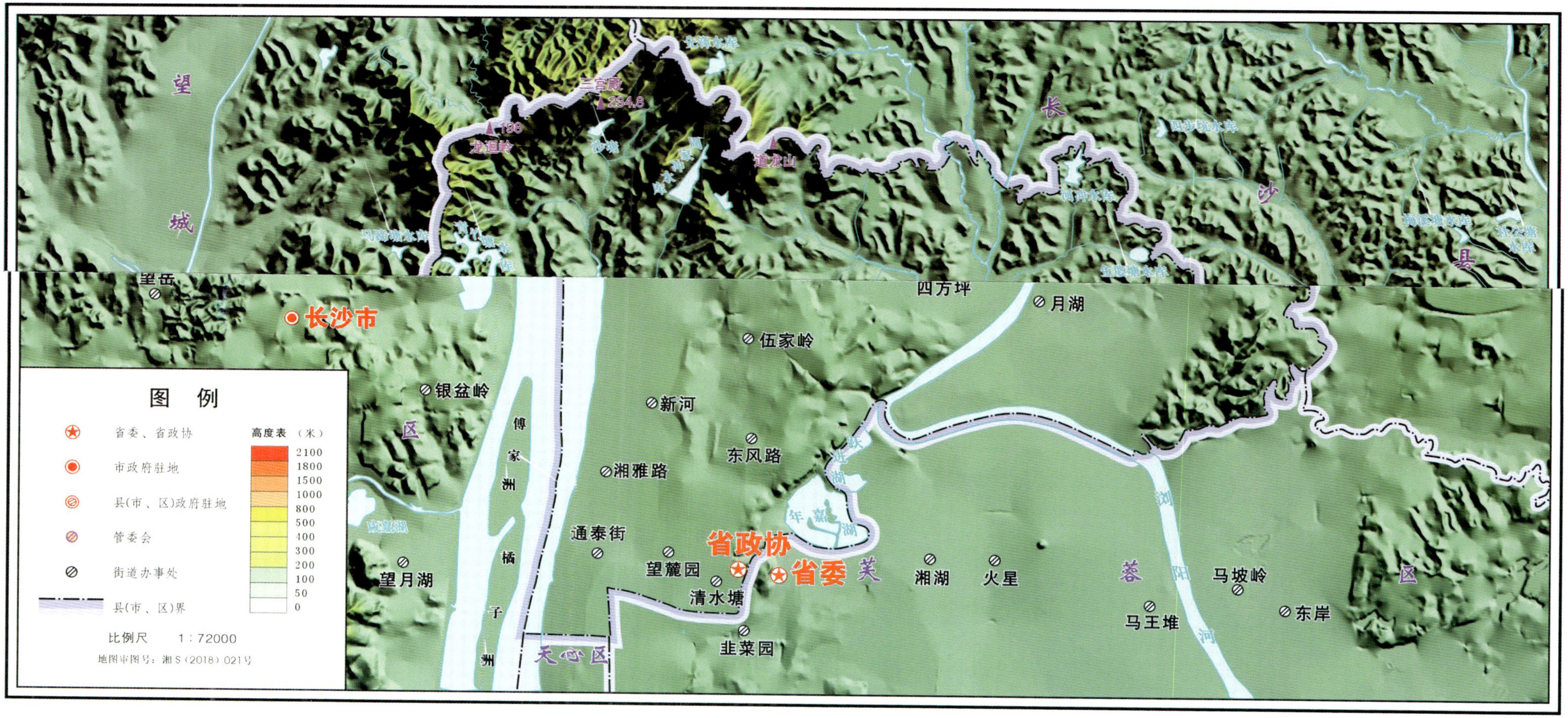

城北旧影

民国时期捞刀河旧影

民国时期浏阳河旧影之一

民国时期浏阳河旧影之二

20世纪上半叶的浏阳河黑石渡，是旧时长沙城北郊的重要津渡

1937 年的古开福寺三圣殿

清末开福寺老山门

清末民初长沙龙王宫

清末民初鸳鸯古井，位于开福区新河福寿桥（今名幸福桥）

民国时期，潮宗门内潮宗街旧影

1904年，潮宗门外长沙海关

1900年，潮宗门外挑水卖的人群

1900年，街头挑水夫

清末长沙新开门（兴汉门）、湘春门（北门）外一带城市风貌鸟瞰

古城长沙九门之一湘春门，位于北正街与湘春路交汇地段

清末民初长沙妇孺在长沙古城墙外便河边洗衣洗菜

二十世纪四十年代郊外贫民村居

1946 年，蔡锷路店铺照片

1930 年建成的长沙市第一条柏油马路中山路

1935 年，国货陈列馆

20 世纪 30 年代通泰门码头

1915 年，湖南教育总会大楼

1933 年创办的湖南省广播电台，设址教育会坪

1938 年，长沙教育会坪戏台。“文夕大火”后，湖南省救济委员会在此发放救济款

1934 年的三公里湖南公立医院，位于今营盘路与蔡锷路相交之处

1918 年，湘雅医院迁入长沙北郊麻园岭新址

20 世纪 30 年代，明德中学老校园

民国时期，省立一中校门

民国时期，大麓中学科学馆

1919 年，麻园岭雅礼中学

民国时期，周南女子中学校门

清末民初小吴门正街曾文正公祠

清末浩园听雨轩，系曾文正公祠的花园

清末泰安里蜕园

蜕园思源桥

清末望麓园 1 号（东向）为砖木结构的建筑

望麓园 1 号（东向），1949 年后辟为革命纪念地

20 世纪上半叶望麓园 1 号（西向）

清末协操坪，今长沙市人民体育馆

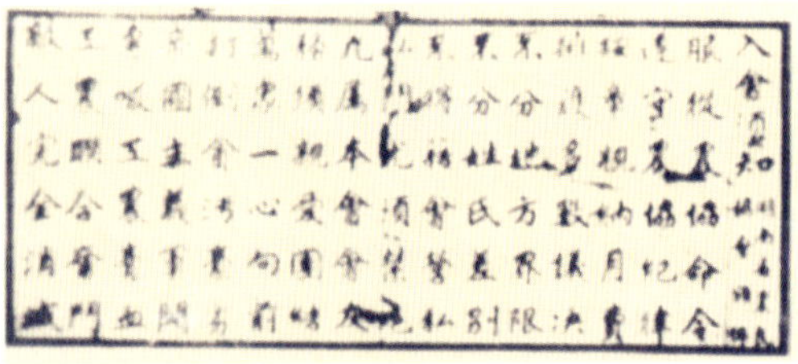

1925年，省农协（驻局关祠）颁布的《入会须知》

抗日战争时期，八路军驻湘通讯处旧址，位于今长沙市开福区寿星街

清末民初西园北里华兴会成立会旧址，原清在籍刑部侍郎龙湛霖的公馆

1945年，中共湖南省工作委员会旧址（熙宁街28号）

1919年11月，新民学会部分会员在长沙周南女校会后合影。其中有：毛泽东（后排左四）、何叔衡（三排左八）、彭璜（三排左六）、夏曦（四排左九）、熊瑾玎（三排左七）

1954年1月4—6日，长沙市北区首届人民代表大会第一次会议，图为全体代表合影

开 福 新 貌

1978 年 10 月，五一路以北的沿江大道

21 世纪初叶大城北远眺

1986 年，原新河三角洲旧貌（西向）

1986 年，原新河三角洲旧貌（西南向）

1986 年，原新河三角洲旧貌（东向）

21 世纪初叶新河三角洲

2012 年，湘江浏阳河口北眺

2007年动工建设的长沙滨江文化园三馆一厅（长沙博物馆、图书馆、规划展示馆、音乐厅及百余米高的景观塔），已成为长沙市重要的文化名片和地标建筑

2007 年，长沙金霞经济开发区管委会办公大楼

2010 年，中国石化长沙石油库

2010 年，青竹湖大道旁的军民融合产业示范园

2011 年，湖南新亚胜科技发展有限公司

2006 年，金霞保税物流中心

2011 年，医药物流

2012年，中部进出口商展示交易中心

2012 年，高岭国际商贸城

2010 年，湖南粮食集团有限责任公司

2008 年，芒果汽车城

2009 年，楼宇经济逐渐成为开福区名副其实的“立起来的开发区”

2012 年，芙蓉路开福区金融商务区

2004 年，伍家岭波隆立交桥鸟瞰

2012 年，浏阳河畔四方坪立交桥鸟瞰

2010 年，浏阳河隧道

2012 年，洪山桥单臂悬索桥

2012 年，湘江浏阳河交汇处

2011 年，北辰三角洲小区

2012 年，湘江捞刀河交汇处

2012 年，国家装配式建筑基地

2008年，山语城小区

2010年，湘江壹号高层住宅区

▲

2007 年，宜居开福 ▶

2006 年，圣爵菲斯住宅小区

2011 年，湘江世纪城住宅小区

2008 年，水映加州小区

2012 年，青竹湖镇街景

2011 年，青竹湖生态小镇

长沙传
JAC

长沙传化公路港

20世纪80年代霞凝港

2010年，我国内河大型航运枢纽——长沙新港深水码头(东向)

2012 年，湖南省首条直达欧洲的国际铁路货运专列“中欧班列”

2012年，长沙新北站至广州、深圳的“五定班列”

2012 年，长沙新港深水码头（西向）

湖南日报集团

湖南省社会科学院

2004 年，国防科技大学

长沙大学

2012 年，湖南省长沙市第一中学

2006 年，长沙市周南中学

2007 年，青竹湖湘一外国语学校

沙坪实验小学

2011 年，中南大学湘雅医院

2007 年，长沙市第一医院

2011 年，湖南省中医院附二院

2012 年，湖南省妇幼保健院

湖南省博物馆

湖南省博物馆鸟瞰

原长沙市博物馆（今中共长沙市党史馆）

1999 年，长沙市区划调整后迁址新建的开福区区治

2010 年，湖南省广电中心

2011 年，长沙世界之窗俯瞰

2010 年，烈士公园湖景

1999 年，烈士公园烈士塔

2012年，碧水蓝天年嘉湖

1998 年，区人民武装部组织民兵奋战湘江大堤

朝正垸泵站

浏阳河大堤

▲

2012 年，新港污水处理厂 ▶

2002 年，植树造林

2010 年，乡村即景：在希望的田野上

2010 年，乡村即景：收获季节

2010 年，乡村即景：接天莲叶无穷碧，映日荷花别样红

2010 年，乡村即景：年年有余

2003 年，基层民主建设

2004 年，法律维权

2012 年，开福志愿者敬老活动

2012 年，义工志愿服务

2008 年，科技兴区座谈会

2010 年，科技进校园

20 世纪 60 年代少先队出行

2005 年，金帆社区“五老”开展“每日奉献一小时”活动

2011 年，湘江韵律群众文化活动

2009 年，市民在烈士公园跳广场舞

2002年5月，开福区少年宫新宫内图书室、游艺场、科技馆

2007 年，开福区迎奥运运动会

2008 年，全民健身迎奥运

2010 年 10 月 19 日，首届中国湘绣文化艺术节暨 2010 年第三届开福区金秋经贸节

2010 年，爱国歌曲大家唱，百万群众颂祖国

2007 年，青竹湖湘一外国语学校阳光伙伴欢快跑

2012 年，长沙市周南学校孩子们在阳光下奔跑

2010 年，开福寺

2011 年，十方铁炉寺

中共湘区委员会机关旧址（清水塘22号）

船山学社

中山亭

时务学堂故址

西园北里

2005 年，赐闲湖

2010 年，鹅羊山森林公园

2008 年，太阳山森林公园

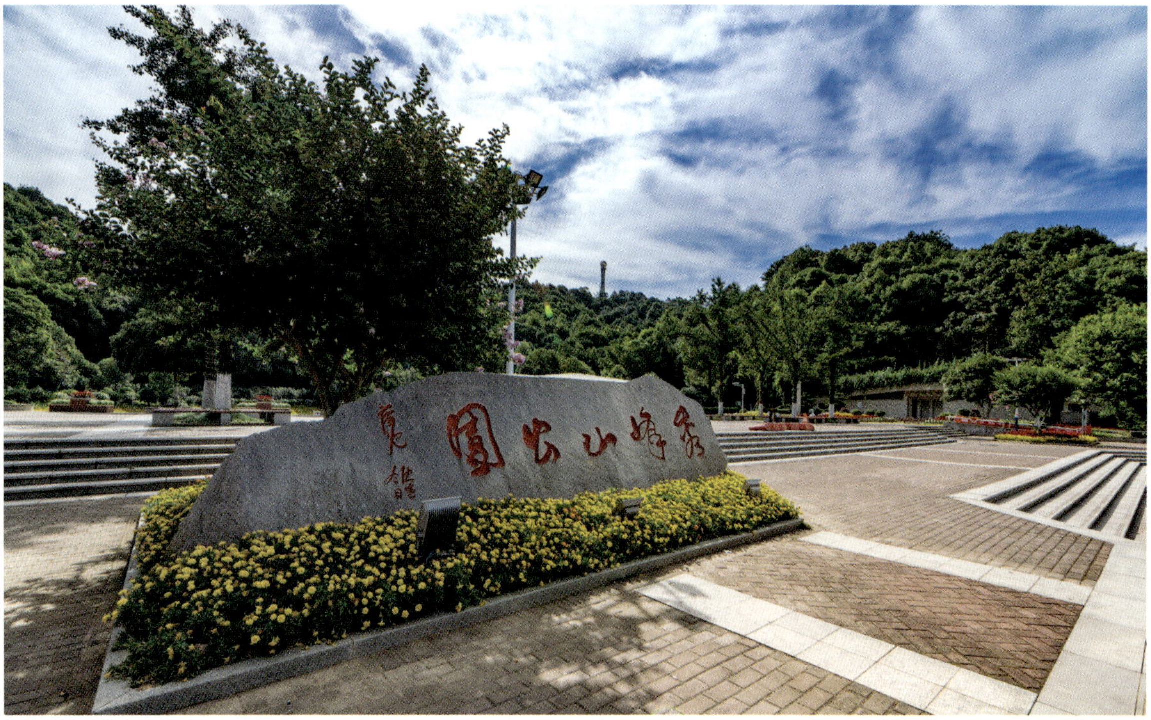

2011 年，秀峰山公园

2007 年，月湖公园

2004 年，绿野仙踪青竹湖，云移镜影一尘无

2012 年，雨后苏家托湿地

2000 年，沙坪——中国湘绣之乡

2011 年，汉回民族村

2006 年，大明山庄

▲

2008 年，海天山庄 ▶

SEQUENCE 序

国有史，郡有志，家有谱，修志是中华民族的优秀文化传统。在全面建成小康社会的决胜之年，《长沙市开福区志（1989–2012）》即将出版面世，这是全区人民政治经济生活中的一大喜事！我对志书的出版表示热烈的祝贺，向全体编纂人员及所有关心支持修志工作的社会各界人士表示诚挚的谢意！

开福地处长沙北部，因千年古刹开福寺而得名，这里人文荟萃、通江达海，崇德向善、幸福宜居。这里是开卷有福之乡，四大名绣之一的湘绣名扬中外，开福寺、潮宗街溯源千年，湖南卫视、中南传媒、《湖南日报》报业集团等文化龙头企业熠熠生辉，马栏山视频文创园声名鹊起，文化滋养着开福的好山好水好风光。这里是开放聚福之城，坐拥“一江四河十湖”，集水、铁、空、公、管道五种物流元素于一体，是中国（长沙）跨境电商综合试验区、长沙入选首批国家陆港型物流枢纽的重要承载地，是湖南开放崛起的“桥头堡”和“主阵地”。这里是开拓致福之区，通过开福人的接续奋斗，打造了金鹰文化区、金融商务区、金霞经开区等“金字”名片，视频文创、现代物流、金融商贸、智能制造四大支柱产业发展势头正劲，2019 年全区地区生产总值迈过千亿元大关，被评为全国高质量发展百强区。这里是开启幸福之地，开福始终坚持以人民为中心的发展思想，加快推动有质效、有温度的“两有”发展，民生支出在财政支出中占比逐年提升，“三区三体系”建设加快推进，城市发展的民生温度持续攀升。

盛世修志，志载盛世。《长沙市开福区志（1989–2012）》编纂历时八年，数易其稿，共 23 篇、100 余万字，全面、系统、真实地记载了开福区 1989 年至 2012 年间改革开放、经济建设、社会发展等各方面的历史进程，体例严谨、资料翔实、脉络清晰，既是一部资料详实的地方志书，又是一部具有教育意义的地方教材，是开福区存史、育人、资政的重要文献。

凡是过往，皆为序章。当前，开福正处于升级发展、成就北富的关键时期，使命光荣、任务艰巨，衷心希望全区干部群众以志为鉴、开拓创新，接续奋斗、乘势而上，强力实施“433”产业攻坚，努力开创开福高质量发展新局面，加快建成强盛、精美、幸福、厚德的现代化新开福！

值《长沙市开福区志（1989–2012）》付梓之际寄语，是为序。

长沙市开福区人民政府区长 谢伟峰

CONTENTS

Part 3 The People's Congress

Part 4 People's Government

Part 5 CPPCC

Part 9 Staffing · Personnel · Labor

Part 10 Civil Affairs · Social Security

Part 11 Economic Overview

Part 12 Comprehensive Economic Management

Part 15 Business · Tourism

Part 16 Public inance · Taxation · Money and Banking

Part 17 Traffic · Electric Power · Communication

Part 18 Environmental Protection · Urban and Rural Construction

Part 23 Overview of Streets and Townships

Personages

Appendix

Listoftables

Postscript

CONTENTS 目 录

第三篇 人民代表大会

第四篇 人民政府

第五篇 人民政协

第六篇 民主党派・社会团体

第七篇 政 法

第八篇 军 事

第九篇 编制·人事·劳动

第十篇 民政·社会保障

第十一篇 经济综述

第十二篇 经济综合管理

第十三篇 工业·园区经济

第十四篇 农业与农村经济

第十五篇 商贸·旅游

第十六篇 财政·税务·金融

第十七篇 交通·电力·通信

第十八篇 城乡建设·环境保护

第十九篇 教育·科技

第二十篇 文化

第二十一篇 卫生·计划生育·体育

第二十二篇 社会生活

第二十三篇 街道、乡镇概况

人 物

附 录

表格索引

后 记

总　述

长沙市开福区位于长沙市北部，为长沙市6个市辖区之一。

1996年，长沙市区划调整，在原北区基础上，划入邻近区县所属的部分地域，设置开福区。

新设置的长沙开福区（以下简称开福区），其行政区域包括原长沙市北区（以下简称北区）所属的望麓园、伍家岭、新河，清水塘、北站路、黑石渡、民主东街、上大垅8个街道；原西区所属的西长街、如意街、通泰街3个街道；长沙县所属的捞刀河镇（含沙坪乡）；原望城县所属的霞凝乡；原郊区所属的综合农场、红色渔场、福安乡。全区辖11个街道142个社区、3个乡镇48个行政村、2个农（渔）场11个分场。

其后，长沙市开福区又数度调整其内部行政区划。2006年，实施“合并、扩权、强街”的街道管理体制改革，对区内多个行政区划进行较大幅度的拆分兼并。调整以还，区划有变，析置各殊。至2012年，全区辖望麓园、清水塘、通泰街、湘雅路、东风路、伍家岭、新河、四方坪、洪山、芙蓉北路10个街道及捞刀河、新港、青竹湖3个镇。

开福区较原北区，人口由22.70万人（1996年年末数据）增至57.97万人（2012年年末数据），面积由14.16平方千米增至188.3平方千米，区划性质由单一城市街区扩展成包含大片农村地区的新型城区。城乡因之一体，疆域由是宏开。职是故，开福区翕然一变，从容揖别“因陋就简”“拾遗补缺”经年小打小闹、近乎原生态的区街经济岁月；景星卿云，有幸迎来了城区发展史上前所未有的重大历史契机：拥有了建设现代区域经济社会的上佳区位和广袤空间。

一

星城津要、北门锁钥，开福区全力彰显上佳的地理区位。

长沙市开福区东临长沙县、长沙市芙蓉区，翼张平（江）浏（阳）；南接长沙市雨花区、天心区，唇齿阛市；西濒湘江，与长沙市望城区、岳麓区隔江相望，气贯宁（乡）常（德）；北依新港，与长沙市望城区、岳阳市湘阴县坦道通衢，运会（洞庭）湖岳（阳）。境内新港水深，湘江北去，顺流通江达海；开元路阔，高速东指，临空欧美澳非；北站廪实，京广纵贯，物畅地北天南；芙蓉路长，跨境穿越，直叩湘北户牖。

上佳的地理区位，引起了中央、省、市的高度重视，以开福区为中心的长沙大城北被国务院确定为“长株潭城市群”核心功能区和近期重点建设区。“建设大城北”作为长沙市的重要发展战略，写进了中共长沙市第十一次党代会报告。境内金霞片区成为全省“两型社会”建设五大示范区18个片区之一。

上佳的地理区位赋予开福区人新的使命。开福区多次邀聘各界专家聚议，专家们以纵览国家经济格局的开阔视野，以洞悉全球发展趋势的深邃眼光，详述了大城北中部枢纽的战略地位和水、陆、铁、空的区位优势。论道经邦，高见迭出。如湖南省委政研室专家的《建设北部新城的100个理由》等，兴区用是，足取衷焉。从“大城北”思路的酝酿、概念的形成，到战略的确定、举措的实施，直至其建设由重点项目的启动到气势如虹地向经济社会纵深全面展开，全区上下协力和衷，庶绩斐然可睹。开福区已承担起建设“长株潭城市群”向北辐射的战略支撑点、“长株潭城市群”新的增长极、湖南省“3+5”城市群的核心节点和重要桥头堡、京广经济带和长江经济带十字主轴的重要枢纽等新的使命。

上佳的地理区位亦赢得了融入长株潭“两型社会”建设综合配套改革试验新格局的重大机遇。2007年，“长株潭城市群”获批全国“两型社会”建设综合配套改革试验区。其总体定位是全国“两型社会”的示范区；全省新型工业化、新型城市化和农业现代化的引领区；促进中部崛起的重要增长极，具有国际品质的现代化生态型宜居城市群。开福区未雨绸缪，抢占先机，聘请上海同济大学规划设计研究院编制《长沙市北部新城规划》，规划把区域发展定位为“北部新城是长沙北部门户、长株潭湘江提升轴的重要战略支撑点”，为长沙大城北勾勒出一幅宏伟蓝图。为此，全区在区域发展总体定位、功能布局、产业转型、体制机制等多个层面主动寻求对接，将大城北建设融入长株潭“两型社会”建设综合性改革试验中，凸显城北地位。

在国际国内推动产业革命、重塑竞争优势的重要转型时期，在湖南省“长株潭城市群”综合配套改革实质推进的关键突破阶段，在全省“一江五区”18个片区的布局中，开福区大城北战略适时地提出：西融大河西示范区，北接滨湖示范区，东联长沙东岸先进制造业中心，致力于将城北板块打造成为“两型产业”的集聚区、长株潭工业走廊的服务业配套区、对外开放的平台窗口和生态宜居的幸福家园。

二

山川形胜、风光旖旎，开福区恒力守护宜人的生态环境。

长沙市开福区地理坐标为北纬28°13′、东经112°57′，属亚热带季风性气候。年均温度16.9℃~17.2℃，年均相对湿度78%，年均日照1771.0小时，年均降雨量1229.7毫米，无霜期281天，常年性主导风向：冬季为西北风，夏季为东南风，年均风速为2.9米/秒，温度湿润，四季分明，具有适宜农作物生长的气候条件。

开福区山川之大势为枕岗面野，襟江带湖。地处长衡丘陵的东北部，由湘中丘陵向湘北湖区的过渡地带。地貌类型繁多。岗丘绵延，峰岭屏其北；坡滩起伏，隰野广其南。江河纵横，湖塘星布。道教洞天福地之22福地鹅羊山及秀峰山、太阳山、母山、成功老林场等森林山地公园坐落其中。全区森林覆盖率40%以上，空气清新。湘江、浏阳河、捞刀河、沙河及青竹湖、年嘉湖、楚家湖、月湖等一江四河十湖及4600口水塘，镶嵌了一幅空濛潋滟的水乡胜景。境内山环水抱、鸟语花馨之处比比皆是。游走其间，移步换景，拥有良好的休闲度假居家的生态环境。

在环境治理和生态保护方面，开福区更是高度重视，不遗余力。早在20世纪90年代，北区根据全市“两区六园”“退二进三”工业布局的要求，逐步对城区老工业企业采取“关停并转迁”的办法，关闭物耗能耗高、污染严重、治理无望、产品无市场的企业。2003年2月，中共开福区委制定《全区小康社会建设规划》。根据规划，全区采取措施，科学合理处理新兴产业与传统产业、资本密集型产业与劳动密集型产业之间的关系，走上一条科技含量高、经济效益好、资源消耗低、环境污染少、人力资源得到充分利用的新型工业化道路。

2005年，开福区开展以提升人居环境质量，实现生产环境优化和居民环境的宽、洁、绿、美、净、通为目标的环境综合治理，并继续推进“蓝天碧水”工程，建设山水秀美、环境优美的环境模范城区；对传统的城郊型农业开展结构性调整，形成无公害蔬菜、休闲观光农业、园艺花卉为主的都市生态休闲型农业产业体系。

同年，开福区决定在捞刀河以北、湘江以东、中青路两厢规划建设100平方千米的城北新区水源地，并制定《长沙市开福区生态环境保护规划》，为开福区的生态环境保护提供保障。规划禁止开发，以保护和发挥城北新区水源地的原生态优势。

至2012年，规划要求的区公共绿地、人均公共绿地、绿化覆盖率等生态指标，均已超标实现。并完成浏阳河和捞刀河开福段堤岸风光带建设及两河开福流域湿地保护建设，青竹湖周边生态保护建设，苏托垸、凤羽村、关公湖等湿地保护建设，鹅羊山、秀峰山、太阳山等森林山地公园建设，形成了开福区独具特色人见人爱的滨水生态系统。

三

文物典章、灿若星河，开福区着力弘扬优秀的历史文化。

古代的这片地域，笼罩在楚汉名城——长沙历史文化的晕光里。岁月如洗，当年“药物楚老渔商市，市北肩舆每联袂”的熙来攘往，俯仰之间，已风化成斑驳陆离的故迹遗踪，星星点点，撒落域中：兴汉门出土的一方“云阳门”城门门匾，将人们的思绪引向了漂渺悠远的传说时代，联想起“长沙之开疆，原自云阳少昊氏（黄帝之子），长沙乃‘云阳之墟’”一说。传闻虚实之间，一幅穴居野处的先民艰难创世图在这里浮现；松桂园、伍家岭至九尾冲及烈士公园经德雅路至黑石渡一带之楚墓文物将这片地域又带进了战国时代；湘雅路西端吴王墓等零星史载，依稀飘来一丝西汉长沙国的散去烟云；蔡锷中路张公祠，长沙太守医圣张仲景坐堂行医，湘春门外关帝庙及捞刀河、落刀咀、马栏山等，已是脍炙人口的东汉、三国故事了；潮宗街、通泰街一带的“临湘新治”，荷花池沥潭八景之历代诗文，泰安里蜕园“破天荒”进士故事等，让人们从两晋南北朝移步隋唐；会春园中，天策府十八学士之文采风流及开福寺之初创，乃长沙作为国都之马楚时代；营盘路司马里的抗金英雄辛弃疾飞虎寨、飞虎军，鹅羊山下之王伟北庄、秀峰山之王墓，北正街西园一代爱国将领左宗棠之左文襄祠、迄今仍遗存贡院残垣之巡道街等及文昌阁、学宫街、崇圣里、寿星街、藩城堤、濂溪里、紫荆园、赐闲湖、左局街、接贵街、如意街、连升街、新河等地名隐匿着这片地域，从宋、元、明、清一路走来之沧桑步履。

近现代的这片地域，随着华夏亘古变局，风气渐次开放。洋务运动中，忧时爱国的郭嵩焘等人，在这里宣传洋务思想，开拓绅民视野，为长沙思想界输入“新血液”；电厂、电灯公司、电话总局、农工制造所、蚕桑公社、仓储等工商企业及湖南工业学堂、明德学堂等新式学校在这里陆续兴办；20世纪之初，长沙开埠，今湘春路以北直到浏阳河畔，曾一度定为长沙开埠之通商口岸。戊戌维新中，梁启超、谭嗣同、熊希龄等人在这里创办《湘报》《湘学报》、组建南学会、开办时务学堂等，一时之间，开福这片地域成了维新运动的中心之一。辛亥革命中，黄兴在西园北里成立华兴会，使这里成为辛亥革命的策源地之一。协操坪新军首应武昌起义以及护法、“二次革命”的浴血斗争，这片地域上涌动着民主共和思潮。

新民主主义革命时期的这片地域，中共湖南省、长沙市、长沙县等各级地方组织，在这里开展有声有色的革命活动，进行可歌可泣的解放斗争，使得这片地域，在那段难以忘怀的峥嵘岁月里，应和着新民主主义革命的铿锵节拍，呈现自身独特的让当时国人眼前一亮从而彪炳史册的时代律动。

在党的创立时期。早在中共一大前，从教育会坪接二连三迸发的学生、工人、社会各界民众如火如荼的反帝反封建的怒吼及焚烧日货的烟火，到潮宗街文化书社宣传马克思主义和社会主义的目不暇接的新潮书刊；从新民学会在文化书社召开的新年大会上，关于“改造中国与世界”的三天论争，到赞成布尔什维克主义的成员形成单独的秘密组织。随着湖南省长沙地区共产党早期组织一段筚路蓝缕的创建历程，开福地方已成为湖南乃至中国革命史上红色起点之一。中共一大后，从中共第一个省支部——中共湖南支部的建立，中共湖南地方组织——中共湘区执行委员会在清水塘的成立，到被誉为中共第一所干部学校的自修大学在中山路船山学社创办，这片地域再一次成为国人瞩目的红色发祥地。在大革命时期，新河车站成立的粤汉铁路总工会及铁路工人卧轨拦车大罢工；局关祠的省农协及洪山、霞凝、福安地区轰轰烈烈的农民运动；毛泽东在望麓园整理农民运动考察材料及组织召开全省第一次工人代表大会和第一次农民代表大会等，令人景仰。在土地革命战争时期，北正街德湘亭茶社策划反击马日事变及浴血街头的“灰日暴动”；北门外沈家大屋关于秋收起义的讨论中蕴含的对中国革命道路宝贵而有益的初步探索，厥功至伟。在抗日战争时期，寿星街八路军驻湘通讯处成为抗日救亡大本营；中山路银宫窗户上攀满挤听群众的中共抗日救亡十大纲领的演讲；第三次长沙会战中，与日军在位于小吴门、兴汉门之间的杜家岭反复十余次制高点争夺战，终于守住了城北；以少敌多、以弱抗强悲壮惨烈的捞刀河阻击战，延缓了日军进犯长沙日程，使得长沙的抗日军民得以完成军事部署，为第三次会战的胜利起到了重要作用；当年鲜血透江、遗骸伏岸的秀峰山下戴家河村，长眠着千余名“是为国殇”“能捍大患”的抗日将士的英灵，气壮山河。在解放战争时期，三角塘妇女缝纫合作社楼上的中共地下省工委，油铺街中共党员干部集散地的地下据点——市民补习学校，一路吉祥巷中共南下省委与中共地下省工委的胜利会师……28年间，开福这片地域在20世纪历史大潮的推涌下，深深地汇入了新民主主义革命的滚滚洪流。

自尔迄今，开福区这片地域，洋溢着高昂的民族气节和可贵的革命精神，积淀了丰厚的历史人文底蕴。为弘扬历史文化中的优秀部分，延续历史文脉，在2004年启动的背街小巷改造中，开福区连续几年打造了便河边、赐闲湖、左局街、潮宗街、炮队坪、湘春路蔡锷广场等多条历史街巷。曩时胜慨，一一重标；廛闬布新，沧桑依旧；信步遣怀，烂然古色；流风余韵，嘉惠后人。

四

舟车辐辏、商贾云屯，开福区倾力发展现代的产业经济。

开福区的经济发展，以1996年行政区划调整为分水岭，此前为北区阶段，此后为开福区阶段。

在北区阶段，境域狭小、空间逼仄，其经济类型是单一区街集体经济。大多是为国有大工业配套服务，规模甚小，层次较低。加之地处北隅，与长沙闹市中心偏南这一状况稍悖，致时人曾有“南帝北丐”之谓。语或夸张，但北区经济，稍后于人，亦诚乃一时之象。为此，北区历届区委、区政府领导全区人民实行改革开放，做出艰苦努力，付出艰辛劳动，取得较大进展。

1989—1990年为北区第七个五年计划的最后两年，改革开放在北区全面展开。北区制定发展区街经济的10条政策和落实“以销定产”的9条措施，推出包含经济效益奖、技术进步奖、经济工作“绿叶”奖、年度经济工作特别奖的奖励办法。组织全区各方力量协调配合发动一场工业总体战。全区工业总产值由1988年的4000余万元增长至1989年的12548万元，第一次跨过亿元大关。1990年工业总产值为14369.58万元。

1991—1995年为北区第八个五年计划时期，全区改革开放已进入建立社会主义市场经济的新阶段。北区推进经济体制改革，探索公有制的多种有效形式。区街企业转换经营机制，推行租赁制、承包制、股份合作制、厂长年薪制和拍卖等多种形式改革措施。全区工业总产值由1991年的18008.67万元，增长至1995年的41000万元，增长127.67%。

在开福区阶段，境域宏开，空间广袤。其经济类型已突破行政区划条块分割，由单一区街集体经济拓展成国有、集体、民营个体、股份、外资外商等多种所有制共同发展的区域经济，短时间内连续跨越几级台阶，经济规模和经济质量与北区阶段已不可同日而语，各类经济和社会发展指标迅速跻身于全省区县第一方阵，从而永久地在市民口碑中消失了所谓的“北丐”一词。

1996—2000年，为开福区第九个五年计划时期。开福区抓住区划调整带来的重大机遇，推进城区工商企业改制，启动农村农业产业结构调整，至2000年，全区企业改制基本完成。企业由区街行政隶属转变成自主经营、自负盈亏、自我约束的市场经济主体。全区形成四大经济功能区：以五一广场为主的商贸功能区；以金霞大道（今芙蓉北路）两厢为主的工业功能区；以捞刀河镇、霞凝乡为主的高效农业产业化区；以洪山、广电中心为主的旅游功能区。工业总产值由1996年的5.03亿元，增长至2000年的6.59亿元，增长31.11%。第三产业增加值由1996年的3.44亿元增长至2000年的7.99亿元，增长132.25%。农业结构调整，实施“四万亩工程”和4个“千工程”后，全区形成以综合农场、福安乡为中心的蔬菜基地；以红色渔场为中心的水产养殖基地；以捞刀河镇为中心的奶牛养殖基地；以捞刀河镇房岭村为中心的花卉苗木基地；以综合农场、捞刀河镇为中心的水果种植区；以生态农业观光园、农家乐为重点的休闲农业产业群。全区农业总产值由1996年的1.67亿元增长至2000年的2.21亿元，增长46.45%。

2001—2005年为开福区第十个五年计划时期。全区推进公共财政体制的建立。加快公共产品的提供，营造良好的经济社会发展环境。推出招商引资新举措，制定招商引资优惠政策，举办重大节会招商，发展外向型经济。农村以农业产业化为主攻方向，年内招商引资9个项目，引资1.38亿元，初步实现农业产业结构升级。全区工业总产值由2001年的7.53亿元增长至2005年的38.81亿元，增长415.58%。全区第三产业增加值由2001年的9.30亿元增长至2005年的103.30亿元，增长1011.25%。全区农业总产值由2001年的2.24亿元增长至2005年的3.37亿元，增长50.29%。

2006—2010年为开福区第十一个五年计划时期。洎乎“十一五”时期，开福区的产业经济，终于久久为功，积健为雄。经济总量和经济质量，升阶晋级；经济发展和社会发展，并辔齐驱。地区生产总值年均增长15.7%，2010年总量达392亿元，人均地区生产总值8万元；全社会固定资产投资5年累计完成1656亿元，是“十五”期间的5倍；社会消费品零售总额由2005年的125亿元增加到2010年的321亿元，年均增长20.7%；地方财政收入2010年突破22亿元，提前两年实现翻番目标，综合经济实力稳居全省第一方阵。全区启动了“两型社会”建设综合配套改革及投融资、财税体制改革，并启动土地集中流转，实施企业化统一经营管理。全区工业总产值由2006年的46.11亿元增长至2010年的99.13亿元，增长114.99%。第三产业增加值由2006年的121.01亿元增长至2010年的290.40亿元，增长139.98%。农业总产值由2006年的3.61亿元增长至2010年的3.97亿元，增长9.93%。

2011年、2012年为开福区第十二个五年计划的头两年。全区工业总产值分别为122.44亿元和135.22亿元。第三产业增加值分别为343.54亿元和392.39亿元。至2012年，全区有新型农业生产规模企业及农产品加工企业16家，集中流转土地建有企业生产基地65646.7公顷，带动农户37.42万户。2011年、2012年，全区农业总产值分别为4.48亿元和4.56亿元。

这一期间，全区把加快项目建设、调整产业结构作为主攻方向。实施两个发展计划（即服务业新一轮跨越发展计划、工业新一轮振兴发展计划），构建服务业与制造业相互融合、支柱产业与新兴产业共同发展、产业规模与经济效益显著提升的“两型产业”体系；发展循环经济、节能环保和有持久支撑的优势产业，坚持产业“两型”化、高端化的发展方向，实现效益和速度的有机结合；发展生产性服务业，提升生活性服务业。

通过项目建设，推进产业培育工程，加快经济结构的优化升级。建设重点是沙坪工业组团、金霞物流园、青竹湖服务外包基地、棚户区改造4大产业平台。注重项目品质，坚持用国际视野规划城区，用国际标准建设城区，用国际惯例管理城区，提升城区的项目品质、产业品质、环境品质、人文品质和生活品质。依托城北“一江四河”优质岸线资源，抓好城区关键节点和重点路段的城市设计、色彩整治、公共标识建设，建设代表性的标志建筑，打造城北亮点区域。

重点发展现代服务外包业。在青竹湖国际会展中心成立服务外包基地，并组织业内20余家企业实地考察，有湖南青苹果数据中心、安博牛耳教育集团、湖南金谷国际服务外包呼叫中心、印度凯安富软件（中国）、博年企业咨询管理、湖南金鹿梦场影视传媒文化和长沙创思维力信息科技7家企业入驻。青竹湖园区先后被认定为“长沙市服务外包示范园区”“湖南省服务外包示范区”。青竹湖服务外包产业示范基地，把目标瞄准“全国领先、中部最大的服务外包基地、两型社会低碳经济示范区、人才富集生态优美服务高效的国际社区”。

重点发展现代金融服务业。成立区级金融服务中心，抓住火车站搬迁的机遇，与火车北站片区棚户区改造项目结合，全力推进火车北站金融商贸中心建设。东起东风路，西至芙蓉中路，南起湘春路，北至三一大道，占地121.87公顷，可供开发面积74.87公顷。原长沙火车北站片区，定位为长沙金融商业生态区。其中，金融总部区、商务商业区、国际精英社区、SOHO创意商业区四大分区由南往北分布。加快芙蓉中路的金融机构集聚，引进各类基金、保险、金融租赁和期货公司，以及商业银行业务营运中心等大型金融机构的集约化运营总部、金融机构的营运中心和后援服务中心。随着长沙火车北站的迁建和长沙金融商业生态区的打造，芙蓉中路渐成湖南名副其实的“金融街区”。

随着长沙唯一的深水港码头和火车货运编组站的建成及其所具有的集水、陆、铁、空于一体的立体交通网络的优势，开福区现代物流、服务外包、金融保险、商贸流通、酒店餐饮、文化旅游等新兴服务业加速崛起。“三产强区”的城北特色更加鲜明。游艇、LV、高尔夫、密集的五星级酒店（星级酒店16家）等，这些财富的标签正在开福区迅速生长。湖南省成长最快的新兴零售企业电视快乐购及美美百货、麦德龙、沃尔玛、路易威登、英皇、岁宝百货等高端卖场和大型商业旗舰店先后落户，为广大市民构筑了众多高端财富平台。以现代服务业为核心增长极的财富路线图日渐明晰并开始显现效果。日益强大的城市服务功能是区域经济发展的“加速器”，成为区域提高整体经济实力以及区域核心竞争能力提升的“引擎”。一座工业服务新城崛起北长沙。

五

民生福祉、靡远弗届，开福区努力建设普惠的社会事业。

开福区各项社会事业，着眼民生福祉。积极推进“民生工程”，提高民生事业的普惠程度，促进基本公共服务逐步均等化。坚持把更多财政资金投向基本公共服务领域，实现基本公共服务广覆盖、可持续，完善基本公共服务，提升非基本公共服务，全面建设幸福北城。

开福区教育事业：推进素质教育，建设教育强区。

1989年，长沙市北区继续推进教育体制改革，加大贯彻实施《中华人民共和国教育法》《中华人民共和国教师法》《中华人民共和国义务教育法》等教育法律法规的力度。1990年，全区已达到普及九年制义务教育的要求。1992年始，区财政对教育的拨款增长高于财政增长。1993年，全区“双基”工作（即基本普及九年制义务教育，基本扫除青壮年文盲）通过湖南省政府检查团评估验收达标，分别获得国家、省、市授予的奖牌和锦旗。1996年，加快信息技术教育，推进教育现代化进程。实施新建扩建、改危、靓化、配套五大工程，改善办学条件，营造良好的教学环境。1999年，长沙市开福区全面推进素质教育，开展基础教育课程改革。2000年，开福区获批为全国34个国家基础教育课程改革试验区和中国教育学会确定的全国首批15个教改实验区之一。同年12月，教育部评估团到区考察予以肯定，向各地推介开福区的实验工作。先后有40余名骨干教师应邀赴北京、深圳、广州、云南等地交流课改经验。20余位教研员和教师被聘为全国、省基础教育课程改革专家组成员。先后接待来自全国各地40余个教育考察团体，观摩、交流超过8000人次。中央电视台、中国教育电视台等多家媒体进行了宣传报道。2002年，开福区作为唯一的国家的国家级课改实验区代表在教育部年度教育工作会议上作了典型发言。

2004年，实施教育信息化工程。城区学校实现“班班通”，生机比达7：1，成为省现代教育技术实验区，全区学校全部达到省合格学校标准。2007年，制定建设教育强区规划。确立了“基本构建起教育结构合理、相互衔接和沟通、配套协调和开放的现代教育体系；基本实现以建立终身学习制度和进入学习社会为主要标志的教育现代化；实现由教育大区向教育强区的转变，让全区的孩子享受到全省最好的教育”的发展目标。

2010年，全区建成教育城域网。教育城域网资源超过2T。2011年，开福区获评“十二五”全国教育改革实验区、湖南省示范性社区教育实验区建设单位。2012年获全国社区教育DIY大赛优秀组织奖、市全民终身学习活动周优秀组织奖，成功申报全国社区教育实验区。并连续两次获评全省“两项督导评估考核”“教育强区视导”工作优秀等级。获评全国未成年人思想道德建设工作先进单位。

至2012年，开福区区属中小学校共51所，其中中学5所、小学46所（含4个教学点），在校中、小学生30794人（含城市新居民子女7093人），在编在岗教职工1573人。

全区视教育强区建设为开福区擘划光明未来的基础性事业，强调今天的学生就是明天的中国特色社会主义事业的建设者。菁莪棫朴，邦国之桢。

开福区科技事业：加速科技进步，实施科技兴区。

1989—1995年，北区两次召开全区科技大会，贯彻落实中央、省、市有关科技工作的方针政策。作出《关于进一步加强科技工作，促进科技兴区的决定》，发布《科技兴区实施方案》《关于加速科学技术进步的决定》《北区科学技术进步奖奖励办法》《北区科技发展基金管理办法》等政策性文件。

1996年后，开福区先后发布《开福区科技三项经费管理使用办法（试行）》《关于加快高新技术产业发展的决定》《关于聘请科技经济顾问的决定》，并打造湖南金霞现代物流园、开福区湘雅科技园、大明工业园、长沙青竹湖生态科技产业园等创新科技服务平台。至2000年，科技进步贡献率达45%，高新技术产业产值占工业总产值比重达20%。

2001年，召开全区第四次科学技术大会。全力开创全区科技工作所局面，突出创新主题，着力全区经济整体素质的提高和高新技术产业的快速发展。2001—2006年，技术进步对经济增长贡献率，每年提高两个百分点，高新技术产业产值年均增长达20%，高新技术产业增加值占工业增加值比重达35%。

2007年，制定发布《关于加强专利工作促进技术创新的若干意见》和《关于增强自主创新能力建设创新型城区的决定》。同年始，连续三届被评为"全国科技进步先进城区"。2008年、2009年先后制定《开福区知识产权联席会议制度》《开福区科普工作联席会议制度》。重点协助企业做好专利申请和知识产权保护、成果鉴定和新产品试验，建立健全以企业为主体，产、学、研相结合的技术创新体系及科技成果转化服务体系。2009年，高新技术产业产值达53.13亿元，增长率为36%。在全区实施"科技助农直通车"工程，建立农业科技开发，试验示范和推广服务体系。农业应用技术成果推广率达50%，科技进步对农业贡献率达50%。

2010年，全区万人拥有专业技术人员比例增至950人。2011年获"全国科普示范区"称号，开福区科协被评为"全国实施《全民科学素质行动计划纲要》先进单位"。

1988—2012年，全区企业实施各类科技项目1080项，开发新产品860项，其中102项获省、市新产品证书，260项获省级以上科研成果奖，81项获市级科技进步奖，新产品产值超过亿元。在这些开发项目中，一批优秀新产品已达到国内领先水平，如湖南新亚胜科技发展有限公司研发的"魔幻舞台系列多功能LED显示屏"、湖南青苹果数据中心有限公司研发的"全信息标准数字化智能信息系统"等。

开福区文化事业：推进全区城乡公共文化服务体系建设，繁荣群众文化活动。

开福区有着丰富的文化资源，经常开展系列特色文化活动的"文化惠民"工程。全区以加强公共文化设施建设为龙头，以实施城乡文化互动为基础，以强化基层文化队伍建设为支撑，推进全区城乡公共文化服务体系建设，实现城乡公共文化服务均衡发展，初步形成区、街、社区三级公共文化设施体系。

一是完善区级两馆配套。2007年，区图书馆使用面积扩展至1554平方米。藏书6.2万余册，报纸杂志240余种。设采编室、过刊室、藏书室、电子阅览室、精品阅览室、少儿阅览室、公共借阅室，可同时容纳200余名读者。2008年，区文化馆面积扩展至1620平方米。设多功能排练厅、音乐室、舞蹈排练室、器乐室、培训教室、阅览室、展览室等活动场所。二是实施文化信息资源共享工程。2008年，设立开福区图书信息资源共享中心，支持、指导全区13个街、镇建成集影视欣赏、书报阅览、节目排练等功能于一体综合性多功能文化活动室 13 个，建成图书信息资源共享网点 13 个、社区活动中心 123 个。实现区文化网点设施全覆盖，通过文化信息资源共享工程网络体系，以卫星网、互联网、有线电 / 视 / 数字电视网、移动存储、光盘等数字化传播方式，使广大城乡群众共享优秀文化信息资源。三是启动乡镇综合文化站建设。13 个街道、镇全部建立文化站。四是推进农家书屋工程和绿色上网场所建设。中共湖南省委宣传部、省新闻出版局、市新闻出版局组织对开福区农家书屋进行验收评估，肯定全区农家书屋建设成绩，并作为示范全省宣传推介，中央电视台亦作了相关报道。

开福区的群众文化品牌有《湘江韵律》系列文化活动、开福金秋经贸文化节、开福新春喜乐会、沙坪湘绣文化艺术节等。《湘江韵律》系列文化活动始于 2004 年，主要内容有滨江剧场、湘江夜话、我心飞翔、健身长廊、艺术长廊、市民舞会、电影广场、才艺擂台等。

开福区培植一批常年活跃在省、市、区各类演出舞台上的优秀群众文化团队。如通泰街老年艺术团、金鹰艺术团、爱心妈妈艺术团等。历年获奖甚多，2007—2012 年，获国际级奖项 5 个，如芒果艺术团的合唱等节目；获国家级奖项 15 个，如红叶组合的音乐节目等；获省级奖项 18 个，如中山艺术团的舞蹈等节目；获市级奖项更多。群众喜闻乐见的文艺节目与开福区秀山丽水的自然风光相映成趣，在全市乃至全省声名远播。

开福区医卫事业：构筑公共卫生框架，推进公共服务能力建设。

在农村地区，实施新型农村合作医疗。2006 年，成立区、镇、村“新农合”三级管理网络，设立区、镇两级监管经办机构，即区合管中心和乡镇合管站。制定《开福区新型农村合作医疗实施办法》，形成健全的“新农合”制度。全区农村 3 个镇、1 个街道，共 52 个行政村（居委会）均建立“新农合”制度。农业人口总数 77368 人，参合农民总数为 54792 人，其中一般农户 53949 人、优抚人员 293 人、“三无”人员 550 人，总参合率 70.8%。至 2010 年，总参合率 100%。在城市地区，全区调整和配置城市卫生资源，促进优质资源进入社区，构建以社区卫生服务为基础、社区卫生服务机构与医院以及预防保健机构分工合理、协作密切的新型城市卫生服务体系。同年年底，以街道办事处为单位，建成了政府举办的以非营利性医疗机构为主导，以具有“六位一体”（六位即预防、医疗、保健、健康教育、康复、计划生育技术导）功能的社区卫生服务中心（站）为主体，其他中西医基层医疗卫生机构为补充的多种形式的社区卫生服务网络，社区卫生服务机构覆盖率 100%。

至 2012 年，开福区建立起多层级的公共卫生框架，由区级（开福区疾病预防控制中心、开福区卫生监督所、开福区妇幼保健所）及驻区的市级公共卫生系统（市血液中心、市疾控中心、市监督所、市急救中心）组成。

全区城乡医疗机构分为三级医疗服务体系。第一级，按类别分为综合医院、专科医院和中医院共 22 家。其中综合医院 15 家，占 68%；专科医院 6 家，占 27.3%；中医院 1 家，占 4.5%。第二级，按类别分为社区卫生服务中心、乡镇卫生院、门诊部，共 47 家。其中乡镇卫生院 4 家，社区卫生服务中心10家，门诊部33家。第三级，按类别分为社区卫生服务站、村卫生室、个体诊所和医务室，共260个。其中社区卫生服务站30个，村卫生室40个，个体诊所150个，医务室44个。以基层医疗卫生机构为依托，建立全覆盖的城乡居民保健网络，形成政府主导、部门联动、人人参与的健康机制。

开福区体育事业：推行全民健身计划，广泛开展群众体育活动。

开福区大力宣传贯彻落实“一法一纲”（即《中华人民共和国体育法》《全民健身计划纲要》）。1992年，由北区体育行政部门牵头发动驻区单位和区属单位成立的跨行政层级、跨主管隶属、跨行业系统的群众性体育组织北区体育总会。设22个体育单项分会，注册会员3600余人，遍布全区90个社区。至2002年3月，区体总已有团体会员25家，体总委员124人，区体总已发展成横向有各单项体育协会、辅导站，纵向有总会、分会的社区体育网络；以体总委员单位为主体的活动系统；以单项协会为主体的活动系统；以街道文体协会为主体的活动系统。1995年，全区推行全民健身计划，制定《北区全民健身计划实施细则》，启动涉及全区健身场所、健身器材及全区每个家庭、每个人每年每天健身活动的“一二一工程”。

通过全区体育事业网络，广泛开展群众体育活动。如百人威风锣鼓表演、小学生广播体操表演、百人木兰双扇表演及健身球、太极拳、花棒、功夫扇、健身舞等。组织全区篮球、乒乓球、羽毛球、门球、游泳、划船、登山、环湖长跑及国棋、象棋等各类赛事。推动节假日期间，民众广泛参与的民俗体育活动如春节舞狮舞龙、端午龙舟竞赛等。

组队参加全市各类体育赛事。1994年6月， 北区组成体育代表队，参加长沙市第三届运动会，获金牌47块，银、铜奖牌96块，团体总分712分，获全市三个第一的优异成绩。1998年3月至10月，开福区体育代表队参加长沙市第四届运动会，获得金牌65枚，银、铜奖牌162枚，总分1573分，再获得全市三个第一。2001年10月，开福区组织体育代表团参加长沙市第五届运动会，获得41块金牌，团体总分834.8分，排名第三。同时，还组团参加长沙市老年运动会，参加全部8个项目的比赛。

全区连续五次获得国家体育总局授予的“全民健身宣传周”活动优秀组织奖；上大垅街道被国家体育总局首批授予“全国城区体育工作先进社区单位”称号；清水塘街道被授予“全省体育工作先进社区”称号；2001年开福区被国家体育总局授予“全国体育工作先进单位”。

开福区民政社会保障事业：完善“五险合一”，建立覆盖全区的社会保障体系。

1992年，北区制定《关于对区街企事业单位职工和区辖范围内全民、集体单位劳动服务企业职工、临时工、私人企业职工、个体劳动者实行养老保险办法》，将区属机关、全民事业单位合同制工人、集体干部，区街委集体企业、事业单位固定职工、合同制工人，区辖域内全民、集体、私营各类单位劳动就业服务人员及连续工作1个月以上的临时工，悉数纳入。

1995年，调整养老保险缴费比例，提高国家、企业单位缴纳数额，并建立养老保险个人账户，将缴费基数的16%纳入个人账户，同年实施最低生活保障制度，城乡低保按要求实现全动态管理下应保尽保。1997年，扩大养老保险覆盖面，在全区农村实施养老保险制度，各乡镇场成立农村社会养老保险事业管理站。2001年，全区养老保险费收缴率达98%。同年开展全区失业保险工作。2003年，全区开展工伤保险，2004年全区开展生育保险工作。在实行城镇职工养老保险、城镇职工基本医疗保险、失业保险、工伤保险、生育保险、城镇居民最低生活保障、农村最低生活保障和农村新型合作医疗制度以后，于2007年启动城镇居民保险工作。2008年，为落实《长沙市被征地农民就业培训和社会保障办法》，全区开展失地农民养老保险和医疗保险工作。

2009年，扩大基本养老、基本医疗、失业保险、工伤保险和生育保险的覆盖面，完善"五险合一"社保体系，突出做好失地农民养老、医疗保险工作，建立城乡一体的社会保障制度，促进城乡同步战展。发布《开福区推进城乡社区居家养老服务工作实施办法》，采取建立居家养老服务网络、落实居家养老服务场所、建立公共财政投入机制、加强居家养老服务队伍建设、建立健全居家养老服务工作的各项管理制度、建立评估体系等6项具体工作措施。

2010年，加强"金保工程"建设。金保工程是政府电子政务工程建设的重要组成部分，是全国劳动保障信息系统的总称。在"金保工程"的指导和支撑下，结合全区电子政务建设，以先进高效的科技手段，扩大了社会保险覆盖面，构建"五险合一"、城乡并轨的社保体系工作取得新的进展。

解决城镇低收入家庭住房。2004年，对廉租房和经济适用房运作管理、建设规模、启动程序作部署，决定在洪山用地17.33公顷、青竹湖用地13.33公顷作为经济适用房和廉租房的建设用地。加大保障房建设力度，保证房源及时到位，做好住房租赁补贴发放工作，做好经济适用房的初审工作。至2012年，通过廉租房租赁补贴、实物配租、租金核减等方式，解决11509户家庭的住房困难问题。

开福区劳动就业事业：实施就业再就业工程，推进创业富民。

1998年，全区实施就业和再就业工程。全区再就业工作，采取"五个一"的办法多渠道安置下岗职工，即：好的企业接纳一批；依托第三产业安排一批；成立劳动管理职介所，向外输送一批；通过办培训班，专业对口解决一批；鼓励下岗职工自谋职业，政策扶植安置一批。

就业再就业工程关乎民众衣食之薮及美好生活之愿景所在，实为民生之本。兴区强区之大政抑或系夫其中。为此，2003年始，全区采取更有力更有效的新举措。

一是以发展经济增加就业。鼓励和支持下岗失业人员以个体、私营等各种经济形式兴办社区服务型小企业；鼓励企事业单位、社区基层组织兴办以安置下岗失业人员为主的就业型中小企业，努力拓展社区服务领域，如物业管理、卫生保洁、商品配送、家政服务、健身娱乐、托老托幼、修理维护、病人看护、车辆看管等，提高社区吸纳就业的能力。二是以落实政策扶持就业。协调落实税费减免、社保补贴、岗位补贴、小额贷款、就业服务、工商登记等各项再就业扶持政策。三是以培训服务促进就业。办好区职介服务中心，加强劳动力市场信息网络建设，形成公共就业服务网络。

2004年，新增就业岗位11938个，下岗失业再就业6506人。区职介中心被劳动部评为"劳动保障电子政务服务试点示范单位"，民主东街、清水塘、望麓园街道被省委、省政府授予"最充分就业街道"。16个社区获"全省最充分就业社区"称号。2005年，全区新增就业人数12198人，完成全年任务的122%；实现下岗失业人员再就业6388人，完成全年任务的118%；帮助“4050”人员实现再就业1242人，完成全年任务的134%；农村劳动力转移就业3573人，完成全年任务的179%；享受小额担保贷款63人，发放小额担保贷款金额135万元，分别完成全年任务的105%和113%；城镇登记失业率控制在4.6%以内。2006年，全区新增就业13785人，实现下岗失业人员再就业5958人，全区3个街道和21个社区分别被评为全省最充分就业街道和社区，两项指标均居全省前列。

2008年，推进“创业富民”活动，发布《关于建设“创业乐土”的实施意见》。部署以创业带动就业，以就业促进民富，以民富实现强区。从优化创业环境、完善创业政策、打造创业平台、引进创业人才、加强创业培训5个方面推出21条措施，如优化政务环境、法制环境、投资环境、诚信环境和重点工程建设实施环境；落实重大投资项目服务效率跟踪制度、优化发展环境监督制度、损害经济发展环境黄牌警告制度、投资环境行政问责制度；实行创业奖励政策、创业购房优惠政策；建立创业基金；开展开福区“百名优秀创业者”“百名优秀务工者”的评选活动等。

2009年，发布《开福区2009年创业富民实施计划》。制定《开福区创业富民工作目标管理责任分解表》，对相关区直部门和各镇、街道计44个单位下达具体工作任务。落实创业政策。建立中小企业融资支持体系，搭建商业银行战略合作平台、融资担保合作平台、小额贷款公司融资平台、风险投融资平台、政府支持平台5个层次的融资平台，举办“益商小额贷款公司挂牌暨银企对接活动”，组织200余名中小企业负责人与多家金融机构进行面对面洽谈，现场签订共计3.3848亿元的贷款协议；推动成立开福区金融行业协会，协调22家金融机构为中小企业提供更优质的金融服务。

2010年，举办“创业大本营”开福季活动，重点推介金霞物流园、青竹湖服务外包基地、沙坪湘绣园、湘绣旅游购物一条街、中南纸业大市场等创业基地，开展以创业者为主体、以“给你20万的创业梦想资金，你如何利用与创业”为主题的《创业大本营》竞赛活动。开展“创业一帮一”活动，提高创业成功率，精选帮扶者，征集创业者，结对帮扶，深化巩固“百企联百家”活动成果。

生机勃勃的“创业富民”活动，不仅为开福区的未来播撒了希望的种子，也为开福区的当下，成就了“创业乐土”的名声，一大批优秀创业人才趋之若鹜。5年新增城镇就业8.9万人，2.7万下岗失业人员实现再就业，在全省率先消除“零就业”家庭。至2012年，全区实现城乡零就业家庭动态清零，城乡登记失业率控制在3%以内。城、乡人均可支配收入分别由2005年的1.22万元、6857元增加到2.30万元、1.51万元，年均增长13%和17%。

六

公序良俗、风教感兴，开福区大力倡行社会主义的精神文明。

1989—1990年，北区有50%的单位达到区级文明单位，20%的单位达到市级文明单位。1991年，以建党七十周年、辛亥革命胜利八十周年为契机，全区开展“做党的好孩子”活动。同年，曾获“全国学雷锋先进集体”“青年精神文明建设红旗单位”“新时期学雷锋十佳”等光荣称号的清水塘地区学雷锋、送温暖“一条龙”联合服务队的200余名团员青年，在展览馆路进行学雷锋义务服务活动，来自全国20个大中城市的30余位青年学雷锋标兵如龙梅、玉蓉、戴碧蓉及雷锋团的标兵代表欧阳华初等观摩这一活动，影响扩至全国。

1993年，根据长沙市纪念学雷锋题词30周年的安排意见，组织全区重温毛泽东等老一辈无产阶级革命家等中央领导关于“向雷锋同志学习”的题词与论述。发出《关于开展纪念学雷锋题词30周年活动的通知》。全区进一步深化“岗位学雷锋、行业树新风”的活动主题，组织开展11项纪念活动。全区学雷锋活动坚持4个结合：一是学雷锋活动与“三爱”“三德”教育相结合；二是学雷锋活动与机关工作作风建设相结合；三是学雷锋活动与大力弘扬“心忧天下、敢为人先”的“长沙精神”和“团结谋事，开拓创新，重才尊贤，实干为民”的“北区精神”相结合；四是学雷锋活动与建设文明城市相结合。

1996年，北区召开全区精神文明建设暨宣传思想工作大会，成立区精神文明建设指导委员会，作出《关于进一步加强社会主义精神文明建设的决定》。贯彻落实《公民道德建设大纲》《爱国主义教育实施纲要》。在市民中普及文明知识，开展爱国主义教育；开展“岗位学雷锋、行业树新风”活动；参加“百城万店无假货，优质服务在北区”活动；开展社区共建文明城区和军警民共建双拥模范城区的活动；制定精神文明建设的考核办法和指标体系，以改变精神文明建设约束软化的问题。1997年，开福区推出精神文明建设新举措。抓辐射延伸，使精神文明建设活动由城区向乡村、示范点向社会各层面、主要干道向背街小巷、窗口行业各部门各行业延伸；抓示范工程，在全区创建文明小区、文明街道、文明村镇、文明单位、文明机关、军（警）民共建先进学文明典型。

同年，北区党政负责干部实行党风廉政建设责任制。

2001年，在机关和窗口行业开展以职业道德为主要内容的教育活动；在社区开展以文明礼貌为主要内容的助人为乐和以爱护公物、保护环境、遵纪守法为主要内容的社会公德教育活动；在暂住人员的流动人员中，开展以法律法规为主要内容的教育活动；在农村，开展以淳化民风和“十星级”农户评选为重点，远离封建迷信、打牌赌博、婚丧大操大办和生活陋习的移风易俗教育活动；在中小学，开展以文明礼仪、自强自立、爱心奉献教育为重点，引导中小学生当好“五小”公民（小主人、小帮手、小标兵、小卫士、小伙伴），树立正确的世界观、人生观和价值观的教育活动。

2002年，开福区以“党委统一领导，党政齐抓共管，纪委组织协调，部门各负其责，依靠群众的参与和支持”的工作机制，对各党（工）委、党组、区直机关各单位、各专项工作责任部门，实行党风廉政建设责任目标管理。推行干部考察预告、述职述廉、任期经济责任审计、廉政特派员等措施。

2004年，在全区开展创建“平安开福”活动，通过建立维护社会稳定长效机制、社会治安防控机制、经常性严打整治机制和创建平安城市工作责任机制，提高社会治安防控能力，提高矛盾纠纷排查调处工作能力，提高预防处置群体事件和突发事件的能力，提高执法机关工作质量和工作效率。

把开福区建设成为社会政治稳定、治安秩序良好、群众安全感增强、经济环境优良、社会协调发展的平安城区。

2005年，开福区制定《区安全生产责任暂行规定》，分别对街道（镇）和区安委会成员单位，作出具体责任规定。将生产安全纳入各单位年终目标管理考核内容，实行目标考核和责任追究。完善生产安全监管三级网络，进一步规范事故隐患台账制度，建立重大危险源监控台账，其监控率达100%；制定危化品、烟花爆竹、非煤矿山、特种设备等特大安全事故应急救援预案。同年，全国文明城市国检。开福区接受国检的14个社区取得好成绩，得到检查组充分肯定。9月，区委宣传部做客央视“新闻会客厅”接受采访，作为唯一的基层一线代表畅谈创建工作感想。

同年，开福区在全区中共党组织中开展“创建学习型党组织，争当学习型党员”的活动。

2006年，在全区开展“八荣八耻”的社会主义荣辱观教育。把“八荣八耻”的基本要求，纳入各级党（工）委、党组中心组的学习，纳入市民“2006年市民教育年”系列活动全过程，纳入形势政策宣传教育，纳入学校教学教育， 围绕5个“主题”，即农村围绕“倡导新风尚、建设新农村”的主题，将社会主义荣辱观教育融入星级文明户、文明信用户、科技示范户、小康生态文明村创建及道德评议、“婚育新风进万家”等活动；城区围绕“遵守社会公德，争做文明市民”的主题，将社会主义荣辱观教育融入创建文明社区、学习型社区、节约型社区、无毒社区和“四进社区”、“巾帼建功”、“送温暖、献爱心”、无偿献血、扶弱助残等活动；学校围绕“知荣明耻、健康成才”的主题，将社会主义荣辱观教育融入“文明礼仪从我做起”、“我与祖国共奋进”、青年志愿者行动、“民族精神代代传”、“寻找身边的雷锋”、城乡少年“手拉手”等活动；企业围绕“践行八荣八耻、共铸企业诚信”的主题，将社会主义荣辱观教育融入“共铸诚信开福，打造诚信企业”“建造诚信联盟”“百城万店无假货”“重合同守信用”及创建文明行业、文明单位等活动；党政机关围绕“树立正确荣辱观，争当人民好公仆”的主题，将社会主义荣辱观教育同机关作风建设年活动相结合，同“创建文明机关，争当人民满意公务员”、建设“进取型机关、务实型机关、服务型机关”“政务阳光工程”等活动相结合。

同年，开福区贯彻落实中共中央关于保保持共产党员先进性长效机制的4个文件，搭建党员联系和服务群众的平台，增强基层党组织在构建和谐社会中的功能。

2008年，开福区开展党风廉政建设规章制度执行情况督查，成立督查工作领导机构。督查干部任免、干部作风建设、公务用车、政府采购、工程招投标、出国（境）考察、津补贴发放等方面的执行情况。

2009年，开福区制定《文明创建长效机制实施办法》，落实迎检之后建立长效机制的任务。文明创建工作以建设人民满意城区为目标，抓长效机制建设，破解难点问题，打造亮点品牌，提升人民满意程度。突出整治城市公共环境和城市公共秩序两个重点，着力实现城市面上品质和市民素质两个提升。采取“五大行动”（即市民素质提升行动、公共环境优化行动、城市文明交通行动、和谐社区创建行动、社会关爱倡导行动）。同年，发布《开福区建设人民满意城区2009—2011年工作纲要》和《开福区建设人民满意城区2009年实施计划》。主要任务是建设文明开福、和谐开福、宜居开福和幸福开福。推进“四化”长效创建机制的完善和落实（即部门管理常态化、城市管理网格化、社区管理物业化、市民教育多样化）；搭建多样化活动载体；实施城市社区志愿服务行动计划；动员全社会参与诚信建设，践行文明规范，引导人民做现代公民、文明市民；进一步加强法治建设，营造公平公正的法制环境，推进公众安全满意工程；政务廉洁高效，建设人民满意政府；推行语言、仪表、行为、服务、环境5种基本服务规范；开展书香企业、书香机关、书香社区、书香家庭创评活动，打造书香城区等。

同年，开福区加强基层党的建设，对基层党建工作进行目标考核。全区8个部门党委、13个街道、镇党工委、2个园区党工委、587个基层党组织，创新党建党务工作方法，提升全区党建党务工作科学化水平。

2010年2月，制定《开福区创建全国文明城市实施方案》及《全国文明城市测评体系责任分解表》。同年，设立社区工作局，发布《关于推进社区管理社会化工作的指导意见》《关于2010年社区管理社会化工作的实施要点》和《开福区社区管理社会化扶持奖励办法》等文件。全区将社区管理社会化当做一项重大的民生工程，把政府行政性的管理与居民自治性的管理结合起来，逐步实现社区管理从“政府本位”向“社会本位”过渡。推进党建工作区域化、居民自治制度化、社会组织多样化、社区服务精细化、服务项目市场化、投入机制多元化、社区事务信息化。形成政府公共服务、居民志愿互助服务、市场购买服务相互衔接的社区服务体系。

同年，开福区落实中央关于建设马克思主义学习等政党及推进学习型党组织建设的精神，学习中国特色社会主义理论体系，社会主义核心价值观，把理论学习与思想道德、作风纪律和文明操守结合起来，把学习成果体现在讲党性、重品行、作表率、树形象的具体行为上，以党建引领社会风尚、成风化人。

随着社区管理社会化工作的深入展开，全区社区管理气象一新，构建和谐开福有实质性的进展。以《居民公约》深化自治，推动居民自我管理。如订立《麻将馆自治公约》《饲养宠物公约》《餐馆文明公约》《房屋装修公约》等。作出《关于建立群路线工作方法正常化、经常化、制度化保障机制的决定》，融洽党群、干群关系。

来百工则财用足，通百货则生计饶。开福区内从事各种职业的外来务工人员达12万之余。对此，全区96个社区和30个行政村全部建立了流动人口与出租屋管理服务站，提供“一站式”受理、“一条龙”服务。举凡法律援助、办证验证、房屋租赁、务工信息种种事涉外来务工人员之服务项目，显隐必该，洪纤靡失。使其均能享受到个性化、温馨化、亲情化的服务，在开福区有家的感觉。实行外来务工人员市民化待遇，学习培训同参与、社区事务同管理、社会保障同享受。7月9日《长沙晚报》头版头条进行报道推介。开福区亦获评“全国和谐社区建设示范城区”“全国农村社区建设示范区”“全国社工人才队伍建设示范区”。

2011年，全区信息化注册文明创建志愿者发展到5万多人，开展各类大型志愿者活动43次，累计参加志愿者人数达到10万人次。2012年，全年开展“学雷锋大清扫活动”19次，发放倡议书近10万份，发动各级各部门党员干部、驻区单位职工、居民群众、中小学生志愿者25万余人次。全区有12人入选“长沙·我身边雷锋榜”，有2人荣登“中国好人榜”，有1人入选“全国优秀志愿者”，有4人成为中央文明为“我推荐，我评议身边好人”活动的候选人。

讲信修睦，乐善好施，在全区已蔚然成风。

潮平两岸阔，风正一帆悬。进入中国特色社会主义新时代，迈向新征程的开福区，在区委、区政府的坚强领导下，高举习近平新时代中国特色社会主义思想的伟大旗帜，不忘初心，牢记使命，强化担当，砥砺奋进。以“升级发展，成就北富”为目标，强力实施“433”攻坚，用三年时间，培育壮大视频文创、现代物流、金融商贸、智能制造4大支柱产业；推进30个重大产业项目；打造3个以上500亿元到1000亿元产业集群。聚焦高质量产业发展，聚焦打好扶贫攻坚、污染防治、风险防控三大攻坚战，聚焦城区品质提升，聚焦社会治理创新，解决就学、就医、住房、环保等热点、难点问题，聚焦征拆转户居民就业生活、退役军人服务管理等重点课题。坚持有质效有温度的“两有”发展，建设物质富有、精神富有的“两富”开福，围绕强盛名片，打造经济发展升级版；围绕精美名片，争当城市排头兵；围绕幸福名片，建设和谐共享首善区；围绕厚德名片，构筑道德文明新高地。

追踪开福区经济社会既往发展的大步流星，眺望开福区经济社会方将展现的宏图远景，诗云：欲穷千里目，更上一层楼。随着全区众多靓丽项目的计日程功和全区城乡居民美好生活获得感的与日俱增，一个强盛、精美、幸福、厚德的现代化新开福已渐行渐近，日见成真。已经登上崭新标高发展平台的开福区人，自信满满，期待殷殷，举区之力，共矢斯志！

大事记

1989 年

1 月 10 日 长沙市北区区辖企业长沙机电设备厂生产的 DJQ–21 型绞肉机获部优产品证书。

1 月 27 日 中共长沙市北区委员会（以下简称中共北区区委）、区人民政府在省农业厅礼堂召开全区目标管理表彰大会，授予民主东街等 12 个单位目标管理特等奖，表彰 12 位记功奖励者和 157 位先进工作者。

1 月 28 日 北区第一家老年人公寓在上大垅街道成立。

2 月 1—3 日 开福寺举行追悼全国人民代表大会常务委员会副委员长、中国佛教协会名誉会长、第十世班禅额尔德尼·确吉坚赞大师示寂回向法会活动，省、市党政负责人和各宗教组织负责人参加悼念活动。

2 月 18 日 中共湖南省委、省人民政府授予北区普法工作先进单位称号。

2 月 20 日 区人民政府作出《关于为政清廉，加强自身建设的决定》。

3 月 8 日 中共北区区委、区人民政府作出《关于加速北区工业基地建设的决议》，决定购买长沙市郊区综合农场红砖厂的 4.27 万平方米土地，作为北区的工业开发基地。

3 月 9 日 中共北区区委召开区人大工作会议，同时发布《关于进一步加强人大工作的决议》。

4 月 10 日 区人民政府根据区人大代表、政协委员的建议，采取稳妥的步骤与措施，取缔六堆子劳务市场。

4 月 10—14 日 区人大九届四次会议举行，补选彭振武为北区人民政府区长。

5 月 2 日 长沙市青少年学雷锋十佳评选活动揭晓：清水塘地区学雷锋“一条龙”青年联合服务队，中山路百货大楼党委书记王红、团委书记吴冬林，长沙市红旗织布厂工人汤明辉，市十四中学高中毕业生彭凯、彭昱、赵宁被评为学雷锋先进集体和个人。

5 月 4 日 湖南省人民政府追认陈立福为革命烈士。陈立福生前是长沙制革厂工人，担任浏阳河路地区治安联防队员。1988 年 10 月 12 日，在新河执勤时同歹徒搏斗，被刺伤后牺牲。1989 年 5 月 17 日，区委、区政府在建湘瓷厂礼堂召开陈立福烈士追认大会。北区公安分局作出《向革命烈士陈立福学习的决定》。

6 月 3 日 中国佛教协会副会长、中国佛学院副院长、湖南省和长沙市佛教协会会长、北京市法源寺和长沙市开福寺方丈明真法师灵骨运回长沙。明真法师于 1989 年 5 月 17 日在北京示寂，世寿 88 岁。

6 月 9 日 区委书记朱厚廓、区长彭振武率机关和街道办事处干部，清理兴汉门至水风井、先锋厅至小吴门等路段的路障及大、小字报。

6 月 11—15 日 由长沙汽车电器厂等 9 个单位组成的工人纠察队，在区内主要马路巡逻执勤，配合公安干警维护社会治安。

7 月 1 日 设在北区新河的长沙市第五自来水厂开始部分供水。次年 7 月 1 日完成第一期工程，日计划供水 15 万吨。

7 月 13—14 日 中共北区区委四届三次全体（扩大）会议召开，传达中共十三届四中全会和省、市委扩大会议精神。全会要求：稳定大局、稳定长沙、稳定北区的工作。

7 月 18 日 区人民政府作出《关于改革和加强中、小学德育工作的决定》。

7 月 25 日 北区召开首届科技大会，给予巨力胶带厂等 7 个科技工作先进单位、王贯时等 31 位科技先进工作者表彰，“橡胶型压敏胶纸带”等 15 个科技进步项目奖励。

8 月 24 日 中共北区区委、区人民政府作出《关于在全区十一大经济部门开展“效益杯”竞赛的决定》。

9月2日 中共北区区委、区人民政府召开贯彻最高人民法院、最高人民检察院《通告》及市《禁赌条例》动员大会。

9月23日 北区成立第四次人口普查领导小组，区长彭振武任组长。

9月25日 北区境内留芳宾馆和留芳贸易大厦建成开业。

10月24日 新型瓷器烧成窑具一碳化硅匣钵在建湘瓷厂通过部级鉴定。

11月22日 中共北区区委、区人民政府作出《关于对保护国家财产，勇斗盗贼的周海斌等6位同志的表彰决定》。

11月25日 北区政府办公大楼（西楼）竣工，并交付使用。

12月8日 中共北区区委、区人民政府通过《长沙市北区1991—1995年经济、科技和社会发展五年计划（修正草案）》（简称“八五”计划）。

12月17日 长沙市市长王克英率两位副市长和市经委主任到康乐饮料厂现场办公。

12月27日 区人民政府给予光明童装厂及厂长曹达泉通令嘉奖。该厂当年工业产值过千万元，年利润超百万元，成为北区首家产值突破千万元大关的街办企业。

1990年

1月23日 长沙市人民政府决定将新河垸地区的防汛工作移交北区。

2月12日 中共北区区委决定区机关干部分三批轮流下区属6个街道和5个部门工作，每批工作时间3个月。

2月15—19日 北区政协三届一次会议召开，选举产生区政协第三届常务委员会，主席葛长庚，副主席唐纽武、冯兆麟、周植行、刘曼君（女）、朱林次、胡洁非（女）。

2月22—28日 北区人大十届一次会议召开，选举产生区第十届人大常委会，主任王大刚，副主任魏亦祁、李光忠、李万健、彭菊琼（女）；选举彭振武为区人民政府区长，阳克春、黄自强、张伟玦（女）、任长林、宁枫为副区长，选举姜湘凡为区人民法院院长、吴谋明为区人民检察院检察长。

3月8日 中共北区区委、区人民政府首次制定全区“目标管理岗位责任制”，自1990年1月1日开始实行。

3月 北区检察院被评为全国检察系统反贪污贿赂先进集体。

4月25日 长沙市社会治安综合治理现场经验交流会在北区召开。

4月30日 南海舰队赠送长沙市民一艘退役鱼雷快艇并在烈士公园展出。

6月1日 北区境内长沙市青少年宫科技馆竣工开放。

6月12日 因连日暴雨，全区36户居民受灾，房屋倒塌10户。区长彭振武等到清水塘、新河地区检查灾情，慰问受灾居民群众。

6月22日 中共北区区委、区人民政府决定将区政府驻地蔡锷北路393号原长北商场等地域房屋拆除，重建一栋8层楼的办公、营业大楼。

7月1日 北区第四次人口普查工作至当日零时结束，全区总人口为22.2681万人。

7月3日 北区境内长沙面粉厂年产3.5万吨精粉生产线竣工投产。

7月22日 北区第一届“长沙之夏”活动在北站路街道开幕。

7月28日 北区创建国家卫生城市迎接全国城市卫生检查动员大会在烈士公园电影院召开。

9月8日 北区境内北桥市场建成营业，北桥市场是当时长沙市规模宏大的综合集贸市场之一。

9月13日 湖南电视台电视发射塔在北区德雅村建成，塔高213米，高度为当时全国第二。

10月29日 长捞公路（今芙蓉北路）浏阳河大桥动工。大桥设计长262米，宽24米。

12月8日 天主教长沙教区主教屈天锡在北区境内的长沙天主教堂为李立明、胡赛龙修士主持晋升神父大礼弥撒，成为长沙教区的首批神父。

12月10日 中共北区区委、区人民政府召开首届街道工作会议，杨澍炎等9位从事街道工作30年以上的老同志受到表彰。区长彭振武作《不断加强街道建设，为振兴北区而努力奋斗》的报告。

12月21日 区人民政府会同芙蓉路工程指挥部及有关部门召开专题会议，研究芙蓉路市区铁路断道问题。12月30日，全部完成北起长沙北站、南至大椿桥道口的拆除工作，结束市区中心火车通行的历史。

是年 北区社会治安综合治理经验受到中共中央政法委重视，收入《社会治安综合治理研究汇编》一书，在全国推广。

是年 北区区辖企业光明童装厂生产的童装在中国妇女儿童40年博览会上获金牌奖。

是年 北区少年宫美术班学员廖辽沙的绘画作品《太空乐队》入选《国际儿童画册》。

是年 三角塘小学获省体育运动委员会“育才奖”。

1991年

1月5日 北区新源节能设备厂研制的VSPJ-15型液化气钢瓶节能装置（已获得国家专利）通过省级鉴定。

1月17日 部分在长沙的全国和省人大代表一行13人视察北区清水塘小学。

1月30日 北区境内长沙湘江二桥举行通车典礼，省、市党政军负责人与万名群众参加典礼。湘江二桥全长3616米，宽25米，是当时全国跨度最大的双塔单索两面斜拉桥。

是月 民主东街老年体协获1990年度全省及全国的老年体协先进集体，76岁老人王淑涵获全省及全国老年体协先进个人称号。

2月28日 中共北区区委、区人民政府作出《关于进一步加强街道工作的十项决定》。

4月6日 北区境内中山路百货大楼获第二届全国执行物价政策法规最佳商店称号。

4月23日 北区创办全省第一家婚姻家庭学校。

4月 长沙广播器材厂生产的DB-40-01广播电视用电源变压器被评为省优产品。

5月3—7日 湖南省“两反”（反贪污、反贿赂）侦察工作经验交流会在北区检察院召开。

5月8日 湖南省人民检察院副检察长蒋长清一行3人考察北区社会治安综合治理工作。

5月14—16日 北区健康教育通过省健康教育达标检查组检查。

5月17日 北区铁佛东街小学1名男生在学校操场内，乘司机下汽车提水，爬进驾驶室，将车启动滑行，撞伤1名女生，经抢救无效后死亡。

5月21日 位于捞刀河镇的煤制气工程4座主体设备安装成功。

5月22日 省人大常委会副主任罗秋月、省政法委副书记何文兴一行考察北区工作。

6月21日 北区第二届运动会开幕式在国防科大举行，省、市领导人潘贵玉、陈元松和一万多名观众观看老年人太极拳、少儿韵律操和工程兵学院队列式等表演。

7月25日 北区境内长沙市第五自来水厂第二期工程动工，日设计供水能力15万吨，总投资1985万元。

8月23日 市文物工作队在北区境内湖南医科大学附属一医院宿舍区发掘战国时期墓葬一座，出土一批文物。

8月28日 中共北区区委、区人民政府召开纪念中共北区委员会、北区人民政府成立40周年大会。

9月2—9日 共青团北区第五次代表大会召开，选举团区委书记。

9月12日 中共北区区委、区人民政府作出《关于进一步加强科技工作促进科技兴区的决定》。

9月12日 北区境内长沙动物园一只走失144天的云豹在湖南军区大院被捕获归园。

9月30日 北区境内中南地区最大的服装批零售集散地——长沙服装城开业。

9月 北区砚瓦池小学音乐教师肖子玲被国家教委、人事部授予全国教育系统劳动模范称号。

10月3日 北区与国防科技大学成立军民共建领导小组。

10月25日 北区境内长沙市“八五”规划重点建设项目长捞路工程正式开工。全长7.05千米，途中新建浏阳河大桥和捞刀河大桥两座大型桥梁。

10月 北区人民检察院检察长吴谋明被国务院军队转业干部安置工作小组、人事部、中国人民解放军总政治部联合授予全国模范军队转业干部称号。

12月26日 中共北区区委、区人民政府作出《关于表彰区企业局、上大垅街道、北站路街道率先突破工业产值3000万元的决定》。

是年 北区计划生育工作位列全省125个县（市）、区前列，被中共湖南省委、省人民政府授予“全省计生工作先进集体”称号。

1992 年

1 月 20 日 《湖南日报》以《各方齐抓共管、实施打防并举》为题，报道北区社会治安综合治理情况。

2 月 16 日 秘鲁著名劳工问题专家卡德纳斯女士、阿拉尔小姐访问长沙，参观位于北区湘春路的市工人文化宫。

3 月 10 日 北区黑石渡街道办事处成立。

3 月 11 日 北区新河街道办事处成立。

3 月 13 日 区人大十届三次会议，补选李正宇为副区长。

3 月 14 日 交通部部长黄镇东察看 319 国道湘江二桥东接线工程。

3月21日 中共北区区委、区人民政府发出《关于选派干部到街道、居委会工作锻炼的通知》，要求全区共选派52名干部下基层，时间为2～3年。

3 月 30 日 长沙市第一家价格事务所——北区价格事务所成立。

5 月 13 日 市文物考古队在北区境内国防科技大学院内发掘出十余座战国和西汉墓葬。

5 月 14 日 全区第二届科学技术大会召开，区委、区政府授予 4 位科技（教育）工作者“有突出贡献的专业技术拔尖人才”称号，表彰 51 位先进个人和 19 个先进集体，奖励 15 个科技进步项目。区政府成立北区科技顾问团，聘请省、市有关专家、学者为北区科技顾问。

5 月 16 日 中共北区区委、区人民政府举行毛泽东《在延安文艺座谈会上的讲话》发表 50 周年群众歌咏大会，全区机关、学校、企业及驻区单位的 18 支代表队共 3000 余人参加比赛。

5 月 28 日 北区境内中南地区最大的毛巾织物企业——长沙毛巾集团成立。

5 月 28 日 北区境内长沙市东风路的省妇女儿童活动中心建成并正式对外开放。

5 月 30 日 北区成立长沙育德少年军校。

6 月 1 日 北区境内湖南省少年儿童图书馆在中山路落成，并对外开放。

6 月 5 日 建设部人防办主任余润清一行考察北区，察看湖南医科大学附属湘雅医院地下病室和留芳宾馆防空地下室。

6 月 18 日 北区境内华威人造板工业集团在湖南人造板厂成立。

7 月 3—10 日 长沙地区普降大到暴雨。8 日，湘江最高洪峰 37.85 米，超过危险水位 1.85 米，北区境内遭受洪涝灾害。

7 月 10 日 中共北区区委作出《关于加强武装工作的若干决定》。

7 月 14 日 经市委基层社教验收小组检查验收，全区自 1991 年 9 月开始，历时 10 个月的城市社会主义思想教育工作结束。

7 月 反映北区建区 40 年历程的电视专题片《城北春晓》摄制完成并放映。

8 月 5—6 日 因 7 月下旬以来持续高温，区委书记朱厚廓、区长彭振武到巨力胶带厂、湘江口罩厂、前进服装工业公司等 10 多家企业走访慰问。

8 月 27—29 日 区第八次妇女代表大会召开，选举产生区妇联第八届执委会，主任蒋四军。

9 月 4—6 日 区工会第五次代表大会召开，选举产生区工会第五届委员会，主席阳友镜。

9 月 4 日 中共北区区委作出《关于街道党委改为工委的决定》。

9 月 26 日 中国第一台汽车计算机自动驾驶系统在国防科大通过鉴定。

10 月 20—22 日 北区第五次党代会召开，选举产生区委常委会，书记吴梦南（女），副书记阳克春、丰修仁、何小兰（女）；选举区纪委常委会，书记常庚申，并选举出席市党代会的代表。

10 月 25 日 中共北区区委与湖南电视机厂签订合作协议书，选聘该厂工程师郭庭喜担任北区政府科技副区长。

10 月 26 日 全国十九城区工商局长座谈会在北区工商局召开。

11 月 14 日 北区境内 319 国道与湘江二桥东接线工程——浏阳河大桥动工建设。

12 月 3—7 日 北区政协四届一次会议召开，选举产生区政协第四届常务委员会，主席刘云甫，副主席廖海峰、王维泽、周植行、朱林次、胡洁非（女）、刘曼君（女）。

12 月 4—9 日 北区人大十一届一次会议召开，选举产生区十一届人大常委会，主任任长林，副主任李万健、彭菊琼（女）、王书高、李树生、黄沐定；

选举阳克春为区人民政府区长，唐纽武、宁枫、朱志雄、姚淑华、李正宇为副区长，郭庭喜为科技副区长；选举蒋华贵为区人民法院院长、吴谋明为区人民检察院检察长；并选举出席长沙市第十届人大的代表。

12月26日 北区境内市煤制气工程建设基本完成，首批用户一次送气点火成功。

是年 北区区辖企业长沙起重机械配件厂生产的ZWZ直流制动器在1992年黑龙江全国科技成果展览会上荣获金奖。

是年 全区商业销售1.23亿元，突破亿元大关。

是年 北区信用社年末存款1.06亿元，在全省城市信用社中率先突破1亿元大关。

1993年

1月7日 中共北区区委、区人民政府决定将光明童装厂、北区信用社、北区建筑公司、北区基建公司定为区大型二级企业，其厂长（经理）、书记享受正科级干部待遇；将东风汽车仪表厂、机电设备厂、湘江口罩厂、华南交通机械厂、巨力胶带厂、中南电工器材厂、北区建材工程公司定为区中型一级企业，其厂长（经理）、书记享受副科级干部待遇。

1月9日 中共北区区委、区人民政府对北区企业局、商业局、工业基地开发办、法律事务所4个单位实行转体分流。

3月1日 郊区福安乡胜利村成建制划拨北区，实行以区带村的新型管理体制。

3月1日 中共北区区委决定成立区旧城改造、城市开发建设领导小组，区委书记吴梦南任组长。

3月1日 北区区辖企业长沙佑昌房地产开发有限公司（合资）成立，省、市领导陈邦柱、刘夫生、沈瑞庭、刘启欣、肖常锡等到场祝贺。

3月20日 以创造思维教育为核心的全区小学“三维教育实验”论证会召开，省、市有关领导及专家50多人参加会议，市教科所对该课题予以立项。

3月27日 最高法院、省高院、市中院领导考察区法院工作。

4月28日 长沙首家集体股份制企业——北区区辖企业长沙华泰电缆工贸公司正式挂牌营业。

5月1日 北区境内长沙市五水厂二期工程竣工投产，日供水能力增至30万吨。

5月8日 中共北区区委、区人民政府召开“北星城”旧城改造建设工作会议，副市长罗桂求、刘启欣、肖常锡等与会。10月26日，市政府批复同意《北星城控制详细规划》方案。

5月22日 湘雅医院成功切除一个大如拳头的脑内肿瘤。

6月 北区“双基”（基本普及九年义务教育、基本扫除青壮年文盲）工作经省政府检查团检查，各项指标均达到或超过国家标准，成为全国首批实现“双基”的合格区（县）。

7月5日 连日来，长沙地区遭受特大暴雨袭击，湘江、浏阳河均出现洪峰险情，沿江大道北区低洼地段遭水淹。

8月1日 北区境内伍家岭立交广场主体工程合龙。

8月9日 中国南方航空公司在湖南省的第一个水陆空联运代理处——“南航”湖南分公司长沙联运代理处在北站路开始对外服务。

8月10日 市委副书记、市人大常委会主任郭俊秀和市人大常委会副主任陈香成一行考察荷花池集贸市场。

8月18日 由区人民政府牵头，区工商局、商业局和市商业网点建设开发公司共同投资联合兴建的北区黑石渡商业批发市场奠基。

8月28日 长沙市市长张明泰在北区与区委书记吴梦南、区长阳克春处理3件群众投诉。

8月 上大垅街道办事处获“全国群众体育先进单位”称号。

9月16—22日 中国人民解放军总参谋部在国防科大举办全军首期技术院校教务长集训。

9月22日 北区境内位于芙蓉北路的湖南证券大厦落成。

11月3日 省委书记王茂林调研长沙市第二污水处理厂、319国道湘江二桥东接线和芙蓉路等重点建设工程。

11月22—29日 由中华全国台湾同胞联谊会、中国少年活动中心同台湾光复书局、台湾儿童日报社联合举办的第三届海峡两岸儿童“画我故乡”绘画获奖作品在北区展出，北区获奖学生彭瑶曾应邀于9月随同“大陆儿童访问团”到台湾进行为期10天的访问。

11月23—26日 全国第二届友好法院联系会第

一次会议在区法院召开。

12 月 8 日 北区境内烈士公园新建的湖南民俗村对游客开放。

12 月 22 日 区第六届居委会工作会议召开，区委、区政府作出加强居委会建设的 6 项决定。

12 月 22 日 国务委员陈俊生出席北区境内仓容 4.5 万吨的长沙市粮一库机械化骨干粮库主体工程竣工典礼。

12 月 22 日 北区境内市博物馆内毛泽东诗词对联书法艺术碑廊在市博物馆竣工，省、市领导参加竣工落成典礼。

12 月 25 日 319 国道长沙湘江二桥东接线城区段和东风路高架桥工程全线竣工通车。

是年 松桂园小学学生梁平发明的“保险背心”获得国家专利，1994 年该项目被省卫生厅、省电视制作中心买下，项目迅速得到推广应用。

是年 东风汽车仪表厂的技改项目 82116 汽车仪表总成通过省级鉴定，填补省内空白。

是年 北区青少年之家基建工地发掘一座战国墓葬。

是年 明德中学举行建校 90 周年校庆暨黄兴图书馆揭幕式。

1994 年

1 月 11 日 区人民政府与澳门新隆昌实业投资有限公司联合兴建的兴汉大厦举行奠基典礼。

2 月 15 日 北区境内长沙市第一医院副院长易顺昌拾到总价值 17 万元的现金及物品归还失主。

3 月 4 日 中共北区区委、区人民政府制定《关于创建社会治安模范城区的实施方案》。

3 月 12 日 中共北区区委、区人民政府作出《关于表彰北区 1993 年度学雷锋“双五佳”的决定》。

4 月 20 日 上大垅街道团委被团省委授予先进基层团组织荣誉称号。

4 月 27 日 湖南省、长沙市妇女联合会一行 5 人考察北区女干部工作情况。

5 月 6 日 北区青年志愿者协会成立，招募青年志愿者 4000 人。

5 月 7 日 区政协召开成立十周年庆祝大会。

5 月 7 日 明德中学初 79 班学生张艳艳、罗玉霜放学回家经过开福寺，拾到巨额票款交还失主。学校授予两人“拾金不昧的好少年”荣誉称号。

5 月 24 日 从美国回长沙的原国货陈列馆（中山路百货大楼前身）首任馆长刘廷芳参观中山路百货大楼。

6 月 6 日 中山路百货大楼共青团优质服务示范柜被共青团中央和国内贸易部联合命名为“青年文明号”。

6 月 19 日 湘江特大洪水袭击长沙，北区民主东街、北站路、新河、伍家岭、黑石渡、胜利村等受灾，面积 4.50 平方千米，约占全区总面积的三分之一。

7 月 8 日 北区十一届人大第十三次常委会召开，任命龙长工为北区人民政府副区长、代理区长，免去阳克春北区人民政府区长职务。

7 月 21 日 湖南省高级人民法院院长詹顺初、市中级人民法院院长任祖武考察北区法院工作。

7 月 26 日 全省法院纪检监察工作会议在北区法院召开。

9 月 20 日 中共北区区委、区人民政府发出《关于进一步改革和加强卫生工作的决定》。

9 月 30 日 北区境内长捞路竣工。

10 月 21 日 省高级人民法院领导到北区指导工作，并考察新建的法院大楼。

10 月 24 日 中共北区区委、区人民政府召开专题会议，研究新建清水塘摩托车市场问题。

11 月 1 日 长沙市第三届体育运动会北区代表团庆功大会召开。北区代表团共夺得金牌 47 枚、银牌 23 枚、铜牌 26 枚，团体总分 712 分，位列全市金牌总数、奖牌总数、团体总分三个第一。

12 月 22 日 北区与双峰县结为少先队“手拉手”友好区县。

12 月 28 日 中共北区区委、区人民政府发出《关于进一步加强城市管理的决定》，将区环卫局、园林局、市政局、爱国卫生运动委员会办公室归口区城市管理办公室管理。

是年 北区社会治安综合治理在长沙市五区检查评比中名列第一，受到市委、市政府表彰。

是年 北区区辖企业华南交通机械厂的技改项目“99671 单向深沟推力轴承”通过省级鉴定。

是年 少数民族集居村——捞刀河镇汉回村被评为全国民族团结进步模范单位。

是年 营盘街居委会获“湖南省文明建设先进单位”称号，实现北区区属单位省级文明单位“零”的突破。

1995 年

1 月 14 日 北区房地产开发公司完成东风路拓宽工程拆迁任务。

3 月 20—23 日 区政协四届三次会议召开，增选黄兆明为区政协副主席，免去王维泽的区政协副主席职务。

3 月 21—24 日 区人大十一届第四次会议召开，补选李正宇为区人大副主任，补选龙长工为区政府区长。

4 月 5 日 是日清明节，万名群众到烈士公园悼念先烈。

4 月 24 日 中共湖南省委同意龙长工任中共北区区委书记，免去吴梦南的中共北区区委书记职务。

5 月 5 日 区十一届人大常委会第二十次会议决定，唐纽武任北区人民政府代理区长，免去龙长工的北区人民政府区长职务。

5 月 12 日 中共北区区委发出《关于开展向孔繁森同志学习活动的通知》。

5 月 22 日 湖南丽臣实业总公司工程师守飞华在公共汽车上见义勇为斗歹徒。

5 月 24 日 北区人口基本信息网络系统工程正式开通，形成人口综合信息纵向、横向联网和多功能的区域网络传输，实现人口信息的全区共享。

5 月 31 日 中共北区区委、区人民政府作出《关于加快发展第三产业的决定》。

6 月 1 日 中共北区区委、区人民政府在市一中体育馆举行北区全民健身计划“一二一启动工程”启动仪式。

6 月 12 日 北区社会治安综合治理暨创建治安模范城展览开幕式在省博物馆举行，省委书记王茂林，省人大常委会副主任赵培义等为展览剪彩。

6 月 16 日 中共北区区委、区人民政府作出《关于加强计划生育工作的决定》。

6 月 22 日 北区在省石油公司召开创建治安模范机关大院现场会。

6 月 27 日 中共北区区委作出《关于向谢启光同志学习的决定》。谢启光系长沙市郊区洞井乡党委副书记，在 6 月 5 日查办一起经济案件时，遭犯罪分子杀害，不幸因公牺牲。

7 月 27 日 中共北区区委、区人民政府召开区直机关机构改革动员大会。机构改革后，区直党政机构设置 25 个，比原有 42 个减少 17 个，精简 40.50%。

8 月 8 日 北区毛家桥水产批发市场正式开业。

9 月 4 日 开福寺自然法师作为中国政府代表团正式代表参加联合国第四次世界妇女大会。

9 月 28 日 由北区兴建的北正街灯饰批发市场挂牌营业。

10 月 6—8 日 国家城市卫生检查团到北区检查城市卫生工作，35 个单位接受检查。

10 月 8 日 长沙市关心下一代工作委员会在北区召开全市关心下一代工作经验交流会。

10 月 26 日 中共北区区委发布《关于贯彻〈政协全国委员会关于政治协商、民主监督、参政议政的规定〉的 6 条意见》。

11 月 10 日 中共北区区委发出《关于开展创建文明小区、治安模范小区工作的通知》。

11 月 18 日 北区伍家岭街道被民政部城镇建设局授予“中国街道之星”光荣称号。

11 月 25 日 省、市人大代表检查北区计划生育工作。

11 月 30 日 长沙市创建治安模范小区经验交流会在北区召开。

11 月 北区老干局被评为湖南省“老干部工作先进单位”。

12 月 8—9 日 共青团北区第六次代表大会召开，选举产生共青团北区第六届委员会，书记丁文。

12 月 29 日 北区档案馆通过省三级档案馆验收，成为长沙市第一个上等级达标的区级档案馆。

1996 年

1 月 8 日 中共北区区委五届八次全体（扩大）会议，审议关于北区第九个五年计划的建议。

1 月 9 日 中共北区区委、区人民政府发出《关于向“中国街道之星”伍家岭街道学习的决定》。

1 月 9 日 中共北区区委、区人民政府召开表彰模范居委会和居委会工作先进个人大会，区委、区政府授予11个居委会“模范居委会”称号，授予135人“居委会工作先进个人”称号。

1月27日 北区境内位于丽臣广场的北斗星商厦正式营业。

3月8日 中共北区区委、区人民政府举行区人武部收归军队建制交接授牌仪式。

3月12日—15日 区人大十一届五次会议，补选唐纽武为区人民政府区长、陈迟怡为区人大常委会副主任。

4月5日 国务院副秘书长张左一行已到开福寺调研。

4月8日 中共北区区委、区人民政府决定成立北区经济体制改革领导小组。

4月15日 中共北区区委、区人民政府召开全区精神文明建设大会，作出《关于进一步加强社会主义精神文明建设的决定》。

4月18日 中共中央综合治理委员会检查组一行5人到北区检查工作。

4月19日 中共北区区委、区人民政府召开全区科技大会，作出《关于加速科学技术进步的决定》和《北区科学技术进步奖励办法》，决定增聘6名专家、教授为北区科技顾问，并成立北区科技领导小组。

4月22日 国务院在《湖南省调整长沙市市辖区行政区划》的批复中，明确了撤销长沙市北区，建立长沙市开福区。

5月11日 湘江风光带北区段第一期工程完工。

5月23日 中共北区区委、区人民政府发出《关于在全区开展建设文明城市形象工程活动的实施意见》。

6月2日 湖南省人民政府发出《关于调整长沙市辖区行政区划的通知》，决定撤销长沙市东区、南区、西区、北区、郊区；设立长沙市芙蓉区、天心区、岳麓区、开福区、雨花区。开福区辖原北区的望麓园、伍家岭、清水塘、北站路、黑石渡、民主东街、上大垅8个街道，原西区的西长街、如意街、通泰街3个街道，原郊区的福安乡、综合农场、红色渔场和长沙县的捞刀河镇及原望城县的霞凝乡。区人民政府驻蔡锷北路393号。

6月2日 北区境内湘楚文化艺术品市场在长沙清水塘正式开业。

6月19日 公安部党组副书记、常务副部长田期玉视察北区公安分局新河派出所。

6月26日 中共北区区委、区人民政府举行表彰“十佳领导干部”大会，同时发出《关于开展向“十佳领导干部”学习活动的通知》。

6月28日 北区召开“严打”斗争公判公捕处理大会。依法对17名犯罪分子进行公开宣判，对20名犯罪嫌疑人宣布公开逮捕决定，对23名违法人员宣布劳动教育决定。

7月10日 长沙市开福区在原北区机关大院门口举行开福区揭牌仪式。

7月15日至8月6日 开福区全力以赴抗御洪水袭击，募集救灾捐款58.1万元。

7月17日 长沙市市长袁汉坤等在涝湖垸召开开福区、雨花区、长沙县负责人防汛抢险工作协调会议。

7月21日 戚家湖大堤突然裂缝，情况危急，市委副书记李映华、副市长胡越与区党政领导一起组织各方力量连夜抢修，至22日凌晨4点排除险情。

8月28日 开福区境内长沙九芝堂药业（集团）有限公司正式成立。

9月9日 中共开福区委、区人民政府组织全区各部门和单位募集赈灾款127万元、衣服18万件，捐赠湖南省灾区人民。

9月24日 中共湖南省委同意谢树林任中共开福区委员会委员、常委、书记，免去龙长工的中共开福区委书记职务。

10月1日 “′97回归——香港的历史与发展”展览在开福区境内市博物馆展出。

10月17日 副市长李斌恺召开专题会议，研究有关开福区新址和金霞总公司、金霞小区用地问题。

11月18日 国防科技大学与开福区境内马王堆实业集团正式签订联合成立长沙银河电脑有限公司的协议。

12月18日 国道绕城公路（西北段）开工典礼在开福区霞凝乡举行。

12月23日 长沙市成立洪山旅游区管理局，该局实行企业化管理，并与长沙市国有综合农场实行局场合一的管理体制。

12月25日 中共开福区委、区人民政府作出《关于进一步加强环境保护工作的决定》。

12月26日 “′96全国名优特新产品博览会”在开福区华厦市场开幕。

是年 伍家岭邮政营业处被评为“全国邮政服务先进集体”，被邮电部列为全国33个文明服务示范窗口之一。

是年 开福区计划生育工作列为全省城区第一名。

1997年

1月7日 国务委员李贵鲜和民政部部长多吉才让、副部长范宝俊一行，到开福区伍家岭街道办事处调研。

1月9日 下麻园岭居民举报饮用假酒中毒事件引起市长袁汉坤重视，市政府召开紧急会议，责成有关部门追查假酒，抢救患者。

1月13日 市园林部门在长沙文明形象路——东风北路移栽400株常绿树大叶樟。

2月24日 中共开福区委、区人民政府发布《关于进一步加强工业经济的意见》。

2月25日 中共开福区委组织全区县级领导干部收看邓小平追悼会的实况转播，缅怀邓小平的丰功伟绩，沉痛哀悼邓小平逝世。

3月18日 中共开福区区委、区人民政府在金霞小区举行新区治大院奠基典礼，省、市领导参加典礼。

4月20—21日 省委副书记胡彪、副省长庞道沐到开福区捞刀河镇成功村，调研商品化软盘塑膜旱育秧基地和千亩优质水果示范基地。

5月18日 开福区境内位于市北郊的石长铁路湘江铁路桥建成。

5月20日 中共开福区委制定《关于乡镇区街企业产权制度改革的实施方案》。

6月7日 由于长沙地区连日普降特大暴雨，综合农场朝正垸鸭子铺分场二队堤身出现大面积滑坡。省、市领导杨正午、袁汉坤等赶赴现场，指挥抢险。

6月11日 开福区境内长沙轻工机械有限责任公司、湖南湘江涂料集团有限公司挂牌成立。

6月21日 通泰街居民捐资建成迎香港回归纪念牌楼。

7月5日 市人大常委会主任陈香成等率市建委、市城管委负责人到开福区便河边、姚正街居民消费合作社、东风一村、北桥新村拆违还绿创建文明小区、先锋包装厂企业改制组建集团督查、调研。

7月8日 区法院被省高院评为1996年度“全省计财装备工作管理规范化建设先进法院”和“全省‘双文明’建设先进集体”。

8月8日 长沙市委书记召集开福区和雨花区主要领导开会研究，就红色渔场移交达成一致意见。

8月11日 开福区委办、区政府办发出《关于进一步推行办事公开制度的通知》。

9月11—13日 开福区工会第一次代表大会召开，选举产生开福区工会第一届委员会，主席张清根。

9月11—13日 开福区妇女联合会第一次代表大会召开，选举产生开福区妇女联合会第一届委员会，主席张细忠。

9月12日 共青团开福区第一次代表大会召开，选举产生共青团开福区第一届委员会，书记张作林。

9月25日 中共开福区委发布《关于认真学习宣传贯彻党的十五大精神的安排意见》。

10月8—10日 开福区第一次党代会在区机关八楼举行，选举产生第一届区委常委会，书记谢树林，副书记余建国、姚智醇、戴源、黄新国；并选举产生区纪委常委会，书记张新亮。

10月16日 秦皇岛市学习考察团一行就文明小区建设到开福区参观考察。

10月16日 开福区境内长沙世界之窗正式开园。

11月7日 长沙市发文明确长沙市经济开发区不再作为市人民政府的派出机构，调整隶属开福区领导。

12月6日 开福区境内市博物馆举行“知吴简、爱长沙”集体书画活动。

12月7—11日 开福区政协第一届一次会议召开，选举区第一届政协常委会，主席刘云甫，副主席廖海峰、黄兆明、钟海石、吴益群、范先成、谢祥京。

12月9—23日 开福区第一届人民代表大会第一次会议召开，选举产生区第一届人大常委会，主任朱志雄，副主任彭菊琼、李正宇、王书高、李树生、黄沐定、陈迟怡；选举余建国为区政府区长，罗妹华(女)、李增加、朱德文、袁志恒、李豪、许振勤为副区长，杨自永为区人民法院院长，吴谋明为区人民检察院检察长。

12月24日 开福区境内湖南丽臣实业有限责任公司成立。

12月25日 长沙市高岭建筑总公司创建36周年暨工作汇报会在捞刀河镇新落成的公司总部举行。会上举行向市慈善总会捐赠10万元和向开福区扶贫基金捐助 100 万元的捐赠仪式。

是年 开福区主体性教育区域性改革实验被列入中央电教馆素质教育电化教学重点实验课题。

是年 开福区获“全国科技工作先进城区”称号。

1998 年

1 月 4 日 北站路毛家桥水果商贸城正式开业。

1 月 10 日 吉福街发生一起火灾，据统计，受灾 9 户 30 人，受灾面积 193.8 平方米。

1 月 19 日 下河街 100 余家个体经营户迁入位于高桥大市场的新下河街商场。

3 月 6 日 中共开福区委、区人民政府发出《关于对行政主要领导干部实行离任审计的通知》。

3 月 9 日 湘江水位为 36.91 米，浏阳河水位为 35.75 米，捞刀河水位为 35.70 米，均超过警戒水位。中共开福区委、区政府召开紧急会议专题部署防汛抗洪工作。

3 月 10 日 省委副书记郑培民、副省长庞道沐到开福区新河垸检查防汛工作。

3 月 10 日 湘江 37.64 米洪峰顺利地通过开福区区域内 34 个堤垸。

3 月 13 日 长沙市委书记、市委副书记一行到开福区调查研究，考察金龙电缆集团、华英饲料厂、新区治建设工地以及高岭建筑总公司。

4 月 10 日 开福区境内省博物馆马王堆汉墓陈列馆、长沙世界之窗被评为 '97 湖南最佳旅游景区（点）。

4 月 14 日 全区召开创建国家卫生城市迎国检动员大会，宣读区委、区政府《关于进一步加强城市管理创建迎国检的决定》，36 个责任单位向区委、区政府递交《目标责任状》。

4 月 15 日 四方坪街道办事处成立。

4 月 28 日 开福区公安分局获“全国优秀公安局”称号。

5 月 4 日 开福区接管长沙经济开发区。姚智醇兼任长沙市经济开发区管理委员会党委书记、管委会主任、开发建设总公司总经理。

5 月 6 日 国家宗教局局长叶小文一行视察开福寺。

5 月 15 日 从 1998 年秋季开始，城区各小学一律停办学前班，接受本学区年满 6 周岁的儿童入学。

5 月 18 日 中共开福区委办、区政府办作出《关于在全区农村推行村务公开制度，推进村民自治工作的意见》。

5 月 18 日 长沙工程兵学院四海公司采用微差双定向爆破拆除开福区境内原新闻出版局办公大楼。

5 月 26 日 位于开福区华厦路口与开福寺路交汇处的长沙市劳动力市场建成投入使用。

6 月 6 日 中共长沙市委、市人民政府在开福区辖企业长沙华英饲料有限公司召开生猪产业发展研讨会。

6 月 9 日 开福区东风小学 1 个教研课题被评为全国优秀课题。

6 月 14 日 市委常委、市政协主席张贤遵，市委常委、组织部部长秦卓夫，市人大常委会副主任颜克初，市政府副市长张伟玦到开福区检查指导防汛抗洪工作。18 日，分别到涝湖垸、朝正垸、福安垸检查指导防汛救灾工作。

6 月 17 日 省委书记王茂林等到开福区考察社区服务工作，实地察看望麓园、北站路、新河等街道的社区服务工作。

6 月 19 日 中共开福区委、区人民政府召开防汛救灾紧急动员会，部署抗洪救灾工作。

6 月 23 日 市人大代表开福区二组察看浏阳河开福区段的清淤扫障及大堤治理情况，市人大常委会副主任罗谟明、张菊萍和副市长孔光明参加察看。

6 月 25 日 中共开福区委、区人民政府作出《关于迅速全力投入抗洪抢险的紧急指示》，要求把防汛作为当前第一位的任务抓紧抓好。

6 月 26—28 日 区内一江四河水位均超历史最高水位，全区 34 个堤垸有 27 个漫溃。朝正垸大堤于 27 日傍晚被浏阳河水漫溃，城区临江街道也发生内涝灾情。

6 月 29 日 省人大常委会副主任王克英在苏托垸紧急会商有关险情处置和善后安置工作。

6 月 29 日 中共开福区委、区人民政府在区机关召开全区救灾紧急动员会，重点部署朝正垸救灾工作。

6 月 29 日 开福区境内梦洁产品一次性通过 ISO9002 国际质量认证，是国内同行业首家获此认证的企业。

7 月 2 日 朝正垸极少数人利用堤垸漫溃煽动不明真相者打人砸车、焚烧房屋。区委、区政府果断实施交通和治安管制方案，迅速制止事态发展，维护全区社会稳定。

7月3日 中共开福区委、区人民政府在康泰宾馆举行抗洪救灾新闻发布会，通报全区6月中旬以来所遭受的洪灾情况，全区受灾人口19.80万人，被洪水围困4.80万人，淹没和受渍农作物2666.67万平方米，冲毁房屋2500余栋，损坏房屋1.24万间，直接经济损失15.50亿元。全区有10万多名干群、3000多名军警战斗在第一线。

7月3日 开福区朝正垸溃口修复工程正式启动，于5日合龙。

7月7日 中共中央政治局常委、国务院总理朱镕基，中共中央政治局委员、国务院副总理温家宝和国务院有关部门领导，到开福区察看朝正垸洪涝灾情和安置灾民的先锋小学安置点。

7月8日 省委副书记胡彪等察看朝正垸灾区，指示省水利厅从沅江市调用大型排渍设备。

7月8日 副省长唐之享、省教委主任许云昭、市委副书记钟兴祥、副市长张伟玦到朝正垸察看灾情，慰问受灾的教师和学生。

7月10日 由沅江市支援朝正垸的两台65型高扬水泵安装完毕、开机排渍，朝正垸排渍速度明显加快。

7月12日 中共开福区委、区人民政府在区机关八楼会议室召开赈灾募捐工作会议。第一批募捐50万元。

7月26日 市长杜远明等到朝正垸大堤察看险工险段。

7月30日 省委常委、省人大常委会副主任王克英，副市长孔光明等连夜到开福区督查指导防汛工作。

7月31日 中共开福区委、区人民政府发出《关于做好救灾工作，妥善安排受灾群众生活的通知》。

8月4日 省政协主席刘夫生、副主席游碧竹及市领导察看朝正垸等受灾地区和苏托垸，并听取有关汇报。

8月4日 团市委组织500名青年志愿者到朝正垸，帮助灾区恢复生产。

8月12日 省人大常委会副主任罗海藩、郭俊秀，省委组织部副部长李映华、市纪委书记吴梦南等，分别到开福区检查指导救灾工作。

8月13日 全区抗洪救灾表彰大会召开，授予区民政局等41个单位“抗洪救灾先进集体”称号、余谷怡等30人“抗洪救灾功臣”称号、251人“抗洪救灾先进个人”称号。两个多月来，全区共发放救灾资金840万元、寒衣5500件、寒被2680床及其他物资，共计100多万元。

8月16日 湘江二桥发生恶性交通事故，一辆小型客车坠落湘江，死亡9人。

8月27日 由高岭建筑股份有限公司承建的长沙市交警大楼，经建设部专家验收评审，获全国土木工程建设最高质量奖——鲁班奖。

9月15日 长沙市国土局主持金霞苑土地赈灾拍卖会。

9月16日 开福区境内金霞大道续建工程动工。

9月29日 中共开福区委、区人民政府作出《关于加强水利工程建设和管理的决定》。

9月29日 长沙市二环线北高架桥正式通车。该桥两跨浏阳河，设六车道，全长4千米。

10月5日 芙蓉北路发生一起交通事故，一辆中巴车冲入人行道撞死2名行人。

10月7日 开福区境内市一医院新建的门诊大楼投入使用。

10月26日 长沙市第四届运动会闭幕，开福区代表团以金牌64块、奖牌159块、团体总分1413分的成绩，再次蝉联金牌、奖牌、总分三个第一。

10月28日 开福区海外联谊会成立暨第一届一次理事会在陋园宾馆举行。

11月3日 开福区境内市博物馆展出纪念刘少奇诞辰100周年的书画作品。

11月9日 国防科技大学捐资建校捐赠仪式在霞凝乡兴联学校举行，国防科大政治部副主任李金胜代表国防科大，当场捐资35万元用于兴建兴联小学。

12月2日 长沙因气温降至0℃，柴油机难以启动，城区2路公共汽车停开。

是年 陈家渡蔬菜基地被列为省首批重点示范基地。

1999年

1月4日 湘江长沙开福区段水位降至23.50米，为有历史记载之最低点。

1月26日 国家计委副主任郝建秀，省委副书记、代省长储波，副省长周时昌，省计委主任徐宪平，到开福区考察霞凝国家粮食储备库。

2月7日 首届长沙之春开幕式暨第三届“开福之春”大型游园文化展示活动在烈士公园举行。

2月9日 市区二环线四方坪立交桥竣工通车。

2月26日 开福区获1998年度全市党风廉政建设和反腐败工作目标管理一等奖。

3月11日 中共开福区委、区人大、区人民政府、区政协领导和区机关干部在东风二村等地参加植树活动，共植树2.03万株。

3月24日 金霞路街道办事处成立。

4月18日 中共开福区委、区人民政府在华英饲料厂召开华英高科技产品新闻发布会，省政协主席刘夫生、副市长孔光明等出席会议。

5月12日 长沙市委副书记、常务副市长谭仲池和市直有关部门负责人到长沙市经济开发区现场办公。

6月6日 开福区辖企业长沙华英实业集团组建成立。

6月16日 全省首批重点蔬菜基地授牌仪式在洪山旅游区管理局陈家渡分场举行，副省长周时昌为陈家渡蔬菜基地授牌。

7月10日 开福区境内长沙市一中学生颜毅获国际生物学奥林匹克竞赛银牌。

7月中下旬 开福区连续遭受洪水袭击，22日洪峰水位达37.61米，为历史上第三高洪水位，霞凝垸等堤垸连续出现多处险情。全区干部群众奋力抢险，险情得到及时排除。

7月30日 1999年国际滑水公开赛暨全国滑水冠军赛在烈士公园年嘉湖举行。

8月6日 开福区在烈士公园组织群众性大型文艺演出，庆祝长沙和平解放50周年。

9月15—18日 开福区接受全国爱卫会城市卫生综合检查团的检查，全区有12个街道（局）、64个点受检。

9月16—17日 全市乡镇企业工作现场观摩会在开福区召开，与会人员参观金龙、华英、唯楚香等企业。

9月18日 开福区境内省重点工程长湘公路长沙段、金霞大道续建工程正式开工。

9月27日 开福区庆祝国庆50周年暨新治所乔迁庆典活动在新大院举行，副省长潘贵玉出席庆典活动，并为新区治建成剪彩。

10月10日 中共长沙市委、市政府在开福区召开全市水利工作现场会。

10月26日 220千伏捞刀河变电站建成投产。

10月30日 开福区境内长沙国道绕城高速公路西北段建成通车。

11月23日 省委副书记兼长沙市委书记张云川到开福区检查工作，实地察看华英、高岭两家企业和陈家渡蔬菜基地。

12月11日 位于东风路175号的省药材公司仓库因人为纵火引燃西大门3号库一楼内堆放回收的轮胎，引发特大火灾。

2000年

1月3日 中共开福区委作出《关于进一步加强人民政协工作的若干决定》。

3月中旬至5月上旬 省民政厅在开福区上大垅街道进行全省第四次居委会换届选举工作试点。

4月20日 中共开福区委发布《关于加强街道社区党建工作的意见》。

5月1日 烈士公园正式免票对外开放。

5月24日 长沙世界之窗、湖南烈士公园、湖南省博物馆被评为“市民喜爱的十大长沙旅游区（点）”。

5月31日 中共开福区委发布《关于深入学习贯彻“三个代表”重要思想的意见》。

6月28日 九芝堂集团股份公司A股股票上市。

6月29日 香港树仁学院院长钟树荣女士对捞刀河镇向阳小学捐助10万元港币。

7月1日 开福区医疗保险管理服务中心成立，医疗保险正式启动，全区第一批参保单位151个，参保人数达5000余人。

8月16日 省委副书记、省政协主席胡彪调研开福区农业结构调整工作。

8月23日 金霞大道全线拉通。

9月6日 省民政厅批准撤销开福区霞凝乡，设立新港镇。

9月26日 中共开福区委、区人民政府发出《关于认真贯彻〈长沙市城市居民最低生活保障制度实施办法〉（试行）的通知》。

10月28—29日 湖南·长沙开福首届投资合作洽谈会在机关大院举行。

10 月 麦德龙国际参股有限公司在开福区投资设立麦德龙物业管理（长沙）有限公司。

11 月 1 日 开福区第五次全国人口普查登记工作全面展开。

11 月 8 日 中共湖南省委同意张迎龙任中共开福区委书记，免去谢树林中共开福区委书记职务。

11 月 10 日 中共开福区委、区人民政府发布《关于加快农业结构调整的意见》。

12 月 20 日 长沙市开福区重点工程湘江大道建设启动。

12 月 27—28 日 中共开福区委一届九次、区政府一届七次会议召开，原则通过《〈长沙市开福区国民经济和社会发展“十五”计划和 2015 年长期规划目标纲要〉的决议》。

是年 开福区辖企业长沙电度表厂生产的 DD701、DD702 长寿命电表通过 ISO9001、ISO9002 国际质量认证。

是年 开福区辖企业长沙大中木业有限公司产品通过 ISO9002 国际认证。

2001 年

1 月 11 日 开福区被评为长沙市 2000 年度社会治安综合治理先进区。

1 月 13 日 区委办发布《关于在全区开展“三个代表”重要思想学习教育活动的实施意见》。

2 月 14 日 110 家经营户告别经营 38 年之久的湘江二桥下副食品市场，整体搬入新北大桥副食品批发市场。

4 月 20 日 中共开福区委、区人民政府作出《关于聘请科技经济顾问的决定》，决定聘请何继善、夏家辉等 10 位院士、专家、教授为区科技经济顾问。

4 月 26 日 中共开福区委、区政府召开全区科技大会，宣布区政府与中南大学签订协约，共同创办中南大学开福湘雅科技园。

5 月 10 日 中共开福区委、区人民政府作出《关于开展创建文明城区工作的决定》。

5 月 26 日 “中国湘绣之乡”牌楼落成暨沙坪湘绣研究所成立庆典大会，在捞刀河镇沙坪集镇举行。

6 月 1 日 农业部农产品加工领导小组组长、乡镇企业局局长刘增胜到开福区考察华英集团公司。

6 月 4 日 西长街、如意街两个街道撤并为一个，冠名西长街街道。

6 月 7 日 开福区被正式批准为全国 34 个国家基础教育课程改革实验区和中国教育学会在全国确定的首批 15 个教改实验区之一。

6 月 7 日 省委常委、市委书记张云川和市长谭仲池分别到开福区督查防汛抗灾准备情况。

6 月 8 日 黄兴北路拓改工程启动。该路段从五一广场至潘家坪，全长 3 千米。

6 月 21 日 中共开福区委、区人民政府召开表彰开福区第三届“十佳人民公仆”大会，石放先等 10 人受到表彰。

6 月 全区完成社区划分调整和组织体系建设。全区 156 个居委会调整为 90 个社区，社区工作人员由 708 人精减为 523 人，平均年龄由 41 岁下降到 35 岁。

8 月 14 日 全区棚户区改造动员大会召开，全区第一个棚改项目蔡锷北路司马里棚户区拆迁腾地工作开始，标志开福区棚户区改造工程正式启动。

8 月 21 日 霞凝港修浚工程在开福区霞凝镇动工，总投资 4.77 亿元。

9 月 6 日 区人民法院被最高人民法院和团中央联合命名为“全国优秀青少年维权岗”。

9 月 7 日 开福区农村信用合作联社正式挂牌营业。

9 月 10 日 开福区境内原人民印刷厂旧房西栋六楼西向墙在拆除时，墙体意外倒下，造成 2 死 1 伤重大责任事故。

9 月 21 日 开福区境内展览馆路（今营盘路）棚改建设工程正式启动。

10 月 6 日 黄兴北路一期工程拆迁工作完成，拆除房屋建筑面积共 11.50 万平方米。

10 月 11 日 中共开福区委、区人民政府制定《关于印发〈长沙市经济开发区管理体制调整实施方案〉的通知》，明确长沙经开区党委、管委会恢复为市委、市政府的派出机构，长沙市经开区开发建设总公司整体移交市环路公司管理。

11 月 30 日 开福区老干部书画协会成立，协会主席葛长庚。2009 年，协会成立水云轩书画苑，2011 年 10 月更名为水云轩书画院，院长巢福初。

11 月 30 日 开福区老干部大学由中共长沙市委老干部局批准成立，校长葛长根。

12月5日 民政部常务副部长李学举在副省长庞道沭等陪同下，到上大垅街道东风一村社区考察工作。

12月5日 黄兴北路人防工程基建工地发现一大型古井群，30余口古井内发现珍贵文物百余件。

12月12日 开福区境内湖南民俗文化村竣工开放。

12月21日 中共长沙市委、市人民政府发文批准开福区机构改革方案。

是年 开福区获国家体育总局授予的“全国群众体育工作先进单位”称号。

是年 开福区通泰街老年艺术团获全国第三届老年合唱比赛“冬梅”金奖。

2002年

2月3日 省委常委、市委书记梅克保，副市长赵小明、刘晓明，市人大常委会副主任龚罗生考察霞凝港区建设工程。

3月1日 位于东风路7-A号的湖南红太阳娱乐有限公司演艺中心因电线短路发生特大火灾。

3月2日 国家人防局局长王胜利、广州军区人防处处长楚锡钢在副市长罗特、赵小明陪同下检查开福区境内黄兴北路人防工程。

3月8日 东风一村社区获湖南省文明社区称号，开福区获长沙市文明城区称号。

3月10日 以完善老年人福利服务基础设施为主要任务的“星光工程”在开福区36个社区全面实施。

3月19日 开福区境内湖南梦洁家纺有限公司的“梦洁”牌被国家工商总局认定为“中国驰名商标”。

4月11日 开福区境内长沙市第一医院附近建筑工地发现一座战国时期的大型木椁墓葬。

4月16日 市畜牧水产局组织市内首次大规模人工放流，10万尾鱼苗鱼种被人工投放到浏阳河洪山桥河段流入湘江的河口。

4月18日 开福区被省委、省政府授予“全省计生工作模范城区”称号。

4月21日 伍家岭立交桥改造工程开工，位于原立交桥东北向的八层住宅楼按预定目标爆破成功。

4月27日 马王堆汉墓出土30周年纪念日，省博物馆正式发布马王堆轪侯夫人复原头像。

5月19日 长沙市基督教城北堂、北正街教堂、长沙市天主教堂被公布为湖南省文物保护单位。

5月26日 开福区参加2002年“湖南·上海经贸活动周”，重点推介项目17个，签约项目8个，合同或协议引资24.80亿元。

6月18日 开福区境内长湘公路全线贯通，全长50余千米。

6月24日 省委副书记孙载夫和市领导余合泉、谢树林等到沙坪湘绣厂调研。

6月26日 展览馆路三公里工地发掘的大型战国楚墓出土遗物百余件，包括玉器、青铜器等。

8月8日 铁炉寺土地确权工作完成。

8月18日 开福区被民政部命名为“全国社区建设示范区”。

8月22日 湘江第六次洪峰抵达开福区境内长沙站，洪峰水位38.88米。

8月27日 湖南省副省长周时昌在副市长孔光明等陪同下考察选址开福区境内湖南粮食中心批发市场。

9月29日 展览馆西路全线建成通车，全长2118米，路幅宽46米，西起湘江大道，东抵烈士公园南大门。

10月1日 芙蓉路伍家岭立交桥改造工程全面竣工。

10月15日 黄兴北路地下人防工程主体封顶，该工程南起中山亭广场，北至展览馆路（今营盘路）广场，全长609米。

10月16—18日 中共开福区第二次代表大会召开，选举产生新的区委常委会；选举产生新的区纪委常委会。

10月21日 长沙市首批准备整体外迁的36家工业企业与浏阳市政府进行对接洽谈，其中开福区区域内的动力、湘江涂料、长沙石油厂等企业签约，入驻浏阳工业园。

10月29日 青竹湖高尔夫球场建成。

10月 开福区市容环境卫生管理局获建设部颁发的全国城市市容环境卫生先进集体“时传祥奖”称号。

11月2日 洪山旅游区引进10亿元拟建设的奥林匹克花园和月湖公园项目正式启动。

11月22日 中共开福区委发出《关于认真学习贯彻党的十六大精神的通知》。

11月24—29日 开福区政协第二届一次会议召开，选举产生区第二届政协常委会，主席罗妹华（女），副主席廖海峰、伍建新（女）、刘永红（女）、吴益群（兼）、范先成（女、兼）、杨庆江（兼）。

11 月 25—30 日 开福区人大第二届一次会议召开，选举产生区第二届人大常委会，主任黄新国，副主任朱德文、陈迟怡、李豪、范为宁（女）、梁宗仁、王冬元（女）；选举产生区人民政府区长李继红，副区长夏建平、袁志恒、王三稳、李光华、袁剑英（女）、黄永健、熊建伟。选举产生人民法院院长、人民检察院检察长。

是年 立新织布厂与开福寺办好交接手续，搬迁完毕。

是年 长沙北站获铁道部“四星级”优质货场称号。

2003 年

1 月 28 日 开福区境内长沙海底世界被国家旅游局授予国家 AAAA 级旅游景区。

2 月 9 日 开福区被市委、市政府授予“建整扶贫工作先进单位”。

2 月 11 日 霞凝港区 4 个千吨级码头主体工程完工，码头岸线长 320 米，设计年通过能力 120 万吨。

2 月中旬 因“非典”暴发，区内某些药店和商场哄抬物价，原 10 元一盒的板蓝根卖到 120 元，白醋卖到 50 元一瓶。

2 月 全区小康社会建设规划编制完成，提出将开福区建设成为经济强区、旅游名区和文化大区。

3 月 9 日 金霞纸业批发大市场正式挂牌，首期工程占地 6.67 万平方米，为全省唯一一家大型纸业专业市场。

4 月 1 日 开福区举行“湘绣（金球牌）”原产地标记注册颁证暨新闻发布会，长沙沙坪湘绣厂成为全省首家通过原产地标记注册的企业。

4 月 7 日 金霞大道开始全面拓改，全长 5.60 千米，宽 60 米，双向 6 车道。

4 月 18 日 司法部副部长胡泽君考察东风二村社区的普法依法治理工作。

4 月 25 日 开福区境内黄兴北路拓改一期工程通过验收，全长 1080 米，宽 40 米，双向 6 车道。

4 月 27 日 开福区工会第二次代表大会召开，选举产生区工会第二届委员会，主席张清根。

4 月 28 日 共青团开福区第二次代表大会召开，选举产生共青团开福区第二届委员会，书记孙铁龙。

4 月 28 日 开福区妇女联合会第二次代表大会召开，选举产生开福区妇女联合会第二届执委会，主席林秀媛。

5 月 19 日 位于开福区湘江、捞刀河交汇处的五合垸在防汛抢险过程中溃决，无人员伤亡。

5 月 23 日 开福区成立五合垸移民重建指挥部，启动移民重建工作。10 月，按照长沙市城市防洪规划，启动该片区城市防洪工程建设，其中五合垸捞刀河改道、新挖河道 970 米。

5 月 29 日 中共开福区委、区人民政府发布《关于加强全区招商引资工作的若干意见》。

5 月 30 日 区人民政府发布《开福区全面建设小康社会规划纲要》。

5 月 30 日 投资 1.40 亿元的周南中学开工兴建，新址位于开福区金霞大道旁，占地 27.67 公顷。

6 月 1 日 省委常委、市委书记梅克保就五合垸溃决后的受灾群众安置和水利建设问题到开福区现场办公。

6 月 15 日 湖南省首次城市社区海选在开福区四方坪社区举行，省内首个直选居委会产生。

6 月 16 日 长沙市 70 周岁以上老年人凭“老年优待证”可免费乘坐市区所有线路公交车。

6 月 28 日 东风二村在全省社区成立社区党委，实现党员由“单位人”向“社会人”的转变。

7 月 5 日 湘江大道展览馆路至北大桥段竣工通车，全长 2.60 千米，双向 6 车道，总投资 5.36 亿元。

7 月 16 日 新河北堤总面积达 3.40 万平方米的违法建筑群被拆除。

7 月 16 日 开福区境内长沙港开始拆迁，此为长沙港务局自 1953 年成立以来最大的一次拆迁。

7 月 30 日 国内最大的内河主枢纽港在长沙湘江东岸的霞凝建成，一期工程建有 4 个千吨级泊位，码头岸线长 320 米。

8 月 28 日 双拥路（原名四方大道）一期工程通车，西起陡岭路，东至二环线，全长 2.40 千米，宽 30 米，为城市一级次干道。

9 月 8 日 省会 2000 多名干部群众在湖南革命烈士陵园送别因勇斗歹徒而壮烈牺牲的英雄民警张杰明。

9 月 28 日 长沙市金霞污水处理厂扩建一期工程

全面投入使用，使全市日污水处理能力增至32万吨。

10月3日 中共中央总书记、国家主席胡锦涛视察开福区公安分局四方坪派出所。

10月4日 湖南省第一家社区网站在开福区清水塘芙蓉路社区开通。

11月1日 湘江水位下降至25.24米，比1998年同期历史最低水位25.35米低0.11米，低于1910年以来长沙站最低值。

11月20日 开福区档案馆通过省一级验收，成为长沙市档案馆实行目标管理考核以来第一个晋升省一级的档案馆。

11月14日 芙蓉北路拓改工程验收合格，该路原名金霞路，南起伍家岭，北至新港镇戴家河，全长5.27千米，宽60米，双向6车道。

12月9日 中共开福区委、区人民政府作出《关于加强公共卫生工作的决定》，并制定《开福区突发公共卫生事件应急预案》。

12月12日 开福区被省委办公厅、省政府办公厅授予“全省人口和计划生育工作模范单位”称号。

12月30日 省委常委、市委书记梅克保到开福区五合垸，看望因5月19日溃垸后被列入退田还湖重建工作的受灾群众。

12月30日 长沙市老干部诗词楹联协会开福分会成立，并于是月出版《开福诗联》创刊号。会员伏家芬当年获得“海峡情世界和平杯”全球华人诗词大赛银奖。

是年 捞刀河镇汉回村获省“民族团结进步模范单位”称号。

2004年

1月20日 开福区境内湘江风光带新建四大主题广场向市民开放。

4月11日 国家人防办副主任、人防局局长王胜利考察黄兴北路人防地下商业街（金满地）。

6月7日 中共开福区委、区人民政府发出《关于实行农业税免征政策的通知》，宣布从2004年1月1日起，全区农村统一实行农业税免征政策，实现农业生产环节“零税率”。

6月10日 长沙市首支干部义务城管队在开福区上麻园岭社区成立并开始首次“执法”。

9月24日 2004年湖南家用车博览会暨公园赏车会在烈士公园举行。

10月8日 中共开福区委、区人民政府发布《关于加快教育改革与发展的若干意见》。

10月24日 中共中央政治局常委、中央政法委书记罗干考察开福区公安分局四方坪派出所。

11月7—10日 中共开福区委、区人民政府领导率团赴香港参加“2004中国·长沙（香港）投资贸易洽谈会”。

11月16日 开福区获“全国计划生育优质服务先进区”奖牌。

11月 开福区成立全省首家区县级生态休闲观光农业协会。

12月5日 中共开福区委办、区人民政府办发出《关于组织开展“千名干部下基层，排解难题保稳定”活动的通知》。

12月11日 中共开福区委书记代表区委办、区政府出席在南京召开的全国村务公开民主管理工作经济交流会议。

12月23日 二环线东北段正式通车，该段东起四方坪立交桥北，西至三叉矶大桥东，长约11千米。

12月24日 2005中国·湖南绿色之光彩灯文化艺术节在烈士公园开幕。

12月28日 浏阳河洪山大桥主线通车。大桥主跨206米，斜塔垂直高度为136.80米，塔身倾斜角58度，在同类型桥梁中跨度和斜塔高度均居世界第一。

12月 开福区以全省最高分通过创建“湖南省文明城区”验收。

是年 荷花池社区打造“零拖欠”社区和陈家湖建设“绿色网吧”的经验被中央文明办重点推介。

2005年

1月7日 区人民政府制定《开福区创建全国生态示范区实施方案》。

1月9日 长沙新港二期工程动工。该工程建成投产后，新港千吨级泊位将达到8个，年设计货物吞吐量为集装箱10.20万标箱。

1月10日 中共开福区区委制定《关于在全区开展以实践“三个代表”重要思想为主要内容的保持共产党员先进性教育活动的实施方案》。

1月14日 五合垸捞刀河出口改道工程竣工，裁弯取直的新河道正式通航。

2月16日 《人民日报》报道新河街道“党员怎样过春节”活动。

3月3日 中共开福区委、区人民政府决定对农村义务教育阶段学生全免交杂费。

3月11日 中共开福区委、区人民政府发出《关于进一步加强农村工作，全力推进农村城市化进程的实施意见》。

3月18日 原湖南长元人造板股份有限公司综合大楼爆破，标志新河三角洲开发建设全面启动。

3月18日 《长沙市北区志》出版发行。《长沙市北区志》是长沙市北区建置以来的第一部志书，共16篇61章，约54万字，记述长沙市北区1934年至1995年自然和社会各方面发展、变迁的历史。

4月21日 中共开福区委召开工会、共青团、妇联工作会议，发布《关于进一步加强工青妇工作的意见》。

4月28日 开福区境内长沙第一垃圾中转处理场（长沙城市固体废弃物垃圾转运站）正式启用，日吞吐垃圾4000余吨。

5月11日 北京当代集团投资长沙的万国城Moma重点工程项目在开福区正式签约。

5月18日 央视《焦点访谈》报道开福区组织全区科级领导干部、社区（村）党支部书记和社区义务宣传员组成的宣讲队伍和从党政干部、离退休人员、教师队伍中聘请200多人组成的形势政策“双百”报告团，深入基层宣讲500多场的经验。

5月22日 长沙新港首次迎来一艘近4000吨级的江海轮，装载国际集装箱140TEU（标箱）。

5月26日 由原长沙火车北站、东站、南站三站合并组建成位于开福区境内新长沙火车北站。

5月28日 省委常委、市委书记梅克保调研长沙滨江文化园“两馆一厅”建筑设计方案。

6月1日 中共开福区委领导率团在香港铜锣湾的富豪香港酒店举行“开福区（香港）投资环境说明会暨签约仪式”，达成签约金额57亿元。

6月14日 市委副书记、市长谭仲池到开福区检查防汛工作。

6月29日 中共开福区委召开人大、政协工作会议，区委发布《关于进一步加强和改进人大工作的意见》和《关于进一步加强和改进政协工作的意见》。

7月7日 开福区境内连接北二环和北三环的中青路一期工程正式动工。

7月25日 中共开福区委、区人民政府发出《关于开展“天天慈善一元捐”活动的通知》。

7月28日 “长沙物流暨金霞海关保税物流中心专题招商会”举行，美国广财国际投资公司、新加坡GKE锦佳国际有限公司等90多家中外物流企业的客商参加会议。

8月2日 车站北路开福段建设正式启动，这是长沙市整体规划中南北向1级主干道，全长5140米，路幅宽36米，为6车道。

8月15日 交通部部长张春贤考察长沙新港。

8月18日 长沙市消防支队在金满地人防商业街举行大型灭火救援演习。

8月24日 《湖南日报》报道伍家岭街道湖动社区设立“民心榜”，清水塘、望麓园街道开展“党员名片”和“和谐社区我先行”的活动。

8月26日 青竹湖外国语学校建成。

9月3日 湖南省纪念抗战胜利60周年大型交响乐《黄河颂》长沙专场演出在湘江风光带滨江剧场举行。

9月12日 市委副书记、市长谭仲池调研新河三角洲开发建设工作。

9月22日—10月8日 “海天杯”2005年长沙首届“农家乐”节在开福区举办。

9月25日 开福区四方坪四季美景工地发生一起建筑施工事故，死亡4人。

10月24日 《长沙市清水塘文化旅游区修建性详细规划》原则通过专家评审。

10月 开福区举办“万名市民游开福”的大型活动。

11月13日 开福区青竹湖镇成立。

11月23日 《光明日报》报道伍家岭街道陈家湖社区建设“绿色网吧”，加强和改进未成年人思想建设的经验。

12月1日 中共开福区委二届八次、区人民政府二届六次全体（扩大）会议召开，讨论区“十一五”

规划纲要。

12月2日 中共长沙市委书记梅克保一行到月湖公园和车站北路现场办公。

12月2日 中共开福区委、区人民政府召开编纂《中国共产党长沙市开福区历史》全区动员大会。市党史专家对与会人员进行党史编撰工作培训。

12月18日 《长沙晚报》推介开福区“学习党的十六届三中、四中全会文件和胡锦涛重要讲话精神，组织专题深入调研”的经验。

12月25日 中央电视台《新闻联播》报道四方坪街道金帆社区开展“每日奉献1小时”活动，党员义务服务居民的事迹。

12月29日 自2006年1月1日起废止《中华人民共和国农业税条例》。开福区自此取消农业税。

是年 开福区招商引资居全市综合排名第一。

是年 开福区为全国第七批生态示范区建设试点地区，通过三年的努力，全区顺利通过国家以及省环保局的验收。

是年 开福区水利建设获省芙蓉杯一等奖。

是年 开福区课程改革实验进入全国先进行列，获得第一届湖南省基础教育教学成果二等奖、长沙市友谊教育科研奖二级一等奖。

是年 东风路街道东风二村社区党委被评为省级社区党建示范点。

2006年

2月17日 中共开福区委、区人民政府发布《关于推进社会主义新农村建设的实施意见》。

2月27日 开福区获“全国村务公开民主管理示范区县”称号。

3月 开福区境内长沙经济开发区由市环路公司移交开福区管理，更名为长沙金霞经济开发区。

4月16日 交通部部长李盛霖、副部长翁孟勇率专家一行，在湖南省省长周伯华、副省长徐宪平，长沙市市长谭仲池等陪同下，考察长沙新港。

4月18日 中共湖南省委同意提名凌勤杰为开福区人民政府区长候选人，免去李继红的开福区人民政府区长职务。

5月17日 长沙新港码头烟花集装箱发生爆炸，引发火灾。

5月 中共开福区委领导率团参加长沙（伦敦）重点投资贸易洽谈会，开福区签约总额2.84亿美元。

6月18—21日 中共开福区第三次代表大会召开，选举产生新的区委常委会、书记、副书记；选举产生区纪委常委会、书记；并选举出席中共长沙市第十一次代表大会代表。

6月28日 全区街道调整工作会议召开。根据市政府《关于同意开福区行政区划调整的批复》，对全区街道行政区划做出调整。

6月 烈士公园获“全国绿化先进集体”称号。

7月24日 中共开福区委追授孔月明“优秀共产党员”称号。

7月27—28日 中共开福区委、区人民政府在湖南国际影视会展中心举办“2006湖南·金霞现代物流经贸投资推介会”系列活动。

7月28日 中国中部地区第一个海关保税物流中心——金霞海关保税物流中心封关试运行。

8月17日 省委书记、省人大常委会主任张春贤在常务副省长肖捷，省委常委、省委秘书长于来山，省委常委、市委书记梅克保，市委副书记、市长谭仲池等陪同下，到长沙新港考察。

9月1日 湘江三汊矶大桥暨二环线全线通车庆典在三汊矶大桥东头举行，标志历时12年建设、全长47.43千米的二环线全线贯通。大桥主桥全长1577米，双向6车道，桥面宽29米。

9月6日 历时20个月、按2000吨级船舶靠泊设计的长沙新港二期工程全面竣工，标志长沙内河运输和物流业进入全国先进行列。

9月17日 开福区人民政府制定《开福区两型社会创建活动实施方案》。

9月19日 中共中央政治局委员、书记处书记、中宣部部长刘云山在省委书记张春贤、副书记谢康生、宣传部部长蒋建国、市委书记梅克保等陪同下，参观开福区少年宫。

9月26日 在湖南国际会展中心举行的湖南省情暨投资环境推介会上，开福区签约5大项目，签约金额135亿元人民币，引进内资外资额均居全省第一。

10月5日 新华社以《长沙开福区：让孩子们“乐中益智、乐中养德”》为题，对全国发出通稿。当晚，中央电视台《新闻联播》以《长沙开福区：让孩子在快乐教育中健康成长》为题报道。

10 月 开福区在湘江风光带滨江剧场举行纪念红军长征胜利 70 周年暨“湘江韵律”广场文化活动总结表彰文艺晚会。

12 月 20 日 开福区被评为全省社会治安综合治理先进县（市）、区。

12 月 28 日 月湖公园正式免费开园。该园总面积 66.90 万平方米，其中水面面积 40.20 万平方米，陆地面积 26.70 万平方米。

12 月 30 日 开福区被评为“全省人口和计划生育工作优质服务先进单位”和“全国人口早期教育和独生子女培养示范区”。

是年 中青路竣工通车，实现北二环与北三环的连接。

是年 开福区财政收入突破 10 亿元大关，成为全省 3 个财政收入突破 10 亿元大关的城区之一。

2007 年

1 月 1 日 开福区启动长沙市第二次全国农业普查正式入户调查登记工作。

1月29日 全区城市管理体制改革动员大会召开。这标志着率先在全省实施城市管理体制改革，实现城市管理重心下移，把维护作业职能面向社会公开招投标，实行管养分离、市场化运作。

3 月 26—27 日 中央文明办在长沙召开首届全国未成年人思想道德建设创建工作座谈会，开福区委在会上作经验介绍。开福区的“快乐大篷车”获得一等奖。

3 月 全省首个“新疆班”在长沙市周南中学诞生，54名新疆吐鲁番籍优秀青年成为该校首届新疆班学生。

4 月 20 日 召开全区创建全国文明城市工作动员大会，制定《开福区创建全国文明城市实施方案》。

4 月 24 日 湖南现代粮食物流园奠基暨隆平米业揭牌仪式在长沙金霞经济开发区举行。

4 月 29 日—5 月 3 日 中国长沙第 23 届房地产交易展示会在青竹湖国际会展中心举行，成交金额近 8 亿元。

4 月 30 日 长株潭“3+5”城市群市长论坛在长沙举行，会上发表《长株潭“3+5”城市群市长论坛青竹湖宣言》。

4 月 30 日 中共中央政治局委员、国务院副总理曾培炎一行在省委书记、省人大常委会主任张春贤，省委副书记、省长周强陪同下到长沙，在开福区新河三角洲等地考察。

5 月 1 日 首届艾特婚纱“玫瑰花开·福结秦晋”青年集体婚礼在青竹湖太阳山广场举行，有 108 对新人参加。

5 月 11—13 日 开福区接受省第一轮“县级人民政府教育工作、县级党政主要领导干部教育工作实绩”督导评估考核，区政府获“县级人民政府教育工作督导评估优秀等次”；区委书记、区长获“县级党政主要领导干部教育工作实绩督导考核优秀等次”。

5 月 12 日 中共中央政治局常委李长春在省委书记、省人大常委会主任张春贤等陪同下考察开福区未成年人“快乐教育”展览，指示“快乐教育”要在全国推广。

6 月 开福区派工作组首次赴复旦大学、上海财经大学招聘文秘人员、会展策划人员和投融资人员。

7 月 17 日 捞刀河镇、洪山街道分别获 2006 年度长沙市“十强街镇”“十快街道”称号。

7 月 24 日 长沙新河三角洲土地公开出让，最终地块以 92 亿元的价格成交，创下中国土地公开出让市场单宗土地当时最高价。

7 月 26 日 团中央书记处书记杨岳到陈家湖社区青年中心检查指导。

8 月 20 日 市教育局与开福区政府正式签订将长沙市八中移交周南中学的协议。

8 月 20 日 营盘路中段建设工程正式动工。全长约 1.67 千米，其中隧道长约 1.13 千米，下穿年嘉湖。

8 月 31 日 全省首个 10 万吨乳制品生产基地和长沙重型机器制造有限公司生产基地同时在开福区奠基开工。

9 月 9 日 长沙烈士纪念广场在湖南革命陵园奠基。该广场建设面积近 3000 平方米，绿地面积为 1500 多平方米，总投资近 1000 万元。

9 月 20 日—10 月 18 日 开福区举行迎奥运万人球赛运动会。

10 月 13 日 长沙金霞经济开发区承办湖南·长沙金霞经济开发区（深圳）投资推介会，成功签约项目 12 个，签约资金 20.40 亿元。

10 月 16 日 开福区境内万家丽路浏阳河大桥通车。

10 月 17 日 能净法师为开福寺方丈，成为湖南省佛教界第一位女性方丈。

10 月 18 日 长沙福元路全线竣工通车，全长 7 千米，双向 6 车道，连接芙蓉北路和星沙镇。

11 月 20—23 日 区政协三届一次全体会议召开，选举产生区政协三届常委会，主席刘正林，副主席伍建新（女）、刘永红（女）、邓毅芳、杨庆江（兼）、苏松泉（兼）。

11 月 21—24 日 区人大三届一次会议召开，选举产生区第三届人大常委会，主任刘国际，副主任朱德文、范为宁、王冬元、陈尚义、李正元；选举区人民政府区长凌勤杰，副区长胡政旗、熊建伟、李光华、袁剑英（女）、刘文立、张毅；选举区人民法院院长袁征、区人民检察院检察长丁晓波。

11 月 26 日 开福区老干部大学在全省第 17 次老年教育工作会议上被评为全省示范性老年大学。

12 月 18 日 芙蓉北路北延线全线贯通。该路段南起捞刀河大桥，北至沙河收费站，全长 9608 米，路幅宽 60 米，双向 6 车道，为城市 I 级主干道。

12 月 18 日 湘江大道北延线建设项目动工。

是年 从 2007 年秋季开始，开福区城乡义务教育阶段学生全部实行“一费制”全免入学。

2008 年

1 月 13 日—2 月 2 日 长沙市遭遇 50 年一遇的冰冻灾害，造成全区倒塌厂房面积 1526 平方米，136 户居民房屋受损，直接经济损失 1080 万元。中共开福区委、区政府成立防冻抗灾应急领导小组，组织全区干部和群众投入防冻抗冰救灾行动。

2 月 18—3 月 5 日 开福区农村党组织换届选举“公推直选”试点和第七届村民委员会换届选举工作全面展开。

2 月 19—21 日 中共开福区委、区人民政府在开福寺路主办“温暖长沙城，快乐过新年”2008 万福新春灯会。

3 月 3 日 开福区“创业乐土”新闻发布会在潇湘华天大酒店召开。

5 月 12 日 四川省汶川县发生 8.0 级大地震，举国悲痛。5 月 15 日，中共开福区委、区政府发出捐款通知，至 5 月 18 日，区机关干部职工捐款 210 多万元。全区各中、小学校也在学生中开展“捐出零花钱、支援灾区好学生”的捐款活动，募得捐款 56.80 万元。

5 月 16 日 共青团开福区第三次代表大会召开，大会选举产生共青团开福区第三届委员会，书记袁坚。

6 月 1 日 全区开始执行国家“限塑令”。

6 月 4 日 奥运火炬在长沙传递，沿黄兴路向北到中山亭，再向东经蔡锷路、湘春路上沿江风光带，到开福寺路口再向东经开福寺向南上芙蓉路，至营盘路口向东经清水塘路上八一路通过开福区。

7 月 13 日 首家民营湘绣博物馆在开福区奠基。

7 月 15 日 长沙港口主枢纽霞凝港区一期工程，通过验收正式投入生产。

7 月 15 日 区委办、区政府办发布《关于加快开福区产业发展的实施意见》，发出《关于突出抓好全区重要产业项目工作的通知》。

7 月 21 日 长沙市沙坪金球湘绣有限公司“金球”获评“中国驰名商标”。

7 月 29 日 首届长沙十大城市名片揭晓，开福区境内省博物馆、金鹰影视文化城、运达国际广场被评为首届“长沙十大城市名片”之一。

8 月 1 日 年嘉湖隧道通车，该隧道的东西出入口分别位于东风路东侧、烈士公园原东大门处，总长 1.40 千米。

8 月 26 日 开福区境内霞凝港启运第一单通关花炮。

9 月 20—22 日 “2008 开福金秋 · 经贸文化周”活动在青竹湖国际会展中心和湖南国际影视会展中心酒店举行。

10 月 16 日 长沙铁路南北站迁建工程新站场开工仪式在铁路新北站举行。

10 月 18 日 “2008 长沙国际服装博览会”在开福区境内省展览馆开幕。

10月23日 长沙新河三角洲项目举行奠基典礼。

12 月 8 日 中共开福区委、区人民政府作出《关于加快推进教育强区建设的决定》。

12 月上旬 湖南省规模最大、自动化程度最高的食用油储备库——金霞粮库 19 座食用油罐全面竣工。

12 月 19 日 长沙市党史工作经验交流会在开福区召开。

12 月 22 日 中共湖南省委同意张迎春任中共开福区委书记职务。

是年 国药控股有限公司投资的国药控股湖南有限公司综合办公楼及国药控股湖南物流中心项目，落户长沙金霞经济开发区。

2009年

1月1日 长沙金霞保税物流中心正式获得海关总署、财政部、国家税务总局、国家外汇局四部委批准。

2月10日—4月30日 开福区举行第七次社区居委会换届选举，93个社区全部进行“海选”。

3月24日 中共开福区委发布《关于开展深入学习实践科学发展观活动的实施意见》。

3月25日 青竹湖服务外包基地在青竹湖国际会展中心成立。

3月30日 开福区群众工作站举行集中启动仪式，区纪委书记许振勤宣读区委《关于在全区社区（村）建立群众工作站的实施意见》，区委书记张迎春在仪式上讲话。

4月14日 上海市委副书记、市长韩正率上海市政府代表团，考察长沙港口主枢纽霞凝中心港区。

4月21日 中共湖南省委学习实践科学发展观活动指导检查组组长苏仁华、中共长沙市委学习实践活动办指导协调组组长谭静波到开福区指导学习实践活动。

4月21日 开福区湘春路西入口棚改项目正式启动。

4月30日 开福区境内长沙新港“捷安7号”货轮被中华全国总工会授予“全国工人先锋号”荣誉称号。

6月5日 市委书记陈润儿一行到开福区，考察荷花池社区、中山西路棚改指挥部、火车北站编组站等处。

6月8日 省长周强、副省长郭开朗在市长张剑飞陪同下，考察开福区清水塘街道社区卫生服务工作。

6月24日 市长张剑飞一行24人，到开福区调研棚户区改造工作。

6月25日 中国非物质文化遗产研究基地金霞湘绣项目开工。

7月22日 开福区万人空巷争睹日食天文现象。

7月28日 青竹湖生态科技（产业）园被认定为“湖南省服务外包示范区”和“长沙市服务外包示范园区”。

7月29日 开福区成立金融行业协会，协调22家金融机构为中小企业提供更优质的金融服务。制定《开福区建立中小企业融资支持体系的实施意见》和《开福区产业扶持及招商引资奖励办法》。

8月4日 开福区境内长沙第一个采用全封闭模式建设的变电站——110千伏新河变电站开始施工。

8月10日 长沙金霞保税物流中心封关运行仪式举行，长沙海关驻金霞保税物流中心办事处正式揭牌。

8月18日 交通运输部部长李盛霖到长沙新港考察。

9月13日 开福区境内长沙市一中学出现聚集性甲型HINI流感病例。

9月17日 全国第三届公民道德论坛在长沙召开，开福区少年宫为4个参观点之一。19日，中共中央政治局委员、书记处书记、中宣部部长刘云山和省委书记张春贤一行到开福区少年宫，参观区未成年人“快乐教育”活动展室。

9月20日 营盘路湘江隧道正式开工。

10月1日 湘江大道浏阳河隧道正式通车。

10月13日 2009中国（长沙）第三届科技成果转化交易会暨现代物流与新型工业化高峰论坛，在长沙金霞经济开发区举行。

10月19日 在苏州召开的全国和谐社区建设工作会议上，开福区被授予首批“全国和谐社区建设示范城区（市）”称号，清水塘街道及望麓园街道荷花池社区、伍家岭街道建湘新村社区和清水塘街道展览馆社区分获“全国和谐社区建设示范街道”“全国和谐社区建设示范社区”称号。

10月22日 长沙市第二届开福区金秋经贸文化活动之“大城北建设投资推介会”在运达喜来登酒店举行。

11月28日 中共中央政治局常委李长春在中共中央政治局委员、书记处书记、中央宣传部部长刘云山，中共中央政治局委员、国务委员刘延东陪同下，考察开福区青竹湖青苹果数据中心。

12月12日 长沙首家小额贷款公司——开福区益商小额贷款有限公司成立。

12月23日 恩瑞国际物流城在金霞物流园区内动工，总占地面积约13.30万平方米，总建筑面积逾200万平方米，总投资38亿元。

12月26日 芙蓉北路捞刀河大桥拓改工程全面完工。

12 月 30 日 开福区关工委被中国关心下一代工作委员会评为“2009 年全国关心下一代宣传工作先进单位”。

是年 开福区科技工作被评为“全国科技进步考核先进城区”。

是年 开福区史志档案局获全省档案工作先进单位称号。

2010 年

1 月 5 日 湘江大道捞刀河大桥通车。

2 月 8 日 牡丹催花技术首次在湖南获得成功，提前两个月在烈士公园举行花展。

3 月 12 日 长沙市服务外包行业协会在湖南省服务外包示范区——青竹湖生态科技（产业）园正式成立。

4 月 26 日 开福区人民政府《关于申请我区青竹湖镇为“两型社会示范镇”有关问题的请示》获湖南省长株潭“两型社会”建设改革试验区领导小组批准。

5 月 4 日 金霞片区被正式列入“长株潭城市群”五大示范区十八大片区之一。

5 月 4 日 市长张剑飞一行 8 人到开福区召开现场办公会，研究火车北站棚改和建设、黄兴北路棚改和房源筹集等问题。

5 月 18 日 湖南省首批民办博物馆授牌暨沙坪湘绣博物馆开馆仪式在捞刀河镇沙坪湘绣城举行。

5 月 22—25 日 开福区接受全省第二轮“两项督导评估考核”。区政府再次被省委、省政府授予“教育工作先进单位”。

6 月 3 日 台湾统一企业集团落户长沙金霞经济开发区签约仪式在长沙喜来登大酒店举行。

6 月 25 日 湘江开福区段出现 38.46 米的洪峰水位，超警戒水位 2.46 米。

7 月 2 日 中共中央政治局常委、国务院总理温家宝在商务部部长陈德铭、中共湖南省委书记周强、代省长徐守盛等陪同下，考察开福区青竹湖服务外包示范基地中青苹果数据中心。

7 月 14 日 四方坪街道被评为长沙市经济社区发展“十快乡镇、街道”，捞刀河镇、新港镇被评为长沙市经济社会发展综合实力“十强街道、乡镇”。

7 月 27 日 省委常委、市委书记陈润儿一行 8 人，到开福区调研罗莎食品有限公司、统一企业集团、湖南新亚胜 LED、光电产业基地等台资企业的投资情况。

8 月 18 日 长沙开福万达广场奠基。该项目投资 90 亿元，占地约 12 公顷，总建筑面积超过 100 万平方米。

8 月 23 日 开福区境内福元路湘江大桥开工。

8 月 25 日 开福区工会第三次代表大会召开，大会选举产生开福区工会第三届委员会，主席齐芳。

8 月 26 日 共青团开福区第四次代表大会召开，大会选举产生共青团开福区第四届委员会，书记杨兴高。

8 月 27 日 开福区妇女联合会第三次代表大会召开，大会选举产生开福区妇女联合会第三届委员会，主席陈朝晖。

8 月 29 日 株树桥水库引水工程通水，长沙城北、城东和城南部分居民可饮用株树桥水。

8 月 31 日 长沙金霞经济开发区荣膺“湖南十大最具投资价值产业园区”。

9 月 26 日 中纪委干部室副主任任建华一行，到新港镇就基层党风廉政建设情况开展调研。

是月 中共开福区委、区人民政府制定开福区产业园三期建设规划。

10 月 18 日 中共开福区委作出《关于进一步加强和改善人大工作的决定》。

10 月 19 日 首届中国湘绣文化艺术节暨第三届开福金秋经贸文化节在沙坪湘绣文化广场举行。

11 月 2 日 长沙金霞经济开发区获评“中国物流示范基地”。

11 月 22 日 长沙新霞凝铁路货运站开通，城区向北拓展约 30 平方千米。

12 月 7 日 中共中央组织部领导及全国部分省份领导在省委主要领导陪同下，参观四方坪派出所、科大佳园社区。

12 月 10 日 长沙新港有限责任公司获全国先进港口单位称号。

12 月 15 日 霞凝港区二期工程通过验收。

12 月 24 日 霞凝港区三期工程奠基。

12 月 26 日 开福区境内湖南粮食集团有限公司正式挂牌，整合后的集团公司，净资产 9.47 亿元，园区占地 90.40 万平方米，年大米加工能力 24 万吨，年物流吞吐量 353 万吨，年粮食收储能力 53 万吨，进入全国粮食行业十强。

12月29日 开福寺在首届全国创建和谐寺观教堂先进集体和先进个人表彰大会上获得表彰为先进集体。

2011年

1月9日 中共开福区委、区人民政府发布《长沙市开福区人民政府机构改革方案的实施意见》。

1月28日 开福区境内湘之杰现代物流中心项目签约仪式在世纪金源大酒店举行。省政府副秘书长龚文密，无锡龙之杰控股集团董事长郑长地、总裁王汉平，湖南湘之杰投资有限公司董事长吴剑洪等项目方代表出席签约仪式。

1月28日 开福区境内长沙市政府重点工程，市级综合性公园——秀峰山公园一期开园。

2月2—18日 由长沙市开福区人民政府、长沙市旅游局联合举办的开福寺新春喜乐会在开福寺路举行，共有祈福、赏灯、品美食、看戏、送温暖五大主题活动。

2月22日 长沙市委书记陈润儿调研开福区社区建设工作。

2月24日 新疆乌鲁木齐市党政代表团一行30余人到开福区考察，学习城市规划建设管理和公共交通体系建设方面的经验和做法。

2月24日 长沙市首个社区慈善社会团体“长沙市开福区鸭子铺爱心扶助会”成立大会举行，与会人员捐款49.60万元。

2月27日 国药控股湖南物流中心在长沙金霞经济开发区建成投产。

2月27日 长沙罗莎食品实业有限公司与长沙金霞经济开发区就罗莎台北豆浆生产配送基地项目签订正式入园协议。

3月14日 中央政法委副秘书长、中央综治委主任陈翼平到开福区社会矛盾调处中心调研。

3月18日 中共开福区委向中共长沙市委申请将由沙坪湘绣有限公司11位刺绣大师精心绣制的湘绣作品《启航》作为向中国共产党成立90周年的献礼之作。

3月31日 市委书记陈润儿和市委副书记、市长张剑飞考察中山西路。

4月2日 省委书记、省人大常委会主任周强到开福区考察社会管理创新工作。

4月9日 中东国家考察团到开福区考察。

4月27日 由湖南福晟房地产开发有限公司投资的福晟·钱隆世家项目在开福区鹅秀组团奠基。

5月6日 文化部部长蔡武和工信部部长苗圩视察开福区青苹果数据中心。

5月26日 “发挥五老优势、进行四项教育”现场观摩会活动在望麓园街道水风井社区船山学社举行。

5月30日 开福区政法单位和部分行政执法单位试点引入ISO9001质量管理体系。

5月30日 营盘路湘江隧道全线贯通，10月29日9时正式通车。

5月31日 由长沙市人民政府、湖南省政府金融工作办公室主办，开福区人民政府、长沙市城市建设投资开发集团有限公司、长沙市政府金融工作办公室承办的“2011生态区投资推介会”在运达喜来登酒店举办。

6月23—24日 长沙港总体规划通过部省两级审查。

6月24—27日 中共开福区第四次代表大会召开，选举产生新的区委常委会，书记张迎春，副书记凌勤杰、沈裕谋；选举产生区纪委常委会，书记张作林；选举出席中共长沙市第十二次党代会代表。

7月4日 开福区境内省博物馆扩建工程开工，总投资预计为8.5亿元。

7月20日 长沙佳海创业中心奠基典礼在捞刀河镇举行。

7月24日 省委副书记、省长徐守盛调研中山路棚改项目。

7月24日 韩国SJM集团到开福区进行商务考察。

8月16日 最高人民检察院检察长曹建明到开福区人民检察院调研。

8月17日 霞凝垸堤防一期工程竣工验收。

8月21日 全国政协副主席陈宗兴到开福区调研流动人口服务与管理情况。

9月14日 法制日报社社长贾京平到开福区王家垅社区调研。

9月21日 开福区沙坪工业组团核心区青竹湖路东延线、大安路、广胜路3条道路建设工程验收移交会议在黄金海岸大酒店举行。

10月26日 《中国共产党长沙市开福区历史》

评审会召开，省、市领导和有关党史专家参加。12月27日，该书出版发行。

11月10日 长沙市第四届开福区金秋经贸文化节开幕式，在湘江风光带滨江剧场举行。

11月11日 “2011长沙金霞现代物流投资推介会”在世纪金源酒店举行。

11月15日 “中国民间文化艺术之乡”第三次全国文化馆评估定级命名颁牌仪式在常熟市举行，开福区捞刀河镇获2011—2013年度“中国民间文化艺术之乡”称号。

11月27日 长沙新港有限责任公司获“全国交通运输先进物流企业”。

12月12日 开福区境内三一大道浏阳河大桥爆破拆除。

12月27日 霞凝港水运口岸正式通过验收并开放，长沙至上海国际集装箱运输“五定班轮”开通。

是年 开福区创建长沙市首家区级政府法制网站——“长沙市开福区人民政府法制网”。

是年 湖南省第一家社会管理组织孵化基地——“创新社会管理孵化园”在开福区东风路街道浏河村社区创立。

是年 开福区被评为“全省人口和计划生育工作模范单位”。

2012年

1月8日 长沙铁路新北站开通运营。新北站位于捞霞地区，新货场远期按2000万吨规模规划，年吞吐能力将达到原火车南、北货站的4倍。

1月12日 长沙金霞经济开发区与中国民营企业500强香港上市公司——卓尔发展（武汉）有限公司签订计划投资协议。

1月20日 开福区湘江枢纽库区建设在捞刀河镇苏托垸开工。

2月10日 交通运输部党组副书记、副部长翁孟勇在省交通运输厅党组书记、厅长贺仁雨陪同下，到长沙新港考察调研。

2月11日 长沙新港首次起吊“三湘第一”巨型钢管并顺利装船。该巨型钢管长8.37米，重17.26吨，直径为3.44米。

2月24日 捞刀河镇大明村被评为“全国文明村”，举行揭牌仪式。

2月27日 省、市文物局通报长沙万达广场项目工地发掘出土的古城墙概念性保护方案：南宋古城墙原址保护至少20米，异地迁移保护100米，原址上架设玻璃罩，建成后对公众免费开放。

2月29日 全省加速推进新型工业化工作会议在长沙召开。金霞经济开发区被评为第一批“湖南省新型工业化产业示范基地”。

3月5日 湘雅路街道推出公益服务平台“雷锋时间银行”。

3月20日 开福区境内黄兴北路建设及两厢棚改第一批地征用决定公告发布，标志《国有土地上房屋征收与补偿条例》施行后，长沙市首个大型棚改项目启动征收签约工作。

3月21日 省委副书记、省长徐守盛一行到长沙火车货运新北站考察。

3月27日 长沙市市长张剑飞调研黄兴北路建设及两厢棚改项目，要求各部门全力支持配合。

3月27日 长沙市首个国有工矿棚户区改造项目——丝茅冲国有工矿棚改项目竣工。

3月31日 国务委员、公安部部长孟建柱在省委书记、省人大常委会主任周强，省委副书记、省长徐守盛的陪同下，考察湖南青苹果数据中心有限公司。

4月14日 长沙金霞经济开发区创新融资模式，率先与湖南信托合作发行单一信托产品，成功融资2.18亿元。

4月18日 长沙金霞经济开发区与南方香江集团就现代商贸物流城投资项目签订建设运营框架合同。

5月29日 “国家电子商务示范基地”落户长沙金霞经济开发区。

5月30日 1911年建成的长沙铁路老北站关闭。

6月12日 省委书记、省人大常委会主任周强和省委常委、省委秘书长杨泰波在省委常委、长沙市委书记陈润儿陪同下，到东风路街道王家垅社区调研创新社会管理工作。

6月15日 湖南粮食集团粮食铁路专用线开通，湖南金霞饲料大市场开业。

6月15日 开福区沙坪工业组团控制性详细规划成果获市政府批准。

6月18日 开福区境内湖南省博物馆闭馆，开始全面改扩建，暂停开放。

6月20日 中央统战部副部长斯塔率中国和平统一促进会以及74个国家和地区的200余位海外代表到捞刀河镇沙坪湘绣产业园考察。

6月27日 长沙金霞经济开发区召开申报“国家新型工业化产业示范基地”专家论证会。

6月 湖南霞凝内陆港有限公司成立，由招商局国际有限公司下属的深圳西部港区和湖南安迅物流运输有限公司共同出资组建，是目前湖南省唯一一个正式挂牌运作的无水港项目。

7月17日 湖南长沙与中央企业合作发展暨重大项目推介会在北京举行。世界500强企业中国铁路物资股份有限公司与长沙市人民政府签订战略合作协议，计划在长沙金霞经济开发区铁路货运新北站二期建设一个现代化铁路物流中心。

7月24日 长沙首个村级慈善机构开福区汉回村“汉回一家亲互助会”成立。

7月31日 长沙铁路货运新北站至深圳盐田港的“五定班列”（定点、定线、定车次、定时、定价的快运货物列车）开通。

8月8日 统一集团总裁林苍生到长沙金霞经济开发区考察。

8月22日 中南纸业大市场在长沙金霞经济开发区开工奠基。

8月24日 长沙湘运物流有限公司投资建设的湘运新型科技物流园项目落户长沙金霞经济开发区。

9月13日 中国关心下一代工作委员会主任顾秀莲到开福区调研。

10月8日 省委书记、省人大常委会主任周强考察沙坪湘绣。

10月18日 第五届开福金秋经贸文化节开幕式暨大城北投资推介会在万达文华酒店举行，副省长何报翔、省政协副主席谭仲池与市领导张剑飞、袁观清等以及300多名客商出席。投资推介会上，赛伦国际电子纸产业园等12个重点项目成功签约，金额逾110亿元。

10月25日 总投资1亿元、规划面积超过66.67公顷、一期面积6万平方米的重点民生工程——湖南月湖大市场开业。

10月27日 全国人大常委会副委员长、中国红十字会会长华建敏考察清水塘街道清水塘路社区。

11月12日 罗莎（中国）控股入驻长沙金霞经济开发区项目签约仪式在世纪金源大酒店举行，该项目选址开福区沙坪组团，项目用地面积约3.36公顷，项目投资1亿元。

11月20日 福元路湘江大桥通车。该桥位于银盆岭大桥和三汊矶大桥之间，西接长望路，东接盛世路，全长3575米，桥面标准总宽度31.5米。

11月25日 区政协四届第一次会议召开，选举产生区政协第四届常委会，主席熊建伟，副主席刘永红（女）、邓毅芳、杨庆江（兼）、苏松泉（兼）、杨艳、焦灿。

11月26日 区人大四届第一次会议召开，选举产生区第四届人大常委会，主任许振勤，副主任王颂交、李光华、袁剑英（女）、李正元、罗伟明；选举人民政府区长廖建华（女），副区长胡政旗、张武、汤建尧、张春雄、邓平、何惠风（女）、廖勇；选举区人民法院院长耿明生，区人民检察院检察长谢勇。

11月28日 位于长沙市金霞物流园区的中国唯一钢铁物流综合体，中南地区投资规模最大、功能最齐全的工业物流项目恩瑞国际物流城A区正式开业。

11月 《中华人民共和国政区大典·湖南卷·长沙分卷·开福篇》编撰完成。

12月7日 长沙金融生态区首批挂牌出让的两宗地块成功出让，其中网挂063号地块由湖南盛世金融城置业有限公司以9.38亿元的总价摘得；网挂064号地块由纪地地产集团长沙置业有限公司竞得，成交总价7.21亿元。

12月19日 开福区霞凝垸1000米大堤、湘江堤防1700米护岸工程和顺口湖涵闸工程竣工验收。

12月22日 中共湖南省委同意李蔚任中共开福区委书记，免去张迎春的中共开福区委书记职务。

12月27日 长沙新港“长沙—上海”五定班轮正式通航。

12月28日 湖南出入境检验检疫局正式派出办事机构入驻金霞保税物流中心，与海关等部门联检联动，对保税物流中心的近3000余种进出口商品，实施检验检疫业务现场监管。

第一篇　地理·人口

长沙市开福区地处长衡丘陵盆地的东北部，位于湖南省长沙市北部，东、南、北面分别与长沙县、芙蓉区、天心区、望城区交界，西隔湘江与岳麓区、望城区相望。全区依长沙地势南高北低，由东南向西北倾斜，渐趋平缓。临近北部区界，则岗丘绵延，谷地起伏；东部有杜家山、陈家山、罗洋山、马栏山、洪山、道隆山、天井山；西部临江一带，有鹅羊山、母山、秀峰山、象鼻山等。境内江河纵横，湖塘密布。湘江由南而北纵贯区境，又有浏阳河、捞刀河、水渡河自东而西，汇入湘江。

1996年长沙市区划调整时，以原长沙市北区为基础，划入临近区县部分地区设置开福区。至2012年，辖清水塘、望麓园、通泰街、湘雅路、东风路、五家岭、新河、四方坪、洪山庙、芙蓉北路10个街道和捞刀河、青竹湖、新港3个乡镇，共有常住人口57.97万人。

开福区属于亚热带湿润气候区，春夏多雨，冬季冷湿，年平均气温16.9℃～17.2℃。全区植被丰厚，2012年，有山林面积4546.7公顷，全区森林覆盖率40%。植物和动物资源丰富，有树种资源80科412种，其中野生植物555种，有野生动物100多种。

第一章　建置·区划

第一节　位置·面积

开福区位于北纬28°11′55″～28°23′35″，东经112°54′07″～113°39′39″。地处长沙市北部、湘江下游。东部与长沙县相邻；南部由东而南，依次与芙蓉区、天心区接壤；西部濒湘江，由南向北，依次与岳麓区、望城区隔江相对；北部由西向东，依次与望城区、长沙县交界。面积188.3平方千米。区人民政府驻地，1989—1996年在北区兴汉门，1999年迁开福区芙蓉北路1段588号（原综合农场马厂分场地）。

第二节　建置沿革

1989—1995年，为长沙市北区。

1996年4月，根据国务院《关于同意湖南省调整长沙市辖区行政区划的批复》，长沙市进行区划调整，北区予以撤销，并在原北区的基础上划入长沙县、原望城县和原郊区所属的部分农村地区及原西区所属的部分街道，成立开福区。行政区域包括原北区的望麓园、伍家岭、新河、清水塘、北站路、黑石渡、民主东街、上大垅8个街道及新划入的原西区西长街、如意街、通泰街3个街道；原郊区综合农场、红色鱼场、福安乡；长沙县捞刀河镇（含原沙坪乡），原望城县霞凝乡。全区辖11个街道142个民区、3个乡镇48个村、2个农（渔）场11个分场。开福区在各街道设办事处和派出所；在各乡镇则设乡镇人民政府，街道之下的居民区设居民委员会。乡镇之下设行政村。

表 1-1　　2012 年长沙市开福区街道、镇、区划情况表

名称	驻地	面积（平方千米）	所辖社区、村
清水塘街道	清水塘路 152 号	2.93	社区：迎宾路、清水塘路、芙蓉路、展览馆路、便河边、四季花城
望麓园街道	营盘路 315 号	1.22	社区：北正街、中山路、水风井、营盘街、富雅坪、荷花池
通泰街街道	寿星街 36 号	1.85	社区：轩辕殿、盐道坪、吉福街、连升街、中山西路、通泰街、寿星街、西园、湘春路
湘雅路街道	湘雅路文昌阁 7 号	1.47	社区：留芳岭、新湘路、三角塘、上麻园岭、文昌阁、百善台、油铺街
东风路街道	东风路 222 号	5.29	社区：浏河村、德雅村、砚瓦池、丽臣、科大、蚌塘、王家垅、东风一村、东风二村
伍家岭街道	东风路 387 号	4.94	社区：紫荆园、建湘新村、浏阳河、陡岭、蒋家垅、刘家冲、陈家湖、友谊
新河街道	潘家坪路 197 号	5.2	社区：幸福桥、竹山园、开福寺路、北桥新村、新河路、三角洲、凤嘴路
四方坪街道	德雅路 1488 号	4.76	社区：胜利、黑石渡、科大佳园、金帆、李家冲、丝茅冲、滨江、四方、四季美景、花城、左岸、科大景园
洪山街道	东二环三段 279 号	24.24	社区：金鹰、洪西、朝阳、马栏山、鸭子铺、月湖、毛家垅、陈家渡、史家坡、双河
芙蓉北路街道	福城路 1 号	5.4	社区：福城、欣城、盛世路、江滨、金泰路、凤亭、江湾
捞刀河镇	中青路板塘村路中段	81.84	社区：捞刀河、彭家巷、沙坪； 村：高岭、高源、中岭、捞刀河、伍家岭、凤羽、大兴、白霞、罗汉庄、钟石、茶子山、自安、板塘、大明、成功、双湖、竹坡、告塘、海塘、汉回、乌溪、大安、广胜、金霞
新港镇	宿龙桥社区	31.4	社区：大塘基、宿龙桥、戴家河、兴联、霞凝港、综合场、新安寺； 村：鹅羊山、湘粤、荷叶、大塘、竹隐、金霞
青竹湖镇	太阳山路 1 号	17.76	社区：新源、天井、群力、霞凝、太阳山、青竹湖畔、植基、金盆丘

第三节　行政区划

1989—1995 年，长沙市北区，辖民主东街、望麓园、清水塘、上大垅、浏阳河、北站路 6 个街道。1992 年 3 月，北区实行街道区划调整，从伍家岭街道划出 9 个居民区、北站路街道划出 5 个居民区，设置新河街道；从上大垅街道划出 11 个居民区，设置黑石渡街道。街道之下的居民区设居民委员会，为城市居民自治组织。

1999 年，经长沙市政府同意，从综合农场划出马厂分场，设置金霞路街道。2000 年，以原综合农场区域为基础，划入黑石渡街道的洪山桥、苗圃 2 个社区，设置洪山街道；撤销如意街、西长街 2 个街道，合并设置西长街街道。2001 年，撤销福安乡，设置四方坪街道。2002 年，撤销霞凝乡，设置新港镇。2005 年，从捞刀河镇划出群力、新源、霞凝、天井、太阳山 5 个村，从新港镇划出金盆丘、植基 2 个村，设置青竹湖镇。

2006 年 7 月，开福区实施“合并、扩权、强街”改革，理顺区街行政管理体制。撤销原西长街、通泰街 2 个街道，合并设置通泰街街道；撤销原民主东街、望麓园2个街道，合并设置望麓园街道；撤销原上大垅、黑石渡2个街道，合并设置东风路街道；调整清水塘、伍家岭、四方坪3个街道的区划范围；北站路、金霞路2个街道分别更名为湘雅路街道和芙蓉北路街道。撤并调整后，至2012年，全区辖清水塘、望麓园、通泰街、湘雅路、东风路、伍家岭、新河、四方坪、洪山、芙蓉北路10个街道，捞刀河、新港、青竹湖3个镇。

表1–2　　2012年长沙市开福区街道、镇辖域路段情况表

街道、镇名称	主要路段名称
清水塘街道	清水塘路、营盘路、芙蓉路、八一路、迎宾路、东风路、体育馆路
望麓园街道	中山路、芙蓉路、蔡锷北路、湘春路、黄兴北路、营盘路
通泰街街道	五一大道、湘江大道、营盘路、中山路、黄兴北路、湘春路
湘雅路街道	芙蓉路、湘春路、湘雅路、湘江大道、蔡锷北路、二马路、外湘春路、大王家巷路
东风路街道	东风路、湘雅路、三一大道、车站北路
伍家岭街道	芙蓉路、东风路、三一大道、陡岭路
新河街道	湘江大道、芙蓉路、潘家坪路、华夏路、友谊路、开福寺路、凤嘴路、新河路、栖凤路
四方坪街道	车站北路、浏阳河路、双拥路、栖凤路、三一大道、学堂园路
洪山街道	工程兵大道、万家丽北路、福元西路、三一大道、芙蓉北路、二环线、车站北路
芙蓉北路街道	芙蓉北路、湘江大道、金泰路、华章路、盛世路、江湾路、福城路、凤亭路、江滨路
捞刀河镇	中青路、长青路、二环线、绕城线、绕镇公路、大安大道、长捞路
新港镇	芙蓉北路、湘江大道、二环线、绕城线、兴隆路、秀峰路、兴联路、青竹湖大道、冯蔡路、开顺路、安顺路、彩霞路
青竹湖镇	大安大道、华宁路、绕城线、青竹湖大道、太阳山路、望月路、北一路、北二路、南一路、西一路、天井路

第二章　自然环境

第一节　地　质

一、地　层

开福区各历史时期的地层与其所属的长沙市及相邻搭界的区县地层紧密相关。

约6亿年前，长沙地区是一片大海。以后，海水逐步由东而西退出，长沙大部分地区升出海面，成为江南古陆的西北缘。距今约1.4亿年，开福区随着长沙地区海浸结束，上升为陆地。由于地壳运动与地质构造的影响，长沙、平江一带形成长条形的山间坳陷盆地——长平盆地。开福区即位于此盆地中。境内地层主要有：

蓟县系冷家溪群　地层形成于元古代约10亿年前，分布于长沙县北部。基于地层层序率的原始侧向连续原理，该地层延至开福区北部新源、天井一带。其基本特征是岩性单调、厚度巨大、构造复杂，主要由千枚状板岩、变质砂岩组成，厚度在5000米以上。

青白口系板溪群　地层形成于元古代分布于望城桥头，亦延至开福区西北部，厚度在1800米至2500米之间。境内市区则以河西长宁公路至河东烈士公园一线为界，界线以北为元古代地层。

泥盆系　地层形成于古生代距今3.2亿～4亿年间，

是泥盆纪地层沉积时期。境内市区以河西长宁公路至烈士公园一线为界，界线以南为上古生代中泥盆世地层。

第三系 地层形成于新生代，距今350万～8000万年间，是第三纪地层沉积时期。第三系红色岩层，北至捞刀河，南至易家湾，南部厚度达数百米，而北部烈士公园一带厚仅7～9米，湘江河床下厚41～79米。

第四系 地层形成于新生代，距今350万年直到现在都是第四纪地层的沉积时期。依据年代早晚，分为下更新统河流相沉积、中更新统河流相沉积、上更新统河流相沉积、全新统现代松散沉积物。开福区以河流相沉积为主。下更新统地层分布于境内湘江东岸及支流浏阳河、捞刀河两岸。组成五级以上阶地，遭剥饰存留甚少，大致有三个沉积韵律，相应构成三级高阶地。具二元结构，由上部红色、深红色网纹红土与下部砾石层组成，厚27～30米。中更新统地层分布于境内湘江东岸，厚50～60米，亦有三个沉积韵律，构成三级阶地。下部由黄色砾石层夹黄褐色砂砾层和网纹红土构成；中部由红土砾石和网纹红土构成；上部为网纹红土。上部因构造运动影响，砾石层多未出露，而红土层分布甚广。上更新统地层少量分布于境内湘江东岸及支流浏阳河、捞刀河下游。亦具二元结构，由上部河漫滩相亚黏土与下部河床相砾石层组成。全新统地层广泛分布于开福区境内一江四河十湖及大量山塘水域，主要由亚黏土、亚砂土、砂砾石等组成，厚约10米。

二、岩 石

花岗岩 为岩浆岩和侵入岩，由邻近望城区和湘阴县的望湘岩体延至捞刀河以北一带。分为燕山早期细粒斑状黑云母闪长岩、燕山晚期中粒斑状二云母花岗岩、中细粒少斑状二云线二长花岗岩、微细粒白云母花岗岩。

变质岩 为前震旦纪元古代浅变质岩，主要是板岩、千枚岩。有冷家溪群和板溪群。冷家溪群有青灰色、灰绿色的板岩、砂板岩、粉砂质板岩、绢云母及白色变质砾层，厚2024米。烈士公园板岩伏于27米以下。板溪群有淡紫色、淡黄色浅变质岩、砂板岩、条带状板岩夹变质砂岩及白色变质砾岩，厚2015米。

红 岩 为第三系内陆湖泊沉积的红色岩层。有紫红色、棕褐色巨厚层状砾石，灰白色、粉红色巨厚层状砾石，灰白色、粉红色巨厚层状花岗质砾石，紫红色砂砾岩、含砾砂岩、钙质砂岩。厚度约1000米。境内捞刀河以南地区有广泛分布，主要由红色砂岩、砂质页岩等组成。

红 土 为第四系覆盖层。其松散堆积物有冲积物、残积物和残坡积物。冲击物分为更新统和全新统两类。更新统为红黄色、深红色网纹状亚黏土、砾石层，厚0～66米，组成河流两岸二至六级阶地。其地层由下而上可分三层：

①白沙井砾石层，是一个不连续的沉积卵石层。烈士公园一带厚4.9～6.4米，出露在海拔70～80米处。②蠕虫状红色黏土，白色蠕虫状物质为高岭土、铝土矿。分布于捞刀河口、烈士公园等处，厚约13.5～14.6米。③黄褐色黏土，含铁锰结核、云母等。厚约6～12米，是开福区境内市区主要地基岩性。全新统为褐黄色、灰白色砂、砂质黏土、砂砾石层，厚约0～16米，组成河漫滩与一级阶地。分布于开福区境内湘江东岸及支流浏阳河、捞刀河两岸，是河漫滩相沉积物。可分为三种岩土：黄褐色、灰黄色亚黏土与亚砂土，厚5～8米；黄色、黄白色新卵石层，厚1～2米；灰色、灰黄色中细砂，含云母、泥物质。

三、构 造

开福区在漫长的地质发展过程中，随其所属的长沙市经历了多次构造运动。如武陵运动，使冷家溪群形成平缓开阔的褶皱；加里东运动结束震旦系——志留系下统的连续沉积；印支运动使泥盆系中统——三迭系下统产生褶皱与断裂，并伴随花岗岩体的浸入，同时结束海浸，进入陆相沉积；燕山运动使震旦纪以来沉积盖层全部褶皱，造成一系列断裂体系。此后，地壳趋于稳定、开始缓慢间歇上升。喜马拉雅运动使中新生代的构造盆地完成发展史，红层轻微褶皱，并伴随断裂活动，以升降运动为主。

开福区地质构造处于长沙市北东—北北东向构造体系中。该构造体系中的长平断裂带控制长平盆地的发育，使连云山花岗岩形成数公里宽的混合花岗岩带。开福区捞刀河以南属于长平盆地细分出来的长沙盆地，是中新生代坳型盆地，境内红层轻微褶皱。捞刀河以北处于长沙县北东向及北北东向构造体系中，是影响开福区捞刀河以北地貌的主要构造体系。地貌由压性、压扭性断裂及褶皱组成，为缓坡低岗地貌形态，是较晚的构造形式。

第二节 地 貌

开福区地处长衡丘陵盆地的东北部，在湘中丘陵向洞庭湖平原过渡地带。东北部为平原岗地，地势平缓，高差小。境内最高峰三宫殿，位于青竹湖镇新源村，海拔234.80米；最低点在窑潭西北，位于捞刀河镇凤羽村，海拔28米。西濒湘江，沿河一带有明显的2～4级冲积梯阶地，地势南高北低，由东南向西北倾斜。地形岗丘绵延，谷地起伏，丘陵、丘地与农田相间，地形破碎，切割强烈。境内岩层多为红色砾岩、红色砂岩、砂砾岩、粉砂岩与页岩。

地貌类型有岗地、丘陵、平原三大类型，丘岗坡度平缓，一般在10°～20°左右。岗地按形态特征和生产利用状况，可分为高岗地和低岗地。高岗地主要分布于区内东北部，海拔60～120米，坡度15°～20°，多沟谷，土层较厚，保肥保水性好，多为油茶林和杉木林基地。低岗地相对高度10～30米，主要分布于捞刀河镇和新港镇，综合农场亦有分布。岗地多为林地，主要为柑橘、茶叶生产基地。丘陵分布在捞刀河镇和新港镇。低丘陵海拔60～150米，高丘陵海拔150～200米，一般基岩裸露，土层薄，土质较差，主要为薪炭林基地。平原按形态特征和物质组成，可分为江河冲积平原、溪谷冲积平原和溶蚀平原三类。江河冲积平原分布在浏阳河、捞刀河两岸，海拔28～40米，坡度小于3°。溪谷冲积平原主要分布在捞刀河和浏阳河及其支流两岸，海拔为40～80米，坡度小于5°。

开福区全境地处湘江中下游及湘江支流浏阳河、捞刀河下游，周边有连云山、幕阜山余脉多止于地势较高的临近区、县。境内总体地势低平，仅有数处丘岗隆起较高，底部绵延，一如山体，颇具山形，其峰峦高度多在海拔七八十米至百余米之间，有鹅羊山、秀峰山、象鼻山、太阳山、母山、杜家山、罗洋山等。鹅羊山最高，山体1.2平方千米，主峰海拔140.30米，绝壁临江，曾列为道教洞天福地之二十二福地，山上曾有宫观寺庙（今不存在）。象鼻山已恢复建寺三百余年的铁炉寺，成为全市一处重要佛事活动场所。位于老城区的杜家山、罗洋山早在1952年辟为烈士公园，近郊母山亦于近年建成休闲山庄。鹅羊山、秀峰山、太阳山均已建成城市山景公园。

第三节 气 候

开福区属亚热带季风湿润气候，具有四季分明、热量充足、雨水集中、春温多变、严寒期短、暑热期长的特征。沿河地势低平，向北倾斜，夏季地面增温后，热量不易散失，形成高温暑热天气，温度比邻近地区偏高，常年日平均气温在30℃以上有30天左右。在增温过程中，造成强烈对流或低气压中心，容易产生热雷雨和龙卷风。冬季北方南下的冷空气沿湘江河谷长驱直入，进入盆地后，为东、南、西三面的山所阻，成聚集状态，故温度比邻近同纬度地区偏低。江河两岸平原地下水位高，土壤导热性增大，加之冷空气易于聚集，因此，河谷低洼地冬季气温偏低，春季回暖较迟，而东部及东南丘陵地带气温明显高于江河两岸地区。1989～2011年，年平均气温17.2℃，1月平均气温4.8℃（冬季均温10.6℃），7月平均气温28.7℃～29.4℃（夏季均温29.5℃）。最高月均气温31.6℃（2003年7月）。极端最高气温41.2℃（2003年8月2日）。最大气温日较差23.8℃（2004年2月14日）。生长期年平均244～247天，无霜期年平均281天，最长达325天，最短为224天。年平均日照时数1771.0小时，年总辐射1762.6千卡/平方厘米。年平均降水量1361.6毫米，年平均降雨日数为152天，降雨集中在每年3—8月，6月最多。春季从3月中旬到5月中下旬，为期约70天。春季天气阴雨潮湿，降水量占全年的40%以上。夏季从5月中下旬到9月下旬，为期约132天。季节长，天气热，是夏季的突出特点。秋季从9月下旬到11月中旬，将近60天，是全年最短的一季。冬季从11月下旬到次年3月上旬，为期3个半月，月平均气温大都在6.1℃以上。冬季的降水量仅占全年的16%，是一年中降水量最少的季节。境内降雪年份不多，罕见大雪，仅2008年1月下旬，全区普降大雪，由于持续16天低温寒冷，随后遭遇50年一遇的冰冻灾害。冰灾期间，房屋、道路结冰，区内一些道路一度交通中断、水管冻裂，城北供电系统先后烧毁变压器5台，6000余米电线不同程度冻坏，全区积雪结冰的桥梁匝道达20余千米，道路220千米，1153.33公顷林业受灾，433.33公顷农作物受损，3100头牲畜、7万羽家禽死亡，136.67

公顷鱼池受灾，农林牧渔受灾总损失2054.50万元。辖区内中立机械、中巨机械、普沃尔重型机械、泽星饮品厂等5家工业厂房垮塌，受灾面积3500余平方米，全区1338户房屋受损，其中37户倒塌，1.10万人受灾，4900人出现饮水困难。

风 偏北风多发生在冷暖气流交替频繁的季节，尤以2—4月多见；西北风多发生在秋、冬季交替时节；偏南风多发生在夏季，7月尤甚，7月南向风率为21%。6月、8月南北风基本相当，其他各月以偏北风为主。风向变化规律为1—7月偏北风逐步由多到少，偏南风逐步由少到多，7—12月两者成相反变化。境内年均风速为2.8米/秒，其中偏北风为3.2米/秒，偏南风为2.7米/秒。

自然灾害 开福区境内主要自然灾害有山体滑坡、洪涝灾害等。山体滑坡年均发生6起，主要发生在5—6月，均为小型山体滑坡，最严重的区域在捞刀河镇北部。滑坡主要因降雨量的增多而发生，灾害隐患点分布较为分散，发生时主要造成房屋倒塌损毁。洪涝灾害主要发生在5—7月，最严重的一次发生在1998年6月下旬，暴雨不断，为长沙市百年一遇的洪水，最高洪峰水位达历史最高39.18米。6月21日，霞凝乡的霞凝垸洪水漫过大堤；6月23日，五合垸因堤身单薄、抗御洪水能力差，发生溃堤；6月27日下午6时许，区五大堤垸之一的综合农场朝正垸漫溃，淹没境内5个分场的346.67公顷菜地、鱼塘、稻田，400栋房屋倒塌，1万多居民无家可归。这次洪灾，致使全区41个堤垸进水，淹没稻田711.33公顷，绝收的568.27公顷，冲毁淹没鱼池（塘）153.33公顷、菜地406.67公顷，房屋全倒户115户，半倒户210户，因灾86个企业停产，326户商业门店停业，10所学校停课，冲毁道路50千米，水利设施损坏80处，大堤5处5千米，紧急转移安置881户9500人，受灾人口2.50万多人，经济损失17亿多元。

第四节 水 文

河流、湖泊 开福区境内河道属长江流域，有湘江、捞刀河、浏阳河、白沙河、沙河。湘江为主要河道，属一级河，从南自北流经境内通泰街街道、湘雅路街道、新河街道、芙蓉北路街道、新港镇，流经开福区长度19.67千米，流域面积180平方千米。浏阳河、捞刀河、沙河为二级河，流经开福区总长29.70千米。浏阳河自东屯渡入境，经黑石渡、长沙大学至陈家屋场，穿越京广线、芙蓉北路，注入湘江，河道蜿蜒曲折，流经开福区长度14.64千米。捞刀河经水渡河与白沙河会合，经罗汉庄到捞刀河镇甘嘴坨，入落刀咀汇入湘江，流经开福区长度15.03千米，流域面积7.60平方千米。捞刀河干流平面多弯曲，主流河床宽100~150米，落差为110米，平均坡度0.78%，河床地质上游为砂卵夹石，下游为沙。浏阳河、捞刀河河水资源总量大，来水量集中在6—8月，产生的经流约占全年的60%。白沙河为三级河，流经开福区长度11.29千米。全区河流总长度60.66千米，河网密度0.32千米/平方千米，总水面面积23.50平方千米。境内河涧纵横，湖塘密布，有年嘉湖、青竹湖、楚家湖、月湖等10湖，最大为年嘉湖，面积47.85公顷。山塘4600处，水面513公顷。

开福区河流水位变化明显，4—9月为汛期，一般4月涨水，7—8月水位逐渐下降，秋冬为枯水季节。

地下水 松散岩层孔隙水分布于河流两岸及各阶地，含水层分上下两层，浅层为细沙层或沙层水位，埋藏深度3~5米，含水层厚度2~10米，水量变化大。一般民井抽水测验，单井桶水量0.02~0.20升/秒，其补给来源以水平为主，降水次之，水质以碳酸氢—钙型为主。深层为砂砾层，水位埋藏深度为15~20米，含水层厚度约50~100米以上，为丰富的孔隙承压水。冲积沙层砾石层含水层，发育于河流两侧阶地上，含水量不均，泉水渗水量0.02~0.10升/秒，单井出水量一般大于29立方米/小时，水质为碳酸—氯—钠型及碳酸氢—钙—镁型，矿化度低于0.1克/升。

表 1-3　　1989—2012 年长沙市开福区（北区）水位统计表

年份	最高水位（米）	日期	最低水位（米）	日期	年平均水位（米）
1989	36.86	7 月 2 日	—	—	—
1992	35.13	3 月 27 日	—	—	—
1993	38.68	7 月 4 日	—	—	—
1994	38.93	7 月 2 日	—	—	—
1995	37.02	7 月 2 日	—	—	—
1996	37.18	7 月 21 日	—	—	—
1997	36.50	6 月 7 日	—	—	—
1998	39.18	6 月 27 日	—	—	—
1999	37.65	7 月 18 日	—	—	—
2000	34.86	6 月 24 日	—	—	—
2001	35.86	6 月 16 日	26.06	11 月 28 日	29.05
2002	38.38	8 月 22 日	26.09	1 月 25 日	30.17
2003	38.10	5 月 18 日	25.24	11 月 1 日	29.16
2004	34.43	5 月 19 日	25.37	1 月 14 日	28.47
2005	35.77	5 月 60 日	25.45	12 月 29 日	29.07
2006	37.48	7 月 19 日	45.49	11 月 9 日	28.38
2007	35.92	8 月 24 日	25.15	12 月 14 日	28.25
2008	35.11	6 月 16 日	25.17	10 月 25 日	28.34
2009	33.60	7 月 6 日	24.80	11 月 26 日	27.61
2010	38.46	6 月 25 日	24.81	11 月 18 日	28.84
2011	33.16	6 月 16 日	24.67	12 月 31 日	26.58
2012	35.01	6 月 13 日	24.63	1 月 1 日	29.14

第五节 土 壤

区域内土壤成土母质多样，以第四纪红土、河流冲积物为主。其中以板页分化岩最多，其次是花岗岩，砂（砾）风化物及第四纪红色黏土，紫色岩，石灰岩风化物，pH值大部分在4.9～5.9之间。河流冲积物主要分布在湘江、浏阳河和捞刀河两岸冲积平原，由其发育物而成的土壤有河沙泥、耕型河潮土等土属。一般土层深厚，呈酸性、微酸性或中性，肥力高，适种性广。板页分化岩主要分布在新港镇、捞刀河镇、综合农场，由其发育而成的土壤为板页岩红壤，经垦殖后有黄泥田、耕型板页岩红壤等土壤。土层深厚、黏重、性酸、磷、钾含量较高，是区域内最大的土类。区域内水稻土有淹育性、渗育性、潴育性、潜育性、沼泽性等5个亚类。

捞刀河两岸，由河潮土、河沙土、河潮泥、河沙泥、红黄泥组成，偏酸性，有机质含量多，土层厚7～10米，是重要的粮油经济作物生产基地。厚3～7米，由河沙土、河沙泥、青沙泥等土壤组成，理化性状良好，是主要水稻种植区。

表 1–4　　2012 年长沙市开福区水稻土理化性状表

土类（亚类）	土属	成土母质	耕层	土质	耕性	酸碱度	有机质含量	养分含量	占水稻土面积比重（%）	分布	备注
淹育性水稻土	浅黄泥、浅紫泥	第四纪红土、紫色页岩	浅	黏重	差	呈酸性反应	低	低	0.07	主要分布于冲垅地势较高部分	不利禾苗生长，应加深耕层增施有机肥
渗育性水稻土	白散泥、白鳝泥	第四纪红土、板页岩河流冲积物	厚	松散保肥性差	易耕易淀浆板结	中性	缺乏	低，尤缺氮素	9.28	主要分布于冲垅平缓开阔地段	受地下水漂洗，土体发白、发散，不利禾苗生长
潜育性水稻土	青泥田、冷浸田	发育于多种母质	厚度超过 30 厘米	较黏重	较差	酸性	较高	有效养分缺乏	13.21	主要分布于冲垅地势低洼地段	地下水位高，泥温低易翻秋僵苗
潴育性水稻土	河沙泥、红黄泥、黄泥田、黄沙泥、紫泥田	发育于多种母质	较深	黏质壤土至壤土	好	微酸	中等	较多	77.22	主要分布于沿河平原溪谷平原地势部位较低地区	水肥、气、热比较协调，肥力较高是水稻土中最好一个土类
沼泽性水稻土	烂泥田	第四纪委红土板页岩	泥脚深	黏	差	酸性	高	有效养分缺乏	0.21	零星分布于丘陵岗地区低洼谷地	有机质分解缓慢禾苗返青慢，溶蔸死苗

第六节 植 被

开福区东北部低山、岗地地区以马尾松、湿地松、火炬松、酸枣、化香、枫香、常绿槠栲及落叶栎为主，小部分岗地岩石裸露，草木不生。西北及东南部低山、丘陵地区除有桎木、碎米、茅栗、杜鹃、洋蒸饭、土茯苓等地面原生植被外，以杉、檫、竹等人工植被为主。中部及东南部分丘陵、岗地地区，以马尾松，湿地松、火炬松、樟、枫、落叶栎为主，地面原生植被有金樱子（俗称糖罐子）、金刚刺、枸根刺、五节芒、蕨、桎木，人工植被以油茶、杉、松覆盖率最高。西南部低山、平原地区，以水杉、池杉、泡桐、杨、柳、喜树、白杨等人工植被为主，地面植被则以黄荆、五节芒、水桂枝、蕨、路边筋等为普遍。

第三章　自然资源

第一节 土地资源

1988 年，长沙市北区面积为 14.16 平方千米，其中商业用地 1.54 平方千米，工业仓储用地 3.44 平方千米，公共建设用地 1.88 平方千米，住宅用地 2.42 平方千米，交通用地 1.13 平方千米，广场、水面用地 2.39 平方千米，特殊用地 0.91 平方千米，其他用地 0.46 平方千米。按权属划分，共有街坊 163 个，合计 4480 宗地。1996 年区划调整后，成立开福区。全区的土地南起市中心五一广场、北抵沙坪茶子山、东靠 107 国道、西临湘江，辖区东西直线距离 17.20 千米，南北直线距离 21.50 千米，总面积 188.30 平方千米。农用地 1.26 万公顷，占总面积的 67.60%。其中耕地

4884.20公顷，占总面积的26.12%；园地562.10公顷，占总面积的3%；林地4804.30公顷，占总面积的25.7%；水面2390.50公顷，占总面积的12.78%。建设用地5200.80公顷，占总面积的27.81%。其中居民及工矿用地4744.10公顷，占总面积的25.37%；交通用地284.20公顷，占总面积的1.52%；水利设施用地172.50公顷，占总面积的0.92%。未利用地859.10公顷，占总面积的4.59%。

全区土地特征：非农业建设用地所占比重较大。城镇村及工矿用地，交通用地占比重居首，为土地总面积的26.89%。以建成区为主体的城镇群不断扩展，以二环线为主体的道路网络也相继建成，增大建设用地在土地总面积中的比重。城市建设用地存量土地多，城市发展空间广阔，除已获批长沙经济开发区17.60平方千米外，全区还拥有城市建设用地存量土地400公顷。土地人均量少。全区人均土地面积500平方米，为全市人均量的23.80%。全区人均耕地面积132.67平方米，为全市人均量的25.5%。

境内矿产资源已探明地下矿藏有磷矿，储量未探明，矿区位于捞刀河镇金霞村。

第二节　森林资源

1989年，长沙市北区有山林面积5880公顷，其中林地面积5675公顷（有用材林地5346公顷，防护林22公顷，特用林147公顷，经济林153公顷，竹林7公顷）、疏林地5公顷、灌木林地4公顷、未成林造林地78公顷、苗圃地4公顷、无林地114公顷；非林地1.29万公顷；四旁植树占地1430公顷。活立森林总蓄积24.30万立方米，其覆盖率为38%，主要树种有杉木、松木、阔叶林、国外松，总蓄积量18.70万立方米，散生林蓄积0.12万立方米，近熟林、幼龄林、中龄林2956公顷，蓄积5.66万立方米。2012年，开福区有山林面积4546.7公顷，其中林地面积4186.70公顷。活立木蓄积34.19万立方米，其覆盖率为34.57%。

第三节　野生动植物

一、植物

区域内有树种资源80科412种，其中本地乡土树种300种，外地引进试栽树种112种。属国家保护树种8种，一类有水杉，二类有楠木、银杏、连香树，三类有檫树、杜仲、鹅掌楸、福建柏。属省确定保护树种有湖南石槠、斑竹、紫竹、红花木连、金叶白兰、白克木、山拐枣、天师栗8种。1993年以来，新培育的绿化树种有大叶樟、丹桂、金桂、银桂、罗汉松、银杏、玉兰、光叶白兰、景叶白兰、茶花、茶梅、女贞、杨梅、红叶石兰、北美红枫、羽毛枫、罗木石楠、东方蚊母、紫薇、蔷薇、红豆杉、曼地亚红豆杉、金蛋子、柚子树、杜鹃、红桎木、栾树、垂柳等36科80余种。

二、野生动物

区域内野生动物的种类较多。毛类有、獐、野猪、麂、獾、豺、狸、箭猫、竹鼠、獭、兔等20多种。介类有龟、鳖、蚌蛤、蟹、牡蛎、穿山甲等10多种。虫类有蛇、壁虎、蝙蝠、蛤蟆等30多种。羽类有布谷、雁、鹭、雉、伯劳、黄鹂、子规、鹊、燕、百舌、画眉、鸠、竹鸡、鹡鸰、鸲鹆、蜡嘴、练雀、鹧鸪、啄木鸟、瓦雀、长尾鹊、凫、鸥、水鸡、秧鸛、鱼狗、鱼鹞、鸬鹚、姑恶、鹰、鹞等30多种。

第四章　人　口

第一节　人口规模与分布

1989年，长沙市北区人口户籍总户数67037户，户籍总人数208399人。1995年，北区常住人口总户籍数75257户，总人数227083人（均为非农业人口），人口密度为每平方千米16037人。区内各地域人口分布不均，以老城区的清水塘、民主东街、望麓园三个街道（此三街称内三街）为例，面积仅有1.98平方千米，但人口密度达到每平方千米32345人。

长沙市开福区人口，至2012年年末，常住人口数579700人，人口密度为每平方千米3079人。按户口性质分：户籍数167043户，户籍总人数433334人，其中非农业人口347726人，农业人口85608人。各街道人口分布为：通泰街街道户籍数13751户，户籍人数33696人（均为非农业人口）；清水塘街道户籍数7541户，户籍人数22101人（均为非农业人口）；伍家岭街道户籍数15696户，户籍人数39960人（均为非农业人口）；东风路街道户籍数17258户，户籍人数45563人（均为非农业人口）；湘雅路街道户籍数15175户，户籍人数42705人（均为非农业人口）；望麓园街道户籍数14215户，户籍人数37904人（均为非农业人口）；新河街道户籍数12900户，户籍人数34237人（均为非农业人口）；芙蓉北路街道户籍数9100户，户籍人数22217人，非农业人口22200人，农业人口17人；四方坪街道户籍数14238户，户籍人数36355人，非农业人口34942人，农业人口1413人；洪山街道户籍数14148户，户籍人数36104人，非农业人口18665人，农业人口17439人；捞刀河街道户籍数19438户，户籍人数49007人，非农业人口6439人，农业人口42568人；新港镇户籍数9299户，户籍人数22260人，非农业人口7990人，农业人口14270人；青竹湖镇户籍数4284户，户籍人数11225人，非农业人口1324人，农业人口9901人。

第二节 人口变动

1989年，长沙市北区全年出生2599人，人口出生率11.7‰，死亡1412人，死亡率6.40‰；人口自然增长1187人，自然增长率5.40‰。1997年，开福区全年出生2114人，出生率5.64‰；死亡1982人，死亡率5.29‰；人口自然增长132人，自然增长率0.35‰。2000年，全区出生3300人，人口出生率7.70‰；死亡2143人，死亡率5‰；人口自然增长1157人，自然增长率2.70‰。2012年，出生4924人，人口出生率为10.26‰；死亡2465人，死亡率5.80‰；人口自然增长2459人，自然增长率4.46‰。城市人口占总人口97.81%，农村人口占总人口2.19%。1997—2012年，开福区人口变动呈递增趋势，常住人口2012年年末比1997年年末增长54.78%。

表1-5　　1997—2012年长沙市开福区人口变动情况表

年份	常住人口（人）	定基指数（%）	户籍人口（人）	户籍人口（人）		户籍非农业人口（人）	出生人口（人）	出生率（‰）	死亡人口（人）	死亡率（‰）	人口自然增长率（‰）
				男性	女性						
1997	374538	—	374538	—	—	—	—	—	1982	5.29	—
1998	378543	101.0693	378543	—	—	—	—	—	2948	7.79	—
1999	384369	102.6248	384369	—	—	—	3094	—	2552	6.64	—
2000	423645	113.1114	376771	—	—	290131	—	—	2143	5.0	—
2001	433394	115.7143	381347	—	—	299253	—	—	—	—	3.59
2002	442120	118.0441	388545	—	—	308045	—	7.73	4	—	3.73
2003	454530	121.3575	395399	—	—	313959	—	7.43	3.94	—	3.86
2004	455530	121.6245	399750	—	—	317550	—	—	—	—	—
2005	467600	124.8471	410326	204223	206103	320324	—	8.60	1986	—	—
2006	474851	126.7831	415841	206261	209580	326181	—	—	1592	—	—
2007	484299	129.3057	416085	205715	210370	331191	—	9.20	2202	—	—
2008	479420	128.003	411400	203700	207700	325500	—	—	1817	—	—
2009	484405	129.334	414841	204641	210200	328791	—	7.36	1809	3.57	3.79

续表 1-5

年份	常住人口（人）	定基指数（%）	户籍人口（人）	户籍人口（人）		户籍非农业人口（人）	出生人口（人）	出生率（‰）	死亡人口（人）	死亡率（‰）	人口自然增长率（‰）
				男性	女性						
2010	567166	151.4132	419868	206868	213000	333506	—	—	—	—	—
2011	572900	152.9618	426620	209620	217000	341403	—	—	2465	4.06	4.89
2012	579700	154.7774	433334	212334	221000	347726	—	—	2465	5.80	4.46

第三节　人口构成

一、性别构成

1989 年，长沙市北区人口数中，男性 107960 人，女性 100439 人。1995 年，北区人口数中，男性 115837 人，女性 111246 人，人口密度为每平方千米 16037 人。

开福区的人口结构，据2010年第六次全国人口普查数据统计，全区常住人口567166人，其中男性288320人，占总人口的50.84%，女性278846人，占总人口的49.16%。按年龄性别划分，0～14岁人口男性32698人，占该年龄层次总人口的53.11%，女性28867人，占该年龄层次总人口的46.89%；15～64岁人口男性232968人，占该年龄层次总人口的50.86%，女性225070人，占该年龄层次总人口的49.14%；65岁及以上人口中，65～69岁男性7313人，占65～69岁总人口的50.59%，女性7143人，占65～69岁总人口的49.41%；70～79岁男性11387人，占70～79岁总人口的47.61%，女性12530人，占70～79岁总人口的52.39%；80～89岁男性3599人，占80～89岁总人口的43.41%，女性4691人，占80～90岁总人口的56.59%；90～99岁男性354人，占90～99岁总人口的39.55%，女性541人，占90～99岁总人口的60.45%；100岁及以上男性1人，女性4人。

二、年龄构成

1990 年第四次全国人口数据统计，北区常住人口中 6 ～ 14 岁少儿人口 37537 人，占总人口的 17.48%；15 ～ 59 岁成年人口 152782 人，占总人口的 71.17%；60 岁以上的老龄人口 24362 人，占总人口的 11.35%。开福区人口的年龄构成，据 2010 年第六次全国人口普查数据统计，全区常住人口中 0 ～ 14 岁人口 61565 人，少儿人口系数达 10.85%；15 ～ 64 岁人口 458038 人，成年人口系数达 80.76%；65 岁及以上人口 47563 人，老年人口系数达 8.39%，其中，65 ～ 69 岁 14456 人，占 65 岁及以上总人口的 30.39%；70 ～ 79 岁 23917 人，占 65 岁及以上总人口的 50.28%，80 ～ 89 岁 8290 人，占 65 岁及以上总人口的 17.43%，90 ～ 99 岁 895 人，占 65 岁及以上总人口的 1.88%，100 岁及以上 5 人。负担少年人口系数 13.44%，负担老年人口系数 77.26%，总负担系数 23.83%。

三、文化构成

1990 年第四次人口普查数据统计，北区具有大专以上文化的（包括毕业、肄业和在校生）为 28079 人，占 6 岁及 6 岁以上人口的 13.56%；中专和高中文化的 54371 人，占 26.26%；初中文化为 64833 人，占 31.31%；小学文化的 47695 人，占 23.03%；文盲或半文盲人口为 12093 人，占 5.84%。每万人中各类文化程度人口拥有大专以上文化 1261 人，中专和高中文化 2442 人，初中文化 2911 人，小学文化 2142 人，文盲或半文盲 543 人。

2010 年第六次全国人口普查数据统计，开福区常住人口中，具有研究生学历的人口为 6412 人，其中男性 3689 人，女性 2723 人；具有本科学历的人口 58693 人，其中男性 31521 人，女性 27172 人；具有大专程度的人口为 77315 人，其中男性 38771 人，女性 38544 人；具有高中（含中专）程度的人口为 149562 人，其中男性 75877 人，女性 73685 人；具有初中程度的人口 168901 人，其中男性 87179 人，女性 81722 人；具有小学程度的人口 76929 人，其中男性 36672 人，女性 40257 人（以上各种受教育程度的人包括各类学校的毕业生、肄业生和在校生）。区属中小学在校学生共 29352 人，其中区属小学在校学生23758人，区属初中在校学生5594人。小学六年巩固率100%，女性和男性数量基本持平。初中阶段毛入学率100%，初中三年巩固率99.92%，高中阶段毛入学率99.78%，女性和男性差别不大。成人教育成效明显，成人识字率100%，大学教育普及程度指标25.11%。

四、民族构成

长沙市北区的民族人口构成，据1990年第四次全国人口普查数据统计，汉族人口占全区总人口的99.07%；全区有20个少数民族，共计2070人，占全区总人口数的0.93%，人数超过100人的少数民族有6个：土家族636人、回族414人、苗族309人、满族176人、侗族135人、壮族101人。开福区的民族人口构成，至2011年年末，全区总人口中，汉族566752人，占总人口的98.93%。全区有土家族、苗族、回族、侗族、瑶族、满族、白族、蒙古族、维吾尔族、土族、壮族、布依族、佤族、朝鲜族、彝族、畲族、黎族、拉祜族、藏族、傣族、仡佬族、锡伯族、普米族、高山族、纳西族、达斡尔族、赫哲族、哈尼族、哈萨克族、羌族、独龙族、撒拉族32个少数民族，共6148人，占总人口的1.07%；超过300人的民族有土家族、苗族、回族、侗族、瑶族5个民族，其中土家族2303人，占少数民族人口的37.46%；苗族1319人，占少数民族人口的21.45%；回族781人，占少数民族人口的12.70%；侗族395人，占少数民族人口的6.42%；瑶族374人，占少数民族人口的6.08%。

五、职业构成

长沙市北区的职业人口构成，据1990年第四次全国人口普查数据统计，北区在业人口125462人，占总人口的56.34%，其中男68712人，占54.77%；女56750人，占45.23%。在业人口中，各类专业技术人员24379人，占6.42%；办事人员及有关人员11229人，占8.95%；商业人员13342人，占10.63%，服务人员11685人，占9.31%；农林牧渔劳动者143人，占0.11%；工人及有关人员56502人，占45.04%；其他劳动者125人，占0.10%。开福区的职业人口构成，据2000年第五次全国人口普查数据统计，全区抽取10%的人口进行从业情况调查，有在业人员18283人，其中男10426人，占57.03%；女7857人，占42.97%。在业人口中，农林牧渔业2305人，占12.60%；采掘业27人，占0.14%；制造业4347人，占23.77%；电力、煤气及水的生产和供应业116人，占0.63%；建筑业709人，占3.87%；地质勘察、水电管理业32人，占0.17%；交通运输、仓储及邮电通信业1159人，占6.33%；批发零售贸易、餐饮业4095人，占22.39%；金融、保险业414人，占2.26%；房地产业149人，占0.81%；社会服务业1506人，占8.23%；卫生、体育和社会福利业743人，占4.06%；教育、文化艺术及广播电影电视业1375人，占7.52%；科学研究和综合技术服务业176人，占0.96%；国家机关、政党机关和社会团体1013人，占5.54%。据2010年第六次全国人口普查数据统计，全区抽取10%的人口中有在业人员24539人，其中男14206人，占57.89%；女10333人，占42.11%。在业人口中，农林牧渔业1109人，占4.51%；采矿业67人，占0.27%；制造业3031人，占12.35%；电力、煤气及水的生产和供应业177人，占0.72%；建筑业1936人，占7.88%；交通运输、仓储及邮电通信业1439人，占5.86%；信息传输、计算机服务和软件业711人，占2.89%；批发零售贸易业6048人，占24.59%；住宿和餐饮业2201人，占8.96%；金融业826人，占3.36%；房地产业709人，占2.88%；租赁和商务服务业426人，占1.73%；科学研究技术服务和地质勘查业232人，占0.94%；水利、环境和公共设施管理业186人，占0.75%；居民服务和其他服务业1134人，占4.62%；教育业1036人，占4.22%；卫生、社会保障和社会福利业1026人，占4.18%；文化、体育和娱乐业1138人，占4.63%；公共管理和社会组织1107人，占4.51%。

第二篇　中国共产党地方组织

中国共产党长沙市开福区委员会，成立于1996年。1989—1996年，为中共长沙市北区委员会。1989—2012年，今开福区地方经历了中共长沙市北区第四、五届和中共开福区第一、二、三、四届代表大会，并选举产生了历届中共长沙市北区委员会和中共开福区委员会。

1989—2012年，中共长沙市北区委员会和中共长沙市开福区委员会共召开区委全会63次，选举产生各届区委常委会和区纪委常委会。

中共长沙市北区区委学习邓小平南方谈话，贯彻党的十四大精神，进一步解放思想，深化改革、扩大开放，加快全区建立社会主义市场经济体制的步伐，开创了全区工作的新局面。中共开福区委贯彻党的十五、十六、十七大精神，遵循“三个代表”重要思想、“科学发展观”，根据中共长沙市第十、十一次次党代会确立的“拓南兴北”和“大城北”战略，提出调结构、转方式、惠民生、保和谐方针，推进区域经济社会又好又快率先发展，开启新的征程。在经济上，全区工农业、商业和其他各行业迅速发展，社会面貌发生了根本性的改变。政治上，区委重视区人大、区政协工作，不断完善和发展了社会主义民主和法制建设。区委不断加强社会建设和民生事业，加强环境治理与生态保护，促进了“两型社会”的建设和发展。1989—2012年，区委加强和改进党的建设，开展保持共产党员先进性教育活动，建设学习型党的组织，实行党风廉政责任制，推行“阳光工程”，使党的组织得到健康发展，不断壮大。

第一章　中共地方组织机构

第一节　领导成员

中国共产党长沙市开福区地方组织的领导机构为中共开福区委员会，其领导成员为书记、副书记和常委。1989—2012年，今开福区地方的中共区一级组织先后为中共长沙市北区区委和中共长沙市开福区区委，经历了中共长沙市北区第四、五届委员会和中共开福区第一、二、三、四届委员会，其历任领导成员如下：

中共长沙市北区第四届委员会（1988年10月至1992年10月）

书　记：朱厚廓（1988年10月至1992年8月）
吴梦南（女，1992年8月至1992年10月）

副书记：龚长力（1988年10月至1989年3月）
刘奇武（1988年10月至1990年3月）
龙纪初（女，1988年10月至1992年10月）
彭振武（1989年4月至1992年8月）
刘云甫（1990年12月至1992年10月）
阳克春（1992年8月至1992年10月）

常　委：朱厚廓（1988年10月至1992年8月）
龚长力（1988年10月至1989年3月）
刘奇武（1988年10月至1990年3月）
龙纪初（女，1988年10月至1992年10月）
彭振武（1989年4月至1992年8月）
阳克春（1992年8月至1992年10月）
左明辉（1988年10月至1990年10月）
丰修仁（1988年10月至1992年10月）
李国富（1988年10月至1992年10月）
孙达俊（1989年3月至1990年3月）
葛长庚（1989年12月至1992年10）

王大刚（1990年3月至1992年10）
何小兰（女，1990年5月至1992年10月）
常庚申（1991年7月至1992年10月）

中共长沙市北区第五届委员会（1992年10月至1997年10月）

书　记：吴梦南（女，1992年10月至1995年4月）
龙长工（1995年4月至1996年9月）
谢树林（1996年9月至1997年10月）

副书记：阳克春（1992年10月至1994年6月）
丰修仁（1992年10月至1996年9月）
何小兰（女，1992年10月至1994年6月）
刘　回（1994年1月至1995年9月）
常庚申（1994年8月至1995年9月）
龙长工（1994年6月至1995年4月）
李国富（1995年9月至1997年8月）
戴　源（1996年9月至1997年10月）
唐纽武（1995年4月至1997年8月）
余建国（1997年8月至1997年10月）
姚智醇（1997年8月至1997年10月）

常　委：吴梦南（女，1992年10月至1995年4月）
阳克春（1992年10月至1994年6月）
丰修仁（1992年10月至1996年9月）
何小兰（女，1992年10月至1994年6月）
常庚申（1994年8月至1995年9月）
李国富（1992年10月至1997年8月）
罗建军（1992年10月至1996年2月）
冯兆麟（1992年10月至1996年9月）
刘正林（1992年10月至1997年10月）
黄新国（1992年10月至1997年10月）
张新亮（女，1994年10月至1997年10月）
龙建强（1994年10月至1996年1月）
朱志雄（1995年9月至1997年10月）
柳美景（1996年2月至1997年10月）
欧阳锡军（1996年4月至1997年10月）

中共开福区第一届委员会（1997年10月至2002年10月）

书　记：谢树林（1997年10月至2000年11月）
张迎龙（2000年11月至2002年9月）
赵文彬（2002年9月至2002年10月）

副书记：余建国（1997年10月至2002年6月）
李继红（2002年6月至2002年10月）
姚智醇（1997年10月至2002年1月）
戴　源（1997年10月至2002年10月）
黄新国（1997年10月至2002年9月）
钟　刚（1998年7月至2000年6月）
夏建平（2000年6月至2002年10月）
张新亮（女，2001年7月至2002年2月）
刘国际（2002年2月至2002年10月）
柳美景（2002年9月至2002年10月）

常　委：谢树林（1997年10月至2000年11月）
余建国（1997年10月至2002年6月）
姚智醇（1997年10月至2002年10月）
戴　源（1997年10月至2002年10月）
黄新国（1997年10月至2002年9月）
张新亮（女，2001年7月至2002年2月）
欧阳锡军（1997年10月至2002年10月）
刘正林（1997年10月至2002年10月）
罗妹华（女，1997年10月至2002年10月）
柳美景（1997年10月至2002年10月）
彭志一（1997年10月至2002年10月）
周杏武（1997年10月至2001年9月）
许振勤（2001年9月至2002年10月）
周耀炳（1998年7月至2002年6月）
杨　俊（2002年1月至2002年10月）
何正良（2002年6月至2002年10月）
廖建华（女，2002年9月至2002年10月）

中共开福区第二届委员会（2002年10月至2006年6月）

书　记：赵文彬（2002年10月至2006年6月）

副书记：李继红（2002年10月至2006年4月）
夏建平（2002年10月至2004年4月）
刘国际（2002年10月至2006年6月）
柳美景（2002年10月至2006年6月）
李增加（2002年10月至2006年4月）
许振勤（2004年4月至2006年6月）
凌勤杰（2006年4月至2006年6月）

常　委：赵文彬（2002年10月至2006年6月）
李继红（2002年10月至2006年4月）
夏建平（2002年10月至2004年4月）
刘国际（2002年10月至2006年6月）
柳美景（2002年10月至2006年6月）
李增加（2002年10月至2006年4月）
刘正林（2002年10月至2006年6月）
许振勤（2002年10月至2006年6月）

袁志恒（2002 年 10 月至 2004 年 4 月）
杨　俊（2002 年 10 月至 2004 年 8 月）
何正良（2002 年 10 月至 2003 年 6 月）
廖建华（女，2002 年 10 月至 2006 年 6 月）
陈大庆（2002 年 10 月至 2006 年 6 月）
任安良（2004 年 7 月至 2006 年 6 月）
隆建光（2004 年 7 月至 2006 年 6 月）
潘冬云（2003 年 6 月至 2004 年 7 月）
沈裕谋（2004 年 8 月至 2006 年 6 月）

中共开福区第三届委员会（2006 年 6 月至 2011 年 6 月）

书　记：赵文彬（2006 年 6 月至 2008 年 9 月）
张迎春（女，2008 年 11 月至 2011 年 6 月）
副书记：凌勤杰（2006 年 6 月至 2011 年 6 月）
柳美景（2006 年 6 月至 2008 年 7 月）
廖建华（女，2008 年 8 月至 2009 年 8 月）
任安良（2010 年 2 月至 2011 年 5 月）
常　委：赵文彬（2006 年 6 月至 2008 年 8 月）
张迎春（女，2008 年 11 月至 2011 年 6 月）
凌勤杰（2006 年 4 月至 2011 年 6 月）
柳美景（2006 年 6 月至 2008 年 7 月）
许振勤（2006 年 6 月至 2011 年 6 月）
胡政旗（2006 年 6 月至 2011 年 6 月）
沈裕谋（2006 年 6 月至 2011 年 6 月）
廖建华（女，2008 年 8 月至 2009 年 8）
陈大庆（2006 年 6 月至 2009 年 5 月）
任安良（2006 年 6 月至 2011 年 5 月）
隆建光（2006 年 6 月至 2008 年 3 月）
熊建伟（2006 年 6 月至 2011 年 6 月）
尹英龙（2006 年 6 月至 2011 年 6 月）
张作林（2006 年 6 月至 2011 年 6 月）
刘利华（2008 年 3 月至 2011 年 6 月）
周　虔（女，2008 年 8 月至 2011 年 6 月）
刘文立（2009 年 8 月至 2011 年 6 月）
王清政（2010 年 2 月至 2011 年 6 月）

中共开福区第四届委员会（2011 年 6 月至　）

书　记：张迎春（女，2011 年 6 月至 2012 年 12 月）
李　蔚（2012 年 12 月至　）
副书记：凌勤杰（2011 年 6 月至 2012 年 11 月）
沈裕谋（2011 年 6 月至　）
常　委：张迎春（女，2011 年 6 月至 2012 年 12 月）
李　蔚（2012 年 12 月至　）
凌勤杰（2011 年 6 月至 2012 年 11 月）
沈裕谋（2011 年 6 月至　）
胡政旗（2011 年 6 月至　）
张作林（2011 年 6 月至　）
周　虔（女，2011 年 6 月至　）
刘小虎（2011 年 6 月至　）
刘文立（2011 年 6 月至　）
鲁若冰（2011 年 6 月至 2012 年 8 月）
张　武（2011 年 6 月至　）
杨应龙（2011 年 6 月至　）

第二节　机构设置

从中共北区区委到中共开福区区委，其内设机构，曾数度变更。至 2012 年，设有区委办公室、组织部、宣传部、政法委、统战部、区直机关工委、编制委员会办公室、老干部局、信访局、区委党校、史志档案局、区委政策研究室、区委督查室、区委保密委员会办公室（区保密局）、区农村工作领导小组办公室、区精神文明建设指导委员会办公室、区委台湾工作办公室、区综治办公室、区维稳办、区委处理邪教“法轮功”问题领导小组办公室等工作机构。下辖全区部、办、委、局、街道（乡镇）及长沙金霞经济开发区、金霞海关保税物流园党工委等 23 个。

第二章　会　议

第一节　代表大会

一、中共长沙市北区第五次代表大会

中共长沙市北区第五次代表大会，于 1992 年 10 月 19 日至 22 日在区机关西栋八楼会议室举行。出席大会的代表 224 名（全区党员 2018 人），其中领导干部占 60% 左右，专业技术人员占 20% 左右，先进模范占 20%，妇女代表占 20%，45 岁以下的代表占 40%。会议听取、审议并通过吴梦南《齐心协力，继

往开来，为开创北区各项工作新局面而努力奋斗》的工作报告；听取、审议并通过区纪委纪检工作报告；选举产生中国共产党长沙市北区第五届委员会，委员29人、候补委员4人；选举产生中共长沙市北区纪律检查委员会，以及出席中共长沙市党代会的代表。

二、中共长沙市开福区第一次代表大会

中共开福区第一次代表大会，于1997年10月7日至10日在兴汉门区机关八楼会议室举行。出席大会的代表236名（全区党员5975人），其中领导干部占68%，各类专业技术人员、各条战线先进模范人物占32%，妇女代表占20%，45岁以下代表占50%。会议听取、审议并通过谢树林《高举邓小平理论伟大旗帜，为建设富强民主文明的开福新区而奋斗》的工作报告；听取、审议并通过区纪委纪检工作报告；选举产生中共长沙市开福区第一届委员会，委员27人、候补委员5人；选举产生中共长沙市开福区纪律检查委员会，以及出席中共长沙市党代会的代表。

三、中共长沙市开福区第二次代表大会

中共长沙市开福区第二次代表大会，于2002年10月16日至18日在区机关九楼会议室举行。出席大会的代表238名（全区党员7900人），其中领导干部占70%，科技、文教、卫生、体育等方面专业人员占18%，45岁以下代表占60%。会议听取、审议并通过区委书记《以“三个代表”重要思想为指导，充分激发全区干部群众的创造力，为建设一个经济繁荣、社会文明、环境优美的新城区而努力奋斗》的工作报告；听取、审议并通过区纪委纪检工作报告；选举产生中共长沙市开福区第二届委员会，委员29人、候补委员6人；选举产生中共长沙市开福区纪律检查委员会，以及出席中共长沙市党代会的代表。

四、中共长沙市开福区第三次代表大会

中共长沙市开福区第三次代表大会，于2006年10月18日至21日在区机关九楼会议室举行，出席大会的代表248名（全区党员15630人）。会议听取、审议并通过区委书记《坚定方向，开拓进取，为把开福建设成为全国经济强区而努力奋斗》的工作报告；听取、审议并通过区纪委纪检工作报告；选举产生中共长沙市开福区第三届委员会，委员37人、候补委员8人；选举产生中共长沙市开福区纪律检查委员会，以及出席中共长沙市党代会的代表。

五、中共长沙市开福区第四次代表大会

中共长沙市开福区第四次代表大会，于2011年6月24日至27日在区机关九楼会议室举行，出席大会的代表247名（全区党员19320人）。会议听取、审议并通过张迎春《求真务实、团结拼搏、为开创滨水新区建设幸福北城而努力奋斗》的工作报告；听取、审议并通过区纪委纪检工作报告；选举产生中共长沙市开福区第四届委员会，委员37人、候补委员8人；选举产生中共长沙市开福区纪律检查委员会，以及出席中共长沙市党代会的代表。

第二节　区委全会

区委全会即中共北区、中共开福区委员会的全体委员会议，区委会委员由党的区代表大会选举产生，并在区党代表大会闭会期间，执行上级党组织的指示和区党代表大会的决议，领导本地方的工作，定期向上级党组织报告工作。根据党章，区委全会每年至少召开两次。1988—2012年，中共北区第四、五次代表大会期间召开区委全会18次；中共开福区第一、二、三次代表大会期间召开区委全会40次；中共开福区第四次代表大会召开全体委员会议5次（至2012年年底）。

一、中共北区第四届委员会

中共北区第四届委员会期间，召开全体委员会议8次。中共北区四届一次会议召开于1988年10月27日，选举产生由朱厚廓等9人组成的中共北区区委常委会，书记朱厚廓，副书记龚长力、刘奇武、龙纪初（女）；并选举产生由11人组成的中共北区纪律检查委员会常委会，书记常庚申。中共北区四届二次会议召开于1989年1月30日，区委书记朱厚廓作《统一认识，坚定信心，同心同德，坚持改革，在治理整顿中推进全区各项工作》的讲话。中共北区四届三次会议召开于1989年7月14日。会议回顾前段稳定大局和上半年的工作，学习贯彻党的十三届四中全会精神，抵制和反对资产阶级自由化，全力做好下半年工作。中共北区四届四次会议召开于1989年12月23日，主题为学习贯彻党的十三届五中全会精神，贯彻中共中央关于进一步治理整顿和深化改革的决定。中共北区四届五次会议召开于1990年5月7日，主题为学习贯彻党的十三届六中全会精神，贯彻中共中央关于加强党同人民群众联系的决定。中共北区四届六次会议召开于1990年8月28日，传达中共长沙市第八次代表大会筹备工作会议精神，确定北区出席市第八次党代会的代表及出席区党代表会的代表。中共北区四届七次会议召开于1991年2月5日，区委书记朱厚廓作《认真贯彻党的十三届七中全会精神，为促进北区进一步稳定发展而努力奋斗》的讲话。中共北区四届八次会议召开于1992年1月24日，区委书记朱厚廓作《突出中心，深化改革，为全面振兴和发展北区而努力奋斗》的讲话。

二、中共北区第五届委员会

中共北区第五届委员会期间，召开全体委员会议10次。中共北区五届一次会议召开于1992年10月21日，选举产生由吴梦南等11人组成的中共北区区委常委会，书记吴梦南（女），副书记阳克春、丰修仁、何小兰（女）；并选举产生由11人组成的中共北区纪律检查委员会常委会，书记常庚申。中共北区五届二次会议召开于1993年1月7日，区委书记吴梦南作《更新观念，真抓实干，努力实现我区经济的超常规发展》的讲话。中共北区五届三次会议召开于1993年8月6日，区委书记吴梦南作《认清形势，把握机遇奋发努力加快发展》的讲话。中共北区五届四次会议召开于1994年1月13日，传达贯彻中共湖南省委六届六次会议和市委工作会议的精神，区委书记吴梦南作《进一步解放思想，加快建立社会主义市场经济体制的改革步伐，推进全区经济持续、快速、健康发展》的讲话。中共北区五届五次会议召开于1994年9月13日，区委书记吴梦南作《坚定不移地贯彻“两手抓、两手都要硬”的方针，促进全区的改革、发展和社会稳定》的讲话。中共北区五届六次会议召开于1995年1月9日，传达贯彻中央经济工作会议和省、市委工作会议的精神，总结1994年工作，确定1995年工作指导思想和任务措施，贯彻“抓住机遇、深化改革、扩大开放、促进发展、保持稳定”的工作方针，促进全区各项工作再上新的台阶。中共北区五届七次会议召开于1995年8月9日，确定北区出席长沙市第九次党代会的代表。中共北区五届八次会议召开于1996年1月8日，区委书记龙长工作《继往开来，奋发图强，开拓创新，昂首阔步迈向二十一世纪》的讲话。中共北区五届九次会议召开于1996年9月17日，会议贯彻中共长沙市委九届二次会议精神，分析区划调整后开福区面临的形势和任务，调整工作思路和发展战略。中共北区五届十次会议召开于1997年1月17日，区委书记谢树林作《开拓进取，乘势而上，为实现兴区富区目标而奋斗》的讲话。

三、中共开福区第一届委员会

中共开福区第一届委员会期间，召开全体委员会议14次。中共开福区一届一次会议召开于1997年10月10日，选举产生由谢树林等12人组成的中共开福区区委常委会，书记谢树林，副书记余建国、姚智醇、戴源、黄新国；并选举产生由13人组成的中共开福区纪律检查委员会常委会，书记张新亮（女）。中共开福区一届二次会议召开于1998年1月8日，区委书记谢树林作《抓住世纪之交的历史机遇，把我区的改革发展进一步向前推进》的讲话。中共开福区一届三次会议召开于1998年7月27日，区委书记谢树林作《振奋精神，坚定信心，万众一心，为实现今年经济和社会发展的各项目标而奋斗》的讲话。中共开福区一届四次会议召开于1998年12月25日，区委书记谢树林作《同心同德，锐意进取，昂首阔步地迈向新世纪》的讲话。中共开福区一届五次会议召开于1999年7月22日，区委书记谢树林作《再加油，再鼓劲，再创佳绩迎接充满希望的新世纪》的讲话。中共开福区一届六次会议召开于1999年12月22日，区委书记谢树林作《抓住机遇，加快发展，为振兴开福经济而奋斗》的讲话。中共开福区一届七次会议召开于2000年7月6日，区委书记谢树林作《忠实实践“三个代表”重要思想，致力建设开福强区》的讲话。中共开福区一届八次会议召开于2000年9月2日，确定开福区出席长沙市第十次党代会的代表。中共开福区一届九次会议召开于2000年12月27日，区委书记张迎龙作《抢抓机遇，乘势而上，为实现“十五”计划的良好开局而奋斗》的讲话。中共开福区一届十次会议召开于2001年7月18日，主题为学习贯彻江泽民2001年7月1日讲话，用讲话精神统揽全区工作大局，以“三个代表”重要思想为指导，确保实现全年经济社会发展目标。中共开福区一届十一次会议召开于2001年12月30日，区委书记张迎龙作《与时俱进，开拓创新，加快推进我区改革开放和现代化建设事业》的讲话。中共开福区一届十二次会议召开于2002年7月15日，主题为学习贯彻江泽民5月31日在中央党校省部级干部进修班毕业典礼上的讲话，努力提高经济工作水平，实现区域经济的跨越式发展，以换届为契机，全面加强党的建设。中共开福区一届十三次会议召开于2002年9月18日，通过关于召开中共开福区第二次代表大会的决议及第二届区委、区纪委名额说明，宣读成立中共开福区第二次代表大会筹备工作领导小组的通知。中共开福区一届十四次会议召开于2002年10月15日，报告区第二次党代会筹备情况，通过区委工作报告，通报第二届区委人事安排及第二届代表资格初审情况。

四、中共开福区第二届委员会

中共开福区第二届委员会期间，召开全体委员会议10次。中共开福区二届一次会议召开于2002年10月18日，选举产生由12人组成的中共开福区区委常委会及书记、副书记；并选举产生由15人组成的中共开福区纪律检查委员会常委会，书记刘国际。中共开福区二届二次会议召开于2003年7月11日，区委书记作《学习贯彻“三个代表”重要思想，努力扩大跨越式发展的良好势头》的讲话。中共开福区二届三次会议召开于2003年12月1日，学习贯彻党的十六届三中全会精神，报告区委常委会的工作，确定下一年度全区工作的指导思想、奋斗目标、工作任务。中共开福区二届四次会议召开于2004年7月6日，贯彻中共长沙市委十届十二次全会精神，总结上半年工作，部署下半年工作，在国家实行宏观调控政策的背景下，加快推进全区发展。中共开福区二届五次会议召开于2004年9月30日，区委书记作《努力提高执政能力，加快建设富强、文明、和谐的新开福》的讲话。中共开福区二届六次会议召开于2004年12月28日，区委书记作《夯实基础，加强基层，全力推进城市化进程》的讲话。中共开福区二届七次会议召开于2005年7月8日，区委书记作《坚持不懈，全力以赴，推动经济高速高效发展》的讲话。中共开福区二届八次会议召开于2005年12月1日，区委书记作《坚定方向，保持势头，为建成全国一流经济强区而努力奋斗》的讲话。中共开福区二届十次会议召开于2006年6月15日，报告开福区第三次党代会筹备工作情况，通过区委工作报告，通报区委第三届人事安排及第三次党代会代表资格初审情况。

五、中共开福区第三届委员会

中共开福区第三届委员会期间，召开全体委员会议16次。中共开福区三届一次会议召开于2006年6月20日，选举产生由13人组成的中共开福区区委常委会及书记、副书记；并选举产生由19人组成的中共开福区纪律检查委员会常委会，书记许振勤。中共开福区三届二次会议召开于2006年9月29日，区委书记作《锻造过硬作风，把握主攻方向，全力推进大城北建设》的讲话。中共开福区三届三次会议召开于2006年12月19日，确定开福区推荐提名党的十七大代表候选人初步人选。中共开福区三届四次会议召开于2007年7月11日，区委书记作《当前的经济形势和我们的主要任务》的讲话。中共开福区三届五次会议召开于2007年11月16日，区委书记作《贯彻落实党的十七大精神，为把开福区建设得更加美好而继续奋斗》的讲话。中共开福区三届六次会议召开于2009年1月9日，区委书记张迎春作《巩固一方阵，建设大城北，奋力推进开福经济社会又好又快发展》的讲话。中共开福区三届七次会议召开于2009年1月9日，区委书记张迎春作《乘势而上，奋发作为，为全面完成全年各项目标任务努力奋斗》的讲话。中共开福区三届八次会议召开于2010年1月12日，区委书记张迎春作《谋求转变，科学发展，奋力将巩固一方阵建设大城北事业推向前进》的讲话。中共开福区三届九次会议召开于2010年7月16日，区委书记张迎春作《在加快上下功夫，在转变中创优势，为全面和超额完成全年各项目标任务而努力》的讲话。中共开福区三届十次会议召开于2010年11月6日，区委书记张迎春作公开述廉，长沙市公开述廉开福区巡查指导组带队领导、市纪委书记袁观清出席会议。中共开福区三届十一次会议召开于2010年11月23日，四个联合监督小组反馈区委主要领导公开述廉巡查走访情况，会议并进行公开述廉满意度测评。中共开福区三届十二次会议召开于2010年12月24日，区委书记张迎春作《加快转变发展方式，提升科学发展水平，为实现区域国民经济和社会发展第十二个五年规划的良好开局而努力》的讲话。中共开福区三届十三次会议召开于2011年4月7日，区委常委在会上分别公开述廉，市巡查指导组带队领导、市纪委书记袁观清出席会议。中共开福区三届十四次会议召开于2011年4月15日，四个联合监督小组反馈区委常委公开述廉的意见，会议并进行公开述廉满意度测评。中共开福区三届十五次会议召开于2011年5月23日，讨论并通过关于召开中共长沙市开福区第四次代表大会的决议。中共开福区三届十六次会议召开于2011

年6月22日，报告开福区第四次党代会筹备工作情况，通过区委工作报告，通报区委第四届人事安排及第四次党代会代表资格初审情况。

六、中共开福区第四届委员会

中共开福区第四届委员会至2012年，共召开全体委员会议5次。中共开福区四届一次会议召开于2011年6月27日，选举产生由张迎春等11人组成的中共开福区区委常委会，书记张迎春，副书记凌勤杰、沈裕谋；并选举产生由17人组成的中共开福区纪律检查委员会常委会，书记张作林。中共开福区四届二次会议召开于2011年8月23日，确定开福区出席长沙市十二次党代会的代表。中共开福区四届三次会议召开于2011年12月29日，区委书记张迎春作《稳中求进，又好又快，把开创滨水新区建设幸福北城事业全面推向前进》的讲话。中共开福区四届五次会议召开于2012年7月21日，区委书记张迎春作《把握总基调，全力稳增长，为全面和超额完成全年各项目标任务而努力》的讲话。

第三节　区委常委会

一、中共长沙市北区第五届常委会

中共北区第五届常委会于1992年10月22日召开第一次会议。本届常委会共召开会议245次，其中听取和讨论部门工作15次、研究换届工作10次、政法工作17次、人武工作6次、人事工作29次、经济工作19次、城乡建设工作5次、文教科卫体工作15次、社会工作18次、讨论“四大家”全区性会议的筹备工作54次、其他工作57次。

二、中共长沙市开福区第一届常委会

中共开福区第一届常委会于1997年10月10日召开第一次会议。本届常委会共召开会议171次，其中听取和讨论本部门工作12次、研究换届工作7次、政法工作19次、人武工作17次、人事工作18次、经济工作22次、城乡建设11次、文教卫科体工作12次、社会工作22次、讨论“四大家”全区性会议的筹备工作13次、其他18次。

三、中共长沙市开福区第二届常委会

中共开福区第二届常委会于2002年10月18日召开第一次会议。本届常委会共召开会议183次，其中听取和讨论部门工作97次、研究组织人事工作16次、财税经济工作18次、政法军事工作16次、防汛工作7次、纪检工作16次、换届选举工作13次。

四、中共长沙市开福区第三届常委会

中共开福区第三届常委会于2006年6月21日举行第一次会议。本届常委会共召开会议250次，其中听取和讨论部门工作35次、研究组织人事工作17次、财税经济工作25次、政法军事工作15次、监察纪检工作20次、政协人大工作19次、换届选举工作23次、政府等工作29次、干部工作26次、其他41次。

五、中共长沙市开福区第四届常委会

中共开福区第四届常委会于2011年6月27日举行第一次常委会议。至2012年12月，本届常委会召开会议共44次，其中听取和讨论部门工作4次、研究组织人事宣传工作5次、财税经济等工作4次、政法军事司法工作5次、纪检监察信访工作4次、政协人大工作3次、换届选举2次、政府工作6次、干部工作3次、其他工作8次。

第三章　决策纪要

第一节　城区区域发展战略决策纪要

1996年，面对区划调整后新的发展机遇以及新区划入大片农村地区的情况，在调查研究和各级讨论基础上，中共长沙市北区区委五届九次会议将“九五”期间全区发展战略由“活二强三”调整为“优一强二活三”。“优一”即农村经济结构要不断优化；农业产业结构要不断优化；农产品品种结构要不断优化；农业生产的组合形式要不断优化，以适应城市化的需要和市场的需要；逐步实现农业产业化，农、工、贸、科一体化。“强二”即加强工业意识，大力发展乡镇区街工业企业，实施“工业强区”战略；“活三”即实施“三产活区”战略，以搞活商品流通为龙头，带动旅游、储运、金融、信息、服务等行业的发展，以实现各类市场活跃、经济繁荣的目标。

2000年，开福区委一届七次、九次会议根据长沙市第十次党代会确定的“拓南兴北”战略，在实施新区发展战略的基础上，进一步提出“三产强区、结构调整、城市提升、建港拓城”的发展思路。2006年9月，长沙市第十一次党代会正式确立大城北战略。9月29日，区委召开三届二次全体（扩大）会议，传达贯彻市十一次党代会精神，对建设大城北作出部署。2007年，长株潭城市群“两型社会”建设综合配套改革试验区获批启动，区委全会提出“未来大城北建设需要融入综合性改革试验中，在区域发展总体定位、功能布局、产业转型、体制机制等多个层面主动寻求对接，找准发展方向和路径，创造发展优势，凸显城北地位”。2009年1月9日，区委三届六次全会提出“巩固一方阵、建设大城北”整体构想，并指出“巩固一方阵”是巩固和提升区域经济综合实力，巩固湖南城区发展第一方阵的领先地位；“建设大城北”是将城北置于湖南省“3+5”城市群战略和长沙市“一江两岸”发展大趋势下思考和定位，推动整个北片区域的强势崛起，建设产业更强、配套更全、环境更好、生态更优、人民更富的城北新区。2010年1月12日，区委三届八次全会要求全区着力调结构、转方式、促开放、惠民生、保和谐，奋力推进区域经济社会又好又快率先发展。

随着发展思路的不断完善、战略地位的大幅提升，开福区内金霞片区成为全省“两型社会”建设五大示范区十八大片区之一，大城北被国务院确定为“长株潭”城市群的核心功能区和近中期重点建设区，以金霞经济开发区为核心的园区平台打造开始形成较大的后发态势。为抓住机遇，更好地承接新一轮的发展，区委决定于2010年启动“十二五”规划编制工作。“十二五”规划纲要（草案）分析未来5年的发展基础和宏观背景，提出总体要求和整体布局，规划“精心打造现代宜居城区、巩固培育现代新型产业、深入推动改革开放、健全公共服务体系、全面构建和谐社会”等5大任务。2010年12月24日，区委召开三届十二次会议。在“十二五”规划纲要（草案）的基础上，对2011—2015年的经济社会发展作新的谋划，要求实施“产业发展两型化、城区品质国际化、城乡建设一体化、公共服务均等化”四大战略。新的谋划在中共开福区第四次代表大会上予以确认。依据这些新的谋划，修订后的《开福区国民经济和社会发展第十二个五年规划纲要》阐明全区未来5年经济社会发展的战略谋划和具体部署，明确全区各级各部门工作重点，引导区域市场经济主体行为，是政府履行职责的重要依据，是团结带领全区人民共同奋斗的宏伟蓝图和行动纲领。纲要激励全区党和人民，强化担当，锐意进取，以奋发有为的精神，开启“开创滨水新区，建设幸福北城”的新征程。

第二节 经济建设决策纪要

1992年，中共北区区委组织全区学习邓小平南方谈话，学习贯彻党的十四大精神，进一步解放思想，深化计划、物价、财税、金融、经贸及科教文卫体制改革，试点企业产权制度改革，调整经济工作目标，提出城区经济超常规发展的口号。1997年，开福区首届党代会召开，从区划调整后的实际情况出发，按照社会主义市场经济的要求，确立建设现代化新型城区的发展战略，制定全区跨世纪的奋斗目标。

一、企业改制

1997年5月20日，区委制定《关于乡镇区街企业产权制度的改革实施方案》，要求以股份合作制为主要形式，以结构调整为重点，以建立“产权清晰、权责明确、政企分开、管理科学”的现代企业制度为目标，分期分批完成企业改制任务，使企业真正成为自主经营、自负盈亏、自我约束的市场竞争主体。方案规定从1997年起，三年内完成乡镇区街企业改制；“九五”期间，全区企业都要建立现代企业制度，以新型的企业组织形式进入社会主义市场经济。9月26日，区委常委会研究企业改制问题，要求坚持一厂一策，能租赁的租赁，能兼并的兼并，能出售的出售，能分立的分立，该拍卖的拍卖，该破产的破产。1998年1月12日，区委常委会再次指出企业改制要坚持以“三个有利于”为标准，以股份制和股份合作制为基本取向，以放开放活产权为核心，以解除政府与企业、企业与职工的无限责任为突破口。1999年，区委要求围绕“转换经营机制、提高经济效益”目标，按照“抓大育大、放小活小、扶优促优”的思路，继续在企业改制的力度、深度、广度上下功夫，目标不改，政策不变，力度不减。2006年，区委提出推行企业改制阳光工程的要求，将改制的政策和方案公之于众，增强透明度，充分发扬民主，让职工行使当家作主的权力；改制过程中，要严格把好企业资产评估、不良资产核销、产权界定、经济补偿提留和职工分流安置等“五关”。

二、调结构、转方式、项目带动

2009年1月，开福区委三届六次全会正式向全区提出“调结构、转方式、项目带动”的要求，即：“把加快项目建设，调整产业结构作为主攻方向”；“在积极抓好保增长的同时，要继续加快发展方式转变，推动经济结构的战略性调整”；“通过产业结构、投资结构、招商结构、消费结构的调整，加快经济发展方式的转变”。在产业结构调整方面，实施“一产调优提效、二产调大提质、三产调活提速”的产业结构调整基本方略；实施服务业新一轮跨越发展、工业新一轮振兴发展的两个发展计划。在投资结构调整方面，努力使企业成为投资主体，丰富融资形态，形成投资支撑，通过谋划新的项目，壮大投资规模。在消费结构调整方面，继续抓好房产消费，培育大众消费，推动文化消费。在财税结构方面，通过产业结构调优财税结构，巩固主体税源板块，提升商贸税收板块，推进工业物流税收板块。

2010年1月，区委三届八次全会确立“着力调结构、转方式、促开放、惠民生、保和谐、奋力推进区域经济社会又好又快率先发展”的总体思路。会议指出：要实施项目带动战略，以项目保增长、促转变、强后劲。7月，区委三届九次全会召开，要求全区提升对转变发展方式的认识，提出“突出规划引领，在谋求区域更好更快发展中促转变”“突出项目建设，在提升投资消费质量中促转变”“突出市场机制，在培育内生动力中促转变”“突出基层基础，在民生事业发展中促转变”的工作思路。会议并要求把内城改造与新区拓展统一起来，把加快建设与提高质量统一起来，把稳定投资与提升效益统一起来，潜心抓项目，致力兴产业，加快促转变，抢占新一轮发展的“制高点”。会议进一步指出：要实施项目带动战略，以项目保增长、促转变、强后劲。

第三节　创建“平安开福”决策纪要

一、安全生产

2002年7月10日，开福区区委常委会议研究全区安全生产工作，决定成立开福区安全工作委员会。区政府发出《关于进一步做好安全工作的紧急通知》，并推出一系列举措，加大对危险化学品的安全专项整治力度，全面铺开对烟花爆竹的安全专项整治，对农贸市场进行安全专项管理，对重点工程建设加强施工安全管理，对食品安全卫生加强专项整治，对公共密集场所、水上交通进行安全整治。2005年3月15日，作出《区安全生产责任暂行规定》，分别对街道、镇（局）和区安委会成员单位作出责任规定，将安全生产工作纳入对各单位的年终目标管理考核内容，实行目标考核和责任追究。区安委会与各街道、镇及相关部门签订《安全生产目标管理责任状》，修改并制定《开福区安委成员单位安全生产工作职责》《开福区安全生产目标管理考核细则》《开福区街道安监站工作职责》等一系列文件，将目标任务和事故控制指标进行层层分解落实，进一步规范事故隐患台账制度、会议制度、值班制度、检查制度等；建立重大危险源监控台账，制定危化品、烟花爆竹、非煤矿山、特种设备等重特大安全事故应急救援预案。2009年6月18日，区委发出《关于进一步加强全区安全生产监督管理工作的意见》，明确全区安全生产监督管理的基本原则。

二、信访维稳

2001年以来，开福区连续制定发布《关于建立健全信访工作制度的通知》《接待群众来访工作规则（试行）》《办理群众来信工作规则（试行）》《处理信访突出问题及群众性事件责任追究暂行规定》《集中处理涉法上访问题工作方案》《新提拔担任副科级领导职务的干部担任区信访特派员暂行办法》等文件。2004年2月19日，召开全区政法综治稳定信访工作会议。会议要求在全区实行“三个转变”、建立“大信访”格局，即实现弱势信访向权威信访、被动信访向主动信访、小信访向大信访的转变，形成党委政府领导、信访部门牵头、条块部门联动的“大信访”工作格局。

2010年1月12日，区委在三届八次全会工作报告中要求探索完善“‘一健三联’信访责任体系[①]，实现省、市提出‘两个确保、七个坚决防止’[②]的工作目标”，并发出《关于建立信访工作“一健三联”机制的意见》。在联网管理群众信访方面，全区各级各单位进一步健全区直机关、街道（镇）、社区（村）三级信访工作网络；创新联合管理办法；建立信访信息系统。在联调解决群众诉求方面，建立联调领导机构，建立区和各街（镇）社会矛盾调处中心，整合综治、维稳、公安、司法、信访、民政、劳动人事等部门和人民调解委员会的工作力量，发挥直接调处社会矛盾的特殊作用。在联合办结信访积案方面，采取分类梳理，重点交办；领导包案，联合会办；跟踪督办，限时办结；联合救助，因案施策；联合审查，依法终结。

2010年3月19日，区委常委会会议决定成立区社会矛盾调处中心。调处中心成立后，制定有关政策文件及机构运作程序、规章和制度，并汇编成书，部分重要制度另在中心墙上公布。中心的启动重构全区信访维稳工作格局，整合行政资源，实行职能归集，采取“统一登记、分类接谈、现场处理、立案调处、交办督办、法律救助”的运行方式，形成“一站式”办公、“一体化”调处、“一揽子”解决问题的信访维稳工作新模式，让矛盾当场解决、当日解决，使“矛盾中转站”变成“矛盾终结站”，以实现矛盾的有效化解。

三、社会治安综合治理

2002年5月27日，区委转发区社会治安综合治理委员会、区委政法委员会《关于加强社会治安综合治理基层组织建设的意见》，要求各单位、各部门为全面建设小康社会创造良好的社会环境，各街道、镇（局）党（工）委书记和区综治委成员单位主要负责人，向区委、区政府递交2003年度社会治安综合治理目标管理责任书。根据意见精神，全区各街道、镇成立综治维稳中心。在此基础上，全区完善社会治安综合治理工作机制，构建“大整治”工作格局，即落实社会治安综合治理领导责任制度、目标管理责任制度、联席会议制度、情况通报制度、“一票否决”制度、“黄牌警告”制度、社会治安综合治理工作考核结果同党政领导干部政绩考核、晋职晋级和奖惩挂钩的有关制度及重大治安问题责任查究制度等；考评街道、镇和区综治委成员单位治安状况并进行定期检查通报。完善“三本台账”[③]管理机制，对列入台账管理的问题逐一交办，落实责任查究。

四、创建“平安开福”

2004年5月12日，区委发出《关于批转区综治委、区委政法委〈关于创建“平安开福”的实施意见〉的通知》，决定用两年左右的时间，在全区开展创建“平安开福”活动。5月13日，区委召开创建“平安开福”动员大会，成立“平安开福”创建工作领导小组。会后，各街道（镇、局）和区直有关单位成立工作机构，制定具体实施方案，形成上下齐抓、共同创建“平安开福”的格局。2009年9月2日，区委发出《关于建设平安和谐模范城区的意见》，并转发区综治委《关于下达建设平安和谐模范城区职责任务的通知》，提出全区平安和谐建设分4步进行：2009年为基础年，2010年为提升年，2011年为巩固年，2012年为成效年。

第四节 公共服务决策纪要

2010年1月12日，区委三届八次全会提出把保障和改善民生作为工作的出发点和落脚点，积极推进“民生工程”，提高民生事业的普惠程度的要求。7月16日，区委三届九次全会要求全区各级各部门对照年初确定的为民办实事工程目标，解决好就业、住房、社保等现实问题，推进文化、教育、卫生等普惠型社会事业发展。12月14日，区委三届十二次全会暨全区经济工作务虚会提出加强公共服务、促进基本公共服务逐步均等化的任务，要求完善基本公共服务、提升非基本公共服务。以社区管理社会化改革为龙头，推进非基本公共服务建设。

① “一健三联”信访责任体系即健全信访责任体系；联网管理群众信访、联调解决群众诉求、联合办结信访积案信访体系。

② “两个确保、七个坚决防止”即确保安全稳定、不出大事，确保人民群众的安全感和满意率有效提升、民调总体排名前移；坚决防止发生大规模群体性事件，坚决防止发生重大到省进京非正常上访事件，坚决防止发生暴力恐怖事件，坚决防止发生危害国家安全和社会稳定的重大政治事件，坚决防止发生重大治安事件，坚决防止发生群死群伤恶性事件，坚决防发生止重大舆情事件。

③ “三本台账”即不稳定因素台账、治安隐患台账、重大事故隐患台账。

区委在研究“十二五”规划时，强调实行基本公共服务均等化，是弥补市场公共品供给失灵的重要制度安排，要求实施公共服务均等化战略，全面建设幸福北城。区委还提出：要坚持把更多财政资金投向基本公共服务领域，实现基本公共服务广覆盖、可持续，建立健全就业服务体系，让有就业能力和就业愿望的劳动者均享就业机会；健全城乡社会保障体系，统筹推进五大保险提质扩面；扩大教育优质资源，实现区域教育发展与人民群众需求相匹配；建立区域卫生信息化平台，提升公共卫生服务水平；举办群众喜闻乐见、主题鲜明的文体活动，提升人们的文化品位和生活品质；应对人口老龄化，发展社会养老事业；支持残疾人事业发展；关注弱势群体，建立健全政府积极引导、群众广泛参与的互助互济机制；加强城市管理，为市民创造一个洁净、优美、舒适、有序的城市环境。

第五节　精神文明建设决策纪要

一、精神文明建设

1996年4月9日，北区召开全区精神文明建设暨宣传思想工作大会，成立区精神文明建设指导委员会，作出《关于进一步加强社会主义精神文明建设的决定》，确立全区精神文明建设的主要奋斗目标。决定提出：贯彻落实市委《关于〈中共中央关于进一步加强和改进学校德育工作的若干意见〉的实施意见》；根据《公民道德建设大纲》和《爱国主义教育实施纲要》，在市民中普及文明知识，开展爱国主义教育；开展“岗位学雷锋、行业树新风”活动；参加“百城万店无假货，优质服务在北区”活动；开展社区共建文明城区和军警民共建双拥模范城区的活动；制定精神文明建设的考核办法和指标体系；制定全区精神文明建设的规划，纳入经济和社会发展总体规划；建立领导定期研究精神文明建设的制度，每年召开一次全区精神文明建设大会的制度，党委政府统一领导、部门分工负责、齐抓共管的制度，精神文明建设目标责任制度，精神文明建设检查考核制度；增加投入，每年由财政安排一定数量的舆论导向经费，建立精神文明导向基金。1997年10月18日，开福区区委常委（扩大）会议作出《关于认真学习贯彻中央十四届六中全会精神的安排意见》及《开福区1998年精神文明建设工作要点》。意见和要点推出新的举措：抓辐射延伸，使精神文明建设活动由城区向乡村、示范点向社会各层面、主要干道向背街小巷、窗口行业向各部门各行业延伸；对背街小巷的卫生、城郊结合部的社会秩序，公共场所、文化市场和街头不良文化现象等5个方面进行专项治理；抓示范工程，完成创建1～2条文明示范街道、1～3个文明示范小区的任务；加强考评制度建设，严格按照《开福区“九五”期间文明单位创建规划》《开福区文明小区创建实施方案》，进一步完善考评制度，制定《开福区文明单位管理办法》，促进创建工作的制度化和规范化；在全区树立一个文明小区、一个文明街道、一个文明村镇、一个文明单位、一个文明机关、一个市民学校、一个军（警）民共建先进7个典型；以外来务工和经商人员为重点，以市民学校为阵地，开办文明市民（村民）学校。

二、公民道德建设

2001年9月，区精神文明建设指导委员会根据区委指示，制定《开福区创立湖南省文明城区年度市民教育实施方案》，要求学习贯彻中共中央印发的《公民道德建设实施纲要》，对机关和窗口行业开展以职业道德为主要内容的教育活动；对社区居民开展以文明礼貌、助人为乐和爱护公物、保护环境、遵纪守法为主要内容的社会公德教育；对暂住人员和流动人员，以法律法规教育为主；以淳化民风和开展“十星级”农户评选为重点，积极开展远离封建迷信、打牌赌博、婚丧大操大办和生活陋习的移风易俗教育；以文明礼仪、自强自立、爱心奉献教育为重点，引导中小学生当好“五小”公民（小主人、小帮手、小标兵、小卫士、小伙伴），树立正确的世界观、人生观和价值观。

三、社会主义荣辱观教育

2006年10月，区委在第三次党代会上要求深入开展“八荣八耻”的社会主义荣辱观教育，广泛发动群众参与各种弘扬社会公德的实践活动；并发出《关于在全区组织开展社会主义荣辱观宣传教育活动的通知》，要求全区制定计划，落实责任，采取措施，确保宣教活动取得实效。通知要求：把“八荣八耻”的基本要求，纳入各级党（工）委、党组中心组的学习，纳入市民“2006年市民教育年”系列活动全过程，纳入形势政策宣传教育，纳入学校教学教育，推介一批先进道德典型，组织一批理论文章，推出一批研究成果，编排一批文艺作品；围绕5个“主题”，即农村围绕“倡导新风尚、建设新农村”的主题，将社会主义荣辱观教育融入星级文明户、文明信用户、科技示范户、小康生态文明村创建及道德评议、“婚育新风进万家”等活动；城区围绕“遵守社会公德，争做文明市民”的主题，将社会主义荣辱观教育融入创建文明社区、学习型社区、节约型社区、无毒社区和“四进社区”、“巾帼建功”、“送温暖、献爱心”、无偿献血、扶弱助残等活动；学校围绕“知荣明耻，健康成才”的主题，将社会主义荣辱观教育融入“文明礼仪从我做起”“我与祖国共奋进”“青年志愿者行动”“民族精神代代传”“寻找身边的雷锋”“城乡少年‘手拉手’”等活动；企业围绕“践行八荣八耻、共铸企业诚信”的主题，将社会主义荣辱观教育融入“共铸诚信开福，打造诚信企业”“建造诚信联盟”“百城万店无假货”“重合同守信用”及创建文明行业、文明单位等活动；党政机关围绕“树立正确荣辱观，争当人民好公仆”的主题，将社会主义荣辱观教育同机关作风建设年活动相结合，同“创建文明机关，争当人民满意公务员”、建设“进取型机关、务实型机关、服务型机关”“政务阳光工程”等活动相结合。

第六节 社区管理决策纪要

2010年3月26日，区委常委会会议研究社区管理问题，决定成立“社区管理社会化”领导小组，设立社区工作局，发出《关于推进社区管理社会化工作的指导意见》《关于2010年社区管理社会化工作的实施要点》和《开福区社区管理社会化扶持奖励办法》等文件。区委要求全区将社区管理社会化当做一项重大的民生工程，把政府行政性的管理与居民自治性的管理结合起来，逐步实现社区管理从“政府本位”向“社会本位”过渡。区委并提出社区管理社会化的主要任务，即：党建工作区域化，全面推进社区党的基层组织建设；居民自治制度化，全面贯彻实施《中华人民共和国居民委员会组织法》《中华人民共和国村民委员会组织法》，建立健全充满活力的群众自治机制；社会组织多样化，建立门类齐全、结构严密、布局合理、与全区经济社会发展水平相适应的社会组织体系；推进社区工作人才队伍建设，为构建和谐开福提供有力的社会人才支撑；社区服务精细化，形成政府公共服务、居民志愿互助服务、市场购买服务相互衔接的社区服务体系；服务项目市场化，把市场运作机制引入社区公共服务领域；投入机制多元化，发挥社区内各种社会资源的作用；社区事务信息化，形成“资源共享、协同服务、便民利民”的社区事务信息化发展格局。

此后，各街道根据区委要求和社区的实际情况，推行包括居家养老、居家养残、残疾人康复、矫正帮教、物业管理等多个领域的市场化项目，形成项目申报、项目管理、项目跟踪、项目考评为一体的“项目制”管理体系，引导和带动社区管理社会化的整体推进。各社区采取居民自治、共驻共建、志愿服务、群众组织等方式，实行居民自治全覆盖，避免社区居委会的边缘化和行政化倾向，通过建立健全各种组织、统一设置公开栏、订立居民公约等自治平台，不断拓宽居民自治途径，减少和淡化行政干预，让“居民的事居民定、大家的事大家办”。

第七节 生态文明建设决策纪要

一、环境治理与生态保护

20世纪90年代开始，北区已将环境治理与生态保护问题列入议事日程，曾根据全市“两区六园”“退二进三”工业布局的要求，逐步对城区老工业企业采取关停并转迁的办法，关闭物耗能耗高、污染严重、治理无望、产品无市场的企业。2003年2月，开福区委制定《全区小康社会建设规划》，提出“处理好发展新兴产业与带动传统产业、发展资本密集型产业和劳动密集型产业之间的关系”“走出一条科技含量高、经济效益好、资源消耗低、环境污染少、人力资源得到充分利用的新型工业化道路”。2005年，开福区第三次党代会工作报告进一步要求提升人居环境质量，努力实现生产环境的优化和居民环境的宽、洁、绿、美、净、通，要加大环境综合治理力度，继续推进“蓝天碧水”工程，建设山水秀美、环境优美的环境模范城区；要建立都市型生态农业产业体系，对传统的城郊型农业开展结构性调整，形成无公害蔬菜、休闲观光农业、园艺花卉为主的都市生态休闲型农业产业体系。

会议决定在捞刀河以北、湘江以东、中青路两厢规划建设100平方千米的城北新区水源地，作为禁止开发地，以保护原生态。出台《长沙市开福区生态环境保护规划》，为开福区的生态环境保护提供保障，并编制新的城北新区规划，按照21世纪新城的标准来规划建设，保护和发挥城北新区的原生态优势。规划至2012年，全区公共绿地达1965公顷，人均公共绿地达8平方米，绿化覆盖率达到44.2%，为广大居民提供一个天蓝水绿、生态优美的居住环境。统筹抓好优质岸线资源周边规划和项目建设，让水系成为各大组团板块的连接线，凸显滨水生态特色。启动浏阳河和捞刀河开福段堤岸风光带建设，抓好两条河流开福段流域湿地建设，保护好周边生态；启动苏托垸湿地的保护性开发，建设好凤羽、关公湖等湿地公园，加强对青竹湖、秀峰山、鹅羊山的保护，形成开福区独具特色的滨水生态系统。

二、“两型”社会与“两型”产业

2007年，长株潭城市群获批“两型社会”综合配套改革试验区，推动了开福区资源节约型和环境友好型社会的建设。2009年9月17日，根据区委建议制定全区“两型”社会创建《方案》，成立区两型社会建设示范创建活动领导小组，创建“两型”机关、“两型”学校、“两型”企业、“两型”社区、“两型”村庄。2010年4月26日，区委决定在青竹湖镇创建湖南省两型社会示范镇，制定《创建湖南省两型社会示范镇实施方案》。要求重点优化镇区生态环境，形成特色突出、结构优越的现代新兴产业体系；形成低碳排放的生产、生活体系，镇区工居平衡，人们安居乐业，形成以公交为主导的绿色交通体系；形成山、水、城相谐具全国示范意义的绿色城镇。同年12月，区委在三届十二次全会报告中要求实施产业发展“两型化”战略，加快转变经济发展方式。在产业发展上，发展现代服务业，培育发展都市工业，调优发展生态农业，构建符合“两型”要求的现代产业发展体系，把资源节约和环境友好作为产业集群发展的基本取向和贯穿始终的前置条件。

三、绿化模范城区建设

2007年，区委常委会提出以创建园林城市为目标，在实施城市开发改造的同时，坚持“增总量、扩规模、创精品，高标准”推进城区绿化工作。要求开展城区绿化大会战，推动城区绿化全面升级，加快“生态市园林城”建设步伐。2009年，开福区成立创建全国绿化模范城市工作领导小组，制定《长沙市创建全国绿化模范城市开福区工作方案》和《长沙市创建全国绿化模范城市开福区工作细则》。方案和细则要求：在开福区打造“两型社会”综合配套改革生态示范区、城乡绿化样板区、生态宜居的幸福家园；点、线、面有机结合，重点抓好景区、景点、道路街巷、单位庭院、居住区绿化及城市立体绿化；新、改、扩建工程，绿化工程与工程同步施工同步完工。同年，开福区完成市分配的城市林业生态圈工程，建成秀峰山生态主题公园并提前对外开放；加大近郊及远郊防护林建设力度，保护现有资源，增加绿化层次；开展“绿色乡镇”“绿色村庄”“绿色家园”活动，建设远郊绿色屏障。

第八节　反腐倡廉建设决策纪要

一、党风廉政责任制

1996年3月8日，北区区委、区政府发出《北区党政负责干部实行党风廉政建设责任制》的通知，要求谁主管、谁负责，一级抓一级，层层负责，在全区形成党风廉政建设齐抓共管的格局。2002年3月5日，开福区委常委会议传达学习江泽民在中纪委七次全会上的重要讲话和长沙市反腐败工作会议精神，决定以“党委统一领导，党政齐抓共管，纪委组织协调，部门各负其责，依靠群众的支持和参与”的工作机制，对各党（工）委、党组、区直机关各单位、各专项工作责任部门，实行党风廉政建设责任目标管理。并对全区党政18个部门的党风廉政建设责任，制定94个目标，由区党风廉政建设责任制办公室细化，按照平时考察与年末检查考核相结合的办法，进行考核。7月12日，区委印发《中共开福区委、开福区人民政府领导班子成员2002年党风廉政建设责任分解》的通知，将党风廉政建设责任分解到全区各级党政部门，并具体落实到包括区委书记、区长及各级负责人在内的个人。区委还要求各级各部门比照这一做法，对本单位党政领导班子成员的党风廉政建设责任作进一步明确，并印发区委、区政府领导班子成员年度党风廉政建设责任分解表。为预防违纪行为，区委还推行干部考察预告、“述职述廉”、任期经济责任审计、监督工作联席会议及派驻“廉政特派员”等措施，并在55个村（社区）党支部设立纪检委员，实行双重管理。2008年10月，区委印发《关于在全区开展党风廉政建设规章制度执行情况督查的通知》，并成立督查工作领导机构。督查包括干部任免、干部作风建设、公务用车、政府采购、工程招投标、出国（境）考察、津补贴发放、党政正职“三个不直接分管”、四费管理、集中支付等9个方面的内容。

二、重点项目“阳光工程”

2006年2月22日，根据区委意见，发出《关于在重点项目中推行“阳光工程”，促进党风廉政建设的意见》，在全区实施决策、拆迁、招标、采购、施工、验收、办事、管理“八个公开”和“八个不准”：不准搞“一言堂”和暗箱操作；不准擅自变更、虚报和挪用拆迁专项资金，或者利用职权及其影响，直接或间接谋取不正当利益；不准违反规定，干预和插手建设工程招投标，搞“阴阳合同”、虚假招标、规避招标、串通投标；不准违反规定及合同约定搞私下交易，从中收取回扣，或者利用职权指定设备、建筑材料、构配件供应商；不准擅自开工和违法转包、分包，或者违反建设标准，偷工减料、粗制滥造；不准弄虚作假，互相串通，不按规定审计、验收；不准办事拖拉、扯皮推诿，不得对办事对象冷眼相对，恶语相向，或设置门槛为难；不准违反工作、财经、廉政纪律，不得利用职务之便为他人或自己谋取不正当个人利益。

区委、区政府将落实“阳光工程”情况纳入党风廉政建设责任制和年度目标管理的考核内容，由区监管办具体牵头，对各重点项目建设指挥部实施“阳光工程”的情况进行检查和考评。全区各重点项目建设指挥部制定实施“阳光工程”的具体办法，加强内部监督检查和管理，各联系重点项目的廉政特派员同时加强对“阳光工程”实施的督查指导工作，以确保“阳光工程”不走过场。

三、预防职务犯罪

2002年3月29日，区委转发区人民检察院党组《关于进一步加强预防职务犯罪工作的报告》，要求在打击职务犯罪的同时，切实加强对预防职务犯罪工作的领导，并成立区预防职务犯罪工作领导小组。区委要求建立健全预防职务犯罪制度，强化监督制约机制，如定期审计制度、社会监督和群众监督制度等，坚持专门机关预防与社会预防相结合，形成预防职务犯罪网络和合力。区委还要求对重点工程搞好专项预防，杜绝出现“工程上马，干部下马”的现象；要帮助有关部门、单位堵塞漏洞，完善管理制度和监督制约机制，对驻区大型国有企业、重点单位设立预防犯罪联络点，定期召开会议，推荐典型经验，认真开展预防对策研究，通过各种形式，以案释法，积极开展预防宣传和法制教育活动。通过开设市民学校，在中小学校设法制副校长形式，探索把反腐倡廉、预防职务犯罪的教育纳入市民及大、中、小学生思想品德教育内容的新路子。

2006年5月29日，区委转发区检察院《关于在全区重点项目建设中开展预防职务犯罪工作的实施意见》。根据实施意见，全区建立预防工作机制为：成立各重点项目指挥部预防职务犯罪指导小组，建立预防工作联络员和联席会议制度，明确预防工作内容，把预防职务犯罪纳入全区各单位、各部门文明建设的总体规划和社会治理范畴，作为年度考核的一项内容。对预防职务犯罪工作成绩显著的单位和个人给予表彰奖励；对预防不力或制度漏洞多的单位实行黄牌警告；对因预防制度不健全、预防措施不落实而多次发生职务犯罪案件，致使国家利益和社会公共利益遭受重大损失的单位，依法追究其直接负责的分管人员的纪律、行政和刑事责任。

第九节　党的建设决策纪要

一、保持共产党员先进性教育活动

2005年1月24日，区委根据中央和省、市委的指示和部署，发出《关于在全区开展以实践“三个代表”重要思想为主要内容的保持共产党员先进性教育活动的实施方案》，将全区各级各部门分为3批，每批半年左右，按学习动员、分析评议、整改提高3个阶段开展教育活动。区委成立了教育活动领导小组及两个督导组。2006年5月，区委发出《关于贯彻落实中央四个保持共产党员先进性长效机制文件的实施意见》，提出探索加强党员经常性教育的方法途径、搭建党员联系和服务群众的平台、构建城乡一体的流动党员动态管理机制、增强基层党组织在构建和谐社会中的功能、强化基层党建工作的组织领导和保障机制5个方面的意见。

二、加强和改进新形势下党的建设

2009年10月，区委召开全区负责干部会议，传达贯彻落实党的十七届四中全会《关于加强和改进新形势下党的建设若干重大问题的决定》精神，研究部署加强和改进新形势下党的建设工作，并在全区党务工作会上对党务工作者提出创新工作理念、方式方法和平台载体的要求。区委制定《关于全面加强基层党的建设的意见》《关于全面加强农村基层党的建设的意见》《2009—2012年开福区基层党组织建设工作规划》等文件，提出全区基层党建工作的阶段性目标，并按照《基层党建工作考核办法》对党建工作进行目标考核，实行奖优罚劣。区委还率先全省开展社区党组织“公推直选”、社区居委会“无候选人直选”及社区“选聘结合、居站分设”模式试点，着眼建立城乡统筹党建新格局，开展“城乡党组织互帮互助”活动，建立城乡一体、多方联动的党员动态服务机制。全区8个部门党委、13个街镇党工委、2个园区党工委、587个基层党组织，以科学的理论、制度、方法指导、保障和推进党建党务，不断创新党建党务工作方法，提升全区党建、党务工作科学化水平。

三、建设学习型党组织

2005年，区委宣传部联合区委组织部发出《关于在全区党组织中开展“创建学习型党组织，争当学习型党员”活动的通知》，在全区开展“建设学习型党组织”的活动。2010年6月8日，为贯彻落实党的十七届四中全会关于建设马克思主义学习型政党及推进学习型党组织建设的精神，区委制定《关于推进全区学习型党组织建设的实施意见》，要求把学习型党组织建设与推进本地本部门本单位的各项工作紧密结合起来，推进实际问题的解决。实施意见将学习型党组织建设纳入全区目标管理范围统一部署，统一考核；与“创先争优”相结合，一起评比，一起推进。同时明确推进学习型党组织建设的学习内容为：中国特色社会主义理论体系、科学发展观、社会主义核心价值体系，强调推进党员干部学习教育的科学化、制度化、规范化，建立健全培训、调查研究与述学、考学、评学、督学和奖惩制度及学习成果转化制度，把理论素养和学习能力作为选拔任用领导干部的重要依据，形成注重学习的用人导向。区委还制定《关于创建学习型党组织2010—2012年总体规划》，确立总体目标和阶段目标，要求建立健全“四大机制”：创建学习型党组织领导和工作班子，形成党委高度重视、统一指导、加强保障和考核驱动的支持机制；强化党委、党支部、党小组、党员“四级联动”的日常管理、组织实施、检查督促、每季度一次推进会的推进机制；建立学习型团队、学习型党员干部评选办法和表彰奖励的激励机制；配套完善学习型党组织创建成果的转化和体现机制。坚持“六个结合”的原则和方法：集中学习与讨论结合；集体学习与个人自学结合；集体和个人学习政治理论原文与重点辅导结合；理论学习与思想道德、作风纪律和文明操守教育引导结合；学习与深入调查研究结合；学习与联系实际运用结合，努力提高学习的针对性和实效性。切实把学习成果体现在讲党性、重品行、作表率、树形象的具体行为上，体现于着力解决好事关全区改革发展稳定和建设城市大局等重大问题，着力解决好人民群众最关心最直接最现实的利益问题，真正把学习成果转化为看得见摸得着的成效。

第十节　社会事业决策纪要

一、教育强区建设

2004年10月8日，开福区委发出《关于加快教育改革与发展的若干意见》，要求把教育摆在全面建设小康社会优先发展的战略地位，并提出要依法保障经费投入，努力巩固“两基”成果，提高“普九”质量，继续全面实施素质教育。2007年11月12日，开福区印发《建设教育强区“十一五”规划》，坚持推进教育优先发展战略，以素质教育为主题，以改革创新为动力，确立“基本构建起教育结构合理、相互衔接和沟通、配套协调和开放的现代教育体系；基本实现以建立终身学习制度和进入学习化社会为主要标志的教育现代化；实现由教育大区向教育强区的转变，让全区的孩子享受到全省最好的教育”的发展目标。2008年12月8日，区委作出《关于加快推进教育强区建设的决定》，要求坚持统筹发展和优先发展、均衡发展和品牌战略、优势传统与创新发展三个相结合原则，提出教育强区的目标任务。

根据决定精神，全区推出建设教育强区的保障措施，即：强化领导责任，把建设教育强区工作纳入全区经济社会发展的总体规划，列入各街道、镇工（党）委和办事处（政府）、区直相关职能部门的重要议事日程，将责任分解落实到各有关单位部门，成立开福区建设教育强区工作领导小组；保障经费投入，确保“两个比例”①“三个增长”②落实到位；健全督导机制，坚持督政为主、督学为本，加强对街道、镇教育工作

①“两个比例”即逐步提高国家财政性教育经费占国民生产总值的比例，努力实现4%的目标；逐步提高各级财政支出中教育经费支出所占的比例。

②“三个增长”即各级政府教育财政拨款的增长要高于同级财政经常性收入的增长；在校学生人均教育经费逐步增长；教师工资和学生人均公用经费逐步增长。

督导评估和街道、镇党政主要领导干部教育工作实绩督导考核，建立对相关职能部门贯彻执行教育法律、法规和履行教育职责情况的监督、检查制度。开福区还召开“推进教育强区工作部署会”，制定出台《开福区建设教育强区工作实施方案》等8个文件，与全区24个区直部门和13个街（镇）签订《开福区建设教育强区工作目标责任书》。区、街道（镇）以及相关部门成立创建教育强区、街道（镇）工作领导小组。

二、构筑公共卫生框架

推进公共服务能力建设 2003年12月，开福区作出《关于加强公共卫生工作的决定》，要求把公共卫生建设列入重要议事日程，纳入国民经济整体发展规划，落实各项保障制度，保证各项规划目标实现。2006年4月24日，区委发出《关于加强社区卫生服务工作的意见》，成立社区卫生服务工作领导小组，制定《开福区社区卫生服务机构设置规划（2006—2010）》，提出合理调整和配置城市卫生资源，促进优质资源进入社区，努力构建以社区卫生服务为基础、社区卫生服务机构与医院以及预防保健机构分工合理、协作密切的新型城市卫生服务体系，努力为居民提供安全、有效、便捷、经济的公共卫生和基本医疗服务的目标。规划还要求要建立以街道为单位，建成政府举办的以非营利性医疗机构为主导，以具有“六位一体”[①]功能的社区卫生服务中心（站）为主体，其他中西医基层医疗卫生机构为补充的多种形式的社区卫生服务网络。

三、食品安全城市建设

2008年12月23日，开福区制定《建设食品安全城市实施方案》，要求构建食品安全保障体系，完善食品安全工作制度，加强食品安全环节监管。此后，开福区成立区食品安全委员会，各街道（镇）、区直有关部门成立相应的组织领导机构，由行政一把手负总责。2009年2月，开福区印发《2009年建设食品安全城市实施方案》，要求推进监管理念由惩治为主向惩防并举、监管模式由粗放管理向精细管理、监管区域由城市为主和城乡并重的“三个转变”；实施“标准生产”“放心市场”“阳光食品”三大工程。2010年3月，开福区印发《2010年度建设食品安全城市工作实施方案》和《2010年度食品安全示范工程建设活动方案》，强调食品安全工作的重点为：健全检测检验、规章制度、社会诚信等三大工作体系；加强农产品源头治理、食品生产加工、食品经营市场、餐饮消费监管4个环节监管；强化食品安全隐患评估、联动协调、部门责任、无缝覆盖和工作督查5项工作机制；完善责任考核制、应急预案制、工作例会制、信息报送制、举报奖励制和联合办案制6项规章制度；继续加大示范街镇、社区以及企业的创建力度。

四、建设人民满意城区

2009年，开福区印发《建设人民满意城区2009—2011年工作纲要》和《建设人民满意城区2009年实施计划》。纲要提出开福区建设人民满意城市活动的主要任务和要求：推进“四化”[②]长效创建机制的完善和落实，实施城市社区志愿服务行动计划，动员全社会参与诚信建设，营造公平公正的法制环境，推进公众安全满意工程，实现养老、医疗、失业、工伤、生育5大保险全覆盖，建设人民满意政府，实施市容环境和社区环境综合整治工程，创造可持续发展的生态环境，发展均衡的现代国民教育和终身教育体系，建设覆盖全体居民的社区卫生服务网络，实施积极的就业政策，建设食品安全城区，建立普通商品房、经济适用房、廉租房等多层次的住房保障体系，形成城市现代路桥网络体系，完善城乡市场体系，建设公共文化服务体系，建立全民健身服务体系，打造书香城区等。5月25日，开福区成立区建设人民满意城区领导小组，依据分线管理、分块负责、分级落实的总体要求，建立有明确分工、任务和责任的工作体系，以及区、街道（镇）、社区（村）整体联动的工作机制，确保人民满意城区建设工作常态化。2010年5月11日，开福区制订《建设人民满意城区2010年实施计划》，要求突出整治城市公共环境和城市公共秩序两个重点，着力实现城市面上品质和市民素质两个提升，采取“五大行动”[③]，促进全区经济社会又好又快发展，推动文明开福、和谐开福、宜居开福建设。

---

①“六位一体”即同时具有预防、医疗、保健、健康教育、康复、计划生育技术指导功能的社区卫生服务中心（站）。
②“四化”即部门管理常态化、城市管理网格化、社区管理物业化、市民教育多样化。
③“五大行动”即市民素质提升行动、公共环境优化行动、城市文明交通行动、和谐社区创建行动、社会关爱倡导行动。

第四章　纪检监察

第一节 机 构

一、机构设置

开福区的纪检和监察机构为中共开福区纪律检查委员会和开福区监察局，1996 年区划改革以前为中共北区纪律检查委员会和北区监察局。中共北区（开福区）纪律检查委员会由中共北区（开福区）代表大会选举产生，由委员、常务委员若干人和副书记、书记组成。1989—2012 年，经历了中共长沙市北区第四、五届纪律检查委员会，中共长沙市开福区第一、二、三、四届纪律检查委员会，历任书记为常庚申、张新亮、刘国际、许振勤。

区监察局为区政府的工作部门。北区监察局成立于 1988 年 2 月，1996 年更名为开福区监察局。至 2012 年，先后担任局长的有余宏亮、雍正华、高玉葵、张小霞、张赞斌。

1993 年，北区监察局与中共长沙市北区纪律检查委员会合署办公，内设办公室（加挂调研法规室）、党风廉政建设室（加挂宣传教育室）、执法监察室、行政效能监察室、纪检监察室（加挂信访室）、案件审理室、干部室、财务监察室等 11 个机构。有行政编制 13 名，另单列由区机构编制委员会办公室管理的区级领导行政编制 1 名。区纪委的领导职数为常委 7 名，其中书记 1 名、副书记 2 名（1 名兼区监察局局长）。

二、基层纪检监察机构

1990 年 8 月，区委常委会决定在区属 6 个街道和区教育局、城建局、工商局设立党的纪律检查委员会。2012 年，开福区区委在洪山管理局、青竹湖镇、新港镇、捞刀河镇和望麓园、清水塘、湘雅路、伍家岭、新河、东风路、通泰街、四方坪、芙蓉北路各街道设立纪律检查委员会，并在区人民法院、区人民检察院、区公安分局、区直机关工委、财政局、民政局、教育局、卫生局、计生局、农水局、工信局、城管局、人社局、城乡建设局、环保局、住房保障局均设立纪检组织。基层纪律检查委员会由书记、副书记和委员组成，一般为 3 人至 5 人，书记由同级党委副职一级的干部担任。

三、纪检监察派驻机构

2009 年始，开福区纪委、监察局对部分区属单位设置派驻机构。2009 年 8 月，区委、区政府下发关于对部分纪检监察派驻机构实行统一管理的实施意见。据此，区纪委、监察局对金霞经济技术开发区纪委与区财政局、民政局、农业林业水利局、劳动和社会保障局、交通运输管理局等单位纪检组实行统一管理，向区城市建设投资有限公司、机关后勤服务中心派驻纪检组并实行统一管理，并将区教育局、卫生局、城市管理局、建设局纪检组织视同区纪委、监察局的派驻机构实行统一管理。派驻机构（含视同管理的机构）是区纪委、监察局的组成部分，接受区纪委、监察局和驻在单位党组（党委、党工委）、行政的双重领导，以区纪委、区监察局领导为主，直接向区纪委、区监察局报告工作。

第二节 党风廉政建设

一、党风党纪教育

廉政反腐教育 1989 年 3 月 14 日，北区召开全区纪检工作会议，发出《关于在全区进行党纪教育的通知》，要求各单位上好一堂党课、过好一次民主生活会，全区党的组织生活以学习中纪委发的 3 个文件，进行保持廉洁、反对腐败的纪律教育为主。1995 年 5 月 12 日，北区作出关于开展向孔繁森学习活动的决定。5 月 19 日，区委常委专题研究机关作风整顿问题，并成立机关作风整顿领导小组。5 月 24 日，召开机关作风整顿动员大会，指出全区机关作风存在的问题。2002 年 3 月 5 日，开福区区委常委会传达学习江泽民在中纪委七次全会上的讲话和全市反腐败工作会议精神。2003 年 7 月，开福区制定教育活动方案，组织全区广大党员干部特别是副科级以上领导干部，学习党的三代领导核心关于从严治党的论述和党员领导干部廉洁从政的规定，开展“读廉文、思反腐”的“双提醒”教育活动。主要领导给各基层党（工）委、党组的党员干部上课；邀请上级领导、专家学者，给街道、镇（局）和区直部门的党员干部上廉政党课；组织全区党员观看“体察群众疾苦，坚持艰苦奋斗”

为主题的电视专题片。

贯彻党内监督和党纪处分条例 2003年12月31日，中共中央颁布实施《中国共产党党内监督条例（试行）》和《中国共产党纪律处分条例》。2004年4月19日，区委发出学习宣传贯彻两个条例的《实施意见》，并成立学习贯彻两个条例工作领导小组，由区委书记任组长，区委副书记、纪委书记、组织部长、宣传部长任副组长。为确保学习效果，区委采取5项措施：建立党风廉政建设巡视组，由区纪委、区委办、区委组织部、区政府办人员组成，将巡视工作与督查工作有机结合，对街道、镇（局）党政一把手和班子成员的从政行为和落实党风廉政建设责任制的情况进行定期或不定期的调查了解，加大对下级班子特别是一把手的监督检查力度；发挥特邀监察员的作用，加大对区政府组成部门和执法执纪部门的监督；对全区重点工程建设片区，以区纪委为主体，继续派驻"廉政特派员"，进行定点联系；将党内、党外监督结合起来，设置党内监督热线（设在区纪委信访室内）；要求各单位班子成员把贯彻执行两个条例及遵守中纪委提出的"四大纪律、八项要求"的情况，作为领导干部民主生活会的重要内容，开展自查自纠。

主题教育 2003年7月，按照中纪委和省、市纪委在党员干部中开展"艰苦奋斗、廉洁从政——'正三观、扬三气、增三力'①"主题教育活动的指示，制定教育活动方案。方案要求组织党员干部认真学习党的三代领导核心关于从严治党的论述和党员领导干部廉洁从政的规定，教育领导干部树立正确的世界观、人生观、价值观，始终弘扬共产党人的蓬勃朝气、昂扬锐气和浩然正气，始终保持共产党人的政治本色，始终保持同人民群众的密切联系，始终保持开拓创新、与时俱进的昂扬斗志，不断增强党的创造力、凝聚力和战斗力。

警示教育 2005年3月14日，发出《关于在全区党员领导干部中深入开展"三敲三醒"②警示教育活动的意见》。全区各级各部门将"三敲三醒"警示教育活动列入各党（工）委、党组的重要议事日程，成立由各党（工）委、党组书记负责的活动组织机构，制定活动方案，要求各单位副科级以上党员领导干部全部参加，并将参加和开展的情况纳入区纪委、监察局对各单位党风廉政建设工作年度考核体系。坚持经常性警示教育，在全区性的大会如拆迁动员大会和区委、政府全会上，安排区纪委讲话，分析问题，强调纪律，对全区党员干部进行教育；定期召开案件警示通报会，通报区纪委、监察、检察、公安、审计等单位查处的典型案件，以案说纪。坚持开展正反两方面典型教育，组织观看《反差》《忏悔与警示》《内蒙古第一贪》等警示教育片，组织全区县级领导和街镇、部门党政一把手共156人，参观全省反腐倡廉教育基地——长沙监狱。

廉政谈话制度 对新提拔的科级领导干部，区纪委都要会同区委组织部进行集体廉政谈话，向他们提出廉洁从政的要求。自2005年来，全区各级纪检组织共开展廉政谈话300余人次。

二、推行党风廉政建设

北区时期党风廉政建设 1989年，北区发出《关于北区党政机关廉政建设暂行规定》和《关于在全区进行党风检查的通知》，并组织人大、政府、政协、纪委对全区15个党委（党组）、5个直属支部的党风及廉政工作进行检查。1992年6月13日，召开全区廉政工作会议，提出克服厌烦、对立、攀比情绪，强化廉政意识；贯彻湖南省"六不准"规定，坚决刹住请吃、请钓、请跳歪风；建立健全两公开一监督、内部权力制约、管理交叉、重点岗位轮换、收支两条线、人民代表民主监督评议6项制度；进一步抓好"一刹四清"③工作；搞好整治"三乱"的复查工作；正确区分和处理经济建设和廉政建设的关系等6条措施。经过清理，区属党员干部有两处住房的61户都按规定清退或加租，"农转非"问题清退4人，党员干部拖欠公款的问题得到清理，用公款请客送礼、滥发纪念品之风有所好转，违法违纪行为有所减少，不正之

① "正三观、扬三气、增三力"即树立正确的世界观、人生观、价值观；弘扬共产党人的蓬勃朝气、昂扬锐气和浩然正气；增强党的创造力、凝聚力和战斗力。

② "三敲三醒"即对党员领导干部"大事敲钟，小事敲鼓、无事敲木鱼；喊醒、点醒、提醒"。

③ "一刹四清"即刹公款吃喝送礼；清理乱着装、公款送读、拖欠公款、私设小金库。

风有所收敛。1993 年 7 月，贯彻执行长沙市“关于党政机关干部廉政从政的规定”，即“六不准”①。区属 22 个基层党委（党组）、工委均在 10 月底前召开专题民主生活会，区纪委和区委组织部派人参加，全区副科级以上干部共上交收受的礼金及有价证券 1.22 万元，其中县级干部 26 人上交礼券礼金 5340 元，科级干部 52 人上交礼金 1860 元。1994 年，在建立《领导干部廉政考核制度》的基础上，制定和完善办事公开、礼品登记、廉洁自律、重大事项报告 4 项制度。全区党员干部拒礼拒贿金额达 10 余万元。

开福区时期党风廉政建设　1996 年 7 月，开福区制定《关于科级以上领导干部个人及家庭重大事项报告制度》，对科级以上领导干部向党组织请示或报告的 9 个方面事项②作出明确规定。制定《关于对公务活动中收受的礼品实行登记的规定》，强调各级党政干部在各项公务活动中，一律不得收受可能影响公正执行公务的礼品（包括礼金、礼券、礼物）。1998 年 3 月，发出《关于对行政主要领导干部实行离任审计的通知》《关于进一步落实完善几项制度的通知》，在全区进一步落实、完善《党政负责干部党风廉政建设责任制》《建房、住房制度》《通信、交通工具的配备管理制度》《基建工程项目审批制度》《资金审批制度》《人事调配制度》《公费出国（境）制度》等文件。制定《关于建立反腐败牵头单位定期联席会议制度》，将反腐重点任务分解成 31 项，明确 23 个牵头单位、13 个县级责任领导以及各项任务的会同单位。由区委每季度组织牵头单位召开一次联席会议，督查全区反腐败工作进展情况。如督查金霞大道严重质量问题时，区纪委、监察局、检察院、审计局密切配合，调查取证 80 余人次，先后对 3 人实施“双规”，累计核减工程造价 2519 万元，仅金霞大道管涵工程一项就挽回经济损失 40 余万元。

2000 年 7 月，发布《关于贯彻落实中共中央、国务院〈关于实行党风廉政建设责任制的规定〉的实施意见》，将党风廉政建设责任制分解为责任范围、责任考核、责任追究三个方面，共 33 条，进行考核追究。据此，当年取消 3 个单位和 3 名党政负责人的评先资格，否决 2 个单位和 4 名党政负责人的评先结果，对 8 名党政负责干部进行责任追究。2001 年，发出《领导班子成员党风廉政建设职责》的通知，对区委、区政府领导班子 22 名成员实行“党风廉政建设目标管理责任制度”。通过督查和专项清理，1—6 月共登记上交红包礼金 7.16 万元，精简区级会议 15 个，节省开支 40 多万元。全区 32 名区县级领导、410 名科级负责干部，就个人廉洁自律、主管及分管部门、单位、科室的党风廉政建设向区委递交廉政承诺书。区纪委并对全区 384 名副科级以上领导干部实行廉政档案微机管理，全年有 400 多名科职负责干部向区党风廉政办公室报告 2001 年个人责任制执行情况。

2002 年，实行党风廉政建设责任目标管理。发布《中共开福区委、区人民政府领导班子成员 2002 年党风廉政建设责任分解》的通知，对全区党政 18 个部门的党风廉政建设责任，制定 94 个目标，按照平时考察与年末检查考核相结合的办法，进行考核。向全区各级各部门下达《2002 年党风廉政建设责任目标书》，在 55 个村（社区）党支部设立纪检委员，实行双重管理。2006 年，开福区获长沙市落实党风廉政建设责任制工作先进单位二等奖。2007 年，向全区各级各部门下达《2007 年党风廉政建设责任目标书》，发布《区委、区政府领导班子成员年度党风廉政建设责任分解表》，推行干部考察预告、“述职述廉”、任期经济责任审计、监督工作联席会议及派驻“廉政特派员”等措施，预防违纪行为。向区属各党（工）委、党组、各镇人民政府、各街道办事处、区直机关各部门发出《关于进一步规范领导干部廉洁从政行为若干规定》的通知，重申严禁“跑官要官”，

①“六不准”即不准从事第二职业、不准收受礼金礼券、不准以权谋私、不准权力经商、不准公费出国（境）旅游、不准铺张浪费。

②9 个方面事项指本人及家庭修建、出租、买卖、调整、装修住房；本人及家庭更换车辆；本人在经济实体企业应聘、兼职；配偶、子女户口“农转非”、招工、招干、参军、调动、公费委培；家庭或个人在工资以外的重要经济收入；本人结婚、离婚及父母、子女婚丧嫁娶；因特殊情况需要申请生育二胎；添置属个人及家庭使用的每件价值超过一万元的器材设备等；本人认为有必要及时陈述申明和报告的其他问题。

严禁违反规定收送礼金、有价证券和支付凭证，严禁借婚丧嫁娶寿庆之机收钱敛财，严禁从事或参与营利性活动和经济活动中滥用职权、以权谋私，严禁违反规定配备使用公务用车，严禁公款出国（境）旅游，严禁用公款大吃大喝和进行高消费娱乐活动，严禁以任何形式参加赌博，严禁以房谋私，严禁擅自作主减免缓税费。区党风廉政建设领导小组办公室对全区县级领导干部的廉政登记簿中秋、国庆“两节”期间的登记情况进行查阅，共有56人按时上交廉政登记簿，主动向组织报告个人重大事项26人次，上交红包礼金61人次、33.22万元。

2009年3月27日至4月8日，全区从纪委、监察局、财政局、审计局等部门抽调干部组织三个组，对全区40多个单位2007年以来党风廉政建设规章制度的执行情况，进行了一次全面的调研、督查。2010年9月1日，区委常委研究基层党风廉政建设工作。区领导深入13个街道、镇和金霞经济开发区，调研党风廉政建设工作。

第三节 案件处理

受理群众来信、来访和电话举报，处理党政干部违纪违法案件，是纪检监察部门的重要工作。1980—1990年，全区受党纪处分23人，其中被开除党籍4人，受留党察看1人，被撤销党内职务1人，受党内严重警告9人，受党内警告8人。1991—1992年，受党纪处分16人，其中被开除党籍2人，受留党察看2人，受党内严重警告8人，受党内警告4人。1992年收到群众来信31件（次），群众来访11次，领导接访11次。1993—1995年，共收到群众来信104件（次），接待群众来访16次，其中领导接访13次。受党纪处分22人，其中被开除党籍7人，受留党察看4人，被撤销党内职务1人，受党内警告10人；受政纪处分7人，其中被开除公职1人，记大过2人，记过2人，受行政警告2人。2002年，立案34件，结案33件，收缴违纪违法金额25.07万元；涉及科级干部要案3件，收缴金额在5万元以上的大案2件；给予党纪政纪处分29人，其中给予党的警告5人、留党查看1人、开除党籍1人，给予行政警告5人、行政记过2人、行政记大过5人、开除公职1人。2004年，共收到和接待群众来信、来访和电话举报136件次，完成上级交办案件8件。2006—2012年，共受理群众来信508件次、来访102人次、电话举报26个，共计636件次。

1999—2003年，全区共审结各类违犯党纪政纪的案件125件，其中大要案47件，给予党纪、政纪处分的125人；涉及县（处）级干部2人、科级副科级干部37人。2004年，立案22件，结案19件，其中经济案件7件，占32%，万元以上经济案件6件（5万元以上大案3件），失职类案件6件，占27%；涉及科级干部的要案5件，查处违纪金额70余万元，办案追缴金额14万元。给予党纪政纪处分19人，其中给予党内严重警告2人、警告4人、开除党籍1人；行政警告6人，行政记过3人、行政记大过2人、撤职1人、开除留用1人。2005年，受理案件22起，审结22起，办结22起；给予党纪政纪处分22人，其中给予党纪处分10人、政纪处分9人、双重处分3人；涉及科级干部6人，其他人员14人，收缴违纪金额100多万元。

2006—2012年，全区共立案查办案件213件，结案205件，查处违纪党员干部155人，其中大要案件41件，涉案违纪总金额2016.45万元，收缴涉案金额296.09万元，给予党纪政纪处分的151人，其中开除党籍的32人、移送司法机关24人。2007年，立案20件，结案19件，给予党纪政纪处分18人，移送司法机关依法处理4人，与检察机关和工商局联合查处的商业贿赂案46件，其中5万元以上大案15件。2011年，立案查办案件16件，查处违纪党员干部16人，其中大要案件7件，涉及副科级以上干部3人。2012年，查办案件52件，涉及违纪金额791.45万元，收缴金额180余万元，立案查处的副科级以上领导干部7人，开除党籍6人，移送司法机关2人。

第五章 组织 建设

第一节 机 构

中共长沙市开福区委员会主管组织和干部工作的机构为区委组织部。1989—1996年期间为北区区委组织部，1996年更名为开福区区委组织部。区委组织部设部长1名，由区委常委兼任，副部长2名。1989—2012年，担任部长的先后为阳克春、何小兰（女）、罗建军、柳美景、廖建华（女）、周虔（女）。

1997年5月，开福区区委组织部内设办公室（研究室）、干部组（参照办）、党建组（电教中心）3个科室，行政编制10名，工勤事业编1名。2002年9月，干部组、党建组分别改名干部科、党建科，研究室改挂于党建科。机关行政编制为10名，机关后勤服务人员事业编制1名；领导职数3名，其中部长1名、副部长2名。2008年8月，增设开福区委基层党建工作领导小组办公室（以下简称基层办），设主任1名（由副部长兼任），副主任1名（科级副职）。2009年12月，增设开福区党代表联络工作办公室（以下简称党联办），设副主任1名（科级副职）。2011年12月，增设开福区绩效考核管理办公室（以下简称绩效办），设主任（科级正职）、副主任（科级副职）各1名。同月，又增设开福区党员干部现代远程教育管理中心（以下简称远教办），设主任1名（科级副职）。2012年3月，增设开福区非公有制经济组织工作委员会（以下简称非公经济党工委），设专职副书记1名（科级正职）、专职委员1名（科级副职）。

至2012年，区委组织部设有办公室、党建科（加挂研究室）、干部科、基层办、党联办、绩效办、远教办、非公经济党工委8个科、办、室，共有14个编制，其中11个行政编、2个事业编、1个工勤编。

第二节 党员·基层组织

一、组织机构

1990年，中共北区区委下辖基层党委6个、党总支部2个、党支部176个，有党员1872人（其中男性1040人、女性832人）。1993年，全区下辖基层党委8个、党总支部3个、党支部196个，有党员2217人。1999年，中共开福区区委下辖基层党委27个、党总支部7个、党支部410个，有党员6508人。2003年，全区下辖基层党委26个、党总支部12个、党支部407个，有党员8706人。2011年，全区下辖基层党委46个、党总支部52个、党支部571个，有党员17936人。2012年，全区下辖基层党委51个、党总支部49个、党支部724个，有党员18554人。

二、基层组织建设

1994年8月，北区在《关于加强居委会组织建设，发展居委会经济的几点意见》中，提出要确立党支部在居委会工作中的领导核心地位。2000年4月20日，开福区发出《关于加强街道社区党建工作的意见》。2001年，区委建立党建工作领导小组，全区13个街道全部建立社区党建工作联席会制度，90个社区居委会全部建立党支部。2003年，发出《关于进一步加强农村基层党组织建设的决定》，建立区领导联系制度，规定区委书记和区长分别指导联系一个镇、区委常委分别指导联系一个村。4月24日，召开全区城市社区党组织建设工作会议，发布《关于对部分城市社区党组织进行集中建设的通知》及《关于城市党组织集中建设工作的实施意见》。9月，全区77个社区党组织换届，东风二村社区建立全省第一家社区党委，下设6个党支部（全楼栋支部4个，非公经济支部1个，流动支部1个），新河街道4个社区成立党总支。

2004年2月10日，发出《关于开福区农村基层党组织集中建设工作的实施意见》，提出基层党组织建设的具体目标和办法。2006年，在全省社区党组织和第六次社区居委会换届选举试点中，全区75个社区全部以直选方式完成社区党组织换届选举。

2009年，在开福区第七次社区、村党组织换届选举中，采取成员分推直选、原候选人直选选聘结合的方式进行。其中30个行政村党组织换届选举产生书记 30 人、委员 90 人，其中新当选的书记 8 人、委员 24 人。本届产生的基层党组织，书记平均年龄 46.20 岁，委员平均年龄 38 岁，大专以上文化程度 38 人。全区社区党组织有 55 人实现交叉任职，30 个行政村实现书记、主任“一肩挑”（村支部书记兼职村主任）。

2011 年，在开福区第八次村“两委”换届选举中，共有 30 个村的党员 1755 人参加选举，公推直选村党支部成员 99 人，新进人员 35 岁以下的 14 人，年龄最小的 23 岁，大专以上学历 24 人，占 75%，5 名 2009 年招聘的大学生村干部成功选进村“两委”班子。新一届班子党员 155 人，占 96.80%；平均年龄 44.50 岁，比上届年轻 1.70 岁。2012 年，在开福区第八次社区“两委”换届选举中，全区采取“两推一选”和“公推直选”方式，99 个社区有 9092 名党员参与选举，提名社区党组织书记候选人 128 名、委员候选人 561 名。选举产生书记 99 名、委员 455 名。其中女性 246 名，占全部委员数的 54%，比上届提高 1.30 个百分点。社区党组织书记的平均年龄为 43.40 岁，新任党组织书记 42 名，占总数的 42.20%。

三、党员教育

1989 年，北区党员教育工作着重抓党内监督制度、会议监督制度、党风廉政等责任制度、各级领导坚持双重组织生活制度、保障党的监督机关独立行使职权制度 5 项制度的学习和落实。1990 年，党员教育工作以“三基”[①]为主要内容。1996 年，中央和省、市的“九五”干部教育培训规划出台后，开福区调整充实干部教育工作领导小组，制定《1996—2000 年开福区干部培训规划》。2001 年 8 月，制定《2001—2005 年长沙市开福区干部教育培训规划》。

2004年，开福区实施全区农村“一村一名大学生”计划，选送50名干部参加“双带型”（个人带头致富、带动群众致富）党员双强型（政治思想素质强、科学文化素质强）大专学历教育培训，培训村支书、村主任300余人次。2006年，对先进性教育活动组织回头看，全区共有11个党（工）委、46个党总支、459个党支部、10219名党员参加先进性教育活动。6月17日，召开纪念中国共产党成立85周年暨保持共产党员先进性教育活动总结会，表彰40个基层党组织、107名优秀党员、40名优秀党务工作者和10个基层党建示范点、10个共产党员示范岗。2007年5月15日，在《关于贯彻落实中央四个保持共产党员先进性长效机制文件的实施意见》中，明确机关事业单位的党员每年参加集中教育活动，课时累计不少于12天，其他党员累计不少于6天，党员参加集体教育活动的情况纳入党建工作目标考核范围。2010年，贯彻省委、市委《关于推进学习型党组织建设的实施意见》，规定县处级以上党政领导干部每人每年参加脱产培训不少于110个学时，县、科级领导干部每年深入基层调查研究不少于60天，每年撰写调查报告不少于1～2篇，并将学习纳入绩效考核。

四、党员发展、党员结构

党员发展 1989—2012 年，中共开福区各级党组织贯彻“坚持标准、保证质量、改善结构、慎重发展”的十六字方针，1989—1996 年共发展党员 588 人，平均每年发展党员 74 人。1997 年后，为逐步改变党员年龄日趋老化（56 岁以上党员约占全区党员总数的 36%）、文化水平偏低、不少基层党支部领导班子成员接班人少等现状，在坚持“十六字”方针的前提下，注重在生产第一线、在中青年中、在文化水平较高的回城大中专毕业生中吸收优秀分子入党。至 2012 年年底，全区共有党员 19242 人。1997 年至 2012 年共发展新党员 4621 人，16 年间平均每年发展新员 289 人。

党员结构 1989 年至 2012 年，开福区党员的性别、年龄、文化、民族等结构不断有所变化。1989 年至 2012 年，女党员和文化程度较高的党员所占比例加大，而党员年龄、民族结构有起伏。2012 年与 1997 年比较：女党员占党员总数的比例由 31.24% 增至 39.4%；高中以上文化程度的党员占党员总数的比例由 46.87% 增至 69.56%。

---

① “三基”即在党员中进行党的基本路线、党的基本知识和马克思列宁主义、毛泽东思想基本路线教育。

表 2-1　　1989—2012 年开福区（北区）中共党员结构统计表

单位：人

项目 / 人数 / 年份	党员总数	性别		年龄					少数民族
		男	女	35 岁以下	35 岁~45 岁	45 岁~55 岁	55 岁~60 岁	60 岁以上	
1989	1888	1072	816	256	500	429	299	404	8
1991	1944	1076	868	261	532	434	280	437	15
1993	2206	1241	965	292	610	505	280	519	17
1995	2335	1278	1057	337	635	548	252	563	17
1997	6298	4330	1968	1068	1638	1352	650	1590	39
1999	6508	4369	2139	1112	1393	1696	506	1801	68
2000	6904	4548	2356	1267	1382	1789	634	1832	49
2004	11982	6983	4999	2873	2820	2445	1464	2380	142
2006	15630	10377	5253	2858	2730	2556	2190	5296	62
2008	15145	9624	5521	2812	2912	2540	1823	5058	75
2010	17192	11003	6189	3293	3087	2467	2112	6233	116
2012	19242	11659	7583	3715	3549	2741	2568	6669	154

续表

项目 / 人数 / 年份	文化程度									
	大专以上		中专		高中		初中		小学	
	人数	百分比	人数	百分比	人数	百分比	人数	百分比	人数	百分比
1989	271	14.35%	291	15.41%	334	17.69%	484	25.64%	508	26.91%
1991	366	18.83%	318	16.36%	331	17.03%	451	23.2%	478	24.59%
1993	524	23.75%	356	16.14%	387	17.54%	515	23.35%	424	19.22%
1995	615	26.34%	412	17.64%	382	16.36%	537	23%	389	16.66%
1997	1126	17.88%	834	13.24%	992	15.75%	1638	26.01%	1708	27.12%
1999	1498	23.02%	876	13.46%	997	15.32%	1652	25.38%	1485	22.82%
2000	1745	25.28%	969	14.04%	1031	14.93%	1706	24.71%	1453	21.05%
2004	4801	40.07%	2424	20.23%	1487	12.41%	1958	16.34%	1312	10.95%
2006	5207	33.31%	2159	13.81%	2625	16.79%	4420	28.28%	1219	7.80%
2008	5463	36.07%	1706	11.26%	2307	15.23%	4564	30.14%	1105	7.30%
2010	6922	40.26%	1807	10.51%	3018	17.55%	4380	25.48%	1065	6.19%
2012	7892	41.01%	1947	10.12%	3547	18.43%	4844	25.17%	1012	5.26%

党员职业　1989 年至 2012 年，开福区随着党员队伍的日益壮大、党的事业不断发展，党员分布在区内各行各业。全区 56.73 万人口中（2010 年人口普查数），平均 29 人中有一名共产党员（按 2012 年全区党员总数计算）。党员职业的分类中，离（退）休职工最多，在职职工次之，其他类型职业居第三位，乡镇企业（城镇个体）劳动者由 1989 年的 3 人升至 2012 年的 1742 人，农牧渔民由 1993 年的 35 人增至 2012 年的 2485 人。

表 2-2　　1989—2012 年开福区（北区）中共党员职业分类表

单位：人

项目/人数/年份	党员总数	职业分类				
		职工	乡镇企业（城镇个体）劳动者	农牧渔民	离（退）休职工	其他
1989	1888	1143	3	—	735	7
1991	1944	1196	3	—	745	—
1993	2206	1385	7	35	777	2
1995	2335	1407	7	20	827	74
1997	6298	2581	354	1793	1517	53
1999	6508	2849	176	1652	1481	350
2000	6904	2970	432	1938	1504	60
2004	11982	4312	498	3122	3587	463
2006	15630	4276	1251	1639	5856	2608
2008	15145	3877	1383	2552	5194	2139
2010	17192	3677	1358	2080	6712	3365
2012	19242	4383	1742	2485	7120	3512

第三节　创先争优活动

2010 年 4 月，开福区贯彻中宣部、中组部《关于在党的基层和党员中深入开展创先争优活动的意见》。5 月，成立创先争优领导小组，任安良任组长。制定《关于在全区基层党组织和党员中深入开展创先争优的实施方案》，强调“打造科学发展坚强堡垒，争当城北建设时代先锋，充分发挥基层党组织的战斗堡垒作用和共产党的先锋模范作用”。5 月 18 日，召开全区创先争优活动动员大会，对全区创先争优活动进行全面部署。全区创先争优活动分为四个阶段：广泛发动，安排部署阶段（2010 年 5 月中旬至 5 月底）；全面争创，扎实推进阶段 (2010 年 6 月至 2011 年 6 月底)；对标定位，比学赶超阶段（2011 年 7 月至 2012 年 6 月底）；系统总结，完善机制阶段（2012 年 7 月至党的十八大召开前）。6 月 2 日，发出《关于在创先争优活动中认真做好公开承诺有关工作的通知》。6 月 15 日，将《党组织承诺书》《党员公开承诺书》通过开福区深入开展创先争优活动专题网站对全区基层党组织的承诺事项进行公开发布。6 月 18 日，制定《全区深入开展创先争优活动宣传方案》，加强网站宣传，加大向人民网、中国共产党新闻网、红网、湖南在线、红星网等中央和省级主要新闻网和党建网站的推稿力度。“七一”前，基层党组织集中一周时间，组织党员进行一次党性分析，并组织群众对党员进行评议。7 月 16 日，区委三届九次全会（扩大）要求以创先争优活动为引领，发出《关于在全区创先争优活动中开展“群众在我心中、我在群众眼中”主题实践活动的通知》。8 月 11 日，召开创先争优活动督导工作会议，专题研究部署全区创先争优活动巡回督导的相关工作。8 月 15 日，发出《开福区创先争优活动考核办法》，转发省委创先争优活动领导小组《关于组织开展“我身边的优秀共产党员”群众推荐活动的工作方案》。8 月底，对基层党组织开展创先争优活动情况及党员参加活动情况，进行组织考评、党员互评、群众测评。12 月 28 日，转发中央、省、市文件，进一步落实点评责任，明确点评内容，规范点评程序，创新点评方法。全区创先争优开展“创建党员示范岗”活动；“亮身份树形象”活动，即通过党员示范岗、无职党员设岗定责、党员家庭服务站、草根自治协会组织、“五老四教”、党员红袖章、群众工作站等平台载体，把党员身份亮起来，把党员形象立起来；参与“支持大城北建设优秀党员评选”活动；参与“社区党建区域化创新项目评选”活动，即打造社区楼栋党员家庭服务站、金牌义工爱心驿站、社区草根协会等一批党建服务品牌。

第四节　干部管理

一、干部选拔任用

1989—1996年，北区开展“干部四化”“女干部培养”“干部公务员过渡”“干部招聘”工作。1992年1月，发出《关于对全区科级负责干部进行考察的通知》，考察干部的德、能、勤、绩。1994年10—11月，组织全区科级干部进修班，学习邓小平关于建设有中国特色社会主义理论和市场经济，共分4期，轮训252人。12月，中央组织部、人社局联合转发《关于在全国国家行政机关开展公务员过渡培训工作的通知》，要求行政机关工作人员都要进行公务员过渡培训。2003年，开福区制定《开福区党政干部交流工作暂行办法》和《开福区调整不胜任现职领导干部暂行办法》，对36个科级领导班子的23名科级干部进行考察，从重点工程建设、经济目标完成、党的建设等6个方面对班子各分管领导进行排名，提拔任用25名党性强、实绩好、群众反映良好的干部。

2006—2008年，开福区先后20批次讨论干部542人次，调整科级领导班子一把手27人，新提拔干部93名（其中女干部34名，公开选拔和提拔非中共党员领导干部8名），交流114名，改任非领导职务43名。其中，2006年对街道进行结构性调整和干部交流，精减领导干部职位30个，交流干部54名，招选科级领导干部3人。2007年，作出《长沙市开福区科级干部选拔任用推荐提名工作规定》，制定《常委会、全委会干部任免票决制实施办法》，实行区委常委会对干部任免票决制和区委全委会对街道（镇）党政正职任用票决制，至2008年10月，对13批98名干部任免进行电子投票表决，对市政、园林、环卫三个单位的干部实行结构性调整，减少领导干部职数4个，分流干部298名。

2010年，全区全面推行绩效考核制度，讨论任免干部共4批139人次，其中54名优秀基层干部被提拔重用；对绩效考核处于末位的1名正职、7名副职干部进行诫勉谈话，并调整岗位；对工作能力较差、目标任务没有完成、群众反映不好或有违纪违规的干部，免职4名，责令辞职1名。区法院全面推行中层领导干部竞争上岗，共有23名干部参与竞争，通过个人自荐、竞岗演讲、民主测评、民主推荐等方式，19名政治素质强、业务水平高、群众基础好的干部走上中层领导岗位。区城管局、后勤服务中心、伍家岭街道、新河街道等单位积极开展竞争上岗工作，共有100多名干部参与竞争，18名干部走上中层干部岗位。完善《开福区干部选拔任用规程》《区委常委会选拔任用干部议事规则》等干部工作文件体系，与区委统战部制定两部工作联席会议制度，定期召开联席会议，研究部署党外干部培养选拔工作；与区纪委联合发文，坚持在干部任用前听取区纪委的意见。开通“12380–1–4”干部监督举报电话，加强干部工作的群众监督。

二、干部培训

办班及选送培训　1989年，北区举办科级干部、监察干部、卫生系统干部、居委会主任培训班7期，培训干部327人。1991年，举办全区科级干部轮训班9期，培训人数876人；企业领导干部培训班1期，培训人数58人；中专干部培训班1期，培训人数117人。1996年，开福区举办新聘科级干部培训班1期，培训人数53人；优秀青年干部培训班1期，培训人数40人；外向型经济干部培训班1期，培训人数138人。2003年，全区完成省、市委组织部调训71人，举办各类干部培训班22期，培训干部2544人。2004年2月19日，发布《2004年教育工作要点》，对全区各部门、街道、镇、党政一把手开展教育培训，组织46名党政一把手赴新加坡学习，组织30名经济干部赴珠江三角洲参观取经，选送89名村干部参加省党校培训，并对56名新提拔的年轻干部、44名年轻党外后备干部和62名党务工作者、4名公务员、11名新录用干部、110名经济战线干部、166名妇女干部分别组织培训。2006年，举办党外后备干部、政法干部、新招聘到农村工作人员、妇女干部、经济干部、党务干部、社区书记、中青年后备干部及新任职的科级干部9期专题培训班，培训人员达879人次。

选送23名干部参加省、市委党校培训。是年，首次选派2名优秀年轻干部，参加市团赴美国为期三个月的学习培训。2007年，举办3期计算机应用技术培训，共培训100余人；举办4期街、镇干部素质提升培训班，共培训350余人；组织30名计划安置军转干部和23名自主择业军转干部参加市训。

一线培训 2008年，根据全国干部教育培训工作会议《2008—2012年大规模培训干部工作实施意见》，全区干部教育培训工作采取举办培训班和“一线培训”相结合的方式，全年举办中青年干部培训班、“双休日课堂”及各类主体培训班16期，培训干部2630人次；安排500余人干部到一线工作，安排57名后备干部参加重点工程工作。

培训创新 2009年，努力构建现代干部教育培训体系，全年举办“双休日课堂”及各类主体培训班12期，培训人员2800人次。2010年，以大幅度提高干部队伍素质为目标，以加强领导班子和领导干部素养与学习能力建设为重点，继续推进现代教育培训体系建设，组织49名干部参加与清华大学联合开办的领导干部“公共管理高级研修班”。同年，还举办“两型社会”建设专题培训班、新任职干部培训、优秀青年干部培训、德育教师培训、交流干部岗前培训、基层理论干部培训班6期，培训人数304人；举办领导干部“双休日课堂”4期，区委组织部派人跟班听课、跟班管理、跟班活动，对培训班进行跟踪督查，随时了解学习情况，培训结束后对学习情况进行测试，将成绩记入本人培训档案，并通报干部所在单位。

2011年，注重在教育培训中塑造干部，增强领导干部服务群众的实际能力，全年共举办各类培训班16期，累计培训党员干部共计1600多人次；调训科级以上干部到省、市委党校、行政学院、社会主义学院学习28人次；举办科级领导干部上岗培训班，对新提拔的54名科级干部进行培训；举办群众工作研讨班，共80名干部参加培训；坚持一线锻炼，实行“一线培养法”，全年共选派300多名干部到拆迁项目、重点工程等工作中培养锻炼。组织各种征文活动和知识讲座，在“在线学习与干部成长”征文竞赛活动中，征集论文80余篇，并将获奖论文编辑成册，发给全区干部学习。

2012年，举办各类培训班17期，培训党员干部1800多人次；在全区科级干部中进一步推广在线学习，有200名干部学员参加湖南省干部教育培训网络学院平台拓展期学习；选送28名干部参加省、市组织的培训调研；组织34名规模以上非公企业党组织书记到清华大学参加社会管理高级研修班学习；建成开福区领导干部大课堂、沙坪城乡一体化教育基地、清水塘党性教育基地、群众工作站社会管理教育基地，全年共选派19批共2400多名干部到拆迁项目、重点工程等工作中培养锻炼。

三、人才队伍建设

2006年，开福区实施人才强区战略，每年面向大学生招聘20名工作人员，到各级机关和事业单位及农村基层街道社区工作。通过各人才网站、各高校网站及报刊媒体公告招聘信息，招聘16名“村官”和7名事业单位专业技术人员。2007年，招聘20名优秀大学生，其中硕士研究生14人。面向全国公开选调8名法官、检察员。2008年，新港镇从100名应聘大学生中公开招录9名大学生村级后备干部。2009年6月9日，发出《关于实施“个、十、百、千”人才兴区工程意见》，至2010年年底，全区选聘各类青年人才172人，签约引进技术型、技工型人才近500人，引进储备优秀党政、教育、财务人才161人，其中硕士研究生以上人员占63%。

第五节 老干部管理

一、机 构

1989年，北区老干部工作机构为北区老干部工作办公室。1991年，更名为北区老干部工作局。1994年，老干部工作局与退休办公室合并，成立北区离退休老干部工作局。1996年，更名为开福区老干部工作局。10月，成立中共开福区老干部工作局工作委员会。2002年，再次更名为开福区老干部局，由区委组织部管理，行政编制5名。其中，书记、局长各1名。1991—2012年，先后担任局长的有邓道坤、曹腊英、周国华、张政健、陈殷、王静芳。

1999年，开福区决定对离退休老干部实行分级管理。2009年1月，接管省属改制企业离休干部68人。至2012年12月底，区综合服务管理离退休（副县级以上）干部147人。其中，机关离休干部21人（含6名代管离休干部），县级退休干部68人，接管省属改制企业离休干部58人，另干部遗孀9人；

宏观管理全区离退休干部2500多人，含61个部门、10个街道、3个镇。

二、工作与活动

落实政治待遇 1989—1995年，北区按照中央和省、市有关文件精神，共确定和更改老干部参加工作时间28人，办理老干部离休手续122人，接收民政部门退休改办离休32人，接收异地代管离休老干部48人。1999年，开福区发布《关于进一步做好老干部工作的意见》，落实离退休老干部的政治待遇。坚持政治理论学习制度，规定每月12日和15日、每季最后一个月的18日分别为离退休老干部、企业离休老干部的集中政治理论学习日；及时将中央和省、市有关文件，按规定传达到离退休老干部；重大活动和重要会议，如区党代会、人代会、区政协全会，分别邀请离退休老干部代表参加；每年两次向离退休老干部通报区情和听取离退休老干部对区委、区政府工作的建议和意见；组织离退休老干部外出参观学习和视察全区重点工程；实行党政领导干部联系老干部制度。每年从财政中拨出专项资金，为全区离退休老干部订阅《老年人》《当代党建》《自我保健》《长沙晚报》等报纸杂志。

落实生活待遇 1998年，开福区听取全区离退休老干部工作汇报，按政策落实离退休老干部的生活待遇，按时如数发放老干部的工资、政策性福利。1999年，落实中央和省、市对离休干部的生活待遇，对离休老干部的医疗费全额报销，对政策性补贴足额发放。2010年，为6名因病瘫痪不能自理的离休干部增加护理费，为无固定收入老干部遗孀发放生活费，慰问家庭困难的离退休老干部并发放补助费。2011年，区直机关离休老干部离休费及生活补贴139万元，接管企业离休老干部补贴215万元，为企业离休老干部发放一次性生活补助80.74万元，全区老干部医疗保险率100%，每年进行一次健康检查，聘请专家进行医疗保健讲座，建立离退休老干部健康档案。区财政投入30万元，建立老干部活动中心。

离退休老干部管理 1997年，开福区按照中组部《关于加强离退休人员党支部建设的意见》，在全区各部门、街道、镇都建立离退休党支部。至2012年，全区共有离退休党支部17个。按照《中国共产党章程》规定，按时组织全区离退老干部党支部进行换届选举，让党员行使选举权、表达权和话语权。对离退休老干部的管理，区老干部局实行工作人员分组包干联系离退休老干部制度，及时掌握离退休老干部的生活、身体情况，建立“离退休人员工作台账”“离退休人员来信来访登记簿”“五必访”等制度。在党支部开展“创先争优”活动，每月11日、12日分支部组织离退休党员集中学习，传达上级有关重要文件和会议精神，采取专题讲座、知识竞赛、观看电教片、党员“政治生日”等方式，丰富党支部学习内容，提高活动效果。每年组织有关部门对全区离退休老干部工作进行督查，指导开展离退休老干部工作，并动员和组织全区离退休老干部参与关心下一代和青少年教育工作。

离退休老干部活动 2004年，区老干部局组织离退休老干部，开展以“活到老、学到老、奋斗到老”为主题的读书活动，开展“我的离退休生活”征文竞赛和“我为社区献余热”实践活动。2009年，组织全区离退休老干部参观省、市国庆60周年成果展，举办歌颂祖国红歌会、老干部书画展等活动，参加人数8000余人次。2010年，把离退休干部“四就近”①服务工作作为全区社区管理社会化工作首批重点项目。2012年，长沙市召开全市“四就近”工作经验交流会，捞刀河社区作为先进点接受全市观摩，开福区“四就近”模式在全市得到推广。2011年，全区开展“发挥五老优势，进行四项教育”主题活动，建立“党员家庭服务站”“金牌义工爱心驿站”“夕阳驿站”“自治协会组织”“生活快车一点通”等组织。科大佳园、王家垅、清水塘路等社区成功创建市级发挥“五老”作用示范阵地，清水塘路社区“发挥‘五老’优势，进行四项教育”作为全国现场会观摩点向全国推广，伍家岭街道“五老”党员家庭服务站的经验在央视新闻进行播放。2011年，组织离退休党员开展“忆党史、感党恩、跟党走”主题活动，庆祝建党90周年。离退休老干部积极撰稿，后结集编辑为《桑榆情怀》一书出版。1996—2012年，组织离退休老干部外出学习12次，参加人数1200人次；参观省、市、区重点工程建设21次，参加人数6800人次；参加市、区

---

① “四就近”即就近学习、就近活动、就近得到关心照顾、就近发挥作用。

纪念会和座谈会等活动40次，参加人数1.50万人次；参与区内各项社会活动（含协会）1.20万人次；帮教青少年3100人次，扶贫帮困6.80万人次。

老干部大学 2001年，创办长沙市老干部大学开福分校，后更名为开福区老干部大学。2011年，将东风路224号原区政务中心办公楼三楼至五楼划归老干部大学，校舍面积由原来的80平方米增加到1700平方米，教室由1间增加到7间，设有电脑教室、电子琴教室、书画教室、音乐教室及大小多功能厅2个，所有教室都配备现代化的多媒体教学设备。2011年10月，区委举行老干部大学成立十周年校庆，省、市有关领导对开福区老干部大学的办学经验给予高度评价。老干部大学由最初的2个班、82名学员，至2012年发展到16个专业、28位老师、49个班、1411名学员。

老干部书画协会和老干部诗词楹联协会 2001年，开福区老干部书画协会成立，至2012年，有11个书画小组，正式会员160多名，其中有省美术家协会会员12名、省直书画家协会会员16名、市老干部书画协会研究员10名，先后出版书画集3本，举办会员展赛22次，组织书画进农村、企业、军营、社区25次，送作品2300多幅，为慈善事业捐赠作品240余幅，有350余幅作品参加全国、省、市展赛并获奖，有4位会员应邀参加世界环太平洋艺术巡展，460余幅作品在全国、省、市报刊发表。

2002年，开福区老干部诗词楹联协会成立，至2012年，有会员86名，出版《开福诗联》10期、增刊2期，收录诗词楹联4675首。诗联会员伏家芬曾在2006年全国首届华夏诗词大赛中获一等奖。

参与党史联络和党史编撰 2006年，调整党史联络组，推荐7名老干部为党史联络组成员。历经7年，先后编撰出版《红色发祥地·开福》《中国共产党长沙市开福区历史大事记》《中国共产党长沙市开福区历史》《中国共产党长沙市开福区简史》《中华人民共和国政区大典·湖南卷·长沙分卷·开福篇》等著作。

附记：关心下一代工作委员会

长沙市北区关心下一代协会（以下简称区关协）成立于1986年12月，1991年10月更名为北区关心下一代工作委员会（以下简称区关工委），1996年更名为开福区关工委。

1986—2012年，区关工委主任先后由赵执林、邓道坤、谭绍琦、戴源担任。在区关工委（关协）之下，全区各街道、乡镇与社区都成立了关心下一代协会（后更名为关心下一代委员会），社区、村建立关协小组（后更名为关协）。至2012年，全区有关心下一代组织182个，会员3452人，形成学校、家庭、社会三位一体的关心下一代工作网络。

开福区关工委是在中共开福区委的领导下，以老同志为主体，吸收有关部门负责人参加，从事青少年教育工作的群众性工作组织，其主要活动是对青少年进行思想道德教育。1989年到2012年，区关工委每年都要确定一个主题，特别是抓住纪念年（日）和党的重大活动对青少年开展思想道德教育活动。1991年建党70周年、辛亥革命胜利80周年，全区举办“做党的好孩子”“党在我心中”读书竞赛活动。1993年纪念毛泽东诞辰100周年，全区举办活动402场次，有20141名青少年参加活动。1995年在全区举办纪念抗日战争胜利50周年征文竞赛等活动，1996年组织开展纪念红军长征胜利60周年活动。1997年，区关工委组织“迎香港回归巡回报告团”，先后到全区各中小学作《雪百年大耻，迎香港回归》报告16场，演出文艺节目12场，受教育人数达12000多人。1999年1月，成立开福区关工委爱国主义教育讲师团，在各个街道（镇）、学校举办迎接国庆50周年、迎接澳门回归和纪念五四运动80周年巡回报告会。2001年、2011年，开展庆祝建党80周年、90周年活动。2012年，成立“五老‘金牌’讲师团”，到机关、学校、社区、企业轮流宣讲，教育、挽救失足青少年。

1992年5月，区关工委与区教育局成立区小学生法制教育领导小组，在全区小学开展法制教育。成立小学生“二五”普法讲师团，举办小学法制宣传员培训班，每个中小学聘请“五老”担任法制副校长，开展普法教育活动。2000年，区关工委与区司法局拟定《中华人民共和国预防未成年人犯罪法》讲课提纲，在全区中小学开展《中华人民共和国预防未成年人犯罪法》宣传活动。2010年，区关工委与区司法局、区综治委办公室、区教育局联合，在全区开展“关爱明天，普法先行”青少年普法教育活动。区关工委每年开展有关青少年教育的调查研究，撰写了《在关心下一代工作中要十分重视发挥老同志的优势和特殊作用》《校外辅导路面宽广》《着眼当代放眼后代大力加强家长学校的规范化建设》《不可遗忘的角落》《我对办家长学校的粗浅认识》《对夫妻离异家庭子女教育的浅论》《开展环保教育促进社会和谐》《创新引导方式，提高引导水平，增强引导实效，因势利导开展关心下一代工作》等论文或调查报告，成为市经验交流会议材料并获得省、市一、二等奖。1989—2012年，全区各级关工委为青少年建立活动阵地，开展各种关爱活动，打造出不少特色品牌，如区少年宫的“快乐教育”，伍家岭街道关工委的“绿色网吧”，望麓园街道关工委的“营盘街少儿环保队”“四点半酷乐园”，通泰街街道关工委的“少儿悄悄话热线”“课后来吧”“小鬼当家”，四方坪街道关工委的“每日奉献一小时”，新河街道关工委的“快乐星期三”，东风路街道关工委的“心愉驿站”“文明楼栋”等。何梦霞被评为全市“十佳五老”，周世中、谭绍琦被评为中国关工委先进个人。2008年，全国城市关心下一代工作研讨会在长沙市召开，开福区被列为全市重点展示关心下一代工作成就的现场。2010年7月，长沙市在开福区举办全市关心下一代工作创特色活动现场经验交流会议，戴源代表区关工委向大会作《突出特色，创新载体，努力提高关心下一代工作水平》的发言。

第六节　党　校

一、机构设置

中共长沙市北区党校始建于1960年，系北区区委、区政府直接领导的培训、轮训全区科级领导干部、青年后备干部、公务员、社区（村）基层党员、非公支部党员和入党积极分子的学校。1996年，更名为中共长沙市开福区党校。党校下设办公室、教研室2个科室，现有教职员工10人，其中高级讲师1人、讲师3人。党校设校长1人、副校长若干人。1989—2012年，先后有龚爱云、谭辉、孙家骥担任校长。1999年起，党校开始设置第一校长，至2012年，先后兼任第一校长的为区委副书记刘迴、丰修仁、戴源、柳美景、廖建华，区委常委、区委组织部部长周虔。

二、师资队伍

1989—1993年，有教师6人，涵盖中文、哲学、经济管理等专业。2002年，有专职教师4人。2004—2008年，有专职教师2人。至2012年，有专职教师5人。

三、设施建设

1989年以来，北区党校校址历经4次搬迁。2007年5月，党校迁入青竹湖畔。学校占地面积1万平方米，建筑面积7080多平方米，建有办公室、教学楼、阅览室、报告厅、讨论室、多功能会议室、学生宿舍、培训场地等。学校有多媒体教室3间，面积400平方米，可容纳300人；大报告厅1间，面积600平方米；阅览室70平方米，藏书6万余册。另有篮球场2个，面积2000平方米；娱乐室、运动室、室外活动室等3处，面积900平方米。

四、教学活动及培训

党校培训和轮训的主要内容为马列主义、毛泽东思想，中国特色社会主义理论和党的路线、方针、政策；中共党史、经济、法律和科学技术知识等。1989—1995年，共举办各类培训班、进修班77期，培训党员干部、积极分子4555人次。1996—2012年，共开办各类培训班336期，培训党员干部、积极分子23484人次。1993年，党校开始举办函授学历教育，至2003年，先后开办中专班、大专班、本科班和在职研究生班共54班（期），培训1200多名经济管理、法律专业的学员毕业。2003—2012年，共开办科干班、中青年后备干部班、积极分子培训班、农村支部书记班、社区干部培训班等90多期，培训党员干部、积极分子10000多人次，收到300余篇学习考察报告及论文。举办公务员继续教育和各类业务培训班90多期，共培训9000余人次。党校还经常开展培训教学和送党课下基层活动，共讲课149场次，听众达9879人次。党校教师经常开展调查研究和学术研究，1989—2012年，先后有40多篇调查报告和学术论文在国家、省、市各级获奖，其中获国家级奖励2篇、省级奖励10篇。

表2-3　　1989—2012年中共长沙市开福区（北区）党校教学培训情况表

培训时间	培训内容	培训期数	培训人数
1989年	科级干部培训班	2	130
	新入党党员培训班	2	399
	监察专（兼）干部培训班	1	40
	居委会主任培训班	1	92
	全区卫生系统干培训班	1	65
1990年	入党积极分子培训班	2	107
	基层党支部书记培训班	2	112

续表 2-3

培训时间	培训内容	培训期数	培训人数
1991 年	入党积极分子培训班	1	50
	居委会主任培训班	2	117
	全区科级干部党员轮训班	9	876
	企业领导干部培训班	1	58
	中专干部培训班	1	68
1992 年	入党积极分子培训班	1	60
	科级负责干部进修班	2	139
	业余摄影培训班	1	55
	商业企业管理人员培训班	1	45
	商业财务人员培训班	1	33
1993 年	入党积极分子培训班	2	117
	党支部书记培训班	2	103
	新会计制度培训班	3	220
	新进机关国家干部岗位业务培训班	1	38
	开展干部学历教育，包括毕业学历补课班和一个大专学历班	1	54
1994 年	干部培训班	13	716
	中专班的学历教育班	1	65
	大专班的学历教育班	1	45
1995 年	中青年领导干部培训班	1	65
	妇女干部培训班	1	48
	支部书记进修班	2	86
	入党积极分子培训班	2	139
	环保业务培训班	1	48
	大专班	4	184
1996 年	入党积极分子培训班	3	200
	新聘科级干部培训班	1	53
	秘书培训班	1	43
	优秀青年干部培训班	1	55
	组工干部培训班	1	40
	外向型经济干部培训班	1	138
	业余大专班	3	138

续表 2-3

培训时间	培训内容	培训期数	培训人数
1997 年	入党积极分子培训班	5	200
	科级干部轮训班	4	59
	十五大精神培训班	1	55
	秘书人员培训班	1	60
	优秀青年干部培训班	1	47
	大专学历班	3	219
1998 年	入党积极分子培训班	6	395
	机关支部书记培训班	2	120
	业余大专班	1	52
	中央党校函授本科学历班	5	300
1999 年	入党积极分子培训班	5	205
	经济管理干部培训班	1	63
	中青年干部培训班	1	449
	业余大专班	2	102
	中央党校函授本科学历班	5	380
2000 年	入党积极分子培训班	6	494
	干部培训班	1	58
	业余大专班	6	380
	中央党校函授本科学历班	5	350
2001 年	入党积极分子培训班	5	260
	党支部书记培训班	1	458
	业余大专班	5	310
	中央党校函授本科学历班	5	320
2002 年	全区科级干部世贸组织（WTO）规则培训班	1	400
	机关党支部书记培训班	1	54
	入党积极分子培训班	6	500
	学历教育在读学历班	2	50
	本年招收新生	—	335
2003 年	入党积极分子培训班	5	518
	中青年后备干部培训班	1	45
	学历教育班	5	353

续表 2-3

培训时间	培训内容	培训期数	培训人数
2004年	入党积极分子培训班	6	549
	科级干部培训班	1	55
	行政执法人员培训班	1	48
	党外后备干部培训班	1	42
	森林防火基本常识培训班	1	35
	农村党支部书记	1	60
	主任培训班及现代经济知识培训班	1	46
2005年	入党积极分子培训班	7	500
	科级干部岗位培训班	1	46
	支部书记培训班	10	1000
	执法人员培训班	3	122
	妇女干部培训班	4	125
	社区干部培训班	3	103
	农村干部培训班以及财税、统计、卫生等业务培训班	5	155
	函授学员教学管理和服务培训班	5	150
2006年	入党积极分子培训班	6	515
	科级干部岗位培训班	1	122
	中青年干部培训班	1	55
	党外干部班	1	52
	支部书记培训班	28	3000
	执法人员培训班	2	101
	社区干部	2	105
	农村干部培训班以及财税、统计、卫生等业务培训班	1	55
2007年	入党积极分子培训班	9	691
	街道、乡镇一般干部（公务员）轮班	4	358
	全区副科级以上领导干部“双休日课堂”	5	2000
2008年	机关干部（公务员）公共管理核心内容培训班	5	479
	青年干部培训班	1	53
	社区及农村书记、主任培训班	2	191
	入党积极分子培训班	7	574
	配合望麓园街道工委举办新经济组织（长沙运达喜来登酒店）的入党积极分子培训班培训非公企业中高层管理人员入党积极分子	1	38
2009年	区直机关干部（公务员）培训班	2	185
	入党积极分子培训班	7	538

续表 2-3

培训时间	培训内容	培训期数	培训人数
2009 年	纪检监察干部培训班	2	78
	中层管理干部培训班	2	77
	社区（村）干部轮训班	7	730
2010 年	青干班（正科级后备干部）	1	39
	新任科级干部班	1	39
	交流干部岗前培训班	1	58
	基层理论骨干培训班	1	100
	德育教师培训班	1	68
	基层党员培训班	2	596
	入党积极分子培训班	7	508
2011 年	青年干部培训班	1	44
	科级干部培训班	1	124
	统战干部班	1	50
	群众工作专题研讨班	1	80
	入党积极分子培训班	7	604
	开展“送党课下基层”活动，在基层培训党员干部群众	22	1450
2012 年	科干班	1	40
	纪检干部培训班	1	48
	宣传干部培训班	1	74
	党外代表人士培训班	1	30
	基层统战专干培训班	1	95
	社区、村党组织负责人培训班	13	821
	十八大精神理论骨干培训班	2	120
	入党积极分子培训班	8	608
	培训党员干部群众	—	1530

第六章 宣 传

第一节 机 构

开福区地方党的宣传工作机构为区委宣传部，1989—1996 年期间为中共长沙市北区区委宣传部，1996 年更名为中共长沙市开福区委宣传部，设部长 1 名，由区委常委兼任，副部长 2 名。1989—2012 年，先后担任部长的为唐梦义、肖寒露、黄新国、周杏武、许振勤、任安良、王清政、杨应龙。

1989 年，北区区委宣传部行政编制为 7 人，其中部长1人、副部长2人。1995年，宣传部内设办公室、宣传科、理教科、文明办4个科室，行政编制9人。1996年改为开福区委宣传部。2002年8月，内设办公室、新闻办2个机构，办公室加挂“理教科”牌子，行政编制7人。2005年4月，成立开福区未成年人思想道德建设工作办公室，归口宣传部管理，配事业编制1名。2010年8月，开福区增设精神文明建设指导委员会办公室，设主任1名、副主任1名。2011年1月，成立开福区网络宣传管理办公室，设编制1名。2012年6月，区网络宣传管理办公室加挂“开福区新闻中心”“红网开福区分站”牌子。至2012年，区委宣传部共有行政编制11人。

各街道（镇）、区直各部门均设专干，负责本单位宣传思想文化工作。

第二节 理论学习

一、学习中共十三届四中全会精神

1989年8月27日，北区发出《关于学习、宣传、贯彻党的十三届四中全会精神的安排意见》的通知，在全区从6个方面阐述和宣传学习十三届四中全会精神的重大意义，并举办各类学习班7期，参加人数达1200人。1991年10月，发布《关于开展社会主义思想教育的安排意见》，全区分两批开展社会主义思想教育。

二、学习邓小平理论

1992年3月25日，发布《关于认真学习贯彻落实中共中央2号文件精神的意见》，以邓小平南方谈话精神为武器，在全区科以上机关，开展进一步解放思想的大学习、大讨论。全区组织所有干部职工进行逐条逐句的学习；以党委（党组）为单位组织辅导报告；发动广大干部群众围绕北区发展问题，根据本单位、本地区情况开展“提一条建议，献一项良策”活动；各级各部门在学习原文、理解精神的基础上组织“进一步解放思想，北区的落脚点在哪里”的大讨论，制定本单位、本部门的具体落实措施和方案；以“务实创新”为出发点，召开全区学习心得交流会。全区基层共组织学习92场次，作辅导报告12场次，座谈讨论189次，参加人员5112人次。11月5日，发布《关于认真学习和宣传党的十四大文件的安排意见》，明确学习的指导思想、步骤、内容和方法。全区分两步开展学习和宣传党的十四大精神活动，并成立宣讲团，每周二、五下午分头到各单位宣讲“十四大文件精神”“解放思想，换脑筋”“经济工作基本知识”。1994年10月，举办全区党员学习《邓小平文选》第三卷和社会主义市场经济知识竞赛，1100余名党员参加竞赛，65人获奖，撰写论文64篇，被市以上有关部门采用和发表33篇。1995年，区委中心组4次学习邓小平建设有中国特色社会主义理论。11月，组织全区28名副县级以上干部，封闭式学习《邓小平同志建设有中国特色社会主义理论纲要》。1996年，为推动学习邓小平理论，全区开展理论学习“四项工程”[①]，举办学习班21次，参加人员达12000人次，开展特色竞赛7次，有5000人次参加。1997年，为推动邓小平理论学习，全区开展“四进四入”[②]活动。1998年，全区开展“学理论、用理论”竞赛活动，重点学习《邓小平文选》《高举邓小平理论伟大旗帜，把建设有中国特色社会主义事业推向二十一世纪》《中国共产党章程》《论共产党员的修养》等书目。

三、开展“三讲”教育

2000年3月3日，召开“三讲”[③]教育动员大会，全区“三讲”教育分四阶段进行：第一阶段“思想教育、学习提高”，组织区委、区人大、区政府、区政协4大家班子和纪委、组织部、宣传部、法院、检察院、公安分局、长沙经开区、洪山管理局8个单位班子成员开始为期7天的集中封闭学习；第二阶段“自我剖析，听取意见”，组织干部和群众对4大家班子和8个单位的集体和个人进行民主评议，群众满意率在98%以上；第三阶段“交流思想，开展批评”，在领导班子中开展交心谈话，进行引导与启迪；第四

---

①“四项工程”即针对领导干部学习的“龙头工程”，针对宣传专干的“骨干工程”，针对普通党员干部的“基础工程”，针对青年和学生学习的“希望工程”。

②“四进四入”即进乡村入农户，进企业入车间，进街道入家庭，进学校入课堂。

③“三讲”即讲学习、讲政治、讲正气。

阶段“认真整改，巩固成果”，制定个人整改措施。

四、学习“三个代表”重要思想和党的十六大会议精神

2001年1月，成立“三个代表”重要思想①学习教育活动领导小组，发出《关于在全区开展“三个代表”重要思想学习教育活动的实施意见》的通知，确定分三批次开展学习活动，第一批是2个镇和13个街道，第二批是区直部门，第三批是村一级班子，分学习培训、对照检查、整改提高三个阶段进行。2002年11月，发出《关于认真学习贯彻党的十六大精神的通知》，全区学习十六大精神从4个方面展开，即：区委常委会、区委中心组集中学习，召开全区党政负责干部会议传达贯彻，开办领导干部专题学习研讨班，在企业、农村、机关、学校和社区开展多种形式的报告会。至2003年，全区开办专题学习班15个、研讨班32个，培训人员714人次，组织全区干部参加市学习十六大知识竞赛活动，共交知识竞赛答卷3623份。2004年和2005年，先后邀请中央党校、国务院发展研究中心、武汉大学、北京市委党校的知名教授和有关专家到区授课。全区从党政干部、离退休人员、教师队伍中聘请200多人，成立形势政策“双百”报告团，深入基层宣讲，全年共宣讲500多场，直接受教育的近10万余人次，《湖南宣传动态》对该项工作进行推介，央视《焦点访谈》作重点报道，区委学习中心组被评为全市党委学习中心组示范点。2006年7月，开福区承办长沙“市民课堂”第三期报告会，长沙市首批赴美公共管理培训班三位成员，以其亲身经历和感受，向400多名市民讲述美国资源节约的情况。全年理论进社区（村）授课200余堂，受教育群众达10余万人次，清水塘街道和望麓园街道水风井社区被评为“全市基层理论普及示范点”。

五、学习党的十七大会议精神和科学发展观

2006—2008年，先后邀请《中国国家地理》杂志社、省委宣传部、厦门大学、省社科联、省委讲师团有关领导、专家、教授，为区委中心组成员及全区副科以上领导干部作十七大精神和科学发展观的专题辅导报告。依托基层党校、市民学校，在全区广泛开展“党的十七大精神”宣讲，全年宣讲共600余场次，授课200余场次，受教育群众达20余万人次。2009年，分两批开展科学发展观学习实践活动，先后邀请国务院宏观经济研究中心、湖南师大公共管理学院专家、教授到区授课，并为中心组学习成员配发《六个为什么》《聚焦》《中国特色社会主义理论体系读本》等书刊。2010年和2011年，开福区先后邀请国家发改委、华中师范大学及市委党校专家、教授，就中国经济发展趋势及城市发展模式创新、社区管理体制改革创新等专题授课。以基层党校和市民学校为阵地，深入开展“理论下基层”，创新“老巷新讲坛”“民情茶吧”“读书茶社”“社区讲堂”等载体，开展理论教育和形势政策宣讲700余场次。

六、学习党的十八大精神、胡锦涛在省部级主要领导干部专题研讨班开班式上重要讲话精神

2012年，先后邀请国防科大、中央党校科学社会主义教研部、市人大、市委讲师团有关领导和专家教授，分别作《雷锋精神实质及其时代内涵》《当前国际形势与我国安全》《解读胡锦涛同志在省部级主要领导干部专题研讨班开班式上重要讲话精神》《深入解读十八大精神》等四场专题报告会。

第三节　新闻宣传

一、新闻报道

1989—1994年新闻报道重点　主要是宣传北区经济的发展。1989年，《湖南人防报》《湖南政协报》以两个整版介绍北区人防和区政协的成就。1992年，聘请国防科技大学电教中心拍摄电视片《城区春晓》，宣传北区建区40年，特别是党的十一届三中全会以后的巨大变化。1993年，北区在市级以上媒体发表新闻报道稿950篇，其中关于经济工作的占50%，1篇稿件获《湖南日报》红豆杯三湘快讯一等奖。1994年，区委宣传部主要就推动股份制改革、发展个体私营企业及市场建设等工作重点组织报道，有2篇稿件

① “三个代表”重要思想即中国共产党要始终代表中国先进生产力的发展要求，中国共产党要始终代表中国先进文化的前进方向，中国共产党要始终代表中国最广大人民的根本利益。

分别获全省好新闻二等奖、《湖南日报》红豆杯三湘快讯一等奖。

1995—1996年新闻报道重点 主要宣传典型人物及优秀事迹。编印《雷锋之歌》简报3期，组稿23篇，印发1000余份。新华社发图文通稿宣传开福区打工仔上夜校，《人民日报》《光明日报》等近10家央媒报道开福区外来嫂参与计生管理。

1997—2000年新闻报道重点 主要是围绕抗洪抢险、国企改革、招商引资等开展宣传。1998年，《人民日报》以《朝正垸里建家园》《给总理捎个信》等为题，报道开福区抗洪抢险工作。《长沙晚报》以《开福区把扶持个体私营经济作为重头戏》《开福区开辟再就业六条渠道》等为题，头版头条介绍开福区国企改革经验。1999年，《长沙晚报》以《开福区设立企业求助电话》《以城活市、以市兴商》等为题推出头版头条10个、报眼2条、二版头条16条。2000年，《中国日报》、《欧洲时报》、香港《大公报》对开福区重点招商项目进行报道，《湖南日报》以《开福区抓稳定发展创佳绩》为题头版头条报道开福区经济发展。

2001—2003年新闻报道重点 主要是围绕与“法轮功”邪教组织的斗争和计生、抗“非典”工作进行重点报道。2001年，《人民日报》报道开福区与“法轮功”邪教组织作斗争的事例。2002年，《人民日报》报道开福区计生工作。2003年，中央、省、市媒体对开福区疾控中心率先在全省设立抗“非典”热线电话的事迹作78条次报道。

2004—2009年新闻报道重点 主要是围绕经济和思想文化活动进行宣传报道。2004年，《湖南日报》报道开福区“湘江韵律”启动式、未成年人教育情况。《长沙晚报》就霞凝港、寻找小巷足迹、青竹湖外国语学校奠基仪式作重点报道。2005年，《新华社内参》以《开福区人性化拆迁破解嘉禾后遗症》为题，报道开福区拆迁工作；央视《新闻联播》先后4次报道开福区小巷书香行动、快乐大篷车、每日奉献一小时等活动；央视《焦点访谈》推介开福区“双百”报告团深入基层宣讲；《人民日报》《光明日报》报道开福区市民教育等工作。联合《三湘都市报》举办“北城房产高端论坛”，《三湘都市报》推出“见证新开福”百版特刊。2006年，《光明日报》报道开福区快乐大篷车及诚信联盟等活动；央视《新闻联播》报道开福区“邻里节”开幕式和元宵灯会活动。2007年，《湖南日报》推出“宜居开福”专版报道；《潇湘晨报》推出“湘江北上，大气福城”系列专版报道；《三湘都市报》推出“崛起开福，宜居福城”系列专版报道；《长沙晚报》推出“抢滩大城北，成就大都市”系列专版报道。2008年，央媒推出开福欢乐过除夕、破解信访难题等报道。《长沙晚报》以“发现城北价值”为主题整体推出24个专版，《潇湘晨报》以“大城北”为主题推出8个专版，《三湘都市报》以“创世纪 · 福城”为主题推出20个专版。2009年，央视《新闻联播》报道开福区“快乐大篷车”活动；央视新闻频道现场直播开福区“千人演奏、万人拔河”活动；央视国际频道大型历史文献片《科学发展之路》专题推介开福区五合垸水利综合工程防洪抗灾经验；中国教育电视台报道开福区孝老爱亲模范典型任菲莉的先进事迹；《湖南日报》推出“风景这边独好”；《长沙晚报》推出“大城北”“宜居开福”等专版，以《满意从小巷深处延伸》为题报道开福区社区工作，开创《长沙晚报》以2500字头版头条推介社区工作的先河。

2011—2012年新闻报道重点 主要是围绕棚改、经济工作、社会管理工作组织开展宣传报道。2011年，在《湖南日报》《三湘都市报》《长沙晚报》上推出“沙坪湘绣展宏图”“城市综合体承载北城激情与梦想”等6个专版；在长沙新闻频道开设《今日开福》栏目，对开福区经济发展、民生改善、项目推进、食品安全等方面进行报道；在中央电视台新闻联播、《湖南日报》《长沙晚报》推出“与群众恳谈对话、为群众排忧解难”活动、通泰街街道棚户区改造、王家垅社区“草根自治”、伍家岭街道“党员家庭服务站”、清水塘街道“红色服务队”等工作报道；《长沙晚报》推出以“开创滨水新区，建设幸福北城”为主题的8个专版，集中宣传第四届开福金秋经贸文化节、万人竞跑湘江、金霞现代物流投资推介会、东方莱茵河之梦、开福滨水新区发展研讨会等活动。2012年，《光明日报》对开福区农民文化屋场“农民乐享文化餐”工作进行专题报道；区委宣传部组织拍摄黄兴北路建设及棚改项目宣传片《向幸福出发》，出版《新政棚改》小报8期。在《长沙晚报》推出《湘江北上》共24个专版报道，全面展示城市综合体、服务外包产业、沙坪湘绣产业、金融商务生态区等发展成就。

二、网络宣传与舆论引导

进入21世纪后，利用网络与手机通信这些新的媒体和通信方式，开展网络宣传，进行舆论引导。2009年，成立星辰在线开福区分站，开通长沙开福网。2010年，成立网管办，组建网评员队伍，对舆情信息进行汇集分析，重大政务信息、突发事件、热点问题进行及时跟帖，处理10余条热点网帖。2011年，建立党委新闻发言人制度，加强对天涯、红网等热门论坛的监控力度，及时处理“水泥槽罐车撞人”“城管队员遭市民围攻”“金马美食城围挡冲突”等突发群体性网络舆情事件。

2012年8月，开福新闻网挂牌成立，自采自编区域新闻40余篇，对外推介近20篇。同年，制定《全区虚拟社会管理工作方案》，重组并健全网络新闻发言人制度和兼职网评员队伍，对红网百姓呼声、天涯社区、新浪微博等实时监控，编辑出版《舆情参阅》，及时处理“开福万达广场古城墙保护事件”“黄兴北路建设及棚改项目新河分指挥部工作人员与棚改户冲突”等网络舆情事件。2012年，开通《开福手机周报》，适时采编短小精悍的稿件，开展宣传报道工作。

第四节　文明创建

2004年1月，开福区制定《开福区创立湖南省文明城区年度市民教育实施方案》，针对机关和窗口行业、社区居民、暂住人员、村民、学生群体开展道德教育。2005年是长沙市新一轮创建全国文明城市的起步之年。全区建立迎检指挥系统，部署协调迎检工作。全年召开调度会、培训会、工作布置会、现场办公会等创建工作会议60多次，编发《开福督查》15期，开福区接受国检的14个社区取得好成绩，得到检查组充分肯定。9月，区委常委、宣传部部长任安良做客央视“新闻会客厅”接受采访，作为唯一的基层一线代表畅谈创建工作感想。2007年3月，发布《开福区2007年文明创建工作重点》，召开区直部门、市垂直管理部门、各街镇负责人、各社区村负责人、驻区单位创建工作动员大会。落实《全国文明城市测评体系》各项指标，全区参加文明创建的志愿者达4.50万人次，打造东风村等11个精品社区。2008年，发出《关于在全区开展创建全国文明城市日常工作集体调度和联合督查的通知》，组织各街、镇书记、主任、城管副主任、区文明办负责人、区城管系统班子成员成立4个组，对区内8条主要马路和9个街道及45个单位创建工作测评内容进行督查，对不符合文明创建要求的进行整改。发出《关于开展机关干部下基层、抓创建、促达标活动的通知》，抽调90名区直机关干部下到22个基层单位。9月12日，召开区文明创建迎检工作会议，发布《开福区文明创建长效机制实施办法》，落实迎检之后建立长效机制的任务。

2010年2月，制定《开福区创建全国文明城市实施方案》及《全国文明城市测评体系责任分解表》。2011年，全区共召开各类文明创建工作部署会、调度会13次，出动城管、公安、工商、规划等部门执法人员6000余人次，拆除各类违章广告5.20万平方米、违章建筑150处，栽植乔木3200株、铺种草皮2.30万平方米，完成40栋房屋立面整治、5000米围墙粉饰和3万平方米立交桥护栏刷新，修建人行道2.50万平方米、盲道8340米，查处基建工地违章占道现象80余个，拆除违章围挡2.20千米，发放各类宣传资料105万份。全区信息化注册文明创建志愿者发展到5万多人，开展各类大型志愿者活动43次，累计参加志愿者人数达到10万人次。2012年，全年开展“学雷锋大清扫活动”19次，发放倡议书近10万份，发动各级各部门党员干部、驻区单位职工、居民群众、中小学生志愿者25万余人次，清运垃圾3000余车，清理楼栋4000多个，清理沟渠4万余米，开展各类专项督查64次。树立优秀典型100余人，评选出“雷锋号”示范单位16个和“开福·我身边的雷锋”64名，其中，杨德才、黄嘉瑶等12人入选“长沙·我身边雷锋榜”，余柳英、杨德才荣登“中国好人榜”，谭文赞入选“全国优秀志愿者”，李征兵、盛香保、苏运凯、向国英成为中央文明办“我推荐、我评议身边好人”活动的候选人。

第七章 统 战

第一节 机 构

开福区地方党的统战工作机构为区委统战部，1989—1996年为中共长沙市北区区委统战部，1996年更名为中共长沙市开福区委统战部，设部长1名，副部长3名。1992年开始，区委统战部部长兼任区政协副主席。2002年开始，区委统战部部长由区委常委兼任。1989—2012年，先后担任部长的为刘运泉、唐纽武、廖海峰、刘正林、尹英龙、周虔（女）。

区委统战部不设内设机构，行政编制5人，对外加挂区台湾工作办公室和台湾事务办公室牌子，另有区侨联、海联会在统战部内挂牌。2008年，根据《关于健全政治协商和民主监督制度的若干决定》，街道、乡、镇党委设立1～2名专职或兼职统战委员，各条战线建立“各界人士协商联络小组”和“民主协商联络小组”。

第二节 统战理论与政策宣传

1989年3月，北区制定《基层统战工作规范》，要求各街道、乡、镇主管统战工作的书记或主任以及统战专干，开展统战理论研究与政策宣传。各街道、乡、镇的联络小组每季度召开一次统战委员工作会议，学习统战理论，贯彻中央统战精神，落实省、市、区统战工作。1997年，开福区召开统战理论研讨会，传达中央《关于对法轮功的处理决定》，组织统战干部开展“三个代表”重要思想教育活动。2007年11月，开展非公经济人士担任工商联会长课题研究。2008年4月，党外人士、民营企业家苏松泉成为全省第一个区县级工商联会长。

2009年2月，围绕《关于推进统战优势转化为服务经济发展优势的实施意见》和区委提出的“十大课题”，组织开展重点调研10余次，撰写调研报告9篇，并制定《党外代表人士综合评价标准（试行）》，提出6个领域的党外人士综合评价标准。2011年11月，开办统战干部培训班，集中培训街、镇及社区统战干部50多人。

第三节 统战事务

一、落实统战政策

1990年5月开始，全面落实民族宗教、党外干部、创业富民等统战政策，并在此基础上推广“服务平台拓展工程”，实行非公有制经济互帮互助机制，鼓励统战各界投身区内基础设施建设和科、教、文、卫等公共服务事业。至2001年，提供法律诉讼、法律调解服务，完成交办统战工作任务7起，其中归还被“文化大革命”中挤占私房4起，处理收购私房1起，协助迁坟1起，解决住房1起。

2001—2006年，就落实统战政策的相关问题举办“恳谈会”“协商会”“献计会”等活动，组织民主人士与区委、区政府主要领导对话，并制定“领导干部与党外人士交朋友”等11项统战工作及联系会议制度。

二、民主党派事务

1989年北区恢复统战工作后，中国国民党革命委员会（以下简称民革）、中国民主同盟（以下简称民盟）、中国民主建国会（以下简称民建）、中国民主促进会（以下简称民进）、中国农工民主党（以下简称农工党）、中国致公党（以下简称致公党）、九三学社7个民主党派，均在辖区建立地方组织。至2012年，各民主党派在开福区设基层支部37个，成员1000余人，主要分布在医疗、卫生、教育、非公有制经济、社会新阶层和机关事业单位，具有较高的文化素质，其中大专以上文化占65%，博士研究生、硕士研究生23人；高级职称217人、中级职称462人，中高级职称人数占总数的80%。

1990—2005年，在历次全区统战工作大会上，贯彻中央统战精神，号召党外人士、民主党派积极投身“大北城”区域建设。定期召开会议，完善协商制度，组织各党派对开福区重大决策和建设项目建言献策，引导民主党派和无党派人士参政议政，及时反映他们的意见和建议。2007年11月2日，在“全区党外副科以上干部履职情况汇报会”上，发布《关于进一步加强和完善与民主党派、工商联对口联系工作的通知》操作细则，组织区内7个民主党派，听取政府对口7个职能部门工作报告，提出各种意见和建议19条。

三、民族宗教事务

1989—2012年，辖区内有道教、佛教、基督教、天主教4大宗教组织，宗教活动场所8处。长沙市佛教协会设在开福寺路，长沙市基督教三自运动委员会和市基督教协会均设在外湘春街城北堂。开福寺每年举行4次重大活动，人数为七八万人。天主教堂、基督教堂每年圣诞节、平安夜，教徒集中时达5000人次以上。

本着宗教信仰自由，宗教事务法制化、社会化、民主化的原则，常年开展创建“和谐寺观教堂”活动，联合有关部门对辖区内的宗教活动场所逐一进行安全隐患排查，签订《安全责任书》。1989—2012年，以“讲文明、树新风”为主题，开展学雷锋、献爱心和“争当雷锋精神传人，弘扬社会文明新风”募捐等系列活动，公益捐款50多万元。

1997年，组织民主人士、爱国团体拥护中央《关于对法轮功的处理决定》，开展揭批“法轮功”邪教的教育活动和以遵纪守法、崇尚科学、抵制邪教为主要内容的“拒绝邪教”活动。1989—2012年，民族宗教界人士中，有省、市、区人大代表、政协委员10人，少数民族干部54人，县级领导干部1人，副科级以上干部12人。

四、经济领域事务

2008年金融危机时期，组织4次中小企业融资洽谈会，融资6.50亿元。2009年，协助成立民营企业投诉处理中心，为民营企业开辟投诉和法律咨询平台。2000—2012年，全区引进项目60个，总投资金额10亿元。高岭建筑公司、顺天集团、沙坪建筑公司等企业开展“百企联百村”活动，促成13对企、村结成对子，火星新型材料厂与成功村合作成立湖南建筑材料有限公司，项目总投资1500万元，安置农村劳动力500多人。区非公经济税收由“半壁江山”上升到三分之二，全区涌现出一批优秀纳税大户。工商联在会员中坚持开展“致富思源，富而思进”的双思教育，2008年汶川地震发生，会员企业为四川灾区捐款210万元。2009年，组织工商联等开展“百企联百家”活动，100家成功创业企业与100个新创企业（家庭）结对帮扶。当年，区农村合作银行即成功地为纸业市场融资逾6亿元。2010年向青海玉树灾区捐款30多万元。2008—2012年，开展“企业一帮一”扶贫帮困活动，组织57名企业家结对帮扶74名初创企业者。2012年，走访六个方面的党外人士150人次，调研21个成果项目，引进元祖食品有限公司四方坪分公司，促成长沙统一企业生产基地扩建项目和台湾罗莎企业二期3.33万平方米用地项目，写出《关于加快发展区内四个特色商会市场的建议》《发挥商会职能，发展区域经济》等多篇调研报告，递交人大议案、政协提案500多件。

第四节 党外干部工作

2003年，制定《开福区培养选拔党外干部三年规划（2003—2005年）》，把党外干部教育纳入全区干部教育整体规划，由区委组织部、统战部共同制订党外干部培训计划，选送党外后备干部到省委、市委党校和社会主义学院学习。区委党校每年举办一期学习班，不定期召开座谈会，提高党外干部的政治素质；采取搭台阶、下基层、安排挂职锻炼等方法，有计划地选派党外后备干部到各项重点工程和中心工作中实践锻炼，提高其组织能力。全年新增党外科级领导干部28人，向14个政府部门派驻特约人员40人。

2004年1月7日，召开区委常委会议，研究党外干部培训计划。5月，制定《2004—2007年开福区培养选拔党外干部工作规划》，4年内，在人大、政协专门委员会，政府职能部门，乡、镇政府班子中，逐步配齐党外干部；建立组织部、统战部“五个共同”①的机制。至2004年，全区共配备党外实职领导干部26个，其中副县级干部5人、科级干部21人。2005年1月18日，区委常委会议审议通过全区党外干部培训计划。至年底，全区调整配齐镇、街领导班子党外副职，公开选聘区法院和区检察院的党外副职，区卫生局党外副局长、青竹湖生态科技（产业）园财政分局局长（副科）各1人。在区政府职能领导班子中，配备党外干部8人。

2008—2012年，开福区先后制定《关于加强党同党外人士合作共事的方案》《关于落实长沙市培养选拔党外领导干部工作规划的实施意见》等文件，明确对党外干部、党外人士、党外知识分子的培养、选拔和使用。党外干部培训推行“三课一考”的办法，组织党外干部进行轮训，采取“压担子、架梯子、引路子”的措施，培养政治坚定、素质优良、结构合理、数量充裕，具有广泛代表性和发展潜力的党外后备力量。

第八章　政　法

第一节　机　构

开福区地方党的政法工作机构为区委政法委，1989—1996年为中共长沙市北区政法委员会（以下简称政法委）。1991年7月，长沙市北区社会治安综合治理委员会（以下简称综治委）成立，与区政法委合署办公。1996年7月，北区政法委、综治委分别更名为中共长沙市开福区政法委员会和开福区社会治安综合治理委员会。2012年2月，开福区社会治安综合治理委员会更名为开福区社会管理综合治理委员会。区政法委设书记1人，1996年开始由区委常委兼任，专职副书记2人。1989—2012年，先后担任区政法委书记的为刘奇武（兼）、李国富（兼）、常庚申（兼）、刘正林、陈大庆、刘文立。

1989年，区政法委核定行政编制3人，不设内设机构。1996年，核定行政编制5人。2002年7月，开福区维护稳定办公室（以下简称维稳办）成立，在区政法委内办公。至2012年年底，区委政法委、区综治办机关行政编制8名，另单列区机构编制委员会办公室管理的区级领导行政编制1名，共计行政编制9名。

第二节　队伍建设

1989年，全区政法系统共有474人。2012年，全区政法系统共有863人。1993年5月20日，北区召开全区政法工作会议，在全区政法队伍中开展“反特权、拒腐蚀、讲团结、争贡献、树形象”教育，整顿政法队伍。整顿的重点是：以权谋私，搞权钱交易，办人情案、关系案；搞特权，欺压群众；巧立名目，乱收费、乱罚款、乱摊派，罚没款不开收据、不入账；生活腐化，道德败坏；敌我不分，包庇罪犯；办案作风简单、粗暴，案件久拖不结。1995年5月6日至7月16日，北区在全体干警中开展为期70天的以“查思想、查作风、查执法”为重点的反腐教育。1996年，定为“执法队伍形象建设年”，加强提高领导认识的工作力度，加强全心全意为人民服务的宗旨、加大爱国主义、艰苦创业、职业道德和法制教育的力度，加大对政法队伍建设的奖惩力度，重点解决执法队伍在政治、纪律、严格执法、热情服务和廉政勤政方面存在的问题。7月1日，发出《关于加强全区政法队伍建设的决定》，提出“一手抓稳定，一手抓队伍，努力把我区政法队伍建设成忠诚可靠、训练有素、作风过硬、秉公执法队伍”的目标。11月至次年1月，

① “五个共同”即共同制定规划、共同特色选拔、共同培养教育、共同考察人选、共同督促检查。

组织开展全面集中整顿政法队伍的活动。1997 年 4 月 29 日至 5 月底，在政法队伍中，开展“执法大检查、深入反腐败、抓队伍树形象”的集中整顿活动。

2001 年，全区政法系统开展“实践‘三个代表’重要思想，深化‘三为’服务”教育活动，全系统领导干部和党员集中轮训一个月，开展以“七查七看”为主要内容的回访复查。2002 年，组织全区政法队伍开展“四好”竞赛活动，提升政法干警素质。2003 年，在全区政法队伍中开展以“双联”（单位联点、干警联户）、“双为”（立警为公、执法为民）活动为载体的“四好”（好班长、好班子、好单位、好干警）竞赛活动，全面推进政法队伍的建设。2004 年，以保持共产党员先进性教育活动为契机，组织领导班子成员开展党风廉政建设的学习，执行党风廉政建设工作责任制，自我剖析，自我整改。2005 年，在全区政法系统中开展“规范执法行为，促进执法公正”专项整改活动，成立专项整改活动领导小组，制定整改方案，对照容易发生问题的四个重点岗位和环节进行查摆，集中处理一批人民群众反映强烈的问题。

2006 年是开福区的作风建设年，全区政法机关以“社会主义法治理念教育活动”为载体，实现政法队伍“三零”[①]目标，开展“规范执法行为，促进司法公正”为主题的专项整治活动。5 月 29 日，发布《关于在全区政法系统集中开展社会主义法治理念教育活动的实施意见》。7 月 6 日至 8 日，组织全区 800 余名干警参加社会主义法治理念教育培训。12 月，承办市政法委组织的“践行社会主义法治理念”先进事迹报告会，参加市政法委和市直各部门组织的社会主义法治理念考试，参考率 100%，合格率 100%。2009 年，开展学习实践科学发展观活动，以组织开展“大走访活动”“大接访活动”“大排调活动”“大防控活动”“大服务活动”为主要内容的“保民生、促和谐、保稳定、促发展”活动。2011 年，在全区政法系统中开展“发扬传统、坚定信念、执法为民”主题教育实践活动，推进公平、公正、文明执法，加强纪律作风和党风廉政建设，教育政法干警坚定理想信念，牢固树立社会主义法治理念，坚定不移的做中国特色社会主义事业的建设者、捍卫者。2012 年，在全区政法系统中坚持“标本兼治、综合治理、惩防并举、注重预防”的方针，开展“忠诚、为民、公正、廉洁”为主要内容的核心价值观教育和“一推行四公开”活动，加强政法队伍的纪律作风建设，推进公正廉洁执法，解决人民群众反映强烈的突出问题。

第三节　综合治理与维护稳定

一、专项整治

1993 年，北区实施“畅安工程”，落实省市政法工作会议精神，组织“三打两整一查禁”的第二战役。1994 年 1 月，北区参加湖南省统一部署的以打击地痞地霸为主的“零点行动”，收捕各类违法犯罪分子 550 名。5 月，以重点打击“八种对象”为主要内容的“4 · 28”统一行动，抓获各类违法犯罪人员 1565 名。1996 年上半年，开展一系列打击犯罪的行动，春节前后集中开展打击街头犯罪专项斗争，3 月初开展百日整治行动，3 月底全力开展打团伙、扫毒品专项斗争，4 月下旬投入全国性严打斗争。1998 年 1 月，制定开福区“一稳定、两打击、三整治”集中统一行动方案，召开动员大会，以维护全区社会政治稳定为目标，以破大案、打团伙、追逃犯、治乱源、压事故、强基础为重点，严打、严管、严防、严治并举，展开行动。1999 年，开福区在全区范围内开展“扫黄打非”专项行动，清理、整顿、取缔“制黄”“贩黄”和非法出版活动，4 月，开福区开展春夏严打整治集中行动，治埋治安乱源，压减刑事发案率，维护社会治安。1999—2009 年，开展学校治安集中整治工作，并将此列入全区社会治安综合治理工作年度目标管理考核内容之一，整顿校园内部治安秩序，加强校园文化建设；对西长街、民主东街、长沙世界之窗、烈士公园、青少年宫、东风路、汽车北站等 39 个治安复杂地区开展专项行动，按照“谁主管、谁负责”“属地管理”“条块结合、以块为主”的管理原则，加强管理，重点整治，改善重点地区的社会治安状况。

2002 年，全区开展“查隐患、保安全”专项整治行动，公安机关和消防部门及街道综治办对 863 家治安列管单位（场所）逐家上门进行检查，当场整改

① “三零”即特大案发案率为零、进京上访为零、特大安全事故为零。

各类隐患500余起，发整改通知书375份，取缔无证经营场所78处。2003年，全区开展打击“两抢”犯罪专项斗争，共破获“两抢”案件400起（抢劫324起，抢夺76起），打击处理劳教以上“两抢”犯罪嫌疑人645名，摧毁“两抢”犯罪团伙29个，瓦解团伙成员278名。2004年，全区开展“严打”活动，区政法委联合交警、交通、城管、工商、税侦、残联、计统物和各街道、镇（局）在全区开展打击非法营运、整顿客运市场秩序专项行动，共依法扣押非法营运“摩的”816台，查扣非法营运汽车138辆，依法检查涉嫌违法营运车辆1000多台次，查扣和纠正交通违章行为4000多人次。

2007年，在全区范围内组织开展打击盗窃破坏电力、电信、广播电视与铁路设施违法犯罪专项斗争，切实保障“三电一铁”设施安全。2008年7月17日至31日，集中统一开展整治社区麻将馆，打击赌博违法犯罪统一行动。2009年7月，全区开展打击组织、强迫妇女卖淫犯罪活动专项行动。9月至12月，开展以“打黑除恶”“整顿重点地区治安”“整顿危爆物品管理”“整治黄赌毒”为内容的“一打三整”专项行动。2010年，在全区开展以对流动人口、出租房屋、重点对象、危爆物品、从业人员的动态清查和管控，依法打击流窜犯罪为主要内容的“五清查一打击”万人集中统一清查大行动。2012年8月至10月，在全区开展打击、防控盗窃犯罪专项行动，对入室盗窃、街面扒窃、盗窃机动车、盗窃车内财物等盗窃违法犯罪开展集中打击，按照“打防并举，标本兼治”的工作思路建立健全防控盗窃犯罪长效工作机制。

二、社会管理综合治理

1994年，深入开展全区综合治理工作，创建社会治安模范城区。1996年2月至6月，组织全区妇女开展禁赌活动，发挥妇女优势，树立健康新风。同年，区政法委牵头部署全面开展“三创”活动，创建治安模范街道、治安模范小区、治安模范单位、文明小区竞赛活动，为完成“五个一”[①]工程打下基础。1999年，在全区范围内开展创建星级安全文明单位、文明小区、文明街道（乡镇）、文明村的系列活动。2002年，开福区策划和组织引导各社区居委会，将社区内群防群治力量组织起来，按社区资源共享和治安状况的现实需要，在原来人防、物防、技防的基础上，建立点、线、面有机结合的网络化防控管理新机制，健全和完善300多个基层治保会、调委会，全面推行看门守栋、社区治安巡逻等群防群治网络。全区各街镇（局）相继成立治安巡防队伍，区综治办组建一支187人的治安巡防队直属队，发挥辅警作用，维护社会治安。

2003年，对西长街地区开展综合整治行动，发放整治通告5000余份，悬挂宣传横幅标语30条，出动宣传车20余次，发放限期整改通知书100余份，查封和取缔60余家“黑猫旅社”，拆除违规灯箱招牌40多块，拆除违章建筑和临街搭棚约400平方米，查获犯罪嫌疑人42人，其中刑事拘留5人、送劳教所2人、治安拘留8人、治安处罚6人、警告教育21人。同年，在全区组织开展铁路护路“五好”竞赛活动，确定“爱车护路宣传教育月”，在铁路沿线及涵洞处树立宣传牌、横幅，在沿线基层干部群众和中小学生中开展铁路法规和爱车护路的宣传讲座，向群众发放养路护路资料，并与沿线居民签订《爱车护路公约》。2005年，开展“全体民警下社区，创建平安查隐患”活动，对出租房屋和暂住人口进行集中清理整顿。全区印发各类宣传资料2000多份，展出大型宣传图板10块，悬挂横幅50余条，开展讲座92次。4月，开福区率先在全市成立社会矛盾调解中心驻派出所调解室，发挥社会矛盾调解委员会和社会矛盾调解员在创建“平安开福”、促进社会稳定中的作用。至2005年10月，全区建立各类调解委员会172个，拥有一支1021人的调解员队伍。2006年，区综治办进一步规范专职治安巡防队，在原治安巡防队的基础上，重新组建450人的专职治安巡防队和2300余人的义务治安巡防队，全年协助公安机关抓获各类违法犯罪嫌疑人300多人，基本形成上下连线、纵横成网、触角广泛、覆盖全区的立体防控网络。

2006—2008年，开福区开展“实行四为主，构

① “五个一”即实行一个执法责任制、创建十个高标准治安模范小区、建设百个户籍民警执勤室、抓好千人执法队伍、组织万人综治大军。

建六张网，组织八大员，携手创十无”①工程，整体推进“平安开福”建设，加强综治基层基础工作，构建治安防控体系。2007—2009年，开福区开展出租房屋集中清理整顿工作，通过宣传发动、部署，调查登记、信息采集，整章建制、信息核对三个阶段的行动，加强对全区出租房屋和暂住人口的管理，保护房屋出租户和外来人员的合法权益，创造和谐稳定的社会环境。2008年，推进“红袖章”工程建设，各社区组织辖区内的老党员等群防群治力量佩戴“红袖章”，在大街小巷、居民住宅楼等案件易发地带巡视，预防违法犯罪。区综治办组建一支流动人口与出租屋协管员队伍，招聘录用专职人员300人、兼职人员371人，把流动人口和出租房屋管理服务工作纳入城市建设和人口管理。2009年，坚持“平安建设人人参与，平安成果人人共享”的原则，在全区范围内开展“四个十佳”②创建活动，推进建设以“零发案”竞赛活动、“五引进”创新活动、“手牵手”联创活动、“心连心”共建活动为主要内容的公众安全满意工程。区综治办引进党员、退休干部4996人建立平安志愿者、治安群众信息员两只队伍，全区投入资金1000万元，建立社区巡防站300余个，巡防点450余个，设置摄像头420个，建立公安分局二级监控平台和13个派出所的三级监控平台，全部纳入系统管理。

2011年，以社区管理作为社会管理创新的切入点和突破口，成立开福区社区矫正中心。该中心通过GPS定位，电子围墙监控，资源整合，部门联动，形成教育、监管、帮扶“三位一体”的特殊人群服务管理模式，全面启动“法治开福”建设。在全区政法系统开展“两保两促”③“与群众恳谈对话、为群众排忧解难”和“四个一”④等主题实践活动，对接全区经济社会发展各项工作，强化基层基础，改进政法队伍作风。

三、维护社会稳定

1998年7月，开福区处理“7·2”打砸抢烧骚乱事件。9月11日，在世界之窗召开全区维护灾区稳定严打整治公捕处理大会，依法对7名犯罪嫌疑人进行公开逮捕，对2名违法人员送劳动教养，对1名参与打砸抢的犯罪嫌疑人刑事拘留。1999年，依法处置“5·14”市蓝平房地产开发公司拆迁户在湘春路堵塞交通事件和“8·19”省三维物资公司伤亡民工家属“陈尸闹事”事件。

2001年10月，区维稳办牵头，区劳动、公安、消防、交警、建设、乡镇企业、卫生、工商、房地、城管、文体、农办等部门联合，在全区范围内开展生产、消防、交通安全和危爆物品大检查，从源头上防范和制止各类重特大安全事故的发生。2003年，以特困企业为重点，开展维护稳定的工作。是年，长沙石油厂企业改制，退休职工多次在厂内外贴标语、挂横幅、设灵堂、堵塞319国道、阻止开发。区维稳办多次组织协调，平息此次事件。金满地商业街开业以来，生意不景气，又受到“非典”的影响，经营户多次围攻保安部、物业管理办。区维稳办连续5天驻守金满地公司，制止矛盾的进一步升级。同年，万代广场公司欠业主返租金1000多万元，又欠南托基建公司工程款2000多万元，业主及南托公司多次到万代广场公司索要欠款。区维稳办及时处理，阻止事态恶化。

2004年10月，针对浏阳河地区征地遗留问题，召开会议，听取拆迁群众意见，采取措施，解决这一遗留问题。是年，处理新毛家桥水果市场不正当竞争纠纷、长沙汽车电器厂企业改制问题、国防科大无军籍退职退休职工集体上访等影响社会稳定事件。2005年3月1日，长沙光华织带厂与职工拟定

① “四为主”即街道以社区为主、社区以楼栋为主、单位以法人为主、家庭以户主为主；“六张网”即治安防控网、流动人口和出租房屋管理服务网、刑释解教人员安置帮教网、矛盾纠纷排查调处网、安全稳定督查网、法律援助服务网；“八大员”即警员、治保员、巡防队员、人民调解员、治安维稳信息员、消防安全员、流动人口协管员、法制宣传员；“十无”即无影响社会稳定事件、无重大治安和安全责任事件、无流动人口和出租房屋漏管现象、无邪教活动、无黄赌毒、无重特大刑事犯罪案件、无青少年违法犯罪、无重大民转刑案件、无刑释解教人员重新犯罪、无严重家庭暴力。

② “四个十佳”即十佳和谐模范乡镇（街道）、十佳平安和谐模范单位、十佳平安和谐模范社区（村）、十佳警备室。

③ “两保两促”即保民生、保和谐，促稳定、促发展。

④ “四个一”即民情在一线了解、民忧在一线解决、民心在一线凝聚、民意在一线检验。

的工资到年底结算时不能按期发放，100余名职工到厂要求兑现工资，撤换厂长，有的甚至扬言要烧掉厂房。区维稳办经多次协调，使职工停止闹事，避免不稳定事件的发生。2006年，化解涉军群体“中天行”会员策划的各种上访活动，处置农村开发建设和征地拆迁过程中的突出问题，处置新港码头“5·17”爆炸等突发事件，确保“元宵灯会”“中博会”“长沙市秋季房交会”等特护期间的社会安全稳定。2008年，处置建鸿达现代城跳楼事件、省供销储运总公司堵门事件、洪山二期拆迁项目引发的拆迁户上访事件、天健芙蓉盛世退房风波及国美电器芙蓉店续租等不稳定事件。7月份“大接访”活动期间，全区共接待上访群众1123批1485人次，其中县级领导接访209批367人次，解决信访问题46个。

2004年，开福区被评为国家级人民调解宣传工作先进单位、省级社会治安综合治理先进县（市、区）、省级农村反邪教警示教育先进基层单位。2005—2012年，被评为省级社会管理综合治理先进单位，授予长沙市社会治安综合治理“红旗区县”称号。

四、防范和处理邪教

1997年8月，开展取缔邪教组织专项斗争。2001年，开展专项督查，全面检查处理邪教组织和其他非法宗教组织的工作，组织举办远离邪教的大型巡展活动，在全区10多所学校展出，3万多学生参观展览。2004年3月，成立区农村反邪教警示教育活动领导小组，开展以“崇尚科学、关爱家庭、珍惜生命、反对邪教”为主题的警示教育活动。

第四节 执法监督

2000年，开福区围绕公正司法，在全区政法系统开展以“严格执法，热情服务”为主要内容的“人民满意年”活动，通过设立监督电话（信箱）、聘请执法（形象）监督员、召开座谈会、发征求意见函、走访重点单位等形式，收集群众意见、建议1120余条，其中涉及执法的510余条。针对群众提出的意见，组织政法干警对照反思，对于反映大的个案，明确专人查实。2001—2003年，共接待群众来信来访933人次，经督查发出的督办件111件，协调、研究各类案件96件，批转其他部门办理的信件299件，发执法监督建议书5份，发执法监督通报2期，对省、市、区各级领导批示的督办件答复率100%；还与有关部门配合，处置和化解320多起不安定因素。2005年，全区政法系统共接待群众来信来访和处理涉法涉诉案件370件次，其中省、市、区各级领导督办、交办的来信来访31件次，及时回复31件次，回复率100%。2006年，接待群众来信来访76件，处理涉法涉诉案件29件，其中上级转交办2件，并按照“有访必接，有接必果，有果必公”的要求，在全区政法系统开展联合接访工作。

2010年，根据全市涉法涉诉信访积案专项治理工作会议的精神，对全区涉法涉诉信访积案进行深入摸排，按照“谁主管谁负责”和“属地管理”的原则，逐件建立台账，进行档案化管理，落实工作责任制，进行化解。是年，共处理涉法涉诉信访案件24件，其中市政法委集中挂牌督办涉法涉诉信访重点案件4件。

第九章　其他党务

第一节 督查 保密

一、督查

北区区委、开福区区委均设有督查室。1989年以来，区委督查室围绕项目建设、招商引资、城市建设管理、计划生育、安全生产、信访维稳、省市区为民办实事工程等重点工作，积极开展督查。围绕上级党委和区委重要文件、重要会议、重大决策和重要工作部署开展决策督查；围绕人民群众反映的热点、难点问题开展专项查办；围绕城市建设管理、项目建设、城市下岗失业人员再就业、学校布局调整、基层党建等课题开展督查调研，总结工作经验，剖析存在问题，提出有针对性的建议，供区委决策采用。1989—2012年，共组织大型决策督查480余次；编发督查通报366期；承办省、市领导批示交办事项192件，办结率100%；撰写督查调研报告96篇，40余篇文稿在《湖南督查》《长沙督查》等刊物上采用。

二、保密

中共北区、开福区委的保密工作机构为北区区委、开福区委机要保密室（对外称区保密局），负责全区保密工作的归口管理、指导、协调、督促检查。1989—2012年，先后担任区保密室主任（保密局局长）的为张政健、叶银波、李湘宁、陈殷、胡建梅。

1990年，北区机要保密工作逐步向科学化、现代化、规范化、法制化发展。各级单位党政"一把手为保密工作第一责任人"，各街道、镇、区直部门、市垂直管理单位均与区委保密委签订《保密工作目标责任书》。区委常委会就做好全区保密工作进行专题研究，将保密知识纳入区委党校青干班培训教程，确定全区保密要害部门与部位，并将保密工作纳入全区办公室系统工作目标考核等。制定一系列文件和制度，如《关于加强新形势下保密工作意见》《关于加强计算机信息系统保密管理的通知》《关于进一步加强文件资料和涉密信息销毁管理工作的通知》《开福区信息化条件下保密工作暂行规定》《关于进一步加强计算机网络安全保密工作的通知》《办公室保密制度汇编》等。

第二节　政策研究

中共北区区委政策研究室始设于1989年，1990年与区委办合署办公。1995年7月，撤销区委政研室，职能划归区委办，对外保留区委政研室的牌子。2001年，开福区委政研室在区委办挂牌。2012年10月，区委政研室配备领导职数1名。区委改革办公室设在区委办，由政研室具体负责，统筹协调，以促进各项工作的开展。区委政策研究室主要职责是：围绕区委的中心工作，对涉及全区政治、经济、文化和党建方面的方针、政策等重大问题进行调查研究，形成调研报告或论文；反映社情民意，向区委、区政府提出意见和建议，为区委决策出主意、当参谋，并承担区委、区委办公室部分文稿和区委领导讲话稿的起草、修改工作；负责向省、市委和区委报送信息，为街镇和区直单位提供信息；向省、市新闻单位提供稿件，宣传全区工作；组编《开福工作》《信息摘报》等内部刊物。1992—1995年，围绕北区第五次党代会确立的奋斗目标，紧扣个体私营经济发展、区划调整、城市管理、水利建设、环境保护等重点课题，形成《发展个体私营经济八条措施》《整治水利工程，提高防洪抗灾能力》《"活二强三"发展区域经济》等专题报告，促成系列重大决策的形成。1996年区划调整后，政研室先后在经济发展战略、区域领导方式、工业园区建设、党建精品工程、社区建设等方面开展调研。2000—2012年，围绕区域经济和社会发展，组织综合调研120余次，年均撰写领导讲话稿、署名文章等各类文字材料90余万字，每年向省委、市委上报党委信息700余条。

第三节　区直机关党务

一、中共开福区直属机关工作委员会

1986年10月至1995年7月，设中共长沙市北区机关委员会。1995年7月，设立中共长沙市北区直属机关工作委员会。区划调整后，改设中共长沙市开福区直属机关工作委员会，下辖54个机关党支部。区直机关工委设书记一人、副书记2人。1989—2012年，担任区直机关工委书记的先后为龙纪初（兼）、李连喜、杨秋云、周章生、彭志一（兼）、沈裕谋（兼）、李湘宁、何群。

二、区直机关党务

1996年区划调整后，区直机关工委采取工委委员联点指导的方法，到机关各党支部开展调查研究，进行督促检查，指导基层抓好窗口服务行业的"创先争优"活动；规范退休支部"创先争优"活动的相关制度，发挥"五老"优势，进行四项教育活动；定期开展机关退休支部专题讲座等学习活动，丰富退休党员的学习内容和活动形式；组织开展基层党组织"分类定级，晋位升级"活动，确定"党组织带头人、工作思路、工作制度、活动阵地、保障机制、工作业绩、群众评价"七项分类定级指标，对所属党支部进行分类定级，推进基层组织建设工作。组织区直机关党员

干部学习党的各项决议、决定；建立讲党课、参加干部网络学习、撰写调研文章等学习制度，努力建设学习型党组织。开展“走访群众听民声，深入基层解难题”主题活动及带头参加各项党员志愿服务活动。

区直机关工委在党风廉政建设上坚持预防为主，搞好经常性的学习、教育和监督，督促党员干部加强修养，提高廉洁自律的自觉性，开展“四个一”活动，即组织一次《廉政准则》集中学习、开展一次艰苦奋斗实地教育、进行一次警示教育、搞好一次学习讨论。落实领导干部廉洁自律的各项规定，突出抓好对党政正职的监督，严格执行党政正职不直接分管人事、财务等具体事项的规定，努力防止权力失控、决策失误、行为失范。

第四节 党史研究

一、机 构

1986年10月，成立长沙市北区中共党史资料征集办公室（以下简称区党史办），由区委常委、区委办公室主任兼任党史办主任。1996年，更名为长沙市开福区党史办。1997年12月，区党史办和区志办分别从区委办和区政府办分离，合并成立区史志办，由区委、区政府共同管理，以区政府管理为主。人员编制从区委办和区政府办调剂，全民事业编制3名，设主任、副主任各1人。1989—2001年，先后担任党史办、史志办主任的为张文华（女）、罗俊凤（女）、罗忠卿、杨秋云（女）、涂浩。2002年1月，区史志办与档案馆合并组建史志档案局，为全民事业单位，编制6名，其中局长、副局长各1名。2002—2012年，先后担任局长的为王四清（女）、王静芳（女）、吴娅君（女）。

2001年3月，开福区成立党史联络组，组长任长林。2005年1月，开福区党史联络组成员调整，组长朱志雄、副组长王书高。2008年12月，成立区委党史工作领导小组和区党史编纂委员会，进一步调整充实区委党史联络组。

二、党史征编

编撰《中共北区组织史》 1991年2月，区委党史办与区委组织部、区编委、区档案馆合编《中国共产党湖南省长沙市北区组织史资料(1949.10—1987.12)》。该书的编撰，经历4年多时间，访问老同志157人次，查阅档案1215卷，收集材料1265份。全书35万字，列入中华人民共和国成立后38年间98个党的组织、258个部门、498位领导人名录。

编撰《中共北区党史大事记》 为纪念长沙和平解放40周年，区党史办于1989年1月开始征集和撰写《中共长沙市北区党史大事记（1949年8月—1989年12月）》，于1993年2月完成，约14万字。1993年，区党史办开始《中共长沙市北区党史大事记（1990年1月—1996年7月）》的编撰，于1998年完成，约11万字。

编撰《〈中共长沙开福地方史〉编撰工作实用手册》 为确保《中共长沙开福地方史》编撰工作的完成，2005年11月，区党史编委会总编室编写《〈中共长沙开福地方史〉编撰工作实用手册》，作为培训区党史工作者的学习材料。该手册分为领导讲话、上级文件、区级文件、党史文稿、党史讲义五个部分。

编撰《红色发祥地——开福》 该书从2005年5月开始策划，2007年6月完成，由开福区委党史联络组、《中共长沙开福地方史》编委会总编室、开福区史志档案局汇编。编撰过程中，走访延安纪念馆、西柏坡纪念馆、韶山毛泽东纪念馆、刘少奇纪念馆、郭亮纪念馆、何叔衡故居、谢觉哉故居和望城县党史办、长沙县党史办、雨花区党史办。史料汇编在认真学习和吸收中共、省、市党史专家、学者研究成果的基础上，从所收集的近千万字资料中，摘录出288则史料，按照新民主主义革命时期的五个历史时期编排，全书60万字。

编撰《中国共产党长沙市开福区历史大事记》 该书记述中国共产党在开福区地方进行新民主主义革命、社会主义革命与建设，改革开放和社会主义现代化建设的光辉历程。全书分为新民主主义革命时期（1919年5月—1949年8月）、开始社会主义建设的时期（1949年8月—1978年12月）、社会主义新时期（1978年12月—2006年12月）三个部分。该书由开福区委党史联络组、《中国共产党长沙市开福区历史》编委会总编室和开福区史志档案局编辑，共35万字。

编纂《中国共产党长沙市开福区历史》 本书从2005年开始编纂，2012年由中共党史出版社出版发行。该书由中共长沙市开福区历史编纂委员会承编，记述90年来中国共产党在开福区团结带领广大人民进行革命建设和改革事业的历程。全书 8 编 30 章，108 万字，分为新民主主义革命时期、社会主义革命和建设时期、社会主义道路探索、改革开放等三个时期。

其他书籍编撰 2003 年 6 月，开福区史志档案局协助中共长沙市委党史研究室、中共长沙市委党史联络组编撰《南下入湘干部名录》。2003 年开福区望麓园街道编撰《古韵新风望麓园》，2011 年编撰《和谐望麓园》。2004 年开福区民主东街街道编撰《廛闬沧桑》《赐闲湖巷》。2010 年 7 月，中共开福区党史联络组、开福区吏志档案局、开福区捞刀河镇联合编撰《走进汉回》。2012 年 11 月，应开福区民政局请求，由区委党史联络组成员组成的编辑部编撰完成《中华人民共和国政区大典·湖南卷·长沙分卷·开福篇》。该典共 8.5 万字，是一部全面纪述开福区自然、地理、历史沿革、政治、经济、文化、社会等各方面概况的典籍。

三、党史宣教

党史工作规划、部署、安排 1986 年 10 月 28 日，中共北区区委批准区党史办《长沙市北区党史资料征集整理和编纂工作十年（1986—1995 年）规划》。规划对资料的征集范围和编纂领导小组、编委会、各有关参与单位的职责作明确规定。2005 年，区党史办开始编纂中国共产党长沙市开福区历史。4 月，区委党史联络组制定《中国共产党长沙市开福区历史》编纂工作总体规划。6月，成立区党史编纂工作总编室，制定《中国共产党长沙市开福区历史》编纂工作的总体规划。

开展“共产党好”系列活动 2002 年，为结合“三个代表”重要思想理论学习，迎接党的十六大的召开，开展“共产党好”系列活动。区档案局、区党史联络组制定实施方案，购买书籍，在全区开展党史知识竞赛活动；举办《开福区改革开放成就图片展》，共展出图片 2000 多幅；为《回忆与思考》撰稿，撰写“共和国之最”条目 23 条；组织机关干部对《长沙晚报》6 月 30 日刊登的试题进行答题，收回试卷 895 份；参加长沙市党史研究室组织的电视大奖赛。

组建网络，开展培训 2006 年，区党史联络组深入街道、镇调研指导党史工作，开展座谈会 18 次，举办集中式培训班 2 次，培训党史联络员 300 多人。5 月 9 日，区党史联络组在万代大酒店讲党课，区党史联络组派出成员作《历史的选择与历史的继续选择》发言，从社会发展规律的角度，重点是社会变革的角度，进行探讨。2007 年来，组织党史联络组的老同志参观“走向盛唐”文物展，参观建军 80 周年成果展，调研开福区重点工程，与兄弟区县进行横向交流，接待雨花、岳麓、天心等区党史联络组的来访，完成《回忆与思考》第 4 辑组稿任务。区党史联络组开展纪念建军 80 周年、秋收起义 80 周年系列活动；联合机关工委、区财政局开展党史知识抢答赛；利用开福党建网站开辟专栏宣传党史，进行党史宣传教育；将《红色发祥地——开福》一书分发到各单位、学校、街道。

第三篇　人民代表大会

1989—2012年，长沙市开福区地方的人民代表大会，先后经历了长沙市北区第十、十一届人民代表大会和长沙市开福区第一、二、三、四届人民代表大会两个阶段，共六届，代表共1248人。20多年来，共举行代表大会会议28次，听取和审议各项工作报告114项，选举区人民政府、区人大常委会、区人民法院、区人民检察院的组成人员。

20多年来，长沙市北区第十、十一届人大常委会和开福区第一、二、三、四届人大常委会共举行常委会议182次，围绕经济建设和改革开放，听取和审议各项工作汇报、情况汇报，对区政府、区法院、区检察院的工作，进行法律监督和工作监督，对全区政治、经济、民生、教育、科技、文化、城市建设、卫生、环境和资源保护、民族、宗教等工作的重大事项作出决议、决定，推动全区的改革开放和社会主义建设。组织区人大常委会组成人员、区人大代表，就全区重要工作进行视察和调研，并提出建议、批评和意见。依法任免国家工作人员。依照有关法律的规定，常务委员会对北区第十、十一届和开福区第一、二、三、四届人民代表大会各次会议代表提出的提案、议案287件及建议、批评、意见和群众来信，作出处理。

第一章　人大代表与代表大会

第一节　人大代表

1990—2012年，先后经历了长沙市北区第十、十一届人民代表大会和长沙市开福区第一、二、三、四届人民代表大会。代表的产生，系在全区范围内划分若干选区，实行差额选举；代表候选人分别在干部、工人、工商界人士、中共党员、共青团员、民主党派和无党派人士等各界别中产生。

一、长沙市北区第十届人民代表大会代表

代表选举时段为1989年11月8日至1990年1月4日，1月4日为全区选举日。全区划分为139个选区，依法登记选民151189人，参加选举的选民137582人，参选率为91%。共选出代表220人，其中妇女代表93名，占代表总数的42.3%；各民主党派、无党派人士63名，占代表总数的28.64%；工人、知识分子124名，占代表总数的56.36%；干部93名，占代表总数的42.27%；军人和其他方面3名，占代表总数的1.36%。所选代表中，年龄35岁以下的16名，占代表总数的7.27%；35岁至55岁的163名，占代表总数的74.09%；55岁以上的41名，占代表总数的18.64%。代表中，大、中专以上文化的115名，占代表总数的52.27%，初、高中文化的105名，占代表总数的47.73%。

二、长沙市北区第十一届人民代表大会代表

代表选举时段为1992年9月19日至1992年11月5日，11月5日为全区选举日。全区划分为141个选区，依法登记选民156988人，参加选举的选民143162人，参选率为91.19%。共选出代表220人，其中妇女代表88名，占代表总数的40%；各民主党派、无党派人士54名，占代表总数的24.54%；工人代表80名，占代表总数的36.36%；干部代表135名，占代表总数的61.36%；军人和其他方面5名，占代表总数的2.27%。代表中，年龄35岁以下的23名，占代表总数的10.45%；35岁至55岁的179名，占代表总数的81.36%；55岁以上的18名，占代表总数

的 8.18%。所选代表中，大专以上文化的 82 名，占代表总数的 37.27%，中专文化的 29 名，占代表总数的 13.18%，初、高中文化的 105 名，占代表总数的 47.73%，小学文化的 4 名，占代表总数的 1.82%。

三、长沙市开福区第一届人民代表大会代表

代表选举时段为 1997 年 9 月 11 日至 10 月 28 日，10 月 28 日为全区选举日。全区划分为 126 个选区，依法登记选民 265432 人，参加选举的选民 246384 人，参选率为 92.45%。共选出代表 195 名，其中妇女代表 46 名，占代表总数的 23.71%；各民主党派、无党派人士 27 名，占代表总数的 13.85%；工人、农民、知识分子 126 名，占代表总数的 65.94%；干部代表 65 名，占代表总数的 32%；军人和其他方面的代表 4 名，占代表总数的 2.06%。代表中，年龄 35 岁以下的 31 名，占代表总数的 16.32%；35 岁至 55 岁的 158 名，占代表总数的 81.58%；55 岁以上的 6 名，占代表总数的 3.09%。代表中，大、中专以上文化的 147 名，占代表总数的 75.26%；初、高中文化的 48 名，占代表总数的 24.74%。

四、长沙市开福区第二届人民代表大会代表

代表选举时段为 2002 年 9 月 24 日至 11 月 1 日，11 月 1 日为全区选举日。全区划分为 87 个选区，依法登记选民 318951 人，参加选举的选民 294551 人，参选率为 92.35%。共选出代表 193 名，其中妇女代表 28 名，占代表总数的 14.51%；各民主党派、无党派人士 43 名，占代表总数的 22.28%；工人、农民、知识分子 136 名，占代表总数的 70.47%；干部代表 54 名，占代表总数的 28%；军人、少数民族和其他方面的代表 4 名，占代表总数的 2.06%。所选代表中，年龄 35 岁以下的 32 名，占代表总数的 16.58%；35 岁至 45 岁的 89 名，占代表总数的 46.11%；45 岁至 55 岁的 68 名，占代表总数的 35.23%；55 岁以上的 3 名，占代表总数的 1.55%。代表中，大专以上文化的 169 名，占代表总数的 87.56%；高中、中专文化的 18 名，占代表总数的 9.33%；初中文化 5 名，占代表总数的 2.59%。

五、长沙市开福区第三届人民代表大会代表

代表选举时段为 2007 年 7 月 13 日至 9 月 26 日。9 月 26 日为全区选举日。全区划分为 92 个选区，依法登记选民 357354 人，参加选举的选民 330851 人，参选率为 92.58%。共选出代表 202 名，其中妇女代表 45 名，占代表总数的 22.28%；各民主党派、无党派人士 71 名，占代表总数的 35.15%；工人、农民、知识分子 113 名，占代表总数的 55.94%；军人、少数民族和宗教方面的代表 3 名，占代表总数的 1.49%。代表中，年龄 35 岁以下的 37 名，占代表总数的 18.32%；35 岁至 45 岁的 99 名，占代表总数的 49%；45 岁至 55 岁的 59 名，占代表总数的 29.21%；55 岁以上的 7 名，占代表总数的 3.47%。代表中，大专以上文化的 183 名，占代表总数的 90.59%；高中、中专文化的 17 名，占代表总数的 8.42%；初中及以下文化的 2 名，占代表总数的 0.99%。

六、长沙市开福区第四届人民代表大会代表

代表选举时段为 2012 年 7 月 27 日至 9 月 28 日，9 月 28 日为全区选举日。全区划分为 98 个选区，依法登记选民 365020 人，参加选举的选民 322660 人，参选率为 88.40%。共选出代表 218 名，其中妇女代表 63 名，占代表总数的 28.77%；各民主党派、无党派人士 81 名，占代表总数的 36.98%；工人、农民、专业技术人员 123 名，占代表总数的 56.16%；军人、少数民族、归侨归眷和宗教方面的代表 8 名，占代表总数的 3.65%。代表中，年龄 35 岁以下的 35 名，占代表总数的 15.98%；大专以上文化的 200 名，占代表总数的 91.32%。

第二节 代表大会

一、长沙市北区第十届人民代表人会（1990 年 2 月至 1992 年 12 月）

长沙市北区第十届人民代表大会第一次会议于 1990 年 2 月 22—28 日在北区政府八楼会议室召开。出席代表应到 220 人，实到 211 人，列席人员 72 人。彭振武作政府工作报告，孙达俊作区人大常委会工作报告，姜湘凡作区人民法院工作报告，吴谋明作区人民检察院工作报告，吴益群作关于北区 1989 年财政决算执行情况和 1990 年财政预算（草案）的报告，并通过相应的决议。选举产生长沙市北区第十届人民代表大会常务委员会主任、副主任、委员；选举产生区人民政府区长、副区长；选举姜湘凡为区法院院长、吴谋明为区检察院检察长。大会收到议案 35 件，经大会主席团审议，立案 2 件；收到建议、批评、意见 389 件。

长沙市北区第十届人民代表大会第二次会议于1991年3月19—23日在北区政府八楼会议室召开。出席代表应到216人，实到186人。会议听取、审议并通过区人大常委会、区政府的工作报告。大会收到议案9件，经大会主席团审议，立案1件；收到建议、批评、意见272件。会议补选李树生、罗显贵为区十届人大常委会委员。

长沙市北区第十届人民代表大会第三次会议于1992年3月13—17日在长沙市第二工人文化宫召开。出席代表应到209人，实到178人。会议听取、审议并通过区人大常委会、区政府的工作报告，大会收到议案5件，经大会主席团审议，立案1件；收到建议、批评、意见122件。会议补选李正宇为副区长。

二、长沙市北区第十一届人民代表大会（1992年12月至1997年12月）

长沙市北区第十一届人民代表大会第一次会议于1992年12月4—9日在北区政府八楼会议室召开（开幕式在长沙市青少年宫）。出席代表应到220人，实到216人，列席人员65人。阳克春作政府工作报告，王大刚、蒋华贵、吴谋明分别作各项工作报告，吴益群作关于1992年区财政工作情况的报告，并通过相应的决议。会议选举产生长沙市北区第十一届人民代表大会常务委员会主任、副主任、委员；选举产生区人民政府区长、副区长；选举蒋华贵为区法院院长、吴谋明为区检察院检察长，选举市十届人大代表44人。大会收到议案20件，经大会主席团审议，立案1件，收到建议、批评、意见179件。长沙市北区第十一届人民代表大会第二次会议于1993年4月14日在北区政府八楼会议室召开。出席代表应到216人，实到216人，列席人员95人。会议听取区人民政府关于1993年工作安排的报告，听取和审议区财政局关于1992年财政预算执行情况和1993年财政预算（草案）的报告。大会收到建议、批评、意见6件。长沙市北区第十一届人民代表大会第三次会议于1994年3月24—26日在留芳宾馆召开，出席代表212人。会议听取、审议并通过区人大常委会、区政府、区人民法院、区人民检察院的工作报告，听取和审议区财政1993年预算执行情况和1994年财政预算（草案）的报告。大会收到议案12件，经大会主席团审议，立案1件；收到建议、批评、意见140件。长沙市北区第十一届人民代表大会第四次会议于1995年3月21—24日在留芳宾馆召开，出席代表207人。会议听取、审议并通过区人大常委会、区政府、区人民法院、区人民检察院的工作报告，听取和审议区财政1994年预算执行情况和1995年财政预算（草案）的报告。大会收到议案8件，经大会主席团审议，立案1件；收到建议、批评、意见99件。会议同意阳克春、宁枫辞去区长、副区长职务的请求，补选龙长工为区长、李正宇为区人大常委会副主任。长沙市北区第十一届人民代表大会第五次会议于1996年3月12—15日在留芳宾馆召开。会议听取、审议并通过区人大常委会、区政府、区人民法院、区人民检察院工作报告，听取和审议区财政1995年预算执行情况和1996财政预算（草案）的报告。大会收到议案10件，经大会主席团审议，立案1件；收到建议、批评、意见87件。会议补选陈迟怡为区人大常委会副主任。长沙市北区第十一届人民代表大会第六次会议于1997年3月12—14日在北区政府八楼会议室召开。会议听取、审议并通过区人大常委会、区政府、区人民法院、区人民检察院工作报告，听取和审议区财政1996年预算执行情况和1997年财政预算（草案）的报告。大会期间，收到议案12件，经大会主席团审议，立案1件；收到建议、批评、意见143件。

三、长沙市开福区第一届人民代表大会（1997年12月至2002年11月）

长沙市开福区第一届人民代表大会第一次会议于1997年12月9—13日在原北区政府八楼会议室召开，出席代表194人，列席人员74人。大会听取和审议余建国所作的区人民政府工作报告，任长林所作的区人大常委会工作报告，杨自永所作的区人民法院工作报告，吴谋明所作的区人民检察院工作报告，并通过相应的决议。选举产生长沙市开福区第一届人大常委会主任、副主任、委员；选举产生开福区出席长沙市第十一届人民代表大会的代表49名；选举产生区人民政府区长、副区长，选举杨自永为开福区人民法院院长、吴谋明为开福区人民检察院院长。大会收到议案12件，经大会主席团审议，立案2件；收到建议、批评、意见163件。长沙市开福区第一届人民代表大会第二次会议于1998年3月26日在原北区政府八楼会议室召开，出席代表194人，列席人员74人。会议听取和审议黄永健所作的开福区1997年财政预算执行情况和1998年财政预算（草案）的报告，并通过相应的决议。长沙市开福区第一届人民代表大会第三次会议于1999年1月25—26日在原北区政府八楼会议室召开，出席代表190人，列席人员86人。会议听取和审议余建国所作的区人民政府工作报告，朱志雄所作的区人大常委会工作报告，杨自永所作地区人民法院工作报告和吴谋明所作的区人民检察院工作报告，并通过相应的决议。会议立议案1件，收到建议、批评、意见57件。长沙市开福区第一届人民代表大会第四次会议于2000年1月9—11日在开福区政府九楼会议室召开，出席代表194人，列席人员85人。会议听取和审议余建国所作的区人民政府工作报告，朱志雄所作的区人大常委会工作报告，杨自永所作的区人民法院工作报告和吴谋明所作的区人民检察院工作报告，并通过相应的决议。会议补选区人大常委会委员1名。会议收到建议、批评、意见49件。长沙市开福区第一届人民代表大会第五次会议于2001年2月13—15日在开福区政府九楼会议室召开，出席代表195人，列席人员85人。会议听取和审议余建国所作的关于开福区国民经济和社会发展“十五”计划纲要的报告，朱志雄所作的区人大常委会工作报告，杨自永所作的区人民法院工作报告和吴谋明所作的区人民检察院工作报告，并通过相应的决议。会议书面审议和批准开福区2000年财政预算执行情况和2001年财政预算（草案）的报告。会议补选卢明辉为区人大常委会副主任，同意彭菊琼辞去区人大常委会副主任职务的请求报告。会议收到建议、批评、意见38件。长沙市开福区第一届人民代表大会第六次会议于2002年2月4—6日在开福区政府九楼会议室召开，出席代表195人，列席人员96人。会议听取和审议余建国所作的区人民政府工作报告，朱志雄所作的区人大常委会工作报告及区人民法院工作报告和区人民检察院工作报告，并通过相应的决议。会议书面审议和批准开福区2001年财政预算执行情况和2002年财政预算（草案）的报告。补选区人民检察院检察长，同意吴谋明辞去开福区检察院检察长职务的请求。大会收到议案5件，经大会主席团审议，立案1件；收到建议、批评、意见43件。

四、长沙市开福区第二届人民代表大会（2002年11月至2007年11月）

长沙市开福区第二届人民代表大会第一次会议于2002年11月26—30日在开福区政府九楼会议室召开，出席代表191人，列席人员68人。大会听取和审议李继红所作的区人民政府工作报告，朱志雄所作的区人大常委会工作报告及区人民法院工作报告、区人民检察院工作报告，并通过相应的决议。选举产生长沙市开福区第二届人大常委会主任、副主任、委员；选举产生开福区出席长沙市第十二届人民代表大会代表50名；选举产生区人民政府区长、副区长；选举开福区人民法院院长、开福区人民检察院检察长。会议同意余建国辞去区人民政府区长职务的请求报告。大会收到议案4件，经大会主席团审议，立案1件；收到建议、批评、意见57件。长沙市开福区第二届人民代表大会第二次会议于2003年3月25日在开福区政府九楼会议室召开，出席代表190人，列席人员81人。会议听取和审议刘文杰所作的开福区2002年财政预算执行情况和2003年财政预算（草案）的报告，并通过相应的决议。会议补选开福区出席长沙市第十二届人民代表大会的代表。长沙市开福区第二届人民代表大会第三次会议于2004年2月10—12日在开福区政府九楼会议室召开，出席代表188人，列席人员102人。会议听取和审议李继红所作的区人民政府工作报告、黄新国所作的区人大常委会工作报告及区人民法院工作报告和区人民检察院工作报告，并通过相应的决议。会议书面审议和批准开福区2003年财政预算执行情况和2004年财政预算（草案）的报告。大会收到议案7件，经大会主席团审议，立案1件；收到建议、批评、意见38件。长沙市开福区第二届人民代表大会第四次会议于2005年1月24—26日在开福区政府九楼会议室召开，出席代表188人，列席人员115人。会议听取和审议李继红所作的区人民政府工作报告、黄新国所作的区人大常委会工作报告及区人民法院工作报告和区人民检察院工作报告，并通过相应的决议。会议书面审议和批准开福区2004年财政预算执行情况和2005年财政预算（草案）的报告，补选区二届人大常委会部分委员。大会收到议案4件，经大会主席团审议，立案1件；收到建议、批评、意见19件。长沙市开福区第二届人民代表大会第五次会议于2006年2月15—17日在开福区政府九楼会议室召开，出席代表194人，列席人员125人。会议听取和审议李继红所作的关于开福区国民经济和社会发展“十一五”规划纲要的报告、黄新国所作的区人大常委会工作报告、袁征所作的区人民法院工作报告以及区人民检察院工作报告，并通过相应的决议。会议书面审议和批准开福区2005年财政预算执行情况和2006年财政预算（草案）的报告。会议选举袁征为区人民法院院长。会议收到建议、批评、意见38件。长沙市开福区第二届人民代表大会第六次会议于2007年1月10—12日在开福区政府九楼会议室召开，出席代表195人，列席人员110人。会议听取和审议凌勤杰所作的区人民政府工作报告、黄新国所作的区人大常委会工作报告、袁征所作的区人民法院工作报告以及区人民检察院工作报告，并通过相应的决议。会议书面审议和批准开福区2006年财政预算执行情况和2007年财政预算（草案）的报告。会议选举凌勤杰为区人民政府区长，选举开福区出席长沙市第十二届人民代表大会代表1名，并对区二届人大先进人大代表联组、优秀人大代表进行表彰。会议收到建议、批评、意见28件。

五、长沙市开福区第三届人民代表大会（2007年11月至2012年11月）

长沙市开福区第三届人民代表大会第一次会议于2007年11月21—25日在开福区政府九楼会议室召开，出席代表202人，列席人员120人。大会听取和审议凌勤杰所作区人民政府工作报告、黄新国所作区人大常委会工作报告、袁征所作的区人民法院工作报告和丁晓波所作的区人民检察院工作报告，并通过相应的决议。选举产生长沙市开福区第三届人大常委会主任、副主任、委员；选举产生开福区出席长沙市第十三届人民代表大会的代表52名；选举产生区人民政府区长、副区长；选举袁征为开福区人民法院院长、丁晓波为开福区人民检察院检察长。大会收到议案13件，经大会主席团审议，立案1件；收到建议、批评、意见53件。长沙市开福区第三届人民代表大会第二次会议于2008年4月10日在开福区政府九楼会议室召开，出席代表198人，列席人员117人。会议听取和审议区财政局局长邓平所作的2007年财政预算执行情况和2008年财政预算（草案）的报告，并通过相应的决议。长沙市开福区第三届人民代表大会第三次会议于2009年2月11—13日在开福区政府九楼会议室召开，出席代表198人，列席人员115人。会议听取和审议凌勤杰所作的区人民政府工作报告、刘国际所作的区人大常委会工作报告、袁征所作区人民法院工作报告和丁晓波所作的区人民检察院工作报告，并通过相应的决议。会议书面审议和批准开福区2008年财政预算执行情况和2009年财政预算（草案）的报告。会议补选区三届人大常委会委员和市十三届人民代表大会代表各1名。会议收到建议、批评、意见60件。长沙市开福区第三届人民代表大会第四次会议于2010年1月21—23日在开福区政府九楼会议室召开，出席代表197人，列席人员115人。会议听取和审议凌勤杰所作的区人民政府工作报告、刘国际所作的区人大常委会工作报告、袁征所作的区人民法院工作报告和丁晓波所作的区人民检察院工作报告，并通过相应的决议。会议书面审查和批准开福区2009年财政预算执行情况和2010年财政预算（草案）的报告，补选区三届人大常委会委员2名。会议收到建议、批评、意见63件。长沙市开福区第三届人民代表大会第五次会议于2011年1月5—7日在开福区政府九楼会议室召开，出席代表202人，列席人员120人。会议听取和审议凌勤杰所作的区人民政府工作报告、刘国际所作的区人大常委会工作报告、袁征所作的区人民法院工作报告和丁晓波所作的区人民检察院工作报告，并通过相应的决议。会议书面审议和批准开福区2010年财政预算执行情况和2011年财政预算（草案）的报告，以及开福区国民经济和社会发展第十二个五年规划纲要（草案）。会议补选区人大常委会委员2名。会议收到建议、批评、意见47件。长沙市开福区第三届人民代表大会第六次会议于2012年2月15—17日在开福区政府九楼会议室召开，出席代表199人，列席人员114人。会议听取和审议凌勤杰所作的区人民政府工作报告、刘国际所作的区人大常委会工作报告、袁征所作的区人民法院工作报告和谢勇所作的区人民检察院工作报告，并通过相应的决议。会议书面审议和批准开福区2011年财政预算执行情况和2012年财政预算（草案）的报告。会议对区三届人大先进人大代表联组、优秀人大代表、人大工作先进个人进行表彰。会议收到建议、批评、意见48件。

六、长沙市开福区第四届人民代表大会

长沙市开福区第四届人民代表大会第一次会议于2012年11月23—27日在开福区政府九楼会议室召开，出席代表218人，列席人员127人。大会听取和审议廖建华所作区人民政府工作报告、刘国际所作区人大常委会工作报告、耿明生所作的区人民法院工作报告和谢勇所作的区人民检察院工作报告，并通过相应的决议。选举产生长沙市开福区第四届人大常委会主任、副主任和委员；选举产生开福区出席长沙市第十四届人民代表大会的代表49名；选举产生区人民政府区长、副区长；选举耿明生为开福区人民法院院长、谢勇为开福区人民检察院检察长。大会收到议案和建议131件，经大会主席团审议，立案1件。代表在大会期间直接向区“一府两院”提出口头建议和意见65件。

第二章　人大常务委员会

第一节 领导成员

长沙市开福区地方人民代表大会常务委员会，由各届第一次人民代表大会选举产生，其组成人员为主任、副主任和常务委员。

一、长沙市北区第十届人大常委会成员

长沙市北区第十届人大常委会于1990年2月28日由北区第十届一次人民代表大会选举产生，共19人。

主　任：王大刚

副主任：魏亦祁、李光忠（兼）、李万健、彭菊琼（女）

委　员（以姓氏笔画为序）：阳振刚、杨瑞华（女）、李惟一、李普年（女）、何小兰（女）、张茉莉（女）、张洁如、张新亮（女）、易治宇（女）、黄海清、彭建宏、韩建明、程涂、童西铭

届中补选李树生（1991年3月至1992年12月）、罗显贵（1991.3—1992.12）为常委会委员。

二、长沙市北区第十一届人大常委会成员

长沙市北区第十一届人大常委会于1992年12月9日由北区第十一届一次人民代表大会选举产生，共21人。

主　任：任长林

副主任：李万健、彭菊琼（女）、王书高、李树生、黄沐定

委　员（以姓氏笔画为序）：刘璐明（女）、阳友镜、阳振刚、杨中琦、杨瑞华（女）、邵玉丰、罗建军、周杏武、黄兆明、黄海清、盛武斌、彭建宏、蔡明伟

届中补选李正宇（1995年3月至1997年12月）、陈迟怡（1996.2 — 1997.12）为区人大常委会副主任。

三、长沙市开福区第一届人大常委会成员

长沙市开福区第一届人大常委会于1997年12月13日由开福区第一届一次人民代表大会选举产生，共21人。

主　任：朱志雄

副主任：彭菊琼（女）、李正宇、王书高、李树生、黄沐定、陈迟怡

委　员（以姓氏笔画为序）：王正坤、王伯达、王应强（女）、邓毅芳、李保粮、吴玉龙、肖泽华、余钢建、张清根、罗显贵、周健勇、袁长庚、袁德文、彭利华（女）

届中补选卢明辉为区人大常委会副主任（2001年2月至2002年11月），柳美景（2000年1月至2002年11月）为区人大常委会委员。

四、长沙市开福区第二届人大常委会成员

长沙市开福区第二届人大常委会于2002年11月30日由开福区第二届一次人民代表大会选举产生，共21人。

主　任：黄新国

副主任：朱德文、陈迟怡、李豪、范为宁（女）、梁宗仁、王冬元（女）

委　员（以姓氏笔画为序）：王正坤、王伯达、王应强（女，2002年11月至2005年1月）、艾玉奇、冯克强、危罗生（2002年11月至2005年1月）、刘诗题、刘洪斌、余钢建、张清根、徐小玲（女）、黄学军、赖学显、廖建华（女）

届中补选余保利（2005年1月至2007年11月）、张龙健（2005年1月至2007年11月）为区人大常委会委员。

五、长沙市开福区第三届人大常委会成员

长沙市开福区第三届人大常委会于2007年11月25日由开福区第三届一次人民代表大会选举产生，共23人。

主　任：刘国际

副主任：朱德文、范为宁（女）、王冬元（女）、

李正元（女）、陈尚义

委　员（以姓氏笔画为序）：王正坤（2007年11月至2010年1月）、刘敏（女）、刘洪斌（2007年11月至2010年1月）、齐芳（女）、苏立雄、李立仁、李伟林、杨强、杨全红、余保利（2007年11月至2010年1月）、汪峥嵘（女）、张龙健、赵小中、赵雅茜、谢含滋、蔡岳华、廖建华（女，2007年11月至2010年1月）

届中补选谭栋（2009年2月至2011年1月）、韦清燕（2010年1月至2012年11月）、黄长科（2010年1月至2012年11月）、孙铁龙（2011年1月至2012年11月）、胡晓玲（2011年1月至2012年11月）为区人大常委会委员。

六、长沙市开福区第四届人大常委会成员

长沙市开福区第四届人大常委会于2012年11月23—27日由开福区第四届一次人民代表大会选举产生，共25人。

主　任：许振勤

副主任：王颂交、李正元（女）、李光华、袁剑英（女）、罗伟明

委　员（以姓氏笔画为序）：韦清燕、吕宏凯、刘芳（女）、刘敏、齐芳（女）、苏立雄、李立仁、李永恒、李建文、杨全红、肖平、张龙健、周建湘、周洪波、胡晓玲（女）、黄长科、曾正安、谢含滋、熊龙。

第二节　机构设置

一、区人大常委会工作机构

长沙市北区第十、十一届人大常委会期间，区人大常委会工作机构设有办公室、法制工作委员会、农业财政经济工作委员会、教育科学文化卫生工作委员会、城乡建设环境保护工作委员会、选举任免联络工作委员会。各委办主任均由区人大常委会委员担任。先后担任办公室主任的有毛球、周杏武、任安良；担任法制工委主任的有黄海清、朱正文；担任农财工委主任的有杨澍炎、李树生、吴益群、刘晓春；担任教科文卫工委主任的有易治宇、雷方堃、熊晓明；担任城环工委主任的有程涂、彭建宏、胡述存；担任选举工委主任的有彭建宏、陈柳生。

1996年更名为开福区人大常委会以后，其内设机构仍沿袭“一办五委”的格局。2007年，法制工作委员会更名为内务司法工作委员会。在开福区第一、二、三届人大常委会期间，先后担任办公室主任的有任安良、吴玉龙、刘洪斌、黄长科；担任内司工委主任的有袁长庚、刘诗题、杨全红；担任农财工委主任的有刘晓春、王应强、余保利、胡晓玲；担任教科文卫工委主任的有熊晓明、余钢建、谢含滋；担任城环工委主任的有肖泽华、危罗生、张龙健；担任选举工委主任的有王正坤、韦清燕。

二、街道人大工作机构

1996—2002年，各街道设立人大联组，由各街道办事处主任兼任联组组长，另设联络员一名。2002年区人大换届后，各街道设立人大工作委员会，主任由各街道工委书记兼任，另设人大联络员一名。2009年3月，开福区发出《关于明确街道人大工委有关事项的通知》，正式规定在街道设置人大工作委员会，作为区人大在街道的派出机构，主要负责辖区内人大代表的联络和服务工作，名称统一为“开福区人大常委会××街道工作委员会”，人大工委主任为正科级。

第三节　常委会议

一、长沙市北区第十届人大常委会

北区第十届人大常委会（1990年2月至1992年12月）期间，共举行常委会议21次，听取和审议区“一府两院”工作汇报39项次，其中为进一步推动《中华人民共和国环境保护法》的贯彻实施，常委会1990年6月和8月组织代表分别对湖南制药厂、湖南造漆厂等13个单位进行视察、调查。常委会第六次会议听取和审议区人民政府关于贯彻实施《中华人民共和国环境保护法》，加强烟尘控制区和噪声控制区管理情况的汇报。听取区人大常委会城建城管工委对这两个控制区的调查报告。常委会为促进科技兴区，提出建立健全科技机构、抓好科技立项的要求，并于1990年10月组织部分区人大代表对这一工作进展情况进行调查。在常委会第七次会议上，听取和审议区人民政府关于建立健全科技机构和科技立项及其效果情况的汇报。1991年5月，常委会组织医疗卫生战线的区人民代表，到北区卫生防疫站、湖医附一院、长沙市一医院、国防科大医院等单位，对贯彻执行《中华人民共和国传染病防治法》情况进行调查。常委会第十一次会议听取和审议区人民政府关于贯彻

执行《中华人民共和国传染病防治法》情况的汇报。常委会第十四次会议听取和审议区政府关于贯彻执行《中华人民共和国土地管理法》情况的汇报。

二、长沙市北区第十一届人大常委会

北区第十一届人大常委会（1992年12月至1997年11月）期间，共举行常委会议41次，其中常委会第四次会议听取和审议区人民政府关于贯彻《湖南省计划生育条例》《长沙市流动人口计划生育管理实施办法》《北区人民政府关于加强流动人口计划生育管理的通告》，加强流动人口计划生育管理工作情况的汇报。常委会第五次会议听取和审议区人民政府关于加强城建开发工作的情况汇报。常委会第六次会议听取和审议区人民政府关于贯彻执行《长沙市环境卫生管理办法》情况的汇报。常委会第七次会议听取和审议区人民政府关于贯彻《中华人民共和国城市集体所有制企业条例》情况的汇报。常委会第十八次会议听取区政府关于1995年经济工作计划安排情况及全年经济工作总体思路的汇报。常委会第二十三次会议听取区政府关于企业产权制度改革的情况汇报。区人大常委会根据区企业产权制度改革过程中群众意见比较强烈的问题，召开主任会议听取区政府关于巨力胶带厂、新源兽药厂厂房出售及潇湘印刷厂生产经营情况的汇报。常委会第三十六次会议听取和审议区政府关于贯彻执行《中华人民共和国水法》，做好防汛准备情况的汇报，以及区人大常委会办公室关于贯彻《中华人民共和国水法》，做好防汛工作情况的汇报。常委会第三十七次会议听取和审议区政府关于贯彻实施《中华人民共和国行政处罚法》的情况汇报。

三、长沙市开福区第一届人大常委会

开福区第一届人大常委会（1997年11月至2002年11月）期间，共举行常委会会议38次，其中关于宏观经济调控的监督议题38项，涵盖全区经济发展的各个方面，包括计划、预算的编制和运行，企业改制、经济结构调整，农业产业化和水利建设，市场建设，非公有制经济发展，招商引资，社区建设，劳动和社会保障，治理经济环境等。作出经济方面的决议、决定18个；先后3次组织部分区人大代表、法律专业人员查阅案卷400多份，召开座谈会议20余次。结合全区实际和工作中心，开展调查研究和执法检查，常委会会议和主任会议共听取区政府关于法律法规贯彻实施方面的汇报46次。抽调干部深入基层指导企业改制、生产自救、农业结构调整、城市道路拓改拆迁、“三个代表”重要思想学教活动、农村整建、社区建设及维稳工作，推进全区两个文明建设。

四、长沙市开福区第二届人大常委会

开福区第二届人大常委会（2002年11月至2007年11月）期间，共举行43次常委会会议，听取和审议区内大事200余项，作出决议、决定14个。在经济工作方面，重点听取领导干部任期内经济责任审计情况、部分街道财政工作和社区建设情况、关于支柱产业培育壮大情况和引进培植重点骨干企业情况等经济工作方面的汇报。在城乡建设管理方面，多次听取重点工程建设情况的汇报。在社会事业发展方面，3次听取区政府贯彻实施《中华人民共和国义务教育法》《长沙市城市中小学校幼儿园规划建设管理条例》和加强中小学配套建设情况的汇报。在法律监督方面，听取区政府关于《中华人民共和国审计法》等30余部法律法规贯彻实施情况的汇报50次。常委会还听取和审议“两院”关于贯彻实施《中华人民共和国法官法》《中华人民共和国检察官法》，加强干警队伍建设情况的汇报；主任会议听取区法院关于公正司法树形象活动情况，以及关于执行工作、民事和刑事审判工作情况的汇报。

五、长沙市开福区第三届人大常委会

开福区第三届人大常委会（2007年11月至2012年11月）期间，共举行39次常委会会议，听取和审议“一府两院”工作报告128项，作出决议、决定21个。突出对经济工作的监督，听取区政府关于负债情况、投融资工作、招商引资、商业网络布局、推进都市工业发展、培育壮大金融业等专项工作报告；围绕产业结构调整，促进金融业、高端服务业、物流业发展和中小企业发展等课题开展专题调研。突出对城建城管的监督，先后2次听取和审议区政府关于推进城乡一体化发展的专项工作报告。突出对法律实施的监督，先后对《中华人民共和国治安管理处罚法》《中华人民共和国消防法》《中华人民共和国人民防空法》《长沙市征地补偿安置条例》等法律法规的实施情况进行检查；专题听取区法院关于执行工作、民商事审判工作、立案信访工作和审理青少年犯罪案件等情况的报告；专题听取区检察院关于侦查监督、民事审判法律监督、刑事公诉案件法律监督情况、公诉工作、查办和预防职务犯罪等情况的报告。

第三章　职权行使

第一节　审议、决定重大事项

一、长沙市北区第十届人大常委会审议决定

1990年2月至1992年12月，北区第十届人大常委会任期内，经常委会会议审议，依法决定的重大事项有：1991年，为了促进“二五”普法的开展，区人大常委会第十次会议听取和审议区政府关于“二五”普法规划的情况汇报，常委会作出《关于我区实施法制宣传教育、促进依法治区的决议》，决议督促政府早作部署，及时启动“二五”普法。常委会第二十次会议听取和审议区政府关于“二五”普法工作的情况汇报，对如何深入搞好“二五”普法提出建议和要求。

二、长沙市北区第十一届人大常委会审议决定

1993—1997年，北区第十一届人大常委会任期内，经常委会会议审议，依法决定的重大事项有：1995年第二十四次常委会会议作出《关于在全区实行执法责任制的决议》，决议要求全区各执法、司法部门实行执法责任制，做到执法主体到位，保障措施到位，各司其职，各负其责，并定期进行检查、考核。同时建立错案责任、执法过错责任追究制，对确属执法违法的，要追究直接责任人和相关人员的责任，保障公民、法人和其他组织的合法权益。1996年常委会把推行执法责任制作为加强执法监督的重点。11月，常委会组织部分代表对区“一府两院”37个部门、单位实行执法责任制的情况进行检查、视察。常委会第三十二次会议听取和审议区“一府两院”关于实行执法责任制情况的汇报，会议要求区“一府两院”要进一步深化认识，规范执法行为，提高执法水平，理顺执法关系，推动执法责任制向纵深发展。1996年是“九五”计划开局之年，人大常委会听取区政府关于“八五”计划执行情况和“九五”计划制订情况的汇报，肯定北区“八五”期间在经济工作等领域所取得的成就，确认下一步总体工作思路，并提出建议。1997年，“九五”计划刚刚运行一年，针对区划调整后的新情况，听取和审议区政府关于区国民经济和社会发展第九个五年计划和2010年远景目标纲要（修正）的情况汇报。会议要求制订计划要遵循全面规划与重点突出相结合的原则，以农业为基础，大力发展高效精品农业，加快发展商品市场，深化旅游开发，实现经济与社会的协调发展；同时，要按照结合区情、实事求是、量力而行的原则，各项指标体系，要以1996年为基数，加上一定比例的年增长速度，确定“九五”期末的发展目标。通过讨论修改，区人大常委会作出《长沙市开福区人民代表大会常务委员会关于批准〈开福区国民经济和社会发展“九五”计划和2010年远景目标纲要〉的决定》。

三、长沙市开福区第一届人大常委会审议决定

1998—2002年，开福区第一届人大常委会任期内，经常委会会议审议的重大事项有：1998年2月的第一次常委会会议，研究全区的经济工作，在听取区政府关于1998年经济工作安排情况的汇报后，要求区政府大力推行财政体制改革，支持和督促政府率先在城区实行政府采购、工资统发等一系列制度，成立会计管理中心，实行统一报账。针对全区后续财源不足的现实，常委会同意政府每年拿出资金举办招商引资洽谈会，并督促签约项目的落实。1998年5月，区人大常委会第四次会议审议通过区政府关于《长沙市开福区“九五”期间依法治区规划》，作出《长沙市开福区人大常委会关于“九五”期间继续推进依法治区的决议》。

四、长沙市开福区第二届人大常委会审议决定

2002—2007年，开福区第二届人大常委会任期内，依法审议决定的重大事项有：支持政府扩大融资规模，同意区政府为中青路、青竹湖路网、火星北路、金霞保税物流中心、车站北路等重点工程项目融资的决定。根据经济社会发展需要，作出同意设立青竹湖镇的决定。听取生态示范区建设情况的汇报，批准区政府关于创建“国家级生态示范区”的报告。2004年1月第9次常委会会议，审查通过区人民法院关于人事制度改革的实施方案；2004年5月第13次常委会会议，审查通过关于加强人大对街道办事处监督工作的实施意见（试行）；2004年5月，区人大常委

会决定在全区范围内组织开展人民代表大会制度确立50周年系列纪念活动。

五、长沙市开福区第三届人大常委会审议决定

2007—2012年，开福区第三届人大常委会任期内，为推动科学编制“十二五”规划，区人大及其常委会围绕关系全区经济社会建设中的若干重大课题开展专题调研，形成调研报告并全程监督规划编制工作，依法初审规划纲要并提出意见建议，为区人民代表大会审议通过“十二五”规划纲要奠定基础。专题听取和审议“一府两院”关于治理优化经济发展环境、推行依法行政、促进公平正义情况的工作报告，为区域经济社会健康持续快速发展创造良好环境，提供必要条件。在调研和审议的基础上，区人大常委会还就“十一五”规划纲要部分指标的调整、行政区划调整、加强法制宣传教育、设立街道人大工委、重大项目投资等事项作出决议、决定，以促进全区民主政治建设。

第二节 人事任免

北区第十届人大常委会先后依法任命国家机关工作人员78名，其中，常委会决定任命代理区长、法院代理院长、副区长各1人，政府各委办局主任、局长26人；区人民法院副院长2人，法院正副庭长、审判委员会委员、审判员20人；检察院监察委员会委员、检察员15人；区人大常委会委办正、副主任12人，还任命各工委委员38人。并依法免去17人的职务，接受1名区长、2名副区长的辞职。北区第十一届人大常委会先后依法任免国家机关工作人员389人（次）。开福区第一届人大常委会对政府办主任及政府组成局的所有局长以及“两院”的副职领导共35人进行述职评议，先后依法任免国家机关工作人员285人（次）。开福区第二届人大常委会对审计局局长、检察长等28人被任命对象所在的部门和单位进行工作评议，先后依法任免国家机关工作人员198人。开福区第三届人大常委会不断完善和创新人事任免机制，规范拟提请任命人员的法律考试、任前陈述、投票表决和任后监督等各项程序，以促进人事任免工作的科学化水平进一步提高。先后依法任免区人大常委会及机关工作人员25人次，区政府组成人员238人次，法院工作人员85人次，检察院工作人员42人次。

第三节 权力监督

1990—2012年，区人大常委会履行监督职能，多次组织常委会组成人员和人大代表学习《中华人民共和国监督法》和《湖南省县级以上人民代表大会常务委员会监督条例》，举办相关法律知识讲座，强化监督职权，提高敢于监督、善于监督的能力和水平。

一、法律监督

1990—2012年，区人大常委会先后五次听取和审议区政府关于“二五”“三五”“四五”“五五”和“六五”普法工作情况的报告，并作出决议；每年组织人大代表对普法工作进行调查和视察，督促区政府职能部门组织各级干部进行法律知识考试。

长沙市北区第十届人大常委会法律监督 区人大常委会通过听取和审议区“一府两院”执法情况的汇报进行监督。1990—1992年，常委会听取和审议区政府关于司法行政、社会治安综合治理以及贯彻实施《中华人民共和国统计法》《中华人民共和国会计法》《中华人民共和国义务教育法》《省计划生育条例》《省文化市场管理条例》等10多个法律法规的情况汇报；区法院关于经济审判工作的情况汇报；区检察院关于法纪检察和反贪污、反贿赂的情况汇报。根据全国人大常委会委员长会议作出的《关于检查〈义务教育法〉贯彻实施情况的决定》，常委会对区政府贯彻执行《中华人民共和国义务教育法》进行检查。常委会1990年重点调查3所小学教师队伍建设情况，提出整改建议，区教育局根据代表们的建议，加强教师队伍的思想建设和业务建设。1992年，常委会又对校长岗位培训情况进行调查，建议政府加强培训，提高校长的政治业务素质和管理能力。在《湖南省计划生育条例》颁布实施不久，区人大常委会就组织省、市、区三级人大代表视察，推动条例在全区范围内的宣传、贯彻、落实。在此基础上，针对区流动人口多、计生管理工作难度大的特点，区人大常委会支持政府制定《北区流动人口计划生育管理办法的通告》，组织人大代表视察驻区单位管理流动人口计划生育的情况，提出一手抓法规的宣传，一手抓“五清两落实”等生育秩序的整顿，不留死角，不存空挡的具体要求，推动区计生工作迎难而上。区人大常委会还通过执法检查，加强法律监督。1990—1992年，检查区“一府两院”实施《湖南省县级以上各级人民代表大会常务委员会监督本级人民法院、人民检察院工作的规定》《全国人大常委会关于实行社会治安综合治理决定》，推动依法治区决定的实施。常委会第十一次会议听取和审议区人民法院关于打击经济犯罪，办理经济犯罪案件的情况汇报。常委会第十三次会议听取和审议区人民检察院关于深入开展反贪污、反贿赂工作的情况汇报。会议要求：提高认识，加强领导，提升干警政治和业务素质，严格执法，把惩治贪污贿赂和打击经济犯罪活动的斗争引向深入，促进国家机关的廉政建设。北区法院和北区公安分局为教育干警严格执法，接受监督，将省人大常委会制定的监督规定印发给干警，北区检察院聘请13位人大代表担任“执法形象”监督员。组织人民代表和政法工委委员参加的公开审判活动达80多人次，支持、监督“两院”的执法工作。区人大常委会开展代表评议活动，实施法律监督。1992年4月，区人大常委会组织部分代表，对区法院1990年以来的工作进行面对面的评议，听取区法院副庭长以上人员的述职报告。法院对代表评议中提出的建议、批评和意见进行整改，并向区人大常委会和有关代表汇报和反馈。

长沙市北区第十一届人大常委会法律监督 区人大常委会听取和审议区“一府两院”关于《中华人民共和国审计法》《中华人民共和国食品卫生法》《中华人民共和国房地产管理法》《中华人民共和国规划法》《中华人民共和国居民委员会组织法》《消防条例》等十多部法律法规执行情况的汇报，强调依法行政、依法治理。1994年，区人大常委会听取和审议区政府贯彻执行《中华人民共和国城市规划法》的情况汇报，针对如何强化规划法的执法力度等问题，提出四点建议：加大宣传力度，增强人们的法制观念，提高依法办事的自觉性；正确处理好眼前利益与长远利益、局部利益与整体利益的关系，对违章建筑要治早、治好；严格限制私房改造的扩地扩面，公房私建要停发执照；完善北星城建设的配套设施规划，把好规划关、规划实施关、基础设施建设收费标准关，力求开发一片、成套一片、受益一片。1995年，常委会组织代表对贯彻实施《中华人民共和国居民委员会组织法》的情况进行视察，并听取和审议区政府汇报。常委会提出加强领导、加强管理，特别是加强居委会的财产、财务管理，搞好社区服务等审议意见。8月，常委会听取区政府关于贯彻实施《中华人民共和国居民委员会组织法》依法搞好区第三次委员会换届选举的情况汇报。

长沙市开福区第一届人大常委会法律监督 1998年，开福区人大常委会对12个法律法规和有关决定的实施情况进行检查，重点视察并审议《中华人民共和国村民委员会组织法》的实施情况，提出在开福区农村普遍实行村务公开和民主管理的意见，并督促区政府以高岭村、荷叶村为试点，推进全区农村村民自治工作。1999年，区人大常委会调查“两院”实行“两制”的情况。常委会第十四次会议听取和审议“两院”实行“两制”，加强内部监督机制的情况汇报，针对存在的问题，提出“两院”要进一步健全内部监督制约机制，加大内部监督力度，狠抓队伍建设等建议。2000年，区人大常委会针对人民群众普遍反映的公安执法问题，听取和审议区公安分局贯彻《中华人民共和国警察法》、实施《公安机关人民警察执法过错责任追究规定》的情况汇报，指出公安机关在执法过程中存在的不足，要求区公安分局要依法从严治警，严格执行“两个规定”，完善内部制约机制。2001年，区人大常委会重点对《城市绿化管理条例》《省乡镇财政管理条例》等贯彻实施情况进行检查，对发现的重大问题跟踪督办，加大执法监督力度；在检查《城市绿化管理条例》时，除听取区政府的情况汇报外，还实地察看居民小区、街道、单位的绿化建设情况，有针对性地提出抓绿化宣传、执法管理、规划实施、内部挖潜的建议，要求区政府及其职能部门研究落实。2002年，区人大常委会认真贯彻中央、省、市有关精神，加大对全区治理经济环境的监督力度，对全区31个行政执法部门开展综合执法检查，以促进经济环境的进一步优化。

长沙市开福区第二届人大常委会法律监督 区人大常委会采取下上联动的方式组织开展“环保世纪行”“农产品质量安全行”“三湘农民健康行”“民族团结进步行”活动，每年围绕“四行”活动，开展综合执法大检查，并形成检查意见交“一府两院”整改。2003年初，区人大常委会作出《关于进一步开展法制宣传教育的决议》，并于11月召开主任会议听取区政府开展“四五”普法宣传教育情况的汇报，建议加大宣传教育力度，抓好普法重点对象的学法、用法工作。重点对《中华人民共和国法官法》《中华人民共和国检察官法》的贯彻实施情况进行检查，组织人大代表深入“两院”调查，与干警座谈50余人次，调阅案卷百余份，推动“两院”特别是干警队伍建设。2005年，区人大常委会组织部分人大代表到新港镇、捞刀河镇、洪山管理局视察，了解区政府贯彻实施《中华人民共和国动物防疫法》以及开展“农产品质量安全行”工作情况。为迎接全省《中华人民共和国劳动法》执法检查，常委会组织相关职能部门到各类企业检查《中华人民共和国劳动法》贯彻实施情况，提出进一步加大宣传和执法力度，确保劳动者权益落到实处等建议。同年，还听取和审议区政府贯彻实施《中华人民共和国道路交通安全法》《农村初级卫生保健条例》《中华人民共和国科技进步法》等情况汇报。2006年，区人大常委会会议听取和审议关于开展法制宣传教育第五个五年规划安排意见的报告，作出《关于加强法律宣传教育的决议》。主任会议听取区政府关于实施法律援助和法律服务工作情况的汇报，就如何进一步拓宽法律援助和法律服务范围，增强法律援助和法律服务实效，更好地维护援助对象的合法权益提出意见。同年，还对区政府贯彻实施《信访条例》《中华人民共和国安全生产法》《工会法》等法律法规的情况进行检查，督促有关部门加大安全生产执法检查力度，建立健全安全生产监管体系，提高全社会对安全生产重要性的认识。2007年，区人大常委会主任会议听取区法院关于行政审判监督工作情况，区检察院关于贯彻宽严相济刑事政策，构建和谐社会的工作情况汇报。同时，对区政府关于《中华人民共和国公务员法》《中华人民共和国治安处罚法》《长沙市城市中小学校幼儿园建设管理条例》等法律法规的贯彻实施情况进行执法检查，并听取区政府关于法制工作情况汇报。

长沙市开福区第三届人大常委会法律监督 2008年，区人大常委会到区法院、区检察院调研，主任会议听取区检察院关于侦查监督工作情况的汇报，常委会会议听取和审议区法院未成年人犯罪案件审判情况的汇报，提出人大及其常委会要带头维护宪法、法律的权威，带头依法办事，支持和保障审判机关、检察机关依法独立公正地行使审判权、检察权。同年，常委会会议听取和审议区政府关于贯彻实施《长沙市征地补偿安置条例》情况的汇报，针对人民群众关注的问题提出建议。2009年，区人大常委会按照上级人大要求，正式启动“司法公正长沙行”活动，对司法机关进行法律监督。同时，区人大常委会配合市人大常委会在全区范围内开展《中华人民共和国食品安全法》等“三法一规定”的执法检查，重点对生产、加工、流通三个环节开展综合检查。2010年，是“司法公正长沙行”活动的推进之年，区人大常委会开展综合执法大检查，将监督支持区公安分局的执法规范化建设、区法院加强民事审判工作、区检察院的刑事审判法律监督、区司法局的法律援助工作列为重点，以促进司法机关的执法活动在阳光下运行、在监督中规范，在规范中提升。常委会会议听取和审议区法院关于民商事案件审判工作的报告，主任会议听取区检察院关于查办和预防职务犯罪工作的报告，以及区政府关于《中华人民共和国治安管理处罚法》实施情况的报告。2011年，区人大常委会把法制宣传教育作为一件大事来抓，听取和审议区政府关于“五五”普法实施情况和开展法制宣传教育第六个五年规划安排意见的专项工作报告，作出关于加强法制宣传教育的决议。同时，将“司法公正长沙行”活动作为全年司法监督工作的载体，多次到司法机关开展专题调研，召开主任会议听取区检察院关于刑事公诉案件法律监督情况，以及区政府关于社区矫正工作情况的汇报。配合市人大积极开展《中华人民共和国职业教育法》《中华人民共和国归侨侨眷权益保护法》等法律法规的执法检查工作。2012年，区人大常委会主任会议听取区法院关于立案信访工作情况的报告，对深化审判制度改革开展调研，要求区法院正确及时审理相关案件，切实维护法律权威和人民群众合法权益。同时，听取区政府关于《中华人民共和国人民防空法》贯彻实施情况的报告。

二、工作监督

区人大常委会始终关注民生，积极开展对区“一府两院”的工作监督。

长沙市北区第十届人大常委会工作监督 区人大常委会围绕经济建设这个中心，从人大工作的特点和区街经济工作的实际出发，把工作的重点放在北区经济发展带有全局性、根本性、战略性的重大问题上。区人大常委会年初工作计划的制订、常委会审议议题的选择、对经济工作检查监督的安排，都围绕全区经济工作展开，强调区街财经工作要从实际出发，通过动员全区人民艰苦奋斗，深入扎实地开展双增双节运动和加强企业基础管理工作，提高经济效益，实现增产增收；不断加强对预算外资金的管理，堵塞漏洞。每到年中，常委会都要听取半年度经济工作和财政计划执行情况的汇报。1991年，常委会将提高经济效益列为重要议题，并积极开展专项调查。7月，组织部分人大代表、政府有关部门负责人分两个阶段进行为期半个月的调查，到10个经济主管部门及所属的20家企业，重点了解组织领导、产品质量、科技工作和经济效益等四个方面的情况，总结开展“质量、品种、效益年”活动的经验，分析存在的问题。在常委会第十三次会议上，听取和审议区政府关于开展“质量、品种、效益年”活动的情况汇报，提出总结经验，树立榜样，清仓扩销，盘活资金，压缩资金占用，搞好综合协调，狠抓技改项目的落实，分类排队，重点指导，增强服务意识，为企业排忧解难，深入开展“双增双节”运动，把“质量、品种、效益年”活动引向深入等21条建议，通过常委会审议。

长沙市北区第十一届人大常委会工作监督 1994年4月，区人大常委会在组织部分区人大代表视察区老年病医院、区卫生防疫站、区妇幼保健所等单位的基础上，常委会第十二次会议听取和审议区政府关于医疗卫生工作的情况汇报，会议针对区医疗卫生工作面临的困境，提出加强领导、深化改革、增加投入、理顺关系、严格卫生执法监督等建议。1996年，人大常委会第二十八次会议听取和审议区政府关于区街经济运行情况的汇报。审议前，组织部分人大代表深入到华泰电缆厂、起重机械配件厂等企业和有关经济主管部门，就企业制度改革、科技工作以及新产品开发、资金运行、生产经营状况等情况进行视察，听取有关负责人和职工的意见。审议中，肯定区街经济工作的成绩，指出改革的步子不快，产品结构不够合理，效益不佳，国有资产流失，人才缺乏等问题，提出进一步解放思想，大胆转制，强化管理，建立以效益为中心的发展机制，搞好协调服务等建议。1996年6月，组织部分区人大代表视察湖南电视台、湘江宾馆、开福寺路、茅亭子小区等地的绿化情况。在第二十九次人大常委会会议上，听取和审议区政府关于贯彻实施《长沙市绿化管理条例》的情况汇报，提出抓宣传、抓执法、抓管理、抓规划等建议。1997年7月，区人大常委会组织代表对区政府贯彻实施《城市道路管理条例》的情况进行调查和视察，并进行审议，提出加大管理力度，实行综合治理等建议，要求通过加大资金投入等方式，努力加强道路、站、厕等市政设施的建设和管理。

长沙市开福区第一届人大常委会工作监督 区人大常委会把加强对宏观经济调控的监督摆在工作监督的首位，将全区经济运行中的重大问题列入常委会议题。常委会到企业内部开展调查研究，指导全区的建安企业和区属企业实行改制，组建大的企业集团，以形成规模效应。常委会会议先后两次专题听取和审议全区农业结构调整情况的汇报，并支持政府招商引资，大力发展第三产业，加大对全区治理经济环境的监督力度，督促区政府在2000年设立政务公开中心，实行“一站式”办公，一条龙服务。五年中，常委会会议和主任会议听取和审议教科文卫计生方面的报告24项，提出审议意见和建议96条。常委会会议共4次听取区政府关于大力推进农村素质教育、加快城乡素质教育一体化进程、创建省优秀素质教育实验区、创建现代教育技术学校等方面的情况汇报。审议《长沙市开福区高效农业发展规划》，支持督促政府建立一批省、市级无公害蔬菜基地，以加快农业结构调整步伐。听取全区文体工作情况汇报，督促区政府加大“扫黄打非”和学校周边环境整治力度。

长沙市开福区第二届人大常委会工作监督 区人大常委会每年适时听取和审议区政府财政计划、预算编制和执行工作情况，审查批准年度预算调整方案和预算报告，要求修改完善财政工作审查和监督试行办法，督促财政部门增强预算刚性，严格执行零基预算和部门综合预算。听取领导干部任期内经济责任审计情况的汇报，支持变“先离（任）后审”为“先审后离（任）”，督促审计部门加强对财政资金的审计监督，并建议政府采取有效措施，完善偿债机制，规避财政风险，着力提高资金使用效益。常委会会议听取部分街道财政工作和社区建设情况的汇报，建议区政府进一步加强对街道财政工作的指导和监督，进一步改善社区办公条件。主任会议听取区政府关于支柱产业培育壮大情况和引进培植重点骨干企业情况的汇报，建议进一步优化经济发展环境，加大税源培植力度，促进区域经济持续快速发展。听取重点工程建设情况的汇报。支持政府按照“建管并举、管养分离”的思路改革城管体制。

长沙市开福区第三届人大常委会工作监督 区人大常委会强化对经济工作方面的监督，转变发展方式。针对执行中存在的问题，督促政府抓好整改落实。要求政府不断深化部门预算编制工作，强化预算外资金管理和财政审计监管，进一步完善国有资产管理机制，不断提高公共资金使用效益。将经济运行情况列为重点监督议题，听取和审议区政府关于招商引资工作、推进工业发展、商业网络布局、农贸市场提质改造、培育壮大金融业发展规划与建设实施情况等专项工作报告，就经济运行中出现的新情况和新问题向区政府提出意见建议。关注“十二五”规划的项目运作，专题听取和审议“十二五”规划起始之年项目运作及金霞园区平台建设与项目实施情况，以及打造滨水新区、推进“一江两河”岸线产业发展情况的专项工作报告，支持政府加大对重点产业、重点项目的扶持力度。区人大常委会强化对社会事业保障和改善民生方面的监督。针对区优质教育资源相对缺乏、地区教育发展不平衡等问题，督促和推动政府采取切实有效措施，加大教育专项投入，加强师资队伍建设，提高教育教学质量。围绕完善基本医疗服务体系，调研检查城乡社区卫生服务发展情况，要求政府完善发展规划，强化保障措施，增加经费投入，凸显在公共卫生事业发展中的主导作用。督促政府深入推进医药卫生体制改革，实施基本药物制度，切实为群众看病减轻负担。区人大常委会还就社会救助、社区社会化管理及项目运作、完善社会治安防控体系建设、基层政权建设、实施最低生活保障、社区矫正等工作开展视察调研和检查，听取和审议相关工作报告，强化审议意见的督办落实。区人大常委会强化对城建城管统筹城乡发展方面的监督，将农村公路建设和管理、安居工程落实情况、经济适用房货币补贴、城市管理综合执法、拆违控违工作等工作列为重点监督议题，通过调研、论证、审议，向区政府提出意见和建议。围绕改善城区环境，着重加强对重点工程建设和棚户区改造工作情况的监督，督促政府多渠道筹措资金，稳妥地推进拆征安置工作，保障重点项目的顺利开工。围绕文明创建和城管体制改革，要求政府认真落实全市市政维护、保洁绿化、环境整治等各项工作任务，督促政府及时整改存在的问题，注重长效机制的建设，不断提高城市管理的水平。在推进城乡一体化上，区人大及其常委会下基层，访民意，听民声，了解真实情况和突出问题，要求区政府规划先行、增加投入、更加重视农村基础和配套设施建设，注重增强农民脱贫致富的内生动力。

三、信访监督

区人大常委会规范人大信访督办程序，从案件管理、转办到回访、督办等环节作出规定，来信来访有专人接待，有办理登记制度。北区第十届人大常委会共接待群众来访1108人次，收到来信453件次。北区第十一届人大常委会共接待群众来访1600人次，收到来信707件次。对其中申诉、控告和检举的疑难案件，久诉不息的案件，了解情况，分别交司法部门处理，并限期报告查处结果；对个别职责不明确的案件，查明情况，分析原因，明确受理部门，要求认真办复。发现司法机关对案件处理不当，建议依照法律程序实事求是予以纠正，维护法律权威。区法院曾处理的一房屋建筑质量纠纷案，一方当事人不服，多次来信来访，反映十分强烈。常委会听取汇报，并调卷审查，发现在审理和执法上确实存在问题，向区法院提出复查建议，使这起案件得到解决。开福区第一届人大常委会共接待群众来访共计2300人次，收到群众来信924件次，处理群众反映的问题，久拖不决的疑难案件和错案。开福区第二届人大常委会共接待群众来信来访2000余件，开福区第三届人大常委会共受理人民群众来信307件次、接待来访群众369人次，对一些重要的信访案件，进行专函交办和重点督办，推动进一批影响社会稳定的涉法涉诉案件得到处置。

第四节 代表视察与代表联络

一、代表视察

1990—2012年，区人大常委会组织人大代表视察745次，其中，北区第十届人大期间，共组织省、市、区三级人大代表视察、调研活动37次；常委会组织各种形式的视察、调查、检查活动72次，撰写调查报告或书面材料40多份。北区第十一届人大期间，共组织省、市、区三级人大代表视察、调查活动328次，督促解决各类问题300余个。开福区第一届人大常委会组织代表视察、调查、检查、评议70次。开福区第二届人大常委会组织代表视察、调查、检查、评议96次。开福区第三届人大常委会组织代表视察、调查、检查、评议142次。

长沙市北区第十届人大常委会视察 1990年6月，常委会组织省、市、区三级人大代表就宣传贯彻《湖南省计划生育条例》的情况，视察6个街道24个单位，并召开座谈会17场次。常委会第五次会议审议计划生育工作时，针对视察中发现的问题，提出7条建议，并利用《人大工作通讯》和《湖南人口报》推介湖南建湘瓷厂和北站路办事处的计划生育工作经验。1991年，常委会组织部分组成人员与省、市、区代表视察东风广场的管理和湘江北二桥桥东商业网点的开发、综合治理等情况。委员和代表在视察中提出的意见和建议，引起市、区政府和有关单位的重视，并采取一些措施，东风广场乱停、乱堆、乱建的现象得到有效的制止，湘江北二桥桥东网点开发、综合治理的建议已基本被市政府采纳。

长沙市北区第十一届人大常委会视察 1996年10月，区人大常委会组织驻区的部分省、市、区三级人大代表，并邀请市有关领导现场视察区防洪防汛工作，整理出一篇调查视察材料送省水利厅和市政府，引起重视，迅速落实资金，加修堤垸。芙蓉路松桂园地段交叉处行人多、车辆多、交通事故多。市、区两级人大代表进行多次联合视察，建议市政府在此处修建一座人行天桥。市政府对这一建议，拨出专款570万元，1996年10月1日前夕，人行天桥顺利竣工。1996年市、区两级人大代表对修复陡岭路进行三次视察，争取市政府支持下拨的150万元修路资金及时到位。该路于1996年11月30日正式修复通车。北大桥两厢铁路岔口的拉通，是一个多年未解决的老大难问题，通过市、区两级人大代表的视察、呼吁，市政府拨款57万元，于1996年12月竣工。

长沙市开福区第一届人大常委会视察 1998年，为实现一、二次代表大会通过的各项经济发展目标，常委会先后于7—10月组织几次代表视察，深入到企业、农村和市场调查研究，重点调查企业改制工作、职工社保工作、市场建设和商贸工作、蔬菜副食品工作、科技兴农工作等。1999年，为巩固农业和第三产业在区域经济中的基础和主导地位，常委会在4—10月份先后组织代表，深入捞刀河镇、新港镇农村、企业和市场，视察农业产业化调整工作、非公有制经济和民营科技园工作以及商贸工作，根据现实条件和社会发展要求，提出意见和建议。2001年，常委会组织主任会议成员及人大代表，先后两次视察区水利建设及福安垸、新河垸的防洪设施，促成福安垸、新河垸防洪工程建设纳入城市防洪利用日元贷款建设项目。常委会组织人大代表视察黄兴北路、芙蓉北路、展览馆路、319国道等道路拓改工程、棚户区改造和伍家岭立交桥建设，听取重点工程建设情况汇报，为重点工程建设出谋划策。

长沙市开福区第二届人大常委会视察 2003年，针对“非典”传播的特殊情况，组织部分市、区人大代表慰问战斗在第一线的医护人员，号召全区人民积极投入“非典”防治工作。2004年，常委会听取劳动和社会保障工作情况的汇报，组织代表视察区职介服务中心和就业培训中心，实地考察部分街道劳动服务站，现场征询群众意见，要求政府把就业和再就业工作放在更加突出的位置，进一步完善培训和服务体系，健全劳动力市场，广开就业门路。2006年，区人大常委会组织人大代表，先后视察月湖公园、车站北路、芙蓉北路拓改工程、中青路、陡岭路、伍家岭商务区等重点工程，听取汇报，就竣工项目的结算、审计和伍家岭商务区的建设提出建议和意见。组织主任会议成员和人大代表视察大明村新农村建设情况，听取区政府关于社会主义新农村建设工作情况汇报，建议在巩固前段成绩的基础上，充分调动农民积极性，科学规划，增加投入，扩大成果。

长沙市开福区第三届人大常委会视察 2008年，为搞好“十一五”规划中期评估工作，常委会组织主任会议成员和人大代表，深入到相关部门和基层调研视察，逐一核对，撰写调查报告，评估纲要实施过程中所取得的成绩，指出存在的问题，为纲要后两年的实施指明方向。2009年，常委会听取和审议区政府关于推进新型工业化情况的专项工作报告，并组织主任会议成员和人大代表视察杏林春药业、新亚胜公司等工业企业，提出优化经济结构、突出工业招商、加快产业平台建设、加速推进新型工业化进程、培植长效税源等建议。2010年，组织主任会议成员和人大代表，围绕“十二五”规划课题开展调研视察，召开座谈会议，广泛征求人大代表的意见建议，常委会各工委参与和对接对口联系部门的规划编制工作。2011年，主任会议听取区政府关于培育壮大金融业的发展规划与建设实施情况、招商引资情况等专项工作报告，并组织人大代表赴保税中心、国药控股、长沙统一集团、月湖市场等产业平台、企业及项目开展调研，掌握一手资料，针对突出问题，提出相关建议。

二、代表联络

区人大常委会贯彻落实《中华人民共和国全国人民代表大会和地方各级人民代表大会代表法》，建立健全代表工作制度，按照就近便于组织开展活动的原则，将区人大代表按街道、选区编组代表团和代表联组，常委会对代表联组的活动计划、内容、方式、等进行指导，常委会组成人员参加所在代表联组的活动。以加强同代表的联系，拓宽人大代表知情知政的渠道，发挥全国、省、市、区、镇五级人大代表的作用。

长沙市北区第十届人大常委会代表联络　常委会分别走访代表198人（次），召开四次座谈会，征求和听取代表意见。1991年6月，常委会组织有关人员，走访湖南医科大学、人造板厂、湖南日报报社、建湘瓷厂、汽电、造漆厂、新印一厂等12个省、市、区代表较为集中的单位，了解单位支持代表工作的经验，拓宽联系代表和选民的渠道。

长沙市北区第十一届人大常委会代表联络　常委会根据此届区人大代表有70%以上是新当选的情况，从学习入手，抓代表素质的提高。认真组织代表学习《宪法》《组织法》《代表法》；听取《关于坚持和完善人民代表大会制度》的辅导报告；召开新老代表座谈会，代表工作经验交流会；给代表订阅《人民之友》，寄发常委会《公报》等，为代表知情知政提供学习资料。邀请部分代表列席常委会会议，倾听代表的意见和呼声。聘请代表为区科技顾问、社会治安综合治理和执法形象监督员，为代表提供监督执法的民主渠道。1993年，发放各种文件、资料4000多册，组织学习报告会49场次，走访人大代表110多人次，走访人大代表单位32个。1994年，常委会走访人大代表348人次，上门听取代表的意见。1995年6月，区人大常委会召开代表联络工作会议，会议围绕进一步深化代表工作，发挥代表作用这一主题交流经验。1996年，人大代表走访选民3100多人次，为群众办实事、办好事650多件。

长沙市开福区第一届人大常委会代表联络　围绕全区工作重点，联络代表开展"想大事，议重点，办实事"的活动，先后联络市、区两级人大代表，督促有关部门修复廖家渡至洪山桥的公路，撤除东风路上影响交通安全和城市美观的废旧电杆，从市里争取屈家大坝桥的建设资金30万元。通过代表联络活动，开福区芙蓉北路的亮化、沿江风光带的建设、经济开发区存在的问题、捞霞路的规划等都引起市政府高度重视。

长沙市开福区第二届人大常委会代表联络　制订人大代表培训计划，通过多种形式对区人大代表进行系统培训。各代表联组定期组织代表学习人大理论知识和有关法律法规，增强代表职务意识和提高执行职务的能力。从区二届人大三次会议开始，常委会邀请部分市人大代表列席区人民代表大会，坚持邀请一定数量的人大代表参加常委会议、主任会议以及视察调查、执法检查和工作评议等活动。坚持开展"人民选我当代表，我当代表为人民"的创先争优活动，各代表联组组织一系列代表活动，涌现一批先进人大代表联组和优秀人大代表典型。联络省、市、区三级人大代表围绕区重点工作和人民群众关心的热点问题开展活动，召集驻区省代表，连续4年建议火车北站加快搬迁步伐。联络活动中，代表热心社会公益事业，一批市、区代表为开福区图书馆建设捐款100多万元。

长沙市开福区第三届人大常委会代表联络　坚持开展区人大常委会组成人员联系代表、代表联系选民的"双联"活动，了解代表履职情况、听取代表意见建议。届期内，共邀请代表80余人次列席常委会会议，组织代表260余人次参加执法检查和调研视察活动，扩大闭会期间代表对区人大常委会的工作参与，保障人大代表的知情知政权；支持代表联组立足辖区，开展专题调研，听取街镇和社区专项工作汇报，提出工作建议和整改措施；统一组织代表联组开展活动26次，各代表联组自行组织活动276次。实行代表培训制度，采取集中学习、分期培训、专题讲座等方式，以提高代表的政治素质、法律水平和履职能力。制定闭会期间代表活动的若干规定，对代表联系选民、参加常委会组织的活动，以及代表联组活动的开展等进行规范。建立区人大常委会领导及各工委联系街镇人大制度，使联系指导基层人大工作常态化。推进街镇人大阵地规范化建设，设立选民接待日，设置便民联系卡，5年共接待来访群众3200余人次，帮助解决具体问题200多个。

第五节　议案督办

一、长沙市北区十届、十一届人大议案督办

北区十届人大一次会议至十一届人大六次会议期间，人大代表共提出议案106件，经大会主席团审议，立案9件。收到建议、批评、意见1613件。这些议案和建议，经大会主席团或人大常委会决定，分别转交有关部门研究办理。

北区十届人大议案督办　区人大十届一次会议，

民主东街地区代表团提出关于《拆迁或整顿民主西街农贸市场》的议案。会后，区政府就如何办理落实代表议案，召集有关单位研究，制定实施方案，并进行现场办公具体指导，会议一致认为民主西街农贸市场为方便群众生活发挥较好的作用，拆迁该市场目前无适宜之地重建，决定由区工商分局负责进行整顿，强化管理，改善民主西街小学外部环境。北站路地区代表团提出关于《解决二马路农贸市场交通堵塞问题》的议案。区政府调查研究，决定采取四方面措施：由市工商局北区工商分局强化市场管理，整顿市场秩序；恢复市场两端原有栏杆，工商部门出钱由区交警队雇请管理人员维护交通秩序；拆除场内有关临时建筑，扩大市场有效使用面积，使农民能够进场摆摊，根除外湘春街占路为市的现象；由城建局、国土局向市国土规划部门反映，力争打通晴佳巷至三角塘原有通道，缓解外湘春街交通拥挤状况。根据区政府的计划安排，北区工商分局着手对该市场实施整顿，在财力十分紧张的情况下，挤出资金15万元，翻修场屋顶棚，油漆棚架，新修场内水泥路面2500平方米，统一建鱼池10个、肉架30付。拆除场内办公室、秤店、腊味店等24处临时建筑，扩充市场面积，新增摊位189个。恢复场端交通栏杆，雇请两名交通管理员，同时调整充实市管员力量，加强市场管理，清理无证摊贩186户，取缔5户影响市容卫生的杀猪杀鸡户。

人大十届二次会议，上大垅地区代表团和伍家岭地区代表团第七代表小组联合提出关于《迅速成立新河、黑石渡两个办事处筹备组，并积极开展工作》的议案。区政府召开政府常务会议进行研究，及时抽调筹备组工作人员，成立两个办事处筹备组，并分别拨给开办费。同时就新建两个办事处的人员编制、筹建地址、筹建经费等方面的问题，向市政府写出专题报告。后市政府批准两个新建办事处的人员编制，并为筹建黑石渡办事处拨款30万元，计划1992年再拨款解决新河办事处的筹建经费。

人大十届三次会议，由15名代表联名提出关于《整顿荷花池市场，优化育人环境》的议案。区政府常务会议进行专题研究，组织成立由工商局牵头，城管办、市政局配合的市场整顿治理领导小组，召开现场办公会议，研究制定治理实施方案，即：拆除十三中至长沙师范咽喉地段的四个固定摊位和低矮雨棚；投资7000余元，新修6个鱼池，油漆棚架，粉刷市场；填平场内坑洞，疏通下水道，排除场内污水；加强市场管理，场内增加一名市管员，督促商贩分行就市，场外城管办加强执法检查，杜绝无证经营，乱摆乱放。8月中旬，区人大常委会组织部分人大代表视察议案办理落实情况，代表认为区政府为整顿荷花池市场做了大量工作，缓解了交通拥挤状况，改善了学校教学的外部环境，市场秩序明显好转，基本达到代表议案所提要求。

长沙市北区十一届人大议案督办 人大十一届一次会议，民主东街代表团提出关于《迅速采取综合治理手段，解决外湘春街（长春巷口至铁佛东街、北二马路市场口）交通堵塞》的议案。区政府多次召开专题会议研究这一问题，寻找解决的办法：组织城管、工商、环卫、交通、街道等部门对这一地区进行综合整治，对一些违章搭设的路障予以清除；责成工商部门深入内部挖潜，加强场内硬件设施建设和完善管理制度，工商部门充实干部、市管员、保安人员加强场内管理；在完善设施基础上，合理调整摊位、划行就市、教育经营者文明经商；严格控制流动摊贩，集中场内经营、取缔无证经营；场内外的单车、三轮车停放派专人负责，轮流值班，使之摆放整齐，尽量消除堵塞交通的各种因素；积极开发新市场，在新的市场尚未开发出来之前，开福区在大王家巷兴建临时集贸市场，将外湘春街、铁佛东街、熙宁街、北站路的经营者迁入，保主要马路和交通要道畅通，使该地区的交通状况和交通条件有较大改观。

人大十一届三次会议，由23名代表联名提出关于《坚决取缔室外桌球经营》的议案。政府办、文化局等部门和有关街道在调查研究的基础上，制定落实办法，7月下旬，召开专干会议和各街道办事处书记、主任会议，并邀请人大有关领导参加。区文化局加大宣传和执法力度，印发《湖南省文化市场管理条例》和《长沙市加强文化娱乐场所管理的暂行办法》700余份，在管理人员和经营户中进行普法教育，并集中力量在全区进行执法大检查。但鉴于外三街的特殊性，室外桌球经营禁而不绝，区政府召开政府常务会议专题研究落实该议案的对策和措施，强调各有关部门、街道要统一思想，自觉接受人大监督，坚决办理好人大议案，决不能敷衍，严厉指出任何部门不能继续发证，要科学地、分阶段地逐步取缔，对那些影响居民正常生活、休息和影响交通、卫生的坚决迅速地取缔。

区政府办根据办理情况，两次发出督办通知，对办复及时迅速、办理质量较高的部门和单位予以通报表扬，对不合标准的办复件要求重新办理，对尚未办复的限期办复。至7月底，各部门和单位绝大多数办理完毕。8月初，政府办就尚未办复的少数几个单位和部门进行督查，提出限期办复要求，到8月中旬，基本办复。

人大十一届四次会议，望麓园地区代表提出关于《要尽快修复稻谷仓、三公里、司马里道路》的议案。区政府主要负责人带队，率有关部门负责人到现场办公，逐段察看实情，研究制订修复方案；区政府召开专题会议确定实施办法；区建设局和区市政局为此曾先后邀集有关单位6次召开协调会，与修路责任单位市旧城开发公司就修路方案、工程预算、竣工验收等问题联系交涉数十次。经过前后三个多月的紧张运作，由市旧城开发公司出资20万元、区市政局筹资17.50万元修复的稻谷仓、司马里、三公里路面工程全部竣工，交付使用。

人大十一届五次会议，上大垅地区代表团提出关于《修复东风二村二条巷道路并铺设下水道》的议案。针对议案所提问题，区政府召开专题会议，到现场勘察研究，开展工程预算和施工方案的编制工作，并筹措资金30.05万元，经4个月的努力，于1996年国庆节前全部竣工。

人大十一届六次会议，黑石渡地区代表团提出关于《要求解决蚌塘小区城建开发配套设施》的议案。针对议案所提问题，区政府专题研究，决定由区城建开发公司负责解决。区城建开发公司投资15万元修建一座垃圾站，于5月底竣工投入使用。同时还对下水管道进行更换，堵塞问题得到解决。居委会办公用房也得到改善。

二、长沙市开福区一届、二届、三届人大议案督办

开福区一届人大一次会议至三届人大六次会议期间，人大代表共提出议案47件，经大会主席团审议，立案9件。收到代表提出的建议、批评、意见801条（件），当年交由“一府两院”有关职能部门承办，并将办理结果反馈给所提建议的人大代表。通过及时交办、跟踪督办、重点督办、不满意退回重办等多种形式，提高代表建议办理实效。

长沙市开福区一届人大议案督办 人大一届一次会议《关于尽快投入资金，完善捞刀河镇彭家巷集镇配套设施》的议案。根据代表提出的问题，区政府在1998年财政预算内安排20万元用于捞刀河镇集镇建设，明确建设工作由区建设局牵头，捞刀河镇政府负责，区工商、国土、规划、环卫、交管所配合，按照议案的要求逐条落实办理。6月7日，区政府专题研究捞刀河集镇建设的规划方案；9月1日，区建设局组织相关部门负责人到捞刀河镇彭家巷集镇现场办公；9月23日，区政府在捞刀河镇召开协调会，督办进度，调度资金。至1998年年底，在彭家巷至镇政府和高岭建筑公司段架设并开通22盏路灯；在彭家巷和卫星桥分别建一个公共厕所和一个垃圾站，清除集镇范围内历年堆积380余吨垃圾；将彭家巷三角岔路面建成一条长300米、宽14米的水泥路，硬化面积4060平方米；对集镇近2000米下水道及边沟进行修整；新建一个面积600余平方米的室内农贸市场，拆除有碍镇容镇貌的棚点80余处，该项议案的办理工作取得预期效果。

人大一届一次会议《关于西长街临街门店经营批发鸡、鸭、羊、狗户迁入室内市场》的议案。区政府常务会议经过研究，下发《关于整治西长街、如意街地段市容秩序的意见》，并成立由公、检、法、司、工商、城管、规划、街道等单位组成的联合整治小组，区政府利用红卫织布厂两个车间、市手帕厂、面粉厂、省纺织工业公司仓库等场地分别建成农贸市场、特种水产市场和鸡、鸭市场，总面积达1万余平方米，可安置经营户500余户。对西长街、如意街地区蔬菜、特种水产、鸡、鸭、羊、狗等农副产品经营场地实行统一规划，全面整治，改变这一地区长期以来形成的“脏、乱、差”现象。

人大一届三次会议《关于兴修霞凝乡屈家大坝桥》的议案。屈家大坝桥是霞凝乡彭霞公路上的唯一桥梁，始建于20世纪60年代，是霞凝乡与外界联系的唯一交通要道，由于桥面狭窄不到4米，加之年久失修，车流量大，桥面出现沉塌，经交通部门鉴定为危桥。针对议案所提问题，区政府进行专题研究，并组织有关部门对屈家大坝桥作工程预算和施工方案的编制工作。屈家大坝桥全长36.72米，跨度20米，宽度12.50米，总造价约100万元，大桥主体工程于1999年12月31日前基本完工。

人大一届六次会议《关于解决农村困难户最低生活保障》的议案。区政府制定工作方案，对在农村实施最低生活保障制度各阶段工作作出详细部署；培训人员，保证政策顺利贯彻；走访8600户贫困农民，为确定保障金标准提供依据；制定实施方案。参照长沙市其他区实施农村最低生活保障的情况，结合本区实际，按人均年收入700元执行；保障范围为区农村因长期缺少劳动力、无固定收入且达不到保障标准线的常住村民。根据《湖南省人民政府办公厅转发省民政厅关于加强我省城市居民最低生活保障制度和农村社会保障制度建设意见的报告的通知》文件精神和市民政局的要求，从2002年7月1日起农村低保资金实行区、镇（局）两级负担，负担比例为1∶1。

长沙市开福区二届人大议案督办 人大二届一次会议《关于加快拓城步伐，加强基础设施建设须新修公路》的议案。议案指出：依托青竹湖高尔夫球场和即将建设的沙坪湘绣文化组团，规划建设集旅游观光、购物、商务会所、企业研发基地于一体的青竹湖外商城的开发建设，被现有交通条件严重制约，呼吁修建一条与外商城配套的主干道。区政府多次召开会议进行专题研究，于2002年作出修建青竹湖大道的决定，聘请全球著名的规划设计公司美国泛亚易道公司上海分公司进行规划设计。外商城的主干道为“一纵一横”，东西向主干道青竹湖大道从进港大道入口经太阳山至沙坪，全长3千米，路幅宽36米。至10月，投入建设资金1.10亿元的青竹湖大道和高尔夫路基本竣工。

人大二届三次会议《关于请将星月路工程年内迅速实施》的议案。星月路东起太阳山与湖畔小区交汇处南端，西行靠京广铁路后北上，经青竹湖大道与双桂路相接，全长4912米，路幅宽36米。该道路建设，对于完善外商城内的交通网络，加速推进外商城的开发建设，具有重要意义。区政府决定由青竹湖外商城管委会负责实施。青竹湖外商城管委会制定建设规划，先期进行的道路设计范围为太阳山路与湖畔小区相临处南端至汤家湖路，全长4002米，规划路幅36米。经过多方努力，包括星月路在内的青竹湖外商城路网通过省政府常务会议，列入2004年省重点工程建设规划，并向建行华兴支行贷款3500万元项目资金，2006年上半年一期工程全面竣工通车。

人大二届四次会议《关于扩建马厂小学》的议案。马厂小学是金霞路街道辖区内唯一的小学，占地面积4047平方米，在校学生281人。随着开福区城市化进程的加快，金霞路街道常住人员增至20000多人。按每千人口中有80名小学生计算，马厂小学的条件和规模无法解决新增住户子女的就学问题。针对议案所提问题，区政府于4月底召开现场办公会议，专题研究马厂小学的建设，决定由区教育局负责组织全面实施，金霞路街道办事处负责拆迁工作，金霞公司负责施工建设。10月7日，区政府就马厂小学建设工作再次召开调度会，明确后段工作任务，地质勘探队于当日进场完成勘探工作。10月9日举行马厂小学建设开工仪式，春节前主体工程完工，2006年秋季开学投入使用。

长沙市开福区三届人大议案督办 人大三届一次会议《关于修建青竹湖大道东延线》的议案。区政府迅速组织国土、规划及青竹湖镇、捞刀河镇等部门、单位有关人员到现场踏勘。2008年9月，区政府召开会议研究修建青竹湖大道东延线的问题，考虑青竹湖大道东延线建设的实际情况，决定分步实施。2009年2月，沙坪工业组团建设指挥部成立，区政府明确青竹湖大道东延线由该指挥部负责兴建。青竹湖路东延线西起中青路，东至长青路，全长3431米，路幅宽46米，设计时速60千米/小时，沥青混凝土路面，于2010年底完成道路主体工程，2011年年初全面竣工通车。

人大三届五次会议《关于要求继续对沙坪、汉回两个城乡一体化发展（新农村建设）示范点给予支持》的议案。区政府组织区城乡一体化办公室等相关职能部门推进此项工作。根据省里的统一部署和市里2010—2012年三年计划安排，2010年投入资金3000多万元，撬动融入社会资金3.50亿元，完成沙坪、汉回两个示范点25个项目建设，实现当年规划、当年建设、当年见效的近期目标。

第四篇　人民政府

长沙市开福区地方行政机构为区人民政府。1989—1996年为长沙市北区人民政府，1996—2012年为长沙市开福区人民政府。区人民政府领导成员为区长、副区长，人数为5～9人。区人民政府以下设置工作机构，1989—2012年先后有17～22个，另设直属事业单位若干个。区人民政府在各街道设置派出机构办事处，1989年至1996年6月，长沙市北区人民政府共设8个街道办事处；1996年6月长沙市开福区人民政府成立后，街道办事处经多次调整，至2012年为10个街道办事处、3个镇。

1989—2012年，长沙市北区、开福区人民政府发展非公有制经济、进行乡镇区街企业产权制度改革、开展招商引资，加快产业发展，形成了全民、集体、个体、私营、中外合资、外商独资、股份制等多元化的所有制结构和社会主义市场经济体制。全区社会经济快速、稳定、健康发展，至2012年，全区生产总值536亿元，固定资产投资450亿元，社会消费商品零售总额433亿元，地方财政收入70亿元。与此同时，社会各项事业不断发展，区政府实施就业和再就业工程，建设城乡社会保障体系，推行城乡一体化建设，实行科教兴区，发展城乡文化教育事业，均取得新的成就。至2012年，开福区城区面积超过60平方千米，区综合实力保持全省第一方阵领先地位，迈入国内中部城区十强行列。

第一章　政府机构

长沙市开福区地方人民政府，由长沙市开福区地方人民代表大会选举产生。1991年前，县（区）级政府每届任期三年。1992年后，根据修改后的《中华人民共和国地方各级人民代表大会和地方各级人民政府组织法》，县（区）级政府每届任期5年。

第一节　领导成员

一、长沙市北区第九届人民政府领导成员

1987年3月，长沙市北区第九届人民代表大会第一次会议选举产生长沙市北区第九届人民政府领导成员，龚长力为区长，彭振武、黄自强、唐纽武、张伟玦（女）为副区长。1989年1月，龚长力辞去区长职务，彭振武被任命为代理区长。1989年9月，宁枫被任命为副区长。

二、长沙市北区第十届人民政府领导成员

1990年2月，长沙市北区第十届人民代表大会第一次会议选举产生长沙市北区第十届人民政府领导成员，彭振武为区长，阳克春、黄自强、张伟玦（女）、任长林、宁枫为副区长。1992年9月，彭振武辞去区长职务，阳克春被任命为代理区长。1991年6月至1991年10月，黄自强、张伟玦（女）先后辞去副区长职务。1991年11月至1992年3月，唐纽武、李正宇被先后任命为副区长。

三、长沙市北区第十一届人民政府领导成员

1992年12月，长沙市北区第十一届人民代表大会第一次会议选举产生长沙市北区第十一届人民政府领导成员，阳克春为区长，唐纽武、宁枫、李正宇、朱志雄、姚淑华（女）、郭庭喜为副区长。1994年7月至1997年8月，阳克春、龙长工、唐纽武先后辞去区长职务，龙长工、唐纽武、余建国先后被任命为代理区长。1994年11月至1996年9月，宁枫、李正宇、李国富、姚淑华（女）先后辞去副区长职务。1994年11月至1997年1月，李国

富、罗妹华（女）、袁志恒、李豪、李增加、朱德文、许振勤先后被任命为副区长。

四、长沙市开福区第一届人民政府领导成员

1997年12月，长沙市开福区第一届人民代表大会第一次会议选举产生长沙市开福区第一届人民政府领导成员，余建国为区长，罗妹华（女）、李增加、朱德文、袁志恒、李豪、许振勤为副区长。2002年6月，余建国辞去区长职务，李继红被任命为副区长，并代理区长。

五、长沙市开福区第二届人民政府领导成员

2002年11月，长沙市开福区第二届人民代表大会第一次会议选举产生长沙市开福区第二届人民政府领导成员，李继红为区长，夏建平、袁志恒、王三稳、李光华、袁剑英、黄永健、熊建伟为副区长。2006年4月，李继红辞去区长职务，凌勤杰代理区长职务。2004年4月至2006年6月，夏建平、袁志恒、王三稳、黄永健辞去副区长职务。2002年12月至2007年10月，陈尚义、凌勤杰、胡政旗、朱东铁、谢永、张毅先后被任命为副区长。

六、长沙市开福区第三届人民政府领导成员

2007年11月，长沙市开福区第三届人民代表大会第一次会议选举产生长沙市开福区第三届人民政府领导成员，凌勤杰为区长，胡政旗、熊建伟、李光华、袁剑英、刘文立、谢永、张毅为副区长。2009年8月至2012年9月，周飞、张武、邓平、张春雄、何惠风（女）先后被任命为副区长。2012年11月，廖建华（女）被任命为副区长，并代理区长。2009年8月至2012年9月，刘文立、熊建伟、张毅、周飞先后辞去副区长职务。

七、长沙市开福区第四届人民政府领导成员

2012年11月，长沙市开福区第四届人民代表大会第一次会议选举产生长沙市开福区第四届人民政府领导成员，廖建华（女）为区长，胡政旗、张武、汤建尧、张春雄、邓平、何惠风（女）、廖勇为副区长。

第二节 机构设置

一、区级工作机构

1992年12月至1996年6月，长沙市北区人民政府设置工作机构共19个，分别为政府办公室、经济贸易局、计划统计物价局、财政局、民政局、司法局、教育局、人事局、建设局、审计局、文化体育局、卫生局、监察局、科学技术局、劳动局、环境保护局、国土管理局、计划生育委员会、城市管理办公室；另设人民防空办公室、侨务外事办公室、台湾事务办公室。

1996年7月成立开福区后，开福区人民政府设置工作机构共22个，分别为政府办公室、乡镇区街企业局、计划统计物价局、农村工作办公室（农林局）、商业贸易局、财政局、民政局、司法局、教育局、人事局、建设局、审计局、监察局、文体局、卫生局、计生委、科学技术局、劳动局、环境保护局、城管办、水利局、蔬菜副食品局，另设机关事务管理局、人民防空办公室等。

2002年6月，区政府机构改革，将乡镇区街企业局与商业贸易局合并，组建区经济贸易局；农村工作办公室、区水利局、区蔬菜副食品局合并，组建农业林业水利局；不再保留劳动局，组建劳动和社会保障局。调整后的区政府，设有工作机构18个、议事机构1个、管理机构1个。

2011年1月，区政府再次实行机构改革，设置工作机构17个，分别为政府办公室、城市管理局（不占机构限额）、食品安全管理办、农业林业水利局、审计局、卫生局、商务和旅游局、环境保护局、财政局、司法局、民政局、城乡建设局、科学技术局、教育局、发展和改革局，此外，区监察局与区纪律检查委员会合署办公，列入区政府工作部门，不计入政府机构个数。设置直属事业单位9个，分别为工务局、政务服务中心、住房保障局、人民防空办公室、安全生产监督管理局、外事侨务办、统计局、交通运输局、工业和信息化局。此外，区发展和改革局加挂区物价局牌；区科学技术局加挂区知识产权局牌；区商务和旅游局加挂区招商合作局牌；区政府征地办公室在区住房保障局挂牌；区法制办公室在区政府办公室挂牌，独立运作；区机关后勤服务中心由区政府办公室管理，调整为由区工务局管理。

二、派出机构

区人民政府在下辖各街道设置派出机构办事处。1989年至1996年6月，北区人民政府共设有民主东街、望麓园、清水塘、北站路、上大垅、伍家岭、新河、黑石渡8个街道办事处。1996年7月开福区成立后，从原西区划入西长街、如意街、通泰街3个街道办事处。1997年7月撤销福安乡，设立四方坪街道办事处。1999年3月，设立金霞路街道办事处。2001年5月，撤销如意街街道办事处。2006年3月，设立洪山街道办事处。至此，开福区人民政府共有派出机构13个。

2006年6月，区委、区政府实施街道办事处“合并、扩权、强街”的管理体制改革，撤销西长街、通泰街街道办事处，设立新的通泰街街道办事处；撤销民主东街、望麓园街道办事处，设立新的望麓园街道办事处；撤销上大垅、黑石渡街道办事处，设立新的东风路街道办事处。并将北站路街道办事处更名为湘雅路街道办事处、金霞路街道办事处更名为芙蓉北路街道办事处。经过调整，开福区人民政府所设派出机构为10个，至2012年12月未有变动。

三、基层政权

1989年至1996年6月，北区人民政府不辖乡镇。1996年7月开福区成立后，从长沙县划入捞刀河镇、从原望城县划入霞凝乡、从原郊区划入福安乡（1997年7月撤销，改设为四方坪街道办事处）。2000年9月，撤销霞凝乡，设立新港镇。2003年6月，从捞刀河镇划出5个村、新港镇划出2个村，设立青竹湖镇。至2012年12月，开福区所辖基层政权为捞刀河镇、新港镇、青竹湖镇3个镇人民政府。

四、归口管理部门

1997年，成立长沙市洪山旅游区管理局，为副处级全民事业单位，归口开福区人民政府管理。2005年11月，长沙市洪山旅游区管理局更名为长沙市洪山管理局。2006年3月，成立洪山街道办事处，实行与洪山管理局合署的管理体制。2003年，成立青竹湖外商城管理委员会，为区政府直属全民事业单位。是年6月，成立青竹湖镇。2005年，撤销青竹湖外商城管理委员会，组建长沙市青竹湖生态科技园管理委员会为副县级全民事业单位，归口区人民政府管理，实行与青竹湖镇人民政府合署的管理体制。

第二章　会　议

第一节　区政府全会

区政府全会为区人民政府领导成员与区政府所属各工作机构、事业单位、派出机构和基层政权负责人举行的全体会议或扩大的全体会议，行使决策全区经济和社会发展，决定区政工作重大问题，依法行政的职能。区政府全会的主要任务是传达贯彻党中央、国务院、省委、省政府、市委、市政府及区委的重要指示和决定；讨论通过向区人民代表大会作的政府工作报告；讨论通过按法律规定须由政府全体会议决定的事项；部署和通报区政府阶段性工作和情况；通报国内外、省内外、市内外的政治经济形势。区政府全会一般每半年召开一次，必要时可提前或延期召开。1992—2012年，区政府共召开全体（扩大）会议34次。自1998年起，区委、区政府为精简会议，将区政府全体（扩大）会议与区委全体（扩大）会议合并召开，其主旨工作报告各有侧重。

一、长沙市北区政府全会

1992年12月至1997年12月，北区政府第十一届任期召开全体（扩大）会议9次。1993年1月7日，北区政府十一届一次会议围绕建立社会主义市场经济体制，扩大改革开放的主题，就发展个体私营经济、建好工业基地做出决定。会议对搞活经营机制，加快体制改革，发展以商业为主的第三产业，理顺财税关系，增强财政活力；推动北星城旧城改造步伐，积极探索教、科、文、体、卫、广事业自身发展道路进行部署，要求政府机关干部解放思想换脑筋，多做些调查研究，少一些主观主义，多干些实事，少说些官话。1996年6月区划调整后，区政府及时调整工作思路，1997年1月17日，北区政府十一届九次全体（扩大）会议，围绕区委提出的工作要求，确定“五个一工程”的工作目标。全会要求举全区之力，力争1997年全区财政收入突破1亿元，实现提前翻一番。全会强调，工作中要处理好局部与整体、速度与效益、区属与区域、城市与乡镇、发展与稳定的关系，为实现这一目标做出应有贡献。

二、长沙市开福区政府全会

1997年12月至2002年7月，开福区政府第一届任期召开全体（扩大）会议10次。1998年1月28日，开福区政府一届一次会议就强化兴北措施，理顺区划调整后的各项工作；以经济结构调整为主线，以招商引资为重点，以拓展城区为突破口，培育经济新增长点；加快企业改制，做好就业和再就业工作；推进湘江大道一期、黄兴北路、芙蓉北路北延线、金霞大道、新港城、80万平方米棚户区改造重点工程建设；强化城区管理，提升城市品位；抓好水毁工程恢复，安排好4.8万名受灾群众的生产、生活和家园重建工作；调整教育布局，控制人口增长；推进依法治区，维护社会稳定；改进机关工作作风进行部署。2002年11月至2007年11月，开福区政府第二届任期召开全体（扩大）会议7次。2003年7月10日，开福区政府二届一次会议就加快项目启动和建设，确保“五路一园”基础项目实施；强化招商引资激励机制；2004年财政收入再上新台阶，提前两年翻一番；推进湘江大道北段、芙蓉北路、二环联络道、秀峰大道、车站北路、青竹湖大道路网建设和长沙铁路新北站等重点工程，支持湘江世纪城、天健等房地产项目开发等进行布置。并就加大综合治理力度，维护社会和谐稳定，引导群众依法合理地表达利益诉求，维护社会公平正义及政府机关工作人员廉洁自律，依法行政提出新的要求。2007年11月至2012年11月，开福区政府第三届任期召开全体（扩大）会议8次。2008年1月28日，开福区政府三届一次会议围绕区域经济社会更好更快发展，打赢经济稳增长的攻坚战，确立2012年全区财政收入要达到70亿元的工作目标。并就推进85个重点工程项目建设，如滨水新区建设、棚户区改造、廉租房建设、北辰三角洲、万达开福广场、泊富广场等作出部署。会议要求突出民生改善，稳步提高社会保障水平；加快公共事业均衡发展，推进城乡一体化进程，维护好社会大局稳定。

第二节 区政府常务会议

区人民政府常务会议是区政府领导对重大事项进行集体决策的重要会议，主要任务是议决全区经济和社会发展的重要问题，讨论区政工作的重大事项和需提交中共区委常委会、区人大常委会审议通过的有关事项和议案，讨论通过以区政府名义发布的制度、规范性文件，安排部署区政府阶段性工作。会议行使政府全会休会期间的政府职权，主持开展政府日常工作。会议一般每周召开一次。

一、长沙市区政府常务会议综述

1992—2012年，区政府共召开常务会议401次。会议所涉及的议题1332个，其中，经济、财税工作的议题267个，占20.05%；城市建设与管理的议题139个，占10.44%；重点工程建设的议题85个，占6.38%；教育、科技、文化、体育的议题76个，占5.71%；卫生和计划生育的议题82个，占6.16%；农村工作的议题52个，占3.90%；水利建设的议题43个，占3.23%；民政优抚、社会公益服务事业的议题74个，占5.56%；安全生产和消防工作的议题23个，占1.73%；依法治区、普法教育、维护社会稳定的议题75个，占5.63%；基层建设的议题84个，占6.31%；人事、机构调整的议题39个，占2.93%；机关工作的议题58个，占4.35%；其他议题232个，占17.42%。

二、长沙市北区政府年度常务会

1992年，北区政府召开常务会议37次，讨论通过《全区目标管理办法》《经济工作奖励办法》《城建开发奖励办法》，研究企业改革方案、工业基地建设、股份制经济试点、地名普查，听取319国道东接线工程建设情况的汇报。

1993年，召开常务会议14次，研究区政府工作制度、工业企业奖励办法补充规定，听取第三产业普查、发展私营个体经济、企业产权界定、财务、物价、税收、转干录干等问题的汇报。

1994年，召开常务会议32次，听取“九五”计划和2010年发展规划的制订情况，研究市场建设、机关房改、文化市场管理、教师村建设、整治市容环境等情况。

1995年，召开常务会议18次，讨论《加强居民委员会财务管理的暂行办法》，听取人大代表、政协委员对政府工作的意见，研究建立健全食品卫生监督网络、廉政建设、水产品批发市场选址、广厦（安居）工程建设等工作。

1996年，召开常务会议29次，研究经济体制改革、房地产开发、计划生育、创建卫生城市三年规划。6月以后，主要研究区划调整工作、民族宗教工作、政法工作和稳定问题等。

三、长沙市开福区政府年度常务会

1997年，开福区政府召开常务会议26次，讨论并修改《开福区国民经济和社会发展“九五”规划纲要》，研究乡镇区街企业生产，筹备召开农村工作会议，乡、镇、场、街道财政体制，企业产权制度实施方案，国有资产资本运营，土地利用总体规划修编，领导干部廉洁自律等问题。

1998年，召开常务会议30次，修订《开福区经济工作奖励办法》，讨论审定《开福区房地产开发管理暂行办法》，研究抗洪救灾恢复生产、重建家园工作，听取区机关办公楼基建进展情况汇报。

1999年，召开常务会议31次，讨论《关于加强发展个体私营经济的若干规定》《关于招商引资奖励政策及考核办法》，研究全区企业改制、五合垸行洪方案、中小学布局调整和城市薄弱学校建设、全区土地利用总体规划、黄兴北路一期工程建设、展览馆路扩建工程等。

2000年，召开常务会议16次，讨论《加强财源建设，促进区域经济发展的若干政策》，研究政务公开、城市综合整治、农业产业结构调整、治理经济环境，听取行政执法责任制、医疗保险、社会养老保险等工作情况的汇报。

2001年，召开常务会议17次，讨论并修改《开福区国民经济和社会发展“十五”规划纲要》，研究城乡道路建设、水利工程建设、民营科技园建设、长沙市深水码头重点工程征地拆迁等项工作。

2002年，召开常务会议11次，研究实施农村最低生活保障制度、高新技术产业发展、人防工程建设、全区居民委员会办公用房建设的工作，听取普法教育情况汇报。

2003年，召开常务会议12次，讨论《开福区全面建设小康社会规划纲要（草案）》，研究建立安全生产目标责任制、行政审批制度改革、民政优抚、劳动社会保障、财政监督管理、招商引资工作。

2004年，召开常务会议21次，研究大明工业园建设、城建投融资、行政监督、城市拆迁安置、村务公开和民主管理、贯彻《中华人民共和国行政许可法》、防治高致病禽流感和抗“非典”。

2005年，召开常务会议20次，讨论通过《开福区促进经济发展的奖励办法》《开福区行政问责实施办法》，研究突发事件紧急处理预案，车站北路、月湖公园、中青路的建设，农村村民建房管理办法。

2006年，召开常务会议13次，讨论并修改《开福区国民经济和社会发展“十一五”规划纲要》，研究老城区建设提质、城管体制改革、社区居民委员会换届选举等项事宜。

2007年，召开常务会议17次，讨论《开福区征地拆迁安置房建设管理暂行办法》，研究棚户区改造与建设、城乡最低生活保障、基本医疗保障、教育保障以及就业再就业保障、国土管理与规划修编等议题。

2008年，召开常务会议12次，讨论通过《开福区新增财源建设奖励方案》，研究财税、金融、商务工作，农贸市场提质改造，部署第二次经济普查。

2009年，召开常务会议17次，讨论《政府融资资金管理暂行办法》，研究319国道拓改、广铁路、滨河工程建设，青竹湖大道东延线、老长湘线公路改造，清理小金库，涝湖垸大堤建设，“两型社会”建设情况。

2010年，召开常务会议9次，审议《开福区推进城乡一体化发展（新农村建设）实施方案》，研究产业扶植和招商引资奖励政策、经济开发区信托融资、落实审计整改，讨论开福区“十二五”国民经济和社会发展规划编制工作。

2011年，召开常务会议12次，研究科技三项经费项目扶持计划、违法建筑整治、节能减排、人口和计划生育工作，听取机关公务用车专项治理情况汇报。

2012年，召开常务会议7次，讨论《开福区政府投资管理办法》《开福区教育系统岗位设置实施意见》，听取开福区农村合作银行事宜、全区重点地块招商、湘江枢纽库高排口改造等情况的汇报，研究文化事业、文化产业扶持政策等。

第三节 区长办公会

区长办公会议，为区人民政府区长和副区长举行的会议，主要任务是研究部署政府中心工作，解决区政工作的重大问题，沟通思想和交换工作意见，协调副区长之间的工作关系。区长办公会议根据需要不定期召开，议定事项载入《区长办公会议纪要》。

一、区长办公会议综述

1990—2012年，区政府共召开区长办公会81次，涉及议题291个，其中，经济、财税工作的议题39个，占13.40%；城市建设与管理的议题31个，占10.65%；重点工程建设方面的议题15个，占5.15%；教育、文化、体育、卫生、计划生育的议题55个，占18.90%；环保安全生产和消防工作的议题11个，占3.78%；水利建设方面的议题10个，占3.44%；基层建设民政优抚、社会公益服务事业的议题15个，占5.15%；依法治区、普法教育的议题13个，占4.47%；机关工作方面的议题30个，占10.31%；其他议题72个，占24.74%。

二、长沙市北区政府区长年度办公会

1990年，召开区长办公会议2次，研究筹建区国土局、新河垸地区防汛工作接管、区旧城开发公司撤并、创建国家卫生城市等议题。

1991年，召开区长办公会议4次，研究伍家岭广场的综合治理、湘江二桥的开发、进一步加速北区工业基地建设和经济发展以及6个街道建立税务所等事项。

1992年，召开区长办公会议2次，研究光明童装厂厂房扩建、解决北大桥市场脏乱差等问题。

1993年，召开区长办公会议2次，协调长沙市人造板厂职工子弟新生入学、研究全区工交系统1993年工作。

1994年，召开区长办公会议2次，研究清水塘摩托车市场拆、迁、建工作，对光明童装厂在生产和经营中存在的问题提出整改意见，要求尽快扭亏增盈，促进企业良性循环。

1995年，召开区长办公会议3次，研究北区教师村建设用地选址、加速北区市场建设开发，研究处理展览馆路居民点违章建筑，要求区城建局尽快做出方案。

1996年，召开区长办公会议4次，主要研究沿江大道中段水果批发市场治理、三十三中学周边环境治理、北桥市场拆迁、促进卫生防役事业发展等问题，并提出相应措施。

三、长沙市开福区政府区长年度办公会

1997年，召开区长办公会议3次，研究整顿丝茅冲消防中队周边环境、培育发展湘楚文化艺术品市场，听取湘春路美化、亮化等工作汇报。

1998年，召开区长办公会议3次，研究集资修建伍家岭新码头路方案、朝正垸兴修水利三年规划及整治三公里至松桂园路段交通、卫生，迎接国家卫生城市检查等议题。

1999年，召开区长办公会议2次，研究全区1999年防汛工作、四方坪入城口绿化规划与建设问题，听取区环保工作情况汇报，要求进一步提高环保意识，严格执行环境保护法律法规。

2000年，召开区长办公会议5次，研究创建农村市级示范性学校、加快政府采购工作、火车北站货运铁路沿线有关问题、区人民医院改革、如意街地区商贸项目建设等事项。

2001年，召开区长办公会议3次，讨论司马里棚改项目、汉回村村级公路建设、整治开福寺周边环境等事项。

2002年，召开区长办公会议5次，研究农业产业结构调整、青竹湖高尔夫球场旅游项目建设、新港工业园区建设、全区拆违还绿和整治户外广告、2002年防汛工作安排等事项。

2003年，召开区长办公会议2次，研究土地利用总体规划修改与调整的有关问题，要求贯彻执行国家土地政策和法规，做出土地利用总体规划准确数据，符合开福区中长期发展战略，会议并对财税、城管、洪山管理体制等问题提出调研课题。

2004年，召开区长办公会议9次，研究2004年国民经济和社会发展主要长期目标、区属开发公司改制和退休人员津贴的发放方案，讨论福安垸防洪工程二期拆迁事宜、水利建设和备汛准备工作、林业生态圈建设、农产品质量安全、农业的发展、招商引资、深化教育改革等议题。

2005年，召开区长办公会议3次，研究农村教育布局调整、农村小学危房改造，七中、八中教师招聘等问题，听取年初区政府确定的八件实事工作落实情况，对火星大道北段的建设、月湖公园的建设提出建议。

2006年，召开区长办公会议3次，研究公共卫生体系建设、降低重点工程建设造价、区重点工程建设筹措融资，对河道砂石场管理提出建议等。

2007年，召开区长办公会议3次，研究区武装部组队参加省“八一”阅兵仪式的训练问题、城北新区的发展规划方案、失地农民生产生活解决方案、大明工业园污水处理站建设、城镇居民基本医疗保险启动试点等。

2008年，召开区长办公会议2次，研究并议定新老拆迁政策过渡期执行问题、中小企业担保基金、交通疏导工作等事项。

2009年，召开区长办公会议2次，研究区疾控工作、区妇幼所实行绩效工资问题，捞刀河镇苏托垸畜禽粪便污染问题等，并提出解决方案。

2010年，召开区长办公会议1次，专题研究湘江路晴家巷路口危旧房屋改造工作，明确工作班子、拆迁模式、保障住房政策的对接落实等。

2011年，召开区长办公会议6次，研究推进棚

户区改造工作、优抚对象医疗保障和高龄老人生活补贴发放、2011年度廉租房实物配租情况、民族宗教和外事侨务工作，听取五合垸信访问题答复和处理情况、大明工业园排污整治情况、“五五”普法实施情况和“六五”普法规划安排意见、创建国家公共文化服务体系示范区、国有资产管理等。

2012年，召开区长办公会议10次，研究2011年度目标管理考核奖金和“全国文明城市”荣誉奖励发放方案、重点工程指挥部设置方案，听取区文体活动中心选址、城乡结合部环境综合整治及乡村环境卫生治理、开福区砂石场综合整治、农村征地拆迁补偿费用拨付办法、区农村公路建设、开福区重点项目进展情况等议题。

第三章　施政纪要

第一节 城区工作思路与工作目标施政纪要

1992年12月，长沙市北区召开第十一届人民代表大会第一次会议，区政府《工作报告》提出1992—1997年工作思路：以党的十四大建设有中国特色的社会主义理论为指导，开明、开放、开拓、实干、实在、实效、勤政、廉政、为民、工商并举、开发富区，为把北区建设成为经济发达、市场繁荣、社会安定、环境整洁、生活方便的社会主义新城区而努力奋斗。制定“工业产值翻一番、商业翻两番、城市开发翻三番”的工作目标。为实现这一目标，1995年，区政府对经济工作采取搞活区街工业企业、发展第三产业的工作举措。1997年全区工业产值完成7.25亿元，地方财政收入突破1亿元大关，增长幅度分别为1992年的3.30倍、4.10倍，实现工业、商业、城市开发翻番的工作目标。

1997年11月，长沙市开福区召开第一届人民代表大会第一次会议，区政府《工作报告》提出1997—2002年的工作思路：高举邓小平理论伟大旗帜，以党的十五大精神为指针，围绕实现两个根本性转变，进一步解放思想、更新观念、深化改革、扩大开放、加速发展。认真实施“以园立区、工贸富区、科教兴区、依法治区”战略，加大结构调整力度，加强基础设施建设。坚持走城乡一体化道路，实现经济和社会的协调发展，将一个“经济持续发展，社会政治稳定，环境整洁优美，人民生活富裕”的新开福推向21世纪。制定“国内生产总产值年均增长18%，财政收入递增12%，城市居民收入年递增15%以上，农民人均纯收入年递增10%以上，人口出生率控制在10‰以内”的工作目标。采取以加快发展为主题，以结构调整为主线，以科技进步和体制创新为动力，艰苦创业的工作举措。2002年，全区完成国内生产总值22亿元，地方财政收入2.10亿元，社会消费品零售总额23.35亿元，全社会固定资产投资18.35亿元，政府固定资产五年净增1.50亿元，全区一、二、三产业实现由“二三一”向“三二一”转变，农村经济总量提升，实现2002年制定的工作目标。

2002年11月，长沙市开福区召开第二届人民代表大会第一次会议，区政府《工作报告》提出2002—2007年的工作思路：高举邓小平理论伟大旗帜，全面实践“三个代表”重要思想，认真贯彻落实党的十六大和区第二次党代会精神，紧紧扭住发展第一要务，继往开来，与时俱进，团结谋事，实干兴区，为全面建设经济繁荣、社会稳定、事业发展、人民幸福、城乡一体、共同进步的小康社会而努力。制定“城区面积翻一番、财政收入翻一番”的工作目标，采取立足区情、充分发挥资源优势、交通优势和后发优势，加快拓城步伐、建设三产强区、营造文明环境的工作举措。至2007年，城区面积由2002年16.42平方千米，扩大到38.70平方千米，地方财政收入增加到13亿元，每年净增收入两个亿以上，年均增长44%，分别提前两年和三年实现城区面积、财政收入翻番的工作目标。开福区综合实力跻身全省县区第一方阵。

2007年11月，长沙市开福区第三届人民代表大会第一次会议上，区政府《工作报告》提出2007—2012年的工作思路：以邓小平理论和“三个代表”重要思想为指导，用科学发展观统领经济社会发展全局，认真贯彻落实党的十七大和区第三次党代会精神，围绕“紧紧扣住以人为本，倾力提升城区价值，培育壮大服务经济，全面构建和谐社会”的发展战略，坚持以城市化为主导，把开福区建设成为全国一流的经济强区和全国文明城区。制定城区面积、财政收入、经济总量“三个翻一番”工作目标。采取紧扣发展第一要务，倾力提升城北地位，全力推进城北建设，突出抓好产业发展，大力实施改革创新的工作举措。至2012年，城区面积超过60平方千米，地区生产总值、固定资产投资、社会消费商品零售总额各完成536亿元、450亿元、433亿元，分别为2007年的2.23倍、1.88倍、2.40倍。地方财政收入70亿元，为前五年的2.23倍，年均增长24%，实现2007年制定的工作目标。开福区综合实力保持全省第一方阵领先地位，迈入中部城区十强。

第二节 经济体制改革施政纪要

一、发展非公有制经济

1993年3月，长沙市北区召开个体私营经济发展大会，指出加快个体私营经济的发展是全区经济工作的大事，要求政府各职能部门进一步解放思想，努力做到观念更新一点，步子更大一点，政策更优惠一点，手段更过硬一点，办证手续更简化一点。4月5日，发出《关于加快发展个体私营经济的决定》，推出发展个体私营经济的八条措施，即：进一步放开个体户和私营企业的经营条件；进一步简化审批手续；进一步妥善安排个体工商户和私营企业的生产经营用地；为个体私营经济提供信贷支持；进一步完善税收制度；严格各项收费管理；切实保护个体工商户和私营企业的合法权益；加强对个体私营经济的领导和管理。政府常务会议先后5次听取发展个体私营经济的情况汇报，要求全区经济工作部门成立相应的工作机构，抓好发展个体私营经济的规划，至1995年，全区个体私营经济工商户发展到7771户，从业人员1.974万人，完成产值7244万元，个体私营经济上缴税收占全区财政收入的49%。1999年，开福区政府再次作出《关于加强发展个体私营经济的若干规定》，要求至2002年，个体私营民营工商户突破1.5万户，私营企业达300家，从业人员达到5万人以上。2012年，全区个体私营经济创税收占区级财政收入的比重已达70%以上。

二、乡镇区街企业产权制度改革

1996年，北区政府对34家企业进行优化资本结构的试点，并成功转制，突破以往企业承包经营和租赁经营的模式，出现破产、股份制、年薪制、卖资抵债、拆迁重建、分块搞活、出售、公有民营等形式。1997年5月23日，区政府召开400余人参加的企业改制动员大会，提出“统筹兼顾，循序渐进，重点突破，整体推进，因企施策”的原则，确保改制一个、成功一个、巩固一个。至年底，全区有42家区街乡镇企业完成多种形式的改制工作，其中整体出售13家、破产7家、股份制或股份合作制22家、新办股份合作制企业8家。1998年3月，制定《长沙市开福区企业产权制度改革实施方案》及《全区企业改制工作实施意见》，区政府先后召开全区企业改制工作现场交流会2次、座谈会4次，政府常务会议听取汇报5次。总结出开福区企业改制的4大基本方式（优先卖，努力兼，着重股，依法破）和10种具体模式（先售后股式，售租结合式，剥离分立式，破产重组式，化整为零式，整体买断式，招商嫁接式，增量参股式，负责人股式，存量配股式）。至1999年年底，全区已有175家国有、集体及乡镇区街企业完成产权制度改革，其中整体出售40家、股份制31家、股份合作制66家、兼并联合8家、破产8家，企业改制面达90%。1999—2005年，区政府推出以建立现代企业制度为目标，以转换政府职能、实行政企分开为动力，企业改制工作开始从集体向全民、从工业向商业服务业、从企业单位向事业单位延伸。2003年1月，区政府制定《长沙市开福区属开发企业改制实施方案》。到2004年年底，区属4家开发公司全部实行转体改制，注销全民事业单位性质，118名在职员工理顺劳动人事关系，分别得到妥善安置和合理补偿。2005年，改制范围扩大到区属所有自收自支和差额拨款事业单位，出台《长沙市开福区国营综合农场体制改革实施意见》，采取“资产债务剥离，产权竞价转让，债务政府化解的资产重组办法”，实现国有综合农场政企分开，产权明晰的改制目标。至2006年，全区累计有220家国有、集体企业完成多种形式的产权制度改革，其中包括30家国有企业和全民事业单位，并对550家挂靠企业实施摘帽改制，企业改制面达98%，改制范围涵盖工业、商业、建安、开发等各类企事业单位，理顺劳动关系职工人数达1.68万余人。2008年，全区企业改制工作基本完成。

第三节　区域经济发展施政纪要

一、加快产业发展

1997年2月24日，长沙市开福区政府发出《关于进一步加强工业经济工作意见》，把发展产业作为经济工作的重中之重，突出壮大现代物流业、新型工业、文化产业、房地产业、商贸服务业，形成新的经济支撑点。在第三、第二、第一产业发展布局上构筑经济功能区，培育商业文化圈，兴建现代新港城，培植科技工业园，发展高效农业带，促进经济发展。1998年，区政府修订开福区经济工作奖励办法，新增加以效益创新为主的经济指标考核内容。2000年，制定加强财源建设，促进区域经济发展的若干政策，把增加财政税收，促进区域经济发展做为重中之重。2002年开始全面建设一带一圈（湘江风光带和城市防洪圈）；开发两区三城（洪山旅游区、金霞新区和四方新城、青竹湖外商城、新港工贸城）；舒展五纵六横，构建城乡道路网络；培育三大支柱产业（建安房地产业、现代物流业、旅游和服务业）；营建五个商务中心（松桂园、中山亭、伍家岭、五一广场和四方坪商务中心）。2006年，加大对金霞经济开发区、金霞海关保税物流园、青竹湖生态科技园和高岭、沙坪、大明工业区的建设力度，推进大城北战略的实施。2007年2月23日，区政府发出《关于在全区街道实施产业培育“三个一”工程的通知》，要求每个街道用3年左右时间，重点培育一条特色商业街，一栋标志性楼宇，一个龙头企业。区政府先后召开“三个一”工程联席会、重点工程调度会、现场办公会、财税调度会50余次。11月，在《政府工作报告》中对产业发展作出新的部署，即：打造区域性物流中心，全力支持长沙铁路新北站、长沙新港、湘江枢纽工程建设；建设大运量工业基地，结合金霞物流园建设，整合高岭组团产业布局，在城北新区规划建设10平方千米以上的大运量工业基地；做大做强文化产业，积极引导广电传媒、报业、出版集团在区内发展壮大，整合潮宗街、开福寺、沙坪湘绣等旅游文化资源；巩固房地产业发展优势，重点打造滨江片区、新河三角洲、金鹰文化城、鹅秀组团、青竹湖等房地产板块。2008—2009年，区政府连续两年实施“项目投入年”计划。北京银行、新韩银行、渣打银行、申银万国证券等25家区域性金融总部入驻城北，金融业成长为开福区第二批税收支撑产业。青竹湖生态科技（产业）园发展成为湖南省服务外包示范区和长沙市服务外包示范基地。国家确定开福区为中国物流示范基地、国家电子商务示范基地、长株潭城市群的核心功能区。“三产强区”的城北特色更加鲜明，结构调整“优一强二活三”的战略得到体现。全区三次产业比由2007年的1.6 ∶ 24.6 ∶ 73.8调整为0.8 ∶ 26.1 ∶ 73.1。

二、招商引资

1992—1995年，北区合同利用外资644.30万（美元），到位资金327.4万（美元）。1996年4月，成立由区长任组长的招商引资领导小组并作出《关于加快招商引资工作发展外向型经济的决定》，确立“无外不快、以外促快”的工作思路。1997年10月，开福区召开招商引资工作会议，制定招商引资工作的奖励办法，鼓励外资投资的优惠政策和措施。1999年4月，又制定新的鼓励国内外客商投资的若干规定，区政府常务会议研究制定招商引资奖励政策及考核办法。2000年10月28日至29日，湖南长沙开福首届投资合作洽谈会在区机关大院举行，来自德国、美国、西班牙、芬兰、加拿大等国和港澳台及内地400余家知名企业的1000余名客商参加洽谈会，签约项目39个，其中投资额1000万元以上的12个，共引进资金16.70亿元。2001年，开福区召开第二次开福投资合作洽谈会，发布招商项目88个，其中重点项目20个，项目签约18个，其中重点项目签约9个。2002年5月，开福区参加湖南上海经贸活动周，并举行2002年长沙开福（上海）投资合同联谊会，推介项目100余个，重点推介项目17个，签约项目8个，合同和协议引资24.80亿元。2003年4月，全国大中城市民营企业（长沙）合作交流会在开福区举办，开福区以10个项目签约，实现合同利用外资26.72亿元。2004—2006年，区政府先后6次组团赴香港、上海、广州、深圳、青岛、泛珠三角举办的港洽会、沪洽周、夏交会、经贸洽谈会、湘洽会、物流经贸推介会等。2006年9月，香港特首和海关总署领导考察金霞海关保税物流中心后，香港地产团在金霞海关保税物流中心举行座谈会，成功签约5大项目，签约金额135亿元，先后引进香港国际恒基兆业、国朝金融等多家战略投资商。至2007年，全区引进企业60余家，引进投资过亿元项目68个。2008年起，除开展开福区金秋经贸文化节招商引资外，还根据招商引资新的情况，采取变招商引资为择商选资，突出引大引强，重点攻关世界500强和国内知名大型企业、集中力量跟踪亿元以上投资项目，先后派出40批次人员赴北京、上海、深圳、港澳台，主动与知名企业对接，接待对接投资商60余批次，引进项目23个。2007—2012年，实际利用外资16.80亿美元，引进各类资金223.75亿元，年均增长11.75%、17.40%，引进重大投资项目93个。

第四节 法治政府建设施政纪要

一、依法行政

1996年3月28日，长沙市北区政府印发《关于推行办事公开制度实施意见的通知》，要求区直机关和各街道办事处逐步推行办事公开制度。2000年4月，长沙市开福区成立政务公开工作领导小组，制定《进一步推行政务公开工作实施方案》，提出政务公开的内容和项目、政务公开的形式和政务公开的办事原则，并建立政务公开办证大厅。2003年，区政府先后制定《进一步做好政务公开工作的实施细则》《开福区行政效能投诉处理暂行办法》《开福区政务公开投诉处理及过错责任追究试行办法》等文件，规范政务公开的原则及处理办法。2004年，区政府制定《关于全面推进依法行政的决定》，提出加强行政执法监督力度，完善行政许可配套制度，实施规范性文件备案审查制度，明确区法制办的依法行政服务职能。为全面贯彻实施《中华人民共和国行政许可法》《中华人民共和国行政复议法》，区制定行政许可公示制度、行政许可受理制度、行政许可时限制度、行政许可收费管理制度、行政许可监督检查和责任追究制度等。2006年，区政府在全市率先推行行政执法责任制，清理、规范、修正和废止一批不符国家现行法律、政策的文件，先后3次整顿行政执法队伍。2007年，按照湖南省出台的《行政程序规定》《规范行政裁量权办法》《政府服务规定》等文件，区政府制定落实《行政程序规定》等实施方案，做到用制度管权、管人、管事。

建设法治政府 2002年10月，区政府把建设法治政府提上重要议事日程，在管理环境方面，深化行政审批制度改革，清理和废止阻碍经济发展有关规定，加大政务公开力度，规范行政行为；从信用环境方面，建立企业不良行为警示制度，维护社会信用和企业公正、公平竞争秩序；在法治环境方面，加强综合治理和安全管理监督；在服务环境方面，倡导“人人都是投资环境，个个都是开福形象”。2004年，为推动向服务政府、法治政府的转变，区政府只审批事关经济安全、影响环境资源、涉及整体布局的重大事项，其他项目审批改为备案制，把主要精力转到抓政策、谋大事上，转到为市场主体服务和优化经济环境上，实现政企、政事分开和政资分离。2007年12月，《政府工作报告》提出“推进自身建设，打造具备过硬执行力的民本政府”，并采取健全民主法制，建立科学民主决策议事机制，推进依法治区进程；转变政府职能，强化政府对经济的引导、调节、监管，集中精力抓好公共管理和社会化服务；提高行政效能，实行行政问责和责任追究制，杜绝政府部门及其工作人员不作为和乱作为，促进发展环境的不断优化；改进工作作风，抓好工作推动和决策落实，提高处理实际问题和应对复杂局面的能力。区政府并提出：要推进政府诚信建设，兑现政府承诺，不提不切实际的口号，不搞劳民伤财的达标评比及沽名钓誉的“形象工程”；加强政府自身建设，完善目标管理，健全工作末位淘汰和奖优罚劣工作机制等措施。2005—2012年，共奖励勤政、廉政的政府工作人员1280名，处分违法违纪的政府工作人员243名。

第五节 民生社会保障施政纪要

一、实施就业和再就业工程

1998年5月，长沙市开福区政府成立就业再就业工程领导小组，制定《关于下岗职工再就业工程的若干意见》。区政府常务会议3次专题研究再就业工作。6月，开福区召开再就业工作动员大会，部署全区再就业工作，采取“五个一”的办法多渠道安置下岗职工，即：好的企业接纳一批；依托第三产业安排一批；成立劳动管理职介所，向外输送一批；通过办培训班，专业对口解决一批；鼓励下岗职工自谋职业，政策扶植安置一批。当年，解决各类就业和再就业2700余人。2003年9月，为贯彻全国再就业工作座谈会精神，区政府发出《关于推进全区就业再就业工作的若干意见》，要求全区街道把就业再就业安置工作作为民生大事来抓，党政一把手负总责，并制定全区就业再就业目标责任制。2006年，全区城乡就业再就业达62000人，创全省最充分就业街道3个、最充分就业社区21个。2002—2012年，累计培训城乡就业人员58900人次，解决就业再就业达141000人次。至2012年，全区实现城乡零就业家庭动态清零，城乡登记失业率控制在3%以内。

二、解决低收入家庭住房

2007年9月13日，长沙市开福区政府召开常务会议，研究贯彻中央和省、市关于解决城镇最低收入家庭住房保障的文件精神，决定成立区廉租房建设领导小组，由区长担任组长。10月30日，区政府召开住房保障工作办公会议，对廉租房和经济适用房运作管理、建设规模、启动程序作部署，决定在洪山用地17.33万平方米、青竹湖用地13.33万平方米作为经济适用房和廉租房的建设用地。2008年，区廉租房建设领导小组提出加大保障房建设力度，保证房源及时到位，做好住房租赁补贴发放工作，做好经济适用房的初审工作。至年底，完成低收入住房困难家庭申报登记7992户，登记人口19980人，发放经济适用房货币补贴凭证2353户，完成市政府下达给区2300户发证任务。2009年，完成经济适用房货币补贴凭证6053户，为市政府下达任务1500户的403%，货补对象购房4919套，完成廉租房保障户数4587户，为市政府下达任务4418户的103%，租金核减2784户，廉租房实物配租155户。2010年，市政府向区政府下达廉租房建设任务1100套，区成立保障性住房指挥部。5月，启动丝茅冲和植基村两个廉租房建设项目，总面积10.39万平方米，总投资2.3亿元。2012年，新建廉租房1147套，定向配租公共租赁房3600套，实物配租401套，通过经济适用房货补、廉租房租赁补贴、实物配租、租金核减等方式，有效解决17894户家庭住房困难。

三、落实城乡最低生活保障

1996年，长沙市开福区政府制定《开福区城市最低生活保障制度实施方案》，成立最低生活保障领导小组。随后，各街道办事处成立相应机构，组织居民委员会具体实施。1997年，全区低保717户，1286人，发放低保金70.69万元。1999年9月以后，贯彻国务院《城市居民最低生活保障条例》，开始实行规范化、公开化、动态化管理，接受社会监督，全年共发放最低保障金260万元。2002年，区政府制定《关于实施农村村民最低生活保障制度的暂行办法》，年底，全区农村低保户550户，1533人，发放低保金20.20万元。2004年，全区城乡低保扩面为25961人，发放低保金2125.46万元。2005年开始，区级财政每年按15%的比例拨付低保金，列入财政预算，城乡低保按要求实现全动态管理下应保尽保。2012年，全区累计共发放城市低保对象保障金2.1亿元，农村低保对象保障金900余万元。

四、建立城乡“五险合一”社会保障体系

1992年，长沙市北区制定《实行养老保险试行办法》，至1996年，全区有117家单位和1338人参加养老保险。1997年，长沙市开福区政府发出《关于进一步做好农村社会养老保险工作的通知》，扩大养老保险覆盖面，到2006年，区养老保险人数达10793人，其中退休人员1305人。2007年起，逐步建立覆盖全区城乡养老保险、医疗保险、失业保险、工伤保险、生育保险“五险合一”的社会保障体系。至2008年，全区城镇职工基本养老保险新增14468人，城乡职工基本医疗保险新增4776人，失业保险新增5668人，生育保险新增1012人，工伤保险新增3700人，全区城镇职工、城乡居（村）民、困难群众、弱势群体、退休人员逐步进入社会保障体系。2009年，区政府启动新型农村养老保险制度试点和全区养老服务体系建设。9月29日，区政府印发《开福区推进城乡社区居家养老服务工作实施办法》，作出建立公共财政投入机制等62项工作措施，并列入当年政府办实事项目之一。2010年，开福区全面启动参保缴费和待遇发放工作，全区参保人员达到77680人，城乡最低生活保障标准进一步提高，全区被征地人员基本养老保险全面实施。城乡基本医疗保险全面并轨，参保率100%。2012年，全区民生投入达12.60亿元，为5年前的2.28倍。

第六节　基层管理施政纪要

一、理顺街道行政管理体制

2006年6月21日，长沙市开福区政府发出《关于深化街道管理体制改革的实施意见》，强调街道管理体制应适应经济和社会发展的要求，按照“两级政府、三级管理、四级服务”的工作思路，实施“合并、扩权、强街”的街道管理体制改革，构建“以块为主、条块结合”的城市管理模式，实现城市管理重心下移，确定街道在城市管理中的主体地位。区政府常务会议决定扩充街道的日常性管理权限，明确区以建设为主，街道以城市管理、卫生监督、城管执法等方面为主，把应放到街道的权力尽量下放，建立权能、权责对等，责、权、利相统一的新体制，让街道有权

干事，有钱办事，有能力办成事，使基层干部有荣誉感、成就感。6月，开福区实施街道行政区划调整方案，将原13个街道撤并为10个街道，进行人员分流，建立新的街道领导班子，于7月15日调整完成。街道行政区划调整后，给全区工作带来新的起色。2011年，全区10个街道地方财政收入都超过1亿元，清水塘街道地方财政收入达10亿元。

二、实行社区管理社会化

2006年，区政府为破解主城区历史形成的社区居民委员会自治组织对社会事务难管理、管理难的问题，在伍家岭街道建湘新村社区试点并推广社区物业化管理的做法，增强居民参与社区管理的积极性和自主性。在社区物业化管理的基础上逐步实施社区管理社会化，建立健全社区党组织和自治组织，培育和发展社区服务性、公益性、互助性、中介性、社团性、行业性等社会组织，采取民主自治、共建共享、自律自愿、市场运作等多种开放性、包容性的方式方法，改变社区责大、权小的矛盾。2009年，区政府在全区所有街道社区推广。2010年3月，成立社区工作局后，区政府于4月8日召开动员大会，就推进社区管理社会化工作任务、组织领导和保障措施作出部署，并制定《社区管理社会化工作的实施要点》和《社区管理社会化扶持奖励办法》，有序推进社区管理社会化。区政府常务会议4次听取区民政局、社区工作局的工作情况汇报，进行协调，并从区财政安排350万元做为社区管理社会化工作资金，后又追加500万元以奖代投和购买服务等方式，作为推行社区管理社会化工作专项基金。9月30日，国家发改委在开福区召开“社会管理创新座谈会”，肯定开福区社区管理社会化工作的经验和作法。2012年，全区推进社区管理社会化工作基本完成。

三、创建农村“三位一体”机制

2004年，全区农村按《中华人民共和国村民委员会组织法》进行换届选举，基本实现党支部书记与村委会主任“一肩挑”。在学习广东、江苏、浙江等先进地区农村工作的经验后，区委、区政府决定在农村试点建立村党组织、村委会、合作经济组织“三位一体”的运行新机制。12月20日，区发出《关于建立农村合作经济组织的指导意见》，并制定《建立农村合作经济组织试点工作方案》，确定在太阳山村先期试点，主要是加强党员大会、村民（代表）大会、社员（股民）代表会议，对“三位一体”负责人的监督，对3个会议议事的范围、决策的事项、遵循的程序作出明确规定，组织村民讨论制定《村级合作经济组织章程》，建立村级财务服务监督中心，加强村级组织及其经济活动的管理和监督。2006年，全区有8个村级合作经济组织按照“三位一体”的方法运行。至2008年，全区农村多数行政村基本上推行“三位一体”的模式。

第七节 教科文卫工作施政纪要

一、贯彻落实教育法规及教育强区

1986年以来，长沙市北区政府每年对贯彻《中华人民共和国教育法》《中华人民共和国义务教育法》《中华人民共和国教师法》的情况进行检查。自1992年起，全区学生入学率、巩固率保持100%，合格率保持在97%以上。1993年，根据中共中央、国务院印发的《中国教育改革和发展纲要》，提出全区小学适龄儿童入学率要达到100%，残疾少年入学率要达到95%以上，小学生辍学率为0，初中生辍学率控制在1%以内，小学毕业生合格率为100%。6月，省政府检查团对驻区中、小学、区属中、小学的“双基”工作进行评估验收，全区“双基”工作的各项指标均达到国家和省级规定的标准，分别获得国家和省、市授予的奖牌。1996年区划调整后，全区划入农村中、小学校31所、新增“双基”达标任务，区政府采取“两免一补”（免学费、杂费，补助困难家庭学生）等措施，加快城乡教育一体化进程。1997—2002年，为优化教育资源，长沙市开福区政府对全区中小学进行调整和布点，合并3所小学，新建6所小学，在城区开发上，优先考虑学校布点和建设规划用地。2004年，根据区委《关于加快教育改革与发展的若干意见》，保障经费投入，巩固“双基”成果，提高“普九”质量，继续实施素质教育。2004—2007年，教育经费投入分别达到1.11亿元、1.56亿元、1.61亿元，高于同期财政收入增幅0.6、2.2、1.0个百分比。2007年，区财政投入资金，新建、改造清水塘小学、东风小学等学校一批综合楼、配套运动场等设施；维修改善31所农村中小学校校舍；更换破旧办公桌椅和课桌椅1.3万套，配齐各类学校功能室设施等。2008年，根据区委《关于加快推进教育强区建设的决定》，成立开福区建设教育强区工作领导小组，由区长担任组长，区直26个部门为成员单位，完善“以区为主”

的教育管理体制，坚持“定期议教制度”及“区级领导联系中小学校制度”规定，政府常务会议每年议教在4次以上。2007—2012年，全区学校基建总投资达3.30亿元，新建校舍建筑面积12.60万平方米，完成校舍安全工程9.71万平方米，全区学校全部达到省合格学校标准，区政府再次被省委、省政府授予教育工作先进单位。2004—2012年，教育经费累计投入达19.69亿元，教育强区建设取得阶段性成果。

二、科技兴区

1996年1月，长沙市北区政府召开全区科技大会，发出《关于加速科学技术进步的决定》，制定科学技术奖励办法，强调进一步树立科学技术是第一生产力的思想，要求建立多渠道、多层次的科技体系，努力增加科技创新的投入，在全区大造科技兴区、科技强区、科技活区的气氛。1997年，开福区政府制定《科技兴区九五计划和2010年远景目标纲要》。2001年4月，区作出《关于聘请科技经济顾问的决定》，并设立区科协，聘请中国工程院院士、国防科学技术大学教授等10名顾问。在专家、学者充分论证的基础上，提出开福区在园区建设产业升级，扶优扶强、机制和技术创新，政策、人才和服务保障上寻求重点突破的方案。2002—2004年，开福区被评为全国科技进步城区、全国科普示范区。2005年6月，开福区向中国科协提出创建全国科普示范区的申请，并成立由区委书记为组长，区长为副组长，有关部门单位主要负责人为成员的全区科普领导小组，开展科普进街道、进农村、进企业、进学校的宣传教育活动。当年，全区投入科技三项经费4000万元，用于工业、农业、医药、电子、科普基地建设等项目及引进、扶持科技型企业，发展区内高新技术产业。2001—2008年，全区高新技术产值增速连续3年超过25%。2009年10月，中国（长沙）第三届科技成果转化交易会上，开福区共落实20余项技术与融资需求，收集发布5项科技成果，6项科技项目签约金额达1.10亿元，全年高新技术产业产值达53.13亿元，增长率为36%。1988—2012年，区投入科技三项经费达1.50亿元，依靠科学技术发展经济的能量进一步释放。

三、群众文化体育活动

1996年以前，北区设有文化馆、青少年宫，下属各街道设有文化站，组织群众开展各项文化体育活动。2003年2月，开福区委、区政府提出按照先进文化的要求发展街道、社区文化和镇村文化，积极鼓励开展张扬个性、体现活力的群众性文化体育活动，用先进文化带动人们生活方式和思想观念的转变。区政府在活跃群众文化体育活动方面推出新的举措。2004年，区政府陆续推出“湘江夜韵”等8项文化体育活动，2001—2005年，连续被评为“全国群众体育工作先进城区”。2007年，组织广场演出达64场次。2008年，结合“文明创建”和“百团展演”等系列活动，演出达60余场，参加团队70余个，演职人员达5000人，观众6万余人次。2010年，开展“三湘读书月”，送文化进农家、“文化大篷车”走街串巷，促使群众文化体育活动蓬勃开展。区政府引导社区开展文化体育活动，至2012年，全区建立社区文化体育活动场所250余个，其中体育锻炼场地160余处，实现区文化体育网点设施全覆盖。2010年，区政府加大财政投入，扩展区图书馆1554平方米，藏书6.20万余册，报刊杂志240余种；区财政拨款重新装修区文化馆，面积扩展至1620平方米，为区内40余支业余文艺团体及周边群众提供活动场和服务。

四、卫生事业

1994年9月20日，长沙市北区政府发出《关于进一步改革和加强卫生工作的决定》，要求搞好初级卫生防疫和卫生保健，完善基层卫生医疗机构，增加财政投入，增强卫生事业的活力和发展。1997年10月，长沙市开福区政府再次作出《关于加强卫生改革与发展的决定》，提出卫生改革要体现社会主义卫生事业的公益性和福利性，又要适应社会主义市场经济发展。区政府把乡、镇（场）卫生院，村、社区卫生室建设纳入区政工作议事日程，作为一项保护劳动力和生产性投入的大事来抓。区政府常务会议3次听取卫生工作情况汇报，决定卫生经费拨款在1996年的基础上逐年增加，各乡、镇（场）在乡村统筹经费的公益金中，按人均纯收入0.30%的比例筹集经费，用于乡、镇（场）卫生院和村卫生室建设及预防保健等农村卫生事业，街道从与区超收分成中提1%经费用于卫生院和社区卫生预防保健的补贴。2000—2005年，全区农村80%以上的人口解决安全卫生用水问题，70%农户使用卫生厕所，新建青竹湖、新港两镇卫生院，改扩建捞刀河镇卫生院两个分院，开福区人民医院进行业务整合，设立老年人病专科和康复科。全区对60岁以上的居（村）民建立健康档案。在公共卫生防治上，2008—2012年，区财政投入100万元加强区疾控中心建设，重点突出人禽流感、艾滋病、结核病、血吸虫病、霍乱、狂犬病等重大疾病的防治工作；区妇幼保健所实现整体搬迁，业务用房增加到2800平方米，创建全省唯一一个“全国儿童早教示范基地”，获“全省健康教育先进单位”。

第八节 环境保护施政纪要

一、贯彻环保法规

1989年以来，长沙市北区政府将全国人大颁布的《中华人民共和国环境保护法》《中华人民共和国大气污染防治法》等“六法一条例”列入“二五”“三五”普法教育内容。1996年12月2日，区政府召开贯彻国务院《关于环境保护若干问题的决定》及省、市相关决定的全区动员大会，作出《关于进一步加强环境保护工作的决定》，从1997年起每年拨款50万元，另从排污收费污染治理资金中划出25%的额度，作为开福区环境污染防治专项基金，并按照“污染者付费，利用者补偿，开发者保护，破坏者恢复”的原则，确保用于环境保护的资金全面落实。同时，要求加大环境保护宣传力度，增强全区人民环境保护意识；加强环境保护队伍建设，提高执法监督和管理水平；加大查处环境违法行为和事件，按照“谁办谁关，谁管谁关，谁批谁关”的原则，严查以言代法，以权代法，有法不依，违法不究，执法不严的人和事。为此，全区把住审批新办企业实行环境保护一票否决，严格执法环境影响评价制度，在审批时，严格执行环境保护第一审批的原则。2010年4月，开福区开展环保世纪行活动，要求以改善环境质量为目标，以保障人民身体健康为根本，坚定不移地执行环境保护基本国策。5—9月，开展专项大气污染整治。10—11月，对全区锅炉、汽车尾气排放进行整治，把治标与治本结合起来，收到好的整治效果。2003年，区政府带头拆除燃烧锅炉和烟筒。至2004年，全区共拆除或改造锅炉198台，治理窑炉22处，关闭和治理实心粘土砖厂6家，拆除大小煤炉4180家，治理餐饮企业2086家，安装油烟净化装置497台。初步建成22.20平方千米的烟控区，全区大气环境质量得到改善。

二、实施环保工程

2005年3月，长沙市开福开福区政府提出把建设资源节约型和环境友好型社会纳入经济社会可持续发展的基本方略，推进“两型”社会建设。2007—2012年，为完成国家污染物二氧化硫消减指标，区政府制定《长沙市开福区重点污染行业企业整治实施方案》《开福区扬尘整治实施方案》等文件，全区实施蓝天、碧水、静音、生态环境、城市绿化工程。2008年，检查施工工地60个，查处渣土运输废物裸露现象34起，处罚10起。全区控制三环线以内燃烧锅炉反弹，大气质量优良率逐步提升，2007年为83.62%，2008年为91.50%，2009年为92%，2010年为97.40%，2011年为97.80%，2012年为98.10%。治理水污染，查处湘江、浏阳河、捞刀河水污染源10处，对有关企业进行处罚，并发出整改通知书。对新老城区的生活污水，铺设和改扩建管网进入污水处理厂处理。2008年，区政府拨专款200万元，对捞刀河因牲畜粪便污染淤塞沟渠6200米进行清理，对农村养殖户环境污染，下达限期整改书88份。关闭污染养殖户20家，建设大明工业园污水处理厂，完成四方坪地区污水管道改造，捞刀河、浏阳河水质有所好转。2010—2012年，全区实施“静声工程”，治理噪声污染，执法50余次，出动执法人员560人次，发出噪声污染整改通知书1000余份，拒批噪声门（店）300余家，共治理噪声源400余个，新建噪控区5.38平方千米，巩固噪控区25平方千米。制定《长沙市开福区生态环境保护规划》，对生态公益林采取封山育林等措施，对乱砍滥伐、破坏植被的人和事依法依规进行处罚。2005年，开福区通过国家、省关于建设“生态示范区”的验收。在实施“城市绿化工程”方面，2012年，全区人均公共绿化达8平方米以上，城区绿化覆盖率由2000年的25%提高到44.20%以上，为全区广大居民提供出门见树、抬头见绿的居住环境。

第九节 城区建设管理施政纪要

一、城区建设

1992年12月，长沙市北区政府提出“加快城市开发力度，改变旧城面貌”的工作目标。1993年10月12日，成立长沙市北星城建设实业开发有限公司，拉开旧城改造序幕。至1997年，有50余家开发商投资约10亿元在区进行开发建设。1999年12月，开福区政府贯彻区第一次党代会精神，对城市建设提出“高起点规划，高效能管理，高标准建设”的要求。至2002年，全区累计投入城市建设资金32.40亿元，城建开发项目488个，新建商场、住宅244万平方米。2003年，区政府围绕“倾力拓展城区面积，精心营造商务中心，全面提升开福形象”的战略，充分利用长沙市调增开福区城市建设用地30平方千米的机遇，引进外资，启动“一区两园”为核心的大城北建设，推进板块开发和项目填充，重点打造青竹湖生态新城、四方新城、江湾半岛新城、金鹰文化新城、新河三角洲的建设，打造松桂园商圈和滨江美食街、湘春路、开福寺路等特色街区，改造棚户区155万平方米。至2007年，城区面积达到38.7平方千米，较1997年增加1倍。2008—2012年，区政府紧扣“以人为本、倾力提升城区价值、培养壮大服务经济”主题，引进重大投资项目93个，引进资金300亿元，湘江世纪城、北辰三角洲、万达广场、泊富国际等大型城市综合体相继建成，在建商务面积超过500万平方米，渣打银行等25家区域性金融机构总部入驻城北，完成棚户区改造173万平方米，相继打通过江过河交通节点，构筑“五纵六横”的城乡路网骨架，累计建设城乡道路167条，总里程达380千米。全区整体防洪能力基本达到百年一遇，主城区防洪圈全线合拢。1992—2012年，区政府支持省、市在开福区境内共建成重点工程项目36个，其中城市基础设施项目21个、社会产业项目10个、民生项目5个。开福区域内开发建设楼盘、小区216个，其中5万平方米以上118个、5万平方米以下98个，楼盘达3395栋，建筑面积达5026万平方米。

二、城区管理

1994年以前，长沙市北区城市管理实行以区（爱国卫生委员会）街（街政办爱卫会）委（卫生专干）和“门前三包”为主要内容的城市管理体制。1996年以后，按照市委、市政府提出的“条块结合，以块为主”的管理体制，将区城市综合管理办公室、区爱卫办公室、区创建办公室合并，成立北区城市管理委员会，并将区环卫局、园林局和市政局成建制划归区城市管理委员会领导。各街道相应设立城市管理办公室，各居委会配备城管专干，并发挥驻区单位作用，动员社会力量支持和参与城管工作，形成横向到边、纵向到底的城管工作网络。2003年1月，长沙市开福区发出《关于加强和改进城区管理的若干意见》，要求按照“政企、政事、政社”分开，职能配套，资源共享，共驻共建，责权统一，管理有序，居民自治的原则，调动和激发街道、社区管理城市的积极性。2006—2012年，区政府撤销原城管系统的市政、园林、环卫3个局，对应成立市政、园林、环卫3个管理中心，各街道（镇）成立市容监督管理所，强化各自的管理职能。区政府并将城市管理工作纳入城管系统和街（镇）的目标管理考核中，采取在城市管理检查中，凡被新闻媒体曝光，或受到上级批评的单位，降低目标管理的奖励等级，对年内综合排名连续两次居末位的街（镇），区委、区政府对其街（镇）主任、镇长，分管的副主任、副镇长进行诫勉谈话，对城市管理好的单位进行表彰奖励，将城市管理纳入制度化的轨道。

三、创建文明城市

2007年年初，区政府传达市创建全国文明城市工作会议的要求，作出全区创建文明城市的工作部署。4月20日，开福区召开创建文明城市工作动员大会，印发《开福区创建全国文明城市实施方案》，明确100个社区综合整治的工作任务。迎检创建工作展开以后，全区参与创建文明城市工作达4.5万人次。2009年，为落实市委、市政府《关于开展建设人民满意城市活动的决定》，印发《开福区建设人民满意城区2009—2011年工作纲要》，成立建设人民满意城区领导小组。政府常务会议提出：以《全国文明城市测评体系》为标准，夯实文明创建基础；以社会主义核心价值体系为重点，推进市民素质教育工程；以创新载体、健全网络、优化环境为重点，加强未成年人思想道德建设；以建设“诚信开福”为重点，开展文明行业创建活动；以提升文明社区水平为重点，深化文明社区创建工作；以创建文明村镇为重点，加大农村文明创建力度；以突破薄弱环境为重点，抓好城市综合整治。依照分线管理、分块负责、分级落实的总要求，制定人民满意城区工作职责分解表，建立分工明确、任务明确、责任明确的工作体系。2010年，为推进文明创建工作常态化，区政府制定《开福区文明创建奖惩办法》，召开现场办公会11次，现场协调处理各类问题30余起。2007—2012年，投入文明创建资金达1.50亿元。

第十节　新农村建设施政纪要

一、建设新农村

开福区农村面积160平方千米。2006年2月17日，根据中共中央、国务院《关于推进社会主义新农村建设的若干意见》，开福区政府印发《关于推进社会主义新农村建设的实施意见》，并成立开福区社会主义新农村建设领导小组，区长任组长。区政府以发展经济为中心，多渠道促进农民增收；以城市化为核心，加快农村开发建设和农民身份转变；以人为本，解决农民生产生活中的实际问题；分类指导，有序推进社会主义新农村建设，并制定5年（至2010年）规划。2008年，围绕“新农村、新产业、新实力、新面貌”的奋斗目标，开展社会主义新农村建设，优化农业结构，加快农业产业化步伐。农产品加工业实现产值67亿元，同比增长15.12%，全区农业产业化企业229家，其中规模以上企业22家、农业产业化龙头企业11家。农村生态环境改善，开展生态公益林补偿基金发放试点工作。推行水稻保险，全区4000公顷水稻统一投保，投保费由区、镇（乡）、村三级分摊，为全省第一单。2009年2月5日，区政府在全区农村工作会议上，要求从战略的高度看待农村、科学性推动城市化进程；从市场的角度看待农业，保护性发展现代都市农业；从情感角度看待农民，创新性加强基层组织建设。强调农村工作的思路要与全区工作的整体思路对接，农村工作的整体要与全区工作整体对接，农村工作的重点要与全区工作重点对接。至2012年，全区行政村的村庄规划编制基本完成，共投入8250万元改善农村基础设施，完成农村固定资产投资10.40亿元。农村人均可支配收入达到2.04万元，为2007年的2.10倍。

二、城乡一体化建设 2004年，区政府选定捞刀河镇大明村作为全区建设小康社会的示范村，并派出人员驻村指导。区财政每年投入20万元，支持村的基础设施建设。至2006年，大明村工农业总产值达5亿元，村级集体经济收入达1000万元，集体经济的可支配财力150万元，成为省、市全面小康建设示范村。2010年2月，区政府印发《关于推进城乡一体化发展的实施意见》，提出统筹规划生产力和人口布局，推进产业向园区集中、人口有序向城镇集中、农村富余劳动力向二、三产业转移，促进城乡资源共享和生产要素的优化配置，加快城乡融合，破除城乡分割的体制性障碍，加快体制创新步伐；促进城市基础设施向农村延伸、城市公共设施向农村辐射，加快构建城乡一体化的公共服务体系；把推进城乡一体化与建设社会主义新农村结合起来。2010年为启动试点阶段，2011—2012年为重点突破阶段。4月，区政府在捞刀河镇的沙坪社区和汉回村试点，推出一系列改革措施，如实行一元化管理，推进集中式居住，引导土地有序流转，促进土地集约使用，尊重各村选择符合本村实际的模式，发展特色经济、特色产业、特色文化、特色村庄等。2011年，全区把推动城乡一体发展、促进城乡融合。作为转变发展方式的重要内容和促进转型升级的重要途径，提出城市设施与农村设施并举、生产设施与生活设施并重、产业设施与生态设施并进的工作方针；提出增加农民的经营性收入、政策性收入、财产性收入、工资性收入，积极挖掘农民增收潜力的工作思路，打破城乡二元结构，把城乡社会建设成服务完善、管理有序、文明祥和的共同体。区政府按照“大城北”的概念，统一规划、统一布局、统一配套、统一招商，加快形成全区城乡发展互相支持、互相融合、互相促进的良好局面，全区统筹推进城乡一体化建设的格局基本形成。

第四章　综合政务

第一节　政务督查

一、督查职责与督查方式

区政府政务督查室负责国务院及省重要决策、决定的贯彻落实情况的督查；负责市政府常务会议、市长办公会议交办有关事项的督查；负责区政府全会、区政府常务会议、区长办公会议决定事项的贯彻落实情况的督查；负责区人民代表大会通过的《政府工作报告》重要事项的督查；组织、督促区政府有关部门承办人大代表建议，政协委员提案；办理省、市领导批示件和交办事项的督办及落实情况的反馈。对区委、区政府的重要决策、工作部署提出督查要求，促进工作落实，确保政令畅通；对政府的重要文件作出的工作部署，对领导批示、交办事项，在立项后10天内收集承办单位的贯彻意见，指导和催促其在一个月内办结，逾期不能办结的，及时报告进度情况；对各街道、镇和区直各部门贯彻落实区委、区政府重要决策和工作部署的情况，采取专题督查的方式并进行通报；对贯彻落实上级党委、政府决策和领导指示等重大事项，采取由区政府牵头，邀请分管农村工作的区委副书记、区人大常委会副主任、区政协副主席以及区政府有关部门联合督查的方式，听取各方面意见和反映，验证其措施是否得力，效果是否明显；对于督查立项依据和反馈情况的有关文件、电报、资料及时收集、整理、立卷归档。以备查阅。

二、督查工作

1995—2012年，共组织政务督查66起。其中，上级交办事项督查督办26起，如“落实种粮农民粮食直补”“落实企业基本养老保险”“城乡扶贫帮困”“落实城镇新增就业人员”“培训下岗失业人员再就业”“建立就业再就业基地”“伍家岭地区城市交通综合治理”“黄兴北路棚户区房屋改造征收工作”“长沙港口航运有限责任公司改制及客运项目拆迁有关问题”“城乡结合部环境综合整治”等。《市长信箱》交办事项22起，如“市委书记批示信件”“市政府督查室转来征地拆迁补偿安置、水利建设等投诉举报”“月湖公园国有资产流失”“水利建设项目不透明”等，并责成有关部门调查处理后向市政府督查室作专项汇报。重大事项联合督查7起。如“洪山朝正垸水毁堤防修复”“大型公共场所、娱乐场所、油库和液化气站等重点部位安全工作”“2005年的八件实事工作”“火星大道北段建设、月湖公园建设、浏阳河引桥建设，三一九国道立交桥建设等重点工程”“城市管理工作”等。组织专题督查11起，如“清水塘展览馆路居民点公房住户私自改建，损坏房屋结构，危及居民安全，限期拆除”“霞凝乡冬修水利和灾后重建”“贯彻落实市政府森林防火会议精神，抓好全区森林防火工作”“城区12个街道辖区范围内的中小型餐饮业卫生整治工作”“关于捞刀河镇部分村违法用地”“区域河道内砂石场检查”“落实市安居工程会议精神，住房保障工作”“金霞经济开发区、新世纪大道建设指挥部、四方公司、金霞公司、中青路建设指挥部、火星北路建设指挥部等相关责任单位路灯移交工作”“重大信访问题‘四三制’调处和信访问题三级终结，依法终结工作”等。

第二节　经济调查与经济普查

一、历次经济调查数据

为编制全区每一个国民经济和社会发展五年规划，长沙市北区政府、开福区政府先后组织过3次经济调查。

1991年经济调查数据：工业总产值1.80亿元，销售1.38亿元，利润1283.90万元；商业销售4056.93万元，利润74.63万元。1995年经济调查数据：工业企业253家，私营工业企业23家，个体工业企业54家。工业总产值4.19亿元，销售4.62亿元，利润1728万元。其中：重工业产值6343万元，轻工业产值2968万元，个体工商7771户，商业销售7.22亿元，利润920.80万元。

1996年经济调查数据：生产总值10.14亿元，第一产业增加值1.67亿元，第二产业增加值5.03亿元，第三产业增加值3.44亿元，全部工业增加值3.60亿元，全社会固定资产投资6295万元，房地产开发1.80亿元，地方财政收入8411万元。

2000年经济调查数据：生产总值16.70亿元，第一产业增加值2.21亿元，第二产业增加值6.59亿元，第三产业增加值7.99亿元，全部工业增加值6427万元，规模以上工业企业总产值19.76亿元，全社会固定资产投资4.55亿元，社会消费品零售总额17.24亿元，地方财政收入1.43亿元。2005年经济调查数据：生产总值145.47亿元，第一产业增加值3.37亿元，第二产业增加值38.81亿元，第三产业增加值103.30亿元，全部工业增加值13.98亿元，规模以上工业企业总产值56.04亿元，全社会固定资产投资131.56亿元，房地产开发34.18亿元，社会消费品零售总额125.13亿元，地方财政收入8.10亿元。2010年经济调查数据：生产总值393.49亿元，第一产业增加值3.97亿元，第二产业增加值99.13亿元，第三产业增加值290.39亿元，全部工业增加值54.60亿元，规模以上工业企业总产值138.60亿元全社会固定资产投资527.80亿元，房地产开发138.32亿元，社会消费品零售总额321.90亿元，地方财政收入22.49亿元。2012年经济调查数据：生产总值532.17亿元，第一产业增加值4.56亿元，第二产业增加值135.22亿元，第三产业增加值393.39亿元，全部工业增加值79亿元，规模以上工业企业总产值144.09亿元，全社会固定资产投资407.60亿元，房地产开发193.90亿元，社会消费品零售总额430.80亿元，地方财政收入70.50亿元。

二、长沙市开福区第一次全国经济普查

2004年4月22日，长沙市开福区政府发出《关于认真做好第一次全国经济普查工作的通知》，成立开福区第一次全国经济普查工作领导小组，全面开展经济普查工作。按照全国经济普查的标准时点2004年12月31日时期资料为2004年度的要求，全面调查开福区第二产业、第三产业的发展规模、结构和效益情况，涉及国民经济行业分类中除农业以外的19个行业门类、90个行业大类、374个行业中类、875个行业小类的经济情况，建立基本单位名录库和数据库。普查的主要数据有开福区法人单位普查数据、开福区第二产业普查数据、开福区第三产业普查数据。

表4–1　　2004年长沙市开福区法人单位与个体经营户情况表

	单位数（个）	比重（%）
一、法人单位	2196	100.0
企业法人	1538	70.0
机关、事业单位法人	311	14.2
社会团体法人	110	5.0
其他法人	237	10.8
二、产业活动单位负责人	2747	100.0
第二产业	503	18.3
第三产业	2244	81.7
三、个体经营户	22031	100.0
第二产业	761	3.5
第三产业	21270	96.5

表4–2　　2004年长沙市开福区工业企业法人及就业人员情况表

	企业法人（个）	就业人员（人）
国有企业	9	3961
集体企业	103	5162
股份合作企业	16	434
联营企业	2	35
有限责任公司	44	5502
股份有限公司	10	3316
私营企业	187	5068
其他内资企业	1	31
港澳台商投资企业	5	261
外商投资企业	9	1537
总　计	386	25307

表 4–3　　2008 年长沙市开福区工业企业法人单位主营业务收入和利润总额的行业分布情况表

	数量（家）	主营业务收入（万元）	利润总额（万元）
采矿业	9	2418	170
制造业	374	463119	31444
电力、燃气及水的生产和供应业	3	13816	384
总　计	386	479353	31998

表 4–4　　2004 年长沙市开福区按登记注册类型分组的建筑业企业法人单位和就业人员情况表

	企业法人（个）	就业人员（人）
国有企业	9	1954
集体企业	13	7346
股份合作企业	4	208
有限责任公司	40	28842
国有独资公司	1	32
其他有限责任公司	39	28810
股份有限公司	4	11441
私营企业	23	3976
私营有限责任公司	17	3684
私营股份有限公司	6	292
合　计	156	86585

表 4–5　　2004 年长沙市丌福区建筑行业总产值分布情况表

	资质内企业（万元）	资质外企业（万元）	合计（万元）
房屋和土木工程建筑业	453956	3847	457803
建筑安装业	16107	490	16597
建筑装饰业	2333	2733	5066
其他建筑业	1793	1160	2953
合　计	474189	8230	482419

表 4–6　　2004 年长沙市开福区建筑企业房屋建筑完成情况表

	房屋建筑竣工面积（平方米）	房屋建筑竣工价值（万元）
厂房、仓库	166756	14226
住宅	1923681	172718
办公用房	635466	75104
批发和零售用房	1000	72
住宿和餐饮用房	1659	139
居民服务业用房	1280	96
教育用房	218488	20768
文化、体育用房	3640	289
卫生医疗用房	16365	1797
科研用房	0	0
其他用房	25795	3164
合 计	2994130	288373

表 4–7　　2004 年长沙市开福区交通运输企业法人单位主营业务收入和利润情况表

指标名称	主营业务收入（万元）	利润合计（万元）
道路运输业	33928	3625
城市公共交通业	1355	38
水上运输业	4508	12
航空运输业	129900	10728
装卸搬运和其他运输服务业	1464	137
合 计	171154	14540

表 4–8　　2004 年长沙市开福区房地产企业法人单位和就业人员情况表

	企业法人（个）	比重（%）	就业人员（人）	比重（%）
房地产开发	98	68.5	4539	56.5
物业管理	33	23.1	2993	37.3
中介服务	3	2.1	25	0.3
其他房地产	9	6.3	471	5.9
合 计	143	100.0	8028	100.0

表 4-9　　2004 年长沙市开福区房地产企业主营业务收入和利润情况表

	主营业务收入（万元）	利润总额（万元）
房地产开发	181165	11196
物业管理	3907	1804
中介服务	95	22
其他房地产	499	267
合 计	185666	13289

表 4-10　　2004 年长沙市开福区批发和零售业企业法人单位和就业人员及销售情况表

指标名称	法人企业（个）	从业人数（人）	销售额（万元）	其中：零售额（万元）
一、批发业	201	7733	2371276	45422
二、零售业	263	10826	843720	690383
合 计	464	18559	3214996	735805

表 4-11　　2004 年长沙市开福区批发和零售业主营业务收入和利润情况表

指标名称	主营业务收入（万元）	利润总额（万元）
批发业	2035876	46113
零售业	709825	15416
合 计	2745701	61529

表 4-12　　2004 年长沙市开福区住宿餐饮业企业法人单位和就业人数及营业收入情况表

指标名称	法人企业（个）	从业人数（人）	营业额（万元）
一、住宿业	28	2343	14719
二、餐饮业	37	4485	30888
合 计	65	6828	45607

三、长沙市开福区第二次全国经济普查

2008 年 9 月，根据《国务院关于开展第二次全国经济普查的通知》和《长沙市人民政府关于认真做好第二次全国经济普查工作的通知》精神，长沙市开福区政府发出《关于认真做好第二次全国经济普查工作的通知》，成立开福区第二次全国经济普查工作领导小组，以 2008 年统计使用的行政区划为基础，对区域内从事第二产业和第三产业的全部法人单位、产业活动单位和个体经营户，开展经济普查工作。要求将清查数据与第一次全国经济普查数据和 2007 年基本单位名录库数据进行比对分析，评估数据质量，分析差别存在的原因。依据《全国经济普查条例》和《第二次全国经济普查方案》，普查的标准时点为2008年12月31日，时期资料为2008年度。普查的主要数据有开福区第二、三产业法人单位普查数据、开福区生产总值普查数据、开福区第二产业产值普查数据、房地产开发普查数据、水及能源消费普查数据。

表 4-13　　2008 年长沙市开福区按机构类型分组的法人单位情况表

项目		企业法人（个）	事业法人（个）	机关法人（个）	社团法人（个）	民办非企业单位（个）	基金会（个）	居委会（个）	村委会（个）	其他组织机构（个）	总计（个）
总计		2911	332	76	107	50	5	93	35	101	3710
按登记注册类型分组	内资企业	2862	332	76	107	49	5	93	35	101	3660
	国有企业	314	284	76	54	10	2	—	—	38	778
	集体企业	128	17	—	3	—	—	—	—	4	152
	股份合作企业	73	1	—	—	5	—	—	—	2	81
	联营企业	13	—	—	1	—	—	—	—	1	15
	有限责任公司	549	—	—	—	1	—	—	—	6	556
	股份有限公司	118	—	—	—	—	—	—	—	3	121
	私营企业	1544	—	—	—	14	—	—	—	9	1567
	其他企业	123	30	—	49	19	3	93	35	38	390
	外商投资企业	28	—	—	—	—	—	—	—	—	28
按国民经济行业大类分组	采矿业	6	—	—	—	—	—	—	—	—	6
	制造业	515	—	—	—	—	—	—	—	—	515
	电子、燃气及水的生产和供应业	6	—	—	—	—	—	—	—	—	6
	建筑业	109	—	—	—	—	—	—	—	—	109
	交通运输、仓储和邮政业	68	2	—	—	1	—	—	—	1	72
	信息传输、计算机服务和软件业	97	5	—	—	3	—	—	—	1	106
	批发和零售业	910	—	—	—	—	—	—	—	—	910
	住宿和餐饮业	126	—	—	—	—	—	—	—	—	126
	金融业	33	1	—	—	—	—	—	—	—	34
	房地产业	258	1	—	—	—	—	—	—	—	259
	租赁和商务服务业	419	23	—	—	3	—	—	—	34	479
	科学研究、技术服务和地质勘查业	88	26	—	—	—	—	—	—	6	120
	水利、环境和公共设施管理业	23	17	—	—	—	—	—	—	—	40
	居民服务和其他服务业	86	1	—	—	1	—	—	—	6	94
	教育	50	86	—	—	28	—	—	—	16	180
	卫生、社会保障和社会福利业	18	54	—	—	11	—	—	—	8	91
	文化、体育和娱乐业	99	60	—	6	3	—	—	—	12	180
	公共管理和社会组织	—	56	76	101	—	5	93	35	17	383

表 4–14　　2008 年长沙市开福区按登记注册类型分组的法人单位及产业活动单位情况表

项　目	法人单位数			产业活动单位数	
	单产业法人单位（个）	多产业法人单位（个）	合计（个）	多产业法人单位所属的产业活动单位（个）（含多产业法人单位）	合计（个）
总　计	3653	57	3710	913	4566
按登记注册类型分组					
内资企业	3604	56	3660	907	4511
国有企业	750	28	778	563	1313
集体企业	145	7	152	30	175
股份合作企业	80	1	81	82	162
联营企业	14	1	15	2	16
国有联营企业	4	—	4	1	5
集体联营企业	1	1	2	—	1
国有与集体联营企业	4	—	4	—	4
其他联营企业	5	—	5	1	6
有限责任公司	550	6	556	66	616
国有独资公司	18	—	18	—	18
其他有限责任公司	532	6	538	66	598
股份有限公司	119	2	121	88	207
私营企业	1559	8	1567	74	1633
私营独资企业	443	—	443	1	444
私营合伙企业	105	—	105	—	105
私营有限责任公司	885	8	893	73	958
私营股份有限公司	126	—	126	—	126
其他企业	387	3	390	2	389
港、澳、台商投资企业	21	1	22	3	24
合资经营企业（港或澳、台资）	12	1	13	3	15
港、澳、台商独资经营企业	9	—	9	—	9
外商投资企业	28	—	28	3	31
中外合资经营企业	21	—	21	3	24
外资企业	6	—	6	—	6
外商投资股份有限公司	1	—	1	—	1

表 4-15　　2008 年长沙市开福区按国民经济行业大类分组的法人单位及产业活动单位情况表

项　目	法人单位数			产业活动单位数	
	单产业法人单位（个）	多产业法人单位（个）	合计（个）	多产业法人单位所属的产业活动单位（个）（含多产业法人单位）	合计（个）
总　计	3653	57	3710	912	4566
按国民民济行业大类分组					
采矿业	6	—	6	—	6
制造业	514	1	515	4	519
电力、燃气及水的生产和供应业	6	—	6	—	6
建筑业	109	—	109	—	109
交通运输、仓储和邮政业	72	—	72	2	74
信息传输、计算机服务和软件业	106	—	106	—	106
批发和零售业	900	10	910	388	1288
住宿和餐饮业	123	3	126	30	153
金融业	29	5	34	297	326
房地产业	257	2	259	9	266
租赁和商务服务业	477	2	479	14	491
科学研究、技术服务和地质勘查业	118	2	120	7	125
水利、环境和公共设施管理业	40	3	43	3	43
居民服务和其他服务业	91	1	92	12	103
教育	179	4	187	3	182
卫生、社会保障和社会福利业	83	4	87	52	135
文化、化育和娱乐业	176	4	180	17	193
公共管理和社会组织	367	16	383	74	441

表 4-16　　2008 年长沙市开福区个体经营户清查情况表

项　目	个体经营户数（户）	有营业执照（户）	已办理税务登记（户）	期末从业人员数（人）	有营业执照（人）	已办理税务登记(人）
总　计	40969	21422	18032	123490	88049	67526
第二产业	2231	2012	1140	15009	14482	5991
工业	1395	1179	1093	5815	5295	4757
建筑业	836	833	47	9194	9187	1234
第三产业	38738	19410	16902	108481	73567	61535
交通运输电信业	1644	918	849	4274	2838	2610
批发业	1381	1318	1191	5614	5475	4915

续表 4-16

项　目	个体经营户数（户）	有营业执照（户）	已办理税务登记（户）	期末从业人员数（人）	有营业执照（人）	已办理税务登记（人）
零售业	12231	10094	9533	36687	31679	29733
住宿业	1247	502	290	3971	2230	1133
餐饮业	2421	2225	1970	13053	12471	11190
房地产业	8040	223	176	12060	829	549
租赁和商务服务业	868	201	167	2211	796	566
教育	56	48	31	470	447	275
卫生	121	108	102	485	462	435
居民服务业	7598	2292	1589	19394	9189	5528
文化、化育和娱乐业	1662	988	522	7638	5627	3184
其他服务业	1469	493	482	2624	1524	1417

表 4-17　　2008 年长沙市开福区生产总值情况表

项　目	总产出（万元）	增加值（万元）	劳动者报酬（万元）	生产税净酬（万元）	固定资产折旧（万元）	营业盈余（万元）
总　计	6222994	2879113	1007210	434311	280342	1157251
第一产业	64922	41901	35981	50	2988	2883
第二产业	3692039	1094635	333659	293555	88686	378734
工业	1328869	383400	72522	129271	32332	149275
采掘业	14942	5293	1812	1107	466	1907
制造业	1213610	340974	64859	121247	24593	130275
电力、煤气及水的生产和供应业	100317	37134	5851	6917	7273	17093
建筑业	1034301	327834	188615	35013	24022	80184
第三产业	3794903	2125978	710092	269978	220999	924909
交通运输、仓储和邮政业	301631	142475	63553	10156	18987	49778
信息传输、计算机服务和软件业	77506	45169	7858	4119	1512	31681
批发零售业	613639	438895	110598	104104	25200	198994
住宿餐饮业	301114	132622	85944	9807	20654	16217
金融保险业	475469	232968	60581	31351	6472	134564
房地产业	192389	161214	25654	32461	46616	56483
租赁和商务服务业	376890	222974	28582	19901	8256	166235
科学研究、技术服务和地质勘查业	122158	67136	17298	3679	3098	43061
水利、环境和公共设施管理业	66371	36803	8844	3583	1665	22711
居民服务和其他服务业	153260	97101	56109	5170	4760	31062

续表 4-17

项　目	总产出（万元）	增加值（万元）	劳动者报酬（万元）	生产税净酬（万元）	固定资产折旧（万元）	营业盈余（万元）
教育	117808	77945	39579	3757	5581	29028
卫生、社会保障和社会福利业	237428	94642	63368	2121	10645	18508
文化、体育和娱乐业	576679	283051	67483	39445	53596	122526
公共管理和社会组织	182561	92983	74641	324	13957	4061

表 4-18　　2008 年长沙市开福区个体经营户清查情况表

全部工业总产值（万元）	规模以上工业企业总产值（万元）	规模以下工业企业总产值（万元）	规模以下个体工业总产值（万元）	主营业务收入（万元）	营业成本（万元）	主营业务成本（万元）	营业税金及附加（万元）	主营业务税金及附加（万元）	主营业务利润（万元）	其他业务利润（万元）	营业费用、管理费用、财务费用合计（万元）
1370451	987515	197276	185660	195851	83283	83283	4162	4162	108405	526	82404

表 4-19　　2008 年长沙市开福区规模以上工业主要生产指标一览表

企业单位数（个）	工业总产值（万元）	工业增加值（万元）	工业销售产值（万元）	出口交货值（万元）	实收资本（万元）	国家资本（万元）	集体资本（万元）	法人资本（万元）	个人资本（万元）	港澳台资本（万元）	外商资本（万元）	全部从业人员年平均人数（人）
68	987515	282579	971392	25481	127008	5454	24259	82936	13524	288	589	6619

表 4-20　　2008 年长沙市开福区规模以下工业企业主要经济指标一览表

企业数（个）	年初存货（万元）	年末存货（万元）	固定资产原价（万元）	本年折旧（万元）	营业收入（万元）	税金（万元）	利息支出（万元）	营业利润（万元）	职工工资和福利费（万元）	本年应交增值税（万元）	所有者权益合计（万元）
471	21866	17565	135710	8373	195851	1786	1763	26528	23498	18177	127169

表 4-21　　2008 年长沙市开福区分组的总承包和专业承办企业建筑总产值情况表

建筑业总产值（万元）	建筑工程产值（万元）	安装工程产值（万元）	其他产值（万元）
1076304	860965	43162	172177

表 4-22　　2008 年长沙市开福区房地产开发情况表

企业数（个）	房地产开发完成投资额（万元）	住宅（万元）	本年新增固定资产（万元）	本年完成土地开发面积（平方米）	本年土地购置面积（平方米）	资金来源小计（万元）
168	865695	691060	276295	217676	315092	1223336

表 4-23　　2008 年长沙市开福区商品房屋施工和销售情况表

施工面积（平方米）	新开工面积（平方米）	竣工面积（平方米）	竣工房屋价值（万元）	商品房屋销售面积（平方米）	住宅（平方米）	商品房屋销售额（万元）	住宅（平方米）
7585905	3074521	1050442	221949	1281424	1238747	525430	493737

表 4-24　　2008 年长沙市开福区房地产开发财务状况表

年末从业人员数（人）	资产总计（万元）	主营业务收入（万元）	土地转让收入（万元）	商品房屋销售收入（万元）	房屋出租收入（万元）	其他收入（万元）	主营业务税金及附加（万元）	利润总额（万元）
4161	3419125	577925	19849	540888	2749	14439	34519	61755

表 4-25　　2008 年长沙市开福区水及能源消费情况表

水（平方米）	电（千瓦时）	煤炭（吨）	天然气（立方米）	液化石油气（千克）	汽油（升）	煤油（升）	柴油（升）	燃料油（升）
30035572	156132523	37731	12590715	1068087	34385823	24396	55578266	111213748

四、长沙市开福区经济运行对比分析

2000 年与 1996 年相比，全区生产总值增长 88.06%，第一产业增加值增长 34.24%，第二产业增加值增长 49.73%，第三产业增加值增长 170.15%，地方财政收入增长 56.97%，农民人均可支配收入增长 70.15%，全社会固定资产投资额增长 21 倍。

2005 年与 2000 年相比，全区生产总值增长 7 倍，第一产业增加值增长 52.16%，第二产业增加值增长 5 倍，第三产业增加值增长 12 倍，地方财政收入增长 5 倍，农林牧渔业总产值增长 57.24%，农民人均可支配收入增长 79.41%，全部工业增加值增长 21 倍，规模以上工业企业总产值增长约 2 倍，建筑业总产值增长 26 倍，全社会固定资产投资额增长 28 倍，社会消费品零售总额增长 6 倍，批发业零售额增长 48.24%。

2006 年与 2001 年相比，开福区生产总值增长 9 倍，第一产业增加值增长 0.60 倍，第二产业增加值增长 6 倍，第三产业增加值增长 146 倍，地方财政收入增长 6 倍，农林牧渔业总产值增长 68.22%，农民人均可支配收入增长 1 倍，全部工业增加值增长 26 倍，规模以上工业企业总产值增长 2 倍，建筑业总产值增长 31 倍，全社会固定资产投资额增长 35 倍，批发业零售额增长 73.40%。

2010 年与 2005 年相比，全区生产总值增长 130.49%，其中：第一产业增加值增长 99.30%，第二产业增加值增长 114.99%，第三产业增加值增长 139.98%，地方财政收入增长 120.92%，农民人均可支配收入增长 186.32%，全部工业增加值增长 214.51%，规模以上工业企业总产值增长 112.66%，建筑业总产值增长86.53%，全社会固定资产投资额增长216.55%，房地产开发投资增长214.24%，社会消费品零售总额增长20.97%，批发业零售额下降69.95%，餐饮业零售额增长42.68%，科技发展专项经费增长123.78%，高新技术总产值增长598.33%，市外境内资金形成固定资产投资增长493.36%。

2012年与1996年相比，开福区生产总值增长51倍，第一产业增加值增长2倍，第二产业增加值增长26倍，第三产业增加值增长113倍，地方财政收入增长83倍，农林牧渔业总产值增长2倍，农民人均可支配收入增长7倍，全部工业增加值增长21倍，建筑业总产值增长30倍，全社会固定资产投资额增长646倍，房地产开发投资增长106倍。

第三节 信 访

一、机 构

1987年，长沙市北区信访局成立。1997年，北区信访局更名为长沙市开福区信访局，2002年7月核定编制3名，其中局长、副局长各1名。2002年以来，先后担任区信访局局长的有喻竞清、郭泽民、朱正文、李红权。

2012年4月12日，建立区社会矛盾调处中心，成立以区委副书记任中心主任，纪委书记、常务副区长、组织部长、政法委书记、分管政法工作的副区长、分管城建工作的副区长任副主任，信访局长任中心办公室主任，维稳办、劳动局等9家单位主要负责人任办公室副主任，各街（镇）党政主要负责人为中心办公室工作人员的领导机构。

二、“一健三联”工作机制

2010年，根据区委、区政府有关文件精神，信访部门在健全信访责任体系、联网受理群众信访、联调解决群众诉求、联合办结信访积案几个方面开展工作，建立起信访工作“一健三联”工作机制。

健全信访责任体系 信访责任体系包括领导全员责任制、分级归口负责制、信访处理全过程工作责任、信访工作目标绩效考核和信访工作责任追究制。要求各级领导班子成员按照“谁主管、谁负责”“一岗双责”的要求，听取信访工作汇报，研究部署督查和解决信访工作中的突出问题，接待重要来访，阅批重要来信，处理重要信访问题。各级各单位制定信访问题处理责任划分办法，对信访问题实行“层级管理、归口办理”，按照“属地管理、分级负责”的原则划分责任。各级各单位以预防减少信访问题、畅通诉求表达渠道、着力解决信访问题、维护群众合法权益、规范信访秩序为目标，将预防发生、接谈受理、转送交办、督办查办、限时办理、结案反馈、接访劝返、重点稳控、非访处理等工作责任，分解到基层单位及内设机构，实行目标管理，形成严密的责任体系。明确信访工作责任追究的基本原则，科学划分信访问题的处理责任、界定责任追究的对象及方法，细化责任追究的事实情形。

联网受理群众信访 包括健全三级信访工作网络、创新联合受理办法和建立信访信息系统三个方面。区直机关单位、街道（镇）、社区（村）、重点工程项目指挥部根据实际情况设立接待处理群众诉求的工作机构，配备专（兼）职信访工作人员，形成区、街（镇）、村三级重点领域、重点行业、重点项目层层有人抓、有人管的信访工作网终。完善日常来访、来信、互联网、电话、电子邮件等多种信访手段和措施，方便群众表达诉求；坚持党政领导定期、公开面对面接待群众，大力组织干部下访活动，深入群众了解社情民意，充分发挥社区群众工作站的作用；重点领域、重点行业实行联合接访，突发、重大的信访问题实行现场联合接访；严格实行首问责任制、首办责任制，发挥每位干部、每个责任单位在信访工作网络中的积极作用，及时化解矛盾。2010年，建立全区信访群众电子档案数据库，依托全国信访信息系统、长沙信访网站网上信访平台，实行信访信息涉访责任单位网上共享，统一口径答复群众。

联调解决群众诉求 健全联调制度 根据群众信访内容的变化情况，从涉访量大的部门抽调具有较高的政策法律水平、善于做群众工作的人员到区社会矛盾调处中心接待群众来访，及时就地解决信访问题，当即调处信访矛盾；配齐配强法律援助机构专职工作人员，选派执业律师常驻区社会矛盾调处中心，受理信访法律援助，负责为信访群众提供法律咨询，引导其依法维权、参与调解。创新联调办法，坚持属地为主、条块结合，定期排查和解决各种可能引发信访问题的矛盾纠纷和苗头隐患，对排查出来的问题，严格落实联调责任，明确责任单位和责任人员，限期妥善解决，各街道（镇）和信访量大的部门设立调解室，明确专人负责组织联调工作，区法院在区、街道（镇）社会矛盾调处中心设立流动巡回法庭，上门调处涉法涉诉方面的信访案件。

联合办结信访积案 分类梳理，重点交办。区联席会议各专项工作组、区信访局分类建立信访突出问题信息库，对于久拖不决、影响社会稳定的历史积案，群众反应强烈、影响社会稳定的热点难点问题，可能引发大规模群体上访的信访事项，做到一案一档，实行销号管理。领导包案，联合会办。对于重要信访问题，实行集体研究、领导包案、分头解决。跟踪督办，限时办结。所有交办、转送的信访事项，各责任单位在规定时限内办结，区信访局会同区纪检监察部门进行跟踪督查督办，定期通报和评比。联合救助，因案施策。各级各单位对于法律法规和政策有明确规定的合理诉求，依法按政策解决到位；对于政策落实到位、合法权益得到维护，但生活仍有困难的群众，采取政府救助、社会救济、民间互助等个案帮扶方式，使其基本生活得到保障，努力促其息访息诉；设立信访救助基金、司法救助基金，通过特殊救助手段有效解决法度之外、情理之中的信访问题。联合审查，依法终结。对于重大、复杂、疑难信访事项，召开党政联席会、部门联席会进行联合会审；对于需要听证的复杂疑难问题，按照《湖南省信访听证暂行办法》举行听证。区信访局建立信访对象电子档案数据库，坚持三级终结程序，加强信访复查复核工作，依法终结信访事项，坚持"走完程序"和"解决问题"并举的原则，促使"案结事了"。落实接访劝返责任制。对于正常上访，严格按信访条例接待、处理；对于进京、赴省、到市、来区部分特殊上访、特别是重复集体上访，由区联席办、信访局调度，事发责任单位以及稳控责任单位主要领导、业务主管领导、信访维稳工作主管领导按要求到现场劝返；公安机关做好涉访违法犯罪情报信息的收集研判工作，强化对涉访违法犯罪行为的打击处理措施。

三、来信来访办理

来信来访办理规则 来信来访均按规定程序办理，具体程序见流程图。

来信来访情况 2006年，信访局受理来信171件、网络信访22件，接待处理群众上访共466批878人次，其中进京访5批7人次、赴省访18批87人次、到市访62批92人次、来区访381批692人次。

2007年，信访局受理来信209件、网络信访34件，接待处理群众上访共613批1467人次，其中进京访8批14人次、赴省访62批164人次、到市访162批294人次、来区访381批995人次。信访诉求的内容主要为：征地拆迁安置补偿信访问题占访量的36%，洪山局、捞刀河镇、四方坪胜利村反映征地拆迁补偿安置和原城市重点工程建设拆迁遗留问题较多；企业改制类信访问题占访量的28%，主要是清水塘起重机厂、通泰街芙蓉印刷厂、湘雅路开源机械厂等已改制企业原职工反映改制遗留问题。

2008年，信访局受理来信243件、网上信访25件、省长信箱30件，接待处理群众上访共876批1659人次，其中进京访37批39人次、赴省访58批359人次、到市访156批193人次、来区访625批1068人次（其中"大接访活动"领导接待上访群众245批573人次）。诉求主要集中在农村土地征用、城镇房屋拆迁、涉法涉诉、企业改制、就业安置、社会保障等问题。从信访总量分布来看，农村征地类占22%，主要诉求是补偿标准问题，对人口安置标准、重建安置房指标、生产发展用地处置、村规民约等方面的问题；城市拆迁类占11%，主要是拆迁补偿政策方面的问题；劳动社保类占15%，主要是企业改制职工要求购买医保社保和拖欠民工工资等问题；住房和房地产类占11%，主要诉求是办理房产权证、建设完善住宅小区配套设施等问题；民政类占10%，主要诉求是享受低保、疾病救助和复退役军人安置等方面问题；涉法涉诉类占6%，主要诉求是对法院判决、执行等方面问题；教育类占3%，主要诉求是退休教师待遇、工作安排等问题。

2009年，信访局受理来信282件、处理网上信访20件，接待处理群众上访共1044批1864人次，其中进京访80批81人次、赴省访89批368人次、到市访187批347人次、来区访688批1068人次。诉求集中在土地征收、房屋拆迁等方面，占信访总量的60%以上，洪山街道、捞刀河镇、新河街道、四方坪街道等地区较为集中。

开福区信访事项办理及社会矛盾调处流程图

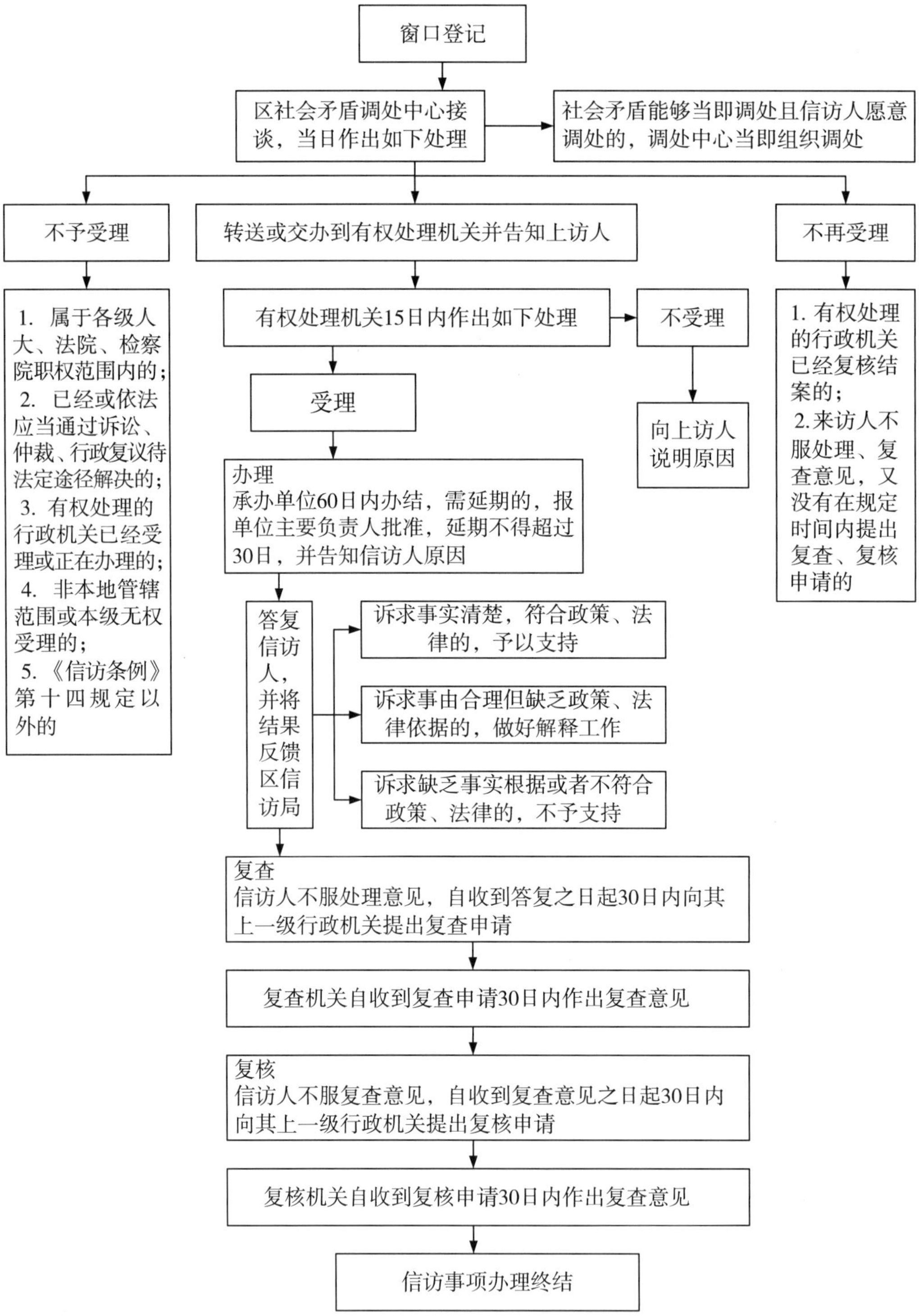

2010年，信访局受理来信260件、处理网上信访42件，接待处理群众上访共1044批2212人次，其中进京访90批98人次、赴省访106批178人次、到市访128批186人次、来区访720批1750人次。诉求主要集中在农村征地、城市房屋拆迁、劳动社保、民政救济、民工工资、涉法涉诉等方面。

2011年，信访局受理来信216件、处理网上信访176件，接待处理群众上访共1740批3308人次，其中进京访328批335人次、赴省访135批292人次、到市访297批459人次、来区访980批2222人次。土地征用、房屋拆迁两类问题占信访总量的一半以上，军转安置、各类经济纠纷、建设领域房地产开发、历史遗留问题逐步显现。城市拆迁上访群体集中在中山西路、火车北站片区、湘春路西入口三大棚改项目和部分拆迁遗留问题以及新河三角洲、319国道征收项目。

2012年，信访局受理来信175件、网上信访84件、省长信箱29件、市长信箱11件，接待处理群众上访共1980批3950人次，其中进京访141批467人次、赴省访136批197人次、到市访386批539人次、来区访1317批2747人次。城市房屋拆迁、农村土地征用、拆迁历史遗留问题占信访总量的80%以上，军转安置问题占12%，涉法涉诉类问题占3%，企业改制、建设领域房地产开发、经济纠纷等其他类问题占5%。

领导接访　2008年，区委、区政府针对越级上访、集体上访、重复上访的重点问题，特别是频繁进京、到省、来市上访的老户，在全区开展“大接访”活动，制定《开福区领导“大接访”活动实施方案》，区委书记、区长等领导接访。各包案领导针对所包案件，约访群众，听取情况，分析研判案情，找出解题解决方案。一年内，区领导共接待群众471批892人次，解决信访突出问题58个。2009年，推出《关于建立健全信访工作长效机制的意见》，落实领导接访和干部下访制度，实施信访突出问题领导包案制度，并在重点地区设立信访问题工作领导小组，组织领导干部深入群众工作站，促使信访工作从“群众找领导”向“领导找群众”、从“坐等群众来访”向“上门体察民情”的方向转变。一年内区领导共计接待群众128批320人次。2010年，出台《关于加强领导干部信访工作“一岗双责”责任制的意见》，全年区领导共接待群众31批215人次。2011年，全年区领导共接待上访群众140批320人次。2012年，坚持区主要领导每周约访、接访，其他领导干部轮流公开接访，依托在全区128个社区（村）设立的群众工作站，组织全区领导干部每月定期四天不定期深入基层走访群众。全年区领导共接待群众145批496人次。

积案化解　2010年5月，区委、区政府下发《开福区信访积案化解工作实施方案》，对全区25个信访积案、信访突出问题，中山西路、火车北站、湘春路西入口3个重点棚改建设项目中40个已执行未签协议拆迁户实行区领导包案化解。全年化解信访积案22个。2011年7月，区委、区政府联合下发《开福区“与群众恳谈对话、为群众排忧解难”活动实施方案》《关于开展突出信访问题和不稳定因素集中排查工作的通知》《关于开福区“与群众恳谈对话、为群众排忧解难”活动联系群众工作安排的通知》等文件，按照“主要领导亲自挂帅，班子成员包案负责，领导干部联户上门，党员干部普遍走访”的总体思路，组织各级领导干部、党员干部深入基层一线，开展群众工作，将副科职以上领导干部与拆迁户、信访户、特困户、残疾人对口联户，将141名领导干部与社会贤达结对交友。全区县级领导干部70人，归口负责拆迁户75户、信访户39户、特困户61户、残疾人38人，联系社会贤达66人；副科职以上干部487人，归口负责联系拆迁户或信访户201户、特困户319户、残疾人66人，联系社会贤达76人。2011年12月，区委、区政府推出重大信访问题“四三”制联动调解机制，即对重大信访问题按照三种设定（有理设定、有过设定、有解设定）、三调联动（人民调解、行政调解、司法调解相结合）、三个步骤（主动引导、科学调解、有效终结“三步走”）、三次调解（以街镇牵头的一次调解、由区社会矛盾调处中心牵头的二次调解和由区联席会议牵头的三次调解）。在全区制定下发《开福区重大信访问题“四三”制联动调解工作暂行办法》，并设计印发与之相配套的文书表格、流程图。全区通过“四三”制联动调解机制成功化解突出信访问题6个，化解其他信访问题23个。2012年1月，全区开展“信访积案化解攻坚年”活动，制定下发《开福区2012年领导干部下访和信访积案化解攻坚年活动工作方案》，排查交办突出信访问题25个，办结率100%，化解信访积案13个。

表 4-26　　1997—2012 年长沙市开福区信防积案化解情况表

年度	积案化解数	年度	积案化解数
1997	1	2005	3
1998	1	2006	9
1999	1	2007	8
2000	3	2008	12
2001	2	2009	15
2002	1	2010	22
2003	2	2011	23
2004	5	2012	13

四、社会矛盾排查与调处

社会矛盾排查 2010 年，对各类社会矛盾以早发现、早介入、早化解为原则，坚持经常排查、定期排查、专项排查和重要敏感期集中排查相结合。每月月末对本月信访情况进行一次总结排查，及时掌握群众反映的热点、难点和带倾向性的问题，及时发现矛盾和不稳定因素，做到排查到人、应对有策。对排查出来的热点、难点问题，特别是有可能影响社会稳定等重大问题，及时研究处置办法，制定处置预案，确保节假日和重要会议以及重大活动期间的社会稳定。2009 年，在全国及省市“两会”、国庆 60 周年、第五届两岸经贸文化论坛等重要节会期间，全区开展集中排查 5 次，排查出信访突出问题 38 个，并协同相关单位妥善处置特殊非正常上访 45 起。2010 年，在全国及省、市“两会”、上海世博会、广州亚运会等重要节会期间，制定《开福区上海世博会特护期信访工作方案》等一系列预案，开展矛盾纠纷排查，对排查出来的重点问题建立信息台账，及时交办督办。全年开展集中排查 6 次，共交办信访突出问题 42 个，协同相关单位妥善化解处置特访 60 余起。2011 年，全国、省市“两会”、建党 90 周年特护期及区第四次党代会等重要节会期间，实行信息日报制度，针对城市房屋拆迁、农村土地征用等重点领域，准确掌握重点群体、重点人员的动态及其他不稳定因素，制定《开福区特护期信访工作方案》等一系列预案，集中开展信访信息排查 4 次。2012 年，全国、省市“两会”、中共十八大会议特护期，全区各级各部门组织开展大规模的信访排查 20 余次，妥善化解处置特访 60 余起。

社会矛盾调处 2010 年 4 月，开福区成立区社会矛盾调处中心，形成“‘一站式’办理，一体化调处，一揽子解决”的信访维稳工作新模式。至 2012 年，共接访群众 1934 批 3857 人次，调处 1645 批 3239 人次，调处率为 84%，为区域经济社会快速发展营造和谐稳定的社会环境。

社会矛盾调处中心制定完善来访接待与调处工作细则、每周议访制度、律师接待咨询制度、领导约访制度等 39 项规章制度，对调处中心的工作、会议及人员管理进行全方位的规范管理。调处中心按照“统一登记，分类接谈，现场处理，立案调处，交办督办，法律救助”的运行要求，对接访、调处、交办、督办、回馈等一系列流程进行规范。调处中心健全信访档案，加强信访事项基础台帐管理，做到“三明三更新”，“三明”即基本情况明、电子数据明、详细记录明，“三更新”即信访诉求、进展情况及处理结果随时更新。

调处中心的核心在于当场调处，根据区情实际，共设置律师、综合、国土、城管、城市房屋拆迁、残联、民政、公安、法院、劳动 10 个部门的接访窗口，对本部门职能范围内的社会矛盾当场调处。中心运行的核心在于“一个中心、两个结合、三个一、四个层面的调处”：一个中心即凡事以事要解决为中心；两个结合即流动场所调处与固定场所调处相结合，单个部门调处与多个部门调处相结合；三个一即“一站式”接待，一体化调处，一揽子解决问题；四个层面调处即简单问题当场调处，复杂问题联合调处，疑难问题周议访调处，特别重大问题区领导接访调处。对重大信访问题实行领导包案制。领导包案确定“四定四包”：

即定责任人，定包案领导，定解决时限，定方案决策；包动态情况掌握，包思想政治工作，包问题解决方案的拟定，包息访息诉。对于街道（镇）、部门一级能够解决的信访问题，中心直接对街道（镇）、部门“一把手”交办，并明确责任人和办结时限，中心负责跟踪督办，督办结果适时公布。区矛盾调处中心先后在全区13个街道（镇）、125个社区（村）明确一名信访代理员，负责对辖区内群众信访问题及时上报，教育引导群众依法信访，代表群众参与处理矛盾调处，形成上下贯通、左右连结、职责分明的矛盾调处网络体系。

探索“调解110”新模式。由中心组织相关部门组成“流动调解庭”，对外公开值班电话，遇到突发矛盾纠纷，及时出动，现场化解，尽量将纠纷化解在群众家门口。2010—2012年，通过“调解110”模式成功调解纠纷100余件。调处中心对不能当场调解的复杂信访问题，实行领导约访调处，即信访人在中心统一登记后，中心根据信访人的具体诉求，安排区领导和相关部门进行约访，在约访会上当即确定解决办法和方案，当场答复上访群众。调处中心成立后，2010—2012年，共安排包括区委书记、区长在内的领导接访306批次，解决一批历史遗留问题和疑难信访问题。调处中心确立周议访会议制度。每周五召集中心全体人员开会，对一周工作进行总结讲评，对重点、难点和带普遍性、倾向性的信访问题进行集体研究，明晰责任主体，确定解决方案，周议访会议共研究解决疑难信访问题204批954人次。调处中心对接区长办公会议，对周议访会议无法解决的重大疑难问题，调处中心及时提交区长办公会议进行讨论研究，实现周议访会议与区长办公会的无缝对接。中心运作后，2010—2012年，周议访会议经集体研究后提交区长办公会交办信访事项20批39人次，并先后得到解决。

第四节　政务服务

一、机　构

机构沿革　2000年7月，长沙市开福区政府建立政务公开办证大厅，从区政府办、区纪委、区监察局、区计划统计局抽调人员，组成政务公开办证工作班子。工作班子由区政府办公室管理，负责11个部门25个项目的审批工作。2003年1月7日，中共开福区委、区人民政府印发《关于调整开福区政务公开领导小组的通知》，由区长任政务公开领导小组组长，区委副书记、区纪委书记、副区长任副组长，各街道、镇（局）、区直有关部门为成员，下设办公室负责政务公开日常工作。开福区政务服务中心为正科级全民事业单位，归口区政府办公室管理。核定区政务服务中心全民事业编制5名，其中主任1名，副主任2名。区政务服务中心窗口的工作人员，由区委、区政府根据工作需要适时调整，区纪委和区委组织部把关调入。2010年，区政务服务中心大厅窗口由24个部门增至31个部门，进驻人员47人。2011年6月，开福区政务服务中心调整为区人民政府直属事业单位，核定事业编制6名，其中领导职数3名，主任1名，副主任2名，内设办公室、业务科、信息科3个科室。2003年7月至2012年12月，先后担任区政务服务中心主任的为彭满林、陈慧、陈旻，先后担任书记的为彭满林、田承明。

运作方式　政务中心涵盖所有区直单位的行政审批项目和部分市垂直管理单位的业务，基本实现“进一张门，办一切事”。进入政务服务中心的审批事项，实行审批内容公开、办事程序公开、申报材料公开、审批依据公开、承诺时限公开、收费标准公开；由窗口接件，初审合格后，承诺办结时间，在承诺时间内办结；对重大审批事项由集体讨论决定，对区行政审批部门进行行政效能监督，及时受理和处理群众投诉和举报。

进入政务服务中心的事项由窗口受理、内部运作、统一收费、限时办理。采取申报事项分类管理制，在中心办理的所有审批事项根据申办事项的性质分为即办件、承诺件、联办件三大类；联合审批制，属联合审批的重点事项，受理单位作为牵头单位，通过内部运作办结；告知责任制，告知申办对象准许从事某种行为必须符合的条件和标准，对不符合条件、不能办理的事项要按规定告知申办人，并作出解释和答复。政务公开进驻部门和单位要完整地公开办事流程，明确申报事项所需的材料、要求和收费规定等。政务服务大厅内设置大型滚动电子显示屏、触摸式电脑咨询台，张贴《区情简介》《办事指南》《收费标准》，以方便群众办事。

二、政务服务

政务服务工作 2005年，长沙市开福区政府投入政务服务中心建设资金120余万元，全区35个区属政府部门、10个市垂直管理单位、12个街道、3个镇（局）、8个工商所、19个税务所、14个公安派出所、93个社区、30个村、59所中小学校、11个卫生院均按有关规定实行政务、警务、校务等公开项目达1600余个，发放各种政务服务宣传资料80000余份，制作公示栏460块，设立服务热线电话310部。投诉案件由2002年的39起下降到2005年的5起。2007年，区政府对街道、镇（局）政务中心主任举办法律法规、业务培训班2期。全区创建市级“示范街镇政务中心”4个。2009年，全区面向社会公开招聘录用教师15人、工程建设招标投标项目46个、政府采购物品金额2100万元、区棚改项目拆迁4100户、面积48.60万平方米，为拆迁居民办理经济适用房资补手续2000余户，全部按程序公开、公示。2005—2012年，全区38个单位161个行政审批项目，精简为86项（含市下放的19项），区级行政审批项目精简率为57%，同时取消收费项目12项，调整132项。

政务服务全程代理 2003年，区政务服务中心开始全程代理服务，至年底，有28个项目由区政务服务中心全程代理服务，涉及投资额12.3亿元。2005年，开福区政府制定《开福区全程代理服务实施细则》《关于对重点招商引资项目全程代理服务事项实行联合交办的通知》，区政务服务全程代理服务项目44个，到位资金37.46亿元，效能监察中心先后派出20多人次对重大投资跟踪服务。2009年，区政府组织400家企业、600名群众代表对全区33个部门政务服务和全程代理服务进行评议，召开评议现场会13场，发放调查问卷1000份，回收972份，得分和满意度都较2008年上升。2010年，区政府提出“政务服务要主动上门服务”，共收集意见和建议75条，为企业解决实际问题13个。

政务服务在线办理 2008年，区政府贯彻《政府信息公开条例》，着力推进行政审批事项在线办理，公布《开福区政务公开目录》，制定开福区《行政许可事项在线办理实施方案》，并将清理后的95项许可事项向社会公示，当年30%以上的行政许可事项实现网上在线办理。2009年，区政府又录入90项行政审批项目，全面启动所有行政审批项目网上在线办理，实现市政府下达的行政许可项目100%网上在线办理的目标。2010年，区政府统一编制区政务公开指南和目录，共16项；制定政务服务事项清理方案，对区属33个单位的政务服务事项进行梳理、审查，45项区级行政许可项目、20项市区联动行政许可项目、15项非行政许可项目，都进入区行政审批系统办理。2012年，开福区公众信息网信息总数量达到2.30万余条，受理依申请公开政府信息97件，均严格按照规范程序办理完毕，区长信箱收到信件42封，及时回复率100%。

附记：2003年，湖南省文明办授予开福区政务服务中心“公益形象示范单位”。2007年、2011年，湖南省人民政府两次授予开福区“全省政务公开先进单位”。2006—2012年，长沙市人民政府授予开福区“政务公开先进单位”。2012年，长沙市政务公开工作领导小组授予开福区“信息公开工作先进单位”。

表4-27　　2005—2012年长沙市开福区政务服务中心工作情况表

年份	接待人数（万人）	受理事项（万件）	办结事项（万件）	收费情况（万元）	投诉（件）
2005	2.5	2.3	2.3	1630	0
2006	3.0	1.98	1.98	7586	0
2007	2.7	1.8	1.8	7480	0
2008	2.3	2.2	2.2	7890	0
2009	5.2	4.6	4.6	10500	0
2010	3.7	3.0	3.0	1530	0

续表 4-27

年份	接待人数（万人）	受理事项（万件）	办结事项（万件）	收费情况（万元）	投诉（件）
2011	4.2	3.6	3.6	2591	0
2012	4.2	3.6	3.4	1588	0
合 计	27.8	23.08	22.88	40795	0

第五节　法制建设

一、机 构

1997 年，长沙市开福区人民政府办公室内设立法制办。2000 年，区政府办公室加挂“区人民政府法制办公室”牌子，为区政府办公室内设机构（正科级），有专门编制。2011 年，核定区政府法制办行政编制 4 名，区人民政府法制办公室实行独立运作，设主任 1 名、副主任各 2 名。先后担任法制办主任的为刘小鸥、朱正文、刘小鸥。

2000 年，区政府加强执法队伍管理，明确规定行政执法必须“持证上岗、亮证执法”。每两年一次，区政府法制办和区直各行政执法单位，对全区行政执法人员进行培训，考试合格者换发和办理行政执法证。2007 年，全区 200 余名行政执法人员参与新版“湖南省行政执法证”的申领、换发工作。2012 年换发证后，全区 226 名执法人员信息全部录入湖南省行政执法证管理系统。

二、法律审查

行政行为合法性审查　区政府常务会议、区长办公会议研究涉法议题时，区政府法制办主任列席会议，加强行政决策合法性审查。2000—2012 年，区政府法制办主任列席区政府常务会议 78 次，区长办公会议 9 次。区政府作出重大行政决策前，坚持由区政府法制办进行合法性论证。2010 年始，区政府聘请执业律师担任区政府的法律顾问，为政府提供法律问题解答和政府合同的草拟、修改、审查等法律服务。区政府加强政府合同审查与管理工作，完善政府合同制定的程序和制度保障，以区政府名义签订的政府合同一般先由区政府法制办进行法律审查把关，防范政府合同法律风险。区政府组织开展违法建设拆除、安全生产综合执法、社会治安综合整治等联合执法行动前，加强对政府具体行政行为的合法性审查，由区政府法制办预判法律风险，提出合法性审查意见和对策。

规范性文件管理　2004 年，区政府法制办开始履行规范性文件备案审查职责。至 2012 年，在规范性文件起草及备案审查方面，有《长沙市开福区人民政府关于印发〈开福区规范性文件备案制度实施细则〉和〈开福区重大行政处罚决定备案制度实施细则〉的通知》《长沙市开福区人民政府关于进一步加强规范性文件备案审查工作的通知》《长沙市开福区人民政府规范性文件备案工作制度》；在落实规范性文件“三统一”制度和有效期管理方面，有《长沙市开福区人民政府办公室关于实行规范性文件三统一制度的通知》等。2005—2012 年，区政府法制办共审查以区政府和区政府办名义制定的规范性文件 52 件，其中对 2008 年 10 月 1 日后区政府（办）及其工作部门制定的规范性文件，实行统一登记、编号、公布，并在开福区公众信息网、开福区人民政府法制网上公布。区直各部门向区政府报送备案的规范性文件 67 件，合格后，予以登记备案。

2005 年，长沙市开福区发布《长沙市开福区农村村民建房管理暂行办法》。2008 年、2010 年、2012 年，区政府先后三次组织全区各级各部门对本机关制定的规范性文件进行清理，并将清理结果向社会公布。2010 年，公布失效 50 件，继续有效 20 件，重新公布 3 件。2012 年，公布废止 6 件，失效 15 件，继续有效 20 件，重新公布 4 件。2011 年，建立规范性文件数据库，加强对规范性文件的动态管理，实行规范性文件定期清理与即时清理相结合，以使规范性文件效力管理工作常态化、固定化。2004 年、2007 年和 2012 年对区级行政许可实施主体和实施项目进行清理，2007 年公布区级行政许可实施项目 95 项。2012 年清理区级行政许可项目为 46 项。

三、依法行政监督

行政决策听证 2005年，制定《长沙市开福区人民政府行政处罚听证程序实施规定》及配套的《行政处罚听证文书式样（试行）》，保障和监督行政机关依法实施行政处罚，规范行政处罚听证程序。2007年，长沙市征地拆迁补偿安置改革试点在开福区进行，区政府法制办参加市政府组织的《长沙市征地补偿实施办法（草案）》的听证会，从10个方面提出完善《长沙市征地补偿实施办法（草案）》的听证意见。2011年12月，区政府就撤并兴联小学、新建周南附小事宜举行重大行政决策听证会，听取公众意见。区委副书记、区长、副区长出席听证会，区政府相关部门负责人以及10名听证陈述人和自愿前来的旁听人员参加会议。听证陈述人覆盖学生家长、村（居）民、村（社区）干部、区人大代表、政协委员、学校教师等人员。开福区教育局负责人介绍撤并兴联小学及新建周南附小的建设方案，听证陈述人分别提出意见和建议，区长以听证人的身份对听证陈述人提出的意见和建议进行现场解答，并将公众意见吸纳到建设方案中。

行政执法责任制建设 1995年，长沙市北区政府在全市率先推行行政执法责任制。1996年，区政府召开全区行政执法责任制动员大会，并在会上举行行政执法责任状递交仪式。2002年，长沙市开福区人民政府特邀10名行政执法监督员，参与全区各类行政执法监督、检查、评议工作，向区行政执法责任制工作领导小组及时反映行政执法中存在的主要问题，对行政执法监督工作提出意见和建议。2010年10月25日，开福区召开全区范围内首次综合性的依法行政大会，要求各单位部门对照区政府《关于进一步加快法治政府建设的决定》，明确任务，细化责任，提高依法行政意识和能力，坚持依法科学民主决策，加强规范性文件管理，规范行政执法行为，完善行政权力监督制约。13个街道（镇）和27个区直部门向区政府递交行政执法责任书。

行政许可工作 2004年7月1日，《中华人民共和国行政许可法》正式施行。为确保该法在开福区的正确实施，区政府法制办制定《长沙市开福区贯彻实施行政许可法的工作方案》《长沙市开福区人民政府法制办公室关于加强行政许可法配套制度建设、开展专项行政执法检查工作的通知》《长沙市开福区人民政府法制办公室关于印发〈中华人民共和国行政许可法〉法律文书式样》（试行）的通知》，对全区实施行政许可工作进行规范和监督，并对区级行政许可实施主体和实施项目进行清理。2007年，公布清理后的区级行政许可实施项目95项。2011年，区政府组织24个行政执法单位进行行政执法依据清理，并以规范性文件的形式公布清理后的各单位行政执法依据目录。2012年，公布清理后的区级行政许可项目共46项。

行政执法案卷评查 为规范行政执法行为、细化行政执法案卷评查标准，2010年，区法制办制定《开福区行政处罚案卷评查细则（试行）》《开福区行政许可案卷评查细则（试行）》。2012年修订行政执法案卷评查标准，发出《长沙市开福区人民政府办公室关于印发〈开福区行政处罚案卷评查规则〉的通知》《长沙市开福区人民政府办公室关于印发〈开福区行政许可案卷评查规则〉的通知》。2010—2012年，每年由区政府副调研员带队，区政府法制办牵头，区监察局、区人大内司委、区政协提案法制委、政府法律顾问共同参与，对区直各行政执法部门执法案卷进行评查，三年共评查案卷305本（其中行政处罚案卷147本，征收社会抚养费案卷4本，行政许可案卷154本）。评查组对各单位行政执法案卷存在的问题、得分情况及相关建议分别以书面形式反馈到各单位，同时与各单位就评查情况进行现场交流，并以政府办名义印发当年度行政执法案卷评查情况，向全区通报评查结果。

行政执法指导案例编撰 2011年起，区政府法制办组织各行政执法部门开展行政执法指导案例的选择和编撰工作，逐年编印《开福区2011年度行政执法指导案例（第一期）》《开福区2012年度行政执法指导案例（第二期）》，并在开福区人民政府公众信息网和开福区人民政府法制网上发布，共选取某商务酒店未取得施工许可证擅自施工行政处罚案、某有限公司提供不真实统计数据行政处罚案等7个具有典型指导意义的行政执法案例供各执法单位对照参考规范。

行政裁量权基准制度建设 2010年，全区23个行政执法部门制定本部门行政处罚裁量权基准，并在开福区人民政府公众信息网上公布。2011年，区食品药品监督管理局、区科技局制定行政处罚裁量权基准，区发改局等17个行政执法单位对行政处罚裁量权基准进行修订和完善。

四、复议应诉

行政司法互动　为应对政府工作出现的新情况、新问题，区政府法制办牵头，加强行政机关与人民法院的协调配合，建立健全行政司法互动工作机制，整合政府行政资源和法院法律资源，以形成化解行政争议的合力。2012年3月，黄兴北路棚改项目正式启动以后，针对政府作出征收决定和征收补偿决定引起的行政复议和行政诉讼案件的政府举证范围，政府征收补偿决定申请法院非诉执行的举证范围，政府作出征收补偿决定的程序和法律文书格式的确定，征收过程中出现的疑难问题或有争议问题的解决等事项，先后召开四次行政司法互动会议，邀请省、市、区三级人民法院和市政府法制办的法律专家到开福区共商研讨，统一法律见解。对拟提交行政司法互动会议讨论的问题，提前介入，做实调查研究工作，事先提出可行性处理意见，加强研讨的针对性，增强行政司法互动实效，以避免因政府征收引发行政争议。

行政复议应诉　1990年5月，成立长沙市北区政府行政复议、应诉委员会，办公地点设在区政府办公室内，由法律顾问和法律干事处理日常事务，代理应诉工作。2000年7月区政府法制办成立后，区政府为被告的诉讼案件和区政府为被申请人的复议案件应诉工作由区政府法制办承担。2005年始，区政府法制办共代理或指导代理诉讼、复议案件192件，其中行政诉讼126件、行政复议64件、民事诉讼2件，应诉量居全市9个区县之首。区政府法制办探索总结的行政应诉“六要素”工作方法，被中国政府法制信息网、湖南省人民政府法制网和《长沙市依法行政工作简报》作为经验推广。2011年，在开福区政府法制网站上，设立“申请行政复议”栏目，开通行政复议网上公开受理渠道。2012年，区政府法制办撰写的《行政复议与信访工作初探》一文在全国行政复议理论研究征文活动中获二等奖。

五、其他法制工作

行政法规起草　2005年，区政府法制办起草《长沙市开福区农村村民建房管理暂行办法》。2011年，起草《关于规范国有土地上房屋征收工作的通知》，对有关政府作出房屋征收决定和房屋征收补偿决定的程序和实体要件进行梳理，规范相关工作流程和文书送达，明确注意事项和责任要求。区政府法制办同时派员到各分指挥部，解决征收过程中遇到的实际问题和困难；针对不同的工作环节和普遍反映的问题，开展多轮业务培训和征收讲评，以增强一线征收工作人员的法制意识和依法解决问题的能力。

依法行政制度建设　区政府法制办牵头组织，以区政府或区政府办名义制定出台一系列依法行政制度文件，有《长沙市开福区行政执法责任制暂行办法》《长沙市开福区行政执法责任制考核办法》《长沙市开福区人民政府关于全面推进依法行政的决定》《长沙市开福区人民政府办公室关于贯彻落实全面推进依法行政实施纲要的实施意见》《长沙市开福区人民政府办公室关于推行行政执法责任制实施方案的通知》《长沙市开福区人民政府办公室关于建立依法行政工作情况定期报告制度的通知》《长沙市开福区人民政府关于贯彻落实〈湖南省行政程序规定〉的实施意见》《长沙市开福区人民政府关于进一步加快法治政府建设的决定》等。2011年，出台《关于推进法治开福建设的实施意见》，提出围绕“法治开福”建设的总体目标和阶段性目标，着力抓好深化法治政府建设，健全依法行政机制等8个方面的工作。

行政法制工作标准化信息化建设　2011年，制定《开福区导入ISO9001质量管理体系试点工作方案》，在区人口和计划生育局、区城乡建设局等执法部门开展ISO9001质量管理体系试点工作，将国家行政管理法律、法规、规章和有关文件融入质量管理体系之中，实现政府服务和行政管理的标准化。同年，开福区创建长沙市内五区首个区级政府法制网站——长沙市开福区人民政府法制网。网站集信息发布、资料查询、工作交流、宣传阵地、理论研究于一体，设有“机构职能”“法制动态”“规范性文件”“执法监督”“行政复议”“案例精选”“法制论坛”“法律法规”八大板块。2012年1月，区政府法制办组织编印《依法行政制度汇编》，将国务院、省、市有关依法行政的制度文件汇编成册，内容涉及行政程序、政府服务、规范行政裁量权、规范性文件管理、行政决策、信息公开、行政执法案例指导、依法行政考核、行政执法证件及人员管理、执法监督等多个方面，收录以“一规划两规定六办法”为主要内容的具有湖南特色的依法行政系列文件。

第六节 民族·宗教

一、机 构

1989年至2006年5月，长沙市北区、长沙市开福区的民族、宗教、外事、侨务工作由区政府办公室兼管，内设民族宗教办和外事侨务办，各配专干1名，负责处理日常工作。2006年6月，区政府设立民族宗教事务局，编制2名，杨强辉任局长。外事侨务办则仍挂牌区政府办公室，设专干1名。2011年5月，开福区政府将民族宗教事务局和外事侨务办公室的职责整合，组建民族宗教和外事侨务局，为区人民政府直属事业单位，核定全额拨款事业编制4名，其中局长1名、副局长2名，杨强辉任局长。

二、民族事务

少数民族概况 1990年全国第四次人口普查，北区有少数民族20个，共计2070人。2010年全国第六次人口普查，开福区有少数民族32个，共计6148人。2012年，开福区有少数民族33个，共计6633人，占开福区总人口的1.11%。

表4-28　　2012年长沙市开福区少数民族人口情况表

序号	少数民族	人数（人）		总人数（人）
		男	女	
1	蒙古族	41	44	85
2	回族	578	622	1200
3	藏族	1	5	6
4	维吾尔族	11	11	22
5	苗族	589	666	1255
6	彝族	6	15	21
7	壮族	119	118	237
8	布依族	7	14	21
9	朝鲜族	7	16	23
10	满族	174	188	362
11	侗族	204	226	430
12	瑶族	210	173	383
13	白族	55	64	119
14	土家族	1072	1296	2368
15	哈尼族	0	1	1
16	傣族	1	2	3
17	黎族	19	10	29
18	傈僳族	3	1	4
19	畲族	11	11	22
20	高山族	4	4	8
21	水族	1	0	1

续表 4-28

序号	少数民族	人 数（人）		总人数（人）
		男	女	
22	纳西族	2	3	5
23	土族	1	1	1
24	达斡尔族	1	0	1
25	仫佬族	3	4	7
26	羌族	1	1	2
27	撒拉族	0	1	1
28	仡佬族	1	8	9
29	锡伯族	1	2	3
30	俄罗斯族	0	1	1
31	京族	0	1	1
32	鄂伦春族	1	0	1
33	珞巴族	1	0	1
合计	33	3125	3509	6633

贯彻民族工作法规条例，维护少数民族合法权益　1990 年，长沙市北区人民政府以贯彻国家民委颁布的《城市民族工作条件》为契机，摸清区域内少数民族类别和人口分布情况，并在全区开展民族工作法律法规条例的学习和宣传。1990—1995 年，北区先后举办民族工作法律法规条例讲座 4 期，编印发放宣传资料 2000 余份。2005 年，中共中央民族工作会议对做好新时期的民族工作提出新要求，长沙市开福区政府把民族工作法律、法规、条例纳入学习内容，并在全区开展宣传活动，共设宣传站 13 个，发放宣传资料 3500 余份。2006 年 5 月，区委召开民族工作会议，进一步贯彻中共中央民族工作会议精神和《城市民族工作条例》，决定成立民族宗教事务局。2009 年，成立市民族联谊会开福区分会，各少数民族代表为联谊会会员，规定每年 10 月为民族联谊活动月，为少数民族维护合法权益提供平台。1996—2012 年，共收到少数民族对区政府工作的建议和意见 200 余件，包括子女入学、民族成分更改、发展经济、扶贫等七个方面。民族宗教事务局逐件办理，办复率达 98%，解决合理诉求 13 件。

民族团结进步示范村建设　捞刀河镇汉回村是长沙市唯一的少数民族聚居村。回族定居汉回村已有 300 多年历史。全村总面积 2.83 平方千米，人口 1408 人，其中回族村民约占三分之一。1997—2000 年，长沙市开福区政府为少数民族人员创办企业，提供场地 3 处，对少数民族个体就业予以资金和政策扶持，减免税收 30 余万元。2010 年，区委、区政府确定汉回村为首批新农村建设示范点，具体实施项目有汉沙公路（汉回段）、汉回风景区、示范村规划、产业规划、土地整理、回民墓地、汉回民族团结门楼、居民改造、通水改厕、蔬菜基地、水利、垃圾站建设，村级卫生医疗站、回民一条街。区委、区政府逐一落实实施主体、责任单位和资金来源。2011 年，汉回村被列为湖南省民族团结进步示范点、湖南省“万企联村、共同发展”活动省级示范项目、长沙城乡一体化建设示范点，通过国家 AAA 级景区的验收。2012 年 11 月，被授予“湖南少数民族特色村寨”称号。

少数民族人才培养　2009 年，区政府对少数民族情况进行专题调研，建立少数民族人员、少数民族干部台帐，完善对少数民族后备领导干部推荐制度，并制定《培养选拔少数民族干部五年规划》。1996—2012年，在辖区内少数民族干部53人中，提拔县级领导3名、科级及中级职称以上27名；区人大、区政府换届，共选举少数民族代表4人次，推荐政协委员21人次，为少数民族人员参政议政搭建平台。

附记：1994年，北区捞刀河镇汉回村被评为全国民族团结进步模范村，村支书李振能赴京参加表彰大会，受到党和国家领导人江泽民、李鹏的接见。2003年，汉回村被评为长沙市第三次民族团结进步模范集体，陈大庆、马术凡、李振能被评为先进个人。2009年，中共长沙市开福区委员会被评为长沙市第四次民族团结进步模范集体，杨强辉、李振能被评为先进个人。2010年，中共长沙市开福区委员会被评为湖南省第五次民族团结进步模范集体。长沙市年度民族工作目标管理考核，开福区获得第一名。

三、宗教事务

宗教场所 1995年，长沙市北区有宗教场所5处。2012年长沙市开福区有宗教场所8处，有宗教教职人员69人。其中基督教城北堂有3个以堂带点聚会点，即新港聚会点、原真耶稣教派聚会点（潮宗街教堂）、原复临安息日会聚会点（城北堂内）。

表4–29　　2012年长沙市开福区宗教场所情况表

名称	主要负责人	教职人员数（人）	寺观教堂教别	场所文物保护级别	场所等级			建设时间		场所地址	面积（平方米）	
					全国	省	市	始建	重扩建		占地	建筑
开福寺	释能净	28	佛教	省级	全国			五代十国后唐天成二年（927）	1980年	开福寺路	59940	16000
洪山寺	释增慧	4	佛教	无			市级	清雍正年间	20世纪80年代末	洪山街道洪西社区	9900	4000
铁炉寺	释自然	9	佛教	无			市级	清康熙四十年（1701）	20世纪70年代初	捞刀河镇汉回村	28791	5792
东岳宫	甘罗	8	道教	无			市级	唐开元十三年（725）	2006年	湘雅路东岳宫巷	1480	500
天主教堂	邓穆	10	天主教	省级		省级		清光绪二十七年（1901）	2000年	湘春巷8号	4000	378
城北教堂	任霞	3	基督教	省级		省级		清光绪二十八年（1902）	1917年	外湘春街80号	6497	1048
北正街教堂	吴微	4	基督教	省级		省级		清光绪三十年（1904）		黄兴北路76号	920	425
新港聚会点	任霞	2	基督教				区级	2006年		新港镇新安寺社区	120	120

表 4–30　　2012 年长沙市开福区宗教教职人员情况表（一）

类别 \ 数量 \ 教别		佛教（人）	道教（人）
文化程度	博士	—	—
	硕士	—	—
	本科	7	—
	大专	1	1
	高中	5	7
	中专	3	—
	初中及以下	25	—
年龄	25 岁以下	—	3
	25～35岁	4	—
	35～45岁	21	5
	45～60岁	13	—
	60 岁以上	3	—
性别	男	4	8
	女	37	—

表 4–31　　2012 年长沙市开福区宗教教职人员情况表（二）

	教职	数量（人）	合计（人）
佛教	住持（方丈）	3	3
	比丘	3	3
	比丘尼	35	35
道教	住持（方丈）	1	1
	全真派	1	1
	正一派	6	6
天主教	司铎（神父）	7	7
	修士	—	—
	修女	3	3
基督教	主教（监督）	—	—
	牧师（长老）	3	3
	教师（副牧师）	4	4
	老老传道（教士）	3	3

表 4–32　　2012 年长沙市开福区宗教界服务社会情况表

类别（数量 / 教别）			佛教	道教	天主教	基督教	合计
非营利性组织（个）	敬老安养院		—	—	1	1	2
	医疗康复		—	1	—	1	2
	心理咨询		—	1	—	1	2
	文化研究		—	1	—	—	1
	其他		—	—	—	—	—
慈善捐赠	助学	人数（人）	30	—	—	7	37
		金额（万元）	3	—	—	0.36	3.36
	敬老	人数（人）	160	—	180	120	460
	扶孤	人数（人）	13	—	—	10	23
	赈灾	捐款（万元）	40	1	50	3.1	94.1
		捐物（折合金额，万元）	—	—	—	0.2	0.2
	其他		—	—	—	—	—
宗教文化活动（次）	文化研究活动		3	2	4	1	10
	节庆活动		12	3	—	6	21
	其他		—	—	—	—	—

宗教条例宣传　2004 年，国务院颁布《宗教事务条例》。2006 年，湖南省颁布《湖南省宗教事务条例》。2005 年，全区贯彻条例，开展爱国、爱教的宣传周活动，设立宣传点 5 个，印发宣传资料 1000 余份。2006 年，举办街道、乡、镇、局民族宗教专干学习班 1 期，讲座 2 期。2009 年 9 月，在全区宗教界组织开展宗教政策法规知识抢答赛。

依法宗教管理　2002 年 5 月，根据区委意见、区政府要求，全区建立宗教工作联席会议制度，由政法、公安、宗教、城管、民政和有关街道、镇负责人参加，协调和处理宗教事务重大问题。2008 年，公安、宗教等相关部门联动，查处非法聚会点 6 个，取缔非法聚会点 2 个，处理宗教矛盾纠纷 3 起。2009 年，成立区民族宗教工作领导小组，建立区、街道（镇）、社区（村）宗教工作三级网络，定期召开会议，协调处理宗教方面的具体事宜。区政府网站建立宗教场所、教职人员、信教群众信息数据库，掌握宗教活动动态，提出预案和防范措施。每年农历大年三十、二月十九日、六月十九日、九月十九日是开福寺信众进香高潮，区政府在开福寺设立安全保卫工作指挥部，派出公安、城管、交警、消防、民政、民宗、残联等部门及新河街道执勤保卫、执勤人员达 1500 多人次，以确保宗教活动场所的安全。

落实宗教政策　1999—2009 年，市、区政府多次召开协调会，解决市属企业、区属企业占用开福寺、天主教、东岳宫土地及房产问题，由市、区政府出资 300 余万元，为企业另选生产场地搬迁，使遗留多年的宗教房产问题得到妥善解决。2001 年，协助开福寺收回原北大桥工程指挥部借用的 6000 平方米土地；2002 年，协助开福寺收回原立新织布厂所占用的土地 8780 平方米和 9847.84 平方米的房产；2003 年，协助铁炉寺对土地进行确权，寺院土地由 1.80 万平方米扩大到 2.88 万平方米。2004 年，协调做好开福寺总体规划，规划面积 11.67 万平方米，并协助开福寺收回新河小学用地。2005—2006 年，区政府协助开福寺、洪山寺、铁炉寺等寺院的扩建和改建工程。2007 年，协助开福寺收回开福区工商局占用约 3900 多平方米土地（北桥农贸市场）。2008 年，协助洪山寺对寺院土地 1 万平方米进行确权。2009 年，区政府落实市委会议纪要精神，安排资金 78 万元，将占住东岳宫的原北区基建公司住户搬出，将东岳宫正式移交道教组织。5 月 1 日，市、区政府投资 7000 万元修建的开福寺文化广场竣工，开福寺周边环境焕然一新，成为长沙城区宗教、旅游为一体的综合性场所。1992—2012 年，区人大、区政协五次换届，推荐选举宗教界人士为区人大代表 3 人次，区政协常委、委员 19 人次，提出建议意见 15 件、提案 18 件，为宗教界人士参政议政提供平台。2010 年 11 月 11 日，湖南省委常委、省委统战部部长李薇薇一行考察开福区宗教工作，对开福区关心支持宗教事务的做法，给予肯定。2010 年，开福寺被评为全国首届和谐寺观教堂先进集体。

第七节　外事·侨务

一、外　事

外事接待　1990 年，长沙市外事办与区长沙市北区政府商定，在北区清水塘小学组织 100 人的外事迎送欢呼队。1991 年，在三角塘小学组成 100 人的号鼓队，购制统一服装、添制号鼓等乐器，由市外事办负责指导，每周利用课外时间在校内进行演练，以备外事接待。2002 年，先后有非洲莫桑比克总理一行 10 人、南非北开普省议长史密斯一行 7 人、泰国友人一行 8 人，到开福区考察蔬菜基地和无土栽培技术。2005—2012 年，开福区接待外商组团、外商投资、洽谈项目等活动 20 余批次，引进资金 107 亿元，为开福区发展经济提供条件。

出国(境)人员管理　2000 年以来，随着对外开放、招商引资、学习培训等因公出国（境）人员增多，区政府外事部门编印出国（境）必读注意事项、宣传资料 2000 余册，落实中央、省市有关出国（境）的政策规定。2005 年，制定《因公（私）出国（境）呈报审批程序》。2006 年，制定《规范因公出国（境）管理的通知》。2009 年，制定《关于进一步加强和规范因公出国（境）管理工作的通知》《长沙市开福区涉外涉侨突发事件应急预案》，使涉外涉侨突发事件应对工作规范化、科学化、法制化和制度化。每年 5 月 12 日的防震减灾日开展应急知识宣传，将《中国公民海外安全常识》《中国领事保护和协助指南》《中国公民出国提醒》等宣传资料发放给市民。2010 年，为解决出国人员多头报批和漏报批以及无计划、无实效性出访的问题，出台《关于进一步加强出国（境）证照管理的通知》。2007—2012 年，审核区因公出国（境）干部共 103 人。2011—2012 年，审核辖区企业邀请外国人到长沙进行商务考察 15 批次 102 人，辖区内侨眷组团赴美国、奥地利参加"亲情中华"华侨华人慰问演出音乐会 100 多人次。

二、侨　务

贯彻归侨、侨眷法规　2006 年，区委、区政府把《中华人民共和国归侨侨眷权益保护法》列入"四五"普法考试和区委中心组的学习内容，制定《关于宣传贯彻归侨侨眷权益保护法实施办法》的工作方案，编印《中华人民共和国归侨侨眷权益保护法法律法规汇编》2000 册，发至区委中心组成员和区直各单位。举办《中华人民共和国归侨侨眷权益保护法》的联谊活动 10 场次。

开展归侨、侨眷工作　1991—2012 年，全区接待归侨 87 人次，走访侨眷 305 人次，组织举办联谊会 28 场次，向海外发信件 409 封，寄贺年卡 143 人次，举办侨务迎春联欢会、学习报告会、中秋联欢赏月活动 35 场次，参加活动 905 人次。2004 年，全区有侨眷、归侨、港澳同胞、新移民共 2020 人，分布在 58 个社区；海外华侨华人 400 多人，主要分布在美国、澳大利亚、加拿大、法国、英国、新西兰等 25 个国家。2009 年，开福区成立侨界代表人士参政议政委员会，开展"关注城市细节，一人一建议"活动，提出建议 86 条，得到区有关部门的办理。2010 年，长沙市年度侨务工作目标管理检查考核，开福区获得第一名。2012 年，开福区有归侨、侨眷 4138 人，其中侨眷 2356 人，归侨、港澳回归同胞 103 人，海外华人新移民 1679 人。海外华人华侨主要分布在美国、澳大利亚、加拿大等 36 个国家和地区。

落实归侨、侨眷政策　2005 年，湖南省制定《关于对老归国华侨给予生活补助实施意见的通知》，长沙市开福区对辖区内的归侨进行登记，落实每人每月补助生活费100元的政策，纳入区财政预算。2009年7月1日起，归国无业归侨每人每月100元的生活补助费提高到200元，区政府及时追加财政预算，全部落实到位。2000—2012年，共慰问归侨侨眷特困户860户，送去慰问金和物资共17.20万元，接待侨务来访来信36件次，归还归侨侨眷房产14处，解决归侨子女就业150余人，侨眷子女升学120余人，归侨生活低保资金80万元，归侨身份确定20人次，使归侨侨眷感受到党和政府的关怀和温暖。2012年，开福区有重点侨务对象1026人。

发挥归侨、侨眷作用 2002年，美国圣路易斯大学美籍华人刘国宪博士资助贫困学生200人次，资助学费8万元。2003年，长沙市开福区引进外资3818.18万美元，其中侨资企业佑昌房地产有限公司引进外资540万美元，长沙港湘绿色环保开发有限公司引进外资1400万美元。2004年，开福区承办湖南省海外华商潇湘行暨投资开福之旅项目洽谈会，与来自美国、俄罗斯等16个国家的180多名华商签订项目11个，签约资金达29.70亿元。通过组团走访，与海外华侨华人联谊等形式，推介宣传开福区，引进世界500强德国企业麦德龙超市、青竹湖国际高尔夫球会、毛里求斯购宝集团、加拿大（和一）国际集团有限公司、恒鑫置业房地产有限公司等企业。仅长沙恒鑫置业有限公司，2005年完成房地产开发15万平方米，销售达1亿元，实现税收800万元。2009年湖南港澳投资洽谈活动周，推介以现代物流为主的22个产业招商项目，促成签约六大项目，签约资金35亿元人民币。2011年，新韩金融集团全资控股的新韩银行长沙分行开业。2012年，丹麦绫致仓储服务项目、法国华创索菲特大酒店项目和英国渣打银行长沙分行项目在开福区签约，共引进资金11.65亿元。

维护归侨、侨眷合法权益 2004年，尹姓侨眷在福初里25号的住房，系黄兴北路回报用地地段，因在拆迁价格上存在分歧，未达成协议。长沙房地产开发公司在未接到强拆通知的情况下，将尹家住房擅自拆掉一半。区政府组织相关单位召开协调会，责成长房公司给予合理拆迁补偿和违规拆迁房屋赔偿。2010年，颜姓归侨在辖区投资的餐饮业遇到产权纠纷，经市、区多次沟通协调，给予合理补偿。

第八节 地方志·档案

一、地方志编纂机构

1986年2月，中共长沙市北区地方志编纂委员会成立。由北区人民政府区长黄世钊任主任，刘奇武、王大刚、彭振武任副主任。北区区志编纂委员会下设办公室，由李万健（兼）任办公室主任，负责修志的具体工作。1986年6月，中共长沙市北区区委、区政府作出编纂北区地方志的决定，随后组建编纂班子，先后有兼、专、聘人员67人。1987年9月，区志编纂委员会调整，区人民政府区长龚长力任主任，刘奇武、王大刚、彭振武任副主任。1997年8月，涂浩任区志办主任。12月，开福区党史办和区志办分别从区委办、区政府办分离，合并成立区史志办，涂浩任主任。2000年6月26日，中共长沙市开福区委、区人民政府发出《关于编修续修区志的通知》，调整区志编纂委员会，区人民政府区长余建国任编委会主任，彭志一、周杏武、李正宇、李豪、黄兆明任副主任。2002年1月，区史志办与区档案馆合并，组建开福区史志档案局。

区志编纂 《长沙市北区志》是长沙市北区建置以来的第一部志书，其编纂工作始于1986年，年底完成区志篇目第三稿，并部署各部门专志任务。1987年9月，修志工作全面展开。至1992年年底，完成北区志9篇中的6篇。1993年起，由于人员进出、机构变动等原因，北区志编纂工作陷入停顿，全区41个承办部门的修志机构及人员陆续解散。1997年，中断近5年的区志编修工作恢复。其时，长沙市其他各区第一轮修志工作早已完成，第二轮修志工作也已启动。市志办要求北区志第一、第二轮合并编修。2000年6月，开福区委、区政府调整区志编纂委员会，重新明确任务，制定工作步骤，实行“一纳入、五到位”（纳入政府经济计划任务，领导、机构、经费、队伍、条件到位）。修志工作有了较大进展。至2000年年底，始成《长沙市北区志》初稿，计17篇80章，约70万字，于2001年送呈长沙市地方志办公室审阅。2002年1月，区史志档案局着手《长沙市北区志》初稿的修改。2003年年初，区史志档案局聘请李豪、李正宇为特约编辑，由李正宇执笔，改写《长沙市北区志》。2003年年底，《长沙市北区志》第二稿完成，计16篇61

章，约50万字。2004年1—10月，市志办审阅通过。2005年3月，《长沙市北区志》付梓。

二、档案管理

机构 1987年7月，长沙市北区成立区档案馆，为副科级单位，定编3人。1996年7月，北区档案馆更名为开福区档案馆。2002年1月，区史志办与区档案馆合并，组建史志档案局。

1987年北区档案馆成立时，仅1间库房，1间办公室，面积40平方米，档案柜16组，办公条件极其简陋。此后，档案馆逐年添置空调、去湿机、吸尘器、微机、计算机等设备设施。1999年，开福区档案馆搬进区治大院，工作和保管条件得到进一步改善。至2012年，开福区史志档案局有办公室4间、阅览室1间、资料室1间、会议室1间，另有库房3间，面积200平方米。区档案馆总建筑面积400平方米，其中档案库房建筑面积320平方米，对外服务用房建筑面积80平方米。馆内设备：电子计算机、服务器2台、微机8台、复印机2台、空调机集中式4台、分散式2台、去湿机2台、消毒设备1台、防磁柜1台、密集架10列50组。

建档与档案整理 1987—2012年，区档案馆协助区政府办等521个部门单位，进行业务指导，整理档案24951卷。1996年区划调整以后，档案工作面临搞好农村档案、建立村级档案室的新课题。2000年，区档案馆干部下到高岭等4个村，4次到捞刀河镇、霞凝乡，6次到房地产4个公司进行业务指导。2011年，为了搞好家庭建档工作，先在街道试点，13个街道，每街5个示范户。2012年，全区有200多户家庭建立档案，整理103盒，整理57个全宗，18377卷，录入目标414571条，推进档案信息化的全面建设。

档案接收及馆藏 1989—2012年，长沙市开福区档案馆馆藏档案、资料共23744卷册、405651条，全宗98个。其中，文书档案：9147卷，均为区党政机关、群团组织以及各街道办事处的档案，记载区、街两级党政机关、群团组织及事业单位的主要职能活动，从不同角度反映全区政治经济、文化和社会各项事业发展的状况，是新中国成立后区政工作的真实记录；人口、地名普查档案：101卷；会计档案：接收区财政局1967—1987年会计档案1462卷；专业档案：12000卷，包括区民政局的婚姻档案和区公证处的公证档案；重点工程档案：16个项目，1184盒；声像档案：照片1640张，其中有1976年9月长沙市北区人民悼念毛泽东主席逝世、国务院总理温家宝在长沙市开福区视察防汛工作等照片资料。

档案馆定级、升级达标 1987年区档案馆成立后，档案馆室的定级、升级工作亦同时展开，并将其纳入目标管理。1995年年底，按照区委、区政府要求，区档案馆展开上三级工作，先后理顺21个全宗，3134卷；抄写1000多卷内案卷目录；补写、完善1000多卷案卷封皮；建立和完善全宗卷，并写全宗介绍；编制4种检索工具，编写2种资料；将《人民日报》等15种1197册资料编目。1995年12月，北区档案馆以918分的成绩，定为省三级档案馆。2002年，又作档案馆升一级的准备，编目录1万条，贴背脊2988卷。2003年8月26日，开福区史志档案局（馆）获国家综合档案馆省一级。

基层档案室定级、升级 1987年开始，全区档案工作实行目标管理，并开展升级达标活动。至2012年止，开福区共有71个单位达标定级。其中，达到目标管理特级档案室标准的有地税局、检察院2个；达到目标管理省一级档案室标准的有浏阳河街道等9个；达到目标管理省二级档案室标准的有北区公安分局等10个；达到目标管理省三级档案室标准的有区人防办等50个。

档案编研 1987—2012年，区档案馆利用馆藏档案，先后编写《北区档案工作大事记》《北区历届人代会简介》《北区党政系统组织沿革》《档案馆指南》《利用典型事例汇编》《二套文》《全宗案卷目标》《全宗介绍》《人物卡》等，还编制4种检索工具、2种资料编目。征集全区20多个单位的“1988—1995年大事记”。为《长沙年鉴》撰写条目7条2000余字，提供图片6张。整理照片档案448张，共12本，编目装订档案，杂志78本。

档案开发利用 1987—2012年，区档案馆共接待利用者19519人次，查阅档案52667卷，摘录2868页，出证明3649份。通过开发档案信息资源，为领导决策服务，为落实政策服务，为工作查考、编史修志服务，为科学研究、经济建设服务，为排解纠纷服务，取得一定的社会效益和经济效益。

利用街道档案室档案，查找到企业房屋原始证件等各类文件。1999年，为北站路街道企业兴宝服装厂提供三件凭证，为该厂与承包人关于企业房屋抵押给银行贷款的诉讼案赢得胜诉，为企业挽回330多万元的经济损失。1999—2012年，利用馆藏知青档案，为200多名知青出示返城证明，办理社保手续，落实养老保险。

档案队伍建设 为档案馆实行档案员持证上岗制度，通过自办档案工作培训班和组织参加国家、省、市档案局举办的培训班的方式，对区属各单位、街道、乡、镇新上岗的专、兼职档案员进行专业培训，以达到持证上岗的要求。1989—2012年，全区共有108人获得国家档案管理专业初、中级职称，其中具有中级职称2人，初级职称106人，专业人员168人。

1987—2012年，共选派42人参加国家、省、市举办的培训班；676人参加区举办的各种培训班；组织档案干部32人去宁乡、广州、深圳、珠海、东北三省、北京、海南、西安等地参观学习；接待北京市朝阳区、重庆市渝中区及长沙市及其下属各县区档案局（馆）干部到区档案局进行横向交流。

档案法制建设 区史志档案局依据《中华人民共和国档案法》，将档案执法和档案安全检查列入工作重点，并建立档案执法员、执法监督员、执法联络员队伍，执法人员持证上岗制度。坚持一年一度对区直机关和各街道办事处，乡、镇的档案工作进行一次执法和安全检查。通过检查，每年召开一次总结表彰会，对存在的问题给予现场指导，对保管方面存在的安全隐患及时指出，并要求限期整改。到2012年年底，尚未发现一起严重的档案违法事例。1996年9月，北区档案馆馆长朱再兴，作为长沙市区、县的代表出席＇96十三届国际档案大会。

1989—2011年，对370多个单位进行年度档案执法和安全检查。组织194人参加《中华人民共和国档案法》知识测验，评出一、二、三等奖；1000人参加档案法律法规知识竞赛；13个单位参加文书赛卷；54个单位参加“双百佳”活动。1995年，档案执法列入“二五”普法，共出宣传栏5期。

第五篇　人民政协

1989—2012年，中国人民政治协商会议长沙市开福区（北区）委员会（以下简称区政协）经历了长沙市北区政协第四届和长沙市开福区政协第一、二、三、四届委员会，界别19～29个，共有委员939人。共举行区政协全体会议会议20次，听取和协商各项工作报告123项，选举区政协常务委员会组成人员共203人。

1989—2012 年，长沙市北区政协第五届和开福区政协第一、二、三届常委会共举行常委会议 95 次，听取和协商各项工作通报、汇报、调查报告；对区政府、区法院、区检察院的工作进行协商；就全区政治、经济、民生、教育、科技、文化、城市建设、卫生、环境和资源保护、民族、宗教等工作的重大事项提出建议；区政协还组织区政协常委会组成人员和区政协委员，就全区重要工作进行视察和调研；并提出建议。长沙市北区第四届和长沙市开福区第一、二、三、四届政协全体会议征集政协各组成界别及政协委员提案，提交各承办单位办理。

第一章　政协委员与全体委员会议

第一节　政协委员

一、长沙市北区政协第四届委员会委员

中国人民政治协商会议长沙市北区第四届委员会（以下简称区政协）有委员 144 人。委员界别 19 个，为中共、各民主党派、工会、妇联、科技、科协、工商联、无党派、共青团、教育、体育、民族、台胞（台属）、归侨（侨眷）、宗教、社会科学、文化艺术、新闻出版、特邀。委员平均年龄 46.8 岁，其中有中共党员 57 人，占 39.6%；各民主党派和无党派人士 87 人，占 60.4%；女委员 46 人，占 31.9%；新任委员 55 人，占 38.2%；大专以上文化程度 85 人，占 59%；具有高、中级职称的专业人员 70 人，占 48.6%；驻区单位 53 人，占 36.8%。

二、长沙市开福区政协第一届委员会委员

开福区政协第一届委员会有委员 199 人。委员界别从原来的 19 个增加到 24 个，即：中共、民革、民盟、民进、工会、妇联、农林、科技、科协、医卫、工商联、无党派、共青团、教育、体育、民族、归侨、宗教、经济、社会福利、社会科学、文化艺术、新闻出版、特邀。委员平均年龄 43.8 岁，其中大专以上文化程度 130 人，占 66.3%；中专（高中）61 人，占 30.7%；中共党员 79 人，占 39.7%；各民主党派和无党派人士 120 人，占 60.3%；女委员 54 人，占 27.3%；新任委员 115 人，占 58.1%。本届政协的年龄结构、知识结构以及各种比例结构有较大的改善。

三、长沙市开福区政协第二届委员会委员

开福区政协第二届委员会有委员 176 人。委员界别由原来的 24 个增加到 29 个。新增加的 5 个界别分别是三胞亲属、民建、农工党、致公党、九三学社。委员平均年龄 42.3 岁；大专以上文化程度 142 人，占 80.7%；有专业技术职称的 57 人，占 32.4%；中共党员 70 人，占 39.8%；各民主党派和无党派人士 106 人，占 60.2%；女委员 35 人，占 19.9%；新任委员 101 人，占 57.4%。

四、长沙市开福区政协第三届委员会委员

开福区政协第三届委员会设置委员 210 人，预留 10 人，拟在届中增补。委员界别由 29 个减少到 28 个，减少的界别为三胞亲属。本届委员平均年龄 46.8

岁，其中35岁以下14人，占7%；大专以上文化程度188人，占94%（其中博士3人，硕士23人），中专（含高中）文化程度10人，占5%，初中文化2人，占1%；中共党员74人，占37%；各民主党派和无党派人士126人，占63%；女委员45人，占22.5%。

五、长沙市开福区政协第四届委员会委员

开福区政协第四届委员会设置委员210人，预留15人，拟在届中增补。委员界别28个。本届委员平均年龄42.5岁，其中35岁以下34人，占17.4%；大专以上文化程度183人，占93.8%，中专（含高中）文化程度12人，占6.2%；中共党员78人，占40%；各民主党派和无党派人士117人，占60%；女委员68人，占34.9%。

第二节 全体委员会议

一、长沙市北区政协第四届全体委员会议

北区政协四届一次会议 1992年12月3—7日在兴汉门区政府机关八楼会议室召开。出席会议的委员144人，列席代表158人。会议听取并审议通过周植行作的常委会工作报告和朱林次作的提案工作情况报告，听取协商区政府工作报告、财政预决算报告（草案）、法院工作报告和检察院工作报告。经过民主协商选举产生政协北区第四届常务委员会主席、副主席、秘书长和常务委员。会议号召全体政协委员紧密地团结在中国共产党周围，在改革开放和社会主义建设迅速发展的新形势下，加强学习，增进共识，同心同德，同舟共济。

长沙市北区政协四届二次会议 1994年3月23—26日在兴汉门区政府机关八楼会议室召开。出席会议的委员146人，列席代表12人，特邀人员31人。会议听取并审议通过刘云甫作的常委会工作报告和朱林次作的提案工作情况报告，听取协商区政府工作报告、财政预决算报告（草案）、法院工作报告和检察院工作报告。会议提出：要进一步坚持和完善中国共产党领导的多党合作和政治协商制度，切实履行“政治协商，民主监督”的职能，提高参政议政的实效。

长沙市北区政协四届三次会议 1995年3月20—23日在兴汉门区政府机关八楼会议室召开。出席会议的委员145人，列席代表118人。会议听取并审议通过刘云甫作的常委会工作报告和朱林次作的提案工作情况报告，听取协商区政府工作报告、财政预决算报告（草案）、法院工作报告和检察院工作报告。会议增补区政协第四届委员会副主席。与会委员认真学习江泽民《为促进祖国统一大业的完成而继续奋斗》的讲话和新修改的《中国人民政治协商会议章程》。会议要求贯彻中共十四届三中全会精神，围绕区委、区政府经济和社会发展目标，深入调查研究，提出有创见性、操作性强的意见和建议，为全区经济建设和重大项目建设提供咨询服务。

长沙市北区政协四届四次会议 1996年3月11—14日在兴汉门区政府机关八楼会议室召开。出席会议的委员156人，列席代表20人。会议听取并审议通过黄兆明作的常委会工作报告和朱林次作的提案工作情况报告，听取协商区政府工作报告、财政预决算报告（草案）。会议增补区政协第四届委员会副主席。会议回顾北区“八五”期间经济和社会发展所取得的成就，对“九五”规划和1996年的全区各项工作进行协商。会议认为，要围绕中共北区区委、区政府“开放开发、活二强三”的发展战略，按照“议大事、抓重点、求实效、办实事”的原则，抓住全区两个文明建设中的难点问题、群众关注和有关大局的问题，深入调查研究，了解和反映社情民意，使参政议政更具实效，在全区政治生活和社会生活中发挥更大作用。会议评选经科委及3名委员的提案为优秀提案，北区建设局等4个单位为提案承办先进单位。

长沙市北区政协四届五次会议 1997年3月11—14日在兴汉门区政府机关八楼会议室召开。出席会议的委员210人，列席代表50人。会议听取并审议通过廖海峰作的常委会工作报告和朱林次作的提案工作情况报告。听取协商区政府工作报告、财政预决算报告（草案）、检察院工作报告和法院工作报告。与会委员发扬民主、共商加快全区发展大计，中共北区区委、区政府和区直有关部门负责人听取意见和建议。会议根据区委、区政府“以园立区、工贸富区、科教兴区、依法治区”的发展战略，围绕“建区治、过亿元、争一流”的年度目标，选准角度，发挥优势，履行人民政协的主要职能，为促进全区政治、经济、社会全面进步鼓实劲、建新功，以优异成绩迎接中共“十五大”胜利召开。会议对17名委员予以表彰奖励。

二、长沙市开福区政协第一届全体委员会议

开福区政协一届一次会议 1997年12月7—11

日在兴汉门区政府机关八楼会议室召开。出席会议的委员210人，列席代表60人。会议听取并审议通过刘云甫作的常委会工作报告和谢祥京作的提案工作情况报告。听取协商区政府工作报告、财政预决算报告（草案）、法院工作报告和检察院工作报告。与会委员发扬民主、共商加快开福发展大计。会议选举产生开福区政协第一届常务委员会主席、副主席、秘书长和常务委员。会议听取中共十五大精神辅导报告，要求政协委员和各界人士用中共“十五大”精神统一思想、统一行动。会议认为，要实现政府工作报告提出的目标，必须进一步解放思想、增强改革意识和争优意识，遵循“三个有利于”原则，调整和优化经济结构，加快城乡一体化进程，支持发展非公有制经济，大力开展招商引资，积极推进两个根本性转变，积极深化乡镇区街企业改革，加强社会治安综合治理，维护社会稳定，改进领导作风，勤政廉政，克服形式主义、主观主义、官僚主义，加强团结，真抓实干。

长沙市开福区政协一届二次会议　1999年1月24—25日在兴汉门区政府机关八楼会议室召开。出席会议的委员210人，列席代表70人。会议听取并审议通过黄兆明作的常委会工作报告和谢祥京作的提案工作情况报告，听取协商区政府工作报告、法院工作报告和检察院工作报告。会议以“民主、团结”为主题，围绕区委“以园立区、开放带动”的发展战略和1999年区政府工作目标，解放思想，发挥优势，群策群力，开拓创新，履行政治协商、民主监督、参政议政职能。委员们就深化国有和集体企业改革、加快非公有制经济发展、推动素质教育、发展科教事业、加强城市管理、促进社会稳定等问题，提出意见和建议。

长沙市开福区政协一届三次会议　2000年1月8—10日在兴汉门区政府机关八楼会议室召开。出席会议的委员210人，列席代表70人。会议听取并审议通过廖海峰作的常委会工作报告和吴益群作的提案工作情况报告，听取协商区政府工作报告、财政预决算报告（草案）、法院工作报告和检察院工作报告。会议继续坚持“议大事、抓重点、办实事、讲实效”的原则，围绕改革、发展、稳定的大局，突出经济工作，加强调查研究，积极建言立论、献计献策。会议增补了区政协常务委员，表彰8位委员的优秀提案和区商贸局、教育局等8个提案承办先进单位。

长沙市开福区一届四次会议　2001年2月12—15日在区政府机关新址9楼会议室召开。出席会议的委员225人，列席代表35人。会议听取并审议通过刘云甫作的常委会工作报告和吴益群作的提案工作情况报告，听取协商开福区国民经济和社会发展“十五”计划纲要、财政预决算报告（草案）、法院工作报告和检察院工作报告。会议围绕全区“十五”计划的贯彻和实施，突出“团结和民主”的主题，履行政协职能，求真务实，开拓创新。会议表彰8位委员的优秀提案和区政协文教卫委等8个单位为提案承办先进单位。会议号召全体政协委员不断增强政协工作的使命感和责任感，认真贯彻落实全国统战工作会议和省、市政协工作会议精神，加强政协工作规范化、制度化建设，紧扣“十五”计划实施中的重要问题，深入调查研究。紧紧围绕“团结、民主”的主题，巩固和扩大爱国统一战线，团结一切可以团结的力量，调动一切积极因素，同心同德，为实现开福区国民经济和社会发展“十五”计划做出新的贡献。

长沙市开福区政协一届五次会议　2002年2月3—5日在区政府机关九楼会议室召开。出席会议的委员225人，列席代表35人。会议听取并审议通过黄兆明作的常委会工作报告和吴益群作的提案工作情况报告，听取协商区政府工作报告、财政预决算报告（草案）、法院工作报告和检察院工作报告。会议表彰优秀政协委员、优秀提案者和提案承办先进单位。

三、长沙市开福区政协第二届全体委员会议

长沙市开福区政协二届一次会议　2002年11月25—28日在区政府机关九楼会议室召开。出席会议的委员225人，列席代表35人。会议听取并审议通过刘云甫作的常委会工作报告和黄兆明作的提案工作情况报告，听取协商区政府工作报告、财政预决算报告（草案）、法院工作报告和检察院工作报告。会议经过民主协商，选举产生开福区政协第二届常务委员会主席、副主席、秘书长和常务委员。会议认为：今后五年，必须紧紧抓住大有可为的重要战略机遇期，面对新形势，与时俱进，努力开创政协工作新局面，为全面建设小康社会，把开福区建设成为一个经济繁荣、社会文明、环境优美的新城区而献计出力。

长沙市开福区政协二届二次会议　2004年2月9—11日在区政府机关九楼会议室召开。出席会议的委员195人，列席代表38人。会议听取并审议通过罗妹华作的常委会工作报告和伍建新作的提案工作情况报告，听取协商区政府工作报告、财政预决算报告（草案）、法院工作报告和检察院工作报告。会议协商增补区政协第二届常务委员。会议围绕全区实现“建成经济强区，创立文明城区”的奋斗目标，履行人民政协基本职能，做好区政协各项工作。会议表彰10位优秀提案者和6个提案承办先进单位。

长沙市开福区政协二届三次会议 2005年1月24—26日在区政府机关九楼会议室召开。出席会议的委员195人，列席代表40人。会议听取并审议通过罗妹华作的常委会工作报告和伍建新作的提案工作情况报告。听取协商区政府工作报告、财政预决算报告（草案）、法院工作报告和检察院工作报告。会议增补区政协第二届委员会秘书长和常务委员。会议认为：区政协要围绕全区“迈上新台阶，实现大变样”的奋斗目标出谋划策。会议表彰10位优秀提案者和5个提案承办先进单位。

长沙市开福区政协二届四次会议 2006年2月15—16日在区政府机关九楼会议室召开。出席会议的委员218人，列席代表42人。会议听取并审议通过罗妹华作的常委会工作报告和伍建新作的提案工作情况报告，听取协商《开福区国民经济和社会发展“十一五”规划（纲要）报告》，财政预决算报告（草案）、法院工作报告和检察院工作报告。会议要求，区政协委员紧紧围绕“冲刺亿元，争进三强”的目标，不断提高建言立论的质量和水平，力求在理论上有新提高，内容上有新拓展，发挥作用上有新突破，工作实践中有新进展，为实现区委二届八次会议提出的“城市更新、产业更优、实力更强、人民更富”的奋斗目标而努力。会议评出《关于振兴老城区商业经济的建议》等8件提案为优秀提案，区商务局等7个单位为提案承办先进单位，并予以表彰。

长沙市开福区政协二届五次会议 2007年1月10—11日在区政府机关九楼会议室召开。出席会议的委员221人，列席代表45人。会议听取并审议通过罗妹华作的常委会工作报告和刘永红作的提案工作情况报告。听取协商区政府工作报告、财政预决算报告（草案）、法院工作报告和检察院工作报告。会议提出：要认真落实《中共中央关于加强人民政协工作意见的通知》精神，围绕实现“再干新五年，冲刺二十亿”的奋斗目标，想全局、议大事、谋远计、求发展，为把开福区建成全国经济强区而努力奋斗。会议表彰《关于开福区文化产业建设和文化市场管理的建议》等9件优秀提案和区商务局等6个提案承办先进单位。

四、长沙市开福区政协第三届全体委员会议

长沙市开福区政协三届一次会议 2007年11月20—23日在区政府机关九楼会议室召开。出席会议的委员200人，列席代表60人。会议听取并审议通过罗妹华作的常委会工作报告和伍建新作的提案工作情况报告。听取协商区政府工作报告、财政预决算报告（草案）、法院工作报告和检察院工作报告。选举产生开福区政协第三届常务委员会主席、副主席、秘书长和常务委员。会议认为：过去五年，全区综合实力大幅提升，发展活力显著增强。2008年经济发展的主要目标，体现开拓进取、福祉于民的精神状态，催人奋进，切实可行。

长沙市开福区政协三届二次会议 2009年2月10—12日在区政府机关大楼九楼会议室召开。出席会议的委员199人，列席代表59人。会议听取并审议通过刘正林作的常委会工作报告和邓毅芳作的提案工作情况报告，听取协商区政府工作报告、财政预决算报告（草案）、法院工作报告和检察院工作报告。会议按照“维护核心、服务中心、凝聚人心、加强自身建设”的工作思路，履行政协职能，推进政协工作在继承中发展，在有为中提升。会议要求全体政协委员，把不断巩固统一战线，促进经济社会平稳较快发展作为第一要务，为实现区委“巩固一方阵、建设大城北”的战略目标献计献策，高举大联合的旗帜，促进政党关系、民族关系、宗教关系、阶层关系、海内外同胞关系的和谐，最大限度地调动一切积极因素，提升信心，共克时艰，努力探索履行职能的新途径、新形式，不断提高政协履行职能的水平和成效。会议表彰了优秀提案和优秀提案人。

长沙市开福区政协三届三次会议 2010年1月25—27日在区政府机关大院九楼会议室召开。出席会议的委员206人，列席代表60人。会议听取审议刘正林作的常委会工作报告和邓毅芳作的提案工作情况报告，听取协商区政府工作报告、财政预决算报告（草案）、法院工作报告和检察院工作报告。会议增补区政协第三届常务委员。会议评选并表彰《关于加大对中小企业的扶持力度，帮助中小企业渡难关的建议》等3件优秀提案及14名优秀提案人。会议号召全体政协委员要全面落实区委三届八次、人大三届四次及全区经济工作会议精神，着重在区域经济平稳较快发展、加快发展方式转变、结构调整、推进项目建设、统筹城乡一体、提高对外开放水平、保障和改善民生等方面履好职、建好言、鼓好劲、提好质。

长沙市开福区政协三届四次会议 2011年1月4日至6日在区政府机关大楼九楼会议室召开。出席会议的委员207人，特邀代表3人，列席代表60人。会议听取并审议通过刘正林作的常委会工作报告和邓毅芳作的提案工作情况报告，协商讨论区政府工作报告、《开福区政府国民经济和社会发展“十二五”规划的（草案）报告》、财政预决算报告（草案）、法院工作报告和检察院工作报告。会议评选出《关于建立开福区居家助理中心的建议》等4件提案为优秀提案及12名委员为优秀提案人。会议号召全体区政协委员围绕中共开福区委、区政府的工作目标，积极履行政协职能，为推进开福区经济社会又好又快发展做出新的贡献。

长沙市开福区政协三届五次会议 2012年2月14—16日在区政府机关大楼九楼会议室召开。出席会议的委员207人，特邀代表3人，列席代表63人。会议听取并审议通过刘正林作的常委会工作报告和邓毅芳作的提案工作情况报告，听取协商区政府工作报告、财政预决算报告（草案）、法院工作报告和检察院工作报告。会议表彰5个优秀单位、40名优秀政协委员、4名优秀联络员、15名优秀政协工作者，评选《关于提升沙坪小镇旅游项目核心竞争力的建议》等3件优秀提案及15名优秀提案人。会议认为：2012年是全面实施“十二五”规划的关键之年，全区政协组织、政协各单位要始终围绕发展大局，关注民生，加强团结，立足本职，为推进“开创滨水新区，建设幸福北城”伟大事业做出新的贡献。

五、长沙市开福区政协第四届全体委员会议

长沙市开福区政协四届一次会议 2012年11月22—25日在区政府机关大楼九楼会议室召开。出席会议的委员207人，特邀代表45人，列席代表61人。会议听取并审议通过刘正林作的常委会工作报告和邓毅芳作的提案工作情况报告，听取协商区政府工作报告、财政预决算报告（草案）、法院工作报告和检察院工作报告。选举产生开福区政协第四届常务委员会主席、副主席、秘书长和常务委员。会议号召全体政协委员、参加政协的各民主党派、无党派人士、各人民团体，要全面贯彻落实中共十八大精神，以昂扬向上的进取精神，求真务实的工作态度，凝心聚力，共谋发展。

中国人民政治协商会议开福区常务委员会，由区政协主席、副主席、秘书长和常务委员组成，是开福区政协的领导机构。常务委员会主要职权是负责监督政协会议章程的实施，组织实现章程规定的任务，召集主持政协全体会议，审查各种建议案，决定政协工作机构设置和变动、人事任免等工作。

第二章　区政协常务委员会

第一节　领导成员

一、长沙市北区政协第四届常委会成员

1992年12月3—7日，北区政协第四届常务委员会由北区政协四届一次会议选举产生。

主　席：刘云甫

副主席：廖海峰、王维泽、周植行（兼）、胡洁菲（兼，女）、刘曼君（兼、女）、朱林次（兼）

秘书长：伍建新（女）

常务委员（16人）：许希初、李树松、魏安栋、杨环芝（女）、彭崇立、蔡光岛、蔡财援、何其伟、肖玉昆、朱寿生、徐荣连、廖启凡、刘政、蒋四军（女）、胡芝、郭惠

1996年3月，在区政协第四届四次会议上，王维泽、周植行、胡洁菲（女）、刘曼君（女）辞去副

主席职务，增补黄兆明为区政协副主席，曾文章、丁文、颜建华、欧阳颗、李志伟、陆泰来、钟海石为常委。此后，在区政协四届十六次常委会议上，蒋四军（女）、蔡光岛因工作异动，肖玉昆因退休，辞去常委职务。区政协四届二十三次常委会议补选何长春、浣俊懿、吴益群为常委。

1996年7月，区政协更名为中国人民政治协商会议长沙市开福区委员会。同时，完成区划调整后41名委员的转入接收工作，并增补新委员15名。

二、长沙市开福区政协第一届常委会成员

1997年12月7—11日，开福区政协第一届常务委员会由开福区政协第一届一次会议选举产生。

主　席：刘云甫

副主席：廖海峰、黄兆明、钟海石（兼）、吴益群（兼）、范先成（兼、女）、谢祥京（兼）

秘书长：曾文章

常务委员（29人）：文铁钢、叶柏钧、卢彬、刘政、刘永红（女）、自然（女）、何长春、何其伟、杨福云（女）、张作林、陆泰来、陈海洋、吴亚中、吴钢煌、余岁柏、李树松、李家平、周利如（女）、徐绍勤、袁晓燕、高昭山、彭俊敏、蒋四军（女）、覃会林（女）、雷闵敏、谭安世、颜建华

1999年6月19日，在区政协一届三次会议上增补吴小平、李国义、陈海鑫、苟新国、袁震、谢晓华为常委。

三、长沙市开福区政协第二届常委会成员

2002年11月25—28日，开福区政协第二届常务委员会由开福区政协第二届一次委员会选举产生。

主　席：罗妹华（女）

副主席：廖海峰、伍建新（女）、刘永红（女）、杨庆江（兼）、吴益群（兼）、范先成（兼，女）

秘书长：汪水山

常务委员（30人）：卢泽峰、自然（女）、孙维佳、杨厅维、李正元（女）、李忠良、何长春、何其伟、张浩元、张赞斌、张曙辉、陈介辉、陈国平、陈凯兴、陈建明、林秀媛（女）、黄新国、易颖、周敏、胡明、赵泉清、徐绍勤、彭华、蒋平、曾群辉、颜建华

2004年2月，在区政协二届二次会议上增补朱小红（女）、张小霞、谢晓华、蔡岳华、赵小中、廖可炎、秦灵芝（女）、肖翔、李劲松、刘征兵、王耀楚、易文斌为常委。

四、长沙市开福区政协第三届常委会成员

2007年11月20—23日，开福区政协第三届常务委员会由开福区政协第三届一次会议选举产生。

主　席：刘正林

副主席：伍建新（女）、刘永红（女）、邓毅芳、杨庆江（兼）、苏松泉（兼）

秘书长：汪水山

常务委员（30人）：王海平、王彩玉、邓文胜、田学军、朱小红（女）、任晓峰、刘世良、刘征兵、何其伟、何建中、张志华、陈万秀、范四海、林秀媛、罗立新、罗群力（女）、周军四、钟惠英（女）、彭华、程音德、释增慧、谭栋、颜建华、霍红（女）

2010年1月，在区政协三届三次会议上增补吕宏凯、陈朝晖（女）、黄志刚、黄昆伦、鲁迪林、鲁碧君（女）为常委。

五、长沙市开福区政协第四届常委会成员

2012年11月22—25日，开福区政协第四届常务委员会由开福区政协第四届一次会议选举产生。

主　席：熊建伟

副主席：刘永红（女）、杨庆江、苏松泉、杨艳（女）、焦灿

秘书长：李劲松

常务委员（25人）：王艳（女）、王永宏、王海平、矛勇臻、邓毅芳、孙桂均（女）、李发挥、李孟常、张品（女）、张景菊（女）、陈朝晖（女）、陈静平、范雯（女）、范四海、罗思、罗群力（女）、胡海飞、顾涛、高积慧、涂浩、黄昆伦、彭超、释增慧、鲁迪林、鲁碧君（女）

第二节　机构设置

开福区政协机关是根据《中国人民政治协商会议章程》的规定，在省、市政协的指导下，结合开福区的实际情况而设置的。

一、长沙市北区政协第四届委员会机构设置

北区政协第四届委员会机关行政编制16名，设正、副主席7名，其中专职主席1名，专职党内副主席和专职党外副主席各1名。机关设办公室和提案工作委员会（后更名提案法制委员会）、经济科技委员会、联络委员会（后更名群团联络委员会）、文教卫体委员会、学习文史委员会5个专门委员会。办公室

设主任 1 人，各专门委员会设正、副主任各 1 名。

北区政协第四届委员会期间，先后担任办公室主任的为伍建新、曾文章、刘永红，先后担任提案工作委员会、提案法制委员会主任的为谭福增、张恒旗，担任经济科技委员会主任的为钟生崇，担任学习文史委员会主任的为曾文章，先后担任联络委员会、群团联络委员会主任的为刘燕、谭尧妹，先后担任文教卫体委员会主任的为粟妹年、贾宪章。

二、长沙市开福区政协第一至第四届委员会机构设置

开福区政协第一至第四届委员会设正、副主席 7 名，其中主席 1 名，专职党内副主席和专职党外副主席各 1 名。机关设办公室和提案法制委员会、经济科技委员会、群团联络委员会、文教卫体委员会、人口资源环境委员会（2009 年 9 月成立）5 个专门委员会。办公室设主任 1 人，各专门委员会设正、副主任各 1 名。2007 年，为逐步扩大政协工作覆盖面，在区辖各乡镇、街道设置政协工作联络处，设正科级联络员 1 名。

开福区政协第一至第四届委员会期间，先后担任办公室主任的为刘永红、张曙辉、刘修平，先后担任提案法制委员会主任的为张恒旗、吴亚中、贾宪章、祝光琼、何湘波、刘险峰，先后担任经济科技委员会主任的为钟生崇、骆家军、樊德良、陈新、张品，先后担任群团联络委员会主任的为谭尧妹、张立中、廖东阳、何湘波、贾利民、贺国华，先后担任文教卫体委员会主任的为贾宪章、粟华英、王湘，担任人口资源环境委员会主任的为陈平英。

三、区政协机关职责及规章制度

依据《中国人民政治协商会议章程》规定，区政协机关办公室和各专门委员会的主要职责为：负责区政协全体会议、常务委员会议、主席会议、主席办公会、常务委员专题座谈会和专门委员会的会务工作，负责上述会议所形成的决议、决定、建议案的组织实施；组织委员履行政治协商、民主监督、参政议政的基本职能；负责区政协委员视察、考察、参观、调查、座谈、学习、研讨的组织工作；收集和反映区政协委员和各界人士的意见与建议，综合反映社情民意；联系和指导各民主党派、工商联、各人民团体和无党派人士，联系区直有关部门互通信息、协调工作、加强合作；负责权限范围内的人事任免、机构调整和机关干部职工的教育管理工作。

1997 年长沙市开福区政协成立以后，陆续制定一系列规章制度，使区政协的工作不断规范化和制度化。1999 年 7 月，开福区政协第一届六次常委会议制订并审议通过《政协长沙市开福区委员会专门委员会通则》。2002 年 3 月，制定《关于专门委员会办公经费的管理规定》。开福区政协第三届委员会制定《关于进一步发挥区政协委员作用和完善会议制度的决定》《专门委员会工作职责》《委员管理和考评激励措施》。

第三节　常务委员会会议

区政协常务委员会议，主要协商决定区政协的重大问题、安排重大活动，原则上每季度召开一次，特殊情况例外。出席区政协常委会议的人员为主席、副主席、秘书长和常务委员；区政协常委会可以根据会议需要，邀请中共区委、区人大常委会、区政府领导或有关部门负责人，区政协委员、街镇政协工作联络处主任，各委员活动小组负责人列席会议。

一、长沙市北区政协第四届常委会

长沙市北区政协第四届委员会期间，共召开常委会会议 28 次。第一次常委会会议听取全区社会治安情况汇报，认为通过依法治区，发案率下降，破案率上升，全区社会治安形势比较稳定。会议建议加强城乡结合部跨区地带的协调和管理，加强学校门前的管理，加强基建单位的管理。第二次常委会会议听取和讨论北区财政预算报告和政府工作报告。会议建议加强税法宣传，提高纳税人自觉纳税的意识，整顿税法队伍，加强税务执法；采取措施制止对个体私营企业乱收费；在信贷方面支持个体私营企业发展，增加财政收入。第四次常委会会议听取区纪委反腐倡廉情况的通报；听取区政府关于商业、关于旧城改造和城建开发的通报。会议认为：反腐倡廉必须加强法制建设，出台过硬措施；区政府应制定商业开发、旧城改造、城建开发的整体规划，加强配套工程建设。第八次常委会会议听取区政府关于个体私营经济发展情况的通报。常委们结合中共长沙市北区区委、区政府发展个体私营经济的文件，针对落实情况找出问题和差距。会议认为：大力发展个体私营经济是区域经济中极富活力的经济增长点和区财政的重要支柱。第十三次常委会会议听取区政府关于城市管理年活动情况的通报，肯定区政府在城市管理中所做的工作，并对存在的问题提出意见。会议建议区政府理顺城管体制，解决多头管理问题；加强执法队伍建设，提高执法水平，严格执法，依法办事，不能乱收乱罚；加强城市管理设施建设，解决旧城开发不配套给城市管理工作带来的困扰；加大城市管理力度，解决农贸市场以马路为市、夜市乱摆、占街修车洗车，臭水横流等“脏、乱、差”问题。第二十次常委会会议协商通过《花卉商业大有作为》《区域经济是我区工业走出困境的自由之路》的调研报告和《促成两厂联合实现优势互补》的建议。第二十五次常委会会议协商通过《关于发展旅游业的意见与建议》，认为发展旅游业，要解决观念和体制的问题，重视旅游业人才的引进与培养，抓好旅游产业的布局和推广。

二、长沙市开福区政协第一届常委会

长沙市开福区政协第一届委员会期间，共召开常委会会议20次。第三次常委会会议听取区政府关于抗洪救灾工作情况的通报和农业工作办公室关于高科技农业产业化工作情况的通报。第六次常委会会议听取长沙市经济开发区建设和规划情况的通报，审议《努力挖掘财源，加快经济强区建设》的调查报告，就区现有财源结构、资源及其开发利用、工业企业改制增效、农业产业化、非公有制经济发展等类十六个方面的情况进行分析，并根据区财源建设的实际，从七个方面提出加强区财源建设的建议。第十次常委会会议听取协商“开福区区域经济中长期发展战略设想”“开福区农业产业化结构调整方案及实施情况”。会议建议将开福区农业定位为“都市农业”，尽快制定农业发展规划；确定无公害蔬菜、奶牛、花卉苗木、休闲度假、特种水养为发展重点；将农业规划与环境保护、生态平衡一并考虑。第十一次常委会会议听取区政府关于“以园立区”战略实施情况的通报，协商审议经济科技委关于农业产业结构调整的调查报告。第十六次常委会会议听取区政府关于旧城改造工作情况的通报。

三、长沙市开福区政协第二届常委会

长沙市开福区政协第二届委员会期间，共召开常委会会议22次。第一次常委会会议决定开展开福寺及周边宗教、文化、旅游、商贸区建设课题专题调研，后召开8次座谈会，走访规划、国土、宗教等专业部门，查看大量资料，形成调研报告，经第四次常委会会议审议，向中共开福区委、区政府提交《关于加快开福寺及周边宗教、文化、旅游、商贸区建设》的建议案。第十九次常委会会议审议、协商并通过《关于发展我区会展业》的调研报告，听取区政协民主评议调查组《民主评议区工商分局履行公开承诺的情况》《民主评议区城管局履行公开承诺的情况》的汇报。会议对被评议单位存在的渣土运输污染、店外经营整治手段不强和市场监管存在的漏洞等问题，提出建立有效监管机制，加大执法力度的建议。政协常委会会议还专题听取区房地局、区教育局工作情况汇报，结合调查研究，形成《关于进一步加快发展我区房地产业》的调查报告和《关于优化教育资源，优势互补，打造教育集团品牌建议》的重点提案。常委会会议还对《开福区城市总体规划》、“十一五”规划以及区有关重点工程建设实施方案进行协商讨论，提出许多意见和建议。

四、长沙市开福区政协第三届常委会

长沙市开福区政协第三届委员会期间，共召开常委会议25次。第七次常委会会议学习传达全国政协会议精神，听取区中小企业发展情况及担保基金有关情况的通报。第九次常委会会议听取区政府《关于培育发展我区医疗器械产业》调查报告的通报、全区食品安全工作情况的通报和全区棚改工作情况的通报。第十三次常委会会议视察沙坪湘绣博物馆，听取区政府经济工作和重点工程建设情况的通报，区政协有关重点调研课题情况的通报。第十四次常委会会议听取区政府保障性住房建设情况的通报。第十八次常委会会议协商通过“建立政企联络平台、创建经济快速发展软环境”的调研报告，区政府关于学前教育工作情况的通报。第十九次常委会会议视察金霞纸业市场建设，听取区政府关于贯彻落实《长沙市城市管理条例》工作情况的通报。第二十次常委会会议视察东风路街道社区卫生服务中心，听取区政府关于社区医疗中心建设有关情况的通报。第二十三次常委会会议听取区政府关于《中华人民共和国残疾人保障法》落实情况的通报、区政协重点课题“发挥滨水优势，促进我区产业发展”调研情况的汇报和长沙市七中关于接受本届政协委员“爱心助学”情况的汇报。

第三章 职能履行

第一节 政治协商

区政协政治协商的主要内容是：区党政机关的大政方针；政治、经济、文化、社会和生态文明建设中的重大问题；在决策和决策执行过程中的重要问题等。区政协政治协商的形式有：政协全会协商、政协主席会议协商、常委会会议协商、专门委员会会议协商、分部门分行业分单位协商、分界别协商、与区委的协商、与政府的协商等。

区政协政治协商 在一年一度的政协全会上，参与区政府工作报告、政府年度财政预决算执行情况的报告，区法院、检察院工作报告的协商与审议，并在会议期间就其他经济社会问题开展协商。开福区三届三次政协会议上，政协委员在城乡一体化、产业扶持、节能减排、商业布局、经济结构调整等方面与有关部门、人员进行协商，并根据协商意见撰写《关于搞好城乡一体化发展，巩固一方阵，建设大城北的建议》等提案，得到政府认真办理落实。一般情况下，每年各类政治协商会议在60次以上，其中，专题协商会、对口协商会9次以上，专门委员会、分单位、分部门的协商会40次以上，界别协商会1次以上，初步形成科学化、规范化的政治协商制度。

第二节 民主监督

一、区政协民主监督形式

有各种形式的通报会、民主测评会、恳谈座谈会、协商调研、委派人民监督员、定期召开监督员工作会议等，并建立追究机制，把民主监督和其他各类监督有机结合，加强与政府组成局对口联系，把协商、监督、支持与服务紧密结合，逐步形成规范化、程序化的民主监督制度。

二、区政协民主监督

开展行风评议。1997年，区政协15名委员参加卫生局开展的行风评议。1998年，2名政协委员被聘为国土局行风评议员，4名政协委员被聘为城管办行风评议员。派出人员监督。2003年，挑选20名政协委员分别派到10家行政执法、司法部门担任民主监督员。据不完全统计，长沙市北区政协第四届委员会派出执法监督员100人，长沙市开福区政协第一、二、三届派出执法监督员261名，实施定向、定型、常年监督，收集各类信息1000余条。开展知情问政，区政协定期或不定期召开调度会及深入基层调研，有针对性地开展民主监督工作。1998年6月，区政协到捞刀河建筑公司、巨仙彩印厂等区属企业了解企业改制工作，对改制进程进行督查。进行民主评议。2006年，区政协通过听取工商分局、区城管局汇报，召开各种座谈会、视察政务中心窗口、发放问卷调查等，掌握大量第一手材料，写出评议报告，区政协常务委员会进行集中评议。2008年11月，区政协在区政府机关9楼会议室召开民主评议大会，对街道、镇机关、区环保局等单位开展民主评议工作。

第三节 参政议政

一、视察调研

区政协本着坚持围绕中心、服务大局、议大事、抓重点、讲实效的原则，围绕中共区委、区政府的重要部署和中心工作，选择经济社会发展中的有全局性、战略性、前瞻性的课题或者人民群众关注的热点、难点、重点问题，开展视察调研。

1996—1997年，长沙市北区政协第四届委员会组织视察调研14次，提供信息5条。1998—2002年，长沙市开福区政协第一届委员会组织常委视察调研82次，向中共开福区委、区政府提交调查报告和建议案21份，其中有关经济工作的16份。2003—2007年，长沙市开福区政协第二届委员会组织主席、常委视察调研80次，共搜集各类信息200余条。2008—2012年，长沙市开福区政协第三届委员会组织主席、常委视察调研40次，开展委员、小组视察100多次。

调研视察的形式多样化。2001年，开展政协机关干部下农村调查月活动（3月10日至4月10日），每周二、三政协机关全体干部和部分委员到霞凝乡、捞刀河镇采取普遍调查与重点走访相结合、上门走访与召开小型座谈会相结合、了解情况与问卷调查相结合的形式。以政协机关各委为调查组，分成6个小组活动，走访68户村民，问卷300份。政协委员走访

20个村，提交调查报告和建议21份。通过调查，认为农业产业结构调整、农业产业定位、农业发展规划、农产品加工流通等方面要因地制宜，不可一刀切，向中共长沙市开福区委、区政府提交《关于全区农业产业结构调整建议》，并建议政府加强农村基础设施建设，如公路、水利建设，得到区委、区政府的采纳，将意见和建议纳入“区农业发展规划”和“区农业结构调整方案”。2010年10月，区政协按照“全面铺开、重点突出、示范带动”的原则，以街、镇政协联络处为单位，将全区28个界别210名政协委员全面铺排到14个片中的社区（村）的群众工作站，进行为期8个月的调研。2011年6月，区政协确定将“建立政协联络平台，创建经济快速发展软环境”作为常委会重点调研课题。主席刘正林带队，全体副主席参加，邀请60名政协常委、委员，分成两组，召开开福区50强企业法人座谈会5次，当面听取意见，收集全区企业的建议与意见，并撰写调研报告，为政府决策建言，为开福区的经济腾飞献良策。

长沙市开福区政协在“出精品、献良策”方面，坚持“党委出题、委员献策、政府采纳、部门落实”办法，形成一批调研报告和建议，如《关于进一步加快发展全区房地产业》《关于进一步聚集人气、繁荣全区老街商业经济》《关于发展全区会展业》《关于发展全区文化产业》《关于加快开福寺周边宗教、文化、旅游、商贸区建设》等建议，得到中共开福区委、区政府的采纳。

二、提案工作

1996—2012年区政协提案工作情况见表5-1。2010年，区政协三届四次全会提交的《关于为中小型企业建主题环保经济型厂房》提案，得到经开区的采纳。经开区按照统一规划、集中管理、提升效能模式，成功引进“佳海创业”“山河实业”等规模企业，建立一批经济型厂房。《关于打造（中国中部）区域性现代服务区的建议》的提案，得到区政府领导高度重视，政府相关部门组织已建设或正在建设的青竹湖生态科技园、金霞保税物流中心、金霞经济开发区、长沙金融生态区，致力打造以高端服务业、文化创意业、商贸酒店业、金融服务业、文博汇展业为主导的现代服务新城。2012年4月，长沙市开福区政协制定印发《政协长沙市开福区委员会提案工作实施细则》、“提案工作督办”、“四到位”等新举措。历次会议评选提案提得好的优秀提案人和办理好的先进单位，提案回复率百分之百，提案满意率越来越高。长沙市北区政协第四届委员会评选优秀提案人12人，提案承办先进单位4个。长沙市开福区政协第一届委员评选优秀提案41份，提案承办先进单位31个。第二届委员会评选优秀提案39份，提案承办先进单位24个。第三届委员会评选优秀提案15份，提案承办先进单位25个，优秀提案人64名。

表5-1　　1996—2012年长沙市开福区（北区）政协提案收办情况表　　单位：件

届	次	收集提案数	立案数	转交省市	改革开放经济建设科技	文教卫体	城建城管环保	法治政法党群综治劳动人事	政协统战宗教	其他	参与提案（人次）	回复率（%）	满意率（%）
北区四届	四次	76	71	5	11	4	29	7	5	—	121	100	93
	五次	84	65	19	15	13	28	3	4	—	—	100	94
开福区一届	一次	90	90	—	13	11	41	17	—	3	195	100	—
	二次	91	82	9	12	12	37	17	4	—	230	100	95.8
	三次	76	68	8	9	8	34	15	2	—	106	100	88
	四次	103	92	11	30	14	35	7	6	—	225	100	97
	五次	89	77	12	20	13	29	23	3	1	185	100	96.2
开福区二届	一次	116	100	16	27	9	36	22	6	—	203	100	96.2
	二次	117	101	16	28	9	36	23	5	—	205	100	96.3
	三次	86	81	5	14	15	24	25	3	—	—	100	96.3
	四次	80	65	15	16	9	27	11	2	—	—	100	94
	五次	73	60	13	17	13	12	16	2	—	—	100	95

续表 5-1

届	次	收集提案数	立案数	转交省市	改革开放经济建设科技	文教卫体	城建城管环保	法治政法党群综治劳动人事	政协统战宗教	其他	参与提案（人次）	回复率（%）	满意率（%）
开福区三届	一次	99	84	15	14	10	28	30	2	—	213	100	—
	二次	99	84	15	21	14	23	24	2	—	—	100	98.8
	三次	126	106	20	27	14	27	33	—	5	—	100	100
	四次	116	104	12	22	11	43	24	3	1	—	100	100
	五次	146	107 并案 23	16	26	24	35	22	—	—	—	100	99.1

三、反映社情民意

区政协从服从和服务于全区工作大局的角度出发，对群众反映强烈的问题，及时向区委区政府反映，并协助做好沟通思想、化解矛盾的工作，为全区两个文明建设服务。由群团联络委统筹协调，开展委员下基层进社区活动。委员分别下到各街道、镇，深入社区及厂矿企业、学校等相关单位，以调查、走访、座谈、问卷等形式，收集民情，反映民意。

2010 年 10 月，按照“全面铺开、重点突出、示范带动”的原则，以街、镇政协联络处为单位，将全区 28 个界别 210 名政协委全面铺排到 14 个片中的社区（村）群众工作站，为期 8 个月，进行调查、走访，全面收集社情民意。同年，开福区各街、镇政协联络处成立群众工作活动小组，区政协印发工作站的活动通知，召开座谈会 50 场次，收集意见 150 条，撰写社情民意 35 条，调解纠纷 45 起，解决遗留问题 5 个。活动从最初的为社区居民服务和收集社情民意，到搭建政协委员、群众沟通的平台；从委员与群众双向沟通到委员、群众、职能部门三方互动。活动达到“四认可”目标（委员、社区、群众、党政）。同时，撰写《社会转型期社区功能的调查与思考》《青竹湖实现农村社区向城市社区转变的新探索》《关于整合湘绣资源、创建湘绣品牌、形成集约化经营》等调研报告 28 篇。2011 年，开福区政协深入推进“与群众恳谈对话，为群众排忧解难”和“委员进社区、爱心大走访”活动，把政协委员分成 6 个小组，在街道政协联络处和社区协助下，上门上户，结对扶贫，恳谈对话，交流沟通，排忧解难。并提出“四个二”的工作目标（即每个联络组组织委员参加两次以上活动；收集两篇社情民意材料；提交两篇集体提案；为群众办两件实事）。1996—1997 年，北区政协为群众办实事 183 件，1998—2012 年，开福区政协办实事 568 件，抗洪救灾捐款 50 万元，衣物 2236 件，大米 1000 千克；捐献植基中学现金 4.20 万元，图书 5000 册，电脑教学设备 50 套（折合人民币 13 万元），为区图书馆捐资 65 万元。

第四节　委员联络与文史征编

一、联络活动

区政协注重加强与委员和民主党派、工商联、“三胞亲属”和海外的联谊，坚持广交朋友，扩大联系面。长沙市北区第四届政协期间，共接待海外朋友 397 批 533 人，出境会亲、探亲 138 批 145 人，邀请客商参加经贸活动 57 人次，洽谈项目 5 个，引进外资 1020 万元，组织 87 名区政协委员向小学图书馆捐书 5000 册。在抗洪救灾中，组织 145 名政协委员带头向灾区捐款 4.72 万元。举办“三胞”亲属学习座谈会、统战组织、宗教界人士宗教政策学习班。同时向海外、境外朋友邮寄圣诞卡、贺年卡 120 多件。长沙市开福区第一届政协期间，组织全体区政协委员和社会各界人士开展庆祝国庆 50 周年、人民政协成立 50 周年、澳门回归及政协统战组织的学习竞赛活动。召开庆祝人民政协成立 50 周年暨迎接澳门回归大会，组织部分委员赴香港、澳门考察，加深对港澳地区的了解，增进共识。长沙市开福区第二届政协期间，接待抚顺市、青岛市、岳阳市、益阳市、祁阳县政协的到访交流，组织委员 100 余人次赴常德、南县和新疆、四川、云南等地交流学习，组织部分委员赴新加坡、马来西亚、泰国和美国等地考察。购买 3000 多册图书赠送给为弱势群体服务的捞刀河爱心超市。长沙市开福区第三届政协期间，每年会同区委统战部联合举办中秋联谊会，邀请区领导、政协委员及全区各界人士欢聚一堂，共庆佳节，共叙情谊。通过联络活动，增进友谊，开展走访委员活动。在走访中，了解情况，倾听心声，为委员排忧解难，维护其合法权益。组织委员赴上海金山、青岛、顺德、贵州、青海、福建、云南、东北三省、深圳、南昌和武冈、浏阳等地考察和参观学习，与西宁城中区、北海海城区、常德石门县进行工作交流，参加委员达130余人次，同时接待上海市徐汇区、冷水江市、凤凰县和芙蓉区等兄弟县、市（区）政协到访。组织各界人士举行联谊会，并先后组织举办“开福山水美”“我爱祖国”“印象中国”摄影大赛、征文活动、名家书画笔会活动以及各党派“忆党史，颂党恩”专题座谈会。通过联谊密切关系，促进交往，增进友谊。

二、文史工作

长沙市北区政协四届委员会时期，加强了文史资料的征集和出版工作，征集“三亲”史料110篇，计36万字，编辑出版纪念北区政协成立十周年文史资料辑。长沙市开福区政协第一届委员会时期，征集文史资料167篇52万余字，出版《北区文史》第七辑，20万字。为全国政协文史委征集《日军侵华暴行史》《中华文史大全》有关长沙市开福区的资料。长沙市开福区政协第二届委员会时期，组织政协工作回顾展、组织编写《中共长沙开福地方史》一书部分内容。长沙市开福区政协第三届委员会时期，编辑出版《开福文史资料集萃》，计40万字，为省政协《芙蓉国里》、市政协《长沙古韵》提供文史资料和图片。

第六篇　民主党派·社会团体

长沙市开福区有中国国民党革命委员会、中国民主同盟、中国民主建国会、中国民主促进会、中国农工民主党、中国致公党、九三学社7个民主党派和工商联的区级组织，分别成立于1957—2002年，至2012年共有成员1033人。1989—2012年，长沙市北区、长沙市开福区各民主党派组织履行参政党职能，投身社会主义经济建设和改革事业，发动各党派成员参政议政，建言献策，为北区、开福区的经济社会发展开展调查研究，参加各项执法检查监督，开展“下乡支教”“医疗义诊”和扶贫济困等活动，做出了很大贡献。至2012年，区各民主党派成员有44人担任省市人大代表、政协委员，103人担任区人大代表、政协委员，9人担任区人大常委会副主任、区政府副区长、区政协副主席。

长沙市开福区有工会、共青团、妇女联合会、科学技术协会、侨联、残疾人联合会等群众团体的区级组织，分别成立于1952—2002年。20多年来，长沙市北区、开福区各群众团体结合自身特点，组织会员、团员投入社会主义改革和建设事业，开展劳动竞赛、青年志愿者、“巾帼建功”“科普培训”、残疾人康复、计划生育等各项活动，维护群众权益，提供咨询服务，发挥了积极作用。

第一章　民主党派

第一节　中国国民党革命委员会地方组织

中国国民党革命委员会（以下简称民革）长沙市北区地方组织成立于1983年，为民革北区一支部。1989年3月，民革北区一支部换届，黄天接任主委，有民革党员24人。1993年，民革北区一支部换届，何其伟担任主委。1996年6月，民革原西区一支部转到开福区，即今民革开福区二支部，主委蒋克扬。民革开福区二支部有党员24人。1997年和2001年，民革开福区一支部两次换届，何其伟连任主委，有民革党员28人。2004年，民革开福区一支部换届，黄嘉杰当选主委。2007年12月，民革开福区一、二支部组建成立总支，陈慧任总支主委。2011年，开福一、二支部拆分为三个支部，浣乾武担任一支部主委、易大林担任二支部主委、胡翠娥担任三支部主委。2012年5月，民革开福区总支改组为民革开福区工委，张品任主委。是年，原民革长沙市委经开支部并入民革开福区工委管理，改称金霞支部，高育民任支部主委。至2012年，民革开福区工委有党员107人，其中大学本科以上学历69人、大专23人，高级职称18人、中级职称23人。民革党员中，先后担任区人大代表2人、区政协委员7人，任区人大常委会副主任2人、区政府副区长2人。

1998—2002年，北区民革一支部有党员3人参加民革省委参政议政工作，其中1人兼任民革省委参政议政委员会副主任，并撰写《迎接知识经济浪潮，建设地方创新体系，努力开创我省新产品工作的崭新局面》《及时把握湖南城市化的历史进程，科学构建湖南现代化的世纪格局——关于湖南小城镇的方略思考》《关于加快湖南农业产业化经营步伐的调查及思考》等调研报告，在全省民主党派、工商联参政议政成果汇报会上宣读，并先后获得省、市级优秀论文奖。2005年，开福区民革一支部党员为衡山引进500万美元。民革一支部先后多次被评为民革长沙市和湖南省的优秀支部。1996年、2000年、2005年，民革二支部连续三次被评为民革长沙市先进支部。2010年，民革党员提出的《关于建立开福区义工制度的建议》和《关于帮扶薄弱学校的建议》，受到区领导和部门高度重视，被评为2010年开福区优秀提案。民革党员提出的社情民意提案获得民革市委的二等奖，其中《谁在浏阳河道上建高尔夫球场？》引起长沙市市长张剑飞的关注，最终拆除该违章建筑。民革开福区一支部2012年开展的关爱环卫工人、请环卫工人吃年饭的活动得到社会好评，《湖南日报》等媒体予以报道。

第二节 中国民主同盟地方组织

中国民主同盟（以下简称民盟）长沙市北区地方组织成立于1957年，为民盟长沙市第一中学支部和民盟长沙市第四中学（即今周南中学）支部。1997年12月16日，民盟长沙市开福区工委成立，周健勇任主委。2002年3月23日，民盟长沙市开福区工委领导班子调整，程音德任主委。2005年8月19日，民盟开福区工委领导班子调整，仍由程音德任主委。2012年4月，民盟开福区工委调整领导班子，罗思任主委。至2012年，开福区民盟基层组织有8个支部，分别为开福区综合支部、长沙市第一中学支部、长沙市周南中学支部、长沙学院支部、长沙市第七中学支部、长沙市田家炳实验中学支部、开福区教育支部、长沙大学附中支部。全区有盟员281人，其中博士3人、硕士8人、大学本科181人、大专63人；有高级职称106人、中级职称171人、初级职称4人。盟员中，先后担任省人大代表2人，市人大代表1人，市政协委员22人，区人大代表9人，区政协委员29人。

民盟开福区工委重视青少年体育事业，曾率八中校排球队于1988—1990年，连续三年获全省青少年排球赛第一名，1995年、1997年、1999年获省中学生排球赛冠军，1999年青少年运动会排球赛中获全省第一名。2009年，民盟工委集结专业名师，针对边远乡村教育资源落后的情况，开展“下乡支教”等社会服务活动。针对地中海贫血症的危害，以综合支部盟员为主要发起人，成立湖南地中海贫血症家长互助会，帮助患者家庭正视疾病，树立信心，开展治疗。以综合支部盟员为牵头人，在四方坪街道“政协委员工作室”将科学育儿、家庭教育与服务社区有机结合，累计公益支出约80万元。

第三节 中国民主建国会地方组织

1989—2002年，中国民主建国会（以下简称民建）长沙市北区（开福区）地方组织，有人民织布厂支部、纺织工业一支部、湘瓷支部、煤炭支部、粮食支部、妇女二支部等6个支部。2002年，经过撤并，部分企业支部变更为综合支部。同年5月，成立民建开福区工委，胡明任主委。2007年，民建开福区工委换届，陈万秀任主委。2012年，民建开福区工委换届，顾涛任主委。至2012年，民建开福区工委下设一、二、三、四支部和长沙银行支部、友谊咨询集团支部、长沙大学支部等7个支部。全区有会员129人，其中博士研究生2人、硕士研究生12人、大学本科28人、大专38人；高级职称9人、中级职称52人。民建会员中，曾担任省人大代表1人，省政协委员1人，市人大代表3人、市政协委员1人，区人大代表8人，区政协委员10人。

2006年7月，民建开福区工委发扬民建“四爱”传统，热心开展公益事业；同时发挥经济界人士优势，组织会员开展新农村建设，扶贫助学、救灾等公益活动，先后向灾区等捐资捐物800多万元。2008—2012年，民建开福区工委围绕参政议政，为经济发展建言献策、中小企业发展“融资难”区环保产业发展等问题开展调研，开展法律咨询，提供就业岗位等爱心活动。民建开福区工委在市、区“两会”上，提交提案10件，均被政府部门采纳。

第四节 中国民主促进会地方组织

中国民主促进会（以下简称民进）长沙市北区地方组织，成立于1957年，为民进北区小教支部。1983年9月成立民进北区联合支部，1993年12月改组为民进北区总支工作委员会，高自蕙任主委。2001年12月，民进幼师职业中专支部和苗园里学校支部并入总支，李正元担任主委。2005年12月，李正元继任总支主委。民进总支有会员55人，下设一、二、三、四支部。一支部前身即北区联合支部，二、三支部成立于1997年，四支部由原汽电子校支部合并组成，始建于1988年10月。2012年6月26日，民进长沙市开福区工委成立，彭超当选主委。民进长沙市开福区工委下辖10个支部，即原开福总支4个支部，增加长沙学院、长沙市一中、周南中学、长沙市七中、一师二附小、长沙师范6个支部，共有会员163人，其中高级职称69人，中级职称93人。民进党员中，先后担任市人大代表1人，市政协常委1人，区人大代表1人，区政协常委1人、区政协委员5人，任区人大常委会副主任1人。

2000年起，民进总支积极参与和推进全国小学教育试验区活动，开福区新一轮基础教育课程改革，在全国产生较大影响，受到中央、省、市政府关注和重视。1999—2006年，民进成员先后被市公安局、市卫生系统、市法院聘为警风警纪和法官形象监督员。民进总支委提交的《城市绿化既要建也要管》提案，列入2002年市人大代表十大建议，《关于尽快解决城区站厕建设问题》提案列入2004年市政府系统十件优秀建议，《创建文明城市，加强综合治理，疏导关心当街乞讨人员》《建议在市内加大投入落实与市民息息相关的蔬菜农药残留检测资金》等被列为2005年、2006年市人大重点督办的8件提案之一。民进开福区总支委对社会关注的养老问题进行调研，走访辖区养老机构，听取各界别50余人的意见建议，撰写《四方坪街道养老现状调查报告》。在区政协四届全会上，工委提交《提质改造浏阳河风光带，在月岛公园建立地区标志性建筑的建议》《关于加强德雅路交通规范管理的建议》《关于柏油路进小巷入社区，从细节处彰显城市的人文品质的建议》《关于加大对农业生产全程社会化服务企业的扶持力度的建议》《关于采取措施为从事粮食安全工程的农业企业及时解决融资难题的建议》《关于解决农业企业办公场所建设用地问题的建议》等11件建议。

第五节　中国农工民主党地方组织

中国农工民主党（以下简称农工党）长沙市北区地方组织成立于1986年，有北区支部和老年病医院支部。2002年5月，成立农工党长沙市开福区工委，张智博担任主委。工委下设市立一医院支部、机械支部、教育一支部、老年病医院支部、市直属支部、药业支部6个支部，共有党员153名，其中硕士研究生4人、大学本科文化75人、大专44人，高级职称39人、中级职称84人。农工党党员中，先后担任市人大代表1人，市政协常委1人，市政协委员1人，区人大代表2人，区政协委员4人。

2002年，农工党党员提出《展览馆路上省石油公司一栋八层高楼应予拆除》的建议，被市政府采纳并落实。2003年，农工党开福区工委组织党员参加市农工委举办的“为特困企业、社区、村镇进行大型医疗义诊”活动，定点帮扶乡镇卫生院，向少数民族村捐赠药品及消毒液，向受灾群众捐赠钱物活动。至2004年年底，支部党员开展帮助困难群众活动12次，组织捐献钱物，共20万元。市第一医院支部自2005年起，扶助春晖小学三名贫困学生上学。2006年4月，农工党开福区工委与农工党省委青年工作委员会，组织党内十余名医卫专家赴革命老区桑植县，开展送医送药、技术培训等扶贫活动。专家组在桑植县人民医院、县中医院开展义诊，为疑难杂症病人会诊，为群众提供免费检查、咨询，共接诊400余人次；在桑植县中医院举办专题讲座，由中南大学湘雅附一医院糖尿病专家、市一医院神经内科专家及中南大学湘雅附二医院心血管专家授课，来自全县的200多名医务人员参加培训。专家组还前往桑植县刘家坪乡卫生院为群众义诊，并赠送价值2万余元的药品，为一名患糖尿病的全国十佳学生进行跟踪医疗服务，并送去医疗用品和学习用品。此次活动得到老区人民群众的热情欢迎，湖南卫视、三湘都市报记者随行采访，作了特别报道。2008—2012年，农工党开福区工委提交提案、建议共计50余件。

第六节　中国致公党地方组织

1985年，中国致公党（以下简称致公党）长沙市北区地方组织成立，为致公党长沙市北区支部，1997年更名为致公党长沙市开福区支部。2003年9月，致公党长沙市开福区支部改组为致公党开福区工委，刘征兵任主委。致公党开福区工委下辖开福支部、第八中学支部、第十中学支部、汽电4个支部。2005年，第十中学支部更名为东风支部。2007年，刘征兵继任致公党开福区第二届工委主委。2009年，由陈旻担任致公党开福区工委主委。2011年，中国致公党开福区第三届工委主委由陈旻担任。致公党开福区工委有党员102名，其中有海外关系的党员60名，占全体党员的58.82%。党员中硕士研究生28人，大学文化38人，大专30人；具有高级职称17人，中级职称68人。致公党党员中，先后担任省人大代表1人、市政协委员4人、区人大代表2人、区政协委员9人；曾任区人大常委会副主任1人、区政府副区长1人。

致公党开福区工委根据参政议政要求，参与区域经济建设和维护社会稳定工作。2005年，致公党开福区工委提出的《关于整顿汽车配件市场、优化经济发展》《关于对政府用车定点维修及其管理的几点建议》《关于提升湖湘文化大市场品牌的建议》，得到区政府的重视和采纳。2010年，致公党开福区工委成员在省政协会议上提出“关于加快开福金霞物流园区建设的建议”“关于将长沙市内南北火车站整体搬迁的建议”得到落实。2011年，致公党开福区工委成员提出关于加快长沙市蔬菜基地建设，解决好“菜篮子”问题的建议引起政府的重视。2008—2012年，区工委共完成《590号令征收新政下城市房屋征收工作调研报告》《关于金霞现代物流产业园的调研报告》《关于开福区流动人口服务管理的调研报告》《关于开福区星级养老院的调研报告》等9篇调研报告，均得到区政府的重视。

第七节 九三学社地方组织

九三学社长沙市北区地方组织九三学社长沙市北区支社，成立于1984年，李光忠任主委。1989年5月，九三学社北区支社换届，李光忠继任主委。1994年10月，九三学社北区支社换届，彭竹漪担任主委。1997年6月，九三学社北区支社更名为九三学社长沙市开福区支社，仍由彭竹漪任主委。1999年，成立九三学社开福区工委，由开福、长大、汽电、一中、丽臣5个支社组成。2002年3月，九三学社开福区工委换届，刘永红任主委。2002年7月，开福支社分出医卫支社。2005年，九三学社开福区工委换届，刘永红继任主委。至2012年，九三学社开福区工委有成员98人，其中博士研究生1人、硕士研究生4人、大学本科59人、大专26人，高级职称40人、中级职称54人。九三学社社员中，曾担任省人大代表1人，市人大代表1人，市政协委员1人，区人大代表4人，区政协委员8人，区政协常委1人。区政府副区长1人，区政协副主席1人。

九三学社开福区工委开展调查研究，参政议政，广泛收集社员意见和建议。2003年，九三学社开福区工委提出“开福寺周边的开发建设”提案，为开福寺周边旅游资源开发起到先导作用，被评为优秀提案。2003年，九三学社开福区工委提出开展履行参政党职能、加强自身建设，积极推进人居环境品质建设的活动，“以人与环境和谐共生、城乡融合包容、传承湖湘人文特色、体制突破等方面的建议”受到政府重视。2010年，《关于加强乡镇卫生院的管理》的提案被开福区政协评为优秀提案。2012年，组织社员参加各项执法检查监督、行风政风评议等活动，撰写《关于加快建立健全区公共卫生和基本医疗服务体系的思考和建议》等调研报告。九三学社开福区工委组织专家调研和指导全区国家医改11项基本公共卫生服务，积极参与区统战部“同心工程”活动。是年12月，由九三学社开福区工委、区科技局、东风路街道、社区卫生服务中心联合创建的“社区慢病研究基地”正式挂牌。

第二章 社会团体

第一节 工会

一、组织机构

1968年，长沙市北区地方工会组织成立，为长沙市工代会北区分会。1973年改为北区工会，由区工会代表大会选举产生。1997年9月，长沙市开福区工会成立。2002年7月，开福区工会核定为正科级建制，行政编制3名，其中主席、副主席各1名。2006年5月16日，开福区工会更名为开福区总工会。1989—2012年，先后担任北区（开福区）工会（总工会）主席的有黄治国、阳友镜、张清根、齐芳等。区工会以下，设置基层工会。各基层工会根据《中华人民共和国工会法》《中国工会章程》及有关法律、法规的规定，在本部门本单位中共组织的领导下开展工作，并接受上级工会的指导。

2008年，长沙市开福区总工会有13个街道（镇）工会联合会，有93个社区工会，516个企业工会，企业会员人数 2.65 万人。2012 年，长沙市开福区总工会有 17 个工会联合会，其中 13 个街（镇）工会联合会、4 个局（区直机关、教育、卫生和城管）工会联合会，街、镇工会联合会下辖 93 个社区工会联合会。全区共有基层工会 1841 家，会员 67122 人，其中农民工会员 13570 人；50 人以上规模企业 126 家，外资企业 22 家。

表 6–1　　1988—1997 年长沙市开福区（北区）基层工会组织发展状况表

年度	基层工会（个）	会员人数（人）	年度	基层工会（个）	会员人数（人）
1988	37	3100	2003	427	18241
1992	53	4600	2010	822	52000
1997	97	6400	2012	1841	67122

二、代表大会

长沙市北区工会时期，召开 5 次代表大会，选举产生北区五届工会委员会和经费审查委员会。

长沙市开福区成立以后，1997 年至 2010 年，召开 3 次工会代表大会。

长沙市开福区工会第一次代表大会于 1997 年 9 月 11—13 日召开，出席大会的正式代表 141 人。张清根代表北区工会第五届委员会作工作报告，王国庆作经费审查工作报告。大会通过工会工作报告、工会财务工作报告、工会经审工作报告的三个决议，选举产生开福区工会第一届委员会和经费审查委员会，表彰先进单位和先进个人。随后召开的开福区工会第一届一次委员会议，选举张清根为工会主席。

长沙市开福区工会第二次代表大会于 2003 年 4 月 27 日召开，出席大会的正式代表 167 人，特邀代表 5 人。张清根代表区工会第一届委员会作工作报告，王国庆作经费审查工作报告。大会一致通过工会工作报告、工会财务工作报告、工会经费审查工作报告三个决议，选举产生开福区第二届工会委员会和经费审查委员会，表彰先进单位和先进个人。随后召开的区工会第二届一次委员会议，选举张清根为工会主席。

长沙市开福区工会第三次代表大会于 2010 年 8 月 25 日召开，出席大会的正式代表 156 人。齐芳代表开福区工会第二届委员会作工作报告，罗放军作经费审查工作报告。大会一致通过工会工作报告、工会经费审查工作报告的决议，选举产生开福区第三届工会委员会和经费审查委员会，协商产生开福区工会女职工委员会，表彰先进集体、优秀工会积极分子、最佳工会工作支持者。随后召开的区工会第三届一次委员会议，选举齐芳为工会主席。

三、主要活动

开展劳动竞赛 坚持以经济建设为中心，1991 年，长沙市北区在全区职工中组织开展“质量、品种、效益杯”和“管理、服务、效益杯”的竞赛活动，全区 86 个单位 5620 名职工参赛。1997—2005 年，长沙市开福区组织全区基层工会参加市“星城杯”“安康杯”劳动竞赛和非公企业“创新杯”竞赛，环卫局职工李和平被建设部授予全国城建系统先进生产者、许桂香被省建委授予优秀城市美容师荣誉称号。2004—2010 年，号召全区基层工会、职工群众开展提合理化建议和技术革新，开展小改小革、修旧利废、献计献策、挖潜革新、技术革新、开发新产品、双增双节、攻关创效益等活动，累计提合理化建议 1 万多条，采纳 8000 多条，实施 1500 多条；技术改革 45 项，技术革新 125 项（其中一项获国家专利）；推广先进操作法 9 项，开发新产品 3 项；节约原材料 7000 多千克，创造经济效益 1000 多万元。普沃尔重型机械公司的高压对辊磨表面耐磨技术被评为市十大创新成果之一、职工曾光被评为市十大技术创新标兵之一。2005 年，顺天建设集团有限公司参加全国建设职工技能竞赛，有 4 名选手进入湖南省前 12 强，其中何志代表湖南赛区参加全国比赛，夺得团体第一名、个人第二名的好成绩。2009 年，承办第二届开福金秋经贸文化节之“福”文化美食节，历时 40 天，参与的餐饮企业、农家乐共 39 家，策划“福”菜网络投票、开福十大福菜（农家乐）擂台赛、滨江美食大讲堂和 10 万元抽奖活动。2010 年，举办建筑、医疗、餐饮、酒店、药业、IT、湘绣、美发、机械制造、教育十大行业劳动竞赛，评选出十大行业 10 名技术能手、100 名技能标兵。同年，组织 13 个行业 240 个规模企业 14750 人参加“安康杯”竞赛；组织全区女职工开展“芙蓉杯”百万女职工素质达标竞赛，有 141 家企业 5640 名女职工参赛，区会管中心开展业务比武，荣获全市“芙蓉标兵岗”称号。2010—2012 年，组织开展开福区百家企业万名职工岗位技术练兵劳动竞赛，全区有15000名职工参赛，其中女职工7200余人。

1990—2012年，长沙市开福区（北区）推荐评选劳模15人，其中全国劳模2人、省级劳模6人、市级劳模7人。区总工会连续多年荣获市“星城杯”劳动竞赛先进单位。2011年荣获省“十一五”时期劳动竞赛先进组织单位奖，承办长沙市总工会工会工作现场观摩会。2012年荣获湖南省工会系统创先争优先进集体称号。

职工队伍建设 1988—1992年，长沙市北区开展“基本国情和基本路线”“五讲四美三热爱”“四有”职工教育，有270名职工受表彰。1989年，举办“共和国在前进”“难忘的四十年”座谈会、“爱我中华”知识抢答赛，维护企业和职工队伍的稳定。1997—2007年，开福区主办“爱我港澳”和“企业党建知识”竞赛，开展“知开福、爱开福、兴开福”宣传。2008年起，开展“争创学习型组织、争当知识型职工”“三湘读书月”活动，在社区建设“职工书屋”13家，表彰“学习型组织（班组）”30家、“知识型职工”30人；评选表彰全区首届十佳外来务工明星、百名优秀创业者和百名优秀外来务工人员。2012年，深入开展“争当雷锋精神传人、弘扬社会文明新风”活动。开展“续写雷锋日记，争当时代先锋”主题实践活动、“学习雷锋，情暖开福”职工志愿者服务活动和“学雷锋志愿大清扫”活动。2008—2012年，共举办8期新建工会、企业工会干部业务培训班，参培人数近千人次，每年选派工会干部参加省、市总工会举办的岗位培训。

维护职工权益 1989—1992年，长沙市北区贯彻落实依靠工人阶级的方针，加强企业民主管理，坚持职代会制度，建立健全劳动保护监督委员会、安全生产委员会、劳动争议调解小组，检查落实职工的劳保用品、工作环境、安全生产、养老保险、女职工防癌普查及卫生费发放。举办企业民主管理培训班，召开民主管理达标经验交流会，推动全区企业民主管理工作的开展。1993—1997年，全区53个单位建立和完善了职工代表大会制度，收集职工群众意见、建议4520条，采纳2055条，签订集体合同的企业有24家，区工会荣获市总工会“集体合同建制先进单位”称号。1998—2003年，开福区参与调处劳动争议案件115件，受理职工来信来访82件（次），维护职工合法权益。2005—2009年，探索建立区域性、行业性职代会，成立大明工业园区、通泰街餐饮行业等12家行业性、区域性职代会，建立集体协商集体合同制度的各类企业234家，覆盖职工人数21489人；签订区域性集体合同28份，覆盖企业186家13205人，为构建和谐稳定的劳动关系发挥积极作用。

文艺活动 1993年11月，长沙市北区举办纪念毛泽东诞辰100周年职工文艺演出。1999年9月，为迎澳门回归、新区治大院搬迁，举办“颂祖国、迎回归”大型文艺庆祝活动。2002年10月，组织开展“庆国庆、迎十六大”职工歌咏赛，参加全市比赛获得金奖。2009年，举办国庆60周年“歌唱祖国”职工歌咏比赛，2010—2012年，在滨江剧场举办“大城北建设者之歌”职工文艺会演。

举办各种类型的知识竞赛与以“强身”为主题的系列体育活动 1994年10月，北区组织全区女职工参加全总女工部举办的“迪康杯”知识大赛；11月，组织3000多人参加全国《中华人民共和国劳动法》知识竞赛。2008—2011年，开福区组织基层工会参加全省“安康杯”知识竞赛；2012年参加市“安康杯”知识抢答赛获一等奖。1991—2007年，连续举办十六届全区职工象棋赛。2008年始，每年举办“我运动我健康我快乐”职工文体活动，如集体舞大赛、职工运动会、广播体操比赛等。此外，还组织职工参与市区篮球赛、羽毛球赛、乒乓球赛、登山比赛、长跑比赛以及合唱比赛、卡拉OK比赛、演讲比赛、知识抢答赛等各项大型文化体育活动30多场次。

慰问活动 每年在元旦、春节期间开展“送温暖”活动，各基层工会领导干部走访、慰问困难职工，每年500多人，发放慰问金30余万元，粮油2500千克；每年为400名女职工赠送女性特殊安康保险、维权法律手册。酷暑季节，每年到重点工程第一线，走访慰问职工，送去价值5万元的药品和绿豆、白糖、毛巾等物资。2006年，开福区开展“春风送平安”活动，在春节前夕免费送300名农民工回家乡；联合区人大、区劳动局等部门开展“两法一条例”执法检查，为农民工追回欠薪3万余元。2008—2012年，围绕区重点工程建设项目，开展“送电影、送知识、送清凉、送健康”的“四送”活动。1994年6月，长沙遭受大洪灾，全区400多名职工受灾，区工会走访慰问受灾职工，开展爱心募捐活动，募集捐款5万元，修缮倒塌房屋20余间。2003年5月，五合垸垮堤，区总工会募集现金33.05万元，衣物1.16万件，大米620千克、油224千克，及时送到灾民手中。2008年，面对50年一遇的冰冻灾害，开展“再捐一元钱，支援重灾区”活动，募捐3.10万元。

表 6-2　　1989—2012 年长沙市开福区（北区）获市级以上劳模情况表

姓名	性别	单位及职务	获奖时间	获奖级别
周淑菲	女	开福区育德小学	1960 年	国家级
周雄辉	男	高岭建筑集团董事长	2005 年	国家级
董志平	男	沙坪建筑	2010 年	国家级
任金明	男	西长街街道办事处（通泰街）	1958 年	省级
徐爱珠	女	开福区机关事务局	1960 年	省级
阳厚云	男	开福区住房保障局	1983 年	省级
殷金玉	女	开福区环卫管理中心	1995 年	省级
范根生	男	金霞路街道办事处（芙蓉北路）	1995 年	省级
李和平	女	开福区环卫管理中心	2000 年	省级
李　智	男	清水塘街道工委书记	2005 年	省级
姜志刚	男	开福四方新城指挥部	2005 年	省级
余柳英	女	荷花池社区书记、主任	2010 年	省级
王宗先	男	开福区人民法院	1986 年	市级
吴谋明	男	开福区人民检察院	1990 年	市级
黄　铎	男	开福区教育局（伍家岭小学）	1993 年	市级
胡小平	女	开福区环卫管理中心	1999 年	市级
赵安基	男	开福区建筑工程公司	1999 年	市级
周志达	女	洪山街道市容监管所	2004 年	市级
骆金辉	男	湖南顺天建设集团有限公司	2009 年	市级
李晓庆	女	伍家岭街道办事处	2009 年	市级

表 6-3　　2011—2012 年长沙市开福区享受劳模待遇的其他获奖情况表

姓名	性别	单位及职务	获奖时间	获奖级别	获奖名称
蒋晓丹	女	丝茅冲社区书记、主任	2011 年	省级	优秀共产党员
雷学玉	女	清水塘街道（长沙市建筑材料总公司退休）	2011 年	市级	优秀共产党员
侯凌新	男	金霞经济开发区工委委员、招商合作局局长	2011 年	市级	优秀共产党员
陈银芝	女	清水塘实验小学校长	2011 年	市级	优秀共产党员
谭文赞	女	通泰街办事处退休	2011 年	市级	优秀共产党员
谢立纯	女	东风路街道砚瓦池社区	2011 年	市级	优秀共产党员
卢瑞雄	男	新河街道兼职工委委员	2011 年	市级	优秀党务工作者
苏立雄	男	捞刀河社区党委书记、主任	2011 年	市级	优秀党务工作者
马爱斌	女	开福区城管局	2011 年	市级	优秀党务工作者
刘国际	男	开福区人大	2012 年	市级	先进人大工作者
魏建良	男	芙蓉北路街道办事处	2012 年	市级	先进人大工作者

第二节 共青团

一、组织机构

长沙市开福区境内在新民主主义革命时期即已建立共青团组织。1952年后，先后建立新民主主义青年团长沙市城北工作委员会、中国共产主义青年团长沙市城北区委员会（以下简称团区委）。1972年开始，共青团长沙市北区委员会由区共青团代表大会选举产生。1997年9月，共青团长沙市开福区委成立。2002年7月，团区委核定为正科级建制，行政编制3名，其中团区委书记、副书记各1名。2006年，全区有街镇团委13个，社区、村团支部131个。1989—2012年，先后担任团区委书记的有胡宇、丁文、张作林、彭震、孙铁龙、袁坚、杨兴高。

二、代表大会

1972—1995年，长沙市北区先后召开6次共青团代表大会，选举产生六届共青团长沙市北区委员会。1997年长沙市开福区成立以后，至2010年，开福区先后召开4次共青团代表大会。

共青团长沙市开福区第一次代表大会于1997年9月12日召开，出席大会的代表120人，张作林代表北区第六届共青团区委作工作报告。大会选举产生共青团区委第一届委员会，张作林为书记。共青团长沙市开福区第二次代表大会于2003年4月28日召开，出席大会的代表120人，孙铁龙代表开福区第一届共青团区委作工作报告。大会选举产生共青团区委第二届委员会，孙铁龙为书记。共青团长沙市开福区第三次代表大会于2008年5月16日召开，出席大会的代表160人，袁坚代表开福区第二届共青团区委作工作报告。大会选举产生共青团区委第三届委员会，袁坚为书记。共青团长沙市开福区第四次代表大会于2010年8月26日召开，出席大会代表260人。杨兴高代表开福区第三届共青团区委作工作报告。大会选举产生共青团区委第四届委员会，杨兴高为书记。

三、主要活动

开展青年志愿服务活动 1994年5月，长沙市北区成立全市第一家县级“青年志愿者协会”，组织近4000余名青年志愿者，参与“学雷锋，树新风，送温暖”活动。2004年，长沙市开福区组织500人次开展青竹湖长跑赛青年志愿者服务活动和志愿者慰问孤寡老人等活动。2005年，陈家湖社区青少年心理驿站、市八中保护“母亲河”湘江志愿者服务队等基层志愿者组织相继成立，全区共注册青年志愿者3.40万人，开展“弘扬雷锋精神，争做文明市民”“千名干部下基层，排解难题促发展”等系列活动。2008年，在全市启动大学生志愿者“万千百十”工程，与长沙学院、湖南省安全技术学院两所高校签订城市志愿者合作伙伴计划，注册学生志愿者万余人，长沙学院的12支志愿者服务队与12个社区签订服务合作协议，高校学生志愿者进驻社区开展“传递微笑，服务奥运”“服务社区孤、老、残、弱”等活动。2009—2012年，围绕长沙创建全国文明城市，制定《开福区创建全国文明城市志愿者文明劝导工作方案》《开福区创建全国文明城市志愿者培训工作实施方案》《志愿者文明劝导行动地点分布图》和志愿者招募、管理等一系列制度，统筹调度全区志愿者45359人，发放志愿者服务装备6000余套，开展“万名青年志愿者文明交通劝导集中行动”等系列活动，《长沙晚报》、新闻频道《今日开福》栏目多次专题报道。

开展“五四”青年节纪念活动 1992年5月，举办“北区青年‘五四’文化活动月”“高举团旗跟党走，艰苦奋斗建功业”等主题活动。2006年“五四”青年节，举办“我们一起过青年节”“我与长沙共奋进”为主题的青年文化艺术节，通过书法、拔河比赛、时装表演、文艺会演、图书展卖等活动，展示开福青年的良好形象，丰富社区青少年文化活动。2009年4月29日，召开纪念五四运动90周年青年座谈会，以“传承五四报国志·科学发展大城北”为主题，全区35岁以下正科级干部、“80后”科级干部、市青联委员代表、区属各基层单位团委书记参加会议，通过座谈、点评、授课的方式，为青年干部提供思想交流平台。2011年，建立“快乐大联盟”工作机构，制定服务章程，各街（镇）分别成立“快乐联盟”机构，举办庆“五四”暨“快乐大联盟”启动仪式，全区1000余名青年志愿者参加慰问空巢老人、“乐翼天使”文明交通劝导、文明创建等系列志愿者活动。

开展“3·5”学雷锋纪念活动 2008年，长沙市开福区开展“学雷锋、迎奥运、构和谐”主题教育活动。组织200余名青年志愿者为东风二村社区居民进行理发、修理、医疗等方面的服务，走访慰问东风二村的5名孤、老、残、弱困难户，慰问物资2000余元。区属各团委组织青少年到烈士公园祭扫烈士墓、到市博物馆参观、重温入团誓词等系列活动。2011年，在全区开展“共护长沙水·清洁新开福”志愿者学雷锋集中行动，组织青年志愿者积极参与清理白色污染、文明出行劝导、爱绿护绿等志愿服务活动，共计800名青少年志愿者、15个志愿者队伍参加行动。区城乡建设局以纪念“向雷锋同志学习”48周年为契机，组织团员青年到新农村建设沙坪示范点开展“传承雷锋精神、建设美丽开福”主题活动。清水塘街道团工委组织辖区内的小学生，组成小小文明提醒员队伍，开展“共建文明城、清洁新家园”活动。2012年3月4日，在望麓园街道富雅坪社区开展“争当雷锋精神传人，弘扬社会文明新风——长沙青年文明号为您服务”主题活动，组织9家市级青年文明号单位60余名青年志愿者，为社区居民开展业务办理、技能服务、义务咨询、电器维修、医疗义诊、义务理发、识假辨假、科普宣传等活动。

开展服务青年创业就业活动　2006年，开展“我为重点工程献青春”活动，号召全区广大青年配合全区重点工程建设，在顺天·黄金海岸建设工地上开展重点工程建团授牌仪式暨青年大联欢活动，为重点工程青年创造良好的沟通交流机会。2009年，在青竹湖建立服务外包大学生就业创业见习基地，促成青苹果数据中心与全国12所大学签订就业见习合作协议书，安置大学生就业约600余人、中专生100余人。2010年，开展以“争做实践先行者，谱写暑假新篇章”为主题的校地共建活动，在沙坪湘绣产业园开辟大学生创业基地，成立沙坪创业服务中心，在《长沙晚报》等主流媒体发布创业帮扶信息，为青年创业者提供20个免费商业门面，为在校大学生提供16个见习岗位。2011年，开展“快乐暑期，社系你我”校地实践项目，签订《校地对接就业创业实践项目合作协议书》；在全区开展首届“创业之星”评选表彰活动，评选出以湖南大业食品公司董事长丁勇为代表的10名“创业之星”，并在《长沙晚报》等媒体报道其事迹。2012年暑假，与北大、清华等高校实地对接，高校选派2名优秀学子到金霞经开区开展为期半个月的见习和课题调研活动，并形成调研报告《园区电子商务发展》。

开展扶贫帮困活动　2005—2009年，为多名寒门学子争取到“芙蓉学子”“‘1+1’圆梦行动”“爱心专列进北京”“时代阳光”等助学名额，各类助学金18.50万余元。开展关爱农民工子弟志愿服务以及农民工子弟学校结对工作，举办“新学期、新书包”关爱活动以及“关爱喜羊羊，防范灰太狼”安全知识讲座等活动。2008年，开展“城乡青年手拉手，共建美好新农村”主题活动，在区对口扶贫村宁乡县沩山乡沩源村、捞刀河镇大明村、大星村、乌溪村建立“爱心书屋”，捐赠书柜和农业、科技、卫生、法律、文学方面的书籍6000余册，举办青年农民科技培训班10余期，培训青年农民300名。2011年，长沙市青少年发展基金会、开福区少工委联合创建开福区“携手爱心基金”，募集基金23.70万元，开展爱心集市大型公益活动，募集义卖物品共计382件，募集善款1.30万元。

维护青少年合法权益　2005年2月，成立团区委禁毒人民战争领导小组，组织团员青年开展禁毒知识抢答赛、演讲赛、法律咨询、自护教育等活动；在陈家湖社区成立“青少年心理驿站”，建立阅览室；在金帆社区开展“每日一小时”活动，鼓励社区青年走出楼栋，参加体育活动、传统游戏和家务劳动比赛；协调法院和公安分局等执法部门开展“青少年维权岗”的创建活动。2010年9月，邀请司法工作人员及公安干警在新港镇戴家河小学举办预防未成年人犯罪法制讲座。2012年，制定实施《开福区创新重点青少年群体管理机制项目书》，在全区开展重点青少年群体排查摸底专项行动，促成平安志愿者和困难青少年结对帮扶60对。

表 6-4　　2003—2012 年长沙市开福区青少年活动获奖项情况表

时间	获奖组织 / 人物	奖　项
2005 年	省老百姓大药房总经理谢子龙	湖南省首届十大杰出青年民营企业家
	陈家湖社区团总支	长沙市五四红旗团总支
	东风二村社区	国家级青年文明社区
	金帆社区	省级青年文明社区
	区国库核算支付局、洪山正骨医院、潘家坪加油站	市级青年文明号单位
2006 年	共青团开福区委、开福区财政局团委、长沙青竹湖湘一外国语学校团委	长沙市五四红旗团委
	青竹湖镇机关团支部、捞刀河社区团支部、湘雅路街道团总支、万代大酒店团支部	长沙市五四红旗团支部（总支）
2007 年	陈家湖社区青年中心	省级青少年教育示范社区
	“绿色网吧”	长沙市首批十个未成年人活动室之一，并被列为市级“12355”工程建设活动示范点
	区政务中心、区劳动就业服务中心、区妇幼保健所	省级青年文明号单位
	区财政局投资评审中心、区一师二附小、清水塘街道服务中心	市级青年文明号单位
	金帆社区、砚正街社区、新湘路社区	市级青年文明社区
	共青团开福区委	长沙市共青团优秀工作项目奖
2009 年	共青团开福区委、青竹湖镇团委、捞刀河镇团委、洪山街道团委、长沙青竹湖湘一外国语学校团委	长沙市五四红旗团委
	湘雅路街道油铺街社区团支部、东风路街道机关团支部、芙蓉北路社区卫生服务中心团支部、湖南青苹果数据中心团支部	长沙市五四红旗团支部（总支）
2009—2010 年	清水塘一小少先队大队、清水塘二小少先队大队	长沙市优秀少先队集体标兵
	国庆一小少先队大队、国庆二小少先队大队、东风一小少先队大队、东风二小少先队大队、麻园岭小学少先队大队、三角塘小学少先队大队、新竹小学少先队大队、望麓园小学少先队大队、浏阳河小学少先队大队、吉祥巷小学少先队大队、新风街小学少先队大队、民主西街小学少先队大队、兴联小学少先队大队、史家坡小学少先队大队凤羽小学少先队大队、中岭小学少先队大队、紫凤小学少先队大队、自安小学少先队大队、四方坪二小少先队大队、朝阳小学少先队大队、马栏山小学少先队大队、湖南省第一师范学院第二附属小学少先队大队、长师附小少先队大队、青竹湖湘一外国语学校少先队大队	长沙市优秀少先队集体
2010 年	共青团开福区委、通泰街街道团工委、湖南省青苹果数据中心有限公司团委	长沙市五四红旗团委
	开福寺路社区团支部、捞刀河镇高岭村团支部、湘雅路街道上麻园岭社区团支部、长沙市第七中学团总支、沅丰坝中学团总支、洪山街道鸭子铺社区团支部	长沙市五四红旗团支部（总支）
	开福区望麓园街道青年志愿者分会	长沙市青年志愿服务先进集体
	开福区新河街道开福寺路社区“向日葵成长计划”	长沙市青年志愿服务优秀项目奖

续表 6-4

时间	获奖组织 / 人物	奖　项
2011 年	开福区城乡建设局王璀	长沙市青年岗位能手
	望麓园街道团工委	长沙市五四红旗团委标兵
	共青团开福区委、洪山街道团工委、芙蓉北路街道团工委、区教育局团委	长沙市五四红旗团委
	新河街道开福寺路社区团支部、伍家岭街道建湘新村社区团支部、湘雅路街道上麻园岭社区团支部、捞刀河镇捞刀河社区团支部、长沙青竹湖湘一外国语学校团总支	长沙市五四红旗团支部（总支）
2010—2011 年	开福区沅丰坝中学语言教研组、开福区芙蓉北路街道社区卫生服务中心、长沙新时代医药有限公司质量管理部、湖南省青苹果数据中心有限公司行政部	长沙市青年文明号单位
2012 年	开福区金融服务中心、清水塘街道社区管理指挥中心、伍家岭街道建湘新村社区家	长沙市青年文明号单位
	青苹果数据中心有限公司傅丛珍（女）、长沙青竹湖生态科技（产业）园管委会杨兴高、开福区财政局彭华（女）、开福区国库集中支付局王碧芳（女）、湖南省沙坪建筑有限公司李彪奇	长沙市青年岗位能手
	团区委、区教育局团委、区建设局团委、新港镇团工委	长沙市五四红旗团委
	捞刀河镇高岭村团支部、四方坪街道科大佳园社区团支部	长沙市五四红旗团支部（总支）

第三节　妇女联合会

一、组织机构

长沙市开福区境内早在新民主主义革命时期已建立妇女组织。1952 年以后，先后建立长沙市北区妇联办事处、北区民主妇女联合会、北区妇女联合会（以下简称区妇联）。1956 年开始，区妇联由区妇女代表大会选举产生。1997 年 9 月，长沙市开福区妇联成立。2002 年 7 月，区妇联机关核定为正科级建制，行政编制 3 名，其中主席、副主席各 1 名。1989—2012 年，先后担任区妇联主任（主席）的有罗妹华、蒋四军、张细忠、林秀媛、陈朝晖。各街道、乡镇和各区直单位设有妇委会，配备妇联主任等妇女专干，形成区、街道、社区三级妇女工作网络。

二、代表大会

1956—1992 年，长沙市北区先后召开 8 次妇女代表大会，选举产生 8 届北区妇女联合会。1997 年长沙市开福区成立以后，至 2010 年，开福区先后召开 3 次妇女代表大会，选举产生 3 届开福区妇女联合会。

长沙市开福区第一次妇女代表大会于 1997 年 9 月 11—13 日召开，出席大会的代表 180 人，特邀代表 65 人，张细忠代表开福区妇联作工作报告。大会选举产生开福区妇联第一届委员会，张细忠为主席。长沙市开福区第二次妇女代表大会于 2003 年 4 月 29 日召开，出席大会的正式代表 195 名，列席代表 54 人，特邀嘉宾 18 人，林秀媛代表开福区妇联第一届委员会作工作报告。大会号召全区妇女与时俱进、开拓创新，为把开福区建设成一个经济繁荣、社会文明、环境优美的新城区而努力奋斗。大会选举产生开福区妇联第二届委员会，林秀媛为主席。长沙市开福区第三次妇女代表大会于 2010 年 8 月 27 日召开，出席大会代表 239 名，陈朝晖代表开福区妇联第二届委员会作工作报告。大会号召执委班子要秉承发展、妇儿工作要创新发展、三项职责要突出发展。大会选举产生开福区妇联第三届委员会，陈朝晖为主席。

三、主要活动

“巾帼建功”活动　1990 年起，长沙市北区开展“巾帼建功”系列活动，成立区领导小组，由区妇联主任任组长，副主任任副组长，各街道、镇、区直妇委会的妇联主任为成员，制定活动方案。1992 年，制定五年规划，将这一活动纳入目标管理。2008 年，“巾帼建功”活动以争创文明城市为中心，动员广大城镇妇女做“四自”“四有”新女性，号召全区女性参赛和参加技术培训。2009 年，全区开展争创“巾帼建功文明示范岗”活动，卫生、教育、商业系统和部分街道设立“巾帼建功文明示范岗”。长沙市开福区集中支付局被授予全国“巾帼文明岗”，开福区非税收入管理局、湖南省农村信用合作社青竹湖支行被授予省级“巾帼文明岗”，天井社区、新湘路社区被授予长沙市巾帼文明岗。2010年，召开“建设大城北，巾帼立新功”活动，邀请北辰集团国庆受阅女民兵报告团作爱国主义教育报告。2011年，全国妇联组织部部长张黎明一行考察荷花池社区“妇女之家”。望麓园街道、通泰街盐道坪社区、捞刀河镇彭家巷社区、湘雅路街道文昌阁社区等获评市级先进基层妇联组织；四方坪街道科大佳园社区、东风路街道王家垅社区、新河街道开福寺路社区被推荐为全国基层妇联组织建设示范社区。2012年，区金融中心、区环境卫生管理中心督查科、区数字化城管指挥协调中心、开福区喜多多幼儿园被评为市级巾帼文明岗，区文化馆被评为省级巾帼文明岗。

“双学双比”活动 2001年，长沙市开福区贯彻国务院扫盲工作条例，发动妇女积极扫盲，参与培训的妇女有12235人。2006年，组织湘绣产业的妇女开展“绣女竞赛”、评选“十佳绣姑”等活动，积极推动传统行业的发展。2008年，实施“新农村、新女性”发展计划，并于2009年表彰区级“双学双比”典型20人，镇级“双学双比”典型100人。2010年，江再红被评为全国优秀农民工，向利华被评为全国女能手先进个人。

“五好文明家庭”活动 创建“五好文明家庭”活动为区妇联年度重要工作，每年有计划、有布置、有检查、有总结表彰。1990年，发动驻区单位参加在全区开展的学雷锋创五好文明家庭知识竞赛活动，全区有1000户家庭参赛。1997年，组织“五好文明家庭”创建活动，印发宣传资料，开展具有时代特色和针对性、实效性的系列活动，50户家庭被评选为“五好文明家庭”。2007年，把家庭文化建设作为社会主义精神文明建设的重点工程，作为新时期开展思想政治工作、稳定社会治安的有效途径。望麓园街道以坚定社会主义信念，做“四自”“四有”新人为主题，开展“争当新女性，建五好家庭”演讲比赛、经验座谈、时装表演、文艺联欢等寓教于乐的活动。2012年，在全区开展“两型家庭”评比活动，评选出“两型家庭”20户，其中苏立雄家庭在全市表彰会上作典型发言。

维护妇女儿童合法权益 1990年，长沙市北区开展贯彻《中华人民共和国婚姻法》宣传月活动，各基层妇联到街头巷尾宣传25次，出宣传刊38期，开展法律咨询14次，举办学习班43期，重点学习《中华人民共和国婚姻法》《中华人民共和国集会游行示威法》《中华人民共和国行政诉讼法》。1991年，北区创办湖南省第一所婚姻家庭学校。2000年，制定《开福区2000—2010年妇女儿童发展规划》。2002年，制定《开福区创“零家庭暴力社区”实施方案》，在全区妇女中开展“不让毒品进我家”，创建“无毒社区”活动。2003年，对全区执行省人大常委会《关于预防和制止家庭暴力的决议》情况进行调研，妇联与司法局联合成立开福区妇女儿童法律工作站，推荐5位妇女干部担任法院人民陪审员。2010年，在全区开展中国妇女社会地位调查工作，通过对伍家岭陈家湖社区、新河开福寺路社区、芙蓉北路第三社区、捞刀河镇高源村、新港镇兴联社区300多户家庭和妇女儿童的问卷调查，形成汇总材料。2011年，组织200人的妇女干部进行新《婚姻法》解释培训，全年共接待群众来信来访来电134次，调处率100%。2012年，开福区共有女性人大代表62人，所占比例为28.30%；政协女委员62人，所占比例为31.80%。全区140余个基层妇女组织成立妇女之家，为广大妇女提供维权、聚会、交流的平台。

推动妇女创业就业 1997年，号召各单位妇联要采取各种形式帮助妇女创业就业，通过举办座谈会、事迹报告会、开办创业就业公益大讲堂、成立巾帼创业讲师团、发放倡议书等多种方式，引导妇女解放思想，自立自强，树立创业就业信心。2008年，召开全区妇女创业就业表彰暨动员大会。2010年“三八”节期间，举办“春风行动”女性专场招聘会，有近百名妇女利用这个契机找到工作。2011年，妇女小额担保贷款试点工作在开福区开展，发放创业贷款1103万元。2012年，实施“女性再就业工程”，帮助女职工转变就业观念，提高就业技能，发展社区服务业，兴办个体、私营企业，在农村推选出四家优秀企业作为女大学生创业就业基地，为女性就业搭建平台。

爱心帮扶困难救助 1997年，长沙市开福区开展“春蕾计划”行动，此后每年资助40名孩子。2003年“六一”儿童节期间，区直各部门主动联系女童，为受资助的女童送去学习、生活用品。2009年，组织开展“捐赠废旧纸张，关爱女性健康”的慈善公益活动。2010年，组织全区10多名女企业家到长沙市第一福利院开展“爱心妈妈结对帮扶”活动。2011年，省妇联在荷花池社区举行“志愿者服务行动的启动仪式”，与该社区10户困难家庭结对成为长期资助对象。4月，举办“开福区向扶贫困孩子捐赠轮椅、助行器仪式”。举办特困家庭“冬令营”活动，组织特困学生到首都北京、韶山、花明楼参观，使小朋友拓宽眼界，增强爱国热情。5月，组织开展由全国妇联宣传部、中国红十字总会主办，省妇联、开福区妇联、今日女报社、凤网传媒、株洲千金药业共同承办的“心惠跟爱一起走、健康女性中国行”全国首站启动式。

表6-5　1979—2012年长沙市开福区（北区）获全国、省、市“三八红旗手”荣誉称号情况表

姓名	获奖年份	获奖级别	获奖时单位及职务
甘金文	1979	全国	街办厂职工
谌伯纯	1979	全国	十中教师
程婉湘	1983	全国	北区建中塑料厂厂长
谌伯纯	1979	省级	十中教师
王树华	1979	省级	北区浏阳河广播器材厂支部书记
甘金文	1979	省级	街办厂职工
刘淑英	1979	省级	长沙市蔬菜公司科长
李春芳	1979	省级	通泰街街道街办厂职工
程婉湘	1983	省级	北区建中塑料厂厂长
杨瑞华	1989	省级	清水塘小学校长
蒋四军	1994	省级	北区建设局支部书记
刘力维	1998	省级	长沙橡胶厂厂长
孔月明（已故）	2006	省级	开福区丝茅冲社区主任
汤兰玲	2009	省级	开福公安分局湘雅路派出所二中队队长
余柳英	2010	省级	开福区望麓园街道荷花池社区主任
杨瑞华	1988	市级	清水塘小学教师
陈朝晖	2012	市级	开福区妇女联合会主席

第四节　科学技术协会

一、组织机构

长沙市北区科学技术协会成立于1984年10月，由长沙市北区科学技术代表大会选举产生。1996年6月，北区科协更名为长沙市开福区科学技术协会，下设青少年科技辅导员协会、自然科学协会、老科技工作者协会、金霞经开区科协、新亚胜科技公司科协等23个协会。自1996年以来，杨环芝、谭安世、龙伟述、吴娅君、李文等先后担任北区或开福区科学技术协会主席。

二、代表会议

1984—1992年，长沙市北区共召开三次科学技术代表大会，选举产生三届北区科学技术协会委员会。1996年4月，北区第四次科学技术代表大会召开，选举产生北区第四届科学技术协会委员会。

1999年12月，长沙市开福区第一次科学技术代表会议召开，选举产生长沙市开福区第一届科学技术协会委员会。2002年3月，长沙市开福区第二次科学技术代表会议召开，选举产生长沙市开福区第二届科学技术协会委员会。2006年7月，长沙市开福区第三次科学技术代表会议召开，选举产生长沙市开福

区第三届科学技术协会委员会。2009年4月，长沙市开福区第四次科学技术代表会议召开，选举产生长沙市开福区第四届科学技术协会委员会。

三、主要活动

1992年，长沙市北区举办计算机原理、财会、企业管理等科普培训班5期，参加培训人员200多人。2001年10月，长沙市开福区举办“科技宣传月”，在芙蓉路、金霞大道等主要道路悬挂科普宣传横幅，在全区20多家小学巡回展出科普知识宣传板块。2003年6月29日，《中华人民共和国科学技术普及法》颁布实施一周年，举办“蒲公英科技传播行动”“开福区家庭文化艺术表演活动”“开福区庆中秋科普知识游艺灯会活动”三场大型科普活动。2004年科普日活动，举办“播撒科学种子，培育文明之花”系列主题活动。2005年9月17日，承办的省会全国科普日“科普主题公园”活动在湖南烈士公园隆重举行，活动包括2005年省会全国科普日“科普主题公园”活动启动仪式、“科学文明传播行动倡议书”签名、“树立科学发展观，构建和谐新长沙”青少年科学幻想绘画、科普图片展览、青少年科普演示活动、协会科技咨询服务、科技型企业科普展示等，突出“科学普及，你我同参与”主题。2006年科普日活动，以“科技创新，健康生活，共建和谐社会”为主题，设立开福区少年宫主会场和新河街道幸福桥社区、清水塘街道便河边社区、洪山街道朝阳社区、四方坪街道金帆社区4个分会场，发放宣传资料1万余份，举办科普知识讲座1场，小发明、小制作展览20多场，科普知识抢答赛10余场，科普活动有奖问答1场，科普咨询、义诊约2万人次，组织青少年观看家庭科普知识快板表演、青少年自护自救安全知识现场表演等。2007年科普日活动，在清水塘街道展览馆路社区、四方坪街道金帆社区、上大垅街道浏河村社区、新河街道开福寺路社区、开福区少年宫分别举办社区科普宣传、科普作品展示、小制作作品展示等活动。2008年科普日活动，围绕“节约能源资源，保护生态环境，保障安全健康”主题，开展科普知识竞赛、科普知识讲座、科普文艺演出、科普论坛、科普基地开放五项系列活动，举办以“生态、节能、健康、你我共同活动”为主题的专场科普文艺演出1场、科普知识竞赛4场、科普知识讲座3场，开放少年宫、幸福桥2个科普基地，发放《倡议书》《节能小窍门》《安全防护》《保护环境》《节约一粒米》等宣传册5000余份，参加人数达5000余人。2009年科普日活动，围绕“节约能源资源、保护生态环境、保障安全健康”主题，举办“专家企业行”活动，邀请几十位国防科大的老专家、教授与区内企业对接，帮助企业解决在生产及经营方面难题；在三角塘小学举行现场T恤绘画比赛，并评选出优胜者；在富雅坪社区和浏阳河社区举办科普文艺演出，在浏河村社区和黑石渡社区举办科普知识竞赛、科普知识讲座和义诊活动，有6000多人观看文艺演出、参加科普知识竞赛活动和科普知识讲座。2010年科普日活动，以“创建创新型城区”为主题，科大佳园社区组织国防科大几十位老专家、教授经过3个月的精心制作，打造以快乐钓鱼、绿光通道、全息揭秘、激光打靶等7个项目的青少年科普游艺宫；连升街社区组织开展文艺汇演、趣味科普知识问答、义诊等活动；富雅坪社区开展知识讲座，面向社区居民宣传低碳减排，向居民征集节能小技巧，倡导居民共创低碳社区；金帆社区以文艺表演的形式穿插低碳节能、保护环境的有奖问答，带动社区居民爱护环境、节约能源，倡导低碳生活；区青少年宫、中岭小学、朝阳学校开展了“变废为宝”小制作比赛、“梦想家园”建筑模型制作、“走进低碳生活”等主题活动。2011年科普日活动，以“创新创造”为主题，在竹山园社区开展节水护水宣传进社区活动，在科大佳园社区开展“科技给力、幸福家园”活动，在浏河村社区开展“推创新、促节能、创节能环保社区”活动，区少年宫开展“快乐携手、我能行”特色活动。2012年科普日活动，围绕“食品安全与公众健康”主题，包括“食品安全与公众健康”主题文艺演出、“节能环保零距离”“科学生活、健康生活”“边走边学”科学画廊浏览活动四个部分，在东风路街道浏河村社区举办“树立诚信意识，保障食品安全与公众健康”宣传活动；在省博物馆举办“关注公众健康”展览宣传，在云尚庄园举行开福乡村旅游节开幕式暨葡萄节，湖南省科协授予新富豪葡萄种植基地“湖南省农村科普示范基地”称号。

第五节　归国华侨联合会

长沙市北区归侨侨眷联合会（以下简称区侨联）成立于1993年9月，1996年更名为长沙市开福区侨联。1993—2012年，先后由陈曼林、郭晓鸣、刘芳担任主席。

区侨联成立以后，按照“老侨新侨工作并重”“海内海外工作并重”的原则，依托海外联谊会，联络港澳台海外人士，促进各领域、各层次的交流与合作，拓展港澳台及海外人士参与北区（开福区）发展的平台。区侨联建立区归侨侨眷活动中心，开展海外统战资源专题调研，建立新侨与留学生档案，健全联系和服务工作机制。以交流搭台、经贸唱戏，以“诚”交友，以“情”留友，以服务换资金、以服务引项目、以服务出效益。1993年，侨联会员郑聪俊在四方坪创建“罗莎蛋糕”“台北豆浆”，后发展到全国10多个城市，创办200多家连锁店。2007年，区侨联成立参政议政委员会，围绕文明创建，开展“关注城市细节，一人一建议”系列活动，收集建议40余条。区侨联创办的合唱艺术团在维也纳举行“亲情中华”慰问演出，获第五届世界合唱比赛银奖，《长沙晚报》予以专题报道。2008年，区侨联组织开展送温暖活动，走访慰问35户，为困难归侨朱钦庆筹资万元翻修房屋。2009年，区侨联开展“我为文明献一计”活动，提出建议30余条。区侨联“侨心艺术团”远赴欧洲，举行6次“亲情中华”慰问演出，以艺会友。区侨联在全市率先建立区归侨侨眷活动场所，投资30万元，设立“侨联爱侨郭晓鸣专项基金”，扶助生活困难的老归侨和侨眷。侨联会员郭晓鸣先后受到江泽民、胡锦涛等党和国家领导人接见。侨联为区扶贫助学牵线搭桥，引进海外爱国人士捐资，扶贫助学，坚持10余年为东风路小学等50名学生资助全部学费。

第六节　残疾人联合会

一、组织机构

长沙市北区残疾人联合会（以下简称区残联）成立于1991年7月，挂牌在长沙市北区民政局，为正科级建制。1996年，更名为长沙市开福区残联。2002年7月，核定开福区残联行政编制2名，为正、副理事长各1名。1991—2012年，先后由唐庭葆、王冬元、常奇、洪云霞等担任长沙市北区、长沙市开福区残联理事长。

二、代表大会

1991—2012年，长沙市北区、长沙市开福区召开残疾人联合会代表大会三次，先后选举产生三届区残疾人联合会的领导机构。

1991年7月，长沙市北区第一届残疾人联合会代表大会召开，选举产生北区第一届残疾人联合会理事会。1999年5月28日，长沙市开福区第一届残疾人联合会代表大会召开，出席代表70人，其中残疾人代表39人，占代表总数55.7%。开福区区委副书记黄新国致开幕词，王冬元作《高举邓小平理论伟大旗帜，把我区残疾人事业全面推向21世纪》的工作报告。会议选举产生开福区残疾人联合会第一届理事会。2005年12月30日，长沙市开福区第二届残疾人联合会代表大会召开，出席代表60人，其中残疾人代表31名，占代表总数的51.67%。区委副书记刘国际致开幕词，洪云霞作《实践“三个代表”重要思想，与时俱进，开拓进取，努力开创我区残疾人事业的新局面》的工作报告。会议选举产生开福区残疾人联合会第二届理事会，会议还确定区肢残人协会、盲人协会、聋人协会、智亲协会、精亲协会5个专门协会的主席、副主席。

2012年8月，在市残疾人联合会的指导下，残疾人联合会第二届主席团决定成立残疾人联合会第三届代表大会筹备工作小组，由洪云霞任组长，筹备召开长沙市开福区第三届残疾人联合会代表大会。2012年12月，选举大会代表81人，并对代表进行资格审查，其中残疾人代表43人，占代表总数的53.09%。

三、主要工作与活动

贯彻《中华人民共和国残疾人保障法》 1991年是实施《中华人民共和国残疾人保障法》的第一年，长沙市北区将《中华人民共和国残疾人保障法》列入“二五”普法教育内容，1991—1994年，全区组织各种宣传活动15场次。1995年，全区组织3个检查组，对区属30个单位贯彻《中华人民共和国残疾人保障法》的情况进行检查。2010年，长沙市开福区贯彻《中华人民共和国残疾人保障法》，研究加强残疾人工作的措施；开展对《中华人民共和国残疾人保障法》进行执法检查；开展对维护残疾人合法权益进行调研；对残疾人弱势群体进行法律援助。2008—2012年，全区受理残疾人求助法律援助200余起，接待残疾人来访720人次，协调解决难题、纠纷50余起，妥善处理残疾人越级上访等群体事件40起。

残疾人康复工程 1992年，长沙市北区建立残疾人康复工作领导小组。1993年建立残疾人康复站，为残疾人进行检查和治疗。1994—2010年，全区为贫困残疾人视力患者免费检查治疗1540人次；2005—2012年，白内障免费手术复明410余例，手术有效率100%；为贫困肢体残疾者免费装配假肢50人，发送轮椅120多台，盲杖150多根，助听器40多个，为精神病患者免费供药2316人次；免费供应残疾人辅助用品、用具3000余件，计100多个类别品种。2009年后，相继成立开福区星舞门儿童能力发展中心、爱希会残疾儿童服务中心、开音特殊儿童康复中心、星苑残疾儿童康复中心。2011年起，全区实施残疾人抢救性康复训练项目，为贫困肢残、智障及听力言语残疾人训练380人次。

残疾人就业 1992—1998年，全区兴办福利企业5家，安排残疾人就业348人，残疾人从事个体经营达2000余人。2005年，收缴“叭叭车”并发放代步车110辆，就地安置就业103人。2009年，制定《开福区残疾人就业扶助办法》。2000—2012年，为残疾人举办家电修理班、电脑操作维修培训班，单车、摩托车修理班，盲人按摩培训班，理发、美容培训班共40余期，免费培训800多人次。1999—2012年，安置残疾人就业近2000人次，自主创业350（户）。2012年，开福区被定为湖南省残疾人辅助性就业试点区。

解决残疾人实际问题 1991—1995年，长沙市北区为残疾人子女和残疾学生51人助学补助5.60万元。1996—2012年，长沙市开福区为残疾人子女和残疾学生673人次，助学补助80余万元，盲、聋、哑、智障儿童少年义务教育入学率达到91%。2000年起，开福区将600多名残疾人纳入最低生活保障，农村残疾人列入“五保”和“双定”救济对象。2006年，开始征收残疾人就业保障金，逐年增加，由2006年的200多万元，2012年增加到535万元。2010年起，对全区1140名重度残疾人安装“一点通”呼叫器，可提供160多项服务，政府对呼叫器信息服务费全部买单。2011年1月，开始发放重度残疾人特殊生活补助，补助对象1206人。是年，开展对残疾人“一对一”帮扶，区级领导联点残疾人63户，科级干部联点残疾人158户。2002—2012年，为残疾人家庭开展“无障碍进家庭”改造项目118户。区内各机关、群众团体及事业单位、经济组织为残疾人募捐物资和善款70多万元，慰问残疾人家庭累计3300余户次。

残疾人工作的组织指导和服务 2004年，督导15个街道、乡镇配齐残疾人联合会理事长，92个社区建立残疾人协会，由社区主任或书记任协会主席，残疾人或残疾人家属任协会副主席。2009年11月，成立开福区第一个残疾人托养机构长沙市开福区智力残疾人荷花池训练服务中心。2010年1月，成立开福区怡智家园；8月，成立通泰街怡智家园残疾人服务中心；2011年12月，成立开福区怡馨家园。2008—2011年，全区建立残疾人信息网络数据库，全部换发第二代残疾人证，更新残疾人基本信息和数据。2004年，开展残疾人工作“示范社区”创建活动。2009年，开展残疾人工作“明星社区”创建活动。2004—2008年，创建示范社区53个，2009—2012年，创建明星社区88个。2012年，在全区公开选聘65名残疾人专职委员到街道、乡镇及残疾人较多的社区任职。2010—2012年，全区成立35个帮扶残疾人志愿者组织，志愿者人数近2000人。

残疾人文娱生活 2007年，举办全区残疾人歌咏比赛。2008年，开福区组成残疾人代表团，参加长沙市残联主办的趣味体育运动会。2009年，区组成残疾人合唱团参加湖南经济电视台举办的“甜蜜合唱团”。2011年，区残联举办全区残疾人和残疾人工作者庆祝建党九十周年大型“红歌会”合唱比赛。12月3日，纪念第20个国际残疾人日，全区开展“爱给我们前行的力量”公益活动。2001—2012年，举行残疾人各项文艺、体育活动12场次，参加活动的残疾人达1500人次。智力残疾人运动员王玎于2007年参加世界夏季特殊奥林匹克运动会60公斤级举重项目，获1金2银的成绩。盲人胡跃奖2009年参加全国残疾人文艺汇演，获演出二等奖。

附记：2005—2012年，开福区王家垅社区获得“全国社区残疾人工作先进单位”、开福区获得“湖南省社区残疾人工作示范区”、长沙市“千人复明”先进单位；长沙市开福区智力残疾人荷花池训练服务中心获得“湖南省残疾人之家”；开福区残联理事长洪云霞荣获湖南省“十一五”残疾人工作先进个人并荣立二等功；长沙市开福区怡智家园智障人士服务中心负责人曾锃获得“湖南省扶残助残先进个人”；湘雅路街道残疾人周国忠被评为“湖南省残疾人自强模范”；东风路街道残疾人杨德才被中央文明委授予“中国好人榜”称号。

表 6-6　　2012 年长沙市开福区办理第二代残疾人证情况表

单位：人

人数＼类型		听力残疾	视力残疾	言语残疾	肢体残疾	智力残疾	精神残疾	多重残疾	合 计
性别	男	206	444	18	1479	341	436	73	2997
	女	148	396	15	823	284	334	66	2066
总人数		354	840	33	2302	625	770	139	5063

说明：此统计表人数是经医疗机构确认残疾等级，上级残联审定、批准已办证人员；截止日期为 2012 年 12 月 31 日

第七节　工商业联合会

一、组织机构

长沙市北区工商业联合会（以下简称区工商联）成立于 1992 年。1996 年 6 月，北区工商联成立长沙市第一个街道分会——北区工商业联合会北站路分会，会员 36 人。1996 年 7 月，北区工商联更名为开福区工商联。1992—2012 年，先后担任区工商联会长的有廖海峰、吴小平、吴益群、苏松泉，先后担任区工商联党组书记的有曾群辉、朱小红、张恒旗、张曙辉。

长沙市北区工商联第一届执行委员会有执委 15 人。开福区工商联第一届执行委员会有执委 57 人，常委 15 名。至 1997 年 11 月，开福区工商联在 11 个街道全部成立分会，有会员 425 人。1999 年，成立黄兴中路商会党支部。长沙市开福区工商联第二届执行委员会有执委 74 人，常委 23 名。2003 年，成立老百姓大药房连锁有限公司党委。2006 年 7 月，开福区工商联妇女工作委员会更名为开福区工商联女企业家商会。长沙市开福区工商联第三届执行委员会有执委 78 人，常委 26 名。开福区工商联第四届执行委员会有执委 124 人，常委 39 名。至 2012 年 12 月，开福区工商联组建街镇分会 11 个、行业商会 6 个，总会员单位 700 个，其中企业会员单位 357 个、团体会员单位 343 个。

二、代表大会

长沙市北区工商联第一次会员大会　1992 年 9 月 26 日在北区政府会议室召开。会员 52 人，其中企业会员 11 人，个人会员 23 人，社团会员 1 人，个体会员 17 人。大会讨论并通过《第一届会员大会决议》，选举产生北区工商联第一届执行委员会执委、正副主委和秘书长。

长沙市开福区工商联第一次会员代表大会　1997 年 3 月 28 日在原北区政府会议室召开，出席代表 115 人。会议听取和审议北区第一届工商业联合会工作报告，选举产生开福区工商联第一届执行委员会执委、常委、正副会长和秘书长，并表彰全区 22 名优秀明星会员。

长沙市开福区工商联第二次会员代表大会　2001 年 10 月 30 日在开福区政府会议室召开，出席代表 95 人。会议听取和审议开福区第一届工商业联合会工作报告，选举产生开福区工商联第二届执行委员会执委、常委、正副会长和秘书长。

长沙市开福区工商联第三次会员代表大会　2006 年 9 月 30 日在区政府会议室召开。出席代表 112 人。会议听取和审议开福区第二届工商业联合会工作报告，选举产生开福区工商联第三届执行委员会执委、常委、正副会长和商会会长、副会长。

长沙市开福区工商联第四次会员代表大会　2011 年 11 月 8 日在区政府会议室召开。出席代表 152 人。会议听取和审议开福区第三届工商业联合会工作报告，选举产生开福区工商联第四届执行委员会执委、常委、工商联（总商会）主席（会长）、第一副主席（第一副会长）、副主席（副会长）、兼职副会长和秘书长。

三、主要活动

服务立会，会员办会　区工商联坚持“服务立会，活动兴会”的办会宗旨，以内在需要为动力，发挥商会职能，树立“会员办会”意识。20 世纪 90 年代中期，非公有制企业专业技术人员技术定级得不到社会承认，区工商联联系区人事局、财政局，帮助会员获得初级职称 34 人、中级职称 58 人、高级职称 10 人，配合发放会计证书 46 人，促进非公有制企业专业技术队伍的发展和稳定。2000—2012 年，区工商联招

商引资，引进企业或项目60个，总投资金额10亿元。2008年举行4次中小企业融资洽谈会，邀请开福区农合行召开银企座谈会，融资6.50亿元。2009年年初成立长沙市开福区民营企业投诉处理中心，为民营企业开辟投诉和法律咨询平台，至2012年，收到会员来电来访20余件，办结率100%。1992—2012年，邀请知名教授、专家为会员5800余人次举办30多期大型报告和专题培训班，讲授法律、税收、企业管理、商标专利等10余类课题。为发挥工商联在政府管理和服务非公有制经济中的助手作用，区工商联于2011年自办内部刊物《开福商海》，至2012年已出版4期。2012年，在湖南省工商联系统第三届优秀报刊评选中获优秀编辑奖。

参政议政，创先争优 区工商联开展调研服务，为区域经济和商会发展建言献策。2008—2010年，写出《关于加快发展区内四个特色商会市场的建议》《发挥商会职能，发展区域经济》等多篇文章。2010年建立“非公有制经济代表人士综合评价体系”，进一步规范推荐的标准和程序，2012年，推荐74名非公经济代表人士分别当选为省、市、区人大代表和政协委员。区工商联积极履行参政议政职能，至2012年，共递交人大提案、政协提案500多件。2010年，区工商联开展“两新”组织学习科学发展观教育活动、非公有制经济组织创先争优活动，覆盖面达100%。2011年，区工商联2家会员单位和4名会员分别获得省、市非公组织创先争优先进基层党组织和先进书记等7项荣誉称号。2012年，长沙市开福区工商联顺利完成“两个全部”任务，即工商联执常委所在的129家非公有制经济组织、17个街（镇）工商联分会、行业商会全部建立党组织。

光彩事业，创业富民 区工商联在会员中坚持开展“致富思源、富而思进”的双思教育。通过“百企联百村”“汉回同心行”“爱心助残”“争当雷锋精神传人，弘扬社会文明新风”“创业一帮一”“扶贫帮困”等光彩事业和社会公益事业活动平台，累计捐款捐物2000余万元，为下岗待业人员提供文秘、企管等各类岗位4767个。1997—2012年，工商联会员企业在“光彩事业”和“新农村建设”中累计进行开发性扶贫投资7785万元。2008年汶川地震，会员企业为灾区筹集善款210.76万元。2010年，向青海玉树受灾地捐款30多万元。2008—2012年，区工商联开展创业沙龙、“大学生创业设计大赛”等活动，牵头组织57名企业家结对帮扶74名初创企业者，提升创业成功率。2010年，获评市“创业帮扶优秀服务单位”。2012年，工商联常委湖南省金长城纸业物质有限公司总经理刘长庚获评市“优秀帮扶企业家”。

活动兴会 区工商联为增强凝聚力，增进会员友谊，坚持开展各种形式的“兴会”活动。每年对会员的开业乔迁、生日婚庆、生老病死分别进行庆贺、探视、慰问合计20余次；每年春节、中秋举行茶话会、座谈会、迎春酒会或联谊活动，邀请全体执委和会员代表及区委、政府、人大、政协主要领导参加，表彰先进集体和先进个人，密切政经联系，增强会员凝聚力与向心力，浓厚商会文化氛围。1994年成立区工商联妇委会以后，每年“三八”妇女节或清明节组织女会员和会员家属外出活动，拓展会员身心。2008—2012年，区工商联连续举办四届会员羽毛球比赛，每届组织各街镇分会、行业商会近300名会员参与比赛。2011年6月，区工商联组织50余名非公有制经济人士代表，参加长沙市委统战部、市工商联（总商会）联合举办的长沙市首届非公有制经济人士运功会，取得男子篮球队第二名、男子羽毛球队第三名、女子羽毛球队第五名、女子乒乓球队第五名的成绩。

附记：1998年，区工商联被评为全省组织工作先进单位和全市工商联工作先进单位，获得全市“光彩事业”推动委员会颁发的组织奖。1998—2000年，连续三年被评为全省工商联宣传工作优胜单位。2010年被评为全市工商联系统优胜单位。2009年，开福区工商联直属分会被评为湖南省先进基层商会。2010年，被评为长沙市工商联系统优秀基层组织和行业商会。开福区工商联有50余家非公有制会员企业及个人分别获得中国建筑工程最高荣誉——鲁班奖、全省统战系统先进个人、长沙市优秀中国特色社会主义事业建设者、优秀女企业家、优秀创业女性、文明单位等各类国家、省、市、区级荣誉。

第七篇 政 法

长沙市公安局开福区（北区）分局依法管理开福区地方的社会治安，承担区域内大型活动的安全保卫、打击“黄赌毒”、特种行业和娱乐场所的管理、危爆物品管理、食品安全执法和社区警务。1990—2012年，区公安分局依法侦查刑事案件，立案72726起，侦破32779起；开展经济文化保卫工作，打击各类经济犯罪；加强网络安全管理和信息监控工作，加强交通安全、消防管理、出入境管理和内部保卫工作。

1990—2012年，长沙市开福区（北区）人民检察院共受理审查起诉刑事检察案件8232案，分别作出依法向区人民法院提起公诉、依法免诉和不诉的处理。承担查办贪污贿赂犯罪和反渎职侵权的检察工作。1990—2012年，共立贪污贿赂犯罪案件516件；立案查处渎职侵权案件106案，调解、平息115起。区检察院行使民事行政检察、监所检察、控告申诉检察职能，2001—2012年，共受理各类民事行政等申诉案510件，办理监所检察批捕、审查案91件，受理各类举报线索1511件，加强法律监督，维护人民群众的合法权益。

1990—2012年，长沙市开福区（北区）人民法院共受理审判各类刑事案件7942件，审判各类民事（经济）、民商事案件51811件，受理行政诉讼案件492件。1989—2012年，办理刑事、民事（经济）案件和非诉行政案件执行共18504件，办理审判监督891件。

长沙市开福区（北区）司法局履行基层司法行政、律师事务、公证、法律服务与援助、普法宣传等职能。1989—2012年，安置刑释解教人员在80%以上，帮教率100%。1989—2012年，全区律师事务所承接刑事、民事、行政诉讼及非诉行政等案件共9768件，并加强人民调解工作，化解、排除大量矛盾。1989—2012年，承接民事、经济事务51842件。2000—2012年，区法律援助中心进行法律援助的刑事、民事案件共1678件；1991—2011年，先后开展“二五”至“五五”普法宣传教育活动，共有近55万人参加学习。

第一章 公 安

第一节 机 构

一、长沙市公安局北区分局

1989年至1996年4月，先后担任北区分局局长的为秦槐山、龙建强；先后担任政委的为李炳南、肖湘慈、彭俊敏。

1988年，长沙市公安局北区分局设有政工股、办公室、行政股、政保股、内保股、户政股、治安股、预审股、消防股、刑侦队、拘留所11个股（室、队）。1990年6月，设立纪检监察室。12月，政工股更名政治工作办公室。1991年，设立法制室、联防办公室。1992年，股改科。1994年3月，成立北区保安器材服务公司。11月，保安器材服务公司与保安服务公司合并，组建新的保安服务公司。1996年3月，北区消防科更名消防大队，改属武警现役编制，正营级别。分局下设民主东街、北站路、浏阳河路、上大垅、清水塘、望麓园6个行政派出所和烈士公园、向阳岭、德雅路3个企业派出所。1995年3月，成立新河、黑石渡两个派出所，浏阳河路派出所更名伍家岭派出所。7月，部分科室迁至新河派出所办公。

二、长沙市公安局开福分局

1996年4月，长沙市公安局北区分局改为长沙市公安局开福区分局。2001年10月20日，长沙市公安局开福区分局更名为长沙市公安局开福分局。1996年4月至2012年，先后担任长沙市公安局开福区分局（开福分局）局长的为肖湘慈、范恩山、彭开益、廖勇；先后担任政委的为彭俊敏、范恩山、黄健元、李军龙。

1996年9月，开福区分局成立以后，治安科更名为治安大队。次年1月设立出入境管理科。5月，成立110处警队，联防办划归治安大队管理。10月，刑侦队更名为刑侦大队，撤销预审科，实行侦审合一。2000年9月，治安大队更名为第一治安大队，又成立第二治安大队。11月，成立计算机管理监察科。2001年6月，政保科更名国内安全保卫大队，计算机管理监察科更名为科技技术科（加挂计算机管理监察大队牌子）。2002年3月，成立禁毒大队。4月，在刑侦大队税侦中队基础上成立经济犯罪侦查大队。至12月，分局机关内设办公室（指挥室）、政治工作办公室、纪委（监察室）、法制科、后勤保障科、出入境管理科、户政管理科（流动人口治安管理办公室）、公共信息网络安全监察科（科技技术科）、经济文化保卫科、保安管理监督科、国内安全保卫大队、刑事侦查大队、经济犯罪侦查大队、禁毒大队、第一治安管理大队、第二治安管理大队16个科（室、大队），同时撤销看守所。2006年10月，成立长沙市湘盾保安服务有限责任公司（2012年3月，其股权整体转让湖南穗保安防科技有限公司，与开福分局脱钩）。2009年8月，开福分局内设机构为指挥中心（加挂办公室牌子）、政工室、纪委（监察室，加挂督察大队牌子）、后勤保障科、法制科、刑事侦查大队、第一治安管理大队（加挂爆炸危险物品监管大队牌子）、第二治安管理大队、经济犯罪侦查大队、禁毒大队、国内安全保卫大队、网络安全保卫大队、人口与出入境管理大队、单位内部安全保卫大队14个正科级机构。

三、开福区分局派出机构

1996年，原西区分局的西长街、如意街、通泰街派出所，原郊区分局洪山桥派出所、原望城县公安局霞凝派出所、长沙县公安局捞刀河派出所划归开福区分局。2000年9月，撤销烈士公园派出所。11月，霞凝派出所更名新港派出所。2001年9月，撤销如意街派出所。2004年9月，成立青竹湖派出所。12月，撤销西长街、通泰街派出所，设立新的通泰街派出所；撤销民主东街、望麓园派出所，设立新的望麓园派出所；撤销上大垅、黑石渡派出所，设立东风路派出所；北站路派出所更名湘雅路派出所；金霞路派出所更名芙蓉北路派出所。2008年9月9日，原国防科技大学设立的事业性质公安机关“长沙市公安局北区分局德雅路派出所”调整为“长沙市公安局开福分局德雅路派出所”，隶属长沙市公安局开福分局。至2009年1月，开福分局的下设机构有清水塘、望麓园、伍家岭、湘雅路、东风路、新河、青竹湖、四方坪、通泰街、洪山桥、捞刀河、新港、芙蓉北路、德雅路14个派出所（均为正科级派出机构），并分管联系消防大队。2010年11月，湘雅路、望麓园、东风路、四方坪、通泰街、洪山桥6个派出所设立副科级建制中队共26个。

第二节 治安管理

一、大型活动安全保卫

1990—1996年，北区的文艺演出、民间娱乐、庆典庆祝、商贸展销等大型群众性活动逐年增多，如迎亚运火炬接力、亚洲体操锦标赛、全国钢材订货会、全国电子产品展销会、中国第三届金鸡百花节、白沙杯金鹰艺术节等大型活动。北区投入警力5万余人次，执行大型活动安保任务140余场次，年均20余场次。1996—2002年，开福区执行大型活动安保任务增至年均80场次。

2003—2012年，大型活动更多、规模更大、规格更高、范围更广，如2003年第五届全国城市运动会，2004年雅典奥运会男子足球亚洲区预选赛中国国奥队对韩国队比赛，2006年首届中国中部投资贸易博览会，2007年第四届泛珠三角区域合作与发展论坛暨经贸洽谈会、首届快乐男声、国球大典，2008年北京奥运圣火传递、第七届金鹰电视艺术节，2009年第五届两岸经贸文化论坛，2010年中国长沙环湘江自行车邀请赛，2011年中超甲级联赛，2012年第七届中博会、环湘江自行车赛、金鹰节等，安全保卫工作年均达300余场次。

二、打击“黄、赌、毒”

查禁卖淫嫖娼 20世纪80年代末，卖淫嫖娼活动在境内重新出现。90年代初，卖淫嫖娼活动日益增多。1993年，开展打击卖淫嫖娼专项行动，抓获卖淫嫖娼人员53人。1995年，开展扫黄整治，整顿旅馆、娱乐服务业，查处卖淫嫖娼案件269起，抓获卖淫嫖娼人员652人。1999年4月，捣毁洪山桥山鹰潭度假村色情表演和淫乱窝点，抓获色情表演女郎13人、卖淫嫖娼人员16人。1988—2002年，全区查处卖淫嫖娼案件3115起，抓获卖淫嫖娼人员6657人。2009年6月，开展打击组织强迫妇女卖淫犯罪专项行动，9月开展迎国庆60周年“一打三整”专项行动，检查场所5000余家次，发现违规硬件设施和治安隐患195处，拆除违规设施97套，收缴、拆除色情淫秽设施器具28套，查处涉黄案件175起，抓获卖淫嫖娼人员189人，责令14家营业场所停业整顿，取缔4家营业场所。

查禁赌博 1990年，北区查处赌博案件438起，抓获涉赌人员1732人。1993年，电游、摇骰子、投彩球、丢弹子、幸运盘等聚众赌博活动兴起，北区依法取缔多家“有奖”赌场。1996—1998年，清查取缔“有奖”经营活动，查封电子游戏室30余家，收缴电游机110台、游戏机板350块。2003年后，地下“六合彩”赌博开始蔓延。2006年，捣毁湘天大酒店赌博窝点。2007年，查处科苑宾馆“扳砣子”赌博案，当场抓获参赌人员116人，收缴赌资20余万元、砍刀5把、摇头丸和麻古382粒。2008年前后，扳砣子、三跟、推牌九、划拳等聚众赌博形式开始流行，地下“六合彩”、赌球等违法活动再次反弹。2008年，对北正街、民主东街、新河等地下“六合彩”进行集中整治，打击处理涉赌人员上百人；查处“转转麻将”赌博案25起，抓获涉赌人员154人，治安拘留81人。2009年3月，捣毁青竹湖镇新源村黄立塘组、洪山桥宏天宾馆两个“扳砣子”赌博窝点，当场抓获涉赌人员上百人，打击处理26人。4月，查处北正街一起“转转麻将”赌博案，抓获涉赌人员18人；打掉非法经营地下“六合彩”码书码报的3个家庭式犯罪团伙，抓获涉案人员14人。2010年7月，查处芙蓉北路澜北湾小区一起网络赌球案，抓获组织赌球犯罪嫌疑人6名；打掉马栏山一个强拿硬要、强行收取保护费、开设地下“砣子棚”赌场、聚众斗殴黑恶势力团伙，刑事拘留4人。2011年，捣毁喜来登大酒店赌博窝点，打击处理11人，收缴赌资和违法所得300余万元。4月，捣毁通泰街一地下“六合彩”赌博窝点，刑事拘留2人，收缴码报862张、码书56本。12月10日晚，开福分局开展打击整治淫秽色情、赌博违法犯罪“零点行动”，出动警力205人，检查场所44家，抓获犯罪嫌疑人15人。2012年，对月湖动漫城、四方坪掘金兵团电玩城、湘江世纪城等进行集中整治，收缴并销毁赌博机400余台，取缔无证电玩62家，停业整顿8家，破获电游赌博案件24起，抓获涉赌人员27人；打掉一个地下“六合彩”赌博团伙，抓获犯罪嫌疑人8名，收缴赌资近2万元。

查禁毒品 1989年8月13日，北区中山路湘江宾馆楼外楼餐馆发生枪击案，现场提取少量白色粉末，经公安部检验认定为毒品海洛因，系长沙首起贩卖毒品案，长沙市北区缉毒工作展开。2000年7月15日，开福分局在民主巷40号抓获吸毒人员周某、周某，当场缴获摇头丸329粒、大麻30余克，破获开福区有史以来最大摇头丸案。2001年，成立开福区禁毒委员会，下设办公室（设在刑侦大队），先后组织开展“扫毒风暴”“百日禁毒”专项整治行动，抓获吸贩毒人员133名，收缴摇头丸11粒、海洛因3.80克。2002年3月，分局禁毒大队成立，与禁毒委员会办公室合署办公，负责日常禁毒工作。2003年，破获“8·10”新型毒品犯罪案，抓获涉毒人员11名，缴获沙律片870片。2005—2007年，针对外流贩毒、大要毒品案件、零包贩毒和吸毒违法活动开展专项打击。2010年，破获“5·11”特大贩毒案，缴获K粉2000克；破获“6·2”贩毒案，缴获K粉1699克。2011年，摧毁一特大贩毒团伙，抓获涉案嫌疑人8名，缴获冰毒3452.71克、麻古2861.5粒、K粉8.99克。2012年，破获一跨省贩毒案，抓获涉案嫌疑人9名，缴获麻古5386粒、冰毒251.68克、K粉3000克，收缴毒资10万余元。2005—2012年，全区共侦破毒品刑事案件1342起，抓获犯罪嫌疑人864名，缴获毒品折算成海洛因17756.20克。

表7-1　　2005—2012年长沙市开福区破获毒品刑事案件情况表

年度	破获毒品刑事案件数（起）	抓获犯罪嫌疑人数（人）	缴获毒品折算成海洛因数（克）	年度	破获毒品刑事案件数（起）	抓获犯罪嫌疑人数（人）	缴获毒品折算成海洛因数（克）
2005	639	49	—	2009	43	110	1751.7
2006	165	35	—	2010	98	116	1714.1
2007	79	144	610	2011	93	103	5301.4
2008	63	112	575	2012	162	195	7804

禁毒管控　禁毒管控分为人员、场所和企业管控三个方面。

在人员管控方面。2000年，全区开展“无毒”创建活动。2001年，全区1044名吸贩毒人员全部纳入工作视线。2002年，建立由派出所、居（村）委会、单位（学校）和家庭“四位一体”对吸毒人员的帮教机制。2005年，开展对吸毒人员“大普查”“大收戒”“大帮教”活动。2007年，集中开展为期5个月的涉毒娱乐场所专项整治行动，共清查娱乐场所6家。2008年6月，建立新的尿检中心。2010年，推动社区戒毒康复工作，推进“蓝结家园”（戒毒康复人员就业安置基地）建设。至2012年年底，全区共成立社区戒毒（康复）工作站（组）124个，“无毒害社区”85个。

在场所管控方面。20世纪90年代末，新型合成毒品蔓延，娱乐场所涉毒现象时有发生，甚至出现地下“嗨吧”（即聚众吸食毒品的场所）。2005年，全区共有18家娱乐场所向区禁毒委员会递交《禁毒工作责任承诺书》。2006年，开福分局形成禁毒大队指导、辖地派出所负主要责任的禁毒管理机制，并实行娱乐场所涉毒案件倒查制度。2011年，开展公共娱乐场所涉毒问题专项整治。

在企业管控方面。2009年，开福分局在全区范围组织开展毒情大排查专项行动，重点对全区易制毒化学品、麻醉药品和精神药品企业的相关情况进行摸排并纳入管控范围。截至2012年年底，全区登记在册的易制毒化学品企业69家。

表 7-2　　2005—2012 年长沙市开福区吸毒人数统计表

单位：人

年度	本区在册吸毒人数	查处吸毒人数	年度	本区在册吸毒人数	查处吸毒人数
2005	828	388	2009	1270	138
2006	1021	28	2010	1391	192
2007	1105	10	2011	1540	263
2008	1152	80	2012	1775	435

禁毒宣传教育　1991 年始，每年组织开展禁毒宣传活动，通过设点咨询、分发宣传资料、公开销毁毒品、举办禁毒巡展等形式宣传禁毒知识。2000 年始，以国际禁毒日（6 月 26 日）为重点，将每年 6 月作为禁毒宣传月，推动禁毒宣传常态化，发展禁毒志愿者队伍，推进禁毒宣传进单位、进场所、进学校、进社区、进村组、进家庭。2009 年，开福分局开展以“依法禁毒，构建和谐”为主题的禁毒宣传教育活动，《人民日报》、新华社、中央电视台、《湖南日报》、湖南卫视等中央和省新闻媒体均有采访。2010 年，组织参加全市大型禁毒宣传暨焚烧毒品活动。2011 年，开展“妈妈禁毒联盟‘蓝结’行动”宣传活动。2012 年，组建禁毒志愿组织，联合街道招募妇女、离退休职工等普通人群作为禁毒志愿者，开展形式多样的禁毒宣传活动。

三、特种行业和娱乐场所管理

特种行业管理　主要包括旅馆业、印铸刻字业、旧货业、典当业、拍卖业、信托寄卖业等。从事特种行业均应办理“特种行业许可证”。1988 年前后，北区共有特种行业单位 162 家，其中旅馆业 124 家，印铸刻字业 6 家，其他 32 家。1996 年，共有特种行业单位 167 家，其中旅馆业 93 家，印铸刻字业 6 家，其他 65 家。至 2012 年，开福区共有特种行业单位 842 家，其中旅馆业 740 家，印铸刻字业 4 家，其他 98 家。

旅馆业管理　1991 年，开展旅馆业争创“安全优胜单位”竞赛，3 家旅店被评为安全旅社。1997—1998 年，开展旅馆业安全防范“星级”和合格单位双创活动。2001 年，旅馆业治安管理信息系统建成，全区 13 家 50 个床位以上的旅馆、酒店实现联网。2006 年，启用旅馆业行政许可信息系统，完成所有旅店的摸底、清档、数据录入工作，共查处 623 家（其中停业整顿 475 家），治安拘留 178 人。2008 年，完成 273 家旅馆业信息系统的安装，通过系统报警抓获逃犯 12 名。2009 年，公安分局接管原来由治安支队直接监管的城区四星级以上宾馆、酒店治安监管权，2010 年，将四星级及以下宾馆、五星级宾馆监管权力下放至各派出所。按照“先纳入管理、再逐步规范”的思路，将无办证条件的小旅馆 500 余家纳入家庭旅馆管理。2011 年，全区有 393 家小旅馆安装旅馆业信息系统和二代身份证读卡器。

印铸刻字业管理　1988 年，印铸刻字行业重新纳入特种行业管理。1989 年，重点清查非法组织印刷反动宣传品行为，清查印刷淫秽物品行为，规范印刷行业管理。1992 年，开展印刷刻字业“四防”安全竞赛活动。1999 年，对全区 89 家印刷业进行全面清理整顿。对公章制作管理实行审核登记、定点准刻制，统一使用“公安印章档案管理系统”软件归口管理。2000 年后，开展印刷业“扫黄打非”专项行动。2007 年，联合市新闻出版局查处一家制造出售非法出版物公司，打击处理 4 人，缴获非法出版期刊、光盘等 2.50 万件，价值 300 多万元，涉及印刷厂、制片厂 4 家和全国 30 多个省市的销售书商数百家。2008 年，公安机关推广刻制编码防伪公章，联合芙蓉区开展为期二个月的“联袂取缔非法刻章”专项行动，对小吴门一带非法刻章流动摊点进行打击整治，抓获贩卖假章证人员 20 余人，收缴假证、假章 50 余块，取缔摊点 12 个。2010 年，创新印章业管理，打破政策制约，放开审批，鼓励竞争，激发活力。

旧货业管理　1989 年，为加强非生活性废旧金属回收管理工作，全区指定 12 家收购非生活性废旧金属专店。1997 年，开展整顿废旧收购站点、严厉打击盗窃生产性废旧金属专项行动。1999年，对藩城堤废旧一条街进行专项整顿，44家门店停业，59家分别搬迁至九道湾、观沙岭、望城坡废旧市场。2002年，对铁路沿线周边废品店进行清理整顿。2007年，在全国治理自行车被盗问题专项整治行动中，查封涉嫌销赃自行车的无证收购站点42家，打击处理9人。同年12月，开展清查废旧金属收购站点和旧货交易市场专项行动，清查261家，发函工商部门吊销营业执照96家。2012年，开福区纳入治安列管的典当业5家、开锁业1家。

娱乐场所管理 1989年，北区有娱乐场所91家，其中影剧院、录像厅18家，舞厅11家，公园1家，体育馆2家，游艺场2家，文化宫2家，桌球、电子游戏55家。1990年，整顿文化娱乐场所，对无证经营一律取缔，对转让出租、买卖经营证照一律吊销。1995年，全区开展创“安全场所”活动，检查娱乐场所463家次，发现各类隐患131起，整改101起，对18家严重违规场所进行停业整顿。2000年，开展“清证照、查隐患、促整改、保安全”专项整治行动，登记娱乐场所469家，责令停业62家，压减20家，整改安全隐患820处。2006年12月，开展娱乐场所硬件设施专项整治行动。2007年，开展娱乐场所治安信息交流建设，14家区管娱乐场所全部安装考勤机，1041名从业人员进行实名登记和相片采集。2008年，加强对娱乐场所硬件设施摸排检查，全区200余家存在治安消防问题的娱乐场所被责令关停。2011年，开展娱乐场所从业人员前台信息系统建设，落实场所从业人员持证上岗、刷卡上岗，加强人员管理。2012年8月，开展清理整顿娱乐场所专项行动，打击组织、容留、介绍妇女卖淫嫖娼等违法犯罪活动，规范场所治安秩序。

四、危爆物品和枪支弹药管理

1990年，规定五一路、八一路等9条主要道路以及集贸市场、影剧院、车站、机场、码头和防火单位禁止燃放烟花鞭炮。1991年7月，接管爆炸物品安全管理工作。20世纪90年代初，违规配、借枪和擅自扩大配枪范围问题仍然存在，对区境范围内相关单位进行清理收缴。1998年，对公、检、法、司、安等单位相关人员换发“持枪证”，公务用枪集中保管率达100%。同年，对金霞、群力、新源3个麻石厂危爆物品仓库进行集中清理，对全区50家危爆单位（场所）进行专项整治。2002年，加大危爆物品管理力度，全年检查民爆器材使用、储存单位123家次，烟花爆竹销售门店411家次，化学危险物品销售、储存单位36家次，持枪单位96家次，发现各类隐患2处，下发整改通知书2份。12月，开展清理收缴“毒鼠强”等违禁剧毒化学品行动。2006年，查获湖南海利物流有限公司非法运输剧毒物品“克百威”及丢失案件。2009年，对湘雅医学院现代分析测试中心、湘江涂料厂、湖南省药材有限责任公司3家单位的库存废弃剧毒品，全部交由专门公司销毁。同年，在捞刀河镇成功村、高岭村端掉两条生产、储存、销售炭三气、氧气和乙炔的非法窝点，收缴气瓶210个。2011年，强化地铁工程工地、营盘路过江隧道工程施工爆破等的安全监管，共检查涉危涉爆单位2085家次，发现安全隐患203起，整改198起，破获涉枪涉爆案件155起，抓获涉案人员290人。2006—2012年，每年组织开展集中整治爆炸物品、枪支弹药、管制刀具专项行动和治爆缉枪专项行动，检查涉枪涉爆单位8064家次，整改安全隐患16处；查处涉枪涉爆案件89起，收缴枪支1081支、子弹8723发，管制刀具1457把。

五、社区警务

2001年公安部“杭州会议”后，全国公安机关加强派出所工作，社区警务工作成为区级公安工作的重要内容。开福区公安分局的户政科，是负责指导派出所社区警务工作的部门。2003年，推进安全防范基础工作，落实一区一警或一区多警、改革派出所勤务制度、规范派出所建设、加强社区警务工作，将公安工作的重心转向基层。2006年，坚持“精简机关、警力下沉、重心下移”思路，充实一线警力，确保派出所“一区一警或一区多警”到位。全区社区和责任区民警，占总警力的四分之一。2007年，进一步健全一区双警、一区多警的警务机制，派出所警力占总警力的60%、社区民警占派出所警力的50%以上，全区92个社区或警务区，配备社区民警。2008年，区公安分局建立防控入室盗窃犯罪调度机制，按照“一级、二级派出所必建，新建、新改建派出所必建”原则，抓派出所候问室和信息采集室建设。是年，在司法等部门配合下，推动社区矫正对象交接工作。2011年，明确社区民警以实有人口管理为重点、以信息采集维护为主要任务，突出社区警务在派出所基础工作中的主体地位，结合围城卡点建设和网络化巡逻机制，健全社区治安防控体系。全区14个派出所共建独立警务室37个，在社区有独立办公室44个，与社区合署办公8个。建设派出所候问室6个、示范户籍室4个。2012年，推行社区民警专职化，每个社区配备1～3名辅警，进一步明确了社区民警工作职责。

第三节 户政管理

一、户籍管理

1992年，长沙市在北区北站路派出所试点使用微机操作办理户口登记、身份证换发等，北区在全市率先结束40多年的户籍管理手工操作历史。1996年7月1日，启用新的常住人口登记表和居民户口簿。1999年6月底前完成更新和换发工作。同年11月1日起，统一使用卫生部新制的“出生医学证明”。2000—2005年，对外地人员迁入户口、变更户口主项、受理审核公民出生日期更改以及“一元化”户籍管理进行规定，明确户籍管理制度改革的原则、内容、要求等。2007年，调整户口迁移政策，放宽购房落户条件和长株潭三市之间户口迁移条件，简化办事手续。2008年，放宽城区和农村落户政策，提高户口审批效能，大力推行“一纸告知、即来即办、一次办结”，简化办理流程，公开办理制度，畅通审批渠道。2009年，长沙市将人才交流中心办理权限下放到开福区。12月，明确农业户口迁移政策，做好被征地农民户口迁移及分户、立户工作，规范农业户口迁移审批权限、程序和时限。2012年，调整城区“农迁农”户口审批权限，加强户口迁移政策执行情况的督查。1990年、2000年、2010年先后进行了第四、五、六次全国人口普查工作。

二、流动人口服务管理

1986年，暂住人口管理纳入派出所户籍民警日常管理。1988年建立暂住人口管理申报站，对年满16周岁以上暂住人口实行登记管理，要求暂住3日以上人员申报暂住户口登记，暂住时间拟超过3个月以上须申领“暂住证”。对流动人口聚居场所集中开展清理整顿，消除各种治安隐患。1988年，北区登记暂住人口20712人。1991年改为流动人口管理申报站，由居委会登记，派出所发证。1996年，开福区登记暂住人口58000人，查处各类违法犯罪人员中流动人口占50%以上。1999年，对流动人口实行微机管理，进一步加大流动人口管理、“三无”人员收容遣送和出租屋清理整治工作力度。2000年后，开福区暂住人口以年均1万人左右的速度增长。2003年，废止《城市流浪乞讨人员收容遣送办法》，取消暂住人口治安管理费。2005年，开福区公安分局开展对全区流动人口和出租屋的清理核查，对“三无”人员和“三逃”（逃避打击、逃避债务、逃避计划生育）人员定为重点清查对象，打击一批违法犯罪分子，取缔一批非法出租屋，整治一批“藏污纳垢”场所。2006年7月始，利用“暂住人口、工作对象（重点人口）、出租房屋信息管理系统”，年均抓获10名以上网上逃犯。2009年，实行居住证管理制度。2010年，建立一支300人的专职流动人口协管员队伍。2012年，全区登记暂住人口182105人，与常住人口比例为1：2.5。

三、居民身份证管理

1989年，北区负责本区范围内临时身份证的审批、签发、制作。1990年，身份证信息启用电脑管理，有效减少重号、错号、错误信息的出现。1992年，办理选民、兵役、婚姻登记等38项事务时，出示居民身份证。1997年，使用IC卡技术，开始新一代居民身份证的研制开发。1999年，建立和实行公民身份证号码制度。2000年，身份证号码由15位升至18位，以避免世纪重号和解决重号问题。2004年，换发第二代居民身份证（以下简称二代证）。2005年10月15日，二代证首发，一代证停止发放。2005—2008年，为二代证集中换发期，开福区累计换发证329524人，占全区16周岁以上应换发证人口91.21%。2007年8月，启动新版临时居民身份证制发工作。2009年，二代证工作进入常规换发阶段，同时启动军人身份证发放工作。2009—2012年，为全区7个部队军人制发二代证。2010年8月，集中开展市内、省内、跨省重错证号纠错工作，共解决350人重错证号、重信息问题，并免费重新制发二代证。2012年1月1日，规定一代证自2013年1月1日起停止使用，同时公民申请领取、换领、补领居民身份证，应当登记指纹信息。

第四节 刑事侦查

一、刑侦技术

1988年，北区公安分局在刑侦大队设置技术中队，负责辖区案件现场勘验和技术鉴定工作。2003年，开福区公安分局刑事科学技术室被公安部评为二级技术室，2005年被评为公安部一级示范技术室。2012年，开福分局在派出所一级设置14个技术点，配备专（兼）职技术员。全区共有技术人员27人，其中刑侦大队技术室刑事技术人员13人（高级技术职称1人、中级3人、初级9人），派出所一级有专（兼）职刑事技术员14人。

二、刑事案件侦查

1988年，北区制定《关于处置严重暴力犯罪预案》。1989年，侦破长沙首起枪杀案——“8·13”湘江宾馆楼外楼暴力火拼案等一批重特大案件。20世纪90年代，强奸杀人、劫车杀人等重特大刑事案件居高不下。1990—1998年，全区立刑事案件8330起，破6376起，摧毁各类犯罪团伙973个，先后侦破1990年“1·26”德雅路邮电村爆炸案、“全国汽车配件订货会”特大诈骗案、1993年“1·28”省建六公司宿舍抢劫杀人案、1994年“6·21”上麻园岭杀人碎尸煮尸案、1996年“10·30”建湘新村杀人碎尸案、1997年“5·20”湘江宾馆台胞被盗案等一批大要案件。1999—2005年，开福区共立刑事案件29818起，侦破13752起，先后侦破1999年“9·20”特大邮票盗窃案、2000年“3·29”省药材公司仓库巨额现金被盗案、2002年“4·9”华悦大酒店投毒杀人案等一批恶性案件。2006年，全区共发生命案11起，破获11起，破案率100%。2010年，针对流窜犯罪开展“五清查一打击”专项行动。2012年，全力投入苏湘渝系列持枪抢劫杀人案的侦破布控。2006—2012年，全区共立刑事案件34578起，侦破现行案件12651起，逮捕1277人，直诉1495人，命案侦破率95%，其中包括2006年“6·1”人造板厂宿舍杀人碎尸案，2008年“1·3”杀人焚尸案，2009年“5·30”系列爆炸敲诈勒索案，“6·29”系列持刀抢劫出租车司机案，2010年“4·8”华银旺和超市持枪抢劫金店案，2011年“6·14”入室抢劫杀人案，2012年“4·23”绑架小学生案，“6·23”入室强奸杀人焚尸案等一批重大案件。

三、打黑除恶

1989年，对黑社会性质的犯罪团伙和流氓恶势力实行“主动出击、露头就打”，预防和遏制黑恶犯罪的发生和蔓延。2000年，开展为期3个月的“扫黑、扫毒、除恶”专项斗争。2000年11月至2001年10月，开展为期一年的“打黑除恶”专项斗争，共摧毁涉黑团伙1个3人，摧毁涉恶团伙33个126人，刑事拘留104人，逮捕33人，劳教42人，破案167起。2002年，严厉打击杀人、爆炸、强奸等严重暴力犯罪，开展“五反一打”“风暴行动”等专项行动，对重点地区、行业和场所进行摸排。2005年，完善“打黑除恶”长效工作机制，破获各类黑恶案件30余起，相继摧毁“9·9”涉恶贩毒犯罪团伙、“9·12”利用色情抢劫团伙等黑恶犯罪团伙4个15人。2006年，破获涉黑涉恶案件94起，打掉黑恶势力团伙26个105人。2007年，打掉黑恶犯罪团伙4个27人。2008年，建立完善群众举报涉恐涉黑涉恶犯罪奖励机制，打掉涉枪涉赌黑恶势力团伙6个。2009年，分局刑侦大队组建打黑除恶中队，打掉黑恶势力团伙6个35人，缴获手枪1支、子弹3发。2010年，打掉涉枪卖淫黑恶势力团伙9个48人，缴获枪支4支、子弹201发。2011年，重点打掉插手经济纠纷、放高利贷、赌场“放典”、“地下出警”等黑恶势力犯罪团伙8个。2012年，打掉黑恶势力犯罪团伙6个57人。

四、打击多发性侵财犯罪

1988年，北区先后开展3次反扒、1次反盗车和4次清查流窜犯统一行动。1992年，相继开展反窃车、反扒、打击车匪路霸和街头违法犯罪等多发性侵财犯罪专项行动。1998年，开展打击盗窃、抢劫犯罪专项行动。1999年，相继开展打击盗抢、走私机动车犯罪专项斗争、3月至6月的侦破打击统一行动和春夏严打整治行动、10月20日至12月10日的侦破战役。2002年，开展打击“两抢”专项行动，对重点地区、行业和场所进行摸排。2004年，开展“天网”系列专项行动，打掉一大批典型“两抢一盗”犯罪团伙。2005年，全面铺开打击“两抢一盗”犯罪专项斗争。2008年12月28日至2009年2月28日，开展为期2个月打击“两抢一盗”专项行动。2011年，开展打击“反盗窃、反抢夺、反扒窃、打流窜”专项行动，先后破获地域性侵财犯罪团伙16个。2012年，组建打击侵财犯罪专业中队，开展“冬季铁锤”“春季攻势”“雷霆行动”专项行动，全年共破获六类多发性侵财案件755起，摧毁侵财犯罪团伙51个，打击处理违法犯罪嫌疑人487名，追缴盗抢汽车15台。

第五节 经济文化保卫

1998年9月，针对偷税、漏税以及虚开、代开增值税方面的违法犯罪，开福区公安分局成立刑侦大队税侦中队，年均为区政府挽回500余万元以上税款。1988—2001年，破获走私、诈骗、投机倒把、偷税漏税等涉嫌经济犯罪案件37起，处理犯罪嫌疑人42人。2002年4月，在原税侦中队基础上成立经侦大队，加大打击涉嫌经济领域犯罪工作力度。

一、打击职务侵占、挪用资金犯罪

经侦大队加强与辖区企业、单位、公司的联系与沟通，主动传授相关法律常识，树立服务发展理念，合法运用侦查手段。2002年，破获原长沙海尔工贸公司员工偷开“特别出库单”、伪造财物公章和负责人签字，提取公司仓库总价值500余万元电器的非法侵占案件。2004年，破获九芝堂股份有限公司某财务人员挪用公司3400余万元炒股案件，挽回经济损失2900余万元。

二、打击金融犯罪

2002年，加大打击金融犯罪力度，以侦办金融领域的新型、大要案件为重点。2009年，开展打击假币行动。2010年，开展打击银行卡犯罪专项行动，破案4起，其中包括省公安厅督办的涉及长沙市内9家银行37张信用卡、涉案金额100余万元的案件。2012年，查办公安部督办的湖南省首起特大非法经营黄金期货案件——湖南维财大宗贵金属交易所有限公司非法经营黄金期货案，处理10人，冻结资金2.60亿元。2002—2012年，全区共立金融犯罪案件21起，破案19起。

三、打击商业贿赂犯罪

2009年，重点打击商业贿赂犯罪，探索打贿工作新机制、新模式，按照“行业抓、抓行业”的思路，先后对金融、建筑、通信、农业、医疗卫生、交通运输和教育文化等行业部门开展打击商业贿赂犯罪专项整治行动。2002—2012年，全区共立破商业贿赂犯罪案件7起，处理犯罪嫌疑人13人，追缴违法所得7.90万元。

四、打击侵犯知识产权和制售假冒伪劣商品犯罪

2001年，捣毁4个制售假冒伪劣商品犯罪窝点，抓获犯罪团伙成员6名，涉案商品价值150余万。2002—2012年，全区共立破侵犯知识产权和制售假冒伪劣商品犯罪案件6起，打击处理犯罪嫌疑人11人，追缴违法所得23.10万元。

五、打击涉众涉稳型经济犯罪

2007年，月湖、湘江世纪城等地传销活动盛行，区公安分局多次联合工商、综治、城管、税务等部门，每年组织开展打击传销违法犯罪的专项整治行动。2007—2012年，共侦破传销专案9起，处理41人，遣散传销违法人员数千人，涉案金额数亿元。其中侦破2011年“11·13”特大组织、领导传销团伙案，处理组织、领导者28人，涉案金额1.50亿元，仅湘江世纪城、月湖两个传销窝点就遣散参与传销人员上千人。

表 7-3　　2002—2012 年长沙市开福区经济犯罪案件统计表

年度	立案（件）	破案（件）	打击处理（人）	挽回经济损失（万元）	年度	立案（件）	破案（件）	打击处理（人）	挽回经济损失（万元）
2002	7	5	13	23	2008	13	9	15	103
2003	10	7	29	94	2009	15	11	23	79
2004	13	9	12	29	2010	19	16	19	183
2005	11	8	15	86	2011	16	14	22	200
2006	9	6	17	132	2012	49	47	26	300
2007	18	13	24	59					

第六节　网络安全管理

1988—1993 年，北区开展计算机病毒防治工作，发动和利用新闻媒体广泛宣传计算机病毒防治基本知识及方法，为党政机关和社会各界提供防治病毒服务。1994—1996 年，成立北区计算机信息系统安全保卫工作领导小组，加强计算机安全管理和执法监督工作。

1997—1999 年，加强互联网安全管理和信息监控工作，组织全区计算机重点用户单位进行安全检查评比活动，对银行、证券系统提出“六防六备份”“八防八备份”的要求，并加强对“千年虫”“爱虫”“红色代码”等病毒及变种的检查和防范，共检测 100 余台微机。2000—2001 年，对网吧实施“六统一”管理措施，全区共审批网吧 219 家，查处非法网吧 88 家。2002 年，开展互联网有害信息专项清理整顿，发现有害信息 360 余条，防范境外敌对势力的网络渗透和法轮功邪教组织的网络宣传；开展网吧清查“风暴行动”，出动警力 820 人次，清查网吧 280 家次，依法查处 27 家。2003 年，成立湖南省第一家计算机信息安全协会，组织技术人员和高校专家为全区计算机用户提供网络安全技术服务，会员单位 80 余家。2004—2005 年，开展网吧等互联网服务场所专项整治，落实《互联网上网营业场所信息网络安全和消防安全审核实施程序》，对全区 153 家网吧重新审核登记，推广“网络 110”软件安装，实现网吧信息软件智能管理。2006—2007 年，推进网监部门“三基一化”建设和互联网依法公开管理，建立网上虚拟社区治安防范警务机制，全面落实互联网信息监控处置“双负责制”。开启网吧平台建设，对全区 30 家黑网吧开展专项整治行动，联合信息化工作领导小组开展全区计算机信息系统安全保护调查摸底工作。2008 年，围绕奥运安保、西藏打砸抢烧暴力犯罪、三鹿奶粉等热点事件展开舆情监控工作，发现处置有害信息 70 余条。2009 年，发现处置煽动破坏国庆庆典等有害信息 1600 余条。在全区 148 家网吧全部落实网吧信息安全审计管理系统、实名上网登记系统、网吧视频监控系统，查处违规经营网吧 10 家。开展打击网络淫秽色情专项行动，开通计算机信息网络黄色淫秽信息举报中心，收到信息举报 40 条，上报有害信息 121 条、淫秽网站 21 个。2010 年，启动互联网服务场所信息网络和消防安全审核行政许可在线办理工作。对 150 余家网吧展开拉网式排查整治，确保实名上网登记率 95% 以上。2011 年，建立网上派出所、网上警务社区、公安微博等网上警务。围绕“6·28”专案、戎湘洲事件、文明城市创建等社会热点，发现并处置一批网上负面舆情信息。2012 年，加强对重点网站、网吧和重要信息运营使用单位的业务指导和安全管理工作，落实“三个必查”。坚持网吧上网登记实名制，落实实名、审计、视频三大技术措施，创造长沙经验与模式。

第七节 交通管理

一、机构

1989—1996年，长沙市北区交通管理机构为北区交通大队。1996年更名为开福区交警大队，为长沙市公安局交警支队的直属单位。下辖4个路面班变更为6个路面中队。2012年，大队设综管中队、分控中心、安宣中队、法制中队、122中队、机动中队、突击中队和9个路面中队，共有民警123人。管辖范围为1个开发区、1个管理局、3个镇、9个街道，面积188.30平方千米，其中城区面积65平方千米。

二、网格化勤务 区交警大队实行支队网格化勤务机制，要求坚持"见警最大化、管理精细化、效果公认化"，延长重要岗点的值守时间，实行"点线面"整体管控。推进管理精细化，对各中队的路面勤务管理工作提出具体的任务和要求，明确不同点段、不同时段、不同岗位的执勤民警勤务工作时间的基本任务，做到定人、定责、定岗的原则。

三、交通优化

根据辖区交通实际，对三一大道、车站路、万家丽路、福元路、湘江大道、芙蓉路、营盘路等重点路段实行交通优化，以缓解交通压力。发挥分控作用，依托智能交通系统，确保辖区交通安全畅通。在路口信号灯原有相位基础上增加备用相位，调整相序备用相位，在警保卫工作和交通疏导中发挥重要作用。通过采取设置交通设施、标志标线以及路口红绿波配时向中间向位调整，对辖区80%的路口进行优化，以缓解道路瓶颈影响通行能力和道路是否按最大流量通行问题，部分道路通行能力明显改善。

四、交通警保卫

不断改进警卫工作，通过讨论、模拟、讲解、以战带训等形式不断提升警保卫水平，特别是101一级警卫工作。大队在运端分流，乱源控制，阶梯式绿波，闸门式管控，滴水式放车，警卫线路车流选择、警卫手段运用排序上经验较丰富，所采用的措施和手段效果较好。

五、交通城市管理 2000年始，开福区将城市的交通管理与城市管理相对接。2009年5月1日，开福区将"禁摩、规电、限货"列入交通管理的重要内容。开展治理车窗抛物，通过视频监控、民警巡逻，发现一起查处一起，并实行惩罚。对路口、路段的发卡、乞讨人员重点治理，通过与区路政和公安分局职能部门对接，确保辖区交通的安全、有序。

表7–4　　2008—2012年长沙市开福区交通管理数据统计表

年份	警保卫（场）	交通事故立案（起）	交通秩序整治行动（场）	出动警力（人次）	处理各类交通违法行为（次）	简易处罚凭证（张）	查扣违章机动车（台）	查处酒驾（起）	查扣违法电动车（台）	交通安全宣传活动（场）
2008	187	111	157	—	—	23860	4378	—	—	132
2009	238	107	295	11800	5635	—	5545	—	—	278
2010	—	120	—	—	—	—	2824	179	—	—
2011	202	—	248	25435	121051	30299	3438	142	1329	175
2012	207	—	240	—	—	33540	85909	140	12104	182

第八节 消防管理

一、机 构

1995年，成立秀峰公安分局消防股。后更名为公安消防大队，又称武警开福区消防大队。1996年，正式成立开福区公安消防大队，隶属武警现役编制，业务上由开福区公安分局指导。消防大队为营建制单位，下辖丝茅冲、伍家岭两个中队。丝茅冲中队成立于1950年，原为长沙市消防支队五中队。伍家岭中队于1996年开始筹建，1999年5月进驻。2012年，消防大队内设防火监督、灭火救援两大功能模块，下辖伍家岭、丝茅冲、金霞3个中队，有官兵与合同制消防员，执勤车辆12台，负责防火、灭火及抢险救援任务。

二、防火工作

1989年、1990年，北区防火设计审核单位分别为38家和28家。1991年为26家，确认其中湖南工业橡胶制品厂、长沙木工厂加工生产车间、湖南伟华印刷厂冰杯车间为重大火灾隐患整改单位。1992年，确认5家单位为重大火灾隐患整改单位。1993年，防火设计审核单位7家。1994年，确认湖南商药局、湖南省物资工贸公司、金泰国际大酒店、湖南卫生防疫站、长沙市一运输公司等21家单位为重大火灾隐患整改单位。1995年，确认11家单位为重大火灾隐患整改单位。

1996年，开福区防火设计单位审核，确认15家重大火灾隐患整改单位。1999年，确认11家重大火灾隐患整改单位。2000年，确认24家重大火灾隐患整改单位，并开展火灾隐患排查整改行动。2001年，对辖区内所有公共聚集场所进行全面统计摸底排查。2002年，防火设计审核单位24家，并开展公众聚集场所消防安全专项治理、易燃易爆化学危险物品消防安全专项治理、集贸市场和加油站消防安全专项整治。2003年，防火设计审核单位31家，对辖区学校、网吧审批、宾馆、公共娱乐场所进行摸底排查，对学校安全治理情况进行统计，开展人员密集场所消防安全疏散通道、安全出口专项整治。2004—2006年，开展人员密集场所消防安全专项整治工作，对大型市场、商场、学校等消防安全问题进行全面整治。2007年10月，共检查单位1265家，发现火灾隐患1036处，当场改正917处，下发《责令限期改正通知书》119份、《复查意见书》117份、《消防安全检查意见书》55份，办理建筑工程消防设计审核项目110个、消防验收项目85个。消防行政处罚受案70起，对70人实施警告、3家单位实施罚款1.80万元、68家单位实施“三停”处罚，调整列管消防安全重点单位共81家。2008年5月28日，组织消防设施施工单位、检测单位对长远大厦重大火灾隐患整改进行复查，确认整改并销案。结合奥运安保工作需要，对区内重点单位及公众聚集场所进行全面检查，共检查单位567家，发现隐患326处，责令当场整改257处，下发《责令限期改正通知书》69份、《复查意见书》63份、《消防安全检查意见书》31份，办理建筑工程消防设计审核项目64个，消防验收项目49个，行政处罚30件，依法实施警告30次，对两家单位实施罚款6000元。2009年，共检查单位638家，发现隐患551处，下达《责令改正通知书》166份，罚款33.75万元，拘留6人，查封60家。召开专项活动整治会议，开展多部门联动的消防安全大检查，对辖区内公众聚集、易燃易爆物品场所、高层建筑、地下建筑进行拉网式、地毯式消防安全大检查。2010年，开展火灾隐患排查整治“平安使命”行动，公安和消防联合派出检查组436个，检查单位1032家，发现火灾隐患3129处，下达《责令改正通知书》135份，责令“三停”单位8家，临时查封23家，罚款31.64万元。从4月30日起，开展建筑消防设施专项治理工作，共检查社会单位120家，消防设施排查发现火灾隐患282处，下达《责令改正通知书》44份，责令“三停”单位1家，罚款5.34万元。对市政府督办的重大火灾隐患单位华夏大市场，消防大队明确专人负责，进行跟踪整改。8月3日，对华夏大市场重大火灾隐患进行复查，确认该单位的火灾自动报警系统和自动喷水灭火系统已整改完毕，解决历史遗留火灾隐患。2011年9月26日到2012年2月底，在全区范围集中开展“清剿火患”战役，大队和派出所共排查社会单位15586家，督促整改火灾隐患43386处，查封单位242家，责令“三停”单位186家，拘留20人，罚款87.40万元。督促长沙市挂牌督办的84家重大火灾隐患整改并销案，被公安部评为“清剿火患”先进大队。2012年，共排查社会单位2145家，发现火灾隐患4331处，督促整改火灾隐患4276处，查封单位48家，责令“三停”单位18家，拘留23人，罚款48.50万元，全区实现网格排查，被市政府评为“十八大消防安全保卫”先进单位。

三、防火宣传

2003年，开福区宣传贯彻“一办两规”[①]。2005年，开展“防火宣传进社区、进学校、进企业、进农村”活动。2008年，以“平安奥运”为主题，利用主流媒体和互联网开展防火系列专题报道，在黄兴中路、汽车北站、东风路华银旺和广场设立咨询点，向市民发放防火宣传资料2万余份。加强农村防火宣传教育，发挥（村）居委会和义务消防队伍的组织优势，群防群治，实行（村）居委会主任防火负责制，利用标语、板报、墙报、广播和会议等形式，根据重点时段、重要季节、重点人群开展消防知识宣传，加强对养老院、福利院等弱势群体和青少年学生的防火宣传教育。建立消防安全教育组织，开展消防安全知识问答、竞猜、游戏、漫画、灭火演练等活动，传授防火、灭火知识和逃生自救技能。

2010—2012年，与《湖南日报》《当代商报》、政法频道等媒体合作，将消防宣传纳入报道内容，进行30多次消防宣传。开展“119”消防宣传周、“消防总动员，平安伴成长”活动，组织市民亲身体验消防训练、学习火灾扑救技能、开展消防知识答题等，将消防知识纳入社区、渗透至每家每户。将如何应对高层建筑火场逃生自救及建筑内部消防设施使用方法，高层建筑火灾预防、火灾逃生知识在《当代商报》刊登。依托公众聚集场所设立的电视平面宣传工具“消信通”，广泛向市民宣传消防知识；面向网吧、KTV、酒店等推广“消防三分钟”系统软件，在全区户外大型电子屏、LED屏上循环播放消防安全提示语，通过消防网信息平台和重点单位QQ群及时发布消防工作动态；通过安监信息平台向广大市民发送消防知识50余次，信息5000余条。全区共举行大型宣传活动15次，发放宣传资料5万份，设立户外广告牌30块，宣传横幅1500条。消防站对外开放72次，接待参观群众2.90万人；举办社会消防培训800人。

四、火灾统计

据现存资料，1992年，北区发生火灾25起。2000—2007年，开福区发生火灾401起。2008年1月至10月，发生火灾68起，无人员伤亡，直接经济损失23.51万元。与2007年同期相比，火灾起数下降38.18%，直接经济损失下降7.76%。2009年，开福区消防大队接警出动396次，扑救火灾64起，出动消防车582辆次，救助被困群众73人，挽回经济损失890万元。2010年，全区共发生火灾160余起，死亡4人，直接经济损失29.80万元。2011年9月26日至2012年2月29日，全区共发生火灾21起，无人员伤亡，直接财产损失4.80万元。2011年比2010年，火灾数量下降69%，死亡人数下降100%，直接经济损失下降64.60%。

表7-5　　2000—2012年长沙市开福区火灾情况表

年度	火灾损失（万元）	死（人）	伤人	起火（次）	出警（次）
2000	31.9	1	4	29	—
2001	13.3	—	—	7	—
2002	95.8	1	6	10	—
2003	2.0	5	6	14	432
2004	3.7	—	—	13	285
2005	26	2	—	86	350
2006	4.9	—	—	118	326
2007	33	3	1	124	272
2008	23	—	—	68	292
2009	61.4	—	—	101	198
2010	30.6	—	—	163	535
2011	15.8	—	—	137	447
2012	60.8	—	1	197	4

①“一办两规”即《湖南省实施中华人民共和国消防法办法》和《消防监督检查规定》《建设工程消防监督管理规定》。

第九节 出入境管理

一、出国（境）管理

20世纪80年代后，出入境管理工作归口公安分局政治保卫部门。1993年，完成新版护照发放和启用工作。1997年3月，区公安分局设立出入境管理科，专司全区出入（国）境管理。1998年，《湖南省内地居民出国从事商务、培训、就业等非公务活动的暂行规定》和《内地居民从事商务、培训、就业等非公务活动往来香港特别行政区暂行办法》出台，进一步方便居民出国（境），同时加大对法定不准出入境人员的查控力度。1999年，公安机关对法定不准出境人员实行通报备案制度，将报备工作纳入办案程序。2003年9月29日，长沙城区启动按需申领护照工作，区公安分局出入境管理科负责全区护照申领的受理、呈报、发放等具体事务。2006年5月1日起，居民个人赴港澳地区旅游实施，同年9月18日开通出国（境）团队游“绿色通道”。2009年4月1日，启动居民赴台旅游证件办理工作，同年10月15日启动港澳旅游签注网上受理工作。2011年，启用出入境证件自助受理系统，并于2011年9月1日至2012年4月30日，开展清理整治公民因私出入境证件专项行动。2012年，启动出国（境）证件申请网上登记预约、湖南省内就近办理因私出入境证件及签发普通电子护照工作。

表7-6　　2007—2012年长沙市开福区出（国）境人次统计表

年度	2007	2008	2009	2010	2011	2012
人次	2172	4613	7867	13764	16757	22435

二、境外人员管理

20世纪90年代初，北区公安分局即加强对涉外宾馆酒店的管理，与涉外宾馆酒店签订责任状，实行一月一考评、一季一调度、一年一考核，采取授牌制度、接待人员持证上岗制度等，提高临时住宿登记“三率”（登记率、准确率、及时率）水平。1997—2012年，开福区共办理境外人员临时住宿登记44160人次。为加强对涉外学校中境外人员的管理，在全区涉外学校实行登记备案、年审工作制，以及时发现、查堵涉外学校在境外人员管理工作中存在的问题，防止涉外学校因机制不全、工作不到位导致可防性案（事）件的发生。2011年3月，启用新版临时住宿登记系统，解决临住登记系统内外网数据交换及上传数据不一致的问题。

三、涉外案（事）件查处

1997—2012年，开展防范和查处外国人非法入境、非法居留、非法就业等违法犯罪活动。共查处涉外案（事）件792起，其中有1999年36名俄罗斯演员在湖南红太阳娱乐有限公司非法演出案件和2000年9月5名巴基斯坦人持伪造签证延期手续非法居留案件。

第十节 内部保卫

1988年5月3日，北区启动单位保卫工作，在区公安分局设置内部单位保卫科，各派出所设内保专干。1992年1月，实施《长沙市机关团体企业事业单位治安保卫工作条例》，北区对全区99个列管单位、265名保卫干部重新作考察调整。1996年，开福区内部单位保卫科更名经济文化保卫科。2009年1月，经济文化保卫科更名内保大队，归口保安监督管理科。

一、经济保卫

1995年，加强对现金、票证、重要物资仓库、贵重仪器设备、枪支弹药、易燃易爆危险品等重点目标和要害部位的安全防范工作。1997年，进行经济保卫工作改革。2005年4月，开展治安保卫重点单位申报确定工作，全区申报并确定首批治安保卫重点单位59家，其中市级治安保卫重点单位13家，区（县）级治安保卫重点单位46家。2011年，加强金融网点安全防控，要求金融单位人工网点门前配备两路高清探头，全区82个银行网点共安装高清环境探头178个。建立“三电油气”设施安全保护联席会议制度，将“三电油气”单位纳入内保单位管理。同年，开福区的大型商场超市、珠宝店等，按要求，在全市率先安装防砸玻璃，门店安装110联网报警系统，保险柜配备率100%，视频监控安装率100%。2012年，开福区的银行网点全面落实“双人实时监控”，保安员达到123名，银行网点大厅安装安全防范视频机36台。

二、文化保卫

1989—1994年，文化保卫工作主要是收集情报信息、维护政治稳定。1990年，全区有98个单位设立情报信息责任人制度，建立情报信息联络点13个，信息员901名。1993年，制定《经文保信息工作规定》，指导情报信息工作。1989—1994年，共收集各类情报信息263条。2002年4月，严厉封堵、查禁政治性非法出版物，共查获发行、销售政治性非法出版物案件5起，依法处理涉案人员7人，收缴各类政治性非法出版物2万余册（张）。2004年，开展专项行动40多次，取缔校园及周边非法经营场所26家，清理经营门店和出租户141家，收缴非法教材、教辅读物、光盘等非法出版物、电子音像制品3万余册（张），协助查破各类案件11起，抓获各种违法犯罪人员7名。2008年，开展联合整治行动20余次，取缔校园及周边非法经营场所57家，清理房屋出租户340余家，旅馆招待所30余家，检查网吧20余家，依法取缔黑网吧5家，协助查破各类涉校违法犯罪案件2起，抓获违法犯罪人员5名。2010年，加大中小学校、幼儿园及周边治安秩序整治力度，全力推动中小学、幼儿园安防设施建设，基本建立门卫保安、来客登记、内部巡控等制度，强化校园封闭管理。全区落实巡逻守护车辆14辆，建立健全民警、保安、巡防队员、内部保卫力量、老师、群众6支守护力量，共260余人，其中专业保安120人。全年开展安全检查170余次，摸排安全隐患90余处，下达《整改通知书》43份，摸排高危人员12人，处置校园周边突发事件34起。2011年，进一步推动中小学幼儿园安全防范设施建设。全区93所中小学校和幼儿园，配备保安的学校86家，占92%；电视监控安装76家，占82%；110入侵报警系统建设达到70家，占75%；治安巡防站建设93家，达到100%；已建保卫制度93家，达到100%；封闭式管理63所，占68%。2012年，继续深化单位内部安防能力，加强医院警务室建设，大部分中小学校和幼儿园安装联网报警系统与电视监控。

三、保安管理

2002年，全区保安服务行业经营质量有较大提升，保安员总数发展到1043人。12月，区公安分局设立保安监督管理科，归口管理保安公司，对全区保安服务实施监督管理。2009年，根据国庆60周年安保工作要求，对全区1200名保安队员进行政治审查，将有违法前科人员清除出队伍。2010—2012年，根据国务院《保安服务管理条例》要求，区公安分局通过严格资产评估和招投标程序，完成保安公司与区公安分局的脱钩，实现公司1200名保安人员的平稳移交。2011年，完成全区92家保安公司和6家保安培训学校审核审批、64家物业公司受理备案、673人保安员考试发证工作。2012年，发挥保安队伍群防群治作用，共抓获现行犯罪嫌疑人35人。

第二章 检 察

第一节 机 构

一、机 构

1989—1996年，开福区地方检察机关为长沙市北区人民检察院，1996年8月，更名为开福区人民检察院。区检察院设检察长一人，由区人民代表大会选举产生；副检察长若干人，由区人大常委会任命。1989—2012年，先后担任检察长的为吴谋明、刘革强、丁晓波、谢勇；先后担任副检察长的为何声惠、颜谷成、彭承兵、陈节文、颜明泉、胡构林、周亚红、陈静华、彭志敏、宋义平、刘立、廖耀群、方国强。

1989年，北区人民检察院内设办公室、政工股、经济检察股、法纪检察股、刑事检察一股、刑事检察二股、民事行政检察股、控告申诉检察股、监所检察股等9个机构。1990年2月，区经济检察股改为反贪污贿赂工作局，其他各股改称科，至此全院内设机构为7科1室1局。1995年，增设纪检组、监察室，合署办公。1996年，开福区人民检察院与区税务局联合成立检察联络室。1997年10月，法纪检察科改为渎职犯罪侦查局，同时成立技术科。至此，全院共设7科2局2室1组，分别为刑事检察一科、刑事检察二科、法纪检察科、监所检察科、控告申诉检察科、民事行政检察科、政工科、反贪污贿赂工作局、渎职犯罪侦查局、办公室、监察室、纪检组。2004年2月，区检察院设立司法警察大队。2005年9月增设职务犯罪预防科。2012年3月，又增设案件管理科。至2012年年底，区检察院内设办公室、政工室、侦查监督科、公诉科、反贪污贿赂工作局、反渎职侵权局、监所检察科、民事行政检察科、控告申诉科、纪检监察室、职务犯罪预防科、司法警察大队、案件管理科7科2局3室1大队，共13个机构。

二、人员队伍

1989年，全院共有工作人员44人，其中检察员8人、助理检察员20人。2002年，全院工作人员75人，其中检察员50人、警督及警司6人。2012年，全院工作人员86人，其中检察员44人、助理检察员1人，警督及警司6人。

2008年后，区检察院面向全国招考及选调26名优秀人才充实队伍。截至2012年年底，共有四级高级检察官23人、三级高级检察官2人、二级检察官3人、一级检察官30人。

1989—2012年，区检察院先后获得集体荣誉284项，其中国家级荣誉16项、省级47项；干警获得个人荣誉共700余项，其中国家级、省级荣誉30项。

第二节 刑事检察

1989—2012年，全区共受理公安机关提请逮捕案件7950件11891人，审查后批准逮捕6266件9957人；受理审查起诉8232案件10958人，依法向法院提起公诉6558案件8435人，依法作出免诉和不诉决定324案件579人。纠正侦查机关应当立案而未立案的案件30件30人；对依法不应当追究刑事责任和证据不足的案件，不批准逮捕的案件744件1305人。对应当逮捕而未提请逮捕的案件，追捕29人；对应当起诉而未移送起诉的案件，追诉23人、追诉漏罪11条。在刑事审判活动监督方面。对认为确有错误的刑事判决、裁定，提出、提请抗诉17件，法院发回重审和改判17件；对刑事审判中的违法情况提出纠正意见4件次。

1993年，北区贯彻中央和省、市关于开展“三打二整一查禁”精神，刑一科提前介入办理批捕案件，加快办案速度，案件平均办案用时为4.5天。全年审结的案件达到“五无”①要求。制定《关于对免诉人员延伸帮教细则》，对免诉人员实行一年帮教、进行一次回访、组织一次学习、赠予一册普法书籍、开展一次考评的“五个一”活动。对全年38名被免诉对象进行回访考察，没有出现重新犯罪现象，其中90%以上的被免诉人员经过帮教，自觉接受改造。1994年，注重抓住审查批捕、审查起诉和出庭公诉三个环节；把好事实关、证据关和法律关三个关卡，做到环环相套、分工负责、互相协作、层层把关，切实履行侦查监督和审判监督职能。

在审查公安报捕的某重大盗窃案时，发现案中参与盗窃8000余元的主犯未移送报捕而被送劳教三年。分管副检察长等即会同公安机关赶赴白泥湖劳教农场现场办案，当即作出增捕主犯的决定。1994年5月，公安机关将某抢劫案移送审查起诉。经审查发现被告人同伙系共同犯罪，区检察院即依法增诉其同伙为被告人。

在出庭公诉环节，监督法院审判活动，促判决公正合法。1995年在对批捕案件采取“六查六看”和“四对照”的逐案复查中，发现于1993年10月11日已因盗窃价值4.30万元的摩托车，被批准逮捕的犯罪嫌疑人负案在逃时，经多方调查，及时作出自行立案侦查决定，并派出专案组赶赴河南，于1995年4月将隐瞒罪行且已应征入伍的逃犯抓获归案，后被市中级人民法院判处无期徒刑。在办理青少年犯罪案件中，区检察院主动与学校、单位和家庭取得联系，做好帮教和感化工作。在免诉帮教工作方面。对119名被免诉人员实行“五个一”帮教活动，使被帮教对象无一

① “五无”即无超期羁押，无错捕，无错诉，无漏诉，无无罪判决。

重新犯罪。对初犯和偶犯，做到能拉的不推，能轻的不重，能宽的不严，以促使其悔过自新。检察院曾先后派员去相关发案单位和市一中、十三中、十八中等学校上法制宣传课25堂。

1999年，检察机关推行主诉、主办检察官办案责任制，逐步建立符合检察工作特点和规律的管理体制和工作运行机制。制定主诉（主办）检察官办案责任制若干规定。首批4名检察员走上主诉（主办）检察官岗位。

2001年，创新检察改革，对不诉、不捕案件，群众反映强烈的案件，政法机关内部案件，本院干警亲属的案件，要求重新复核鉴定的案件，必须经检察委员会集体研究。对重大疑难案件，请纪委、人大、政法委、法制办和法学专家会诊，广泛听取意见。创新刑事案件诉讼模式，以被告人认罪案件为突破口，积极配合区法院试行“普通程序简便审”，简化庭审举证质证方式。2002年9月27日，支持公诉的某挪用资金案以及其他3起盗窃案，均采取“普通程序简便审”，4起案件庭审时间仅用2个小时就作有罪判决。建立引导侦查机制，区检察院与区公安分局建立案件通报制度，对于重大疑难案件、大要案件、经济犯罪案件、牵涉群体性闹事案件、公安要求提前介入的“五类”案件提前介入，引导取证方向和商讨案件定性。

2003年，在办案中试行和运用“两简审”，在缩短案件审理时限、提高诉讼效率、节约司法资源、保障当事人合法权益方面起到重要作用。当年，分别提起公诉案件289件，其中适用“两简审”的131件，约占总提起公诉的45.33%，与2002年相比，适用简化审261件，比2002年增长100%，逐年呈递增趋势。建立引导侦查制度，增强刑事案件侦查合力。与区公安分局建立案件通报制度，共提前介入案件168人次。2004年，参与创建“平安长沙”“平安开福”活动，与公安、法院等部门配合，打击各类刑事犯罪活动。加强立案监督和侦查监督，杜绝错捕、错诉，防止错案的发生。在公安机关提请的某诈骗案中，发现价格鉴定有误，要求重新委托物价鉴定，通过重新鉴定赃物价值由原鉴定1.12万元改为2900元，遂以该案不构成犯罪为由作出不予逮捕的决定，防止了一起错案的发生。

2005年，适时介入重特大刑事案件侦查活动，做到快捕快诉，不在检察环节贻误战机。如4小时内连续作案3起，导致一死一伤的某重大恶性案件，社会影响非常强烈。区检察院迅速介入侦查活动，及时提出收集和固定证据的建议，在受理公安机关提请逮捕犯罪嫌疑人的当天就作出批捕决定。同年11月，长沙市中级人民法院一审以故意杀人罪判处罪犯死刑，使犯罪分子及时受到法律的严惩。区检察院坚持以人为本，将轻刑化理论适用于办理未成年人犯罪和轻微伤害案件的检察实践。根据法律规定和犯罪情节，对违法犯罪的青少年坚持教育、挽救、感化的原则，建立专门制度，严格执行起诉和不起诉条件，从构建和谐社会的角度出发，依法予以从轻或减轻处罚。2005年上半年，对2004年办理的36起不诉案件进行回访复查，没有一人重新犯罪，有3人进入大学深造。

2006年，建立健全公、检、法协作机制，形成打击合力。公安、检察、法院等部门定期召开联席会议，研究分析当前刑事犯罪的新形势和新特点，针对盗窃犯罪、袭警案件高发情况，形成共识，打击犯罪分子的嚣张气焰。根据法律规定和犯罪情节，从构建和谐社会的角度出发，坚持教育、挽救、感化的原则，依法予以从轻或减轻处罚。如某涉嫌交通肇事案，因嫌犯有从轻的法定情节和明显的悔罪表现，按照《湖南省人民检察院关于检察机关办理刑事案件适用刑事和解的规定》，召开刑事和解会，得到被害人家属的谅解，双方就民事赔偿达成一致协议，经检委会研究决定作出不诉决定。该案系全市首例刑事和解案件。

2008—2012年，履行批捕、起诉职责，依法批准逮捕危害公共安全犯罪、严重暴力犯罪、多发性侵财犯罪、“黄赌毒”犯罪嫌疑人2024人，起诉2320人，从宽处理轻微刑事犯罪。贯彻宽严相济刑事司法政策，依法妥善化解矛盾纠纷。加强刑事立案监督和侦查监督。对应当立案而不立案的，监督侦查机关立案56件；对不应当立案而立案的，监督撤案27件。对应当逮捕而未提请逮捕、应当起诉而未移送起诉的，决定追加逮捕91人、追加起诉85人、追加起诉漏罪134条。对侦查中的违法情况提出纠正意见151件次。依法批准逮捕金融诈骗、合同诈骗、非法传销、非法经营、侵犯知识产权和制售假冒伪劣商品等严重破坏社会主义市场经济秩序犯罪嫌疑人 110 人。如依法批捕和提起公诉多起群众反映强烈、媒体关注的发生在湘雅医院的“医托”诈骗案件，从重判处 21 名犯罪嫌疑人。建立行政执法与刑事司法“两法衔接”工作机制，督促行政执法机关移送涉嫌犯罪案件，在诉讼监督方面，注意在诉讼活动监督中发现司法不公背后的职务犯罪线索，完善查办司法工作人员职务犯罪工作机制。细化刑事抗诉工作程序，强化刑事抗诉工作效果。如 2010 年提起公诉的某抢劫案，经审查认为判决有误，依法提出抗诉后，将一审认定的从犯，二审依法改判为主犯，判处有期徒刑由一审判处的 6 年改为 10 年。2011 年 4 月 25 日，开福区境内发生为泄私愤，驾驶重达 16 吨的水泥罐车，沿途疯狂撞击行人和车辆的恶性案件。区检察院派人第一时间赶赴现场，提前介入公安机关侦查，适时提出侦查建议，对案件事实和证据进行同步审查，在受理公安机关提请批准逮捕后 2 个小时就作出批准逮捕决定。该案起诉后，凶犯被法院一审依法判处死刑。同年，打击非法传销、侵犯知识产权、制售假冒伪劣商品、合同和金融诈骗等破坏社会主义市场经济秩序犯罪，批准逮捕 59 人，提起公诉 64 人。

加强对重要执法工作和执法环节的监督制约，聘请人民监督员对 12 件拟作终止性处理的职务犯罪案件进行监督，防止执法活动中的不作为、乱作为，确保公正执法。组织开展对近年来办理的 106 件撤案、不捕、不诉刑事案件和 34 件涉及扣押、冻结、处理涉案款物职务犯罪案件的专项自查自纠，发现和纠正一些执法不严、不规范的问题，做到有错必纠。

表 7-7　　1989—2000 年长沙市开福区（北区）检察院批捕、起诉案件情况表

业务科室	工作项目	1989 年	1990 年	1991 年	1992 年	1993 年	1994 年	1995 年	1996 年	1997 年	1998 年	1999 年	2000 年
刑事检察一科（后简称侦监科）	受理公安机关提请逮捕案	146 件 206 人	227 件 326 人	173 件 227 人	146 件 214 人	137 件 217 人	172 件 243 人	145 件 202 人	211 件 302 人	171 件 243 人	237 件 337 人	281 件 363 人	251 件 347 人
	其中审结后批准逮捕	138 件 186 人	277 人	186 人	160 人	173 人	133 件 173 人	125 件 164 人	172 件 230 人	158 件 216 人	208 件 277 人	222 件 295 人	243 件 330 人
	其中审批后不批准逮捕	8 件 8 人	—	33 人	23 人	27 人	13 件 32 人	24 人	18 件 40 人	10 件 19 人	12 件 26 人	29 件 32 人	—
	其中报捕重特大要案	—	—	—	—	—	—	121 人	—	55 件 75 人	68 件 96 人	—	—
	纠正违法案件	—	—	—	—	—	—	—	—	—	42 件 49 人	2 件 2 人	—
	退回公安部门补充侦查	8 件 11 人	21 件 25 人	—	26 人	17 人	24 件 34 人	10 件 14 人	21 件 33 人	1 件 1 人	15 件 32 人	—	—
	适时介入	—	—	—	—	—	—	—	75 件 103 人	56 件 80 人	—	—	—
	提前介入	19 件 21 人	65 件	42 件	—	33 件 63 人	59 件 83 人	59 件 113 人	—	—	68 件 104 人	—	—

续表 7-7

业务科室	工作项目	1989 年	1990 年	1991 年	1992 年	1993 年	1994 年	1995 年	1996 年	1997 年	1998 年	1999 年	2000 年
刑事检察二科（后简称侦监科）	受理公安部门移送审查起诉案	163 件 225 人	234 件 349 人	188 件 260 人	164 件 256 人	143 件 248 人	192 件 271 人	149 件 227 人	234 件 334 人	205 件 285 人	222 件 321 人	365 人	305 件 451 人
	全年已审结	130 件 171 人	214 件 315 人	178 件	181 件 258 人	143 件 248 人	192 件 271 人	135 件	227 件 324 人	—	204 件 282 人	286 人	305 件 451 人
	其中依法提起公诉	127 件 168 人	168 件 261 人	139 件 180 人	135 件 201 人	109 件 181 人	150 件 211 人	115 件 182 人	178 件 237 人	170 件 230 人	193 件 274 人	280 人	—
刑事检察二科（后简称侦监科）	其中免予起诉	3 件 3 人	46 件 54 人	28 件 31 人	45 件 56 人	26 件 38 人	23 件 33 人	6 件 9 人	28 件 39 人	—	—	—	—
	其中不诉	—	—	—	1 人	4 人	2 人	—	3 人	—	3 人	6 人	—
	其中退回补充侦查	13 件 35 人	—	—	—	8 件 25 人	19 件 25 人	24 件 43 人	—	22 件 32 人	11 件 29 人	—	—
	其中移送其他院	—	—	—	—	—	—	10 件 21 人	—	—	—	—	—
	其中报市院批示或移送市院	—	—	—	—	—	—	4 件 4 人	—	13 件 23 人	11 件 11 人	—	—
	其中办案单位主动撤回	—	—	—	—	—	—	1 人	—	5 件	—	—	—
	全年出庭支持公诉	110 件	364 件	—	—	—	—	—	—	160 件	191 件	—	—

表 7-8　　2001—2012 年长沙市开福区检察院批捕、起诉案件情况表

业务科室	工作项目	2001 年	2002 年	2003 年	2004 年	2005 年	2006 年	2007 年	2008 年	2009 年	2010 年	2011 年	2012 年
侦监科	受理公安机关提请逮捕案	317 件 482 人	322 件 454 人	414 件 589 人	413 件 659 人	455 件 708 人	577 件 907 人	560 件 899 人	469 件 760 人	477 件 749 人	530 件 801 人	469 件 704 人	650 件 952 人
	批准逮捕	305 件 438 人	291 件 417 人	357 件 465 人	366 件 578 人	390 件 584 人	495 件 757 人	508 件 795 人	418 件 673 人	398 件 626 人	457 件 661 人	379 件 550 人	503 件 746 人
	追捕			7 人	15 人	20 人	39 人	9 人	27 人	11 人	15 人	20 人	18 人
	不批准逮捕	12 件 32 人	9 件 20 人	7 件 12 人	47 件 81 人	64 件	82 件 150 人	52 件 104 人	51 件 87 人	40 件 79 人	73 件 140 人	85 件 147 人	132 件 189 人
	办理立案监督	—	—	2 件 2 人	3 件 5 人	—	21 件 32 人	15 件 26 人	28 件 36 人	3 件 3 人	20 件 23 人	20 件 25 人	17 件 19 人
	建议公安机关撤回	12 人	72 件 151 人	—	—	—	—	—	—	—	—	—	—
	退回公安部门补充侦查	—	—	—	—	—	—	—	—	—	—	45 件 79 人	—

续表 7-8

业务科室	工作项目	2001 年	2002 年	2003 年	2004 年	2005 年	2006 年	2007 年	2008 年	2009 年	2010 年	2011 年	2012 年
侦监科	提前介入	67 件 118 人	—	168 人	105 件 326 人	—	—	99 人	—	—	—	23 件	—
	要求公安机关说明不立案理由通知书	8 件 11 人	1 件 1 人	2 件	3 份	5 份	4 份	—	—	—	—	—	—
公诉科	受理移送审查起诉案	321 件 481 人	355 件 558 人	448 件 677 人	463 件 770 人	502 件 825 人	608 件 1047 人	588 件 983 人	541 件 900 人	409 件	552 件	516 件	730 件 1125 人
	依法提起公诉	281 件 432 人	292 件 424 人	400 件 566 人	392 件 642 人	401 件 645 人	545 件 864 人	446 件 730 人	483 件 800 人	403 件	457 件	378 件	596 件 927 人
	移送市院及其他单位	28 件 47 人	12 件 44 人	48 人	—	—	—	—	—	—	—	—	—
	建议公安机关撤案	6 件 6 人	22 件 25 人	8 件 16 人	—	—	—	—	—	—	—	—	—
	不起诉	7 件 7 人	8 件 12 人	7 件 10 人	12 件 13 人	10 件 15 人	15 件 19 人	57 件 74 人	52 件 106 人	28 件 53 人	23 件 42 人	32 件 83 人	53 件 94 人
	法院判决	262 件 384 人	295 件 426 人	0	—	—	—	—	—	—	—	—	—
	追诉漏犯	6 人	4 人	9 人	9 人	21 人	18 人	22 件 34 人		61 人	11 人	5 人	8 人
	追诉漏罪	7 件 8 人	5 件	2 件	—	—	—	—	—	52 件	14 件	29 件	39 件
	提前介入	204 件 289 人	—	—	—	—	—	—	—	—	—	—	—
	退回公安补充侦查	—	—	14 件 36 人	—	—	61 件	65 件 166 人	—	—	—	—	—

第三节 经济检察

一、查办贪污贿赂犯罪

1990—1992 年，北区先后深入湖南制药厂、湖南造漆厂、省石油化工建设公司、长沙面粉厂和蝴蝶宾馆等 20 余个大中型企业和亏损大户，查处贪污、贿赂犯罪案件 70 余件，其中大案、要案 40 余件，挽回经济损失近 50 万元。湖南造漆厂某业务员在主管汽车漆引进生产线配件采购业务中，从个体户手中购得无厂名、无名牌的劣质阀门、真空泵等产品，造成单位直接经济损失 15 万余元，间接经济损失 300 余万元，致使该厂引进生产线推迟两个多月投入生产。区检察院从查处玩忽职守行为入手，最后查证该业务员在引进生产线的配件采购业务中收受贿赂 2 万余元，法院以受贿罪判处其有期徒刑十年。1993—1997 年，抓贪污贿赂等大要案的查处，共立案并侦查终结各类经济犯罪 142 件 82 人。查处贪污贿赂案件 97 件，查处大要案 107 件，为国家和集体挽回经济损失 5828 万余元，其中包括省金属材料总公司综合贸易公司经手人员挪用公款 50 万元案和沈阳市茶庄假冒商标 104 万元案等一批有影响的大案。1994 年 2 月 19 日，查办建设银行长沙市第一支行两职员伙同挪用 200 余万元巨额公款进行期货交易的特大案件，该案系湖南省金融系统首例。1996年，区检察院恢复成立税务检察室，依法打击偷税、抗税、妨碍追缴欠税、虚开增值税发票、骗取国家出口退税等涉税犯罪，共受理并初查案件线索63件，累计追缴偷漏税款750余万元，其中国税办案组查处开具增值税专用发票抽底换面税务违章案2起，填开金额达130余万元；查处已注销单位发票大头小尾案1起，票面金额达130余万元；查处涉税人员税务违章23人次；制止并处理因不服发票处罚无理取闹事件1起。

1998—2002年，开福区共受理贪污贿赂等各类职务犯罪线索141件，立案侦查58件65人，其中大要案46件47人，占立案数的79%，挽回直接经济损失15278万元。典型大要案件有：湖南省国际信托投资公司长沙证券总公司兼上海营业部总经理伙同两职员特大挪用公款案，涉案金额11000万元；省体委计财处某副处长贪污挪用公款案，省体委后勤服务中心某副主任、财务处会计、出纳、省劳动人事厅培训中心某处长等五人挪用公款、受贿案。

2003—2007年，共立案84件83人，其中，贪污贿赂案件65件65人，渎职侵权案件19件18人，挽回经济损失4000余万元。5年来，共立案查办大要案件63件，占立案数的75%。重点查处发生在党政领导机关、行政执法机关、司法机关、经济管理部门的职务犯罪案件，对发生在教育、医疗系统的商业贿赂等严重损害人民群众切身利益的职务犯罪案件，开展专项惩治工作，立案查处职务犯罪案件29件29人。典型大要案件有：2004年，原珠海华城庆宜物业管理有限公司总经理利用职务之便贪污公款424.40万元、受贿134万元案。2005年10月，益阳市中级人民法院以贪污受贿罪判处其无期徒刑。2004年，推行人民监督员制度试点工作，对检察机关查办职务犯罪进行监督，有32个案件进入监督程序。

2008—2012年，共立贪污贿赂犯罪案件79件96人，渎职侵权犯罪案件32件34人，提起公诉56件74人，法院判决54件80人。挽回直接经济损失约1.13亿元。在查办大要案件方面，立案查办贪污、贿赂、渎职、侵权犯罪大案87件，查处县处级以上领导干部10人。在查办司法以及行政执法机关工作人员职务犯罪方面，查办司法机关、行政机关职务犯罪案件9件21人。立案查办食品安全、医疗卫生、工程建设、自然资源保护、征地拆迁及教育考试等关乎人民群众切身利益的职务犯罪案件48件77人。大要案件有：2008年省粮食中心批发市场原主任、省粮食中心批发市场有限责任公司原董事长贪污、受贿案；省洞庭湖工程管理局母山防汛物资储备基地原主任受贿案；省食品药品监督管理局市场监督处某处长、省卫生厅药品集中采购管理办公室某主任、省物价局药品物价处某处长等人在药品集中采购和药品市场安全监督中的贿赂和渎职犯罪案。

二、预防职务犯罪

2002年，开福区转发区检察院《关于进一步加强预防职务犯罪工作的报告》，建立由区委统一领导的职务犯罪预防网络，使全区24个重要部门的职务犯罪预防工作形成整体联动，构建预防与打击的良性互动，推动反腐败斗争不断深入。

2005年，到发案单位调查研究，帮助其强化基础工作，整章建制，堵漏补缺，减少和预防犯罪。全年开展个案预防15个，专项预防2个（青竹湖建设工程、湘雅医院新医疗大楼建设工程），系统预防2个（开福区国税局、区工商局）。建立民营企业法律服务点10个，为民营企业提供法律服务。区检察院与全区24个重要部门建立预防职务犯罪工作联系制度，完善行贿犯罪档案查询系统，向有关单位提供查询476次。共开展个案预防82件、专项预防10项、系统预防4次，提出预防检察建议46份，组织和配合有关部门开展法制宣传和警示教育活动70余次。将新河三角洲征地拆迁工程列为重点预防项目，对施工签证、资金拨付等关键环节进行监督，协助工程指挥部建立健全各项规章制度，堵塞管理漏洞，从源头上防止职务犯罪的发生，被省检察院评为全省优秀预防项目。

2010—2012年，通过对医疗系统商业贿赂犯罪成因调查，向省纪委提交医疗系统商业贿赂犯罪分析报告，并向中南大学发出预防检察建议，督促相关医院认真整改，为规范医疗系统设备和药品采购行为起到促进作用。2011年服务重点工程建设，通过查处发生在药品和医疗设备采购中侵害民生民利的职务犯罪案件，查找医疗单位和行政管理部门在药品和医疗设备购销过程中的管理和监督漏洞，探寻发案成因和预防对策，向发案单位和有关主管部门发出预防检察建议，协助制定防控治理措施，促进对药品流通和医疗设备采购的管理监督。

表 7-9　　1989—2000 年长沙市开福区（北区）检察院贪污贿赂及法纪检察案件情况表

业务科室	工作项目	1989 年	1990 年	1991 年	1992 年	1993 年	1994 年	1995 年	1996 年	1997 年	1998 年	1999 年	2000 年
反贪污贿赂工作局（简称两反局）	受理各类经济犯罪线索	—	167 件	—	—	—	—	128 件	130 件	164 件	104 件	—	—
	初查各类经济犯罪线索	—	—	—	—	—	—	—	—	95 件	58 件	—	—
	立案查处各类经济犯罪案（含贪污、贿赂立案）	104 件 113 人	70 件	57 件	44 件 49 人	24 件 25 人	34 件	26 件 30 人	27 件 27 人	31 件	20 件 20 人	13 件 16 人	13 件 17 人
	贪污、贿赂立案	75 件 79 人	59 件	42 件 42 人	30 件 33 人	15 件 16 人	25 件	16 件 20 人	20 件 20 人	21 件	16 件 16 人	—	—
	投案自首立案	13 件 13 人	31 件 32 人	—	—	—	—	—	—	—	—	—	—
	全年结案	70 件 77 人	79 件	78 件	42 件 46 人	22 件 23 人	34 件	24 件	27 件 27 人	29 件	20 件 20 人	—	—
	全年查办大案要案	36 件 36 人	28 件	21 件	13 件	12 件 13 人	32 件	22 件 26 人	20 件 20 人	21 件	10 件 10 人	14 件 11 人	12 件 16 人
法纪检察科	受理渎职侵权犯罪线索	—	23 件	25 件	25 件	38 件	35 件	28 件	17 件	24 件	8 件	—	—
	立案查处渎职侵权案	9 件 9 人	7 件 9 人	6 件	7 件 7 人	3 件 3 人	2 件 2 人	6 件 8 人	3 件 6 人	4 件	2 件 2 人	1 件 2 人	1 件
	其中移送起诉	—	—	—	—	—	—	—	1 件 1 人	—	2 件 2 人	—	—
	全年结案	—	5 件 6 人	5 件	—	3 件 3 人	2 件 2 人	6 件 8 人	—	4 件	—	—	—

第四节　渎职侵权检察

区检察院的反渎职侵权检察工作由渎职犯罪侦查局（1997 年 10 月以前为法纪检察科）进行，负责监督国家机关工作人员的职务活动，对国家机关工作人员的渎职侵权犯罪行使侦查权。

1989—2012 年，共立案查处渎职侵权案件 106 案 104 人，调解、平息可能引起矛盾激化的事态 115 起，有力地打击侵权犯罪和渎职犯罪。每年的 7—9 月，省、市、区三级检察院渎职犯罪侦查部门都要开展“百日会战”活动，以“战高温，夺高产，奋战 789”为口号，广辟案源，搜集线索，明确目标任务，推进渎职犯罪案件的查办。查处的典型案件有：2000 年金霞大道建设指挥部常务副指挥长某因玩忽职守，造成长沙市经济开发区金霞大道钢筋混凝土管涵工程损失 266.64

万元，间接损失 345.57 万元，被立案侦查，并判处其有期徒刑 2 年，缓刑 2 年。通过办案为国家挽回经济损失 1000 余万元。2009 年 8 月 11 日，开福区国土资源局新港国土所所长某因滥用职权，利用参与拆迁且担任协议负责人、审核房屋资料的职务之便，受人请托，采取虚构房屋及设施、违章按合法补偿、提高补偿标准等手段，为他人套取拆迁补偿款，造成国家拆迁补偿款损失 62.40 万元，被立案侦查，并判处其有期徒刑 1 年，缓刑 1 年。

表 7–10　　1989—2000 年长沙市开福区检察院反贪、反渎案件情况表

业务科室	工作项目	1989 年	1990 年	1991 年	1992 年	1993 年	1994 年	1995 年	1996 年	1997 年	1998 年	1999 年	2000 年
两反局、渎侦局	受理贪污贿赂等各类线索	12 件	25 件 25 人	—	31 件 31 人	31 件 31 人	45 件 45 人	25 件 25 人	23 件 23 人	42 件	41 件 47 人	—	—
	贪污贿赂立案	5 件 5 人	7 件 7 人	6 件 6 人	10 件 10 人	22 件 22 人	21 件 21 人	6 件 6 人	9 件 9 人	24 件 24 人	17 件 24 人	16 件 20 人	13 件 19 人
	渎职侵权立案	1 件 1 人	3 件 3 人	3 件 3 人	2 件 2 人	6 件 5 人	4 件 4 人	4 件 4 人	8 件 8 人	13 件 13 人	6 件 5 人	2 件 2 人	3 件 6 人
	其中移送审查起诉	1 件 1 人	2 件 2 人	3 件 3 人	2 件 2 人	2 件 2 人	4 件 4 人	4 件 4 人	1 件 1 人	13 件 13 人	6 件 5 人	1 件 1 人	2 件 5 人
	两反局、渎侦局共查办大案要案	3 件 3 人	7 件 7 人	4 件 4 人	10 件 10 人	19 件 19 人	22 件	8 件 8 人	9 件 9 人	34 件 36 人	17 件 24 人	17 件 21 人	10 件 16 人

第五节　民事行政检察

2002 年，民事行政检察部门实行《民行检察协调函》制度，将过去事后监督变成事前监督，既完善民事行政诉讼监督的程序规范，又增强监督的实效性。

民事行政检察对于法院判决正确的裁定，依法支持，做好息诉工作。2003 年 12 月下旬，区检察院收到上级检察院转来的一起煤气中毒死亡案罹难人亲属的申诉材料。民行科阅审后，认为法院行政裁定正确，且申诉人申诉理由不属于立案审查范围，于 2004 年 1 月 2 日作出不立案决定，并函复当事人。为作好控告人的息诉息访工作，区检察院检察长带领控申科、民行科人员两至衡阳，与罹难人亲属及其生前单位取得联系，以案释法，进行解释，终使其亲属心服口服，对区检察院民事行政检察不立案亦无异议。2005 年，把刑事申诉、赔偿案件的办理作为强化内部监督制约机制，保障公民合法权益的手段，妥善办理刑事申诉、赔偿案件。某赔偿请求人于 2004 年 6 月 25 日因涉嫌侵占罪被区检察院批准逮捕，后因事实不清，证据不足，于 2005 年 2 月 2 日决定不起诉，2005 年 7 月 29 日，该人向区检察院提出赔偿申请，要求赔偿被羁押期间损失。区检察院受理后进行复查，认为不起诉决定是正确的，赔偿羁押期间的损失，符合《中华人民共和国国家赔偿法》有关规定，赔偿请求人人民币 14234.09 元。

2006 年，通过人民监督员的监督和参与调解，使案件当事人正确理解国家法律政策精神和检察机关的执法理念，理性对待司法机关的处理决定，以化解社会矛盾，促进社会的和谐稳定。2010 年，专门成立执行监督小组对 100 余件强制拆除和拆违执法活动实施监督，维护当事人的合法权益，以保障重点工程建设的顺利推进。同时，探索支持起诉办案模式，对侵害公共利益和群众合法权益的案件，通过依法支持起诉给予维权保障。如决定支持起诉的某居民小区

45位业主诉某行政机关新建的高层办公楼侵害小区业主采光权案，经法院依法审理，有效地维护业主的合法权益。

第六节 监所检察

1989—2012年，在监所检察科对缓刑、假释、保外就医、管制和剥夺政治权利的五种人进行考察教育，对保外就医条件确已消失的对象及时向劳改单位发出收监建议，处理被监管对象及其家属的申诉和控告，开展“三个延伸”的教育改造工作。先后开展对未收监执行罪犯的检察、监外执行罪犯定点抽样检察等48个专题检察，就存在的问题提出口头或书面检察建议1894份次，写出专题检察报告48份。在对在押人犯羁押期限检察工作中，坚持一人一表，逐项核对，逐月汇总上报，及时催办。共发现超期羁押人犯136人，督促全面整改。1999年，针对超期羁押顽症，首创羁押期限提示函制度，得到最高人民法院的肯定。2002年，又制定“关于超期羁押责任追究制度”，被市、区两级政法委采纳，并发文件规范全市各政法办案单位程序，为有效预防杜绝超期羁押，采取更具操作性、约束力与责任追究并行的新举措，省检察院、市政法委、区政法委均肯定这一做法，并予以推介。

2003年，履行对刑罚执行、监管活动的监督，共纠正缓刑、假释、保外就医、管制、剥夺政治权利等五种监外执行罪犯未依法交付执行和脱管、漏管71人，建议收监执行27人。如开福区暂予监外执行的某罪犯，因犯诈骗罪于2000年5月被判处有期徒刑7年。2001年元月，开福区法院以“患有神经脱髓病损、周围神经炎”为由，对其作出暂予监外执行的决定。该案被害人两年来以某犯病情已恢复，具有生活自理能力为由上访，要求仍收监执行。区检察院调查后，发现某犯确已恢复生活自理能力，暂予监外执行的法定条件已消失，应当及时收监，遂于2003年3月27日向开福区人民法院发函建议对某犯执行收监。同年5月9日，区人民法院对某犯作出收监决定，因执行机关未找到某犯，区人民法院收监决定一直未执行。2004年4月20日晚，区检察院将某犯抓获并收监执行。

2004年，在监督执行刑罚中，发现法院对某罪犯的刑期计算有误，多算一个月零三天。区检察院迅速向法院发出检察建议。法院据此作出裁定，纠正某犯判决书上的刑期计算错误。2005年，创新机制，强化刑罚执行监督工作，做到底子清、台账清，制定《关于对监外人员监督管理的有关规定》，后由区政法委以文件形式向全区各政法部门转发。

第七节 控告申诉检察

1989—2012年，共受理举报线索1511件，接待群众来访1737人次，检察长接待246人次，处理群众集体访84件、告急访10件，初查各类线索695件。

建立司法救助联动机制，对确有生活困难、赔偿不能到位的刑事犯罪的当事人，开展司法救助，协调解决就医、就学问题。如长沙大学原基建科某科长是一名10多年的老上访户，1985年因涉嫌受贿被检察机关立案侦查，法院判决构成受贿罪，鉴于情节轻微免除刑事处罚。该人不服判决，向长沙市中级人民法院上诉，市中级人民法院维持原判。仍不服，又向省高院、省人大多次申诉。1992年，省高院依照审判监督程序要求市中级人民法院重审，中院作出无罪释放的裁定，市教委也相应作出对其撤销处分、恢复其工作和工资待遇的决定。随后，该人又要求解决正科级待遇问题，并不断上访。区检察院控申科将情况反馈到长沙大学，在该校的配合下，通过查阅档案，证实应予解决的工资和级别待遇已经解决，现要求解决正科级待遇不符合文件规定，并就此说服其不再上访。

2004年，区检察院受理的反映公安机关执法不公、徇私枉法的控告有4件。区检察院启动诉讼监督程序，进行侦查监督和立案监督。对于应立案而未立案的，建议公安机关立案侦查。如某上访人反映区公安分局行政不作为，称2003年11月25日长沙市塑料四厂某某纠集多人，强行冲入其住宅，将其兄弟两人打伤，经法医鉴定一人为轻微伤、一人为轻伤，向公安机关报案几个月后，公安机关未作处理。区检察院为此到公安机关调取材料，并与公安机关协商处理办法，建议依法处理。后公安机关对市塑料四厂某某立案侦查，并向上访人反馈立案侦查情况。对于反映侦查部门办案中有刑讯逼供情况的，由渎侦部门介入调查，没有发现违法办案的，做好上访人的思想工作。如某上访人控告如意街派出所，办理其子与他人贩卖摇头丸案时，对其子执行逮捕，而对他人未予逮捕，表示不服，认为公安机关有徇私枉法行为。区检察院渎侦局和控申科介入调查，未发现公安机关有违法情况，耐心向上访人解释法律法规及逮捕与不捕的法定条件。2009年9月，启动检察机关派驻街道、镇检察联络室工作，开展法制宣传和法律咨询，以党支部联系社区、党员干警联系群众的“双联”活动和群众工作站为工作平台，畅通群众诉求表达渠道，协助基层化解社会矛盾纠纷。

2012年，在处理一桩来访案时，杜绝一起涉检信访案的发生。2002年，来访人因涉嫌职务犯罪被立案侦查，后因事实不清、证据不足被作不起诉决定，但其所在单位一直未解决其工资和退休金等问题。检察院在发现来访人请求的刑事赔偿已过求偿时效的情况下，经多方协调最终替其办好退休手续，为其争取到10余年的基本工资补偿，使其老有所养。

表7-11　　1989—2000年长沙市开福区（北区）检察院民行、监所、控申检察案件情况表

业务科室	工作项目	1989年	1990年	1991年	1992年	1993年	1994年	1995年	1996年	1997年	1998年	1999年	2000年
民事行政检察科（简称民行科）	接待群众来信来访	—	—	12人次	31人次	16人次	46人次	60余人次	80余人次	182人次	191人次	192人次	222人次
	受理各类民事行政等申诉案	—	—	—	9件	4件	5件	12件	10件	21件	22件	37件	37件
	其中立案审查	—	—	—	—	—	—	—	—	17件	19件	16件	10件
	依法提起和提请抗诉	—	—	—	—	—	—	3件	3件	10件	8件	16件	6件
	市院交办抗诉案	—	—	—	—	—	—	—	—	—	4件	—	—
监所检察科（简称监所科）	现有监外罪犯	—	99人	—	—	—	—	—	—	—	—	390人	—
	建立监外罪犯档案	—	93份	—	—	—	—	—	—	—	—	—	—
	发现超期羁押人犯	—	34件 48人	54人次	—	—	—	—	—	—	—	—	—
	配合区人大法工委进行联合检察	—	341件 394人	—	—	—	—	—	—	—	—	—	—
	其中发现超期羁押人犯	—	24件 34人	—	—	—	—	—	—	—	—	—	—
	办理重新犯罪审查批捕案	—	—	—	—	—	—	—	—	7件 7人	—	—	—
	办理审查起诉案	—	—	—	—	—	—	—	—	7件 7人	—	—	—
	受理申诉案	—	—	—	—	—	—	—	—	—	4件 4人	2件 2人	—

续表 7-11

业务科室	工作项目	1989 年	1990 年	1991 年	1992 年	1993 年	1994 年	1995 年	1996 年	1997 年	1998 年	1999 年	2000 年
监所检察科（简称监所科）	对监外罪犯进行摸底抽查	—	—	—	—	—	—	—	—	—	160 余人	198 人	—
	进行专项检察	—	—	29 人	1081 人	44 人	95 人	—	—	—	—	—	—
	进行全面检察或专题检察	—	—	—	—	80 人	32 人	148 人	171 人	—	—	—	—
	提出监改意见	—	—	—	—	—	28 人次	30 人次	—	—	—	—	—
	全年派出专干驻所检察	—	—	—	—	150 余天	191 天	200 余天	130 天	—	—	—	—
控告申诉检察科（简称控申科）	接待群众来访	200	—	—	—	—	—	—	—	—	—	—	—
	人次	35	20	57	45	32	—	97	—	—	—	—	—
	接待群众来信	60 件次	—	—	54 件次	46 件次	73 件次	—	—	—	—	—	—
	转办来信来访	—	—	—	73 件	87 件	—	—	—	—	—	—	—
	受理各类举报线索	—	—	—	—	—	—	—	87 件	186 件	162 件	158 件	137 件
	其中初查举报线索	30 件	—	—	—	9 件	6 件	18 件	18 件	88 件	101 件	91 件	—
	其中复查申诉案件	—	—	—	—	—	2 件	—	—	—	—	—	—
	其中直接答复存查	—	56 件	—	38 件	2 件	—	—	—	—	—	—	—
	其中立案	17 件	3 件	—	6 件	7 件	—	—	4 件	7 件	—	—	—
	其中移送立案	—	—	—	—	—	—	—	—	4 件	11 件	—	6 件
	办理交办案	—	—	—	—	—	—	—	—	—	10 件	8 件	—

表 7-12　　2001—2012 年长沙市开福区检察院民行、监所、控申检察案件情况表

业务科室	工作项目	2001 年	2002 年	2003 年	2004 年	2005 年	2006 年	2007 年	2008 年	2009 年	2010 年	2011 年	2012 年
民行科	接待群众来信来访	218 人次	170 人次	109 人次	—	—	—	—	—	—	—	—	—
	受理各类民事行政等申诉案	21 件	21 件	18 件	42 件	19 件	133 件	14 件	39 件	72 件	72 件	37 件	22 件
	其中立案	6 件	16 件	15 件	32 件	17 件	—	—	—	—	—	35 件	16 件
	其中不立案	—	—	—	—	—	—	—	—	—	—	2 件	6 件
	办理提请抗诉案	6 件	4 件	3 件	3 件	1 件	6 件	2 件	—	—	—	—	—
民行科	建议提请抗诉案	1 件	2 件	—	—	1 件	3 件	3 件	—	—	—	—	—
	发出再审检察建议	—	—	—	—	—	4 件	1 件	—	3 件	3 件	2 件	1 件
	终止审查	—	—	—	—	—	19 件	2 件	—	—	—	—	—
	不提请抗诉	—	—	—	—	—	5 件	3 件	—	—	—	—	—
	发出其他检察建议	3 份	—	3 份	—	5 份	105 份	—	—	44 份	44 份	26 份	15 份
	发出检察建议	3 份	—	6 份	6 份	—	100 份	—	—	—	—	—	—
监所科	向办案单位发出提示函	312 份	264 份	—	200 份	159 份	—	—	—	—	—	—	—
	办理审查批捕案	3 件 8 人	19 件 36 人	19 件	10 件 20 人	6 件 19 人	—	—	—	7 人	—	—	—
	办理审查起诉案	6 件 6 人	7 件 14 人	7 件 18 人	5 件 19 人	9 件 28 人	—	—	—	14 人	—	—	—
	公安机关收到后立案	1 件 2 人	—	—	—	—	—	—	—	—	—	—	—

续表 7-12

业务科室	工作项目	2001 年	2002 年	2003 年	2004 年	2005 年	2006 年	2007 年	2008 年	2009 年	2010 年	2011 年	2012 年
控申科	接待群众来信来访	105 件	130 件	186 件	109 件	112 件	154 件	64 件	65 件	89 件	130 件	62 件	45 件
	其中本院管辖线索	71 件	128 件	111 件	94 件	78 件	86 件	27 件	—	—	128 件	56 件	34 件
	受理各类举报线索	86 件	50 件	145 件	—	89 件	123 件	—	64 件	95 件	50 件	43 件	36 件
	其中转本院业务科室受理	—	28 件	—	—	—	—	—	22 件	34 件	28 件	35 件	22 件
	初查举报线索	39 件	6 件	64 件	48 件	31 件	63 件	8 件	23 件	36 件	6 件	5 件	5 件
控申科	其中初查后移送立案	9 件	4 件	9 件	11 件	17 件	—	1 件	16 件	30 件	4 件	4 件	5 件
	检察长接待日	24 次	32 次	27 次	22 次	24 次	24 次	21 次	24 次	24 次	24 次	—	—
	妥善处理重要信访	5 件	6 件	9 件	5 件	3 件	—	—	—	—	—	—	—
	处理上级交办案	10 件	—	3 件	20 件	22 件	32 件	8 件	30 件	8 件	7 件	—	—
	办理刑事申诉案	7 件	7 件	—	—	—	16 件	3 件	—	5 件	7 件	8 件	6 件
	办理涉检信访案	2 件	2 件	—	12 件	4 件	23 件	8 件	25 件	6 件	2 件	2 件	—
	撰写材料及调研文章	10 篇	5 篇	6 篇	18 篇	12 篇	23 篇	—	10 篇	4 篇	5 篇	—	—

第三章 法 院

第一节 机 构

一、机 构

开福区地方审判机关 1989—1996年为长沙市北区人民法院，1996年8月更名为长沙市开福区人民法院。区人民法院设院长一人，由区人民代表大会选举产生；副院长若干人，由区人大常委会任命。1989—2012年，先后担任区人民法院院长的为姜湘凡、蒋华贵、杨自永、李建伟、袁征、耿明生；先后担任副院长的有殷子美、李建新、易孝兰、朱正文、陈静华、颜明泉、黎仲民、张虎、曹新凯、丁艳、李菊明、甘文韧、王利兵。

1989年，北区人民法院设刑事审判一庭、经济审判庭、民事审判庭、行政审判庭、告诉申诉庭、执行庭、办公室、政治工作室6庭2室。1992年，成立司法警察中队。1994年3月，成立司法行政科，经济审判庭更名经济审判一庭，后增设经济审判二庭。至1995年底，北区人民法院设刑事审判庭、民事审判庭、经济审判庭、执行庭、行政审判庭、告诉申诉庭、办公室、政治工作室、调查研究室、司法警察中队6庭3室1队。1996年3月，撤销告诉申诉庭，成立立案庭和审判监督庭。1999年6月，司法警察中队升格为司法警察大队；12月，执行庭升格为执行工作局。2000年8月，撤销民事审判庭、经济审判一庭和二庭，组建民事审判一庭、民事审判二庭，增设纪检监察室。2002年，设立司法技术室。2003年2月，成立督查室。2005年8月，设立审判管理办公室。2009年9月，成立非诉行政案件执行局。2011年6月，增设未成年人案件综合审判庭，同时设立土地房屋征收审判庭（加挂非诉行政案件执行局牌子）。至2012年，开福区人民法院的内设机构为8庭7室2局1队，即刑事审判庭、民事审判一庭和二庭、行政审判庭、立案庭、审判监督庭、未成年人案件综合审判庭、土地房屋征收审判庭（加挂非诉行政案件执行局牌子）、办公室、政治工作室、调查研究室、纪检监察室、司法技术室、督查室、审判管理办公室、执行工作局、司法警察大队。

派出机构 1989年，北区人民法院下辖浏阳河路、清水塘、上大垅、民主东街四个人民法庭和房产土地法庭。1996年9月，开福区人民法院成立，接管原郊区、西区、望城县和长沙县法院分别管辖的洪山桥、通泰街、霞凝、捞刀河人民法庭。1998年12月，撤销浏阳河、洪山桥、通泰街、上大垅、清水塘、民主东街六个人民法庭，保留捞刀河人民法庭、房产土地法庭，新设婚姻家庭法庭、侵权赔偿债务法庭。2003年12月，撤销捞刀河人民法庭。至2012年，开福区人民法院派出人民法庭全部撤销。

二、人员队伍

1989—1998年，北区人民法院干警年有所增。

1999年12月，根据《中华人民共和国法官法》，成立法官等级评定领导小组，首次对在职法官进行等级评定和申报，此后法官等级初评和晋升工作进入常态化。2003年3月，择优选任29名中层正副职骨干，使中层领导班子平均年龄由原来的40岁下降到36岁，全部具有大专以上学历，其中本科学历10名，占34%。2005年，全国人大常委会《关于完善人民法院陪审员制度的决定》实施以来，区法院提请区人大常委会审议通过，先后任命3批共85名人民陪审员。2007年初，通过竞争上岗、双向选择、优化组合方式选调一批业务强、素质高的法官充实到审判一线。2010年7月，配备审判委员会专职委员2人（正科级）。至2012年，全院有副处级审判员1人、正科级审判员20人；研究生学历23人，本科学历72人，专科学历11人，共有33人通过国家司法考试。临聘人员70人，其中政府雇员（区财政负担费用，担任法官助理工作）11人，合同制工作人员（法院聘请并负担费用）59人。先后有81人参评和晋升法官等级。其中经最高人民法院批准任命为三级高级法官5人、四级高级法官34人。经省高级人民法院批准任命为一级法官24人、二级法官7人、三级法官6人、四级法官5人。司法警察从1992年9月首次授衔，至2012年，经最高人民法院院长批准任命晋升为警督警衔10人，其中一级警督4人、二级警督1人、三级警督5人。经省高级人民法院院长批准任命为三级警司2人。

附：1989—1992年，北区人民法院被省高院记集体二等功一次，被长沙市中院记集体三等功一次，清水塘、浏阳河、民主东街、上大垅4个法庭被省高院评为全省“十佳法庭”。1993—1997年，75人次分别受到省市法院、市委等嘉奖和记功。2001年9月，被最高院、团中央命名为“全国优秀青少年维权岗”。2002年，被最高法院授予“全国少年法庭先进单位”称号。司法警察大队于2005年8月被省高院评为全省优秀警队。2007年1月荣获全省法院案件质量评查优胜单位、12月被评为全省立案文明窗口单位。2008年10月被最高院评为司法警察工作先进集体。同年，司法警察大队被省高院评为“五星级警队”。2009年开福区法院被最高院评为思想宣传工作先进集体。2010年10月被省高院评为全省法院文化建设示范单位。2011年9月被省高院评为全省法院立案信访窗口建设先进集体，12月被省高院评为全省法院先进集体。2012年8月被省纪委授予“全省廉政文化建设示范点”称号，12月荣获“全省优秀法院”称号。

第二节 刑事及经济犯罪审判

20世纪80年代，北区人民法院各项审判处于全面恢复和改革初始阶段，刑事审判工作主要以“严打”精神为指针，从重从快打击各类刑事犯罪分子。1989年，北区法院挑选业务骨干充实刑事审判庭，组成两个合议庭，审判犯罪案件。如长沙“4·22”暴力犯罪事件中的抢劫案，从收案到审理完结用时10天时间，根据犯罪事实和严重的社会危害性，依法从重判处被告人有期徒刑10年、剥夺政治权利1年。8月15日，宣传最高人民法院、最高人民检察院联合发布《关于贪污、受贿、投机倒把等犯罪分子必须在限期内自首坦白的通告》。有针对性地说服规劝，兑现法律，以案讲法。省妇女儿童中心恩庆实业公司八一路汽车配件门市部某经理，主动坦白其自先后十次贪污公款4.03万元的犯罪情况，检举他人贪污受贿2.89万元的犯罪事实，有立功表现。法院将其作为自首坦白的从宽对象，对其免于刑事处分，在青少年宫召开的公判大会上公开宣判。全年就地公审13案19人，召开公判大会5场，对14案24名被告人集中宣判，参加旁听公民达5000余人。当年判决各类刑事案件182件256人，其中判处10年以上有期徒刑11人，判处5年以上10年以下有期徒刑79人，判处5年以下有期徒刑71人，判处拘役、缓刑31人，免予刑事处分1人，宣告无罪2人，退回检察机关补充侦查30件40人，裁定撤诉8件，驳回起诉7件，调解结案2件，移送2件。其中贪污、贿赂、挪用公款等经济犯罪案件21件25人，盗窃犯罪案件98件146人，3人以上盗窃团伙13个。

1990—1996年，北区继续严厉打击杀人、放火、强奸、抢劫、伤害等犯罪案件，推进社会治安综合治理，维护社会稳定，共审判各类刑事犯罪案件1169件1704人，其中判决危害公共安全罪10件10人，破坏社会主义经济秩序罪9件12人，侵犯公民人身民主权利罪259件324人，侵犯财产罪792件1233人，妨害社会管理秩序罪65件88人，贪污、贿赂罪31件34人，渎职罪2件2人，其他1件1人。为扩大“严打”办案效果和开展法制宣传，北区选择典型案件就地公开审理49场次，召开宣判大会32场次，旁听群众3万余人，印发布告7000余份、“严打”专刊600余份，橱窗板报16期、新闻媒体稿件50余篇。在办理刑事案件过程中，注重对青少年罪犯的帮教工作。1991年5月，成立少年法庭，专门从事少年刑事犯罪审判工作。先后深入到中、小学校上法制课39堂，走访少年犯家庭41次，率先推出青少年犯罪适用缓刑的做法，动员社会、学校、家庭联手管教少年犯，防止重新犯罪。

1997年1月1日，新修订的《中华人民共和国刑事诉讼法》实施，开福区人民法院开展以庭审为中心，强调当事人举证，落实合议庭职责为内容的审判方式改革。通过对不同类型案件的公开开庭审理，法官的审判观念由重实体轻程序向实体程序并重转变；庭审方式由“纠问式”向“控辩式”，审、权、责分明的合理格局转变；定罪量刑由先定后审向当庭裁判、合议庭行使审判权转变。通过审判方式改革、强化庭审功能和合议庭职责，法官严格按照法定审限排期开庭。1997年10月1日起施行的《中华人民共和国刑法》将“反革命罪”修改为“危害国家安全罪”。1997—2002年，共判处罪犯1266人，其中判处10年以上有期徒刑80人，判处5年以上10年以下有期徒刑238人，判处5年以下有期徒刑680人，判处拘役68人，判处缓刑和管制的180人，单处罚金20人；并处罚金697人。严厉打击杀人、抢劫、强奸、故意伤害等严重暴力犯罪以及盗窃等严重影响群众安全感的多发性犯罪和毒品犯罪，共审结案件1188件。审结破坏市场经济秩序犯罪案件43件。加大对贪污、贿赂等职务犯罪惩罚力度，共审理此类案件72件，其中县处级以上干部9人。如长沙大学某校长受贿22.80万元，被判处有期徒刑5年。通过对未成年人犯罪坚持教育、感化、挽救方针，做到寓教于审，惩教结合，进一步完善《少年犯回访考察制度》，不定期对少年犯服刑改造情况和缓刑考验期表现进行考察，预防重新犯罪。对21案件38名少年犯宣告缓刑，无一人重新犯罪。

2003年，共受理刑事案件452件，结案451件683人，刑庭人均结案75件。审判中加大财产刑适用力度，在经济上严厉制裁犯罪分子，全年财产刑实际履行8.09万元。对新类型刑事案件快审快结，如7月3日，公开审理检察机关公诉的一桩涉嫌编造虚假恐怖信息案。即全省首例散布“非典”恐怖信息案，经庭审确认罪名成立，对罪犯判处有期徒刑6个月。2004年，受理刑事自诉案件73件97人，占案件总数17.50%，其中25件作民事调解处理，其他科以轻刑、缓刑或免刑。2005年，重点打击影响群众安全感的各种犯罪，共审结此类案件198件353人；判决经济犯罪案件29人；审理未成年人犯罪56人，对39名初犯、偶犯，分别判处管制、拘役和单处罚金。推进适用简易程序和普通程序简易审的审判方式改革，共审结284件，判处罪犯652人。单处罚金12人，并处罚金466人，罚金总额142.10万元，附加没收财产12万元。

2006年，重点打击抢劫、故意伤害、强奸等严重暴力犯罪以及盗窃等严重影响群众安全感的多发性犯罪，共审结各类刑事案件588件960人，给予刑事处罚955人，其中判处15年以上有期徒刑1人，判处10年以上15年以下有期徒刑35人，判处5年以上10年以下有期徒刑44人，判处5年以下有期徒刑360人，判处拘役177人，判处有期徒刑缓刑237人，判处管制46人，单处罚金55人。开展打击“两抢一盗”犯罪专项审判活动，审结“两抢一盗”犯罪案件270件468人。针对未成年人犯罪呈上升之势，少年法庭延伸审判服务，积极开展帮教活动，全年审结未成年人犯罪案件38件46人。2007年，围绕“发展、平安、和谐”，突出“公正与效率”，共审结各类刑事案件495件811人，判决单处和并处罚金520人，罚金总额171.20万元，附加没收财产30人，没收金额76.60万元。如长沙市中联重科股份有限公司业务员犯假冒注册商标罪，涉案金额高达255万元，犯销售假冒注册商标商品罪涉案金额76万元，犯非法经营罪涉案金额达83.50万元，涉案标的金额巨大。对少年犯量刑时，充分体现从轻和减轻原则，做到“能缓不实，能短不长，量刑恰当”。对偶尔失足，虽犯罪性质较为严重，但情节一般，悔罪表现较好，且有监管条件的少年犯使用缓刑。

2008—2012年，共审结刑事案件2481件，判决罪犯3902人，其中判处15年以上20年以下有期徒刑13人，10年以上15年以下有期徒刑128人，5年以上10年以下有期徒刑209人，5年以下有期徒刑、管制、拘役等3552人。重点打击故意伤害、“两抢一盗”、强奸等严重暴力犯罪，依法惩处毒品犯罪，共审结上述案件1720件2444人。依法严惩贪污、挪用、贿赂等职务犯罪55件76人，其中县处级以上8人。如《体坛周报》社长社某挪用公款2561万元，被判处有期徒刑11年，并处罚金2万元。长沙市洪山管理局主任某犯受贿罪，判处有期徒刑11年，并处没收财产3万元。湖南省物价局医药价格管理处处长某犯受贿罪，判处有期徒刑5年，并处没收财产2万元。同时，重拳打击单位行贿犯罪。长沙锦家置业发展有限公司行贿93.60万余元，被判处罚金20万元，公司责任人被判处有期徒刑2年，缓期2年执行。广州凌视广告有限公司行贿350.80万元，被判处罚金200万元，公司责任人被判处有期徒刑1年，缓期1年执行。审判中注重财产刑的适用，加大经济惩罚力度，五年共单处罚金104人，并处罚金3382人，罚金总额1773.50万元；并处没收财产45人，没收财产金额825万元。同时审结诈骗、非法集资、寻衅滋事、传销组织犯罪案件86件217人。2012年3月21日公开审理的“自愿连锁经营”组织传销案，受审被告人33名。参与社会治安综合治理，开展社区矫正工作，加强未成年人案件审理，成立未成年人案件综合审判庭，共审结未成年人犯罪案件124件159人。

第三节 民事（经济）审判

民事（经济）审判实行两审终审、公开宣判、回避、合议（或独任）制度。北区法院成立后，对民事纠纷案件和经济纠纷案件的分立和合并经历多重变化。中共十一届三中全会以前，经济审判案件未单列，统属于民事审判范围。1980年9月，区法院成立经济审判庭，经济审判从民事审判中单列出来。2000年8月，根据最高法院要求，开福区法院撤销婚姻家庭、侵权赔偿债务、房产土地等5个专业法庭，撤销民事审判庭和经济审判庭，组建民事审判一庭、二庭。

一、一般民事案审判

1989年，北区贯彻执行《中华人民共和国民法通则》，注重保护当事人诉讼权利，着重调解原则，妥善处理民事纠纷案件。全年审结各类民事案件1318件，结案比上年增加20.70%。是年，5个法庭23名干警共审结各类民事、经济纠纷等案件1661件，比上年多结案559件。其中城区的4个人民法庭结案均超过300件。

1990—1992年，受理各类民事案件2791件，审结2590件，年均结案率为95.20%。针对离婚案件上升，离异家庭子女监护教育缺失，少年犯罪案件增加等问题，区法院发现仅1990年5个城区法庭审理的1034件民事案件中，离婚案就占72.50%。离婚家庭子女违法犯罪行为是正常家庭的4.80倍。1991年5月28日，区法院举办一场“给我一个完整的爱”大型座谈会，邀请省、市法院领导，省、市、区妇联，关心下一代协会，部分单亲孩子及离异家长、学校老师参加。省、市新闻媒体现场采访，制作专题栏目连续报道。在此基础上，1992年3月，区法院与区政协、区党校、区妇联联合创办全省首家婚姻家庭学校，定期开展活动。1993年，全区离婚案件明显下降，少年犯罪率减少38%。

1994年，北区推行“直接开庭”等审判方式的改革，强调当事人举证责任制度，案件审判周期平均缩短10天以上。民事审判庭把对法庭的业务指导作为工作重点，发挥基层调解组织的作用，深入街道、居委、厂矿企业巡回办案。1996年年底，设立洪山、捞刀河、通泰街3个人民法庭，及时审结因区划调整过渡期积压的案件100余件。1993—1997年，共受理各类民事案件5808件，审结5269件。

1998—2002年，探索以大立案流程管理为核心的审判管理机制改革，形成民商合一的“大民事”审判新格局，实现立审分立、审执分立、审监分立。审判方式逐步由过去的“纠问式”向“诉辩式”转变，强调当庭举证、质证和认证。强化合议庭功能，择优选任审判长、执行长和独任审判员。放权合议庭，改革案件审批制度，进一步明确责权利，尝试排期开庭，庭前证据交换，审执限跟踪，健全案件质量评查机构等。强化审判监督机制，加大对违法违纪案件的查处力度。5年间，对民事审判中8起违法违纪案件进行查处，整肃审判纪律。五年共审结各类民事纠纷案件6320件，审结标的金额1.61亿元。

二、经济民事案审判

1989年3月，北区人民法院成立经济纠纷调解中心，按照“即告即收，即收即调，即调即结”的工作方法，以“自愿、合法、公正、高效”为调解原则。全年共结案500件，由调解中心办结202件，审结标的3000万元，审结最快的案件仅用3个小时。

1990—1992年，受理经济纠纷案件1117件，审结991件，诉讼标的5848.70万元，年均结案率88.80%。1991年，根据新的《中华人民共和国民事诉讼法》，程序、制度，采用支付令方式，结案20余件，为企业挽回经济损失253.85万元。1992年11月7日，在湖南宾馆召开辖区内43家企业集中清理“三角债”动员大会，对两亿多元“三角债”，提出协商函、协调会、支付令、提起诉讼等四种解决方法，80%以上的债权债务纠纷得以解决。

1993—1997年，共受理经济案件2964件，审结2650件，结案标的10.15亿元。1993年，聘请25家企业30人为经济审判联络员，设立7个审判联络站。1994年3月，经济审判庭更名经济审判一庭，增设经济审判二庭。通过协商和立案审理，先后为湖南矿用橡胶厂、长沙汽车电器厂、湖南金属公司等上百家单位清收欠款达2亿多元。随着市场经济体制的建立，各种新类型的经济纠纷案件接踵而来，如期货、股票、金融债券、票据、企业破产等。1996年共受理上述新类型案件83件，其中破产案件5件。

1998—2002年，共审结各类经济纠纷案件2031

件。1998年，审结各类经济纠纷案件543件，标的3050万元，其中破产案件11件，安置破产企业职工2520人。1999年，开展"审判质量年、案件执行年"活动，深入农村巡回办案，为捞刀河镇清收农村合作基金欠款2600万元，化解"挤兑"金融风险。全年审结经济案件509件，标的4100万元。2000年，对民商事案件的审判职能分工和案由定性做大幅度的调整。全年受理各类经济纠纷案件407件，结案326件，标的1.59亿元。2001—2002年，制定《民事、经济纠纷案件庭前证据交换暂行规则》和《案件审判流程管理规则》，进一步推进审判方式改革，强化案件质量管理。两年审结买卖、借款、运输、建设工程、信用卡等合同纠纷653件，标的金额9417.38万元。自2002年开始，法院系统取消经济纠纷案件统计报表单列，统一归类于民事案件数据统计。

三、民商民事案审判

2003—2007年，共审结各类民商事案件10291件，相比1998—2002年的8351件上升19.8%。依法审结涉及重点工程建设的各类房屋拆迁案件357件，使新河三角洲、兴汉门绿化广场、月湖公园、福安垸防洪排涝、新港城等重点工程建设得以顺利推进。审结婚姻家庭、借款担保、劳动争议、人身财产损害赔偿、涉及"三农"等民事案件5681件，依法审理买卖合同、金融纠纷、企业承包、财产租赁等案件4253件。其中审结票据、证券、股东权益、清收金融资产债权等新类型案件1573件，诉讼标的达4亿多元；审结涉及企业改革、破产案件12件，帮助企业实现兼并、重组。2006年，在民一庭建立速裁组，对案情简单，事实清楚的民事纠纷案件，当天立案，当天审理，当庭裁决。全年速裁案件700余件，占当年审结民事案件总数的50%。

2008—2012年，共审结各类民商事案件19127件，比2003—2007年上升85.86%。其中审结人身损害赔偿、相邻关系、财产权属确认、劳动争议、物业管理、商品房买卖、不当得利和各类合同纠纷案件17146件，诉讼标的总金额达36.20亿元。审结婚姻家庭类纠纷案件1981件，诉讼标的金额4325.87万元，经调解和撤诉结案1096件，调撤率达55.30%。在审结的婚姻家庭类案件中，涉外12件，涉台15件，涉港1件。针对医患纠纷案件，成立专门合议庭，具体承办和指导医患矛盾调处工作。2008—2010年，共审结医疗纠纷案65件，通过加强与患者和医院方的沟通，调解和撤诉38件。五年间值班院长共接待来访384次，现场解决154起上访案件，信访总量由2008年的104件降至2012年的52件。注重对涉诉弱势群体的保护，建立司法救助机制，五年中，对确有困难的当事人减、免、缓交诉讼费，每年都在200万元以上，其中2012年对937件案件的当事人减、缓、免交诉讼费达620.87万元。

第四节 行政审判

1989年，审结行政案件2件。1990年10月，北区人民法院开始受理行政诉讼案件。当年，受理行政案件36件，审结29件，结案率80%。1993—2003年，行政审判工作发挥化解行政争议、保障合法权益、协调官民关系、促进行政管理完善的职能，审结各类行政案件218件，向行政机关提出司法建议25条。2003年7月11日，湖南通程律师集团某主任律师，将车辆停放中山西路人行道，被开福区城管巡查人员锁定车轮，并作出罚款100元的行政处罚。该律师不服，向区法院提起行政诉讼，要求撤销被告区城管局的行政处罚具体行政行为，并赔偿人民币1元的诉讼请求。法院经审理认为：我国法律规定人行道上禁止停靠机动车辆，该地段属人行道，故被告区城管局的行政处罚符合法律规定，是正确的行政行为，应予维持，驳回原告诉讼请求。同时，法院发现区城管局对违章停车锁定车轮的行政强制措施缺乏法律依据，建议取消对违章车辆锁定车轮的强制措施，改为抄牌处罚，并依照行政处罚法规定完善处罚程序。如被抄牌车主不主动接受处罚，可依法向法院申请执行。此案的办理，当时在全国尚属首例，得到国务院法制办领导的肯定，多家媒体争相报道，广大车主和市民赞赏，产生较好的法律效果和社会效果。

2004—2007年，开福区共受理行政诉讼案件112件，审结99件，其中判决结案44件，裁定驳回起诉、原告主动撤诉53件，移送2件，判决行政机关败诉11件；受理非诉行政执行案件7356件，执结7354件。先后派出行政审判人员深入公安、工商、交通、药品、卫生、药监、审计、房屋产权、环保、劳动和社会保障等行政部门，作专题法律讲座60场次，听课的行政执法人员达800多人次。同时，充分发挥行政审判职能，支持地方重点工程建设，依法执行各类房屋拆迁案件，推进旧城改造工作。2007年，受理房屋拆迁案件95件，结案79件，拆除房屋46栋，其中，80%的被执行人自动拆除房屋。2008—2012年，开福区办结行政案件2425件，其中行政诉讼案件123件，非诉行政执行案件2302件。

第五节 案件执行

一、刑事案件执行

1989—2012年，依法履行刑事案件执行职能，共交付执行10年以上有期徒刑535人，5年以上10年以下有期徒刑1225人，5年以下有期徒刑、管制、拘役6219人。其中2007—2012年执行单处和并处罚金刑3486人，金额1773.50万元；执行并处没收财产刑75人，金额901.60万元。

二、民事案件执行

1989年，北区共执行民事案件102件，执结标的21.70万元，主要涉及抚养、收养、赡养案件和婚姻财产纠纷。1990—1994年，共执行民事、经济案件797件，标的2017.32万元。期间，法院执行工作仍沿用审执并重的方针进行，各业务庭包括人民法庭承办的民事、经济案件执行率要达到85%以上，并列入目标管理考核内容。1994年，上大垅法庭执行民经案件25件，标的230.23万元；浏阳河法庭执行民经案件17件，标的80余万元；清水塘法庭执行16件，告申庭执行2件，标的20多万元；执行庭执结70件，执行标的439万元，另协助区法院庭室执行12件，还协助外地法院执行12件。是年，区法院制定《关于加强执行工作规范管理的暂行规定》，明确执行工作的目标任务，实现执行案件的合理分流，使执行工作任务到庭，责任落实到人。市中院对此给予肯定，并在全市法院推广。执行庭发挥主力军作用，运用强制执行手段。1994年，湖南金属材料公司诉广东省中山市钢管工业集团公司货款纠纷案。在执行中，被告不予理睬。执行庭派人员两下广东中山，冻结被执行人全部银行账号，将180万案款全部执行到位。

1995年，北区推行“审执分离”模式，制定执行工作流程管理规定，规定各类常规案件只能归执行庭执行，非诉行政案件只能归行政庭执行。1995年，共执行422件，执结标的达1193.99万元，“审执分离”模式初见成效。1996年，共执行各类案件700件，执结标的1306.47万元。1997年，开福区法院共执行各类案件565件，执结标的4458.39万元。1998—2002年，共执行民事、经济等案件4169件，执结标的1.60亿元，其中清理执行积案360件。

1998年，开福区加强执行队伍建设，在人员上和经费装备上，向执行一线倾斜。1999年，执行庭升格为执行工作局，局长高配正科实职。在执行工作上，从立案到审判、执行，全院一盘棋，为维护裁判的既判力和公信力在每个环节上夯实基础，为执行工作铺平道路。2001年，立案庭在立案过程中采取财产保全149起，保全标的5100万元。2003—2012年，共执行13133件，执行标的33.10亿元，执行率达99.46%。2004年4月，通过节省办公经费与社会捐助等多方筹措资金，设立司法救助基金30万元，对生活困难的申请执行人给予经济上的援助，此举在全省法院首开先河。2005年，法警大队协助执行局远赴云南、贵州、河南、安徽、江苏、南京、广东等十多个省份执行，保全金额1.90亿多元，执行拘传、拘留涉案当事人48人。

2006年，开福区加强查封、扣押、冻结、拍卖、拘留等“硬执行”措施，同时创新执行方法，建立执行工作威慑机制，破解“执行难”问题。2007年，在全省率先采取限制出入境、执行悬赏和追究刑事责任等措施。执行海盐铸造公司与广东东莞宝源（陶氏）机械有限公司买卖合同纠纷一案时，被执行人法定代表人（香港居民）以企业资金困难为由，拒绝履行义务。执行局承办人向被执行人详细说明将限制出入境的规定，并告知其如不履行义务，将通过深圳海关对其采取限制出境措施。被执行人立即于次日与申请执行人达成执行和解，其后按和解协议全部履行义务。对于故意逃避债务的个人和企业法定代表人，则采取执行悬赏和移交公安机关立案侦查的措施。长沙市总工会与湖南楚兵房地产开发有限公司合作建房纠纷一案的执行，通过长沙政法频道和《潇湘晨报》等媒体发布执行悬赏公告，在群众的举报和协助下，迅速将外出逃避债务一个多月的被执行公司法定代表人抓获并司法拘留。同时查明其有非法处理法院查封冻结财产的犯罪事实，经与公安机关协调，将其以涉嫌拒不履行法院判决、裁定罪和非法处置法院查封、冻结财产罪移交公安机关立案侦查，公安机关随即予以刑事拘留，后被判处有期徒刑一年。区法院整合社会执行资源，先后建立被执行人财产线索举报奖励制度，建立执行救助基金，推行司法公益短信，媒体曝光“老赖”名单、诚信系统不良记录，采取限制高消费、限制出入境等“软执行”措施，敦促被执行对象自觉履行法律义务。每年执行案件的自动履行率和执行和解率达70%以上。2006—2012年，连续7年开展“春雷行动”“夏季风暴”“秋收行动”“冬日暖阳”为代号的集中执行兑现活动，成效显著。2006年1月首次举行的“冬日暖阳”执行兑现活动，为50名申请执行的农民工兑现工资执行款70余万元。2010年1月15日第5次“冬日暖阳”执行兑现大会，涉及拖欠农民工工资、借款纠纷、合同纠纷、交通事故赔偿等56件案件，当事人领到执行款3300万元。

三、非诉行政案件执行

1993年3月，法院相继在统计、国土、规划等行政机关设立行政法规执行联络室，后因缺乏法律依据，加之个别行政工作人员行为不当，省高院于1995年5月22日下文撤销法院在行政机关设立的各种执行室、联络室。1995年前，法院行政审判庭、执行庭可以受理非诉行政执行案件。1995年3月，省高院下文规定国家行政机关申请人民法院强制执行的非诉行政执行案件，由执行庭移交行政庭执行。行政审判庭肩负行政诉讼案件审判和受理非诉行政案件执行双重任务。

1998—2002年，开福区执行非诉行政案件74件，其中60%案件被执行人经说服教育履行执行义务。长沙市房屋拆迁办公室申请执行某户行政裁决拆迁一案，在强制执行即将实施前晚，为减少被执行人对抗情绪，承办法官再次上门，敦促其自觉履行拆迁义务，经过近10个小时耐心疏导，被执行人表示愿配合执行，自觉履行拆迁裁决。

随着国家法制逐步完善，行政执法管理力度加大，申请法院强制执行的非诉行政案件逐年增多。2003—2007年，开福区共受理执行非诉行政案件5215件。为适应形势发展需要，加大非诉行政案件执行工作力度，2009年9月，成立非诉行政案件执行局，配备16名执行人员，专司非诉行政案件执行工作，对棚户区改造、重点工程项目征收拆迁案件，优先受理和执行。2008—2012年，共受理执行非诉行政案3849件，其中涉及中山西路、火车北站、湘春路、新河三角洲、黄兴北路等重点工程建设方面的房屋征收拆迁案件753件。

第六节 审判监督

审判监督程序，又称再审程序，是指人民法院、人民检察院对已经发生法律效力的判决和裁定，发现其在认定事实或者适用法律上确有错误，依法提出并由人民法院重新审判必经遵循的步骤和方式。

20世纪80年代，法院没有单独设立立案机构，各业务庭和法庭自行立案，各自审理，各自编号。有的审判人员甚至自收自审，“人情案”“关系案”时有发生。标的金额大、诉讼费多的“油水案”争着办；疑难案件不愿立，不想办，甚至出现先结后立、不结不立的现象。1985年，北区法院成立刑事审判二庭，专门负责承办复查纠正冤假错案和落实政策的工作。1989年6月，撤销刑事审判二庭，设立告诉申诉庭，抓历史老案复查扫尾工作，同时执行刑事、民事、行政三大诉讼法关于审判监督的规定，全面开展申诉案件的再审工作。对当事人提出的申诉，重点审查原判决、裁定认定的事实、适用法律是否确有错误，申诉是否有理。对有新的证据足以推翻原判决、裁定的；原判决、裁定认定事实主要证据不足的；原判决裁定适用法律确有错误的；原判决违反法定程序可能影响案件正确判决的；审判人民在审理案件时有贪污受贿、徇私舞弊、枉法裁判行为的，按照审判监督程序进行再审，实事求是地予以改判纠正。为确保司法程序公正，区法院从1992年起试行立审分离，由告诉申诉庭统一审查立案，统一编号移送，刑事公诉案件由刑庭立案，行政案件由行政庭审查申诉庭办理立案手续。1989—1992年，共受理各类申诉案件186件，审结186件，其中改判19件。在此期间，区法院建立来信来访接待登记、申诉立案审查登记和案件移送办理等三项制度。1993—2002年，共受理各类申诉案件500件，审结488件，处理来信1400余件。2003—2012年，共受理各类申诉再审案件287件，依法改判24件。2007—2012年，化解进京上访案件35起，上百件涉诉信访案件得以妥善处理。2005—2012年，共评查各类案件38536件，对发现的问题及时发出整改通知，对存在的问题，点案到人、处罚到位。

2005年8月，区法院成立审判管理办公室，负责对本院审判、执行的各类案件质量和效率进行逐案评查；对审判、执行流程进行跟踪管理；对司法绩效各项指标进行综合评估并进行通报；对案件质量和效率评估中发现的问题进行分析，及时提供决策咨询依据。2006年，制定《案件质量评查实施细则》，进一步规范案件评查工作，当年因案件质量有问题而受到处罚的承办人有20多个。2008年，对48份裁判文书存在瑕疵的责任人分别给予目标管理扣分和经济处罚。

表7-13　　1989—2012年长沙市开福区（北区）法院审（执）结案件情况表　　单位：件

种类 年度	刑事	民事	经济	行政		审监（复查）	执行	小计
				诉讼	执行			
1989	182	1318	553	2	—	16	102	2173
1990	233	1034	389	29	—	75	149	1909
1991	178	871	381	25	—	49	142	1646
1992	132	876	341	10	—	46	179	1584
1993	126	892	703	11	—	42	132	1906
1994	161	824	643	13	—	23	195	1859
1995	171	1026	440	15	—	48	422	2122
1996	219	899	317	9	—	25	700	2169
1997	226	1572	481	16	—	29	565	2889
1998	237	1522	543	12	—	70	776	3160
1999	274	1696	509	13	6	99	1171	3768
2000	334	1225	326	12	7	73	1031	3008
		民商事						
2001	312	1380		24	10	57	777	2560
2002	328	1633		77	51	27	631	2747
2003	451	1523		16	20	49	506	2565
2004	417	2394		19	1095	25	968	4918
2005	397	1920		17	3097	5	767	6203
2006	588	2129		16	1655	28	1217	5633
2007	495	2387		15	653	29	1073	4652
2008	491	2612		18	1030	17	1150	5318
2009	450	3588		21	639	28	1305	6031
2010	478	4586		23	273	8	1718	7086
2011	401	4417		28	319	16	1868	7049
2012	661	3861		51	1588	7	960	7128
合计	7942	51811		492	10443	891	18504	90083

表 7-14　　1989—2012 年长沙市开福区（北区）法院刑事审判案件情况表

类别/年度	收案（件）	结案	其中判决								
			危害公共安全罪	破坏社会主义经济秩序罪	侵犯公民人身、民主权利罪	侵犯财产罪	妨害社会管理秩序罪	贪污贿赂罪	渎职罪	其他犯罪	危害国家利益罪
1989	186	182 件 256 人	2 件 2 人	—	45 件 52 人	105 件 167 人	7 件 8 人	21 件 25 人	2 件 2 人	—	—
1990	200	200 件 298 人	2 件 2 人	—	31 件 36 人	152 件 245 人	2 件 2 人	1 件 1 人	1 件 1 人	—	—
1991	185	170 件 237 人	1 件 1 人	1 件 1 人	39 件 44 人	116 件 172 人	11 件 17 人	2 件 2 人	—	—	—
1992	146	132 件 193 人	—	1 件 1 人	36 件 48 人	76 件 121 人	11 件 13 人	8 件 0 人	—	—	—
1993	126	126 件 198 人	1 件 1 人	3 件 4 人	32 件 40 人	83 件 139 人	7 件 14 人	—	—	—	—
1994	161	161 件 246 人	1 件 1 人	2 件 2 人	39 件 55 人	109 件 175 人	6 件 8 人	4 件 5 人	—	—	—
1995	171	171 人 251 人	2 件 2 人	—	31 件 44 人	120 件 184 人	12 件 15 人	5 件 5 人	—	1 件 1 人	—
1996	219	219 件 291 人	3 件 3 人	2 件 4 人	51 件 57 人	136 件 197 人	16 件 19 人	—	1 件 1 人	—	—
1997	226	226 件 299 人	3 件 5 人	3 件 3 人	49 件 57 人	136 件 189 人	21 件 27 人	7 件 8 人	2 件 2 人	5 件 6 人	—
1998	240	237 件 342 人	6 件 6 人	4 件 5 人	52 件 70 人	129 件 202 人	32 件 42 人	2 件 5 人	2 件 2 人	—	—
1999	275	274 件 375 人	7 件 3 人	4 件 8 人	31 件 41 人	180 件 248 人	38 件 50 人	3 件 4 人	1 件 1 人	—	—
2000	337	334 件 465 人	2 件 6 人	8 件 2 人	85 件 96 人	165 件 257 人	45 件 63 人	8 件 0 人	1 件 1 人	—	—
2001	309	312 件 473 人	1 件 5 人	4 件 7 人	70 件 98 人	152 件 244 人	64 件 98 人	1 件 1 人	—	—	—
2002	331	328 件 504 人	5 件 7 人	1 件 4 人	64 件 84 人	186 件 308 人	40 件 58 人	1 件 1 人	1 件 2 人	—	—
2003	452	451 件 683 人	3 件 7 人	2 件 2 人	19 件 55 人	241 件 372 人	47 件 84 人	8 件 1 人	1 件 2 人	—	—
2004	417	417 件 666 人	0 件 6 人	8 件 7 人	14 件 152 人	225 件 366 人	42 件 97 人	8 件 8 人	—	—	—
2005	398	397 件 652 人	4 件 6 人	8 件 9 人	77 件 95 人	209 件 399 人	67 件 111 人	2 件 3 人	1 件 1 人	—	—
2006	594	588 件 960 人	8 件 2 人	6 件 9 人	122 件 157 人	316 件 549 人	109 件 205 人	6 件 6 人	1 件 2 人	—	—
2007	498	495 件 811 人	7 件 7 人	8 件 4 人	96 件 126 人	238 件 426 人	127 件 205 人	8 件 1 人	—	—	1 件 2 人
2008	500	491 件 817 人	8 件 3 人	1 件 4 人	92 件 112 人	251 件 414 人	115 件 230 人	4 件 4 人	—	—	—

续表 7-14

类别 / 年度	收案（件）	结案	其中判决								
			危害公共安全罪	破坏社会主义经济秩序罪	侵犯公民人身、民主权利罪	侵犯财产罪	妨害社会管理秩序罪	贪污贿赂罪	渎职罪	其他犯罪	危害国家利益罪
2009	457	450 件 740 人	9 件 0 人	8 件 9 人	79 件 104 人	232 件 363 人	91 件 99 人	8 件 1 人	2 件 3 人	—	1 件 1 人
2010	487	478 件 723 人	22 件 24 人	11 件 13 人	71 件 120 人	237 件 360 人	126 件 194 人	8 件 9 人	3 件 3 人	—	—
2011	406	401 件 645 人	11 件 12 人	11 件 26 人	52 件 73 人	185 件 292 人	133 件 229 人	9 件 13 人	—	—	—
2012	676	661 件 1052 人	21 件 21 人	18 件 66 人	100 件 126 人	299 件 474 人	205 件 341 人	16 件 19 人	2 件 5 人	—	—
合计	8007	7892 件 12271 人	269 件 312 人	144 件 320 人	1577 件 2137 人	4278 件 6872 人	1374 件 2329 人	221 件 263 人	21 件 28 人	6 件 7 人	2 件 3 人

第四章 司法行政

第一节 机 构

一、机 构

开福区地方司法行政机关为区司法局，1989—1996年为北区司法局，1997年更名为开福区司法局。北区司法局设局长1人、副局长2人。内设办公室、基层工作管理股、宣传教育股、公证处、律师顾问处等5个职能机构。2002年，开福区司法局经过调整，设办公室、法制宣传教育科、基层工作管理科、法律服务工作管理科等4个职能科室，核定司法行政专项编制。2010年，增设社区矫正科，内设机构增至5个。1989—2012年，先后担任区司法局局长的为郭子华、刘小鸥、何群、裴文欢、唐亮清。

二、派出机构

1989年，北区司法局下辖6个乡镇街道司法办公室。各街道（乡镇）均设有法律服务所。1992年，增设新河街道、黑石渡街道两个司法办公室。同年，北区8个街道（乡镇）司法办公室更名为司法所，与原法律服务所实行两块牌子、一套人马的体制。各街道（乡镇）司法所设所长1人、专职人民调解员1人。2002年，开福区下设区公证处、区法律援助中心两个二级机构，为全额拨款全民事业单位，司法行政编制均为3人。2010年，各街道（乡镇）设社区矫正专干1人（由街道聘用）。

三、司法队伍及基层司法机构建设

2007年，开福区在全区司法助理员中开展“竞争上岗，采用笔试、竞职演说、民主测评”的办法，实行择优录取。2011年，推动基层司法所规范化建设，全区13个司法所全部达到市级规范化司法所标准，其中5个达到省级规范化司法所标准。是年6—8月，开福区率先在全省启动“法治开福”创建工作，启动全省首批基层法治示范县（市、区）创建工作，并在全区开展“民主法治示范村（社区）”创建活动，推进法治开福建设。2012年，引入ISO9001质量管理认证体系，全面提升基层司法行政、律师事务、公证、法律服务与援助、普法宣传各项司法职能工作水平。

附：1992年，北区司法局被评为湖南省第二届司法行政系统先进集体，并记集体三等功。2008年，开福区司法局获评全市政法系统先进集体。2011年，开福区司法局获评全省法律援助为民办实事工作先进集体，伍家岭司法所获评湖南省依法办事示范窗口单位。2011—2012年，区司法局连续两年获评全国人民调解宣传工作先进单位。2012年，区司法局获评全省司法所建设先进单位和全省社区矫正工作先进单位，望麓园司法所获评湖南省司法行政系统先进集体。

第二节 基层司法行政

一、安置帮教

1989—2005年，全区安帮工作站、安帮小组增至155个，帮教工作人员从782人增至1117人。1989—2012年，全区刑释解教人员总数在500人至600人之间，每年新增人数保持在200人以下。刑释解教人员帮教率均达到100%，安置率在80%以上。其中，1994年、1995年、1997年、2010年安置率分别为80.4%、85.9%、71%、90%；重新犯罪率控制在1%左右，2002年、2006年重新犯罪率分别为1.5%、1.3%。2003年、2004年、2005年、2010年、2012年分别为176人、377人、423人、262人、160人申请最低生活保障。1998年，开福区荣获全省刑释解教人员安置帮教工作先进集体。

二、社区矫正

2009年，开福区试行社区矫正工作。2010年6月，全区社区矫正工作启动，成立开福区社区矫正工作领导小组，并在全区13个街道（镇）相应成立社区矫正工作领导小组。同年，区司法局社区矫正科与湖南警官学院联合成立社区矫正志愿者队伍，共20人。2010年，经全区社区矫正工作联席会议研究决定，在全区强制推行审前社会调查评估制度。同年6月，开福区成立全省首家区级社区矫正中心。社区矫正中心设立管理、教育、服务三部和档案、警务两室，工作人员6人，其中局机关委派3人，市属坪塘监狱调派干警3人。中心通过GPS定位、电子围墙监控加强监管，部门联动，整合资源，形成教育、监管、帮扶“三位一体”的工作格局。社区矫正工作推行以来，2010年全区共接收社区服刑人员195人，其中解除矫正20人。2012年全区累计接收管理矫正对象472人，有252人顺利解除矫正。

第三节 律师事务 人民调解

一、律师事务

律师事务所 1989年8月，北区法律顾问处先后更名为北区律师事务所、长沙市第八律师事务所、兴汉律师事务所。1993年1月，律师事务所与财政脱钩，实行独立核算，自负盈亏，并与政府签订责任书，享受有关权利，承担有关责任。2001年4月，兴汉律师事务所分为国广律师事务所、江海洋律师事务所、弘天律师事务所。

律师管理 区司法局是全区法律服务机构的主管部门，依法对全区内各法律服务机构和所属执业人员，以及外地来开福区执业的律师进行管理和监督。2010年5月，区司法局制定《开福区司法局基层法律服务行政处罚自由裁量细则》，明确区司法局对律师事务所及律师行政处罚的依据及处罚标准。

律师业务开展 改制之前，律师事务所作为司法局的二级机构，将做好企事业单位常年法律顾问作为律师业务的重点，承办各类刑事、民事案件及开拓非诉业务。

表7-15　　1989—2012年长沙市开福区（北区）律师事务所业务情况表

年度	刑事（件）	民事（件）	行政（件）	非诉讼（件）	解答法律咨询（人次）	代写法律文书（份）	担任企事业常年法律顾问（家）	法制宣传（次）	从业人数（人）
1989	66	108	0	210	2979	265	65	5	35
1990	33	301	0	212	2115	311	37	8	35
1991	150	288	0	340	1870	299	64	10	35
1992	123	331	0	126	839	141	65	9	35
1993	88	255	1	92	2200	410	36	6	30
1994	53	123	1	70	1770	366	43	5	30
1995	87	221	1	26	1736	215	54	6	30
1996	50	371	5	118	1617	281	36	6	30

续表 7-15

年度	刑事（件）	民事（件）	行政（件）	非诉讼（件）	解答法律咨询（人次）	代写法律文书（份）	担任企事业常年法律顾问（家）	法制宣传（次）	从业人数（人）
1997	57	281	4	55	2650	870	52	8	30
1998	48	107	3	18	1500	670	41	5	30
1999	55	320	1	81	1880	360	36	5	30
2000	57	305	1	60	1770	208	36	6	30
2001	15	105	1	67	630	20	15	15	22
2002	24	123	1	70	540	40	15	9	22
2003	39	150	1	213	576	40	15	15	22
2004	60	117	2	198	624	41	15	21	22
2005	66	153	1	165	498	40	15	20	22
2006	54	171	2	261	465	35	18	20	24
2007	27	132	1	228	531	32	28	20	24
2008	45	99	1	273	567	45	28	18	24
2009	51	108	1	174	660	60	28	20	24
2010	18	156	2	219	930	60	29	24	24
2011	24	198	1	234	840	65	29	27	24
2012	21	210	3	180	597	70	29	27	24
合计	1311	4733	34	3690	30384	4944	829	315	—

二、人民调解

人民调解组织 1989年—1995年，北区各街道和企事业单位均已组建人民调解组织。1989—1990年，调解各类纠纷979起，防止矛盾激化51起，防止民转刑33起。1996—1997年，调解各类纠纷1464起，调解成功率为98%，防止民转刑77件，化解群体性上访45件。2003年，开福区15个街道（乡镇）先后成立人民调解委员会。同年，在四方坪派出所设立驻所调解室。10月，中共中央总书记、国家主席胡锦涛和中共中央政治局常委、中央政法委书记罗干在开福区视察工作时，对驻所调解室的做法给予肯定。2004—2005年，调解各类纠纷1609起，调解成功1550起，成功率为96.33%，化解群体性上访80件5100人次。同年，在全区所有街道派出所设立驻所调解室，并建立专职人民调解员队伍。2006年，省委常委、政法委书记李江在开福区调研政法工作时给予肯定，并要求在全省予以推介。2008年，区司法局在区法院、区检察院分别设立驻院调解室。2010年4月，设立区社会矛盾调处中心，配备工作人员24人。2011—2012年，全区各级调解组织排查出矛盾纠纷1705起，调解成功1697起，调解成功率为99.53%。至2012年年底，全区共有专职人民调解员14人，兼职人民调解员1021人。

2010年，四方坪街道调委会驻派出所调解室获评长沙市十佳调解室。2012年，捞刀河镇人民调解委员会被评为全省司法行政系统模范人民调解委员会。

第四节 公 证

1984年12月，长沙市北区设立区公证处，归口司法局管理。1989—1995年，北区公证处专职公证员由1人增至5人，2012年增至6人。1990年，北区公证处开辟劳务合同和计划生育合同两项新证源。1991年又开辟单位计划生育合同公证、法定代表人身份证明公证和暂住育龄妇女计划生育合同公证，1992年开辟综合治理治安责任书新证源。1995年，区公证处开始为福利彩票进行公证。后来湖南电视台各频道的“幸运3721”“明星学院”“超级女声”“金鹰节”等节目陆续播出，涉及名目繁多的抽奖、短信投票、评分等环节，监督抽奖的公正性成为必不可少的部分。区公证处及时展开相关公证工作。1996—2012年，公证处配合开福区重点工程建设，进行现场公证百余场次。见下表。

表7-16 1989—2012年长沙市开福区（北区）公证处公证业务情况表

单位：件

年度	民事	经济	合计	年度	民事	经济	合计
1989	479	—	479	2001	5059	2111	7170
1990	848	—	848	2002	3545	3544	7089
1991	2172	—	2172	2003	1912	3938	5850
1992	3767	—	3767	2004	1735	4674	6409
1993	2165	—	2165	2005	1860	7459	9319
1994	2376	—	2376	2006	1184	1476	2660
1995	2823	—	2823	2007	1336	1033	2369
1996	2518	—	2518	2008	1607	841	2448
1997	3118	—	3118	2009	1104	1143	2247
1998	3081	—	3081	2010	1546	849	2395
1999	2848	—	2848	2011	1132	629	1761
2000	4062	—	4062	2012	1546	579	2125
合计	30257	—	30257	合计	23566	28276	51842

第五节 法律服务 法律援助

一、基层法律服务机构

1989年，北区街道法律服务所共有专职人员18人，其中国家干部9人、集体干部5人、招聘4人，另有兼职法律工作者34人，每个法律服务所平均超过8人。同年，全区6个街道法律服务所经省司法厅达标验收，获颁发首批合格证书，并有5个所被评为“五好”。全年全区法律服务所经济收入均超万元。1992年，街道法律服务所增至8个。1996年，街道（乡镇）法律服务所增加至16个。各法律事务所均为股级全民事业单位，实行独立核算，自负盈亏，行政上属街道办事处领导，业务上接受区司法局指导，与街道司法办实行“两块牌子、一套人员”合署办公，开展代理、咨询、法律顾问等工作。

2010年5月，制定《开福区司法局基层法律服务行政处罚自由裁量细则》，明确区司法局对基层法律服务所及其工作人员行政处罚依据及处罚标准。随着经济转轨、社会转型，开福区街道（乡镇）法律服务所有所异动。至2012年，仍在进行法律服务的法律服务所有7个，即维实法律服务所、明晟法律服务所、捞刀河法律服务所、北站路法律服务所、正浩法律服务所、畅元法律服务所、湘鹏法律服务所，法律工作者共48人。

二、基层法律服务业务

1989年，北区法律服务所受聘担任常年法律顾问35家，代理民事诉讼和非诉讼案件269件；协办公证168件；为企业或当事人挽回或避免经济损失达1513.40万元；办法制宣传栏246期，讲法制课264场，受教育人数达5万余人次；接待和解答法律咨询2422人次；代写法律文书295份。1990年，共调处各类纠纷176件，其中经济纠纷112件；协办公证417件；担任诉讼和非诉讼代理246件，担任常年法律顾问35家；代写法律文书358份，解答法律咨询1256人次，避免和挽回经济损失1129万元。1991年，法律服务所协办各类公证1610件，担任法律顾问55家；办理诉讼和非诉讼代理197件，调处各类纠纷174件；代写法律文书647份，解答法律咨询2708人次，讲法制课116场；避免或挽回经济损失1788余万元，实现业务收费近10万元。1992年，法律服务所共调处纠纷155件，协办公证2445件；担任常年法律顾问86家；担任诉讼和非诉讼代理277件；讲法制课159场，受教育人数达10万人，共为单位和当事人避免和挽回经济损失500余万元。1994年，共调解纠纷299件，协办公证1317件，办理民事案件和非诉讼案件233件；担任常年法律顾问106家；代写法律文书857份，解答法律咨询1855人次；为当事人挽回和避免经济损失627余万元，实现业务收入共计18.70万元。1995年，共调处纠纷143件；协办公证991件；办理民事诉讼案件和非诉讼案件184件；担任常年法律顾问97家；代写法律文书358份，解答法律咨询509人次，避免和挽回经济损失340余万元，实现业务收入近20万元。1997年，开福区法律服务所为254家企事业单位担任常年法律顾问；办理诉讼案件、非诉讼案件197件；挽回经济损失103.60万元，避免经济损失74.80万元，实现业务收费9.37万元。

三、法律援助机构

1997年，开福区针对贫困对象和弱势群体开展“法律援助进社区”活动，全区街道（乡镇）均成立法律援助工作站，吸纳法律志愿者83名，受援对象4万余人。1998年，开福区成立法律援助处，具体工作由兴汉律师事务所、区公证处、区基层法律服务所在区法律援助处的协调下组织实施。是年，开福区制定《长沙市开福区法律援助实施细则》，办理法律援助案件和公证事项12件。2000年，开福区法律援助中心成立，为区司法局的二级机构，有专职法律援助律师3人，兼职法律援助社会律师21人，法律工作者23人，高校法律援助志愿者288人。其主要职责为受理、审查法律援助申请，指派或者安排法律援助人员，并对法律援助活动进行指导、协调、管理。2001年8月，区法律援助中心设立开福区少数民族法律援助工作站。2008年，法律援助中心从法律志愿者中挑选一批离退休老律师和工作能力强的法律工作者组成援助团，成立开福区青少年法律咨询中心，负责接待日常法律咨询，组织开展青少年易于接受、直观的模拟法庭法制教育活动，在普法中增强青少年免疫力。2010年，开福区法律援助中心打造法律援助“三零”[①]品牌。2012年，完善基层法律援助网络，全区123个社区（村）均设立法律援助工作站，区、街（镇）、社区（村）三级法律援助网络达到全覆盖。基本实现非诉讼法律援助事务不出社区。

四、法律援助业务

区法律援助中心制定一次性告知制度、保密制度、首问责任制等管理制度，督促工作人员恪尽职守。建立听庭评议制度。在已受理的案件中，选择疑难复杂案件、未成年人案件、重大刑事案件以及标的数额较大的民事案件，开展听庭评议。评议人员由分管法律援助中心领导、纪检组长、法律援助中心主任、执业律师出任，每件案件的评议人员为3人至5人。法律援助中心将根据历次庭审评分状况对律师进行年度综合考评，并将考评结果通报援助律师所在律师事务所。

① “三零”即延伸服务“零距离”——居民群众在社区就可办理援助事项，对年老、残疾等弱势群体，社区法律援助站还提供上门受理服务；高效服务“零障碍”——社区（村）援助站通过优化援助审批程序，减少审批环节，实行网上审批制度，做到“一站式”集中办理，限时办结，提高工作效率；优质服务“零投诉”——实行援助案件倒查制度，杜绝违规违纪现象发生。

表 7-17　　2000-2012 年长沙市开福区法律援助中心历年法律援助案件情况表

单位：件

年度	民事	刑事	合计	年度	民事	刑事	合计
2000	5	6	11	2007	110	45	155
2001	8	11	19	2008	123	46	169
2002	10	15	25	2009	153	33	186
2003	28	38	66	2010	183	26	209
2004	55	30	85	2011	202	39	241
2005	80	45	125	2012	177	70	247
2006	102	38	140	民事 1236，刑事 442 件，总计 1678			

第六节 普法宣传

1989 年，北区制定《一九八九年依法治区实施计划》，提出包括普法教育、治理整顿经济秩序等在内的“十项任务”。同年 4 月，全区开展大规模的依法治区宣传周活动，全区 10954 人收听区长《把依法治区工作落在实处》的广播讲话，举办 16 个法律法规学习班，全区科级负责干部 134 人参加学习。至年底，全区出动宣传车 39 台次，设立宣传点 36 个，横幅标语 4169 条，出宣传刊 236 期。同年，湖南省授予北区普法工作先进单位称号。1990 年，北区开展《中华人民共和国统计法》《中华人民共和国计量法》《中华人民共和国保密法》《中华人民共和国商标法》等专业法规学习的大检查；召开北区首届依法治区理论研讨会，出版依法治区论文集。北区司法局先后被省委、省政府授予普法工作先进集体称号，被中宣部、司法部授予全国普法工作先进集体称号。

一、“二五”普法宣传教育（1991—1995 年）

1991 年，北区制定“二五”普法规划，确立“二五”普法的指导思想、目标要求、普法对象和普法内容，主要以“宪法为核心”、以“专业法为重点”。“二五”普法期间，全区召开动员会、报告会 560 场次，举办 6 期“二五”普法骨干培训班，培训人数达 3200 人次，共有 14.30 万人参加学习。购买学习资料 5 万余份，设宣传站 14 个，开设法制课堂 395 场次，出动宣传车 150 次，散发宣传资料 15 万余份，开展较大规模宣传普法周（月）活动 5 次。经市检查考核，共有 380 个单位“二五”普法验收合格。1992 年，北区司法局被省司法厅记集体三等功。辖区内长沙市财经职业中专学校被评为全国“二五“普法先进集体。

二、“三五”普法宣传教育（1996—2000 年）

1996 年，制定《北区“三五”普法规划》。1997 年 10 月，全区组织政法干警 100 余人参加长沙市“万人上街宣传新刑法”的活动。1999 年，举办开福区家庭法律知识竞赛活动，全区 1000 余个家庭共 300 余人参加。2000 年 7 月，部署“三五”法制宣传教育总结验收工作。“三五”普法宣传以《中华人民共和国宪法》为核心，以《中华人民共和国婚姻法》《中华人民共和国妇女权益保障法》《中华人民共和国未成年人保护法》《中华人民共和国老年人权益保护法》等法律为重点，以社会主义市场经济法律知识为主要内容。全区有 20 万人参加普法学习，其中科级以上领导干部、司法工作人员和行政执法人员、企业经营管理人员和青少年的参学人数 5 万余人，参学率 99% 以上。全区共组织各类法制培训班 120 余期，宣传法制课 300 余场次，发放各类普法教材和资料 30 余万份，出动宣传车辆 200 余台次，张贴法制宣传标语 1 万余幅，出法制宣传墙报 600 余期，板报 300 余块，法制专栏 500 余期。开展大规模的宣传普法日（周、月）活动 20 余次，开展法律知识竞赛、法制展览和法制文艺演出等专项法制宣传教育活动 30 余次。

三、“四五”普法宣传教育（2001—2005 年）

2001 年 9 月 26 日，全区召开“三五”普法总结表彰暨“四五”普法动员大会，确立“四五”普法的指导思想和奋斗目标。2002年始，北区实行每年一度的干部学法考试。区司法局组织全区4000余名干部职工参加年度学法考试，参考率、合格率均达98%以上。2003年9月，在区少年宫创建开福区法制教育基地。在普法宣传方面，2002年，开展以“WTO与依法行政”为主题的一系列法制宣传教育活动。2003年春，“非典”疫情来袭。开福区以“法律进社区”活动为载体，宣传与防“非典”相关的法律法规，编辑出版有关防汛的《法律知识选编》。2004年初，针对外来务工人员工资拖欠问题，在望麓园街道荷花池社区启动“工资零拖欠社区”试点活动。“四五”普法期间，全区约有20万人参加普法学习，全区共有各类普法机构676个，普法专干880人，普法骨干3880人，共开展揭批邪教“法轮功”、反邪教和打击吸毒、贩毒的专题宣传活动560余次，制作宣传板报700余块。宣传普及法律法规120部，编印各类普法宣传资料30余万册，发放各类普法教材和资料60余万份，出动宣传车辆1200余台次，张贴法制宣传标语10万余幅，出法制宣传墙报2600余期，板报1300余块，法制专栏1500余期。开展大规模的法制宣传日（周、月）20余次，开展法律知识竞赛、法制展览和法制内容的文艺演出等专项法制宣传教育活动30余次。组织领导干部法制讲座5次。各级各部门“党委（党组）中心组”集中学法850场次，全区1850名行政执法人员参加各种行政执法培训，其中805人获得行政执法证，实现执证上岗亮证执法。全区共有公务员和参照公务员管理人员4069人，均参加集中组织的年度学法考试，参学率、参考率和及格率分别达100%、98%、100%，普法合格证到位率100%。全区72个社区和28个村均达到民主示范社区（村）的标准。2001年，区司法局获得全市司法行政工作先进集体。2006年，水风井社区被评为湖南省“四五”普法依法治理先进单位，捞刀河镇司法所、区教育局被评为长沙市“四五”普法依法治理先进单位。同年，捞刀河镇获得长沙市“四五”普法依法治理先进单位称号。

四、“五五”普法宣传教育（2006—2010年）

2006年，发布《关于在全区公民中开展法制宣传教育的第五个五年规划》，全面启动“五五”普法教育。2011年6月，在全省启动“法治开福”创建工作。同年8月，启动全省首批基层法治示范县（市、区）创建工作，并在全区开展“民主法治示范村（社区）”创建活动。“五五”普法期间，调动社会力量参与法制宣传，至2012年，全区在册高校学生义工282人，对口各街道（镇）成立13支高校法律义工分队，组织法律义工427人次开展各类普法和法律服务活动。2012年，在干部学法考试中推行“无纸化”网上学法考试系统，75个单位4099人中，46个单位724人参加无纸化考试，参考率100%，平均成绩95分。“五五”普法期间，全区各级各部门共组织各类法制培训班120余期，宣讲法制课300余场次，听众达15万人次，编印发放各类普法宣传资料30万册，出动宣传车辆1200余台次，张贴法制宣传标语10万余幅，出法制宣传墙报2600余期，板报1300余块，法制专栏1500余期。开展大规模法制宣传日（周、月）120余次，开展法律知识竞赛、法制展览和法制文艺演出等大型专项法制宣传教育活动30余次。开展“百个行政村”法律巡讲活动，共发放宣传资料5000余份，受教育农民达3000余人次。2009年，捞刀河镇大明村获全国“民主法治示范村”的称号。2011年，开福区被评为全省“五五普法”先进区县。2012年，区司法局被评为长沙市“五五”普法依法治理先进集体。望麓园街道便河社区等8个单位被评为湖南省民主法治示范社区（村），新港镇荷叶村等36个单位被评为长沙市民主法治社区（村）。

第八篇　军　事

长沙市开福区（北区）人民武装部（以下简称区人武部）为开福区地方的军事机构，是在长沙警备区和区委、区人民政府领导下，负责全区人民武装工作的军事部门。1989—2012年，区人武部加强党委、政治工作到军事训练和后勤保障等各方面的建设，承担全区预备役军官和士兵的登记统计，完成历次征兵工作任务。区人武部加强全区民兵队伍建设，开展军训演习，提高武器装备。20多年中，区人武部领导全区民兵参加开福区社会经济建设；组织治安联防小分队、应急分队，协助公安机关开展巡逻和治安，维护社会稳定，参加抢险救灾。

第一章　军事机构与驻军

第一节　机　构

开福区地方的军事机构，1989—1996年为长沙市北区人民武装部，1996—2012年为开福区人民武装部（以下简称区人武部）。区人武部系长沙警备区所辖的正团级机构，又是区委、区人民政府所辖的军事工作部门，在长沙警备区和区委、区人民政府的领导下，负责全区的人民武装工作。区人武部由中共区委书记兼任党委第一书记，设部长、政治委员、副部长兼军事科科长各1人。

区人武部内设军事科、政工科和后勤科。下设街道、镇人民武装部，编制专武干部。社区、村建立民兵营。区内企事业单位、院校建立民兵分队。区内大型企业设立人民武装部，编配专武干部。

第二节　人民武装建设

一、党委建设

历届部党委恪守“学习、团结、务实、廉洁”八字要求，学习党的理论、路线和方针政策和对国防、军队及人民武装工作的要求，提升部党委政治思想理论水平和对全区武装工作的宏观把控能力；落实党委组织生活制度和民主集中制，加强党委一班人的团结，并以此凝聚全区人民武装工作力量，增强全区人民武装系统的战斗力。1990年，部党委学习中共中央关于党风建设的规定和关于民主评议党员的决定和全军政治工作会议精神，以提高部党委的政治思想水平和党组织的战斗力。抵制请客送礼之风，在春、冬两次征兵工作中，部党委成员共拒请吃100多次，拒收礼28人次，拒收礼金1800余元，受到人民群众的褒扬。1997年，部党委遵守党委组织生活制度和民主集中制，在涉及部机关和基层建设的若干重大问题上，坚持由党委集体研究决定。2007年，部党委完善领导分工负责制和调研制度，由每位党委成员建立2～3个基层武装组织挂钩点，调查研究新问题，帮助基层单位解难释惑。2012年，部党委总结历届党委加强自身建设的经验，并将之融入党委建设的实际工作中，使部党委发挥全区人民武装力量排头兵的作用。人武部加强党委班子建设的成效，多次获得湖南省军区和长沙警备区授予的“先进党委”荣誉。

二、政治工作

根据上级有关要求，针对机关干部、职工、专武干部实际，紧跟中央精神，组织政治学习，提高政治思想水平。人武部先后组织学习邓小平南方谈话和邓小平理论、“三个代表”重要思想、科学发展观等理论思想及中共十五大到十七大的重要会议精神等。进行以雷锋为榜样、以社会主义核心价值观为重点的政治思想教育，树立正确的世界观、人生观和价值观，抵制社会各种负面因素的影响，保持共产党员和人武干部的先进性。每年3月5日，人武部都要开展多种形式的学雷锋活动，并将之贯穿全年，让雷锋精神植根于干部、职工心中。结合工作任务开展思想工作。针对在完成各项任务过程中出现的思想问题，排除干部、职工的思想障碍。如针对两次体制改革进行的思想教育，使所属人员正确对待人武部改归地方建制和回归军队建制。2003年，人武部部长、政委和军事、政工、后勤3个科的科长同时被长沙警备区评为先进个人，人武部军事、政工、后勤3个科同时被长沙警备区评为先进单位，创造区人武部成立以来先进个人、先进单位“齐装满员”的历史纪录。

三、军事训练

人武部将军事训练置于各项工作的中心位置，提高训练质量。根据江泽民“军事过硬”、胡锦涛“积极做好军事斗争准备”总要求，及军委总部、广州军区、省军区和警备区在各时期对军事训练的部署，针对人武部机关干部和专武干部不断更新的情况，组织干部的军事训练。1989年后，根据战时动员、作战任务的要求，结合未来战争的特点，重点学习研究作战组织指挥、国防后备力量建设两套本领。1996年人武部回归军队建制后，按照广州军区关于司令部在职训练规划，重点组织干部进行参谋基本功训练和机关组织指挥训练。通过训练，人武部干部不仅能够结合自身业务完成战时兵员快速动员的各种想定作业，拟制动员文书11类，完成上级举办13次函授难度较大的想定考试。历任干部的战术思想水平和组织指挥能力都达到和保持较高标准，在湖南省军区组织的演习中，都取得较好成绩，体现出对信息化战争的驾驭和应变能力。2004年年底后，为贯彻胡锦涛“抓紧做好军事斗争准备”要求，根据上级部署，人武部组织现代战争信息化条件下作战理论和新装备知识学习，联合战役中人民武装组织指挥训练，以及相关战法训法对策研究。进行军队机关公文处理、电子标图、多媒体课件制作和“四会”教学等科目，以及新时期民兵整组、征兵工作业务等学习训练，使人武干部军事素质和专业能力有明显提升。2006年，人武部获得长沙警备区第一期干部在职训练考核优胜单位荣誉。2011年，分别获得湖南省委组织部、省军区全省专武干部比武优胜单位和长沙市政府、长沙警备区全省专武干部比武优胜单位的荣誉，获得长沙警备区军事训练先进单位荣誉。

四、后勤保障

人武部传承后勤人财物优先保障战备需要、优先保障训练需要、优先保障任务需要的“三优先”思想，为人武部提升应对现代战争的综合能力提供有力支撑。1999年始，在开福区的关心支持下，人武部陆续建成集教育、训练和办公于一体的综合性营院，建设民兵炮库、民兵训练场馆，设置国防教育室、作战室、荣誉室等。在“硬件”建设的同时，建立信息化指挥室、军事程控电话和网络终端，进一步提升人武部现代化作战指挥能力，推动人武部正规化建设跨上新的台阶。总部、广州军区、湖南省军区和长沙警备区首长多次前来视察，参加全省人武部和预备役部队正规化建设会议的全体代表也前来参观，都给予较高评价。

在区人武部加强自身建设的同时，全区党管武装工作跨上新的台阶。1989—1995年，全区党管武装工作重点是强化武装工作地位，防止因人武机构改归地方建制和加强经济建设而淡化武装工作。北区把武装工作作为考核各级党组织年度工作的重要内容；加强武装工作宣传；领导干部带头过“军事日”等措施，达到预定工作目标。1996年，开福区利用人武机构回归军队建制后的资源优势，重点加强人武干部和民兵组织的专业技术训练，提高训练的技术含量，每年举办多期军事专业技术科目的骨干培训，努力提升全区人武系统适应现代化战争的能力。2004年，重点加大对人武系统装备和训练设施的投入，提高保障水平。2005年，增加对人民武装建设的投入。2011年区委议军会议专为区民兵防空分队实装演习、专武干部参加全省比武和区人武部信息化建设投入经费216.50万元；另提供更换4台40马力操舟机的经费。2012年区委议军会议决定增加防空分队实弹射击，现役干部和专武干部参加省军区和警备区军事训练比武，人武部战备值班系统综合整治及民兵武器装备“部库合一”正规化建设等经费350万元。

第三节 驻军

长沙市开福区驻军单位有长沙警备区、国防科技大学、国防科技大学医院、工程兵舟桥某团、163医院、王家巷军队干部休养所、武警湖南总队、武警湖南省消防总队、武警长沙市消防支队、武警湖南消防总队医院、湖南陆军预备役步兵师直属汽车营、湖南陆军预备役步兵师高炮团某营。

第二章 兵 役

第一节 征 兵

一、工作机构

区兵役机构为区人民政府的常设机构，称区人民政府征兵办公室。根据年度征兵工作任务，区人民政府成立征兵工作领导小组，组长由区委常委、常务副区长担任，常务副组长由区人武部部长担任，副组长由区委常委、区人武部政委、副区长、人武部副部长担任，成员有区政府办、区委宣传部、监察局、财政局、教育局、人社局、交通局、民政局、公安分局、卫生局、工会、妇联、团委、人武部政工科、后勤科等部门负责人。

征兵工作领导小组下设办公室，由区人武部部长兼任办公室主任，区人武部副部长兼任办公室副主任。办公室下设秘书组、政审组、体检组、宣传组、纪检组、后勤保障组。

二、兵员征集工作

区年度兵员征集工作按照上级部署，分为宣传发动、体格检查、政治审查和定兵交接四个阶段，按照“从严、廉洁、保质、保量”的要求，做好征兵工作。在宣传教育阶段，人武部实行“五个结合”，即把入伍教育与爱国主义教育、前途理想教育、国防教育、革命传统教育、依法服兵役教育紧密结合，使广大青年明白“爱家就要保国”“国强才能民富”的道理，踊跃报名参军；在体格检查阶段，严把目测、体检、复查“三关”，确保兵员体检达标；在政治审查阶段，人武部采取上下结合、纵横联系、交叉会审等办法，保证新兵的政治质量；在定兵交接阶段，执行“两坚持一公开”[①]制度，接受群众监督。1989年春季征兵，人武部为部队输送合格兵员；1990年春、冬两次征兵，人武部圆满完成征兵任务；历年的征兵工作，人武部都能较好完成任务。

第二节 预备役

为了战时军队扩编的需要，平时必须做好预备役军官和士兵的登记统计工作。区人武机构根据现行国家预备役登记法规，负责本区的预备役军官和士兵的登记统计工作。

预备役军官的登记统计对象，为退出现役转服预备役的军官、部队推荐可服军官预备役的优秀士兵、经过训练可服军官预备役的高校优秀毕业生、确定服军官预备役的专武干部和民兵干部、确定服军官预备役的非军事部门的干部和专业技术人员。预备役军官根据职务的不同有相应的年龄要求。

士兵预备役的登记统计对象，分为两类。第一类是编入和预编到预备役部队的预备役士兵和经过预备役登记的基干民兵。第二类是经过预备役登记的普通民兵和经过登记确定服士兵预备役的其他人员。两类

① “两坚持一公开”即坚持择优定兵，坚持集体定兵；对批准入伍的应征青年名单张榜公开。

预备役士兵有不同的年龄要求。

根据国家、军队有关预备役登记法规和上级要求，区人武部预备役人员登记统计工作，经过认真组织和严格实施，均能达到上级规定的标准。

1989—1992年，北区人武部登记预备役军官，军事军官、政治军官、后勤军官。1997年3月，开福区首批预备役军官被授予预备役军官军衔。1989年后，全区登记一类预备役士兵、二类预备役士兵及预备役军官数量陆续增长，专业技术类别也逐渐增多。至2012年，全区登记一类预备役士兵、二类预备役士兵及预备役军官均有显著增长。

第三章 民 兵

第一节 组织·教育

一、组织建设

民兵组织建设是根据国内外形势、党和国家对民兵建设新要求、军队和武器装备新变化以及本地区民兵组织的新情况，对民兵组织的加强和整顿。区委、区政府和人武部在民兵组织建设方面，严格民兵选拔标准，制定政治、年龄和身体选拔标准，确保民兵队伍的纯洁和战斗力；优化民兵编组，根据战时作战和平时建设的要求，针对区内企事业单位结构的变化，对全区民兵组织不断进行优化，提高民兵队伍的整体实力；加强对民兵干部的培养，提高其军政素质和组织指挥能力；进行组织整顿，采取一年一度整组与经常性组织整顿相结合的制度，及时解决民兵组织出现的各种新问题，保证全区民兵组织始终处于良好状态。

1989年后，北区民兵组织建设逐步得到完善。1990年，区民兵组织进行近10年来最大的一次整组，历时32天，全区按普通民兵和基干民兵分编。至2012年，开福区已设置一批基层武装机构，配备一批专武干部，编有普通民兵、基干民兵两支队伍。另基干民兵应急队伍，包括应急连排、公路护路分队、铁路护路分队；基干民兵支援队伍，包括联合防空分队、情报侦察分队、通信保障分队、气象水文分队、网络防护分队、工程抢修分队、伪装防护分队、测绘支援分队、防化救援分队、交通运输分队、物资油料分队、医疗救护分队、装备维修分队、安全警戒分队；基干民兵储备队伍，包括作战勤务保障分队、后勤勤务保障分队、装备勤务保障分队。编实编强区防空作战分队、信息作战分队、勤务保障分队、应急维稳分队和军兵种对口专业技术分队等作战骨干队伍，达到作战力量编强、保障力量编实、应急力量编精、其他力量编好的目标。

二、政治教育

全区民兵政治教育在长沙警备区和开福区的统一部署下，在区人武部的组织下，根据1991年5月解放军总政治部《关于参训民兵政治教育意见》和1994年中共长沙市委和长沙警备区联合颁发的《长沙市民兵政治教育大纲》，利用民兵参训时间的10%进行政治教育。民兵政治教育采取课堂教育与课外教育相结合、办集训班与单位组织相结合、利用教育阵地与运用各种宣传工具相结合、常规教育与函授教育相结合等多种方法。1989年后，对民兵进行革命人生观、共产主义理想信念、各时期党的重大会议精神和路线方针政策、邓小平理论、“三个代表”重要思想、科学发展观、建设和谐、小康社会、人民战争思想、形势战备、民兵性质任务、民兵光荣传统、学雷锋树新风等教育。同时，广泛开展民兵“创先争优”活动，并将之与在本职岗位做贡献、创建文明单位、履行民兵职责结合起来。

第二节 训练与活动

一、军训演习

1990年开始，北区民兵军事训练重点转移到专业技术分队和应急分队训练上来，组织实施防化、通信、舟桥、消防、运输、医疗救护等专业分队连长，特别是民兵高炮营、连长、指挥排长以及标图员、驾驶员、操舟员、侦察员、观测手和操炮手的专业技术训练，时间一个月至三个月不等。培训途径为全区集中培训、实兵演练带训和参与挂钩部队联训或代训，以解决民兵专业分队技术骨干力量薄弱的问题，推动民兵专业技术分队军事素质的大幅度提高。1992年9月，北区民兵高炮分队携高炮、高机参加长沙警备区在沅江组织的民兵高炮实弹射击，共命中拖靶36个，获得总评优秀的成绩，创造区高炮分队成立以来的最好成绩。区人武部组织高炮分队骨干总结经验，提出精编与精训、炮手一专与多能、分练与合练、定人定位定装备训练与交叉互换训练、运用高科技理论模拟训练与提高实战能力相结合的高炮训练“五结合”经验，并以此指导每年的高炮训练。1997年10月，开福区人武部组织全区民兵高炮分队，在沅江长沙警备区举行的长沙民兵高炮分队大比武中，获得名列榜首的优异成绩。同年，区民兵防化分队经过22天的封闭训练，完成核武器理论、侦毒、防化、消除毒剂沾染、急救方法、自救互救等科目的训练，在向湖南省和长沙市领导的汇报演练中，获得高度评价。区民兵其他专业训练和常规训练也都取得不同程度的好成绩。2003—2005年，为适应开福区抗洪抢险任务的需要，发挥民兵抢险救灾作用，在区委、区政府的重视下，区人武部强化民兵操舟训练、植桩机训练和森林防火训练，编强民兵舟桥分队，进行水上救生装备器材使用、水上救生技能训练，并到舟桥84团挂钩训练。舟桥分队每年集中训练一次，时间10～15天。

2006年始，开福区民兵训练形成两条线，将各军事专业训练纳入信息化条件下进行，如防空分队制作伪装器材、加强空中设障、隐蔽伪装等训练；以应急维稳为重点，突出防洪、防火、防暴等科目训练和演习。经过训练，民兵应急分队综合素质有较大提高。在2010年军地联合演习中，开福区民兵共动用人员4500余次，车辆140台次，完成指挥部赋予处置暴乱任务。2011年，区民兵训练重点确定为民兵防空作战、军兵种对口保障、重点勤务保障和民兵应急处突。2012年，进一步强化上述四个方面人员队伍的成建制训练，提高遂行应急应战任务的能力。民兵应急队伍森林防火分队在11月27日长沙市举行的森林消防技能大比武中，获得第一名的成绩。

二、武器装备

1990年，区民兵武器装备全部更换为国产制式化，使全区民兵武器装备不仅在数量上有较大增长，在质量上也有很大提高。区民兵武器装备根据战备执勤需要和民兵建设发展，采取民兵个人保管、基层武装部门保管和区民兵武器装备仓库集中保管三种形式。2001年以后，经请示长沙警备区同意，存于基层武装部门的高炮、高机等大型武器装备收归区人武部集中保管。区人武部投入近20万元，对武器装备仓库的围墙、电网以及安全报警系统等进行加固和维修。同时，区人武部在民兵专业技术分队中增设民兵武器装备维修分队，负责全区民兵武器装备的维修工作。2012年，区人武部投入10多万元，加上开福区支持的经费，完善民兵武器装备“部库合一”建设，对武器、弹药仓库进行高标准改造，增设金库门、强电防爆系统、红外入侵探测器、温湿度报警器、墙体振动感应器、红外网络监控摄像机等一批安全性能高、抗干扰能力强、操作方便的高科技设备设施，并充实完善管理规章制度。

开福区人武部的“部库合一”建设管理成果，得到上级好评，省军区曾组织各军分区军务动员参谋、武器装备库主任前来观摩，警备区在区人武部召开“部库合一”正规化建设现场观摩会，广州军区民兵武器装备仓库达标验收工作组检查验收合格。区人武部民兵武器装备仓库从1979年建立始，没有发生过任何安全责任事故，武器装备始终处于良好状态，先后3次被湖南省、长沙市评为“红旗武器库”。

第四章 国防教育与人民防空

第一节 国防动员与教育

一、国防动员体制

1996年11月，开福区成立全民国防动员委员会，区委书记龙长工为第一主任，区长唐组武为主任，区人武部部长张雷、政委欧阳锡军、副区长袁志恒为副主任。此后，其主要领导随区委、区政府和区人武部主要领导的调整而变化。区国防动员委员会的组成单位与区人民武装委员会大体一致，后增加区发改委、机构编制委员会、工商局、卫生局等单位。

区国防动员委员会与区人民武装委员会和区国防教育委员会合署办公，是区人民政府的议事协调机构，下设国防动员综合办公室、武装力量动员办公室、装备动员办公室、国民经济动员办公室、交通战备动员办公室、人民防空动员办公室、政治动员办公室、信息科技动员办公室。日常工作由国防动员综合办公室负责，主任由区人武部副部长兼任，设在区人武部军事科。

2005年，区国防动员委员会工作机制趋于稳定，全区国防动员全面建设不断加强，各项工作取得新的成绩。区国防动员指挥体系建设逐年得到加强和完善，至2012年，区国防动员指挥体系硬件建设已完善上与长沙警备区，下与区辖各局和各基层单位，以及驻区各部队的计算机信息网络指挥终端。区国防动员指挥机构各级人员经过训练，掌握战时国防动员的组织指挥程序和指挥手段，在长沙警备区和长沙市国动委组织的演习中获得良好成绩。

二、国防教育

1989—2012年，全区国防教育在六个方面不断加强和完善。第一，建立统一领导、齐抓共管的领导机制，区委、区政府统一领导，发挥区人武部和区国防教育委员会办公室的牵头作用，动员全区各方面的力量，落实全民国防教育任务。区国防教育委员会制定年度全区国防教育实施计划，并于每季度组织召开一次教育形势分析会，解决出现的问题。区人武部组织编写国防教育教材，全面检查教育情况，总结交流教育经验。区委宣传部、教育局、广电局建立国防教育宣传舆论阵地。区工会、共青团、妇联等组织把国防教育纳入本系统的教育计划与实施。各局、镇、街道办对辖区市民具体安排教育活动，培训骨干，检查落实情况。各村、社区、企事业单位和各类院校具体实施国防教育。驻区各军事单位按照军民共建要求，协助共建单位落实国防教育任务。第二，充实国防教育内容，以爱国主义和革命英雄主义为核心，以提高警惕、保卫祖国、准备打仗为重点。利用开福区域内的资源，组织全区市民到清水塘中共湘区委员会旧址、湖南自修大学旧址、湖南烈士公园纪念馆、中共湖南省工作委员会旧址、长沙教育会坪旧址、望麓园旧址、湖南省博物馆、红军渡等革命纪念地参观学习。各单位定期进行国际形势教育、英雄模范人物事迹学习、党的各次重大会议有关内容的学习、组织参观国防知识展览等，增强全区人民的国防观念和积极参与国防建设的热情。第三，在开福区的总体部署下，区国防动员委员会将区内的革命纪念地作为国防教育基地，自1998年始，在区内4所大学、9所中学和3所小学建立国防教育基地，并在4所小学建立少年军校。同时还在全区各基层单位，利用民兵之家和社区文化室办起国防知识展览室200余个。第四，寓国防教育于生动活泼的文化活动之中，全区各单位创新教育形式，如拍摄电视片巡播、举办国防知识有奖竞赛、革命纪念地游览、国防主题文艺演出和体育表演、全民健身活动等，吸引人民群众自觉接受国防教育。第五，加强教学骨干的培养，全区各单位精心挑选教育骨干，进行培养，各单位负责人带头授课，聘请军队退转干部担任辅导员等，并开展国防教育优秀教员的评选活动。第六，统筹解决国防教育经费，全区的国防教育经费呈现政府拨款与各单位筹款相结合的形势。2005年后，全区每年筹集国防教育经费近百万元，保证国防教育的全面落实。为创新国防教育内容和形式，2012年10月31日，区人武部将长沙警备区政治部副主任洪军上校带领的“优秀大学生士兵代表巡回演讲团”到长沙学院作报告，组织正在咨询报名的大学生与该校大学生参加报告会。

第二节　人民防空

一、机构设置

开福区地方的人民防空机构为区人民防空委员会，成立于1982年8月，为北区人民防空委员会，1996年更名开福区人民防空委员会。区人民防空委员会由区人民政府区长、区人武部部长和其他有关部门负责人组成。人民防空委员会之下设人民防空办公室（以下简称人防办），设主任1人、副主任2人。1993年3月，成立北区地下工程管理所。1997年7月，区人防办定为区政府直属事业单位。2002年1月，区人防办定为区政府议事协调机构常设办事机构，同年8月又定为区国防动员委员会常设办事机构，也是区政府人民防空工作主管部门。2011年6月，区人防办调整为区政府直属事业单位，内设综合科、业务科。区下辖各街道（镇）的人民防空工作，由各街道（镇）武装部长兼管。

人防办制订防空袭预案；确定重要经济目标防护；组建防空专业队；加强通信警报。

二、人防工程

开福区的人防工程，分布在辖区一批单位内。类型有地道式人防工程、坑道式人防工程、结建式人防工程、人防主干道。到2012年年底，全区共拆除报废人防工程62个，面积3.37万平方米。

工程利用　20世纪90年代初为人防工程的早期利用时期，全区人防工程主要用于第三产业。1991年，湖南医科大学湘雅附一医院利用综合楼地下室作病房，新增床位84张，年增收入80多万元。1992年，湖南医科大学寄生虫教研室利用防空地下室饲养蝎子搞科研获得成功。1993年，湖南省体委将地下室改为人防旅社。长沙面粉厂、湖南省体委利用人防地下水，为生产生活服务，日平均抽水1200吨。1989—1991年，湖南省新华印刷一厂将地道冷空气送入车间，冷风降温，每年节约费用10万元。黄兴北路金满地人防工程，平时用作商场，设有百货、南杂、餐饮、娱乐等6个商业区。结建式防空地下室开发利用：从1991年起，全区结合民用建筑修建145座防空地下室，结构坚固、布局合理，防水、防渗功能齐全，具备良好的通风、采光、除湿等条件，平时主要用作地下停车场、物资储存。

工程维护　人防工程的维护，一般是由分管人防工程的领导先期深入现场勘察，确定维修项目，制定维修方案，编制经费预算，经审验后组织实施。工程维修完成后，组织竣工决算，经审计后按实拨付工程款。每年维修项目根据实际维修面积而定。人防工程出现开裂、下沉、地面塌陷等重大险情时，立即组织抢险抢修。

三、宣传教育

常识宣传　1989—2012年，区人防办以《中华人民共和国人民防空法》为中心开展宣传教育，利用报纸、杂志、广播、电台、电视、录像、板报广泛宣传，平均每年刊登稿件100余篇。2000年12月，为庆祝我国开展人民防空工作50周年和宣传《中华人民共和国人民防空法》颁布实施，开福区人防办组织大规模的活动。从2002年起，区人防办邮订《人民防空》杂志，赠送区委、区人大、区政府、区政协分管领导和街道人防专干。2006年4月，组织大型宣传活动，宣传《湖南省人民防空工程建设与维护管理规定》的颁布实施。2007年，区人防办开展“人防宣传教育进社区、入楼栋、入家庭”活动。2011年，开展人防宣传教育“五进”①活动。

学校教育　1993年9月，北区人防办在全区各中学初中二年级学生中全面普及“三防”②知识教育。每年初，区人防办都联合区教育局对各中学的教学内容、课时安排、教材、教具的选择使用、教师业务培训等作出明确部署和总体安排，暑假组织“三防”知识教育任课老师集中培训。1994—2012年，组织参加各类“三防”知识比赛。2000年，区人防办在浏阳河小学开展“三防”知识教育试点。2003年始，小学“三防”知识教育逐步在全区铺开。

①“五进”即进机关、进院校、进企业、进社区、进媒体。
②“三防”即防核武器、防化学武器、防生物武器。

第五章 拥政爱民

第一节 参与地方建设

全区民兵组织响应开福区（北区）平时支援地方两个文明建设的号召，投身于全区精神文明和物质文明建设。1989年始，全区民兵每年都在区人武部的组织下，完成支援地方建设的各项任务。1990年，北区民兵开展学雷锋活动，成立学雷锋小组51个，参加“争当生产能手”岗位劳动竞赛248人次、技术竞赛147人次，超工时近3万小时，出满勤达100%，收废旧钢铁400多吨；同时还开展各种形式的学雷锋活动158次，参加支援地方建设的义务劳动1530次。1995年，全区20多个企业的民兵坚持义务为企业打扫卫生，为职工修理自行车。2011年初，面对罕见的冰冻天候，开福区人武部组织全区民兵做好抗灾待命准备，随时出发。1月20日，区人武部干部带领近百名民兵，参与长沙湘江一桥河西段除冰铲雪劳动，奋战一天，疏通该段交通。2012年8月27日，区人武部组织协调开福区驻军单位和民兵1000人，参加区委、区政府开展的擦亮北城文明窗口“三清三洗”[①]大型活动。区驻军单位和民兵发挥突击和带头作用，发扬不怕苦、不怕累的精神，进行较高标准的清洗。

第二节 维护社会稳定

1989年始，全区民兵成立近300个民兵治安联防小分队，协助公安机关开展治安巡逻和治安整顿。民兵应急分队参与处理社会各种重大违法犯罪突发事件。至2012年，全区民兵参与治安执勤近千余次，参加人数达5000多人次，协助公安机关侦破各种治安和刑事案件700多件，抓获各种违法犯罪分子1000余人。

1989年春夏之交，为防止少数犯罪分子挑起动乱，干扰企业正常生产，北区人武部组织全区民兵成立27个由1400多名民兵组成的护厂队，以确保各企业生产秩序的稳定。同时协助公安机关开展反扒活动，全区出动民兵325人，抓获扒手12人，为人民群众挽回经济损失。1997年8月，捞刀河镇6个村因长沙市三环路建设拆迁，少数不法分子煽动闹事。区人武部根据开福区指示，组织民兵近50人、摩托车10余台，协助公安机关维护治安，保障三环路的顺利动工。2012年9月，日本政府对中国钓鱼岛主权的严重挑衅，引发全国民众的抗日激情，长沙市出现众多市民游行示威活动。一些不法分子趁火打劫，打砸平和堂等商场，抢夺贵重物品，造成社会秩序混乱。15日，根据省军区和警备区的紧急指示，区人武部政委率100名民兵组成的应急分队，火速赶赴黄兴路步行街，实施安全维稳行动，行动持续5天，至19日结束。

第三节 抢险救灾

1997年6月6日，长沙浏阳河鸭子铺地段遭洪水冲击，垮塌出3米宽、30多米长的口子，危及京广铁路和长沙市人民的生命财产安全。区人武部紧急调动新华、丽臣等5个单位的百余名民兵和12辆车，赶赴现场抢险。湖南造漆厂、市联运公司等单位民兵不顾自家责任田和果园被淹，主动请战，加入抢险队伍。经过一天奋战，把800多吨沙卵石填入缺口，保住了大堤，保护了人民群众的生命财产安全。

2006年7月15日至17日，根据湖南省军区和长沙警备区的命令，区人武部组织民兵舟桥应急分队赶赴郴州市北湖区、苏仙区、宜章区、资兴市、永兴

① “三清”即清垃圾、清堆物、清死角；“三洗”即洗路面、洗立面、洗设施。

县、嘉禾县，抢救转移被山洪围困的群众 3600 多人，转移各种物资 100 余吨。

2010 年 6 月 25 日下午，开福区捞刀河镇双湖垸发生洪水冲破涵管险情，有 1000 多亩稻田被淹没。区人武部调集 120 多名民兵和 4 艘冲锋舟赶赴现场，与当地干部群众合力救援。由于涵管破裂处在水底，裂口较大，且离河堤较远，给抢险带来困难。区人武部又火速调来 280 多名民兵，并协调舟桥 84 团派员支援。使用 100 多床棉被和 1500 多吨砂袋，排除险情。

1989—2012 年，全区民兵共参加大小抢险救灾 100 余次，抢救转移受困群众 2 万多人，安全转移各种物品 12.50 万件，为国家和人民群众挽回财产损失折合人民币 1100 多万元。

第九篇　编制·人事·劳动

长沙市开福区地方的机构与人员编制，由于区域的变更和适应社会主义市场经济和社会主义民主法制建设的需要，发生多次的变动。长沙市北区时期，辖区仅为城市街区，至1993年，有行政编制505人，事业编制1914人，其他39人，合计2458人。开福区时期，编制增编稍有扩大，至2010年，有行政编制700人，事业编制2936人，合计3636人。

开福区地方人事工作在党管干部原则的基础上，按照人事法律、法规、规章进行。1989年时，北区干部队伍来源主要为大中专毕业生分配。1993年实行公务员制度以后，开福区（北区）的干部队伍，实行公开考试录用，同时接受和安置军转干部及士兵。2005—2009年，开福区曾实行面向全省选调干部、试行政府雇员，开展人才引进，推行干部竞争上岗等制度和改革。干部工资，1989—1993年实行结构工资制。实行公务员制度后，机关单位与事业单位实行不同的工资制度，2006年进行工资收入分配制度改革。

开福区地方的劳动管理工作，1989—2012年，随着社会主义市场经济的逐步建立和劳动用工制度的改革，得到不断完善与发展。1988年，北区劳动局成立区劳动保护协会和区劳动服务公司，以广开就业门路。1993年，实施“再就业工程”，在全区各街道（乡）建立劳动管理站，以解决下岗失业职工问题，推进企业改革、促进经济发展、维护社会稳定。1997年，开福区加强就业服务体系建设，形成新的市场就业格局。成立培训中心和劳动监察大队，开展对待业青年和农村失地农民进行职业培训，进行劳动监察与仲裁，全力保护劳动者合法权益。

第一章 编 制

第一节 机构编制

1987年，设立北区编制委员会，归口区委组织部管理。2002年9月，设立长沙市开福区机构编制委员会办公室，下设区事业单位登记管理局，副科级全民事业单位，事业编制2名。

一、区直机关编制

中共长沙市开福区（北区）委员会机构编制 1987年，北区区委直属机构12个，即：区委办公室、组织部、宣传部、统战部、政法委、纪委、直属机关党委、老干局、信访局、工会、共青团、妇联。

2001年12月31日，长沙市同意《开福区机构改革方案》。按照改革方案“市县两级党委机构设置原则上保持现有格局，同时体现精简精神”的要求，保留纪律检察委员会机关（监察局与其合署办公），办公室、组织部、宣传部、统一战线工作部、政法委员会、区属机关工作委员会。区委政策研究室、区委督查室、区委保密委员会办公室（区保密局）在区委办公室挂牌。区农村工作领导小组办公室在区委办公室挂牌。区精神文明建设委员会办公室（副科级）在区委宣传部内挂牌。区委台湾工作办公室（区人民政府台湾事务办公室）在区委统一战线工作部内挂牌。区委政法委内加挂区维护社会稳定办公室牌子。区机构编制委员会办公室是区机构编制委员会的常设办事机构。既是区委的工作机构，又是区人民政府的工作机构。区委“老干部工作局”更名为区委“老干部局”，由区委组织部管理。

长沙市开福区（北区）人大常委会机构编制　长沙市北区第十届人大常委会，设主任1人，副主任4人。长沙市北区第十一届人大常委会，设主任1人，副主任5人。1990年至1997年，长沙市北区第十、十一届人大常委会期间，区人大常委会工作机构设有办公室、法制工作委员会、农业财政经济工作委员会、教育科学文化卫生工作委员会、城乡建设环境保护工作委员会、选举任免联络工作委员会。各委办主任均由区人大常委会委员担任。

1996年更名为开福区人大常委会以后，长沙市开福区第一届、第二届人大常委会，设主任1人，副主任6人。第三届、第四届人大常委会，设主任1人，副主任5人。其内设机构仍沿袭“一办五委”的格局。2007年，法制工作委员会更名为内务司法工作委员会。

长沙市开福区（北区）人民政府机构编制　1992年12月至1996年6月，长沙市北区人民政府设置工作机构共19个，分别为政府办公室、经济贸易局、计划统计物价局、则政局、民政局、司法局、教育局、人事局、建设局、审计局、文化体育局、卫生局、监察局、科学技术局、劳动局、环境保护局、国土管理局、计划生育委员会、城市管理办公室；另设人民防空办公室、侨务外事办公室、台湾事务办公室等。

1996年7月成立开福区后，开福区人民政府设置工作机构共22个，分别为政府办公室、乡镇区街企业局、计划统计物价局、农村工作办公室（农林局）、商业贸易局、财政局、民政局、司法局、教育局、人事局、建设局、审计局、监察局、文体局、卫生局、计生委、科学技术局、劳动局、环境保护局、城管办、水利局、蔬菜副食品局，另设机关事务管理局、人民防空办公室等。

2002年6月，区政府机构改革，将乡镇区街企业局与商业贸易局合并，组建区经济贸易局；农村工作办公室、区水利局、区蔬菜副食品局合并，组建农业林业水利局；不再保留劳动局，组建劳动和社会保障局。调整后的区政府，设有工作机构18个、议事机构1个、管理机构1个。

2011年1月，区政府再次实行机构改革，设置工作机构17个，分别为政府办公室、城市管理局（不占机构限额）、食品安全管理办、农业林业水利局、审计局、卫生局、商务和旅游局、环境保护局、财政局、司法局、民政局、城乡建设局、科学技术局、教育局、发展和改革局，此外，区监察局与区纪律检查委员会合署办公，列入区政府工作部门，不计入政府机构个数。设置直属事业单位9个，分别为工务局、政务服务中心、住房保障局、人民防空办公室、安全生产监督管理局、外事侨务办、统计局、交通运输局、工业和信息化局。此外，区发展和改革局加挂区物价局牌；区科学技术局加挂区知识产权局牌；区商务和旅游局加挂区招商合作局牌；区政府征地办公室在区住房保障局挂牌；区法制办公室在区政府办公室挂牌，独立运作；区机关后勤服务中心由区政府办公室管理，调整为由区工务局管理。

长沙市开福区（北区）政协委员会机构编制　1992年至1997年，北区政协第四届委员会机关行政编制16名，设正、副主席7名，其中专职主席1名，专职党内副主席和专职党外副主席各1名。机关设办室和提案工作委员会（后更名提案法制委员会）、经济科技委员会、联络委员会（后更名群团联络委员会）、文教卫体委员会、学习文史委员会5个专门委员会。办公室设主任1人，各专门委员会设正、副主任各1名。

1996年7月区政协更名为中国人民政治协商会议长沙市开福区委员会。1997年至2012年，开福区政协第一至第四届委员会设正、副主席7名，其中主席1名，专职党内副主席和专职党外副主席各1名。机关设办公室和提案法制委员会、经济科技委员会、群团联络委员会、文教卫体委员会、人口资源环境委员会（2009年9月成立）5个专门委员会。办公室设主任1人，各专门委员会设正、副主任各1名。

二、乡镇街道机构编制

1987年至1996年长沙市区划调整前，街道办事处实行政府派出机构的管理体制。1987年，北区设6个街道办事处，即民主东街、望麓园、浏阳河、清水塘、上大垅、北站路。办事处内设党委办、经济办、爱卫办、计生办、民政办。

1992年2月21日，成立长沙市北区新河街道办事处、长沙市北区黑石渡街道办事处，为正科级区政府派出机构。1992年8月13日，8个街道办事处成立财政所，为国家财政部门的基层组织，属办事处的内设机构。

1996年，长沙市行政区划调整后，原郊区福安乡、长沙县捞刀河镇（含沙坪乡）、望城县霞凝乡、原郊区国营综合农场、红色渔场，划入开福区管理，实行基层政权组织管理体制。

1997 年 5 月 19 日，成立长沙市洪山旅游区管理局，为副县级全民事业单位，归口区人民政府管理。1997年7月2日，撤销福安乡，改设四方坪街道办事处。调整后，开福区街镇设 14 个单位，其中 12 个街道办事处、2 个乡镇。内设党委办、城管办、经济办、民政办、计生办、财政所、综治办。

1998 年 12 月 14 日，从长沙市国营综合农场中分出“马厂分场”，设立金霞路街道办事处。

2002 年，撤销霞凝乡，设置新港镇。2005 年，从捞刀河镇划出 5 个村，从新港镇划出 2 个村，设置青竹湖镇。

2006 年 6 月 6 日，撤销西长街、通泰街街道办事，设立通泰街街道办事处。撤销民主东街、望麓园街道办事处，设立望麓园街道办事处。撤销上大垅、黑石渡街道办事处，设立东风路街道办事处。北站路街道办事处更名为湘雅路街道办事处，金霞路街道办事处更名为芙蓉北路街道办事处。调整后，开福区设 10 个街道办事处、3 个镇，内设机构没变。

2009 年 12 月 10 日，各街道原内设机构不变，另设立（财政所、街镇服务中心、社会公共服务中心）3 个事业机构。

第二节 人员编制

1993 年，北区有行政编制 544 人，有事业编制 1914 人，其他 39 人，合计 2497 人。2010 年，开福区有行政编制 700 人，有事业编制 2934 人，合计 3634 人。

表 9–1　　1993—2010 年长沙市开福区（北区）编制核定情况表

单位：个

单位	1993 年				2010 年			
	合计	行政编制	事业编制	其他	合计	行政编制	事业编制	其他
纪委	12	7	—	监察 5	17	17	—	—
区委办公室	13	13	—	含区领导	18	18	—	含区领导
政法委	3	3	—	—	7	7	—	—
组织部	8	8	—	—	11	11	—	—
宣传部	—	5	—	—	—	8	—	—
机关工委	2	2	—	—	4	4	—	—
编委办公室	2	2	—	—	2	2	—	—
老干局	5	5	—	—	7	7	—	—
防邪教办	—	—	—	—	6	6	—	—
统战部	26	3	—	对台办 2，武装部 21	6	6	—	—
人大常委会	21	21	—	含区领导	42	16	26	含区领导
民宗局	—	—	—	—	2	2	—	—
统计局	—	—	—	—	7	7	—	—
政府办	13	13	—	—	18	18	—	含区领导
商务局	10	10	—	—	11	11	—	—
人事局	—	—	—	—	6	6	—	—

续表 9-1

单位	1993 年				2010 年			
	合计	行政编制	事业编制	其他	合计	行政编制	事业编制	其他
科技局	3	3	—	—	5	5	—	—
劳动和社保局	6	6	—	—	9	9	—	—
发改局	9	9	—	—	13	13	—	—
文体局	35	2	33	—	35	5	30	—
审计局	12	10	—	物价 2	10	10	—	—
人防办	3	3	—	—	5	5	—	—
农林水利局	5	—	5	—	84	12	72	—
信访局	—	—	—	—	6	6	—	—
民政局	5	5	—	—	9	9	—	—
教育局	754	3	751	—	1570	19	1551	事业编制为教师
计生局	6	6	—	—	10	10	—	—
财政局	5	5	—	—	21	15	6	—
卫生局	81	4	77	—	337	7	330	—
建设局	18	7	5	土地管理 6	52	9	43	—
交通局	5	—	5	—	26	—	26	—
环保局	19	8	8	爱卫 3	18	—	18	—
机关后勤	11	11	—	—	37	—	37	—
政协	11	11	—	—	12	12	—	—
工会	3	3	—	—	3	3		—
妇联	3	3	—	—	3	3	—	—
团委	3	3	—	—	3	3	—	—
工商联	1	1	—	—	3	3	—	—
残联	1	1	—	—	2	2	—	—
侨联	1	1	—	—	1	1	—	—
司法局	22	22	—	—	28	28	—	—
法院	75	75	—	—	102	102	—	—
检察院	52	52	—	—	64	64	—	—
街道	681	159	522	—	590	103	487	—
镇	—	—	—	—	223	96	127	—
园林绿化环卫	508	—	508	—	183	—	183	—
合计	2458	505	1914	39	3636	700	2936	—

表 9-2　　1992—2012 年长沙市开福区（北区）乡镇街道机关编制核定情况表

单位：个

单位	1992 年					单位	2012 年				
	合计	行政编制	事业编制	司法员编制	备注		合计	行政编制	事业编制	编控数	工勤
民主东街	17	—	—	—	以前编制没有细分	湘雅路街道	53	12	29	12	—
望麓园街道	17	—	—	—		望麓园街道	52	13	27	12	—
清水塘街道	15	—	—	—		清水塘街道	57	14	27	16	—
北站路街道	15	—	—	—		东风路街道	47	11	25	11	—
上大垅街道	15	—	—	—		通泰街街道	66	11	29	26	—
伍家岭街道	15	—	—	—		伍家岭街道	52	11	29	12	—
新河街道	5	—	—	—		新河街道	56	11	25	20	—
黑石渡街道	5	—	—	—		四方坪街道	62	12	29	21	—
						芙蓉北路街道	41	11	15	15	—
						洪山管理局	100	—	100	—	—
						捞刀河镇	78	39	37	—	2
						新港镇	49	28	20	—	1
						青竹湖镇	48	24	23	—	1
合计	104	—	—	—	—		761	197	415	145	4

第三节　编制管理

一、机构编制管理

1989 年 5 月，北区制定《关于机构编制管理的若干规定》《关于长沙市北区行政、全民事业单位工资基金管理的若干规定》。1991 年制定《关于长沙市北区建立事业单位统一代码标识制度的实施方案》。1993 年制定《北区机构编制管理暂行规定》。1998 年，开福区制定《关于进一步加强机构编制和调入人员管理的通知》。建立人员编制台账，编制管理的基础工作开始形成。为配合台账的使用，2002 年，全区统一制作《人员编制管理手册》，每一建制单位一本。对全区各单位的机构和人员进行清查摸底的基础上，分别对全区工作人员实行上账上册（上账：人员编制上台账；上册：行政机关人员上《开福区机构编制管理手册》。台账由区编办管理，手册由各单位政工人事干部管理）。各单位人员变化，编办核对登记，使台账和手册上的人员编制情况始终保持一致。2012 年 8 月，区编委会发出《关于重申和完善机构编制管理有关规定的通知》，进一步加强区级机构编制监督与管理。

二、事业单位登记管理

1999 年，核发全区“事业单位法人证书”，成立长沙市开福区事业单位登记管理办公室，为全额拨款的副科级全民事业单位，归口区机构编制委员会办公室管理。召开事业单位机构改革动员大会，明确登记对象和内容，按事业单位记管理办法规定的条件，认定法人或非法人资格。

2003 年，全区事业法人单位 148 家，至 4 月上旬，年检 122 家，其中定为 A 级的 118 家，定为 B 级的 4 家，参检率 82. 43%。在年检中进行变更登记的 21 家，换证登记的 12 家。其中法人代表变更登记 16 家，活动场所变更 3 家，单位名称变更 2 家。

2004年，全区事业法人单位149家，其中，全额拨款单位88家，差额补贴单位37家，经费自理机构16家。由于市政、环卫、园林系统的19家单位不列入年检范围，2004年，应参加年检的事业法人单位130家，年检110家，参检率84.62%。在年检中进行变更登记的14家，换证登记的8家。其中法定代表人变更的10家，开办资金变更的3家，名称变更的1家。2010年，全区参加年检的事业法人单位是132家，参检率100%，合格率98%。本年度内新增事业单位法人3家，变更登记39家，其中：法人代表变更16家；开办资金变更11家；名称变更的4家，住所变更4家，宗旨和业务范围变更2家，资金来源变更1家，举办单位变更1家，证书遗失补办1家，证书到期补办2家。2012年，完成全区133家事业单位法人的年检年审工作，年检率98.5%。变更登记34家，变更事项42次。

第二章 人 事

1989年5月，长沙市北区人事科更名为长沙市北区人事局。1996年，更名为长沙市开福区人事局。1989年—2011年1月，先后担任北区人事科、北区人事局、开福区人事局局长的有唐建军、张平安、周雄、邓毅芳、张赞斌。2011年1月，开福区人事局与开福区劳动和社会保障局合并，组建开福区人力资源和社会保障局。

北区人事局不设内设科室。开福区人事局自2002年机构改革后，内设综合管理科、工资福利科、专业技术科和办公室，编制6人。

第一节 干部队伍

一、队伍结构

1989年，北区有干部、职工1436人，其中30岁以下的占22%，30～40岁之间的占34%，40岁以上的占44%。1996年，开福区有干部、职工3598人，其中30岁以下的占27%，30～40岁之间的占30%，40岁以上的占43%。至2012年12月，开福区有干部、职工4276人，其中30岁以下的占20%，30～40岁之间的占38%，40岁以上的占42%。本科以上文化程度的占60%以上。

二、干部来源

1989年时，北区干部的来源，主要为大中专毕业生分配。

1993年，国家实行公务员制度，开福区从2004年以后，干部队伍的来源主要为公开考试录用，坚持凡进必考。区人事局负责公开考试录用公务员的组织协调工作。2004年始，开福区为区司法局、审计局、财政局等单位面向社会考录公务员72人。

2004—2012年，开福区共接收和安置军转干部和随军随调家属以及士兵安置241人，其中接收安置随军、随调家属34人，接收安置军转干部196人，接收安置士兵11人。

2005年始，开福区面向全省选调工作人员38人，其中法院、检察院选调17人。至2012年，共招聘事业工作人员16人。

2006年始，开福区试行政府雇员制，面向全国重点高校招聘机关事业单位政府雇员，至2010年，共招聘政府雇员100余人。2008年始，区教育局根据行业特点，按照公平公正、择优录取的原则面向全省公开招聘教师，至2011年，公开招聘中小学教师334人。

2000年前，全区分配在社区工作的大中专毕业生共有70余人，他们分别于2003年、2007年和2010年提出要求解决编制和待遇问题。2010年，开福区发出《关于做好面向社区公开择优补员工作的通知》，至2012年，统分毕业生纳入街道事业编制管理40人。

2011年，为适应区域经济发展和社会快速发展的需要，吸引各地优秀人才到开福区建功立业，加大各类人才的引进力度，全年共引进人才134人，其中，面向社会考录公务员15人，选调司法工作人员2人、法官4人和检察工作人员8人，引进“211”“985”

高校毕业生25人，面向社会公开招考教师80人，夯实人才资源库。完成16人参照公务员法管理事业单位工作人员的登记工作。

为统筹解决区内干部子女（配偶）待业、下岗失业或分居两地问题，2007年和2010年，面向全区干部子女（配偶）进行公开招聘，分别招聘10人（子女7人，配偶3人）和9人（子女7人，配偶2人）充当街道基层工作人员。

第二节 人才引进与交流

一、人才引进

2009年，全区完成4批人才引进工作，共引进“211”“985”重点高校①的应届毕业本科生和研究生19人。开福区先后两次在长沙市人才交流市场设立人才引进咨询服务台，为前来咨询的应届毕业生介绍开福区基本情况，为他们提供招聘政策、招聘流程等信息。

二、干部培养

全区采取配合中心工作，有计划、有目的地抽调选派机关工作人员到重点工程建设和中心工作实践的第一线去，经受基层一线工作锻炼和考验的方法，培养干部。采取将理论学习课程送到拆迁工作第一线，创设“前沿课堂”，送课、送学到拆迁一线的方法，以协调工、学矛盾，实现工作、学习两不误。

第三节 干部管理

一、在职干部管理

制度建设 2000年，为建立一套选贤任能、能上能下的竞争激励机制，推行竞争上岗，按照《关于在全区机关推行干部竞争上岗的意见》，指导各单位创造条件推行干部竞争上岗。

交 流 2010年，为进一步改进工作作风、提高工作效率，激发干部队伍活力，对区内机关事业单位58人工作人员进行交流，范围包括区委、区政府各部门、区直属事业单位和街道办事处、镇政府机关在内共40个单位。在实施交流调配的过程中，坚持“编制对等，身份不变”的原则，考虑交流人员与单位性质和工作岗位的匹配性，也适当考虑交流人员合理的个人要求。2011年，共交流一般工作人员约100人次，其中结合机构改革调配52人次，财会人员交流42人，调动工作人员的积极性。对18名财务人员进行岗位交流，以整合全区财务人员资源。

竞争上岗 为提高全区交流干部的思想政治素质和适应新岗位的能力，在区委党校举办全区交流干部岗前培训班，对58名交流干部进行岗前培训。2009—2010年，指导区财政局、区后勤服务中心、区城管局机关及所属三个中心开展竞争上岗工作。

2012年，年初对全区80个单位、1500名一般工作人员进行年度考核，严格按照公务员法的规定，辞退工作人员2人，自动辞职3人。强化雇员管理和培养，制定《政府雇员三年聘期考核评价体系》，公开择优解决13人区、市两级雇员事业编制。加强对全区临聘人员的管理，制定《开福区临聘人员管理办法》，首次对临聘人员实施劳务派遣，使临聘人员的管理更加制度化、规范化、科学化。

二、干部培训

2000年，组织干部开展“防汛抗洪业务培训班”；组织新入国家干部队伍人员150余人转正定级培训。2008年，全区组织公共管理核心内容培训5期，共培训479人。公务员培训情况纳入年度考核内容，作为评先评优、晋职晋级的重要依据，确保公务员培训实效。

2009年，开福区贯彻落实中央关于“大规模培训干部，大幅度提高干部素质”的精神，提高公务员队伍素质和工作效能，举办突发事件应急管理、职业道德与政务礼仪培训班两期，共计185人次。10月，组织8个参照公务员管理的事业单位的50名工作人员参加公务员登记前的培训。

2009年和2010年，举办由全区人事专干参加的工资软件培训班，学习掌握新的工资软件操作流程，

①“211”“985”重点高校：“211工程”是国务院有关综合部门联合提出，并经党中央、国务院同意的高等教育重点建设工程，是面向21世纪，重点建设100所左右的高等学校和一批重点学科点；“985工程”是我国政府为建设若干所世界一流大学和一批国际知名的高水平研究型大学而实施的建设工程。

提高工作效率。2012 年，对街道（镇）和区直部门的人事专干进行信息系统建设的业务培训，以实现人事工资管理的办公自动化，增强工资工作透明度。至 2012 年，培训新录用公务员 72 人。

三、离退休干部管理

1989—2004 年，北区和开福区的机关干部与事业单位工作人员的离退休管理工作，是按照 1978 年 5 月 24 日第五届全国人民代表大会常务委员会原则批准的《国务院关于安置老弱病残干部的暂行办法》以及国务院和湖南省人事厅有关规定办理。2005 年开始，按国务院颁布的《中华人民共和国公务员法》有关规定办理。

离退休人员的退休审批实行分级管理，区人事局负责离退休费的计发和调整。政治生活待遇的落实由离退休人员原单位负责。

一般干部、中级职称以下专业技术人员、工人符合退休条件后，由区人事局审批退休；科级干部由区委组织部通知退休，区人事局审批；县级干部由长沙市委组织部通知退休，区人事局报市人事局审批退休；高级职称专业技术人员由区人事局报市人事局审批退休。

第四节　工资福利

一、工资福利待遇

1989—2012 年，机关事业单位工资福利制度经历多次改革调整，工资类型有根本性变化。

工资类型与组成　1989—1993 年，沿袭 1985 年工资制度改革后的结构工资制，所有人员的工资都由基础工资、职务（岗位）工资、工龄工资及奖金组成，所不同的是不同类型人员的职务工资由不同的因素确定，行政人员按职务确定，专业技术人员按专业技术职务确定，工人按岗位确定。结构工资制度没有确定正常的增资制度。

1993 年 10 月，国家推行公务员制度，实行国家公务员工资制度改革，机关单位与事业单位实行不同的工资制度。行政机关单位（含实行公务员管理制度的事业单位）工作人员（工勤人员除外）实行职级工资制，由基础工资、级别工资（共分 15 级）、职务工资（按职务设定档次，最少 3 档，最多 8 档）和工龄工资构成。机关技术工人实行岗位技术等级工资制，由岗位工资、技术等级工资和奖金三部分组成。普通工人实行岗位工资制，其工资由岗位工资和奖金两部分组成。事业单位（实行公务员管理制度的事业单位除外）执行的工资类型较多，构成事业单位工资类型的有专业技术人员执行的专业技术职务等级工资制、管理人员执行的职员职务等级工资制、事业单位技术工人执行的技术等级工资制、普通工人执行的等级工资制等。其组成都由固定部分与活工资组成。这种新的工资制度与年度考核结果挂钩，建立了正常的增资制度。

2006 年 7 月 1 日，国家推行机关事业单位工作人员工资收入分配制度改革。其基本内容有 5 项：即改革公务员职级工资制、完善机关工人技术等级（岗位）工资制、完善津贴补贴制度、健全工资水平正常增长机制和实行年终一次性奖金。改革前，公务员基本工资构成为 4 项，即职务工资＋级别工资＋基础工资＋工龄工资。改革后为 2 项，即职务工资＋级别工资。此次改革，还进一步完善了公务员正常增资办法：提拔职务可相应增加职务工资和级别工资；年度考核合格者，累计 2 年可晋升一个级别工资档次，累计 5 年可晋升一个级别。机关技术工人仍实行岗位技术等级工资制，基本工资构成由岗位工资、技术等级（职务）工资和奖金 3 项调整为岗位工资和技术等级（职务）工资 2 项。机关工人年度考核合格及以上的，累计 2 年可在对应的岗位工资标准内晋升一个工资档次。

事业单位收入分配制度改革的核心内容，是建立岗位绩效工资制度。其工资结构由改革前的两结构变成四结构，即由改革前的固定部分和活的部分变成岗位工资、薪级工资、绩效工资和津贴补贴。岗位工资和薪级工资为基本工资，执行国家统一的政策和标准。年度考核结果为合格及以上等次的事业单位工作人员，每年增加一级薪级工资。

工资调整　1989 年，根据国务院文件精神，凡党政机关、民主党派、人民团体和教育、科研、卫生、文化等事业单位的国家正式职工，均可在本人现行职务工资标准的基础上增加一级工资，同时相应提高离休、退休人员待遇。

1992年3月，对离、退休人员按本人月离休、退休费的10%增加离休、退休费。离休费增加额不足12元按12元增加，退休费增加额不足10元按10元增加。

1993年10月，根据国务院文件精神，对在职人员进行工资套改，实行新的工资制度。离休人员按同职务同条件在职人员的平均增资额增加离休费，退休人员按照同职务在职人员平均增资额的90%增加退休费。改革于1994年上半年完成。

根据有关文件精神，1997—2003年多次调整、提高机关、事业单位工作人员工资。1997年7月1日，机关行政人员基础工资标准由90元提高到每人每月110元，其他没有基础工资的人员相应提高其工资固定部分标准，活工资部分按比例相应提高。新进人员试用期工资也相应提高。离休人员按在职人员增加离休费，退休人员每人每月增加20元退休费。1999年7月，机关行政人员调整级别工资标准，其他人员相应提高工资固定部分。同时新进人员提高见习期工资标准，离退休人员增加离退休费。2001年1月，调整机关、事业单位工作人员工资标准，增加离退休人员离退休费，新进人员提高见习期工资标准。10月，再次调整机关、事业单位工作人员工资标准，增加离退休人员离退休费，新进人员提高见习期工资标准。2003年7月，再次调整机关、事业单位工作人员工资标准，离退休人员增加离退休费，新进人员提高见习期工资标准。

2006年7月，国家推行机关事业单位工作人员工资收入分配制度改革，至2012年，未再调整工资标准。

工资管理与审批 按照管理权限，科级以下（含）干部、高级职称以下（不含）专业技术人员及工人的工资由区人事局管理审批，县处级与高级职称人员工资由长沙市人事局管理审批。

工资审批由单位填表呈报，人事部门审批。2001年9月，在长沙市人事局的统一部署下，开始利用GPMS软件建立全区机关事业单位工作人员工资数据库，2002年7月，全区工资数据库建成并投入使用，结束手工审批的历史，工资审批的工作效率得到提高。

二、退休费计发

1988—1991年，退休人员的退休费比例：抗日战争时期参加革命工作的，按本人标准工资的90%发放计划；解放战争时期参加革命工作的，按本人标准工资的80%发给。中华人民共和国成立以后参加革命工作的，工作年限满20年的，按本人标准工资的75%发给；工作年限满15年不满20年的，按本人标准工资的70%发给；工作年限满10年不满15年的，按本人标准工资的60%发给。

1991年7月，退休费比例在原规定的基础上，以工作年限15年为起点，从第16年开始，工作年限每满一年，增加1%的退休费，加发的总额最多不超过20%，即总计不超过95%。

1993年10月，实行职级工资制后退休人员的基础工资和工龄工资全额照发，职务工资和级别工资按本人原标准一定比例计发。其中工作满35年的，按88%计发；工作满30年不满35年的按82%计发，工作满20年不满30年的按75%计发。机关工人与事业单位工作人员基本工资全部按一定比例计发，计发比例为工作满35年的按90%，工作满30年不满35年的按85%计发，工作满20年不满30年的按80%计发。

1995年，调整1993年10月1日后退休人员的退休费计发比例。计发的基数与方法不变，计发比例调整为以工作年限15年为起点，满15年按70%计发，工作年限每增加一年加发1%，工作年限35年以上按95%计发。实行职级工作制的人员，退休时工作年限满10年不满20年的，按60%计发，不满10年的按40%计发，事业单位工作人员与机关工人，工作年限满10年不满20年退休的按70%计发。

2006年7月，国家推行机关事业单位工作人员工资收入分配制度改革后，机关事业单位工作人员2006年7月1日以后退休的，在退休前执行的职务工资档次或薪级考核年限内，未出现年度考核为不称职或基本称职情形，且未受到影响正常晋升工资档次或薪级的行政、刑事处分（处罚）的，退休时均可增加一个档次或薪级后计发退休费。退休费计发比例调整如表9-3。

表 9-3　　2006 年开福区机关事业单位工作人员退休费计发比例情况表

工作年限	计发比例	工作年限	计发比例	工作年限	计发比例
满 10 年	70%	满 19 年	79%	满 28 年	84%
满 11 年	71%	满 20 年	80%	满 29 年	84.5%
满 12 年	72%	满 21 年	80.5%	满 30 年	85%
满 13 年	73%	满 22 年	81%	满 31 年	86%
满 14 年	74%	满 23 年	81.5%	满 32 年	87%
满 15 年	75%	满 24 年	82%	满 33 年	88%
满 16 年	76%	满 25 年	82.5%	满 34 年	89%
满 17 年	77%	满 26 年	83%	满 35 年及以上	90%
满 18 年	78%	满 27 年	83.5%		

三、退休优待

授予省级以上劳动模范，先进工作者和部队军以上单位授予的战斗英雄提高退休费比例10%～15%。

曾在西藏自治区海拔 3500 米以上地区工作累计满 10 年不满 15 年的，其退休费标准可提高 5%，累计满 15 年以上的，其退休费标准提高 10%。曾在西藏海拔 3500 米以上地区工作累计满 10 年以上，以后调到其他省、市、自治区工作，就地退休的，其退休费提高比例可按上述规定办理。

对有重大贡献的高级专家即获得国家省、部以上颁发的自然科学、创造发明、科学进步奖励者提高退休费比例10%～15%。

凡从事教育工作 30 年以上的教师，在现有基础上退休费提高 5%。

因工（公）致残生活不能自理饮食起居需人扶助的，可提高退休费比例 15%（特等伤残人员）；饮食起居不需人扶助的可提高退休费比例 5%（一等伤残人员），另，如果因工（公）致残人员退休时退休费比例加上提高部分，特等伤残人员低于 90%，一等伤残人员低于 80% 的，其退休费比例可按 90% 和 80% 计发。

依法领取退休金的独生子女父母，自法定退休年龄退休之月起，按本人基本工资 5% 的标准增发退休金。2009 年 10 月 22 日，停止执行。

第五节　以工代干与临聘人员管理

一、临聘人员管理

1996 年区划调整后，开福区人口面积大幅增加，政务工作日趋繁重，开福区各类临时聘用人员亦呈现出数量庞大、结构复杂。由财政直接安排经费的临聘人员为公益性岗位聘用人员、区直机关单位聘用人员、街道乡镇聘用人员和政法、城管、教育系统以及其他系统聘用人员；由单位自筹经费临时聘用的人员为市政、园林、环卫、街道乡镇卫生院（中心）、动物防疫站、水利管理所、工务局、金霞保税中心聘用人员。2004 年，开福区出台《长沙市开福区机关事业单位聘用临时工作人员的暂行管理办法》，2007 年修订，对临聘人员的待遇、管理、考核进一步规范。至 2010 年，区直机关、事业单位和街道（镇）所属社区的各类临聘人员近 3000 人，政府雇员 100 多人。同年，为进一步加强对各类聘用人员的管理，制定《长沙市开福区机关事业单位雇员管理办法》和《长沙市开福区临聘人员管理办法》，明确各用人单位对雇员、临聘人员的管理职责和被聘用人员的工作职责，形成齐抓共管人才队伍的合力。

二、以工代干

20 世纪 80—90 年代，行政机关人员性质分为干部和工人两种，工人的主要来源是劳动部门招工、企事业调入和退伍士兵安置。工人从事的岗位有工勤岗位和管理岗位，工勤人员在机关和事业单位内从事驾驶、收发、打字、维修等工作，从事管理岗位的俗称“以工代干”人员。

实施公务员制度后，劳动人事部门的招工录干逐步停止，部分在机关干部岗位上工作的工人通过考试录用为国家公务员，新进人员除政策性安置人员外均“凡进必考”。至2012年全区机关单位有工勤编制性质的人员36人，在工勤岗位上的只有15人。街道乡镇的131名工勤编制均在管理岗位。“以工代干”人员因受身份限制，被提拔任用很难。

第三章 劳 动

1989年，北区的劳动管理机构为北区劳动局。1996年7月，北区劳动局更名为开福区劳动局。2002年，开福区劳动局更名为开福区劳动和社会保障局。2011年1月，开福区劳动和社会保障局与开福区人事局合并，组建开福区人力资源和社会保障局。1989—2012年，先后担任北区劳动局、开福区劳动局、开福区劳动和社会保障局、开福区人力资源和社会保障局局长的有陈生适、袁干如、梁宗仁、孙家骥、文莉，担任局党委书记的有李湘宁、熊振球、谭植柏、刘雄军。

第一节 劳动就业

一、就业发展

1988年，北区为广开就业门路，先后成立北区劳动保护协会和北区劳动服务公司。1989年，区劳动服务公司将各项工作指标分解到人，进一步调动工作人员的积极性。1990年，对全区各级劳动服务公司进行检查、审核，报市劳动局检查验收，指导和帮助企业外联内引，开展提高企业素质、增强企业活力的服务工作。

随着劳动用工制度改革和经济结构调整，下岗失业职工增多，矛盾日渐突出。1993年，国家劳动部提出“再就业工程”计划，并于1995年开始在全国实施。1996年，全区有大小企业400余家，企业职工5万余人，下岗失业职工1万余人。开福区实施再就业工程，推进企业改革、促进经济发展、维护社会稳定。1998年9月，全区13个街道（乡）建立街道（乡）劳动管理站，站长由各街道办事处（乡）分管经济的副主任（副乡长）兼任，配备1～2名专职工作人员。劳动管理站成立后，开展对辖区内下岗职工登记造册，建立台账，并开展劳动力培训和就业安置，在下岗职工再就业工作中发挥主阵地作用。各街道劳动管理站，加强对下岗职工的动态管理。

1997年，开福区采取措施，加强就业服务体系建设，促进就业，建设以市场为主、以街道劳动保障站为辅的市场就业格局。1998年，开福区通过组织现场招聘会、开展职业介绍服务、开展职业培训的形式，开辟和发展劳动力市场。1998—1999年，开福区劳动力市场以“服务社会、服务企业”为宗旨，采取“多摊位、多工种、多职位”的形式，组织招聘会64场，进场单位850个，进场求职人数2万余人次。通过招聘得以就业的3450人，成功率17.3%。至2002年，举办现场招聘会152场，引进进场招聘单位1865家次，进场求职人数5万人次，应聘成功者14765人。2003年始，每月15日有定期举办的现场招聘会及根据需要不定期举办的专场招聘会。2006—2007年，举办招聘会75场，吸引单位1800余家，达成就业意向3475人。2010—2012年，全区共举办招聘会106场，吸引单位2560家，达成就业意向8360人。

全区在再就业政策方面制定有关规定，鼓励下岗职工自谋职业，在资金、税收、收费及登记注册等方面，给予优惠，工商、城管、卫生等部门凭“下岗证”优先办理有关手续，减半征收工商管理等行政性收费；区劳动力市场为下岗职工介绍职业，参加职业培训的下岗职工凭“下岗证”可以享受免费短期培训和优惠中长期培训；鼓励用人单位招收下岗职工，规定凡招用下岗职工超过企业职工总数30%以上，并履行合同一年以上的，给予奖励。

二、职业培训

就业培训　1982年始，北区开展待业青年就业培训，举办电工、电器维修、文化补习等10余个专业培训班。至1990年，办班30次，培训500余人，培训后的青年86%走上了工作岗位。

1987年，北区成立区就业培训中心，制定《长沙市北区就业培训中心暂行管理办法》，明确规定区就业培训中心为北区劳动服务公司就业培训股的办学实体，教学管理人员全部采取聘用制。

2002年，开福区对辖区内失地农民就业培训意向开展问卷调查，其中有就业愿望的人员97%，有参加就业培训学习愿望的人员80%。组织文化程度相对较高、有创业愿望的80位失地农民参加第一期培训学习，免费提供教材、学习资料、笔和笔记本等学习用品。通过培训，失地农民就业观念有所转变。

2007年，开福区开展系列创业富民活动。2008年，分批举办下岗失业人员、高校毕业生、失地农民等特色创业培训班，共培训2500人。2009年4月15日，成立开福区创业辅导培训服务中心。至2010年，全区完成各项培训人数5000人，其中创业培训790人，农村劳动力转移技能培训1940人。

开展职业技能培训和职业鉴定　2000年1月，成立开福区技能鉴定站。2001—2005年，开办各类职业培训班，共培训5200人，其中再就业培训2000人，就业率达86%，农村劳动力转移培训1800人，创业培训860人，创业率达86%；城镇劳动力预备人员培训600人。至2008年，下岗失业人员就业培训7476人，完成全年目标任务6000人的125%，企业职工培训1686人，农村劳动力转移培训854人，失业培训1800人，创业培训236人。

2009年，采取SIYB培训①模式，以SIYB培训项目中的GYB（产生你的想法）和SYB（创办你的企业）为主。开展对未继续升学的初、高中毕业生、退役士兵和农村新生劳动力参加劳动预备培训，培训内容包括基础理论知识、专业技能、社会实践及就业知识。开展以下岗失业人员、高校毕业生和劳动力转移的农民为对象的职业技能培训，以定点、定向培训和自主式、订单式、项目式培训为主，内容包括电工、计算机、保安、驾驶员、电子、家政服务、建筑、机械加工等。全区共培训9874人，其中企业职工培训1565人，创业培训2224人，城镇劳动预备制培训1200人，农村劳动力转移技能培训4885人。2010—2012年，共完成培训人数16000人，其中企业职工培训4000人，创业培训3800人，城镇劳动预备制培训2200人，农村劳动力转移技能培训6000人。

第二节　劳动保障

2001年，开福区成立劳动监察大队，与区劳动争议仲裁委员会合署办公，主要职责为综合管理全区劳动保障监督工作，并负责区劳动争议仲裁委员会办公室日常工作。

2002年3月，区监察大队对全区劳动合同当事人提供订立、履行劳动合同的法律、法规和政策进行咨询服务，开展劳动合同管理、鉴证工作，对违反《中华人民共和国劳动法》故意拖延不订立劳动合同的用人单位进行查处。8月，开展《禁止使用童工规定》的联合检查行动，深入辖区内各个企业、个体工商户、家庭作坊，检查禁止使用童工的情况，并在辖区内开展《中华人民共和国劳动法》《中华人民共和国未成年人保护法》《中华人民共和国义务教育法》和《禁止使用童工规定》等法律、法规的宣传，增强全民的法律意识。9月，实施《湖南省用工登记备案管理实施办法》，对辖区内的用人单位进行政策性宣传，要求用人单位招用人员和劳动者就业，采取用工登记备案管理，维护劳动力市场秩序，规范劳动用工行为。11月，为配合就业和再就业工作，开展劳动用工大检查，监督用人单位的社会保险的缴费情况，巩固“两个确保”，促进就业再就业工作。

2003年后，根据《关于加强劳动保障监察与工会劳动保障法律监督协调配合工作的通知》，区劳动局在区工会聘请2人作为劳动保障法律监督员，进行相关的培训，培训考核合格后，颁发证书，以有效地发挥工会对用人单位劳动保障法律的监督作用。

① SIYB培训即创业培训，是国际劳工组织为帮助微小企业发展，促进就业，专门研究开发的一系列培训小企业家的培训课程，全称是“START & IMPROVE YOUR BUSINESS”。

第三节 劳动监察与仲裁

2003年，用人单位违反劳动法规的现象增多，开福区根据省劳动厅关于劳动保障监察队伍建设“四统一”的要求，在各街道建立劳动保障监察机构，协助区劳动监察大队办理相关案件。

2004年，要求街道劳动监察人员对各辖区内的建设工地进行排查，如发现有建筑业企业拖欠农民工工资的现象及劳动用工违规现象，要及时上报区劳动监察，进行查处。

2005年，为1794名农民工清欠工资525万元，受理咨询投诉167起，准确率100%，劳动仲裁及工伤认定、鉴定工作无一例被提起行政复议，维护劳动者合法权益。

2007年，根据长沙市《关于建立工资集体协商要约制度的通知》精神，区劳动监察大队联合各街道的劳动监察人员，下到单位开展工资协商要约的宣传。

2008年2—3月，对全区工商企业密集区、流动人口集散地、职业介绍和人才中介服务机构聚集地和自发形成的劳动力交易场所，进行清理整顿，打击职业介绍领域里的违法犯罪活动。6—8月，在全区范围内开展以乡村小砖窑、小煤矿、小矿山、小作坊为重点的整治非法用工、打击违法犯罪专项行动，查处拐卖、拐骗、操纵、强迫未成年人、智障人员打工，限制人事自由，“黑职介”等非法用工事件，营造全社会关注劳动保障权益的氛围，增加全社会劳动保障法律意识，向用人单位开展“三法”宣传活动，普及“三法”知识。成立以局领导为组长的劳动监察大队应急小组，设立举报投诉热线，建立应急预案，提升对突发事件的应变能力，将事件处理于萌芽状态，维护社会和谐稳定。

2009年3—5月，贯彻实施《中华人民共和国劳动合同法》，提高农民工劳动合同签订率，从源头上规范劳动关系，维护劳动者合法权益的“春暖行动”，对辖区内的企业、居民服务业相对集中的街道(社区)，现场举报、现场咨询并张贴宣传画、发放宣传手册普及相关法律法规，对农民工签订劳动合同情况调查摸底，推动完善劳动用工备案制度。

2009年12月，为确保农民工能够按时足额拿到工资，开展专项检查，对辖区内的各个建筑单位的用工情况进行摸底排查，对违规现象进行查处。全年接待电话举报、来访、投诉案件917人次，确认立案61起，案件处理率100%。

2010年，加大对辖区内企业劳动用工的监察力度，对在外务工人员返乡，部分企业停工停产或关闭，职工待岗和企业经济性裁员、涉及劳动合同、工资拖欠的劳动争议和投诉举报，进行事前指导、事中监督、事后服务，规范裁员行为，保障劳动者合法权益。4—10月，组织对长沙市玉城清洁服务有限公司等21家用人单位进行日常巡视检查，预防和纠正用人单位的违法违规行为。

2011年，接待来访和投诉166起，监察受理投诉举报件65起，立案查处65件，结案59件。仲裁立案46起，结案33起，案外调解32起，规定办案期限内结案率100%，为劳动者追回劳动报酬65万元，押金16100元；参与处理突发事件6起，涉及劳动者900多人，发放农民工工资1250万元，补签续签劳动合同446人，全区各类企业劳动合同签订率巩固在100%以上。

2012年，找准工资集体协商中的主要矛盾，精准发力，督促733家企业成立工会，661家企业完成工资集体协商，完成率达90.17%。坚持教育制度、坚持监督制度、坚持考核制度，劳动保障执法廉政建设走向制度化、规范化；通过日常巡查、专项检查和年度审查，加大执法力度，维护劳动者的合法权益。全年没有发生过群体性上访事件，实现农民工工资零上访，特别是建筑领域农民工工资实现零拖欠和到省、市的零上访。

第十篇　民政·社会保障

长沙市开福区地方的民政事业和社会保障事业，在1989—2012年间，随着经济社会的发展而不断改革，呈现出新的局面。在基层自治组织建设方面，北区时期，城区基层自治组织为居委会；1996年成立开福区后，城区扩大，辖有农村区域，至2012年，全区有社区居委会93个、村委会30个。1991—2012年，全区城乡进行居委会和村委会的换届选举各8次。婚姻登记、殡葬管理、区界勘定、地名管理、民间组织管理等工作不断加强与完善。婚姻登记由发证改为颁证，并将全区登记情况实行联网。随着社会生活的丰富，各类社团和民间组织涌现，1992—2012年，全区登记社会团体17个，2002—2012年，全区登记民间组织136个。

传统的赈灾救灾和社会福利事业发展为社会保障制度，并形成包括全区优抚安置、赈灾救灾、社会福利、社会保险在内的社会保障体系。全区重点优抚对象人数增加，并陆续大幅度提高优待抚恤金标准。全区赈灾救灾能力和水平得到提高。1989—2012年，全区赈灾救灾款项3250.77万元。社会福利包括社会救济、城乡最低生活保障、收容遣送与社会救助等各方面，覆盖面扩大，福利标准提高。1989—2012年，全区社会救济从10.36万元提高到119.60万元；1997—2012年，全区城乡最低生活保障金额从326.53万元提高到7213.78万元；社会救助站救助，2004年，全区救助896人、救助经费15.80万元，2012年为1446人、40.68万元。社会保险事业包括失业保险、工伤保险、生育保险、企业职工养老保险、医疗保险城乡居民养老保险等方面，也都有不同程度的改善和发展。

第一章 民 政

第一节 机 构

1989年，北区设置民政局，1996年更名为开福区民政局。1989—2012年，先后担任局长的有曹腊英、唐庭葆、王冬元、常奇、杨艳，先后担任书记的有石放先、李灿霞、谢礼。

北区时期，民政局内设基层政权建设、优抚退伍安置、救灾救济等3个科室。1991年，在区民政局设福利生产管理办公室，作为自收自支的二级机构，负责全区福利企业开办审批和年检工作；监督企业按40%的比例安置残疾人，协调和配合税务部门做好减免征工作及减免税金的使用。1994年，成立北区残疾人联合会。1996年，内设机构调整为基层政权和社区建设、优抚退伍安置、社会事务、民非和社团管理、区划地名、救灾救济6个科室。民政局负责全区基层政权建设、优抚退伍安置、区划地名、婚姻登记、殡葬管理、救灾救济、社会福利社团、民非企业、残疾人等工作，全区民政事业发展和规划的编制，组织实施区划调整；贯彻落实《中华人民共和国村民组织法》《中华人民共和国居民组织法》，指导组织建设工作。

全区各街道及乡镇均设立民政工作办公室（简称民政办），由一名办事处副主任兼民政办主任，配备1~2名民政专干，居委会设民政委员1人。2000年，街镇民政办改为社会事务办公室，由1名领导分管，设主任1人，配备2~4名专干，村委会设民政委员1人。

2001年，根据党政机关严禁兴办企业和收取管理费的有关规定，撤销区福利生产管理办公室，人员由区政府分流。同年，残疾人工作从民政局划出。

2002年，区老干局的老龄工作划入民政局，并设老龄工作办公室，主要负责全区老年人的养老、优待、维护老年人权益，组织老年人开展各项文化娱乐活动，承办老年证等工作。10月，开福区成立最低生活保障局，为区民政局的二级机构，事业编制单位，主要负责全区低保审批、年检，监督与指导街、镇和社区（村）做好低保的申请、审核与保障金的发放工作。各街道相应设立低保站，社区设立低保中心。

2004年，市政府将原由市负责的流浪乞讨人员救助工作改为市、区共同负责。各区成立流浪乞讨人员社会救助站，为区民政局的二级机构，副科级事业单位，站长由民政局1名副局长兼任，配备工作人员6名，主要负责接受辖区内流浪乞讨人员来站的接待、安置和返家工作。

2005年始，大病救助、重症精神病人治疗及精神病人药物发放等社会救助，纳入低保局工作范围。同年，开福区成立慈善会，会长由区长兼任，设若干副会长，常务副会长由民政局局长兼任，日常工作由民政局负责。区慈善会主要负责全区慈善捐款的接收和使用，组织开展慈善活动，对需要帮助的困难群体进行慈善救助工作。

2008年，低保局更名为社会救助局，街（镇）低保站、社区低保中心随之更名救助站、救助中心。2011年，社会救助局新增低保收入家庭的认定工作。

第二节 基层自治组织建设

1995年，北区有城市基层自治组织居民委员会（简称居委会）114个。1996年，开福区有居委会147个，农村基层自治组织村民委员会（简称村委会）41个。至2000年，全区居委会增至156个。2001年开始进行社区建设，按照“地域相近，人口规模在3000~5000人”的原则，全区居委会撤并为87个。一批年龄大、文化程度低、身体差、不能继续适应社区工作的人员退出岗位，并给予经济补偿，妥善处理。按照社区建设理念，居委会改称社区居委会。2002—2006年，新港镇3个村、捞刀河镇1个村、青竹湖镇7个村的村民委员会改为社区居委会。至2012年，全区有社区居委会93个、村委会30个。

一、社区居委会的办公经费

2001年始，区财政在省、市、区财政每年各支付1万元的基础上，再增加1万元。2001—2012年，先后7次增加工作经费。至2012年，城区社区居委办公经费会达55万元/年，乡、镇社区居委会达办公经费41万元/年。村委会的办公经费，2005年始，区财政在省、市、区财政每年各支付3000元的基础上，再增加1万元。2005—2012年，先后3次增加工作经费。至2012年，村委会办公经费达10万元。

表10-1　　2012年长沙市开福区社区居委会分布情况表

街道（镇）名称	单位数（个）	所辖社区（村）名称
望麓园街道	6	荷花池、水风井、中山路、北正街、营盘街、富雅坪
清水塘街道	6	清水塘路、迎宾路、芙蓉路、展览馆路、便河边、四季花城
湘雅路街道	8	留芳岭、油铺街、三角塘、上麻园岭、文昌阁、新湘路、百善台
伍家岭街道	8	蒋家垅、陡岭、友谊、紫荆园、浏阳河、陈家湖、建湘新村、刘家冲
新河街道	7	北桥新村、幸福桥、开福寺路、三角洲、竹山园、新河路、凤嘴路
东风路街道	9	东风一村、东风二村、王家垅、砚瓦池、浏河村、丽臣、蚌塘、德雅村、科大
通泰街街道	9	西园、湘春路、通泰街、寿星街、中山西路、连升街、轩辕街、盐道坪、吉福街
四方坪街道	12	四方、左岸、李家冲、科大景园、丝茅冲、黑石渡、四季美景、金帆、胜利、花城、滨江、科大家园
芙蓉北路街道	7	江滨、欣城、福城、金泰路、凤亭、江湾、盛世路

续表 10-1

街道（镇）名称	单位数（个）	所辖社区（村）名称
捞刀河街道	3	捞刀河、沙坪、彭家巷
新港街道	7	戴家河、兴联、新安寺、宿龙桥、综合场、大塘基、霞凝港
青竹湖镇	8	植基、金盆丘、群力、新源、霞凝、太阳山、青竹湖畔、天井
洪山街道	10	金鹰、马栏山、史家坡、毛家垅、鸭子铺、月湖、朝阳、洪西、双河、陈家渡

二、社区居委会办公用房

2002年以前，居委会办公用房条件普遍不好，有的甚至无房无场地。2002年，区政府从下拨经费中，给每个社区划出2万元，由区统一集中使用，新建、改建社区办公用房。当年新建、改建31个社区办公用房。至2004年，全区新建、改建48个社区办公用房。2005—2012年，落实长沙市《关于进一步加强社区建设工作的意见》，开福区安排资金950万元，新建、改建老城区社区办公用房，全区社区办公用房面积基本达标。

三、村委会换届选举

1998年，全区进行第五次村委会换届选举，由村民直接选举产生村委会班子，此次选举村委会成员265名，其中主任41名，委员224名。同年，区政府在捞刀河镇高岭村召开村务公开现场经验交流会，霞凝乡湘粤村和荷叶村、捞刀河镇高岭村在会上作经验介绍。此后，按照区政府的部署，区民政局会同区纪委、区人大法工委、区监察局、财政局、农业局等部门，组织、指导各村按照《中华人民共和国村民组织法》的规定，建立与完善村民会议、村民代表大会和村务公开制度、村民代表议事规则、村规民约等。建立健全村务公开领导小组、村务公开监督小组、财务公开监督小组。每季度公开村务一次，每半年公开村级财务一次。2003年，在全区实行村级账务镇代管。2005年，开福区进行第六次村委会换届选举，按照中央文件要求，实行支部书记、村主任“一肩挑”，支村两委交叉任职，全区41个村委员中，有33个村实行“一肩挑”，41个村全部实行支村两委交叉任职，减少人员46人。2008年，制定村账镇管、村委会换届财务审计、加强村级财务管理、村委会成员廉政自律等制度和意见。

四、社区居委会换届选举

1991年，贯彻《中华人民共和国城市居民委员会组织法》，居委会成员的产生，由过去的街道调整决定，改为居委会小组和居民住户代表选举产生。全区105个居委会，选举产生居委会成员586人，其中主任105人，副主任108人，委员373人。

2001年，在社区建立社区成员代表大会、社区成员协商议事会，并制定制度，社区事务实行社区成员协商、代表大会决定等议事程序，社区事务由社区居民民主决策、民主管理、民主监督。区民政局先后在全区社区中推介上大垅街道（后并入东风路街道）王家垅社区“麻将自律协会”、东风路街道蚌塘社区“居民城管”及通泰街街道湘春路社区“相互提醒”经验，在全区社区建立“红白理事会”，居民的“红白大事”都由理事会负责引导和监督。

2003年6月，进行第六次社区居民委员会换届选举工作。由区委、区政府和四方坪街道工委组织实施，在四方社区试行直选，由全体居民直接投票选举产生社区居委会。这是湖南省第一个通过直接选举产生的社区居委会，对全省基层民主化进程产生重要影响。直接选举的成功引起社会各界的广泛关注，中央电视台和省会各大新闻媒体进行宣传报道。四方社区试点完成后，在全区所有社区推行，由社区居民直接投票选举产生新的社区居委会。

2006年，在第七次社区居委会换届选举工作中，区政府在通泰街街道进行“选聘结合”的试点，即社区居委会成员由选举产生，社区区委会工作人员实行聘用制。试点成功后，全区所有社区均按此法换届选举，产生新的社区居委会。该作法得到民政部门的肯定，被誉为“开福模式”。同年，参照村委会村务公开的做法，在社区居委会实行居务公开、财务公开，成立居务公开、居务监督和财务公开、财务监督小组，并实行“居账街管”和社区领导离任审计等制度。

表 10-2　1991—2012 年长沙市开福区（北区）居委会、社区居委会、村委会换届选举情况表

居委会、社区居委会	年份	备注	村委会	年份	备注
第一次	1991	代表选举	第一次	1990	直接选举
第二次	1994	代表选举	第二次	1993	直接选举
第三次	1997	代表选举	第三次	1996	直接选举
第四次	2000	代表选举	第四次	1999	直接选举
第五次	2003	直接选举	第五次	2002	直接选举
第六次	2006	直接选举	第六次	2005	直接选举
第七次	2009	直接选举	第七次	2008	直接选举
第八次	2012	直接选举	第八次	2011	直接选举

第三节　婚姻登记

1995 年前，北区民政局仅对城市户籍的结婚离婚进行登记。1996 年，为方便农村居民的结婚离婚登记，每月分别在霞凝乡、捞刀河镇、综合农场派出工作人员办理登记一天。2002 年，随着交通的便利，登记工作统一在民政局办理。

2001 年，国家修改《中华人民共和国婚姻法》，将初婚年龄男 20 周岁、女 18 周岁修改为男 22 周岁、女 20 周岁。2003 年，民政部修改《婚姻登记管理条例》为《婚姻登记条例》，取消强制婚前检查、结离婚公民要单位和村（居）委会证明的规定。2004 年始，登记结婚由发证改为颁证，登记男女双方宣读誓词后颁发证书。2006 年始，为防止骗婚、假结离婚、重婚违法事件的发生，全市登记情况实行联网，2008 年全省实行联网，2009 年全国实行联网。离婚登记呈逐步上升趋势，2011 年，全区离婚登记 1182 对，2012 年上升至 1836 对。

第四节　殡葬管理

1992年，根据长沙市颁布的《殡葬管理条例》，北区倡导火化。要求企事业单位、党政机关干部的直系亲属死亡后，带头火化，对不实行火化的，给予纪律处分，不予发放安葬费、抚恤金。纯居民死亡后，对坚持土葬的，经民政部门做工作无效后，一般给予罚款处理，罚款金额一般为200～400元。1998 年，根据长沙市修改的《殡葬管理条例》，开福区规定城区人员死亡后一律实行火化。企事业单位、党政机关干部直系亲属死亡后，坚持土葬的，除给予纪律处分、取消发放安葬费和抚恤金外，由民政部门组织力量，起棺火化，对阻碍执法的，由司法部门追究责任。纯居民死亡后土葬的，由民政部门责令改正，拒不改正的，实行起棺火化。城区火化率由条例实施前的90.60%提高到100%。2003年6月起，开福区发布通告，捞刀河镇、新港镇、洪山街道所辖区域，划定为强制火化区，村（居）民死亡后一律实行火葬。开福区印制通告3.50万份，发放至每户，安排2名工作人员和宣传车1辆，在农村进行为期10天的宣传。至2005年，全区火化率100%，违规土葬现象杜绝。

2001 年，长沙市发布通告，禁止城区在户外搭设灵棚治丧。至 2006 年，开福区劝阻 21 起户外搭设灵棚治丧行为，拆除 18 起。为从源头上杜绝户外搭设灵棚治丧现象的发生，对城区出租棚架人员进行摸底，上门宣传通告精神，对拥有的棚架，由民政部门按每副 600 元的价格回收，对生活一时发生困难的，给予一定补助。全区共回收棚架 12 付，治丧用龙头杠具、棺罩 8 件套，城区治丧秩序明显好转，户外搭设灵棚治丧现象基本杜绝。

2008 年，长沙市实施殡葬“惠民”工程，城区低保户家庭成员、农村村民死亡后，亲属凭火化证明，到民政部门领取运送遗体和火化费用 520 元。2011 年，该工程由低保户扩至纯居民。纯居民死亡后，凭火化证明由民政部门补助运送遗体和火化费用 570 元。

第五节　区界勘定、地名管理

1995年，北区所辖区域范围东起迎宾路，东南从迎宾路与八一路交叉处向西经八一桥、小吴门、中山路中段向北折入北正街，过湘春西路北延至古吊桥遗址转向西，至晴佳巷至挖港子抵湘江，循湘江中心航道至骆驼嘴，溯浏阳河中心航道上到湖积渡止，面积14.46平方公里。辖民主东街、望麓园、新河、黑石渡、上大垅、伍家岭、北站路、清水塘8个街道办事处和胜利村。

1996年，长沙市进行区划调整，将原属西区的如意街、西长街、通泰街3个街道，原属郊区的福安乡，长沙市国营综合农场，长沙县所辖捞刀河镇、望城县所辖霞凝乡划入北区，同时将北区更名为开福区。所辖范围：西起五一大道橘子洲大桥湘江中心线，向北沿湘江中心线至开福区与望城县交界处沙河与湘江交汇处；北起湘江与沙河交汇处，向东沿沙河中心线至京广铁路处，过京广铁路向东，与望城县丁字镇与开福区捞刀河镇边界线，至长阴路处；再向东沿捞刀河镇与丁字镇边界线至沙坪与长沙县北山镇边界线，沿边界线向东至向沙河中心线，东起捞刀河镇双湖村白沙河中心线，溯白沙河中心线向南至白沙河与捞刀河交汇处，沿捞刀河中心线至综合农场苏家公山与长沙县星沙镇边界线，沿边界线向至综合农场马栏山舟桥部队大门与芙蓉区交界处，向西过浏阳河至车站北路与芙蓉区交界处，过车站北路向西至烈士公园，沿烈士公园南与芙蓉区边界线向西至烈士公园南门，向南折入迎宾路，沿迎宾路中心线至八一路与迎宾路交叉处；南起迎宾路与八一路交汇处，沿八一路中心线向西至八一桥至中山路，沿中山路中心线向西至黄兴北路与中山路交叉处，折入黄兴北路向南至五一大道与黄兴北路交叉处，折入五一大道，沿五一大道中心线向西至橘子洲大桥湘江中心线，面积188.30平方公里。辖民主东街、望麓园、新河、黑石渡、上大垅、伍家岭、北站路、清水塘、如意街、西长街、通泰街11个街道与捞刀河镇、国营综合农场、福安乡、霞凝乡。

1991年，北区成立地名管理工作办公室。区长任主任，分管民政工作副区长任副主任，办公室设民政局。主要职责是新建、修订老地名的资料档案；新地名的申报、审批和命名。随着城市开发建设快速发展，一些老的地名不再使用，被楼盘和道路替代，至2012年，失用的老地名有：喜鹊桥、经武门、三公里、金华殿、木码头、粪码头、潮宗门、通泰门、落棚桥、明月池、更生坪等。

第六节　民间组织管理

1983年，全区开始社团和民间组织登记工作，至1998年，全区有社团35个、民间组织55个。至2012，全区共有社团27个、民间组织178个。

表10-3　　2002—2012年长沙市开福区民间组织登记情况表

序号	单位名称	登记日期	类别
1	长沙市开福区诺贝尔摇篮幼稚园	2002年1月28日	教育类
2	长沙市开福区有志记忆智能培训学校	2003年12月24日	教育类
3	长沙市开福区广成外国语学校	2003年12月29日	教育类
4	长沙市开福区海来外国语学校	2004年2月12日	教育类
5	长沙市开福区新视野学校	2004年3月22日	教育类
6	开福区育德小学附属幼儿园	2004年3月25日	教育类
7	开福区小太阳幼儿园	2004年6月24日	教育类
8	开福区捞刀河社区幼儿园	2004年6月25日	教育类
9	开福区迎春幼儿园	2004年6月25日	教育类

续表 10-3

序号	单位名称	登记日期	类别
10	开福区小百灵幼儿园	2004 年 7 月 21 日	教育类
11	长沙市开福区艾博 ACT 特许教学中心	2004 年 10 月 19 日	教育类
12	长沙市开福区爱迪宝贝幼儿园	2004 年 11 月 1 日	教育类
13	麓山红外国语培训学校	2004 年 12 月 27 日	教育类
14	长沙市开福区富士桥日本语学校	2005 年 4 月 11 日	教育类
15	长沙市开福区昂立教育培训学校	2005 年 4 月 15 日	教育类
16	开福区王家垅社区小百合幼稚园	2005 年 7 月 21 日	教育类
17	长沙市开福区国美文化艺术学校	2005 年 10 月 15 日	教育类
18	长沙市开福区青竹湖湘一外国语学校	2006 年 6 月 20 日	教育类
19	长沙市开福区建湘幼儿园	2006 年 11 月 1 日	教育类
20	长沙市开福区启明星幼儿园	2006 年 11 月 21 日	教育类
21	长沙市开福区快乐小宝贝幼儿园	2006 年 12 月 5 日	教育类
22	开福区小吴门门诊部	2007 年 3 月 5 日	卫生类
23	长沙市开福区景熙门诊部	2007 年 3 月 7 日	卫生类
24	长沙市开福区苹果树幼儿园	2007 年 4 月 28 日	教育类
25	长沙市开福区沙坪中心幼儿园	2007 年 5 月 8 日	教育类
26	长沙市开福区阳光第四幼稚园	2007 年 5 月 16 日	教育类
27	开福区芙蓉北路街道第一社区爱信社区卫生服务站	2007 年 5 月 18 日	卫生类
28	长沙市开福区沙坪老年公寓	2007 年 8 月 5 日	社会服务类
29	长沙市开福区诺贝尔摇篮金帆幼稚园	2007 年 9 月 14 日	教育类
30	长沙市开福区小天使简易幼儿园	2007 年 9 月 29 日	教育类
31	长沙市开福区启蒙幼稚园	2007 年 10 月 18 日	教育类
32	长沙市开福区安安幼儿园	2007 年 10 月 25 日	教育类
33	长沙市开福区飞讯计算机培训学校	2007 年 10 月 29 日	教育类
34	长沙市开福区蓓蕾艺术幼儿园	2007 年 11 月 7 日	教育类
35	长沙市开福区中新双语幼稚园	2007 年 11 月 7 日	教育类
36	长沙市开福区小天鹅简易幼儿园	2007 年 11 月 12 日	教育类
37	长沙市开福区蚌塘社区卫生服务站	2008 年 1 月 22 日	卫生类
38	长沙市开福区湘雅路油铺街社区卫生服务站	2008 年 1 月 22 日	卫生类
39	长沙市开福区伍家岭街道紫荆园社区卫生服务站	2008 年 6 月 13 日	卫生类
40	长沙市开福区金星幼儿园	2008 年 7 月 11 日	教育类
41	长沙市开福区新起点培训学校	2008 年 7 月 14 日	教育类

续表 10-3

序号	单位名称	登记日期	类别
42	长沙市开福区兴汉门门诊部	2008 年 7 月 22 日	卫生类
43	长沙市开福区伍家岭街道友谊村社区卫生服务站	2008 年 7 月 24 日	卫生类
44	长沙市开福区四方坪街道水木轩社区卫生服务站	2008 年 7 月 25 日	卫生类
45	长沙市开福区华星幼儿园	2008 年 7 月 25 日	教育类
46	长沙市开福区好小子幼儿园	2008 年 7 月 30 日	教育类
47	长沙市开福区金色摇篮简易幼儿园	2008 年 8 月 1 日	教育类
48	开福区德雅路门诊部	2008 年 10 月 28 日	卫生类
49	开福区四方坪街道金帆社区卫生服务站	2008 年 12 月 1 日	卫生类
50	长沙市开福区金色梯田幼儿园	2008 年 12 月 8 日	教育类
51	长沙市开福区洪山街道朝阳社区卫生服务站	2008 年 12 月 15 日	卫生类
52	长沙市开福区美林培训学校	2008 年 12 月 16 日	教育类
53	长沙市开福区望麓园街道营盘街道社区卫生服务站	2009 年 2 月 24 日	卫生类
54	长沙市开福区恒达英语培训学校	2009 年 5 月 26 日	教育类
55	长沙市开福区昕雨阳光梦翔幼儿园	2009 年 6 月 3 日	教育类
56	长沙市开福区宏达培训学校	2009 年 6 月 3 日	教育类
57	长沙市开福区东风路街道东风一村社区卫生服务站	2009 年 7 月 20 日	卫生类
58	长沙市开福区莱恩幼儿园	2009 年 7 月 24 日	教育类
59	长沙市开福区新河街道幸福桥社区卫生服务站	2009 年 8 月 24 日	卫生类
60	长沙市开福区新康养老服务中心	2009 年 8 月 25 日	民政类
61	长沙市开福区协雅进修学校	2009 年 9 月 15 日	教育类
62	长沙市开福区伯明汉英语培训学校	2009 年 9 月 17 日	教育类
63	长沙市开福区爱弥儿幼儿园	2009 年 9 月 21 日	教育类
64	长沙市开福区中科幼教珠江花城幼儿园	2009 年 10 月 15 日	教育类
65	长沙市开福区 CCT 教育考试培训学校	2009 年 10 月 16 日	教育类
66	长沙市开福区月亮船幼儿园	2009 年 11 月 3 日	教育类
67	长沙市开福区陈家渡社区幼儿园	2009 年 11 月 12 日	教育类
68	长沙市开福区金帆简易幼儿园	2009 年 11 月 19 日	教育类
69	长沙市开福区幸福树幼儿园	2009 年 11 月 24 日	教育类
70	长沙市开福区金霞幼儿园	2009 年 12 月 7 日	教育类
71	长沙市开福区南城坡中心幼儿园	2009 年 12 月 7 日	教育类
72	长沙市开福区博爱简易幼儿园	2009 年 12 月 11 日	教育类
73	长沙市开福区沙坪第一幼儿园	2009 年 12 月 15 日	教育类

续表 10-3

序号	单位名称	登记日期	类别
74	长沙市开福区金色卡通月湖幼儿园	2009 年 12 月 21 日	教育类
75	长沙市开福区星舞门儿童能力发展中心	2009 年 12 月 29 日	教育类
76	长沙市开福区阳光第五幼稚园	2009 年 12 月 29 日	教育类
77	长沙市开福区博爱风亭家园	2010 年 1 月 20 日	民政类
78	长沙市开福区洪恩简易幼儿园	2010 年 2 月 3 日	教育类
79	长沙市开福区科学小子机器人教育培训学校	2010 年 5 月 18 日	教育类
80	长沙市开福区新蕾幼儿园	2010 年 5 月 24 日	教育类
81	长沙市开福区社区助理服务中心	2010 年 5 月 25 日	民政类
82	长沙市开福区怡智家园智障人士服务中心	2010 年 6 月 3 日	民政类
83	长沙市开福区芙蓉北路街道金泰社区卫生服务站	2010 年 6 月 7 日	卫生类
84	长沙市开福区创乐福家庭综合服务中心	2010 年 6 月 11 日	社会服务类
85	长沙市开福区金尊宝贝早教中心	2010 年 7 月 22 日	教育类
86	长沙市开福区东风路街道兴盛社区服务中心	2010 年 8 月 10 日	卫生类
87	长沙市开福区科苑明星幼稚园	2010 年 8 月 11 日	教育类
88	长沙市开福区喜多多简易幼儿园	2010 年 8 月 17 日	教育类
89	长沙市开福区汇佳咏江苑幼儿园	2010 年 11 月 3 日	教育类
90	长沙市开福区紫荆园社区简易幼儿园	2010 年 11 月 16 日	教育类
91	长沙市开福区四方坪街道科大佳园社区卫生服务站	2010 年 11 月 18 日	卫生类
92	长沙市开福区通泰街怡智家园残疾人服务中心	2010 年 11 月 19 日	民政类
93	长沙市开福区黄金海岸小新星幼儿园	2010 年 12 月 1 日	教育类
94	长沙市开福区天主教老年公寓	2011 年 1 月 13 日	社会服务类
95	长沙市开福区清水塘社区家政服务中心	2011 年 1 月 17 日	社会服务类
96	长沙市开福区洪山街道金鹰社区卫生服务站	2011 年 1 月 26 日	卫生类
97	长沙市开福区爱希会残疾儿童服务中心	2011 年 4 月 18 日	社会服务类
98	长沙市开福区通泰街街道连升街社区卫生服务站	2011 年 4 月 28 日	卫生类
99	长沙市开福区华大凯乐国际幼儿园	2011 年 5 月 16 日	教育类
100	长沙市开福区洪山街道月湖社区卫生服务站	2011 年 5 月 19 日	卫生类
101	长沙市开福区诸子百家幼儿园	2011 年 7 月 27 日	教育类
102	长沙市开福区幸福里老年公寓	2011 年 7 月 28 日	社会服务类
103	长沙市开福区众仁社会工作服务中心	2011 年 8 月 1 日	社会服务类
104	长沙市开福区时代佳英简易幼儿园	2011 年 8 月 2 日	教育类
105	长沙市开福区贝尔乐简易幼儿园	2011 年 8 月 6 日	教育类

续表 10-3

序号	单位名称	登记日期	类别
106	长沙市开福区洪山街道马栏山社区卫生服务站	2011 年 8 月 15 日	卫生类
107	长沙市开福区学大教育培训学校	2011 年 8 月 19 日	教育类
108	长沙市开福区伍家岭街道湘江北尚社区卫生服务站	2011 年 8 月 25 日	卫生类
109	长沙市开福区卫培进修学校	2011 年 8 月 27 日	教育类
110	长沙市开福区沃德教育培训学校	2011 年 8 月 27 日	教育类
111	长沙市开福区放学后艺术培训学校	2011 年 9 月 23 日	教育类
112	长沙市开福区阿斯顿英语培训学校	2011 年 9 月 23 日	教育类
113	长沙市开福区蓝天艺术幼儿园	2011 年 10 月 17 日	教育类
114	长沙市开福区竞争力教育培训学校	2011 年 11 月 3 日	教育类
115	长沙市开福区开心果幼儿园	2011 年 11 月 15 日	教育类
116	长沙市开福区社会管理创新孵化园	2011 年 12 月 5 日	民政类
117	长沙市开福区星苑儿童康复中心	2011 年 12 月 28 日	民政类
118	长沙市开福区怡馨家园	2012 年 1 月 6 日	民政类
119	长沙市开福区幸福时光简易幼儿园	2012 年 2 月 27 日	教育类
120	长沙市开福区红黄蓝幼儿园	2012 年 4 月 6 日	教育类
121	长沙市开福区快乐童星简易幼儿园	2012 年 4 月 10 日	教育类
122	长沙市开福区青蓝幼儿园	2012 年 4 月 12 日	教育类
123	长沙市开福区芙蓉北路街道盛世路社区卫生服务站	2012 年 5 月 23 日	卫生类
124	长沙市开福区彭家巷银龄家园	2012 年 5 月 25 日	民政类
125	长沙市开福区湘珂教育培训学校	2012 年 5 月 28 日	教育类
126	长沙市开福区五彩风车玫瑰园幼儿园	2012 年 6 月 7 日	教育类
127	长沙市开福区东风路街道东风二村社区卫生服务站	2012 年 6 月 18 日	卫生类
128	长沙市开福区希望新居民子女关爱服务中心	2012 年 7 月 2 日	民政类
129	长沙市开福区开心果花城幼稚园	2012 年 7 月 3 日	教育类
130	长沙市开福区义仓公益推广中心	2012 年 8 月 1 日	民政类
131	长沙市开福区快乐才子简易幼儿园	2012 年 8 月 2 日	教育类
132	长沙市开福区潇湘中医门诊部	2012 年 8 月 30 日	卫生类
133	长沙市开福区德馨社会工作服务中心	2012 年 8 月 31 日	民政类
134	长沙市开福区诺贝尔摇篮湘江壹号幼稚园	2012 年 10 月 8 日	教育类
135	长沙市开福区晴天残疾人职业能力评估中心	2012 年 11 月 16 日	民政类
136	长沙市开福区麻园岭幼儿园	2012 年 11 月 28 日	教育类

表 10-4　　1992—2012 年长沙市北区、开福区社会团体登记情况表

序号	单位名称	登记日期	类别
1	长沙市开福区体育总会	1992 年 1 月 10 日	体育类
2	长沙市开福区个体劳动者协会	1992 年 1 月 10 日	商业、专业协会和工业
3	长沙市开福区建筑业协会	2003 年 4 月 8 日	经济工商服务类
4	长沙市开福区计算机信息安全协会	2003 年 5 月 12 日	商业、专业协会和工业
5	长沙市开福区慈善会	2004 年 4 月 14 日	慈善类
6	长沙市开福区生态休闲观光农业协会	2004 年 11 月 15 日	经济农业类
7	长沙市开福区建材行业商会	2006 年 12 月	商业、专业协会和工业
8	长沙市开福区湖湘文化市场文化艺术品联合商会	2008 年 8 月 8 日	社会事业类
9	长沙市开福区养猪协会	2009 年 12 月	经济农业类
10	长沙市开福区社会工作协会	2010 年 4 月 30 日	社会事业类
11	长沙市开福区佛文化用品商会	2010 年 12 月 31 日	宗教类
12	长沙市开福区鸭子铺爱心扶助会	2011 年 1 月 22 日	慈善类
13	长沙市开福区通信行业商会	2011 年 5 月 26 日	商业、专业协会和工业
14	长沙市开福区金融行业协会	2011 年 7 月 28 日	商业、专业协会和工业
15	长沙市开福区汉回一家亲互助会	2011 年 10 月 21 日	社会服务类
16	长沙市开福区质量协会	2011 年 12 月 14 日	商业、专业协会和工业
17	长沙市开福区社会服务组织联合会	2012 年 8 月 22 日	社会事业类

第二章　社会保障

第一节　机　构

1992 年，北区成立社会劳动保险所，隶属区劳动局。

2002 年，北区发出《关于加强基层劳动保障的机构建设的通知》，就区基层劳动保障的机构设置、主要职责、经费来源和工作要求作出明确规定，并召开全区工作会议，就劳动保障工作作出部署。会后，全区各街道、镇分别成立劳动保障站，各社区配备劳动保障专（兼）干，全区建立健全区、街道（镇）、社区三级劳动保障组织体系。区劳动社会保障局举办劳动保障工作业务知识培训班，对各单位分管劳动保障工作的负责人、各站站长和专（兼）干进行专门培训。

各街道劳动保障站成立后，开设服务窗口，实行“一站式”办公；同时构建全区劳动保障信息服务网，在充分调查摸底的基础上，建立下岗失业人员、新生劳动力等劳动力资源信息数据库和就业岗位信息数据库，实行动态管理。各街道劳动保障站启动《社区就业服务证书》制度，以社区就业为扩大城镇就业与再就业的主渠道，开发社区就业岗位，协调落实社区就业的优惠政策，发挥社区就业作用。

2011 年，成立开福区社会保障中心，设有综合业务、参保登记、异动申报、个人账户管理、基金征缴、财务结算、基金稽核，企业、机关事业单位养老保险，失业保险、工伤保险业务岗位、退休待遇管理、被征地农民社会保障、城乡居民养老保险等岗位。

第二节 优抚安置

一、优抚工作

1989—1995 年，北区民政局负责为具有城市户籍的优抚对象服务，累计发放各类优抚对象经费 54.30 万元，救助生活发生临时困难的优抚对象 1687 人次，发放临时救助金 5 万元。

1995 年，北区有重点优抚对象 325 人，其中烈士家属、牺牲和病故军人家属 28 人，失散老红军 1 人，伤残军人 296 人。1996 年，开福区新增烈属 2 人、伤残军人 86 人；享受定期补助的老复员军人和带病回乡退伍军人分别为 75 人和 109 人。至 2012 年，开福区有重点优抚对象 1123 人，其中烈士家属、牺牲和病故军人家属 31 人、伤残军人 821 人、享受定期补助的老复员军人 47 人、带病回乡的退伍军人 98 人。参加西藏平叛、中印边界自卫反击战、中苏珍宝岛战、援越抗美、中越自卫反击战人员中，因无工作享受定期补助 126 人。

1998 年，在区、街道两级开展“爱心献功臣”活动，号召干部、职工每人每月捐款 1 元，全年筹得捐款 80.56 万元，主要用于优抚对象、临时生活救助、改善住房条件等，并从此款中拿出 30 万元救助在 1998 年洪灾中住房倒塌和房屋受损的重点优抚对象 25 户。

2000年，为改善农村重点优抚对象的住房条件，省、市、区三级财政按照4：3：3的比例，安排资金。对重点优抚对象的住房情况进行调查摸底，全区有5户危房需要拆除新建，10户需要改建，21户需要维修。根据文件规定，按照新建的每户补助1万元，改建的每户补助5000元，维修的每户补助2000元的标准，由区拨付各村，由区、镇两级监督，村负责组织施工，帮助36户农村重点优抚对象改善住房条件。

2001 年始，国家连续 12 年大幅提高优待抚恤金标准，烈士家属由 2001 年的 340 元 / 月 · 人提高到 2012 年的 1399 元 / 月 · 人；牺牲和病故军人家属，分别由 2001 年的 330 元 / 月 · 人提高到 2012 年的 1242 元 / 月 · 人和 1176 元 / 月 · 人。1996—2012 年，区本级财政发放优抚金达 1238.50 万元。

2004 年，国务院修订发布《军人抚恤优待条例》，提高对烈士、牺牲和病故军人的死亡抚恤金。按照《条例》要求，对重点优抚对象重新摸底调查、认证和换发新的证书。全区共有重点优抚对象 1014 人，其中烈士家属、牺牲和病故军人家属 26 人，伤残军人 658 人，享受定期补助的老复员军人 52 人，带病回乡退伍军人 78 人。对不能来区的，派出专门人员登门认证和换证；对捞刀河镇、上大垅街道 2 名有精神病的退伍军人按照《条例》转办伤残军人手续，享受定期抚恤。同年 6 月，驻区部队国防科技大学组织全校教职工，为区优抚对象组织专场募捐，募得捐款 20 万元，全部交付区民政部门，作为优抚对象的困难帮助经费。

2005 年，开福区将老年病医院作为区优抚对象定点医院，对于患大病的优抚对象，进行大病医疗救助，建立开福区大病医疗救助制度。优抚对象在治疗结束后，凭票来区按照重点优抚对象 40% 的比例救助，最高不超过 5000 元。

2006 年，为妥善解决与企业解除合同和企业破产失业的人员中的优抚对象医保问题，本人愿意购买城镇居民医疗保险的，每年由区财政出资给予购买，共为 15 人购买城镇居民医疗保险。

2007 年始，长沙市对全市参加西藏平叛、中印边界自卫反击战、中苏珍宝岛战、援越抗美、中越自卫反击战，现无工作的退伍军人，每月发放定期补助。经本人申报，社区、街镇审核，由民政部门确定后发放。当年发放补助 58 人。2012 年发放补助 86 人，发放标准从 2007 年的 200 元 / 月 · 人提高到 350 元 / 月 · 人。

二、安置工作

1988 年，国务院发布《退伍士兵安置条例》和《士官安置条例》，规定退伍士兵由市安置办统一分配和安置，区（县）做好接待登记、落户工作。1996 年，退伍安置工作下放区（县），由区（县）负责退伍安置工作，按照“哪里来，哪里去”的原则，安置退伍士兵。父母有工作单位的，由父母单位接收；配偶有单位的，由配偶单位接收，纯居民的由区统一进行安置。至 2002 年，全区共安置退伍士兵就业 739 人，尚未安置的 27 人。

2003 年始，市、区两级对退伍士兵的安置实行就业安置和货币补偿安置两种办法。当年，开福区安置就业 15 人，货币补偿 89 人。2004 年，长沙市统各区补偿标准，退伍士兵基数为 2 万元，军龄每增加一年，增发 2500 元；军龄满 10 年的退伍士官基数为 5 万元，军龄每增加一年每年增发 2500 元。区级负责货币补偿安置费的审批和发放。开始，部分退伍士兵一时难以接受，持观望态度。随着时间推移，就业观念转变，货币补偿安置渐为大多退伍士兵所接受。至2011年，全区办理货币补偿1856人，发放货币补偿金7024万元。

2012年始，国家实行士兵服役改革，规定士兵服役期满后，不分农村和城镇，一律由部队进行货币补偿，补偿标准为1.50万元/人·年，地方不再负责安置，只需发放士兵家属优待金。士兵家属优待金标准逐年提高，农村家属优待金标准由1988年的200元逐年提高至2012年的4000元，城镇家属优待金标准由1988年的400元逐年提高至2012年的6500元。

第三节 赈灾救灾

1992年6月19日，湘江出现38.50米的最高洪峰水位，民主东街、北站路、浏阳河、上大垅4个街道的9个居委会、1034户居民房屋被淹，17个单位和学校停产停课，直接经济损失6万余元。7月19日，北区开展救灾募捐。至8月8日止，全区共捐款8.70万元、粮票3.89万千克、衣物折款6.15万元。其中，区政协委员、台属彭祟立个人捐款1万元。区属企业光明童装厂全体职工为受灾儿童赶制1615套童装，价值3.10万余元。1994年6月中下旬，由于连降暴雨，湘江水位暴涨，殃及北区民主东街、北站路、新河、伍家岭、黑石渡、胜利村5个街道1个村，受灾面积4.50平方千米，1.30万户受灾，受灾人口4.30万人。因灾停产企业147家，停业的商业门店12056个，直接经济损失8000万元。全区从6月22日开始动员救灾募捐，至7月17日，募集资金52万余元、木材35立方米、旧衣服5000多件。

1998年6月中下旬，长沙暴雨不断，遭遇百年一遇的洪水，最高洪峰水位达历史最高39.18米。6月21日，霞凝乡霞凝垸洪水漫过大堤；6月23日，该乡五合垸因堤身单薄、抗御洪水能力差，发生溃堤。6月27日下午6时许，区五大堤垸之一的综合农场朝正垸，因管涌导致溃垸。洪水淹没境内5个分场的346.67公顷菜地、鱼塘、稻田，400余栋房屋倒塌，1万多居民无家可归。洪水还造成21个工厂停产、4所小学停课、215家商铺停业。在区防汛指挥部的组织下，迅速调集解放军及全区防汛人员参加，经过24小时的救护，受困灾民全部转移到高处和319国道。在全区抽调干部组成8个专门小组，调集车辆为灾民送饭、送水、送医、送药，每天发放法饼、馒头4万余个、盒饭2万个、蔬菜1000千克、矿泉水2万余瓶，平均每天支付16万余元，以保证灾民的基本生活。6月29日晚，开福区召开全区各部门负责人救灾紧急动员会，成立朝正垸救灾指挥部，下设5个工作组，全区300余名机关干部深入灾区开展救灾及思想政治工作。灾情引起了党中央的关注。7月7日下午4时，国务院总理朱镕基和副总理温家宝到朝正垸了解灾情，指导抗洪救灾，并将一笔慰问金交给农场负责人，鼓励群众重建美好家园。溃垸的当天夜晚，区民政部门紧急从省救灾物资储备库调运帐蓬200顶、棉被500床、草席500床，发放至灾民，并与国防科大食堂、又一村饭店联系，解决安排灾民的吃饭问题，并调运矿泉水5000件。区属各单位、街道、居委会也组织干部居委会群众熬制稀饭、烧热水及组织居民募捐衣被、日常生活用品送至灾民手中。区委、区政府从区直部门公、检、法机关抽调90余人组成工作组，到五合垸、朝正垸进行宣传，维护稳定，深入灾民中了解情况，解释政策，并抽调两台汽车，在灾区进行巡回宣传，公安部门派专人乘坐摩托快艇，日夜在水淹地区进行巡逻。这次洪灾，全区41个堤垸进水，淹没稻田711.33公顷，绝收568.27公顷，冲毁淹没鱼池（塘）153.33公顷，菜地406.67公顷，房屋全倒户115户，半倒户210户，因灾86个企业停产，326户商业门店停业，10所学校停课，冲毁道路50千米，水利设施损坏80处，大堤毁坏6处5千米，紧急转移安置881户9500人。受灾人口2.50万多人，成灾人口1.08万多人。经济损失17亿元。7月1日，开福区发出募捐号召，设募捐办公室。区直机关干部职工，区属学校、街道（乡镇）干部及由区财政发放工资的公职人员，每人捐献本人一个月的工资。至7月底，募集资金1700万元，各种物资折款100余万元。从7月10日开始，对朝正垸受灾户按10元/天·人、大米0.5千克/天·人的标准发放3个月；其他受灾户按每户50千克大米、200元的标准给予一次性救济。因灾房屋全倒户按每户2万元发给建房经费，半倒户按每户5000元的标准发给建房经费；对因灾造成房屋损坏的，按每户1000元发给维修经费。

1999年，开福区制订防灾减灾预案和救灾预案。

预案要求灾害发生时，能启动区、街道（镇）、社区（村）三级响应，第一时间安排受灾群众的吃、住，勘灾定灾。2003年5月，长沙出现连续降雨，湘江洪水上涨至36.80米。5月23日，新港镇五合垸由于湘江、捞刀河两水夹堤，堤身单薄，导致垮堤。垸内86户村民家进水，53.33公顷稻田被淹，3.33公顷鱼塘受损，经济损失150万元。灾情发生后，开福区组织抗灾救灾。组成工作组，紧急调运帐篷50顶、被褥300床、凉席200床、大米20吨、食用油1吨及饮用水和方便食品500件，送至五合垸。为妥善安置受灾村民，工作组、新港镇、经开区动员受灾村民投亲靠友，对受灾人员不愿意投亲靠友的，由工作组统一安排住处，至5月28日，受灾人员全部得到妥善安置。对受灾人员按15元/天·人生活标准发放2个月生活费，在水退后将五合垸的住户全部迁出，房屋全部拆除，由开福区统一按照农村住房标准建设农民安置房。

2008年元月下旬，由于连续低温寒冷，长沙出现冬季大冰冻，持续16天，房屋、道路结冰，区内一些道路交通中断、水管冻裂，冬季农作物基本冻坏。冰冻造成全区倒塌厂房面积1526平方米，136户居民房屋受损，直接经济损失1080万元。开福区组织棉被500床，大米20吨、棉大衣1000件及干部职工、社区居民捐赠的冬衣棉被等物资分发各街道、镇。民政部门与社区（村）工作人员，登门看望辖区内的五保户、“三无”人员及部分特困户，发放防寒物品和生活物资。

5月12日，四川汶川县发生8.0级大地震。5月15日，开福区发出捐款支援灾区人民的通知，全区按照县级领导600元、科级干部400元、一般干部200元的标准捐款，至5月18日，干部、职工捐款全部到位，达210多万元。社区（村）、学校也在辖区内组织募捐活动，全区各学校在学生中开展“捐出零花钱、支援灾区好学生”的捐款活动。募得捐款56.80万元和部分衣被、药品、饮用水等救灾物资，由民政部门全部送至市民政部门，统一送往地震灾区。

表10-5　　1989—2012年长沙市开福区（北区）赈灾救灾款项统计表

年份	金额（万元）	年份	金额（万元）	年份	金额（万元）
1989	0.95	1997	15.3	2005	11.9
1990	2.35	1998	2619.5	2006	32.48
1991	1.86	1999	17.35	2007	13.54
1992	13.5	2000	14.6	2008	238.1
1993	6.3	2001	12.4	2009	5.2
1994	60.34	2002	13.7	2010	6.3
1995	12.5	2003	108	2011	3.8
1996	18.9	2004	17.4	2012	4.5

第四节　社会福利

一、最低生活保障

长沙市社会福利工作体系分为市、区（县）、街（镇）与社区（村）四级，长沙市根据国家、省的有关规定制定细则，区（县）具体组织实施，街镇具体负责核实，社区（村）负责落实。社会福利具体为：社会救济（有定期与临时两种方式）、“五保户”和“三无”人员①供养、最低生活保障、城市流浪乞讨人员和生活无着人员救助、精神病人救助、社会慈善与养老、福利企业生产等。

①“三无”人员即无生活来源、无劳动能力、无法定赡养人的人员。

1989—1995年，北区有享受长期政府定期救济的孤老98人，精减退休退职职工2870人，原国民党起义投诚、县团以上党政军特宽大释放人员（含遗孀）、特赦战犯和县团以下劳动改造动员回原籍投亲靠友的人员58人。1995年，北区享受“五保户”待遇的“五保”老人137人。1996年，开福区新增农村“五保”老人105人。城镇“五保户”除享受政府定期救济外，“吃、住、穿、医”全由政府负责，定期救济金由1989年的25元/月·人增至1996年的60元/月·人。全年享受政府定期救济的各类人员有4654人。定期救济标准由1989年的17元逐步提高到1996年的100元。

1997年1月，长沙市实行城市最低生活保障制度，对困难的居民家庭给予临时救济，由区民政局审批。救济标准：1989—1995年，为20~40元、50元、80元；1996—2000年，为100元、150元；2000年始，救济标准提高至200~400元。超过一定的数额时，由主管区长审批。1989—1994年，主管区长审批额度为200~500元；1995—1999年，为500~1000元；2000—2005年，为2000元；2006—2012年，为4000元。长沙市实施最低生活保障制度后，城区“五保户”生活纳入低保。农村“五保户”待遇由村民代表大会决定，其治病、住院、逝世后丧葬费用均由村委会负责。农村“孤老”享受“五保”同等待遇。

表10-6　　1989—2012年长沙市开福区（北区）社会救济费情况表

年份	金额（万元）	年份	金额（万元）	年份	金额（万元）
1989	10.36	1997	30.05	2005	89
1990	11.50	1998	21.50	2006	92
1991	11.95	1999	19.58	2007	116.48
1992	14.66	2000	16.02	2008	119.68
1993	15.93	2001	28.45	2009	117.15
1994	16.58	2002	167.90	2010	107.40
1995	24.86	2003	81.50	2011	108.20
1996	28.30	2004	105.45	2012	119.60

最低生活保障实行“应保尽保，动态管理”。居（村）民收入低于户籍所在地低保标准，且户籍、家庭财产等符合低保条件的家庭，可申请享受低保待遇。申请人通过户籍（或居住地）所在地社区（村）低保工作机构向街道办事处、乡镇人民政府书面提出低保申请，也可直接向街道（乡镇）递交低保申请，并提供户口簿、家庭成员居民身份证原件和复印件、家庭成员收入证明以及其他相关证明。初核资料齐全的，填写《长沙市居民最低生活保障申请审批表》，全部家庭成员书面声明家庭收入和财产情况，承诺提供的信息真实、完整，并授权低保工作机构对其家庭状况进行调查、核对、评估，经过入户调查、民主评议、张榜公示、街镇审批和区县民政部门审批后，批准同意的家庭从批准之日的下月起可以享受低保待遇。

表10-7　　1997—2012年长沙市城乡低保标准变动情况表

城市低保标准			农村低保标准		
实施时间	五区（元）	四县市（元）	实施时间	五区（元）	四县市（元）
1997年1月1日	120	—	—	—	—
1998年7月	130	100	—	—	—

续表 10-7

城市低保标准			农村低保标准		
实施时间	五区（元）	四县市（元）	实施时间	五区（元）	四县市（元）
1999 年 7 月	170	130	—	—	—
2000 年 9 月	180	130	—	—	—
2004 年 4 月	200	150	2005 年 1 月	100	70
2006 年 7 月	220	170	2007 年 4 月	130	100
2008 年 1 月	270	220	2008 年 1 月	160	130
2010 年 10 月	320	270	2010 年 10 月	230	150
2011 年 7 月	350	330	2011 年 7 月	260	180
2012 年 1 月	400（六区）	350（三县市）	2012 年 1 月	290（六区）	210（三县市）

说明：五区指芙蓉、天心、雨花、开福、岳麓；四县市指长沙县、望城县、宁乡县、浏阳市；六区指芙蓉、天心、雨花、开福、岳麓、望城；三县市指长沙县、宁乡县、浏阳市

表 10-8　　1997—2012 年长沙市开福区低保金额支出情况表

年份	金额（万元）	年份	金额（万元）	年份	金额（万元）
1997	326.53	2003	2073.00	2009	5786.65
1998	630.89	2004	2125.46	2010	5364.66
1999	945.74	2005	2822.59	2011	6313.09
2000	10280.19	2006	3369.90	2012	7213.78
2001	1150.24	2007	3862.21	—	—
2002	1989.02	2008	5626.76	—	—

2002 年始，随着开福区敬老院设施的完善，全区“五保户”[①]“三无”人员逐步实行集中供养，集中供养生活标准高于分散供养生活标准。2003 年，取消农业税和乡（镇）统筹、村提留后，除村民小组保障大米供应外，农村“孤老”“五保户”所有费用均由村委会开支。2005 年 1 月，长沙市实施农村低保，“五保户”“孤老”纳入最低生活保障，但医疗费用仍由村、镇负责。2006 年，实行城乡居民医疗保养，全区“五保户”“孤老”统一由区政府按照当年医疗保险标准购买医疗保险。医疗保险支付后，所发生的医疗费用不足部分也由政府负责。2008 年始，为使低保家庭欢度节日，长沙市规定，元旦、春节、“五一”“十一”四个节日，全市低保家庭每人发放节日费 40 元。同年，省政府对 20 世纪 60 年代精减退休退职职工进行清理，增加救济费，由每月 25 元提高至 50 元。至 2012 年，全区“五保”老人 49 人，分散供养 163 人；集中供养“三无”对象 81 人，分散供养 96 人。集中供养生活标准 400 元 / 月·人，分散供养 380 元 / 月·人。

二、收容遣送与社会救助

1989—2003 年，开福区没有专门的收容遣送机构，收容遣送工作由区民政部门工作人员担任，将需要收容遣送的人员送至市收容遣送站，由市集中统一管理。2004 年，根据国务院废止《城市流浪乞讨人员收容遣

① “五保户”即保住、保吃、保穿、保医、保葬户。

送办法》，颁布《城市生活无着的流浪乞讨人员救助管理办法》的精神及长沙市内五区设立“城市流浪乞讨和生活无着人员社会救助站”的指示，开福区选址捞刀河镇（今青竹湖镇）原天井村小学校舍作为区社会救助站，负责辖区内的救助，人、财、物均由区财政负担，接受长沙市社会救助站的业务指导。救助站有床位100张，可同时容纳100人就餐的食堂，主要负责来站和公安、城管送来的需要救助的人员，为他们提供食宿，购买返程车票，对于生病的救助人员送至就近医院进行治疗，精神病患者送市社会救助站，由市负责。来救助站人员一般救助时间不超过3天。冬季，救助站工作人员每天在辖区内巡查，劝导需要帮助的人员到站接受救助；对不愿到站接受救助的对象，则发放御寒物品和一定数量的食品。

2004年，开福区在城乡居民中实行大病救助制度，对低保、贫困家庭中患癌症等8种大病的对象给予住院医疗救助。低保户一年最高累计不超过5000元，贫困户一年最高累计不超过3000元。病人出院后，由本人提出申请，社区（村）签署意见，街道、镇审核，民政局审批后，发放大病救助金。至2012年，共有4089人次享受，金额总计达1185.60万元。2006年，根据长沙市的部署，由区每月组织一次对精神病人进行药物救助，到街镇集中发放，并组织医生现场解答疑难，为患者诊断病情，指导用药和护理方法等。对患有重度精神病并有暴力倾向的患者，强制送医治疗3个月，所需住院和治疗费用由政府承担。

表10–9　　2004—2012年长沙市开福区社会救助站救助人员经费表

年份	救助对象（人）	救助经费（万元）	年份	救助对象（人）	救助经费（万元）
2004	896	15.8	2009	1345	20.8
2005	1052	18.9	2010	1569	30.65
2006	1008	17.2	2011	1345	39.58
2007	1112	19.5	2012	1446	40.68
2008	1234	19.8			

慈善救助　2004年6月，开福区成立慈善联合会，由民政局局长兼任负责人，区政府捐资100万元作为启动资金，15个会员单位和10位会员当场认捐145.80万元。所募资金主要用于低保户、贫困家庭的大病慈善救助，子女上学、灾害和生活困难救助，春节慰问物资的采购和发放（政府的除外）等。2006年，区慈善会出资10万元，在10个社区按每个社区1万元的标准，建立“雷锋”爱心超市，辖区内的低保户居民凭卡在超市可领取一定的生活物资。区慈善会每年采购一次物资和接受捐赠的物资补充超市供应。至2012年，全区共有社区（村）“雷锋”爱心超市98个。2005年始，对低保户、贫困家庭中新录取的高中生、大（专）学生入学给予学费补助，高中1000元，大学（含大专）3000元。至2012年，有1093人享受补助，金额312万元。2006年始，长沙市开展公职人员慈善捐款活动，每天每人捐一元钱，称为“一日捐”活动。2006—2012年，全区共募集慈善资金2044万元。

老龄工作　2003年，老龄工作从区老干局划入民政局，主要负责老龄事业规划、维护老年人合法权益、养老和敬老院建设等工作。至2012年底，全区有老龄人口12万余人，60岁以上的7万余人，70岁以上的3万余人，80岁以上的1.50万人，90岁的5000余人，百岁老人15人。全区有养老机构19个，床位605张，入住老人505人。其中区级敬老院1所，床位100张。“三无老人”和“五保”老人集中供养入住区敬老院86人。2008年，推行居家养老。有63个社区建立起居家养老的设施，为居家、空巢老人提供日常照料、托管，精神慰藉和家政服务等工作。2010年起，对低保户中年满80岁的老人每月发放生活津贴，年满80岁的50元/人·月，90岁80元/人·月。百岁老人的津贴由2003年的100元/人·月，提高至2005年的200元/人·月。

福利企业　1992年，北区有13家福利企业，年产值1200万元，销售收入1000万元，利润180万元。

1996年区划调整后，中岭纸制包装厂等3家福利企业划入捞刀河镇。至2012年，由于市场竞争激烈、福利企业产品科技含量低、科研开发能力差等原因，全区仅剩3家福利企业，职工216人，残疾人103人。

第五节　社会保险

一、失业保险

1987年，北区在区劳动局内设立待业保险基金管理股，配备专职工作人员，并逐步建立完善待业保险的各项管理办法和管理制度。

2001年，开福区在全区范围内开展失业保险政策宣传咨询活动，并负责参保单位失业保险费的收缴和区属失业职工的失业救济金发放。

2002年，开福区围绕长沙市下达开福区“两个确保”[①]目标，加强政策宣传和队伍建设，以街道劳动保障管理站和社区劳动保障服务中心平台建设为契机，设立社保专干，并进行培训。

二、工伤保险

1993年，北区劳动社保所对区属各企事业单位在职干部、工人因（公）受伤者86人进行全面的工伤普查鉴定，为确定工伤保险奠定基础。1995年4月，全区开展区级统筹的工伤保险工作。工伤保险是在养老保险的基础上设置的，其覆盖范围大致和养老保险相同。

1997年，开福区劳动社会保险所组织全区大集体企业的厂长、经理，学习国家技术监督局颁布的《职工工伤与职业病致残程度鉴定标准》劳动部发布的《企业职工工伤保险试行办法》等工伤保险法律法规，了解工伤保险的实施范围、工伤认定、待遇项目和支付标准、工伤保险基金和缴费制度、政策监督及组织实施等规定及工伤预防、工伤康复和工伤补偿相结合的新型工伤保险事业发展目标，要求企业参加工伤保险，足额缴纳工伤保险费。

2003年，根据国务院颁布的《工伤保险条例》规定，北区所有企业及其职工都参加工伤保险，由用人单位缴纳工伤保险费，设立工伤保险基金，对工伤职工提供经济补偿和实行社会化管理服务，并规定工伤保险实行社会统筹。对工伤的范围及其认定、劳动能力鉴定和工伤致残、工伤保险待遇、工伤保险基金的管理和适用作出具体规定。随着工伤保险覆盖面的扩大，让不同所有制企业的劳动者平等享有工伤保险权益的理念逐渐为社会各方面接受。各类企业职工的基本权益得到进一步保障，基本消除企业在工伤事故处理方面的后顾之忧。

2006年，明确城区工伤保险市级统筹的指导思想、目的、原则和工作职责。城区工伤保险按照“一级统筹、二级操作”的方式组织实施。城区内依法参加工伤保险的所有用人单位及其职工均应参加市本级工伤保险统筹，市本级、市内五区按各自职责共同承担工伤保险统筹具体事项。

三、生育保险

2005年1月1日，开福区在全区启动生育保险。

生育保险的覆盖范围是党政机关和城镇各类企业、事业单位、社会团体、民办非企业单位、有雇工的个体工商户。生育保险的统筹层级与基本医疗保险的统筹层级保持一致，即用人单位在哪里参加基本医疗保险就在哪里参加生育保险。生育保险的经办机构是劳动保障行政部门按规定设立的社会保险经办机构，为便于管理和服务，根据省、市均将生育保险业务划归医疗保险经办机构办理这一方式，开福区生育保险业务亦由区医疗保险管理服务中心经办。

生育保险费由用人单位缴纳，职工个人不交费。生育保险费率根据“以支定收、收支平衡”的原则确定为0.7%。生育保险费开支的渠道：国家机关、财政补助的社会团体和事业单位纳入财政预算，在单位综合财政预算中列支；非财政补助的事业单位和民办非企业单位在单位自有资金中列支；企业在税前列支。生育保险待遇主要包括女职工在职期间符合计划生育规定的分娩、引产、流产的产假期间的生育津贴、生育及各类计划生育手术所必须的医疗费用和一次性生育补助金。

2010年4月，开福区生育保险实行城区统筹。

四、企业职工养老保险

1997年，开福区劳动局参加全市组织的上街宣传，将养老基金收缴和政策宣传结合起来，深入企业

①“两个确保”即确保企业离退休人员基本养老金按时足额发放，确保国有企业下岗职工基本生活费按时足额发放。

宣讲精神。按照文件关于保险费由企业和职工个人共同缴纳的精神，要求企业缴纳工资总额的20%，个人缴纳本人工资的8%（以4%起步，每两年提高一个百分点，8%封顶），企业缴纳形成统筹基金后，再按个人工资的3%划入职工个人账户，个人缴纳部分全部纳入个人账户，个人账户计入总比例为11%。个人账户随职工调动工作而转移。1998年，开福区劳动局在深化企业职工养老保险制度改革中，实行社保工作的微机管理，全面建立个人账户。

1999年，开福区向全区各用人单位发出必须办理社会保险登记并依法缴纳社会保险费的通知，同时公布基本养老保险费的征缴对象：国有企业、城镇集体企业、外商投资企业、城镇私营企业和其他城镇企业及其职工，以及实行企业化管理的事业单位及其职工。

2001年，开福区贯彻国务院《关于完善城镇社会保障体系的试点方案》和湖南省劳动和社会保障厅《关于组织基本养老保险个人账户管理工作检查验收的通知》精神，组织干部职工学习保险政策法规，提高业务水平和办事能力。1991—2002年，全区7次为企业退休职工增加养老金。

2003年，开福区以基层劳动保障工作平台建设为切入点，以扩大社会保险覆盖面和强化基金征缴为突破口，合力推进社保扩面工作。2005年始，开福区年年超额完成社会保险新增参保和基金征缴目标任务，社会保险覆盖面不断扩大，基金征缴不断攀升，基金抗风险能力不断增强，社会保险各项待遇得到及时足额支付，企业养老保险按时足额发放率和社会发放率始终保持100%。2012年，开福区企业养老保险基金收入2.52亿元，企业养老保险基金支出8136万元，年末滚存结余7.49亿元。

2005—2012年，全区连续8年为企业养老保险退休人员调增养老金。

2006年1月1日，个人账户的规模统一由本人缴费工资的11%调整为8%，全部由个人缴费形成，单位缴费不再划入个人账户。

五、医疗保险

2000年4月，开福区劳动局成立区医疗保险管理服务中心，负责全区机关、事业单位、各街道（乡）的医疗保险基金的收缴、管理和医疗费的支付。6月1日，开福区医疗保险管理服务中心启动，调查测算，组织实施，先易后难，平稳起步，逐步推开，以实现基本医疗保险在全区的全面覆盖和健康发展。

2007年，开福区对参保对象、筹资标准和财政补助标准、住院起付标准和最高支付限额等作出明确规定，将新型农村合作医疗制度与城镇居民基本医疗保险制度并轨，实行城乡居民基本医疗保险制度。2010年4月，开福区职工医疗保险实行城区统筹。2012年6月1日起，开福区城乡居民基本保险全面实行市级统筹管理。

六、城乡居民养老保险

2010年7月，开福区启动城乡居民养老保险，至2012年12月，完成50400名农村户口人员和7061名城镇居民的参保登记。新农保待遇享受人员为11831人，城镇居民享受待遇人员为4306人。

七、基金征缴和基金监管

2000年，开福区召开区劳动、人事、财政局主要负责人会议，决定由区劳动局、区人事局、区财政局组成社会保障基金清理检查领导小组，并将全区社会保障基金完全实行“收支两条线”财政专户管理，同时实行社会保障资金专款专用，以杜绝截留、挤占、挪用、以物顶费形成实物基金、公款私存以及将资金存入非银行金融机构等现象。

第十一篇　经济综述

1989—2012 年，长沙市开福区（北区）的社会经济在不断深化改革中稳步推进和快速发展。在经济体制改革方面，1989—1995 年，北区主要是在工业经济体制、商业经济体制等方面，逐步进行改革，发展非公有制经济，并突破企业承包经营和租赁经营的模式，进行乡镇区街企业产权制度改革。1997 年，开福区全面推进并完成乡镇区街企业多种形式的改制，同时进行分税制的财税体制改革。1999 年，开福区推出以建立现代企业制度为目标的改革。至 2008 年，全区基本完成企业改制工作。

经过 20 多年的改革开放，开福区已形成国有经济、集体经济、私营经济、个体经济、中外合资、外商独资、股份制等多种经济成分并存的所有制结构，形成以现代企业为骨干的产业结构。改革开放有力地促进了经济的发展。1989—2010 年，长沙市开福区（北区）先后制订并完成区社会经济发展的第七至第十一个五年计（规）划，并制订和开始实行开福区社会经济发展的第十二个五年规划。全区社会经济发展的各项指标全面完成并不断增长，至 2012 年，开福区全区生产总值达 532.2 亿元，完成财政总收入 70.5 亿元，社会消费品零售总额 430.8 亿元。

第一章　经济体制改革

第一节 农业经济体制改革

1996 年长沙市区划调整前，北区不含农村地区。1996 年长沙市区划调整后，新成立的开福区划入大片农村地区。农村经济体制改革工作在全区展开。

一、完善家庭联产承包责任制

1996 年，开福区在全区展开以延长承包期 30 年为核心内容的二轮土地承包工作。2003 年 3 月，推进全面完善家庭联产承包责任制的工作。先后召开机关干部会、村干部会学习政策，实行党委、政府成员包片、联村干部包村、村干部包组、组干部党员包户，层层落实学习和宣传。全区镇、村、组分别召开各种会议 180 余次，培训骨干 2000 余人。坚持“大稳定、小调整、增人不增地，减人不减地”的原则，延长土地承包期。全区对实行家庭承包初期未处理好的遗留问题，进行调查研究、论证和解决，进一步稳定和完善以家庭承包为主的山林、水面、茶果园等各种生产责任制。区、镇成立土地承包管理领导小组，制定适合区情的《关于农村土地使用制度改革的若干规定》。在完善承包责任制中，对“半边户”“外来户”妇女及其子女在承包土地中的合法权益问题进行专题调查。对村民代表会议或村民大会的决议以及乡规民约中违反男女平等原则、侵害妇女合法权益的内容进行全面清理，并以文件形式进一步明确 8 种参与土地分配的对象，从分配权、承包权等方面维护和保护妇女的合法权益。至年底，全区 43 个村、480 个村民小组的 4580 公顷耕地，全部完成延长土地承包 30 年，并发放集体土地承包合同 1.32 万本。土地承包合同立卷归档，专人负责管理。

二、减轻农民负担，推行税费改革

1996 年 9 月 23 日，开福区发出《关于切实做好减轻农民负担整改工作的通知》。各乡、镇、场及区直有关部门制定整改措施，进行整改。组织对这项工作的督查，决定立即停止执行《关于在全乡中小学学

生中收取办学经费的决定》等文件，制止农村中小学乱收费问题。

1997年4月，成立减轻农民负担领导小组。对统筹提留款作出了按1997年的负担标准“一定三年不变”的决定。各乡、镇开展乡、村统筹提留、预算的申报审批工作，统筹提留核算到村、组、户，填好农民负担卡，做到依卡上交。农民负担实际控制在年人均纯收入的2.1%左右，没有超出国家规定的5%的标准。

1998年5月18日，制定《关于全区农村推行村务公开制度，推进村民自治工作的意见》。要求实现村务公开工作的规范化、制度化。规范村务公开的内容为财务、计生、水电费、粮食征购、农民负担情况、征用土地及宅基地审批发证、项目承包、村干责任目标及工资报酬、优抚与救灾、救济款物发放及其他有关政策和多数村民认为应当公开的其他事项等，并在全区建立完善“村务公开”和“负担卡”制度。区监察局在各乡镇建立农民联系点，制定《关于聘请农民减负监督员的办法》，落实10名基层监督员。1999年11月至12月，对2个乡镇、15个村、17家农户负担情况进行检查，各乡镇农民负担占农民年人均收入的1.5%～1.8%。

2001年3月12日，成立区农村税费改革领导小组。4月23日，召开全区农村税费改革动员大会。4月23日至4月28日，以镇（局）为培训点，对区镇（局）有关干部进行培训。区政府抽调20余名干部分赴各镇（局）加强税费改革工作领导。在调查研究基础上测算并批定方案。以“农民利益优先、发展才能减负、收缴税费以理服人”为原则，把住“预算方案审批、‘随读代征、随粮代扣’（根据2001年中办通知第五条‘严禁在粮食收购时代扣代缴各种款项’的规定）、涉农收费”的三个关口。2001年，全区分镇统筹提留审批总额为268.2万元，较2000年271.6万元，减少3.40万元；人平负担45.7元，比2000年的46.1元减少0.40元；人平负担占上年人平纯收入的1.48%，比上年降低0.117个百分点，比国家规定控制的5%以内少3.52%。2003年全区农民负担与税费改革前相比，农民人平负担由89.64元减少到34.98元，人平减少54.66元，减幅60.98%；亩均负担由107.18元减少到56.10元，减幅47.66%；全区减少原向农民收取的统筹提留费411.35万元。

2004年1月，制定《贯彻落实中央1号文件精神暨2004年开福区减轻农民负担实施方案》。继续推进农村税费改革。规定“一事一议”“筹资筹劳”只限于村（分场）内兴办农田水利基本建设、修建村级道路桥梁、植树造林等集体生产公益事业。向农村筹资筹劳实行上限控制：每年每人不得超过15元，每年每个劳动力承担劳务的数量最高不得超过10个标准日。根据实施方案，在全区农村实行“四项制度”，即涉农税收、价格和收费公示制；农村中小学义务教育收费一费制；农村订阅报刊费用限额制；涉及农村负担案（事）件责任追究制。落实减负工作责任制，即实行地方党政主要负责人负总责的工作制度。加强检查监督。

三、免征和取消农业税

2004年4月6日，开福区成立粮食直补和农业税改革工作领导小组，6月7日，发出《关于实行农业税免征政策的通知》。根据通知全区各镇（局）于6月20日前，将未使用的农业税缴税凭证，从各征收机构、代征村和执收人员处收集归总，移交到区财政局统一封存。各镇（局）应支付给村（分场）的各项经费，仍按原政策足额到位，禁止以任何形式将负担和减少的财力转嫁到村（分场）和农户；推进与免税政策相适应的机构改革和职能转变，精简农税机构人员。区、镇（局）农税部门和村（分场）的农税职能，由原来的征收为主转变为以农业税整籍工作为主。各镇（局）将在农业税征收过程中形成的基础资料整册归档，并继续根据实际计税耕地的变化情况定期完善。

2004年，全区免征农业税及附加253万元。5月份，按照中央制定的粮食“两补”政策，全区按实际种植面积，2004年至2005年共发往到户的早、中稻直补和粮补资金229万余元。

2006年，根据全国人大废止《中华人民共和国农业税条例》的决定，全区取消农业税。

四、建立农村合作经济组织

2004年，开福区根据原有农村经济组织难以适应市场经济的具体情况，于12月20日，提出《关于建立农村经济组织的指导意见》，并制定《建立农村合作经济组织试点工作方案》。成立农村合作经济组织建设工作领导小组，在太阳山村先期试点。对党员大会、村民（代表）大会、社员（股民）代表会议议事的范围、决策的事项、遵循的程序作出明确的规定。

组织村民讨论制定《村级合作经济组织章程》，建立村级财务服务监督中心，加强对村级组织及其经济活动的管理和监督。至2006年，全区有8个村合作经济组织按照“村党组织、村委会、合作经济组织三位一体”的方法运行，经营性资产（不包括土地）共计4500余万元，实现资产增值560余万元。

五、推进全区农村城市化进程

2005年3月11日，开福区发出《关于进一步加强农村工作，全力推进农村城市化进程的实施意见》，要求深化农村各项改革，加快推进农村城市化进程。实行以城带乡，加快近郊农村城市化。打造四方坪、江湾半岛两座新城，扩大开福区城区面积近10平方千米。实行小城镇方略，推进远郊农村城市化。加快青竹湖镇、金霞物流园、马栏山分场建设，带动辐射农村地区与城区连成一片，累计投资30亿元，拓展城镇面积6.5平方千米。实行以工业化和农业产业化带动农村城市化。2002年，开福区成立工业园区建设领导小组。2003年，开福区成立农业招商引资工作领导小组。加强对农村工业化和农业产业化的领导。在农村地区扶持发展一批优势产业，打造中岭和大明两个工业小区，引进10家规模农业产业化龙头企业。实行基础设施先行，促进农村城市化。至2006年，农村道路投入22.2亿元，硬化农村公路108千米，通车里程140千米，带动近30平方千米农村地区开发建设。实行农村基本制度，在社会建设上配套农村城市化。全区58个村完善社会保障制度，推行新型合作医疗，统筹城乡就业，技能培训农民1.39万名。加大农村公共文化建设。对全区23所农村小学进行改造，落实农村义务教育“两免一补”和“一费制”，全区6306人次农村贫困学生享受“一费制”全免。在管理体制上，2004—2006年有12个村、9个分场完成“村改居”工作，打破“城中村”、城乡二元体制结构，至2006年，全区农村面积减少26平方千米，农民减少3万人。

六、推进农村综合改革建设社会主义新农村

增加公共财政对“三农”工作的投入，制定新农村发展规划，至2006年，完成21个村的村庄规划。推行集体林权制度改革。至2009年完成现场核实，确权发证林地0.43公顷。推行土地制度改革，引导土地有序流动，促进土地集约利用。推行农村金融改革，培育农村金融市场，发展农村资本市场。推行城乡经济管理体制改革，破除城乡之间体制性障碍导致的市场壁垒，建立统一开放竞争有序的市场体系，促进城乡资源共享，要素合理流动，提高城乡资源配置效率，推进城乡一体化发展。

第二节　工业经济体制改革

1989年，北区在1988年实施承包经营责任制的基础上，作出完善工商企业承包经营责任制的补充规定，要求继续实行厂长负责制，同时强化民主管理，并重新修订经济工作奖罚实施办法，着重加强数据考核。

1992年，北区确立“因地制宜、因企施策、分类指导、以人为本、积极稳妥、规范操作”的基本原则，推进经济体制改革。重点对乡镇区街集体企业进行改革改制与资产重组，探索公有制的多种有效形式。区街企业实施以卖、租、分、管为主要内容的企业产权制和承包制、股份合作制、厂长年薪制和拍卖等多种形式的改革措施，逐步实施职工养老保险、失业保险、工伤保险等制度。

1996年区划调整后，开福区按照建立现代企业制度的总体要求，以推进资本营运为重点，全面推进企业改制，全区企业改制覆盖面达到90%以上，民营经济已成为全区的主体财源。并着力理顺财政体制，完善财源建设的激励机制，实施政府采购、会计委派、社会保障等制度。职工养老、失业保险覆盖面和基金收缴面达95%以上。

2001年，对企业化管理的区属开发公司进行体制改革，完成4家区属全民事业性质的开发公司改制，完成区直部门所属二级机构的改制工作。完成区商业经济办、人防管理所、生产福利办、科委经济办、建管站、质监站6家区属二级事业单位改革和人员身份转换工作；对沙坪石灰厂、南方电讯器材厂等9家乡镇、区街国有、集体企业实施产权改革；对市场商业网点、管理服务中心、国营综合农场、金霞经济开发管委会、金霞经济开发区、开发建设总公司6家区属事业单位实施体制和人事制度改革。

2006年，继续推进企业改制，至年底，全区累计有224家国有、集体企业完成多种形式的产权制度改革，其中包括洪山机械厂、山鹰潭渡假村、开福区城建综合开发公司、北星城建投实业开发公司、金龙电缆厂、洪山建筑公司等30家国有企业和全民事业单位。对500家挂靠企业实行“摘帽”改制，恢复民营企业本来面目，企业改制面达98%以上，理顺劳动关系人数1.68万人。

2011年，完成湖南华湘高效烟囱建设公司等3家企业的改制及湖南水工机械公司、湖南省水电第一工程公司等5家省属企业退休、失业人员的接收。

第三节 商业经济体制改革

1992年前，商业由长沙市统一管理。1992年12月，北区商业局成立，区辖商业开始发展。当时的商业经济体制沿袭着北区工业经济体制，逐步形成区、街道、居委会及个体私营几个层次的商业同步发展的局面。在区商业局的管理下，各街道亦成立相应的商业管理机构，各经济主管部门明确抓商业的专干。各级商业主管部门加强商业指标考核，保证商业销售、利润完成。1993年商业利润较1992年翻番，1994年较1993年增长60%，1995年区街商业销售4.62亿元，利润920.80万元。

在个体私营经济体制上，北区作出《关于加快发展个体私营经济的决定》，制定发展个体私营经济的8条措施：如进一步放开个体户和私营企业的经营条件。放开从业人员范围；放开开办条件；放开经营业务范围，除国务院和省、市政府明文规定禁止的行业和商品外，其他行业和商品全部放开生产和经营；放开经营方式；放开经营规模，私营企业可设立分支机构、雇请员工，不受数量限制等。

1995年年底，个体私营经济商业销售7.23亿元，总户数7771户，从业人员1.97万人。1996年，开福区以建立现代企业制度为目标，加大乡镇区街企业民营化力度；以搞好资本营运为手段，实施大公司、大集团战略；以推进再就业工程为契机，加快社会保障制度建设步伐；以转换政府职能、实行政企分开为动力，营造企业改制的宽松外部环境。实行5个结合（企业改制与盘活存量、调整结构、招商引资、安置职工、加强管理相结合）开展企业改制工作。区街商业企业采用了4大基本方法（优先卖、努力兼、着重股、依法破）和10种具体模式（先售后股式、售租结合、剥离分立式、破产重组式、化整为零式、整体买断式、招商嫁接式、增量参股式、负债入股式、存量配股式）。4月，传达长沙市优化资本结构试点工作会议精神，研究全区企业改革工作。认为区街经济体制不活、管理落后、结构不优、包袱沉重，要用经济体制改革的办法解决。全区街商业经济体制开展以优化资本结构试点为主要内容的改革工作。区街商业企业突破以前的承包经营和租凭经营，出现破产、股份制、年薪制、卖资抵债、拆迁重建、分块搞活、出售、公有民营等形式。至2000年，全区商业企业改制基本完成，形成各类新型的商业企业组织形式，从区街管理体制改制成为自主经营、自负盈亏、自我约束的市场竞争主体。组建商业集团，发展平价经营、配送中心、产零间的直送供货、代理制等现代流通组织形式。

第四节 财税金融体制改革

一、财税体制改革

区财税体制改革，经历一个长期协调各方关系、调整各方利益、完善各项规章制度的动态过程。1985年，北区成立财政税务局，始建立区级财政。至1993年，实行长沙市政府决定的“划分收支，分级包干，分灶吃饭，一定三年”的财政管理体制。1994年，改革为实行中央决定的分税制。分税制则是按照各级政府的事权，确定各级财政的支出范围，按税种统一划分中央与地方的税收，并通过收入返还和转移支付，加强宏观调控，优化资源配置，促进各地经济的均衡发展。

分税制要求管理预算外资金。1996年对全区行政事业单位的预算外资金征集政府调节基金，加强对区预算外资金的管理，以实现财政综合平衡。1997年4月，召开全区财政工作暨收费管理改革动员大会。要求财政管理既要管好预内，更要管好预外；财政增收既要强化征管，更要培植财源；财政工作既是财税部门的主要职责，更是全区各级各部门的首要任务。

1999年，区财政体制改革采取6点措施：继续执行综合财政预算；实施政府采购制度；实行基建支出审核改革（在以往决算审核的基础上，进行预算审计，有效控制预算高估现象；在以往审计审查和社会中介机构审查的基础上，进行财政审查）；实行罚没收入罚缴分离的改革；配合国家费改税有关政策；理顺区街、乡镇财政体制，完善综合预算管理办法。

2002年9月，开福区提出建立公共财政体制的要求，全区加快财政改革步伐。实行保均衡入库、保工资发放、保收支平衡、收入与支出挂钩、任务与奖惩挂钩的“三保两挂”财税工作目标考核办法，以健全财政体制和激励机制，解决财政支出的“越位”和“缺位”问题。

2005年，推行共享税制和属地征收。在合理划分区、街事权的基础上，加大财力向基层倾斜的力度，壮大街（镇）实力，打造强街强镇。当年捞刀河镇和伍家岭街道进入全市十强排行榜。继续优化支出结构，加大对公共事业的投入，促进财力物力及公共资源向社会管理和公共领域倾斜。

2006年6月，开福区加快公共财政体制的建立。按照“确保运转，以人为本，突出重点，压缩其他”的支出原则，发挥公共财政的“反哺”功能，加大对二、三产业的扶持力度；保障基础设施建设和旧城提质改造的需要，确保拆迁安置资金和维稳经费到位；加大对社会保障和公共事业的投入，满足人民群众的生活和发展需求，这方面投入增长87.99%；在确保机关正常运转的前提下，压缩部门非生产性开支，减少常规性评比达标活动开支，非生产性开支降低67.86%。同年，推行街道、镇非税收入集中管理。

2007年，按照市场经济和构建公共财政框架的要求，以人为本，突出民本资金安排和调度的重点，合理分配财力，注重社会公平，扩大公共财政的覆盖范围，以支持社会主义新农村建设；完善城乡保障体系建设；保障科教文卫事业资金需求。同年，进行政府采购管理改革，实行“采管分离”的政府采购运行模式。对街道、镇实行“以票控费、收支分离”非税收入征管模式。

2008年，在区财政投资评审中心，成立相对独立的3个评审部，每一送审要经过3个部评审；对13个街道（镇）实施“乡财县管乡用”改革，从预算共编、账户统设、集中收付、采购统办、票据统管、县乡联网6个方面对街道财政进行规范管理，10月1日启动国库集中支付改革，在区政府办等10个单位开展支付改革试点工作。

2009年，全区所有区直一级预算单位及所属基层预算单位共122个预算单位全部纳入国库集中支付改革范围，在规章制度、财务管理、支付流程和支付方式上强化管理。选择区城管、建设、工业、卫生监督和人防5个预算单位启动公务卡试点工作；各街、镇实行“单位开单、银行开票代收、财政统管、政府统筹”的非税收入征管模式；撤销区政府采购中心，政府采购的具体事项通过招投标全部委托有资质的中介机构执行，区财政保留政府采购管理办公室，负责对全区政府采购事项进行监督管理，实现了采购和管理的彻底分离。

2010年，全面推行公务卡改革，强化现金管理，监督预算执行，推进廉洁财政、阳光财政建设；调整投资评审机构管理体制，撤销原财政投资评审中心，新成立政府投资管理中心和政府投资审计中心，提高财政资金使用效益；对全区32个重点工程指挥部进行资产清查，发布《长沙市开福区政府投资项目管理办法（试行）》，对重点工程的基本建设管理、项目管理、档案管理等方面进行规范；制定《开福区重点工程指挥部实行会计委派制工作方案》，对所有重点工程指挥部实行会计委派制，建立工程款项台账管理。

二、金融体制改革

1986年12月，北区采取集资入股的方式组建北区城市信用社。北区始建立城区本级金融机构。1987年，增设北区城市信用社砚瓦池分社、浏阳河路分社和蔡锷路储蓄所。1992年12月31日，北区城市信用社存款余额6675万元，贷款余额3203万元，实现利润169万元，股金金额122万元。北区城市信用社为区街工商企业和个体私营工商户办理现存款、贷款和结算业务，并代办理保险、税收等，以缓解区街企业资金需求。1993年，区街企业信贷4600万元。1997年，北区城市信用社并入长沙市合作银行，改名为北城支行。

2003年，开福区推动投融资体制创新，推进基础设施建设投资主体多元化、投资方式多样化、建设项目市场化，运用多种方式盘活城市基础设施存量资产。5月20日，组建开福区城建投资有限公司（简称“区城建投”），把区内所有的存量土地、闲置楼宇等资产全部划归区城建投统一管理，以资源担保、开发建设为手段，筹措建设资金。5月21日，区城建投对青竹湖大道和高尔夫路进行集合委托贷款。

2006年，开福区建立偿债平台，健全财政资金投入风险防范和控制机制，完善“政府投资、信用筹资、社会融资和引进外资”的投融资机制。至12月31日，通过区城建投累计投资60亿元，其中引进外资40亿元。

第二章 经济总产值

第一节 生产总值

1989—1995年，北区经济统计指标为工业总产值、工业销售、工业利润等，无生产总值统计。1996年区划调整后，开福区经济统计指标为全区生产总值。

1996—2000年，开福区第九个五年计划时期。全区按照建立现代企业制度的总体要求，以推进资本运营为重点，全面推进企业改制，推进社会保障制度改革，民营经济渐成主体财源。全区生产总值由1996年的10.14亿元增长至2000年的16.70亿元，增长比例64.70%。

2001—2005年，开福区第十个五年计划时期，也是全区进入新世纪的开局之期。全区按照建立公共财政体制的要求，提高财政资金使用效益，加大财源建设力度。全区生产总值由2001年的19.07亿元增长至2005年的145.47亿元，增长比例663.12%。此期的2004年，全区生产总值统计口径由2003年的只统计区辖区属企业调整为统计境内所有企业（即包括各类驻区企业），增长比例亦因此呈现了正常增长之外的特大幅增长。

2006—2010年，全区第十一个五年规划时期。全区产业结构由以建安房地产为主导的单一产业结构向以建安房地产、现代金融、商贸流通等为主导的多元产业结构过渡。初步形成现代物流、服务外包等新型服务业、新型工业和现代农业。金霞经济开发区获评“中国物流示范基地”称号，金霞保税物流中心通过国家验收封关运行。全区生产总值由2006年的170.72亿元增长至2010年的393.49亿元，增长比例130.49%。

2011年、2012年，开福区第十二个五年规划的头两年。金霞物流园已发展成全国物流面积最大的物流园，长沙铁路货运北站、长沙联运物流中心相继建成运营。全区建成商业商务楼宇400万平方米，一批大型城市综合体如万达广场等建成并投入运营。长沙金融生态区有中信银行、渣打银行等35家金融总部入驻。2011年，全区生产总值472.45亿元，2012年全区生产总值532.17亿元。

第二节 工农业总产值

1996年前，北区不含农村地区。

1996年后，开福区“九五”计划时期，全区工农业总产值由1996年的6.70亿元增长至2000年的8.80亿元，增长比例31.48%。

开福区“十五”计划时期，全区工农业总产值由2001年的9.77亿元增长至2005年的42.18亿元，增长比例331.80%。

开福区“十一五”规划时期，全区工农业总产值由2006年的49.72亿元增长至2010年的103.10亿元，增长比例107.37%。

开福区“十二五”规划头两年，2011年工农业总产值128.92亿元，2012年工农业总产值139.78亿元，工农业总产值中，工业总产值增幅较大，由1996年的5.03亿元增长至2012年的135.22亿元，增长比例2589.72%。农业总产值增幅较小，由1996年的1.67亿元，增长至2012年的4.56亿元，增长比例172.97%。反映出开福区产业结构调整状况。

第三节 工业总产值

1989—1990年，北区“七五”计划的最后两年，北区制定发展区街经济的10条政策和落实以销定产的9条措施。推出包含经济效益奖、技术进步奖、经济工作“绿叶”奖、年度经济工作特别奖的奖励办法。组织全区各方力量协调配合，发动一场工业总体战。全区工业总产值由1988年的4000余万元增长至1.26亿元，第一次跨过亿元大关。1990年工业总产值为1.44亿元。

1991—1995年，北区“八五”计划时期，北区推进经济体制改革，探索公有制的多种有效形式。区街企业转换经营机制，推行租聘制、承包制、股份合作制、厂长年薪制和拍卖等多种形式改革措施，并逐步实施职工养老保险、失业保险、工伤保险等制度。全区工业总产值由1991年的1.80亿元，增长至1995年的4.10亿元，增长比例127.67%。

开福区“九五”计划时期，全区企业改制基本完成。经济成分从单一的区街集体所有制经济转变为公有制、股份制、个体经营及外资等多种所有制经济并存。企业由区街行政隶属转变成自主经营、自负盈亏、自我约束的市场经济主体。全区工业总产值由1996年的5.03亿元，增长至2000年的6.59亿元，增长比例31.11%。

开福区“十五”计划时期，全区推进公共财政体制的建立，加快公共产品的提供，营造良好的经济社会发展环境，加大财源建设力度，构筑财税经济体系。全区工业总产值由2001年的7.53亿元增长至2005年的38.81亿元，增长比例415.58%。

开福区“十一五”规划时期，金霞片区获批为长株潭城市群五大示范区十八片区之一；青竹湖镇获批为全省两型社会建设改革试点镇。全区启动“两型社会”建设综合配套改革及投融资、财税体制改革。全区工业总产值由2006年的46.11亿元增长至2010年的99.13亿元，增长比例114.99%。

开福区“十二五”规划的头两年，全区工业总产值分别为124.44亿元和135.22亿元。

第四节 农业总产值

1996年前，北区不含农村地区。1996年后，开福区始有农业经济统计。

1996年后，开福区“九五”计划时期，全区启动农业产业结构调整，从单纯注重粮食生产转到经济作物生产上。实施“四万亩工程”（万亩蔬菜、万亩水果、万亩渔池、万亩高效农业发展带）和4个“千工程”（扩菜地千亩、改造升级养殖面千亩、发展花卉时鲜水果千亩、返季栽培20个品种千亩）。全区形成以综合农场、福安乡为中心的蔬菜基地；以红色渔场为中心的水产养殖基地；以捞刀河镇为中心的奶牛养殖基地；以捞刀河镇房岭村为中心的花卉苗木基地；以综合农场、捞刀河镇为中心的水果种植区；以生态农业观光园、农家乐为重点的休闲农业产业群。全区农业总产值由1996年的1.67亿元增长至2000年的2.21亿元，增长比例46.45%。

开福区“十五”计划时期，全区以招商开发、发展休闲农业为突破口、以服务城市、富裕农民为目标、以农业产业化为主攻方向，2001年招商引资9个项目，引资1.38亿元，初步实现农业产业结构升级。全区农业总产值由2001年的2.24亿元增长至2005年的3.37亿元，增长比例50.29%。

开福区“十一五”规划时期，全区启动土地集中流转，实施企业化统一经营管理。全区农业总产值由2006年的3.61亿元增长至2010年的3.97亿元，增长比例9.93%。

开福区“十二五”规划头两年，至2012年，全区有新型农业生产规模企业及农产品加工企业16家，集中流转土地建有企业生产基地6.56万公顷，带动农户37.42万户。2011年、2012年，全区农业总产值分别为4.48亿元和4.56亿元。

第五节 第三产业增加值

1989年，北区第三产业规模较小，第三产业总产值5453.92万元。1995年增长至4.80亿元。

1996年后，开福区“九五”计划时期，全区形成四大经济功能区：以五一广场为主的商贸功能区；以金霞大道（今芙蓉北路）两厢为主的工业功能区，以捞刀河镇、霞凝乡为主的高效农业产业化区；以洪山、广电中心为主的旅游功能区。全区第三产业增加值由1996年的3.44亿元增长至2000年的7.99亿元，增长比例132.25%。

开福区“十五”计划时期，全区推出招商引资新举措，制定招商引资优惠政策、举办重大节会招商，发展外向型经济。全区第三产业增加值由2001年的9.30亿元增长至2005年的103.30亿元，增长比例1011.25%。

开福区“十一五”规划时期，全区推进现代高端服务业：服务外包企业、现代物流业、文化创意业、金融服务业等。驻区有省广电集团、省出版集团、省报业集团、省文化产业中心、省体彩产业中心、省民政产业中心等。全区第三产业增加值由2006年的121.01亿元增长至2010年的290.39亿元，增长比例139.98%。

开福区“十二五”规划的头两年，第三产业增加值分别为343.54亿元和392.39亿元。

第三章 经济结构

第一节 所有制结构

1989年，北区区辖企业所有制较为单一，全区151家企业，基本上是集体所有制。其中区办大集体企业20余家，占15%左右，其余为街道办和居委会办小集体企业，占85%左右。大集体与小集体在企业隶属、经营管理、产供销计划和渠道及财税、分配、福利、人事、劳保上有较大区别。随着改革开放的进程，个体私营经济有所发展，至1995年，全区私营工业企业23家，占7%;个体工业企业54家，占16%，仍有集体企业253家，占70.6%。

1996年，区属集体企业实行改革转体，为加强领导，成立长沙市北区经济体制改革办公室。1997年5月，成立开福区企业改制工作领导小组，下设18个指导督查组，加强对企业转制工作的领导。全区的企业改革，遵循“一切从实际出发，一企一策，一企一制转换机制”，推行以企业股份合作制为主要形式的改革，在三年内分三批完成。第一批改制户数为区、乡（镇、场）街道直属企业总数的10%，1997年完成；第二批为区乡（镇、场）街道直属企业达到90%以上，1998年完成；1999年上半年全部完成企业改制。至2005年，开福区区域内有企业2576家，其中集体企业40家、私营企业23家、个体独资企业2461家。

2006—2010年，开福区“十一五”规划时期，招商引资及园区经济进展较快。一批国有企业入驻，一批外商外资企业兴办，各类企业家数变动频繁。从企业产值所有制构成看，2008年工业企业总产值93.93亿元，其中国有企业3.89亿元，集体企业22.13亿元，股份制合作企业1496.7万元，股份制企业73.83亿元，外商及港商台商投资企业13.39亿元，其他经济类企业4675万元。显示城区经济由单一的区街隶属的集体所有制经济转变成突破行政区划条块分割的国有、集体、民营个体、股份、外资外商等多种所有制经济。

第二节 产业结构

1989—1995年，北区无第一产业。

1996年后，开福区“九五”计划时期。一、二、三产业结构比，由1996年的17.0%：49.9%：33.1%转变为2000年12.65%：39.48%：47.87%。第一产业逐年下降，第三产业逐年增长。

开福区“十五”计划时期，一、二、三产业结构比，由2001年的11.75%：39.48%：48.77%转变为2005年的2.3%：26.7%：71%。第一产业较大下降，第三产业较快增长。

开福区“十一五”规划时期，一、二、三产业结构比，由2006年的2.10:%：27.00%：70.90%转变为2010年的1.00%：25.20%：73.80%。第一产业继续下降，第三产业继续增长。

开福区“十二五”规划头两年，一、二、三产业结构比为0.90%：25.40%：73.7%。在全区生产总值累计增幅中，一、二、三产业分别拉动0个、2.2个、9个百分点，对经济增长贡献率分别为-0.2%，19.4%、80.8%。全区产业结构渐趋稳定，即第三产业已稳居首位，第一产业显著缩小，开福区传统农耕经济社会的特征渐失，现代商品经济社会的特征渐显。

第三节 工业行业结构

1989—1995年，北区区街工业大多是因陋就简兴办起来的，生产规模较小。区街工业产品多为拾遗补缺，为国有大工业配套服务，自身行业特征不明显。

1996—2012年，北区单一的区街集体经济已转变为国有、集体、民营个体、股份、外商外资等多种所有制经济，生产规模扩大，工业行业特征逐渐显现。计有：汽车电器仪表业、机械机电业、轻纺湘绣业、农产品食品业、生物制药业、化学工业、建筑建材装饰业、电子光电数字化信息业、电线电缆业、生物节能环保业及现代物流业等。

至2011年，汽车仪表电器业3家，总产值4.69亿元；机械电机业11家，总产值19.45亿元；轻纺湘绣业5家，总产值40.64亿元；农产品食品业6家，总产值19.11亿元；生物制药业5家总产值201.10亿元；化学工业4家，总产值470.57亿元；建筑建材装饰业8家，总产值93.79亿元；电子光电数字化信息业4家，总产值247.89亿元；电线电缆业2家，总产值148.68亿元；生物节能环保业3家，总产值27.59亿元。现代物流业：金霞经济开发区2008年有物流企业17家，2010年物流吞吐总产值9.5亿美元；长沙新港2011年有物流企业12家，主营收入91亿元，货物吞吐量986.67万吨。

第四节 农村经济结构

1989—1995年，北区不含农村地区。

1996年，开福区始有农村经济，其产业结构以传统农业即农林牧副渔为主。水稻种植面积5933.6公顷，旱粮作物面积430.7公顷，蔬菜种植面积598.2公顷，水果面积266.7公顷，奶牛274头，生猪饲养24.69万头，水产养殖791.9公顷，耕牛2759头，畜禽42万羽。全区产业分布：粮食种植以捞刀河镇、霞凝乡为主，蔬菜生产以综合农场、福安乡为主，水产养殖以综合农场和红色渔场为主，生猪养殖分布在捞刀河镇、霞凝乡、综合农场，奶牛养殖以综合农场为主。1996年，在农、牧、渔、林总产值2.66亿元中，种植业9121万元，牧业1.08亿元，渔业2945万元，林业753万元。农、牧、渔总比分别为34.33%、40.67%、11.08%。

2000年，在农、牧、渔、林总产值3.27亿元中，种植业1.18亿元，牧业1.39亿元，渔业3410万元，林业799万元。农、牧、渔占比分别为36.90%、42.63%、10.43%。

2012年，在农、牧、渔总产值8.31亿元中，种植业5.32亿元，牧业2.86亿元，渔业1222万元。农牧渔占比分别为65.03%、33.46%、1.44%。

种植业产值增长，显示开福区作为蔬菜水果基地、花卉苗木草皮基地、经济作物基地的特征。农业产业化要求农村土地集中流转至企业经营，农村城市化、工业化进程等，减少水面、牧场用地，导致传统牧渔业产值有所下降。

全区农村经济结构在传统农业结构变化的同时，亦在由传统农业向非传统农业发展。如农产品加工业、农村观光休闲娱乐业、农村旅游业等。至2012年，全区有农产品加工企业16家，其中省级龙头企业7家，市级龙头企业7家。蔬菜、素食菜、油料、乳制品、茶业等农制产品加工业完成增加值6亿元，农村工业总产值25亿元。

第四章 经济速度与效益

第一节 长沙市北区阶段经济速度与效益（1989—1995年）

开福区的经济速度与效益，以1996年行政区划调整为分水岭，在发展规模和增长数量级上，明显区分为两个阶段：一为长沙市北区阶段；一为长沙市开福区阶段。

一、“七五”时期（1986—1990年）

1990年，全区工业总产值、工业销售总额、工业利润总额分别为1.30亿元、1.11亿元、1050万元，分别为“七五”计划的160%、139.50%、100.70%，5年平均增速分别为18.70%、15.40%、8.14%。1990年，全区财政收入1600万元，比“七五”计划增收100万元，5年平均增速10.40%。1990年，固定资产投资1711万元，5年平均增速16.10%。外贸从无到有，1990年创汇10万美元，主要有星火电器厂的瓷插保险，清水塘、伍家岭新办的机绣产品和康乐制药厂的斑龙古酒3项。

二、“八五”时期（1991—1995年）

1995年，全区工业产值4.10亿元，比1990年增长1.85倍，年均增长23.70%。比“七五”时期高5个百分点。产品更新换代、技术改造加快，初步形成以汽车电器、仪器仪表、电线电缆、医药化工等行业为龙头的区街工业体系。全区商业销售总额4.80亿元，比1990年增长6.37倍，年均增长47.20%，比“七五”时期高15.7个百分点。与外商合资兴建第一个初具规模的区级综合性商场——佳源商场。全区建有农贸市场13个，形成综合性、专业市场10个，初步形成具有一定特色的市场网络。全区个体私营户7771户，从业人员1.97万人，总产值7244万元，比1990年分别增加1.45倍、4.87倍、5.74倍。全区城建开发量2.20亿元，比1990年增长6.3倍，年均增长48.90%；建安产值5500万元，比1990年增长4.5倍，年均增长45%。五年共完成城建开发量7亿元、建安产值1.50亿，成片开发北星城、富雅花园、蚌塘、胜利村、康乐花园、姚正街6个小区。1995年，地方财政收入5635万元，按可比口径比1990年增长4倍，年均增长38%，比“七五”期间高27.6个百分点。在对外开放方面，“八五”期间全区共兴办“三资”企业22家，注册资金1510万美元，总投资额1.08亿元；合同利用额710万美元，外资到位率55%；“三资”企业出口创汇10万美元，创产值200万元，营业收入100万元。

第二节 长沙市开福区阶段经济速度与效益（1996—2012年）

一、“九五”时期（1996—2000年）

2000年，地区生产总值16.70亿元，年均增长13.90%。地方财政收入1.43亿元，年均增长18.60%，高于GDP增速4.7个百分点。农业在种养结构、农产品品改、产业化经营等方面，形成精品蔬菜、特种养殖、时鲜水果、花卉苗木等特色农业生产格局。乡镇企业中，建筑材料、电线电缆、印刷包装、食品加工、电器电表等行业得到培育和发展，高岭、华英、电度表厂等一批重点骨干企业较快发展。以商贸为主体的第三产业，市场总数由1995年的22个增加到66个，营业总面积50万平方米，出现连锁超市等新型商业业态。5年累计利用外资项目30个，利用外资5000万美元，引进区外资金18亿元，世界之窗、海底世界、国际影视会展中心等项目建成投入使用，麦德龙、南山乳业、家乐福等项目区内落户。石长铁路绕城线、四方坪立交桥、22万伏送变电、霞凝国家粮食储备库等重点工程相继竣工，二环线北延线、金霞大道续建工程、50万伏送变电工程建设取得进展。五一路扩改和中心绿化广场、第一污水处理厂扩建、芙蓉北路拓改工程的拆迁完成。湘江大道拆迁和黄兴北路、金霞小区经济适用房建设前期工作启动。

二、“十五”时期（2001—2005年）

2005年，国内生产总值145.47亿元，同比增长16.70%。2005年，地方财政收入8.10亿元，为2000年的5.7倍，年均增长47%，综合经济实力跻身全国前列。2005年，社会消费品零售总额125.13亿元，同比增长17.20%。工业增加值18.97亿元，比上年增长19.30%。规模以上工业增加值13.90亿元，增长23.50%。其中化工原料及化学制品业、医药制造业、纺织业等几个传统行业发展较好。全区具有建筑业资质的建筑企业共68家，完成建安业总产值61.35亿元；施工面积524.50万平方米，房屋竣工面积217.62万平方米。5年来，引进外资企业85家，累计引进外资158.91亿元，实际到位112.80亿元。推进老城区提质改造和新城区开发建设，构筑起“五纵九横”的城市路网，建成青竹湖生态科技产业园、新世纪文化城、金霞新城、金霞海关保税物流中心等发展平台。5年累计投入城市建设资金158.60亿元，建成区面积由2000年的17.2平方公里扩大到36平方千米。

三、“十一五”时期（2006—2010年）

2010年，全区累计实现地区生产总值393.40亿元，同比增长15.20%，人均GDP 8万元。2010年，完成全社会固定资产投资524亿元，五年累计完成1656亿元；地方财政收入22.49亿元，提前两年实现翻番目标；实现社会消费品零售总额321.90亿元，年均增长20.70%；城乡居民人均可支配收入2.30万元、1.51万元，分别年均增长13%和17%。

5年中，开福区已形成现代物流、服务外包、现代金融等新兴服务业，形成新型工业和现代农业。金霞经济开发区被评为湖南省十大最具投资价值产业园区之一，荣获“全省物流示范园区”“中国物流示范基地”称号；金霞保税物流中心顺利通过国家验收实现封关运行；青竹湖生态科技（产业）园被确定为“湖南省服务外包示范区”和长沙市服务外包示范基地；霞凝港集装箱年吞吐量居全国内河港首位。2010年，全区工业总产值170亿元，年均增长23%。沙坪工业基地引进统一集团、佳海工业园、山河实业等6个重大工业项目。以建安房地产为主导的单一产业结构向以建安房地产、现代金融、商贸流通等为主导的多元产业结构过渡。对外经济合作方面，先后引进世纪金源、北辰集团、大连万达等战略投资商200多家，直接利用外资20亿美元以上，累计引进省外境内资金超过240亿元。2010年引进市外境内资金形成固定资产投资97.30亿元；实际到位省外境内资金41.60亿元；合同利用外资4.80亿美元，实际到位外资3.30亿美元。

四、“十二五”时期（2011年后）

2012年，全区累计实现地区生产总值532.20亿元，同比增长11.20%，财政总收入70.50亿元，同比增长17.90%，实现工业增加值79亿元，同比增长10.60%，其中规模以上工业企业共完成总产值144.09亿元，同比增长12.50%；实现社会消费品零售总额430.80亿元，增长14.60%；引进重大产业项目37个，全年引进市外境内资金形成固定资产投资137.86亿元，实际到位省外境内资金59.53亿元，实际到位外资4.20亿美元。

金霞物流园发展成为全国面积最大的物流专业园区，长沙铁路货运新北站、长沙联运物流中心相继建成运营，园区近3年现代物流业主营收入以年均60%的增速发展，货物吞吐量和社会物流总额占全市70%以上，以粮食、医药、钢材和能源为主的物流特色基本成型。有260家企业、3000种商品通过金霞保税物流中心流转业务，累计吞吐货值30多亿美元，总货运量50多万吨，业务范围覆盖全省，成为湖南与国际市场接轨的“桥头堡”。全区建成商业商务楼宇400万平方米，在建及拟建商务楼宇185万平方米，湘江世纪城、万达广场等大型城市综合体相继建成并投入运营，长沙银行、运达喜来登、湖南国际金融大厦等一批商务楼宇实现税收过亿元。金融业成长为第二大税收支撑产业。2012年，金融业全口径税收11.80亿元，是5年前的3倍。长沙金融生态区有中信银行、新韩银行、渣打银行等35家区域性金融总部入驻，省级及以上金融机构总部29家。2012年，全区文化产业增加值112亿元，占全市文化产业增加值比重的20%，实现区级税收1.60亿元。2012年，沙坪工业组团完成规模工业总产值160亿元、规模工业（含物流）增加值36亿元，分别增长19.50%、17.50%。规模以上农产品加工龙头企业总数19家，实现年总产值突破31亿元。

2012年，福元路湘江大桥、新欣路、栏山路、鹅羊东路、茶园路等道路桥梁相继实现通车，芙蓉北路浏阳河大桥进入主体建设；地铁1号线推进；苏托垸大堤、霞凝垸大堤达标工程、湘江综合枢纽堤防护岸和涵闸建设等水利项目阶段性工程完工；城市棚改征收工作，黄兴北路项目征收启动；火车北站一期、九尾冲棚改项目完成征收扫尾；洪山1号地块保障住房、福嘉园一期保障住房项目完成主体工程建设；统一食品方便面生产线项目建成投产；长重一期，佳海创业中心厂房、万达广场、北辰三角洲、泊富国际等城市综合体建设加快；万科城、恒大雅苑、复地·崑玉国际、凯乐国际、海洋半岛等房地产项目建销同步。

城镇居民人均可支配收入31335元，比上年增加4024元，同比增长14.70%。人均家庭总收入中，工资性收入18706元，与上年增加3448元，同比增长22.60%；经营性收入4685元，比上年增加678元，同比增长16.9%；财产性收入2458元，比上年增加1394元，同比增长131%；转移性收入6698元，比上年减少1513元，同比下降18.40%。城市居民人均消费性支出20745元，比上年增加1731元，同比增长9.10%。

表11-1　　1989—1995年长沙市北区经济社会主要指标一览表　　单位：万元

类别＼年度	1989	1990	1991	1992	1993	1994	1995
第二产业	12548	14369.58	18008.67	21200	30588	37000	41000
第三产业	5453.92	5173.85	6798.8	12300	24000	39600	48000
建安产值	—	1773.5	2056	2000	3432.6	—	5500
地方财政收入	1663.2	1561.9	1989.4	2759	4518	3560	5635
地方财政支出	1091.8	1136.1	1370.6	2032	3385	4165	6570

表 11-2　　1999—2005 年长沙市开福区经济社会主要指标一览表　　单位：万元

类别＼年度	1999	2000	2001	2002	2003	2004	2005
区域内国内生产总值	162140	166952	190631	319400	255038	985102	1454742
第一产业	20317	21126	22401	25353	26750	30976	33667
第二产业	73741	65911	75273	85565	106142	358155	388089
第三产业	68082	79916	92957	108482	122146	595971	1032986
建筑业总产值	80610	87500	90000	115758	196777	406659	613475
固定资产投资总额	39661	45467	146815	212097	431659	909614	1315576
社会消费品零售总额	13018	172400	201183	256215	3064822	929045	1251281
实际利用外资额（万美元）	—	—	—	3000	5617	7764	12833
实际利用市外境内资金	—	—	—	—	265936	380794	493000
地方财政收入	12318	14300	16988	17389	26966	54299	80988
一般预算收入	—	—	—	—	—	45800	71577
地方财政支出	16197	17690	21996	29769	41147	60298	88999
农民人均纯收入	3573	3902	4388	4775	5295	6179	7129
农民人均可支配收入	—	3822	4365	4743	5255	5941	6856

表 11-3　　2006—2012 年长沙市开福区经济社会主要指标一览表　　单位：万元

类别＼年度	2006	2007	2008	2009	2010	2011	2012
地区生产总值	1707208	2094740	2533042	3345413	3933918	4724527	5321691
第一产业	36077	40171	41854	40028	39659	44756	45550
第二产业	461091	563726	691525	820854	991297	1244400	1352201
第三产业	1210080	1490843	1799663	2484531	2902962	3435371	3923940
建筑业总产值	717776	9162465	9571200	1226000	1338900	1636450	1902874
全社会固定资产投资总额	1666831	2390292	3171953	4088609	5278185	5348937	4076477
社会消费品零售总额	146550	1811432	2255224	2681988	3218879	3768583	4308330
实际利用外资额（万美元）	—	—	—	3000	5617	7764	12833
实际利用市外境内资金	269811	316200	321074	374066	416383	514795	595323
地方财政收入	101800	130088	162618	203088	224880	598478	705468
一般预算收入	86487	109138	131039	134436	162668	225668	267358
地方财政支出	105466	139066	158456	196756	233211	280800	35800
城市居民人均可支配收入	13645	15938	18136	19872	23309	27311	31335
农民人均纯收入	8647	10701	12640	15169	18347	20218	23403
农民人均可支配收入	8147	9694	11418	13441	16289	18243	21037

第十二篇　经济综合管理

1989—2012年，是长沙市开福区地方社会经济发展的第七个五年计划至第十二个五年计划时期，长沙市北区、开福区遵循社会主义市场经济和社会主义法制建设的要求，从宏观上和法制上加强对全区社会经济的综合管理，服务于全区经济发展的大局。

23年中，开福区社会经济各管理部门各司其职，依法行政，计划部门编制全区社会经济发展的第七个五年计划至第十二个五年规划，并逐项实施动态管理；国土部门加强地籍地政和土地利用管理，严格进行执法监督；物价、统计部门分别在物价统计上进行管理，开展物价调查、统计执法，使全区社会经济获得有序与良性的发展；审计部门从国家、内部、社会各个领域展开审计工作，并通过审计执法，纠正经济领域的不正之风，立案审计国家机关和企事业工作人员贪污受贿等经济犯罪；工商行政管理部门奉行改革开放的方针，发展城乡集市、保护合法经营、维护公平交易，实行经济合同、商标广告管理；质量技术监督和安全生产管理部门分别从生产与经营的质量技术和安全方面进行管理，确保特种设备和食品的安全，确保生产的安全进行。

第一章 计 划

第一节 机 构

1989—1995年，北区的计划工作由北区计划经济委员会（简称区计经委）承担，先后担任区计经委主任的为黄自强（兼）、朱志雄、袁志恒。

1995年7月，为适应社会主义市场经济新形势，根据市党政机构改革方案，区计经委与统计、物价三个部门合并，成立北区计划统计物价局（简称区计统物价局）。1996年7月，北区计统物价局更名开福区计统物价局。1995年7月至2005年，先后担任区计统物价局局长的为张平安、尹英龙、吴正豪、彭文鑫，担任党委书记的为王四清、张政健。

2005年3月，开福区计统物价局改组为开福区发展和改革局。2005年3月至2012年，先后担任区发改局局长的为彭文鑫、王晓文，担任局党委书记的为张政健、刘森。

第二节 计（规）划编制

一、中长期规划

全区2010年远景目标纲要 1995年，北区制定2010年远景目标纲要。要求实现经济体制从传统计划经济体制向社会主义市场经济体制转变，实现经济增长方式从粗放型向集约型转变。目标是：把北区初步建成区域经济繁荣、城区功能齐备、社会协调发展、人民安居乐业的新型城区。发展战略是：敞开区门、开放强区；重商活工、科技兴区；开发通路、流通富区；基础配套、文明建区；强化城管、依法治区。重要原则是：解放思想、实事求是；科教领先、突出效益；立足区域、扩大开发；集中力量、把握重点；面向市场、弘扬特色；两手齐抓、协调发展。主要任务是：加速建立符合区情的市场体制、促进经济有序运行；大力发展科教事业、提高全民科技文化素质；提高城市建设和管理水平、增强城市综合功能；努力实现财政收支平衡、全面提高资金使用效益；全面发展各项社会事业、促进经济社会协调发展。

开福区2015年长期规划目标纲要 2001年，开福区制定2015年长期规划目标纲要。制定“以园立区、兴北富民”的发展战略。以“建设经济强区”为目标，全力开展“二次创业”；以结构调整为主线。全面提高经济增长的质量；以新一轮城市建设为契机、全面提升城市品位；以交通和工业中心北移为依托，全面夯实发展基础；以财源建设为重点，全面发展民营经济；以科技创新为动力，促进区域经济跨越发展；以法制建设为保障，全力推进依法治区进程。把开福区建设成为繁荣富裕、山水秀美、文明开放的新型城区。战略思路是：三产强区，抓住区域最具特色的园林旅游、商贸文化优势，大力发展商贸、旅游业；调整结构，以经济结构调整为主线，实现产业升级和城市化；以市场化和产业化为目标，以增加农民收入为出发点和落脚点，发展现代都市农业；以科技发展为动力，以骨干企业为载体，调整和优化第二产业；以扩大总量、优化结构、拓宽服务领域、提高服务水平为重点，加快发展第三产业；突出发展民营企业和非公有制经济，着力调整城乡结构和区域经济结构。城市提升。按照修订的《长沙市城市总体规划》，扩大城市空间规模，调整城市形态结构，加强城市路网改造，增强城市综合功能，全面提升城市的建设品位、管理品位和文化品位，形成功能完善、布局合理、结构协调的新型城区。建港拓城。以港口的兴建和新港城的兴起为契机，把经济开发区建设成为长沙市水陆联运中心；以火车北站搬迁为契机，拓展新区骨架，完善改造旧城。依托水路运输、公路运输、铁路运输单位及仓储单位云集的优势，大力发展要素市场和仓储货运业。战略重点和布局是：在三、二、一产业发展战略布局上，重点构筑四大经济功能区，即繁荣商业文化圈，兴建现代新港城，培植科技工业园，发展都市农业带。主要目标是：国内生产总值年均增长12%，三、二、一产业格局进一步巩固；地方财政收入年均增长12%；社会消费品零售总额年均增长15%；利用区外资金5年累计25亿元；总人口50万人，人口出生率控制在8‰以内；科技进步对经济增长的贡献率比“九五”期末提高10个百分点；农民人均收入年均增长8%；区属企业职工养老保险覆盖面和收缴面100%，城镇登记失业率控制在3.50%以下。城市建设按照“一年一个样，三年大变样”的总要求，抓住长沙加快城市建设步伐，调整城市发展总体规划的有利时机，紧扣扩大城市发展空间，提升城市品位这个中心。构筑区域交通网络，加快旧城改造，推进新区开发，完善水电基础设施配套建设。城市管理以经营城市为核心，理顺城市管理体制，加强市政配套设施建设，抓好生态绿化体系建设，坚持环境保护与经济建设协调发展，加大综合执法力度，提升城市管理水平，创造优美的城市环境，塑造良好的城市形象。

开福区全面建设小康社会规划 2003年，开福区编制《全区小康社会建设规划》。把对外开放作为基本方针，把体制创新作为重要途径，围绕加快经济发展速度、提高人民生活水平两个重要目标，抓好拓展城区面积、推进新型工业化、发展第三产业、营造文明环境四个工作重点，充分激发全区人民的创造力。力争2010年将开福区建设成为经济繁荣、社会文明、环境优美的小康社会，2020年基本实现现代化。主要目标是：以经济建设为中心，空间上因势拓展，培育具有区位优势的地域增长极；结构上优化重组，拓展壮大支柱产业增长元；规模上扶优助强，培育大型企业增长点，将开福区建设成为经济强区、旅游名区和文化大区。确定至2010年全区经济和社会发展指标为：全区国内生产总值56亿元，年均增长13%。人均8900美元以上；第一、第二、第三产业结构比为6：34.2：59.8；财政总收入占国内生产总值比重20%；城市化水平85%，非农产业从业人员占全部从业人员的83%；等级公路网密度每百平方千米50千米；新型农村合作医疗覆盖率90%；城镇从业人员医疗、养老、失业三项基本保险覆盖率100%；公众安全感指数85%；城镇居民家庭人均可支配收入2.10万元，农村居民家庭人均可支配收入8326元；恩格尔系数降到28%；居民人均居住面积22平方米以上；每百户家庭拥有汽车22辆，每百户家庭拥有电脑50台以上；居民文化娱乐教育支出占消费支出的比重提高到24%；基本普及高中阶段教育，初中毕业生升学率98.50%，高等教育毛入学率85.50%；人均预期寿命75岁；人口自然增长率控制在5‰以内；城市人均拥有公共绿地面积16平方米，城市空气质量达标率95%；城市集中式生活饮用水源达标率100%，城市污水处理率80%。至2020年，全区人均国内生产总值3万美元以上；城市化水平98%以上，非农产业从业人员占全部从业人员的90%；城镇和农村居民家庭人均可支配收入分别为5.20万元和1.64万元；恩格尔系数降到25%；高等教育毛入学率90.50%；城市人均公共绿地面积30平方米，城市空气质量达标率99%，城市污水处理率90%以上。发展重点是：倾力拓展城区面积；大力发展第三产业；加强城市管理，开展文明城区创建工作，提升城市品位；实施科教兴区战略；发展教育事业，全面抓好素质教育，开展公民道德教育，提高市民素质。按照先进文化的要求，盘活现有文化存量资源，发展社区文化、村镇文化，推进文化事业的改革和发展。

开福区产业与生态布局规划　2005年，开福区制定2006—2010年产业与生态布局规划，战略目标是：建成全省一流的现代物流产业基地和长沙市的物流产业中心，以及较具特色的商贸及文化产业、建筑业和房地产聚集地，生态环保旅游休闲示范区。总体思路为：突出产业集群效应和生态环保效应，围绕“一个重点、两大关系、三大优势、四大集群、五大工程”，营造热点、汇聚人气、打造品牌、形成开福特色，实现生态立区、产业兴区、商贸活区，走以人为本、全面协调、可持续发展的新路子。产业定位是：确立现代服务业的主导地位，突出发展现代物流业、商务餐饮业、房地产业、文化旅游休闲业以及金融保险服务业；选择性地培育现代工业，特别是轻型无污染的加工制造业，改造提升传统优势工业，继续壮大建筑业；加速发展现代都市农业。形成以物流产业及新兴服务业为支柱、与物流产业协调互动的现代工业为支撑、休闲观光型都市农业为特色的城区产业体系。产业布局以“三、二、一”产业结构序列优化，建成市域件中心城区为目标，构筑“二区、五轴、四园、五组团”的产业空间结构，形成以“中心商贸区、外围产业圈、其他产业带”为层次，以现代仓储运输业和物流产业为先导，以商贸市场、餐饮娱乐、房地产业、商务经济和文化产业为支柱，以建筑、家具、医药、机械制造业为基础，以休闲观光特色农业为补充，并与生态风光带建设协调配套的点、轴、圈、带互动发展的产业开发新格局。实施重点为：以重大项目为纽带，采取集中连片、滚动开发、突出重点、分步实施的办法，推进金霞物流园、开福寺宗教旅游商贸城、湘江滨水城、新世纪文化城、洪山新城、青竹湖工业园区、捞刀河现代农业生产基地等一批关联性强、带动作用大的重大项目建设。

开福区循环经济发展规划　2007年，开福区启动循环经济发展规划工作，确立了规划的思路、原则、目标和要点。思路是：以提高资源能源的利用效率为核心，以技术创新和制度创新为动力，以建立健全促进循环经济发展的运行机制为手段，以建设循环型企业、循环型产业和园区、循环型社会为途径，逐步形成节约能源资源和保护生态环境的产业结构、增长方式和消费模式。规划原则是减量化、再利用、资源化的原则，以点带面、分步实施、全面推动的原则，政府主导、企业主体、全民参与的原则和市场驱动、技术带动、舆论推动的原则。规划目标为：至2015年，围绕节能减排核心指标，展开循环经济试点示范工作，初步建立起比较完善循环经济发展的技术创新体系以及有效的激励和约束机制；较大提高重点行业资源能源利用效率；初步建立重点领域资源能源回收利用体系和机制；有效控制和削减污染物排放总量；完善废旧物资回收与再生资源能源利用系统、生活垃圾的分类回收与处理系统、节水节能的社会系统，在全社会树立起绿色消费意识和绿色生活观念。规划要点为：加快产业结构和布局调整，发展循环型的工业、农业和服务业，推动资源能源高效利用，建设绿色政府，构建循环型社会。

长株潭城市群“两型社会”示范区金霞片区规划　2009年11月，开福区金霞片区被湖南省列入长株潭城市群五大示范区十八大片区之一，功能定位为长株潭城市群工业生产性服务的物流基地、交通枢纽、加工贸易中心、服务新城。同年，开福区启动《长株潭城市群两型社会示范区金霞片区规划》的编制工作。规划范围为新港镇、青竹湖镇、捞刀河镇，规划区面积144平方千米，规划建设用地控制在20平方千米以内。规划目标与定位：规划建设成为长沙市副中心、开福区中心；具有竞争力的区域级物流中心及水陆联运交通枢纽；全省重要的新型工业化基地；全国一流的服务外包示范区；生产性服务业中心和市级文化休闲服务业中心；全国一流的枢纽型、创新型、宜居型、生态型的两型特色城区。规划理念与特色。吸纳国内外先进规划理念、将两型社会建设技术框架分为资源节约型规划建设引导和环境友好型规划建设引导，包括分片分区与组团布局、减灾防灾与建设方式、生态水循环与自净力、生态农业与湿地公园、城市形态与绿色环保、绿色建筑与绿色施工。

规划增加节地模式概念规划、城乡一体化规划、水系利用规划、环境保护与生态建设、两型规划管理等章节，并完成环境影响、循环产业、绿色建筑、新能源技术、生态给排水技术五大研究专题，提出两型社会建设综合量化指标体系。规划制定了金霞片区的起步区与示范核心区以及城乡一体化示范点，在规划的实施上，分为战略启动期、战略拓展期和完善调整期，并确立了各时期的建设重点与实施举措，以保证两型规划的落实。

开福区滨水产业发展规划（2011—2020年）

“十二五”时期，开福区制定滨水产业发展规划，确立实施“产业发展两型化、城区品质国际化、城乡建设一体化、公共服务均等化”战略，提出“开创滨水新区、建设幸福北城”的宏伟发展目标。

开福区中长期产业发展战略纲要（2011—2020年） 该规划旨在研究和阐明开福区在21世纪第二个十年内现代产业发展的战略对策，作为在滨水新区建设中产业发展的纲领和路标，并提出开福区中长期发展的总体要求、主要原则和发展目标。

二、五年计（规）划

经济和社会发展“七五”计划（1986—1990年）

城区编制经济和社会发展五年计划，始于国家“七五”时期。1985年，北区启动“七五”计划编制工作，于1986年12月完成1986—1990年经济和社会发展计划（纲要）的编制。计划（纲要）共6章16条：主要内容为经济发展目标（主要任务、发展目标）、经济发展政策措施（产业结构、政策措施）、经济体制改革（改革目标、改革措施）、科学技术和教育计划（科学发展目标及措施、教育发展目标及措施）、人民生活和社会保障（人口、劳动、城市建设和社会保障事业、卫生、体育、环境保护）、社会主义精神文明建设（文化事业、社会主义民主与法制、思想政治工作）。

经济和社会发展“八五”计划（1991—1995年） 1988年，北区启动“八五”计划的编制工作，于1989年12月完成《长沙市北区1991—1995年经济、科技和社会发展五年计划（修正草案）》的编制。计划分为两步：前两年加上“七五”计划的最后一年（1990—1992年）为第一步，主要任务是在保持经济适度增长的同时，认真进行治理整顿、深化改革，为北区经济长期持续、稳定、协调发展奠定基础；后三年（1993—1995年）为第二步，主要任务是繁荣经济，全面推进城区社会主义现代化建设。

经济和社会发展“九五”计划（1996—2000年） 从“九五”计划的编制开始，北区逐渐形成由区委提出计划建议、由区人大审议作出决定，由区政府组织实施的“五年计划”正常编制运作机制。

“九五”计划提出，要实现经济体制和经济增长方式的根本转变，实现全区经济总体规模比“八五”期间翻一番，实现经济和社会协调发展。至2000年，全区经济总体规模在1995年的基础上翻一番；第二产业产值年均增长14.50%以上，其中工业产值年均增长10%以上，建筑业产值年均增长30%以上；第三产业年均增长15%以上，其中商业年均增长20%；城建开发量年均增长20%，其他年均增长10%；财政收入年均增长14.50%以上。

经济和社会发展“十五”计划（2001—2005年） “十五”计划提出“以园立区，兴北富民”的发展战略，以建设经济强区为目标，全力开展“二次创业”；以结构调整为主线，全面提高经济增长质量；以新一轮城市建设为突破口，全面提升城市品位；以交通和工业中心北移为依托，全面夯实发展基础；以财源建设为重点，全面发展民营经济；以科技创新为动力，促进区域经济跨越式发展；以法制建设为保障，全力推进依法治区进程，把开福区建设成为富强、开放、繁荣、秀美的现代化城区，累计利用区外资金25亿元。

经济和社会发展“十一五”规划（2006—2010年） “十一五”规划提出，“紧紧扣住以人为本，倾力提升城区价值，培育壮大服务经济，全面构建和谐社会”的发展战略，把开福区建成全国有名的经济强区和宜居城区。至2010年，地区生产总值292亿元以上，年均增长15%以上，人均GDP 4.80万元以上；全社会固定资产投资300亿元，年均增长18%；社会消费品零售总额262亿元，年均增长16%；地方财政收入16亿元以上，年均增长15%以上。五年累计直接利用外资5亿美元，一、二、三产业结构比为1.5 ∶ 30.5 ∶ 68。区域经济综合实力跻身全省第一方阵和全国先进行列，地区生产总值年均增长15.70%。

经济和社会发展“十二五”规划（2011—2015年） “十二五”规划提出，继续围绕“巩固一方阵，建设大城北”的总体构想，以加快发展方式转变为主线，以改革开放和推进管理创新为动力，以保障和改善民生为目的，按照产业发展两型化、城区品质国际化、城乡建设一体化、公共服务均等化的总体要求，加快构建现代产业体系。按照城市建设与产业发展融合互动、优势地区优先发展、不同梯度差异发展的思路，注重集约型、生态型和开放式开发，形成“一江两河三梯度九组团”的空间发展格局，把开福区建设成为两型产业的集聚区、滨江经济的牵引区、新型城市的示范区、生态宜居的样板区。至2015年，实现经济总量、财政总收入、城区面积、居民收入“四个翻番”，经济总量800亿元，地方财政总收入突破80亿元，城区面积90平方千米，城乡居民可支配收入4.20万元和3万元，综合实力保持省内城区第一方阵先进行列。

第三节 项目管理

1995年，开福区确立“抓项目、抓资金、抓环境”的工作思路。2000年召开全区首届投资合作洽谈会，协议引进项目资金16.70亿元，合同引进项目资金7.14亿元，400余家国内外客商聚集开福区，签订项目39个。

2002年，审批基建项目41个，立项39个，报请上级计委审批立项12个。2003年，列入区重点工程调度的项目42个，新增项目6个。同年8月，区政府《关于全区行政审批项目清理结果决定》中，继续保留行政审批项目权限82项。2005年，确定重点项目32项，年度计划总投资额131.53亿元；项目立项13个，项目备案6个，上报上级发改委立项15个；争取上级项目资金327万元。

2006年，实施重点项目86个，年度计划总投资132.79亿元；项目立项40个，项目备案19个，上报上级发改委立项22个；争取上级项目资金253.60万元；对全区29个新开工重大项目进行督查，协助项目单位完善有关手续，通过国务院项目督查组的检查。2007年，确定重点产业项目25个，年度计划总投资51.76亿元；项目立项89个，备案32个，上报上级发改委立项48个；争取上级项目资金530万元。2008年，项目立项48个，备案20个，上报上级发改委立项5个；争取上级项目资金785万元。2009年，项目立项79个，备案17个，上报上级发改委立项19个；争取上级项目资金1556万元；抓好全区“两帮两促”重点产业项目的调度工作，协助22个市区重点产业项目妥善和有效解决相关问题65个。2010年，确定重点项目67个，年度计划总投资103.60亿元；项目立项69个，备案29个，上报上级发改委立项18个；争取上级项目资金2307.76万元；对2008年以来的全区85个政府投资项目招投标情况进行全面摸底调查和稽查，规范招投标工作流程，加大对招投标关键环节和开标现场的监管力度；对38个“两帮两促”重点产业项目进行调度，协调解决相关问题310个。

“十二五”期间的2011年，项目立项62个，备案40个，上报上级发改委立项9个，争取上级项目资金1610.76万元。制定《开福区政府投资管理办法》，对9个中央扩大内需投资项目、以工代赈项目和9个政府投资项目进行稽查。2012年，项目立项78个，项目备案52个；争取上级项目资金1817.80万元；推进政府投资管理体制机制创新，整合全区公共资源，制定和出台《开福区政府投资管理实施细则》；对15个重大项目进行专项稽查。

第二章 国土管理

第一节 机 构

1989年4月，成立北区国土管理局（以下简称区国土局），编制6人，原区非农业用地清查工作办公室撤销。1992年2月，区国土局下设北区土地管理事务所。1996年，北区国土局更名为长沙市国土管理局开福区分局，内设办公室、法规监察股、地籍股、建设用地股、土地管理事务所。为调处村民之间的土地纠纷，区国土局在三个乡（镇、场）设立国土所，在各街道办事处聘请国土管理兼干1名，协助分局及时发现和制止、处理违法用地行为。1997年，土地管理事务所更名为征地拆迁事务所。

2003年，长沙市国土管理局开福区分局更名为长沙市国土资源局开福区分局，职能与内设机构不变，管理体系更加规范。2004年9月，长沙市国土系统在编干部职工由原来的横向管理模式改为垂直管理模式，开福区国土分局在编干部职工由市国土资源局接收管理，机构职能不变。同年成立长沙市国土资源局执法监察支队开福区大队，行政级别为副科级。

1989—2012年，先后担任区国土局局长的有胡述存、彭建宏、邹仕平、唐纽雄、赵贱辉、辜松柏，先后担任局党委书记的为沈启文、陈忠立、彭建宏、邹仕平、刘旭、邓朝晖。

第二节 地籍地政管理

一、地 籍

1987年，北区开始清查非农业用地，清查的范围是区域内14.25平方千米的所有单位用地。

1991年，全市地籍调查工作试点在北区进行，范围是中山路至教育街。1992年7月，地籍调查在全区范围内全面铺开，范围是建成区14.25平方千米；内容为每宗地的位置、门牌号码、四至、面积、权属的确认等。调查结果：全区共有街坊163个，宗地4480宗，拼装地籍原图323幅，并完成内业资料的检查、核对、整理与地籍图的着墨工作。调查过程中，协助土地使用者上报确权86宗，确定权属发放国有土地使用证3158本，占调查总数的81%。至1996年年底，第一次地籍调查外业工作全部结束。

2004年，集体土地所有权登记发证工作在全区铺开，全区43个行政村，共登记集体土地所有权43宗，发放集体土地所有权证41本。

2007年，全国开展第二次地籍调查工作。开福区的第二次地籍调查于2009年结束，全区行政区域总面积188.30平方公里，其中耕地3376.99公顷，园地124.17公顷，林地3739.94公顷，草地18.44公顷，城镇村及工矿用地7358.91公顷，交通运输用地1276.47公顷，水利设施及水域用地2634.53公顷，其他用地343.98公顷。

2009年，开福区城镇地籍数据建库项目通过湖南省国土资源厅验收合格。开福区国有土地宗地数为5428宗（含城镇居民、国有企业、公共设施用地）。1989—2012年，共发放土地使用证18975本，其中初始登记发证3234本，变更登记发证15741本。全区登记集体建设用地使用权168宗，发放集体土地使用权证118本，农村宅基地登记22000宗。

随着城市建设的发展，各类用地面积不断发生变化。2009—2012年，全区耕地减少约232公顷，园地、林地、草地共减少156公顷，城镇村及工矿用地增加478公顷，交通用地增加约35公顷，水域用地减少约83公顷。

二、耕地保护

1997年，开福区共有耕地面积4884.20公顷，划定基本农田3386公顷，设立基本农田保护牌133块，其中捞刀河115块，新港镇18块。基本农田保护层层得到落实，市与区、区与镇、镇与组均签订基本农田保护目标责任书。2004年，开福区获长沙市耕地保护达标单位。

表12-1　2009—2012年长沙市开福区农村土地利用现状一级分类面积汇总表　单位：公顷

年份	行政区域总面积	耕地	园地	林地	草地	城镇村及工矿用地	交通运输用地	水域及水利设施用地	其他土地
2009	18873.43	3376.99	124.17	3739.94	18.44	7358.91	1276.47	2634.53	343.98
2010	18873.46	3307.73	120.56	3686.25	15.38	7527.13	1279.50	2611.75	325.16
2011	18873.43	3257.02	119.95	3633.65	12.98	7665.92	1301.71	2576.58	305.62
2012	18873.43	3154.47	119.59	3593.33	12.90	7837.15	1310.99	2551.42	293.58

第三节　土地利用管理

一、总体规划

1997 年，开福区启动首轮土地利用总体规划编制（1997—2010 年）。总目标是提高耕地质量，有效控制非农业建设用地，控制城乡居民用地规模，由点到面的开展土地整理，提高土地利用率与产生率。规划要求至 2010 年年底，耕地保有量不得少于 4476.20 公顷，其中基本农田保护面积 3860 公顷，基本农田保护率为 79.03%；建设用地总量控制在 1431 公顷以内，居民点及工矿用地规模增加 1167 公顷；交通用地规模增加 149 公顷，水利设施用地规模增加 115 公顷，土地利用率由 1996 年的 95.50% 提高到 95.95%。各类用地的调整情况：耕地由 1997 年 4884.20 公顷到 2010 年 4476.20 公顷，减少约 408 公顷；园地由 1997 年 562 公顷到 2010 年 992.10 公顷，增加约 430 公顷；林地由 1997 年 4804.30 公顷到 2010 年 4186.30 公顷，减少约 618 公顷；水面及水产养殖用地由 1997 年 2390.50 公顷到 2010 年 2461.50 公顷，增加约 71 公顷；交通用地由 1997 年 284.20 公顷到 2010 的 433.50 公顷，增加约 149 公顷。规划期间基本农田保护面积 3860 公顷，但规划实施到 2003 年时，开福区因城市建设需要，市政府批准调出基本农田 954 公顷，实际保护面积为 2906 公顷。

2002 年年底，规划期内的各项建设用地指标已无法满足城市建设的需要。经开福区申请，长沙市批准同意开福区 2003—2005 年新增建设用地规模 2067.37 公顷，净增用地指标 1412.28 公顷，农用地减少 1238.17 公顷，其中耕地 388.78 公顷。

2005 年，由于长沙市经济建设高速发展，原规划建设用地指标已用完，同时新增建设用地布局方向发生变化，原土地利用总体规划的实施已相当困难。为使土地利用总体规划更好地发挥对社会发展的保障作用，开福区启动第二轮土地利用总体规划编制（2006—2020 年）。本次规划以新世纪、青竹湖、新河三角洲中心区建设为重点，依托区位优势，发展现代物流业；积极发展都市农业；大力发展休闲业。农用地主要分布在捞刀河镇东部；工业化和城镇化依托金霞组团、高岭组团区域发展。重点保护青竹湖森林公园、捞刀河水源地。防洪工程以朝正垸大堤、湖垸大堤、蒋家垅防洪堤、三角洲防洪堤为重点。

本次规划对首轮规划作出调整：规划耕地保有量基本农田面积指标：由 2005 年 4414.76 公顷至 2010 年调为 3207.67 公顷，减少 1207.09 公顷，2020 年调为 961.98 公顷，共减少 3452.78 公顷，基本农田调为 0。规划建设用地指标：由 2005 年 6236.49 公顷至 2010 年调为 8941.63 公顷，增加 2705.14 公顷，2020 年调为 13379.60 公顷，共增加 7143.11 公顷。规划城乡建设用地指标：由 2005 年 5592.34 公顷至 2010 年调为 8199.68 公顷，增加 2607.34 公顷，2020 年调为 12463.45 公顷，共增加 6871.11 公顷。

规划城镇工矿用地指标：由 2005 年 3847.39 公顷至 2010 年调为 6965.70 公顷，增加 3118.31 公顷，2020 年调为 12166.32 公顷，共增加 8318.93 公顷。规划园地指标：由 2005 年 585.31 公顷至 2010 年调为 303.31 公顷，减少 282 公顷，2012 年调为 180.74 公顷，共减少 404.57 公顷。

规划林地指标：由 2005 年 4314.85 公顷，至 2010 年调为 3100.85 公顷，减少 1214 公顷，2020 年调为 2300.56 公顷，共减少 2014.29 公顷。规划牧草地指标：由 2005 年 0.53 公顷至 2010 年调为 0。

二、村民住宅建设用地管理

开福区农村土地面积为 166.98 平方千米，占土地总面积的 88.48%，农民除部分因国有土地征收房屋拆迁集中进入安置小区外，大部分以零星居住为主。随着城乡一体化进程加快，农民的生活不断改善，农民建房的热情日益增长，但矛盾日显突出，未批先建、一户多基、超面积建房成为主要问题。

为加强对村民宅基地的管理，规范审批制度与程序。1996 年，开福区制定《开福区村民住宅建设审批办法》，规范审批制度与程序。2005 年做了修订，按省市规定，家庭户型以 4 人为基准户，每户建筑占地小于 80 平方米，独生子女家庭每户可增加 20 平方米；超过 4 人户，每增加一人可增加 20 平方米，总面积分别不得超过 130 平方米，180 平方米、210 平方米。运用“疏”“堵”结合办法规范农民建房秩序，逐步解决遗留问题。1999 年，帮助 98% 的灾民做好选址定点，85% 的灾民搬进新居。2012 年，将所有村民建房资料整理归档。至 2012 年，全区共有 16321 户村民申请建房，分局核发“开福区村（居）民建房用地许可证”10828 本，其中 2005—2012 年核发 968 本，用地面积14.38万平方米，建筑占地10.02万平方米。

三、土地整理

开福区土地整理始于2011年，位于捞刀河镇汉回村的蔬菜基地，为长沙市内五区仅有的土地整理项目，建设期7个月，建设规模68.65公顷，新增耕地为2.15公顷，新增耕地率为3.15%。项目工程包括：土地整理挖填土方68780立方米，其中表土剥离与回填量29847立方米，田间调配土方19310立方米，田埂修筑3410立方米；灌溉与排水，新修建3条灌排渠，共长3522米，新修21条农渠，共长2570米，农灌排10条，长2170米，斗沟28条，长5214米，农沟27条，长4560米，节制闸60处，分水闸33处，跌水28处，涵管118处。新修二级田间道路19条，长7540米，生产路2条，长1530米，还有下田坡道39座，电杆加固28处，护坎工程33米。各项工程均合格验收。

四、土地使用制度改革与隐形土地市场清理

1986年土地使用制度改革后，北区从隐形土地市场的清理开始，逐步建立城镇私房有偿使用档案8000多户。建立单位房屋出租档案1000多户，每年收取单位及私房出租增值费50余万元。1998—2012年，开福区共收取土地有偿使用费及房屋出租增值费3806.98万元。

表12-2　　1996—2010年长沙市开福区土地利用结构调整规划统计表　　单位：公顷，%

地类＼年份	1996年		其间面积增减	2000年		其间面积增减	2010年		1997—2010年面积增减
	面积	比重		面积	比重		面积	比重	
土地总面积	18701	100	—	18701	100	—	18701	100	—
一、农用地	12641.1	67.60	−303	12338.1	65.98	−222	12116.1	64.79	−525
1. 耕地	4884.2	26.12	−149	4735.2	25.32	−259	4476.2	23.94	−408
2. 园地	562.1	3.00	61	623.1	3.33	369	992.1	5.30	430
3. 林地	4804.3	25.70	−183	4621.3	24.71	−435	4186.3	22.39	−618
4. 水面	2390.5	12.78	−32	2358.5	12.61	103	2461.5	13.16	71
二、建设用地	5200.8	27.81	320	5520.8	29.52	307	5827.8	31.16	627
1. 居民点办工矿用地	4744.1	25.37	107	4851.1	25.94	256	5107.1	27.30	363
（1）城镇	2009.5	10.75	236	2245.5	12.01	794	3039.5	16.25	1030
（2）农村居民点	1690.2	9.04	−213	1477.2	7.90	−538	939.2	5.02	−751
（3）独立工矿	1035.1	5.53	84	1119.1	5.98	—	1119.1	5.98	84
（4）其他	9.3	—	—	9.3	—	—	9.3	—	—
2. 交通用地	284.2	1052	131	415.2	2.22	18	433.2	2.32	149
3. 水利设施用地	172.5	0.92	82	254.5	1.36	33	287.5	1.54	115
三、未利用土地	859.1	4.59	−17	842.1	4.50	−85	757.1	4.05	−102

表 12-3　　1996—2005 年长沙市开福区乡、镇（场）建设用地规模统计表　　单位：公顷

乡、镇、办事处项目		综合农场	捞刀河镇	霞凝乡	合计
1996 年（规划基年）建设用地规模		774.12	1490.79	564.78	2829.69
1997—2010 年规划的建设用地总量		1032.12	2113.09	1000.48	4145.69
1997—2010 规划的新增建设用地规模		258	622.3	435.7	1316
至 2002 年底实际用地量		1003.49	1659.2	940.48	3603.17
1997—2002 年底实际新增建设用地量		229.37	168.41	357.7	755.48
1997—2010 年建设用地规模指标节余情况		28.63	453.89	60	542.52
1997—2002 年原不符合规划、调整规划新增用地量		86.67	25.9	—	112.57
规划实际剩余指标		115.3	479.79	60	655.09
至 2005 年申请新增建设用地规模		787.23	1534.87	520.33	2842.43
初审确定的 2003—2005 年新增建设用地规模	总量	552.62	1297.18	217.57	2067.37
	农用地	486.63	1167.46	195.81	1849.9
	耕地	203.97	392.54	65.42	661.93
2003—2005 年净增用地指标	总量	437.32	817.39	157.57	1412.28
	农用地	371.72	735.65	130.8	1238.17
	耕地	105	263.78	20	388.78

表 12-4　　2006—2020 年长沙市开福区新增建设用地及补充耕地指标统计表　　单位：公顷

<table>
<tr><td rowspan="3">2006—2010 年新增建设用地规模
2717.64</td><td colspan="2">建设占用农地</td><td colspan="2">2006—2010 年补充耕地</td></tr>
<tr><td rowspan="2">2700.99</td><td>其中：占用耕地</td><td>义务量</td><td>任务量</td></tr>
<tr><td>1207.09</td><td>1207.09</td><td>0</td></tr>
<tr><td rowspan="3">2006—2020 年新增建设用地规模
8590.93</td><td colspan="2">建设占用农地</td><td colspan="2">2006—2010 年补充耕地</td></tr>
<tr><td rowspan="2">7292.78</td><td>其中：占用耕地</td><td>义务量</td><td>任务量</td></tr>
<tr><td>3452.78</td><td>3452.78</td><td>0</td></tr>
</table>

第四节 国土执法监察

一、宣传《中华人民共和国土地管理法》

1986 年《中华人民共和国土地管理法》颁布后，每年的 6 月 25 日定为全国“土地日”。北区以咨询站、宣传车、版报、标语、知识问答以及资料发放等多种形式开展普法宣传，提高人民群众的法制观念和保护土地资源的法律意识。

1996 年，开福区开展“无违法管地、无违法批地，无违法用地”的“三无”乡镇活动。其主要内容是：切实保护耕地，合理利用土地，以“预防为主、查处为辅”的手段，减少土地纠纷，促进农村安定团结。同时，分局建立用地审批、案件查处、定期巡查、廉

政建设等制度；各乡镇设立村民建房用地审批流程图，实行“三到现场、严把五关”①，积极服务村民群众。

2000年“6·25”宣传日，开福区在烈士公园进行《中华人民共和国土地管理法》知识抢答赛及万人签名活动。

二、闲置土地清查

2011年，对3宗闲置一年以上的土地征收闲置费共202万元。2012年，开福区展开对闲置土地的清查，重点对2007—2012年土地供应台账中的222宗土地进行全面清理和调查落实。经核定，全区共有闲置土地35宗，面积288.81公顷。两次召开闲置土地处置会审会，对土地闲置单位进行约谈，要求出具书面承诺。35宗闲置土地中，因“生地”出让、拆迁或历史遗留问题未解决而造成闲置的有22宗，占总面积的59.83%；因地铁修建等原因造成闲置的有5宗，占总面积的6.65%；因资金短缺、改变土地用途等造成闲置的有4宗，占总面积的11.01%。经督促已开工建设的有3宗，处罚1宗，收闲置费28万余元，重新签订合同1宗。

三、动态巡查

2002年，开福区建立巡查台帐，内容有巡查情况统计、巡查发现违法行为月报、责令停止违法行为通知单、法律送达回执、违法行为报告、现场处置前后照片等；同时完善《动态巡查实施方案》，巡查覆盖率达100%。

2009—2012年，每年巡查次数分别为186次、200次、162次、575次。动态巡查发现违法行为即移送区城管局处理，设有跟踪监管，对违法违规行为做到早发现、早制止、早查处，力争将违法用地带来的损失降到最低。

四、卫星遥感监测

2000年起，国土资源部利用卫星遥感监测技术开展土地执法检查，预防和查处土地违法行为。根据遥感监测，2010—2012年，开福区共有疑似图斑1138个。开福区对每个图斑进行现场核实、调查走访、查证资料，确认有616个图斑为合法用地，其他均为违法用地。违法用地主要有私自搭建厂房仓库、私自建房、违法推土卸土、企业非法用地4种形式。凡符合土地利用规划，并经湖南省国土资源厅执法总队审核同意补办手续的，分局督促其完善用地手续；凡不符合土地利用规划的由分局移交法院依法处理。至2012年，开福区违法占用耕地面积占新增建设用地占用耕地面积的比例降到11.80%，未超过15%问责比例。

卫星遥感监测技术还用于监测土地变更实况。2010—2012年，全区土地变更中合法图斑616个（宗），不予变更图斑400个（宗），违法图斑122个（宗）。

表12-5　2010—2012年长沙市开福区土地变更图斑统计表

类别	2010年			2011年			2012年		
	数量（宗）	面积（亩）	其中耕地面积（亩）	数量（宗）	面积（亩）	其中耕地面积（亩）	数量（宗）	面积（亩）	其中耕地面积（亩）
合法图斑	201	1866.75	728.25	313	3463.4	732.3	102	1171.4	701.1
不予变更图斑	150	1288.05	211.35	134	630.6	0	116	526.4	169.5
违法图斑	17	206.7	110.85	25	92.3	33.6	80	384.5	144
总计	368	3361.5	1050.45	472	4186.3	765.9	298	2082.3	1014.6

①“三到现场，严把五关”即选址到场、放线到场、验收到场；村民小组把关、村委会把关、乡镇把关、国土部门把关、政府把关。

五、矿产资源清理

开福区的矿产资源清理主要为预制场清理、砖厂清理和砂场搅拌场清理。1998年，开福区开展预制场的清理整顿，共查出预制场23家，其中经批准的16家，批准占地面积40.33公顷，实际用地面积48.27公顷；未经批准使用的7家，违法面积7.93公顷，其中占用耕地1.6公顷。分局将情况上报市国土资源局，并对违法的7家作处理。

2010年，全区开展实心黏土砖厂的清查，共查出砖厂14家，已停厂和无资源生产的11家，正在生产的3家。此3家中，生产实心黏土砖的为伍家岭砖厂1家，占地6.67公顷；生产空心砖和轻质砖的2家，为大星砖厂和双湖砖厂。

2012年，全区开展砂石场、混凝土搅拌场的清查，共查出砂石场5家，占用土地4.57公顷；查出混凝土搅拌场49家，其中15家占用国有土地，移交区城管局处理，另有34家占用集体土地，下达《责令停止国土资源违法行为通知书》。

六、违法用地和违章建筑查处

2012年，开福区成立全区违法违章建筑专项整治工作领导小组，成员单位为区城管特勤队、区城管执法队、区公安局、区国土局、区规划局、区农林水利局。1993—2012年，拆除违章建筑100多次，查处拆除违章建筑1200余宗，查处违法用地661宗，立案244宗，结案220宗，其余以非立案形式移送至开福区城管执法部门。1998—2012年，共收缴违法用地罚没金1856.17万元。

2012年，一外来户在捞刀河镇凤羽村，以每公顷6.75万元的年租金租下耕地0.3公顷建别墅，并私下签订租赁协议。案发后，《潇湘晨报》报道，一些网站转载。开福区组织捞刀河镇政府、国土、城管、公安、监察等单位，对凤羽村村支书、村长、国土所长、土地户主及该外来户进行问话调查，同时下达停工通知并采取措施，控制违章建筑的扩大。

第五节　征地拆迁

1989年，北区征地拆迁工作主要是棚户区改造，为征地拆迁单位把好政策关，对拆迁户按政策标准把好安置补偿关。

1998年2月17日至2000年3月15日，实施长沙市人民政府5号令，拆迁主体是长沙市人民政府，区国土分局协助配合。2000年3月16日至2008年3月31日，实施长沙市人民政府60号令，安置模式以留地安置为主。2008年4月1日起，实施长沙市人民政府103号令，安置模式以货币安置为主。60号令实施期间，开福区动迁项目100个，累计腾地1652.50公顷，拆迁房屋5515栋，面积136.48万平方米，人口16554人，共支付拆迁资金30.34亿元。103号令从实施之日起至2012年12月31日止，开福区启动拆迁项目106个，累计腾地721.13公顷，动迁人口9016人，共支付拆迁资金29.86亿元。

在60号令和103号令实施期间，全区重大拆迁项目主要有：交通项目：新港城、南北货站、107国道、319国道、工程兵大道、芙蓉北路、武广铁路（开福区段）、石长铁路、新世纪大道、万家丽路、车站北路、黄兴北路拓宽、五一大道（开福区段）拓宽、车站北路桥、青竹湖东沿线、滨河路、渔业路、沿江大道风光带、京港澳高速、三环线开福段等；公共事业项目：楚家湖水利工程、月湖公园、太和医院、周南中学、青竹湖外国语学校、卫生中心、垃圾中转站、公交停泊站、捞霞污水处理厂、捞霞垃圾转运站、广播影视中心、北雅中学、新港码头、保税物流园、鹅羊山公园、畜牧水产局、50万伏变电站、22万伏变电站、鹅秀变电站等；产业项目：湖南省粮食批发市场、保税物流中心、长沙重型机械厂、国家粮食储备库、佳海项目、富马科、新源石油、罗莎蛋糕、统一集团、山河实业、纽曼移动通信、深美手机、新时代医药等；房地产项目：青竹湖小区、湘江世纪城、海洋明珠、金鹰城置业、宝瑞房地产、沙河实业、紫荆小区、四方坪安置小区、月湖山庄、金帆小区、山语城、珠江花城、万国城、万科城、浙江友联等。

第三章 物 价

第一节 机 构

1989—1995年，北区物价管理机构为北区物价局。1992年元月，北区物价局之下成立北区价格事务所，编制2～3人，物价局局长时秉顺。1995年7月，区物价、统计两局合并，划入原计经委内的计划职能，成立北区计划统计物价局（以下简称计统物价局），内设物价股，负责区内物价年审、换证办证。1996年7月，北区计统物价局更名开福区计统物价局。1997年5月，设立物价管理股。2002年，物价管理股改为价费科，为区计统物价局的派出机构，并保留物价检查所和价格认证中心两个二级机构。2005年5月，价费科与物价检查所合署办公。价格认证中心仍然保留。2007年，成立区物价监测中心。2011年5月，价费科与派出机构价格监督检查局合署办公。

第二节 价格管理

一、物价监测与监管

1990年，北区开展核发企业定价许可证工作，各企业明确一名领导干部分管物价工作；大中型企业设立相应的物价机构，配备专职的物价人员，小型企业亦设有兼职物价人员；对全区各企业配备的专职物价工作人员，开办两期培训班，学员经考试合格后，发给“企业物价工作人员合格证”，持证上岗；各企业成立以分管领导为组长，有物价、财务、业务人员参加的企业价格审定小组；各企业建立价格管理制度。调价、定价、核价有明确的审批程序，价格变动有依据；建立企业价格台账，调价定价资料整理存档；实行企业定价许可证年检制度（一年一次）、换证制度（三年一次）。1996年起，区物价管理部门每月三次对粮、油、蔬菜、肉食、水果等30多种居民生活必需品价格数据进行收集上报，组织市场调查，跟踪监测。同年6月，成立区群众物价监督机构。每年对行政事业性单位和收费单位进行年检年审。2004年，年检年审212个单位，办理临时性审批18件，对全区价格公示的195家单位进行逐一规范监测。2005年，贯彻落实上级部门出台的电价、药价、成品油等价格政策，抓好医疗机构销售价格监审；完成10家医疗机构药品销售价格的审价，确保药品降价措施的落实。

2006年，选定盐道坪、水风井、荷花池等10个社区开展价格宣传监督试点工作。2007年，依托居民小区物业管理公司建立健全社区价格监督工作站，聘请义务价格监督员，明确社区价格监督站和义务价格监督员的职责范围和联系制度、组织社区义务价格监督员业务培训。

2011年，建立和完善价格监测网络，在全区设立价格监测点7个，聘请价格监测员30人，对粮、油、肉、蛋、菜等63种主要商品实行每周3次采价上报和综合分析，全年撰写调研报告2篇，分析材料、价格信息31篇。2012年，对居民生活69种商品跟踪监测。做好市场价格、农贸价格的监测；全年报送价格监测信息38篇，房地产信息12篇，完成《生猪市场价格变动调研报告》等调研监测报告4篇。

二、物价宣传与明码公示

2001—2002年，发行《长沙价格信息》100份，发展长沙信息网络户32户、省网络户35户，制作永久性户外价格公示栏6个，建立行政村的公示栏、公示墙。乡镇、村的涉农收费公示牌46块，公示面达到100%。2004年，对全区价格公示的195家单位进行逐一规范，调整区卫生局、农林水利局、国土局、交通局、教育局5个单位的收费标准，新增公示牌14块。开展“价费进社区”活动，将《居民生活消费指南》《长沙市居民生活主要价格及收费明白卡》送到居民家，将《致开福区企业经营者的公开信》《乱收费情况调查表》发到各单位和经营者手中。同时，制定《开福区计统物价局价格波动应急预案》。

2007年，在全区10个试点社区设立价格服务中心，投入专项经费，明确专人联系，跟踪服务，培训社区相关工作人员，对驻区的150多家企业发放价格服务联系卡和200份开福区价格工作进农户调查表，对3个镇20户农民的生活现状、收支状况以及镇村收费状况进行调查摸底。2008年，组织有关人员深入全区11个街镇，开展涉企收费专题调研。在7个街道召开涉企座谈会，参加座谈企业70多家，发放涉企收费调查问卷300份，并形成《开福区涉企收费调研报告》，编制《开福区2008年涉企收费目录》。2009年，利用社区、网络等平台将与社区居民相关的价费内容和价格信息进行公示，并及时更新，将3000份“12358”价格举报标识牌和举报宣传画册分别在街道、社区、学校等公共场所醒目位置张贴，在62个社区建立价格公示牌。对物业管理费、社区停车场收费、水电价格等群众关心的热点、难点价费问题进行公示，制定《价格公共服务工作实施方案》，确定价格公共服务“十进”的工作重点和“六服务”的工作目标，发放宣传资料5000份，发挥价格公共服务示范带动作用。对涉及民生的价格和收费，进行全方位的公示，在江湾农贸市场设立市场价格显示屏。芙蓉北路街道成为全区价格公共服务示范点。

2011年，编制和公示《开福区行政事业性收费项目和服务性收费项目目录》。同年，并实施基层医疗卫生机构基本药物零差率销售制度，对基层医疗卫生机构药品库存核价情况逐一清查核实，报市物价局备案。2012年，为营造价格诚信环境，培养价格诚信典型，开展零售业和酒店业价格诚信活动，建立企业价格诚信档案200份，重点指导老百姓大药房湘雅店、麦德龙、家润多、上城金都等企业开展价格诚信工作，其中4家单位被评为市级价格诚信示范单位，并推选为省级价格诚信单位。

第三节　价格检查

一、执法队伍建设

组织干部参加法律法规和业务知识的学习和培训，定期对执法队伍情况进行考核检查。加强对价格执法行为的规范，先后制定和实施物价人员“十不准”、物价行政执法依据目录、行政处罚裁量权基准等系列规章制度，切实规范价格执法行为。

二、价格监督检查与价格举报

1996年，全面普检。收缴罚没1.50万元，为消费者退款1676.20元，查处各类价格违法行为和案件327起，收缴罚没款金额31.76万元。开展节假日市场价格检查，共出动检查人员2000余人次，检查门店摊位4500多户，收缴不合格衡器250杆（台），罚款1万余元。对人民生活必需品、成品油等价格开展专项检查，检查违规收费单位18个，收缴罚款8.24万元。对中小学开展开学收费专项检查，重点检查33所中小学寄读费、择校费、扩招费、代收费等收费行为，查处违纪金额29.19万元，收缴罚没款7.92万元。检查乡、镇、场5个农电站收费情况，查处违纪金额42万元，收缴入库9000元。对城管系统收费交叉检查，查出乱收费金额60余万元，入库8万元。对行政事业性收费检查，重点检查街道办事处、房管、卫生系统、城建、国土部门收费，处理行政事业单位47个，收缴罚没款2.09万元。

1997年查处案件389起，查处非法所得金额1969万元，经济制裁总金额29.67万元，处理群众来信来访563件，其中退还消费者10万元。1999年开展专项大检查，查处价格违法案件187起，查处非法所得176.29万元，经济制裁总金额31.34万元。重点检查省中医附二、省妇幼、区老年病医院、同济医院和区属11个卫生院的医疗服务收费，查处非法所得金额72.86万元，收缴入库金额5万元。检查区直各部门及二级机构计37个单位的收费行为，查出违纪单位11个，处理4个，查出非法所得金额87.60万余元，收缴入库金额21万余元。

2002年，对6个医疗卫生单位开展专项检查，查处“自立项收费、重复收费、提价销售药品”等违法所得100余万元，实行经济制裁10.30万元；查处价格违法案件23起，价格违纪金额500万元，实行经济制裁20.10万元，“收费许可证”年检年审284本，注销16本，调整收费项目36个。2005年治理乱收费，重点开展教育收费、医疗收费、成品油价格、物业服务收费等专项检查，查出各类案件20起，受理举报30起，实行经济制裁总金额970余万元，其中退还用户679万元，没收违法所得26万元，处以罚款20万元。严格收费管理，公布取消涉及收费项目12项，减轻企业和群众涉费负担80多万元，全年共审核收费总额900多万元，核发、换发、变更、注销“收费许可证”90多本。

2007年，规范收费行为，推行全区医疗器械价格报备制。对农村义务教育经费保障机制改革实施情况进行跟踪检查，对城市社区卫生服务机构医疗服务价格开展专题调研和专项检查。

2012 年，对民生消费、物流领域、农产品市场等价格政策、制度执行情况进行指导和规范，对价格违法行为进行查处，积极处理各类价格举报和投诉，维护价格秩序的正常运行；规范教育收费行为，重点查处中小学违规捐资助学、教辅资料、学生伙食费等乱收费行为，在实地勘察、科学测算的基础上，把住伙食费成本的审核关。对民办教育机构收费进行专项整治和规范，重点督查价费公示制和诚信承诺制的落实和推行情况，优化全区教育收费环境。

表 12–6　　1997—2012 年长沙市开福区价格鉴定情况表

年份＼类别	鉴定数量（宗）	鉴定总金额（万元）	年份＼类别	鉴定数量（宗）	鉴定总金额（万元）
1997	189	297	2005	564	439.60
1998	204	432	2006	464	416.54
1999	230	479	2007	404	235.67
2000	256	593.65	2008	340	345.60
2001	297	1068.65	2009	304	231.29
2002	281	325.86	2010	376	340
2003	416	584	2011	350	679.87
2004	475	581.26	2012	474	650.86

第四章 统 计

第一节 机 构

长沙市北区统计局成立于 1986 年。1989 年，区统计局设局长 1 人、副局长 1 人，1989—1995 年，先后担任局长的为谭辉、黄跃、刘长根。1995 年，区统计局与区计经委、区物价局合并，成立北区计划统计物价局（以下简称区计统物价局）。1996 年 7 月，更名开福区计统物价局。2005 年 3 月，区计统物价局改组为区发展和改革局后，重新设置区统计局。区统计局设局长 1 人、副局长 3 人、人员编制 13 人，其中行政编制 7 人，事业编制 6 人。内设办公室、综合一科、综合二科 3 个职能科室，下辖一个二级机构经济调查队。2008 年，开福区成立统计普查中心，与经济调查队合署办公。2011 年 12 月，区统计局调整为区政府直属事业单位，内设办公室、综合业务科和诊规科 3 个职能科室，核定全民事业编 9 名，其中领导职数 3 名；二级机构统计普查中心为副科级全额拨款事业单位，与经济调查队合署办公，编制 8 名。2005—2012 年，先后担任区统计局局长的为章俐、杨知强、邹健，先后担任书记的为田承明、肖友义。

第二节 统计改革

一、区域统计改革

2003 年，国家统计局开始实施区域统计改革。按“区域统计”要求，除邮政、电信、金融、保险、证券、电力、民航、铁路、公路、水运等特殊行业继续向市统计局直报制度外，各区、县（市）行政区域范围内的法人单位及法人单位所附属的产业活动单位以及各区、县（市）行政区域范围内的个体工商户均划入其所属属地报送统计报表。

二、“一套表”改革

20 世纪 90 年代前，国家统计工作一直沿用上级统计部门按专业布置报表任务、填报单位以纸介质报表报送、统计数据逐级汇总这种传统的报表报送运行模式。20世纪90年代初，国家统计工作尝试推行企业一套表改革。2005年，长沙市探索尝试基层统计一套表改革，通过第一次经济普查的EPRAS软件平台，进行二次开发，在2005年统计年报和2006年定期统计报表中推行，涉及到工业企业、建筑业企业、房地产企业、批发零售贸易业企业、住宿餐饮业等企业。区统计局按长沙市统计局要求在以上专业实施联网直报。2008年起，所有的数据处理业务转向联网直报系统。2012年，全国统计联网直报在长沙启动，国家企业一套表制度在长沙全面实行，全区近千家企业通过互联网在国家统一的数据采集和处理平台上报送统计数据。

第三节 统计报表

一、工业统计

1989年，北区工业年报的工业行业按国家标准分类，共分40个大类、204个中类、549个小类。1992年，工业统计报表取消工业净产值和劳动生产率报表，增加工业增加值和工业销售产值指标，建立工业经济效益指标和有关的财务指标，其中经济效益指标由工业产品销售率、资金利税率、成本费用利润率、流动资产周转次数、全员劳动生产率和工业增加值率6项考核指标组成。1995年，开展第三次全国工业普查。1996年，开福区工业统计年报制度与第三次工业普查报表制度合并。1997年，国家工业统计调整经济效益综合指标，由总资产贡献率、资本保值增值率、资产负债率、流动资产周转率、成本费用利润率、全员劳动生产率和产品销售率7项考核指标构成。1998年，工业统计报表的统计口径从乡及乡以上工业企业调整为全部国有和年产品销售收入500万元及以上工业企业（即规模以上企业）。2011年，再次提高工业企业的统计口径，将年销售收入500万元调整为年主营业务收入2000万元以上的企业为规模以上企业。规模以下的工业数据则在年度通过一次性全面调查取得。

二、农村统计

1989—1995年，北区不含农村地区。1996年区划调整后，成立开福区，始有农村统计。此前的农村统计包括开展农业、林业、畜牧业、副业、渔业五业统计。1992年，实施国家农村统计“一套表”制度，主要指标包括：农业总产值、农业增加值、粮食产量、农民人均纯收入。1994年，合并一套表中的县（市）农村社会经济卡片、乡镇社会经济卡片，形成新的乡（镇）社会经济卡片。1997年，开福区增加《农业主要能源和物资消耗》报表，取消蚕茧统计，保留《茶叶和水果情况》，调整《乡镇企业上规模的县、乡、村》《乡镇企业上规模的企业》《乡镇统计人员配备和农村统计信息网络建设情况》等报表，取消《乡镇企业主要经济指标季报》，增加《大中城市肉、蛋、奶、菜产销情况》，新增农村小康方面的报表。2003年，开始试用农业产品价格指数缩减法计算农业发展速度。2012年，将特色农业纳入农业定期报表制度。

三、商业贸易外经统计

1989—1992年，北区商业贸易外经统计只是单一的商业统计。1992年，开展社会商业商品购销存统计。1993年，国家统计局将“商业统计”更名为“批发零售贸易业”统计；变更“社会商品零售总额”统计口径，剔除对农民的农业生产资料零售部分，改称为“社会消费品零售总额”；取消物资统计，将物资流通企业视为批发企业，并入批发零售贸易统计范围。1995年，建立商品交易市场统计报表制度。1996年，开福区建立小型批发零售贸易企业抽样调查制度。1997年，增加“大中型商业企业主要指标”报表。1998年，将批发零售贸易业分为“限额以上企业”和“限额以下及个体商业户”两部分统计。1999年，建立年成交额亿元以上商品交易市场季报统计制度。2000年，按要求开展全区贸易餐饮旅馆业快速普查工作。2001年，建立商品交易市场内部统计制度。2004年，将住宿业纳入贸易餐饮业统计。2007年，开展旅游卫星账户专项调查工作。2008年，取消黄金周报表和展会报表，调整连锁统计的统计范围和分组指标。2009年，新的批发业和零售业、住宿业和餐饮业统计限额标准以年主营业务收入为标准，批发业2000万元以上，零售业500万元以上，住宿业和餐饮业200万元以上为限额以上企业。2010年，商业贸易外经统计报表制度改革，调整社会消费品零售总额统计范围。2011年，《批发和零售业 、住宿和餐饮业统计报表制度》拆分为《批发和零售业统计报表制度》和《住宿和餐饮业统计报表制度》。

四、劳动工资统计

1989年，北区劳动工资统计中增加“企业、事业、机关”的分组。1990年，执行国家统计局的《关于工资总额组成的规定》。1994年，增加城镇劳动力供给与安排去向情况。1995年，劳动工资定期报表由月报改为季报，取消月报中"物价补贴"，增加"从业人员"和"从业人员劳动报酬"两项指标；1998年，开福区增加"在岗职工"指标。2003年，劳动工资报表制度纳入"区域统计"范围。2008年，建立私营单位劳动工资年报抽样调查统计制度；从年报开始实行联网直报。2010年，根据第二次经济普查基本单位名录库，对劳动情况报表的年报字典库进行相应的更新，从2010年起不再公布工资统计季度数据。2011年,劳动工资报表纳入国家一套表联网直报平台。2012年，单位从业人员和劳动报酬指标下增加单位负责人、专业技术人员、办事人员和有关人员、商业服务业人员、生产运输设备操作人员及有关人员5个职业分组。

五、科技统计

1989年，北区科技统计包括重点企业研发及相关情况报表、科技统计定期报表、科技统计年报和R&D（研究与开发）资源清查四个部分。1992年，执行湖南省科技统计年报制度，填报《大中型工业企业科技项目情况》和《大中型工业企业科技活动及相关情况》表。1995年，设《高新技术产品统计表》。2000年，开福区开展第一次R&D资源清查工作。2005年，报送《重点企业研发及相关情况统计年报》，统计对象为有关部门认定的国家级技术中心所在企业；统计的主要内容包括年末从业人员、主营业务收入、研究与试验发展(R&D)经费内部支出等9个指标。2006年，设《高新技术产业（项目）和高新技术产业基地（园区）企业情况》表。2011年，对科技统计年报进行改革，将科技统计年报的填报范围由大中型工业企业扩大到全部规模以上工业企业，统计的主要内容保持不变。2012年，将《高新技术产业（项目）和高新技术产业基地（园区）企业情况》表，分解为《高新技术产业企业情况》和《高新技术产业企业情况（续表）》。

六、固定资产投资统计

1988年，北区投资统计起点由计划总投资2万元提高到5万元，增加商品房购置统计项目。1990年，建立由商品房开发公司填报的商品房建设统计制度。1993年,对固定资产投资统计制度进行整体配套改革。1994年，增加农村集体固定资产投资和农村私人投资统计。1995年，进行房地产开发建设及经营情况快速调查，同年房地产开发统计从固定资产投资统计中分离出来，单独制定房地产开发的标准表式。1996年，开福区将建筑业统计的范围由原来的城镇及城镇以上各种经济类型的建筑业企业改为建筑业资质等级四级及四级以上的各种经济类型的建筑业企业。1997年，将基本建设、更新改造和城镇其他投资统计由计划总投资5万元提高到50万元。1999年，将城镇私营、个体投资纳入全社会投资统计范围。2002年，将建筑业统计范围确定为具有建筑业资质的所有独立核算建筑业企业。2004年，将固定资产投资统一调整为城镇投资、农村(包括农村非农户和农户)投资及城镇工矿区私人建房投资三大部分。2005年，建立房地产开发统计制度。2011年，将月度投资统计的范围从城镇扩大到农村企事业组织，统计起点由计划总投资50万元及以上提高至500万元及以上。2012年，全社会固定资产投资由固定资产投资(不含农户)和农户投资两部分组成。

七、国民经济核算

1989年，北区按照全省国内生产总值核算制度进行核算工作，MPS和SNA两种体系的核心指标同步核算。1992年，构建与国际标准接轨的新国民经济核算体系，完成由MPS体系向SNA体系的过渡。1993年，国家统计局正式取消传统的国民收入核算，国内生产总值成为国民经济核算的核心指标。1995年，国民经济核算范围由原来物质生产部门扩大到非物质生产部门，核算领域由实物运动扩大到资金运动。1996年，开福区设计GDP季度测算表。2004年，GDP核算采用生产法、收入法和支出法三种计算方法。2005年，建立地区GDP下算一级制度和联审制度，完善办法，将下算一级完善为上下同算，并对历年GDP数据进行修正。2009年，对历年GDP数据进行修正。2011年，GDP核算采用2010年不变价格。2012年，继续沿用GDP季度测算。

八、服务业统计

2007年，开福区开展服务业统计，启动限额以上服务业单位统计调查及限额以下服务业和个体户抽样调查工作。2009年，将公共管理和社会组织中除社会团体、宗教组织、村委会、居委会以外的法人单位，全部纳入限额以上统计范围。同年，中小企业年度调查统计工作启动。2011年，国家统计局将大中小企业划型标准调整为大中小微企业划型。2012年，启动重点服务业企业调查，并将重点服务业企业调查纳入"一套表"联网直报。

九、能源统计

1989年，北区能源统计隶属于物资统计。1995年，能源统计作为工业统计的一部分，归属于工业统计管理。2006年，开福区开展能源统计，开展主要能源消费一次性调查。2007年，统计范围是辖区内规模以上工业法人单位，报表周期是季报。2008年，统计范围也由规模以上工业企业扩大到规模以上工业企业、资质以内建筑房地产企业、限额以上批零住餐企业、限额以上服务业企业等4类规模以上企业。2012年，将“环境统计”以及工业统计中的煤炭、石油、天然气、电力等能源生产（销售、库存）统计调整划归于能源统计，形成涵盖全区能源的生产、销售、库存、消费等全方位的专项统计。

十、综合统计

1989年，北区开展部门统计，包括人口、计生、科技、教育、文化、广播电视、卫生、体育、民政、政法、环境、城建、工会等反映社会发展内容。1990年，增加档案、妇联、共青团等专业统计内容。2005年，开福区对全区各街道、镇经济社会发展综合得分进行排序，依据一、二、三产业增加值、农村总经济收入、财政一般预算收入、社会保障、新增就业人员、计生、城管、市以上文明社区、民意测评等内容得分综合排名，捞刀河镇为全市2005年度乡镇街道经济社会发展综合实力“十强”之一（排名第2），伍家岭街道为全市2005年度乡镇街道经济社会发展综合实力“十快”之一（排名第9）。2006年，参与全市117个乡镇和47个街道的考核评价，开福区捞刀河镇和洪山街道进入“十强十快”行列。是年，开始文化产业统计，开展文化产业统计调查。2007年，开展基本单位统计，建立基本单位名录库。2011年，实施《湖南省文化及创意产业统计制度》。是年，通泰街街道获得长沙市“十强”乡镇（街道），新河街道获得长沙市“十快”乡镇（街道）。2012年，区统计局将1996—2012年的开福区经济和社会发展主要指标完成情况统计并整理，形成1996—2012年开福区经济和社会发展主要指标完成情况统计表，并对“九五”期间至“十二五”初的经济和社会发展进行对比分析。

第四节　统计调查

一、人口普查

人口普查每隔10年进行一次。1990年，北区开展第四次全国人口普查，普查时点为1990年7月1日零时。户数、人口、常住人口户口登记状况、人口自然变动、各民族人口、各种文化程度人口及市镇人口6个指标首先进行手工汇总上报，再进行计算机汇总。2000年，开福区开展第五次全国人口普查，普查时点为2000年11月1日零时。较第四次人口普查增加工作状况、住房状况等共计26个项目，首次采用长短表调查方法，长表按随机抽取10%户填报，采用光电录入方式进行数据汇总。2010年，开展第六次全国人口普查，普查时点为2010年11月1日零时。此次普查首次采取居住地登记原则。首次运用新技术手段，利用国家遥感资料、卫星资料，在电子计算机上生成人口普查地图和小区图。第六次人口普查主要调查人口和住户的基本情况，内容包括：性别、年龄、民族、受教育程度、行业、职业、迁移流动、社会保障、婚姻生育、死亡、住房情况等。

二、经济普查

经济普查每5年开展一次。2004年，开福区开展第一次全国经济普查，普查时点为2004年12月31日，时期资料为2004年度。第一次经济普查的对象，是在开福区内从事第二产业和第三产业的全部法人单位、产业活动单位和个体工商户。普查的主要内容包括单位标志、从业人员、财务收支、资产状况，以及企业的主要生产经营活动和生产能力，主要原材料和能源消耗及科技开发的投入状况等。2006年，发布《第一次经济普查主要数据公报》，编印《第一次经济普查数据集——2004》。2008年，开展第二次全国经济普查，普查时点为2008年12月31日，时期资料为2008年度。第二次全国经济普查扩大能源和水资源消耗的调查范围。由规模以上工业扩大到全部的第二、三产业单位，增加高耗能行业通用设备情况的调查。2010年，发布《第二次经济普查公报》。

三、农业普查

1996年，开福区开展第一次全国农业普查。对全区农村范围内的全部农村住户、农业生产经营单位、行政村、农村乡镇、非农乡镇企业进行全面普查，首次查清全区农业和农村经营单位的类型、规模；农村从业人员的数量、素质和行业、地域分布；科技人员状况；农业机械和设备的数量结构；非农乡镇企业的类型和规模；乡村的社区环境和基础设施状况；建制镇的规模和社会经济状况。2006年，开展第二次全国农业普查。较第一次全国农业普查减少乡镇企业情况，增加农村外来人口情况、外出人口情况、农村社会保障、农民住房和生活设施、土地承包和流转、农林牧渔服务业、农村社会服务、乡村两级财务和投资、村干部情况以及农业生产经营单位特征等普查内容。普查的标准时点是 2006 年 12 月 31 日，时期资料为 2006 年度。

四、基本单位普查

1996 年，开福区开展第一次全国基本单位普查。普查对象为所有的法人单位及法人单位所附属的产业活动单位。普查内容主要有单位的经济类型、所属行业、从业人员、企业规模、营业状态等各类单位的基本属性和主要标识。普查的标准时点为 1996 年 12 月 31 日。2001 年，开展第二次全国基本单位普查。较第一次基本单位普查，将普查范围扩大到个体工业、个体商业和个体服务业。自 2004 年开始，将基本单位普查纳入经济普查，不再单独开展基本单位普查。

五、工业普查

1995 年，北区启动第三次全国工业普查。普查的对象为全区境内的全部工业企业和附营工业单位，以 1995 年为普查年度，以 1995 年 12 月 31 日为普查时点。对乡及乡以上独立核算工业和附营工业单位及年产品销售收入（营业收入）在 100 万元以上的村办工业、私营工业、合作经营工业、个体工业和生产单位，采取直接发普查表调查的方式。对年产品销售收入（营业收入）不足 100 万元的村办工业、私营工业、合作经营工业、个体工业和生产单位，不发普查表，采取布置简易卡片的形式收集资料进行汇总。

六、其他调查

2006 年 4 月，开福区对全区相关文化产业单位开展文化产业抽样调查，负责没有主管部门的文化产业单位和个体户的调查工作，收集整理文化产业部门年度资料，测算文化产业年度增加值，编制文化产业综合统计表，编写文化产业统计分析报告，完成业务数据资料集的编制工作。2007 年 11 月，开福区清查摸底调查服务业。全区共有服务业统计报表单位 624 个，其中限额以上的 148 个，抽样调查单位有 188 个。2009 年 7 月，开展火车北站片区棚改工程拆迁户满意度调查。10 月，组织问卷调查统计分析工作，收集统计样本近 2 万份，从中收集开福发展、群众民声等意见和建议近 2000 条，为火车北站棚改工程指挥部后阶段的决策提供参考依据。开展《中国妇女发展纲要》《中国儿童发展纲要（2001–2010 年）》“两纲”监测统计调查。2011 年是新一轮妇女儿童“两纲”监测的起始年。2011 年 11 月，区统计局对区属 13 个街、镇 123 个社区、村进行区低保家庭尿毒症患者普查，全区有低保家庭尿毒症患者 57 人。

第五节　统计管理与服务

一、统计建设

1991—1994 年，北区各街道建立统计站。2005 年，长沙市启动 9 个区、县（市）的广域网工程建设。2007 年，开福区广域网全面开通。同年，开福区落实长沙市《关于加强乡镇街道统计工作的意见》，实施乡镇街道统计站规范化建设。2008 年，落实长沙市乡镇街道统计站“六化”工作目标，加强全区乡镇街道统计站建设。2010 年，启动电子地理信息系统建设，开福区统计基层基础建设迈上电子信息化新台阶。2011 年，全区统计基层基础建设实现重大变革，初步实现从统计数据采集、传输到汇总、加工整个环节的科学化、系统化、网络化，形成比较完善的统计数据质量控制体系。

二、统计管理

2006年，开福区制定《全区统计工作综合考核办法》，从基础工作、法制工作、年报工作、日常统计工作、数据质量、信息与分析等六个方面对街道、镇统计工作提出要求，规范全区各基层统计站的工作。同时，制定《关于加强统计基层基础工作管理的办法》，对各街道、镇统计基础工作情况进行检查、考核；实施《关于进一步加强统计数据质量管理的办法》，加强数据处理环节质量控制，进一步强化数据质量意识，加强对统计数据质量的管理；落实街道、镇统计站的建设和统计人员的到位，各街道、镇均设立机构，保障统计站专用办公室和1～2名专职统计员，各村（社区）和企事业单位均保障1名以上专（兼）职统计员；确保统计经费和统计人员待遇，并纳入财政预算，落实街道、镇统计站计算机等设备配置。2012年，落实长沙市《关于加强乡镇街道统计工作的意见》，从领导、人员、经费、待遇四个方面切实加强对乡镇、街道统计工作的管理，进一步明确乡镇、街道统计工作的职责和要求，强化对乡镇街道统计工作的考核监管。

三、统计服务

2007 年，成立服务业统计工作领导小组，建立区、街道两级服务业统计网络，根据2006年最新名录库资料按服务业统计报表中的限额标准，将新增服务业限额以上单位一同上报。2008年12月，根据《开福区基层统计基础工作管理办法》，对全区工业统计、固定资产投资项目统计、建筑业统计、房地产投资统计、贸易统计、劳动统计工作进行综合评定，表彰湖南丽臣实业有限责任公司、通泰街街道办事处等48个先进单位。1996年始，定期编印《长沙市开福区年度统计公报》《长沙市开福区统计提要》《长沙市开福区经济运行月度通报》等统计资料，并加强对比分析，为领导决策提供参考。

第六节　统计执法

一、统计法规及宣传教育培训

2008年10月，开福区召开第二次经济普查单位清查工作业务培训会议，全区13个街道、镇和各社区、村普查指导员、普查员共计1200多人参加。12月，开福区在湘江大道滨江剧场举办以统计法律法规、第二次全国经济普查为主要内容的大型宣传日活动，发放《致全市第二次经济普查被调查对象的一封信》宣传资料1000余份。2010年，在全国第六次人口普查工作中，选调调查员、普查指导员，采取分阶段、分层次的方法对“两员”逐级培训，选派师资逐乡镇进行指导和授课。培训内容以《第六次全国人口普查方案》为基础，结合《普查工作手册》和《普查员手册》等资料，采用授课为主，问题解答、讨论、练习题测试等为辅的形式进行。全区举办普查办业务骨干培训班4期，各乡镇（街道）分别举办3期普查员和普查指导员的培训学习班。每年组织规模工业、能源统计、劳动力调查等业务培训，实行统计人员执证上岗。至2012年年底，组织近100人参加统计从业资格和专业技术资格考试，对近1200名统计人员进行再教育培训。

二、统计执法检查

1989年，北区参与长沙市统计执法检查成为常规性工作。2006年6—8月，在湖南省对各市州统计局2003至2005年以来中央财政和地方财政下拨给各单位用于经济普查专项经费使用情况、管理情况进行专项审计检查。其间，开福区统计局组成3人审计组，对全区经济普查经费的使用情况进行专项审计并汇总，写出自查报告，填报《经济普查专项经费收支情况表》，报省统计局。2010年，贯彻长沙市《长沙市统计局行政处罚裁量权基准（试行）》，推进统计法制建设，对辖区内“四上”企业轮流执法检查。8月，开福区对湖南捞刀河建设集团有限公司进行统计执法，发现该单位上报的2009年度《建筑业企业财务状况》中的“工程结算收入”数据与核查数据不符。对湖南四季花城房地产开发有限公司进行统计执法检查，发现该单位上报的2009年度《房地产开发项目销售及空置情况》中“商品房销售面积”和“商品房销售额”均无法提供数据来源；其2010年1—6月《劳动情况》中“单位从业人员劳动报酬”与核查后的实际数据不符，违反《中华人民共和国统计法》第七条的规定，属于提供不真实统计资料的违法行为。根据《中华人民共和国统计法》第四十一条款，给予该单位警告并处罚款。在执法检查中，发现当代置业（湖南）有限公司、湖南新亚胜科技发展有限公司、湘君华天商务酒店、湖南教育书店4个单位聘请、任用未取得统计从业资格证书的人员从事统计工作，违反《统计从业资格认定办法》第二条规定，按规定下发《责令改正通知书》，责令限期改正。在对长沙兴旺房地产开发有限公司、湖南鑫远水务有限公司等25家单位执法检查过程中，发现在统计基础工作，内部统计数据的采集、报送、审核、报送机制，统计数据流转中所产生的法律责任，瞒报统计数据质量等各方面都存在问题，发出《统计执法检查意见书》，责令整改。2011年7月，对湖南新运石油销售有限公司的统计执法检查中，发现该单位2010年《限额以上服务业企业单位财务状况》中“主营业务收入”和《劳动情况》中“单位从业人员劳动报酬”，以及2011年1—6月《限额以上批发和零售业商品销售和库存额》中“销售合计”指标统计数据质量存在瞒报现象，责令整改。2012年8月，对长沙得地房地产开发有限公司、湖南省高速百通建设投资有限公司、湖南尚上公路桥梁建设有限公司进行统计执法，发现3个单位的2011年《从业人员及工资总额》中“从业人员工资总额”指标的上报数与核实数存在差异，依据《中华人民共和国行政处罚法》第二十三条和《中华人民共和国统计法》第四十一条的规定，发出《责令改正通知书》，责令其限期改正。2012年，成立行政执法责任制领导小组，就统计巡查工作每年落实3个巡查点，对五分之一乡镇（街道）的统计工作进行监审。监审的内容包括执行国家和省、市统计制度、统计调查规范化情况；对统计调查对象业务指导和统计报表收集情况等。每年组织对全区 15% 报表单位进行执法检查，对存在拒报迟报现象的报表单位下发催报和整改通知，并配合市局对统计违法行为进行查处和曝光。

表 12–7　　1996—2012 年长沙市开福区经济和社会发展主要指标完成情况表

指标＼年度	1996	1997	1998	1999	2000	2001	2002	2003	2004
全区生产总值（亿元）	10.14	11.96	13.87	14.86	16.80	19.06	21.94	25.50	122.82
第一产业增加值（亿元）	1.67	1.81	1.85	2.03	2.21	2.24	2.54	2.68	3.10
第二产业增加值（亿元）	5.03	5.94	6.85	6.02	6.60	7.53	8.56	10.61	30.50
第三产业增加值（亿元）	3.44	4.21	5.17	6.81	7.99	9.29	10.84	12.21	89.22
地方财政收入（亿元）	0.84	1.15	1.28	1.23	1.43	1.32	1.74	2.70	5.43
农林牧渔业总产值（亿元）	2.66	2.86	2.89	3.04	3.27	3.52	3.80	3.83	4.77
农业产值（亿元）	—	1.30	1.28	1.45	1.40	1.57	1.97	2.13	3.10
林业产值（亿元）	—	0.08	0.08	0.07	0.08	0.05	0.04	0.01	0.01
牧业产值（亿元）	—	1.16	1.20	1.20	1.39	1.50	1.47	1.26	1.33
渔业产值（亿元）	—	0.32	0.33	0.32	0.40	0.40	0.32	0.43	0.33
粮食总产量（万吨）	—	4.62	2.51	4.61	4.09	3.76	2.71	2.61	3.41
生猪出栏（万头）	—	11.10	11.90	12.90	22.50	24.20	25.80	26.49	—
家禽出笼（万羽）	—	30.00	19.24	24.60	28.30	34.00	40.00	80.00	—
水产品产量（吨）	—	4910	4914	4800	6161	5367	5500	5500	—
农民人均可支配收入（元）	2560	3028	3248	3248	3822	4365	4743	5255	5942
全部工业增加值（亿元）	3.60	4.30	9.43	1.05	0.65	0.73	4.09	4.29	14.58
规模以上工业企业总产值（亿元）	—	—	31.99	18.54	19.76	20.92	32.21	36.78	46.05
建筑业增加值（亿元）	1.43	1.64	1.85	—	—	—	4.05	6.27	—
建筑业总产值（亿元）	6.06	7.44	8.18	2.02	2.23	2.95	11.58	19.68	47.42
全社会固定资产投资（亿元）	0.63	0.69	1.46	3.97	4.55	14.68	21.21	43.17	90.96
重点项目投资（亿元）	—	—	—	—	—	9.11	5.70	21.50	34.60
房地产开发投资（亿元）	1.80	3.30	0.14	0.15	—	3.58	8.65	17.97	18.12
社会消费品零售总额（亿元）	—	6.72	9.93	14.71	17.24	20.12	69.82	78.78	92.90
批发业零售额（亿元）	—	3.06	3.76	52.56	74.08	85.71	21.27	24.97	81.66
零售业零售额（亿元）									
餐饮业零售额（亿元）							4.17	4.94	10.44
住宿业零售额（亿元）	—	—	—	—	—	—	0.07	0.08	—
科技发展专项经费（万元）	—	—	—	—	—	—	278	—	9052
高新技术总产值（亿元）	—	—	—	—	—	1.20	1.52	4.26	5.53
市外境内资金形成固定资产投资（亿元）	—	—	—	—	—	7.69	11.20	26.59	11.67
人口自然增长率（‰）	—	0.37	2.54	2.64	3.26	3.60	3.72	3.86	3.83

续表 12-7

指标＼年度	2005	2006	2007	2008	2009	2010	2011	2012
全区生产总值（亿元）	145.47	170.72	209.47	253.30	334.54	393.49	472.45	532.17
第一产业增加值（亿元）	3.37	3.61	4.02	4.18	4.00	3.97	4.47	4.56
第二产业增加值（亿元）	38.81	46.11	56.37	69.15	82.08	99.13	124.44	135.22
第三产业增加值（亿元）	103.29	121.00	149.08	179.97	248.46	290.39	343.54	392.39
地方财政收入（亿元）	8.10	10.18	13.01	16.26	20.00	22.49	59.80	70.50
农林牧渔业总产值（亿元）	5.15	5.51	6.19	6.49	6.56	6.89	6.76	7.92
农业产值（亿元）	2.25	2.97	3.00	3.01	3.30	3.87	3.92	5.15
林业产值（亿元）	0.01	0.01	0.01	0.01	—	—	—	—
牧业产值（亿元）	2.54	2.16	2.81	3.21	2.96	2.84	2.67	2.65
渔业产值（亿元）	0.35	0.37	0.37	0.26	0.30	0.18	0.17	0.12
粮食总产量（万吨）	3.15	3.60	3.16	2.39	2.60	2.80	2.64	2.43
生猪出栏（万头）	28.80	26.80	20.30	18.97	18.20	11.00	18.00	17.20
家禽出笼（万羽）	—	133.00	115.00	66.30	68.50	13.50	52.60	53.60
水产品产量（吨）	—	4100	3550	3250	2845	2250	2054	1924
农民人均可支配收入（元）	6857	8141	9694	11418	13441	23309	18243	21037
全部工业增加值（亿元）	13.98	17.36	31.40	40.60	44.30	54.60	72.10	79.00
规模以上工业企业总产值（亿元）	56.04	65.17	76.80	93.93	110.40	138.60	171.10	144.09
建筑业增加值（亿元）	—	—	24.96	28.58	30.65	44.50	52.32	56.20
建筑业总产值（亿元）	61.35	71.78	91.62	95.71	122.60	133.89	163.60	190.20
全社会固定资产投资（亿元）	131.56	166.74	239.10	317.20	408.90	527.80	527.80	407.60
重点项目投资（亿元）	37.27	132.79	156.00	236.02	112.00	107.00	118.00	89.90
房地产开发投资（亿元）	34.18	44.02	72.40	72.40	81.90	138.32	38.49	193.90
社会消费品零售总额（亿元）	125.13	146.55	181.10	225.50	268.20	321.90	376.90	430.80
批发业零售额（亿元）	109.81	128.45	40.16	26.80	235.60	38.60	43.60	53.50
零售业零售额（亿元）				170.80	162.20	248.70	294.00	334.20
餐饮业零售额（亿元）	14.32	16.96	6.65	5.73	10.34	24.20	26.90	30.40
住宿业零售额（亿元）	5.55		2.39	4.54	4.63	10.40	12.40	12.70
科技发展专项经费（万元）	1017	1430	1807	2408	3113	3200	3520	4480
高新技术总产值（亿元）	7.30	12.00	32.00	44.40	52.00	83.80	138.80	194.00
市外境内资金形成固定资产投资（亿元）	49.25	16.40	31.62	73.40	83.60	97.30	116.10	137.86
人口自然增长率（‰）	3.60	3.70	4.00	4.39	3.79	0	4.89	4.46

第五章 审 计

第一节 机 构

1990年9月，成立北区审计局，事业编制10名。1996年7月，北区审计局更名为开福区审计局。区审计局设局长、副局长各1人。1990—2012年，先后担任局长的有盛跃希、罗本源、刘永革、焦灿、李杨、樊伟，先后担任局党委书记的有刘晓春、蒋四军、唐亮清、刘勇。

区审计局内设办公室、审计科、法制科、执行科、经责室5个科室，人员编制13名。1992年12月，北区审计局成立北区审计事务所，为独立经营、自负盈亏、自收自支的社会中介组织。1993年8月，北区审计事务所更名为长沙长城审计事务所。1999年12月，长城事务所与开福区审计局脱钩，改为有限责任会计师事务所，具有财务审计、资产评估、造价咨询、司法鉴定等多种执业资格，为依法成立的机关、事业单位、社会团体、民办非企业单位、各类工商企业及其分支机构提供审计查账、验资、资产评估、工程造价、司法鉴定、税务咨询等多方面的服务。

区审计局下设有二级机构区政府投资审计中心和内部审计指导中心，均为全民事业单位。区政府投资审计中心成立于2010年1月，承担原投资评审中心的政府投资项目的现场监督和结算职能。2012年10月更名为区审计局政府投资审计中心。内部审计指导中心主要职责，是对区属范围内各级乡（镇）、街道的内部审计工作进行业务指导和监督；负责对区属单位、部门及街镇下属的二级机构和企事业组织进行审计监督；负责区域范围内内部审计的学术交流和协调组织。

第二节 国家审计

一、本级财政审计 根据《中华人民共和国审计法》的规定和国家审计署的要求，1989年，北区开展本级财政审计。审计的重点是审查地方政府和财税部门筹集供应和使用资金的合法性、合理性和有效性，监督财政分配政策的执行情况，促进加强和改进财政管理，提高资金效益，实现财政收支平衡。从宏观着眼，从微观入手，查清预算执行的总情况。通过对国土资源局、湖南省儿童医院2002年度财务收支、金霞海关保税物流中心2005—2008年财务收支、周南中学2006—2007年财务收支、湖南省社会科学联合会2006—2007年财务收支、洪山管理局2007年11月至2010年8月洪山文化城拆迁项目、新联村拆迁安置项目等34个项目进行财政审计调查，并重点检查这些部门和机构落实国家宏观调控政策情况，查出存在财政支出增长过猛、自筹基建投资中非生产性项目过多、挪用挖潜改造资金搞基本建设、行政经济控制不晋升、财政信贷资金审查不严、违反规定弥补计划外亏损等问题，并予以纠正，相关案件移交司法等部门处理。至2008年，列入本级预算执行部门63个，其中区审计局实施预算执行单位有区教育局、政务中心等9个。2009年列入本级预算执行部门63个，其中区审计局实施预算执行单位有区卫生局、民政局、文体局等11个。2010年列入本级预算执行部门65个，其中区审计局实施预算执行单位有区安全生产监督管理局、交通运输管理局等14个。

二、金融社保审计 1990年，北区配合长沙市对世行贷款结核病控制项目、区城市建设投资有限公司国家开发银行贷款项目资金帐户财务收支、管理费用等项金融项目审计。重点审查信贷资金的投向和效益，促进金融机构改进信贷资金管理，按照国家计划控制信贷规模，按产业政策发放贷款。

在社保审计中，对区住房公积金、残疾人就业保障金、失业保险金三项基金审计查出的问题提出有可行性的意见和建议，以引起相关部门和政府领导的重视和改进。

三、经济责任审计 经责审计对象范围逐步扩大，新增对街道党工委书记进行经济责任审计；整合全区经济责任审计资源和力量；改进审计工作方式方法，注重审计的科学性、组织的严密性、制度的规范性和监督的服务性，进一步扩大经济责任审计工作在社会政治生活中的积极影响。1990—2012年，区审计局对区园林管理局、原蔬菜副食品局、国土管理分局、工作计划统计局、安全生产监督管理局、发展和改革局、房屋产权管理局等34个局的原局长；原农村工作办公室、通泰街等15个街道办事处、疾病预防控制中心等机关办公室原主任；区妇联原主席；捞刀河镇等4个镇人民政府原镇长；长沙市第七中学等学校校长；城建开发公司和四方房地产开发公司等原经理；妇幼保健所和区原交通运输管理所等所长；青竹湖生态科技园管委会等书记；老年病医院院长等139个单位（项目）领导任期进行经济责任审计，在分析原因的同时提出可行建议，以引起上级有关部门的重视。

四、基建投资审计 通过审计，控制基建资金使用中存在的问题，并建立对农业专项资金、水利专项资金的监控机制。为确保基建资金和其他专项资金的使用得当，2006年始，对福安建筑队、洪山旅游局金马美食城基建工程、捞刀河镇龙潭小区工程、区园林管理局基建等项目进行审计调查。审计霞凝小学围墙维修工程，财评审计金额1.38万元，审计审定金额1.38万元，审减额0万元，审减率0。审计新港镇大塘村村级公路工程，财评审计金额160.82万元，审计审定金额156.90万元，审减额3.93万元，审减率2.44%；审计清水塘展览馆社区办公用房装修工程，财评审计金额7.05万元，审计审定金额7.05万元，审减额0，审减率0；审计保税物流中心绿化工程（二标），财评审计金额171.76万元，审计审定金额171.76万元，审减额0，审减率0；审计市第七中学学生宿舍改造，财评审计金额34.7万元，审计审定金额34.70万元，审减额0，审减率0；审计金霞开发区冯蔡西路施工及居民便道工程，财评审计金额34.07万元，审计审定金额25.67万元，审减额8.39万元，审减率24.63%；审计东风小学综合综全楼及附属工程，财评审计金额928.90万元，审计审定金额925.20万元，审减额3.69万元，审减率0.40%；审计捞刀河镇沙坪湘锈文化广场消防水及火灾报警系统，财评审计金额232.69万元，审计审定金额202.93万元，审减额29.76万元，审减率12.79%；审计麻园岭小学维修靓化工程，财评审计金额18.31万元，审计审定金额17.95万元，审减额0.35万元，审减率1.93%

审计区政府2006—2012年期间投资审计中心项目共计1083个，送审金额共计34.06亿元，核减金额7.78亿元。其中2006年送审金额8148万元，核减金额238万元，核减率2.92%；2007—2009年送审金额2.19亿元，核减金额760.78万元，核减率3.47%；2010年送审金额8.80亿元，审定金额8.13亿元，核减金额6709万元，核减率7.63%；2011年送审金额15.74亿元，审定金额10.63亿元，核减金额4.51亿元，核减率29.81%。2012年送审金额10.13亿元，审定金额7.53亿元，核减金额2.60亿元，核减率25.61%；

第三节　内部审计

一、街道、镇内部审计

1989年，北区成立街道的内部审计站，由街道、党工委领导，纪委牵头，纪委书记为站长，负责街道、镇的内部审计工作。

各街道每年要制定预决算报告，保证收支平衡；同时组织街道纪委、财务组成联合工作组，对所属社区进行财务收支内部审计，出具内部审计报告，提出整改意见和建议，督促社区整改到位，并要求社区将整改情况上报街道内部审计站。结合社区换届及社区书记、主任离任进行任期经济责任审计。

2008，开福区捞刀河镇对各社区（村）集体经济组织的财务收支、固定资产、债权、债务、项目征地拆迁、专项资金进行全面审计，纠正不符合财经制度的事项，社区（村）总体财务状态健康。2009年，四方坪街道对海洋明珠项目指挥部的年度财务进行全面审计，对科大佳园、花城、丝茅冲社区几个经济往来活动较多的社区进行内审，对计生家庭特别帮扶资金、工会帮扶资金和保障性住房审批进行专项检查。2010，对离任水利管理所所长任职期间财务进行审计，无经济问题。同年，青竹湖镇聘请湖南华辉会计师事务所有限责任公司，对青竹湖镇新源、霞凝、太阳山、群力、植基等社区的财务收支情况进行审计。2011年，对第七届支村两委及第七届社区组织任期内集体财务进行清查审计，无经济问题。同年聘请湖南中和有限责任会计师事务所，对青竹湖镇金盆丘社区、天井社区、青竹湖镇动物防疫站的财务收支情况进行审计。2012年，聘请湖南里程有限责任会计师事务所，对青竹湖镇群力、霞凝、新源、植基、太阳山、天井社区及青竹湖镇水利管理所的财务收支情况进行审计。审计过程中，结合社区及相关机构实际情况，实施包括查阅会计报表、会计账簿，详查会计记录，比较分析等必要的内审程序，并出具审计报告。

二、区直部门内部审计

财政局内部审计 主要为财政资金安全检查、开展晒账竞赛和内部往来清理。财政资金安全检查通过核帐户、堵漏洞方式进行。2011年，制定《关于开展全局财政资金重点银行账户余额专项检查的方案》，并成立以局长为组长的检查组，重点检查资金审批手续是否齐全，银行存款账单、账账、账证是否一致。通过到银行核实，对各科室、二级机构往来款项不一致等情况进行核算，提出详细整改建议；同时结合同级审计意见，对整改情况“回头看”再落实。晒账竞赛活动在区财政局内各科室和二级机构开展，内容包括上一年会计凭证、会计账簿、会计报表（含电子档）等会计资料或业务台账、近年纸制会计档案（全套会计凭证、会计账簿、会计报表）和相关业务台账和内控制度执行情况。内部往来清理是通过清账目、盘家底方式，并结合同级审，区财政局定期开展内部往来清理工作。重点开展预算总会计账套与非税账套、各区属预算单位的账户账实核对等工作，并根据检查结果形成整改建议，同时财政监督科负责跟踪落实，确保相关单位及时整改到位。

洪山局内部审计 1998年，洪山管理局成立专职内审机构，配备专职内审工作人员，每年有针对性地开展对下属单位的经营审计。下属单位主要负责人离任时，开展离任审计；每季度开展全局各单位财务交叉检查，并将检查结果在全局范围内通报；实行阳光工程，开展专项审计，对专项资金，包括民生资金的使用情况进行审计，并将审计结果实行公开公示；开展基建工程审计，堵塞工程项目中的漏洞，防范工程项目中腐败问题发生，1999—2005年共审减工程款项2100多万元。

教育局内部审计 2002年8月以前，教育局没有成立专门的内审机构，内审工作由计财基建科负责。2002年8月，开福区教育局设立监察审计科，承担教育政策法规宣传、财务审计、廉政建设、违纪违规案件查处、综合治理、安全保卫等职责。设副科长1人，编制1个。2006年，设科长1人，编制2个。教育内审主要是对全区教育事业费、教育费附加、教育预算外资金、基本建设投资、单位财务收支计划、国有资产等管理和使用情况进行审计，以及校长（任中和离任）经济责任审计、审计调查和专项经费审计等。如每年年初制定校长离任审计工作方案，对校长在任职期间的学校财务管理、经费使用、固定国有资产管理，重大经济活动、清正廉洁等情况进行全方位的审计。每年在全区教育系统开展“小金库”专项治理工作，严肃财经纪律，规范单位财务管理，从源头上防止违纪违规问题的发生，并运用审计结果，对责任单位及负有领导责任和直接责任人员依法予以行政处罚，并依纪依法追究责任。开展教育收费审计，树立良好社会形象。将收费管理列入学校年终考核中，采取收费工作“一票否决”的原则。贯彻“纠防并举”“多管齐下”的方针，发挥内审的监督职能，以促进学校建立收费管理自我约束机制，完善相关财务制度，坚持审计与审计调查和随时检查并举，对群众关心的热点问题有针对性地进行审计，及时督促“免补”政策落实到位，确保新机制经费的合理使用。

卫生局内部审计 2010年，全区卫生系统发布《开福区卫生系统内部审计管理办法》，成立内审领导小组，1989—2012年，先后对开福区妇幼、青竹湖卫生院、新港镇卫生院、东风路社区卫生服务中心、捞刀河镇卫生院等15项财务收支审计、经济责任审计和离任审计。

第四节　审计执法

1991年，北区制定《长沙市北区企业承包经营责任审计暂行规定》，创办内部期刊《北区审计》。成立税收财务物价大检查工作领导小组，对宏达工贸实业公司、区旧城开发公司、区物价局、区城市建设综合开发公司、新亚包装涂料厂、城市维护建设资金等项进行审计。1992年，加强对区内经济监督部门的监督和对宏观经济调控起重要作用的财政、税务、金融等单位及重点项目、重点资金的审计。

1998年，开福区对1997年区财政预算执行和其他财政收支情况进行审计，对未及时缴入国库的应缴预算收入23.02万元，以及违规收取的财政周转金占用费，漏缴的预算外间歇资金贷款利息营业税，城市维护建设费，教育费附加等合计24.35万元，责令上缴国库。对区财政局代管的住房资金归集、管理和使用情况进行审计，发现区财政借房改资金70万元用于合作银行股金、上大垅街道办事处挪用10万元房改资金交职工养老保险等问题，即建议财政局督促尽快归还，并责令上大垅街道办事处归还及开设房改资金专户储存；对区国土分局1996年、1997年国土资金的征收和管理使用情况进行审计，发现该局1997年漏交专控商品调节基金1029元、1996年行政性收费收入未按规定期限上缴等问题；对区公证处、湖南兴汉律师事务所1997年度的财政财务收支进行审计，发现区司法局漏交营业税380.34元，城市维护建设税26.62元，教育费附加19.02元，专控商品控购调节基金913元等问题，均责令其纠正。对湖南兴汉律师事务漏交专控调节基金1650元，共计2988.98元，责令上交本局审计过渡专户。

1999年，审计区教育局年度财政预算执行情况及财务收支情况，发现该局欠交税金2.44万元，要求及时上交局审计过渡专户；并要求对以拨作支的65.47万元进行相应账务调整，对转作储蓄的54.80万元教育基金及时收回，财政借用的教育基金150万元及时返回专户储存，不得挪作他用。审计区浩林综合开发公司财务收支情况，对该单位套取现金35.92万元和未入账租金收入16.61万元，处以违纪金额10%的罚款5.25万元上交局审计过渡专户。

2000年，对区治大院工程结算进行审计，该工程结算报审金额为12081.70万元，经审计核定其工程总造价为8053.20万元，共计核减投资金额4028.50万元，核减比例33.34%。

针对社会反映强烈的行业不正之风，专项资金使用及重点建设项目中存在的问题，先后组织对区市居民低保、失业保险、农业投入、医疗保险、住房公积金、救灾、扶贫、教育收费等数十个（项）专项资金和行业的审计及调查。

2001年，全区全年完成审计项目24个，其中完成预算执行情况、工商行政管理、养老保险基金、世行贷款资金等审计，以及3个基建项目，超计划完成40%。全年共查处违规行为金额1931.69万元，作出决定应交财政46.29万元，已上交财政38.54万元，经协调，余额部分在年底由财政局代扣代缴，入库率100%。向区纪委监察机关移送处理2人。提交审计工作报告信息18篇（条），被党政机关和上级审计机关采用13篇（条）。通过多次对项目施工单位报审的数十项工程12081.66万元的造价进行审计核算单位，核减工程造价4028.46万元，核减比例33.34%。区人武部建设施工造价2771.05万元，经审计核定工程造价为1853.32万元，审定工程造价917.73万元，核减比例33%。

2004年，完成项目审计17个，其中经济责任审计项目10个，查出违规金额300万元，管理不规范金额2682万元，决定收缴财政14.49万元，应归还原渠道金额12.51万元，应调账处理金额849.90万元，应自行纠正金额707.88万元，向区纪检监察机关移送案件1起。2005年，完成项目审计23个，其中包括同级审计项目1个，经济责任审计项目15个，省、市授予审计项目2个，专项资金审计调查项目3个，2个投资审计项目，查出违纪金额214万元，管理不规范和损失浪费资金7860万元，决定收缴财政78万元，责成被审计单位自行纠正金额7389万元，提出审计建议76条，向区纪检监察机关及司法部门移送案件2起，涉案金额100多万元。全年完成届中经济责任审计6个，实行监督关口前移，对查出的重大经济违纪行为依法严肃处理，投资项目送审金额合计1847.53万元，含二审在内共审金额为301.80万元，其中一审核减率54.06%，二审核减率6.72%。对全区实行部门预算管理的单位预算编制和执行情况进行审计分析，共审计单位（项目）112个，查出管理不规范金额145.12亿元，违纪违规金额1570万元，其中应上缴财政716.18万元，损失浪费金额423万元，移送7个项目。共对54名领导干部进行审计，包括7名村干部，共提出审计建议430条。2009年完成审计项目25个（包含审计通知23个、授权2个），其中经济责任项目13个（任期5个，离任8个），市授权项目2个（农合行、司法警官学校），查处管理不规范资金39632万元，做出财政收缴118万元，提出审计建议113条，移送案件线索1条。

2010年，在政府投资审计中，完成投资审计项目214个，送审金额5.20亿元，核减额4744万元，核减率9%。财政同级审计中，完成年度本级财政预算及其他财务收支情况的审计。开展经济责任审计项目18个。

同年，在审计区环保局原局长离任经济责任中，发现一些问题，如专项结余较大，至2009年年底，环保事业费帐上专项资金结余157.26万元，与《中华人民共和国预算法实施条例》的相关规定不符，造成财政资金闲置，使用效益不高；挤占专项资金，未按污染普查、排污费专项资金用途使用专项资金；固定资产账实不符，固定资产未及时登记入账，使用状态不明；租金收入未上缴非税局，部分费用未取得正规发票，入账发票存在逻辑错误，报账凭据不完整，财务处理不及时，账务处理不当等问题。因未发现个人直接经济问题，界定其应负领导责任。审计区水利局1996—1997年水利专项资金，发现专控商品未办理购置手续，漏交控购调节基金4154元、漏交营业税9726.08元，欠交代扣工程营业税7673.64元，违反国家财经纪律，白条报账现象严重。责令对该单位漏交的控购调节基金1608元，对新河堤委会漏交的营业税5000元，对涝湖堤委会漏交的控购调节基金2546元和欠交的代扣工程营业税7673.64元，“白条”报账的罚款5000元，合计21827.64元，上交局审计过渡专户。

2011年，开福区实行村级财务管理办法，各镇均成立内部审计机构，行使财务审计职能，实行村干部任期内和离任审计。明确村级组织审计监督的主要内容，村级工程项目建设资金、财政专项资金使用实行专项审计制度。至2012年，共审计46个单位（项目），查出违纪违规金额18015.20万元，其中应上缴财政111万元，损失浪费金额29.30万元，移送3个项目，共提出审计建议115条。2012年，审计2011年度区财政预算执行情况及其他财政收支、区卫生局局长、区疾病预防控制中心主任、区工务局局长、区保障局住房建设指挥部、湖南省安全职业学院院长等单位和个人（项目）23个，查出管理不规范金额76540.70万元，违纪违规金额1033.97万元，其中应上缴财政33.50万元，提出审计建议74条。

第六章 工商行政管理

第一节 机构

北区工商行政管理局，1989年9月，更名为长沙市工商行政管理局北区分局，隶属长沙市工商行政管理局。1992年4月，更名为长沙市北区工商局，隶属于北区区政府。1995年3月，更名为长沙市工商局北区分局，直属长沙市工商局。1996年，长沙市工商局北区分局更名为长沙市工商局开福区分局，设局长1人、副局长若干人。1989—2012年，先后担任局长的为崔玉林、时秉顺、刘义泰、余金全、邹春琪、李太平、邹展，先后担任局党委书记的为常庚申、崔玉林、李晓明、杨栋梁、刘义泰、邹春琪、李太平、邹展。

区工商局内设办公室、政工股、财会股、市场股、经检股、工商股、个体股、商标股、检查队、监察室和个体劳动者协会11个科室。1991年4月，增设行政办公室、政策法规办公室、基建办公室和咨询服务所，内设科室增加至15个。1993年8月，区工商局下按经济区域设立工商行政管理所，12月正式组建蔡锷北路、东风路、二马路、北桥、黑石渡等5个工商所。1995年12月，区工商局机关机构调整，科室减少至13个。1996年，桥北工商所、捞霞工商所划归开福区工商局，组建毛家桥水产蔬菜批发管理所。2006年，成立金霞工商行政管理办公室。

第二节　工商企业登记与管理

1989年，围绕城乡商品经济的发展，支持企业深化改革，继续鼓励、扶持个体私营经济发展，全区登记注册企业2134户，新办企业回访率100%。办证时间一般为30天。1990年实行工商企业登记“四内”“五外”两线分工，办证时间缩短为7天，同年，清理整顿公司、中心、批发企业等。全区67家公司中，撤销4家，降格5家；撤销名为集体实属个体的企业175户，整顿出租柜台400节，办理出租柜台许可证150节。

1991年，北区将全区企业数据资料输入电脑，向区街企业发放临时执照300本，安排临时摊位200个。1992—1993年，改革企业登记，允许跨行业、跨地区经营，“先搭车，后办证”，对技术型企业允许进行第二职业登记。1993年，放开手续，作出允许在二楼以上层次经营第三产业，免去私营企业、个体工商户从业人员证明，改用身份证进行从业人员登记等多种举措，建立绿色通道，实行特事特办、急事急办。

1999—2001年，开福区成立优化经济发展环境领导小组。发布“个体私营经济收费监管卡”，2001年修订“收费监管卡”，取消部分收费项目，同时制定《企业登记工作方案》和《注册登记管理制度》，简化审批手续，办证手续由繁到简、由窄到宽、由短期经验到系统规定。

第三节　个体私营经济管理

1989年，北区有个体工商户3705户，私营企业215户。至1996年，个体工商户统计数据已达9260户，从业人员27780人；私营企业365家，从业人员3155人。至2010年，开福区个体工商户和私营企业总数12950户，从业人员41880人，注册资金7000万元。2002年，有个体工商户13960户，私营企业376户，总体从业人员61546人，注册资金8970万元。至2012年，有个体工商户3842户，私营企业1628户，总体从业人员20708人，注册资金3454.74亿元。开福区采取每年上、下半年各一次的证照大检查、其他专项检查、日常检查相结合的办法进行监管。每次证照大检查，检查个体私营经济都在数千户次以上。

1989—2001年，全区组织证照大检查和各种专门检查102起，检查个体私营经济13960户次，查处各类违法违章5000起，取缔和规范无证经营9620起。2001年下半年的证照大检查，出动检查人员242人次，检查个体工商户12000户，查处无证经营976户，补办证照652户。2012年，组织证照大检查和各种专门检查600起，检查个体私营经济14000余户次，查处各类违法违章7000起，取缔和规范无证经营10300起。

第四节　市场管理与经济稽查

1989—1990年，北区重点打击投机倒把，查处以投机倒把为主的各类经济违法案件245起，其中万元以上大案75起，查获的物资有：彩电521台，走私汽车、违控汽车18辆，摩托车300台，自行车150辆，电冰箱2164台，走私卷烟2015箱，电子手表15752块，钢材1万吨，铝材500吨，重要化工原料200吨，聚氯乙烯11吨，尿素50吨，劣质钛白粉5000吨，劣质农药201箱，伪劣肥皂1万箱，黄金0.20万克，陈化粮5000吨，倒卖粮票面额1万千克，走私服装4300件。

1991—1996年，重点打击假冒伪劣商品。1991年查处无证卖布诈骗案件12起，收缴布匹200余米。立案查处假冒伪劣等各类经济违法案件116起，查获的主要假冒伪劣物资有四特酒、西凤酒、茅台、五粮液、湘泉酒等酒类2万余千克，康师傅方便面等食品2000余件，饮料2100件，太阳神口服液2400支，娃哈哈口服液10万支，香酥果2000千克，假冒和“三无”皮鞋2.10万双，上海“可蒙”化妆品2000件等，发胶摩丝1000余瓶，韶峰黑白电视机200台，食盐

20万吨，各类非法出版物20万册。

1997—2002年，开福区查处各类经济违法案件700起，其中万元以上大案200起。2001年后，办案力度不断增大。2002年办案73起，其中假冒伪劣案件11起、抽逃注册资金20起、商标侵权案11起、无证经营31起，万元以上案件达到20起。

1998年进行传销大整顿，遣散全区近5万名传销人员。1999年，根据粮食流动体制改革的要求，与每个粮食经营户签订保证书和责任状，查处非法收购粮食案件20起，没收陈化粮700吨。整治医药购销中的不正之风，查处省交通职工医院销售假药案。2001年，对网吧进行重点整治，查处20家违规电脑培训班。

2002—2012年，查处各类经济违法案件7100起，万元以上大案248起，其中假冒伪劣案件200起、抽逃注册资金案件300起、商标侵权案件105起、无证经营案件495起，万元以上大案达400起，创历史纪录最高。

第五节 经济合同管理

1989年，北区开展“重合同、守信用”活动，培养“重合同、守信用”企业25家，举办经济合同培训班5期，培训企业管理人员220人，印发学习资料3000份。全年检查经济合同3000份，合同金额4350余万元，查处无效合同2起，为企业提出改进合同意见100余条。是年，查处经济合同纠纷案件155起，合同金额2.10亿元，争议金额200余万元。其中调解处理55起，确认合同无效120起。收缴当事人约定得利、非法所得20万元，收取仲裁费2万元，为企业挽回经济损失200余万元。举办合同法讲座，先后开办企业合同专干培训8期，培训合同管理人员500人。发放合同法规汇编700本，建立合同管理金网络120个，督促企业配备合同管理人员800名。

1990年，宣传《中华人民共和国经济合同法》，向企业发放《合同案例选》《中国经济合同统一文本》200本。1991年，把合同仲裁工作重点放在维护交易秩序和清理三角债上，办结合同案件200件，合同金额1000万元，其中合同仲裁20件，无效合同70件，违法合同110件。

1993年始，首次8家私营企业被选为“重合同、守信用”单位。1999年，开福区办理资产抵押登记5起，抵押总设备1000万元。2000年，举办4期合同法规培训班，对15家市级和2家省级“重合同、守信用”企业进行专项检查，检查合同2万份，涉及金额5000万元，为企业挽回经济损失500万元。

1989—2012年，组织企业人员进行合同专业知识培训1000余人次，发放宣传资料2万余份，检查各类经济合同2.10万份，合同金额7亿元，确认无效合同541起，查处合同案件717起，为企业避免或挽回经济损失500余万元。

第六节 商标广告管理

1989年，北区培训商标广告工作人员150人，发放各种学习资料600份。全年查处商标广告违法违章案件60起，没收销毁各种非法销售的假冒商标标识20万枚，罚款5万余元，为企业挽回经济损失10万元。1990年，核准注册商标20个，查处各类商标、广告违章违法案件50起，没收销毁各种假冒商标标识30万枚。

1991年，举办两期企业负责人商标学习班，100余人参加；在中山商业大厦和沿江大道宣传栏内，宣传《中华人民共和国商标法》和《广告管理条例》和识别假冒伪劣商品展览；在中山商业大厦设置咨询服务站，接待群众咨询2000人次，印发宣传资料3000份。建立了长沙沙坪湘绣厂等6个注册商标企业联络点，对商标印制企业重新登记，确定10个商标印制定点单位并定期检查。对全区90个企业180个商标实行上门年检。1994年，长沙被服厂“梦洁”商标荣获国家著名商标称号。1995年，全区有150件注册商标。

1999年，开福区收缴户外广告牌5000多块。2001年，全区有50家企业拥有90件有效注册商标。

1989—2012年，查处商标广告违法案件300起，没收销毁各种假冒商标标识100万枚，收缴假冒商标包装50万件（套），纠正、拆除和收缴违章户外广告7000块（处），清除乱贴广告3万张（处），查处包治性病窝点30多个。

第七节 消费者权益保护

1990年，北区受理群众投诉50起，为消费者挽回经济损失5.70万元。1995年，查处各类侵害消费者权益案件102起，调解各类纠纷200余件，接待咨询300余人次，挽回经济损失20万元。

1999年，开福区设立工商110，全年出警40次。2001年，发放宣传资料3万份，接待咨询来访2000人次，受理投诉500份，挽回经济损失10万元，办理侵权案件20起。

1989—2012年，发放宣传资料10万份，接待咨询6000余人次，受理消费者投诉2100件，查处侵害消费者权益案件210起，挽回损失70万元。

附1：区消费者委员会

北区消费者协会（以下简称区消协）成立于1992年7月，由北区工商分局领导。2010年，消费者协会更名为消费者委员会（简称消委）。区消委在全区5个工商所建立消委分会，形成较为完整的网络。1992—2012年，先后担任消委（消协）秘书长的为吴忠广、王炎凌（代）、彭桂庭、刘谋交、王重亚、肖云芳。

1997年，区消委发放宣传资料1.30万份，受理投诉案件160多件，为消费者挽回经济损失7.45万元。2000年，评选出10家“消费者信得过单位”。2002年，接待咨询来访1500人次，调解纠纷120起，受理投诉320起，为消费者挽回经济损失70万元。1992年到2012年，区消委每年举行大规模的“3·15”宣传活动，累计发放宣传资料16.80万份，接待来访和咨询1.23万余人次，处理投诉1834件，挽回损失600余万元。

附2：区个体劳动者私营企业协会

开福区地方的个体劳动者私营企业组织，成立于1981年11月，名为北区个体经营者联合会，有联合会员11人，个体工商户779户。1982年4月22日，北区个体经营者联合会召开第一次代表大会，与会代表117人，按手工修理、零售商业、饮食业、服务业建立4个行业协会。1983年6月，北区个体经营者联合会更名北区个体劳动者协会。1991年1月，成立北区私营企业协会。1997年，北区个体劳动者协会更名为开福区个体劳动者协会，北区私营企业协会更名为开福区私营企业协会。2002年6月，经区民政局登记，开福区个体劳动者协会和开福区私营企业协会合并为开福区个体劳动者私营企业协会（以下简称个协），并重新修订协会章程。1989—2012年，先后担任个协秘书长的为张宁、孙红滔、王红冰、徐苏萍、王炎凌、徐苏萍、王重亚、尹军平。

开福区个体劳动者私营企业协会的宗旨是：引导全区个体、私营企业者及从业人员守法经营，维护个体劳动者及私营企业的合法权益，促进个体私营经济健康发展。为便于取得行政部门的直接指导和支持，区个协挂靠在区工商局，并在业务上接受其指导。

区个协自成立以来，宣传党和国家的方针、政策和法规，教育个体劳动者和私营企业主遵纪守法，开展形势教育、法规教育，慰问会员，慰问残疾、孤寡老人、贫困地区学生，募捐支援灾区等活动。1996年抗洪募捐20多万元，1995年组织希望工程捐款38.90万元，1998年抗洪募捐48.50万元、衣物5230件、棉被218床，2008年汶川地震捐款10万多元。1994年，组织会员参加泸溪县困难儿童重返校园活动，资助74名小学生重返校园。2000年，捐款5万元，慰问特困户和贫困山区学生。协会努力为个体工商户、私营企业排忧解难，维护他们的合法利益。1989—1996年，开办各类培训班84期，2590人次参加，组织学习政策法规、技术培训等。1990年，印制3500份“北区个协专辑”。2001年，开福区个协发放2000本《经营者常用法律法规手册》，让个体工商户了解政策法规。2008—2012年，组织200家私营企业参加“春暖三湘”大学生、困难大学生招聘活动。2010年，为解决中小企业“融资难”的问题，协会向各个体工商户、私营企业发放1000份调查问卷，了解企业对资金的需求，加强企业与银行的沟通。2011年，协会组织26家私营企业参加长沙“中国广告节”活动。

1989—2012年，区个协历经6届，对团结和教育全区个体劳动者和私营企业主，维护会员的合法权益，反映会员诉求，组织会员积极参与社会活动，做好个体私营企业发展的引导工作起到积极作用。全区个体工商户由3628户发展到12229户、私营企业由376户发展到19456户，个体会员由3286名发展到6860名，私营企业会员由376户发展到3076户。2004年，开福区5名个体工商户被评为湖南省诚信守法个体工商户。2011年，2家私营企业被评为2010年度湖南省私营企业100强，2012年，4名个体工商户被评为湖南省诚信先进个体工商户、2家私企被评为湖南省诚信先进单位。2002年，区个协被省个协会评为先进单位。

第七章 质量技术监督

第一节 机 构

1989—2009年，开福区（北区）辖区内的质量技术监督工作由长沙市质量技术监督局全权负责。2009年3月，成立开福监管组，负责筹建长沙市质量技术监督局开福分局，主要负责辖区内特种设备、食品安全和工业产品质量安全监管工作。开福区质量技术监督机构成立于2011年5月，为长沙市质量技术监督局开福分局（以下简称区质监分局），是长沙市质量技术监督局的派出机构，并加挂“质量技术监督稽查大队（“12365”投诉举报中心）”牌子。内设办公室、综合监管科、食品生产监管科和特种设备安全监察科4个职能科室。人员编制7人，设局长、副局长各一名。局长为杨万红。

第二节 特种设备、食品安全

一、特种设备安全监管

开福区辖区内，至2012年年底，有特种设备设计单位1家、制造单位5家、使用单位1000多家，在用的各类特种设备7600多台，其中电梯4000多台、起重机械500多台、压力容器2600多个、锅炉160余台、厂（场）内机动车130余台、游乐设施62台，特种设备数量占全市总数四分之一。

至2012年年底，开福区处理举报投诉共30起，排查出安全隐患20处，投诉处置率和隐患整改率均达100%。长沙金珑冷藏食品物流有限公司位于开福区东风路城市主干道旁，其生产所用制冷设备陈旧老化，腐蚀严重，在用的压力管道和13台压力容器未作合格检验，安全附件如安全阀、压力表等多年未经校验。由于冷库制冷系统内余存约20吨有毒有害液氨，一旦泄漏、爆炸，将危害周围居民生命财产安全。采取技术改造等措施及限令整体搬迁，以彻底消除这一隐患。将“打非治违”行动贯穿于特种设备监管的始终。两年中，着重开展高层住宅小区电梯、自动扶梯、校用锅炉、景区游乐设施等设备综合整治专项行动。组织“打非治违”和专项整治执法行动120余次，检查单位200余家，设备2000余台次，对4家有严重违法行为的单位进行立案查处，收缴罚没款3.14万元。

2011年，建立“横向到边，纵向到底”的管理模式，全力推进特种设备安全工作的全覆盖，全过程，全方位监管，对辖区特种设备实施三级网络化监管，并成立相应的组织机构。开展特种设备安全宣传进企业、进社区、进校区的活动。同年6月，在伍家岭生活广场开展安全生产咨询日活动，设立特种设备安全咨询台，现场解答市民有关特种设备安全方面的咨询，发放特种设备宣传资料画册1000余份。举办一期特种设备安全监察协管员培训班，区安委会各成员单位分管领导、各街道（镇）、经济开发区安全生产分管领导、安监站站长及各社区（村）安全专干共160余人参加培训。会后各安全专干被聘为特种设备安全监察协管员。2012年7月和10月，分别举办电梯安全管理员培训班，共190余人参加学习培训。

二、食品安全监管

2010年，开福区进行食品安全监管，将获证企业的证后监管、获证企业的监督抽查及后续处理，专项整治，监管体系，各类食品质量安全违法犯罪行为，省、市质监局及区食安办交办的投诉举报，风险监控，小作坊的规范管理和改造提质7个方面作为重点，确定专人负责食品安全监管。

2011年，辖区有获得食品生产许可证的企业75家，发放证书124本，小作坊20家，登记备案的小作坊20家，主要产品为豆制品、米粉。开福区掌握食品生产企业各种信息，更新管理数据，对生产企业实施动态管理，对辖区内的食品获证企业、小作坊进行巡查和回访，向企业下达各项整改意见100多条，对于在巡查过程中发现有较严重违法行为的6家企业，进行立案查处。2012年，辖区获证食品生产企业增加至92家，证书141本；食品相关产品获证企业9家，证书9本；小作坊登记在册的19家。区质监分局出动执法人员300多人次，对辖区内的食品获证企业及小作坊进行现场检查，下达整改意见360多条，其中下达责令停产通知书9份。

2011 年，开展猪肉、人工合成假豆腐、面制品、面粉、“两节两会”、非法添加和使用食品添加剂、糕点、月饼、废弃油脂、夏秋季食品、米粉 11 项专项整治，出动执法人员 150 余人次，关停米粉小作坊 2 家。2012 年，开展利剑行动，对早餐、农村商品、明胶、病死猪、月饼、乳制品、水发产品、潲水油地沟油、“一非两超”、食品添加剂等 10 项专项整治，以及中博会和雷锋论坛、“五一”“六一”、中秋、国庆等重大活动和节假日的专项检查，出动执法人员 200 余人次。加大对辖区内食品生产获证企业和部分小作坊生产产品的抽查力度，对辖区内生产企业及小作坊共抽检 208 批次，其中合格 146 批次，抽检合格率 85%；查出 6 起食品违法案件，收缴罚没款 1.50 万元；查处使用工业盐生产的企业 1 家，移送公安机关。2012 年，对辖区内生产企业及小作坊共抽检 258 批次，其中合格 229 个批次，抽检合格率 89%；办理食品质量违法案件 10 起，收缴罚没款近 30 万元。在全市米粉专项行动中，办理案件 3 起，移送公安机关。

2011—2012 年，分别以《中华人民共和国食品安全法》实施 2 周年及 GB 7718-2011 颁布为契机，于 2011 年 5 月、2012 年 3 月组织培训辖区内企业，共培训 197 人，发放各种培训资料 800 多份。组织企业参加省、市质监局米粉、营养标签、肉制品等各专项培训，共培训食品生产企业各类人员 186 人，发放各类资料 1000 多份。处理长沙市质监局转发投诉举报 3 起，区食安办交办督办函 5 起。处理省、市质监局及区食安办转交投诉 8 起，区食安办督办函 6 起；处置食品安全突发事件 5 起，涉案企业多为乳制品生产行业。检测出阪崎肠杆菌 3 起，采取复查检测排除，及召回销毁等措施处置。风险监测检出腊样芽孢杆菌和“明胶”各 1 起，通过复查排除。

开展食品安全专项整顿、打四黑除四害、食品保卫、餐桌安全等一系列专项行动，突出打击“瘦肉精”、病死猪、潲水油、地沟油、乳制品、假药品等食品安全领域犯罪，严厉打击整治从事制假售假、收赃销赃等违法犯罪活动的黑作坊、黑工厂、黑市场、黑窝点，破获食品药品案件 11 起，打击处理 14 人，收缴一批假药及劣质食品原材料。

第三节　质监综合管理

2010 年，开福区政府启动对沙坪区域生产的湘绣实施国家地理标志产品保护的申报工作，国家质检总局于 2011 年发布第 38 号公告正式批准对湘绣（沙坪产区）地理标志产品保护。2011—2012 年，区质监分局组织起草《湘绣（沙坪产区）地理标志产品保护办法》，牵头组织编写“沙坪湘绣”产品地方标准，筹备成立湘绣地理标志产品保护领导小组和保护办公室、长沙市湘绣产品检测中心和湘绣产品艺术鉴定中心 3 个保护机构。

开福区境内共有重点工业产品企业 30 家，其中实施生产许可证管理的产品生产企业 17 家，实施 3C 认证管理的产品生产企业 13 家。每年对上述企业进行巡查，并建立专门工作台帐，一企一档，动态管理；对 17 家获证企业进行生产许可证年审工作。2011 年起，对纳入生产许可证产品和 3C 认证产品管理的生产企业进行分级分类监管，定为 B 级（加严监管）1 家，C 级（常态监管）29 家。2012 年，新办企业生产许可证 2 家。围绕质量兴企，宣传实施名牌战略的重大意义，引导企业加强质量管理，完善产品创建名牌条件。2011 年，辖区内共有长沙名牌 4 家、湖南名牌 4 家。2012 年，辖区内共有长沙名牌 14 家、湖南名牌 14 家。

2012 年，选送湖南南山食品有限公司、长沙帅牌油脂有限公司、湖南新亚胜科技发展有限公司、湖南猴王茶叶有限公司、长沙统一企业有限公司、长沙市开福区开福湘绣研究所、长沙市玉玲湘绣有限公司、湖南至诚机械有限公司等 8 家企业作为“推进中小企业标准化战略工程”试点企业，并与湖南南山食品有限公司联合向长沙市科技局申报阪崎肠杆菌防控科研课题。同年，长沙市开福区文中农产品有限公司汉回基地获批湖南省农业标准化示范基地。

2011—2012 年，办理各类行政案件 50 余起，收缴罚没款 40 余万元，处理投诉举报 22 起，捣毁非法生产猪血、肉制品、烤鱼、湿米粉黑窝点 4 个，对在米粉生产过程中滥用食品添加剂焦亚硫酸钠的 3 起违法案件移送公安机关。对全区 16 家农贸市场的电子计价称开展专项整治和免费检定；对基层医疗单位的计量设备进行免费检定。

第八章 安全生产管理

第一节 机 构

1989—2001 年，区安全生产委员会（以下简称区安委会），区安委办公室与劳动局合署办公，配专干 1 名。2002 年，区安委会办公室设区经济贸易局。2003 年 1 月，开福区成立安全生产监督管理局（以下简称区安监局），归口区经济贸易局。2004 年，开福区安监局明确为区人民政府授权综合管理安全生产工作的职能部门，设局长、副局长各 1 人。2004—2012 年，先后担任局长的有何湘波、李国良、肖育明、章智民，担任书记的为辜自立。2010 年 10 月，成立开福区安全生产执法大队，在区安监局挂牌。区安监局内设办公室、危化科、综合法规科，人员编制 8 人。2011 年 8 月，区安监局增设职业病防治科，内设机构增至 4 个。

第二节 安全生产监督管理

一、安全生产目标管理

1990 年，北区在区直部门、街道推行目标管理，将安全生产纳入考核内容。1996 年后，开福区将安全生产目标管理考核，延伸到驻区单位。2005 年 3 月，制定《开福区安全生产责任暂行规定》，将安全生产工作列入区“十一五”规划，并在区财政预算内设立 20 万元安全事故隐患治理资金，用于重大事故隐患治理工作。6 月，召开辖区内单位安全生产动员大会，相关单位与区政府签订《安全生产目标管理责任状》。2006 年，开福区成立市场安全领导小组，辖区内 34 个市场与区政府签订消防安全目标管理责任状。2011 年 11 月，制定《关于进一步加强安全生产工作的决定》，对加强安全生产工作、遏制各类安全事故作出明确规定。召开 5 次安全生产工作大会和 11 次安全生产专题会议，区安委 21 个成员单位、金霞经济开发区以及 13 个街道、镇（局）和区辖 2642 家企事业单位分别向区政府递交《安全生产承诺书》，承诺全面履行安全生产职责，安全生产监督管理责任和主体责任。

二、安全生产检查

1989年始，每年召开区安委会工作会议2～3次，并组织重大节日安全生产及安全保卫工作大检查。2007年5月，组成5个检查组，对辖区内近3000余家企事业单位进行全面安全检查，重点对31家危化经营单位、5家危化生产企业、16家加油站逐项进行验查，取缔非法生产辊涂危险化学品单位1家，对1家室内加油站发出责令整改通知书。质监受理项目20个，受监面积55万平方米，安监受理项目18个，面积53万平方米，查处主体违规质量9起，下达质量整改通知书9份，对存在安全隐患的建筑工地下达整改通知书23份，隐患严重的建筑工地下达停工通知书12份。2009年，发出《关于进一步加强烟花爆竹经营安全管理通知》，开展4次烟花爆竹检查行动，下达强制整改通知书16份，取缔非法经营户8家，收缴烟花爆竹37件。2012年，加大对三大高危行业监管力度，排查中发现上大垅金珑冷库存在重大安全隐患，省、市、区将之作为督办重点，将50吨氨气全部运出，根除重大安全隐患。各类安全生产事故指标均在省、市考核指标控制线内。全区实现GDP总值530亿元，事故死亡人数17人；工矿商贸从业人员26万多人，死亡2人；各类车辆12.30万辆，死亡14人，均在控制考核指标内。

对检查出的隐患和问题实行分级挂牌督办，提出整治措施、责任、资金、时限、安全保障、应急预案“六落实”；对严重威胁生产安全，整治无望的，坚决退出或关闭。制定《安全生产举报奖励有关规定》，向社会公布。2010 年、2012 年，经省、市考核，湖南省授予开福区安全生产先进县（区）称号。

表 12-8　　2005—2012 年长沙市开福区安全生产事故一览表

年份	事故数（起）	重伤人数（人）	死亡人数（人）	经济损失（万元）
2005	569	120	38	150.6339
2006	303	231	36	251.2541
2007	255	163	35	25.6860
2008	196	112	25	42.2909
2009	207	173	22	70.8534
2010	271	113	17	50.3362
2011	251	129	18	42.1073
2012	308	99	17	82.9074
合计	2360	1140	208	716.0692

表 12-9　　2011 年与 2012 年开福区各类安全生产事故对比统计表

类型	2011 年			2012 年		
	事故数（起）	死亡人数（人）	经济损失（万元）	事故数（起）	死亡人数（人）	经济损失（万元）
工矿商贸企业事故	2	2	0	2	2	0
消防事故	133	0	15.6341	209	0	61.0774
道路交通事故	111	16	26.4732	96	14	21.83
农机事故	0	0	0	0	0	0
森林火灾事故	0	0	0	0	0	0
其他事故	0	0	0	1	1	0

三、安全生产事故灾难应急预案

2009 年，开福区制定《开福区安全生产事故灾难应急预案》（以下简称《应急预案》），对事故应急救援指挥体系及职责、应急救援队伍建设、事故预警、应急响应、保障措施、后期处置等做了明确的规定。《应急预案》对应急救援的责任追究更为严格：不按规定制定事故应急预案，拒绝履行应急义务的；不及时报告事故真实情况，延误处置时机的；不服从应急指挥部的命令和指挥，在应急响应时临阵脱逃的；盗窃、挪用、贪污应急救援资金或者物资的；阻碍应急救援人员执行任务或进行破坏活动的；散布谣言、扰乱社会秩序的；有其他危害应急救援工作行为的，按法律法规和有关规定进行处罚。

2010 年，开福区成立应急救援大队，区安委成员单位及区直有关部门，金霞经济开发区，街道、乡、镇（局）成立应急救援中队共 35 个，辖区内企事业单位建立应急救援组共 2000 余个，3500 余人。区应急救援大队下设现场救援组、综合协调组，信息调度组，技术专家组，后勤保障组、安全保卫组、医疗救护组、现场检测组、善后处理组、事故调查组、新闻报道组 11 个组。

四、安全生产网格化管理

2011 年 11 月，开福区制定《关于推行安全生产网格化管理工作的实施意见》，根据安全生产有关法律法规，落实安全生产政府监管责任和企业主体责任，完善安全监管机构，建立“横向到边，纵向到底”的安全监管网格。横向以“属地化管理”的原则，划分

14个一级网格，各街道、镇（局）按照各自管辖的社区（村）划分相对应的二级网格，将管辖的重点企业按地域划分为三级网格。纵向以各部门按照各自内设机构划分21个一级网格，若干个二级网格，同时按照行业（领域）各自管辖的重点监管对象划分相对应的三级网格。11月18日，召开全面实施安全生产网格化管理工作大会，开福区在网格化管理中，分级明确单位负责人、安全责任人、安监员的责任；区、街道、镇（局）向社会公布举报电话和值班电话，接受监督。

表12-10　　2011—2012年长沙市开福区安全生产网格体系一览表

行业网格	一级网格	人社局、城乡建设局、环保局、农水局、教育局、卫生局、文体局、工会、食安办、城管局、公安局、消防大队、交警大队、商务局、工商分局、工信局、交通局、安监局、质监局、综治办、监察局
	二级网格	各部门内设机构（科处室、二级单位等）
	三级网格	全区重点企业、重点部位、隐患重点单位和其他需要监管的对象
地域网格	一级网格	青竹湖管委会、新港镇、捞刀河镇、洪山街道、望麓园街道、东风路街道、清水塘街道、伍家岭街道、通泰街街道、四方坪街道、湘雅路街道、芙蓉北路街道、新河街道、金霞开发区
	二级网格	对应管辖的社区、村
	三级网格	辖区内生产经营单位和其他需要监管的对象

第三节　安全生产执法

一、安全生产执法规范

2002—2012年，举办安全方面的法律、法规、条例培训班50余期3000余人次，举办安监员学习班20余期1500人次；印发法律法规文件和学习资料2.50万册。其中，2011年，开福区全面清理行政权力。向社会公布11项规范权力运行相关制度、17项规范权力运行配套保障监督制度，通过政府官方网站公布于社会，延伸监管触角，完善安全生产监督管理机制，加强区安全生产行政执法法制化、规范化、制度化管理。区安全生产执法大队和各执法中队及各社区（村）安监员，按照开福区提出的"安全第一、预防为主、综合治理"方针行政执法。

二、安全生产执法问责

2011年，依照《中华人民共和国安全生产法》《中华人民共和国突发事件应对法》等法律法规，落实安全生产执法问责制，追究安全生产事故责任，年度内被黄牌警告2次以上给予"一票否决"，被否决单位的行政主要负责人、分管负责人以及相关单位责任人按管理权限取消评选和晋级的资格。对违章指挥、违章操作、违反劳动纪律的生产经营单位，加大事故处罚力度。

2011年2月12日，湖南省中立工程机械有限公司油漆车间发生机械伤害致1人死亡的生产安全责任事故。开福区对有关责任人分别进行处理，对事故单位处10万元罚款。10月24日，该公司又发生物体打击致1人死亡的生产安全事故，对企业主要负责人进行处理，对负有事故监管责任的单位给予黄牌警告。

2012年，查处车站北路液化气站非法违规经营，予以取缔和处罚。

三、安全生产"打非治违"

2009年8月，根据省、市关于"打非治违"工作的具体要求，开福区制定《开福区安全生产"打非治违"专项行动实施方案》，以查处"五非"①为重点，

① "五非"即非法建设、非法生产、非法运输、非法储存和非法经营。

组成“打非治违”专项工作组，开展“打非治违”专项行动。行动历时一个月，分行业、分领域开展大检查，共组织“打非治违”执法行动10次，出动执法人员171人次，检查生产经营单位900家，停业整顿企业24家，关闭非法生产经营建设单位16家，实施经济处罚27.4万元。

2010年4—9月，召开“打非治违”系列会议，对群众举报和“打非治违”行动中发现的41处安全隐患进行现场交办。在“打非治违”工作中，把治标与治本紧密结合起来，从源头上严把安全生产行政许可关，提高区域安全水平；推进安全生产责任险和安全生产风险抵押金双轨运行的工作机制。落实企业主体责任，促使91家特种经营单位购买安全生产经营责任险28.415万元；规范经营秩序，严格审批，全区烟花爆竹零售门店从2010年的72家审核为65家。

四、安全生产宣传教育与培训

2003年，开福区加强安全工作的法律法规宣传，加大安全生产知识培训，履行安全生产责任，并从区财政中拨出安全生产宣传教育培训经费。

2004年始，每年5月开展“安全生产月”活动。2010年“安全生产月”，组织安监、消防、教育、质监等部门在伍家岭牛活广场、岁宝百货等场所设置安全生产现场咨询点3处，接待群众1600余人，还在全区范围内开展为期15天的展板巡展活动，发放宣传资料2万余册，放映安全警示电影20场。2011年“安全生产月”，组织有关部门在湘江世纪城“居然之家”举行大型消防演习，全区各街道、乡、镇（局）和社区、村开展安全知识抢答赛96场（次），小规模消防演习20场（次）。6月，区政府在沙坪建筑公司宜居莱茵城项目工地开展物体打击事故应急演练，模拟事故可能发生的情况，提高建筑施工企业事故救援和应急处置能力。

2012年7月，发布《关于开展开福区全民安全生产宣传教育工作的意见》，要求“建设安全警示教育基地，每年开展安全生产宣传教育活动不少于2次”，并规定“对中小学设置安全教育课程”，对“安全生产宣传教育工作不落实、措施不到位，将通报批评并严肃追究”。

至2012年年底，全区（含企业）共组织各类安全学习班、培训班136期，共5200人次。其中企业组织特种作业、危险品管理、机械操作、职业卫生防护等培训班95期（场），共3500人次，另培训区直机关部门、街道、乡、镇（局）园区和社区安监员4期，共560人次，培训农民工2万余人次，特种行业工种持证上岗率100%。开福区创建省级安全生产示范街、镇4个，市级安全示范街、镇12个，市级安全生产示范社区（村）14个。

第十三篇　工业·园区经济

1989—2012年，长沙市开福区地方工业管理机构先后为长沙市北区企业局、乡镇区街企业管理局和开福区乡镇区街企业管理局、区工业局、区工业经济局、区工业和信息化局，统筹管理全区工业发展。其工业结构，在企业所有制上，1989年，北区工业企业基本上为集体所有制，随着改革开放的深入，个体私营和外资经济不断发展。在轻重工业产值构成上，1989年，北区轻工业产值7817万元，重工业产值4731万元；到2012年，开福区轻工业产值84.08亿元，重工业产值60.02亿元。其工业门类，全区主要有汽车仪表、机械电机、轻纺湘绣、农产品食品、生物制药、建筑建材、电线电缆等产业。1989年，北区街办工业产值1.01亿元；到2012年10月，开福区共有规模以上工业企业74家，完成规模以上工业总产值116.65亿元。

开福区园区经济的发展始于20世纪末至21世纪初，1998年开始建设金霞经济开发区，2002年建有大明工业园和青竹湖生态科技园。10余年中，各园区已完成水、电、气、交通、电信等基础设施建设与配套服务社会建设，园区产业迅速发展，至2012年，大明工业园入驻工业企业58家，金霞经济开发区入驻工业企业67家，青竹湖生态科技园引进项目30个。

第一章　工业

第一节　管理机构

20世纪80年代的区属工业管理机构，为北区计划经济委员会（以下简称区计经委），下设企业局。1984年9月，企业局从区计经委分出，成立北区企业局，主管区直属企业。

一、“八五”期间　1991年4月，北区企业局明确为正科级全民事业单位。1991年，区政府设置自收自支的全民事业单位北区工业基地办。1992年5月，北区人民政府成立长沙市北区直属企业总公司，为具有独立法人资格的集体性质经济实体。1993年4月，北区直属企业总公司注销歇业。1995年7月，撤销北区计经委，组建北区经济贸易局。1989—1995年，先后担任北区计经委主任的有黄自强、朱志雄、袁志恒，担任计经委党工委书记的有廖海峰、邓道坤。先后担任北区企业局局长的有姚淑华、陈迟怡、谭安世、郭正其，担任局党委书记的有姚淑华、陈迟怡、肖泽华。

二、“九五”期间　1996年11月，北区经济贸易局改为开福区乡镇区街企业管理局；原北区企业局更名为开福区直属工业局。人员实行分流，对外加挂工业发展总公司牌子。1997年，开福区乡镇区街企业管理局作为区政府的组成单位，内设办公室、生产股、科技股、财务股4个科室；同时设置开福区直属工业局，属区直事业单位。1997年7月，北区工业基地办撤销。1991—1997年，先后担任基地办主任的有李正宇、郭正其。1998年8月，开福区直属工业局并入开福区乡镇区街企业局，其下属企业归口开福区乡镇区街企业局管理。1996—1998年，先后担任开福区直属工业局、开福区乡镇区街企业局局长的有柳树林、梁宗仁、罗辉，担任局党委书记的有程婉湘、唐建军。

三、“十五”期间　2001年12月，开福区乡镇区街企业局与开福区商业贸易局合并，组建开福区经济贸易局，原二级机构开福区商贸经济办脱钩分离，成为自收自支的集体事业单位。开福区经济贸易局内设办公室、乡镇区街企业科、商贸科3个科室。2005年，将区经济贸易局有关职能整合到区商务局，另设立开福区工业经济局。

四、“十一五”期间 2006年1月，开福区工业经济局加挂开福区乡镇街企业局牌子，内设办公室、企业运行综合科、企业发展科。2001—2010年，先后担任开福区经济贸易局、区工业经济局局长的有张建德、肖友义、李炳庚，担任局党委书记的有杨强辉、李炳庚。

五、“十二五”期间 2011年1月，开福区工业经济局更名为区工业和信息化局，为区政府直属事业单位，不再加挂区乡镇企业管理局的牌子，李炳庚任局长，周锋任党委书记。开福区工业和信息化局内设办公室、企业综合运行科、企业发展科、环资电力科、信息化科5个科室。负责全区工业经济的日常运行调节，归口管理全区工业和信息化领域招商引资配套合作等工作，指导企业开展国际化经营、境外投资和对外经济合作、企业产品质量升级和质量认证；负责区级财政性技术改造专项资金和区工业发展资金以及财政拨付的用于扶持中小企业资金的安排管理；负责全区信息化发展及信息化和工业化融合发展工作，协调全区电信网、广播电视网、互联网“三网融合”等保障体系建设及电子信息产业和信息服务业行业管理工作。

第二节 工业结构

一、企业所有制构成

1989年，北区区辖企业所有制较为单一，全区151家企业，均属集体所有制。其中区办大集体企业20余家，占15%左右，其余为街道办和居委会办小集体企业，占85%左右。大集体与小集体在企业隶属、经营管理、产供销计划和渠道及财税、分配、福利、人事、劳保上有较大区别。随着改革开放的进程，个体私营经济有所发展，至1995年年底，全区私营工业企业23家，占7%；个体工业企业54家，占16%；集体工业企业253家，占72.5%。

1996年，区属集体企业实行改革转体，为加强领导，成立长沙市北区经济体制改革办公室。1997年5月，成立开福区企业改制工作领导小组，以区委书记谢树林为组长，下设18个指导督查组，加强对企业转制工作的领导。全区的企业改革，遵循“一切从实际出发，一企一策，一企一制转换机制”，推行以企业股份合作制为主要形式的改革，在三年内分三批限期完成。第一批改制户数为区、乡（镇、场）街道直属企业总数的10%，1997年完成；第二批为区乡（镇、场）街道直属企业总数的90%，1998年完成；1999年上半年全部完成企业改制。至2005年年底，开福区区域内有企业2576家，其中集体企业40家、私营企业23家、个体独资企业2461家。

表13-1　　2006年长沙市开福区区属企业改制及职工情况表

企业名称	职工人数（人）	其中在职（人）	退休（人）	改制状况	医疗救助（元）（按180元/人年计）
长沙东风汽车电器厂	137	91	46	正在改制	24660
长沙东风汽车仪表厂	104	49	55	完成改制	18720
长沙变压器三厂	73	8	65	完成改制	13140
长北医药经营部	1	—	1	完成改制	180
中南电工器材厂	38	35	3	完成改制	6840
施理佳办公用品专店	19	16	3	停产	3420
文教用品商店	2	1	1	完成改制	360
长沙东风微机通讯测控公司	23	11	12	停产	4140
东风电器厂	62	39	23	完成改制	11160
华盛康乐制药有限公司	96	82	14	完成改制	17280
合　计	555	332	223		99900

表 13–2　　2006 年长沙市开福区街属企业改制及职工情况表

街道名称	企业数（家）	职工人数（人）	其中在职（人）	退休（人）	改制状况	医疗救助（元）（按 180 元 / 人年计）
通泰街	5	189	168	21	3 家改制、2 家停产	34020
北站路	8	194	74	120	6 家改制、2 家停产	34920
望麓园	13	503	—	503	12 家改制、1 家停产	90540
东风路	4	144	55	89	2 家改制、2 家停产	25920
清水塘	6	310	118	192	4 家改制、2 家停产	55800
伍家岭	5	160	65	95	全部改制	28800
合计	41	1500	480	1020	—	270000

二、企业产值构成

产值所有制构成　1994 年，全区执行企业会计制度单位 888 个，营业总收入 13.8 亿元，其中国有经济 10.78 亿元、集体经济 1.67 亿元、私营经济 126.8 万元、个体经济 7292 万元、联营经济 1400 万元。全年股份制企业完成工业总产值 59.6 亿元，占全部规模工业总产值 76.8 亿元的 77.6%。2008 年，工业企业总产值 93.93 亿元，其中国有企业 3.89 亿元、集体企业 22.13 亿元、股份合作企业 1.5 亿元、股份制企业 73.83 亿元、外商及港澳投资企业 133.84 亿元，其他经济类企业 4675 万元。2009 年，全区国有企业产值 9956 万元，集体企业产值 2.52 亿元；股份合作企业产值 1768 万元，股份制企业产值 91.49 亿元，外商及港澳台商投资企业产值 14.87 亿元，其他经济类型产值 3566 万元。国有及国有控股企业产值 3.74 亿元，农村工业产值 32.14 亿元，大中型工业企业产值 73.07 亿元。2010 年，国有企业产值 3.99 亿元，集体企业产值 1.17 亿元，股份制企业产值 11.14 亿元，外商及港澳台商投资企业产值 18.88 亿元，其他经济类型企业产值 3.18 亿元，国有及国有控股企业产值 5.10 亿元，农村工业产值 41.93 亿元，大中型工业企业产值 92.18 亿元。2011 年，国有企业产值 8.12 亿元，集体企业产值 3.01 亿元，股份合作企业产值 2.75 亿元，股份制企业产值 129.98 亿元，外商及港澳台商投资企业 25.64 亿元，其他经济类型企业产值 1.55 亿元，国有及国有控股企业产值 1.01 亿元，农村工业产值 58.87 亿元，大中型工业企业产值 105.36 亿元。

轻、重工业产值构成　1988 年，北区 151 家企业中，轻工业 120 家，重工业 31 家。1989 年，北区完成工业总产值 1.25 亿元，完成销售 1 亿元、利润 1051.57 万元，其中出口产值 179 万元、轻工业产值 7817 万元、重工业产值 4731 万元。1995 年，完成轻工业产值 2968 万元，重工业产值 6343 万元。1998 年，开福区完成全区轻工业产值 7.71 亿元，增长 18.91%；重工业产值 7.12 亿元，增长 14.56%。2009 年，全区完成轻工业总产值 66.37 亿元，重工业总产值 44.04 亿元。2010 年，全区完成轻工业总产值 73.23 亿元，重工业总产值 67.58 亿元。2011 年，全区完成轻工业总产值 81.44 亿元，重工业总产值 89.61 亿元。2012 年，全区完成轻工业总产值 84.08 亿元，重工业总产值 60.02 亿元。

表 13–3　　2007—2012 年长沙市开福区工业企业产值构成情况表

单位：亿元

项目 \ 年份	2007 年	2008 年	2009 年	2010 年	2011 年	2012 年
工业总产值	77.09	93.93	110.41	140.81	171.05	144.09
在总计中轻工业	50.65	57.45	66.37	73.23	81.44	84.08

续表 13-3

项目＼年份	2007 年	2008 年	2009 年	2010 年	2011 年	2012 年
在总计中重工业	26.44	36.47	44.04	67.58	89.61	60.02
在总计中国有企业	3.74	3.89	1	6.38	8.12	5.66
在总计中集体企业	2.14	2.21	2.52	3.15	3.01	3.26
股份合作企业	0.31	0.15	0.17	845.00	2.75	1.91
股份制企业	59.88	73.83	91.49	110.34	129.98	85.81
外商及港澳台商投资企业	10.74	13.38	14.86	18.69	25.64	26.81
其他经济类型企业	0.26	0.47	0.36	1.39	1.55	8.43
在总计中国有及国有控投企业	4.91	4.81	3.74	8.37	10.10	7.19
在总计中农村工业	15.5	23.37	32.14	45.63	58.87	61.73
在总计中大中型工业企业	52.67	60.83	73.07	92.94	105.36	8.87
在总计中其中国有及国有控股企业	1.43	1.27	0.81	3.78	3.22	2.85
工业销售产值	75.68	91.58	105.97	136.24	166.65	140.02
在总计中出口交货值	2.54	2.51	2.09	4.86	3.91	0.41

第三节　工业门类

一、汽车仪表电器工业

长沙市东风汽车附件厂，区属企业，创办于1965年。1988年长沙市东风汽车附件厂分为东风汽车仪表厂（简称东仪）和东风汽车电器厂（简称东电），“东仪”生产仪表，“东电”生产通用杂件及五金制作。“东电”面向社会招收一批“四残”人员，办成民政福利工厂，开发汽车起动机电枢及起动机开关等产品。1992年，“东仪”开发尼桑汽车仪表，向高档乘用车仪表方向迈步，通过省级新产品鉴定，填补湖南省一项空白，同时设计改型的102B汽车仪表投入批量生产。1995年，“东仪”产值1205万元，销售718万元，利润68万元；“东电”产值558万元，销售558万元，利润41万元。

长沙市东风电器厂，区属企业，1969年创办，生产电容器，有生产车间1200平方米。1992年4月，由民主东街办事处主管变更为区企业局主管，实行组建承包，有职工30人，产值83万元，固定资产原值4.7万元，流动资产134.1万元。1994年，亏损7.9万元后，工厂停产。

长沙市电工器材厂，区属企业，1987年由北区企业局创办。固定资产原值12万元，流动资金5万元，生产小型充电机、晶体管电力载波、遥控器、红外线弹跳测试仪等产品。后更名为中南电工器材厂，开发消隐电路、电路输入及卡拉OK多项性能的新产品——K930环绕立体声，统称成功率放大器，1993年10月26日在武汉全国电子产品定货会上，受到与会者青睐，中国电子器材总公司首次定货200台。1997年，该厂实施整体出售改制。

长沙宇明汽车电器厂，区属企业，2010年，总产值3.62亿元。2011年，总产值4.53亿元。

二、机械电机产工业

21世纪初，开福区工业园建立与引进一批驻区企业。湖南天拓重工机械有限公司，2010年工业总产值8.81亿元，2011年工业总产值10.81亿元。长沙中巨机械有限公司，2010年工业总产值11.46亿元，2011年工业总产值12.92亿元。湖南至诚有限公司，2010年工业总产值5.99亿元，2011年工业总产值8.01亿元。长沙中雄精工机械有限责任公司，2010年工业总产值2.60亿元，2011年工业总产值2.84亿元。

湖南金鼎消防器材有限公司，2010年工业总产值2.67亿元，2011年工业总产值3.57亿元。湖南益工工程机械有限公司，2010年工业总产值2.85亿元，2011年工业总产值4亿元。长沙中普工程机械有限公司，2010年工业总产值2.4亿元，2011年工业总产值4.43亿元。长沙市开福区中正机械厂，2010年工业总产值3.68亿元，2011年工业总产值4.51亿元。长沙通发通用机械厂，2010年工业总产值24.81亿元，2011年工业总产值25.18亿元。长沙桑尼重工机械有限公司，2010年工业总产值22.68亿元，2011年工业总产值27.22亿元。湖南中立工程机械有限公司，2010年工业总产值69.9亿元，2011年工业总产值91亿元。

三、轻纺湘绣工业

湘江口罩厂，区属企业，1965年创办，系国家定点生产防尘口罩的专业厂家，产品销往全国20多个省、市、自治区。生产的“方圆牌”防尘口罩品种齐全，有简易、复式两大类别10多个品种。产品质量经国家检测中心检测，符合GB-62626-92标准，具有防尘效率高、呼吸阻力小等特点，是全国劳保工业企业协会推荐的优质产品，湘劳-1型尼龙口罩被评为劳动部优质产品。1992年，湘江口罩厂分为万应防护用品厂和湘江口罩厂。1994年7月，两厂合并，更名为湘江特种防护用品厂。1995年，全厂职工185人，固定资产原值307.9万元，流动资产361.1万元，工业总产值905万元，销售595万元，利润38万元。

巨力胶带厂，街属企业，1995年，工业总产值101.24万元，销售129.13万元，利润亏损4.91万元。光明童装工业公司，街属企业，1987年由北区上大垅街道企业管理办公室创办，固定资产原值30万元，流动资金20万元，经营童装、服装、针织品。1995年，工业总产值701.91万元，销售630万元，利润0.9万元。

湘绣，发源于开福区沙坪街道，是中国四大名绣之一，也是国家非物质文化遗产。全区有30余家湘绣企业，大多属乡镇企业。湖南沙坪天利湘绣有限公司，2010年工业总产值2.53亿元，2011年工业总产值3.28亿元。湖南长沙沙坪湘绣厂，2010年工业总产值6.69亿元，2011年工业总产值4.97亿元。

长沙毛巾集团公司，驻区企业，2010年工业总产值37.84亿元，2011年工业总产值32.21亿元。

四、农产品食品工业

康乐食品厂，区属企业，北区企业局创办于1991年10月。主要生产淮山粮粉、赖氨酸米粉、多维米粉等产品，1997年改制。

农产品食品工业驻区企业有：长沙罗莎食品有限公司，2010年工业总产值4.86亿元，2011年工业总产值8亿元。长沙凯雪集团有限公司，2010年工业总产值10.32亿元，2011年工业总产值10.93亿元。隆平米业高科技股份有限公司，2010年工业总产值8.45亿元，2011年工业总产值27.5亿元。湖南南山食品有限公司，2010年工业总产值79.12亿元，2011年工业总产值100.88亿元。湖南猴王茶业有限公司，2010年工业总产值9.57亿元，2011年工业总产值8.91亿元。湖南长沙湘君茶业有限公司，2010年工业总产值25.74亿元，2011年工业总产值34.90亿元。

五、生物制药工业

康乐制药厂，区属企业，1982年创办，生产汽水型维生素C冲剂、康乐蜂维晶、康乐葡萄糖、多维尔康、益寿康等，销往全国27个省（直辖市、自治区）。1991年，该厂产品通过市医药局、药政局产品验收，获得产品合格证和生产许可证。1992年8月，实行集体抵押承包，重新组建领导班子，重新制定销售方案，以销定产。1995年，全厂职工141人，工业总产值782万元，销售511万元，利润77万元，固定资产原值224.7万元，流动资产835.3万元。

生物制药工业驻区企业有：九芝堂股份有限公司，2010年工业总产值88.2亿元，2011年工业总产值91.97亿元。湖南康普制药有限公司，2010年工业总产值35.39亿元，2011年工业总产值53.02亿元。长沙市浩昇中药饮片有限公司，2010年工业总产值2.24亿元，2011年工业总产值3.01亿元。湖南康普制药有限公司，2010年工业总产值35.39亿元，2011年工业总产值53.02亿元。

六、化学工业

化学工业皆为驻区企业，有湖南湘江涂料集团有限公司，2010年工业总产值181.52亿元，2011年工业总产值197.16亿元。长沙新奥燃气有限公司，

2010年工业总产值113.72亿元，2011年工业总产值154.58亿元。湖南丽臣实业股份有限公司，2010年工业总产值114.51亿元，2011年工业总产值146.66亿元。长沙万望石油化工有限公司，2011年工业总产值4.33亿元。

七、建筑建材工业

21世纪初，原区街乡镇企业改制引进和创业引进一批驻区企业，有长沙欧泊莱木业有限公司，2011年工业总产值2.24亿元；长沙宏强混凝土有限公司，2011年工业总产值3.31亿元；湖南同辉混凝土有限公司，2011年工业总产值1亿元；长沙金宇混凝土有限公司，2011年工业总产值4.07亿元；湖南顺天混凝土有限公司，2011年工业总产值4.31亿元；湖南地宝龙装饰材料有限公司，2011年工业总产值14.53亿元；长沙飞达建筑机械有限公司，2011年工业总产值16.87亿元；湖南中建五局混凝土有限公司，2011年工业总产值47.46亿元。

八、电子工业

21世纪，随着改革开放深入发展，一批现代化的电子、数字、光电、信息化产业入驻开福区。有湖南新亚胜科技发展有限公司，主要从事LED应用电子产品，包括LED显示屏系列、LED照明系列、LED控制系统等研发、生产及销售，2010年工业总产值9.22亿元，2011年工业总产值10.10亿元。湖南省青苹果数据中心有限公司，主要从事电子出版物、数据库产品开发、出品、销售，完成100多项国内外大型数字化工程，逐步从单纯产品制作转向多种经营，成为中国主要的数字化产品制作商和内容供应商，2010年工业总产值7.55亿元，2011年工业总产值9.57亿元。长沙安川电气有限公司，2010年工业总产值2亿元，2011年工业总产值2.02亿元。湖南华诺星空电子技术有限公司，2010年工业总产值1.67亿元，2011年工业总产值3.09亿元。

九、电线电缆业

21世纪初，原区属企业改制，并引进一批驻区企业。有长沙华泰电缆有限公司，2010年工业总产值19.9亿元，2011年工业总产值30.18亿元；长沙金龙电缆有限公司，2010年工业总产值72.94亿元，2011年工业总产值118.5亿元。

十、节能环保产业

湖南嘉达节能科技发展有公司，驻区企业，2010年工业总产值2.09亿元，2011年工业总产值2.3亿元；长沙中科成污水净化有限公司，驻区企业，2010年总产值7.55亿元，2011年总产值11.28亿元；湖南仁和环保科技有限公司，驻区企业，2010年工业总产值10.07亿元，2011年工业总产值14.01亿元。

十一、现代物流业

2002年，开福区新港科技工业园纳入全市工业发展纲要，定位为重工业基地、现代物流基地，货物运输方式从单一的公路、铁路和水上运输向公铁、水铁、公铁水联运发展。长沙新港常通航千吨级船舶，成为长沙地区的主枢纽港口码头和中部地区重要的物流枢纽。

长沙金霞海关保税物流中心、长沙新港、长沙铁路货运中心、公路以及口岸等一大批高起点、高标准的物流设施相继建设或正在建设，形成物流产业集聚优势，构建辐射全省的外向型综合产业平台。金霞经济开发区引进国药控股、联运物流等17个物流企业，形成粮食物流、钢材物流、冷链物流、能源物流、机械物流、建材物流等多种类型物流聚集发展。2008年，完成园区财税收入1.54亿元、园区总收入60.5亿元，物流企业货物吞吐量510万吨，实现主营业务收入40.28亿元、利税6.25亿元。2009年，完成财政总收入2.02亿元，园区总收入67亿元，物流货物吞吐量560万吨，实现主营业务收入43亿元、利税7.8亿元。长沙金霞保税物流中心，2009年8月运行到2010年底，中心进口货值2.10亿美元，票据1316单，一日游145单，税收6.04亿元，吞吐总货值9.5亿美元。

长沙铁路货运新北站，于2008年10月16日开工建设，2012年1月8日正式搬迁运行。

2009年，长沙新港集装箱首次突破10万箱，吞吐量位列长沙内河港口第一位，创历史最高纪录，吞吐量占全省的70%以上。2009年，物流企业9个，实现主营业务收入43亿元，利税6.13亿元，货物吞吐量556万吨。2010年，物流企业10个，实现主营业务收入71.09亿元，利税8.53亿元，货物吞吐量754.30万吨。2011年，物流企业12个，实现主营业务收入91.05亿元，实现利税8.37亿元，货物吞吐量986.67万吨。

附：大明工业园

大明工业园位于捞刀河镇大明村及板塘村的东南部，东临长青公路，南靠三环线，总面积2.86平方千米。2002年10月，经开福区政府批准建立。工业园内注册的企业58家、无证户16家，主要以制造、加工类为主，其中机构制造业13家、纸业7家、木业5家、各类合成材料11家、食品生产加工业11家、服装生产3家，其他经营、服务类等行业24家。

企业选介

1. 长沙凯雪粮油食品有限公司。长沙凯雪粮油食品有限公司创办于1913年，位于开福区潘家坪路，是一家以粮食为主导，集粮油食品、储备和第三产业于一体的大型农业产业化龙头企业。公司有长沙凯雪和河南武陟凯雪两大生产基地，建立覆盖长株潭地区的直销网络和湖南省十四个市、州及全国十几个大城市的经销网络。经过多年的耕耘，公司发展为以面粉、面制品产业为主导，涵盖保鲜食品、速冻食品、放心早餐、主食产品等多种产业的格局。

2. 湖南新亚胜科技发展有限公司。湖南新亚胜科技发展有限公司成立于2001年，位于开福区青竹湖路，注册资本1699万人民币，是一家集研发、生产、销售于一体的专业LED应用产品制造企业。作为中国中部LED显示屏和LED照明龙头企业，新亚胜旗下拥有新亚胜工程公司、新加坡分公司、印尼分公司等，其光电产业园建筑面积2.5万平方米，生产设备国际一流。公司获评国家科技创新型中小企业、国家重点新产品推荐企业、全国电子信息行业优秀企业提名奖、湖南省高校产学研合作示范基地、湖南名牌等诸多荣誉。新亚胜注重LED应用技术的探索，致力于将研究成果产业化、市场化、规模化。通过数年研发，公司自主研发出多款LED应用产品和系统集成软件，并获得多项专利。公司形成以LED显示系列和LED照明系列为主打的两类应用产品，并逐步向其他应用领域延伸。凭借其管理模式、研发技术、产品和服务，新亚胜业务范围已涵盖政府、教育、金融、传媒、交通、电力、军事、商业、体育等数十个领域，构建一个国际化LED产业平台。公司已在世界各地实施近万个LED显示项目，其中有伦敦奥运会、索契冬奥会、新加坡F1大赛、巴西世界杯等世界顶级赛事的照明及灯光景观等，并与宝马、诺基亚、可口可乐、百事可乐等国际知名品牌合作，与美国、法国、德国、葡萄牙、俄罗斯、加拿大、埃及、韩国、新加坡、印度尼西亚、墨西哥、阿根廷等80多个国家和地区的客户结成友好战略伙伴关系。新亚胜公司先后通过ISO9001质量管理体系、3C、CE、FCC、ROSH、TUV、BV等认证。新产品“魔幻舞台”系列LED显示屏，具有“轻、薄、快、奇、省”五大特点，拥有完全自主知识产权，并获得2012年中国LED创新产品与技术奖，入选2012年长沙十大科技事件，获2项发明专利和26项实用新型及外观设计专利，并获得美国、欧盟认证的专利。

3. 湖南中立工程机械有限公司。湖南中立工程机械有限公司成立于2002年，总部位于开福区沙坪湘绣小镇。该公司注册资本3100万元，主要经营各类工程机械、路面机械、环保机械、农业机械及其他非标机械的生产、加工、销售，并逐步形成以工程机械配套业务为核心，在行业具有一定影响力的企业集团，为开福区最大的工程机械制造企业。公司拥有资产数亿元，员工1000余人，其中大、中专以上学历员工占10%，还拥有一批经验丰富的现场操作技师。公司下辖塔机和混凝土机械以及新产品三大事业部，其中塔机和混凝土机械事业部是中联建起、混凝土机械两大主机厂的战略合作伙伴，主要承担两大主机厂的结构件制造任务。为满足中联两大主机厂的需求，公司在硬件、软件方面加大投入，两大事业部均建立原材料预处理、下料、机加、铆焊、喷涂作业完备的生产制造体系，具备年产塔机六大件6000余套，混凝土泵车支腿8000余台套的制造能力。公司吸收数千名失地农民实现家门口就业并捐款支持地方教育、道路等公共基础设施建设及社会公益事业，累计400余万元，履行企业社会责任。

4. 长沙沙坪金球湘绣有限公司。长沙沙坪金球湘绣有限公司创办于1986年，是一家集生产、销售、科研、培训及国际贸易于一体的湘绣龙头企业，是中国最大的湘绣生产企业。公司注册资本260万元，有刺绣工艺大师12人、特级刺绣师48人、高级刺绣师106人，从业人员5000多人，年生产能力4000万元。该公司主要生产各类高中低档花鸟、山水、风景、人物、肖像、走兽、条屏、册页、被面、围巾、手帕、披巾以及双面绣、双面异绣、大型精雕精绣座屏、挂屏等30多个系列，200多个品种，涵盖装饰、装修、礼品、日用、陈列、收藏、旅游产品各个领域。产品销售网络覆盖全国，并远销欧美、东南亚等50多个国家和地区，在行业中率先通过国家质检总局“原产地”标记注册和ISO9001:2000质量管理体系认证。生产的“金球”牌系列产品曾获中国驰名商标、湖南名牌产品、中国知名品牌、中国人文奥运设计金奖、金凤凰创新产品设计金奖等称号。2005年10月12日，四幅“金球湘绣”搭乘“神舟六号”载人航天飞船遨游太空。2003年起，公司将现代高新技术与传统工艺相结合，先后成功开发“电脑设计与喷绘技术”“电脑雕花”“电脑湘绣”“环保家居刺绣墙纸研发及产业化”等项目，解决湘绣千百年来依靠传统手工绘画的不足。引进的意大利电脑雕花工艺项目，填补工艺品行业包装、雕刻机械化生产的空白。具有防水、防潮、隔音、防菌、防霉、防静电等多功能的环保绣花墙纸，既时尚美观又极具个性，给消费者特别是高级消费者提供更多的选择空间。2012年11月，公司出资组建湖南省当代湘绣艺术研究院，并聘请湖南省人民政府原副省长、省人大常委会原副主任唐之享担任名誉院长。

5. 湖南省青苹果数据中心有限公司。湖南省青苹果数据中心有限公司成立于1992年，是创建最早的数字化企业，主要从事数字化产品制作、互联网出版、计算机软件和数据库系统开发。公司有员工1000余人，在湖南、北京、山东、新疆、香港和美国拥有9家分支机构，生产场地超过3.5万平方米，年生产能力250亿汉字，年报刊制作产量250万版面，成为中国主要的数字化制作商和数字内容提供商。经过20余年发展，湖南省青苹果数据中心有限公司拥有一支成熟而稳定的技术团队，形成独特的生产工艺和生产流程，开发适合多语言的数据库检索平台、数据质量控制平台和版式重构技术，使青苹果数字制作技术达到国际先进水平，先后承接和完成国内外数十个大型数字化工程。湖南省青苹果数据中心有限公司积累海量的数字内容资源，包括文字资源250亿汉字、语音节目2万多种、图片资源10余万幅、歌曲谱曲40万首。先后出版《人民日报》《光明日报》《申报》《毛泽东文献》《邓小平文献》《建国以来优秀长篇小说500部》等上百种电子出版物产品，销售遍布全球20余个国家和地区，联合国图书馆、美国国会图书馆、哈佛大学、剑桥大学、东京大学、亚马逊、谷歌、苹果公司等国际机构和公司均成为青苹果客户。

第四节 工业产值

1989年，长沙市北区区街工业企业完成工业总产值1.01亿元。光明童装厂实现工业产值过千万元，年利润超百万元，成为北区产值突破千万元大关的首家街办企业。北区劳动服务公司机电设备厂生产的DJQ-21型多用绞切肉机，获劳动部1989年度优秀新产品证书，产品销往全国15个省份和美国、澳大利亚等5个国家，年产值160万元。

“八五”期间。1990年，北区企业局组织下属工厂开发新产品，当年共开发新产品17项，如东风汽车仪表厂FQ-2B东风大容车仪表总成、广播器材厂环氧树脂变压器、中南电工器材厂JKL－收录扩音机，东风汽车电器厂的汽车启动系列产品，列入1990年市科委、市计经委的科技三项计划。1991年，全区开展“质量、品种、效益”年活动，全年完成工业总产值1.8亿元，工业总销售1.36亿元，实现工业利润1283.91万元。1992年，北区工业总产值完成2.12亿元，工业销售完成1.72亿元，工业利润完成1428.08万元，重点工业企业完成总产值9950.41万元、销售7481.39万元、利润889.43万元。1993年，北区区委、区政府将光明童装厂、北区信用社、北区建筑公司、北区基建公司定为区大型二级企业，将东风汽车仪表厂、机电设备厂、湘江口罩厂、华南交通机械厂、巨力胶带厂、中南电工器材厂、北区建设工程公司定为区中型一级企业。

“九五”期间。1996年，开福区全年生产总值10.14亿元，其中工业增加值5.03亿元。全区完成工业总产值13.49亿元，其中北区企业管理局所属工业企业完成工业总产值5704万元，为年计划5560万元的102.59%；实现销售4921万元，为年计划4000万元的123.03%；利润340万元，为年计划305万元的111.48%；全年完成入库税金287万元，其中所得税54.5万元。1996年，北区开发新产品9项，技术改造项目3项，发放贷款323万元，涌现产值超900万元、创汇30万美元的居委会办工业——北桥二居委会红霞绣品厂。1996年，全区共有企业3213个（个体为主），其中乡镇企业2015个、区街企业298个，企业职工人数39708人。规模企业有国家一级建筑企业1家、国家二级建筑企业5家；产值过亿元的企业1家、过2000万元的企业4家、1000万～2000万元的企业2家、500万～1000万元企业39家、100万～500万元企业33家。全年有32家企业分别以租赁、股份合资、年薪制、出售等12种不同形式完成机制转换，占区街、乡镇、直属集体企业总数的25.6%。有68家用人单位在职职工参加社会养老统筹保险。

1997年，开福区全年生产总值11.96亿元，其中工业增加值5.94亿元。全年完成工业总产值18.9亿元。1998年，全区生产总值13.87亿元，其中工业增加值6.85亿元。全年完成工业总产值23.2亿元，按可比价格计算比上年增长23%，其中乡及乡以上工业总产值14.83亿元，增长16.78%；村及村以下工业总产值8.37亿元，增长35%。按新口径计算，全区年销售收入500万元以上的工业完成总产值3.1

亿元，比上年增长19.56%。全区有11家年销售收入500万元以上独立核算工业企业的工业产品销售率为96.3%，较上年提高0.2个百分点。工业经济效益综合指数为93.72%。1998年12月，开福区开展“经济效益年”活动，有长沙市华泰电缆有限公司、长沙华英实业集团有限公司、长沙金龙电缆有限公司、长沙电度表厂、长沙机电设备厂、长沙市湘南出口商品包装厂、长沙市先锋出口包装厂、湖南长沙沙坪湘绣厂8家企业获“长沙市工业生产先进企业单位”称号。

1999年，全区生产总值14.86亿元，其中工业增加值6.02亿元。规模以上工业企业完成工业总产值18.54亿元。开福区国庆三居委会、开福区枫林居委会获长沙市居委会经济明星，长沙市机电设备厂、长沙市湘君经贸公司获长沙市明星企业。2000年，全区生产总值16.7亿元，按可比价计算，比上年增长12%，其中工业增加值6.59亿元。规模以上工业企业完成工业总产值19.76亿元。

表13–4　　1998年长沙市开福区区街、乡镇工业总产值（现价）完成情况表

单位或行业	计划		实际		完成月计划（%）	累计完成年计划（%）	1997年年同期累计完成（万元）	比1997年同期累计增长（%）
	本年（万元）	本月（万元）	本月（万元）	累计（万元）				
总计	120000	10491	9763	148327	93.06	123.61	127013	16.78
1. 区街工业合计	88000	7825	6650	94348	84.98	107.21	74168	27.21
上大垅街道	8200	799	738	8634	94.71	105.29	6701	28.85
清水塘街道	7300	450	714	8164	158.67	111.84	6333	28.91
望麓园街道	7500	733	1424	7988	194.27	106.51	6203	28.78
北站路街道	10000	744	774	10000	104.03	100.08	8008	24.98
伍家岭街道	7600	593	1866	8562	314.67	112.66	6483	32.07
民主东街街道	7400	685	1230	7830	179.56	105.81	6080	28.78
黑石渡街道	12200	1145	1467	12260	128.12	100.49	10263	19.46
新河街道	4000	378	157	4078	41.53	101.95	3327	22.57
通泰街街道	3200	306	615	3526	200.98	110.19	2505	40.76
如意街街道	2800	251	282	2842	112.35	101.50	2415	17.68
西长街街道	3000	287	319	3072	111.15	102.40	2486	23.57
直属企业	8000	762	760	8002	99.74	100.03	6128	30.58
劳服公司	3200	310	360	3206	116.13	100.19	3104	3.29
校办企业公司	2400	225	268	2432	119.11	101.33	1807	34.59
建设局	200	17	20	203	117.65	101.50	401	49.38
科委经济办	2000	160	181	2068	113.13	103.40	1304	58.59
其他	0	0	0	1473	—	—	2738	46.20
2. 乡镇工业合计	32000	2666	3113	53979	116.77	168.68	52845	2.15
综合农场	12000	1000	0	12996	0	108.30	17673	26.46
四方坪街道	3000	250	2070	8798	828.00	293.27	8790	0.09
霞凝乡	3000	250	158	6266	63.20	208.87	6197	1.11
捞刀河镇	14000	1166	875	21230	75.04	151.64	20135	5.44
经济开发区	0	0	0	0	—	—	0	—

表 13–5　　1998 年长沙市开福区区街、乡镇工业销售收入完成情况表

单位或行业	计划		实际		完成月计划（%）	累计完成年计划（%）	1997 年同期累计完成（万元）	比 1997 年同期累计增长（%）
	本年（万元）	本月（万元）	本月（万元）	累计（万元）				
总计	0	0	13565.5	114393.7	—	—	92277.2	23.97
1. 区街工业合计	68520	5273	11837.49	79696.6	224.49	116.31	62774.2	26.96
上大垅街道	5500	494	992	7030	200.81	127.82	5061	38.91
清水塘街道	5280	82	1274	8126.9	—	153.92	4884.3	66.39
望麓园街道	5280	449	1018.73	6002.1	226.89	113.68	5224.2	14.89
北站路街道	7700	560	582	7706.0	103.93	100.08	7008.0	9.96
伍家岭街道	6200	425	1832.51	8183.2	431.18	131.99	5661.6	44.54
民主东街街道	5280	426	528	5810	123.94	110.04	4852.0	19.74
黑石渡街道	10000	759	3029.56	12364	399.15	123.64	8680.7	42.43
新河街道	3000	233	129	3150	55.36	105.00	2815.0	11.90
西长街街道	1800	164	160	1827.7	97.56	101.54	1629.6	12.16
通泰街街道	2400	221	419	2650	189.59	110.42	2017.9	31.32
如意街街道	2400	202	232	2440.4	114.85	101.68	2121.7	15.02
直属企业	7200	713	730	7217	102.38	100.24	5072.0	42.29
劳服直属	2500	215	373	2780	173.49	111.20	2800	−0.71
校办企业公司	2000	179	342	2284	191.06	114.2	2075	10.07
建设局	180	15	15.1	180.1	100.67	100.06	378.7	−52.44
科委经济办	1800	137	181.6	1945.1	132.16	108.07	979.1	98.67
2. 乡办工业合计	0	0	1728.01	34697.1	—	—	29503	17.60
综合农场	0	0	1850.01	13850.1	—	—	11000	25.91
四方坪街道	0	0	130	3180	—	—	3043	4.50
霞凝乡	0	0	448	5937	—	—	4460	33.79
捞刀河镇	0	0	0	11700	—	—	11000	6.36
经济开发区	0	0	0	0	—	—	0	—

“十五”期间。2001 年，全区生产总值 19.06 亿元，同比增长 15.40%，其中工业增加值 7.53 亿元。全年完成规模以上工业企业总产值 20.92 亿元。2001 年，长沙市政府将振兴长沙市北部列入战略重点。开福区委、区政府抓住机遇，扶植并重点调度管理湖南高岭建设集团股份有限公司、长沙沙坪建筑总公司、湖南顺天建设集团公司、长沙市捞刀河建筑有限公司、长沙华英实业集团有限公司、长沙先锋出口包装厂、长沙电度表厂、长沙金龙电缆厂、长沙华泰电缆有限公司、长沙望城石油化工厂、梦洁床上用品有限责任公司、长沙大中木业公司、长沙沙坪湘绣厂、长沙市机电设备厂、长沙许先科技环保塑化厂、湖南金瑞实业有限公司、长沙市湘南出口包装厂、湘君经贸公司、长沙洪山建筑公司、湖南家家香生物工程有限公司、广东立白湖南分公司、湘江特种防护用品有限公司等 22 家重点骨干企业。为减轻企业负担，注销 18 类许可证的收费，调整收费标准 4 个，撤销收费项目 12 个，为企业减负 2000 多万元。

2002年，全区生产总值21.94亿元，比上年增长15%，其中工业增加值8.56亿元，比上年增长16.90%。规模以上工业企业17个，完成规模以上工业总产值32.21亿元、销售值31.83亿元、产品销售率98.86%。销售收入500万元以上的乡镇企业增至17家，其中超过亿元企业3家、超千万元企业9家。湖南高岭建设集团股份有限公司、湖南沙坪企业集团有限公司均获长沙市2002年度乡镇企业纳税超1000万元企业奖。2003年，全年生产总值25.5亿元，同比增长13.1%，其中工业增加值完成10.61亿元，同比增长15%。全年规模以上工业企业完成工业总产值36.28亿元。

2004年，全区生产总值122.82亿元，其中工业增加值30.5亿元。规模以上工业企业完成工业总产值46.04亿元。工业产品销售收入超5000万元企业16个。2004年，全区实行挂牌保护的重点企业中，有18家保牌：湖南顺天建设集团有限公司、湖南省沙坪建筑有限公司、湖南高岭建设集团股份有限公司、长沙福兴隆房地产开发有限公司、长沙金海林置业有限公司、长沙四方房地产开发有限公司、湖南四季花城房地产开发有限公司、湖南新族房地产开发有限公司、湖南省新一佳商业投资有限公司长沙开福店、湖南外商国际活动中心有限公司·青竹湖高尔夫球会、湖南梦洁家纺有限公司、长沙市海鸥房地产开发有限公司、湖南金鹰城置业有限公司、长沙鸿信房地产开发有限公司、长沙浩林房地产开发有限公司、湖南省金海林建设装饰有限公司、长沙市捞刀河建筑有限公司和长沙市洪山建筑公司；有3家摘牌：湖南省中欣房地产开发有限公司、长沙麓枫实业有限公司和长沙潮福房地产开发有限责任公司。新增挂牌保护企业3家：长沙理想房地产开发有限公司、湖南建鸿达房地产开发有限公司和长沙教育基建开发公司。

2005年，全区生产总值145.47亿元，比上年增长16.70%，其中工业增加值38.80亿元。全区工业企业有职工人数34389人，固定资产原值11.44亿元。乡镇企业总产值49.42亿元，同比增长18.88%。乡镇工业总产值16.37亿元，同比增长26.51%。乡镇企业营业收入47.97亿元，同比增长19.95%。乡镇企业利润总额完成2.22亿元，同比增长20.49%。乡镇企业实交利税1.55亿元，同比增长14.88%。全区206家企业完成改制203家，完成改制98.54%。

表13-6　　2004年长沙市开福区工业产品销售收入过5000万元企业一览表

序号	单位名称	单位地址	单位负责人
1	湖南九芝堂股份有限公司	芙蓉北路155号	余克建
2	湖南丽臣实业有限责任公司	浏阳河路1号	贾齐正
3	湖南湘江涂料集团有限公司	德雅路478号	许荣怀
4	长沙毛巾集团公司	李家冲2号	曾　嵘
5	湖南梦洁家纺有限公司	沿江大道337号	姜天武
6	长沙日立汽车电器有限公司	陡岭支路34号	龙桂生
7	湖南省南山食品有限公司	捞刀河镇高源村	孙国树
8	长沙华泰电缆有限公司	洪山局马栏山分场	熊正军
9	长沙华英实业集团有限公司	洪山局渔业分场	陈立强
10	长沙金龙电缆有限公司	洪山局马栏山分场	毛　铁
11	长沙新奥燃气有限公司	新河路332号	邹植年
12	长沙凯雪集团有限公司	潘家坪路103号	张壮武
13	湖南康普制药有限公司	新河凤嘴路66号	曾培安
14	湖南长元人造板股份有限公司	新河北堤1号	刘衡甫
15	湖南省长沙茶厂	新河路18号	王文武
16	长沙植物油总公司	伍家岭友谊村7号	陈　伟

"十一五"期间。2006年是开福区的"项目建设年"，也是开福区重点工程开工最多、投资最大、推进速度最快的一年。全年共实施重点项目86个，总投资132.79亿元。全区生产总值170.72亿元，其中工业增加值46.11亿元。全区工业企业完成工业总产值80.70亿元。其中规模以上工业企业66家，完成工业总产值65.17亿元，工业销售产值64.26亿元，产品销售收入65.35亿元，产品销售税金及附加3623万元，实现利润总额5.1亿元。开福区范围内有769家中央和地方各类法人单位，年末从业人员85402人，其中采矿业109人，制造业14375人，电力、燃气及水的生产和供应业666人，交通运输、仓储和邮政业4313人，信息传输、计算机服务和软件业433人。全区工业用水总量361.73万吨，工业废水排放达标率91.05%。区域内规模工业总产值前十名企业有：湖南丽臣实业有限责任公司、湘江涂料厂、九芝堂股份有限公司、湖南梦洁家纺有限公司、长沙新奥燃气有限公司、湖南南山食品有限公司、长沙金龙电缆有限公司、长沙华英实业集团有限公司、长沙毛巾集团公司、湖南康普制药有限公司。区域内进入长沙工业二十强（按销售收入排序）的企业有九芝堂股份有限公司（第九位）、湖南丽臣实业有限责任公司（第十位）和湖南湘江涂料集团有限公司（第十一位）。区域内的利税大户、利税超亿元的企业有九芝堂股份有限公司、湖南湘江涂料集团有限公司；利税超5000万元的企业有长沙新奥燃气有限公司、湖南梦洁家纺有限公司、湖南丽臣实业有限公司；利税超1000万元的企业有兆山新星集团湖南水泥有限公司、湖南南山食品有限公司、湖南康普制药有限公司、长沙通发通用机械厂、湖南猴王茶业有限公司。

表13–7　　2006年长沙市开福区重点工业项目一览表（续建项目）

序号	企业名称	项目内容（建设规模、产品名称等）	固定资产投资规模（万元）	2006年计划投资（万元）	预计投产以后形成的效益（万元）	
					产值	利税
1	长沙凯雪集团有限公司	麦麸膳食纤维生产线	11884	3000	38700	4000
2	梦洁家纺有限公司	梦洁大厦	10000	8000	—	—
3	湖南湘江涂料集团有限公司	年产3000吨弹性涂料，引进消化美国技术	7000	3000	30000	8000

表13–8　　2006年长沙市开福区重点工业项目一览表（新建项目）

序号	企业名称	项目内容（建设规模、产品名称等）	固定资产投资规模（万元）	2006年计划投资（万元）	预计投产以后形成的效益（万元）	
					产值	利税
1	湖南南山食品有限公司	年产10万吨乳制品加工项目	20000	6000	147000	16700
2	长沙华英集团公司	樱桃谷鸭养殖产业化项目工程	4400	4400	6000	200
3	湖南湘江涂料集团有限公司	水性醇酸漆	3200	2000	20000	4000
4	长沙植物油总厂	厂房搬迁新建油库	3000	2000	—	—
5	长沙金宇混凝土公司	混凝土专用汽车	2000	2000	2000	150

2007年，全区生产总值209.47亿元，实现工业增加值56.37亿元，同比增长12.8%。全区完成工业总产值90.14亿元，增长24.5%，其中66家规模以上工业企业完成总产值76.8亿元，增长26.3%。全年工业总产值超亿元的企业15家，完成工业总产值67.7亿元，占全部规模工业总产值的88%。全区有企业692家，其中有工业及物流企业421家、有规模以上企业60家、建安企业44家。2007年，全区企业完成税收23.2亿元，其中国税10.65亿元，地税12.55亿元。其中完成区级税收8.2亿元，占区财政一般预算收入的75.20%。2007年，启动重点工业项目有湖南长元人造板股份有限公司、湖南长重机器股份有限公司、湖南南山食品有限公司〔现名为加比力（湖南）食品有限公司〕。

表13–9　　2007年长沙市开福区主要工业产品产量统计表

项目	计量单位	代码	2007年	2006年	同比增长（%）
鲜冷藏冻肉	吨	1995	293	427	−31.4
配混合饲料	吨	2305	67536	125944	−46.4
糕点	吨	2357	63	58	7.8
乳制品	吨	2444	10201	8707	17.2
液体乳	吨	3154	0	8707	−100
精制茶	吨	3227	3171	2682	18.2
化学纤维	吨	3494	0	2190	−100
合成纤维	吨	3543	0	2190	−100
锦纶纤维	吨	3550	0	2190	−100
纱	吨	3796	0	3184	−100
棉线	吨	3932	0	58	−100
布	万米	3949	0	172	−100
化学纤维布（纯化纤布）	万米	4000	0	172	−100
印染布	万米	4166	0	227	−100
毛巾	万米	4319	1763	2902	−39.3
丝织品	万米	5098	4000	4197	−4.7
针棉织品折用纱线量	吨	5352	3532	3576	−1.2
服装	万件	5449	77	81	−5.4
梭织服装	万件	5457	77	81	−5.4
人造板	立方米	6253	0	27357	−100
纤维板	立方米	6284	0	23325	−100
刨花板	立方米	6333	0	2657	−100
人造板表面装饰板（人造板二次加工装）	平方米	6413	0	93043	−100
纸制品	吨	7432	225	344	−34.6
瓦楞纸箱（纸箱）	吨	7449	225	344	−34.6
合成纤维聚合物	吨	15316	0	1438	−100

续表 13-9

项目	计量单位	代码	2007 年	2006 年	同比增长（%）
肥（香）皂	吨	16557	5805	8647	-32.9
合成洗涤剂	吨	16595	155799	131207	18.7
合成洗衣粉	吨	16606	145025	117269	23.7
牙膏（折 65 克标准支）	万支	16811	1152	1170	-1.6
泵（液体泵）	台	31438	287	210	36.7
电力电缆	千米	41305	8751	4774	83.3
电工仪器仪表	台	45003	401746	407337	-1.4

2008 年，全区生产总值 253.3 亿元，其中工业增加值 69.15 亿元。全区工业总产值 109.63 亿元，其中规模以上工业企业 57 个，完成工业总产值 93.93 亿元；规模以下工业企业产值 15.7 亿元。规模以上工业企业销售产值 91.58 亿元；产品销售率 97.5%，产品销售收入 86.72 亿元；税金及附加 5378 万元，利润 5.94 亿元。2008 年，新增规模企业 10 家，迁走 2 家。新增企业为长沙市浩昇中药饮片有限公司、长沙湘伍重工机械有限公司、长沙中普工程机械有限公司、湖南益工工程机械有限公司、湖南嘉达节能科技发展有限公司、湖南工大太阳能有限公司、湖南宏强混凝土有限公司、长沙安川电气有限公司、湖南天拓重工机械有限公司、长沙市开福区湘辣妹食品厂、长沙市开福区沙坪节能燃烧器厂和长沙天季油脂有限公司。迁走企业为长沙玛雅印务有限公司、湖南省三维汽车服务有限公司。

2009 年，全区生产总值 334.54 亿元，其中工业增加值 82.09 亿元。全年完成工业总产值 140.84 亿元，其中规模以上工业企业完成工业总产值 110.41 亿元。销售收入超 10 亿元的企业有长沙新奥燃气有限公司。区域内利税超亿元的企业有九芝堂股份有限公司、长沙新奥燃气有限公司、湖南湘江涂料集团有限公司、湖南梦洁家纺股份有限公司、湖南丽臣实业有限公司；利税 1000 万元至 1 亿元的企业有 13 家。开福区十强工业企业分别为湖南湘江涂料集团有限公司、湖南丽臣实业责任有限公司、长沙新奥燃气有限公司、九芝堂股份有限公司、湖南梦洁家纺股份有限公司、长沙金龙电缆有限公司、湖南南山食品有限公司、湖南中立工程机械有限公司、兆山新星集团湖南兆新混凝土有限公司、湖南长沙湘君茶业有限公司。其中，湖南湘江涂料集团有限公司（全市排名十五）、长沙新奥燃气有限公司（全市排名二十）、九芝堂股份有限公司（全市排名二十一）、湖南丽臣实业有限责任公司（全市排名二十四）分别进入长沙工业 30 强行列。2010 年，全区生产总值 393.49 亿元，同比增长 15.2%，其中工业增加值 99.13 亿元。全年完成工业总产值 174.26 亿元，其中规模以上工业企业完成工业总产值 138.62 亿元。2010 年，区域内企业进入行业之星 4 家、成长之星 7 家、创业之星 7 家。

表 13-10　　2009—2010 年长沙市开福区新增规模企业一览表

序号	企业名称	注册登记号及时间	法人代表	地址
1	湖南嘉达节能科技发展有限公司	43010500004012，2009 年 9 月 9 日	符灿	捞刀河镇
2	长沙市浩昇中药饮品有限公司	430105000041105，2010 年 4 月 12 日	江浩生	新港镇
3	长沙金港混凝土有限公司	430100000115498，2010 年 3 月 20 日	李楷	新港镇
4	长沙国泰混凝土有限公司	430100000014784	黄世绸	芙蓉北路
5	湖南佑田思源智能建筑科技有限公司	430105000045227，2010 年 2 月 3 日	杨仁方	洪山街道

续表 13-10

序号	企业名称	注册登记号及时间	法人代表	地址
6	湖南强远混凝土有限公司	430100000102266，2009 年 6 月	刘泽民	洪山街道
7	湖南新亚胜科技发展有限公司	43000000003727，2006 年 1 月	梁长焱	芙蓉北路
8	湖南至诚机械有限公司	4300000000022309，2006 年 6 月	朱洪超	捞刀河镇
9	湖南天拓重工机械有限公司	430000000006430，2004 年 12 月	魏庆成	捞刀河镇
10	长沙湘穗化工机械厂	430105000016011，1993 年 6 月	刘朝阳	捞刀河镇
11	湖南鑫运水务有限公司	430000000025137，2006 年 1 月	谭岳鑫	芙蓉北路
12	湖南大顺和新型建材有限公司	43010567558462，2008 年 5 月	王运初	捞刀河镇
13	长沙第五制水有限公司	4301001004760，1990 年 7 月	万新春	芙蓉北路
14	长沙雅高彩印有限公司	430105000014128，2004 年 11 月	陈 武	东风路
15	湖南青苹果数据中心有限公司	430000000030616，1992 年 8 月	唐五一	青竹湖镇
16	隆平米业高科技股份有限公司	430000000055632，2007 年 5 月	左连生	新港镇
17	湖南顺天混凝土有限公司	430000000015867，2005 年 5 月	袁义辉	捞刀河镇
18	湖南涂喜乐新材料科技有限公司	430000000030333，2005 年 9 月	查国锋	新河
19	长沙中雄精工机械有限责任公司	43010500004136，2003 年 5 月	胡 雄	捞刀河镇

“十二五”期间。2011 年，全区生产总值 472.46 亿元，其中工业增加值 124.44 亿元。规模以上工业企业完成工业总产值 171.1 亿元。工业总产值过亿元的企业 26 家，完成工业总产值 150.9 亿元，占全部规模工业总产值的 88.2%。区规模以上企业 67 家，其中产值 5000 万元以上的 38 家、亿元以上的 23 家。

表 13–11　　2011 年长沙市开福区规模工业总产值前 10 名工业企业一览表

序号	单位名称	所在街镇	序号	单位名称	所在街镇
1	湖南湘江涂料集团有限公司	东风路	6	湖南南山食品有限公司	捞刀河
2	长沙新奥燃气有限公司	新 河	7	九芝堂股份有限公司	伍家岭
3	湖南丽臣实业有限责任公司	四方坪	8	湖南中立工程机械有限公司	捞刀河
4	湖南梦洁家纺股份有限公司	新 河	9	湖南康普制药有限公司	通泰街
5	长沙金龙电缆有限公司	洪 山	10	兆山新星集团湖南兆星混凝土有限公司	新港镇

2012 年，全区生产总值 532.17 亿元，其中工业增加值 135.22 亿元。2012 年年底，全区有规模以上工业企业 74 家，其中产值在 10 亿元以上的企业 4 家、亿元以上的企业 21 家。2012 年，完成规模以上工业总产值 144.09 亿元，规模以上工业增加值 36 亿元，完成工业投资 50 亿元，工业技改投资 60 亿元，形成以金霞物流、沙坪工业园、青竹湖服务外包基地为支撑的工业园区发展格局。佳海一期、山河实业两大标准厂房全面启动建设，佳海一期 8 万平方米厂房招商全部完成，山河实业陆续入驻企业。投产项目有统一一期、新亚胜等 10 余家企业；签约、开建项目有长重、罗莎一期、佳海、山河实业等；

正在洽谈项目有统一二期、奥熠电子纸等。统一食品正式投产，年产值12亿元；长重将在2013年10月完成到新港镇的搬迁，年产值10亿元以上；新亚胜全面投产，年产值同比增长40%。

表 13-12　　2012年长沙市开福区规模工业总产值前10名工业企业一览表

序号	单位名称	所在街镇	序号	单位名称	所在街镇
1	长沙新奥燃气有限公司	新　河	6	湖南中立工程机械有限公司	捞刀河
2	湖南梦洁家纺股份有限公司	湘雅路	7	湖南湘江涂料集团有限公司	东风路
3	湖南丽臣实业有限责任公司	四方坪	8	湖南中建五局混凝土有限公司	新　港
4	长沙统一企业有限公司	捞刀河	9	湖南康普制药有限公司	通泰街
5	九芝堂股份有限公司	伍家岭	10	湖南天天清茶业有限公司	捞刀河

第二章　园区经济

第一节　金霞经济开发区

一、自然环境

长沙金霞经济开发区位于长沙市开福区北部，南起浏阳河，北至沙河，西临湘江，东到长青路。

自然条件　长沙金霞经济开发区地处湘中丘陵向洞庭湖平原过渡带，地势除新港镇为由东南向西北渐次降低走向外，捞刀河镇和青竹湖镇地势均为北高南低呈西北往东南走向。境内70%的土地为地形起伏、坡度平缓的丘陵，水田占地30%。山丘主要有鹅羊山、秀峰山和母山。区内最高峰为鹅羊山，位于鹅羊山村，海拔140.3米；最低点为新屋冲子，位于霞凝港社区，海拔28.2米。

区内河道为湘江水系，主要河道有捞刀河和沙河，流经新港镇总长14.60千米。区内最长河流为捞刀河，发源于浏阳市石柱峰北麓的社港镇周洛村、自东而南环绕捞刀河镇边境而过，自宿龙桥社区汇入湘江。区内有13座小（二）型水库，湖泊山塘2231个，总面积为44公顷。境内有水域面积873.33公顷，河网密度为0.54千米/平方千米。

表 13-13　　2006—2012年长沙市开福区金霞经济开发区农用地转用、征用汇总表

年份	转用、征用土地数（宗）	批准面积（公顷）
2006	8	112.95
2007	21	382.00
2008	10	119.34
2009	10	86.65
2010	14	148.48
2011	7	85.42
2012	7	82.22
合计	77	1017.08

2006—2012 年金霞经济开发区转用、征用土地用途占比图

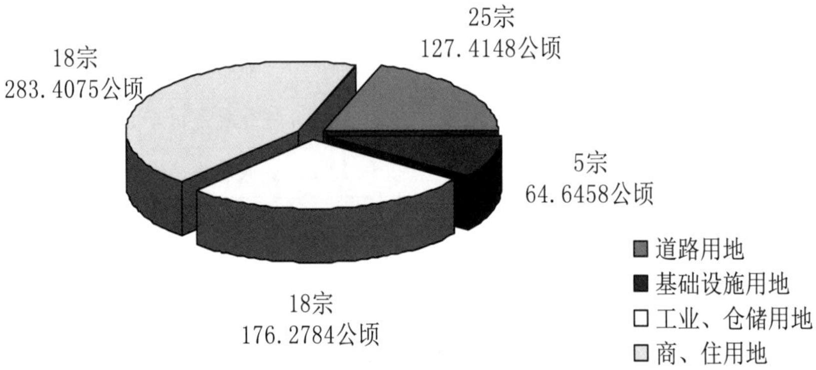

土地资源 2008 年 1 月，开发区成立全程代理服务中心，主要负责开发区范围内土地的统征、储备、供应、规划报建、执法清理等土地利用和管理相关工作。2006—2012 年间，开发区共转用、征收农用地共计 860.40 公顷，报批土地共 77 宗。土地用途以商业、住宅用地、工业、仓储用地、基础设施建设用地（含道路用地）为主。

2007 年，园区火车北站编组站项目统征用地 57.71 公顷，长沙市重型机器制造有限公司生产基地统征用地 24.19 公顷，长沙市土地储备中心在园区内储备经营性用地 6 宗，总面积 108.05 公顷。

2008 年，长沙市土地储备中心在园区内储备经营性用地 3 宗，总面积 77.52 公顷；2009 年储备经营性用地 3 宗，总面积 34.96 公顷；2010 年储备经营性用地 6 宗，总面积 94.03 公顷；2011 年储备经营性用地 3 宗，总面积 36.39 公顷；2012 年，储备经营性用地 3 宗，总面积 67.46 公顷。

2008—2012 年，开发区共供应土地 45 宗，总面积 159.41 公顷。

2008—2012 年，长沙金霞经济开发区共拥有土地资源 5231.13 公顷，加上 2008 年以前已用土地 1330.78 公顷，至 2012 年开发区总共用地 1490.18 公顷，现存有土地资源 3740.95 公顷。

表 13–14　　2008—2012 年长沙市开福区金霞经济开发区土地出让情况表

年份	出让土地数（宗）	供应面积（公顷）
2008	7	36.38852
2009	7	25.93565
2010	11	44.39399
2011	7	22.8243
2012	13	29.86414
合计	45	159.4066

人口·面积 长沙金霞经济开发区远期（2010 年）规划人口为 23 万人。至 2012 年年末，辖区总人口 16 万人，其中常驻人口 13 万人，入园行政、事业、企业、项目单位居住人口约 2 万人，流动人口和暂住人口约 1 万人，城镇化率 68%，总人口中以汉族为主，占 99.28%。

1998 年，湖南省人民政府《关于长沙市经济开发区总体规划方案的批复》明确：开发区规划控制范围

为 33.50 平方千米，行政区划分为金霞、凤亭、鹅秀 3 个组团。1999 年 3 月，凤亭组团划（10.65 平方千米）归开福区金霞路街道办事处（后更名为芙蓉北路街道办事处）。2002 年编制了高岭组团控规，园区管辖金霞、鹅秀、高岭 3 个组团，规划面积调整为 34.96 平方千米。2006 年，开发区先后制定“十一五”“十二五”发展规划，对开发区总体规划实施修编。2009 年 2 月，成立沙坪工业组团。行政区划调整为金霞物流、沙坪工业、鹅秀宜居、高岭商贸四个组团，规划面积调整为 52.22 平方千米，其中金霞组团 10.87 平方千米、沙坪组团 17.26 平方千米、鹅秀组团 12.07 平方千米、高岭组团 12.1 平方千米。

二、建置沿革

长沙金霞经济开发区成立于 1992 年 7 月，是湖南省属重点园区。1994 年 9 月，更名为长沙市经济开发区。2006 年 1 月，更名为长沙金霞经济开发区。

开发区依托水运、公路、铁路、航空、管道五元化网络交通运输优势和长沙金霞保税物流中心、长沙铁路货运新北站、长沙新港、长沙联运物流公路口岸、湖南金霞现代物流园信息平台和长沙综合保税区等六大平台优势，加快构建“一体两翼”的产业发展格局，发展物流产业，创新物流发展模式。

2006 年前，开发区的管理体制曾四度变更，园区发展较慢。2006 年后，园区理顺管理体制，发展速度加快。“十一五”时期，园区“实施二次创业，跻身先进园区”。“十二五”时期，“打造千亿级产业、争创国家级园区”。至 2012 年年底，园区先后获中国物流示范基地、中国物流学会产学研示范基地、国家电子商务示基地、湖南十大最具投资产业园区和湖南省新型工业化产业示范基地等称号。2012 年，园区总税收 4.53 亿元，其中国税 1.39 亿元、地税 3.15 亿元。

1992 年 7 月，长沙市批准长沙捞霞开发区规划，明确开发区范围为一乡一镇一场，辖地跨望城县、长沙县和长沙市郊区。一乡为望城县霞凝乡，含金霞、金盆丘、植基、新安寺、鹅羊山、湘粤、荷叶、大塘、兴联、戴家河、竹隐 11 个村；一镇为长沙县捞刀河镇，含捞刀河村、捞刀河居委会、高岭村、高源村、彭家巷居委会、大安村 6 个村；一场为市郊综合农场马厂分场。

2006 年 3 月以后，开发区辖新港、捞刀河和青竹湖三镇。新港镇含宿龙桥、戴家河、兴联、新安寺、大塘基、霞凝港、综合场 7 个社区和金霞、鹅羊山、荷叶、湘粤、大塘、竹隐 6 个村，下设 53 个居民小组和 85 个村民小组；捞刀河镇含捞刀河、彭家巷、沙坪 3 个社区和大安、板塘、大明、高岭、中岭、汉回、广胜、金霞、钟石、高源、自安、成功 12 个村；青竹湖镇辖天井、群力 2 个社区。土地面积调整到 52.3 平方千米。

三、机构设置

中共开发区组织 1995 年 6 月，长沙市经济开发区成立党委，先后任书记的有魏建超、姚智醇、谭应球。2006 年 6 月，成立中共长沙金霞经济开发区工作委员会，先后任书记的有沈裕谋、张毅。2000 年 9 月，成立中共长沙市经济开发区纪律检查委员会，梁宗仁任纪委书记。2006 年 5 月更名为中共长沙金霞经济开发区经律检查工作委员会，荣爱华任经工委书记。2010 年 6 月以后，长沙金霞经济开发区先后组建 11 家非公有企业党支部，其党组织关系划归开发区机关党总支领导和管理。

开发区行政机构 1992 年 7 月，成立捞霞经济开发区领导小组，长沙市副市长陈元松（1992 年 7 月 27 日—1995 年 8 月 7 日）、市委副书记徐宪平（1995 年 8 月 7 日—1997 年 11 月 17 日）先后担任组长。1993 年 12 月，成立经济开发区管理委员会，先后任主任的有魏建超、姚智醇、王革立、王三稳、袁政国。并与开发区办公室、开发建设总公司实行“三块牌了，一套人马”，合署办公。1994 年 9 月，成立长沙金霞经济开发区开发建设总公司，先后任总经理的有魏建超、姚智醇、王革立、王三稳、袁政国（兼董事长）。开发区下设办公室、招商合作局、产业发展局、规划建设局、工务局、财政分局、全程代理服务中心、投资公司、重点工程建设指挥部和社会事务局。1997 年 11 月，长沙市理顺开发区管理体制，明确中共长沙市经济开发区委员会、长沙市经济开发区行政机构不再作为中共长沙市委、市人民政府派出机构，改属中共长沙市开福区区委、长沙市开福区人民政府领导，开发区（含金霞小区）的人财物和债权债务、项目等全部移交开福区。原市开发区领导小组改为协调小组，组长为长沙市副市长李斌恺（1997 年 11 月 17 日—2001 年 10 月 11 日），执行组长龙双午，副组长谢树林、余建国。

2000年8月，经开区实行撤乡建镇，撤霞凝乡建新港镇，中共开发区委、开发区管委会与中共开福区新港镇委、新港镇政府“合署办公、领导交叉任职”，经开区党委书记兼任新港镇党委书记，开发区管委会一名副主任兼任新港镇镇长。第一任新港镇党委书记姚智醇、镇人大主任梁宗仁、镇长王颂交。下设党政办公室、综合治理处、财政处、招商处、规划建设处、农村工作处，均正科级内设机构。2001年10月，经开区党委、管委会恢复为中共长沙市委、市人民政府的派出机构，经开区开发建设总公司整体移交市环路公司管理，由赵小明、李振萼、李宪政、刘回、余建国、黄雄姿、邹觉西、姚智醇等组成经济开发区管理体制调整工作领导小组，下设工作组。2002年3月，成立经开区管委会交接临时工作小组，刘忠明任组长。领导小组下设办公室，先后任主任的有凌坚、魏建超。

2006年5月，长沙市经济开发区更名为长沙金霞经济开发区。长沙金霞经济开发区党工委、管委会分别为中共开福区区委、开福区人民政府的派出机构，合署办公，为正县级单位。下设办公室、招商合作局、产业发展局、规划建设局、工务局，设立金霞经济开发区财政分局，为开福区财政局的派出机构，正科级单位。长沙金霞经济开发区开发建设总公司交归长沙金霞经济开发区管理。2007年8月，成立长沙江北物流有限公司；10月，成立长沙金霞经济开发区科学技术协会。2008年1月，成立长沙金霞经济开发区全程代理服务中心；成立长沙金霞经济开发区重点工程建设指挥部、沙坪工业组团建设指挥部、高岭组团建设指挥部。2009年2月，成立沙坪工业组团建设指挥部；4月，成立推进公建项目工程建设指挥部；成立湖南金霞现代物流园投资有限公司。2012年2月，成立长沙金霞经济开发区沙坪工业组团建设指挥部、基础设施建设指挥部。

驻开发区机构 1992年7月开发区成立以后，先后有15个省市派驻机构进驻园区，分别为长沙捞霞经济开发区防汛抗旱管理办公室、长沙市工商局捞霞经开区分局、长沙市工商局开福分局、长沙市国家税务局捞霞经开区税收征收管理办公室、长沙市地方税务局经开区税收征收管理办公室、长沙市国土局捞霞经开区分局、长沙市规划管理局捞霞经开区分局、长沙市公安局捞霞经开区秀峰分局、长沙市建工局经开区建筑工程管理处、长沙市城管局经开区综合管理办公室、长沙市海事局、湖南省优化经济发展环境和机关效能行业监测站、武警湖南总队长沙消防支队金霞特警大队、长沙海关驻金霞保税物流中心办事处和湖南省华侨城集团投资。

群团组织 长沙金霞经济开发区成立以后，先后建立共青团、工会、妇联和科协等群众团体。1999年，成立共青团长沙市经济开发区委员会。2007年，成立长沙金霞经济开发区机关工会委员会、妇女委员会和经开区科学技术协会。

四、体制机制

1992—2012年，长沙金霞经济开发区管理体制曾发生四次变更，分别为长沙市直接管理时期（1992年7月27日—1997年11月17日）；开福区受委托管理时期（1997年11月17日—2001年10月11日）；长沙市环路建设总公司受委托管理时期（2001年10月11日—2006年3月29日）；开福区直接管理时期（200 6年2月2 4日—2012年12月31日）。随管理体制的变化，经开区的组织结构亦有相应的调整和改变。

1992—2012年，经开区运行机制有三次变动。1993年4月，成立长沙捞霞经济开发区开发建设总公司。该公司为中一型企业，与开发区领导小组办公室实行“两块牌子、一套人马”，合署办公。同年12月，成立长沙捞霞经济开发区管理委员会，与开发区领导小组办公室、长沙捞霞经济开发区开发建设总公司“三块牌子、一套人马”，合署办公。2000年8月，开福区撤销霞凝乡，建立新港镇，实行中共经开区委、经开区管委会与中共开福区新港镇委、新港镇人民政府实施“合署办公、领导交叉任职”的管理体制。

功能定位 1998年5月，湖南省批准经开区园区总体规划，主要功能定位为大宗物资集散中转和承接市区内退出的第二产业。2006年6月更名为长沙金霞经济开发区，主要功能定位为物流、商贸和大运量工业基地。2009年，园区编制沙坪工业组团控规，主要功能定位为现代物流、商贸和都市工业基地。

方针政策 1992年7月至2006年2月是园区第一次创业期，经开区的发展方针为“以地生财，滚动发展，由南向北，循序渐进”。1992年10月，长沙市明确开发区的土地、人事劳动、金融、进出口、开发引进奖励和立项审批等七大优惠政策。2006年2

月至2012年12月为园区第二次创业期，发展方针是“产业优先，两化并举，四轮[①]驱动，以税生财”。2006年3月，长沙市明确经开区除享有省、市给予经济开发区的各项优惠政策外，同时参照享受长沙高新技术产业开发区和星沙开发区的政策。7月，长沙市再次明确金霞开发区在开发建设过程中可享受“在现行政策条件下，金霞开发区内的土地出让金，在扣除农土资金、征地补偿资金和土地出让手续费后全额返还给金霞开发区”等十项优惠政策，并着重指出开发区的重大公共基础设施建设项目，需申请特殊优惠政策的可一事一报。市建设、国土资源、规划等部门设立绿色办事通道，缩短审批时限。2009年1月，长沙市经济开发区制定《长沙金霞经济开发区2009年度产业发展扶植和奖励办法》，明确扶持奖励适用范围、奖励内容和资金来源。2011年5月，开福区发出《长沙市开福区招商引资及产业扶植奖励办法》和《实施细则》，奖励对象为工商、税务注册地在开福区，对区级财力有贡献的重点扶植的企业以及招商引资的合作单位和信息提供人。

五、基础设施

水、电、气　至2012年，园区铺设自来水干线水管11.20千米，年工业用水80.20万吨，生活用水60.34万吨，居民自来水普及率52.30%，年人均生活用水50吨。总投资2.28亿元的新港污水处理厂建成投产。园区共有排水泵站9座，总排水量达130万吨。园区有220千伏变电站（所）3座、110千伏变电站1座。其中220千伏变电站（所）主变压器170台，总容量2.7兆伏安，高压输电线路3条，总长度为800千米，用电负荷40千瓦，年销电量累计完成0.5亿千瓦时；110千伏变电站主变电器2台，总容量50兆伏安，高压输电线路5条，总长度3万千米，用电负荷15.41万千瓦，年销电量累计完成5000万千瓦时。园区综合电压合格率100%，供电可靠率100%。至2012年，园区捞刀河镇建有煤制气厂一个，日供气总量为21万立方米。

交通电信　2000年8月，金霞大道建成。2002年6月，长湘公路通车。2007年12月，芙蓉北路拓展工程竣工，秀峰大道建成。2009年9月，湘江大道、兴联东路通车。2006—2012年，先后投入41.20亿元，新建市政道路28条，通车里程达79千米。道路两厢人行道及路幅中设有绿化带，绿化面积12.22万平方米。2012年，对园区道路绿化控制线范围内的部分节点提质改造，面积3.50万平方米，其中最长道路为芙蓉北路南段，全长6800米；最短道路为书香路，仅160米。至2012年，长沙汽车北站位于园区内芙蓉北路，园区有149、801、802、159、128、116、916、931、9、112、106、11、129、109、807、星沙2和星沙3路公交汽车线路17条，公交运营车辆260辆，运营总里程180.60千米，年客运量为1047.20万人次。园区有邮政局3个、代办所5个，邮政业务总量323万元，报纸杂志累计发行7.42万份。园区有电信企业6家、服务网点158个，固定电话用户1.28万户，电话普及率80.40%，移动电话用户6.80万户，互联网用户1.43万户。

六、产业建设

2006年前，园区发展重点在基础设施建设。2006年后，园区重点为发展产业。“十一五”期间的目标为现代物流业、都市工业和现代服务业。“十二五”期间的目标是将长沙金霞经济开发区打造就成中部物流之都、城北工业基地和现代服务业新城，加快园区项目建设和产业提质步伐，力争3~5年创建国家级园区。2008年，园区开始编制重要产业项目计划，并定为“产业项目推进年”，重点落实的产业建设项目有创远湘江一号、兆星混凝土、江岸油库等18个，重点服务的产业建设项目有长沙新港三期、保税物流中心招商项目等5个，重点招商的产业有滨江地块、江北物流等6个，重点工程建设项目有金霞污水处理厂等8个，重点督促开工的产业项目有湖南恩瑞国际物流配送中心、高路绿地花园等20个。2009年为“产业项目投入年”，重点管理竣工产业建设项目有隆平米业、霞凝粮库等9个，续建项目有长重一期、南山乳业二期等11个，新开工项目有国药控股、泰和医院、民政厅救灾物质仓库等15个，预备项目有出口加工区、杏林物流、兴旺科技等15个。全年重点产业项目35个，年度计划总投资30.5亿元。2010年为“产业发展提速年”，新建项目有湖南粮食中心批发市场、联运物流

① “四轮”即物流、工业、商贸和地产。

二期等20个，续建项目有畅通物流、长沙铁路货运新北站等13个，竣工项目有中石化湖南油品分销中心、中立机械制造等7个。全年基础设施项目17个、自主投资10个，其中续建项目4个、新建项目2个、预备项目4个，投资3.50亿元。2011年为“产业发展提质年”，新建项目有湘之杰现代物流中心、佳海工业园一期等20个，续建项目有长沙统一一期、新亚胜LED一期、保税仓库二期、标准厂房一期等20个，竣工项目有国药控股、兆星水泥、富马科一期等8个，预备项目有新源石油、罗莎食品等17个，全年纳入园区管理的产业项目65个。2012年为“产业发展突破年”，园区全面深入开展“产业兴园”活动，在战略招商、征地拆迁、项目建设、环境优化上抓实工作责任，强力推进产业项目建设。新建项目有长沙广告产业园、山河标准厂房二期等10个，续建项目有长沙佳海创业中心、中石化二期等18个，竣工项目有南山乳业、润安仓储等6个，预备项目有新时代医药、华南城项目等36个，全年纳入园区管理的产业项目70个。

2006—2012年，园区共完成全社会固定资产投资256.90亿元，产业64家，其中工业产业10家、物流产业24家、房地产产业28家、商贸2家，物流产业占园区产业37.50%。

七、配套服务社会建设

医卫教育 至2012年，园区内有各级各类医疗卫生机构38个，其中市、区级医院2所，乡镇卫生院3所，村卫生室33所，共有床位1120张，专业卫生人员389人，其中执业医师138人，执业助理医生36人，注册护士180人。农村安全饮用水普及率100%，农村卫生厕所普及率100%。新型农村合作医疗参合率100%，统筹地区政策范围内平均住院补偿率100%，实际补偿率100%，孕产妇住院分娩率100%，免费婚检率100%，在辖区的医疗卫生机构实行国家基本药物制度，实行基本药物零差率销售。

至2012年，全区有幼儿园15所，在园幼儿1317人，专任教师119人；完全小学14所，在校学生4580人，专任教师169人，小学适龄儿童入学率100%；初级中学3所，在校学生1943人，专任教师146人，初中适龄人口入学率100%，小升初升学率100%。九年义务教育覆盖率100%。

民 生 至2012年，园区城镇最低生活保障户为834户1771人，支出335.40万元。城市医疗救助245人，民政部门资助参加合作医疗2354人，共支出48.30万元。农村最低生活保障户为1746户，共3624人，支出425万元；农村“五保户”分散供养153人，支出101万元。城乡临时救助935人次，支出37.80万元。国家抚恤补助各类优抚对象346人，支出抚恤事业费113万元。社区服务设施38个，服务中心10个，服务站29个，其他社区服务设施49个，居家养老中心2个，雷锋慈善超市7个，红十字会1个。全年接受社会捐款190万元，受益困难群众953人次。

园区实现城镇新增就业1345人，失业人员再就业155人，参加城镇基本养老保险13056人，参加企业基本养老保险91056人，参加城镇职工基本医疗保险1900人，参加城镇居民基本医疗保险9797人，参加失业保险8900人。社会基本养老保险参与率99.6%，农村合作医疗参与率100%、人均寿命76.1岁。各级劳动人事争议调解组织和仲裁机构共处理争议事件3件，结案率100%。动态劳动合同签订率98%，区内居民人年均收入20432元。

至2012年，园区共投入6.6亿元，先后建成群众文化艺术院团61个、文化馆（站）49个、市民文化广场103个、村（社区）级文化活动中心139个。园区城镇化率48.2%。

八、入驻企业

至2012年，入驻园区的企业和项目150余家，其中世界500强企业4家、央企5家、上市公司12家。

入驻物流企业47家，有AAAAA级10家、AAAA级6家，湖南省前十强企业7家，普洛斯、恩瑞、湘之杰、卓尔等知名物流企业先后入驻，形成能源、粮食、医药、钢贸四大“百亿级”物流板块。2012年，物流板块企业中石化油品分销中心实现销售收入73.8亿元，湖南粮食集团完成粮食销售30亿元。

入驻工业企业69家，规模以上34家，初步形成食品加工、装备制造等产业集群，长沙统一年产值达11.2亿元规模，富马科机械“双螺杆挤压技术”获全国一等奖，新亚胜LED全球最薄最轻的显示屏成为伦敦奥运会指定用品，长沙佳海创业中心、卓尔企业社区、山河实业标准厂房等成为中小企业成长的优质孵化平台。

入驻商住地产企业16家，创远、湘江壹号、大联·山语城、钱隆世家、双湾国际、中欣—极目楚天等项目基本建成，商品房新开工面积51.23万平方米，销售面积27.76万平方米。

九、经济发展指标

税收收入是园区的主要经济指标之一，园区长效税源增长速度快，但税基仍显薄弱，在财政收入所占权重较低。由于园区暂无独立的税务征收管理机构，税收管理难度大，基本处于空白状态。数据的采集主要是协调税务部门来完成，该数据包含新港镇全部行政村及社区、与捞刀河镇重叠区域18个行政村及社区（高岭村、高源村、中岭村、捞刀河村、大安村、金霞村、钟石村、广胜村、自安村、板塘村、大明村、成功村、汉回村、天井村、群力村、彭家巷社区、捞刀河社区、沙坪社区），与青竹湖镇重叠区域2个社区（金盆丘社区、植基社区）。

2006年，园区总税收7500万元，其中国税2175万元，地税5325万元。2007年，园区总税收12000万元，其中国税3480万元，地税8520万元。2008年，园区总税收15000万元，其中国税4350万元，地税10650万元。2009年，园区总税收20200万元，其中国税6060万元，地税14140万元。2010年，园区总税收30010万元，其中国税8393万元，地税21617万元。2011年，园区总税收39726万元，其中国税10038万元，地税29688万元。2012年，园区总税收45683万元，其中国税13853万元，地税31830万元。

2012年，园区共完成财政收入10亿元，其中总税收4.50亿元。全社会固定资产投资60亿元，工业总产值241.62亿元，规模工业增加值33.44亿元，社会物流总额422.96亿元，物流企业实现主营业务收入181.15亿元、利税15.40亿元。招商引资完成外资主营业务收入33.29亿元，实际到位外资8950万美元，引进省外境内资金12.78亿元，内联引资完成固投23.75亿元。工业总产值和规模工业增加值指标同比分别增长29.1%和28.2%，增速在全市“四区十园”中均排名第二位。

规划前景 2008年，湖南省批准省两型办的总体规划，将开福区捞刀河以北144.30平方千米的金霞片区纳入先导区的两型片区范围，其中核心区20平方千米，可以享受先行先试的核心区为5平方千米。2010年，长沙市对金霞片区进行分区规划编制。金霞分区北至丁字分区、南至捞刀河、西临湘江，东达安沙分区，规划总面积136.86平方千米，规划总人口55.80万人。规划用地结构分为仓储物流、循环工业、居住、公建配套等四大主体功能，以仓储物流、循环工业、居住为主导，公建用地为工业居住配套服务，采用组团式布局，辖河口、鹅秀、金霞、青竹湖、沙坪、白霞、高岭7个组团，功能分区为“一心、三园、五区”[①]，即一个发展核心，三个物流及工业园，五个居住区。

第二节 金霞保税物流中心

一、建置沿革

长沙金霞保税物流中心位于长沙市开福区北部、金霞经济开发区范围内。2005年3月，长沙海关、长沙市人民政府和湖南省人民政府先后向海关总署及国务院申报设立长沙金霞保税物流中心，项目规划用地100公顷，于2005年6月启动建设。2006年7月，项目首期工程竣工，经海关总署同意按照保税仓和出口监管仓经营管理模式先期开展试运行。2008年12月26日，海关总署、财政部、国家税务总局和国家外汇管理局四部委联合批复，同意设立长沙金霞保税物流中心。2009年4月28日，长沙金霞保税物流中心通过国务院四部委联合验收，颁发验收合格证书并授牌。8月10日，长沙金霞保税物流中心正式封关运行，同日长沙海关驻金霞保税物流中心办事处挂牌。

金霞保税物流中心实行“管委会＋公司”的管理体制。2011年9月、2012年8月，省、市、区编委先后发文，明确金霞保税物流中心为长沙市副县级派出机构，委托开福区管理，主要负责政策咨询、规划、招商、统计、协调、监管等行政管理职能，核定党工委、管委会机关开发区专项编制15名。

管委会下设长沙金霞海关保税物流投资建设有限公司（开福区政府国有独资），作为投资运营主体，负责承担项目的债权债务和商业运营，履行项目的投融资、开发、建设、经营等职能，实行公司化运作。

保税物流中心（B型）是指经海关批准，由中国

① “一心、三园、五区”：“一心”即依托霞凝新港和火车北站、编组站形成的水运、公路、铁路中转联运中心；“三园”即分布在金霞、高岭组团内的两个仓储物流园及沙坪工业园；“五区”即鹅秀、捞刀河口、高岭、青竹湖、青竹湖东五个规划的居住区。

境内一家企业法人经营，多家物流企业入驻并从事保税仓储物流业务的海关集中监管场所。金霞保税物流中心作为我国中部首批、湖南唯一的B型保税物流中心，是湖南扩大对外开放、服务外贸发展的政策产业平台，是湖南省、长沙市和开福区三级政府重点建设、重点招商、重点扶持的产业发展项目。中心实行围网封闭管理，享受“境内关外”的优惠政策，具备保税仓储、国际物流配送、简单加工与增值服务、进出口和转口贸易、口岸功能和出口退税、物流信息处理和咨询服务6大功能，通过引进多家物流企业入驻，为进出口加工贸易企业提供快速通关、报检、贷代、拼箱、查验及物流配套等服务，以便集中解决进口货物入中心保税、出口货物入中心退税、加工贸易深加工结转货物“境外一日游”三大核心问题，从而有效降低企业物流成本、提高资本运作效率，提升贸易便利化水平。

二、业务与运营

根据海关总署130号令，金霞保税物流中心内企业可开展以下业务：保税存储进出口货物及其他未办结海关手续的货物；对所存货物进行流通性简单加工和增值服务；全球采购和国际分拨、配送；转口贸易和国际中转；经海关批准的其他国际物流业务。

金霞保税物流中心具备五种业务模式，即：保税存放各种贸易方式的进口货物，缓交进口关税；境内货物入中心视同出口离境，入中心即退税；保税进口料件加工后的产品不须复运出口，可通过保税中心结转给国内加工贸易企业，解决加工贸易货物境外“一日游”问题；中心内企业可与境外自由开展进出口和转口贸易；货物可在海关特殊监管区域间进行转移。

保税中心经营企业是长沙金霞海关保税物流投资建设有限公司，主要负责园区开发建设、经营服务、仓储租赁，协助海关实施对进出物流中心的货物及中心内企业经营行为的监管。业务运营操作主体是园区入驻企业。仓储物流经营业务由入驻物流及配套企业具体操作，主要为进出口加贸企业提供通关及配套服务。

通关监管联检部门有海关、国检、国税、外汇等部门。长沙海关在现场业务处设立副处级派出机构长沙海关驻金霞保税物流中心办事处。2012年10月，海关现场业务处整体搬迁到保税中心和长沙新港后，设立保税业务监管科，负责保税中心进出口货物的监管通关。湖南出入境检验检疫局在长沙霞凝港办事处设立驻金霞保税物流中心现场业务科，负责保税中心进出口货物的检验检疫。湖南省国税局、湖南省外汇管理局在金霞保税物流中心设立办事窗口或提供政策支持和服务，负责办理进出口货物出口退税、结汇等手续。

金霞保税物流中心位于湖南金霞现代物流园核心区，西邻长沙新港，东距长沙铁路新北站仅1千米，距黄花机场仅半小时车程，中心周边路网完善，并与京珠高速、107、319国道相通，处水、陆、空交通枢纽中心。

金霞保税物流中心规划用地100公顷，其中，一期海关监管区30公顷，完成开发建设并投入运营。建10栋仓库及配套集装箱堆场，总面积约14万平方米（仓库6.80万平方米，堆场7.20万平方米），完善综合办公、出入卡口、隔离围网、视频监控、信息管理平台及商务办公（物流大厦4.80万平方米）等基础设施；二期物流配套区70万平方米，已陆续引进物流配送与分销、进口商品展示交易、保税专业市场等相关配套产业。

金霞保税物流中心封关运行后，入驻企业增多，业务量增长。至2012年，入驻的物流、贸易及配套企业近20家，有中远国际货运、大地国际货运、恒峰国际物流、友联供应链、优传供应链、德邦物流、华润万家、邮政速递、凌致时装、佳诚仓储、新时代医药、湖南江天房地产、湖南嘉德投资置业等公司；中心服务的生产型企业约280多家，包括富士康、蓝思科技、威胜电子、介面光电、三一重工、中联重科、创芯科技、美国安捷达铁道集团等大型企业。累计进出口报关6363票（其中一日游2074票），总货运量15.32万吨，总货值11.45亿美元，海关征收关税2.58亿元，进出口货品近3000种，业务范围覆盖全省、辐射全球。同时，园区普通仓库出租率100%，2011年普通物流吞吐货值5.40亿美元，2012年13.90亿美元，同比增长157%，形成保税物流与普通物流相互促进、外贸与内贸协调发展的局面，平台功能有效发挥。至2012年，项目累计完成投资约8.50亿元，实现经营收入1.52亿元（含土地转让）、项目税收和入驻企业税收3720万元。

表 13-15　　2009—2012 年长沙市金霞保税物流中心进出口业务运营数据统计表

时间	类别	报关票数（票）	其中“一日游”（票）	货运量（吨）	货值（万美元）	关税（万元）
2009 年 8—12 月	总业务量	216	31	9996	2340	1036
2010 年	总业务量	1241	145	45728	15500	5882
	同比增长	91%	368%	53%	121%	89%
2011 年	总业务量	2056	431	53509	34789	8253
	同比增长	66%	197%	17%	124%	40%
2012 年	总业务量	2850	1467	43973	61879	10113
	同比增长	38.62%	240.37%	17.82%	77.87%	22.54%
合　计		6363	2074	153206	114508	25824

第三节　青竹湖生态科技园

一、自然环境

长沙青竹湖生态科技（产业）园地处长沙市开福区北部，东部与开福区捞刀河镇相邻，南部与开福区新港镇接壤，西部及西北部与望城丁字镇毗连，东北部与长沙县北山镇搭界。青竹湖生态科技（产业）园管委会驻太阳山社区太阳山路 1 号。园区通过芙蓉北路、中青路、车站北路、湘江大道等四条南北向道路与市区紧密连接，通过青竹湖大道连接长沙新港、湘江大道、芙蓉北路、中青路、太阳山路，形成四纵四横的城市交通骨架。

园区处在群山环抱、绿水相连之中，生态环境优美，森林资源、水资源丰富，有森林面积 1000 公顷，森林覆盖率达 50%。有面积约 100 公顷的太阳山森林公园，水域面积 120 公顷。园区秉承“生态、智慧、创新”理念，致力于“打造品质、追求卓越”，营造现代自然、休闲、愉悦的生活氛围，有住宅小区“绿城·青竹园”、山地高尔夫球场、近 20 公顷的青竹湖。

二、建置沿革

青竹湖生态科技园于 2002 年 12 月启动建设。2003 年 6 月青竹湖镇成立，2005 年 6 月正式批准设置长沙青竹湖生态科技（产业）园，与青竹湖镇合署办公，属于园区带镇体制，按照“一套人马，两块牌子”的方式运作。园区下设党政办公室、规划建设局、招商合作局、产业发展局、社会事务局、财政分局等五局一室，共有干部职工 78 人，其中在职在编 45 人。园区下辖群力、天井、新源、太阳山、霞凝、青竹湖畔、植基、金盆丘 8 个社区，东西最大距离约 4.80 千米，南北最大距离约 7.20 千米，总面积 17.76 平方千米。

至 2010 年底，青竹湖已累计投入建设资金 84 亿元，签约引进项目近 30 个，计划投资额 151.40 亿元。建成青竹湖大道、太阳山路、北一道、西二路、星月路、南一道、北二道、中青路、青丽路、西一路、天井路一期、高尔夫路共 21.80 千米的城市道路，核心路网及配套设施已基本完善，给排水、电力、电信、自来水、燃气、公交等基础设施全部按市政标准配套到位。长沙青竹湖国际会展中心、青竹湖湘一外国语学校、派出所、医院、图书馆、影剧院、体育馆、太阳山公园等公益、公建设施相继落成。园区内实现雨污分流，日处理污水能力 3000 吨，污水处理站已运行。具有世界先进水平的远大空调区域能源站项目也落户园区，并已投入使用。

三、产业发展

园区按照美国泛亚易道公司概念性规划、新加坡裕廊集团片区规划，产业定位为“东文化、西物流”，包括服务外包、文化创意、商业地产、体育休闲、现代物流五大产业。2010 年，引进的开发项目有以绿城·青竹园高尔夫别墅项目、绿色低碳社区—长沙·太阳星城项目为代表的高端地产业；以湖南首座山地挑战形环湖高尔夫球场为代表的体育休闲产业；以青苹果数据中心、安博牛耳教育 IT 实训基地为代表的服务外包产业；以湖南长沙霞凝国家粮食储备库为代表的现代物流产业；以风来鸣文化传播公司为代表的文化创意产业，形成科技生产、生态休闲、娱乐生活、智能工作的产业链。青竹湖生态科技（产业）园作为长沙金霞保税物流中心、长沙金霞经济开发区等现代物流和绿色工业基地的配套服务基地，具备“临港、依站、靠海关、有会展”的区位优势和产业平台及资源优势。

至 2011 年，园区社会固定资产投资 50.65 亿元，规模工业产值 2.04 亿元，社会消费品零售总额 2.45 亿元。园区先后被列入长株潭“两型社会”试验区、湖南省重点小城镇建设范畴，评为全国环境优美镇。2009 年初，被湖南省授予“湖南省两型社区示范镇”称号。8 月，被认定为中国服务外包基地城市示范区和湖南省服务外包示范区，成为长沙市服务外包企业的主要集聚区。

2009 年 11 月，中央政治局常委李长春，中央政治局委员、中宣部部长刘云山，中央政治局委员、国务委员刘延东视察园区青苹果数据中心。12 月，中央政治局委员、国务院副总理王岐山视察园区青苹果数据中心。2010 年 7 月，中央政治局常委、国务院总理温家宝视察园区青苹果数据中心。2011 年 3 月，中央政治局常委、中央书记处书记、国家副主席习近平视察园区青苹果数据中心。10 月，中央政治局常委、国务院副总理李克强视察园区青苹果数据中心。

许多重要的经济、文化活动如世界环球小姐大赛、全国公路摩托车锦标赛、春季长跑赛、长沙房交会、经贸周、名车试驾等活动在青竹湖举办。

第十四篇　农业与农村经济

1989—1995年，长沙市北区尚属纯城区。1996年成立开福区，始有农业与农村经济。其管理机构为长沙市开福区农村工作办公室、农业机械水利局和蔬菜副食品局，2002年合并为长沙市开福区农业林业水利局，负责全区农村种植业、养殖业、林业、水利、生态农业和农业机械的建设与发展的管理工作。

开福区农村种植业主要为粮食作物、蔬菜和经济作物。粮食作物主要为水稻，种植面积，1996年5933.6公顷，2012年2882.2公顷，呈逐渐减少的趋势。蔬菜种植规模发展迅速，1996年，全区有种植面积598.2公顷，总产量2.73万吨；至2012年为2866.7公顷，总产量18.31万吨，增长570.67%。经济作物主要有水果、茶叶、油料作物、花卉等，其中水果虽种植面积逐渐减少，但产量大为增加，1996年，全区水果面积266.7公顷，总产量612吨；至2012年为100公顷，总产2500吨，增长308.50%。养殖业分为生猪、奶牛、家禽等牲畜养殖和水产养殖。牲畜养殖以生猪为主，发展较快，1996年全区生猪饲养24.69万头，出栏15.17万头，存栏9.52万头；至2012年为饲养29.30万头，出栏18.50万头，存栏10.80万头，分别增长18.67%、21.95%、13.44%。开福区的水产养殖，湘江有鱼类112种，其中主要经济鱼类20余种，1996—2012年，水产面积逐渐缩小，产量亦日渐减少。十几年来，开福区农村种养业重视作物病虫害和家禽、牲畜疾病防治，引进和培殖新品种，提高农业机械化水平，故虽种养面积逐渐减少，而产量反而有所增加。至2012年，全区畜禽养殖业全部退出。随着社会经济文化的发展，20世纪末至21世纪初，开福区兴起创建都市生态农业热潮，至2012年，全区共有休闲农庄、农家乐38家，接待人数206万人，总产值2.35亿元。

开福区林业主要为林地保护利用和造林育林。在林地保护利用方面，逐步扩大公益林规模，加大森林公园、湿地公园建设，建设浏阳河、捞刀河风光带林地。造林育林方面，消灭宜林荒山和全面绿化，1996—2012年，全区造林1678.4公顷，植树344.42万株，封山育林19360.9公顷。

开福区地方江河纵横，湖塘密布，水利建设工作极为繁重。1994—2012年，全区经历了1994年6月、1996年7月、1997年6月、1998年6月、2001年6月、2002年8月、2003年5月、2010年6月的特大水灾和2007年6—8月的严重旱灾。1996年，开福区提出“全民动手，大办水利”口号，1998年实施全面治水规划。十几年来，全区每年都发动冬修水利工程，修复湘江、浏阳河、捞刀河防洪大堤，建设新河垸、苏托垸、朝正垸、霞凝垸等水利设施，加强了全区防洪抗旱能力。

第一章　农村经济管理

第一节　管理机构

1989—1995年，长沙市北区没有农村地区，亦未设管理农村工作的机构。1996年7月10日，长沙市开福区成立后，辖有大片农村地区。8月20日，开福区设立农村工作办公室、农业机械水利局、蔬菜副食品局。11月26日，农村工作办公室加挂农林局牌子；农业机械水利局更名为水利局，农林、农场、农村经营管理和农机管理职能划到农村工作办公室；

畜牧水产管理职能划归到蔬菜副食品局。

2002年1月，长沙市开福区农村工作办公室、开福区蔬菜副食品局、开福区水利局合并成立长沙市开福区农业林业水利局。10月，核定机关行政编制11名，其中领导职数4名，党组书记、局长各1名，副局长2名。1996—2002年，担任区农村工作办公室主任、书记的为邹仕平；任蔬菜副食品局局长的为陈海鑫；担任农业机械水利局、水利局局长的为黄树林。2002—2012年，先后担任农业林业水利局局长的为陈海鑫、罗伟明、李新民，先后担任书记的为黄树林、黄跃坤。

长沙市开福区农业林业水利局内设办公室、水利科、农业农经科、畜牧水产科（防W病办）、林业科（森林防火办）、河道站、新河堤委会7个职能科室。下设农业科技推广站、农机安全监理站、水政监察站、林业工作站等4个二级机构。2011年6月10日，农业林业水利局新增负责休闲农业的管理，涉农产品加工的行业指导、协调、安全监管以及乡镇企业的统计工作。区农林水利局农业农经科负责全区粮食作物、蔬菜、经济作物生产的指导和规划，蔬菜质量监测，全区农业招商引资、农村土地流转监管、村级财务规范化管理、休闲农业管理、涉农产品加工的行业指导、乡镇企业统计。林业科负责全区森林防火、林木砍伐、林地管理、林业生产，花卉苗木产业的技术指导、培训、设计以及林业行政执法。畜牧水产科负责全区畜禽水产品养殖的规范管理和防疫、动物卫生监督执法以及鱼类新品种、新技术的推广应用。水利科负责全区水利工程建设规划、设计及监督管理和全区防汛工作。

第二节 产业结构与分布

1996年，长沙市开福区产业结构为：水稻种植面积6029.94公顷，旱粮作物面积430.7公顷，蔬菜种植面积598.2公顷，水果面积266.7公顷，水产养殖791.9公顷，生猪饲养24.69万头，奶牛274头，耕牛2759头，熊20头，家禽41.99万羽。全区产业分布：粮食种植以捞刀河镇、霞凝乡为主，蔬菜生产以综合农场、福安乡为主，水产养殖以综合农场和红色渔场为主，生猪养殖分布在捞刀河镇、霞凝乡、综合农场，奶牛养殖以综合农场为主体，特种养殖熊在福安乡。至2012年，农林牧副渔的比例分别为种植业占64.01%、牧业占34.40%、渔业占1.47%。

1996年，全区启动农业产业结构调整，投入资金400万元，推广返季菜、家庭蔬菜大棚，发展养殖专业户，建立蔬菜示范区，实行奖励政策（如每套蔬菜大棚奖励2000元）。1997年3月，开福区制定万亩蔬菜、万亩水果、万亩优质鱼池和万亩“高效农业发展带”的规划，成立调整农业结构协调领导小组，各乡镇亦成立相关机构。同时提出“稳定福安、巩固综合（农场）、发展捞刀、带动霞凝”的战略布局，形成“远城粮、猪、果，近城菜、鱼、花”的产业结构布局。捞刀河、霞凝从单纯注重粮食生产转到经济作物生产上来，区财政安排150万元专项资金，各乡、镇、场投入500多万元。综合农场成立“湘绿景观实业有限公司”，投入150万元，建立朝阳、洪西、山鹰潭度假村3个花卉苗木基地，发展花卉、苗木、草皮8公顷，配置10套塑料大棚和一栋玻璃温室，基地存园花木价值200余万元，直接销售收入25万余元。当年9—10月为世界之窗、广电中心、长沙大学提供绿化苗木1.80万多株、草皮3万多平方米、盆花6000多盆，承揽绿化工程直接收入达100万元。该公司又投入160多万元，开发陈家渡“两高一优”放心菜基地，被列为长沙市一级蔬菜保护基地。捞刀河镇种植经济作物面积1000公顷，产值1200万元；霞凝乡经济作物面积69公顷，产值210万元；综合农场柑桔56.7公顷，4.20万多株，产量500吨，产值75万元；福安乡蔬菜面积45.8公顷，上市蔬菜2200吨，产值220万元。

1998年，全区实施四个“千工程”[①]，当年安装蔬菜大棚200套，实现农业总产值2.89亿元。1999年，

① 四个“千工程”即在综合农场、捞刀镇、霞凝乡扩菜1000亩（66.7公顷）；改造升级养殖水面1000亩；在捞刀河镇海棠村、广胜村、综合农场、霞凝乡等发展花卉时鲜水果1000亩；返季栽培20个品种面积1000亩。

开福区以农村稳定、农民增收、农业发展为指导方针，以示范基地建设为重点，以科学技术为动力，以调整产业结构为突破口，挖掘和培育新的经济增长点。全区全年种植蔬菜面积达到906.7公顷，上市蔬菜5.8万吨，水产上市5520吨；蔬菜副食品生产总值达2.18亿元，占全区农业总产值的69.2%。陈家渡蔬菜示范基地一年建成无土基质栽培5.7公顷，新增蔬菜大棚400个，新修机耕道2000余米，“无公害”生产技术得到大面积推广和提高，被省政府授牌为“湖南省重点蔬菜基地”。

2000年，全区已形成以综合农场、福安乡为中心的蔬菜生产基地；以综合农场和红色渔场为中心的水产养殖基地；以综合农场和捞刀河镇为中心的奶牛养殖基地；以捞刀河高岭村为中心的花卉苗木基地；以综合农场和捞刀河镇为中心的水果种植区。综合农场、捞刀河镇、新港镇部分农户依托开福区城郊优势地域，以一家一户为单位修建渔池和亭台阁楼，种草养花，营造田园风光，开设垂钓、餐饮、健身、棋牌、商务等休闲娱乐项目，为城市居民提供休闲服务。11月，全区各乡镇（局）财政按不低于当年可用财力的20%安排资金，鼓励企业、机关事业单位和农业开发商到农村投资农业开发，引导民间资金投入，并组建奶牛养殖、蔬菜种植和新型种养业3个指挥部，抽调100名干部下基层促调整。11月10日，开福区发布《关于加快农业结构调整的意见》，确定全区农业结构调整的总目标：今冬明春稻田改制2000公顷，明冬后春全面完成全区稻田改制任务，实现全区农业基本退出水稻生产。要求全区蔬菜种植面积达2000公顷，年产值5亿元以上；花卉苗木种植达666.7公顷，年产值2亿元以上；以南山乳业为龙头，发展奶牛养殖及乳制品加工，奶牛养殖规模达1万头，年产值达2.5亿元以上；结合“以园立区”的战略实施，以生态农业观光园、农家乐建设为重点，发展观光休闲农业，农业旅游经济产值达3亿元以上。至年底，全年完成稻改菜190.7公顷，比1999年增加112公顷，稻改渔33.4公顷，其他21.4公顷。生猪千头以上养殖大户6户，500头以上养殖大户15户。如广胜现代农业观光园，投入资金近500万元，开发出山地40公顷，种植高品质腾稔葡萄22.7公顷，培植高品格花卉苗木6公顷，修建高标准精养鱼池2公顷，整修高标准化菜地3.4公顷，并建成一幢面积近2000平方米的休闲娱乐中心，成为农产品生产与观光、旅游、休闲于一体的现代农业观光园。

2001年，区本级投入农业结构调整资金650万元，全区共投入资金3000万元，实现稻田改制899.7公顷，其中稻改菜433.4公顷，稻改花卉苗木195.3公顷，稻改渔102.1公顷，稻改玉米83.6公顷，其他85.1公顷，新增休闲基地66.7公顷。2003年，开福区农业产业结构转型升级，以招商开发、休闲农业的发展为突破口，以服务城市、富裕农民为目标，以农业产业化为主攻方向，年内招商引资9个项目，引资1.38亿元。简氏韩国农产品加工项目，年产值近亿元，80%出口。新增退稻面积1026.7公顷，其中花卉苗木313.4公顷，蔬菜433.4公顷，渔池80公顷，饲草53.4公顷，其他146.5公顷。全区建立无公害蔬菜速配中心2个，年销售无公害蔬菜1万吨。2012年，开福区农业产业结构发生根本改变，土地集中流转到企业经营，先后有三中、新富豪、开心吧、诺贝尔等企业建立新型的农副业生产规模企业，实行统一经营管理，经营面积达400公顷以上。

2012年，全区有农产品加工企业16家，其中省级龙头企业7家，市级龙头企业7家，有蔬菜、素食菜、油料、乳制品、茶业加工和水产养殖。是年，农副产品加工企业完成增加值6亿元，同比增长35.47%，工业总产值完成25亿元，同比增长13.25%，营业收入24.5亿元，同比增长13.43%，实现利润9000万元，同比增长10%。农产品加工企业建有基地6.58万公顷，带动农户37.42万户，年产值32.7亿元，食品加工企业的产品全部获得绿色食品认证。湖南省粮食集团投资20亿元开始建设粮油仓储加工基地，规划建成后仓储规模达100万吨，粮油年加工能力100万吨，年货物吞吐量500万吨，年市场交易额50亿元，物流总产值100亿元，解决5000人就业，带动农民增收1亿元。

表 14–1　　1996—2012 年长沙市开福区农牧渔业年度总产值统计表

年度	农牧渔业总产值（万元）	其中（万元）				人均纯收入（元）
		种植业	牧业	渔业	林业	
1996	26572	9121	10806	2945	753	2560
1997	28565	9805	11616	3166	809	2891
1998	28892	8974	11997	3387	746	3248
1999	30709	11133	11687	3148	656	3573
2000	32705	11835	13943	3410	799	3573
2001	35180	13133	14986	3976	536	4388
2002	38047	19710	14650	3296	391	4775
2003	38343	13561	10346	2489	334	5295
2004	47666	20222	24264	3079	74	6179
2005	51459	22588	25456	3309	77	7129
2006	55052	28616	22852	3485	64	8647
2007	62005	28829	28575	3697	904	10701
2008	64922	30150	32143	2466	86	12640
2009	65664	33114	29615	1788	2	15169
2010	68925	38670	28442	1717	4	18347
2011	80790	46698	32150	1847		20218
2012	83077	53179	28576	1222		23403

说明：2003—2012 年总产值中，除农牧渔林业产值外，尚含少量其他服务业产值

第三节　农村财务管理

1996 年区划调整前，县、区都设有经营管理站。区划调整后，长沙市开福区经营管理站设在农村工作办公室。区经管站对 1995 年统筹工作进行审计，对各乡、镇、场农村合作基金会进行自查整顿，开展对农民负担的监管，加强村级财务管理和培训工作。是年 10 月 9 日，召开乡、镇农村经管站站长会议，传达和贯彻关于减轻农民负担的会议精神，发放“农民负担监督管理法规政策汇编”资料。捞刀河镇 1995 年人均纯收入 2052 元，人均负担 43.09 元，比 1994 年增加 4.84 元，占上年人平收入的 2.1%。霞凝乡 1995 年人均纯收入 1310 元，人平负担 49 元，比 1994 年增加 12 元，占上年人均收入的 11.3%，但该乡不向农民收取，而从乡、村企业收入中提取，且中小学学费报销 50%，考上大学有奖，退休后每人每月发 40 元生活补助。

1997 年，开福区建立健全城乡统筹、村提留三项审批制度。捞刀河镇人均提留 42.81 元，为镇人均纯收入的 1.96%，比 1996 年的 2.45% 下降 0.49%，实现农民负担总额减、负担项目减、负担比例减、负担意见减。开福区执行统筹提留“一定三年不变”的要求，全区预审提留资金 268.28 万元，占农民人均纯收入的 1.67%。

1999 年，开福区把农村减负作为稳定工作的重要内容列入目标考核范围，实行党政一把手负总责和一票否决制。是年，发放农民负担卡 19006 份，其中捞刀河镇 12852 份，霞凝乡 6154 份，发卡率为 100%。当年全区统筹 276.03 万元，其中乡统筹 220.71 万元，村提留 55.33 万元，占 1996 年人均纯收入的 2.1.%。1999 年，捞刀河镇镇、村两级统筹提留共计 198.63 万元，其中镇统筹 157.32 万元，村级提留 41.31 万元，人均 44.62 元，为 1996 年人均纯收入的 2.04%，为 1998 年人均纯收入的 1.61%，比 1998 年人均减少 0.17 元。霞凝乡乡、村两级统筹提留共计 77.4047 万元，其中乡统筹 63.39 万元，村提留 14.02 万元，人均 52 元，占 1996 年人均纯收入的 2.27%，随着集体经济的壮大，逐渐减少对农民的统筹提留，如捞刀河镇 31 个村，有 19 个村没有提取管理费，18 个村未提公益金。

2007年，全区对享受义务教育“两免一补”政策的贫困学生进行摸底调查，春季有3210名、秋季有3096名贫困学生享受中央免费提供的教科书和“一费制”教育，4699名农村学生免杂费。春秋两季共免学杂费183万元(春季63万元，秋季120万元)。2009年春秋两季义务教育“两免一补”经费为330.2万元。

是年，全区集体经济收入1650万元(其中捞刀河镇1297万元，新港镇331万元，青竹湖镇22万元)。区财政补贴400.7万元。资金用于村干部报酬等437.04万元，误工补贴等108.8万元，村办公经费273万元，其他支出698万元，总计1516.84万元。

2010年9月，开福区纪委、监察局、财政局、农林水利局发出《开福区农村集体经济组织“三资”管理办法(试行)通知》。2011年4月17日至5月3日，检查组对22个村(居)的资金、资产、资源情况进行清查。2010年资产增加36.09万元，2011年资产增加2998.58万元；资产清理45.67万元，处置收入24.94万元。农村总面积7883.56公顷，村集体1592.63公顷。2010年发包及上交收入(房租金、土地租赁)合计550.27万元，2011年发包及上交收入(房租金、土地租赁)合计678.69万元，村集体资产每年租金收入496.43万元。2011年全区农村集体共有资产12.66亿元，其中货币资金7.54亿元，固定资产5.12亿元。农村集体资源总面积10540公顷，其中集体所有农用地总面积9866.67公顷，集体所有建设用地总面积673.34公顷。

2012年3月，开福区成立“五清查”领导小组，由区委常委、纪委书记任组长，副区长任副组长，三个乡镇分别成立领导小组。根据《长沙市开福区开展村级资财“五清查”工作方案》，对开福区村级财务进行全面清查。2011年全区共核实村级财务收入13033.66万元(其中捞刀河镇7872.63万元，新港镇4530万元，青竹湖镇631.03万元)；支出12610.3万元(其中捞刀河镇6197.89万元，新港镇5237万元，青竹湖镇1175.41万元)；专项资金1876.79万元(其中捞刀河镇1475.39万元，新港镇243万元，青竹湖镇158.4万元)；债权5418.65万元(其中捞刀河镇899.45万元，新港镇2818万元，青竹湖镇1701.2万元)；债务39697.31万元(其中捞刀河镇9117.85万元，新港镇14447万元，青竹湖镇16132.46万元)；核实资产原价19222.73万元(其中捞刀河镇7349.16万元，新港镇11245万元，青竹湖镇628.57万元)；资源12958.1公顷(其中捞刀河镇8502.9公顷，新港镇1305公顷，青竹湖镇3150.3公顷)。

第四节　农村土地承包管理

一、延长土地经营承包权期限

1996年，长沙市开福区展开以延长承包期30年为核心内容的二轮土地承包工作。2003年3月，开福区再次推进全面完善家庭联产承包责任制的工作。先后召开机关干部会、村干部会学习政策，实行党委、政府成员包片，联村干部包村，村干部包组，组干部党员包户，层层落实学习和宣传。全区镇、村、组分别召开各种会议180余次，培训骨干2000余人，印发资料5000余份，出动宣传车5天。坚持“大稳定、小调整，增人不增地、减人不减地”的原则，延长土地承包期。

全区对实行家庭承包初期未处理好的遗留问题进行调查研究、论证和解决，进一步稳定和完善以家庭承包为主的山林、水面、茶果园等各种生产责任制。如:新港镇由于历史原因迟迟未完成该项工作，开福区及新港镇成立土地承包管理领导小组，从镇到村、组，层层召开会议，布置工作，依据上级政策，制定适合镇情的《关于农村土地使用制度改革的若干规定》，组织村民学习政策，完成新港镇的土地承包工作。

在完善承包责任制过程中，区委、区政府对“半边户”“外来户”妇女及其子女在承包土地中的合法权益问题进行专题调查，对村民代表会议或村民大会的决议以及乡规民约中违反男女平等原则、侵害妇女合法权益的内容进行全面清理。至年底，全区43个村、480个村民小组、4581.14公顷耕地，全部完成延长土地承包30年，并发放集体土地承包经营权证1.32万本。

2007年，开福区捞刀河、新港、青竹湖3个镇、村(社区)的土地承包经营权证换发任务，涉及6万余农民的切身利益。4月4日，开福区成立农村土地承包经营权证换发工作领导小组，由主管副区长任组长、成员单位负责人任小组成员，办公室设在区农林水利局。在换发证工作中，实行“五到户”(即承包面积到户、承包地理位置到户、承包证书到户、基本农田标注到户、承包经营权证到户)和“四相符”(即承包面积、承包合同、承包经营权、承包经营权证登记簿相符)，对二轮土地承包中不符合法律法规要求发放的土地承包经营权证，重新换发国家依法确认的农村土地承包经营权证并补签承包合同。

是年，开展农村土地突出问题专项治理。开福区成立由副区长任组长，监察局、国土资源局、农林水利局等局长任副组长，监察局、农林水利局、国土资源局、民政局、纠风办、信访局为成员单位的区农村土地突出问题专项治理领导小组，办公室设在区农林水利局。在开展农村土地突出问题专项治理工作中，区农林水利局负责农村土地突出问题专项治理工作的牵头和组织协调，负责相关业务指导和情况综合；区国土局负责纠正征占农村土地中侵害农民利益的行为和查处违规案件；区监察局和行风办负责组织查处农村土地承包违法违纪案件和违法违规征占农村土地行为；区民政局负责专项治理工作中的村务公开、民主管理；区信访局负责落实信访责任制，加强督查、督办。开福区国土分局在10月12日召开“土地执法百日行动”，对辖区内2005年1月1日以来“以租代征”，违反土地利用总体规划扩大工业用地规划、未批先用，特别是“以租代征”较为严重的捞刀河镇大明村进行全面清理，查处“以租代征”违法性质的21家企业，共计租用农村集体土地24.62公顷，对所有违法企业进行行政处罚。到2008年3月，整改任务全部完成。

二、推行土地流转承包

“十一五”时期，开福区实行土地流转，加大劳动力转移工作力度，推动各项生产要素的合理流动和优化组合，通过农村土地的有效流转，推动农业的规模化和产业化经营，构建“龙头带基地、基地带农户”的生产格局，提高规模效益。2000年，开福区土地流转承包，都是小规模的流转，每个单位流转的面积不超过2公顷，流转期限为30年。

2006年，开福区盘活农民“两安”用地和集体资产，鼓励农民在依法、自愿的前提下，采取入股、租赁和转包耕种等多种形式进行新一轮土地流转经营承包。是年，全区流转土地773.34公顷。

2010年，长沙市政府制定《长沙市农村土地流转交易暂行规则》，对在市、县（区）农村土地流转交易中心进行的农村集体土地承包经营权、林权、农村集体建设用地使用权的流转交易作出具体要求和规定。4月，长沙市三中农业科技有限公司投资4800万元，流转土地58.67公顷的汉回农耕文化园项目全面启动（其中林地流转期限42年，耕地15年）。青吉旅游文化投资有限公司在青竹湖镇流转土地83.34公顷，流转期限45年。

2011年开福区流转土地总面积408.67公顷。1月8日，湖南新富豪生态农业开发有限公司投资2000万元，在捞刀河镇成功村流转土地20公顷，开展光伏低碳优质高效葡萄种植和多种经营，引进20多个国内外良种葡萄品种，建立0.67公顷专业苗圃地，自制高标准钢筋水泥柱1.20万件，从江苏专业厂家购进来自日本技术的精钢架设施，购置5套太阳能供电照明设施，38套太阳能杀虫灯，实现当年流转、当年全部投产。2012年产葡萄100吨，产值500万元，利润280万元，带动周边乡镇农户300户、解决60多个剩余劳动力就业。湖南诺贝尔摇篮农科素质教育基地旅游开发有限责任公司在捞刀河镇乌溪村、伍家岭村流转土地73.34公顷，总投资8000万元，创建AAAA级农业文化科技教育旅游景区、幼儿素质教育基地。

2012年，湖南沙坪湘绣股份有限公司在沙坪社区流转土地12公顷，总投资3.8亿元，创建中式婚庆、湘绣文化、湖湘文化和休闲娱乐四大功能区。上海国之杰投资发展有限公司投资15亿元，参与湖南沙坪湘绣股份有限公司资本平台建设、生态金融区建设、绣坊街和风情小镇建设。深圳华岸资产管理有限公司投资5000万元，流转土地6.67公顷，在沙坪村、茶子山村建高档休闲会所。新一佳等企业投资3亿元，把沙坪湘绣特色产业和原生态农业有机结合，把低碳风情小镇、文化旅游和乡村休闲旅游有机结合，夯实沙坪新农村建设的产业基础，促进农民持续增收。湖南新丝秀科技开发公司投资100万元，在沙坪村建一个占地13.34公顷的桑蚕园，直接为沙坪周边的湘绣厂提供蚕丝制品、绣丝、真丝原料。长沙健全精雕工艺制作有限公司、湖南神匠文物保护古建筑园林工程有限公司投资1亿元，在湘绣创意产业园建设创意广场、旅游观光长廊、石艺展示区、木艺展示区、陶艺展示区、竹艺展示区、综合工艺品展示区、自营工艺品展示区、酒店、休闲会所、交易与办公大楼和物流仓库。

2012年，为健全规范农村土地承包经营权流转制度，加快开福区农村土地资源市场优化配置和合理开发，推进农业规模化、集约化经营和农业增长方式的转变，提高土地利用率和农业生产率，加快发展现代农业，推动农村专业合作社组织有序发展，实现农村经济的可持续发展。开福区结合农村土地流转工作的实际，制定《开福区农村土地承包经营权流转管理实施细则》（草案），对全区范围内采取转包、转租、出租、入股和合作等形式进行流转的行为进行规范，实行土地承包经营权流转的审批、备案管理制度，依法保护流转的各方权益，建立土地流转信息平台。

第五节　农民负担监督管理

一、减轻农民负担，推进农村税费改革

1996年9月23日，开福区发出《关于切实做好减轻农民负担整改工作的通知》，指出有的地方仍然存在程度不同的“三乱”现象，要求各乡、镇、场及区直有关部门制定切实可行的整改措施。9月，霞凝乡停止执行霞政发〔1996〕03号《关于在全乡中小学学生中收取办学经费的决定的通知》；已收取的办学经费由乡联校统筹归口交乡财政代管，待上级物价部门检查后听候处理；向中小学生收取的学校美化费、绿化费、电影费、工友费、维修费及其他各项收费一律按长教委字〔1996〕098号文件执行，不该收的和超规收的一律清退，制止农村中小学乱收费的现象。

1997年4月，开福区成立以区委副书记戴源为组长、各有关部门负责人参加的减轻农民负担领导小组，对统等提留款按1997年的负担标准“一定三年不变”。捞刀河镇开展乡、村统筹提留、预算的申报审批工作，统筹提留核算到村、组、户，填好农民负担卡，实行依卡上交。农民负担实际控制在年人均纯收入的2.1%(国家规定为5%)。综合农场清查出晚婚晚育保证金1.2万余元，建房押金15.5万余元，均全部退还；另有6项不合理收费全部终止。福安乡集体经济实力增强，村里为农民统一缴农业税、三防费、教育附加费、军烈属、“五保户”优抚费、公交事业费，村干部工资不向农民摊派。

1998年5月18日，开福区制定《关于全区农村推行村务公开制度，推进村民自治工作的意见》。10月21日，全区在捞刀河镇高岭村召开村务公开工作现场经验交流会，推介村务公开工作先进单位的经验。全区建立完善“村务公开”和“负担卡”制度。区监察局在各乡镇建立农民联系点，制定《关于聘请农民减负监督员的办法》，落实10名基层监督员。1999年11—12月，对2个乡镇、15个村17户农民负担情况进行检查，核实各乡镇农民负担占农民年人均收入的1.5%～1.8%。2000年，区治理经济发展环境领导小组办公室和区纪委办公室联合发出《关于取消农民建房不合理收费的通知》，纠正一乡一镇在办理农民建房手续中存在的乱收费现象，对其他乡村发出预警。8月，就减轻农民负担工作中存在的问题，全区开展6项工作，即抓教育、抓规范、抓检查、抓纪律、抓作风、抓源头。

2001年3月12日，成立区农村税费改革领导小组，区委书记张迎龙任组长。4月23日，召开全区农村税费改革动员大会。区有关部门、各镇(局)党委书记、镇(局)长以及村支两委负责人共200余人参加会议，分管农业农村工作的副区长李增加做农村税费改革工作动员报告。全区出动宣传车10余台次，悬挂宣传横幅58条，张贴宣传标语500余条，主办宣传橱栏42个，印发税费改革宣传资料600余份。区政府抽调20余名干部分赴各乡、镇、局（场），加强税费改革工作领导。深入实际，调查研究，认真测算，拟订方案；坚持“农民利益优先、发展才能减负、收缴税费以理服人”的三项原则，把住“预算方案审批、随读代征和随粮代扣及涉农收费”三个关口，收到“农民负担明显减少、农民负担无上访、干部爱民群众爱国”三个效果。是年，全区分镇统筹提留审批总额为268.2万元，较2000年271.6万元减少2.4万元；人均负担45.7元，比2000年的46.1元减少0.31元；人均负担占上年人平纯收入的1.48%，比上年降低0.12个百分点，比国家规定控制的5%以内少3.52%。

2002年，开福区全面推行农村税费改革。4月，召开全区农村税费改革动员大会，调整区税费改革领导小组及办公室成员。全区51个村(分场)均确定2～3名税费改革协办员，全区实行三级联点负责制，出动宣传车76台次，张贴宣传标语2100多条，张贴通告600张。区税改办先后出《农村税费改革工作简报》4期。严格按第二轮土地承包的面积计税，将核减面积以村为单位张榜公布。全区应签字农户数1.73万户，纳税通知书入户签字数1.71万户，征纳手册到户数1.71万户，签字率90.16%。改革后的51个村(分场)，有551个村民小组，2.27万户，计税面积3127.41公顷。全区农业税、农业特产税及附加收入263.17万元，比上年合理税费减少收入411.35万元;改革后人均负担34.98元，亩均负担56.10元，比上年人均减免54.66元，下降60.98%，亩平减负51.08元，下降47.66%。是年8月，对两个镇2001年统筹提留收取和使用进行专项审计，审计金额250.4万元，该项资金没有违规行为，全区未发生一起涉农恶性案件。

2004年1月，开福区制订《贯彻落实中央1号文件精神暨2004年开福区减轻农民负担实施方案》，进一步推进农村税费改革。对农村筹资筹劳实行上限控制：每年每人不得超过15元，每年每个劳动力承担劳务的数量最高不得超过10个标准日。根据《实施方案》，在全区农村实行“四项制度”，即：涉农

税收、价格和收费公示制；农村中小学义务教育收费一费制；农村订阅报刊费用限额制；涉及农村负担案（事）件责任追究制，落实减负工作责任制。

二、免征和取消农业税

2004年4月6日，开福区成立粮食直补和农业税改革工作领导小组。6月7日，发出《关于实行农业税免征政策的通知》。全区各镇（局）6月20日前，将未使用的农业税缴税凭证，从各征收机构、代征村和执收人员处收集归总，移交到区财政局统一封存。农业税免征后形成的财力缺口，待中央、省、市、区转移支付政策明确后，再结合区、镇（局）财政体制调整和镇（村）两级经济情况，确定财政结算方案。各镇（局）应支付给村（分场）的各项经费，仍按原政策足额到位，禁止以任何形式将负担和减少的财力转嫁到村（分场）和农户；推进与免税政策相适应的机构改革和职能转变，相应精简农税机构人员。区、镇（局）农税部门和村（分场）的农税职能，由原来的征收为主转变为以农业税整顿工作为主。继续做好镇、村两级债务化解工作，培育后续财源，压缩非生产性开支，提高干部待遇。加强农村组织和民主法制建设，严格农民负担的监督管理，规范村内“一事一议”筹资筹劳制度，严禁乱摊派；各镇（局）、村（分场）坚持党政一把手负责，将相关的免税措施落实到实处。组织、纪检、监察、财政、农林水利等部门加强监督检查工作，对违反农业税免征和其他农民减负政策的单位和个人进行查处。

从2004年1月1日起，全区统一实行农业税免征政策，实现农业生产环节“零税率”。全区免征农业税及附加253万元。捞刀河镇在免税前，正、附税总额达184.31万元，免税后，全镇人均减负40.53元，仅2004年农民减负增收人均达到54元左右。

2006年，根据十届全国人大常委会第十九次会议废止《中华人民共和国农业税条例》的决定，全区农民不再上缴农业税。

第六节　农村合作经济组织

2004年始，开福区引导农民组建农村合作经济组织。农村合作经济组织实行村支部书记、村主任、村级合作经济组织法人代表，由一人担任，班子成员全部交叉任职的“三位一体”的架构。重点是规范“三位一体”负责人、村民代表会议、党员代表会议、股民（社员）代表会议的权责及代表会议会期、法定讨论问题的范围和决定事项。在发展农村合作经济组织的工作中，鼓励各村从各自的实际出发，因势利导。在土地已大部分或全部征用的村，将生产发展用地以及其他集体经营性净资产进行组合，成立股份合作或经济合作社。如捞刀河镇太阳山村原总面积404.1公顷，540户，农业人口1905人，非农业人口105人，2001年被列为开福区扶贫建整对象，在推进城市化进程中，成为青竹湖片区开发的中心位置，征收土地城市化面积173.4公顷。遂以生产发展用地为股，将征地补偿作为投入将发展用地盘活，组建由村民自己经营管理，效益逐年分红的合作组织——太阳山经济合作社。经济合作社按每人一股，独生子女享受双份的原则，将股份量化。在分配方式上，采取新增人口次年享受，注销人口享受一年后收回的基本原则，向股民分红的方式进行。每年底将经济收入的80%向股民分红，余下的20%作为公积金。合作社设独立财务，与村级行政收支分开。2005年将医院用地租金收入按每股200元进行分配，2006年将土地补偿费1000万元作为投入，新建一栋社区综合楼，总建筑面积1.2万平方米，2007年4月竣工投入使用，整栋楼全部投入使用年租金不低于100万元，每一个股民就此一项年分红达500元。

在村集体经济雄厚，村集体经营性净资产较多的村，将集体经营性净资产股份化，成立实业发展公司。如大明村2006年组建的大明实业股份经济合作社，由合作社在村集体预留地上兴建工业厂房，以此来招商和获取租金，租金收益30%作为村集体扩大再生产储备金，70%用于村民分红，解决村民的保障问题。

通过整合村级土地资源和其他集体净资产，成立股份合作自主开发经营的合作经济组织，村集体和社员共创市场，共担风险。如兴联村的创新发展股份有限公司。

各村在股权设置上结合各自的实际，如太阳山村经济合作社，设立集体股和个人分配股两种，集体股占总股本的20%，股权归合作新集体，主要用于公益事业建设筹集资金。个人股占总股本的80%，只享有分配权，股权不得继承、转让、买卖、抵押，不得退股。新安寺村股份合作社则将总股本一次性全部配给股民，不因合作社资产增减或因合作社成员异动而重新配股、买股、退股（因合作社发展需要而募集的现金除外）。

农村合作经济组织的主体是农民，发展的主动权也在农民。在农村合作经济组织的建设和运行中，始终坚持“民办、民管、民受益”的三民原则，实行民主决策，民主管理，按市场规律办事，经营方式首先由董事会提出，经代表大会讨论决定，一般选择风险小、利润高的方式进行资产经营。开福区农民经济合作组织主要是以盘活安置用地为重点，采取租赁、出让、保底分红及以地产换房产的方式 。在收益分配上，根据各村的经济基础和发展需要，在章程中确定提取公积金、公益金的比例，特别是明确分配给社员的比例不能低于当年收益的 60%，保证农民的利益。

开福区农村合作经济组织经营过程中，坚持效益为先的原则，在没有找到合适经营项目的时候，暂不开展经营活动，不拿农民的生存用地进行风险投资，不从事无效益的经营活动。

2006 年，全区建立新型农村经济合作组织 7 个。新港镇的新安寺村通过成立合作经济组织，将部分生产安置用地租赁给物流仓储企业，当年收益 43 万元，其中 80% 分给 612 名失地农民。至 2009 年年底，全区有开福区休闲生态观光农业协会，长沙砖瓦行业协会，开福区养猪协会，捞刀河镇太阳山村、高源村、高岭村、大明村，青竹湖镇的植基村、群力村、新源村、天井村、金盘丘村、霞凝村，新港镇的新安寺村共 14 个新型农村经济合作组织。

第二章 种植业

第一节 粮食作物

一、水 稻

1996 年，开福区水稻种植面积 6029.94 公顷，总产量 4.45 万吨，亩产 492 千克。当年推广杂交稻 3258 公顷，亩产 542 千克，杂交稻占水稻种植面积的 54.9%，主要品种有威优 6 号、威优 35 号、威优 64 号、威优 49 号等。1997 年，全区加快良种推广步伐，早稻良种有湘早籼 10 号、13 号、14 号、18 号、19 号，种植面积 1000 公顷；晚稻良种有 V46、V35、V64、汕优 46、汕优 63 等，种植面积 2550 公顷；中迟熟有浙 733，占中迟熟品种的 90% 以上。2001 年，全区水稻种植面积 4700 公顷，总产量 3.76 万吨。2012 年水稻种植面积 2880 公顷，总产 2.11 万吨。

吨粮田 1997 年，开展大规模“吨粮田”建设及粮食高产竞赛活动。提出“提高粮食单产，稳定总产，力争今年实现吨粮区”的工作目标，成立领导小组，全区形成区、乡、村三级纵向推广体系，建立全区技术服务体系。通过省市农业专家测产验收，省市统计部门认定，全区水稻种植 5933.6 公顷，总产量 4.48 万吨，亩均单产 1006.6 千克。其中早稻 2761.4 公顷，总产量 1.90 万吨，亩均单产 458 千克；晚稻 3172.2 公顷，总产 2.58 万吨，亩均单产 542.9 千克。过“吨粮田”面积 2761.4 公顷，总产量 4.17 万吨，占 93.08%。至 2008 年，开福区水稻良种覆盖率达到 100%。

表 14-2　　1996—2012 年长沙市开福区水稻生产情况表

年度	面积（公顷）	总产（吨）	亩产（千克）	年度	面积（公顷）	总产（吨）	亩产（千克）
1996	6029.94	44502.3	492	2005	4120.4	31642	512
1997	5933.6	44794.8	503.3	2006	5303.6	29088	365.6
1998	5933.3	38000	427	2007	5310	33810	424.5
1999	4666.7	45000	642.9	2008	4096.4	24952	406.1
2000	6132	42000	456.6	2009	3586	23305	433.3
2001	4700	37600	533.3	2010	4513.87	28200	416.5
2002	5050	36639	483.7	2011	4020	25914	429.8
2003	4000	24243	404.1	2012	2880	21058	487.5
2004	5099.4	35621	465.7				

二、旱 粮

全区旱粮作物主要有红薯、马铃薯、玉米、豆类等。1996年，全区旱粮作物面积430.7公顷。2006年，红薯种植230公顷，总产量3044吨；马铃薯种植30公顷，总产量860吨；玉米种植200公顷，总产量427吨。2011年，马铃薯种植60公顷，总产量278吨，玉米种植50公顷，总产量268吨。2012年，红薯种植面积110公顷，总产量1902吨；马铃薯种植333.4公顷，豆类种植面积90公顷，总产量206吨。

三、冬季农业

1996年，成立区冬季农业生产指挥部，区财政以5万元用作冬季农业资金，区农办组织种子供应。当年落实冬种面积3899.7公顷，其中蚕川豆146.7公顷、冬粮933.4公顷、油菜233.4公顷、绿肥2119公顷、冬菜466.7公顷，冬种覆盖率90%。此后，每年冬季农业面积均稳定在3000公顷左右。2012年，冬季农业面积2666.9公顷，其中土豆333.4公顷、油菜333.4公顷、绿肥666.7公顷、冬菜1333.4公顷。冬种品种：大麦有沪麦8号、10号，鄂皮5号；小麦有扬麦158号，湘麦13号，川麦688号；油菜有湘油13号、15号；湘研7号，湘杂油1号、3号、5号、10号，742，753，631，华湘油9号、10号，华油杂9号，华杂3号，广丰油730，沣油520，中杂油1号、12号，亚科28号，油研10号，希望528号，兴地油1号，双低杂交油菜；土豆有中薯3号，川薯2号、3号、5号，东农303号，克新四号，南中522，大西洋，鄂马铃薯5号，湘马铃薯1号，脱毒马铃薯种薯，费乌瑞它等；绿肥有湘肥3号，紫云衣丸衣化种子，余江大叶，浙紫5号，弋江籽，信紫1号等；蚕川豆有启豆2号，荆豆4号。

四、耕作制度

开福区农业耕作制度是一年三熟制。主要有：稻—稻—（绿）肥、稻—稻—油（菜）、稻—稻—（冬）菜、稻—稻—（蚕/川）豆、稻—稻—（小/大）麦、西瓜—稻—（绿）肥、稻—稻—（土）豆、稻—菜—菜等复种制。捞刀河、霞凝地区以粮油、绿肥—双季稻为主，综合农场、福安乡以冬菜—双季稻、稻—菜—菜为主。

五、水稻生产新技术

1996年，开福区在捞刀河地区开展软盘抛秧技术200公顷。1997年达666.7公顷，占早稻种植面积的24%。化学除草2666.7公顷，推广防止早衰、提高结实率、增加千粒重的高新成果谷粒饱1333.4公顷，千粒增重24～26克。4月，开福区投入13.6万元，在捞刀河镇火星村、金霞村、成功村、双湖村及霞凝金盆丘村共建设育秧基地5个，面积2.9公顷。商品秧基地与8500户农户签订合同，由农技站统一提供品质优良的秧苗，农户每亩大田交育苗费40元，如需代抛另加20元代抛费。同时开展水稻生物防治技术4116.7公顷、化学除草4000公顷、化学调控1666.7公顷、地膜育秧面积1220公顷。1998年，商品秧基地扩大到26.7公顷（可供1333.4公顷大田的秧苗）。1999年，开福区投入50万元建立一个3.4公顷塑料大棚商品秧基地。2002年，开福区软盘抛秧面积3100公顷，占当年水稻总面积的76.6%，至2012年旱育软盘抛秧面积达95%以上。

1996年，开福区开展测土配方施肥技术，当年测土配方施肥面积166.7公顷。2002年达3000公顷。

六、粮食作物种植补贴

2004—2005年，全区发放到户的早、中稻直补和粮补资金229万元，2006年198.45万元，2007年280万元，2008年308.64万元，2009年626.55万元，2010年481.01万元，2011年427.49万元，2012年566.23万元。

七、水稻保险

2008年5月，开福区与中华联合财产保险有限公司签订湖南省水稻保险第一单，为全区4000公顷（6万亩）水稻统一投保94.4万元，到11月底保险公司赔付20余万元。2009年，全区水稻投保3800公顷，区财政安排水稻投保金额90余万元。2011年和2012年，全区水稻投保面积分别为3933.3公顷和3266.7公顷。

第二节 蔬菜

一、种植规模

1996年，全区有蔬菜面积598.2公顷，总产量2.73万吨。2004年，蔬菜面积1417公顷，总产量17.61万吨。2012年，全区蔬菜种植面积2866.7公顷，总产量18.31万吨。

表 14-3　　1996—2012 年长沙市开福区蔬菜生产情况表

年度	面积（公顷）	总产（吨）	年度	面积（公顷）	总产（吨）
1996	598.2	27300	2005	2610	151266
1997	802.8	34582	2006	2610.3	152685
1998	906.7	46200	2007	2733.4	171177
1999	906.7	58000	2008	2765.4	171550
2000	1133.3	65000	2009	2691.4	170263
2001	1000	105680	2010	2733.4	162110
2002	1420	152650	2011	2466.7	156050
2003	1420	176090	2012	2866.7	183094
2004	1417	176090			

二、品　种

开福区蔬菜种植资源有地方传统品种、定向选育的杂交品种、引进品种等 14 类 85 种 390 余个品种。其中根茎类 3 种，14 个品种；白菜类 5 种，35 个品种；芥菜类 3 种，12 个品种；甘蓝类 3 种，15 个品种；瓜类 12 种，67 个品种；茄果类 3 种，38 个品种；豆类 7 种，47 个品种；葱蒜类 5 种，20 个品种；绿叶类 15 种，62 个品种；薯芋类 6 种，18 个品种；水生蔬菜 6 种，12 个品种；多年生蔬菜 5 种，12 个品种；食用菌 4 种，6 个品种；半培蔬菜 4 种，4 个品种。

1997年起，开福区蔬菜生产以抓"六新技术"[①]的推广为主，大力开展"名、优、特、新、野"为主体的品种结构调整，引进芦笋、香椿、荠菜、佛手瓜、人参果、滕三七、太空黄瓜等80余个新品种，生产面积200公顷，其中引进的一粒太空黄瓜种子，其果个体重3千克左右，一根藤结果8个，单株产量24千克；引进人参果0.4公顷，亩产量4000千克，每千克价30–40元，亩产值12万～16万元。

三、栽培技术

1996年，全区开始推行电热育苗技术和工厂化育苗技术及基质育苗技术，新型育苗技术推广到每家每户。当年，开福区有电热育苗塑料中棚210个，面积1.46公顷，改造后的电热育苗温室32栋，总育苗面积21.20万平方米，育成苗2970.6万株。同年，引进新肥料酵素菌肥、CO2肥和海鸟肥等新肥料。引进酵素菌284吨，能提高地温3℃，产量提高8%。CO_2肥前期产量提高50%～60%，推广海鸟肥452吨，使用面积980.3公顷，沼肥每年推广8000～20000吨，有机肥每年推广使用4380吨以上。

20世纪70年代中期，长沙市北区引进大棚栽培技术。1997年，长沙市开福区在综合农场陈家渡创建湖南省第一个"两高一优"工厂化蔬菜生产基地，对基地实行改造，引进水泥和钢架大棚1200个（26.67公顷），完成道路硬化1.17万米，绿化长新公路5000米，改进一排二进渠道1.94万米。9月，开福区率先在长沙市开展黄瓜秋延后栽培试验，9月4日播种，11日移栽，亩季产量2306千克，亩季产值5700元。反季栽培的芹菜（又称药芹），亩季产值2.40万元，比常规栽培增值1.80万元。1997年后，蔬菜反季栽培在开福区全面推广。1998年，无土基质栽培试验，亩季产量5000千克，亩季产值1万元。开福区早黄瓜、豇豆、丝瓜等品种获得长沙市蔬菜局夏菜早熟评比第一名，开福区陈家渡菜农何建国、何新获长沙市种菜科技明星奖。当年，投入80万元填平一口0.2公顷的水塘和推平一个垃圾场，建成湖南省第一个6.7公顷蔬菜无土基质栽培基地。同年，投入60万元，购进2000平方米的智能型自动恒温连栋大棚；建成"百日干旱不用愁，日降雨200毫米不受渍"的现代农业基

① "六新技术"即新材料、新设施、新技术、新农药、新肥料、新品种。

地，并投入100万元，建成1000平方米的农业科技教学楼，引进以色列微灌技术和设施。至2012年，共引进防虫网200万平方米，遮阳网1000万平方米，无滴膜816万平方米，转光膜800平方米，双色膜30吨。大棚设施的引进，改变耕作制度，使蔬菜生产的复种指数由原来的3～4提高到6～8，蔬菜亩产量由原来的2000～3000千克，提高到1～2万千克，亩产值由原来的1000余元提高到1～2万元，最好的达3～6万余元。

1998年5月，开福区引进日本的蔬菜嫁接新技术，进行黄瓜、西红柿、茄子的嫁接试验，不但提高蔬菜的品质和抗病性，还提高产量70%～170%。同年，开福区引进无土基质栽培 技术，解决蔬菜生产中长期困惑的轮作障碍和恶劣的地理环境带来的栽培困难，将蔬菜复种指数提高到8～12，土培复种指数为3～4。无土基质栽培基地栽培的蔬菜上市比土培提早10～15天，省工60%以上，一个人可耕作0.3～0.4公顷（土培一人只能种植0.07公顷左右），设施栽培省药60%以上，配上微灌设施，可节水70%以上。无土基质栽培投入产出比为1∶7～10，露地栽培投入产出比为1∶1.5～2。是年8月，在首批建成的0.54公顷无土基质栽培菜土上，当年产蔬菜（4个月）5万千克，总产值13.43万元，折合亩季产量18.75吨，折合亩季产值5.04万元。第一年试验栽培比露地栽培收入高出4～5倍。延后基质栽培的黄瓜比土培栽培提前18天上市。基质和普通设施栽培相比，基质栽培产量高于设施栽培73.5%，增值57.9%。当年，日本千叶大学教授尹东正考察陈家渡无土基质栽培时说："这是我在中国看到的第一个一流的栽培技术。"无土基质栽培改变了栽培观念，蔬菜生产由过去的"一芹二白三莴笋四萝卜"变成"一年四季有时鲜"。

1999年，引进立柱式循环水培设施，占地400平方米，12层（相当于0.48公顷），投入资金35万元，年产蔬菜12季，产量30吨，折算亩产量50.03吨，亩产值8.34万元。

四、病虫防治

1996年始，开福区农村大量推广使用频振式杀虫灯、太阳能杀虫灯以及黄板诱杀等生物和物理防治技术，共推广频振式杀虫灯627盏，太阳能杀虫灯100盏，可覆盖2908公顷，推广使用黄板5.76万块，性诱剂3.67万枚。

五、市场与配送

1989年起，北区新增丝茅冲、北桥、东风路、沙湖桥等蔬菜市场，原荷花池、砚瓦池等蔬菜市场同时运转。1995年，由于蔬菜生产成本增加，国家逐步提高收购价，但销售价未动，亏损由财政补贴。此后市场全面放开，蔬菜销售以集贸市场和批发市场为主体。菜农生产的蔬菜直接进入集贸市场、批发市场及超市。2000年12月28日，陈家渡无公害蔬菜配送中心正式揭牌营业，日均销量10吨以上，品种近100个。配送中心投入600余万元，建有5359平方米厂区，1000平方米的配送车间和检测中心。2001年9月，朝阳分场在全国九大蔬菜批发市场之一马王堆蔬菜批发市场开辟660平方米120个经营摊位的无公害蔬菜专营场地，日销蔬菜20吨，年销售蔬菜7000吨；同时开发礼品菜，形成"基地＋农户＋公司"的经营运作模式。上述二家公司年销蔬菜超过1万吨，解决农民"卖菜难"。2004年，综合农场"青园净菜配送公司"正式营业，年销售无公害蔬菜1200吨。三家配送公司分别注册"陈家渡"牌、"科篮"牌和"捞刀河"牌3个品牌，并获得国家工商总局批文。

六、标准化示范（区）

1998年12月至2000年12月，以开福区蔬菜副食品局为龙头，与长沙市蔬菜技术推广站共同承担省丰收办下达的"蔬菜设施栽培周年多样化生产综合配套技术推广"，两年共推广光皮辣椒、豇豆、茄子、黄瓜、藤豆等高抗病、优质新品种累计面积4409.4公顷，总产无公害蔬菜12.58万吨，总产值1.90亿，两年共增产值5317.2万元，创纯收入3911.5万元，共外销蔬菜2.34万吨。两年中，大棚、中棚等设施栽培面积339.1公顷，小拱棚栽培面积2916公顷，遮阳网覆盖栽培3156.3公顷，防虫网覆盖栽培面积304.9公顷，无土栽培面积20公顷，双色膜覆盖318.9公顷，新良种和杂交种种植面积4409.4公顷。小地老虎性诱剂、Bt乳剂、虫螨克、古参碱、抑太保等高效低毒和生物农药使用累计面积4295.5公顷，酵素菌、CO_2等肥料使用面积586.3公顷。2001年，开福区无土基质栽培周年多样化栽培获市科技进步三等奖。2001年5月至2003年5月，开福区被确定为国家质量技术监督总局农业标准化示范区。2003年，示范基地面积1420公顷，总产量17.61万吨，亩产8267.2千克，比示范前(2000年)增加4443.5千克，亩增收5332.2元；总产增加11.11万吨，年平均收入2.11亿元，收入增加1.33亿元，人均3017.79元，人均增加2037.29元。陈家渡二中队按标准化生产种植丝瓜，亩产量（4—9月）达11.26吨，亩季产值1.80亿元，比未实施标准化生产前提高产量60%。2002年，开福区列为湖南省无公害蔬菜基地示范县（区）。同年4月，成立开福区无公害农产品开发领导小组，由区委副书记黄新国任组长，主管副区长朱德文、农林水利局长陈海鑫任副组长，聘请湖南省农业厅总农艺师雷秉乾、湖南农业大学教授刘明月为顾问，同时制定实施方案和6个生产技术规程。2008年4月，开福区陈家渡分场、朝阳分场等23个基地被定为湖南省“放心菜”基地，开福区作为长沙市第一批“放心菜产销证”发放单位，共发放产销证110户。

七、无公害农产品认证

2002年，全区开展无公害农产品产地环境认定，当年认定面积566.7公顷，认证产品8个，认证产量2.23万吨。2004年，对全区3269公顷土地进行整体无公害农产品产地环境认定。至2012年，共认证无公害蔬菜产品37个，认证产量5.28万吨。同年，开福区注册“陈家渡”“科篮”“简四毛”“宴上飞”“捞刀河”5个农产品品牌。

第三节　经济作物

全区主要经济作物有茶叶、土烟、花卉、西瓜、柑橘、桃、李、柿、栗、湘莲、草莓等品种。

一、水　果

1996年，开福区水果生产以柑橘为主，面积266.7公顷，产量612吨。2002年，水果存园面积186.7公顷，总产1906吨。2012年，水果以柑橘、葡萄为主，面积100公顷，产量2500吨。

表14-4　　1996—2012年长沙市开福区水果生产情况表

年份	面积（公顷）	产量（吨）	年份	面积（公顷）	产量（吨）
1996	266.7	612	2005	50	1648
1997	156.4	991	2006	40	1927
1998	157.7	1020	2007	40	1890
1999	163.1	1120	2008	40	1927
2000	140.2	1870	2009	60	1840
2001	200	1768	2010	60	1899
2002	186.7	1906	2011	100	1897
2003	186.7	1130.6	2012	100	2500
2004	40	1648			

二、茶　叶

开福区没有成片的茶园，一般都是农户在房前屋后种植的小片茶园，以供自给。1996年，开福区茶叶种植面积27.1公顷，产茶9.58吨。2005年，茶叶种植面积20公项，产茶9吨。2012年，茶叶种植面积20公顷，产茶9.5吨。

三、油料作物

1996年，全区油料作物面积97.2公顷，产量139吨。2004年，全区油料作物面积208公顷，产量662吨。2012年，油菜面积333.4公顷，产量550吨。

表14-5　　1996—2012年长沙市开福区油料生产统计表

年份	面积（公顷）	产量（吨）	年份	面积（公顷）	产量（吨）
1996	97.2	139.0	2005	220	490.0

续表 14-5

年份	面积（公顷）	产量（吨）	年份	面积（公顷）	产量（吨）
1997	236	312.4	2006	200	415.0
1998	193.4	263.9	2007	210	430.0
1999	250	315.0	2008	566.7	935.0
2000	140	123.9	2009	433.4	630.5
2001	100	93.0	2010	400	540.0
2002	40	38.4	2011	110	175.0
2003	40	42.0	2012	333.4	550.0
2004	208	662.0			

第三章 养殖业

第一节 牲 畜

一、生 猪

生猪养殖 1996 年，全区饲养生猪 24.69 万头，出栏 15.17 万头。有生猪养殖专业户（养殖生猪 100 头以上）1000 户。2004 年，对 14 户养猪户调查，出栏 1.24 万头，总重 1241 吨，头均 100.4 千克，每千克收购价 9.8 元，总收入 1216.13 万元，总支出 1015.36 万元（其中饲料 711.12 万元，猪成本 281.62 万元，防疫费 5.34 万元，其他 17.29 万元），纯利润 200.76 万元，头均纯利润 162.43 元，同比头均增加 62.3 元。至 2012 年，全区饲养生猪 29.3 万头，出栏 18.5 万头。

表 14-6　　1996—2012 年长沙市开福区生猪生产统计表

年份	饲养数（头）	出栏（头）	存栏（头）	年份	饲养数（头）	出栏（头）	存栏（头）
1996	246908	151700	95208	2005	915000	762000	153000
1997	291500	186000	105500	2006	323000	205000	118000
1998	232000	147500	84500	2007	333000	215000	118000
1999	300000	195000	105000	2008	313000	205000	108000
2000	327000	210500	112000	2009	295000	182000	113000
2001	365000	234000	129000	2010	300000	182000	118000
2002	383000	245000	138000	2011	300000	185000	115000
2003	401000	256000	145000	2012	293000	185000	108000
2004	403000	258000	145000				

生猪品种 开福区引进的地方良种有宁乡猪、砂子岭猪，具有早熟易肥、蓄脂率高、肉质细嫩，抗病力强等特点，多作为杂交母本。引进的国外良种有苏联大白猪、美国巴克夏猪、丹麦长白猪、英国大约

克猪。苏联大白猪属肉脂兼用型，被毛白色，体格粗壮，早熟生长快，繁殖能力强，成年猪体重250～500千克。美国巴克夏猪属脂肪型猪，被毛黑色，颈部、四肢下端及尾尖为白色，故有“六点白”之称，成年猪体重180～220千克左右。丹麦长白猪原名兰德瑞斯，被毛白色，是世界上著名的瘦肉型猪种。成年公猪体重350～500千克，瘦肉所占比重大，母猪200～500千克左右，窝产仔11头以上。英国大约克猪被毛白色，属瘦肉型猪，成年公猪体重300～500千克，母猪200～350千克，窝产仔11头以上。长白猪与大约克猪杂交母猪255头。开福区农村利用大约克公猪作父本与大围子猪、宁乡猪、砂子岭猪杂交，在提高商品猪瘦肉率方面取得较好效果。1996年后，开福区推广以大约克猪为父本与土杂猪杂交的品种，和以长白猪为父本与土杂猪杂交的生猪品种为主要饲养品种。以大约克为父本与宁乡猪或大围子猪及长白猪为父本与宁乡土猪或大围子杂交的生猪品种，在开福区已很少喂养。

生猪人工授精　1996年以后，开福区逐步推广生猪人工授精技术，全区有配种员8人，采精点2个，授精点8个，有种公猪5头，用于人工授精栏舍400平方米，冰箱3台，显微镜2台。捞刀河镇霞凝村荷叶塘组鲁明钦大力发展良种猪养殖，由单纯养育肥猪扩大到自繁自养，饲料自己加工，实行人工授精配种技术，采用少配晚、老配早、不老不少配中间的原则。49头母猪受胎94窝，产仔564头，头平12头，比1995年自然交配年窝平产仔提高3头，受胎率由1995年的80%提高到96%。上市良种猪312头，创收32万元，获利3.1万元。1998年，全区存栏母猪7800头，人工授精率达到76%，较自然交配提高成活率26.6%。全年人工授精配种胎次达到1.19万次，产仔猪14.23万头，较自然交配产仔猪3.56万头，较自然交配提高产仔率33%，自然交配每窝仔猪实际重125千克，人工授精每窝重150千克，较自然交配窝增加25千克，自然交配窝重增加20%，新增仔猪总重296.4吨，新增产值213.4万元，新增纯收入85.4万元，多产的3.56万头仔猪，新增产值35.6万元，新增纯收入10.6万元。实行人工授精后，减少种公猪139头，全年节约成本27.8万元，较自然交配减少死亡率5%，少损失仔猪7113头，新增收入7.11万元，新增纯收入2.13万元，分别较计划指标增加44.2%和24%。

二、奶　牛

1996年，全区有奶牛274头，产奶640吨。2001年，有奶牛850头，产奶2268吨。经过多年实践，开福区奶牛饲养摸索了一套比较完善的奶牛饲养管理经验。根据牛体大小，消化能力、产奶高低、定时按量喂料；严格执行挤奶操作规程，定时挤奶，挤奶前后用60°-70°的温水按摩乳房，促使血液循环，乳腺发达，挤奶采用握拳压挤法，先轻后慢再快，交叉挤压，奶汁挤净，可防止乳头变型；做好产前产后护理，产前一星期不放牧，产后一星期不洗冷水。保持牛床干燥卫生，防止产后疾病，产后15天恢复正常喂料，促使高产稳产；定时梳刷牛体，促使血液循环，保持牛体卫生，预防皮肤病；看气候放牧，冬季阴天和夏季阳光大爆晒不放牧，配种3～4个月的牛要先放牧，防止牛群嬉斗，引起流产；饲养员与兽医配合，饲养与护理相结合，做到有病早发现，早治疗。2009年，全区退出奶牛养殖。

表14-7　　1996—2008年长沙市开福区奶牛生产统计表

年份	奶牛（头）	产奶（吨）	年份	奶牛（头）	产奶（吨）
1996	274	640	2003	489	1516
1997	318	660	2004	540	1200
1998	320	470	2005	420	1050
1999	405	594	2006	29	105
2000	681	994	2007	131	192
2001	850	2268	2008	45	110
2002	680	1840	2009	退出养殖	

三、耕 牛

1996年，全区有耕牛2759头，出栏126头。2003年，饲养耕牛5620头，出栏3300头。至2012年，有耕牛290头，出栏30头。开福区饲养的耕牛有滨湖水牛和湘中黄牛两种。滨湖水牛大部分从常德、桃源引进，自繁自育，体躯中等，骨骼粗壮。湘中黄牛体躯较小，骨骼不大，耕牛一般用作农耕用。1998年后，随着农业机械化程度的提高，耕牛不再作为耕田的主力，逐步食用。

表14-8　　1996—2012年长沙市开福区耕牛生产统计表

年份	总数（头）	出栏（头）	存栏（头）	年份	总数（头）	出栏（头）	存栏（头）
1996	2759	126	2633	2005	4200	2600	1600
1997	2558	30	2528	2006	1570	750	820
1998	2818	478	2340	2007	1150	650	500
1999	2959	814	2145	2008	878	450	428
2000	3098	890	2208	2009	600	400	200
2001	5171	2600	2571	2010	430	160	270
2002	5054	2580	2474	2011	330	70	260
2003	5620	3300	2320	2012	290	30	260
2004	4750	2740	2010				

四、羊

开福区养羊不多，饲养的黑羊，以自食为主。后来有部分农户饲养黑山羊作为商品上市，以获取较高的经济收入。1996年，有羊800只，出栏25只。2012年，有羊230只，出栏40只。

表14-9　　1996—2012年长沙市开福区养羊统计表

年份	饲养（只）	出栏（只）	存栏（只）	年份	饲养（只）	出栏（只）	存栏（只）
1996	800	25	775	2005	3780	2080	1700
1997	3076	1064	2012	2006	1170	630	540
1998	3100	1300	1800	2007	700	400	300
1999	3074	1294	1780	2008	774	500	274
2000	3088	1298	1790	2009	500	300	200
2001	3520	1720	1800	2010	350	200	150
2002	5060	2450	2610	2011	200	20	180
2003	5700	3000	2700	2012	230	40	190
2004	3990	2240	1750				

五、熊

开福区地方饲养黑熊始于1986年，时福安乡兽医站谢祥京从云南西双版纳购买黑熊2头。1987年，从广西、湖北购进黑熊8头，开始引流熊胆试验，制成熊胆粉1千克多，收入3万余元。1989年8月，由国家卫生部颁布“新药证书”，正式定点生产。黑熊用铁笼饲养，一笼一头。精饲料以玉米、麦、麦麸为主，辅以饼干、新鲜鸡蛋，粗饲料以新鲜蔬菜为主，日喂二餐。人工导采活熊胆汗新技术的成功，改变杀熊取胆的传统方法，保护野生动物资源，填补省内空白。1996年，发展为20头。1997年，与丽臣公司合作制成熊胆花露水，收入70余万元。2005年，开福区退出黑熊饲养业。

表 14-10　　1996-2004年长沙市开福区养熊生产统计表

年份	头	产熊胆粉（千克）	收入（万元）	年份	头	产熊胆粉（千克）	收入（万元）
1996	20	36	43.2	2001	95	171	205.2
1997	25	45	54	2002	105	189	226.8
1998	35	63	75.6	2003	115	207	248.4
1999	45	81	97.2	2004	122	219	262.8
2000	70	126	151.2	2005	退出养殖		

第二节 家 禽

一、家 禽

1996年，开福区饲养家禽41.99万羽，出笼23.77万羽，蛋产量305吨。2005年，饲养家禽222万羽，出笼184万羽，蛋产量640吨。至2012年，饲养家禽35.3万羽，蛋产量380吨。

二、家禽品种

农家饲养的家禽有本地黄鸡、麻鸭、洋鸭、鹅等品种。1992年，引进樱桃谷鸭等品种，并成为家禽饲养的主要品种。1996年，引进桃源鸡、红考尼鸡、红波罗鸡等新品种。畜牧兽医师蔡雄成用桃源良种公鸡与本地黄母鸡杂交，再与红考尼鸡、红波罗鸡进行两品种、三品种和四品种杂交，育成长沙黄鸡，与本地黄鸡相比之下具有体大、生长快、肉质好、抗病力强等优点。同年从上海、广州、北京等地引进来航鸡、星布罗鸡、AA鸡、罗斯鸡等优良品种，从溆浦县引进溆浦鹅种、来航鸡。罗斯鸡产蛋量高，星布罗鸡生长快。

表 14-11　　1996—2012年长沙市开福区家禽生产统计表

年份	饲养数（万羽）	出笼（万羽）	存笼（万羽）	蛋产量（吨）
1996	41.99	23.77	18.22	305
1997	55.09	30.00	25.09	404
1998	43.00	22.40	20.60	345
1999	52.50	28.10	24.40	364
2000	56.70	28.60	28.10	370
2001	69.80	33.80	36.00	380
2002	79.00	42.00	37.00	550
2003	88.30	43.60	44.70	560
2004	200.40	153.00	47.40	620
2005	222.00	184.00	38.00	640

续表 14-11

年份	饲养数（万羽）	出笼（万羽）	存笼（万羽）	蛋产量（吨）
2006	173.70	135.00	38.70	645
2007	174.90	136.50	38.00	630
2008	71.70	66.30	5.40	572
2009	92.80	68.30	24.50	580
2010	36.70	23.20	13.50	510
2011	33.50	20.00	13.50	355
2012	35.30	22.50	12.80	380

第三节 水 产

一、水 产

1996 年，全区有水面 791.9 公顷，产鲜鱼 3560.8 吨，捕捞 130 吨。2002 年，有水面 825.2 公顷，产鲜鱼 5500 吨，捕捞产量 210 吨。2012 年，有水面 513 公顷，产鲜鱼 2100 吨，捕捞 23.5 吨。

开福区鱼养殖经历过“一次投放、冬季捕捞”“轮捕轮放”“双养一套”的养殖方法，集育种、成鱼养殖为一体，节省育种水面三分之二，缩短养殖周期，提早起捕时间 4 个月，产量比“轮捕轮放”养殖法亩产量增加 116%。2000 年，全面推广混合颗粒饲料养鱼，普及率达 85% 以上。2002 年开始，全区普及投饵机投料养鱼和诱捕网捕鱼上市新技术，推广率达 95% 以上。

表 14-12　　1996—2012 年长沙市开福区水产生产统计表

年份	水产面积（公顷）	总产量（吨）	捕捞产量（吨）
1996	791.9	3560.8	130
1997	829.7	4902.6	276
1998	821.7	4560	248
1999	821.7	5520	333
2000	825.2	5367.2	270
2001	825.2	5500	210
2002	825.2	5500	210
2003	739.6	4510	190
2004	739.6	5100	180
2005	739.5	5120	150
2006	692.9	4100	130
2007	692.9	3550	68
2008	692.9	3550	68
2009	692.9	3005	45
2010	692.9	3080	15
2011	692.9	3020	15
2012	513	2100	23.5

二、水产品种

湘江鱼类有112种，主要经济鱼类有青、草、鳙、鲢、鲤、鲫、长春鳊、鳜、翘嘴红鲌，三角鲂、蒙古红、红鳍鲌、黄尾鲴、黄鳝、泥鳅等20余种。养殖的鱼类中，外引和自繁的已有10种。境内的捞刀河、浏阳河与湘江相连，沟通了洄游通道，因此，区境内鱼类主要来自江河的洄游性和半洄游性鱼类及部分能在静水中繁殖的定居性鱼类。洄游性鱼类有刀鲚、大银鱼、鳗鲡、东方鲀、银鲴、胭脂鱼等10个品种，半洄游渔类有青、鲢、鳙、鳍、鯮、鳡、鳊、银等25个品种，定居性鱼类有鲤、鲫、鳅、鳝、鳑、鳊、团头鲂、胡子鲶等50多个品种。

青、草、鲢、鳙，称为四大家鱼，分布最广、个体大、生长快，经济价值高，是开福区主要鱼种。鳊鱼是以植物饲料为主的鱼类，在捞刀河、湘江、浏阳河都有分布，以湘江生产较多，肉质鲜嫩，为鱼中佳品。岳鲤用江西婺源荷包红鲤为母本，湘江野鲤为父本杂交培育而成的杂交一代，鱼体青灰、金色鳞片分布均匀。银鲫从东北引进，是池塘养殖鱼种之一。还先后从广州引进鲮鱼、罗非鱼，从埃及引进伊斯梅利亚罗非鱼，从岳阳引进三杂交鲤，从华南师范大学引进泰国的鲶、珍珠红、日本的沟鲶、加州鲈鱼、美国斑点叉尾鮰、锦鲤、工程鲫等多品种。罗非鱼系从广州引进，生长快、产量高、肉质好、耐低氧、抗病强。

1996年，开福区有甲鱼养殖水面0.7公顷，养甲鱼2吨左右。种甲鱼800千克出小甲鱼1万只，年收入10万元左右。1997年，甲鱼产量19吨。1997年有鱼种池44.4公顷，育苗5500万尾；2007年育苗1.35亿尾；2012年育苗5100万尾。

2000年，推广养殖美国斑点叉尾鮰276.7公顷，全年新增总产量316吨，亩平增产76.1千克，新增总产值632万元，亩平新增产值1522.8元，新增纯收入275.2万元，亩平新增纯收入663.1元。推广养殖水面、新增总产量、新增总利润分别完成合同计划的103.7%，121.5%和119.6%，投入产出比为1：1.78。

2003年3月，开福区月湖观赏鱼基地占地6000余平方米，有渔池面积4000平方米，渔池209个，投入建设资金150万元。基地从福州引进黑蝶尾、墨龙、红白蓝寿、紫红球等珍贵金鱼种鱼450余对，从湘潭引进锦鲤种鱼8对，孵化出鱼苗16万余尾，并逐步上市。

2010年7月，湖南亿年西鱼农牧渔业发展有限公司整合国内大鲵资源，养殖基地四处，工厂化养殖车间6000余平方米，有大鲵规模20万尾。公司建立专门的科研实验机构，自主研发的“大鲵精子保护剂”获得国家相关机关认证的发明专利，并获得大鲵车载便携式增氧机、大鲵精子低温专用冷冻箱、大鲵孵化池水温控温装置、加工大鲵皮革的隧道式干燥装置、大鲵人工授精的防咬保护装置、大鲵隔离、暂养的组合式养殖池等六项实用专利。

表14-13　　1997—2012年长沙市开福区鱼苗育苗统计表

年份	渔种池（公顷）	育苗（万尾）	年份	渔种池（公顷）	育苗（万尾）
1997	44.4	5500	2005	32	9500
1998	34.8	3000	2006	32	12000
1999	34.8	4000	2007	30	13500
2000	34.8	4500	2008	30	3000
2001	34.8	9500	2009	30	5000
2002	34.8	9500	2010	30	5000
2003	32	9000	2011	30	5000
2004	32	8000	2012	30	5100

第四节 疫病防治

一、生猪疫病及防治

生猪疫病有猪瘟、丹毒（俗称鬼打印）、副伤寒、肺疫（俗称锁喉症）、霍乱、传染性胃肠炎，仔猪白痢，弓形体病、破伤风，喘气病，饱潲症等；寄生虫病有姜片虫、后园线虫、细颈囊尾巴蚴、蛔虫、绦虫等；普通病有流行感冒、难产、产褥热、产后瘫痪、阴道炎、子宫炎、脱肛及中毒等疾病。生猪疫病防治实行“以防为主，防重于治”方针，开福区畜牧部门先后举办畜禽防治培训班多次，培训一大批防疫人员。各乡、镇、场都建立兽医防治站，每年春秋两季各进行一次防疫注射，主要是猪瘟丹毒、肺疫苗。1996 年，注射猪五号病疫苗 7.6 万头，注射率 80%，猪瘟 0.48 万头，猪丹毒 12 万头，副伤寒 12 万头。

表 14–14　　1996—2012 年长沙市开福区生猪疫苗注射统计表

年份	检疫头数（万头）	年份	检疫头数（万头）
1996	3.6	2005	3.38
1997	4	2006	3.38
1998	4.4	2007	7.9
1999	4.6	2008	5
2000	4	2009	5.9
2001	5.4	2010	6
2002	5.68	2011	1.53
2003	5.92	2012	0.58
2004	7.4	2010 年市场检疫停止，由市组织集中屠宰检疫	

二、奶牛疫病及防治

奶牛疫病有炭疽、出血性败血病（简称出败）和流行热。常见病有大肠肝菌病（白痢）、瘤胃驰缓、瘤胃膨胀、子宫内膜炎，卵巢囊肿、乳房炎、风湿性关节炎。

专业牛场有兽医，规模较大的牛场设有兽医室，备有医疗器械和化验设备。每年春季对奶牛进行炭疽、出败疫苗免疫注射，对奶牛结核、布氏杆菌病进行一次检疫，被检出的病牛实行隔离治疗，规模较大的牛场设有隔离牛舍。由于贯彻“防重于治”的方针，近20多年来未发生过牛炭疽和牛出败。对奶牛常见病采用西药、中药或手术治疗。奶牛流行热一般3～5年一遇，发病快、死亡率高。对流行热病采用中西药结合治疗，日灌服1～2次中草药“流特灵”即用苦木、苦杈菜、阔叶十大功劳、车前草等煎水灌服，有一定疗效。各专业牛场积累了一套用中草药预防奶牛疾病的经验，每年4—5月煎服开表药1～2次，7月、8月煎服清暑解毒药2～3次，可减少奶牛发病。平时，保持牛舍牛床清洁卫生，消灭蚊蝇病菌滋生场所，严格遵守挤奶技术操作规程，做好产前、产后整理工作。

三、耕牛疫病及防治

耕牛病以瘤胃鼓气、积食、肠胃炎、蹄炎、阴道炎、子宫炎、股肉风湿难产、产后瘫痪、脱肛以及跌伤、中毒等居多，传染病主要是牛出血性败血病、牛炭疽等，寄生虫有牛锥虫、肝片吸虫病等。

耕牛疫病防治实行预防注射，一般每年春秋两季各进行一次。1996—2012 年，牛五号病分别注射 0.55 万头，0.56 万头，0.52 万头，0.5 万头，0.56 万头，0.93 万头，0.92 万头，0.91 万头，0.91 万头，0.76 万头，0.3 万头，0.182 万头，0.181 万头，0.12 万头，0.11 万头，0.10 万头，0.10 万头。随着城镇化的推进，开福区的养殖业逐步退出。

四、家禽病及防治

鸡是家禽中疫病较多的一种，鸡苗出壳即注射“细小病毒疫苗”防治肝炎和结核病，同时在鸡舍内喷雾鸡瘟疫苗，鸡苗生长2～3天以“新城疫II系苗”滴鼻，25～30天注射“新城疫I系苗”以防治鸡瘟，蛋鸡还需在30天左右注射“鸡霍乱疫苗”，肉鸡50天左右出笼后鸡舍全面消毒。其他家禽发病率小，因病施治。

表 14–15　　1996—2012 年长沙市开福区禽免疫注射统计表

年份	鸡（万羽）		鸭（万羽）	
	存笼	免疫	存笼	免疫
1996	16.7	30.1	1.52	0.5
1997	23.5	45.2	1.59	0.7
1998	18.4	36.4	2.20	1.1
1999	18.9	36.5	5.54	1.1
2000	19.4	38.1	8.71	2.3
2001	30.7	60.1	2.30	2.4
2002	31.7	64.1	5.30	1.2
2003	31.7	64.2	13.0	1.4
2004	28.0	57.3	19.4	1.3
2005	29.5	60.3	8.50	1.5
2006	28.6	5.9	10.10	1.0
2007	17.3	34.6	20.70	1.4
2008	10.0	25.0	11.80	9.1
2009	10.0	24.0	3.50	14.0
2010	10.0	24.0	3.50	11.0
2011	10.0	24.0	3.50	12.0
2012	10.0	24.0	3.50	14.0

五、鱼病防治

池塘养殖品种中，以草、青鱼最易害病，鲢、鳙鱼次之。最常见的鱼病有草、青鱼的烂腮病、赤皮病、肠炎病、出血病，前三种病系细菌所致，出血病由病毒感染引起，至今尚无有效防治办法。中草药防治鱼病有创 新，如用大叶柳、樟树枝、薄荷50~75千克，浸泡塘底，防治烂腮、赤号病；用号筒杆、松树枝浸泡防治鱼虱；用辣蓼、大蒜、苦楝树枝防治肠炎；用韭菜加食盐捣烂溶化，遍洒全池治疗水霉病；投喂酒糟治疗锚头蚤等都具有良好效果，在全区普遍推广应用。细菌性赤皮病、肠炎、烂腮病是草鱼的常见病，一般防治方法是在5—9月，每亩水面用生石灰20~30千克兑水全池遍洒5~6次，其次是用组织浆疫苗注射草鱼种。1991年全区311.4公顷鱼池发生鱼病，用0.lppm浓度稀土液（由17种微量元素组成的抑制细菌繁殖的氧化物），遍洒渔池，防治草鱼死亡，成治率85.8%。

六、其 他

羊、熊、甲鱼、牛蛙等因发病率小，均因病施治。

第五节 检疫扑疫及渔政管理

一、家禽检疫

2005年，全区禽检疫100万羽。2006年，检疫110万羽。2007年，检疫160万羽。2008年，检疫140万羽。2009年，检疫80万羽。2010年市场检疫停止，由长沙市组织集中屠宰检疫。

1998年6月，开福区遭受洪灾，造成畜牧生产的经济损失达2521.03万元。灾情发生后，组织猪瘟等疫苗 1 0 万头次，消毒药品一吨，对存栏猪进行全面疫苗接种，对受灾栏舍全面消毒。6月27日，综合农场朝镇垸75头奶牛发生出血性败血症，区政府提供5000元防疫消毒药品，区蔬菜副食品局派出专人进行防治指导。经过20多天治疗，病奶牛全部治愈，挽回直接经济损失80余万元。同年12月19日，捞刀河镇竹坡村、双源村和综合农场月湖分场相继发生三次五号病，区防五指挥部采取扑杀措施，对疫区进行隔离、封锁、消毒，对全区牲畜进行五号病疫苗注射，疫情得到控制。

1999年4月28日，开福区综合农场月湖分场奶牛发生五号病，区政府于当晚发出封锁令，并召开专题会议，成立综合农场五号病领导小组。在市防五指挥部和市畜牧防检站指挥下，采取坚决扑杀原则和一系列措施。29日上午开始，对发病牲畜和同栏牲畜采取坚决扑杀措施，尸体焚烧、消毒、深理，至5月9日，共扑杀五号病奶牛63头、耕牛2头、羊26只、母猪1头；对疫区有关处所普遍消毒。这次扑疫，直接经济损失70万元以上，全区发放消毒药品（菌毒灭、消毒威）7000公斤、石灰80吨、84消毒液120件，发放宣传资料5000份，总投入20万元以上。4月30日到5月18日，全区普查共存栏生猪8.68万头、牛1996头、羊741只，均未发现五号病。全区同时开展猪、牛、羊的五号病疫苗注射，共注射五号病疫苗8.46万头剂，其中注射牛五号病疫苗1976头剂，占存栏的98%，注射猪五号病8.18万头剂，占存栏的94%，注射羊五号病731只。全区接受疫苗注射有58个村686个组。1996—2012年，全区共扑杀猪五号病752头、牛五号病65头、羊五号病26只、禽22.61万羽，补种疫苗27.56万头羽，消毒面积32.3万平方米。

二、畜禽免疫

2012年，开福区共组织各类动物防疫疫苗236.62万毫升，其中生猪口啼疫苗33.96万毫升、牛羊口蹄疫苗0.93万毫升、禽流感疫苗19.39万毫升、蓝耳病疫苗24.31万毫升，猪瘟疫苗44.55万头份，鸡F4疫苗112.5万羽份，狂犬病疫苗0.98万头份。全区免疫畜禽40.5万（头、只、羽），其中生猪口蹄疫14.91万头，猪瘟14.91万头，猪蓝耳病14.91万头，牛、羊口蹄疫苗440头，禽流感疫苗24.8万羽份，全区免疫率达100%。农村犬类免疫以社区为单位，定点实施免疫，免疫数量和免疫密度等居内五区之首。

表 14–16　　1996—2012年长沙市开福区狂犬病免疫注射统计表

年份	犬免疫（万只）	年份	犬免疫（万只）
1996	0.49	2005	0.53

续表 14-16

年份	犬免疫（万只）	年份	犬免疫（万只）
1997	0.48	2006	1.1
1998	0.49	2007	1.0596
1999	0.46	2008	11.5
2000	0.45	2009	0.75
2001	0.44	2010	0.75
2002	0.44	2011	0.75
2003	0.42	2012	0.78
2004	0.43		

三、渔政管理与执法

开福区每年不定期进行渔政管理与执法的常规检查。1996 年，开福区配合市畜牧水产局组织 11 次清河行动，共销毁捕捞渔网 2.8 万米，查封捕鱼船 320 只，收缴电鱼机 7 台、电动机 12 台。2002 年，开福区完成水产养殖水面 448.42 公顷的滩涂养殖证的发放。2008 年 4 月 1 日，长沙市人民政府颁发江河禁渔令，每年 4 月 1 日至 6 月 30 日为禁渔期。自 2008 年开福区实行禁渔期制度以来，每年从民政局救助资金中拨出资金给以捕捞为生的渔民一定生活救助金，禁渔期间（三个月）渔民每人每月发放救助资金 220 元。2008 年共发放禁渔补贴资金 26 万元，2011 年共发放渔民综合补贴 63.14 万元。2012 年起，每人每月救助金由 220 元提高到 240 元。2009 年起，开福区开始对渔民实行燃油价格补贴，当年补贴资金 10.5 万元，2010 年补助 8.5 万元，2011 年补助 88 万元，2012 年补助 138.3 万元。

四、农产品质量安全

1996年始，区财政每年以5万～10万元作为农产品质量安全奖励资金，区政府与各乡镇、场签订农产品质量安全责任状，乡、镇、场与各村、组分别签订责任状。2003年，开福区投入300多万元农产品质量安全专项资金用于农产品质量抽检。当年，抽检239批，合格210批，合格率87.8%。2004年，抽检994批，合格率96.16%。同年，对瘦肉精进行整治。抽检生猪瘦肉精426头，合格420头，合格率98.8%。查处洪山局朝阳分场6队某养猪户喂养的302头生猪，猪尿样送省兽医总站药政处检测，确认尿样含“瘦肉精（盐酸克仑特罗）”，区农水局对其罚款5000元，对302头猪按照无害化处理的要求进行处理。2005年，抽检奶牛饲料，合格率100%。2009年元月，对生猪瘦肉精按每50头抽检1头，共检查21个村65户，8100头，抽查222头，均为阴性。2012年，开展农产品质量安全宣传，共出动宣传车5台，印发宣传资料1万份，并举办为期一个月的从业人员规范和业务素质培训，参加人数450人；先后三次开展农产品安全生产培训。抽查蔬菜1500批，合格率100%，投入2.9万元抽检生猪瘦肉精39个村50个组72户1.08万头，按比例抽检434头，均为阴性，同时检查38家农资兽药门店。

五、防疫监管

2009 年，处置涉及动物血吸虫病的 31 只羊、4 头牛；生猪产地检疫 1.2 万头，白肉检疫 4800 头，销毁病死猪肉 1000 千克。2012 年，区政府与乡、镇（街道）签订重大动物疫病防控责任状，乡、镇（街道）与动物防疫站、各站与防疫员及规模场层层签订责任书，实施工作目标考核制度。防疫员实行绩效工资制。区防指采取明查暗访方式，春秋两季组织开展动物防疫工作督查，并成立动物防疫远程网络管理平台数据录入领导小组，培训全区的防疫信息员。各信息员按市整体时间完成数据录入工作。同时发布《开福区动物疫病监测计划》《2012 年开福区动物疫病监测与流行病学调查方案》《开福区 2012 年度动物流行病学调查工作计划》。制定《开福区动物防疫证章标志管理制度》，开展动物卫生监督执法规范年活动，完善检疫申报点制度。按照《长沙市开福区重大动物疫情应急预案》，修改开福区重大动物疫病防治应急操作手册，成立应急管理工作领导小组，开展开福区突发重大动物疫情应急演练，实行24小时值班制，开展家畜血吸虫防治工作，制定《开福区动物防疫员管理办法》《开福区乡镇动物防疫站管理办法》《乡村兽医管理办法》《开福区执业兽医资格考试宣传工作方案》等一系列文件，建立动物标识及疫病可追溯体系，完善管理体系。

六、环保生态养殖

2010年，开福区发布《加强畜禽养殖污染治理管理》《实施建设食品安全城市工作方案》《动物检疫行为专项整治行动的通知》《2010年开福区动物防疫检疫工作目标管理考核办法》等20多个文件，先后13次召开专题会议。在洪山局鸭子铺、捞刀河镇大明村、汉回村、中岭村、乌溪村开展生态环保养殖，为省内4个县、市提供示范推广养殖业稳健生态与环境卫生、疫病控制的示范样板。先后4次组织有规模、环保意识强的养殖户去浏阳市、长沙县学习零排放技术，并在10户作示范试验。在抓动物基础免疫和查疫消毒，保障养殖生产环保生态稳健发展中做到镇不漏村、村不漏组、组不漏户、户不漏畜、畜不漏针等五个不漏，全面开展查源消毒工作。全区共投入消毒品96吨，储备禽流感疫苗5万毫升，猪口蹄疫苗3万毫升，牛、羊各5000毫升，猪瘟疫苗3万头份，猪蓝耳病疫苗3万毫升，防护服200套，消毒药0.5吨。

七、畜禽养殖退出

2011年，根据市政府办公厅有关通知，开福区发布《2011—2012年畜禽养殖业退出实施方案》《关于畜禽养殖业退出的通告》《开福区畜禽养殖业退出的组织机构、方法步骤、职责分工、工作要求、补助办法》等，成立畜禽养殖业退出工作领导小组。2011年，安排退出资金600万元。2011年年底，近郊禽养殖业全部退出。2012年，开展城乡结合部环境综合整治，开福区畜禽养殖业完全退出。

第四章 林 业

第一节 森林保护与利用

一、森林绿地

园林绿化 1989年，长沙市北区尚无农村地区，森林资源以城区园林、公共地绿化为主体。烈士公园于1951年建园，总面积135.47公顷，依其自然地形，山丘植树、平地辟园。1993年，湘江北大桥配套建设紫凤公园，植玉兰46株、乔木252株、灌木863株（丛）、绿篱1600米，草皮1.1万平方米，细叶美女樱600平方米，草花4000盆，植物品种为32种，辅以迎春花草，接续沿江绿化带。1994年，绿地面积270.66万平方米，绿地率24.98%，绿化覆盖面积368.82万平方米，绿化覆盖率34.04%。全区有花坛148个，绿化面积2.28万平方米，分布于各主次干道。北区238个单位土地面积137.06万平方米，绿化面积6907.1平方米，绿地率0.5%，绿化覆盖率15.55%，花坛153个，有乔木6782株、灌木814株，绿化面积6639.6平方米。

林地湿地 1997年，长沙市开福区有林业用地5746.6公顷，其中有林地5561公顷，立木蓄积总量27.5万立方米，其中杉木19万立方米，四旁植树45.32万株，森林覆盖率34.2%。

2007年，长沙湿地调查统计，开福区有湿地698个，湿地面积2117.79公顷。开福区重点湿地，有年嘉湖面积47.85公顷，青竹湖12.24公顷，月湖29.97公顷。1998—2007年，开福区被填埋湿地110个，面积187.1公顷。2012年，捞刀河镇苏托垸正式列为长沙市湿地开发项目，面积1125公顷。

2009年，开福区有林地面积4752.7公顷，其中有林地面积4201.6公顷、苗圃地面积149.2公顷、无立木林地面积240.5公顷。森林面积4299.7公顷，其中乔木面积4189.9公顷，占森林面积97.45%；竹林面积11.7公顷，占森林面积0.27%；国家特规灌木林面积98.1公顷，占森林面积2.28%；人工林面积2271.8公顷，占森林面积52.84%；天然林面积2027.9公顷，占森林面积47.16%。全区林地面积中，国有面积512.5公顷，占林地面积10.78%；其余为集体面积，占89.22%。在林地面积中，公益林地4360.6公顷，占林地91.75%；重点公益林419.9公顷，占8.83%；防护林面积148.1公顷，占3.12%；特用林面积3931.3公顷，占82.72%。在4752.7公顷林地面积中，商品林地392.1公顷，用材林面积109.6公顷，经济林面积111.6公顷，分别占林地面积的8.25%、2.31%和2.35%。

2012年，总面积1.87万公顷。森林面积3750.6公顷。有林地3003.7公顷，其中乔木林地2946.0公顷，竹林57.7公顷。灌木林地607.3公顷，其中国家特别规定灌木林地241.8公顷。四周植树3374.4公顷。森林覆盖率17.19%，林木绿化率37.35%。活立木蓄积35.60万立方米。公益林地1718公顷。林地固碳量10.08万吨，其中公益林4.55万吨，商品林(地)5.53万吨。活立木总蓄积固碳量14.48万吨，其中有林地固碳量9.38万吨，疏林固碳量823吨，四旁树固碳量5.20万吨。生态价值7.10亿元（其中涵养水源3661.80万元，保肥和改良土壤1044.14万元，森林固土50.58万元，森林固碳（累计）1.43亿元，释放氧气（累计）4.57亿元，生物储能（累计）4631.82万元，净化大气1191.52万元，营养物质积累515.81万元）。全区有公园14个，面积144公顷。城市绿地面积2667.7公顷，覆盖面积2682.5公顷，绿地率48.16%，绿化覆盖率48.42%。城市森林面积712.8公顷，蓄积8.9万立方米。

花卉苗木　1993年，北区先后组织参加长沙市举办的大型杜鹃花、菊花、盆景展览，参展单位33个，送展花卉、盆景3900余盆，品种100余个，获市花布置二等奖、菊花布置三等奖，高接菊、悬崖菊三等奖，园林花艺布置二等奖、茶梅三等奖。1994年，在晓园公园举办的菊花展览中，北区参展单位19个，展品1500多盆，精品18个，获插花一等奖、扎景三等奖、小立菊二等奖、盆景二等奖及其他奖8项。1995年，北区培植草花2400盆、盆景30盆，扦插木本花卉178盆。1999年，开福区花卉苗木品种达数千种之多，主要有丹桂、茶花、罗汉松、桂花，另有柚子、银杏、紫薇、牵牛花、海棠、瓜叶菊、万寿菊、鲁冰花、毛地黄、飞叶草、中华樱花、樟树桩、曼地亚红豆杉、大叶樟、玉兰、雪松、红叶石兰、光叶白兰、木荷、茶梅、红枫、羽毛枫、文母、金蛋子、罗木石兰、东方文母、杨梅、吊兰、北美红枫等，共数十个品种。花卉苗木经营单位达30个，花卉苗木栽培面积298.3公顷，设施面积4.33万平方米，总投入1.05亿元，经营数量776.63万株，年产值1.39亿元，年销售量50.03亿株，年销售额1745万元，从业人员499人。

二、生物资源

开福区属中亚热带典型常绿阔叶林地区，原生植被不存，现植被主要是以马尾松为主的次生植被及杉木、油茶、茶叶、毛竹等人工林。马尾松—杜鹃、乌饭—铁芒箕是区域红壤地带的典型植被群落，伴生种常为苦楝、石栎、白栎等。经过林业建设，常绿阔叶林保存与次生林恢复较好，树种主要有马尾松、国外松、杉木、毛竹、杨树、柳树和经济果木树种等。市区绿化乔、灌木植物主要有香樟、广玉兰、银杏、杜英、桂花、二球悬铃木、女贞、杜鹃、紫薇、木芙蓉、月季等。区境内有陆生脊椎动物29目80科244种，其中两栖动物25种、爬行动物38种、鸟类147种、哺乳动物34种。

三、林地保护利用

2000年开福区开展森林分类区划界定工作，扩大和调整公益林比例，实施各项林业生态工程，改善周边生态环境，促进开福区生态建设，逐步形成国土生态安全体系。2001年，初步完成公益林的区划。2004年、2007年和2010年，开福区先后多次对公益林进行调整，逐步扩大公益林建设规模，进一步优化公益林布局，现有公益林面积4360公顷。同时加大森林公园、湿地公园等建设力度，建有青竹湖省级森林公园。捞刀河镇苏托垸列为长沙市湿地公园，面积1125公顷。

加大林地保护管理的执法力度。打击盗伐和乱砍滥伐林木、乱征滥占林地、毁林开垦、非法猎捕宰杀经营和运输野生保护动物等破坏森林资源的违法犯罪活动，查处各类林业行政案件和森林违法犯罪案件，保护森林资源。1996年以来，共立案495起，查处

495处，移交公安5起，拘留6人，收缴“一金两费”4.9亿元。

开福区林地保护利用的主要规划指标，至2020年森林保有量3967.6公顷，森林覆盖率稳定在21.21%以上，2010—2020年占用征收林地控制在486.7公顷以内。林地保有量4180公顷，林地生产率达75立方米每公顷，比2009年增加13.5立方米每公顷。重点公益林面积903.4公顷，重点公益林地比率21.61%。

开福区现有二级保护林地419.9公顷，三级保护林地3940.7公项，四级保护林地392公顷。规划在林地保护利用方面，采取差别化的政策和措施，实行不同等级的林地不同的补偿标准，建立优质优价的用地机制；加强环境保护林建设，实施优材更替、生态公益林保护等工程，保护风景林，扩大绿地面积。巩固生态屏障，保持生态系统的稳定性。续建青竹湖森林公园，使总面积达到805.4公顷。在捞刀河镇苏托垸规划建国家级湿地公园。在加强林地保护的同时，发展城市林业；营造景观生态林、森林公园等，扩大城市的绿地、林地和湿地面积，促进城市建设向园林城市、森林城市方向发展，营造环城市与工业园区的防护林带；改善局部小气候和生态环境；通过市区及城郊植树造林等林业措施，增加绿地面积，吸收、控制有害物质，减轻热岛效益，改善环境质量，创建宜居城市。

2004年，长沙市政府建设一条宽100米的环城林带示范带，与开福区人民政府签订示范带开福段目标责任状。开福区成立城市林业圈建设指挥部，制定《开福区城市林业生态圈环城林带示范带实施方案》《环城林带营造林作业设计》。环城林带示范带从绕城线北段大明收费站至白沙河，全长6750米，建设面积71.5公顷，新造林4.7公顷，封育66.8公顷；造林以杜英、樟树、杨树等树种为主体，造林密度为2.5米×2.5米，造林苗木使用3～6厘米优质实生苗，工程建设投入资金70万元。12月，完成绿色通道、江河风光带、环城林带示范带，14个主题园生态圈建设勘界、定址、埋桩，共埋设界桩876个，界碑31个，工程投入23万元。

2005年，环城生态林圈以建设京广铁路绿色通道和捞刀河风光带为主体。该绿色通道全长8072米，新造林带1630米，面积11.4公顷，封育管护26.6公顷，造林以杜英、大叶樟、栾树、景叶白兰、桂花树为主要树种，投入资金1947.79万元。捞刀河风光带造林面积11.3公顷，造林树种以杨树、垂柳为主，工程实际投入19.84万元，划定保护区范围1336.1公顷，407个小班。

2006年，区财政拨付林业切块资金106万元，全部用于城市林业生态圈等项目建设。成立申办和创建国家森林城市协调领导小组，制定《开福区关于申办第三届“森林论谈”和创建国家森林城市的实施方案》。建成太阳山森林公园入口广场7.4公顷景观配置，投入资金1100万元（其中区财政266万元），栽植香樟、杜英、桂花、竹丛等28个花卉苗木品种。2007年，太阳山森林公园城市林业生态圈第二期建设以公园游道、观景凉亭和水面为主体，新建公园水面10.7公顷，修建公园车行游道1500米，步行游道2776米，观景凉亭2座。在公园入口广场种植桂花大苗200株，共投入资金3050万元（其中水石850万元，拆迁补偿1260万元，公园游道凉亭840万元，区财政投入100万元）。

2008年，开福区启动城市生态圈秀峰公园建设，由湖南省农林工业勘察设计研究院承担规划设计，应用“森林引入城市、绿色生态”的景观理念，公园占地48.7公顷。是年投入建设资金1513.423万元，完成腾地拆迁。生态公益林补偿金涉及全区5个镇（街道），26个村（社区、单位）105个组1102户，共305个小班，核实面积1043.5公顷，每年发放生态公益补偿基金26.14万元。

2009年，区财政拨出经费100万元，用于秀峰公园消防通道建设、原生植被保护、疏残次林改造，建设规模6.7公顷。5月，湖南省农林工业勘察设计院完成公园消防通道和生态景观林改造（疏残次林改造）施工设计，11月18日进入工程招投标程序。工程总投资156万元，其中消防通道建设工程投资96万元，疏残次林景观改造工程建设投资60万元。当年，湖南省人民政府批准《长沙市人民政府关于批准成立青竹湖省级森林公园的请示》，同意建立长沙青竹湖为省级森林公园，公园占地805.26公顷。

2011年，全区有国家、市级生态林1524.2公顷。重新区划核定市级生态公益林933.4公顷。2012年，全区有国家、市级生态公益林1718公顷。

森林保险　2011—2012年，开福区开展国家森林保险试点，投保面积419.94公顷。两年投保金额1万元，其中区投入1511.76元。

林业产业　2003年，湖南地宝龙装饰材料有限公司成立，注册资金600万，采用仿实木地板的"非压"技术，年加工地板能力150万平方米，产品原料来源于湖南及周边省的木材边角余料，年销售90万平方米，年产值6800万元，销售6000万元，年利税1000万元。公司使用基于SOA-BPM与物联技术的商品供整合平台，实行智能型仓储管理系统。2011年，全区实现林业总产值5.81亿元，其中第一产业产值3839万元、第二产业产值3.47亿元、第三产业产值1.95亿元（森林旅游服务接待旅游人数800万人次），林业产业发展方式不断向第三产业转变。2012年，林业总产值5.86亿元。

林木采伐　林木采伐由市林业局主管，开福区没有发证权限，每年的采伐都是由市局直接下达并管理。开福区按照市局计划，坚持限额采伐。限额采伐坚持"三个一"，即一支笔审批、一本账记载、一张证（采伐许可证）进山；坚持"三凭证"①制度，改变历史上"管住了指标，管不住斧头，管住了源头，管不住街头"的现象。

四、森林管护

发放林权证　2003年11月19日，开福区发布《长沙市开福区林地、林权登记换发证工作实施细则》，成立林地林权登记换发证工作领导小组，召开动员大会，培训工作队员。试点工作在捞刀河镇沙坪村展开，区财政共拨付林地林权换发工作经费30万元，购置专用电脑4台、打印机3台、专用打印机3台、复印机1台，印发各种表格30万份，购买林权证1.9万本。历经两年，对全村53.4公顷林地和森林所涉及的200户山林进行核实。完成林权证打印1.04万本，涉及2.34万宗地，实际核发面积5509.11公顷，解决各类权属纠纷和矛盾100余起。山林权属落实到权益人，图、表、册一致，人、地相符，产权明晰后，换发全国统一式样的林权证。

开福区的林权发证以尊重历史和维护稳定原则，允许经营形式多样化、稳定山地承包期70年不变。《林地林权登记申请表》《林地林权发放登记表》、万分之一的地形图、各级相关文件等资料形成永久性档案。2011年，开福区集体林权制度改革工作全面完成，共发证1.05万本，发证率99.8%；全区完成现场核实4533.4公顷，确权发证4524.7公顷，占任务的99.8%，调处山林纠纷3起，调处率80%。

森林防火　1996年8月，开福区设置森林防火指挥部，实行乡联村、村联组、组联护林员的防火责任制。2000年，区财政拨付防火专项资金2万元，各镇场防火专项资金15万元。全区共种植防火树苗15万株，分布在50余村，建防火林带45千米，组建200多人的预备役民兵、扑救山火应急队，添置8台防火用油锯、一台摄影机。3月27—29日，因清明扫墓引起森林火灾12处，均一一扑灭。区财政拨出10万元用于添制消防设施、增加消防设备。各级森林防火指挥部组织开展"六个一"②活动。2001—2006年，共出动宣传车478台，挂横幅270幅，写宣传标语、门板报等8.27万条，发放防火宣传扑克300副、宣传挂图200张、画册150册、宣传年画1000副、宣传纸杯5万个、固定牌1150块，签订责任状8.8万份，中小学防火知识测试卷2.5万份。建立预备队300人，组建一支64人的独立排和60人的机动排，共投入资金近400万元，其中区财政200余万元。2007年，投资56万元建立新港镇鹅羊山、青竹湖镇太阳山森林公园瞭望塔台。2010年，建立基层护林巡山队伍，每个村、社区有不少于1～2名护山巡山人员，制定基层护林巡山人员管理制度，投入10万元专项经费，采取以奖代补的方式，对基层护林巡山人员给予补助。2011年，开福区投入资金60万元，新采购远程森林消防救援车一辆、背负式森林消防泵5台。2012年，成立森林消防大队，由区森林消防常备队（60人）和林业站森林消防队（15人）组成。全区共有森林消防救援车3台、进口背负式森林消防泵5台（组）、手抬机动水泵5台、

①"三凭证"即凭证采伐，凭证运输，凭证经营加工。

②"六个一"活动即给领导发一条短信，给村干部送一份《开福区野外防火戒严通告》，给防火队员发一套防火宣传用品，给农民群众一封公开信，给企业一份森林防火责任书，给学生开设一堂森林防火安全课。

风力灭火机40台、油锯40台、二号工具1000把、砍刀600把、对讲机6台。

森林防虫 1997年，开福区捞霞林业站开展森林病虫害预测预报，对辖区内的松材线虫进行调查。2012年，共调查松材线虫病松林面积2993.4公顷，枯死松树71株，发现区内杨毒蛾虫害发面积6.7公顷，对于杨毒蛾虫害采用敌毙死药物进行治理，对枯死的松树采用集中焚毁的办法处理。

第二节 造林育林

长沙市开福区植树造林工作，经历了消灭宜林荒山和全面绿化达标的两个阶段。1999年，开福区完成造林46.7公顷，迹地更新10公顷，零星造林3.45公顷，低产林改造33.4公顷，“四旁”植树15万株，公路绿化12千米，完成中幼林抚育166.7公顷，其中杉幼林抚育33.4公顷。开展义务植树活动，种植国外松2万株，改造奈李6.7公顷，参加人数达500余人。

2002年，贯彻落实《湖南省退耕还林（草）试点项目管理暂行办法的通知》，在捞刀河镇和新港镇，配套荒山造林467公顷。造林林种规划全部为迹地和荒地、坡地，以营造生态防护林和经济、生态兼用林为主；生态林造林小班设计采用针阔混交方式或阔叶纯林方式，阔叶林不低于30%，生态、经济兼用林和经济林造林小班，以纯林为主，生态林造林树种配置主要以松阔混交、柏阔混交和竹子、阔叶纯林等方式为主，经济林造林树种主要以柑橘为主。

针阔乔木采用穴垦整地①、带垦整地②和少量全垦整地③。在经济纯林基础上，再混交1～2个树种，加大造林密度。造林后即对造林地实行封山护林，生态林造林后，前2年每年进行围蔸抚育，造林后的第3～5年，每年抚育一次，并结合抚育进行一次施肥育林。经济林造林后，实行集约经营，一般每年抚育2次，施肥一次以上，春秋及时整枝整型，夏秋及时浇水抗旱，冬季防冻害，根据病虫害发生规律，定点定期进行病虫害调查和预测预报。在荒山和迹地造林，采用“带”状或“品”字形穴垦整地，在小班的上、中、下部及坡面较长的地段分别保留5～10米宽的原生植被带用于保持水土，防止水土流失。

2005年，省有关部门下达开福区封山育林面积333.4公顷计划。开福区制订封山育林实施方案，组织技术人员编制封山育林项目规划设计书，在青竹湖镇的新源村、群力村和捞刀河镇的金霞村、中岭村、白霞村等5个村范围内，调查规划16个小班，面积334.8公顷，将郁闭度小于0.5的低质、低效林地培育成乔木林的灌木林地。同时，规定人工林地不得列入封山育林范围，封山育林面积不得与生态公益林、长防林重复。全区组织实施各项配套保障措施，结合养殖业的发展，大力发展沼气，对农户给予经济补助，以弥补其烧柴不足，解决好村民吃饭、烧柴、增收等当前现实和长远发展的问题。封山育林类型为乔木型，其中乔灌型130公顷，乔木型165.9公顷，灌木型37.5公顷，补植20公顷，封育期限为5年，采用全封的封育方式，聘请专职护林员3人，每个护林员管护133.4公顷，设置封护区标志，在公路、山口交界处建立固定标牌，按133.4公顷设立一块标志牌。封山育林后，每亩森林蓄水20立方米，每年蓄水量为10万立米，每年节约水利设施和农田取水费5万元。全区封山育林333.4公顷，五年增加1万立方米蓄积，产生经济效益150万元，每亩森林每年可吸收二氧化碳667千克，释放出氧气490千克，333.4公顷森林年可吸收二氧化碳3335.67吨，释放氧气2450.5吨。封山育林的直接经济效益196万元，投入产出比为1：3。至2012年，开福区共植树造林3318.5公顷，其中人工林323.7公顷。区政府规定区属各行政、事业、企业单位平均每人每年植树5棵以上，其他人员每人2棵以上。

①穴垦整地：一种造林前整地方式。即在没有清理低矮灌草植被的地表上直接定植，适用于5°～45°坡地。

②带垦整地：一种造林前整地方式。即在按照地形等高线开垦成带状的梯土上定植，适用于坡度较大的营造地，又称梯带整地。

③全垦整地：一种造林前整地方式。即在清理过树根、灌草等所有杂物，疏松表层保持在30厘米以上的地表上定植，适用于0°～20°坡地或平直山脊的营造地。

表 14–17　　1996—2012 年长沙市开福区林业生产统计表

年份	造林（公顷）	植树（万株）	封山育林面积（公顷）	幼林抚育面积（公顷）	采伐（立方米）	间伐（立方米/公顷）
1996	18	10	5280	213	—	—
1997	49.8	41.319	3200	280	600	—
1998	46.7	22	600	178.7	1000	—
1999	93.6	15	3070	166.7	2000	53.4
2000	61.4	19	3333.4	166.7	5000	—
2001	37.4	15	3333.4	166.7	1500	133.4
2002	467	15	89.8	166.7	2000	133.4
2003	100.6	18	33.4	66.7	520	6.7
2004	168.2	10	66.7	58	195	—
2005	62.2	10	353.4	87.4	300	15
2006	51.94	11	333.4	93	300	20
2007	73.4	10	333.4	90	1600	19.7
2008	140.6	10	333.4	90	—	—
2009	37.94	30	333.4	80	—	—
2010	90.2	15.6	666.7	80	—	—
2011	106.8	75.5	666.7	80	—	—
2012	110	10	666.7	88	—	—
2012	110	10	666.7	88	—	—
合计	1678.4	344.42	19360.9	2151.4	15015	381.6

第五章 水 利

第一节 水利设施

一、水利设施概况

1996 年行政区划调整前，长沙市北区有防洪大堤 8370 米，堤垸 1 个，主排渠 1000 米。1996 年行政区划调整后，原属长沙县捞刀河镇、望城县霞凝乡及郊区综合农场、红色渔场、福安乡的防洪大堤、堤垸、水库、塘坝、主干支渠全部划入长沙市开福区。全区有防洪大堤 75 千米，护岸堤防 14 千米，堤垸 34 个，其中万亩堤垸 1 个，千亩以上堤垸 10 个，面积 57.42 平方千米，受保护省、市、区单位 98 个，受保护财产 40 亿元以上。全区有小型水库 17 座、山塘 3305 处，蓄水总量 4000 万立方米，有渠道 133.66 千米，有主排渍箱涵长 61.58 千米，涵闸 43 处。全区总供水量 2.19 亿立方米，灌溉面积 3054.5 公顷，规模以上机电井眼 8 眼，规模以下机电井、人力井 1.77 万眼，入河湖排污口 18 处。

表 14–18　　1997 年长沙市开福区堤垸保护国土、耕地面积情况统计表

堤垸名称	集雨面积（平方千米）	保护面积（公顷）	耕地面积（公顷）	大堤（米）		堤顶高程（米）	水位（米）			
				总长	护坡长		防汛水位	警戒水位	危险水位	保证水位
新河垸	14.4	86.7	—	8370	8150	39	34	35	36	38.56
涝湖垸挽船浜	12	666.7	466.7	10540	6000	39	34.5	35.5	36	38.5
朝镇垸	12	668.7	402	6120	600	38.8 39.3	34	35	36	38.2
福安垸	4.2	333.4	240	5500	2100	40	35	36	37	38.45
苏托垸	12.34	1236.3	946	10987	896	39.8	35	36	37	38.29
乌溪垸	1.2	87	70.7	1680	—	39.2	35	37	38	38.29
工农垸	1.18	72.2	57.2	1260	—	38.2	35	36	37	38.29
双湖垸	1.2	100.4	74.8	1800	100	39.5	35	36	37.5	37.5
海棠垸	0.65	43.4	38.7	1650	—	40	35.5	35.5	38	38.32
路丝湖垸	0.39	25.93	19.3	1500	—	35.4	33	34	35	38.29
鹭鸶霞凝垸	4	70	70	2700	—	37.2	33.5	34.5	35.5	36
漆家湖垸	3.62	140	94.7	2840	300	38.5	33.5	34.5	35.5	38.02
戴家河垸	3.8	233.4	133.4	2500	800	38.9	34	34.5	35.5	38.5
顺口湖垸	2.94	56.7	50	700	150	38	34	35	36.0	36
五合垸	1.2	73.8	53.6	4145	50	38	34.5	36.5	37.5	37.5
金竹垸	1.68	30	25.4	1000	—	38.3	34.5	35	36.0	36.4
跃进垸	0.47	31.4	31.4	1670	400	38	34	35	36	36
太平垸	1.45	59.4	46.7	500	—	7.5	34.5	35.5	36.5	36.5
袁家垸	0.46	17.4	17.4	1118	200	38.5	34	35	36	38.1
红旗垸	0.3	21.9	8.6	970	—	38.5	35	36	37	38
袁家围	0.3	6.3	6.3	280	—	37.4	34	35	36	36
茶山垸	0.6	8.5	8.5	380	—	38.8	35	36	37	38
张婆冲	0.6	6.4	6.4	260	—	39.4	35	36	37	38
舒家桥	0.32	2.4	18.7	210	—	38.6	35	36	37	38
谭家洲	0.3	16.7	10.7	850	—	35.8	32	33	34	34
易家苗圃	0.4	8.7	7.4	850	—	37.4	34	35	36	36
桥湾垸	0.3	9.4	6	680	—	37.2	—	—	36	36
劳动垸	0.3	10.4	10.4	220	—	39.4	35	36	37	38
双丰垸	0.25	23.4	17.4	1200	—	37.0	35	35.5	36.5	36
杨家	0.6	12	5.1	400	—	38.6	35.5	36.6	37	38
童家冲	0.4	30	20	1000	—	38.0	35.5	36.5	37	37.5
咀上屋	0.12	6.7	6	380	—	39	35.5	36.5	37	37.5
霞凝村	0.51	14	8	300	—	38.5	35	36	37	38

表 14–19　　1997 年长沙市开福区堤垸保护人口、财产、企业单位情况表

堤垸名称	受保护人口（万人）	受保护财产（万元）	受益企业单位（个）	总功率（千瓦）	穿堤闸管（处）	撇洪主渠		排渍渠		1994 年最高水位（米）
						条	千米	条	千米	
新河垸	5	15	30	385	6	—	—	2	1	38.56
涝湖垸挽船浜	1.6	10	9	685	20	—	—	5	16	38.5
朝镇垸	1.804	3	40	520	6	1	5880	5	8000	38.2
福安垸	2	10	16	385	10	1	1.8	4	5	38.45
苏托垸	1.1428	4.6	14	1152	20	2	4.316	5	19.307	38.29
乌溪垸	0.0089	0.42	—	55	3	1	0.46	1	1.24	38.29
工农垸	0.0134	0.213	1	55	2	2	0.45	1	0.82	38.29
双湖垸	0.1121	0.04	—	55	5	1	1.8	1	17.1	38.29
海棠垸	0.085	0.015	—	20	12	3	1.26	1	0.6	38.32
路丝湖垸	0.0109	—	—	37	2	—	—	1	0.5	38.29
霞凝垸	0.35	0.053	2	110	5	1	1.5	4	0.3	38.90
漆家湖垸	0.42	0.6	6	130	5	2	4.3	2	3.5	38.02
戴家河垸	0.25	0.18	3	170	3	2	3.5	1	0.5	38.50
顺口湖垸	0.12	0.008	1	189	4	1	1.7	2	2.4	38.0
五合垸	0.0485	0.012	2	60	5	1	0.975	1	3.2	38.5
金竹垸	0.06	0.01	2	50	2	1	1.4	1	0.2	38.30
跃进垸	—	0.002	1	—	2	—	—	1	0.5	—
太平垸	0.08	0.0150	1	50	2	1	1.4	1	0.05	38.30
袁家垸	0.037	0.001	—	28	4	—	—	2	0.7	38.1
红旗垸	0.0056	—	—	22	1	—	—	—	—	38.29
袁家围	—	—	—	—	—	—	—	—	—	淹
茶山垸	0.0048	—	—	28	2	—	—	—	—	38.29
张婆冲	0.0086	—	—	22	1	—	—	—	—	38.29
舒家桥	0.0024	—	—	37	2	—	—	—	—	38.29（渍）
谭家洲	—	—	—	22	1	—	—	—	—	38.3（淹）
易家苗圃	0.0107	—	—	—	1	—	—	—	—	38.29（淹）
桥湾垸	0.0028	—	—	—	1	—	—	—	—	淹
劳动垸	0.0118	—	—	22	1	—	—	—	—	38.29（渍）
双丰垸	0.0186	—	—	13	9	—	—	—	—	38.4（渍）
杨家	0.01	—	—	—	2	—	—	—	—	38.38（渍）
童家冲	—	—	—	—	5	—	—	—	—	38.38（渍）
咀上屋	0.015	—	—	—	4	—	—	—	—	38.36（渍）
霞凝村	0.0065	—	—	—	1	—	—	—	—	—

表 14-20 **1997 年长沙市开福区小（一）型水库基本情况表**

<table>
<tr><td rowspan="8">青竹湖水库</td><td rowspan="3">所在乡镇</td><td colspan="7">工程主要指标</td></tr>
<tr><td rowspan="2">集雨面积（平方千米）</td><td rowspan="2">坝型</td><td rowspan="2">坝顶高程（米）</td><td rowspan="2">最大坝高（米）</td><td colspan="2">库容（万立方米）</td><td rowspan="2">最大泄量（立方米/秒）</td></tr>
<tr><td>校核</td><td>正常</td></tr>
<tr><td>捞刀河镇</td><td>0.82</td><td>土坝</td><td>100.5</td><td></td><td>228</td><td>203</td><td>2.85</td></tr>
<tr><td colspan="6">防洪标准</td><td colspan="2">灌溉面积（公顷）</td></tr>
<tr><td rowspan="2">防洪标准</td><td rowspan="2">运行情况</td><td colspan="2">控制情况</td><td rowspan="2">相应防洪标准的最高水位（米）</td><td rowspan="2">安全高（米）</td><td rowspan="2">设计</td><td rowspan="2">已达</td></tr>
<tr><td>水位（米）</td><td>库容(万立方米)</td></tr>
<tr><td>500 年一遇</td><td>正常</td><td>20.5</td><td>200</td><td>22.5</td><td>3</td><td>933.4</td><td>586.7</td></tr>
<tr><td rowspan="8">立新水库</td><td rowspan="3">所在乡镇</td><td colspan="7"></td></tr>
<tr><td rowspan="2">集雨面积（平方千米）</td><td rowspan="2">坝型</td><td rowspan="2">坝顶高程（米）</td><td rowspan="2">最大坝高（米）</td><td colspan="2">库容库容（万立方米）</td><td rowspan="2">最大泄量（立方米/秒）</td></tr>
<tr><td>校核</td><td>正常</td></tr>
<tr><td>捞刀河镇</td><td>1.0</td><td>均土</td><td>91.0</td><td>21</td><td>117</td><td>99</td><td>12.5</td></tr>
<tr><td colspan="6">防洪标准</td><td colspan="2">灌溉面积（公顷）</td></tr>
<tr><td rowspan="2">防洪标准</td><td rowspan="2">运行情况</td><td colspan="2">控制情况</td><td rowspan="2">相应防洪标准的最高水位（米）</td><td rowspan="2">安全高（米）</td><td rowspan="2">设计</td><td rowspan="2">已达</td></tr>
<tr><td>水位（米）</td><td>库容(万立方米)</td></tr>
<tr><td>500 年一遇</td><td>渗漏险库</td><td>17.5</td><td>85</td><td>17.5</td><td>2.5</td><td>333.4</td><td>333.4</td></tr>
</table>

表 14-21 **1997 年长沙市开福区小（二）型水库基本情况表**

<table>
<tr><td rowspan="2">所属乡镇场</td><td rowspan="2">工程名称</td><td colspan="4">工程主要指标</td><td colspan="4">防汛标准</td><td rowspan="2">1996 年灌田（公顷）</td></tr>
<tr><td>集雨面积（平方千米）</td><td>坝型（米）</td><td>坝高</td><td>库容（万立方米）</td><td>防汛标准（× 年一遇）</td><td>运行情况</td><td>相应防洪标准的最高水位（米）</td><td>安全高（米）</td></tr>
<tr><td rowspan="13">捞刀河镇</td><td>铁路塘</td><td>0.523</td><td>均土</td><td>13.6</td><td>10.2</td><td>20</td><td>正常</td><td>12</td><td>1.6</td><td>46.7</td></tr>
<tr><td>芋坡塘</td><td>0.941</td><td>均土</td><td>10.8</td><td>25</td><td>20</td><td>正常</td><td>10</td><td>1.8</td><td>53.7</td></tr>
<tr><td>鱼婆塘</td><td>0.183</td><td>均土</td><td>12</td><td>15</td><td>20</td><td>正常</td><td>10.5</td><td>2</td><td>26.7</td></tr>
<tr><td>鱼翅塘</td><td>0.268</td><td>均土</td><td>11</td><td>14</td><td>20</td><td>正常</td><td>10</td><td>1</td><td>26.7</td></tr>
<tr><td>沙塘</td><td>0.503</td><td>均土</td><td>12</td><td>20</td><td>20</td><td>正常</td><td>10.5</td><td>1.5</td><td>33.4</td></tr>
<tr><td>烟坡</td><td>0.265</td><td>均土</td><td>13.5</td><td>15</td><td>20</td><td>正常</td><td>10</td><td>1.5</td><td>33.4</td></tr>
<tr><td>八字墙</td><td>0.14</td><td>均土</td><td>8.5</td><td>13</td><td>20</td><td>正常</td><td>8</td><td>0.5</td><td>20</td></tr>
<tr><td>张山冲</td><td>0.293</td><td>均土</td><td>12</td><td>13</td><td>20</td><td>正常</td><td>8.5</td><td>2</td><td>20</td></tr>
<tr><td>何冲</td><td>0.315</td><td>均土</td><td>10</td><td>22.8</td><td>20</td><td>正常</td><td>8.5</td><td>2</td><td>40</td></tr>
<tr><td>师古塘</td><td>0.28</td><td>均土</td><td>7.5</td><td>14</td><td>20</td><td>正常</td><td>7.0</td><td>0.5</td><td>26.7</td></tr>
<tr><td>大吉冲</td><td>0.267</td><td>均土</td><td>16</td><td>20</td><td>20</td><td>正常</td><td>14.5</td><td>1.5</td><td>33.4</td></tr>
<tr><td>寒坡山</td><td>0.395</td><td>均土</td><td>16</td><td>30</td><td>20</td><td>正常</td><td>16</td><td>0</td><td>33.4</td></tr>
<tr><td>灰尘坡</td><td>0.197</td><td>均土</td><td>14.5</td><td>20</td><td>20</td><td>正常</td><td>12.5</td><td>2.0</td><td>26.7</td></tr>
<tr><td>霞凝乡</td><td>枫树湾</td><td>0.41</td><td>均土</td><td>7</td><td>6</td><td>10</td><td>坝身单薄</td><td>5.0</td><td>0</td><td>40</td></tr>
<tr><td>综合农场</td><td>东塘</td><td>0.75</td><td>均土</td><td>10</td><td>7</td><td>10</td><td>正常</td><td>6.5</td><td>0.5</td><td>21.4</td></tr>
</table>

二、治水规划与治水体系

1996年9月，开福区召开第一次水利建设动员会。会议决定实行水利劳动积累工制度，遵循“谁受益，谁负担”的原则，采取以工换工、基本平衡的措施，不搞无偿平调，要求区内水利、财政、银行、供销、物资、电力、农业、林业、农机、宣传等多部门配合，协同作战，提出“全民动手，大办水利”的口号。

1998年，开福区决定用3～5年时间，实施水利建设“安宁工程”，打一场“治水强农、治水安民，治水兴区”的整体战，努力实现“遇1998年洪水只防汛不抢险”“干旱之年不现旱”的目标，以全面提高抵御洪涝干旱的能力。全区按“当年起步，三年初见成效，五年大见成效”的工作方针，制订总体规划，将新河垸、福安垸按200年一遇标准建成封闭式的城市安全带；对苏托垸、朝正垸、涝湖垸、戴家河垸等重点堤垸，按100年一遇的防洪标准进行综合治理；对其它千亩以上堤垸，按30年一遇的防洪标准进行除险加固；对千亩以下堤垸，从实际出发，因垸制宜，该保则保，该转则转，区乡指导，村组负责。制定整治水利工程的8项制度，即工程质量行政领导负责制、项目法人制、工程质量终身负责制、工程招投标制、工程质量监理制、设备和建设政府采购制、项目建设计划和资金监管制、档案管理制度。

开福区采取构建治水领导体系、投融资体系和工程监管体系的三大体系。领导体系即组建13个重点水利工程指挥部，实行县级领导联点包垸制度，定期到建设一线督查进度和质量，签订责任状，形成“一把手抓、抓一把手”的局面。投融资体系即通过开发、拍卖、租赁、承包合作等形式形成政府投资、银行贷款、群众投入等多渠道水利投入的“五架马车”，驱动型的多元化投资。监管体系即对50万元以上工程实行招投标制度、项目法人制和工程监理制，对工程质量实行相关责任人终身负责制和责任追究制，对工程建设资金实行定期检查和专项核算制，并严格招投标程序，以选择有资质的专业设计、施工、监理队伍。

三、工程建设和日常维护

1989年，长沙市政府将原委托郊区代管的新河垸堤委会及防洪排渍设施移交北区管理。新河堤委会有职工4人，下设泵站2个。移交后，区政府即抽调专人负责新河垸防汛日常工作，检查新河垸防汛范围内险情隐患，制定修缮方案。北区防洪设施建设重点在湘江沿岸，按上蓄下泄结合美化城市方针，以工程设施为主，结合生物措施，按行洪宽度清障，堤防修建结合城市道路规划，重要部位块石护岸工程。修建与小河口交接处的闸门，设置较大泵站，解决湘江水位上升淹没城市沿岸低处街道的问题。浏阳河、新河主要是疏通河道，加固堤防，种植护岸树。1991年，北区对新河垸700米排渍主渠，1500平方米蓄水池实施清污工程，保证汛期水流畅通。对新河垸和田心港机站4台55千瓦电机水泵及所有配电和照明设备全部检修一次。

1996年，基于全区一线防洪大堤整体防洪基础设施脆弱，如堤身高程不足、堤身单薄、险工险段多、隐患多，全区33.4公顷以上堤垸，曾有28处出险，机械设备严重老化，不少堤垸使用的仍是20世纪50～60年代的排渍设备的现状。区政府确定以提高城市防洪能力为目标的新河垸、涝湖垸、苏托垸、朝正垸、霞凝垸、漆家湖、五合垸防洪大堤、涵闸治理等十项除险保安重点工程，并成立工程治理指挥部。11月，全区发动冬修水利。水利工程共开工732处，完成土石152.1万立方米，占计划的101.4%，完成工日213万个，共投入资金1175万元，最高上工达3万人，出动机械2000多台（套），清除河道障碍物6万立方米，拆迁房屋3860平方米，修复水毁工程31处，加固大堤11千米（其中标准堤3千米），防洪大堤灌浆11.3千米，除险加固大堤涵闸3处，建标准堤29.7千米，其中新河垸防洪大堤完成大堤高压定喷水泥防渗墙长520米，建标准堤3000米，拆除堤面建筑物4360平方米，砌堤内档土墙滤层长300米，外坡扫障3万平方米，大堤加土1万立方米。完成土方27.5万立方米，修内平台2000米，黄泥灌浆5200米。东段的盐船洲大堤加固土方4000立方米，在1100米堤段上平均加高1.5米。朝正垸月湖水陆交通闸封堵60米老涵管，接长60米涵洞。朝正垸综合农场鸭子铺七队、霞凝乡五合垸渡口堤段严重外塌坡长共360米，完成抛石6000吨护脚。漆家湖大堤两水夹堤严重内塌坡300米，冬修填土2万立方米，加固险段300米。维修改造机械设备40台3327千瓦，并新建400平方米乡场防汛指挥大楼一幢。

1997年，全区冬修水利开工775处，占市下达计划的155%，恢复水毁工程209处，完成土石150万立方米，完成劳动工日240万个，加固大堤4350米，建标准渠14处18.5千米，内渠清淤27条35.6千米；总计投入784万元，其中区财政投入120万元，乡、镇、场投入180万元，多渠道集资和群众集资484万元。重点是朝正垸大堤处险、马栏山撇洪渠整治、霞凝垸加高加固、涝湖垸堤面硬化、苏托垸外滑坡治理、苏托垸杨柳湖加固、涝湖垸廖家渡大堤除险等工程。

1998年发生的特大洪水，导致全区56.4千米堤防受到不同程度的损失，占全区防洪大堤长72.5%；水毁工程825处。全区以消除洪灾迹象和除险保安为重点，全面清理险工险段，修复水毁工程，并组织4支施工队伍、100多辆汽车和挖掘机，开展冬修水利。10月，完成朝正垸加固大堤土石30万立方米，填平从朝阳到鸭子铺一线3000米的两水夹堤塘，新扩蔬菜面积8公顷，朝正垸、马栏山、洪西撇洪渠清障1万多米，拆除房屋13栋3600平方米，拆除一栋严重阻水的两层建筑，投入750万元。在捞刀河镇冬修水利实行“11186工程”，即完成工程1000处，投入资金1000万元，奋战100天，移动土石方80万立方米，完成劳动工日60万个。成立一个由2台推土机、1台挖掘机和20多台翻斗车组成的机械化施工队，由水管站管理，常年施工。新港镇提出“举全乡之力、聚万民之财、修保命大堤”，投入资金500万元，完成土石40万立方米，维修渠道3000米，修复机械设备15台件，堵好10个倒口。全年完成水利投资3400万元，其中乡以上财政投入2100万元。洪山管理局完成水利投资1500万元，其中群众集资197万元。

1999—2000年，全区水利建设共投入资金5170万元，完成大小水利工程2342处，完成土石441万立方米，完成劳动工日441万个。上劳力7.76万余人，出动机械600台，加固大堤15千米，修建标准渠道25千米，新开渠道10千米，渠道清淤30千米，河道疏竣20万立方米，拆除房屋1.6万平方米，拆除浏阳河、捞刀河内阻水砂场6个。重点工程完成土方148.8万立方米，石方2万立方米。

2001年，全区投入各类水利建设资金2300万元，开工大小水利工程1170处(其中重点项目26处)，完成劳动工日165万个，移动土石167万立方米，拆除民房18栋4560平方米，投资30多万元，新建一个800平方米的防洪物资器材仓库。筹资230万元，治理朝正垸和沙坪撇洪渠等20多处险工阶段；投入国债资金674万元，用于河道清障、固基等水利工程建设。

2002年，全区投资2200万元，完成水利工程1100处，移动土石210万立方米，加固大堤15千米，新开渠道10千米，渠道清淤30千米，疏浚河道淤泥30万立方米，清运河道垃圾、渣土4万立方米，拆除浏阳河、捞刀河内阻水砂场5个，拆除违章房屋4栋，迁房3户400平方米，处理水事纠纷8起。苏托垸庆生塘至山窑塘大堤从外洲取土22万立方米加固大堤，内坡采用草皮绿化护坡6.16万平方米，完成投资664万元，其中农民自筹76万元。

2003年，全区水利建设以“建重于防，防重于抢，抢重于救”为指导方针，加大水利建设投入，共投入各类水利建设资金3600万元，完成大小水利工程1200处(其中重点项目26处)，移动土石203万立方米，完成劳动工日203万个，堤防加固14千米，河道清障3千米，河道疏浚1千米，撇洪渠整治6630米，渠道清淤6000米，拆除堤脚房屋40栋6360平方米，堤外坡削坡贴草皮500米，贴草皮1.6万平方米。拆除卡口桥涵4座；新建三个总计1.09万平方米砂卵石仓库。投资3万元完成工农垸排渍机械整修，新建一个180平方米防汛物资器材仓库。

2004年，调整治水思路，突出堤垸建设，启动一批退田还水工程，提高全区防汛抗旱整体能力。全年共投入2.7亿元，启动城市防洪工程体系、标准堤、标准渠工程、退田还水工程，完成大小水利工程600处，移动土石360万立方米，完成劳动工日360万个，加固堤防14千米，建标准渠4千米，渠道清淤扫障15千米，新开渠道1.8千米，新修水坝1座，新修泄洪闸1处，共拆迁房屋225栋5.28万平方米，拆除砂场7个。

2005年，突出以人为本，统筹兼顾，协调发展，突出重点，举全力开展水利建设。共投入各类建设及拆迁资金3.5亿多元，其中省市投资2.05亿元，区级投资1.3亿多元。防洪大堤拆迁投资1.2亿元，完成大小水利工程300多处，移动土石520万立方米，投入劳动工日520万个，拆迁房屋324栋72，120平方米，拆除砂场36个，预制场1个，新修渠道7.6千米，渠道清淤整修13.2千米。大明村通过招商引资，由市蔬菜集团公司投资800万元，修建4.7公顷农民公园湖，可增蓄水10万立方米，建6.7公顷蔬菜基地，修建渠道2000米，其中水利基础设施完成投资300万元。楚家湖（工农垸）综合整治由长沙市水利建设投资管理有限公司和沙河股份有限公司（深圳国有控股上市公司）、深圳鑫浪涛公司共同在捞刀河镇无偿投入2.5亿元用于根治该区域水患。3月22日，委托市水利设计院开展工程设计，6月9日通过方案评审，完成71.9公顷项目用地招、拍、挂手续，签定土地出让合同，缴清各种税费1.7亿元。

2006年，全区投入水利建设拆迁资金3.6亿元，完成大小水利工程300多处，移动土石460万立方米，投入劳动工日460万个，拆迁房屋402栋75566平方米，拆除砂场10个，加固堤防6千米，整修渠道14千米，新建涵闸5处。楚家湖引资治水综合整治工程投资1亿元，共移动土方21万立方米，混凝土方2万立方米，抛石3400立方米，钢筋制作760吨，钢管制作60吨，完成涵闸和泵站各1处。

2007年，全区实行市、区、镇、村组工程相互推进，启动水利工程建设400多处，移动土石300多万立方米，完成劳动工日300多万个，拆迁房屋349栋11.78万平方米，投入水利建设拆迁资金7.3亿元，其中市级投入5.1亿元，区镇级投入2.2亿元。月湖公园是长沙市2007年五大战略招商投资项目，是区委、区政府“拓城兴北”中“十湖”规划之一。该工程总投资4.2亿元，其中拆迁资金1.37亿元，拆迁房屋169栋4.64万平方米。涝湖垸浏阳河桥至捞刀河桥全线6千米进行基础处理灌浆，投资1.7亿元。太阳山湖设计占地17.4公顷，完成水面7.4公顷，蓄水20万立方米，治理水土流失6.7公顷，栽植树木2000多株，工程总投资1800万元，其中拆迁642万元，拆迁房屋8栋。

2008年，全区启动水利工程建设330多处，移动土方450多万立方米，完成劳动工日450多万个，拆迁房屋60栋2.6万平方米，棚户5000平方米，企业17家，全区投入水利建设拆迁资金6.5亿元，其中省、市级投入5亿元，区、镇投入1.5亿元。湘江东岸（二环至三环）防洪工程总长4.45千米，由金霞开发区和市水利投资公司共同承建，完成投资9700万元，其中建设资金8700万元，拆迁资金1000万元。

2009年，全区启动水利工程建设300处，完成土石200万立方米，拆迁房屋46栋1万平方米，投入水利建设资金2亿元。区委、区政府将蒋家垅堤防达标建设工程纳入2009年重点工程计划。蒋家垅防洪大堤长460米，拆迁房屋400平方米，完成投资3360万元。

2010年，全区实施大小水利工程450多处，移动土石200万立方米，拆迁房屋50栋1.88万平方米，投入水利建设、拆迁资金2亿元。涝湖垸前河达标治理工程拆迁由开福区承担，建设由日贷项目部负责。

2011—2012年，全区投入水利建设资金均为3亿元。2012年完成8个涵闸封堵、改造3千米大堤达标建设（苏托垸2千米、霞凝垸1千米），15千米大堤护岸工程，启动3个泵站建设。主城区城市防洪圈13.7千米全线合拢，堤防达200年一遇防洪标准。捞霞片区湘江沿线、芙蓉北路街道堤坊、戴家河垸、涝湖垸、朝正垸1千米、苏托垸4千米堤防达百年一遇标准，其余堤防都进行除险加固和护岸建设，防洪标准达50年一遇。

四、重点工程

五合垸（含肖家洲、龙洲）　2003年5月19日五合垸溃垸后，开福区决定结合捞刀河的裁弯取直、疏通河道，对五合垸实行平垸行洪、综合开发。5月23日，成立五合垸移民重建指挥部，制定《五合垸平垸行洪综合开发方案》，拟对垸内183户520名村民的80栋房屋1.9万平方米拆迁重建，拆迁资金951.16万元；重建地2.8公顷，重建资金840万元，水、电、绿化等配套设施建设资金650万元。并对五合垸移民重建安置地茶园坡(10.5公顷)进行实地勘测，拟订《五合垸移民重建安置补偿方案》。6月上旬开始兴建安置房，同时拆迁五合垸内房屋。至2003年底，五合垸拆迁房屋108栋面积4.12万平方米，移动土方1661立方米，安置451人。重点小区建安置房15栋，建社区服务中心1栋及相关附属工程。10月，成立长沙市五合垸综合整治工程项目部。五合垸综合整治工程共分为八个标段，第一至七标段为堤防建设工程，第八标段为河道疏挖工程。11月12日，在湖南省招投标网上公开发布招标消息，12月17日，发售招标文件，1～7标段于2004年1月6日、8标段于2004年7月14日在湖南洞庭招标代理有限公司招标大厅开标。

2004年1月15日，在捞刀河桥头举行捞刀河改造和五合垸建设开工典礼。4月30日，完成第一期工程，开挖新河土石8万立方米，土方填筑38万立方米，砼预制块7200立方米。2005年4月，捞刀河出口裁弯改直，将原两岸堤防总长4千米缩短为1.9千米，以解除长期以来洪水对于开发区、京广线、长捞路的威胁，五合垸平垸行洪工程新开河道970米，疏挖河道1056米，新修加固戴家河垸堤防1450米、五合垸堤防3228米，整个工程开挖土石136万立方米，大堤填筑土160万立方米，砼2.8万立方米，块石4万立方米，吹填土300万立方米，堤坊填筑最低部位已达36.4米（黄海），绿化景点15万–20万平方米，工程总投资（含拆迁、补偿）4.25亿元。2006年，五合垸整治续建工程建设资金3000万元，完成开挖土石方20万立方米，吹填土120万立方米，绿化15万平方米。

福安垸 2003年11月，成立福安垸拆迁指挥部，启动拆迁工作。第一阶段除三分之一户外，其余村全部自拆。市广播电视局所属的329电台投入资金200万元，拆除房屋5栋，新建变电间一个。市电信分公司投入200万元，拆迁2700米电信杆线。福安垸工程累计拆迁房屋697栋，投入拆迁资金2.49亿元，拆迁面积15.23万平方米，拆除泵房二座。征收集体土地2.21公顷，拆迁补偿金额1118.84万元，其中房屋拆迁补偿519.76万元，土地补偿费84.29万元，安置补助费105.53万元，集体设施补偿费35.63万元，青苗补偿费9.81万元，村民重建地补偿费306.13万元，其它补助费19.93万元，不可预计费21.58万元，工作费用16.19万元。

2004年1月5日，湖南省日元贷款城市防洪工程第四标段福安垸2786米堤段正式动工。1月14日，湖南水利水电工程监理承包总公司成立湖南省日元贷款城市防洪工程第四标段监理部。福安垸保护面积668.4公顷，垸内有国防科大和319国道、城市二环线等交通设施，保护人口10万人。福安垸防洪大堤从黑石渡至浏阳河铁路桥，全长5580米，原堤顶高程约37米，面宽10米，内外边坡约1∶2.0，设计防洪标准为200年一遇，设计洪水水位37.89米至38.26米，堤顶超高1.5米(其中防浪墙0.5米），防浪墙顶高程为39.39米至39.76米，堤顶面宽8米，内外边坡均为1∶2.5，内平台宽26米，高程为34米，外平台宽4米，高程为34米，完成土方开挖20万立方米，填土40万立方米，浆砌石和混凝土2万立方米，投资4500万元。

2006年，启动福安垸三期工程，完成1.4千米大堤达标建设，完成投资4500万元，完成土石60万立方米，防汛混凝土公路905米，已拉通低高排水系，建成2100平方米景观小游园，砌防浪墙930米，完成涵闸2处，安装电排管道210米，兴建一个4.7公顷外滩平台。

新河三角洲防洪大堤 2006年，对新河垸大堤浏阳河桥至北大桥3050米大堤进行基础处理灌浆，完成投资3600万元，拆迁房屋5.81万平方米，拆迁资金1.6亿元。新河三角洲北侧新河垸，西邻湘江、北抵浏阳河口，南起319国道，东至芙蓉路，长2900米，总用地面积200.5公顷。新河垸大堤达标建设总投资2.3亿元，纳入长沙市城市建设规划，1月15日开工，汛期前完成大堤基础灌浆，大堤加固标段于10月开工。

2007年，启动新河三角洲防洪大堤建设工程，防洪堤高由原来的36米提到38.85米，抗洪能力由原来不足30年一遇提高到200年一遇。新河三角洲工程第二标段全长399.56米，9月29日开工，2008年3月15日完工。完成堤基清理13.14万立方米，堤身填筑12.50万立方米，堤身防护（雷诺护垫施工)1.03万平方米，C15毛石混凝土基础4121.3立方米，C15素混凝土基础3658.33立方米，C25混凝土档墙6858.53立方米，钢筋加工安装485.64吨。

第二节 防汛抗旱

一、机构及设施器材

防洪抗旱机构 1991年，成立北区防汛指挥部新河垸分部。区防汛指挥部将受益单位编成4个组，1992年增加到5个组。将新河垸大堤分为8段，由北区防汛指挥部新河垸分部负责。1993年，北区实行防汛首长负责制，分片（组）包干岗位责任制以强化管理。1994年，防汛工作采取“以块为主”（街道办事处）、纵向协调（区级有关单位），统一指挥（区防汛指挥部）的管理体制。1995年，北区建立健全防汛通讯联络、24小时轮流值班、战时人员调拨和值班制度。

1997年2月，成立开福区防汛抗旱指挥部，由区委书记任政委、区长任指挥长，办公室设水利局内，各乡镇都成立相应机构，并制订防洪预案。区委、人大、政府、政协主要负责人及分管防洪抗旱副区长负责全面指挥，区委办、政府办负责总值班，公安分局作为机动分队，民政局负责勘灾救济，机关事务局负责总后勤，水利局负责技术指挥，宣传部负责宣传报道，未联点街道办事处负责本辖区内的防汛工作。

防洪抗旱器材设施　1990年，新河垸防洪设施移交北区管理时，有大堤3000米，排水主渠道1000米，下设排渍泵站2座，配备55千瓦水泵机组7台套，装机容量385千瓦。1991年，全区防汛备砂卵石2.39万立方米，铅钉丝26.78吨，防汛袋2.88万条，土箕4806担，晒垫387床，楠竹3024根。1994年，黄泥砂卵石储备50万立方米，木材100立方米，防汛袋2.1万条，出动汽车625台（次），船只15条，扎木排350个。1995年，在湘江、浏阳河沿线大堤筑堤、固坡、补漏、堵缺，封闭废弃不用的闸口3个，修补麻石护坡8000平方米，加固大堤3000米。拆除开福寺路口粮运码头以房代墙建筑物507平方米，建成标准化水泥防洪墙。改造油铺街下水管道537米，将50年代铺设的瓦管改埋直径100和50的砼管。修建留泥井20座、泄水井46座。改造北站路口泵站，建75千瓦立式泵3台，投入人力3000个，资金76万多元。

1996年，开福区有排渍站31处62台4870千瓦，涵闸43个，总长1991.4米；抗旱抽水机24处51台2492千瓦，小(一)型水库2座，小(二)型水库15座，集雨面积7.55公顷，库容590万立方米；塘坝4580处，灌溉机井32口。全年新增和改造排渍机4处320千瓦，维修机电排渍设备40台3227千瓦。1997年，更新改造湖区电排4处1010千瓦。全区砂卵石储备2.09万立方米，木材329立方米，防汛袋7.44万个，土工布2880米，防汛抢险车辆211台，船只34条，块石4300吨。1998年，全区备砂卵石2.37万立方米，木材180立方米，铅钉丝940千克，防汛袋6.47万个，土箕4806担，晒垫387个，楠竹3024根，土工布3900米。2000年，全区砂卵石备料4.27万立方米，木材349.8立方米，铅钉丝6.2吨，钢管架40吨，防汛袋20万个，土箕2760担，楠竹390根，土工布4万米，块石2500吨。

2003年，区政府投入700万元，市政府投入200万元，在甘咀坨泵站、山窑塘新安装5台722千瓦排渍机和抗旱机。陈家渡排渍泵站投资2500万元，完成土方8万立方米，砼与钢筋1.1万立方米，浆砌石3000立方米，防渗帷幕1600余米。2006年，全区新装抗旱机械2处9台4227千瓦。楚家湖安装排渍机械7台4040千瓦，霞凝垸废除旧涵闸，新建涵闸泵站1座，完成开挖土方1.6万立方米，填筑土方1.5万立方米，石方600立方米，钢筋混凝土650立方米。月湖泵站占地2.2公顷，拆迁25户1.04万平方米，建2孔3米×3米自排涵闸一座。2007年，月湖新建2960千瓦排渍泵站1座。10月，苏托垸投入50万元对甘咀坨抗旱机台进行改造。金霞排渍泵站由市水利投资公司建设，工程总造价2500万元，工程装机6×280千瓦。社教桥泵站已随福安垸大堤达标建设进入市日贷项目部建设计划，装机容量1560千瓦，工程造价3500万元。

2008年，全区储存砂卵石5万立方米，纤维袋41.5万个，木材241立方米，架管110吨。防汛器材常年按照万亩堤垸万吨砂的标准储备。2009年，区政府投资3100万元在漆家湖新建3台280千瓦泵站1个，涵闸1处。9月，投资5200万元，在芙蓉北路与横一路交界处的东南角建一个污水提升和雨水排渍合建式泵站，占地面积8851平方米，建筑面积1803平方米，装机容量4640千瓦，机组台数12台。苏托垸甘嘴坨、社教桥、月湖、双湖、乌溪、金霞、五合垸泵站新增43台9254千瓦排渍抗旱机，新增管理用房和防汛物资仓库各1栋。2010年，全区新装排渍抗旱机械18台7220千瓦。涝湖垸筒车坝泵站于6月9日开工，投资2840万元建设一座3×280千瓦、3×580千瓦雨水泵站。至2012年，全区共新建、改建、扩建陈家渡、社教桥、楚家湖、田心港、筒车坝、金霞、五合垸、漆家湖、甘嘴坨、月湖、戴家河等18个泵站，合计装机2.44万千瓦。

表 14-22

1997 年长沙市开福区排渍站基本情况表

管理单位	排渍站名称	装机情况							供电情况			建造年月	受益面积（公顷）
		单机功率（千瓦）	台数（台）	总功率（千瓦）	总流量（立方米/秒）	起排水位（米）	出水管高程（米）	出水管直径（米）	变电站名	供电线路	变压器千伏安 × 台		
新河垸	石油库机站	55	3	165	1.88	32.5	37	0.6	三角洲	336	180×1	1973 年	66.7
新河垸	田心港机站	55	4	220	0.87	33	37	0.3	三角洲	336	200×1	1964 年	20
朝镇垸堤委会	月湖机站	155	2	310	1.8	31	36	0.8	中岭	中苗	320×1	1982 年 8 月	—
朝镇垸堤委会	月湖机站	130	1	130	0.83	31	36	0.6	中岭	中苗	180×1	1974 年	—
朝镇垸堤委会	月湖机站	80	1	80	0.5	28	38	0.6	中岭	中苗	240×1	1990 年	402
福安垸堤委会	社教桥	55	3	165	0.5	32.1	36.8	0.5	上大垅	314	100×1 160×1	—	—
福安垸堤委会	陈家渡	55	4	220	0.5	32.5	36.5	0.5	黑石渡	304	320×1	1972 年 10 月	—
马厂分场	大巷口	75/40	2	115	0.45	33.0	37	—	中岭	马厂	100×1	1974 年	—
金霞开发公司	挽船浜	55	1	55	0.2	32	37	—	中岭	马厂	—	1996 年	—
涝湖垸堤委会	筒车坝	180	1	180	1.0	31.0	37	—	中岭	中洪	320×1	1958 年	—
涝湖垸堤委会	筒车坝	110	1	110	0.4	31.0	37	—	中岭	中洪	160×1	—	—
涝湖垸堤委会	筒车坝	115	1	115	0.45	31	37	—	中岭	中洪	—	—	—
墙板厂	夏家湖	55	2	110	0.3	33	37	—	中岭	中洪	160×1	1977 年	—
苏圫垸	甘咀它	180 55	1 3	180 165	1.06 0.96	29.6 29.6	36.4 36.4	1.8 0.8	中岭	308	320×1 200×1	1962 年 8 月 1962 年 8 月	380 380
苏圫垸	中干渠	155	2	310	3.32	29.8	37.8	1.4	中岭	308	220×1	1978 年 10 月	653.4
苏圫垸	新管子	180 132	2	312	1.76	29.8	36	1.2	中岭	308	320×1 200×1	1975 年 4 月	160
苏圫垸	三窑塘	55	2	110	0.76	29.6	36.8	1.2	中岭	308	180×1	1957 年 2 月	146.7
苏圫垸	火炉湾	75	1	70	0.2	—	—	—	中岭	308	100×1	1982 年 10 月	141.4
工农垸	彭家巷	55	1	55	0.36	30.0	36.2	1.0	中岭	308	100×1	1975 年 10 月	80.7

续表 14-22

管理单位	排渍站名称	装机情况							供电情况			建造年月	受益面积（公顷）
		单机功率（千瓦）	台数（台）	总功率（千瓦）	总流量（立方米/秒）	起排水位（米）	出水管高程（米）	出水管直径（米）	变电站名	供电线路	变压器千伏安×台		
双湖垸	双湖	55	1	55	0.36	31.4	36.0	1.0	中岭	308	100×1	1975 年 10 月	88.3
乌溪垸	乌溪机台	55	1	55	0.36	30.4	37.4	1.0	中岭	308	100×1	1962 年 4 月	82.7
舒家桥垸	黄家屋场	37	1	37	0.2	31.2	37.0	0.8	中岭	308	50×1	1978 年 10 月	28
霞凝垸	霞凝垸排渍站	75 30	1 1	105	0.6	29.0	35	7.0	丁家冲	丁霞线	100×1	1970 年	73.4
漆家湖	漆家湖	55 75	1 1	130	0.6	30.5	35	800	中岭	中跃	180×1 180×1	1961 年	94.7
戴家河	一机台	55	1	—	0.32	32	6	500	中岭	中化	100×1	1990 年	133.4
戴家河	二机台	115	1	—	4.6	32	7	500	中岭	中化	180×1	1976 年	100
戴家河	二机台	30	1	200	0.3	32	67	350	中岭	中化	—	1992 年	—
顺口湖垸	顺口湖	115	4	189	0.8	29	36	500	中岭	中跃	280×2	1963 年	56.7
五合垸	五合垸排渍站	30	2	60	0.2	30	36	800	中岭	中化	100×1	1975 年	53.4
金竹垸	金竹垸机台	55	1	55	0.3	—	15	60	金竹垸	—	100×1	1979 年 12 月	30
跃进垸	袁家湾	30	1	30	0.07	32	36	500	中岭	中跃	100×1	1958 年	31.4
太平垸	太平垸机台	55	1	55	0.07	31	7	60	中岭	中跃	100×1	1974 年 8 月	46.7
袁家湖	柳家场	14	1	14	—	32	37	400	中岭	中跃	100×1	—	17.4
袁家湖	龙家场	14	1	14	—	32	37	400	中岭	中跃	100×1	1977 年	—

表 14-23

1997 年长沙市开福区防洪大堤涵闸基本情况表

单位	涵闸名称	附近地名	涵闸				闸门		高程		作用	建造年月
			结构	长度（米）	内高（米）	内宽（米）	结构	启闭方式	堤顶（米）	闸底板（米）		
新河垸	石油库		条石	35	1.5	1.2	钢板	启闭机	39	30.5	排渍	1993 年 12 月
新河垸	田心港		条石	40	1.4	1.1	钢板	启闭机	39	31	排渍	1940 年 12 月
涝湖垸	老屋围	马厂	砼管	54	Φ0.3		木	人工	39	31.41	排水	—
涝湖垸	姜家老屋	马厂	砼管	34	Φ0.3		木	人工	39	33.40	排水	—
涝湖垸	墙板厂	夏家湖	砖石	43	0.8	0.8	木	自关	39.5	32.81	排水	1977 年
涝湖垸	大港口涵闸	躲风停	麻石	47	1.9	1.5	木	自关	39.0	29.65	排水	1976 年
涝湖垸	金霞开发公司	挽船滨	麻石	45	1.8	1.4	木	自关	39.5	29.0	排水	1991 年
涝湖垸	筒车坝涵闸		砖石	50	1.7	1.5	木	自关	39.0	28.85	排水	—
朝正垸	河排进水管	胡家巷	砼管	30	Φ3	0.5	木	自关	39.0	33.5	排水	—
朝正垸	排水涵闸	胡家巷	红砖	36	1	0.7	木	自关	39.0	30.0	排水	—
朝正垸	排进水闸	月湖	砼管	30	Φ0.6		铁	人工	39.0	24.0	进排水	—
朝正垸	排水闸门	新月湖	条石	86	2.4	2	木	自关	39.0	29.5	排水	—
福安垸	社教桥	利沿村	钢筋砼	36	Φ1.5		木	人工	40	30.153	排放	1964 年 9 月
福安垸	陈家渡	—	麻石	30	2.0	1.0	木	人工	40	30.535	排放	1973 年
苏坨垸	甘咀它低闸	—	砼	82	1.2	1.0	砼	人工	40.2	26.20	排	1969 年 9 月
苏坨垸	甘咀它低闸	—	砼	7.4	1.7	2×1.2	木制	自动	40.2	32.00	排	1962 年 10 月
苏坨垸	甘咀它低闸	—	砼	38	1.2	0.8	木制	自动	40.2	35.80	排	1962 年 10 月
苏坨垸	白霞外闸	—	砼	64	1.8	2×1.2	木制	自动	39.4	32.6	防汛	1969 年 10 月
苏坨垸	山窖塘低涵	—	砼	56	1.0	1.0	木制	自动	40.2	30.20	排	1958 年 10 月
苏坨垸	山窖塘低涵	—	砼	42	1.0	1.0	木制	自动	40.2	36.00	排	1958 年 10 月
苏坨垸	火湾外闸	撇水渠	砼	40	1.0	1.0	木制	自动	40.0	36.5	防汛	1975 年 8 月
双湖垸	低涵	秧苗塘	块石	64	1.0	1	砼	自动	39.5	30.50	排	1965 年 9 月

续表 14-23

单位	涵闸名称	附近地名	涵闸				闸门		高程		作用	建造年月
			结构	长度（米）	内高（米）	内宽（米）	结构	启闭方式	堤顶（米）	闸底板（米）		
双湖垸	高涵	秧苗塘	块石	20	0.8	0.8	木	人工	39.5	36.00	排	1968 年 3 月
乌溪垸	低涵	新屋咀	砼	34	1	1	木制	人工	39.6	30.00	排	1974 年 10 月
工农垸	低涵	彭家巷	块石	52	1.2	1.8	钢板	自动	38.5	31.20	排	1975 年 10 月
鹭鸶湖垸	低涵	白沙河口	砼	26	1	1	木制	人工	35.5	31.00	排	1982 年 11 月
舒家桥垸	低涵	黄家屋场	砼	42	1.2	0.8	木制	人工	39.5	31.00	排	1994 年 10 月
霞凝垸	防洪底管	霞凝港	砼管	80	Φ0.6×2		木门	人工	37.0	29.0	排	1973 年
霞凝垸	防洪抗旱	供销社内	砼管	110	Φ0.4		铁门	人工	37.0	34.0	抗旱	1980 年
霞凝垸	抗旱	王玉咀	瓦管	100	Φ0.4		石闸	人工	37.0	30.0	排渍	1973 年
漆家湖	南闸	南闸	麻石	57	2	1.2	木	自关	38.5	32.00	撇洪	1955 年
漆家湖	撇洪闸	新屋	麻石	20	2	2	木	自关	38.0	34.50	撇洪	1971 年
戴家河	中渠	中渠	砼	22	1.8	1.2	木	自关	38.5	34.00	排水	1975 年
顺口湖	排洪闸	青砖厂	块石	34	2	2	木	自关	38.0	33.00	撇洪	1976 年
顺口湖	排渍闸	堤委会	块石	65	1.6	1	木	自关	38.0	28.00	排	1963 年
五合垸	排水闸	渡口	砼管	30	Φ0.5		木	自关	38.8	27.5	排	1967 年冬
五合垸	排渍闸	堤委会	砼	32	Φ0.8		木	自动	38.5	28.2	排	1967 年
五合垸	三八线	—	砼	40	Φ0.8		木	自动	38.5	27.0	排	1967 年
金竹垸	大堤涵闸	—	水泥红砖	38	0.55	0.50	铸铁	自关	38.3	32.5	排	1976 年 12 月
跃进垸	排渍管	北横堤	石	50	0.8	0.7	木	自动	38	31	排	1958 年
太平垸	大堤闸	土地咀	水泥红砖	50	0.6	0.5	铸铁	自动	38.3	33.0	排	1976 年 8 月
袁家湖	排渍闸	柳家场	石	50	0.5	0.3	木	自关	38.5	32.4	排	1977 年
袁家湖	排渍闸	龙家场	石	50	0.5	0.35	木	自关	38.5	32.5	排	1977 年

二、历年抢险救灾

1994年6月16日，浏阳河、湘江水位暴涨，高峰期水位38.93米，创长沙湘江段百年最高水位记录。长沙市北区北站路、民主东街、新河、伍家岭、黑石渡5个街道38个居委会及胜利村受灾面积4.5平方千米，3条城区主干道和120条小街小巷被淹，最深处约3米。受灾户1.35万户4.2万人，其中，洪水围困2.7万人。9所大、中、小学、幼儿园进水，近万名学生停课。受水浸蚀危房2523间约2.2万平方米，倒塌房屋23间678平方米。淹没农贸市场1个，面积4000平方米。受渍菜地16公顷。因灾停产工业企业147家，停业商业门店1256个。主要干道中断交通4天，洪灾直接经济损失约8000万元。水灾发生后，北区投入1.5万余人，出动车辆625台次，处理渗水点8处，堵闸口38处，用编织袋2.1万个，黄泥砂砾50万吨，木材100立方米，抢修房屋18栋，面积3000平方米，扎木排350个，租船15条，紧急转移居民6156人，抢救落水居民50人次，安置无处栖身者51人。抢运物资6.8吨，清理大街小巷淤泥垃圾2700吨，开机排渍7台套3.2万千瓦时。市政府下拨380万元募捐款，北区在全区未受灾地区发动捐款、捐物活动，6月22日至7月17日共募集资金52.35万元、木材35立方米、衣服3000件。

1996年7月21日，湘江长沙站洪峰水位37.18米。汛期中，开福区33.4公顷以上堤垸共发生险情27处，抗洪抢险中消耗木材88.7立方米、砂卵石3840立方米、块石2100立方米、编织袋6.3万个，共消耗资金88万元。全区组织防汛常备队6620人、巡堤队990人、突击队1570人、抢险专业队520人，防汛抢险车辆211台、船只34条。

1997年6月6日起，一连三天，长沙地区普降暴雨，降雨量近300毫米，全区15个街、乡、镇均不同程度积水，最深达1米。6月7日凌晨4时，朝正垸鸭子铺分场二队堤身出现滑坡，省、市、区领导杨正午、袁汉坤、杜远明、简用超、蒋新祺、胡越、谢树林、唐组武等赶赴现场察看险情，紧急架设照明线路，组织区人武部120人的民兵突击队进行抢险，调运麻石压脚护堤，经过10小时奋战，消耗块石2000吨、砂卵石5000吨、编织袋1.5万个，堤身滑坡得到控制。暴雨造成全区稻田、菜地、鱼塘、花草等被淹3384.61公顷，企业受淹4家。其中成园蔬菜受渍面积466.7公顷，绝收面积167.5公顷，损失蔬菜283.5万千克；鱼池被淹266.7公顷，垮池埂1136米，跑掉成鱼11.84万千克、种鱼261万尾；稻田被淹2133.4公顷。洪水冲垮塘堤111处、渠道20处5430米、围墙70余米，决堤1处20米，山林、大堤滑坡45处660米，塌方104处，其中319国道塌方50立方米，倒塌房屋126间，1735处房屋进水，大风刮倒电杆17根，大树27颗，6台840千伏安变压器被雷电击坏，部分地区出现停水、停电、通信中断，2人死亡，直接经济损失8000余万元。灾情发生后，区直机关干部全部下到各镇、场、村、组和农户，了解灾情，制订抗灾救灾方案。区蔬菜副食品局组织蔬菜种籽1300余千克，抢种、抢播速生叶类菜（蕹菜、白菜、苋菜、木耳菜）80公顷；损失严重绝收的基地抢种迟冬瓜、迟豆角、迟黄瓜133.4公顷；抢修倒塌鱼池埂，采取套养当年鲢、鳙、草鱼种，从广东、广西调进一批鱼苗投放。

1998年6月27日，湘江长沙站最高洪峰水位达39.18米。开福区决定机关单位停止其他一切活动，动员和组织全区干部群众和3支上百人的青年突击队和上千人的抗洪抢险常备队，赴抗洪救灾第一线，迎战特大洪水。全区12个街道、3个乡镇场、52个村受灾，受灾单位325个，受灾居民917户，受灾人口19.8万人，被洪水围困4.8万人，紧急转移人口2.7万。损坏房屋1.24万间，倒塌（含水中被淹房）2500栋38.5万平方米。农业受灾面积3400公顷，其中粮食作物3060公顷，经济作物340公顷，减产粮食达1.4万吨，死亡畜禽1万多头，渔业损失4000万元，农业直接经济损失1.29亿元。区属工业和乡镇企业几乎全部停产，许多企业生产设备、厂房浸泡在水中。航道、公路中断，桥涵路基、通信、输电线路严重损坏，直接经济损失5.89亿元。11个千亩以上堤垸除苏托、涝湖、福安、新河、漆家湖保住以外，其余洪水浸堤，朝正垸在湘江长沙段水位39.18米时溃垸。全区共损坏堤防56.4千米、护岸28处、堤防决口41处2081米。损坏水闸1处、机电泵站25座2000千瓦，损坏渠道68处33千米，大堤滑坡65处21.5千米，湘江沿线护岸工程损失殆尽，大堤冲刷十分严重，水库出险2处，冲毁山塘308口，全区直接经济损失总计达15.5亿元，相当于区财政12年收入的总和。6月27日凌晨，金霞大道网船帮（挽船浜）横堤南侧第一口鱼塘旁近20米长的路面开裂，路基滑坡，至下午3时排除险情，保护了公路及京广铁路的安全。是日凌晨4点，捞刀河水位涨到38.40米，苏托垸管子段洪水漫堤严重，防汛抢险指挥部组织群众疏散转移，同时调集30多台翻斗车紧急调运防汛物资，村民立即上堤，公安、交管、交警等部门干部迅速到位疏导交通。6月27日中午，城区防汛指挥部接到市防汛指挥部的汛情紧急通告，湘江水位将达39.2米。下午3时，召开城区防汛抢险紧急动员会，集合区城建综合开发公司和四方开发公司30多名抢险队员上堤抢险，为52个闸口加固夹板，堆高黄泥，同时召开沿江驻区各单位负责人会议，统一部署疏散、转移工作。6月28日上午9时左右，捞刀河水漫过长沙至湘阴公路，交通、电力、电信中断，开福区迅速组织军警民1万余人投入抢险。下午4时，湘江水位39.11米，超历史最高水位0.18米。全区29个堤垸洪水漫堤，受灾稻田80公顷，倒塌房屋29栋、被淹蔬菜80公顷、鱼池、鱼塘126.7公顷，受灾人口1万余人，交通、通信、电力设施被毁，倒伏22根电杆、57根建筑电杆。城区沿江7个街道2530户居民家进水，59家企业被淹，其中通泰街受灾最严重，有的地方进水达3米多深。长沙工程兵学院抢险第三突击队、区机关抗洪抢险突击队260多名指战员在指挥长的带领下投入抢险。苏托垸、涝湖垸、福安垸等出现重大险情，全区紧急动员10多万干部群众与300多名解放军、公安干警并肩作战，奋力排险。与此同时，区财政拨付152万元救灾，向灾区供水258车次2040吨，矿泉水33.55万瓶，盒饭23.27万盒，馒头17.93万个，法饼3.60万个，方便面2万盒，帐篷170顶，彩条布1.22万米，踏花被800床，毛巾被300条，大米161吨，衣物6428件；同时组织16支医疗救护队，6支防疫突击队，设立55个医疗点，调集53万元药品，为灾民看病治病送药。7月12日至7月22日，开福区召开三次募捐动员会，共收募捐款298.5万元。灾后采取“挖扩面潜力，调品种结构，变种植方式，排先后顺序，保适播早插，抓苗穗主体，提高单产，增加总产”的补救措施，减少损失。

2001年6月9日至10日，开福区连降暴雨，全区受渍面积达800公顷，水毁面积20公顷，倒塌房屋21间，74栋房屋进水，雷电击毁变压器3台，计量表2个，垮塘12口，垮撇洪渠10处，渠道漫水1处100米，山体滑坡13处，防洪堤外脱坡5处350米，三台排渍机排渍时损坏，经济损失1000万元。6月9日晚，马栏山撇洪渠处险，开福区组织300多人，在部队支持下堵口，装袋2万多个，抢险成功。

2002年8月20日晚8时，湘江水位涨至37.64米。五合垸、工农垸、太平垸等7个堤垸部分尚不能抵制39米高洪水位的堤段，安全受到严重威胁。区防指紧急动员新港、捞刀河镇4000余劳力抢筑子堤，紧急调运车辆80多台，编织袋10万个，并派出民兵应急部队和抢险突击队上堤增援，在7个堤垸筑起1米宽5000多米长的子堤。8月的连续阴雨，使朝正垸月湖机台的两台排渍机发生严重故障。区农水局派出技术人员赶到现场抢修，另一台260千瓦的排渍机故障严重，当即与生产厂家联系，派人驱车300千米，将工程师连夜从衡阳接来，经过抢修，月湖分场内200多公顷蔬菜和鱼池得以免受水淹。当年，全区农业生产累计受灾面积1066.7公顷，直接经济损失1200多万元，其中466.7公顷早稻出现死苗僵苗现象，占早稻种植面积的45%；1540公顷蔬菜损失严重；273.4公顷蔬菜和花卉苗木（包括其他经济作物）出现溶蔸烂根现象，约占种植面积的30%；当年调整的733.4公顷改制稻田有近133.4公顷需补种。全区30余名县级领导、区委派驻农村的60余名机关干部及其后盾单位，深入基层和农户，现场指导农民救灾补损。区农业部门预订13.4公顷菜苗，指导抢晴栽插。区政府筹集资金近200万元，组织调运救灾种子8吨、化肥40吨、农药3吨、苗木100万株，送到受灾农户。全区补种优质稻、花卉苗木、蔬菜等各类作物133.4公顷，稻改菜、稻改渔、稻改花卉苗木面积210公顷以上。

2003年5月，洪水早来势猛，最高水位达38.1米，全区出现24处险情。5月16日，区防指连夜召开紧急动员会议，启动防汛紧急状态运行机制。区领导及一线防汛队伍达1560人分赴抗洪第一线。晚上12点，所有涵闸全部关闭，穿堤建筑物、排渍机专人昼夜看守，紧急关闭大堤沿线的建筑工程和采砂场，交通部门实行交通管制。区武装部紧急调集300余名民兵。省军区紧急调来200名预备役官兵增援开福区，五合垸已出动军民180余人，工程车20余台上堤。5月19日凌晨5时，五合垸溃垸。区委、区政府成立五合垸勘灾救灾指挥部，向每户一次性发放临时救济金200元及被子、床铺等生活用品；投入资金25万余元，收购猪395头、鸭子691只，向村民发放补偿款5647.5元。区直部门捐款13.14万元，社会各界及津巴布韦、美国、葡萄牙等国在长务工的国际友人募集救灾款36万元，捐物折价近10万元。组织医疗队在五合垸堤上设立二个医疗点，义务为灾民看病300余人次，免费为灾民发放价值1.5万余元的药品及消毒、预防肠道传染病宣传资料400余份。6月下旬，继水灾后，开福区出现罕见的持续晴热少雨高温天气，导致农村地区出现严重旱情。全区68个村、分场4746.7公顷耕地和近666.7公顷养殖水面均受到不同程度影响。受灾严重耕地3384.8公顷，占总耕地面积的71%，受灾耕地中611.4公顷经济作物严重缺水，862公顷稻田严重脱水，水稻枯萎278公顷，经济作物枯萎68.6公顷，1069.4公顷稻田过白，663.4公顷稻田开裂，257.4公顷稻田无法下插。高温缺氧死鱼150吨，缺水提前上市鲜鱼575吨，农业直接经济损失达2200万元。7月11日，区政府召开全区抗旱工作紧急动员会，抽调400余名干部，发动1.44万人投入抗旱救灾，调集、添置、修复各类抽水设备2000余台套，组织抗旱机械474台2900千瓦，对河流两岸的耕地、稻田进行多梯次提水灌溉。在用水调度上，遵循科学“保丢”的原则。采取“全力保、合理丢”的措施，对无法挽救的稻田，动员农民主动放弃，及时调整产业结构。实行“水稻损失旱粮补，夏季损失秋季补，农业损失工商业补”的策略，组织灾区劳力向建安和湘绣等行业转移，减少农民经济损失，同时组织财政和民政部门对灾民进行勘灾补偿。

2007年6—8月，由于连续高温，久旱无雨，全区发生特大干旱，工程设施蓄水总量265万立方米，基本为死库容。晚稻播种面积2666.7公顷，因缺水未插134.2公顷，2533.4公顷稻田不同程度遭受干旱，脱水1980公顷，开裂347.6公顷，过白85.6公顷，枯萎120.2公顷，受旱农作物207.7公顷。有7个村、社区1150人出现饮水困难。全区共组织600余台5230千瓦机械抽水抗旱，投入各类抗旱资金300多万元。市气象局曾开展人工增雨四次，发射18枚增雨火箭，对缓解旱情产生较好影响。

2008年，全区共开展督查12次，召开四次专题会议研究防汛工作，调整充实区防汛抗旱指挥机构。区委、区人大、区政府、区政协领导到各堤垸联点，层层签订责任状。区财政年初预算安排200万元防汛专项资金，以150万元用于险工隐患治理及排渍机埠维修，50万元集中购置一批防汛器材。区防指集中购买600个喊话器，向市防指申请纤维袋6万个、纤维布3万平方米，共征调砂卵石1.66万吨。当年，由于晴热高温少雨，农作物受旱面积1200公顷，水稻面积2800公顷，脱水133.4公顷，开裂的26.7公顷，无水翻耕66.7公顷。

2010年6月中下旬，由于受持续强降雨影响，湘江流域发生自1949年以来的第三次大洪水，水位从6月19日8时33.4米迅速飙升至6月25日7时的38.46米，逼近历史最高水位，洪峰流量超过1998年。受湘江洪水顶托影响，浏阳河下游、捞刀河水位也迅速猛涨。从6月20日晚起，全区进入防汛抗洪紧急状态，启动防汛应急预案，查险处险，落实责任，严明纪律。全年实现“不溃一垸、不垮一库、不淹一片、不死一人”目标。6月25日16时，区防指接到双湖垸发现涵管漏水现象的报告，区委书记、区长率技术人员赶赴现场，制定处险方案，调集抢险人员1000余人（其中舟桥部队600人），调运砂卵石5000吨、编织袋3万个、架管1吨、棉絮200床、钢丝网10个，经过18个小时的奋战，险情得到控制。

三、1998年朝正垸抢险救灾

处置朝正垸漫溃 朝正垸总面积1333.4公顷，常住人口3万多人，堤防长6120米，堤身标高39米，比1954年37米的堤身高出2米。1998年6月26日，河水浸过堤身，且仍以每小时3～4厘米的速度猛涨。指挥部迅速组织人力、物力抢险修筑子堤。6月27日上午9时，指挥部向驻地53701部队请求支援。下午，朝阳塘弯地段出现5米余宽的裂缝，不到10分钟，裂缝突然冲大，随后出现整体滑坡，堤身只剩下不到五分之一。区长余建国等指挥民兵、群众和菜科所干部职工200余人抢救，终因水势太大、堤身浸泡时间过长，晚上7时零8分，滑坡处垮口溃垸。大水淹没垸内346.7公顷菜地、鱼塘和稻田，受灾户4370户1.37万人，80%的房屋被淹没，380栋主房、399栋杂屋倒塌，垸内32家企业被淹没或被围水中，直接经济损失近5亿元，其中企业直接损失1200万元。

溃垸后，区防指迅速调集解放军300余人，舟桥84团向国际山庄派出5艘救生艇，工程兵学院的冲锋舟全部上阵支援营救。全区1000余人参与救人，经过24小时，受困灾民全部脱险，无一人死亡。灾情发生后，腾房子、搭帐篷50顶，灾民全部临时安置到四方坪先锋小学、胜利小学、广电学校、苗圃堵口指挥部和24套民房内。区财政调集400万元资金，组织16支医疗队深入灾区治病防病，由10余辆汽车，100余名干部组成8个专门小组进垸送饭、送水、送衣、送药。并调整洪山局领导班子，成立抗灾自救领导小组，下设办公室和生活安置、生产恢复、治安保卫、医疗防疫、基层工作、涝湖防汛等六组。6月28日上午3时，开福区在洪山局召开抗洪救灾工作专题会议。6月29日晚，就朝正垸溃垸召开全区各级各部门负责人救灾紧急动员会，成立朝正垸救灾指挥部，设5个专项工作组。抽调30名县级干部，带领300余名机关干部，深入灾区开展政治思想工作，并成立朝正垸堵口复堤指挥部。7月2日始，调集38台(套)施工机械，运走表面砂石3.4万立方米、填埋砂石1.2万方，挖掉一座山，运进客土1.1万立方米，使80米的溃口合垅。7月11日，一段长110米、高6米、顶宽8米、标高40.5米（超过最高水位1米余）的永久性堤完工。与此同时，从沅江借调2台65型高扬水泵，加上区内9台水泵共11台1312千瓦的排渍设备，昼夜不停抽排。垸内2500万立方米渍水全部排干后，组织一支30余人的抢修队伍，更换变压器11台，新架电杆160余根，更换高压电线近8000米，排除线路故障3000余处，至8月8日，家家户户恢复通电。全场出动4000余劳力，动用机械设备40余台（套），恢复严重水毁耕地近66.7公顷，排灌干渠2500米，修复道路2160米。

全区组织1500名机关干部、青年突击队帮助灾民清理被洪水冲毁的菜地。调运4吨蔬菜种籽、6.5吨稻谷种、2吨玉米种、2万平方米防虫网、1吨农药。免费提供60万元生产资料，采取以奖代补的方式，蔬菜每亩奖励（含种籽）200元，每亩稻田无偿提供8公斤优质种籽外另补偿20元。渔业每亩水面补偿300元的种苗，兽医上门免费对奶牛、牲畜进行预防注射。调运100吨石灰对受淹渔池进行消毒，组织50万尾工程鲫、鲢、鳙鱼10万尾、老口鱼30万尾，分发给养殖户。针对秧苗短缺的矛盾，采取外出求援、旱土育苗、补种“倒种春”和邻里调剂的办法；对插不上晚稻的稻田，全部改种秋菜。对被洪水淹没的186.7公顷菜地全部翻耕播种，抢种速生叶类菜32.4公顷，秋吊菜75.1公顷。7月中旬，各类蔬菜陆续上市。至8月28日，该垸已恢复蔬菜面积181.8公顷，占原有面积的96%，抢插晚稻40.4公顷，占原有面积的84.6%，修复养殖水面40公顷，投放各类鱼苗100余万尾。

朱镕基、温家宝视察朝正垸 朝正垸的重大灾情，引起中央关注。1998年7月7日下午4时，国务院总理朱镕基和副总理温家宝抵长沙，赴开福区朝正垸视察灾情。其时，朝正垸内仍有466.7公顷稻田、菜地、鱼池和上百幢楼房浸泡在洪水中。朱镕基和温家宝在公路边查看朝正垸的防洪示意图，嘱咐在场的省、市、区负责人抓紧组织进行排渍，帮助群众重建家园。随后，到先锋小学灾民安置点，察看询问，鼓励大家要有信心，重建美好家园。

第三节 水利管理

一、机 构

1989年，长沙市政府将委托郊区代管的新河垸堤委会及防洪排渍设施移交给北区管理。移交后北区抽调专人负责新河垸防汛日常工作，新河垸堤委会有职工4人。1991年9月，明确北区防汛指挥部办公室为全民事业单位，配备全民事业编制1名。同年成立区防汛指挥部新河垸分部。1993年实行防汛首长负责制，1994年设立区防汛指挥部，统一指挥。1996年8月设立开福区农业机械水利局，11月更名为区水利局。1997年5月，区水利局加挂防汛抗旱指挥部牌子。区水利局核定行政编制6名，事业编制1名，下设河道堤防管理站、新河堤委会、水电勘测设计室。2002年1月，农村工作办公室、蔬菜副食品局、水利局合并为农业林业水利局，其内设水利科负责水利工作。2007年，全区共有水利执法人员13名，其中区农业林业水利局2名，其余11名为各镇农办主任、堤委会主任及堤委会骨干。

二、水利体制

水利工程管理体制 2008年前，开福区有12个水利工程管理机构，包括1个区属工程管理单位和11个乡镇水管单位，从业人员94人，属于自收自支的企事业单位，所有经费来源靠收取堤防费和自身多种经营收入解决。

2008年，实行水利工程管理体制改革。遵循分类定性、经费列入财政差额预算，编制由区统筹安排，定岗不定人，养事不养人，促进事业发展的原则。改革后，区属水利工程管理单位新河水利管理所仍直属区农林水利局管理，其他11个站垸整合为6个水利管理单位即：福安水利管理所、涝湖水利管理所、朝镇水利管理所、捞刀河水利管理所、新港水利管理所、青竹湖水利管理所。按“区乡共管，以乡为主”的模式进行管理。对核定编制的7个水利管理所的54名在编人员实行经费补助，按各水利管理所所承担工作任务的实际情况，由区财政实行定额补助。按“编制到岗不到人”的原则，在总编制限额内所有上岗人员实行编内合同制聘用管理。7个水利工程管理单位的人员经费、公用经费等纳入区财政差额预算，区财政按季拨付到区农林水利局，由区农林水利局对水利工程管理进行绩效考核后，根据单位考核结果进行安排。编内人员按每人1.8万元进行补助，总计

97.2 万元。同时，安排 138 万元用于水利工程维修养护，明确维修养护资金不足部分由水建投融资解决。7 个水管所的工作经费由区财政实行定额补助，共计 40 万元。对运行经费、防汛经费实行差额补助的财政支持政策，其编制外在职人员经费、退休人员经费、公用经费等支出，列入镇（街）财政预算。养老保险和医疗保险由所属主管单位分别购买。

农业灌溉工程运行管理费用由市财政予以补助，根据实际每年有所不同。2011 年安排资金 269 万元，其中新河水管所 34 万元，福安水管所 56 万元，涝湖水管所 53 万元，朝正水管所 72 万元，捞刀河水管所 22 万元。

水利投入机制 通过多年努力和逐步完善，基本形成了水利投入的长效机制和保障机制。一是充分发挥财政杠杆作用，近几年财政预算都达 2000 万元以上，2012 年达 4000 万元。二是积极运用市场运作手段，广泛吸引民间投资和项目融资，已累计融资 25.5 亿元。三是争取上级资金，累计争取 4 亿元。

水利建设主体 1996 年区划调整后，开福区水利建设是以乡镇为主体，由区水利局履行监管职能。水利建设也是修修补补，以治理险工险段为主。2003 年 5 月，五合垸综合整治工程始，建设主体发生变化，由市日贷办、市水利投资公司和市代建指挥部担任投资建设主体，开福区负责项目的拆迁和维稳协调。2010 年，建设主体由区水利建设指挥部承担，履行实际法人的职能。

三、水利普查

按照国务院第一次全国水利普查工作的总体要求和省、市普查办的具体安排部署，2012 年，开福区开展第一次水利普查工作，区水利普查领导小组由主管副区长任组长，各街、镇和区直相关单位为成员单位，下设办公室（以下简称普查办设区农林水利局），各街镇分别成立由农办、城管办或经济办负责日常工作。抽调 7 名干部来区普查办工作，负责水利工程、地下水、经济社会用水、灌区、河湖、水土保持、行业能力等专项工作。制定《开福区水利普查工作方案》，选聘 131 名普查指导员和普查员，并分级次参加省、市、区培训。普查办派出专业人员，采用手持式 GPS 卫星定位仪器对全区堤防、泵站、用水大户等调查对象进行定位和记录，并在电脑地图软件上逐一标注。区普查办参考第二次全国经济普查成果、统计部门有关资料整理出初步清查对象，所有规模以上清查对象逐一建立台账，定时做用水记录、普查表填写、审核、数据录入、成果汇总、协调平衡、数据整改和验收。清查表、台账表、普查表、分析汇总表、相关图片等全部整理归档，并建立电子档案。

浏阳河、捞刀河为开福区主要河流，流经开福区境内的长度分别为14.64千米和15.03千米，“两河”水资源总量大，来水量集中在6～8月，产生的径流约占全年总径流量的60%，“两河”也是开福区水利建设的主战场。2012年，开福区湘江综合枢纽库区水利建设主要位于捞刀河苏托垸和浏阳河朝正垸，其中苏托垸进行堤防达标建设2000米，护岸4000米，朝正垸护岸建设5000米。

水利设施 根据 2012 年水利普查结果，开福区有一线大堤 58 千米。其中达标堤防 37 千米，护岸堤防 14 千米，护岸 34 千米。11 个千亩以上堤垸中有 3 个万亩以上堤垸（苏托垸、涝湖垸、朝正垸）。有小型水库 20 座，中小型水库 2 座（即青竹湖水库、立新水库，均位于青竹湖镇），小型水库 18 座，山塘水坝 4580 处。蓄水总量约 4000 万立方米。另有月湖、年嘉湖、楚家湖等 10 个湖。有主排渍箱涵长 61.58 千米，涵闸 41 处，泵站 38 处、3 万千瓦。全区总供水量 2.09 亿立方米，总灌溉面站 3054.5 公顷，规模以上机电井 8 眼，规模以下机电井、人力井 1.77 万眼，普查入河湖排污口 18 处，较大的排污口有 11 处。

四、河道管理

机 构 1996 年 9 月 24 日，开福区设立“河道堤防管理站”，只加挂牌子，不定编增人，局内部调剂，并明确河道堤防管理站为开福区水利局的二级机构。

河道划界 2003 年 4 月，开福区成立河道划界领导小组 。发出《关于做好河道划界埋标工作的通知》，明确河道划界的标准和划界的范围。无堤防的河道管理范围按设计洪水位（无设计洪水位的按历史最高洪水位）加超高划定，有堤防河道（含规划中的堤防）管理范围按距堤内坡脚水平距离划定，重点垸（苏托、新河、朝正、涝湖、福安、戴家河）为 50 米，一般垸为 30 米，经过城镇的不少于 10 米。

水利、国土、规划、交通等部门共投入 10 万元，按标准做好 150 个界桩、20 块界碑、13 块麻石宣传牌。经过收集、整理、测绘、描绘、完善图纸 60 张，10 月底完成 65 千米河道划界的测量、埋标、签字、盖章、认定的任务。

砂 场 开福区有一江四河，由于河流多、河道长，是全市砂石的主产区，长沙市城区 70% 的砂石及砼供应由开福区保障。一方面为长沙城市建设做出较大的贡献，另一方面也造成砂石产区环境恶化，河道污染。历年来，对固定砂场、地摊砂场都不断地进行整改，但效果不明显。2012年，根据省市河道采砂专项整治要求，对全区53家砂场依法进行拆除，对地摊式砂场全部予以取缔。

五、水政执法

1996年，开福区投入260.9万元（其中市级投入130万元），拆除浏阳河出口段河床中的四个阻洪砂石场，清运河床废弃土、渣石4万余立方米，恢复河床断面1950平方米，拆除新河垸、朝正垸防洪大堤上违章建筑房屋3860平方米。12月10日，长沙市防汛抗旱指挥部发出《关于立即停止在福安垸学堂坡处的撇洪渠道上违法建房行为的通知》。12月31日，指挥部在红色渔场召开有长沙市水利水电局、雨花区、开福区、福安垸、雨花区城乡建设开发公司、红色渔场、湖南建华企业有限公司等单位负责人和企业法人的会议，处理该项水事违法事件，对其在建房屋予以拆除。按照“谁破坏、谁补偿”的原则，由湖南建华企业有限公司负责赔偿；雨花区城乡建设开发公司按照开发规划，提前开建新渠；长沙市水利水电局对湖南建华企业有限公司的违法建设行为依法给予行政处罚。

1998年，浏阳河开福区段10.62千米河道内违章建筑及阻洪沙场等障碍严重阻水，河道不畅，形成漩流，对两岸大堤造成冲击，直接威胁大堤安全。在开福区及各方努力下，浏阳河开福区段清淤扫障及大堤治理纳入市人大39号议案。当年，启动浏阳河清障工程，耗资220万元，疏浚河道6处，完成土石200万立方米。清障6处，拆除违章建筑1364平方米，清除交通、涝湖、金霞、甘志等4个阻洪砂场堆场计1.7万立方米，对8座桥(其中5座公路桥，3座铁路桥)上下游各200米进行护岸，共计3.4万平方米，拆除阻洪建筑物3820平方米，加固大堤完成土石4.5万立方米，河口清淤近7万立方米。

2000年，全区共拆阻水房屋4800平方米，拆除浏阳河、捞刀河内阻水砂场6个，疏浚河道淤泥20万立方米，调处水事纠纷5起。2001年，区水利局对长铁二线公司擅自在开福区新港河道内倾倒路石渣土、侵占河道一事依法作出处罚决定，责令立即停止向河道内倾倒路石渣土，组织人员对倾倒的路石渣土进行清除，罚款5000元。

2003年，开福区成立水政、水保、河道执法大队。为规范河道管理，摘抄《中华人民共和国水法》《中华人民共和国防洪法》《河道管理条例》有关重要条款，编辑成册，印刷500份，发到各镇、街道办事处、村组。4月上旬，组织区内砂场负责人分批学习《中华人民共和国水法》《中华人民共和国防洪法》《河道管理条例》。5月14日，再次组织公安、城管、交通、国土等部门对阻碍行洪、妨碍水流畅通的500平方米砂场违章建筑进行强行拆除，扣押违章铲车4台，为10多家砂石场办理“河道采砂许可证”。当年，河道清障1千米，河道疏浚3千米，拆除堤脚房屋40栋6360平方米。拆除福安垸临时砂场5个，出动人员6次，制止采砂船在湘江的违规采砂和淘金。

2004年7月，开福区组织水政执法、公安、河道管理部门对影响福安垸行洪的违章建筑进行拆除，封堵砂场运输码头，开展大规模河道清障行动。市、区两级水政执法部门和四方坪派出所、福安垸堤委会出动铲车，将河道内违章建筑逐一拆除，用翻斗车清运堆积河中的砂石。10天共出动车辆近万台次，其中铲车上百台次，拆除违章建筑200多平方米，清运河道内砂石5万立方米，到10月份，福安垸浏阳河河道内9个“地摊”砂场全部取缔。2005年，制作石质河道宣传牌，立于长沙大学、廖家渡、戴家河等地，出动宣传车在区内巡回宣传水行政法规，对水违法行为发出45份《责令停止水事违法通知书》，拆除福安垸、涝湖垸等无证违规砂场34个，皮带架1家，拆除河洲临时房屋600平方米，清除砂卵石15万立方米，抓扣吸砂船3艘。2006年，取缔河洲地摊16个，拆除皮带架5家，拆除河洲临时房屋380平方米，封闭下河码头11处，设置混凝土路障4处，并将大堤外坡恢复原貌，清除砂卵石5.2万立方米。

2008年，组织人员对全区的砂场进行全面整治，进一步规范砂石场管理秩序，对地摊砂场采取设路障、封堵下河码头的方式进行清除，对部分无证砂场业主进行政策宣传，要求其主动拆除；对不配合拆迁的砂场进行强制性拆除。湘江大道防洪工程建设，全区共拆除规模砂场8家、在建砂场2家，清除河外砂场堆场物4万余立方米，拆除违章房屋2000平方米，封堵违规下河码头10个，设置混凝土路障5处。洪山管理局拆迁安置小区擅自往河道内填筑土方，堵塞河道，区防指要求在十日内清理土方，恢复河道原貌，并处以5万元罚款。洪山管理局采取果断措施，出动挖机2台次，自卸车20余辆，清除土方2万立方米，河道原貌有所恢复，行洪较前畅通。

2010年，开福区成立专项水行政法检查活动领导小组，由区农水局办公室、防办、水利科、执法大队以及各镇、街道主管负责人组成。坚持巡回监督检查制度，对全区范围内的开发建设项目定期检查，对造成水土流失的项目依法进行制止，督促区域内建设单位制定水土保持方案。全年共查扣超载车辆126台，取缔砂场15家，封堵下河码头19处，清理行洪障碍物1万多立方米，拆除违章房屋40间740平方米。对全区钻井取水用户逐一清查，对防汛有影响的用户下发责令停止取水通知，并进行封塘，如涝湖垸的长泰豪园等楼盘。全年现场处理水事违法案件280起，立案6起，罚款4万元。

2012年，区综治办、农业林业水利局、城管、公安等部门开展四次联合执法行动，出动大卡车、挖土机等工程机械20余台次，130多人次，取缔318家流动砂场，清理河道行洪障碍物3.5万立方米，拆除53家砂场。4月起，区水上安全综合整治领导小组对湘江开福段水域砂石禁航禁运，进行“5+2”“白+黑”[①]的巡查，杜绝运砂船闯禁现象。

六、安全饮水工程

开福区有一江四河（湘江、捞刀河、浏阳河、沙河、白沙河）穿流环绕，小型水库20座，是长沙市内五区传统的水利大区。开福区的地下水资源主要用于乡镇供水、农村人畜饮用水，农业用水比例较小。水资源补给源为降水和河流径流，区域内多年平均降水量为1358.5毫米，多年平均蒸发量为1348.9毫米。

区内水资源虽然较丰富，但受气象条件及地形地貌限制，年际变化大，时空分布严重不均，由于各地对水资源开发利用程度不均衡以及一些区域水资源被污染，因此存在饮水不安全的问题。

根据开福区安全饮水“十二五”规划，开福区有5.47万人饮水未达标。其中省级核定给开福区列入中央计划人数3.18万人。截至2008年，已安排中央计划9027人，以各种形式解决30081人的安全饮水问题。

2009年，鸭子铺社区有常驻人口1136户3245人，流动人口约7000人。多年来一直靠饮用地下水，由于养殖等导致地下水细菌超标，给当地群众造成饮水困难。11月15日开始，兴建鸭子铺纯净水厂，建设一间200平方米的厂房，将自来水管铺设到社区门前，开梯口，以灌装桶装水的形式向居民供应，日生产能力达到1500桶。工程总投资约50万元。根据洪山管理局财政投资评审中心对自来水管道安装、水厂房屋部分出具的评审报告，复审核定金额为14.8万元。

2010年，捞刀河未接通自来水的辖区有9个村，4555户12689人，流动人口5000人左右。捞刀河社区与捞刀河建设集团签订建设工程协议，由该集团承包土建改造、装饰、装修、水电改造等，采用局部区域建设装水净化设施集中供水，兴建供水站一个，设置供水点，向居民供水，每桶收成本价3元。厂房面积1000平方米，日供水能力4500桶。5月8日施工，7月15日竣工，共投资200余万元。9月2日，由长沙市食品质量安全监督检测中心对供水站桶装水进行检测，样品检测项目均符合标准要求。

2011年，捞刀河中岭村安全饮水工程作为市级计划实施。6月，由长沙江南水务建设有限公司建开工建设，合同价格179.24万元。12月完工，并由市水务局进行验收。

2012年6月1日上午，区人民政府副区长李光华在捞刀河镇彭家巷社区三楼会议室，主持召开彭家巷社区安全饮水现场办公会、市水务局党委委员李正文，市水务局供水处、长沙供水有限公司、区农林水利局、捞刀河镇、彭家巷社区等单位的负责人参加会议。市水务局同意将彭家巷社区饮水安全项目纳入2012年全市农村安全饮水工程计划予以统筹安排。工程由开福区捞刀河镇人民政府负责建设，采用长沙市五水厂水源供水。市水务局下达市本级实施计划8000人，总投资250.6万元，实际设计供水规模为9893人，实际计划总投资经开福区政府投资预算中心审核后，工程预算控制造价为262.16万元。10月19日，在长沙市公共资源交易中心举行开标、评标会，经过公开招投标，确定湖南雄新建筑有限公司为该项目的最终中标人。10月，开福区捞刀河彭家巷列入市水务局第二批安全饮水计划，中央下达计划解决人数4200人，总投资221.84万元，其中中央资金126万元，省级配套资金27.72万元，市、县配套34.44万元，其它33.68万元。工程于10月底开工建设，年底已经完成主体工程。四方坪街道胜利村安全饮水工程列入市本级计划。市水务局下达市级实施计划2500人，总投资85.5万元，实际总投资110万元。该项目由四方坪街道作为业主负责建设实施，由江南水务负责施工，实行一表一户。

① “5+2”“白+黑”即一周上班五天再加星期六、星期日，白天上班再加晚上加班。

第六章 生态农业与生态能源

第一节 生态农业

20世纪末至21世纪初，开福区对传统的城郊型农业开展结构性调整，逐渐形成无公害蔬菜、休闲观光农业、园艺花卉为主的都市生态农业产业体系，年产值达3亿元。在无公害蔬菜生产基地、生态农业示范户普遍采用“猪—沼—菜”生态模式，利用禽畜粪便，减少化肥使用，采用物理防治、生物防治病虫害等综合技术，提高病虫害综合防治率，不使用或少使用化学农药，使用低毒、高效、低残留农药与生物农药。建立生态示范分场（村）10个，小康型生态示范户5000家。每家每户拥有“一栏猪、一个池、一塘渔、一个园、一间洁净厨房、一个卫生厕所”，以促进物质的循环利用、能源的分级利用，农业污染物的零排放。全区建成一批农家乐、休闲观光园。

1998年，开福区抽调3名行政管理干部和1名专业技术人员，在捞刀河镇成功村租用池塘1.4公顷和一栋400平方米住宅，投资40万元，建立开福区第一个旅游休闲垂钓农业示范点。当年创产值28万元，获纯利12万元，亩均产值1.4万元，亩均利润6000元。9月8日，开福区现代农业观光园正式奠基。生态园共投资2290万元，完成稻改池、山改园66.7公顷，建成3000平方米的宾馆和办公室。在占地66.7公顷的苗木培植区，种植桂花、杜鹃、茶花等观赏花木，组织一年一度的桂花、杜鹃花、茶花为主题的赏花节。20公顷的珍稀树种种植区、优良树种引种繁殖区，引进长沙市珍稀优良树种入园，向社会提供绿化苗；建设6.7公顷的珍贵植物景观文化区，依山环水、筑路布景，形成园中园、景中景的集森林文化、建筑文化、民俗文化及历史名城文化有机结合，构成独特的以森林文化为主调的融自然与文化于一体的寓生态教育的小区。千亩纪念林区，为长沙市提供种植具有纪念意义树木区，如结婚植“同心树”、青少年植“成长树”、老年人植“退休树”。建立1000平方米的脱毒组培苗繁殖区；3.5公顷水泥钢架大棚区，主要用于柑橘、葡萄、草莓、马铃薯、芦荟、花卉植物的无病毒苗木繁殖。1万平方米育苗温室大棚穴盘育苗区，年产商品苗500万株。生态园被列为长沙市青少年生态教育基地。

1999年，省粮贸公司利用荷冲水库山青水秀的优势，投资1000万元，兴建休闲、娱乐、餐饮、住宿、旅游、垂钓等服务设施齐全的综合性娱乐基地，还兴建二栋对外有偿服务的敬老院。

2000年，开福区“四万亩”工程及高效农业发展带规划，广胜基地建成22.7公顷的优质葡萄（从日本引进的新品种滕稔葡萄）示范区。在葡萄园中套种红桎木、杜鹃等花木，形成果中有花、四季常青的观光景园。占地0.67公顷（其中2400平方米钢架式自动化连栋大棚，500平方米日光温室）的科技推广示范区中，有长寿花、仙客来、瓜叶葡、鸡冠花等鲜花品种近50个，年产鲜花4万盆。20个水泥钢架大棚栽种有抗癌作用的水果精品人参果，30个大棚培植铁树、白掌、绿巨人、紫公子、福建茶等50多个品种的观赏盆景，年产盆景近万盆（株）。在33.4公顷的良种苗木培植区中，有大叶樟、红桎木、光叶玉兰、罗汉松、桂花树等20多个品种的优质庭院、广场绿化苗。2公顷的高标准高效渔业示范区，年产鲜鱼50吨。养殖品种有美国斑点叉尾鮰、异育银鲫、彭泽鲫、工程鲫及青鱼、草鱼、鲢鱼、鳙鱼4大家鱼。建成1500平方米的宾馆一个，卡拉OK厅3个、钓鱼长廊500米、钓鱼亭20个，可同时接纳150多人的会议及住宿、餐饮，形成垂钓、娱乐、餐饮、会议、观光、休闲一条龙的服务体系。基地有3000平方米的特种养殖场和容积1000立方米的大型沼气池一个，引导并扶持当地300户农户发展沼气生态农业，以促进传统农业向效益型农业转轨。

2001年，湖南省简氏食品实业有限公司“简四毛熟食”向多元化发展，当年营业收入300余万元，税后利润20多万元。农庄占地33.4公顷（休闲娱乐13.4公顷，生态园20公顷），固定资产3500万元。

2002年，开福区的国家、集体、民营企业等共投入旅游休闲农业资金9000余万元，前来投资开发休闲农业的单位和个人达20余个。

2004年11月，开福区成立全省首家区县级生态休闲观光农业协会，有团体会员20个、个体会员63个，休闲垂钓水面567公顷，开发休闲林地200多公顷，发展大小观光园、农家乐、度假村200余家，年产值1.39亿元。2005年，国家、集体、民营企业共投入旅游休闲农业资金达2.5亿元。9月，在开福区捞刀河镇海天山庄举办“海天杯”湖南长沙首届农家乐节，组织协会会员筹集资金编印“开心农家、乐中有福”画册。全区评出21个星级农家乐单位，其中五星级5个、四星级8个、挂星的农家乐8个。

2006年，开福区有20多家农家乐被省旅游部门评定星级单位，大明山庄、海天山庄、剑龙山庄，在长沙市民最喜爱的“十佳”乡村旅游点活动评比中获前三名。当年，全区接待游客100万人次，实现营业收入1.6亿元。解决农村剩余劳动力就业3000余人，人均增收9600元。全区共有花卉苗木534公顷，花农人均收入1.1万元，有13.4公顷以上规模的花卉苗木基地8个，其中最大的生态苗圃基地达80公顷。全区建无公害蔬菜基地5个，计334公顷，菜农人均收入1.5万元。

2007年，高岭建设集团股份有限公司投资3000万元在捞刀河海塘村建五星级“农家乐”，改造荒山20多公顷，种植3000余种7万余株名贵花木，新建和配套1万平方米的亭台楼阁和附属娱乐休闲场所，安置当地200余村民就业，年发放工资200多万元。区工商联谭建龙投资1800万元建成剑龙度假村，年产值300多万元，上缴税收20多万元，安置20多名农村剩余劳动力。区工商联陈志平开办山水农庄，安置当地劳动力30余人。新江生态农业产业园安排50名村民就业，月工资600～1000元。开福区休闲农业年产值每年都在1亿元以上。

2011年，沙坪小镇接待游客7.62万余人，其中散客6万余人、旅行团体1.62万人，省内游客2677人、省外游客1.31万人、港澳台游客468人，最高团队一天达871人。

2012年，开福区通过招商引资，投入15亿资金兴建月湖水上乐园、楚家湖水上乐园、太阳湖、洪山湖、关公湖、星月湖、舒家湖等10个项目，扩大水面556.7公顷。是年，投入400多万元，统一粉刷沙坪小镇景区沿线村200户民居；投资40万元对20户农村低保困难对象进行危房改造；投资200万元建设景区沿线绿化带，并按AAAA景区运营。对景区内155千米主要道路进行硬化，投资100多万元聘请专职环卫工8人，并租用一辆专用垃圾车，保洁率达100%。7月27日，由长沙市农办、市旅游局、开福区人民政府和湖南人民广播电台新闻频道FM102.8、NEWS93.8潇湘之声主办的开福区乡村旅游节，在湖南新富豪云尚葡萄园开幕。除葡萄节外，还开展儿童夏令营、影视文化节，长沙市第四届园林文化艺术节暨格桑花观赏节、桂花节、金婚敬老日等系列活动。节会期间，区政府携手辖区内农业、休闲农业，向市民免费发放10万张乡村旅游消费体验券。

表14-24　　2004—2012年长沙市开福区休闲农业情况表

年份	2004	2005	2006	2007	2008	2009	2010	2011	2012	合计
接待游客数（万人）	80	85	100	112	120	128	150	160	168	1103
收入（亿元）	1.39	1.39	1.6	1.8	1.9	1.92	1.93	2.1	2.2	16.23

第二节 生态能源

一、沼气

1996年，开福区开发农村生态能源，加大环境综合治理力度，推进“蓝天碧水”工程，建设山水秀美、环境优美的环境模范城区。全区大力发展沼气，开展“猪—沼—菜—渔—花”的综合利用工程。

区财政每年拨出4万元作为以奖代投，捞刀河镇对新建沼气池每个补贴500元，综合农场每个沼气池补贴1000元。把能源建设分解到村、组，落实到户。当年全区建沼气池152个，其中水压式80个；更新省煤灶650户，沼液浸种33.4公顷，沼液喂猪1.9万头，沼肥种菜346.7公顷，培训技术人员25人。1997年，新建沼气池400个，小康型沼气示范户25户，推广节能砖瓦窑3座，新建节能炒茶灶3处，更新改造节能炉1500户。是年，开福区综合利用沼气，实现沼液浸种66.7公顷，沼液喂猪3万头，沼肥种菜466.7公顷。污水净化沼气工程1处，培训技术人员50人。1999年，全区高标准建设小康型沼气池153个，其中12立方米沼气池52个，100立方米的大型沼气池1个。改造旧池202个。2000年，新建沼气池623个，综合利用率达85%以上。因地制宜发展'猪沼菜'，走良性循环的生态农业之路。将强回流式沼气池改造为自流式，通过自身压力平衡的调节作用，形成从进料到出料全过程自流化，攻克脱硫技术难题。在综合农场朝阳分场建设"猪、沼、菜"生态菜篮子工程示范基地，投入资金400万元，建成10～12立方米的沼气池126个，100立方米1个，初步实现沼气商品化。2001年，开发"猪沼菜"生态蔬菜生产，实现大菜篮子内部物质能量的多层次利用和良性循环，提高蔬菜品质、产量，减轻病虫危害，减少化肥和农药用量。农民建起"猪—沼—菜"（鱼花）高效生态农业示范基地"，通过发展农业废弃物循环利用的生物链工程，实现农业生产高效、优质、无污染。一个10立方米的沼气池可使每户每年节约1900元的开支，沼液浇菜、种花肥效高，病虫害少，基本不使用化肥，农药使用量可节约60%以上。产品可提前10～18天上市，产量提高20%左右；每亩节约生产成本400多元，增加纯利2000元左右。综合农场朝阳分场示范基地猪、沼、菜示范户达1200多户，每天向长沙市输送8万千克无公害蔬菜，4000千克精养鱼、3000千克时新水果和100头生猪，每天还可向4000户农户提供商品用气。2008年，全区沼气产气量301万立方米，农村沼气总产气量294万立方米，年均户产气量490立方米，使用沼气户为6287户。商品沼气集中供20户，总用气量1万立方米，沼气烧锅炉保温20处，用气量6万立方米。2012年，全区新建8～10立方米沼气池50个，20立方米、30立方米、50立方米各1个，100立方米大型沼气池2个，污水净化池1个。捞刀河镇简大年食品有限公司新建4个总计200立方米的沼气池，替代一个锅炉，解决生活用气和食品加工用气问题，减少大气污染和环境污染。

二、秸秆还田

1997年，根据省农业厅《关于严禁焚烧稻草，切实抓好稻草还田工作的通知》，秸秆还田技术迅速在全区推广并取得明显成效。随后机收面积逐年增加，全区冬绿肥与秸秆还田面积呈现此消彼长的局面，秸秆还田逐步成为主要有机肥源。2002年，全区秸秆还田面积300公顷，2005年3550公顷。从2005年起，秸秆还田工作进入常态化。2008年，全区平均每亩耕地有机肥资源拥有量2765.8千克，农村秸秆综合利用率达96.04%。

三、太阳能

1996年，陈家湖小区江南19栋、20栋、21栋安装太阳能近60平方米，成为开福区第一个太阳能安装示范点。2008年，发展太阳能热水器1660平方米，太阳温室大棚18.92万平方米，太阳能发电4800千瓦，改省节煤灶1500个。2012年，全区建立太阳能新能源25个。

表14-25　　2012年长沙市开福区休闲农庄、农家乐名录一览表

单位名称	总面积（公顷）	固定资产（万元）	接待人数（万人）	年产值（万元）
海天山庄	73.4	8000	65	750
大明山庄	23.4	3500	12	1400
湘楚和道源	20	3000	11	1300
河村山庄	33.4	1200	4.5	620
山鹰潭度假村	33.4	3500	6	600
长沙园林生态园	133.4	9000	30	1000
绿环岛	23.4	1000	2.5	300

续表 14-25

单位名称	总面积（公顷）	固定资产（万元）	接待人数（万人）	年产值（万元）
古月山庄	8	800	3.5	400
新港湾度假村	3.4	300	3	350
日银山庄	6.7	300	2	210
甘记农家乐	3.4	250	2	280
长沙市开福区农家乐园	2	150	1.2	150
龙华山庄	3.4	350	3.8	480
竹隐山庄	3	380	4	450
海山农家乐	23.4	600	1.5	300
红林休闲山庄	10	200	1.2	200
大塘山庄	4	450	1.8	230
下钓就有农家乐	4	300	2.5	310
市尚农家乐	2	120	0.5	100
开福区新港镇林场	6.7	200	0.8	150
大星生态休闲农庄	6.7	280	1	180
皇衣山庄	2.7	380	3.5	420
湖南新富豪生态农业发展有限公司	40	2800	5	550
凯森农庄	8	1000	3.5	450
长沙开福区北美红枫苗圃	8.7	500	3	250
长沙良家庄农业科技有限公司	13.4	500	3.5	430
蔡家坝农家乐	3.4	300	2.8	320
长沙凯雪集团生态农庄	10	350	4	450
金泸生态休闲农庄	5.4	800	2.3	300
泽辉生态农庄	5.4	250	1.2	220
立新生态农庄	10	280	2	230
小山鹰潭农庄	2	150	3	350
竹坡生态农庄	5.4	120	3	150
诺贝尔摇篮	73.4	3000	2	300
长沙开心吧农场	72	1000	2	500
明润园生态农业科技有限公司	73.4	500	1.2	200
长沙鹏程旅行社有限公司	0.7	300	3	300
长塘休闲山庄	3.4	200	1.2	180

第七章　农业机械

第一节　农机规模与机械化水平

一、农机规模与机械化水平

1996年，全区有农机3746台6.03万千瓦。2004年，开福区农业机械化进入较快发展阶段，用于农田作业的大中型拖拉机恢复增长，农机装备结构逐步优化，呈现出向大中型机械发展，向高性能、多功能方向发展，向养殖、经济作物、设施农业、农产品加工、农田基本建设等更宽领域发展态势。2012年底，全区农机拥有量9156台，农业机械总动力14.82万千瓦，其中柴油发动机5309台6.33万千瓦，汽油发动机589台5.21万千瓦，其它机械3258台3.29万千瓦。农业机械原值1.07亿元。大中型拖拉机保有量259台9080千瓦，小型拖拉机615台6138千瓦，拖拉机配套农具551套（件），耕整机1867台（套）7140千瓦，机耕船1062台（套）3948千瓦，旋耕机1513台1049千瓦，水稻插秧机14台100千瓦，地膜覆盖机307台，排灌动力机械3393台2.99万千瓦（其中柴油机1454台1.24万千瓦，电动机1939台1.75万千瓦），农用水泵3109台，机动喷雾器18台75千瓦，联合收割机154台7499千瓦，机动脱粒机2390台，农产品初加工动力机械478台5373千瓦（其中柴油机320台3307千瓦，电动机158台2066千瓦），畜牧养殖机械586台1748千瓦（其中畜牧饲养机械347台950千瓦，畜产品等机械239台778千瓦），渔业机械354台897千瓦（增氧机256台512千瓦），投饵机21台231千瓦，养殖渔船77台154千瓦，林果业机械876台4199千瓦（挖坑机301台1235千瓦），果树修剪机575台2964千瓦，农用运输车341台4004千瓦（三轮汽车163台1686千瓦），低速载重汽车178台2318千瓦，手扶变型运输机400台3986千瓦，农田基本建设机械137台9969千瓦（农田挖掘机84台7046千瓦，农田推土机53台2923千瓦）。农业生产机械化作业水平稳步提高。全年完成机耕面积5610公顷，机播面积690公顷，机电灌溉面积7000公顷，机收面积7500公顷，机械脱粒粮食64万吨，机械初加工农产品数量32万吨，农机运输作业量9295吨/千米，农田基本建设作业量3134万立方米，农机跨区作业面积5600公顷（跨区机耕面积760公顷，跨区机械播面积100公顷，跨区机收面积4740公顷）。全区综合机械化水平69%，机耕水平99%，机收水平90%。

二、服务与维修

1996年，综合农场农机站自筹资金15万元，改扩建加油站；投资110万元，建造一个农机站综合办公楼，并组建一支土石方机械工程队；筹集172万元，购进一台带振压路机、一台D85型161.7千瓦（220马）推土机、二台5型挖土机，开始农机站创业，此时农机站有员工45人。

1997年，区农机监理站制定农机技术集团承包规划，并以目标管理形式与基层签订责任状，全区完成承包面积2333.4公顷，为计划的3.4倍。捞刀河站在春插期间开展农机让利销售日活动，让利0.2万元，完成农机销售额20万元，纯利3万元。霞凝站兴建一个简易加油站，全年盈利1.5万元。综合农场农机站在世界之窗开设一个农机综合服务部，一个季度赢利6000元。全区站办加油站的收入12万元，综合农场农机站机械土石方公司收入126万元。

1998年6月，开福区遭遇严重洪灾，区全体农机人员参与救灾。综合农场组织40台农用车辆，运送土石方2万立方米，捞刀河组织农用车运土石方1万立方米，霞凝乡农机站为受灾村组无偿提供排渍柴油150千克，组织全乡农田运输机械对漆家湖垸险段运土石方2000吨。全区投入抗灾救灾农机总动力1.18万千瓦，投入各种排渍机械426台（件），拖运土石方3万多立方米，抗洪排渍2600公顷，减少经济损失800余万元。朝正垸漫溃。全区农机站出动313人次，各种农业机械114台，搬运土石方19.8万吨，运送抗灾救灾物资900吨，耗柴油190吨，运走20公顷菜田砂石，并送回泥土覆盖，组织各种农机维修小分队19个共73人次，抢救和维修农机具190台件。

第二节 驾驶人员培训和考核发证

一、培训和考核发证

1997年，开福区加强对农机手职业道德教育和业务培训工作，培训机手68名。1998年培训新机手140名。到2012年，累计培训机手4182人。同时按照省市的要求，对4182名驾驶人员进行考核和发证。

2004年，开展“农村安全村”活动，区成立农机安全工作领导小组，建立健全村级农机安全管理组织，开展村内各项农机安全生产宣传。出动宣传车10台次，发放安全生产资料5000份，并确立捞刀河镇自安村为农机安全试点村。当年村内农业机械挂牌率及检验率达95%以上，农机驾驶操作人员持证率及审验率达95%以上，群众受教育80%以上。

二、农用车辆年审发证

1998年，全区年审参审车210台，换发新牌照210套，农机参审参检率100%。2003年年审换牌中，换牌80套，换牌率90%。2005年，进一步规范年度检验工作，实行年度检验合格的车辆全部贴有全省统一的检验合格标志，同时执行农用机动车辆报废更新制度，引导参加农机保险。2006年，农机管理职能变更，区农机管理不再参与执法，只负责上户、办理驾照和年检。2007年，根据市政府办公厅《关于进一步做好我市低速汽车，三轮汽车业务移交工作的通知》，全区移交车辆607台。根据省农机局有关通知，启动联合收割机、拖拉机及驾驶人新牌证核发工作，至2012年，全区换发0.5式牌照987套，上户35本，年检325本，阳光工程培训300人。

第三节 农机制造与管理

一、农机制造

2004年，实施《中华人民共和国农业机械化促进法》后，开福区农机制造业有所发展。2006年，湖南至诚机械有限公司在捞刀河镇竹坡征地33.4公顷，注册资金2000万元，成立长沙公司。公司以制造半喂入式收割机、大马力轮式拖拉机、多用农田作业机、农机配件、土壤耕整机械等农业装备及农用液压挖掘机、砼硬化直喷机、渣液吸运机等农用工程机械。至诚公司拥有自主知识产权的“久保马”“湘能凯特”等机械品牌，年销售收入418万元。

二、农业机械购置和补贴

2007年，开福区实施农业机械购置补贴，全区农机购置补贴22.94万元，补贴40台。此后逐年增加，2008年补贴49.80万元，补贴139台；2009年补贴151万元，补贴91台；2010年补贴251.38万元，补贴586台；2011年补贴10.98万元，补贴501台，至2012年年底，共发放农机补贴498.83万元，补贴1448台。

三、农机监理执法

区农机管理部门的农机监理执法，主要是依据农机安全管理条例，通过会议、活动、车检、年审以及路检等形式进行。1997年，路检380人次，查处各种违章车辆390台次。2000年10月，区农机监理站与交通运政部门配合，对农用车辆规费征集进行专项治理，为国家收回运政规费10多万元；开展路检450次，纠正违章行为760台次，查获无证驾驶人员90人。2001年2月，成立长沙市河东城区农机安全监理联合执法队。2006年，联合执法队撤销，区农机管理部门不再履行农机监理执法职能。

第十五篇　商贸·旅游

1989—2012年，长沙市开福区地方商业贸易经历了由传统商业向现代商业发展的过程。1991年，长沙市北区仅有中小型商业企业315家和少量个体、私营商业企业，主要从事生活资料和小型生产资料的经营。1992年以后，全区大力推行“招商引资”，引进商业企业，扩大商业网点，建设专业市场和特色商业街，逐渐形成由国有、集体、个体私营商业相结合的商业体系。1998年，开福区制定全区商贸圈构建规划。至2012年，全区有农贸市场25个，建设特色商业街11条、大型超市10个，形成由传统商业和服务业、现代高端服务业组成的商业结构。服务业也有了很大发展，并向现代高端服务业发展，形成服务外包业、现代物流业、文化创意业和金融服务业等新的产业。1992年，长沙市北区开展对外贸易；1997年，开福区进一步推出招商引资优惠政策，并开始举办大型节会；2007年，变招商引资为择商选资，突出引大引强，对外贸易不断扩大，1991—1995年，北区到位外资327.43万元；2012年，开福区到位外资4.18亿元。

开福区拥有丰富的旅游资源，也有较完整的旅游服务设施。2000年，开福区政府将旅游工作纳入政府职能范围，并制定出规划。2004—2012年，开福区经常性的组织各种类型的旅游博览会和节庆活动，推出旅游线路，推介旅游项目，旅游事业迅速发展。2012年，全区全年接待游客620万人次，实现旅游业总收入74亿元。

第一章　商业经济成分

第一节　国有商业

1997年，长沙市开福区响应全省国有商业改革，开展建立现代企业制度试点、组建企业集团、发展连锁经营，采取承包、租赁、股份合作、拍卖等形式搞活小企业，对扭亏无望的企业实行破产。国有城市粮店连锁经营扩大规模，规范管理。连锁公司坚持“便民、利民、为民”服务宗旨，拓宽经营门路，打破传统计划供应模式、促进国有粮店的经营与管理向市场经济转变。商业企业开展创建“文明窗口”“青年文明号”“青年岗位能手”等系列活动，推进精神文明建设。

泰阳商城地处长沙市伍家岭，由长沙县供销社投资3800万元于1996年5月建成开业。泰阳商城定位城乡结合部，发挥供销社的网络和联合优势，开展工业品联购分销，实行批零兼营，城乡兼顾，形成跨地域、跨行业、跨所有制形式的经营格局，实施借名牌创名店的竞争战略，拓展市场，开展总经销、总代理和特约经销，通过抓名牌、抓主导产品，扩大市场份额，实现规模经营效益。1997年实现销售7.5亿元，一举跻身湖南商界八强并排名第二，被国内贸易部确认为国家大二型商业零售企业。

第二节　个体私营商业

20世纪80年代末，全区个体私营商业呈现发展态势。区个体私营商业呈南北块状分布格局，南以中山路、蔡锷北路、北正街等老商业街为主，各式店铺林立，多经营服装、餐饮、饰品及婚纱摄影等行业。北以湘江北大桥及周边地区为主，多经营副食品批发及满足居民日常生活所需小商品零售。两块之间个体商业分布较为零散。1991—1995年，个体商业户逐步扩大规模。私营企业主要从事制造业和贸易业，私营企业发展具有以下特点：一是、资金增加，生产经营领域扩大。二是、向外向型、规模化发展，逐步摆脱原始手工业作坊的生产模式，向资金密集、技术密集型企业发展。三是、有限责任公司发展较快，独资企业、合伙企业有所下降，不仅新登记的私营企业向“公司化”发展，而且原有的独资企业、合伙企业也在创造条件向公司转化，有限责任公司逐步被私营企业认识和接受。

第二章 商业布局

第一节 机 构

1989年，长沙市北区尚未设置专门管理商业贸易的机构。1991年11月，北区成立商业工作领导小组。12月，成立长沙市北区商业局，加挂北区社会商业管理办公室和北区商业网点建设管理办公室两块牌子。1997年，开福区正式设置区商业贸易局，内设办公室、商贸股和市场建设商业网点办公室，核定行政编制5人。2002年，商业贸易局更名为区对外贸易经济合作局。2005年，更名为区商务局。2011年，更名为区商务和旅游局，加挂招商合作局牌子，内设办公室、招商科、项目科、商贸科和旅游发展科五个科室。

1991—2012年，先后担任北区商业局、长沙市开福区商业贸易局、区对外贸易经济合作局、区商务局、区商务和旅游局局长的有袁干如、覃会林、谢秀石、袁政国、游宇红、陈志奇、邓平、肖育明、潘建军，先后担任局党委书记的有杨强辉、肖育明、刘家庆。

第二节 发展战略

1992年，长沙市北区确立发展商业总的指导思想：振奋精神，打一场振兴北区商业的总体战，搞好协调服务，统筹全区商业，规划网点建设，促进效益，务实创新，力争目标过亿元。采取干部分片包干、重点扶植的办法，以北区“55183738”工程[①]作为重点。1995年，制订全区商业计划，提出“用管理促发展、靠管理出效益”的新思路和抓好商业企业的“三改一加强”[②]工作。制定系列优惠政策，在陡岭综合市场、东风家具城等处建立健全各种服务体系，包括统一办理工商、税务等执照，设立收费许可证，统一收费，不准以任何名义向经营者进行政府规定以外的收费、摊派和罚款。12月，制定《长沙市北区商业贸易局五年（1996—2000年）发展规划》。

1998年，长沙市开福区在引进、建设、引导、培育、管理和因势利导发挥传统商业优势上着手，制定开福区商贸圈构建规划，将全区市场网点布局和发展形成四块、四条特色路、五条专业街和三条发展线。同时，对全区54个市场进行分类，按照“三优一保护”[③]原则，成立联合管理办公室，制定市场管理条例，实行税费管理“二票制”，要求做到“五统一”[④]，并对部分市场采取职能局直管或委托社会合法组织自行管理等方式。

2000年始，开福区对外贸易经济合作局的工作重心由商贸工作开始转向招商引资工作。2009年，成立区产业服务中心，全力推动重点产业项目建设，有序推进市场建设，创建食品卫生城市，开展酒类监管、市场运行监测、定点屠宰等工作。2010年，.开福区实行项目责任制。年初，经区招商引资工作小组研究，确定35个重大产业项目，同时对各园区、街道（镇）和相关部门的招商引资工作明确考核指标，并加强项目的前期工作，继续从政策变化调整、区域合作联动、服务外包基地中策划和挖掘一批项目，实行产业经济项目、基础设施项目、社会发展项目的策划和包装一起抓、一齐上。

---

① “55183738”工程即财政收入5500万元，城建开发工作量1.80亿元，实现工业总产值3.70亿元，商业销售3.80亿元。
② “三改一加强”即改革、改造、改组以及加强企业内部管理，坚持把工作重点、立足点、服务点放在基层和企业。
③ “三优一保护”即政策优惠、服务优质、环境优化和保护经营者与消费者合法权益。
④ “五统一”即统一领导、统一管理、统一协调、统一执法、统一收费（税）。

第三节 市场网点

一、商业网点布局

1991年，长沙市北区有商业企业315个（不包括个体及私营企业），其中区街直属企业114个、委办企业95个、挂靠企业106个。1994年，全区共有商业网点门面2705个，面积4.77万平方米，其中引进商业企业426家，新增商业人员5263人，新建商业门面1580个，面积2.31万平方米。全年销售额突破1000万元的商业企业2个，突破500万元的商业企业7个，突破200万元的商业企业25个。全区8个街道兴建各具特色的商业网点门面，东风商业街开始招商，教育街塑料、北正街灯具、三角花园服装、留芳岭小吃等一批专业街市形成。北大桥副食品市场形成规模，销售量达到每天200多万元。

1995年，北区新建商业网点面积1万多平方米。民主东街办事处与工人文化宫、青少年宫、北正街小学联合开发新建60余个门面，伍家岭办事处引进省人防办资金和其他单位资金50多万元，在长捞路、建湘新村口兴建80余个门面。1996年，长沙市开福区拥有10余条专业特色街市，初步形成具有一定特色的市场网络；全区新增商业企业50余家；建立一批居民消费合作社和便民连锁店，全区商业网点建设渐成体系。2010年，完善商业网点布局规划修编工作。

二、城区商业圈层

1991年，北区集体、个体、私营企业，以五金交电、副食、日杂、百货、汽车配件、烟酒居多。全区范围内，商业网点众多，分布广泛，企业前店后厂、自产自销，集贸市场呈现购销两旺态势。

1998年，重点引导老城区商业，形成两大市场群体，即以西长街地区红卫市场为龙头，形成农副产品集散中心；在丽臣广场及周边地区，毛家桥水果水产市场成为辐射全省的大型专业批发市场；黄兴中路服装精品一条街、蔡锷路婚纱摄影美容美发一条街、中山路影视娱乐一条街，成为长沙市商贸业的“黄金街”。“九五”期间，开福区形成四大经济功能区。以五一广场、周家嘴、凤嘴为顶点构成的“南部三角区”，是一个高起点、多功能、现代化的集商贸、金融、信息、饮食、娱乐为一体的商贸功能区。以西临湘江、北邻长石铁路、沿金霞大道两厢的科技、民营工业园为工业功能区。以捞刀河镇和综合农场、霞凝乡部分地区构成的“北部三角区”为高效农业产业化区。从洪山庙到茶园坡的浏阳河段以东的东部地区，配合省广电中心、新世纪文化城，内有山鹰潭度假村、洪山翠园、野生动物园、月湖垂钓中心、世界风味美食一条街旅游功能区。

2007年，以松桂园为中心的芙蓉路金融商务街、滨江美食街、湘雅路医疗器械街和三一汽车贸易街建设初具雏形。同年，开福区委托长沙市吉佳城市设计有限责任公司对开福区中心区现代服务业布局进行初步规划设计。2012年，完善商业网点布局规划，吸收服务企业，支持中小商贸流通企业服务平台建设。

三、市场建设

1994年，北区新建商业批发大市场2个，总面积1.80万平方米。对原有13个农贸市场进行规划，逐步改建和扩建，重点是北二马路、荷花池、北辰大厦、东风家具城、八一桥摩托车市场等农贸市场。1995年，陡岭综合市场4000多平方米竣工；毛家桥蔬菜水产批发市场、荷花池、北二马路市场动工修建。全区有15个交易场所，分布在上大垅、二马路、伍家岭、清水塘、教育街、学宫街、荷花池、新河、松桂园、麻园岭、民主东街、德雅村、丝茅冲、黑石渡、大王家巷等地区的国有蔬菜、肉食水产商店附近和工矿区，经营品种有肉、鱼、禽、蛋、蔬菜和食杂果品等220种。食杂品和鲜肉、鲜鱼、活鸡、乌龟、水鱼、海鲜等时令鲜活商品成交金额约占70%。各市场均建有遮阳避雨棚，有的则建成室内或半室内市场，设有公平秤、挂肉架等服务设施。上大垅农副产品市场建有屠宰间，就地宰杀生猪。

1996年，开福区有综合性、专业性、大规模市场10余个，总面积达6万余平方米，并合资兴建全市第一个初具规模的区级综合性商场——佳源商场。1997年，新建在建农贸市场7个，总面积1.86万平方米。3月，为解决马路摊担去向，利用驻区单位退让的2000多平方米土地，建起伍家岭小商品市场。年底，湘楚文化艺术品市场扩建后开业，同时建立居民消费合作社13家，并成立商品配送中心，依托佳源商城建设第一家连锁店——高佳商场。1998年，建设各类市场10个，其中专业特色市场6个，分别为摩托车市场、五金专业批发市场、纸业市场、开福寺宗教文化用品一条街、体育用品一条街、供销储运仓库综合大市场；室内农贸市场4个，分别为西长街农贸市场、通泰街农贸市场、接贵街农贸市场和陈家湖农贸市场；兴办消费合作社8家。2008年，新建四方坪、芙蓉北路两个农贸市场，并对通泰街市场、毛家桥水产蔬菜市场等8个市场进行提质、加固，改造建筑面积约2万平方米，建设资金约1600万元。2009年，确定荷花池、吉祥巷、太阳山、新河等10个农贸市场为提质改造目标，改造建设面积2.08万平方米。2010年，全区农贸市场提质改造工作完成。12月1日，长沙市农贸市场建设现场经验交流会在开福区召开，推介了开福区先进经验。长沙市第三届“福满星城”购物消费节、美美国际名品节、滨江湘菜美食节、老百姓医药医疗节、通程电器旗舰团购节等大型消费节会在开福区举办，推动开福区消费，商家销售额普遍增长20%以上。

2011年，开福区支持新一佳、喜来登、华润万家等企业解决网点规划、项目建设等问题20余个。重点做好月湖五金大市场和湘雅路医疗器械市场的建设服务工作，通过实施市场优惠扶植政策，确保市场建设有序推进。同时，以家润多、步步高等本地骨干企业为依托，开展“便利消费进社区，便民服务进家庭”为主题的社区商业“双进”活动，发展一批连锁超市和便利店，提升全区便民服务网点服务水平和质量。以“家电下乡”“以旧换新”惠民工程，促进城乡商贸流通统筹发展。全年新增“家电下乡”网点10个，“以旧换新”网点12个。2012年，支持推进万达广场、北辰三角洲、泊富国际等大型城市商业综合体建设，协助投资商引进高端商贸产业。10月，湖南月湖大市场开业。至2012年底，全区共有专业农贸市场24个，建成、在建及规划中的特色商业街9条，建成、在建及规划中的大型批发市场4个，大型购物中心和百货商场8个，社区商业中心5个，区域性商业中心14个，全区市场体系建设逐步完善。

表15–1　　2012年长沙市开福区农贸市场一览表

名称	地址	所在社区	摊位数量（个）	经营单位	性质
洪山桥农贸市场	洪山桥	月湖社区	53	洪山桥市场办	国有
四方坪农贸市场	雅雀湖	四方社区	68	四方坪市场有限公司	民营
金马农贸市场	马栏山	马栏山社区	300	长沙市金马综合大市场有限公司	集体
润万家农贸市场	德雅路1186号	德邦社区	43	润万家市场有限公司	民营
花城农贸市场	四方坪商贸城	花城社区	8	花城生鲜超市	民营
德雅路农贸市场	德雅路774号	浏河村社区	32	德雅路市场有限公司	民营
毛家桥农贸市场	庆和里27号	文昌阁社区	300	区工商分局	国有
新河农贸市场	浏阳河路238号	新河路社区	116	新河市场有限公司	民营
马栏山农贸市场	—	马栏山社区	700	长沙市金马综合大市场有限公司	集体
洪西农贸市场	洪西分场	洪西社区	38	洪西市场有限公司	集体
洪山家园农贸市场	洪山家园	毛家垅社区	103	湖南凯城置业公司	民营
江湾农贸市场	盛世路	江滨社区	95	江湾市场有限公司	民营
荷花池农贸市场	学宫街4号	营盘街社区	137	荷花池市场有限公司	民营
吉祥农贸市场	吉祥巷	轩辕殿社区	141	康乾商贸公司	民营
东风路农贸市场	东风路	砚瓦池社区	78	东风路市场有限公司	民营
毛家垅农贸市场	史家坡	毛家垅社区	80	毛家垅市场有限公司	民营

续表 15-1

名称	地址	所在社区	摊位数量（个）	经营单位	性质
太阳山农贸市场	—	太阳山社区	61	太阳山市场有限公司	集体
龙潭农贸市场	龙潭小区	彭家巷社区	69	龙潭市场有限公司	民营
喜事多农贸市场	金马路	欣城社区	56	喜事多市场有限公司	民营
金霞苑农贸市场	金霞苑8～10栋	凤亭社区	97	金鲜市场服务公司	民营
通泰街农贸市场	—	通泰街社区	91	通泰街市场有限公司	民营
福城农贸市场	陈家铺	福城社区	87	福城市场有限公司	民营
德雅村农贸市场	德雅村	丽臣社区	42	德雅村市场有限公司	民营
沙坪农贸市场	沙坪街	沙坪社区	94	沙坪市场有限公司	集体
戴家河农贸市场	—	戴家河社区	82	戴家河市场有限公司	集体

表 15-2　　2012 年长沙市开福区特色商业街一览表

名　称	地　点	长度（米）	经营特色
潮宗街旅游文化步行街	潮宗街	400	旅游文化
湘春路商业街	体育馆路、湘春路	1500	体育用品
清水塘古玩一条街	清水塘路	540	文物字画
开福寺路特色商业街	开福寺路	360	宗教
滨江美食一条街	潇湘大道	1200	餐饮
黄兴北路商业街	黄兴北路中山亭	2000	综合
新河商业街	新河三角洲	4000	综合
五合垸商业街	沿江大道	4000	综合
鹅秀商业街	高冲路以南、天鹅大道的鹅秀路	1500	综合
沙坪湘绣商业街	沙坪小镇	1000	湘绣产品
中山路商业街	中山路	1000	综合

表 15-3　　2012 年长沙市开福区大型超市一览表

地　点	单位详细地址	员工数（人）
麦德龙商场	开福区三一大道 115 号	200
运达美美国际名品商场	开福区芙蓉中路一段 478 号运达国际广场	60
岁宝百货	开福区芙蓉中路一段 88 号	110
华润万家世纪金源店	开福区金泰路 199 号世纪金源时代购物中心 G 楼	240
新一佳开福店	开福区华厦路 1 号	165
居然之家世纪金源店	开福区湘江世纪城金源时代购物中心北栋	87
家润多超市东风路店	开福区东风路 9 号	130
家润多超市上城金都店	开福区黄兴北路 89 号上城金都	150

续表 15-3

地 点	单位详细地址	员工数（人）
通程电器五一广场旗舰店	开福区五一大道 202 号皇冠假日酒店旁边	300
华润万家开福店	开福区湘江中路万达广场	200

第四节 专卖商品经营

毛家桥水产水果批发市场 1996 年 10 月，由长沙市北区商业局、区工商分局、市煤炭工业总公司、毛家桥煤栈共同出资兴建。市场地处北区大王家巷，西临湘江大道，东靠芙蓉北路，南接湘雅路，北连湘江北大桥，与 319 国道、107 国道相通，场内一条铁路专线横贯东西，交通运输便利。市场占地 3.4 万平方米，总规划建筑面积 14.5 万平方米，其中水产、蔬菜、干货市场占地近 2 万平方米，建筑面积 4500 平方米；水产月成交量达 500 吨，成交额 1350 万元以上；蔬菜、干货月成交量 3000 吨，成交额约 300 万元。水果市场占地 1.33 万平方米，建筑面积约 1 万平方米，有门面 200 余个，汇集全国各地名优特产、四季鲜果及部分进口水果，月成交量 24 万吨，成交额约 360 万元。市场年成交额 1.8 亿元。2005 年，其水果市场迁往四方坪。

中南纸业批发市场 市场位于金马路，东临芙蓉北路，西靠湘江大道、浏阳河隧道，南连三一大道，交通便利，是 2003 年经长沙市人民政府批准成立的湖南省唯一一家大型纸业批发专业市场，市场占地 11 万平方米，营业面积 3.1 万平方米。市场组建了湖南中南纸业大市场开发有限公司，注册资金 3000 万元，并在长沙金霞保税物流中心置地 9.8 万平方米，拟建 5 万平方米纸业仓储基地及 16 万平方米交易大楼。

第三章 服务业

第一节 餐饮业

1989 年，长沙市北区餐饮业除国营与集体酒店、饭店外，主要由个体开办，分散在城区街巷，餐饮店规模小、从业人员不多，经济效益差。北区餐饮企业 13 家，从业人员 130 人，餐饮零售额 88.49 万元，利润 9.02 万。

从 1996 年起，长沙市开福区餐饮业呈发展速度快、网上分布广、饮食品种多等特点。有饭店、酒水、早餐店、夜宵、冷饮店、烧烤摊等。以土鸡为原料的四方坪土鸡店，以烧烤制作方式闻名的便河边烧烤一条街，以麻辣鲜香为特点的教育街口味虾，为洛为市的二马路夜宵摊一时兴起，名扬长沙城。2000 年后，开福区餐饮业发展更加迅速，一大批大型酒店，中小型高中低档酒家、饭店快速发展。较大规模的酒店有远大吉达屋酒店、樽禧楼、芙蓉华天、湘江世纪金源大酒店等。代表企业有位于湖南广电马栏山的西湖楼酒店，占地 88 亩，可同时容纳 4000 人就餐，被上海基尼斯总部认证为“中国最大规模酒楼”。同时，开福区对传统的城郊农业开展结构调整，逐步形成休闲观光农业的都市生态农业产业体系，至 2012 年，开福区餐饮业基本形成湘菜和海鲜两大系列，餐馆装饰多以山水人文点缀，注重市民就餐舒适体验，餐饮网点遍布城乡。餐饮零售额从 2002 年的 4.17 亿元增加到 2012 年的 30.40 亿元。

第二节 住宿业

开福区内高星级国际品牌酒店较多，星级酒店占全市的一半。区内拥有长沙市第一家国际品牌运达喜来登酒店；潇湘华天、皇冠假日酒店已经开业，保税商务酒店、比华利山庄酒店开建。

表 15-4　　2012 年长沙市开福区四星级以上酒店一览表

名　称	星 级	地　点	营业面积（万平方米）	标间房价（元）	客房数（间）	备　注
喜来登酒店	五星级	长沙市芙蓉中路一段 478 号	8.5	1088	385	
潇湘华天酒店	五星级	开福区八一桥东南角	8.5	738	563	
皇冠假日酒店	五星级	长沙市五一广场西北角	7.5	814	431	
世纪金源大饭店	五星级	开福区政府西侧	7.6	718	539	
湖南圣爵菲斯大酒店（国际会展中心酒店）	五星级	开福区广电中心东侧	10	458	225	
好来登酒店	四星级	开福区伍家岭东南角	4.5	308	218	
万代大酒店	四星级	长沙市五一广场西北角	4	308	321	
南方明珠酒店	四星级	开福区芙蓉路与营盘路交汇东南角	4	318	208	2012 年改为银行
华悦酒店	四星级	开福区伍家岭西南角	2.9	278	210	

第三节　计算应用服务业

2009年7月，湖南省青苹果数据中心有限公司入驻青竹湖国际会展中心。该公司租用1.2万平米的展厅，一楼6000平米的大厅里设置1008台电脑，近千名员工同时进行数据化处理。同年，牛耳软件教育中心进入青竹湖，实训基地由原来在南阳街2间教室2个机房200人，扩展到现在的全国三大校区、4000名在校生的规模，仅青竹湖就招生1000～1300人，创收2000多万元。2010年2月，湖南省人民政府授予青苹果数据中心有限公司为“湖南服务外包示范基地”称号。同年6月，湖南金谷国际服务外包呼叫中心有限公司（金樟）落户青竹湖，业务范围涵盖呼叫中心、外包服务、电子商务、通信购物。

第四节　百货业

20 世纪末，长沙市北区个体商业呈南北块状分布格局，南以中山路、蔡锷北路、北正街等老商业街为主，各式店铺林立，多经营服装、餐饮、饰品及婚纱摄影等。1993 年，北区有个体商户、私营商业企业 4200 户，从业人员 1.68 万人。1995 年，个体工商户 7771 户，从业人员 1.97 万人。进入 21 世纪以后，开福区大力发展招商引资，引进开福万达广场、运达国际广场等一批大型百货公司入驻。

表 15-4　　2007— 2015 年长沙市开福区大型商业综合体情况表

名 称	地 点	总体量（万平方米）	商业体量（万平方米）	开业时间
运达国际广场	开福区芙蓉路松桂园	10	10	2007 年
天健芙蓉盛世	开福区伍家岭西南角	77	8	2009 年
湘江世纪城	开福区政府西侧	400	25	2011 年
开福万达广场	开福区中山路与湘江中路交汇处	100	34	2015 年
沙坪湘绣商业街	沙坪小镇	1000	湘绣产品	规划 / 近期
中山路商业街	中山路	1000	综合	规划 / 远期

第五节　其他服务业

服务外包业　2009年3月25日，开福区在青竹湖国际会展中心成立服务外包基地，业内20余家企业，签约入驻。7月28日，省商务厅、省信息产业厅、省科技厅联合向长沙市政府发文，市政府亦于同日向开福区政府下文，同意将长沙青竹湖生态科技（产业）园认定为湖南省服务外包示范区、长沙市服务外包示范园区。区委、区政府整体规划53平方千米的青竹湖生态科技（产业）园，分三期打造三湘服务外包第一园。该园区紧邻金霞保税物流中心，毗邻长沙新港、长沙货运新站，交通便利。同时，将拥有近4万平米建筑面积的青竹湖国际会展中心租给服务外包企业。

青竹湖服务外包示范基地，把目标瞄准“全国领先、中部最大的服务外包基地、“两型社会”低碳经济示范区、人才富集生态优美服务高效的国际社区”，引起中央、地方各级领导的高度关注。党和国家领导人温家宝、李长春、王岐山、刘云山、刘延东和省委、省政府领导张春贤、周强、陈润儿、甘霖等先后到青竹湖视察，对服务外包产业的发展给予了肯定和鼓励。

现代物流业　2005年3月，作为国家中部首批、湖南唯一的B型保税物流中心的长沙金霞海关保税物流中心向海关总署申报，2008年12月26日获得海关总署、财政部、税务总局、外汇管理局四部委批准，2009年4月28日通过四部委联合验收，8月正式封关运行，长沙海关驻金霞保税物流中心办事处挂牌办公。

2008年10月16日，长沙铁路货运中心新站场建设启动。2012年1月8日，长沙新北站（霞凝货场）正式开通运营，年吞吐量500万吨，远期可达2000万吨。

2010年，湖南金霞现代物流园（长沙金霞经济开发区）被评选为“中国物流示范基地”。园区已引进国药控股、联运物流等17家物流企业，形成粮食物流、钢材物流、医药物流、冷链物流、能源物流、机械物流、建材物流等多种类物流聚集发展。

文化创意业　开福区范围内，有湖南省广电集团、省出版集团、省报业集团、省文化产业中心、省体育产业中心（体彩中心）、省民政产业中心（福彩中心）等六大文化产业；有省博物馆、省国际影视会展中心、省展览馆、市博物馆等省内大型会展场馆，会展场馆面积达22万平方米；有金鹰影视城、世界之窗、海底世界、湖湘艺术品大市场、清水塘文物古玩街等知名文化旅游景点；有长沙市“三馆一厅”（市博物馆、图书馆、规划馆和音乐厅）、青竹湖文化产业园、珈鼎城市文化广场、新时代文化广场、沙坪湘绣城等在建重点文化产业项目。2008年，区文化产业占区GDP当年比重的20.04%，比2007年提高1.7个百分点，较全市平均水平高出10.2个百分点。

文化产业品牌有电视“超女”、“快男”、“体彩中心”、“奥运冠军”、马王堆陈列展、开福寺、沙坪湘绣、清水塘古玩一条街等。“快乐购”开播后，销售网络已覆盖长三角、珠三角、京津片区、闽南片区等区域，月销售额在4000万元以上。2008年，全区文化产业实现增加值50.77亿元，同比增加10.77亿元，同比增长32.2%，占全市当年文化产业增加值总量的17.3%。至2008年，全区有文化产业法人及产业活动单位655家，占全区单位总数的16.5%，年末从业人员达2.26万人，约占全区年末从业人员总数的10%，其中新闻出版业53家、书报刊印刷业14家、印刷业48家、图文制作业48家、文化体育用品经营及专门零售业48家、广告设计行业99家、商务服务业181家、文化艺术业31家、旅行社26家，信息传输、计算机服务和软件业40家，工艺品及其他制造业15家，包装装潢及其他印刷34家。另外，个体文化产业经营户4424户，约占全区个体户的11%，年末从业人员达2.02万人。

金融服务业　2010年，开福区启动长沙金融商务生态区的规划设计和项目招商工作，出台金融产业的扶持政策，引导区域性金融总部和相关业态在芙蓉中路聚集发展。2011年，开福区在全市率先成立区级金融服务中心，并成立政府担保公司，作为推进金融服务业发展的重要举措。区金融服务中心成立后，牵头调研，研究担保体系、运行机制和控股模式等问题。

开福区抓住火车北站搬迁的机遇，成立长沙铁路货运新北站拆迁指挥部，与长沙北站片区棚户区改造项目结合，推进火车北站金融商贸中心建设。项目东起东风路、西至芙蓉中路，南起湘春路，北至三一大道，占地1828亩，可供开发面积1123亩。至2012年，在以松桂园中央商务区（CBD）为轴心的芙蓉中路金融街集中了上海浦发、友谊咨询、运达国际等金融及含金融的现代服务业机构及中国银行、交通银行等商业银行省总行或分行及数十家营业网点。在国际金融大厦到海东青大厦一段，有平安保险、新华人寿保险等保险机构及长沙银行、财富证券、湖南信托、大有期货等金融机构。

“十一五”期间，开福区金融业对经济增长的贡献不断提升。至2010年，金融业增加值5年内增长1.28倍，占GDP比重由2005年的6.3%提升到8.3%，高出全市占比4.4个百分点，在内五区排名第二。2011年，全区金融业共实现税收12亿元，占税收比重达23.06%，成长为仅次于房地产的第二大税源。

第四章　对外贸易

第一节　外贸政策

1992年，长沙市北区确立“三业（工业、商业、城建开发业）”并举、“横联外引、形成规模”的发展思路，开展“招商引资”。1993年4月，长沙市北区对外经济贸易办公室更名为长沙市北区对外经济贸易委员会。1996年2月，成立北区招商局。同年4月，成立由区委书记、区长任组长的北区招商引资工作领导小组，作出《关于进一步加强招商引资工作发展外向型经济》的决定，要求全区确立“无外不快，以外促快”的思想。

1997年10月，开福区召开招商引资工作会议，推出招商引资的新举措，制定《关于招商引资工作的奖励办法》《关于鼓励外商投资的优惠政策和措施的细则》等。1999年4月，作出《关于鼓励国内外客商投资的若干规定》。2003年5月，选择一批重点客户，采取“请进来、走出去”的办法，提高招商引资工作的实效；加快重点工程建设和商务中心的拆建速度；实施发展楼宇经济的方略；建立招商引资工作流程的7个环节：项目前期开发—项目立项—招商联络—洽谈签约—办理手续—建设服务—投产运营，并明确各工作流程环节的责任及责任单位，形成招商引资的合力。11月，制定《开福区招商引资签约项目跟踪落实服务工作制度》（附有开福区“深洽会”签约项目跟踪落实责任分配表），把任务落实到联系领导和责任单位及责任人。2004年7月，区招商引资工作领导小组《关于全区招商引资工作调度会议纪要》，要求加大对已签约项目的跟踪服务力度；切实办好“港洽会”“投资开福之旅暨华商潇湘行”等节会活动。2005年3月，开福区商务局发布《开福区2005年度招商引资工作考核办法》。

2007年，变招商引资为择商选资，突出引大引强，重点攻关世界500强、国内行业20强企业，集中力量跟踪亿元以上的投资项目。围绕科技含量较高的工业项目和具有现代商业元素的大型商业Shopping Mall项目进行攻关，主动与投资商对接。2009年1月，开福区坚持扩大投资与推进开放相结合。招商工作重点是保税物流园区、工业组团、棚改三大块；把责任落实到单位领导，并量化招商任务，通过年度工作绩效考核确保招商任务的刚性落实。

第二节　外资利用

1991—1995年，长沙市北区合同利用外资644.3万美元，到位资金327.43万美元。1996年，北区政府组团参加“港交会”洽谈活动，引进一批项目和企业，嫁接改造一批区属企业。全年合同利用外资2976万美元，实际利用外资679万美元。

2002—2006年，开福区合同引入外资7.25156亿美元，年均增幅86.06%；实现到位外资4.7705亿美元，年均增幅77.64%；到位内资152亿元。2004年，全区先后组织和参加“湘洽会”、“夏洽会”、广州投资推介会“韩国周”、首届泛珠三角洲经贸洽谈会等招商活动。对外发布项目40个，签约项目20个，实际利用资金7764万美元，增长38.22%，引进市外境内资金38.08亿元，增长43.16%。外贸进出口总额1.07亿元，“三资”企业销售收入15.1亿元，同比增长 20.6%。2005 年，全年新增招商项目签约总额 80 亿元，引进市外境内资金 49.25 亿元，实现到位外资 1.29 亿美元，实现三资企业主管业务销售收入 31.4 亿元。2006 年 2 月，开福区获长沙市 2005 年度招商引资、外经外贸和商贸流通工作先进单位一等奖。

2007 年，引进重要投资项目 108 个，引进投资亿元以上项目 32 个。2009 年，全区创新招商引资方式，夯实招商引资基础工作，建立招商项目库，将全区拟招商的 39 个项目进行包装，重点做好 16 个重大招商项目的深度包装策划，分门别类整理好客商资源，启动电子商务平台建设，完成网络平台设计、域名注册、信息收集、网站上线；推进产业平台建设，积累招商发展基础；参与节会招商。

2010 年，全区接待和上门对接战略投资者 50 批次以上，引进签约项目 23 个，总签约金额 263 亿元。全年完成合同外资 4.8 亿美元，为全年任务的 120%，同比增长 43%；实际到位外资 3.26 亿美元，为全年任务的 103.4%，同比增长 10.54%；引进市外境内资金形成固定资产投资 95 亿元，为全年任务的 102%，同比增长 13.57%；引进省外境内资金 41.8 亿元，为全年任务的 103%，同比增长 11.74%。2012 年，为外贸企业争取到位资金 128.11 万元。其中，中小企业国际市场开拓资金为 95.2 万元，出口信用保险保费 4 万元，湖南省外经贸发展资金 28.74 万元。

第三节　重要节会

1998 年 10 月，中国中西部地区对外经济技术合作洽谈会在湖南广电中心召开，开福区签订两个合同、一个协议，合同利用外资 16.3 亿元。

2000 年，全区以“三大”招商活动（即 7 月“长沙乌鲁木齐名优新特新产品展销会暨经济技术协作洽谈会”、9 月“区域协作招商会”、10 月“湘绣民族工艺品展示会”）为突破口，推进招商引资工作。10 月 28 日至 29 日，按照“政府搭台、部门尽责、隆重热烈、实际有效”原则，组织开福区第一次招商会，即“湖南・长沙开福首届投资合作洽谈会”，来自德国、美国、西班牙、芬兰、加拿大等国和港澳台地区及内地的 400 余家知名企业 1000 余名客商参加。会上，签约项目 39 个，其中投资额 1000 万元以上的 12 个，共引进资金 16.7 亿元，其中合同引进资金 7 亿元。此次洽谈会上签约的世界 500 强企业全球第二大连锁超市麦德龙公司下辖的长沙商场于 2001 年 11 月在四方坪开业。2001 年，第二次开福投资合作洽谈会召开，发布招商项目 88 个，其中重点项目 20 个；项目签约 18 个，其中重点项目签约 9 个，协议合同引资 2 亿元。2002 年 5 月，开福区参加“湖南・上海经贸活动周”，在上海美丽园酒店举行 2002 年长沙开福（上海）投资合作联谊会，推介开福区项目 100 个，重点推荐项目 17 个，签约项目 8 个，合同或协议引资 24.8 亿元。

2003 年 4 月 17 日，全国大中城市民营企业（长沙）合作交流会在开福区举行。会议邀请客商实地考察开福区的基础设计、发展规划和重点招商项目，举行青竹湖外商城奠基仪式及举行开福区投资说明会。开福区以 10 个项目签约在全市各区县（市）名列前茅，实现合同利用外资 26.72 亿元，占全市合同利用外资总额的五分之一。2004 年 11 月 7 日至 10 日，由区委书记、区长率团一行 16 人，赴香港参加 2004 年中国・长沙（香港）投资贸易洽谈会。2005 年 6 月 1 日，在香港铜锣湾举行开福区（香港）投资环境说明会暨签约仪式，开福区推出“万国城”“青竹湖生态宾馆”“春之声”“金三角”“好来登酒店”等 9 个精选项目。北京当代集团、加拿大（和一）国际集团、香港加利集团、香港远东贸易集团、香港益昌盛国际公司与 9 个项目签约，金额达 57 亿元。7 月 28 日，举行长沙物流暨金霞海关保税物流中心专题招商会，美国广财国际投资公司、新加坡 GKE 锦佳国际有限公司，韩国金岛、日本汇通、香港创城集团、香港易通有限公司等 90 多家中外物流企业的客商参加会议。

2006 年 5 月，区委书记率团参加长沙（伦敦）重点投资贸易洽谈会，与香港海洋明珠等 6 个项目现场签约，总额 2.84 亿美元，成为此次投资贸易洽谈会上签约项目最多、合同金额最多的区。7 月 18 日至 22 日，开福区组团赴青岛参加第三届“两岸四地物流研讨会”。7 月 27 日至 28 日，开福区在湖南国际影视会展中心举办 2006 湖南・金霞现代物流经贸投资推介会系列活动，6 个项目达成合作意向，3 家现代物流企业正式签约入园。9 月 24 日，香港特首曾荫权和海关总署领导，分别考察金霞海关保税物流中心。新昇香港地产团在金霞海关保税物流中心举行座谈会。9 月 26 日，在湖南国际会展中心举行的湖南省暨投资环境介绍会上，开福区签约5大项目，签约金额135亿元，居全省第一，引进香港恒基兆业、香港首冠国际、香港国朝金融、湖南远大等一批战略投资商。10月，区招商引资考察团，赴香港回访“中博会”客商，跟踪落实“中博会”签约项目。随后，区政府组团参加“沪洽周”，签约国药控股中南地区物流中心等8个项目，签约金额55.6亿元；参加“知名企业家长沙行”，引进深圳岁宝百货集团；举办长沙新型高端服务业投资推介会，长沙金源大酒店和购物中心、快乐购、长沙花园酒店等10个项目签约，金额47.5亿元；赴上海、北京等地招商，对接宜家家居、红星美凯龙等重大项目。全年实际引进外资2.1亿美元，增长63%，引进省外境内资金26.98亿元，引资额和增速名列全市前茅。

2009年，开福区先后举办长沙金霞保税物流中心新闻发布会暨招商推介会、长沙（香港）现代物流加工贸易配套产业专题招商会、长沙开福（北京）投资恳谈会等招商节会，第二届开福金秋经贸文化节、长沙大城北建设投资推介会、开福一日游、购物消费节等重大招商节会活动。全年接待大连万达等战略投资商60余批次。全区签约产业项目或重大战略投资项目27个，签约金额152亿元。引进市外境内资金形成固定资产投资82亿元，为全年任务的102%，同比增长12%；完成合同外资3.7亿美元，为全年任务的124%，同比增长32%；实际到位外资3.02亿美元，为全年任务的103.4%，同比增长18%；引进省外境内资金37亿元，为全年任务的103%，同比增长15%。

2010年，举办第三届开福金秋经贸文化节、首届中国湘绣艺术节、长沙大城北两型社会建设投资推介会、国际图书馆东亚文献合作暨华文历史报刊数字化研讨会等主题活动；并参加长沙承接产业专业暨投资环境推介会（深圳）、湖南（上海）投资洽谈活动周等9大重点省市节会。

2012年，组织企业参加境外展览会，先后组织主导科技参加广交会和2012年环球资源印度交易会、新亚胜参加2012年新加坡国际广播科技与设备展览会、雅诚工艺参加2012年法兰克福国际文具及办公用品博览会、鼎新纸业参加2012年香港环球资源展、亿克工具参加2012年墨西哥国际五金展览会，组织相关企业参加2012年第九届东盟博览会等。各企业建立中英文网站，制定宣传册等办法增强企业扩大出口能力。

表15-6　2007—2012年长沙市开福区外资引进一览表

年份＼项目	实际到位外资（亿美元）	合同签约外资（亿美元）	内联引资（亿元）	
			引进省外境内资金	固定资产投资
2007	2.4	3	30	65
2008	2.2	1.83	24.6	56.4
2009（1—9月）	3.02	3.7	37	82
2010	3.26	4.8	41.8	95
2011	3.84	6.34	50	114.24
2012	4.18	—	61.13	137.66

第五章　旅游业

20世纪，长沙市北区没有设立专门的旅游管理机构，也无专门人员对辖区内旅游工作进行有效管理。辖域内仅有几家规模不大的旅行社，和包含开福寺等在内为数不多的几个旅游点，以及零散分布的几处农家乐。2000年，开福区将旅游工作纳入招商局，首次将旅游工作明确纳入政府职能范围。2000—2003年，开福区着重对辖区内旅游资源和旅行社进行清理，并对旅游工作作出规划。2011 年，成立以区长任组长，分管副区长为副组长的区旅游产业发展工作领导小组，区委宣传部、区商务和旅游局、区发改局、区财政局和区文体新局等 16 个部门为成员单位，定期研究和解决全区旅游业发展中的重大问题，形成各有关部门通力合作、整体联动的旅游业发展格局。

第一节 旅游资源

开福区境内有开福寺、省博物馆、市博物馆、沙坪小镇、汉回民俗村、世界之窗、海底世界、音乐厅、艺术馆等人文旅游景点，是中国四大名绣之一湘绣的发源地、湖南省重要文化产业基地。境内有秀峰山、鹅羊山、太阳山和湘江、浏阳河、捞刀河、沙河、白沙河等“一江四河”，年嘉湖、月湖、青竹湖等“十湖”，烈士公园、月湖公园、长沙园林生态园等“十园”，森林面积 4000 公顷，林木绿化率 36%，城镇绿化覆盖率 42%，是国家级生态环境示范区。

境内有星级酒店十余家，如世纪金源大酒店、万达文华酒店等超五星级酒店及运达喜来登、潇湘华天、圣爵菲斯等五星级酒店，有秦皇食府、西湖楼、好食上、徐记海鲜等著名餐饮店；有大明、和道源、海天山庄、云尚庄园等星级农家乐；有美美百货、清水塘古玩街、“快乐购”等多元购物业态；旅游节会甚多，如开福新春喜乐会、金秋经贸文化节、湖南卫视节目活动等。

第二节 旅游开发

2004 年，开福区组织参加湖南省旅博会，举办开福寺第一届庙会活动。2008—2012 年，连续举办五届开福金秋经贸文化节，举办三届开福新春喜乐会，树起区域节会品牌，举办锦绣沙坪·田园休闲旅游活动，承办第五届长沙生态文化旅游节第二季，与湖南经视合作引入“快乐向前冲——汽车总动员”活动，联合长沙园林生态园举办第三届葵花节。

2009 年，建立旅游发展项目库，包装沙坪湘绣原产地的保护与开发等四大旅游项目，推进沙坪湘绣城、金色比华利酒店、湘江世纪城酒店、楠木厅 6 号金九活动旧址改造四大项目建设。10 月 23 日，举行“开福一日游”启动仪式，推出文化游、快乐游、生态游三条开福旅游线路，形成开福旅游网。全年旅游人数超过 500 万人次，实现旅游总收入 50 多亿元。

2010 年，按照打造国际性知名旅游目的地和现代旅游文化观光走廊的总体思路，开福区组织专家实地考察，对全区旅游资源的开发利用开展可行性论证，编制区“十二五”旅游发展规划。其要点为：两条主轴（芙蓉北路、湘江大道）；三大板块（老城区板块、新世纪板块、青竹湖板块）；四条走廊（东风路、中山路、开福寺路、清水塘路）；五个支撑（湘江水上游、乡村度假游、宗教文化游、商务会展游、高尚休闲游）；六个片区（古城历史文化片区、清水塘文化旅游区、乡村休闲度假区、青竹湖文化产业区、三角洲高尚娱乐区、金鹰影视文化区）。同年，按照开福区《沙坪风情小镇整体规划》，整合沙坪小镇、汉回民俗文化村和长沙园林生态园，抱团申报国家 AAAA 级景区，并力求达到 AAAAA 级景区的目的。潮宗街历史文化街区是长沙市历史风貌保存较好的一个街区，目前已纳入有关部门立项保护的议程，并制定《长沙市潮宗街历史文化街区保护性开发概念策划》，采取挖掘街区内时务学堂、文化书社、韩国金九活动旧址等景点潜力，对接北京天阳控股等知名企业等措施，对街区内主要景点按照“修旧如旧”的原则进行修缮，对街区进行整体立面改造，使潮宗街成为“开福一日游”主力线路的核心景点。金鹰 AAAAA 景区位于湖南电视台一带。利用湖南广电传媒的影响力，整合该景区内海底世界、世界之窗、月湖公园、圣爵菲斯大酒店、西湖楼等资源，以时尚娱乐、都市休闲、文化创意为主题，依托高铁、公路、铁路、航空等交通优势，逐步完善金鹰片区整体规划，出台整体实施方案，将金鹰片区打造为集影视文化、休闲娱乐、游客集散于一体的旅游枢纽中心。同年，赴日本、韩国、港澳台等地，针对欧美、亚太市场开展形式多样的宣传推广活动。利用旅交会、旅博会等国家级大型旅游节会平台，整合电视、电台、报纸、网站等传统媒体资源，在区内各主干道设置旅游标识标牌，推介旅游资源和发展产品营销，创作演唱开福区旅游宣传歌曲《开启幸福的地方》、制作网络形象标志“福”字。采取举办节会的方式，推动全区旅游事业的发展。与区内旅行社、星级酒店和农家乐签订《2010年开福区旅游安全管理责任书》。

2011年，根据全区旅游规划，推进旅游项目招商，策划沙坪湘绣产业园、潮宗街历史文化街区等7个重大产业招商项目（其中入选湖南省招商目录2个、长沙市招商目录3个）；并加大旅游品牌项目招商力度，引进万达文华、洲际、铂尔曼等国内外知名品牌酒店和万达广场、北辰三角洲、复地崑玉国际等新型城市商业商务综合体项目。整合全区优质旅游资源，突出传统艺术、湖湘文化、现代都市休闲等特色，着力于旅游优质线路打造。同年，参加国家旅游局在西安举办的中国国内旅游交易会、在苏州举办的国际旅游服装服饰赛博会、在义乌举办的2011中国国际旅游商品博览会及2011中国旅游商品大赛和在台北举办的第六届海峡两岸旅展。举办或承办2011中国长沙杯湘江自行车赛、第三届葵花节等5大旅游节会。全年全区接待旅游人数超过560万人次，实现旅游总收入超64亿元，获湖南省旅游产业十强区（县）称号。

第三节 旅游管理

2012年，开福区制定《招商引资及产业扶植奖励办法》，把旅游业作为全区主导产业之一，引导旅游业招商方向，对包括旅游业在内的现代服务业招商引资实施奖励政策，并设立500万元旅游产业发展专项资金，重点支持旅游公共基础设施建设、区域旅游宣传促销以及重大旅游产业项目扶持等。7月，举办历时三个月的开福乡村旅游节，向市民发放10万元乡村旅游消费体验券，包含“汉回重阳敬老行”——50对“金婚”老人共庆重阳在内的六大主题活动。与省内各知名景区开展旅游观光联动、旅游产品设计、生产、销售联动及旅游景区管理培训联动。与张家界市旅游局开展合作，在武陵源核心景区开辟专门展区向游客展示沙坪湘绣产品，实现沙坪湘绣与武陵源景区的“双进入”（即景区风光进入湘绣绣品，湘绣产品进入景区销售）。同年，赴日本、韩国等国家和地区，开展旅游宣传推广活动；参加2012中国国内旅游交易会和中国湖南（第三届）旅游产业博览会，启动金鹰影视文化城申报国家级AAAAA景区工作。全年全区共接待游客620万人次，实现旅游总收入74亿元。

第十六篇　财政·税务·金融

1989年，长沙市北区地方财政实行市区“划分收支、超收分成、支出包干、结余留存”的财政体制。1994年，改为“定额上交、递增包干”的体制。1997年，开福区实行分税制管理体制，后曾对分成内容及比例进行调整，区级分享的收入为增值税、营业税、企业所得税、房产税、印花税和土地增值税。区财政收入由税收收入、非税收入和所得税净上划组成。2003年，开福区财政局对12个街道办事处实行“核定收支”管理体制；2005年，对洪山局、青竹湖园区、经开区实行倾斜或特殊优惠政策，以激励财源建设、促进财政增长。

1989年，北区地方财政收入2700万元；2012年，开福区地方财政收入70.55亿元。区地方财政支出主要为部门预算安排的机构运转支出和建设、经济发展、社会稳定与发展等各项事业的支出。1989年，北区地方财政支出2539万元；2012年，开福区地方财政支出35.8亿元。1998年始，开福区进行公共财政体制建设和财政改革，并推进建立乡镇金库和基本建设管理的改革，促进财源建设，至2012年，全区街镇引进企业1003家，全区引进注册资金1000万元以上企业87家。

开福区地方税务分为国家税务和地方税务，设置区国家税务局和区地方税务局，分别接受湖南省国家税务局、地方税务局管理，由长沙市国家税务局、地方税务局指导。区国家税务局和区地方税务局，分别依据国家规定的税法，进行税收征缴与税政管理、税务稽查。其国税征收，1989年，北区国家税务局完成1.11亿元；2012年，开福区国家税务局完成21.15亿元。其地方税征收，1994年，北区地方税务局入库1.89亿元；2012年，开福区地方税务局入库40.42亿元。

开福区于2010年设置区金融服务中心，为区统筹、协调和管理全区金融业务的机构，至2012年，运行良好。

第一章 财 政

第一节 机 构

开福区地方的财政管理机构，1989—1995年为长沙市北区财政局，1996年为长沙市开福区财政局。1989—2012年，先后担任局长的有吴益群、李豪、黄永健、刘文杰、尹英龙、邓平、李杨，先后担任党组书记的有黄永健、徐文华、樊伟、罗放军。

1997年始，开福区财政局先后成立非税收入管理局、财政统发工资中心、国库集中支付局、财政投资预决算（投资）评审中心、乡镇财政管理局等内设机构和二级机构。开福区非税收入管理局前身为区收费管理局，成立于1997年，2003年更名为区非税收入管理局。开福区财政统发工资中心成立于2000年7月。开福区国库集中支付局前身为开福区会计管理中心，2000年11月成立，2004年更名为开福区国库集中支付核算局，2011年更名为开福区国库集中支付局。开福区财政投资预决算（投资）评审中心前身为开福区财政投资评审中心，成立于2003年11月，2010年3月撤销，成立区政府投资管理中心和区政府投资审计中心（区政府投资管理中心由区财政局管理、区政府投资审计中心由区审计局管理）。2011年初，区政府投资管理中心更名为区财政投资预决算（投资）评审中心。开福区乡镇财政管理局前身为开福区农业税收征收管理局，2004年2月成立，2006年7月更名为开福区乡镇财政管理局。

1997年5月，开福区财政局核定行政编13人，工勤事业编1人。2003年10月，核定财政局新增全民事业编制5人。2004年2月，核定农业税收征收管理局配备全民事业编制2人（原农税事业编制2人取消）。11月，核定国库集中支付核算局增加全民事业编制13人。2005年1月，核定财政投资评审中心配备全民事业编制2人，核减国库集中支付核算局全民事业编制2人。2006年8月，核定财政局新增行政编制1人。

至2012年，开福区财政局内设办公室、会计监督科、预算（国库）科、行政教科文科、协税护税办公室、政府采购监督管理办公室、经济建设科、国有资产管理办公室、财政投资预决算（投资）评审中心9个科室，核定行政编制14人。下设非税收入管理局、财政统发工资中心、国库集中支付局、乡镇财政管理局4个二级机构。

第二节　财政管理

一、财政管理法规

1989年始，区财政局根据国家财政管理法规，制定一系列管理办法。2003年后，又先后制订《关于增收节支的暂行规定》《关于控制会议及招待费的通知》《关于进一步规范外出考察学习经费报批程序和开支标准的通知》《关于控制全区行政事业单位经费支出的管理办法》《开福区财政局规章制度汇编》《开福区财政票据管理办法》《关于加强财政文化建设的指导意见》《关于进一步规范财务审批工作有关规定的通知》《关于进一步加强我区政府采购监督管理的通知》《开福区财政局固定资产管理办法》《开福区行政事业单位非经营性国有资产管理暂行规定实施细则》《开福区标准化财政所建设工作考评办法》《开福区财政局机关全员绩效考核办法（试行）》《长沙市开福区政府性投资项目“双控”管理暂行办法》《开福区行政事业单位资产管理实施暂行办法》等规章制度。

二、宣传教育培训

1996—2009年，区财政局举办会计人员继续教育培训班17期，参加人员2600人；针对区直行政事业单位财务工作举办财政业务培训近30次，培训3500多人次；针对街镇、社区财务人员培训15次，培训人员900多人次。2010—2012年，局机关内部会计人员继续教育600多人次；派送干部到湖南省财政厅、长沙市财政局以及有关部门举办的培训班160余人次；邀请纪委领导举办党风廉政建设教育3期、区党校安排党课教育4期、区检察院安排2期专题讲座，培训550余人次。对机关事业单位会计人员继续教育培训。

三、财政体制沿革及现状

1989年，继续沿用“划分收支、超收分成、支出包干、结余留用”的财政体制。1994年起，市区财政体制改为“定额上交、递增包干”，核定当年上交定额2085万元，上划中央两税目标任务为1577万元，税收返还基数为1038万元，如实际完成数超过目标任务，按1：0.2的系数增加返还基数，短收部分从应返还的基数中扣减。1997年始，市区财政体制实行分税制管理体制，即将企业产生的工商税收按企业性质和行业归属划分为中央、省、市、区四级，区级收入主要包括区属企业增值税（25%的地方部分）、营业税、企业所得税、个人所得税、房产税、印花税、农业税、耕地占用税及区级非税收入；核定的两税返还基数和专项上解数；对特定事项实行专项补助或转移支付。2002年，中央对企业所得税和个人所得税实施改革，区级除基数返还外，分享比例为12%和8%。2005年，中央、省、市对出口退税负担机制进行调整，区级负担出口退税超基数部分的2.5%。2010年，市区财政体制仍实行分税制管理体制，但分成内容及比例进行调整，区级分享的收入为增值税、营业税、企业所得税、个人所得税、房产税、印花税和土地增值税，其他税种调整不涉及区级收入；其中增值税、企业所得税和个人所得税为中央、省、市、区四级分享，营业税为省、市、区三级分享，房产税、印花税和土地增值税为市、区两级分享，非税收入按征收级次独享；核定两税返还基数、所得税返还基数和专项上解数；对特定事项实行专项补助或转移支付。

四、区级与街镇财政体制

2003年，开福区对12个街道办事处实行“核定收入、支出基数、收支挂钩、超收分成、短收自负”

的管理体制。2005年，对洪山局实施倾斜的财政体制，即核定收入基数（年度按法定比例增长），超收分成，基数内区局8：2，超基数区局2：8，体制一定三年，后延长至五年。2005年，对青竹湖园区实行扣除收入成本全额返还的特殊优惠政策；对经开区的体制按《关于长沙市金霞经济开发区财政管理体制的意见》执行。2010年，在延续原体制激励财源建设和组织收入基础上，激活"一块"，通过其他结算事项，激励街道培植财源、促进基础税收增长、促进项目服务建设和项目税收征收。

五、财政监督

1998年始，开福区收费管理局（非税收入管理局）不定期对全区行政事业单位票据进行检查，并根据需要，不定期开展会计信息质量检查。2003年，对全区行政事业单位开展资产清查。同年，制定《银行存款账户余额及银行印鉴管理专项检查方案》。2004年，开展多项财政监督检查。2005年，区财政局开展重点行业检查，对全区医药行业、教育系统、农村水利等行业，选择具有代表性的3家基层机构开展检查，重点检查财务管理、会计核算以及财政资金使用等情况。2009年，开展"小金库"专项治理。在区属单位自查自纠阶段，区财政局各支出科室配合会计监督科，督促和指导一些行政事业单位进行自查自纠。对执收执罚权相对集中的单位、专项资金数额较大的单位、与人民群众利益关系密切的单位、经营性资产较多的单位、管理层级较多的单位、管理的经济实体等存在"小金库"可能性较大的单位实施重点检查。2010年，财政局内设立会计监督科，专门履行财政监督检查职能；2012年设立绩效评价科，负责开展全区预算绩效管理工作。

2011年，发出《关于进一步规范财政检查工作的通知》。会计科每年对科室账务进行检查，2006年、2010年两次开展财政晒账活动。2009年始，每年对有账务的预算（国库）科、社保科、农业科、综合科等科室进行检查。开展资产清查，涉及全区行政事业单位及二级机构、街镇及社区、重点工程指挥部等300余家单位。对全区乡镇惠农政策落实情况、粮食直补、教育"两免一补"、涉农资金管理使用情况进行全面检查。2012年，开展全区行政事业单位"吃空饷"检查。

第三节 财政收支

一、财政收入

区级地方财政收入由税收收入、非税收入和所得税净上划组成。其中，税收收入由增值税、营业税、企业所得税、个人所得税、房产税、印花税和耕地占用税组成；非税收入由行政事业性收费、罚没收入、国有资本经营收益、国有资源（资产）有偿使用收入和其他非税收入组成。1989—1996年，北区地方财政收入从2700万元增加到8411万元。开福区成立后，1997年地方财政总收入完成1.15亿元，2011年完成59.85亿元，2012年完成70.55亿元，同比增长17.88%。

表16-1　　1989—2012年长沙市开福区（北区）财政收入情况表

年份	收入完成（万元）	增幅（%）	年份	收入完成（万元）	增幅（%）
1989	2700	4.77	2001	16988	18.80
1990	2390	—	2002	17389	31.70
1991	3212	34.35	2003	26966	55.08
1992	5083	58.25	2004	54299	60.11
1993	8046	58.29	2005	80988	49.20
1994	7219	—	2006	101800	25.70
1995	10216	41.52	2007	130088	27.80
1996	8411	—	2008	162618	25.00
1997	11541	37.20	2009	203088	24.89

续表 16-1

年份	收入完成（万元）	增幅（%）	年份	收入完成（万元）	增幅（%）
1998	12824	11.12	2010	224880	10.73
1999	12318	—	2011	598478	38.2
2000	14300	16.09	2012	705468	17.88

说明：2011 年开始统计口径为地方财政总收入

二、财政支出

区财政支出按项目划分主要为：部门预算安排的机构运转支出，包括街镇支出、区直机关经费、教育经费；建设事业支出，包括重点工程项目支出、银行贷款还本付息等基础设施建设支出；经济发展事业支出，包括企业奖励、非税收入返还、税务征管经费、产业发展资金、协税护税、规划设计等支出；社会稳定事业支出，包括退役士兵货币化安置、慰问、扶困帮贫资金、维稳经费、就业补助、养老保险、医疗保险等支出；社会发展事业支出，主要包括农村税费改革及免征农业税转移支付，社区经费、文化建设经费，城管整治经费，干部培训、学习考察经费，科普经费，公共卫生防治、会议经费，设备购置费，乡村公路建设补助，新农村建设，农业切块，环保专项等支出；其他支出，包括区直机关目标管理奖、预备费等支出。

1989 年，北区地方财政支出 2539 万元。1995 年财政支出 1.07 亿元，增长 52.71%。2006 年，开福区财政支出 10.55 亿元。到 2012 年，地方财政支出达到 35.80 亿元。

表 16-2　　1989—2012 年长沙市开福区（北区）财政支出情况表

年份	支出完成（万元）	增幅（%）	年份	支出完成（万元）	增幅（%）
1989	2539	2.26	2001	21996	24.34
1990	2371	—	2002	29769	35.34
1991	3028	27.71	2003	41147	38.22
1992	4980	64.46	2004	60298	46.54
1993	8443	69.54	2005	88999	47.60
1994	7039	—	2006	105466	18.50
1995	10749	52.71	2007	139066	31.90
1996	9204	—	2008	158456	13.90
1997	10450	13.38	2009	196756	24.19
1998	14785	29.00	2010	233211	18.53
1999	16197	—	2011	280800	20.4
2000	17690	9.22	2012	358000	27.49

说明：地方财政支出包括市专项拨款部分

三、公共财政体制建设和财政改革

1997 年，成立区收费管理局，实行“政府统收、财政统管、收支两条线”。把预算外资金纳入综合财政预算，遏制原来由单位自收自支的混乱状况。1998 年，开福区推进建立公共财政框架的一系列改革。

非税收入管理改革　2003 年，将原属于城区街道的非税收入以及财政内部分散到非税收入管理的职能划归非税收入管理部门统一管理，非税收入统一缴入非税收入财政专户。2006年，实行“从收定支”为原则的综合预算管理体制，将非税收入与预算内资金通盘考虑，合理确定综合预算单位收支计划，即做到一个单位一本预算，综合反映本单位的所有收入和支出。2007年，由“从收定支”改为“保基本运转”原则，加大财政预算安排的额度。2008年，非税收入执行“核定基数、综合预算、短收减支、超收奖励”的总体制。

部门预算（综合预算）改革 1999年，要求各部门编报预算时，把所掌握的所有政府性财力，包括预算内资金和预算外资金，全部编入，实现和保证预算的完整性，为建设公共财政提供了首要的制度保障。实行单一账户的国库集中收付改革。2000年，对区直55个行政事业单位实行会计业务集中核算，集中统一办理各项资金收付和日常会计核算监督、会计报表编制、会计档案管理等工作。2003年，继续扩大会计业务集中核算范围，将未纳入会计集中核算的一级财政预算拨款单位和区重点工程项目全部纳入会计集中核算。

国库集中支付改革 2008年，试点建立以国库单一账户体系为基础，资金缴拨以国库集中支付为主要形式的财政国库管理制度。

政府采购制度改革 1999年6月，成立开福区政府采购管理中心，负责组织实施政府采购工作，办理采购资金结算，对政府采购工作进行统计和分析。全区政府采购呈现规模迅速扩张、范围迅速扩大、资金来源广泛、采购方式多样的特点，采购领域由一般办公设备采购扩大到中央空调、电梯、路灯、网络、污水处理设备、物业管理、广告宣传制作、公务用车定点维修、保险以及其他劳务的采购。2008年，政府采购进行改革，实行“采管分离”，具体政府采购操作事务委托获得政府采购资质的代理机构操作，政府不再当“采购员”，政府采购管理中心更名为政府采购监督管理办公室，负责政府采购工作的监督和管理。

财政转移支付制度改革 2008年，改变分税制财政管理体制改革前中央财政与地方财政“一对一”谈判、“讨价还价”的财政管理体制模式，增强财政管理体制的系统性、合理性，减少地方补助数额确定过程中的随意性。

政府收支分类改革 2007年1月，使预算收支的分类和科目体系与国际通行标准接轨，建设公共财政体系框架，对政府收入进行统一分类、建立新的政府支出功能分类体系和新型支出经济分类体系。财政部门按照新的政府收支科目编制预算。制定绩效评价管理办法。2009年，明确绩效评价的范围、对象和内容，初步建立绩效评估体系，逐步将绩效预算的理念和方法引入财政支出管理中。在总结各部门预算绩效评价工作经验的基础上，于2012年设立绩效评价科，负责开展全区预算绩效管理工作。

“金财工程”政府财政管理信息系统 2009年，建立连接省财政厅、市财政局、区财政局的三级财政专网。2011年，建立财政网络平台，实现财政内部网络的互联。

乡镇金库和基本建设管理的改革 1998年8月，按照分税制和“乡事乡办、乡财乡理”的原则，设立捞刀河镇、霞凝乡两个乡镇金库，将乡镇所属的增值税、营业税、企业所得税划为区、乡共享收入，其他税种全部留给乡镇，超收全留、短收自负，把与乡镇事权相关的支出划归乡镇负责。2003年11月，成立开福区财政投资评审中心，对开福区财政性资金安排的基本项目建设的预决算、绩效依法进行全方位、全过程的确定和控制，为政府投资决策提供技术支撑。2010年3月，按照决策、执行、监督适度分开和机构职能与上级对口的原则，调整投资评审机构的管理体制，撤销区财政投资评审中心，新设区政府投资管理中心和政府投资审计中心，区政府投资管理中心由区财政局管理、区政府投资审计中心由区审计局管理。区政府投资管理中心主要负责预算评审、合同审查、对重点工程结算的抽审，组织竣工财务决算评审和重点工程项目资金拨付、监督及项目档案管理。

第四节 财源建设

2003年，开福区建设区融资平台。5月，成立开福城市建设投资有限公司，授予国有资产代表权、筹资偿债权，以及投资收益权和资本处置权。4个月内，公司筹集资金2.47亿元。

2005年，成立协税护税办公室，主要职能是财源建设和收入组织，具体负责财源建设及考核、收入计划的编制、协调国税和地税收入、组织制定并落实区属产业发展政策、定期进行税收形势分析等工作。

2006年，根据市地税局发出《关于加强建筑安装行业税收征收管理工作的通知》，变原施工企业建安税核算地缴纳为工程所在地缴纳。区财政、税务、建设、城管、税侦等部门，采取严格不动产税收的征管，规范建安营业税的征管的措施。2006 年，开福区财政收入首次突破 10 亿元。

2007 年，开福区发布《关于促进经济发展的奖励办法》，设置税收奖励政策、企业创新和创优政策、楼宇经济扶持政策、园区经济扶持政策、招商引资奖励政策。2009 年，又发布《开福区产业扶持及招商引资奖励办法》，从工业、物流、服务业、中小企业融资、楼宇经济、招商引资等方面提出具体的财源建设和产业扶持政策。当年，共引进注册资金 50 万元以上的企业共 324 家。

2012 年，开福区发布《关于构建中小微企业金融支持体系的意见》，支持发展区内小额贷款公司和融资性担保公司，促进基础性财源建设。从此，全区建立街镇、工商、税务、财政联席会制度，对区级税收 50 万元以上的企业，建立领导联点责任制并定期召开辖区纳税大户座谈会。

财源建设促进企业引进。2002年纳税额过500万元企业1家，200万～500万元企业12家，100万～200万元企业7家。2009年，引进注册资金50万元以上企业324家。2012年，引进注册资金50万元以上企业1003家，其中注册资金1000万～5000万元企业69家，注册资金5000万元以上企业18家。

表 16–3　　2012 年长沙市开福区街道、镇新引进企业情况表

序号	街镇	引进企业数（家）	序号	街镇	引进企业数（家）
1	伍家岭街道	132	8	四方坪街道	101
2	东风路街道	110	9	芙蓉北路街道	148
3	湘雅路街道	107	10	捞刀河镇	84
5	清水塘街道	66	12	青竹湖镇	2
6	新河街道	83	13	洪山旅游管理局	105
7	通泰街街道	12			
合 计		552	合 计		451

表 16–4　　2012 年长沙市开福区引进注册资金 1000 万元以上企业一览表

序号	单位名称	序号	单位名称
1	长沙盈春宏股权投资有限公司	45	湖南湾田科技发展有限公司
2	长沙市企业国有资产经营有限公司	46	湖南聚发再生资源有限公司
3	卓尔发展（长沙）有限公司	47	湖南三兴石化有限公司
4	湖南英浪兴投资有限公司	48	湖南信诚通工贸有限公司
5	渣打银行（中国）有限公司长沙分行	49	长沙福泰运输有限公司
6	湖南伯旺融资租赁有限公司	50	长沙福泰恒投资有限公司
7	湖南迈湘餐饮投资有限公司	51	湖南三旺投资有限公司
8	湖南赣商投资担保有限公司	52	湖南聚发汽车贸易有限公司
9	湖南联合餐厨垃圾处理有限公司	53	湖南兆通建筑机械有限公司
10	弘高融资租赁有限公司	54	湖南中磊建材有限公司
11	湖南金霞九鼎农牧有限公司	55	湖南凌明建设工程有限公司

续表16-4

序号	单位名称	序号	单位名称
12	湖南大行海会投资有限公司	56	长沙飞达矿冶技术有限公司
13	湖南金瑞实业有限公司	57	湖南大汉型板钢铁贸易有限公司
14	中国铁路物资长沙钢铁有限公司	58	北京金万众机械科技有限公司
15	湖南闽发国际投资股份有限公司	59	湖南阳源盛资产管理有限责任公司
16	湖南新康现代农业开发有限公司	60	湖南同济投资置业有限公司
17	湖南融通置业有限公司	61	湖南浩明投资发展有限公司
18	湖南军银科技投资有限公司	62	湖南亿家康贸易有限公司
19	湖南长工河旋挖设备有限公司	63	湖南润泽农业发展有限公司
20	湖南省湘江弘德投资管理有限公司	64	湖南省景越投资有限公司
21	湖南省湘江弘德资产经营管理有限公司	65	湖南湘烽山水旅游开发有限公司
22	湖南盛世金融置业有限公司	66	中航长城（湖南）物贸有限公司
23	湖南华夏科技发展有限公司	67	湖南源坤投资有限公司
24	湖南中和天途投资有限公司	68	湖南锐大投资有限公司
25	湖南奇异农业科技发展有限公司	69	湖南同展投资有限公司
26	湖南锦绣神州影视文化传媒有限公司	70	湖南新星投资有限公司
27	湖南佳兆业梦园房地产开发有限公司	71	深信服网络科技（深圳）有限公司长沙分公司
28	湖南省财聚圆投资有限公司	72	湖南苏湘缘投资置业有限公司
29	中天创智（湖南）投资有限公司	73	长沙永裕股权投资管理有限公司
30	湖南沙坪新农场建设投资有限公司	74	湘平科技（湖南）有限公司
31	湖南沙坪绣坊街置业有限公司	75	长沙时润投资有限公司
32	湖南顺和城市建设投资有限公司	76	湖南省三湘粮油产业有限公司
33	湖南瑞泉投资有限公司	77	长沙银龙科技股份有限公司
34	湖南恒吉投资有限公司	78	湖南国博投资有限公司
35	湖南多韵农生态科技发展有限公司	79	湖南大博医疗器械有限公司
36	湖南朝辉置业发展有限公司	80	湖南南方茶叶交易中心有限公司
37	湖南和谐混凝土有限公司	81	湖南鑫安消防安全工程有限公司
38	湖南正齐睿科技有限公司	82	湖南丰泽投资有限公司
39	湖南莱伯伯网上功效经营开发有限公司	83	湖南翔格商贸有限公司
40	湖南大韵艺术文化传播有限公司	84	长沙创博投资有限公司
41	长沙五瑞建材贸易有限公司	85	湖南宇基房地产开发有限公司
42	湖南辰景网络科技有限公司	86	湖南天翼纸业有限公司
43	湖南新万酒店管理有限公司	87	铭凯（湖南）消防安全咨询管理有限公司
44	湖南晨丰投资有限公司		

第二章 税 务

第一节 机 构

一、区国家税务局

开福区国家税务局前身为长沙市税务四分局，成立于1994年7月，内设办公室、政工科、人事科、监察室、工会、税源管理科、计划会计科、税政法规科、征收管理科9个职能科室，下设望麓园、伍家岭、新河、北站路、清水塘、黑石渡、民主东路、上大垅8个税务所。2004年，长沙市国家税务局四分局改编为长沙市开福区国家税务局，内设办公室、政策法规科、收入核算科、纳税服务科（办税服务厅）、征收管理科、人事教育科、监察室、税源管理一科、税源管理二科、税源管理三科、税源管理四科、机关党委办公室、财务科、工会、信息中心15个职能科室，下设东风路、华夏路、中山路、洪山路4个税务分局。区国家税务局为正科级单位，设局长、党组书记各1人。1989—2012年，先后担任局长和党组书记的为陈湘远、林树钧、瞿太伟、陈新民、潘国轶、刘术其。

开福区国家税务局为正科级单位，接受湖南省国家税务局在机构、编制、干部、经费方面的垂直管理，业务由长沙市国家税务局指导。

二、区地方税务局

开福区地方税务局为长沙市地方税务局北区分局，成立于1994年9月，1996年12月更名长沙市地方税务局开福区分局。1997年更名为长沙市地方税务局四分局。2006年更名为长沙市开福区地方税务局。区地方税务局为正科级单位，设局长、党组书记各1人。1989—2012年，先后担任局长和党组书记的为曹德明、易志勋、钟奇伟、潘智明、沈俊、周兵。

区地方税务局接受湖南省地方税务局在机构、编制、人员、经费方面的垂直管理，业务由长沙市地方税务局指导。

内设机构 1994年9月，长沙市地方税务局北区分局内设工会、办公室、人事教育科、综合业务科、计划财务科和征收一、二、三、四科9个科室。1995年增设监察科。1996年增设检查科。1998年，长沙市地方税务局四分局调整内部机构，设置人事教育、监察、计划会计、稽查、综合业务和征管一、二、三、四科9科及办公室、工会和一个税侦队。2001年，四分局内设机构调整，设人事教育、计划征收、综合、检查管理、税政和征收一、二、三、四科9科及办公室、监审室、工会。2003年，检查管理科更名为检查科，征收一、二、三、四科更名为征管一、二、三、四科。2010年12月，长沙市开福区地方税务局内设人事教育、计划征收、综合、检查、税政及征管一、二、三、四科9科和办公室、监审室、工会、办税服务厅。2011年8月，内设机构调整为税政法规科、征管和科技发展科（发票管理科）、收入规划核算科、财务管理科、人事教育科、监察审计室及税源管理一（重点税源管理科）、二、三、四科9科和办公室、工会。

下设机构 1995年，长沙市地方税务局北区分局下设伍家岭、黑石渡、上大垅、清水塘、民主东街、望麓园、北站路、新河、代理所9个税务所。1997年，长沙市地方税务局开福区分局增加西长街、如意街、通泰街、浏阳河、捞霞5个税务所。1998年，下设税务所作部分调整后，仍设置伍家岭、清水塘、望麓园、新河、西长街、捞霞、浏阳河、代理所8个税务所。2001年，长沙市地方税务局四分局设伍家岭、清水塘、新河、望麓园、西长街、捞刀河、浏阳河、上大垅、黑石渡、北站路、民主东街、如意街、通泰街13个税务所。2002年，撤销如意街税务所，增设新港税务所。2006年，撤销开福区地方税务局原有的上大垅、黑石渡、民主东街、西长街、北站路、浏阳河6个税务所，设立东风路、湘雅路、洪山、四方坪、芙蓉北路、青竹湖6个税务所。2010年12月，开福区地方税务局下设伍家岭、清水塘、新河、望麓园、捞刀河、新港、通泰街、东风路、湘雅路、洪山、四方坪、芙蓉北路、青竹湖13个税务所。2011年8月，开福区地方税务局调整下设机构，设有办税服务中心、稽查局、信息中心3个直属机构，第一至第九税务分局9个派出机构。

第二节 国家税务

一、税 种

国家税务局负责征收的税种有增值税、消费税、企业所得税、外商投资企业和外国企业所得税、居民储蓄存款利息所得个人所得税和车辆购置税6种。

二、税政管理 1994年，北区税务局设税管股。1995年10月，修订增值税纳税申报制度，完善税制，规范管理，推行增值税一般纳税人纳税申报办法。1999年，推行增值税一般纳税人纳税评估管理工作。2000年，开展了金税工程①二期运行前一系列准备工作和各个系统的安装调试工作。2001年1月1日，金税工程二期运行。2004年，税管股改编为征收管理科，主要负责全区增值税、消费税、内外资企业所得税、储蓄存款利息所得个人所得税、金融保险企业营业税、出口退税等各项税收政策的落实以及增值税专用发票、金税工程、出口退税管理工作。

三、税务稽查 2005年年底，长沙市开福区国家税务局组建开福区国家税务局稽查局，后于2009年撤销，业务移交长沙市国家税务局稽查局。区局稽查局主要负责对辖区内纳税人依法进行督查，受理公民举报税务违法案件，查处偷、逃、抗、骗、漏税及滞纳情况等事项。存续期间共对辖区内纳税人督查200余次，查处税收违法案件及滞纳处罚500余次。

表16-5　　1989—2012年长沙市开福区（北区）国税税务统计数据表

年度	下达任务（万元）	实际完成（万元）	完成比例（%）	年度	下达任务（万元）	实际完成（万元）	完成比例（%）
1989	11014	11113	100.9	2001	36327	39633	109.1
1990	12776	13683	107.1	2002	41776	42277	101.2
1991	14437	15635	108.3	2003	46780	48417	103.5
1992	17902	18171	101.5	2004	58705	63049	107.4
1993	20588	21247	103.2	.2005	69272	75229	108.6
1994	23058	24006	104.11	2006	79630	88875	111.61
1995	21910	23890	109.04	2007	94800	106577	112.42
1996	20185	26140	129.5	2008	109245	109252	100.01
1997	24302	24314	100.05	2009	113780	113935	100.14
1998	27963	28354	101.4	2010	120600	126242	104.68
1999	29242	29856	102.1	2011	136870	182565	133.39
2000	33025	31470	104.94	2012	195200	211456	108.33

第三节 地方税务

一、税 种

地方税务局负责征收的税种有营业税、企业所得税、个人所得税、土地增值税、印花税、房产税、土地使用税、车船税、城市建设维护税、资源税、契税、耕地占用税、烟叶税、教育费附加、地方教育附加、文化事业建设费、社会保险费、工会经费、残疾人就业保障金、水利建设基金、价格调节基金21种。

① 金税工程是指将一般纳税人认定、发票领购、纳税申报、税款缴纳全过程实现网络运行，加强增值税征收管理的信息化系统工程。

表 16-6　　1995—2012 年长沙市开福区（北区）地税税务统计数据表

年度	下达任务（万元）	实际完成（万元）	完成比例（%）	年度	下达任务（万元）	实际完成（万元）	完成比例（%）
1995	15364	15979	104%	2004	54816	70267	128.19%
1996	17970	17440.3	128.62%	2005	83370	96516	115.22%
1997	20258	20646	101.93%	2006	107241	113706	106.02%
1998	20020	21376	106.77%	2007	128269	135837	105.9%
1999	23510	23718	102.32%	2008	150880	155200	102.86%
2000	22917	23881	104.21%	2009	184287	194552	105.57%
2001	26760	30168	112.74%	2010	228262	252964	110.82%
2002	29917	35008	117.02%	2011	300015	343913	114.63%
2003	41399	49550	119.69%	2012	385431	422498	109.62%

二、税政管理

区局征管科室、税务所，分别按所辖地段和税额划分征收范围及征收对象。各街、镇协税办公室代收私人房产税、家居装修税等 5 种零散税收。税务干部实施分片管理，“片管员”对所辖区域内进行户籍式管理，清理漏征漏管户。对个体工商户开展公开评税和推行文明办税，坚持以票管税、核票征收。税务机关会同工商、财政和街、镇不定期地对辖区进行地毯式的税源普查和无证经营户的清理，对集贸市场进行专项整治和齐抓共管。

三、税务稽查　2011 年 8 月，开福区地方税务局撤销检查科，组建开福区地方税务局稽查局。区稽查局主要对辖区内纳税人依法进行稽查，并在长沙市地方税务局稽查局的指导下开展各级地税机关部署的计划检查、专项检查、专案检查、举报检查等稽查工作，对偷、逃、抗、骗、漏税及滞纳情况及违反《发票管理办法》等涉税违法行为进行查处。

表 16-7　　1994—2012 年长沙市开福区（北区）地税税务稽查统计数据表

年度	入库数（万元）	年度	入库数（万元）	年度	入库数（万元）
1994	18930	2001	29641	2008	155200
1995	16142	2002	34494	2009	184923
1996	20645	2003	48534	2010	242026
1997	18863	2004	68767	2011	328068
1998	21377	2005	92378	2012	404244
1999	22959	2006	109761		
2000	23720	2007	130707		

第三章 金 融

第一节 机 构

长沙市开福区金融服务中心是隶属于长沙市开福区人民政府的财政全额拨款的正科级事业单位，成立于2010年12月，核定事业编制6名，设主任1人。服务中心内设金融综合法规科、金融产业发展科、金融监督管理科3个科室。2010年以来，先后担任主任的为谭树茗、郭子熙，先后担任书记的为郭子熙、王凤。

第二节 金融业

一、金融产业规划

根据《开福区金融业产业规划（2011—2015）》，规划金融总量目标是：金融业实现增加值在2010年32.5亿元的基础上翻一番以上，达到70亿元；在全区GDP占比达到10%以上；金融业税收在税收总收入占比达到25%以上。机构发展目标是：每年引进传统类金融机构1～2家，培育和引进新兴金融机构1～2家。规划要求培育和引进新型金融业态1～2种；重点引进1～2家金融后援服务中心。基地建设目标是：2011年完成长沙金融生态区一期拆迁，2012年起每年推出土地6.67公顷。五年后，一期45.67公顷土地完成“招、拍、挂”，二期土地完成拆迁，建成楼宇建筑面积150万平方米；金融配套服务基地建设初具规模，引进具备示范效应的金融配套服务机构；在已建成大型城市综合体中完成金融企业分支机构的合理化布局。资本市场建设目标是：建立和完善拟上市企业资源库，力争全区上市公司在现有4家的基础上新增4家，达到8家；五年内直接融资规模累计达100亿元以上。规划制定开福区未来的金融服务能力提升目标和保障机制目标，五年后，在开福区基本建成金融安全区。

二、金融生态区

2000年，开福区提出在区域内建设金融生态区的设想。生态区的核心区域即长沙市火车北站片区，位于芙蓉中路以东、三一大道以南、东风路以西、体育馆路以北，总面积121.87公顷，可供开发面积74.87公顷，规划容积率5.0，计划投资300亿元，规划建筑面积约300万平方米。火车北站片区是列入湖南省和长沙市“十二五”规划实施的一个重大战略项目和金融产业发展平台，是省、市、区三级政府共建的重点工程，是长沙市金融生态区建设的主阵地。2009年3月，开福区成立长沙市火车北站片区棚户区改造征收工作指挥部，火车北站片区棚户区改造启动。2010年5月，长沙市将火车北站片区定位为长沙金融生态区。

2011年5月，开福区制定《开福区招商引资及产业扶植奖励办法》，将金融产业作为重点产业，制定专门的优惠政策和实施细则。5月31日，召开长沙金融生态区投资推介会，推出金融总部区、国际商业区、时尚都心区、精英生活区四大招商地块，吸引122家金融机构、37家战略投资者和国内商业地产前30强企业参会。10月20日，长沙金融生态区域内引进的首家外资银行——新韩银行开业。2011年12月，紫金财产保险股份有限公司湖南分公司进驻芙蓉中路146号长远大厦。12月，湖南高速集团财务有限公司在三一大道500号金色比华利大厦开业。2012年4月19日，开福区召开首届金融工作大会，发布《开福区金融业发展规划（2011—2015）》，引导金融机构在长沙金融生态区集聚发展，并发布《开福区中小微企业金融支持体系的意见》，从平台、政策、投入、专业和保障五个层面建立全方位的金融服务体系。会议颁发金融业扶植奖励，其中渣打银行长沙分行等四家金融机构获得210万元的入驻奖励，长沙银行等14家金融机构获得385万元的税收规模奖励。会后，有申银万国证券入驻芙蓉中路锦绣华天。8月，渣打银行长沙分行在开福区新时代广场开业。10月19日，中国邮政储蓄银行湖南省分行将总部迁至原南方明珠国际大酒店。10月，长沙金融生态区启动性项目——华创国际广场奠基。

三、金融产业发展

至2012年，开福区拥有大型金融机构总部或区域性总部25家，涵盖银行、保险、证券、期货、融资性担保、小额贷款等13种金融业态，业态覆盖率在全市的占比达到70%以上；金融从业人员1.60万人，在全市占比34.70%。

2011年，金融业增加值实现38.50亿元，同比增长18.46，占地区生产总值的8.15%；实现金融业全口径税收10.59亿元，占全口径总税收的20.2%。2012年，金融业增加值实现43.70亿元，同比增长13.51%，占地区生产总值的8.21%；实现金融业全口径税收11.80亿元，占全口径总税收的18.93%，同比增长11.41%。

附：金融行业协会

长沙市开福区金融行业协会成立于2011年，2012年年底会员单位已发展至39家，涵盖银行、保险、证券、小贷、融保、典当、金融中介等金融业态。通过外出金政对接、学习考察、训练拓展以及在上海、北京举办金融产业发展论坛以及“港洽周”“金洽周”“经贸金秋文化节”等活动平台，加强金、政、企的合作交流和协会会员单位之间及与外地金融机构的信息沟通，引导协会会员单位和外地金融机构支持长沙金融生态区的建设和区域金融产业发展，取得一定成效。2012年，区金融行业协会被评为“开福区招商引资先进单位”。

第三节　金融监管

地方监管金融机构　开福区监管的地方金融机构有融资性担保公司和小额贷款公司。至2012年，全区有湖南三羊中小企业融资担保公司、湖南省中科智担保有限公司、长沙市中兰德担保有限公司、湖南众盈中小企业信用担保有限公司和湖南赣商投资担保有限公司等5家。

2009年12月，长沙市首家小额贷款公司——长沙开福区益商小额贷款有限责任公司开业。湖南众盈中小企业信用担保有限公司和湖南省中科智担保有限公司均是长沙市第一批经市经委审批，湖南省经委核准成立的担保公司。

开福区这两类公司，业务涉及生产制造业、机械建工行业、通信技术行业、食品业和服务行业等多个领域，受保企业利税总额增加400多万元，新增就业岗位215个。湖南众盈中小企业信用担保有限公司8年累计为长沙市中小企业贷款提供担保7亿余元。针对开福区基础设施项目众多，几大建筑公司业务饱满而资金紧张的局面，以流动性强的应收账款作质押，为开福区的顺天、沙坪、高岭、洪山等建筑公司项目经理提供贷款担保4000多万元。湖南中达中小企业投资担保有限公司是开福区担保基金合作机构，2009年始，为开福区企业累计担保9640万元，涉及多个行业和领域。

两类公司的筹建通常依托大型实体经济群，吸引众多企业进入开福区发展。益商小额贷款有限责任公司依托益阳商会、赣商投资担保有限公司依托江西商会，湘之杰担保有限公司依托湘之杰物流，山东商会也在开福区筹建小贷公司。益阳商会会员800余家，会员纳税超过10亿元，带动新增就业1万多人。益商小额贷款有限责任公司累计放贷近5亿元，拉动区域GDP增长近20亿元，为地方增创税收5000多万元。江西商会落户开福区捞建大厦16楼，并在开福区筹建江西商会大厦。投资湖南的山东企业已达1万多家，到位资金1800多亿元，提供50多万个就业岗位。企业涉及农林开发、地产开发、建筑装饰、机械制造、IT行业、电子电器、化工行业、医药业、汽车制造、轮胎等多个行业。地方监管金融机构的发展带动创造超过1万个就业机会，带动运输、餐饮、金融等相关行业的发展，产生一定的社会效益。

为严格落实省市对小额贷款公司和融资担保公司的监管要求，开福区制定《开福区融资性担保公司管理办法》和《开福区小额贷款公司监督管理办法》，监管小额贷款公司和融资担保公司的运行情况，引导民营资本更好支持区域经济发展，缓解区域中小微企业融资难题。在加强对两类公司进行监管的同时，加大对地方监管金融机构政策支持、业务支持、平台支持、资金支持和保障支持。

第十七篇 交通·电力·通信

长沙市开福区地方的交通运输管理，1996年以前由北区交通运输管理所担负，主要管理所辖城区的搬运装卸、客货运输和运输服务业；1996年改由开福区交通运输管理所管理，2011年更名为开福区交通运输局，管辖范围扩大到农村区域，并负责辖区内县乡公路路政管理和县乡公路的规划、建设、养护。

开福区地方的交通线路，1989—1996年，北区区域内均为城区道路，主要有南北向的湘江大道、黄兴中路、蔡锷北路、建湘北路、丝茅冲路等，东西向的中山路、湘春路、浏阳河路、湘雅路、新河路等；1997—2012年，开福区区域内道路，城区新修芙蓉路、开福寺路、北二环、三一大道等，在新城区新修青竹湖路、太阳山路、福元路、中青路等，公路干线扩大到农村区域，1999年实现“村村通公路”，形成全区四通八达的交通网络。各类交通设施如护栏、站牌等，随着新修公路建设完备，路政管理日益完善。

开福区地方的电力供应和服务由长沙市供电局下设的长沙市城北供电局负责。1989—1995年，对北区输电线路和用电设备进行改造更新，全区供电量达16.96亿千瓦时。开福区成立后，辖区面积扩大，用电量大幅度增加，2010年达到24.44亿千瓦时。供电线路和设施得到很大改善。2012年，城北供电局被统一集中并入长沙供电公司大营销体制。

开福区地方的邮政、电信事业分别为长沙市邮政局和中国电信、移动、联通三大公司所经营。1989年，长沙市邮政局在长沙市北区设有邮政所 处，办理市民的邮件收发、长途电话和电报业务。20世纪末以来，因电信事业的迅速发展，邮政事业有所萎缩。开福区设有中国电信开福区分局、长沙移动开福区分公司、长沙联通开福区营销部，从事区域范围内的电信业务，

全区从最初的电话线入户到光纤入户，已基本实现辖区范围内全覆盖，经过十余年发展，至2011年，全区信息化建设已初具规模。

第一章 交 通

第一节 机 构

1985年，长沙市北区社会运输管理办公室更名为北区交通运输管理所，管理范围由单一的搬运装卸增加到客、货运输和运输服务业。1996年为长沙市开福区交通运输管理所，同时脱离乡镇企业局隶属关系，成为区政府直属二级机构、行政事业单位。2002年，更名为长沙市开福区交通运输管理局，为开福区政府直属事业单位。2011年更名为开福区交通运输局，有机关事业编制26名，其中领导职数4名，设局长、党委书记各一名。2002—2012年，先后担任局长的有陈金安、周月清、李新民、李程，先后担任局党组书记的有毛申芝、郭泽民、胡爱群、谢立平。

开福区交通运输管理局内设办公室、财务科、统计科、农村公路管理科、运政综合科、稽查科，下设捞刀河交通运输所、洪山交通运输所、新港交通运输所三个派出机构。

第二节 交通道路、港口建设

一、城区道路建设

1989—1995年，长沙市北区的道路建设主要是配合市政府修建芙蓉中路北段（八一桥至伍家岭，全

长3.50千米）和湘江北大桥东段引桥（新河紫凤公园至伍家岭，全长2.50千米）。

1996—2012年，长沙市开福区境内道路建设以基础设施建设为主，包括道路、桥梁、隧道和铁路建设。

附：20项基础设施项目

四方坪立交桥 位于二环线与319国道相交处，全长3.23千米，三层全互通结构。1996年6月1日开工建设，2001年12月31日竣工。

长沙月亮岛大桥 又名湘江六桥，位于金霞经济开发区龙王庙附近，系公路、铁路两用桥，铁路部分2.43千米，公路部分1.98千米。1996年动工，1999年10月19日竣工。

北二环线 由金星路立交开始，由西向东分别经三汊矶大桥金霞立交桥、芙蓉北路立交桥、彭家巷立交桥至中岭立桥交止，全长9.20千米。2000年动工，2006年9月1日全线贯通。

三一大道 由西往东经伍家岭、四方坪至世界之窗，全长7.90千米，是连接319国道的主干道。2001年开始拆迁，2002年11月28日竣工。

青竹湖大道 位于长沙市城北，为连接长沙主城区和长沙县星沙、北山的主通道。西起长沙新港（霞凝新港），东至中青路，全长约6千米。2005年开工建设，2007年竣工通车。

波隆立交桥 位于伍家岭，为4层全互通式立体交叉，鸟瞰效果为“双鱼咬合”，交通功能齐全，线形流畅，技术标准高。319国道方向主线长度668米，芙蓉路南北方向主线长度700米，项目总投资1.88亿元。2002年4月开工，2003年4月竣工。

三汊矶大桥 位于新港镇，全长1.58千米，是中国最大的自锚式悬索大桥，道路环绕长沙城，通过互通式立交桥，与纵横城区的数10条城市主干道及107、319、长常高速连接。2004年4月30日开工建设，2006年9月1日竣工。

福元路 西起芙蓉北路京广铁路涵洞，南至博览路与开元路对接，长7.14千米，总投资2.52亿元。2004年10月动工，2007年10月1日竣工．

湘江路浏阳河隧道 位于城北新河三角洲浏阳河入湘江口处，为连接湘江路的主通道。全长1.91千米，其中暗埋隧道长度1.40千米，敞开段长510米。东、西双孔隧道宽均为11米，净高7米，每孔两车道，工程概算5.50亿元。2007年12月开工，2009年10月1日竣工。

年嘉湖隧道 起于营盘路与东风路交汇处以东路口，穿越烈士公园年嘉湖底，止于营盘路与车站北路交汇处以西路口，隧道采用双孔双向4车道。隧道单洞为10.35米，车道宽7.25米，净高4.50米，总投资9亿元。2007年9月开工建设，2008年8月1日竣工。

中岭立交桥 位于长沙市二环线东北角，是联接长沙金霞经济开发区、长沙城区、长沙国家经济技术开发区和三环线的交通枢纽。2007年3月10日开工建设，2008年11月28日竣工。

中青路 位于青竹湖科技园，为长沙首条城市快速路，呈南北走向，南起二环线中岭立交桥北，北至青竹湖路，全长6.62千米，双向6车道。2007年4月20日竣工。

万家丽路开福段 是长沙市第二大主干道，全长30千米，穿越开福区段5.20千米。2007年7月动工建设，包括万家丽路浏阳河大桥，2009年竣工。

营盘路湘江隧道 位于营盘路，东西走向，全长3.40千米，概算投资18.70亿元。2009年9月30日开工建设，2012年10月30日竣工。

福元路湘江大桥 全长3.76千米，跨越湘江部分约为1.40千米，中间的三跨210米提篮式桥面，是目前跨湘江中桥面最宽的一座湘江大桥，是长沙市区第八条跨越湘江的通道，总投资13.93亿元。2010年9月开工建设，2012年11月20日竣工。

车站北路浏阳河大桥 对接车站北路与福元路的浏阳河大桥，全长1.47千米，总投资2.10亿元。2011年1月竣工通车。

三一大道浏阳河大桥 于1994年建成，为单索面斜拉桥，全长724米。该桥是连接京港澳高速公路的重要出口，至2011年共运行17年，先后进行多次加固，是长沙东大门的交通瓶颈。2011年12月12日，浏阳河大桥经长沙市政府批准实施爆破，于2012年1月开始重建。浏阳河大桥新桥设计规划全长828米，宽42米，双向8车道。

银盆岭大桥 又称长沙湘江二桥、长沙湘江北大桥，为双塔单索面预应力混凝土斜拉桥，位于长沙市城北，东起伍家岭，西至银盆岭，主桥总长1025米，全长3616米，分4车道。该桥于1991年1月30日正式建成通车，为长沙第二座建成的过江桥梁，共有桥墩159个，总投资1.45亿元。

芙蓉北路 为芙蓉路的北延长线，从伍家岭至金霞开发区，全长15千米。2000年动工，2005年全线通车。

石长铁路 为湖南省北煤南运的重要通道，沿线布局石门、常德、益阳、长沙等多座火电厂。2009年，石门至长沙铁路增建第二线工程纳入部省合资建设项目，总投资116亿元。该线经西北和北西两条联络线至开福区霞凝站与京广线形成枢纽站，按一级、160千米时速、电气化进行改造，年货运能力达到8800万吨。

二、乡村道路建设

1995年，长沙市北区没有农村地域。1996年，区划调整后，开福区农村公路建设本着因地制宜、量力而行的原则。村道修建原则上路长应大于500米，水泥路面宽度4.5米以上，砼标号不低于C30，路面面层厚度不少于20厘米，对通达3个及以上行政村的村道，考虑通客班车要求，水泥路路面宽度不小于5米。

1997年，全区有县乡公路4条42千米（捞霞线15.20千米，黄乌线7.60千米，海霞线16.20千米，东城路2.49千米），村级公路98千米。市交通局投入400万元资金，支持开福区进行金霞大道、大塘基公路桥、海霞路沙改油、东城路水泥路改造四项重点工程建设。开福区乡村公路的改造、改建工作，完成彭霞路大塘基段1.2千米、综合农场至解放军舟桥部队84团297米水泥路改造，综合农场东城路2.49千米水泥路，海霞线7.2千米砂改油工程，东城路24米的整修以及捞湖堤垸史新路的改建，新建彭霞路大塘基公路桥。

1999年，开福区完成了青竹湖7千米砂改油工程、东综路2.49千米的水泥路面改善、黄乌线3千米砂改油工程、海棠桥一段100多米的修缮，大塘基大坝桥建成通车，基本实现“村村通公路，乡乡通油路”的目标。

2007年，开福区打造区域25分钟交通圈（每个行政村村部、学校到区政府的时间），完成省、市“八件实事”下达的任务9.9千米，完成市计划补充6千米，实际完成18千米，其中村级公路12千米、乡道6千米，建设投入资金总计1200多万元。至2008年，开福区有农村公路651.53千米，其中县道22.46千米，乡道33.80千米，村道595.27千米。乡道全部硬化，村道硬化271.30千米，硬化里程占村道的45.56%。2002—2008年，共硬化农村公路300多千米，其中2008年新硬化公路30千米，包括省规项目10.30千米、市规项目8.50千米，形成区域25分钟交通圈。

2010年，开福区农村公路里程数为659千米，累计完成硬化里程609千米，其中县道23千米、乡道41千米、村道445千米。2006—2010年全区完成村组道路硬化里程410.50千米，纳入省市计划指标206千米，省市建设资金2000余万元。广安公路、汉沙公路等纳入市干线公路计划，配套建设资金2500余万元。

2012年，开福区新修农村公路34千米，新增省道8千米，县道由原来的23千米延伸至64千米，乡道由原来的37千米延伸至41千米，硬化村道554千米。同年，完成乌溪桥的改造，启动了陶东坝和单咀桥的改造。

表17-1　　2012年长沙市开福区农村公路县乡道情况表

项目名称		所在乡镇	线路编号	起点桩号	终点桩号	线路长度（千米）	路面宽度（米）	路面类型
县道	黄丰咀—乌溪桥	捞刀河镇	X039	K0+000	K6+922	6.99	5.00	水泥路面
	舟桥部队—综合农场	洪山旅游局	X043	K2+900	K5+468	2.57	5.50	水泥路面
	彭家巷—谭家巷	新港镇	X059	K0+000	K13+018	13.02	7.00	沥青路面
乡道	预制场—同心	捞刀河镇	Y961	K0+000	K3+751	3.75	4.5	水泥路面
	青石咀—群力	捞刀河镇	Y962	K0+000	K7+804	7.80	4.5	水泥路面
	黄丰咀—中岭	捞刀河镇	Y963	K0+000	K1+082	1.08	4.5	水泥路面
	谭家岭—成功	捞刀河镇	Y964	K0+000	K1+100	1	4.5	水泥路面
	围墙屋—竹坡	捞刀河镇	Y965	K0+000	K2+527	2.53	4.5	水泥路面
	烂柴坳—廖家场	捞刀河镇	Y966	K0+000	K0+865	0.87	4.5	水泥路面
	白沙大桥—海塘	捞刀河镇	Y967	K0+000	K12+905	12.91	5.5	
				K0+000	K7+200	7.2		水泥路面
				K7+200	K12+905	5.71		沥青表面处置
	袁家湾—青竹湖		Y968	K0+000	K4+362	4.36		水泥路面
	甘塘子—溪家湖	新港镇	Y969	K0+000	K2+386	2.39	4.5	水泥路面
	廖家渡—横堤	洪山旅游局	Y970	K0+000	K2+267	2.27	4.5	沥青表面处置
	杉刺坡—双湖	捞刀河镇	Y974	K0+000	K1+466	1.45	5.0	水泥路面

三、港口建设

长沙新港位于金霞经济开发区金霞物流组团内湘江中下游东岸，与长江干支线各港口相连，东靠贯穿南北的京广大动脉、南依东西走向的长石铁路，毗邻长沙铁路货运新北站，铁路专线规划进港；公路与京珠高速、上瑞高速、长常高速和107国道相连，可直达黄花国际机场，形成铁、公、水、航空立体交通网络。

长沙新港是国家二类水运口岸，全国内河28个主要港口之一，规划用地75公顷，总投资11.75亿元，主要建设千吨级(兼顾3千吨级)泊位、铁路专用线、仓库、露天堆场及办公配套设施，设计年吞吐能力集装箱38万标箱（TEU），件杂货210万吨，具备运输管理、中转换装、装卸存储、多式联运、信息服务、进出口货物通关报检等多项功能。

长沙新港有限责任公司港口分三期建设：

港口一期占地21.33公顷，投资2.44亿元，主要建设4个千吨级码头泊位，功能定位以集装箱为主，该期工程2001年12月动工建设，2003年7月实现试投产。

港口二期占地19.67公顷，投资2.26亿元，主要建设4个千吨级泊位，功能定位以件杂货为主，同时兼顾集装箱运输，该期工程2005年1月动工建设，2006年9月实现试投产。

一、二期工程总计投资4.70亿元，设计吞吐量集装箱20万标箱（TEU），件杂货115万吨。

三期工程在一、二期工程的上游建设规划为2000吨级(兼3000吨级)多用途泊位2个，滚装泊位1个；在一、二期工程的下游建设规划为2000吨级(兼3000吨级)件杂货泊位3个，其中2个直立式泊位、1个带雨蓬挖入式港池泊位。三期工程新建堆场12.81万平方米，仓库1.03万平方米，新建港区铁路专用线2.64千米，港外联络线3.10千米。三期工程征地32.93公顷，其中上游征地18.07公顷，下游征地6.73公顷，铁路征地8.13公顷，工程投资估算为7.05亿元。三期设计吞吐量集装箱22万标箱（TEU），件杂货111万吨，滚装汽车4.20万辆，超大件60件，2010年12月举行奠基仪式(内贸100.20万吨，外贸10.80万吨)。

第三节　交通运输

一、铁路运输

长沙铁路货运新北站 集原长沙铁路南北两货站功能于一身的、面积约2平方千米的长沙铁路货运新北站，是湖南省、长沙市的重点建设项目，总投资约26亿元，其中含捞刀河编组站改建和霞凝新货站建设：捞刀河编组站的京广双线改线长度8.2千米，石长双线改线长26千米，车站到发线9条(含正线)，牵出线2条，另新建捞霞联络线3.4千米；霞凝新货站设计吞吐量近期为1670万吨/年，远期为3000万吨/年，车站增设到发线2条、调车线4条，货场总体规划5束10线。

2012年1月8日，长沙新北站(霞凝货场)开通运营，长沙城区亦因长沙新北站的建成面向北拓展30平方千米。

长沙火车新北站有18组道岔，在原有六股道的基础上新增6条到发线，并新建启用5条贯穿式货物线。铺设铁轨19条，4个4500平方米的巨型货运仓库，截至2012年，月到发量约20万吨。

2012年新北站运营后，开通长沙至广州江村“五定班列”，即定点——装车地点，定线——固定运行线，定车次、定时——固定到发时间，定价——运输价格，全程854千米，被交通运输部和原铁道部定为铁水联运示范线之一。2012年，“五定班列”累计为湖南400余家加工贸易企业提供服务，实现集装箱货物吞吐量3.5万标箱（TEU）。同时，“五定班列”采取空上重下的循环运作模式，专为物流运输空箱调运开通绿色通道，整个运行时间不超过30小时，一般24小时便能到达，货运时间较以前节约一半以上，班列重箱享受运费下浮30%的优惠政策，运输成本降低20%～25%。

同年7月，长沙至深圳集装箱铁水联运示范项目暨湖南省内陆港——长沙无水港（指在内陆地区建立的具有报关、报验、签发提单等港口服务功能的物流中心。内陆的进出口商可以在当地完成订舱、报关、报检等手续，将货物交给货代或船公司）投入运营，进出口货物将实现在长沙一次报关、一次查检、一次放行，使深圳港口功能在内陆长沙得以延伸，可将“湖南制造”的重型机械、电子、汽车及零部件、新材料等产品搭乘长沙—深圳班列出口，实现长沙铁路运输和国际海洋运输的无缝对接，打造内陆地区海铁联运新模式。

金霞湘粮专线 湖南金霞粮食产业有限公司铁路专用线（以下简称湖南金霞粮食专用线），2009年8月获得铁道部行政许可后，于2010年6月始建动工，历经二年的建设，于2012年6月2月全线开通运营。该专用线总投资约1.13亿元，全长约4.2千米，拥有3股道，站台货棚约2.55万平方米，货位268个。专用线设计全年运输量106万吨，其中：到达90万吨，发送16万吨。装卸人员为120人，装卸机械皮带运输机45台、叉车10台，日装卸能力3000吨。设计有散装散卸功能，成为“北粮南运”铁路散粮运输试点线路接卸点。

恩瑞物流专线 恩瑞铁路专用线为湖南工业物流首条铁路专用线，总投资1.42亿元。该专线共3股道，总长1859米，可一次性容纳95个车皮，年加工能力200万吨，年装卸能力480万吨，年吞吐量达600万吨。恩瑞国际物流城有吞吐量达1000万吨/年的货物堆场及相应设备，30分钟可将每批次到货车皮全部卸完，避免公路运输使用汽车吊带来的安全隐患。国家铁路总公司将恩瑞铁路专用线列入全国铁路运营名称表。

长沙新港专线 长沙新港港区铁路专线将在新港三期工程中引进，规划建设2.64千米，港外联络线3.1千米。铁路进港实现公、水、铁“零换乘”，重点对接汽车、电子、粮食、机械加工、机电设备5大产业，实现集进出口集装箱、大宗件杂货、散货装卸运输等于一体。

二、公路运输

1991年，长沙市北区拥有营运车辆166台，其中集体参运货车50台、个体道路货运26台、个体道路客运13台、城市出租车77台，集体搬运装卸队8个。1994年，有营运车辆327台，其中集体车辆119台348.70吨、个体车辆65台192.20吨、城市出租车130台681座，公路客车13台438座。1999年，长沙市开福区有营运车辆823台，其中客车（含的士）258台、货车565台。

公路运输在开福区区域内设有汽车北站。汽车北站始建于2001年12月，占地面积4.53公顷，总建筑面积3000平方米，主站房建筑面积700平方米，车站现有员工53人，其中包括一个车队（客运公司六分公司车队），车站拥有高、中档建制车辆34台，参运车辆共95台（其中湘阴专线52台、其他线路车辆43台），车辆日行驶总里程1.68万千米。车站共有营运线路25条，其中县际线路14条，发往汨罗、湘阴、湘乡、株洲、樟树、川山坪等地；农村线路11条，发往长沙县、望城县等乡镇。日均发班次248台次，日均发送旅客4800余人次。

三、市区公交线路

1996年前，长沙市北区市区公交线路只有湘雅医院至东塘的2路，伍家岭至火车站的9路，新河至㵲湾镇的106路，黑石渡至火车站的303路等几条公交线路。

1996年，开福区成立成后，地域面积扩大，道路修建延伸，随之公交线路增速较快，至2012年，开福区地域内始发和经停的公交线路有：长沙园林生态园至汽车西站149路、湖湘艺术品市场至长沙火车南站159路，世界之窗至桃花岭公交首末站132路，四方坪至高家冲115路等数十条公交线路。

表 17-2　　2012 年长沙市开福区部分公交线路信息一览表

序号	线路名称	公司车队	首站	末站	线路里程（千米）	配车数（辆）
1	9	二公司 9 车队	沿河路公交首末站	长沙火车站	15	40
2	106		沿河路公交首末站	天马山公交首末	16	25
3	128		周南中学	先锋厅	14	22
4	129		汽车北站	沙坪湘绣文化广场	17.4	3
5	109	二公司 109 车队	陈家湖	望岳小区	17.4	39
6	112		金泰路西（湘江世纪城）	营盘路浏阳河大桥西	20	50
7	115	二公司 115 车队	四方坪	高家冲	18.5	41
8	132		桃花岭公交首末站	世界之窗	23.5	19
9	159	二公司 159 车队	湖湘艺术品市场	长沙火车南站	30.5	45
10	149		长沙园林生态园	汽车西站	20	29
11	131		福元路大桥西	白沙湾	24.2	42
12	306		福元路大桥西	环联路公交首末站	26	12

表 17-3　　2012 年长沙市开福区部分公交线路站点一览表

序号	线路	公司车队	首站	末站	全部站点
1	9	二公司 9 车队	沿河路公交首末站	长沙火车站	(上行)：沿河路公交首末站、金霞苑(副站)、9 路招呼站、金霞苑(主站)、汽车北站、开福区政府、马厂、新码头、陈家湖、伍家岭北、伍家岭南、潘家坪、唐家巷、湘雅路口、经武门(湖南日报)、松桂园、八一桥、芙蓉广场、浏城桥(省建行)、识字岭、地质中学、窑岭东、曙光路、人民路立交桥西、人民路立交桥北、长沙火车站； (下行)：长沙火车站、五一东村、朝阳路、人民路立交桥西、曙光路、窑岭东、地质中学、识字岭、浏城桥(省建行)、芙蓉广场、八一桥、松桂园、经武门(湖南日报)、湘雅路口、唐家巷、潘家坪、伍家岭南、伍家岭北、陈家湖、新码头、马厂、开福区政府、汽车北站、9 路招呼站、金霞苑(副站)\ 沿河路公交首末站
2	106		沿河路公交首末站	天马山公交首末站	(上行)：沿河路公交首末站、北雅中学、江湾路口、凤亭路口、二馆一厅、新河北、新河、开福寺西、竹山园、湘雅路西、二马路、湘雅医院、兴汉门、省中医院(营盘街)、水风井、蔡锷路五一路口、南阳街口(牛耳教育)、太平街口、新民学会旧址、新民路东、学堂坡、桃子湖路口、湖南大学、天马山公交首末站； (下行)：天马山公交首末站、大马山东、湖南大学、桃子湖路口、新民学会旧址、太平街口、蔡锷路五一路口、水风井、省中医院(营盘街)、北正街。彭家井、二马路、湘雅路西口、竹山园、开福寺西、新河、新河北、二馆一厅、凤亭路口、江湾路口、北雅中学、沿河路公交首末站

续表 17-3

序号	线路	公司车队	首站	末站	全部站点
3	128	二公司 9 车队	周南中学	先锋厅	(上行):周南中学、友谊咨询大厦、戴家河、兴隆村、车辆检测站、芙蓉路捞刀河大桥南、金霞苑、汽车北站、开福区政府、马厂、新码头、陈家湖、伍家岭北、伍家岭南、潘家坪、唐家巷、湘雅口腔医院、湘雅医院、北正街、湘春路西口、通泰街、营盘路西、培元桥、先锋厅(中山亭); (下行):先锋厅、中山亭、营盘路西、通泰街、湘春路西口、北正街、兴汉门、湘雅医院、湘雅口腔医院、湘雅路口、唐家巷、潘家坪、伍家岭南、伍家岭北、陈家湖、新码头、马厂、开福区政府、汽车北站、金霞苑、芙蓉路捞刀河大桥南、车辆检测站、兴隆村、戴家河、友谊咨询大厦、周南中学
4	129		汽车北站	沙坪湘绣工业园	沙坪湘绣文化广场、沙坪绣坊街、南元宫、广胜村、中青路口、天井路口、太阳星城、青竹湖镇、湖畔小区、青竹湖桥西、植基村、国控湖南、深水码头、港成路口、芙蓉北路高冲路口、新港镇、冯蔡路口、鹅羊山村、周南中学、友谊咨询大厦、戴家河、兴隆村、车辆检测站、芙蓉路捞刀河大桥南、金霞苑、汽车北站，往返运营
5	109	二公司 109 车队	陈家湖	望岳小区	(上行)：陈家湖、伍家岭北、伍家岭南、潘家坪、唐家巷、湘雅路口、经武门(湖南日报)、松桂园、八一桥、南阳街口(牛耳教育)、华图教育(太平街口)、潆湾镇(新外滩)、望月湖、望月湖小区、四水厂、六沟垅、桐梓坡、湘雅三医院、湘雅医学院、省肿瘤医院、白鸽咀、咸嘉新村、咸嘉新村西、金峰小区、望岳小区; (下行)：望岳小区、望岳办事处、杜鹃路谷丰路口、杜鹃路口、市政府、卫技新村、市妇联、省肿瘤医院、湘雅医学院、湘雅三医院、桐梓坡、六沟垅、四水厂、望月湖小区、潆湾镇(新外滩)、橘子洲大桥西、新民学会旧址、太平街口、南阳街口(牛耳教育)、八一桥、松桂园、经武门(湖南日报)、湘雅路口、唐家巷、潘家坪、伍家岭南、伍家岭北、陈家湖
6	112		金泰路西(湘江世纪城)	营盘路浏阳河大桥西	(上行):金泰路西、江湾路口、凤亭路口、盛世路口、华章路口、福城路口、沐霞路、新码头、陈家湖、伍家岭北、伍家岭南、潘家坪、王家珑、下大珑、砚瓦池、省博物馆、烈士公园西门、省展览馆、市一医院(三公里)、巡道街、培元桥、五一广场北、柑子园、浏城桥、文艺路口东、合峰电脑城、车站路口(副站)、长沙火车站、五里牌、三湘大市场、凌霄路、马王堆医院南、古汉路汉城路口、古汉路嘉雨路口、古汉路古曲路口、红橡国际广场、营盘路浏阳河大桥西; (下行)：营盘路浏阳河大桥西、红橡国际广场、古汉路古曲路口、古汉路嘉雨路口、古汉路汉城路口、马王堆医院南、陶瓷城、纬二路、凌霄路、留园路、南湖市场、湘湖路、车站北路口、蓉同小区、竹园路口、五里牌北、蓉园路口、晓园路、五一东村、合峰电脑城、文艺路口东、艺路口西、浏城桥、柑子园、八角亭(温斯顿英语)、五一广场北、中山亭、巡道街、市一医院(三公里)、长沙市一中、省博物馆、砚瓦池、下大珑、王家珑、潘家坪、伍家岭南、伍家岭北、陈家湖、沐霞路芙蓉路口、沐霞路、华章路口、盛世路口、开福区政府南、凤亭路口(居然之家金源店)、江湾路口、金泰路西

续表 17-3

序号	线路	公司车队	首站	末站	全部站点
7	115	二公司 115 车队	四方坪	高家冲	(上行)：四方坪、开福区教师村、胜利村、雅雀湖路口、德雅路口、百花园路口、喻家冲、国防科大、九尾冲、伍家岭南、潘家坪、唐家巷、湘雅路口、经武门(湖南日报)、松桂园、八一桥、芙蓉广场、浏城桥(省建行)、识字岭、小林子冲、侯家塘北、侯家塘南、黄土岭、黄土岭南、涂家冲(省第二人民医院)、麻园塘、浦沅、莲花山、林大路芙蓉路口、林大路青园路口、林大路陶铸路口、林大路木莲路口、林大路友谊路口、市委党校西门、青园小学、湖南人才市场、万芙路湘府路口、高家冲； (下行)：高家冲、万芙路湘府路口、湖南人才市场、青园小学、市委党校西门、林大路友谊路口、林大路木莲路口、林大路陶铸路口、林大路青园路口、林大路芙蓉路口、莲花山、浦沅、麻园塘、涂家冲(省第二人民医院)、黄土岭南、黄土岭、侯家塘南、侯家塘北、小林子冲、识字岭、浏城桥(省建行)、芙蓉广场、八一桥、松桂园、经武门(湖南日报)、湘雅路口、唐家巷、潘家坪、伍家岭南、九尾冲、国防科大、喻家冲、百花园路口、德雅路口、四方坪
8	132	二公司 115 车队	桃花岭公交首末站	世界之窗	(上行)：桃花岭公交首末站、瓜瓢山、丝茅坪、联络村、望城坡南、西二环枫林路口、郁金香精品建材城(咸嘉湖西路口)、湘麓山庄、金星路口、市政府南、毛泽东文学院、大路坪、银盆岭大桥西、九尾冲、国防科大、喻家冲、百花园路口、德雅路口、洪山桥、长沙大学、月湖公园北、洪山路山月路口、月湖公园、广电中心(会展中心)、世界之窗； (下行)：世界之窗、广电中心(会展中心)、月湖公园、洪山路山月路口、月湖公园北、长沙大学、洪山桥、德雅路口、百花园路口、喻家冲、国防科大、九尾冲、银盆岭大桥西、大路坪、毛泽东文学院、市政府南、金星路口、湘麓山庄、郁金香精品建材城(咸嘉湖西路口)、西二环枫林路口、望城坡南、联络村、丝茅坪、瓜瓢山、桃花岭、桃花岭公交首末站
9	159	二公司 115 车队	湖湘艺术品市场	长沙火车南站	(上行)：戴家河、龙福小区、湖湘艺术品市场、车辆检测站、芙蓉路捞刀河大桥南、金霞苑、汽车北站、开福区政府、马厂、新码头、陈家湖、伍家岭北、伍家岭南、潘家坪、唐家巷、湘雅路口、经武门(湖南日报)、松桂园、八一桥、芙蓉广场、浏城桥(省建行)、识字岭、小林子冲、侯家塘北、雅礼中学、东塘南(省中医附一院)砂子塘、雨花亭北(安贞医院)、桂园立交桥北、铁道学院、长沙市中心医院、香樟路、樟树屋、油子塘、洞井路口、北冲水库、一字墙、雨花区交警队、新星小区(天地和家装)、雨花公安分局、木桥、曲塘路古曲路口、曲塘路沙湾路口、黎托安置小区、黎托村、曲塘路红旗路口、东山街道、长沙火车南站； (下行)：长沙火车南站、火车南站东广场、东山街道、曲塘路红旗路口、曲塘路花侯路口、黎托村、黎托安置小区、曲塘路沙湾路口、曲塘路古曲路口、木桥、雨花公安分局、新星小区(天地和家装)、雨花区交警队、藕塘坡、一字墙、北冲水库、洞井路口、油子塘、樟树屋、香樟路、潇湘晨报、长沙市中心医院、铁道学院、桂园立交桥北、雨花亭北(安贞医院)、砂子塘、东塘南(省中医附一院)、雅礼中学、侯家塘北、小林子冲、识字岭、浏城桥(省建行)、芙蓉广场、八一桥、松桂园、经武门(湖南日报)、湘雅路口、唐家巷、潘家坪、伍家岭南、伍家岭北、陈家湖、新码头、马厂、开福区政府、汽车北站、金霞苑、芙蓉路捞刀河大桥南、车辆检测站、龙福小区、戴家河

续表 17-3

序号	线路	公司车队	首站	末站	全部站点
10	149	二公司 115 车队	长沙园林生态园	汽车西站	(上行):长沙园林生态园、楚家湖公园、彭家巷、高岭、清水塘实验小学、兔子坡、捞刀河、老街、楚家湖、芙蓉路捞刀河大桥南、金霞苑、汽车北站、开福区政府、马厂、新码头、陈家湖、伍家岭北、银盆岭大桥西、银盆岭、六沟垅地铁站、六沟垅、桐梓坡、湘雅三医院、湘雅医学院、省肿瘤医院、白鸽咀、咸嘉新村、咸嘉花园、商学院、玉兰路桐梓坡路口、玉兰路、汽车西站; (下行):汽车西站、玉兰路、玉兰路桐梓坡路口、望城坡环球家居、玉兰路口、商学院、咸嘉花园、咸嘉新村、白鸽咀、省肿瘤医院、湘雅医学院、湘雅三医院、桐梓坡、六沟垅地铁站、银盆岭、银盆岭大桥西、伍家岭北、陈家湖、新码头、马厂、开福区政府、汽车北站、金霞苑、芙蓉路捞刀河大桥南、楚家湖、老街、捞刀河、兔子坡、清水塘实验小学、高岭、彭家巷、楚家湖公园、长沙园林生态园
11	131		福元路大桥西	白沙湾	(上行):福元路人桥西、滨江景规道佑母塘路口、滨江景观道茶了山路口，茶子山路滨江景观道口、茶了山路观沙路口、金麓小区、长巷子、福元路大桥银杉路口、开福区政府南、渔业分场、陈渔路口、八家大屋、海棠子、车站北路福元路口、学堂路口、天都、三一大道、丝茅冲北、丝茅冲西、德雅村、长沙市七中、烈士公园北门、省博物馆、烈上公园西门、烈上公园南门、八一路、乔庄、袁家岭南、窑岭东、曙光路、人民路立交桥西(丽人医院)、高建市场(杨家山西)、德政园东、芙蓉区政府、美蓉区政府东、荷花路口南、古曲路口、芙蓉公寓、白沙湾路; (下行):白沙湾路、芙蓉公寓、古曲路口、荷花路口南、芙蓉区政府东、芙蓉区政府、德政园东、高建市场(杨家山西)、人民路立交桥西(丽人医院)、曙光路、窑岭东、窑岭北、袁家岭南、乔庄、八一路、烈士公园南门、省博物馆、烈士公园北门、长沙市七中、德雅村、丝茅冲西、丝茅冲北、三一大道口、天都、学堂园路口、车站北路福元路口、海棠子、八家大屋、陈渔路口、渔业分场、开福区政府南、福元路大桥银杉路口、长巷子、茶子山小区、郝家坪小学、茶子山路观沙岭路口、茶子山路滨江景观道口、滨江景观道茶子山路口、滨江景观道佑母塘路口、福元路大桥西
12	306		福元路大桥西	环联路公交首末站	(上行):福元路大桥西、滨江景观道佑母塘路口、滨江景观道茶子山路口、含光路滨江景观道口、含光路潇湘北路口、石岭塘社区、含光路岳华路口、观沙路、市委、杜鹃路口、市政府、卫技新村、市妇联、白鸽咀、谷丰路咸嘉湖路口、咸嘉湖西路谷丰路口、咸嘉湖西路望岳路口、商学院南门、西二环枫林路口、望城坡南、迎春路玉兰路口、大坝咀、梅溪湖大桥北、、梅溪湖东地铁站、麓景路燕航路口、三里垅、湖南航天医院、燕联村、麓谷大道咸嘉湖路口、麓谷大道谷苑路口、桐梓坡西路口(中联重科麓谷工业园)、保利体育公园、保利麓谷林语东、保利麓谷林语西、桐梓坡路麓松路口、桐梓坡路东方红路口、桐梓坡路嘉运路口、杨西塘、福西塘、荷叶坝村、雷高路林语路口、樟园塘、环联路公交首末站; (下行):环联路公交首末站、板塘坳、潭湖塘、樟园塘、雷高路林语路口、福西塘、杨西塘、桐梓坡路嘉运路口、桐梓坡路东方红路口、桐梓坡路麓松路口、保利麓谷林语西、保利麓谷林语东、保利体育公园、桐梓坡西路口(中联重科麓谷工业园)、麓谷大道谷苑路口、麓谷大道咸嘉湖路口、麓谷大道枫林路口、燕联村、湖南航天医院、三里垅、麓景路燕航路口、梅溪湖东地铁站、梅溪湖大桥北、望城坡南、西二环枫林路口、商学院南门、咸嘉湖西路望岳路口、咸嘉湖路谷丰路口、谷丰路咸嘉湖路口、白鸽咀、市妇联、卫技新村、市政府、杜鹃路口、市委、含光路岳华路口、石岭塘社区、含光路潇湘北路口、含光路滨江景观道口、滨江景观道茶子山路口、滨江景观道佑母塘路口、福元路大桥西

四、水路运输

1989年前，湘江长沙段干流航道为4级，能通航500吨级船舶。支流航道多为6级以下等级，通航能力。

长沙港口原主要港区地处城域中心，但场地分散、布局不善、陆域狭窄、设备陈旧，港口码头前沿水浅，最大靠泊能力仅500吨，且县(市)中小港均无正规码头。1991年前，水上客运船舶多为20世纪60年代制造，船型、设施和速度均不适市场所需。其后，实施客轮技术改造、设施更新，并从国外引进水翼飞艇、玻璃高速艇等高档船舶，但因客位少、成本高，未能改变客运颓势。客运量由1990年219万人次迅速下降，2007年减少为零，到2009年始有少量客运，且多为短程游客。

2001年，长沙新港有限责任公司注册成立，是湖南省最大的港航合一的中二型国有独资企业，拥有固定资产6亿元。公司主要经营水上客货运输、航运业务代理、港口装卸、货物中转、船舶服务及配件加工、船舶拖带、公路运输及配载服务、船舶生产原材料、砂石购销、港务相关信息咨询服务等。公司实行产权多元化的运作模式，积极引进战略投资者，同时以控股、参股等形式，开发多种经营业务。

长沙新港有限责任公司与上海(国际)港务集团公司建立战略伙伴关系，组建湖南内河第一家中外合资企业——“长沙集星集装箱码头有限公司”，主要从事国际集装箱码头装卸业务；与兆星新星集团有限公司合资组建“长沙金港码头有限公司”，主要从事散货特别是砂石购销业务；与中国外轮理货总公司、武汉中理外轮理货有限责任公司三方合资组建“长沙中理货公司”，主要从事集装箱理货、理箱业务；与湖南力邦股份有限公司合资组建“湖南绿洲物园区长沙新港流有限公司”，主要从事钢材物流业务。

2011年12月，长沙新港水运口岸通过验收，开通长沙至上海港的国际集装箱运输“五定班轮”，即定装卸港口、定运输线路、定班轮船期、定运输时间、定全程运价，中途不停沿途港口，以出口集装箱为主，收费标准与普通班轮基本持平。长沙湘江综合枢纽工程二期蓄水通航后，长沙新港可常年通行千吨级船舶，长沙市地方海事局专为集装箱运输船舶开辟“绿色通道”，缩短待航过闸的时间。同时，海关、商检部门在港口增设出口货物通关报检服务窗口，实行一次报关、一次查检、一次放行的通关模式。长沙新港开通至上海港的国际集装箱运输“五定班轮”，全程运行时间比一般班轮缩短2天，实际降低企业运输成本10%～20%。

2012年，长沙新港相继开通了韩国、日本、美国、欧洲、澳洲、非洲、南美、地中海等数十条国际航线，每周有进出口国际集装箱航班40多个，港口年吞吐量增长4.25倍，集装箱年吞吐量增长近10倍，长沙新港拥有千吨级泊位8个、国际集装箱运输线7条，承担长沙及湘中地区60%以上的内支线集装箱装卸任务。长沙新港完成货物总吞吐量332.19万吨，占全省港口货物总吞吐量的30.20%。湖南湘阴、常德及永州等地20多家日韩食品加工企业生产的水果、蔬菜等罐头食品由长沙新港报关、报检、装箱、上船，7天可在日本、韩国的超市上架销售。汽车、机电、农产品、化工和矿石产品、烟花、日用百货等货物通过湘江入长江经上海港口中转运往世界各基本港，形成“通江达海、物流全球”的水路网络体系，使内陆和海洋运输相连。

表17–4　　2003—2012年长沙港口吞吐量汇总表

年份	总量（万吨）	集装箱量（万TEU)	散货（万吨）
2003	—	2.68	—
2004	—	5.68	—
2005	—	7.1	—
2006	300	8.3	134
2007	346	9.316	159.68

续表 17-4

年份	总量（万吨）	集装箱量（万 TEU)	散货（万吨）
2008	425.96	9.4	239.96
2009	430.66	10.01	230.46
2010	422.46	8.3	256.46
2011	428.59	7.64	275.79
2012	331.80	9	151.86

表 17-5　　2004—2012 年长沙集星集装箱码头有限公司出口集装箱操作情况一览表

日期	航线	目的地		出口班次	航行时间（天）	货种 / 货类	箱量（F/TEU)
		目的港	所属城市				
2004 年	长沙—上海	上海港	上海	8 班次	五天左右	机械类、轻工类、食品类、化工类、矿石类、汽配、粮食等	21235
2005 年	长沙—上海	上海港	上海	8 班次	五天左右		26116
2006 年	长沙—上海	上海港	上海	8 班次	五天左右		32981
2007 年	长沙—上海	上海港	上海	8 班次	五天左右		38594
2008 年	长沙—上海	上海港	上海	8 班次	五天左右		38663
2009 年	长沙—上海	上海港	上海	8 班次	五天左右		50736
2010 年	长沙—上海	上海港	上海	8 班次	五天左右		33785
2011 年	长沙—上海	上海港	上海	8 班次	五天左右		30136
2012 年	长沙—上海	上海港	上海	8 班次	五天左右		36915

第四节　交通管理

一、公路养护

开福区农村公路管理养护按照“县道区养、乡道镇养、村道村养”的原则，县道日常保养及小修工作按属地原则由各镇（局）工班具体负责实施，区交通运输局负责监管考核以及季度养护经费的拨付；乡道日常保养及小修工作由区交通运输局、镇（局）共同委托属地工班负责实施，由农村公路管理站负责监督考核；村道日常保养及小修由村具体负责并组织实施，并负责辖区内村道的路产路权保护。各交管所负责监督考核。村每年年底将来年养护计划、方案及人员等情况报区交通运输局备案。大中修养护项目按建设项目的基本程序，由区交通运输局具体负责组织实施。

农村公路日常保养及小修工作内容及考核标准，由区交通运输局参照省市标准，并根据区内农村公路实际情况制定；具体管养工作考核由区农村公路管理站负责，以年度考核成绩作为区域内管养工作评比、评优依据；农村公路管理养护经费严格按政策实行各级统筹安排，区负责县道，乡镇负责乡道，村级道路养护以村为主，区采取“以奖代投”方式，对县、乡、村道日常保养及小修工作按省市相关标准给予补助资金，其余资金按照管理原则由各级自筹。

对于纳入省、市通村公路建设计划的建设项目，且建设标准达到水泥路路面宽 4.5 米、路长 500 米以上、厚20厘米以上的通村公路，区政府采取“以奖代补”的方式，省计划每千米区级配套补助资金8万元，市计划每千米区级配套补助资金10万元，镇必须配套一定补助资金，由各镇财政安排。村道建设不足部分资金由各村自筹；区级养护补助资金标准为县道8000元/千米、乡道4000元/千米、村道1170元/千米。区养护补助资金和省、市养护资金，由区交通运输局根据上级有关规定编制养护计划，实行养护目标考核，拨付养护资金。县、乡道日常小修保养补助资金分季度拨付至养路工班，村道日常小修保养补助资金按考核标准分季度拨付至村。

二、运政管理

道路运输经营行政许可在区政务中心设置窗口，安排专人负责全区道路运输经营的申请受理、初审、制证、发证及其更正、补发、注销等证件管理工作。1991年，长沙市将营运车辆经营许可证及道路运输证的年度审验及换发工作下放到区交通管理部门。1997年，开福区接手三、四类维修管理，对辖区50家三、四类维修企业进行资质审验，其中三类维修企业36家；四类维修企业14家，从业人员142人。2009年1月1日，国家实行燃油税费改革，取消六项交通收费，开福区交通运输局取消运管费与养路费，还包括代征工商费。

区交通运输局实行“一岗双责”和“谁主管谁负责、谁审批谁负责、谁发证谁负责”的原则。依法组织职工参加本单位安全生产工作的民主管理和民主监督，组织开展安全生产普法与宣传教育活动，提高职工的维权与安全生产意识，维护职工在安全生产方面的合法权益。区交通运输局成立安全生产领导小组，由局长任组长，分管副局长任副组长，局属单位主要负责人为成员。公路科、运政综合科、稽查科和各运输所是交通运输行业管理的具体实施单位，负责本行业的安全生产监管工作。建立经营许可、审批、培训、发证等各个环节的安全生产监管责任制，健全本行业安全生产监管责任链。每年与26家“两客一危”运输企业签订《安全生产责任书》，与负直接管理责任的单位签订《安全生产责任书》。各行业管理部门要督促纳入行业管理的企业报送安全生产承诺书。交通运输企业要与所有权属基层单位签订《安全生产责任书》，基层单位与全体员工签订《安全生产责任书》，健全“纵到底、横到边”的交通运输企业安全生产责任网络。

区交通运输安全推进营运客车GPS或行车记录仪安装使用工作，规定范围内的长途客运车辆，逐步实现利用卫星定位技术，动态安全监管。配合有关部门做好危险货物运输车辆GPS或行车记录仪的安装工作。新增危险货物运输车辆，必须安装GPS或行车记录仪，否则不予许可。督促汽车客运站发挥旅客行包安检仪的作用，并针对本站管理现状和季节特点，采取“人机结合”、配备专(兼)职安保人员等多种方式和手段，确保对旅客行包的全面检查，坚决防止夹带“三品”的旅客、行包上车，及时消除安全隐患。经过检查的旅客行包，要在行包上标注带有检查人员编号的“三品查讫”标志，落实检查人员的责任。至2012年，开福区客运车辆和危险货物运输车辆486台全部安装GPS卫星定位装置。

三、路政稽查执法

路政稽查执法实行政务公开及服务承诺制度。实施执法稽查，不得少于两人，并携带相关执法文书、取证器材和有关用具。在公路路口进行稽查时，持停车示意牌或规范挡车手势，做到快检查、快处理、快放行，不得阻塞交通和影响行车安全。

1992年，长沙市北区开始实行路政稽查执法，采取联合执法的形式，联合运管处、公安、税务、工商开展稽查，共进行路检路查23次，检查车辆47台次。联运代办17家，负责全区7000台摩托车、104台拖拉机的管理。2008年，开福区开始对渣土车、搅拌车、无牌无证及营运车辆抛撒脱落的整治，加大对私家车、面包车非法营运的打击力度，共查处案件4860起，处罚4150起，教育710起；2009年查扣非法运营摩的320台次，无牌无证渣土车、非法营运面的1380余台，扣留道路运输证960余本。2012年，查扣各类非法营运车辆636台，完成非税任务140万元。

第二章 电力 通信

第一节 电 力

长沙市开福区（北区）一直未设置本级电力管理机构，其电力供应和服务由长沙市城北供电局负责。长沙市城北供电局系长沙市供电局下设机构，为国有企业，设于长沙市芙蓉区远大一路458号。

1989—1995年，长沙市北区输电线路和用电设备老化严重，不能完全保证对用户正常供电。期间，城北供电局对老化线路进行改造，对负荷过载居民用电新增变压器，投资7351万元，改造10千伏线路201.70千米，低压线路428千米，新增配电变压器344台，改造配电台区412个。改造后，全区供电量16.96亿千瓦时，同比增长10.54%；售电量15.65亿千瓦时，同比增幅12.57%；累计线损率7.71%，低于市局线损率指标值8.10%；累计售电均价519.72元/千千瓦时，超年度指标18.88元；售电收入9.67亿元，累计上缴电费9.75亿元，上缴率100%；新增用电客户9349户，新增10千伏线路20条，配电线路总长度达569.92千米；新上专用变压器61台，公用变压器63台，总容量增加8.92万千伏安。

1996年，长沙市开福区城区面积大幅增加，城北供电任务更加繁重。城北供电局采取多项措施，如完成Ⅱ期台区改造399台，集抄台区改造竣工218台；新装、轮换、更换2.90万块计量表计；完成8户在建工程专改公设施移交工作；新增高压客户145户，新上变压器238台，新增容量近20万千伏安；着重解决恒达花园、建安房地产公司、慎华小区、经阁等单位电费和台区高损问题。至2005年，供电营销稽查和反违章工作进入常态，专变用户管理初步转入正常轨道；完成治理高损台区的任务；完成营销SG186系统的前期数量核实，确保系统顺利上线运行；电费回收达到历史最好水平，涌现出50余位电费结零的收费明星。随着大片农村地区划入辖区，城北供电局加强农电管理工作。至2006年，城北供电局农电管理趋向规范，生产、营销管理模式朝精细化迈进，实现农电财务的集中管理，清除农电高损台区和高损线路，农电电费回收率创最好成绩。捞刀河所的降损工作和太阳山小区的陈欠回收工作，均取得较大进展。

2008年，为确保特大冰雪灾害及北京奥运会期间的供电，保证全国文明城市创建及各项重大活动的安全供电，完成售电量19.67千瓦时，累计售电均价550.72元/千千瓦时，实际线损8.78%，电费回收率99.96%，共完成销售收入10.83亿元，实现内部利润3.41亿元。城北供电局辖区内长沙建湘瓷厂和湖南动力机械厂两家困难企业，过去生活用电和生产用电线路混杂，工厂经常压生活用电保生产用电，居民投诉不断。城北供电局将生产、生活用电分开，全部实行一户一表，保证居民正常用电。建设电力设施，降低抢修任务。城北供电局扩大服务范围，规范用户使用各类电表、电器，对用电居民比较集中的地方增加固定服务网点，开展上门服务，在偏远一点的地方新增流动服务点，定期帮助用户解决各种用电疑难问题。

2009年，城北供电局开展营销服务“双百日”行动、“千分制评价”等活动，推进收费方式、营销管理、服务手段的创新和发展。交费“老大难”的破产改制企业、拆迁台区、高损台区的专改公工作。完成750多个台区近11万户的改造任务和927个台区的上线工作，绝大部分实现集抄。实现20%以上的高损台区全部“结零”，15%以上高损台区从年初119台降为年底的36台，新增客户2.97万户。

2010年，围绕集抄系统实用化，为确保系统上线扫清障碍，组织对海量系统数据进行清理。筹措资金、组织人员对关口计量装置故障和小型关口计量箱进行修复和改造，完成360多台的关口计量装置改造，更换300多台小型计量箱，为远抄数据的正常采集提供保障。建立电价管理、营销稽查和反违章工作常态机制，全年反窃查违收入达177余万元，完成营业外收入80余万。抓增量，保回收，降线损，优化提升

“量、价、费、损”指标。全年供电量26.08亿千瓦时，售电量24.44亿千瓦时，收回陈欠电费167万元，当年电费回收率、陈欠电费回收率均达100%，全年累计综合线损6.28%，累计售电均价574.55元/千千瓦时，售电收入17.21亿元。城北供电局紧跟国网公司、省公司及市局建设步伐，率先在城区对“大营销”体系建设进行尝试和摸索，各项经营指标实现持续增长。至2011年，城北供电局共有专用变压器2452台，公用变压器1639台，总容量22.84万千伏安；全年实现供电量29.26亿千瓦时，售电量26.43亿千瓦时；应收电费18.96亿元，电费回收率达到100%；累计综合线损4.54%，累计售电均价684.86元/千千瓦时。

2012年，长沙供电公司改革，实行“三集五大”政策[①]，城北供电局被统一集中并入大营销体制。

第二节 通 信

开福区信息化建设，始于20世纪末，经过十余年发展，至2011年开福区组建工信局，全区信息化建设初具规模。

一、电 信

中国电信开福区分局，成立于2006年4月，位于开福区新河路382号，是长沙电信七大分局之一，业务管辖区域东至车站路，西至沿江大道，南至五一路，北至新港码头，总共负责用户34万户。

至2012年，从最初的电话线入户到光纤入户，基本实现辖区范围内全面覆盖。通过光纤到楼及光纤到户的覆盖，具备8M宽带能力以上的小区185个。打造一系列数字化平台，如基于帮助企业提升内部管理的综合办公、外勤调度助手、旺铺助手、企业总机、翼机通等。

中国电信长沙分公司实施三轮宽带大提速，价格则一直在降低。开展针对不同客户的系列优惠活动，如用天翼手机送电信宽带，使原来既要交手机费又要交宽带费，变成交一项就可两用。

二、移 动

长沙移动开福区分公司于2009年9月成立。公司位于长沙市开福区芙蓉中路一段475号隆华大厦。公司对区域内59万移动用户提供通信信息服务。分公司有员工159人，平均年龄26岁，大专以上学历的员工144人，占比91.13%。2012年收入4.80亿。一级代理商95个，二级代理商138个，服务区域内VIP全员14789人，集团单位558家，其中省级单位8家、市级单位18家、区县级单位174家、中小微单位358家，集团成员139750人，高等院校单位3所。公司下设三部六中心：综合部、市场部、网络部、渠道中心、数据业务中心、客户服务中心、客户响应中心、集团大客户中心、区域营销中心，共9个职能部门，其经营区域分布、网络建设情况、集团信息化产品介绍等情况如下：

开福区分公司经营区域涵盖16个街道办事处，共计120个社区，24个行政村，与开福区行政区域基本重合。开福区正常在网的宏站305个，室分基站148个，共计453个。

开福区移动从信息沟通、移动办公、生产管理、服务营销四个角度出发，采用横向标准化、纵向一体化、重点个性化的网络化解决方案，公司针对不同用户群的特征，利用集团信息化产品，推进行业应用，为整体推进集团客户业务的深度与广度打下基础。

集团信息化产品：联网光纤、MAS企业短彩信、政企彩云、集团彩铃、移动OA、WLAN网络覆盖、移动传媒、楼宇智能化、综合V网、TD集团专线、手机办公需求。

开福区移动信息化业务在开福区各行业的使用情况：永通汽车公司等31家单位使用政企彩云业务；新奥燃气有限公司等26家单位使用专线业务；长沙银行等40家单位使用MAS业务；捞刀河建筑公司等47家单位使用集团彩铃业务；誉泽生物科技有限公司等9家单位使用呼叫中心业务；省电力局等5家单位使用物联网业务。

三、联 通

长沙联通开福区营销部于2006年9月成立，位于长沙市开福区开福寺路2号。为长沙联通在开福区行政区域内的分支机构，全面负责开福区区域内联通

---

①“三集五大”政策即人力资源、财务、物资集约化管理；大规划、大建设、大运行、大检修、大营销体系。

业务的发展。开福区营销部有员工154人，下设7个三级机构（中心）：职能机构1个，综合事务组、支撑机构1个，建维中心、前台机构1个，客服中心、一线机构4个。

长沙联通开福区营销部涵盖区域基本与开福区行政区域重合，但部分业务发展涉及望城县丁字镇中南林业科技大学涉外学院周边。移网业务方面，业务发展渠道合计142家，其中公司自营渠道2家，社会渠道140家。固网业务方面，业务代理渠道合计50家。

物理站点数量：3G站点287个，3G室分点196个，2G日均话务总量30320爱尔兰，日均数据流量103.4G，3G话务总量31747爱尔兰，日均数据流量2100G。全区3G网络话务量、流量、收入已超过2G网络。

开福区区域内合计楼盘300多个，已完成资源覆盖的180个，新签楼宇合同38份。开福区4个城域网机房、19个独立机房、65个客户机房、178个有源接入点，端口总数为65052，电缆覆盖长度235千米，其中在网宽带用户总数12693线，电话用户16773线。

基于联通WCDMA 3G网络，长沙联通为企业打造信息化管理工具：企业一卡通、定位管家、视频监控、VPDN虚拟专用网、移动进销存、数字校园、班班通、移动办公，微校等。已为47家企业带去信息化产品，以服务于各企业的管理及安全生产。

第十八篇　城乡建设·环境保护

长沙市开福区地方的城乡规划始于1989年，1998—2001年完成全区规划现状调查。先后编制有捞刀河、新世纪、青竹湖、大明村等片区规划和全区村镇、北部新城、开福区整体规划，并加强规划管理，实行规划审批，开展规划执法。

1993年，长沙市北区启动棚户区改造工程，1996年将旧城改造和拓展新城区列入经济发展战略。2004年，开福区对辖区内104条街巷进行提质改造。

道路建设，1989—1995年，北区主要配合修建芙蓉路北段和湘江北大桥东段引桥。1996—2012年，开福区境内道路以基础设施建设为主，先后进行三一大道、福元路、中青路等20项道路、桥梁、隧道和铁路的建设，并展开与完成长沙铁路货运新北站、长沙港口主枢纽霞凝港区、青竹湖国际会展中心等36项重点工程。同时，建设月湖、秀峰山等十几个公园与广场。

城市设施，1989—1995年，北区主要从事城区道路及其设施，包括下水道和环卫设施的维护维修。1995年，全区道路维护总面积154.7万平方米，排水管网约520千米。1996—2012年，开福区城市设施建设规模日益扩大，至2012年，全区道路维护总面积840万平方米，排水管网约790千米。

城市管理，主要为城区市容环境卫生、市政、园林绿化和城乡结合部的管理。

市容环境卫生的道路清扫保洁和垃圾、粪便的清运，1989年由北区环卫所组织人力操作为主，仅有垃圾运输车14辆、洒水车2辆；至2012年，全区有垃圾运输车61辆、洒水（清洗、清扫）车共14辆，并实行清扫保洁和垃圾清运的专业化和市场化运作。1998年，全区垃圾站厕全部改为提升放斗式垃圾站和盆式冲水厕所。

市政管理，主要是市区道路和道路、排水设施的维护与建设，随着城市的发展而日益完善。

园林绿化，1989年，辖区内仅有市属公园2个、简易小面积花圃1个。1996年以后，绿化管理工作扩大为公园景区、湘江风光带（北段）、道路、社区公园的绿化和单位绿化的管理。至2012年，辖区内有市区属公园6个、社区公园17个；苗圃、花圃4座，总面积4.52公顷。

镇村建设，是随着全区社会主义新农村建设的推进而展开的。2006年，开福区制定2006—2010年新农村建设工作目标，并选定捞刀河镇大明村为全区建设小康社会的示范村。2009年，全区新农村建设全面推开，至2012年底完成30个乡村的村庄规划，投入8250万元改善基础设施，完成10.4亿元，发展农村经济。

农村的公共事业建设，2000年始，对全区农民住宅实行统一规划、建房安置，至2012年，在全区四个镇29个村用地149.282公顷，建房621栋、14988套。2000年，区政府展开城乡一体化建设试点，并逐步推广全区，至2012年，全区城乡一体化建设格局初步形成。

开福区建筑业，1996年，全区仅有区街建筑企业14家，职工2174人。随着全区城市化进程的加快，建筑企业的数量不断增多、规模不断扩大、资质迅速提升，建筑设计能力和建筑施工设备、施工技术有了很大提高。至2012年，发展到46家，职工42257人，全年实现产值110亿元。

20世纪90年代前期，城市开始住房制度改革，实行调整租金、出售公有房屋、推行住房公积金、鼓励集资建房、加快经济适用房建设的政策。1999年，全面实施住房分配货币化，全区住房制度改革基本结束。至2000年，全区直管公房出售面积达30万平方米。21世纪初，开始实行住房保障体系建设。住房制度的改革和城市化进程的加快，带动全区房产业的发展。1998—1995年，长沙市北区房地产开发10万平方米左右。1996—2012年，开福区完成商品房开发251.09万平方米。至2012年，区境内共有房地产开发公司（含外资外商）103家。1996—2012年，建设楼盘、住宅小区216个，总建筑面积5026万平方米。房产管理，在完成住房制度改革以前，实行直管公房的产权、产业、产籍的三产管理，私有房屋的安全管理。完成住房制度改革后，实行房产市场管理和对廉租房的日常管理。

20世纪90年代初，环境污染问题愈益严重，长沙市北区、开福区制定《环境保护规划》、发出通告、实施各项措施，对噪声污染、水污染、大气污染和固体废弃物污染进行防治。1994—2003年，在老城区创建环境噪声达标区；1996年，加大对重要水域环境的综合治理；1996—2000年，开展对烟尘区域的控制；2000年，对辖区内污染企业实行关、停、并、转、迁措施，加强环境监测和环保执法，对环境空气、地表水、区域噪声实行监测，加大监管执法力度。保护生态环境，建立生态保护园、生态示范村镇，开展“环保世纪行”活动，改善环境质量。

第一章 城乡规划

第一节 机 构

1989年6月，成立长沙市北区规划管理办公室，负责全区2层以下（含2层）私房建设改造的规划管理及建设审批发照和街委企业房屋的规划审批和发照，负责全区街道的规划管理。1992年3月，北区规划管理办公室更名为北区规划管理局，隶属北区建委领导。

1996年，长沙市北区规划管理局更名长沙市开福区规划管理局。1997年1月，成立长沙市规划管理局开福区分局，为长沙市规划管理局的派出机构，内设综合管理室、审批管理室和规划执法监察室。2010年，长沙市规划管理局开福区分局更名为长沙市城乡规划局开福区分局，为长沙市城乡规划局的派出机构，内设综合管理室、审批管理室和规划监察执法大队。长沙市开福区规划管理局、市规划管理局开福区分局和市城乡规划局开福区分局均为正科级事业单位，定编11名，设局长、书记各1名。先后担任开福区规划管理局、长沙市规划管理局开福区分局和长沙市城乡规划局开福区分局局长的有王建国、李定平、刘军，担任书记的有熊舟、丑寅双、高泽民、贺念虎、全学文。

2009年，成立长沙市规划监察执法支队开福区大队，隶属长沙市规划监察执法支队，为正科级事业单位，定编5人，设大队长1名。2009—2012年，由李彤担任大队长。开福区规划监察执法大队受执法支队和分局双重领导，与区分局合署办公，以分局管理为主，日常具体工作由分局安排。

第二节 规划编制

1998—2001年，完成全区规划现状调查，对长沙金霞经济开发区、洪山旅游管理局、捞刀河镇、新港镇的规划修编进行指导，编制洪山旅游管理局村民规划3个，捞刀河镇村民规划4个，新港镇村民规划1个，以规范村民建房。

2002—2004年，完成捞刀河片区、新世纪片区两个片区规划的审定；修编四方坪地区控制性详细规划；完成青竹湖片区控规、金霞组团控规、高岭组团控规、开福寺及周边地区控规、新河三角洲地区控规、四方坪地区控规、中心片区D片、F片、G片等9个控规的公示报批；编制青竹湖外商城预留用地控规。2005年，编制青竹湖外商城7.9平方千米的远景规划和中青路一、二期规划设计及审批工作，完成开福区大明村村庄规划方案的批复工作。2006年，完成1个建制镇、21个行政村的村镇规划编制工作；完善和调整金霞新区、青竹湖镇、洪山管理局、四方坪地区等控制性详细规划；调整湘春路等地绿化用地规模和标准；协助清水塘文化艺术街和开福寺市民广场规划设计以及伍家岭商圈规划论证的前期工作。

2007年，组织编制捞刀河镇大明村中心片区的规划，扩大规划用地1平方千米，为工业企业的落户提供发展场所；完成综合农场、新港镇、青竹湖镇、捞刀河镇等农民生活安置修建性详细规划的编制和审查；开展青竹湖中心片区控规的修编工作，拟订12

平方千米的工业基地规划方案；开展金霞新区（江湾半岛）修建性详细规划的修编，协调落实消防站和学校建设；开展新世纪片区排水规划的调整，提出解决西排渠临时改道经过珠江花城、北京当代置业地域的问题；协调落实月岛公园规划方案，用三分之一的土地（约53公顷）作为开发建设；协调解决长沙重型机械厂、南山乳业、纽曼手机等项目规划选址问题；争取长沙市综合配套改革试验区选址在开福区，拟定城北新区及中青路两厢规划编制工作方案；完成青竹湖和综合农场两处廉租住房建设的选址工作及经济适用房和廉租住房建设的规划报建服务工作。

2008年，完成城北新区战略发展规划研究的方案设计工作；组织湖大设计院完成芙蓉北路8.40千米长的城市景观设计工作；协助区商务局等部门完成6个农贸市场的提质改造设计工作，参与金霞开发区、青竹湖镇、捞刀河镇控规和村镇规划的修编与完善工作，对苏托垸湿地公园、太阳山森林公园的规划提出建设性意见；在总体规划指导下完成2008年开福区经济适用房、廉租住房以及200个综合信息服务亭的规划选址工作，解决新城路、凯乐国际等重点项目建设中遇到的规划难题。

2009年，完成北部新城144平方千米战略发展规划的编制；完成沙坪工业组团三条道路设计方案的评审；组织对捞刀河镇、青竹湖镇、新港镇、金霞新区等农民生活安置房遗留问题的清理工作，完成高岭村、白霞村、板塘村、高源村、捞刀河社区、罗汉庄、彭家巷社区、中岭村共164栋20.53万平方米的农民生活安置房的规划审批的上报手续。

2010年，委托市编制中心完成开福区整体规划的编制，并整合各层次规划，将《长沙市北部新城空间发展战略规划》《长株潭城市群两型社会示范区金霞片区规划》《沙坪工业组团布局规划》成果作为长沙市城市总体规划修改的重要参考依据；协调完成丝茅冲廉租房项目的控规指标调整及其总图方案的审查工作。

2011年，开展汉回村修建性详规的编制并完成初步设计方案；协助完成伍家岭商圈设计方案面向国内外的征集评选工作；参加火车北站金融生态圈控制性详细规划的编制；对苏托垸区域进行调查分析，准备编制苏托垸概念性规划。按区政府要求，停止苏托垸范围内1233.33公顷土地房屋报建相关规划手续；完成戴家河村土地规划及房产情况报告与图册的编制工作，协调组织概念性规划编制工作。

2012年，组织苏托垸湿地概念性规划编制，委托长沙市规划编制中心对苏托垸湿地进行前期基础资料收集整理。9月14日，组织召开规划设计条件专家咨询会，采用国际竞赛形式公开招标甄选设计单位；完成戴家河城中村土地规划情况调研图则、概念性规划编制的工作；将沙坪绣坊新街纳入沙坪工业组团控规，配合完成沙坪工业组团控规的编制评审，完成沙坪绣坊新街规划设计方案的评审并纳入沙坪工业组团控规范畴。

第三节 规划管理

一、规划审批

1997年后，规划审批要求按照“一书三证”①办理程序把关。私房报建进窗时，需提供申请人身份证复印件，核对并盖章确认无误。非户主本人申请的，需提供户主身份证及委托人身份证，并由双方签署委托书，以预防报建过程中的造假现象。坚持现场查勘，拍摄现场照片存档上报，并在地形图上作出相应标示。坚持每周一例会制度，对案卷进行会审讨论，形成分局初审意见，并将例会意见用初审意见通知单的形式告知报建人，确保“公平、公正、公开”。对于申请升层扩面私房，分局开具工作联系函至市国土局，查询相关红线单位资料，并告知报建人须征求红线单位意见及四邻意见后，方可审批。实行批前公示，接受社会监督。对有可能影响相关利益人的项目，都在现场进行规划公示，听取社会各界意见。

2011年，市城乡规划局将规划管理“一站式”平台推广至各分局，所有规划审批均实行电子网络办卷。2012年，市城乡规划局实行技术审查与行政许可分离制度，市局建管处负责项目技术审查，各分局负责作

①“一书三证”即《建设项目选址意见书》和“建设用地规划许可证”“建设工程规划许可证”“乡村建设规划许可证”

出行政许可。各分局均在市政府政务中心城乡规划局窗口办理两证一书的许可申请。

二、规划执法

规划法规宣传 1988年始，每年4月1日定为城市规划法宣传日，4月为宣传月，向市民发放宣传资料、解答疑问。

规范批后管理 1997年始，开福区规划分局与市规划局执法支队分A/B卷对市规划管理局审批项目进行批后管理，市局支队负责主次干道两厢大型建设项目的批后管理，分局负责市局支队批管项目以外所有项目的批后管理。2008年，为加强批后管理工作，实行网络化巡查制度，将全区按片管理，责任到人。2009年成立开福区规划监察执法大队后，所有项目均由分局进行批后管理。

执法权责划分 2009年，分局设立规划执法室，设专职执法人员2名。2001年，长沙市政府下发《进一步加强城管综合执法机关与相关管理部门之间工作衔接的通知》，规定城管综合执法机关负责查处未取得“建设工程规划许可证”的违法建设案件，规划管理部门负责查处已取得“建设工程规划许可证”的违法建设案件。规划管理部门在履行规划管理职责时，发现属于城管综合执法机关查处的违法建设行为，书面通知城管综合执法机关查处。城管综合执法机关在执法过程中发现属于规划管理部门查处的违法建设行为，书面通知规划管理部门查处。城管综合执法机关查处违法建设案件，在作出限期改正，并处罚款或者责令建设单位或个人补办规划许可手续的行政处罚决定前，须征得规划管理部门同意且根据规划管理部门的技术鉴定意见依法作出。2011年始，采用卫星遥感发现违法建设图版，规划执法技术水平有所提高。

三、专项工作

2003年，市规划局成立长沙市城市“穿衣戴帽”“平改坡”①工程工作组，在全市全面开展“洗脸打粉”②及“平改坡”工程。开福区共完成平改坡工程16栋(处)，清洗工程391栋(处)面积75.60万平方米，外墙粉饰工程521栋(处)面积26.80万平方米。

2004年，开福区五次入基层社区调研办公用房情况，实地查勘现场21个，解决社区办公用房问题19个，面积7386.58平方米。同年，举办规划业务培训班，发放宣传资料500余份，参与人数300余人。

2008年、2010年，开福区两次对全区停车场进行清查整顿，查处整改一批挪用、占用停车场(库)的行为。2010年，按照市局统一部署，对全区在建项目的建筑外立面装修装饰(称为“色彩整治”)进行全面复审，对已建项目全面进行清查，并开展辖区内主次干道、非主次干道两厢建设项目建筑色彩的整治工作。

第二章 城区建设

第一节 机 构

1990年前，长沙市北区设有城市建设管理局。1991年更名为北区城市建设环境保护委员会(以下简称区城建环保委)，设主任1名，副主任若干名。至1996年先后担任主任的有王书高、钟生崇，担任书记的有龙协云、周章生、唐纽武(兼)、黄海清。

1996年，原区城建环保委划出环境保护职能，更名开福区建设局，为区政府工作部门，核定行政编制8名，内设办公室、计财股、综合股。2011年，开福区实行机构改革，开福区建设局和区房屋产权管理局合并，组成开福区城乡建设局，为区人民政府工作部门。开福区城乡建设局为正科级，核定行政编制15名，其中局长、书记各1名。1996—2012年，先后担任局长的有钟生崇、熊建伟、杨牧、吴皓、章智民、袁坚，担任书记的有黄海清、蒋四军、易延生、黄雅晖。

开福区城乡建设局内设办公室、建筑行业管理

① “穿衣戴帽”（“平改坡”）即将老旧的平屋顶建筑改造成坡屋顶建筑，并对建筑外立面进行粉刷。
② “洗脸打粉”即对老旧建筑污损的外立面进行清洗，对破损的外墙进行重新粉刷。

科、总工室、房屋市场管理科、房屋安全管理科、物业监督科、重点工程管理办公室7个科室。

第二节 公园广场建设

烈士公园 位于开福区东面的浏阳河古道畔，始建于1951年，1953年正式开园。面积153.3公顷，其中水面面积67.6公顷。由纪念区、游览区、娱乐区组成，其中烈士纪念塔高达58.7米，陈列有10多万先烈名录和90多位烈士遗像。公园东北角有“红军渡”纪念碑和湖南民俗文化村，占地5公顷，依山傍水，沟壑纵横。园内山丘植树、平地辟园、清地造湖、湖中筑岛，常年树木苍翠，绿草如茵，幽谷啼莺，亭楼廓宇，别致玲珑。是湖南省最大的集纪念、游览、娱乐于一体的综合性公园。

紫凤公园 公园位于湘江桥东岸引桥下，为北大桥的配套工程之一，1993年12月修建。公园内植乔木252株、灌木863株（丛），绿篱2000多米，草皮1.10万平方米，草花、盆景4000多盆，植物品种32种。

月湖公园 公园位于三一大道与万家丽路交叉西北方，2005年修建。2006年12月28日正式开园，系长沙市北城标志性景观工程，总占地面积101公顷，其中水面40公顷。环湖路桥蜿蜒，亭台楼阁点缀，园内生态环境优良。

秀峰山公园 公园位于金霞经济开发区南部。海拔120米，林木葱茂。2007年动工建设，2012年对外开放。总投资1.50亿元。公园依自然地形进行功能布局，形成以金霞景观塔为中心的人文景观带、山林景观带。有文化活动区，占地面积7.83公顷；生态山林区，占地面积19.70公顷，以山地植物为主，有景观平台和休息廊亭；休闲娱乐区，为公园娱乐活动中心地段，占地面积12.22公顷；儿童娱乐区，位于竹隐湖西北侧，占地面积24.90公顷。

太阳山森林公园 公园位于长沙青竹湖生态科技园中心片区，2006年5月修建。面积500公顷，是集资源保护、开发、建设于一体的城市森林公园。园内有湖塘水面及登山游道，环湖游道、景观亭等山水景观建筑。

沙坪·汉回景区 景区位于沙坪街道汉回村，2010年兴建。自然环境优美，水资源丰富，拥有200公顷园林生态园及铁炉寺、清真寺、罗汉庄、铁炉小水库等风景名胜和人文景观。

湘江风光带（北段） 湘江风光带（北段），南起长沙市湘江一桥，北至新河凤嘴路口，1995年兴建。全长5千米，总面积19.40公顷，绿化面积13.90公顷，是个集防洪.休闲、观赏、游玩于一体的综合性开放式带状公园。由南向北依次建有下沉式、健身、雕塑、潮宗门、星城、观赏走廊、林荫天地、文化娱乐、音乐喷泉、残疾人休闲、滨江风帆、潇湘文化等12个广场。风光带绿化以灌木为主，植物达150余种，各类植物高低配置，四季常绿有花。安装海鸥灯、草坪灯、庭院灯、霓虹灯等灯具，共2900余盏，形成沿江灯光夜景。滨江风帆广场，是湘江沿岸标志性建筑之一，也是“湘江韵律”活动的主要场地，经常有全市大型群众性文体活动在此举行。

第三节 旧城改造

一、棚户区改造

1993年3月，长沙市北区启动“北星城”棚户区改造工程，并批准北区综合开发等4家房地产公司开始运作。1994年，北区制订全面改造旧城区和拓展新城区的规划，成立多家合资公司，启动棚户区改造，引进外资1000万元，开工面积7.33万平方米，竣工面积超过1.50万平方米。完成销售1.10万平方米。8个合资开发项目面积共15万平方米。改造已划红线13处，面积7.27公顷，调查红线12处，面积14.67公顷。其中规模较大的有：蚌塘小区南方航空公司湖南分公司基地，总投资1.80亿元，由北区城建综合开发公司代征代拆代建；长雄公司富雅花园小区投资6000万元，兴建20层长雄大厦和住宅楼.总面积5万平方米。1996年，开福区将旧城改造和新城区拓展列入经济发展战略。1998年，开福区为旧城区改造、城区基础设施建设引入资金19.87亿元，签约建设改造项目46个。

2001年，为落实长沙市“三年完成全市棚户区改造任务”的要求，开福区成立棚户区改造工作领导小组，下设办公室（简称棚改办），在区房屋产权管理局办公，区房产局局长兼主任。区棚改办主要负责协调区内棚改项目申报立项，做好上级棚改专项资金的申报工作，收集和掌握全区棚户区改造的有关信息，为棚改项目做好指导、跟踪、协调、服务工作，对街道、社区棚改工作进行检查、考核。

开福区的棚户改造范围，北起新河三角洲，南至五一路，西至湘江大道，东至二环线，棚户区面积近420万平方米。2001—2012年，区内先后启动新河三角洲、湘春路西入口、中山西路、火车北站和黄兴路等一大批棚改项目。

将全区棚户区改造任务划分为8大板块，分解到10个街道。区政府在芙蓉北路征地7.80公顷，建设安置房和经济适用房23栋11万平方米。2005年，开福区提出以城市化要求重新定位，整合土地资源，提高建设档次，改善公共设施和配套设施环境。全区启动25个项目的拆迁，共拆迁房屋面积48万平方米，腾地277.07公顷。2011年，长沙市对开福区破解拆迁难题的做法和经验给予充分肯定，并在全市推介。1996—2012年，全区棚户区改造共拆迁2.30万户，拆迁房屋面积310万平方米，投入棚户区改造建设资金133亿元。

表18-1　　2002—2012年长沙市开福区棚改情况表

时间	实施项目	拆迁数（户）	拆迁面积（平方米）
2002—2003年	黄兴北路及两厢回报用地、九尾冲		424584
2004年	藩城堤项目、芙蓉北路国家粮库		213562
2005年	黄兴北路6号地、九家湾项目		305749.07
2006年	华盛·新外滩、黄兴北路回报二期、新河三角洲、新河三角洲一期、营盘路草墙湾	1453	363955.05
2007年	华盛·新外滩、伍家岭新码头、李家冲、青少年宫	457	149871
2008年	刘家冲、华盛·新外滩、三角洲、李家冲、芙蓉北路国家粮库、潘家坪、沿江大道326号（凯乐）、邮电村二号地块、北正街、伍家岭新码头、栖凤路	1229	197100
2009年	华盛·新外滩、李家冲、藩城堤、火车北站、新河三角洲、中山西路、北正街、伍家岭新码头、湘春路西入口、沿江大道326号（凯乐）、芙蓉北路国家粮库、邮电村、芙蓉北路564号	4400	520465.75
2010年	火车北站、中山西路、湘春路西入口、李家冲、华盛·新外滩、藩城堤、北正街（宏宇宙）、沿江大道326号（凯乐）、伍家岭新码头、德雅路邮电村2号地块、营盘路过江隧道开福区段	1014	117877.88
2011年	火车北站、上麻元岭、九尾冲、海事局宿舍	2492	241938
2012年	黄兴北路棚改一期	1931	178584.3

二、老城区提质改造

2004年，长沙市将改造背街小巷作为城市提质的重点。开福区投入1300万元启动资金，对辖区内104条街巷进行提质改造，建立市、区、街三级监管工程体系。对潮宗街、通泰街、营盘街、北正街、便河边、望麓园、赐闲湖、清水塘路、开福寺路等街巷，采取修缮遗存、发掘街巷历史文化积淀、增设景观、丰富小巷历史文化内涵等措施，以突出特色，彰显小街小巷历史文化底蕴。全区共投入改造背街小巷资金2800万元。老城区基本实现沟通、路平、亮化、绿化工程到位，建成5条示范路、10条达标路、10个达标社区。在全市评比中，开福区获“全市百条背街小巷提质改造最具特色奖”，便河边古城河遗址列入长沙市历史文化遗址名录。

2006年10月，开福区发布《关于提升老城区价值的实施意见》，成立老城区提质改造领导小组，由区委书记任组长，区长任第一副组长，8名区级领导任副组长，区直12个部门及8个街道为成员单位。8个老城区街道成立相应工作机构，加大旧城改造和商业开发力度。2007年，按照市城建总体规划和商业网点布局要求，构建“一点三线三圈五街”[①]的老城区产业发展结构，形成以点带线、划线为圈、聚圈成势的商业格局。产业发展和提质改造采取整体规划，分步实施，突出重点。2008年，把产业发展放在首位，发展高星级酒店，如运达国际广场、新时代广场、世纪金源等甲级写字楼、企业总部，大型商业旗舰店等基础税源三产项目；发展一批大型购物中心和餐饮娱乐项目，提升城北消费人气。

第四节 重点工程建设

一、重点工程项目

1989—1995年，长沙市北区主要以旧城改造为主，配合长沙市修建芙蓉中路北段，负责路幅两厢的拆迁工作；配合修建湘江北大桥东段引桥，负责路幅的拆迁，分别于1991—1992年竣工。

1996—2012年，开福区境内共有较大重点工程35项，其中基础设施20项(见道路建设)，其他社会民生项目14项。

附：14项社会民生项目

长沙铁路货运新北站 面积2平方千米，包括捞刀河站改建工程和霞凝站新建货场工程两部分。捞刀河站改建工程有京广双线改线长度8.20千米、石长双线改线长度2.60千米，车站设到发线9条(含正线)，牵出线2条，另新建捞霞联络线3.40千米。霞凝站新建货场工程近期按500万吨设计建设，按2000万吨规模预留，车站增设发线2条、调车线4条，货场总体规划5束10线。两个项目总投资38.60亿元，2008年10月动工建设，2012年3月投入使用。

长沙港口主枢纽霞凝港区 位于开福区新港镇，于2004年12月开工建设，设货运泊位11个，其中千吨级泊位8个，其他泊位3个，港口吞吐能力为490万吨，2006年10月投入使用。

长沙金霞保税物流中心 位于长沙金霞经济开发区金霞物流园的核心区域，规划面积100公顷，总投资约15亿元。建设规模35万平方米，分两期开发。其中一期海关监管区占地30公顷。建设中心综合办公楼、卡口、保税仓库、围网、综合服务设施；二期物流配套区占地70公顷，扩大仓储面积，完善物流配套设施及综合性商业开发。2005年3月向海关总署申报，2005年6月启动建设，2006年7月首期工程竣工投入使用。

青竹湖国际会展中心 占地7.07公顷，二期预留地7.47公顷，总建筑面积约4万平方米，其中主展厅建筑面积约900平方米，副展厅一层建筑面积约600平方米，副展厅二层建设面积约500平方米，内部展览面积约2万平方米，可提供国际标准展位2000多个。2006年开工建设，2007年4月竣工，项目总投资1.50亿元。

沙坪绣坊街 位于捞刀河镇，项目净用地面积8.53公顷，总建筑面积13万平方米，总投资7.40亿元。其中地上建筑面积12万平方米，包括商铺、住宅、餐饮、酒店、旅游购物中心，目前已完成投资额3.30亿元。

世界之窗 位于长沙城北，与金鹰影视文化城连成一片，占地53.33公顷，由湖南电广传媒股份有限公司、深圳华侨城控股份有限公司和香港中旅集团共同投资修建，累计投资3亿元，1997年10月投入使用。

三馆一厅 位于长沙新河三角洲，是指包括长沙市博物馆、长沙市图书馆、长沙市规划馆和长沙市音乐厅及周边配套设施在内的长沙滨河文化园建筑群，西滨湘江、北临浏阳河，东南为湘江大道北段。工程于2006年8月21日奠基，2007年12月正式开工，总建筑面积15.13万平方米，概算总投资16.70亿元。

湘江世纪城 位于开福区五合垸湘江东岸湘江滨江风光带一段，是湘江、浏阳河、捞刀河一江两河汇聚之地，东临湘江大道，西临湘江，南至浏阳河与湘江交汇处，北至捞刀河与湘江交汇处。项目占地面积约100公顷，总建筑面积约400万平方米，商品房数量约2万套，规划入住约6万人，总投资168亿元，包括普通住宅，高级住宅、大型购物中心，超五星级标准酒店、学校、商业等多种物业类型。项目于2007年3月启动建设，2010年11月竣工。

运达国际广场 位于开福区芙蓉路与展览馆路交汇西南角，该项目采用双塔建筑，两栋塔楼因对角布置而H然形成钻石平面。总投资5亿元，净用地面积1.13公顷，总建筑面积10万平方米，建筑高度99.70米，项目于2004年4月启动建设，2007年9月竣工。

万达广场 东邻西长街，西临湘江大道，南邻五一大道，北临潮宗街。项目占地面积12.18公顷，总建筑面积103.70万平方米，其中商业64万平方米，建设集住宅、酒店、写字楼、商业步行街、商业中心为一体城市综合体。项目分三区，A区4栋住宅29万平方米，B区1家五星级酒店、1家商务酒店、1条室外步行街、1个商业综合体43.90万平方米，C区3栋商业写字楼30.80万平方米。项目总投资90亿元，2010年3月启动建设。

大明工业园 地处开福区捞刀河镇，规划总面积1200公顷，一期用地286公顷，2007年8月启动建设，已完成总投资5亿元，二期900公顷的规划已完成评审，进入大开发建设阶段。园区毗邻长沙新港深水码头与火车货运北站。

秀峰山公园 坐落于长沙金霞经济开发区鹅秀组团，位于芙蓉北路与二环线交会的东北角占地40多公顷，地形以

① “一点”即打造新河三角洲全市高档的综合性文化商务中心；“三线”即湘江大道、芙蓉中路、车站北路三条主干道沿线；“三圈”即松桂园商圈、五一广场商圈和伍家岭商圈，集聚CBD现代商业元素；“五街”即湘春路特色商业一条街、开福寺路宗教旅游文化一条街、潮宗街韩国旅游文化一条街、清水塘文物一条街和湘雅路医药医疗器械一条街。

山地为主，最高峰海拔126.50米，最大高程差90.80米。项目总投资5000万元，2010年7月启动建设，2011年3月一期建成。

周南中学 位于开福区新港镇兴联村地段。2001年开始筹备，由湖南省教育建筑工程公司、长沙市捞刀河建筑有限公司等单位承建。2003年动工建设，2005年竣工。总投资约1亿元，占地面积约28公顷，建筑面积约11万平方米。

中南大学湘雅医院新医疗城 位于湘雅路与芙蓉路交接处，建筑面积28万余平方米，是亚洲单位面积最大的医疗建筑。2004年6月开工建设，2010年4月竣工，项目总投资16亿元（不包括医疗设备），设置2500张病床，49台电梯、10个扶梯，可泊车近千台。2010年7月底全面投入使用。

二、重大投融资

2003—2012年，区城建投累计从国家开发银行贷款16.57亿元，主要投向区内公共道路、公园等公共设施建设，如新世纪大道东延线、金霞大道、中青路、青竹湖大道、滨河北路和湘江东岸防洪及道路工程等一系列基础设施项目，采用政府财政回购和财政补贴的的方式，归还贷款本息。2009年4月24日，长沙市组织各区、县（市）城建投召开“打包发行城投集合企业债券”相关工作会议，决定发行全国第一支城投集合企业债券。6月，债券承销商长江证券进驻开福区城投公司，双方为城投集合企业债发行联合着手准备性工作，后因政策原因，城投集合债券终止发行。九尾冲棚户区改造项目位于三一大道以北，陡岭路以东，万煦园以西，学堂园路以南，占地7.60公顷。2010年12月启动，拟征收711户，一期总投资估算11.97亿元，其中棚改部分投资约4.30亿元。交通银行给北城棚改授信3亿元，2012年，获得银行信贷资金2.64亿元。

表18-2　　2004—2010年长沙市开福区城建投部分经费及收入情况表

年度	2004	2005	2006	2007	2008	2009	2010
拨入经费（万元）	—	2044	2505	4700	7660	10985	—
项目拨款（万元）	4535.33	6492.8	3280	1374	19584.12	100	—
合计	4535.33	8536.8	5785	6074	27244.12	11085	—
土地返还（万元）	—	—	10080	11750	11250	25000	24536
合计	4535.33	8536.8	15865	17824	38494.12	36085	24536

表18-3　　2003—2012年长沙市开福区城建投贷款情况表

融资公司	贷款银行	金额（万元）
开福区城市建设投资有限公司	国家开发银行	123240
	交通银行	5000
	建设银行	15000
	工商银行	30000
	招商银行	2000
	兴业银行	3500
	农村合作银行	1800
	农业发展银行	5000
	上大垅信用社	4200
	长沙银行	14000
长沙市城北棚户区改造投资有限公司	交通银行	30000
	长沙市住房公积金	5500
长沙市城北投资有限公司	交通银行	50000
长沙市城北投资有限公司	—	11980

表 18-4　　2005—2012 年长沙市开福区重点投资项目情况表

项目名称	建设期	总投资（亿元）	贷款资金（亿元）
新世纪大道东段	2006 年 3 月—2007 年 11 月	2.74	1.42
开福寺文化广场	2008 年 3 月—2009 年 6 月	0.69	0.59
车站北路南段	2005 年 4 月—2006 年 8 月	1.91	1.79
车站北路北段	2008 年 1 月—2009 年 12 月	1.69	0.95
栖凤路西段	2007 年 10 月—2009 年 7 月	0.85	0.68
栖凤路中段	2006 年 4 月—2007 年 5 月	0.59	0.24
栖凤路东段	2008 年 11 月—2009 年 12 月	0.35	0.027
陡岭路	2006 年 7 月—2007 年 6 月	0.19	0.09
南辅道	2007 年 1 月—2008 年 6 月	0.47	0.19
滨河路及北辅道	2005 年 12 月—2007 年 6 月	0.73	0.38
月湖公园	2006 年 2 月—2008 年 1 月	5.8	3.9
广铁路	2009 年 5 月—2009 年 12 月	0.95	—
新欣路	2010 年 4 月—2013 年 4 月	0.56	0.16
滨河北路	2009 年 5 月—2009 年 12 月	1.4	—
合计		18.92	10.42

第三章 市政设施

第一节 供水 排水

一、供 水

20 世纪 50 年代前，城区及沿河大多数居民都以河水饮用为主，井水次之。城区有专卖水谋生者，以水桶或水车盛水，沿街叫卖或包月计费供水。区域范围内较有名的水井有彭家井、鸳鸯井等。1931 年建成的北区留芳岭自流井，系唯一机械抽水井，井深 100 米，每小时可供水 10 吨，水质比较卫生，但 1938 年“文夕大火”时被废。

20世纪50年代，长沙市北区开始供应自来水，由长沙市自来水公司统一建设、统一运行、统一管理。1987年10月，长沙市第五水厂动工建设，工期六年，总投资8279万元，日供水能力30万吨，分两期工程建设，每期15万吨。第一期工程于1987年10月至1990年7月1日建成投产，一期工程完成投资6013万元，日供水量15万吨，采用常规处理水工艺，一、二泵房、沉淀池、清水池被评为“优良”工程。二期工程于1993年5月1日建成，日供水能力增至30万吨，该期工程投资2225万元。两期工程均按国家计划提前2~3个月赶在当年旺季供水高峰之前建成投产，以缓解长沙市供水紧张的局面。工程质量优良，厂区原主要构筑物(反应池、沉淀池、清水池水柜)“四池”被评为省样板工程。全面建成后的五水厂技术先进，净化处理系统实现全自动控制，管理数据从采集、传输、显示、打印全部实现了自动化、管理自动化程度居湖南省同行业之首，利用国产设备进行自动控制、自行设计、安装调试，为国内同行业中首创、敷设直径1600毫米的输水管线是省内同行业中最大的，1万伏电机直供电，节约变配电设施及清水池、沉淀池叠加构筑工艺在省内同行业中被首先采用，并在省内首次引用自动加药设备。该工程节约用地14公顷，并已建成园林式厂区。长沙市第五水厂建设解决了开福区（北区）20余万人口长期缺水和部分无水的困难，扭转河东南郊两个水厂长期以来“南水北调”的局面。2010年8月29日，长沙引水工程输水管线株树桥水库至第五水厂，全长98千米已全线竣工，并实现通水，输水规模30万吨/日，置换第五水厂原用的湘江水源。

二、排 水

新河排水系统 新河地区位于城北，解放初期大部分属郊区，至1985年才全部划归城区。排水分为两个系统，管道总长7392米，其中混凝土管4386米，瓦管1177米，砖石暗沟1129米，明沟700米。

新河渔场排水系统 主沟起伍家岭，沿浏阳河路自东向西，过石油库铁路专用线后，折向北经五水厂区、新河渔池至浏阳河南堤，再自流或经泵站提升入浏阳河。在五水厂区以上已敷设管道，以下尚系水面。沿线接纳建湘瓷厂、动力机厂、五联小学、新区等地支管来水。

新河凤嘴排水系统 主沟起大王家巷北端，经毛家桥、蛋品仓库、老糠凼，平时经沿江大道自流入湘江。江水高时，由泵站提升入江。接纳幸福桥、鸳鸯井、潘家坪、开福寺路、开福寺、新河正街等地来水，汇水面积69.7公顷。该水系未统一设计施工，主流上游为土明沟，处低洼地，经常漫水。中游为混凝土矩形明沟，沿线单位陆续跨沟建房，以致淤塞严重，难于疏浚，下游虽已建成拱形或园形管道，由于不能满足排水规划的水量和位置要求，不能保留。1988年设计进行全面改建，1989年开始施工，其中最大管径为2000毫米。

北站路排水系统 1953年改建北站路时修建。干管起麻园岭，沿北站路自东向西敷设，经沿江大道泵站入湘江；接纳湖南医大、大王家巷、文昌阁、铁佛东街、北二马路、熙宁街、百善台等地支管来水，汇水面积42.9公顷。管道长8833米，其中混凝土管4431米，瓦管4322米，砖石沟80米。

便河排水系统 便河排水系统主沟经过地段，上中游原为长沙城护城河，下游系湖塘水域。建设前，河沟西岸为老京广铁路线，东岸沿线建有许多棚户。沟中污泥垃圾淤塞，污水滞留，蚊蝇孳生，每遇大雨，污水四溢，沿线棚户深受其害，深者盈尺，故有长沙“龙须沟”之称。为改变这种状况，1954年建立排水系统。上中游埋设暗管，干管起于鲇鱼套、流经浏城桥、老火车站、校正街、小吴门、经武路、居然里、留芳岭、三角岔、建湘北路、新北站、唐家巷、浏阳河路、陈家湖、新河渔池至浏阳河南堤，自流或由泵站提升入浏阳河，汇水面积217公顷。管渠共长29535米，其中砼管15778米，瓦管8692米、砖石沟1295米、明沟3770米。唐家巷以下为大明沟和渔池水面。1988年，湘江北大桥开发公司为拆迁住房，建成居住区，将明沟及新河渔池外的水面全都征用，1989年安排投资，沿明沟和水面流向修建2～3米拱形暗管。

沿江大道排水系统 沿江大道排水系统，系为解决沿江大道路面，人行道及临街房屋、沿江绿化带的排水、在两侧人行道上各敷设一条管道。两条管道断续不全，分段或用横管相连自成系统排入沿江地域排渍泵站的排水系统。管道直径300～1000毫米。

1962年，洪水淹没北区地域较大，灾情较重。1964—1966年，北区集资修建从晴佳巷起至新河凤嘴一段防洪、排渍工程。1987年完成了全路管道的改建。管道共长6978米，其中混凝土管6879米，瓦管99米。

九家湾排水系统 九家湾排水系统主沟起百善台，经油铺街、廖家湾、长沙县轻工业局、市柴炭营业处自流或经泵站抽入湘江。管道长1932米，最大管径为800毫米。

湘春路排水系统 湘春路排水系统主沟起湘春街、沿湘春西路南侧经沿江大道，流入北港区下截污干管；接纳茅棚街、工人文化宫、西园北里、新民巷、九仪里、集中里、湘春里、劳动巷、迎春巷、团结巷、群力里等地支管来水，汇水面积12.48公顷。管道长1669米，最大管径为800毫米。

通泰街排水系统 通泰街排水系统主沟起成功街西段、经湘春街、通泰街流入沿江大道截污干管，接纳胡家菜园、泰安里、忠信园、三湘里、仪庄巷、三胜里、保城堤等地支管来水、汇水面积8.49公顷。管道共长2253米，最大管径600毫米。

黑石渡排水系统 黑石渡排水系统主沟起德雅村，经丝茅冲、丝茅冲邮电所、黑石渡流入浏阳河，接纳湖南日用化工厂、羽毛厂一部分及消防中队来水。管道共长4001米，最大管径为1200毫米。

污水提升总泵站 位于沿江大道北端凤嘴河岸，是城区截污干管埋设标高最低处，提升污水及所截流的雨水至下游污水处理厂。安装4台8PWL污水泵和2台20SLA-22A清水泵。泵房面积152平方米，分上、下两部，下部设有集水池、污水泵房和清水泵房，集水池容积为一台污水泵12分钟的出水量。上部设有4台配电屏、2台320千伏安变压器。闸阀井、安全出口及管理间均建在室外。

污水处理厂 位于浏阳河北岸综合农场马厂管区，东临京广铁路上行线，南傍浏阳河大堤，厂区面积4.5公顷。

规模：按总污水量5.72万立方米/日，取用6万立方米/日的二级处理，同时考虑了雨时12.9万平方米/日的冲淡污水量作初级处理设计。但二级生物处理构筑物的曝气池、二次沉淀池的施工，则根据国家建委关于污水厂初步设计的批示“污水处理厂规模可先建每天处理能力三万吨的二级污水处理厂并留有发展余地”，只建了一半。

处理工艺流程：污水经沉沙以后，过浏阳河倒虹管进入处理厂，经一次沉淀池，流入综台泵房，提升入曝气池，再流入二次沉淀池。经二次沉淀池的出水，在传染病流行季节加氯消毒，平时则不加氯，经处理后的污水，要求暂只作小面积养鱼灌溉试验（加了氯的污水只用于灌溉），当经过检定，确认为无害于鱼类和农作物时再扩大养灌面积。雨时冲淡污水，经一次沉淀池后、超过二级处理规模部分，溢流排出。处理后的污水直接或经过养鱼灌溉后排入捞刀河。

污泥由二次沉淀池回流至一次沉淀池的剩余活性污泥，与一次沉淀池的原污水污泥合并沉淀于一次沉淀池后，排入集泥井，自流至吸泥井，再由控制室用泵从吸泥井抽升入生污泥池预热后，抽入消化池进行中温消化。消化后的污泥排入熟污泥贮存池，然后输送至附近农村，供农、林业作肥料使用。污泥消化时产生的沼气汇集于贮气柜，用作燃烧锅炉，供生污泥预热、消化池加热使用，同时用于生活取暖用气。

排渍泵站 1989年5月陈家湖排渍泵站建成交付使用，主要负担南起天心阁，北至浏阳河，东起老火车站、烈士公园、德雅路一线，西至蔡锷路、动力机厂4.85平方千米范围内的汛期排渍任务。

表18-5　　2012年长沙市开福区（北区）排渍泵站基本情况表

序号	泵站名称	设计流量（立方米/秒）	装机数量（台）	装机容量（千瓦）	建设时间
1	漆家湖（老）	1.22	1	155	1975年4月
	漆家湖（新）	12.3	3	840	2009年12月
2	顺口湖	1.22	1	155	1975年12月
3	霞凝垸	2.26	2	187	1975年12月
4	楚家湖	45	6	4320	2009年5月
5	苏托垸新管站	2.8	2	312	1972年10月
6	苏托垸甘咀坨	12.8	4	1100	1995年3月
7	苏托垸中干渠	3.8	2	310	1978年10月
8	苏托垸山窑塘	4.5	3	355	1958年4月
9	工农垸彭家港	0.75	2	110	1958年4月
10	乌溪垸	1.06	2	160	—
11	双湖垸	1.13	2	165	—
12	月湖泵站	29.6	5	2960	2006年11月
13	墙板厂	0.9	2	150	1978年9月
14	新河泵站	5	3	465	1986年4月

续表 18-5

序号	泵站名称	设计流量（立方米 / 秒）	装机数量（台）	装机容量（千瓦）	建设时间
15	风嘴路	7.2	10	1250	2003 年 5 月
16	一污二期	11	9	950	2008 年 6 月
17	一污一期	11	8	1000	2003 年 6 月
18	桂华池	7.2	4	640	2003 年 9 月
19	戴家河	8	3	560	2005 年 6 月
20	涝湖垸简车坝	8.5	3	650	2011 年 10 月
21	五合垸泵站	7.02	4	640	2009 年 3 月
22	金霞泵站	14.28	6	1680	2007 年 3 月
23	陈家湖泵站	16	10	1230	1986 年 10 月
	湘雅路泵站	30	12	1856	2002 年 2 月
24	新建田心港	49	12	4000	2010 年 4 月
25	社教桥	15.8	6	1500	2009 年 4 月
26	陈家渡	13.5	4	1120	2003 年 3 月
合计		322.84	131	28820	

第二节 城区绿化

一、道路绿化

开福区内有主次干道及支路 147 条。1997—2004 年，投资 2200 万元，先后对清水塘路、湘雅路、湘春路、华夏路、迎宾路、教育街、德雅路及东风一、二村，北桥新村、国庆新村、建湘新村、蒋家垅、蚌塘等小区进行大规模的拆违还绿和绿化提质改造；投资 6000 万元，对芙蓉路、东风路、体育馆路、营盘路、三一大道、工程兵大道、福元路、双拥路、栖凤路、车站北路、开福寺路进行标准绿化建设和改造。7 年中，共栽种水杉、玉兰、樟树、杜英等四季常青树为主的乔木 1.37 万株，栽种灌木植物 8 种 64.04 万株（丛），种植草皮 5.21 公顷，绿篱 9354.20 米；增添花木盆景、草地、假山、亭台等景观，打造绿树成荫的休闲场所。对东风路进行重新规划和改造，在路边花坛添设 4 座亭阁，供行人停歇休闲。

表 18-6　　2012 年长沙市开福区主要道路绿地行道树调查情况表

道路名称	道路绿地面积（平方米）	行道树数量（株）	道路名称	道路绿地面积（平方米）	行道树数量（株）
中山路	796.62	138	开福寺路	4202.41	179
芙蓉中路	38397.26	1470	蔡锷北路	1825.27	212
芙蓉北路	57527	715	东二环线	28123	620
东风路	8335.36	473	车站北路	18950.29	555
湘雅路	1859.03	330	万家丽路南段	68654	1200
湘江大道	22861.08	1075	万家丽路北段	50579	1548

续表 18-6

道路名称	道路绿地面积（平方米）	行道树数量（株）	道路名称	道路绿地面积（平方米）	行道树数量（株）
德雅路	4978.79	293	福元西路	29887.35	683
营盘路	15996.26	159	福元东路	16003.74	808
清水塘路	1206.00	79	工程兵大道	6479.87	1200
湘春路	287	310	兴联路	20354.29	2132
体育馆路	1940.43	188	青竹湖大道	107213.47	1593
三一大道	64179.40	1324	新港大道	33276.45	980
迎宾路	820	181	秀峰大道	18094.53	357
栖凤路	6875.92	132			

二、社区绿化

社区绿化采取建设社区公园的方式进行。2003年至2012年，开福区建成社区公园17个，绿地面积17.37公顷。社区公园以常见树种为主，搭配常绿与花灌木．园内置有健身器材、阳光草坪、舞蹈广场，有的建有篮球场、羽毛球场等公共设施。

表 18-7　　2012年长沙市开福区社区公园情况表

名称	绿化面积（平方米）	名称	绿化面积（平方米）
胜利村社区公园（东）	12961.52	四季花城社区公园	9000
胜利村社区公园（西）	12192.96	兴联社区公园	17000
清水塘社区公园	1430	先福社区公园	6000
雅雀湖社区公园	9543.86	制药厂社区公园	2000
左岸社区公园	9065.8	月岛社区公园	30000
四方社区公园	9103.21	河畔社区公园	20000
科大佳园社区公园（东、西）	25000	蒋家垅社区公园	3000
第一湾社区公园	13000	蚌塘社区公园	6000

三、单位绿化

1989—1995年，长沙市北区绿委会督导驻区单位开展创建“花园式”和“园林式”单位活动，推广玉兰、樟树、桂花、雪松等四季常青的绿化树种，帮助驻区单位种植绿篱、草皮，建设小游园、花坛，驻区单位新增绿地为11.43公顷。

2002年，开福区提出创建100个花园式单位计划，驻区150多家单位参加省级“园林式”、市级“花园式”单位创建活动。至2012年，全区创建省级园林式单位30个、市级花园式单位110个。在全区组织70个单位参加争创全国绿化“400佳”活动，开展“见缝插绿”义务植树活动，驻区单位年均完成义务植树劳动工日2万余个。群众植树造林活动中，有1.84万市民参加开垦补植林地9.67公顷，栽种乔木2.80余万株。

四、苗圃花圃花卉

1992年，长沙市北区园林局在体育馆路东风广场主席台后面空坪建有花圃1.50万平方米，简易温室两栋，共有温室花卉500多盆，品种20多个，露地花木1500多盆，品种30多个。每年出圃花卉8000多盆。品种7-10个。供公共绿地、花坛用。1995年，培植草花2400多盆，盆景30多盆，扦插木本花卉178盆。

2002年，长沙市开福区园林局在捞刀河镇成功村建苗木基地一处，占地3.07公顷，投资330万元，种植香樟、玉兰、杜英等乔本8000多株，灌木品种28种，2万多株。其中建有花圃6600平方米，培植各类花卉20种，10万盆。2004年，区园林局选送的“龙舞开福”造型盆景获得湖南省第二届花卉博览会金奖。

2012年，全区有苗圃5个，分别为长沙市苗圃、烈士公园苗圃、国防科大苗圃、市博物馆苗圃、区园林局苗圃总面积4.52公顷，以满足全区城市花卉用苗和绿化用苗的需要。

五、古树名木

1993年调查统计，北区有古树名木53株，其中枫香1株、樟树36株、苦楝1株、银杏9株、罗汉松2株、榔榆1株、白桎木2株、红桎木1株。福安乡胜利村大屋山的一株樟树树龄400年，认定为一级古树名木。

1997年，开福区对区内古树名木进行登记建档，确定树龄100年以上的有126株，其中，樟树54株、银杏19株，苦楝2株、檵木9株、广玉兰12株、罗汉松3株、桂花4株、刺槐3株、重阳木2株、梧桐2株、对节白蜡2株、日本五针松1株、绒毛皂荚1株，石榴1株、苏铁2株、铁坚杉2株、紫薇1株、榔榆1株、构骨1株、柚树1株、复羽叶栾1株，并挂牌保护。青竹湖太阳山安置小区池塘旁一株樟树，树龄在500年以上，另予特护。

第三节 环卫设施

一、环卫站、厕

1989年，北区有公厕109座，垃圾站80座。1990年，有公厕10座，其中旱厕97座、水厕13座(1984年，北区在东风路与展览馆路交汇处建起第一座水冲式厕所)，垃圾站80座；痰盂果皮筒278个。垃圾站均为高台式。1993年，为方便居民和清扫工人倾倒垃圾，改高台垃圾站为集装箱垃圾站10座。1996年，学习安徽经验，启动垃圾站“提升放斗式”改造。至1998年，全区垃圾站改造完毕。同年全区全部改为水冲式厕所，全区沟槽式水冲厕所全部改为盆式冲水厕所。2007年，全区有厕所125座，垃圾站120座。2012年，全区有厕所152座、垃圾站148座，痰盂果皮筒2918个。1989—2012年，由于城市增容、道路扩宽和棚户区改造，全区共拆除厕所50座、垃圾站23座。

二、环卫车辆

1989年，北区有垃圾运输车14辆、洒水车2辆，其中，解放牌5辆、南京牌8辆、130的3辆。2007年，开福区有垃圾运输车25辆，粪车2辆、洒水车6辆、清扫车1辆。至2012年，垃圾运输年队融资购买56辆垃圾运输车，报废垃圾运输车20辆。全区有洒水车8辆、清洗车5辆、清扫车1辆。

三、垃圾处理场所

1990年以前，北区的垃圾是运往陈家湖垃圾填埋场。1990年以后，运往郊区东屯渡垃圾倾倒场。1992年，北区租用区建筑公司预制场作垃圾倾倒场。1993年将垃圾运往西区长沙船舶厂附近倾倒，1995年，改为倾倒至郊区史家坡。1997年，倾倒至开福区综合农场果林分场，利用农场两山之间峡谷倾倒垃圾。2002年，市城管局在望城县黑麋峰建设一座垃圾处理场，对垃圾作无害化处理，每天以24吨大卡车往处理场运送垃圾。2004年，市城管局在开福区洪山桥北向东二环与福元路交汇处建成一座垃圾中转站并投入使用。开福区垃圾运往该中转站，然后集中运往黑麋峰处理场。20世纪80年代，北区有两处粪肥中转站，分别在湘江河边粪码头和松桂园中转站。后松桂园中转站迁往东风路与体育馆路口交叉处的中转站，再由市环卫处粪肥车队运往郊区。

第四章 城市管理

第一节 管理体制

一、机 构

1989—1995年，长沙市北区设有城市管理办公室（简称区城管办）。1996年6月更名为开福区城管办，设主任、书记各1名。1989—2002年，先后担任主任的有周章生、周畅祥、彭志一，高玉葵、唐经华、刘文立，任书记的有高玉葵、杨俊、郭正其。2002年1月，开福区城管办更名为开福区城市管理局（以下简称区城管局），核定事业编制14名，设局长、书记各1名。2002—2012年，先后担任城管局局长的有刘文立、吴正豪、宋奇志，担任局党委书记的为马爱斌（女）。

区城管局内设办公室、财务审计科、市容科和社会卫生科。2007年，区城管局加挂区爱国卫生运动委员会办公室、区城市管理行政执法局的牌子，核定编制20人，内设办公室、社会卫生科（爱卫办）、综合管理科、财务审计科。同年，原市政、园林、环卫局分别更名为市政、园林、环卫管理中心，作为区城管局的差额拨款二级事业单位。2008年8月，开福区成立数字化城管指挥协调中心，督促办理与群众生活相关的问题。2011年，区城管局调整为区政府工作部门，下辖市容环境卫生管理中心、市政管理中心、园林绿化管理中心三个单位。局机关内设办公室、督查科、业务科、社会卫生科（爱卫办）、数字化城管协调指挥中心，核定行政编制15名，事业编制5名。

二、城市管理与维护作业模式改革

2007年，开福区进行城市管理体制和维护作业模式改革，将原市政、园林，环卫的行政审批和监管职能收归城管局，并把城市维护作业如市政维护、绿化维护、清扫保洁和农村地区主要道路清扫保清和垃圾清运任务剥离出来，全部推向市场，以实现"以费养事"和"管养分离"。改革以后，区城管局全面整合城管系统人员、经费等，在13个街镇成立市容监督管理所，将原市政、园林、环卫125名工作人员调配至各街镇市容监督管理所（环卫95人，市政、园林各15人），归口街镇城管办统一管理，担负牵头实施社区物业化管理，负责门前三包责任制的落实，监督背街小巷清扫保洁等职责。全区环卫清扫保洁作业划分为5个标段，垃圾清运划分为2个标段，市政、园林维护作业分别划分为4个和5个标段，引入深圳升阳升公司、深圳德纯公司、长沙玉诚公司、湖南顺天集团、天福园林公司等公司进行市场化承包作业，以提升城管维护作业专业化、精细化和社会化水平。

第二节 市政设施维护管理

一、市政管理

1989—1992年，北区的市政管理与维护机构为北区市政工程维护队，业务管理为北区建设局，职工80人。1992年12月，北区市政工程维护队更名为北区市政管理局，隶属北区建委。1993年，北区成立市政监察队，授权市政管理处罚职能。5月成立长沙市北区市政建设工程公司，7月30日成立公司董事会。区建委和区市政局的职工采取自愿原则入股，每人入股资金限额1000元。1994年第一次实行入股职工分红。1995年，规定公司不能承接市政管理范围内业、务，公司遂名存实亡。同年，区市政局改属区城管办，为副科级全民事业单位。1996年11月，北区市政管理局更名为开福区市政工程管理局，为正科级全民事业单位，设局长、书记各1人。1992—2007年，先后担任局长的有赵秋明、唐经华、陈志国、张恒旗、石建平，担任书记的有黄春和、姜滨、韦照凯、李灿霞。

开福区市政工程管理局成立以后，原属西区管理的西长街、通泰街、如意街三个街道的市政设施和21名职工与三台设备同时移交开福区市政局。2000年，区市政监察队撤销，执法权归口区城管执法局。2006年6月，长沙市市政管理处解散，市管主干道及人员设备全部分配到各区。开福区市政局接受芙蓉路、湘江大道、黄兴北路、蔡锷路四条主干道，移交人员52人（在职37人、离退休14人、职工家属1人），设备4台，移交道路面积91.37万平方米，人行道面积94.24万平方米，人均配套资金8万元。接收了芙蓉路、湘江大道、黄兴北路、蔡锷路四条主干道的设施，移交设施量占开福区总设施量的四分之一。至2006年开福区市政局总人数为197人（含离退休人员）。

2007年，开福区市政管局撤销，成立开福区市政管理中心。同年年底，成立开福区舜升市政工程有限公司。2007—2012年，先后担任市政管理中心主任的有石建平、周庆辉、夏圣猛，担任书记的有朱定武。

2007年，开福区外城区和青竹湖片区的维护作业对外承包。15名职工分配到5个外街环卫监管所工作。2010年，外城区和青竹湖实行第二轮维护作业对外承包。内城区维护作业分成两个项目部对外承包，市政中心只保留四条主干道。

1989—2012年，区市政局设有路政管理科。1989-1995年，北区设有道路联办，由交警和市政派人联合办公，负责对占道进行发证办证。1993—2000年，设有区市政监察队，按照城市道路管理条例及相关法规，依法对无证占道、挖掘等破坏市政设施的行为进行规范和处罚，并收取占道费。2000年后，统一由区城管执法队负责规范和处罚。2012年，市政总人数为183人，其中在职104人、离休2人、退休（含内退）77人。

二、市政设施维护

1989—1992年，全区的市政设施维护由北区维护队道路班组、渠道班组完成。1992年后，由区市政局道路队（处）、沟渠队（处）机械工程处配合完成。2007年后，由开福区市政中心各项目部完成。

1989—1995年，北区的城市道路维护，在雨季，以填补坑洞为主，材料为片石和四合料，以不陷车为主要目的，难以保证平整和美观；高温季节，由维护部门炒沥青修补路面，后改为到市油料场买成品修补，少有切边、开窗、做基础，仅以将路面基本补平整为目的。其时，城区存在土路、人行道土路，老城区明沟暗涵、瓦管随处可见，维护难度较大。2000年始，开福区城市道路的维护由雨季四合料填补坑洞，改为冷补料填补。2005年始，雨季亦采用热沥青修补。2008年始，雨季采用洗刨后抢天气进行修补法，以提升维护质量，不再使用堆补沥青的维护作业办法。

1989年，北区的道路维护面积54万平方米，维护费47万元。1995年，全区道路维护总面积154.70万平方米，维护费165.67万元。1997年，开福区道路维护面积270万平方米，维护费234万元。2005年，全区道路维护面积334万平方米，维护费529万元。2007年，加上市管道路的移交，道路维护面积520万平方米。维护费932万元。2012年，道路维护面积840万平方米。2008—2012年，区财政各年度投入资金分别为：2008年946.40万元；2009年1315万元；2010年1825万元；2011年2283万元；2012年3566.56万元。

三、市政设施大中修

城市主要道路的大、中修，由长沙市市政公司实施。区市政主要负责城市主干道维修。1991—1995年，对湘江二桥东岸、三一九国道高架桥等道路进行改造。1995年始，采取“人民城市人民建、人民城市人民管”和“谁受益谁出资、谁损坏谁赔偿”的原则，由政府投入部分资金，受益单位、门店或损坏市政设施的单位出资一部分(自愿)，区市政从非税收入中弥补一部分，对一些局部损坏严重，人民群众关注度较高和排水功能不全的地方进行小型改造，解决一些单位出入口，小区栋间路，早期私房自建的明沟、瓦管、暗涵等系列问题。1996年，完成潮宗街麻石道路、下水道改建。1997年，完成胜利小区排水工程改造。1998年，完成王家垅水泥混凝土路面、烈士公园南大门排水改建。1999年，完成胜利小区道路改建。2000年，长沙市市、区两级一起陆续开展“413”工程①、“16”工程②、社区提质改造、背街小巷提质改造、交通微循环改造等一系列大中修工程，资金由市、区两级承担，各占50%，支付给施工方的资金按4：3：3的比例三年结清。其间，老城区的次干道和背街小巷80%以上得到大中修，基本消除城区内的瓦管和明沟。同年，仓后街道路改建。2001年，完成荷花池道路、排水改建，东兴园兴汉大厦道路、富雅坪道路排水改建，教育街沥青混凝土路、人行道改建。2002年，完成下大垅排水管网铺设，湘春路金地大厦

①“413”工程即背街小巷提质工程。
②“16”工程即社区综合整治工程。

人行道、兴汉门新运巷道路及下水改建。2003年，完成新码头道路及排水改建，湘春路排水改造。2004年，完成西长街、潮宗街、湘春路道路和下水道改造。2005年，完成洪山局、青竹湖、金霞地区道路维护。该年始，资金基本由政府承担。2006—2007年，完成双拥路道路改造，营盘路市一医院沥青路改造，建湘新村市政设施改造，黑石渡堤人行道、排水改造，芙蓉路明沟改造，金霞新区道路整修。2008年，完成下麻园岭明沟改造，五一大道202道路、排水管网改造。2009年，完成迎宾路人行道改造。2010年，完成二环线(鸭子铺至三叉矶大桥东)道路整修。2011年，完成松桂园路口、湘江大道人行道、盲道改造。2012年，完成二环线三叉矶至洪山桥段整修，鸭子铺道路及人行道改造。

第三节　环境卫生管理

一、环卫管理

1989年，北区市容环境卫生管理机构为北区环卫所，由长沙市环卫处和区委、区政府双重领导和管理。环卫业务工作、人事、劳资、安全生产、经费的预算、结算下拨等主要由市环卫处负责。

1991年，长沙市作出《关于理顺完善环卫体制的决定》，将环卫所成建制移交各区，由区政府领导。1992年，北区环卫所更名为北区环境卫生管理局，属区政府环境卫生管理的职能部门，归口区建委。内设办公室、政工股、劳资股、市容环卫股、计财股、保卫股、行政股、市容环卫监察队及下设汽车队。全局在编309人，其中职工260人、干部49人。1996年更名为开福区环境卫生管理局。1997年3月，再次更名为开福区市容环境卫生管理局，并成立通泰街、清水塘、东风路等8个街道环卫所，2006年，新增四方坪、洪山、捞刀河等5个乡镇街道环卫所。环卫所清扫人员分段进行清扫保洁，区局环卫科对各所进行检查考评。

2007年4月，实行环卫体制改革，开福区市容环境卫生管理局改名为开福区市容环境卫生管理中心，为区城管局的二级机构。中心内设综合办公室，财务部、基建设备科、渣土管理办公室。编制34人。环卫的清扫保洁及其他业务工作对外招标承包。实行市场化运作。清扫作业由伍家岭、四方坪两个项目部以及升阳升、玉诚、德纯3个公司承包运作。垃圾运输由垃圾运输一项目部、二项目部按内部经济责任承包实行运作。2012年，环卫局职工人数为455人，在职196人，退休259人。

二、环卫投入与收费

1989年以前，市下拨经费分两部份，一部分为单位职工的工资、奖金、津贴、劳保福利等；一部分是环卫业务支出费用(生产工具、扫把、车辆的油耗、站厕的维修维护，垃圾粪便的处理等)，全年在300万元以内。站厕的新建项目经费由市环卫处审定后支付，其清扫员工资由市环处支付。1989年以后，逐年有所增加。1997年，区环卫所全年经费800万元。1998—2002年，开福区旱改水站厕建设投入5000万元。2007年，对环卫的经费投入2500万元，2012年增加到8243万元。

1990年，环卫部门有收费项目：旱厕粪肥收入、生活垃圾代运费、垃圾处理费。基于此，财政对环卫部门实行差额拨款。1998年，长沙市厕所实行“旱改水”(即改成水冲式厕所)，环卫部门不再有粪肥收入。2012年，长沙市取消各区环卫部门收取的生活垃圾处理费、代运费，改为“随水计征”，由自来水公司代收上缴财政。区环卫部门不再有任何收费项目，差额拨款改为全额拨款。

三、专业化清扫保洁

1989—1990年，北区主次马路16条，清扫面积40.57万平方米，其中马路面积28.49万平方米、人行道面积12.08万平方米，有13个清扫班负责清扫，清扫人员137人，人均清扫面积2961.50平方米，按定额定量分段清扫保洁，有马路管理员随时检查。

1995年，北区清扫面积为73.64万平方米，其中马路面积为56.26万平方米，人行道面积17.37万平方米。有19个作业班组负责清扫，清扫人员260人，人均清扫面积2832平方米，采取定额定量分段清扫保洁，责任到人。有管理人员到路段检查督促清扫保洁质量。随着城区扩展，全区清扫面积不断增加，2007年，马路和人行道清扫面积为540万平方米。2012年，马路和人行道清扫面积(包括18条地下通道)为700万平方米。

清扫保洁工作：主要马路的清扫时间为凌晨3:00开始，早晨6:00扫毕。白天两扫巡回保洁，要求做到“五无五净”①洒水降尘工作：每日冲水1次，洒水1—2

次，用水量为 8.57 万吨。2008 年，马路的清扫保洁工作。水车实行“六冲洒水”，每天出动 16 台车，洒水 160 车次，对五一西路等 11 条主干道 24 小时作业，对八一路等 12 条道路进行洒水。

1989 年，北区荣获全省环卫检查评比第一名。2002 年，开福区获得建设部城市市容环境卫生先进集体“时传祥奖”。

四、垃圾处理

1989 年，北区全年垃圾运量 7.20 万吨，月均 6000 吨，日均 200 吨。1990—1992 年，垃圾总量 24 万吨，年均 8 万吨；粪肥 5.40 万吨，年均 1.80 万吨。2007 年，开福区全年垃圾运量 14 万多吨。日均 400 吨。2012 年，垃圾运量 20 万吨，日均 560 吨。

五、餐厨垃圾无害化处理

2012 年，开福区城管工作拓展到餐厨垃圾无害化处理方面。按属地原则，全区 13 个街（镇）安排社区逐一将所有产生餐 厨垃圾的单位摸底，登记造册，由执法中队进行甄别。全区共督促 322 家餐饮单位和企事业单位食堂，与联合餐厨公司签订无害化处置合同，在全市率先完成签约任务。餐厨垃圾执法中队对擅自将餐厨垃圾交由没有处理资质的单位和个人收运的餐饮单位及擅自收运、处置餐厨垃圾的单位和个人，依照《长沙市餐厨垃圾管理办法》进行执法。对将餐厨垃圾交由没有资质的单位和个人进行处理的餐饮单位，下发限期整改通知书；联合区公安、工商等多次对开福区捞刀河镇潲水油非法加工窝点进行打击，下发整改通知，收缴非法加工工具，切断餐厨垃圾非法的后期加工和处置链，全年扣留非法收运车辆 48 台。联合餐厨公司在签约餐饮单位投桶 318 家，投桶 1080 个，实际开展餐厨垃圾收运到位 291 家，共出动餐厨垃圾收运车辆 1200 台次，日均收运餐厨垃圾达 60 余吨。

第四节　园林绿化管理

一、园林管理

1989 年，北区的园林绿化管理工作由北区绿化工程维护队承担，负责区辖行道树、绿化带、街心花园、苗木培植、树木修剪、中耕打药、死危树砍伐等日常养护管理工作。1992 年 3 月更名为长沙市北区园林管理局，与区园林绿化委员会办公室合署办公，为副科级全民事业性行政管理机构，归北区建委领导。1997 年 4 月更名为开福区园林管理局，为正科级全民事业性行政管理机构，划归区城管办管理。负责主次干道绿化维护，对全区绿地占用的查勘审批及新建道路的园林绿化验收和交接；组织实施全国的义务植树及“园林式”“花园式”单位创建，负责公共绿地的规划与控制及古树名木的保护。2006 年 4 月，原长沙市道路绿化管理处管辖的市级道路绿化维护作业全部移交到区，移交开福区园林局安置的人员 64 人（在职职工 51 人，退休人员 13 人）。2007 年 3 月，开福区实行城市管理体制改革，撤销区园林局，成立园林管理中心。为区城管局的二级机构，内设综合管理办、数字化管理办、维护督查科、工程技术科、财务科。下辖湘江风光带（北段）、月湖公园、社区公园、秀峰山公园，沙坪·汉回景区 5 个园林管理办及长沙市春景园林绿化有限责任公司。园林管理中心有高级园林工程师 1 人，园林工程师 8 人，助理工程师 3 人，园林技师 3 人，园林高级工 35 人。

二、园林投入

1989 年，市级财政按人头及绿化维护经费拨款 56.86 万元，其中用于绿化维护投入 22.86 万元。1995 年，市级财政拨款 86.40 万元，其中用于绿化维护投入 25.40 万元。1997 年，市级财政投入 95.70 万元，其中用于绿化维护投入 39.10 万元，购置设备 5 万元。2007 年，市、区财政拨款 2411.77 万元，其中用于绿化投入，新建道路绿化、新增公共绿地投入 2404.49 万元。2012 年，市、区级财政拨款 2563.02 万元，其中固定资产投入 40.85 万元，绿化维护投入 2420.40 万元。现置有水车 4 台，路面养护车 2 台，货车 3 台、打药车 4 台、皮卡车 6 台、绿篱修剪机 30 台、打草机 15 台、绿带清底鼓风机 11 台、电动三轮车 11 台、发电机 3 台。

① “五无五净”：“五无”为无堆物、无果皮纸屑、无污泥浊水、无痰迹污物、无烟蒂槟榔渣；“五净”为路面净、脏水净、路沿石净、花坛周围净，树穴净。

第五节　城管执法

2000年，开福区开展市容秩序专项整治工作。按照严格控制主次干道，合理规范背街小巷，坚持“教育为主、处罚为辅”的原则，对违章广告店牌、违章建筑、占道亭棚、占道停车、早夜市、马路摊担、店外经营等开展专项整治行动。治理了乱牵、乱挂、乱摆、乱放、乱写、乱画、乱贴现象。全年共教育违章当事人2.5万人次，办理简易程序案件853起，一般程序案件3102起。处罚违法渣土车辆1100台次、违章工地30余处，拆除违章建筑3000余处，面积约1.1万平方米。拆除各类广告300处，面积1.2万平方米，拆除各类违章亭棚4000余处。整治占道经营820余家，取缔各类街头戏摊及围观杂耍、算命、赌棋等300人次，收缴违章经营工具80余车。出动车辆500余台次、人员2000余人次。

2007年，集中开展门前市容环境卫生责任制专项整治活动，建设5条示范路、10条达标路、10个达标社区。2009年，东风路三条巷、沙湖桥农贸市场、四方商贸城周边等地段，设立23个疏堵结合点进行“蓝线管理”。

2011年，开福区乡村环境整洁行动全面铺开，整治城乡结合部和农村地区“脏、乱、差”规象，改善群众生活环境。全区4个涉农街镇。常住人口4.91万户12.91万人，每月新增垃圾约3000吨。区级投入专项资金600万元。新建垃圾池695座，配备垃圾桶2.77万个，组织大规模的清扫行动36次，参与人数2万多人次，清除堆积物1800处，清运积存裸露垃圾1.50万立方米，配置村和社区的专业保清员、清运员队伍。制定山塘清淤扩容、沟渠疏浚改造、河道清障披绿等小水利建设计划。主汛期前，对93.33公顷山塘实施清淤扩容，10千米沟渠疏浚，依法拆除52处砂石场，清退养殖业250户，养殖栏舍7.70万平方米，发放补助资金540万元。新建违章“零指标”控制到位，拆除违章违法建筑206处17.99万平方米．拆除违章广告招牌2.98万平方米，取缔搬迁木材市场、废旧市场5个。投资3000万元，对二环线、福元路沿线实施集中整治和提质建设。

2012年，区管理执法大队办理行政执法案件490件，数字化城管受案1.21万件，处置1.18万件，结案率97.52%。组织50人以上的市容秩序集中整治行动220余次。处理流动推担2.85万人次，纠正占道经营1.31万起，处罚人行道违章停车300余台次。开展渣土集中整治行动180余次，规范硬化工地路口40余个，配合取缔违法砂石场57个，证据保全登记车辆160余台次，罚款9.20万元。拆除违章广告和违法建设行动140余次，拆除各类违章广告招牌818处，面积7.14万平方米，拆除违章建筑447处，面积45万余平方米。

第五章　村镇建设

第一节　村镇公共事业建设

2006年，开福区开展大明、沙坪、汉回3个城乡一体化试点工作，加快镇（局）、村（社区）城乡一体化发展，以农村公路通达。电力扩容、安全用水、环境整治4大工程建设为重点，推进基础配套设施城乡对接延伸，构建城乡一体的交通网络、公共配套网络，联网共享。至2012年，全区完成农村公路建设77.10千米，鸭子铺、捞力河两个纯净水厂顺利投产，解决1万余农村人口的安全饮水问题，完成450户民居改水改厕工程，新建农贸市场、垃圾收集站、公共停车场以及污水处理站10处。

第二节　新农村建设

2006年2月，为贯彻中共中央、国务院发出的《关于推进社会主义新农村建设的若干意见》，开福区发布《关于推进社会主义新农村建设的实施意见》，成立开福区社会主义新农村建设工作领导小组，制定2006—2010年五年工作目标，并选定捞刀河镇大明村作为全区建设小康社会的示范村。区财政每年投入

20万元，规划建设大明村安置小区，完成4千米村组干支线道路的硬化工程，建垃圾站20个，98户散居农户建成沼气池，100%完成入户改水、改厕工程，建设农村卫生室1个和村级文化、体育、科教为一体的多功能活动中心1个。

2009年2月，开福区召开全区农村工作会议，推动城市化进程，发展现代都市农业。至2012年底，全区完成30个村的村庄规划编制，投入8250万元改善农村基础设施，完成农村固定资产投资10.40亿元，发展农村经济。全区农村居民人均可支配收入8140元，比上年增长18.30%，增幅高于城市居民人均可支配收入6.7个百分点，高于GDP增幅3.3个百分点。

2000年始，开福区对农村农民住宅实行统一规划，对拆迁户按照长沙市人民政府60号令进行补偿和安置。至2012年，开福区农村安置房建设共用地149.28公顷，建房621栋，建筑面积164.33万平方米，设计套数14988套。

2009—2012年，对农村危房进行全面调查，查出危房380栋，整改完成110栋，受监面积1.50万平方米，合格率100%。

全区城乡一体化建设的格局初步形成，被评为湖南省新农村建设先进区。

表18-8　　2000—2012年长沙市开福区农民安置房建设情况表

街镇	建设单位	项目名称	建设地点	用地规模（公顷）	建筑面积（万平方米）	栋数（栋）	设计数（套）
捞刀河镇	高岭村	高岭安置小区	高岭村高明组	1	12	7	110
		向家湾小区一期	高岭村向家湾组	7.33	12.20	57	1281
		向家湾小区二期	高岭村向家湾组	7.33	12.20	5	180
	伍家岭村	银宏安置小区	伍家岭村	1.15	0.95	7	99
		苗圃安置小区	伍家岭村	0.58	0.43	7	78
	中岭村	中岭安置小区	中岭村	8.33	10.64	32	906
	捞刀河社区	捞刀河安置小区	捞刀河社区五组	1	2.05	6	198
	彭家巷社区	龙潭小区	彭家巷社区龙潭组	6.33	4.17	16	72
	高源村	高源小区	高源村新塘基	9.47	1.77	7	150
		二期	高源村	1.23	0.99	6	—
	白霞村	白霞小区	白霞村四组	1.47	1.75	5	47
	罗汉庄村	罗汉庄小区	罗汉庄村飞跃组	8.67	4.43	33	560
	板塘村	板塘小区	板塘村板塘组	1.67	2.12	6	70
新港镇	戴家河社区	兴隆小区一期	三汊矶桥东头桥下	6.85	4.40	16	539
		兴隆小区二期			1.66	7	234
		兴隆小区三期			4.17	12	446
	兴联社区	周南小区	周南中学东侧	5.04	5.24	22	535
		母山小区一期	兴联西路	6.67	8.36	23	876
		母山小区二期		2.57	3.09	10	312
		创新小区	周南中学西侧	5.43	7.58	22	804
	鹅羊山村	鹅羊山小区一期	冯蔡路南侧	13.7（暂用8.47）	6.18	22	576
		鹅羊山小区二期			0.39	2	48
		鹅羊山小区三期			1.18	4	60
	大塘村	大塘小区	大塘村	5.23（暂用2.18）	2.64	5	203

续表 18-8

街镇	建设单位	项目名称	建设地点	用地规模（公顷）	建筑面积（万平方米）	栋数（栋）	设计数（套）
新港镇	湘粤村	湘粤小区	太阳山路	3.00	3.47	10	324
	荷叶村	荷叶小区一期	周南中学东侧	5.31（暂用 3.33）	2.05	10	312
		荷叶小区二期			1.01	4	—
	竹隐村	竹隐小区	兴联东路	7.47（暂用 4 亩）	2.43	8	240
新港镇	宿龙桥社区	排楼湾	戴家河	2.46	2.10	14	237
	荷叶村	荷叶小区一期	周南中学东侧	5.31（暂用 3.33）	2.05	10	312
		荷叶小区二期			1.01	4	
	竹隐村	竹隐小区	兴联东路	7.47（暂用 4 亩）	2.43	8	240
	宿龙桥社区	排楼湾	戴家河	2.46	2.10	14	237
	植基社区	植基社区一期	植基社区雷家场组	6	4.53	17	420
		植基社区二期		1.80	2.20	6	100
	金盆丘社区	金盆丘小区一期	金盆丘苗湾组	4.93	4.70	14	370
		金盆丘小区二期	金盆丘苗湾组、甘塘坡组	1.80	2.20	7	—
	金霞村	金霞小区一期	彩霞路北侧	3.17	1.86	5	552
		金霞小区二期		5.87	3.50	13	—
	新安寺社区	新安寺一期	青竹湖大道南侧，保税物流对面	11.06	4.38	15	444
		新安寺二期		5.24	4.27	15	408
		新安寺三期		一期地块内	1.51	6	168
	综合场社区	综合场小区	金霞小区西北	2.38	0.72	3	84
青竹湖镇	天井社区	天井社区	天井社区烟坡组	5.50	5.15	17	722
	霞凝社区	霞凝社区一期	北二道与西二路地西南角	5.52	5.60	17	470
		霞凝社区二期		1.95	1.60	6	165
	太阳山社区	太阳山社区一期	南一道与太阳山路交汇处东南角	17.80	8.43	58	1448
		太阳山社区二期			11.33	28	—
		太阳山社区三期			0.85	3	—
					1.20	1	—
	新源社区	新源小区	新源社区茂林坡组	2.60	1.65	6	140
合计				210.11	194.90	658	15777

第六章　建筑业

第一节　建筑行业管理

一、建筑市场监管

1991—1995 年，北区的建筑市场监管机构为北区建筑市场管理站，由区城建环保委管理。1996 年更名为开福区建筑市场管理站，由开福区建设局管理。

1998 年，开福区制定建筑市场工程招标投标制、监理制、资质管理制、工程总包制、合同制、施工许可证制、建筑构件监管制 7 项制度，查处违规违章建设行为，维护建筑市场有序竞争。2000年，开福区组织对建筑企业进行“三查”“三促”，即：查企业承包的施工项目是否与企业资质相符，促企业提高资质等级；查企业承接的施工项目是否有转包、外包行为，促企业依法依规经营；查企业安全生产责任制是否落实，促企业重视安全生产。同年，配合长沙市建筑工程执法大队查处严重违规违章建筑项目5起。

2002年始，开福区对建筑企业的资质进行核查实行分类管理。高岭、顺天、沙坪、捞刀河等建设集团，在企业资质提升的基础上，加大对企业中层以上负责人和技术人员的培训，高岭集团每年安排外出学习培训在50人以上，顺天集团每年安排专项经费对职工进行培训。2006年，为体现公正、公开、公平办事原则，制定开福区《建筑工程招标投标管理细则》，规范招标投标工作，从源头上预防建筑业领域腐败现象。1996—2012年，开福区建筑行业共承接建设招标投标416项，中标金额26.95亿元。

二、建筑质量监管

1989—1995年，北区建筑质量监管主要是配合长沙市实施工程现场质量管理，竣工验收，评定质量等级，先后推行全面质量体系(简称QC)、资质管理体系、优良工程评选等。

1997—2012年，根据新的市区权限，开福区政府推行工程监理制，由区质监站代表区政府开展工程质量监管，对工程项目的建设、设计、勘察、施工、监理五方责任主体进行监督，实行备案制，依据市建委《关于进一步加强区建设管理的若干意见》，加大对工程现场的管理，对施工现场进行抽样检测，发现问题，要求及时整改。在此期间，全区质量监管受理项目220个，受监面积355万平方米。

表18–9　　1997—2012年长沙市开福区建筑行业工程质量监管情况表

年份	受监工程数（项）	受监面积（万平方米）	产值（万元）	合格率（%）
1997	5	10	8000	100%
1998	7	12	10800	100%
1999	8	13	13000	100%
2000	11	15	18000	100%
2001	10	18	27000	100%
2002	16	21	37800	100%
2003	12	20	40000	100%
2004	14	20	44000	100%
2005	15	16	48000	100%
2006	17	23	69000	100%
2007	19	22	77000	100%
2008	15	35	140000	100%
2009	13	37	155400	100%
2010	18	38	190000	100%
2011	19	30	165000	100%
2012	21	25	150000	100%
合计	220	355	1193000	

三、建筑安全监管

2006年，开福区建立建筑施工安全生产管理机制，构建“三级安全管理网络体系”①，严把施工过程中的“三关”②，按规定对建设工程项目、施工安全等级（含文明工地）进行评定、申报。

2008年始，开展建筑工地文明安全施工管理，建立安全工作例会，加强工地检查。加大日常巡查力度，明确各项目各标段的安全负责人，依照建设部制定的《建筑施工安全检查评分标准》《施工现场临时用电安全技术规范》《建筑施工高处作业安全技术规范》逐项检查和整改，强化安全监管，创建安全工地。

1996—2012年，全区建筑行业未发生重、特大安全生产事故。

第二节 建筑企业选介

1995年，北区共有区、街建筑（建安）企业14家，其中二级资质1家、三、四级资质各4家，其他5家，共有职工2174人。

2012年，开福区共有建筑（建安）企业46家，其中特级资质1家、一级资质5家、二级资质3家、三级资质3家、专业公司34家。全区建筑业共有职工42257人，其中高、中级职称1421人，各类专业技术骨干8258人。全年全区建筑业完成产值110亿元，上缴税收3.90亿元。

表18–10　　2012年长沙市开福区建筑（建安）企业基本情况表

企业名称	成立年份	企业性质	资质等级	企业负责人	地址	职工总人数（人）	其中	
							高、中级职称人员	专业技术人员
湖南高岭集团股份有限公司	1962	股份有限	建筑特级	周雄辉	开福区捞刀河镇彭家巷468号	15000	388	2000
湖南顺天建设集团有限公司	2000	有限责任	建筑一级	苏松泉	长沙市芙蓉北路顺天·北国风光小区20栋	2450	210	820
湖南沙坪建设集团	1963	有限责任	建筑一级	肖正元	长沙市芙蓉中路一段6号沙坪商务中心8楼	8620	217	1000
湖南捞刀河建设集团有限公司	1984	有限责任	建筑一级	苏国民	长沙市三一大道349号	3500	110	800
长沙洪山建筑有限公司	1964	有限责任	建筑一级	廿立勤	长沙市洪山路175号	3127	38	332
长沙金城建筑有限公司	2003	有限责任	建筑一级	徐冠雄	长沙市芙蓉北路808号北域新领地三栋19楼	1800	65	380
长沙霞凝建筑有限公司	1999	有限责任	建筑二级	戴迪强	开福区新港街道	780	12	278
长沙联城建筑有限公司	1998	私营有限责任	建筑二级	陈锋	开福区湘雅路316号	198	40	125

①“三级安全管理网络体系”即建立企业及企业各部门、在建工程项目部、施工班组三级管理体制，明确各级各部门安全生产管理职责，形成“横向到边，纵向到底”的安全生产管理网络体系。

②“三关”即严把施工组织管理关，严把施工安全培训关，严把施工检查验收关。

续表 18-10

企业名称	成立年份	企业性质	资质等级	企业负责人	地 址	职工总人数（人）	其中	
							高、中级职称人员	专业技术人员
湖南安晟建筑工程有限公司	1983	有限责任	建筑二级	王琮	长沙市秀峰路 69 号	60	5	12
长沙华茂建筑工程公司	1994	有限责任	建筑三级	周明云	长沙市芙蓉中路一段 479 号	7	1	3
长沙市开福区建筑有限公司	1998	有限责任	建筑三级	李思燕	长沙市东风路下大垅工商巷 121 号	111	4	53
湖南苏托建筑有限公司	2012	有限责任	建筑三级	苏献科	长沙市福城路 49 号	92	2	53
湖南卉华园林景观建设有限责任公司	2000	有限责任	市政三级	吴国祥	开福区四方坪商贸城 22A 栋 106 室	120	8	54
湖南凌明建设工程有限公司	2012	有限责任	水利三级	李凌	开福区捞刀河镇凤羽村 13 组 593 号	51	12	38
湖南中安工程有限公司	2003	有限责任	机电二级	汤鸣放	长沙市开福区捞刀河镇 701 栋	126	15	111
长沙城通基础管网建设有限公司	2004	有限责任	通信三级	罗陆才	长沙市万家丽北路 899 号	40	27	24
湖南中科预应力技术有限公司	2010	有限责任	预应力二级	张四海	长沙市芙蓉北路二段 151 号	13	2	4
长沙科瑞迪节能建材有限公司	2005	有限责任	安装二级	陈剑	长沙市暮云工业园	25	3	9
湖南天源机电设备安装工程有限公司	2012	有限责任	安装一级	贺桂姿	长沙市开福区戥子桥 25 号	30	2	5
湖南益瑞建筑装饰工程有限公司	2010	有限责任	装饰二级	肖铁良	长沙市丽臣路 287 号	4518	166	1467
湖南庄景科技发展有限公司	2004	有限责任	装饰三级	易景山	长沙市马王堆南路 258 号	120	2	20
湖南华网电力工程有限公司	2012	有限责任	送变电三级	曹晓燕	长沙市湘江中路一段 126 号	70	2	53
长沙兴迈通信建设有限公司	2005	有限责任	通信三级	彭泽辉	长沙市万家丽北路一段 899 号	44	5	38
湖南湾田科技发展有限公司	2011	有限责任	安装三级	陈杰	长沙市三一大道 303 号	60	1	48
湖南新好利维尔科技发展有限公司	2009	有限责任	装饰三级	苏仕洋	长沙市芙蓉中路一段 478 号	33	9	1
湖南建邦机电安装有限公司	2012	有限责任	机电三级	肖宇	长沙市金泰路 199 号	50	5	30
湖南长安爆破工程有限公司	2012	有限责任	爆破三级	蒋勇	开福区福城路 108 号	8	1	12
湖南汇智装饰工程有限公司	2000	有限责任	装饰三级	李晓春	芙蓉中路东青大厦 18 楼附 17 楼	179	0	76

续表 18-10

企业名称	成立年份	企业性质	资质等级	企业负责人	地　址	职工总人数（人）	其中	
							高、中级职称人员	专业技术人员
湖南金辉电力建设开发有限公司	1998	有限责任	送变电三级	易颖	长沙市黄兴北路 89 号	80	6	20
湖南冠业防水工程有限公司	2010	有限责任	防水三级	聂冠军	长沙市蔡锷北路 3032 号	20	1	16
湖南中佳信息技术有限公司	2005	有限责任	装饰三级	王忠	长沙市金泰路 199 号	30	1	6
长沙警安消防工程安装有限公司	1994	有限责任	消防二级	江辉波	长沙市浏阳河路 37 号	102	5	40
湖南长沙安装有限公司	1980	有限责任	机电二级	袁志立	长沙市黄兴中路 155 号	85	7	36
长沙市开福区全美装饰有限公司	2007	有限责任	装饰三级	黄胜球	长沙市芙蓉中路 469 号	5	2	1
长沙林桥装饰有限公司	2004	有限责任	装饰三级	王左	长沙市德雅路 118 号	5	3	1
湖南省湖湘文物工程有限公司	2003	有限责任	园林三级	喻勇	长沙市岳麓大道 89 号	15	3	12
湖南嘉怡建筑工程有限公司	2008	有限责任	体育工程二级	任跃飞	国防科大附属中学 E 栋 3 楼	48	4	20
长沙雄徽门窗安装有限公司	2008	有限责任	安装三级	王慧	开福区板塘村（原板塘包装厂）	98	6	24
长沙市神宇建筑防水防腐有限公司	2009	有限责任	防水二级	邹植华	长沙市开福区捞刀河镇	110	5	35
长沙天晟门窗有限公司	2005	有限责任	安装三级	吴志虎	长沙市开福区捞刀河镇太星村	30	1	10
长沙洪山土石方施工有限公司	2003	有限责任	土石方三级	谢礼	长沙市开福区洪山桥洪山翠园	58	3	24
湖南东野门窗工程有限公司	2007	有限责任	安装三级	曹嘉	长沙市三一大道 392 号	20	1	10
湖南省随意居装饰设计工程有限公司	1999	有限责任	装饰一级	彭晓堃	长沙市荷花路 79 号	100	9	60
湖南飞恒安全消防设备有限公司	1999	有限责任	消防一级	欧阳明	长沙市韶山北路 298 号	50	5	40
湖南先悦科技有限公司	2007	有限责任	装饰三级	李跃宇	长沙市芙蓉北路 159 号	150	4	50
长沙都成科技有限公司	2003	有限责任	装饰三级	王洪玲	长沙市芙蓉中路一段 479 号	19	3	7
总　计						42257	1421	8258

附：开福区特级、一级建筑企业简介

湖南高岭建设集团股份有限公司 创建于1962年10月，1998年实行股份制改造，更名长沙高岭建筑股份有限公司。2000年，公司增资扩股，更名湖南高岭建设集团股份有限公司，董事长周雄辉。公司地址开福区捞刀河镇彭家巷468号，注册资金5.75亿元。

1993年，公司经建设部批准为建筑一级资质企业。2004年晋升为国家房屋建筑特级资质企业，成为一家集多种工程承包建筑施工资质的大型建设集团，下辖9个子公司、13个分公司。2012年年末，在册职工1.50万人，其中，高、中级职称388人，各类专业技术员2000人。公司通过国际ISO9001质量管理体系、IS014001环境管理体系、GB/T28001职业健康安全管理体系认证；建立省级技术中心，建成企业信息化管理平台，建筑施工现场远程视频监控和视频会议系统。拥有国家级工法3项、省级工法16项、发明专利2项、实用新型专利31项、主编国家行业标准1项。1998年至2012年，先后获中国建设工程“鲁班奖”4项、全国建筑工程装饰奖3项、全国市政金杯示范工程2项。2010年、2011年获中国建筑业100强、全国先进建筑企业、全国先进施工企业、全国重合同守信用单位。2009年、2012年，被评为湖南省建设工程芙蓉奖、湖南省优质工程奖、湖南省企业100强。1996 -2012年，共完成建筑项目1596项，建筑面积713万平方米。总产值585亿元。2012年1月，国务院总理温家宝来长沙，曾视察高岭建设集团。

湖南顺天建设集团有限公司 创建于2000年12月，董事长苏松泉。公司地址芙蓉北路21号顺天·北国风光小区20栋，注册资金3.02亿元。

2002年，经建设部批准为建筑一级资质企业，拥有房屋建筑工程施工、市政公用工程施工、建筑装修装饰工程、钢结构工程、土石方工程、房地产开发、消防工程、园林工程、水利水电工程、公路工程、机电安装工程施工总承包一级资质，涵盖建筑工程、房地产开发、酒店经营、旅游投资、农林绿化5大经营板块16家分公司。2012年，公司在册职工2450人，其中高、中级职称210人，技术员820人。通过IS09001：2008质量管理体系、ISO14001：2004环境管理体系和GR/T28001-2011职业健康安全管理体系认证;获中国建设工程鲁班奖、建筑施工安全标准示范单位、全国建筑施工安全质量标准化示范工地等国家级大奖和湖南省建筑工程“芙蓉奖”，省优质工程奖。2009年，在全国工商联规模民营企业排序中位列第1084位。2010年，中国建筑业综合实力排序100强中业排序中名列第33位。2011年入榜中国民营企业500强、湖南省私营企业100强。2001—2012年，共完成建筑工程1000项，总产值400亿元。

湖南沙坪建筑集团 创建于1963年，2001年5月成立湖南沙坪建筑集团，董事长肖正元。公司地址芙蓉中路6号，集团注册资金3亿元。

2002年，经建设部批准为建筑一级资质企业。2012年，集团有职工8620人。其中高、中级职称217人，专业技术员1000人。具有房屋建筑、市政工程施工水利水电、公路工程、建筑装饰装修、机电安装等总承包一级资质，商务那批准集团参与境外国际工程承包经营资格。2009年，通过国际1SO9001质量管理体系、ISO14001环境管理体系。GB/T28001职业健康安全管理体系认证。是中国建筑业协会、湖南省建筑业协会常务理事单位。2008—2012年，获中国建筑工程鲁班奖、国家科技进步奖、全国市政金杯奖、全国建筑业先进企业、中国建筑业最具成长性百强企业、全国市政金杯示范工程奖、湖南省建筑工程芙蓉奖、湖南省百强企业，湖南省著名商标企业。员工董志平获全国劳动模范称号。1996—2012年，集团承建重大工程612项，完成总产值200亿元，完成自有房地产建设100万平方米。

湖南捞刀河建设集团有限公司 创建于1966年，2007年10月经建设部批准为建筑一级资质企业，董事长苏国民，公司地址开福区三一大道349号，注册资金1.07亿元。2012年，公司职工3500人，其中高、中级职称110人，技术员800人。具有房屋建筑工程、市政工程、装饰装修、地基与基础四项一级资质，集建筑施工、市政建设、机电安装，建材装饰于一体的大型民营建筑施工企业。公司全资控股君泰房地产开发公司、天福园林公司、国华加气混凝土公司，唯一建筑施工劳务公司、地基基础分公司、机电安装分公司等6家直属企业。2006年被评为湖南省百强企业，多次评为省级重合同、守信誉单位和双文明单位。1996—2012年，完成建设项目总面积500万平方米。

长沙洪山建筑有限公司 创建于1964年10月，2004年7月实行改制，由国有企业变更为民营企业，董事长甘立勤。公司地址开福区洪山桥，注册资金6000万元。2004年12月，经建设部批准为建筑一级资质企业，具有房屋建筑工程施工总承包，市政公用工程总承包、土石方工程专业承包、建筑装修工程专业承包一级资质。2012年，公司在册员工3127人，其中高、中级职称38人，技术员332人。获得湖南省建筑工程芙蓉奖、重合同、守信用单位、湖南省“AAA级信用企业”、先进建筑企业、两个文明先进集体。1996—2012年，公司承建房屋总建筑面积118.58万平方米。

长沙金诚建筑有限公司 创建于2003年5月，董事长徐冠雄。公司地址长沙市开福区芙蓉北路808号、注册资金6100万元。为一家集房屋建筑工程、市政公用工程、水利水电工程、公路工程、电力工程、矿山工程、地基与基础工程、建筑智能化工程、装修与装饰工程、钢结构工程、环保工程等多种经营于一体的施工总承包一级建安企业。2012年，公司在册职工1800人，其中高、中级职称65人，技术员380人。公司多项工程获得湖南省优质工程、湖南省建筑施工安全质量标准化示范工程、质量管理优胜企业、安全生产优胜企业、重合同守信用单位等。

第七章 房产业

第一节 城区住房制度改革

一、机构沿革

1988年7月，市房地系统机构改革，成立长沙市北区房地产管理处及北区房屋修建工程处。北区房屋修建工程处归口北区房地产管理处领导，实行“管修分开”，由市房地产管理局实行垂直管理。1991年8月，市房地产管理局职能调整，将北区房地产管理处和北区房屋修建工程处的人事管理权移交北区人民政府，直管公房的经营、维修、财务管理等仍属市房地产管理局，即实行“双重管理”。

1992年1月，长沙市北区房地产管理处更名为长沙市北区房地产管理局，成为区政府职能局，下设民主东街房管所和浏阳河路房管所。3月，北区房屋修建工程处更名为北区房地产管理局旧城改建经营处，和北区房地产管理局合资建房办公室，实行“两块牌子，一套人马”。9月，北区房地产管理局旧城改建经营处更名为北区房地产北区开发公司，其单位性质、级别人员编制不变，仍隶属北区房地产管理局领导。1992—1996年，担任北区房地产管理局局长的为熊定军。担任书记的为毛世英。

1995年下半年，市房地局将原由市房屋交易管理所承担的房屋租赁管理职能下放各区房地产管理局。10月，北区房地产管理局成立房屋租赁管理所。1997年，原五一路以北西长街房管所的直管公房及人员划归至开福区，长沙市北区房地产管理局更名为长沙市开福区房地产管理局，下设西长街房管所、民主东街房管所、浏阳河路房管所、房地产开发公司、房地产物业公司、房屋租赁管理所、房屋产权监理所7个二级机构。

2003年，长沙市房地产管理局机构改革，组建长沙房产集团有限公司，将各区房地局管辖的直管公房的全部资产、其他经营性资产，以及相关人员划归至长沙房产集团有限公司。开福区房地产管理局不再保留经营性职能，更名为开福区房屋产权管理局。2008年6月，成立开福区住房保障工作局，在开福区房屋产权管理局挂牌，所属人员从区房屋产权管理局调剂，不另增人员和编制。2009年9月，成立开福区城市房屋征收工作办公室，在开福区房屋产权管理局挂牌，不另增编制，人员内部调剂。2011年1月，开福区实行机构改革，将原区房屋产权管理局有关保障性、服务性、技术性、事务性职能和区政府征地办公室职能整合，组建开福区住房保障局，内设综合办公室、棚改项目管理科、登记管理科、征地拆迁管理科、征地安置审核科、保障性住房管理中心等六个科室。开福区房地产管理局、区房屋产权管理局和区住房保障局均为区直属事业单位，设局长、书记各1人。1997—2012年，先后担任局长的有柳光裕、罗新亮、谭树茗、王中柱，担任书记的有唐修斌、粟福莲、袁晖。

二、城区住房制度改革

房改机构及改革历程 1991年，北区成立区住房制度改革领导小组办公室（以下简称区房改办），区房地产管理局局长为办公室主任。主要职能为：对全区范围内市属以下机关事业单位、企业、团体的住房制度改革政策把关和业务指导，负责对上述单位按房改政策标准调整自管公房住宅的租金进行审核，并报市房改办审批；对上述单位向职工出售自管产住宅进行审核，主要审核购房职工的工龄、享受的购房面积，购房款额等。并报市房改办审批；承担区内管辖的直管公房住宅按政策规定的租金标准计算每栋每户的租金数额，建档并放租。办理直管公房住宅按房改政策向市民出售的工作，主要是受理购房人申请、审核资格条件，计算购房款项，填写购房合同。清册等，报市房改办审批后组织收缴购房款，并报送购房资料到市房屋产权监理处办理房屋产权证。

1992年，住房制度改革的主要内容是理顺租金、新房新租、超标加租、优惠售房、集资合作建房、建立住房基金。1993年，贯彻实施《长沙市向职工出售公有住房办法》等6个通知。1994年，对住房制度改革涉及的租金调整、公有房屋出售等进行规范。1995年，推行住房公积金制度，推进租金改革，出售公有住房，鼓励集资合作建房，加快经济适用房的开发建设，发展房地产交易市场和社会化维修、管理市场。

1999年，根据《长沙市1999年深化住房制度改革》和《长沙市职工住房货币分配实施方案》，全区城镇住房不再采取实物形式分配，全面实施住房分配货币化。至此，全区历时8年，从理顺和提高租金标准、出售公有住房、取消住房实物分配的住房制度改革基本结束。

租金调整和公有住房出售 1991—1999年，区属公有住房租金按旧房和新房两种标准多次调整。旧房租金标准为: 1991 年每100分计租值0.20元；1994年每100分计租值0.40元; 1995年每100分计租值0.60元; 1996年每100分计租值1.31元: 1997年每100分计租值1.83元; 1998年每100分计租值2.41元；1999年每100分计租值2.07元。新房租金分为两种标准，新房缴交租赁保证金以息补租的，租赁保证金为每100分计租值不低于25元，其租金标准为对应年度旧房租金标准；新房不缴交租金保证金的，1991年每100分计租值0.33～0.41元，1994年每100分计租值0.53～0.61元，1995年每100分计租值0.73～0.81元，1996年每100分计租值1.44～1.52元，1997年每100分计租值1.96～2.04元，1998年每100分计租值2.54～2.62元，1999年每100分计租值2.20元。

1994—1995年，北区房改办分两批将区辖内三层以上成套的直管公房住宅按房改政策向市民出售，共有840余户申请购房。至2000年，全区直管公房按房改政策出售的面积近30万平方米。

建立住房保障体系 住房保障体系包括租赁住房货币补贴、廉租住房实物配租、经济适用房货币补贴、公共租赁住房4种形式。

租赁住房货币补贴，也称廉租住房补贴，是住房制度改革取消实物分配，实行货币化分配后，针对城市一部分特殊困难群体和住房困难户的住房问题而采取的一项新的保障政策，通过以货币补贴的方式对无房户和住房困难户对象给予保障，是住房保障制度改革的核心。2000年，开福区启动对无房户和住房困难户以发放租赁住房货币补贴的方式进行保障，无房户每人每月100元、住房闲难户每人每月50元。领取补贴的对象须提供相应的租房合同，身份证件等资料，经审查属实即可领取补贴款。2008年，根据《长沙市城市廉租住房保障实施方案》，廉租住房保障以发放租赁住房补贴为主，租金核减和实物配租为辅，对城市低收入无房户或住房困难家庭，主要发放租赁住房补贴；对承租直管公房和单位自管产住房的城市低收入住房困难家庭，符合廉租住房条件的对象，给予租金核减；对廉租住房保障对象中的孤、老、病、残等特殊住房困难家庭及其他急需救助的住房困难家庭，优先给予实施配租。调整租赁住房补贴标准，无房户每人每户160元，住房困难家庭每人每月80元。并实施动态管理，适时调整。至2012年，全区共审批无房户和住房困难家庭6835户，发放补贴金额1846.30万元。

廉租住房实物配租，2008年始，对符合廉租住房保障条件的城市最低收入（低保户）住房困难家庭、已经申请并领取廉租住房租赁补贴一年以上的城市低收入住房困难家庭及市政重点工程和旧城棚户改造项目中的拆迁安置对象中符合廉租住房保障条件，经区政府认定可以纳入实物配租的低收入住房困难家庭进行廉租住房实施配租工作。至2012年，全区共解决廉租房实物配租入住642户。

经济适用房货币补贴，2008年，长沙市政府决定在开福区试点，通过发放经济适用住房货币补贴、支持保障对象以自主购房的方式解决住房问题。根据《长沙市经济适用住房货币补贴实施方案》，结合商品房与经济适用住房差价以及国家规定的经济适用保障面积确定补贴标准，低收入无房家庭每户8万元，低收入住房困难家庭和棚户区、片区改造等重点工程拆迁户中享受经济适用住房货币补贴的每户5万元。至2012年，全区累计共审核经济适用住房货币补贴1.01万户，另4853户通过经济适用住房购房资格审核。

公共租赁住房的保障对象分为两大类，一类是定向配租的保障对象，即开发区、工业园区或用人单位利用自有土地新建、改建、扩建，购买、租赁方式筹集的公共租赁住房，其保障对象主要是开发区、工业园区单位职工或用人单位职工；一类是非定向配租的保障对象，即中等偏下收入的城市户籍家庭，新就业大学生和外来务工人员三类群体。2011年，根据长沙市《关于加快发展公共租赁住房的工作意见》，开福区确定公共租赁住房定向配租房源为148家企业3255套，总建筑面积17.94万平方米，回租期一年。通过回租捞刀河中岭村农民空置安置房作为非定向配租公共租赁住房房源、共回租350套，1.28万平方米，回租期一年。至2012年，全区登记的公共租赁住房定向配租房源累计为152家企业。房屋3531套总建筑面积19.08万平方米；非定向配租公共租赁住房房源653套，总建筑面积2.43万平方米。

表 18–11　　1991—1998 年长沙市开福区（北区）公有住房出售价格一览表

单位：元 / 平方米

年份＼项目	框架结构		砖混一等		砖混二等	
	成本价	标准价	成本价	标准价	成本价	标准价
1991	518.40	288	432	234.40	393.60	211.20
1992	520.20	294	441	235.20	401.80	215.60
1993	540	300	450	240	410	220
1994	689	613	530	—	477	—
1995	780	—	600	—	540	—
1996	897	—	690	—	621	—
1997	897	—	690	—	621	—
1998	956	—	735	—	662	—

表 18–12　　2012 年长沙市开福区廉租住房配租情况表

单位：套

序号	廉租房小区名称	房源总数	已配租数	待配房源	安置率
1	诚兴园	161	63	98	60.87%
2	凤凰苑	49	19	30	61.22%
3	麓谷锦和园	75	24	51	68%
4	鄱阳	124	124	0	100%
5	栗塘	209	103	106	50.72%
6	新城	189	189	72	100%
7	山水新苑	84	12	287	85.71%
8	福润园	395	108	644	72.66%
	合计	1286	642		50.08%

第二节　住房建设

一、房地产开发

20 世纪 80 年代末期，北区房地产管理局管的直管公房房屋陈旧、破损严重、租金低、维修经费有限。1989 年，区房地局成立合资建房办公室，尝试以合资建房的形式改造危旧公房，先后引进资金改造上胡家花园、教育街口等处破损严重又相对集中的危旧公房。1992 年，区房地局在合资建房办公室的基础上成立北区房地产开发公司，对区内危旧房成片规划，滚动开发，完成工程面积较大的地区有红墙巷、麻园岭。红墙巷建成房屋 7 栋，建筑面积 1.73 万平方米。1993 年，北区房地产开发公司先后与省进出口公司、香港佑昌公司成立湖南世达房地产开发公司和长沙佑昌房地产开发有限公司两家中外合资房地产开发公司，在区内老城区进行成片开发。至 1995 年，北区房地产开发以老城区改造为主，年开发量 10 万平方米左右。

1996 年始，省、市多项重点工程相继在开福区动工，带动房地产的发展，开启全区旧城改造、新城建设的新局面。1997 年，开福区对城市建设和管理提出“高起点规划，高效能管理，高标准建设”的总要求，在“经营城市”新理念指导下，按照“政府领导，市场运作，统一管理，滚动开发，政策支持，项目平衡”的原则，开展房地产开发。1996—2003 年，佑昌房地产开发公司在兴汉门进行旧城改建综合开发和道路拓改工程项目，共建成房屋 7 栋，建筑面积 1.87

万平方米，同时拉通拓宽兴汉门至彭家井口的城市道路。至2003年，区房地局的合资建房项目和旧城改建开发的房地产项目投资总额1.90亿元，建成房屋53栋，建筑面积12.60万平方米。

2011年，全区完成商品房开发251.09万平方米，完成备案销售240.67万平方米，以万达、万科、铂宫等项目为代表，加大精装修房的开发比重；以北辰三角洲、湘江世纪城、万达商业广场、泊富国际等项目为代表，打造一批集住宅、商业、酒店、娱乐于一体的超大型城市综合体，区域内房地产的规模和品质得到整体提升。

2012年，开福区共有房地产开发公司（含外资外商）103家。1996—2012年，开福区开发建设楼盘、住宅小区216个，其中5万平方米以上118个、5万平方米以下98个，共3395栋，建筑西积5026万平方米。

二、廉租房建设

2010—2012年，区廉租房建设项目有福润园、嘉年华•北尚阳光、福泽园廉租房三处。福润园小区位于开福区四方坪新家园以东，浏阳河路以南，紧临湖南制药有限公司宿舍以北，占地1.93公顷，规划建设4栋11～20层高层普通住房，总建筑面积4.60万余平方米，673套。其中廉租房395套，建筑面积1.90万平方米；其余278套用于安置和改善项目范围内已拆除居住在D类危房内的企业员工和部分其他住房闲难户。该项目由区政府主导，公司化运作，长沙市北城棚户区改造投资有限公司建设，是全市第一个国有工矿棚户区改造与廉租房建设相结合的试点项目。2010年5月项目启动，8月底完成征收，10月开工建设，2012年3月竣工交付使用。

嘉年华•北尚阳光小区，位于开福区植基村、华宁路与青竹湖路交汇西北角，是由区政府主导，市场化运作的项目，2010年启动建设，长沙市嘉年华房地产开发有限公司建设。规划建设8栋11～26层高层住宅，1～5栋为经济适用房，共666套，建筑面积5.50万平方米;6～8栋为廉租房共752套，建筑面积3.30万平方米。

福泽园廉租房位于三一大道以北，陡岭路以南，万煦园以西，规划中的学堂园路以南的区域。项目总用地面积7.61公顷，规划总建筑面积约27万平方米，分A、B、C三区。其中廉租房设计为一栋24层高层建筑，322套，建筑面积1.65万平方米，建筑容积率4.65，长沙市北城棚户区改造投资有限公司建设。2011年启动征收，2012年10月完成征收，进入场地平整详勘并已进入工程正常建设阶段。

三、房地产投融资

2000年，开福区提出，要采用多种方式盘活城市存量资产，结合棚户区拆迁改造一批，引进外资合建一批，政府自筹资金建设一批，企业自主开发一批，解决房地产融资瓶颈。

2003年4月，为解决投融资问题，开福区向长沙市申请成立城市建设投资有限公司，于5月获批，成立区城建投资有限公司，并将区内所有存量土地、闲置楼宇等资产全部划拨区城建投资有限公司统一管理，以资源担保、开发建设为手段，筹措建设资金。2006年，区城建投融资60亿元，其中区内投入20亿元，重点工程投入40亿元。

2007—2012年，房地产建设融资180亿元，同时引进一批全国知名的战略投资商，如杭州绿城、厦门国建、泊富、铂宫等10余家大型企业集团，解决建设中的资金问题，加速开福区房地产的开发。

表18-13　　1993—2003年长沙市开福区（北区）部分开发项目情况表

单位：平方米

时　间	项目名称	栋数	建筑面积	建设主体
1993—1995年	民主东街	7	17293.71	房地产开发公司
1994—1995年	竹山园	2	3612.00	—
1994—1995年	下麻元岭	3	6338.60	世达房地产开发公司
1993—1995年	建湘北路	5	10430.00	—
1994—1995年	学宫街	2	4036.00	—
1993—1995年	百善台	3	14820.82	房地产开发公司
1996—2003年	兴汉门	7	18729.00	佑昌房地产开发公司
1999—2001年	下大垅	3	6336.00	物业经营公司

表 18-14　　1996—2012 年长沙市开福区 (5 万平方米以上) 楼盘、住宅小区情况表

序号	建设年份	楼盘、住宅小区名称	栋数（栋）	建筑面积（平方米）	竣工年份
1	1996	金帆小区	49	250000	2003
2	1996	海东青大厦	2	58500	2000
3	1997	开福区机关大院	6	53000	1999
4	1998	湖南财富中心	1	68000	2002
5	2000	广福园	23	110000	2001
6	2000	四方小区（四方嘉苑）	32	227800	2003
7	2000	四季阳光花城	11	100000	2002
8	2001	锦绣华天	4	115000	2004
9	2001	顺天北国风光	14	110000	2003
10	2001	金帆江滨玫瑰园	13	130000	2003
11	2001	金满地地下商业步行街	6 个区	27000	2003
12	2002	恒鑫、湳北湾	31	100313	2006
13	2003	欧陆经典	2	120000	2005
14	2003	金鹰城	292	2000000	2006
15	2003	雅泰家园	1	508500	2004
16	2004	景香苑	10	90000	2006
17	2004	滨江君悦香邸	11	530000	2008
18	2004	水木轩	14	170000	2007
19	2004	胜利商贸广场	1	69251.3	2006
20	2004	佳阳悦景馨都	12	152533	2007
21	2004	时代先锋	3	70000	2006
22	2005	才子佳苑	9	120000	2009
23	2005	盛世荷园（美居荷园）	5	121031	2009
24	2005	运达国际广场	2	100791	2006
25	2005	万煦园（长沙海利花园）	28	204832	2008
26	2005	华盛新外滩	5	200000	2009
27	2005	顺天黄金海岸	10	310806	2008
28	2005	香樟雅郡	9	137038	2008
29	2005	洪山家园	20	139400	2009
30	2005	北湾景园	8	55400	2007
31	2005	青竹湖别墅	138	107918	2008

续表 18-14

序号	建设年份	楼盘、住宅小区名称	栋数（栋）	建筑面积（平方米）	竣工年份
32	2006	科大佳园北区	92	423749	2009
33	2006	上城金都	2	128000	2008
34	2006	五一大道 202	2	84949	2008
35	2006	珠江花城	48	1162443	2009
36	2006	绿城青竹园	97	450000	未竣工
37	2006	左岸春天	38	210000	2008
38	2006	伍家岭生活广场	4	85279	2009
39	2006	大地金墅	1	60740	2009
40	2006	如果・爱	5	62498	2008
41	2006	先锋・水韵花都	3	113623	2008
42	2006	归心花园	45	374987	2009
43	2007	藏珑湖上国际花园	200	560000	未全部竣工
44	2007	金色屋顶	1	55500	2011
45	2007	四季美景	17	170000	2008
46	2007	永通佳苑	2	50268	2012
47	2007	金色比华利大厦	1	76714	2010
48	2007	中国铁建・山语城	100	900000	未竣工
49	2007	SOHO 天都	3	93000	2009
50	2007	月湖澜庭	7	103359	2009
51	2007	学府华庭	15	191457	2010
52	2007	江临天下	5	114297	2010
53	2008	中信大厦	2	110000	2012
54	2008	极目楚天	5	188000	2011
55	2008	湘江世纪城	158	4000000	2010
56	2008	万国城 Moma	60	120000	未全部竣工
57	2006	建鸿达现代城	6	81935	2010
58	2008	友联 绿洲花园	24	360000	未竣工
59	2008	水映加州	268	399252	未竣工
60	2008	湘江御景（双湾国际）	13	470000	未竣工
61	2008	誉峰苑	2	67234	2010
62	2008	雄新・水印廊桥	4	62130	2010

续表 18-14

序号	建设年份	楼盘、住宅小区名称	栋数（栋）	建筑面积（平方米）	竣工年份
63	2009	太阳星城	102	510632	未竣工
64	2009	怡然翠园	8	122268	部分竣工使用
65	2009	北辰三角洲	120	5500000	部分竣工使用
66	2009	凯乐国际城	9	240206	2012
67	2009	第一湾	9	280693	2011
68	2009	湘江北尚	5	124840	未竣工
69	2009	湘诚德峰小区	102	370000	未竣工
70	2009	深业堤亚纳湾	123	820000	未竣工
71	2009	中坤华庭	8	200000	未竣工
72	2009	威尔士春天	11	360000	未竣工
73	2009	潮宗御苑	2	146000	未竣工
74	2009	公园一号	1	75000	未竣工
75	2009	挪威森林	2	60785	2010
76	2009	万科城	75	497396	未竣工
77	2009	名富公寓	1	61191	2011
78	2010	幸福考拉别墅	15	53086	2012
79	2010	枫麓园	1	202000	2011
80	2010	瑞都豪庭	6	97543	未竣工
81	2010	开福万达广场	8	10321000	未竣工
82	2010	金色溪泉湾（星月城）一期	21	680000	未竣工
83	2010	顺天国际金融中心	8	154896	未竣工
84	2010	秀峰景园	6	87568	未竣工
85	2010	香江锦园（福东·香江锦城）	2	66183	2012
86	2010	恒大雅苑	79	1514938	未竣工
87	2010	德雅大厦	1	57380	2012
88	2010	福天·月畔湾	1	91682	2012
89	2010	世方水岸园	1	101711	未竣工
90	2010	长大·卧琥二期	12	119976	2012
91	2010	怡然·四方锦城	7	128167	2012
92	2010	上林紫郡	6	70000	2012
93	2010	紫荆小区	3	86789	未竣工

续表 18-14

序号	建设年份	楼盘、住宅小区名称	栋数（栋）	建筑面积（平方米）	竣工年份
94	2010	富湾国际	159	3200000	未竣工
95	2010	中南纸业大市场	3	66992	未竣工
96	2010	湘瑞嘉园	4	68550	2012
97	2010	听香水榭	8	100000	未竣工
98	2010	庄园心伽泊	3	76633	未竣工
99	2010	裕景嘉园	6	63500	2012
100	2010	观园国际公寓	2	60827	未竣工
101	2010	长沙深国投	4	65972	2012
102	2011	凯乐水岸国际	7	126778	未竣工
103	2011	华尔街中心	2	56985	未竣工
104	2011	嘉年华、北岗阳光	8	100000	未竣工
105	2011	复地崑玉府	9	233000	未竣工
106	2011	欧波港湾	2	61895	未竣工
107	2011	海洋半岛花园	23	343103	未竣工
108	2011	江湾纯水岸	10	166423	未竣工
109	2011	天键壹平方英里	8	158350	未竣工
110	2011	恩瑞国际物流城	31	550000	未竣工
111	2011	华江乐天花亭	3	58895	未竣工
112	2011	江景华府	1	50000	2012
113	2011	美丽新世界	13	177600	未竣工
114	2011	江景名府	1	50000	2012
115	2012	江福苑	10	93855	未竣工
116	2012	卓尔长沙基地	26	76611	未竣工
117	2012	江湾新城	21	300000	未竣工
118	2012	英祥春天	9	200000	未竣工

第三节 房产管理

一、直管公房

1989年，北区直管公房住宅面积52.90万平方米，全部出租给企业单位职工居住和城市居民使用。区房地局在产权，产业、产籍三个方面对其进行经营管理。

产权管理根据1991年长沙市《城市房屋产权产籍管理暂行办法》进行，主要为明确产权事项，确认产权归属，对所辖直管公房档案资料进行逐栋收集，核查产权，并上户核对和查勘测绘，对全区管辖的直管公房进行产权登记，模清区内直管公房规状。区房地局设有专人负责涉及直管公房的产权接管、调拨、让售、以及征用拆迁产权偿还、翻改建工程等发生房屋产权异动的日常管理工作，保证产权资料的不遗失，避免房屋产权不清引发的产权纠纷。

产业管理分为直管公房的租赁管理和维修管理。1989年，北区直管公房的承租户有1.02万户。全区划分为16个房管段，每段设名房管员，租户600～800户不等，按段包干。主要工作是负责本段承租户的租金收缴，做好承租户之间发生的房屋互换，承租人变更过户等租户关系异动填报。在计划经济条件下，因住房有限，为解决部分军烈属、公安干警、落实政策发还产权户、统战对象及其他重点户的住房问题，区房地局每年有16户左右的住房安置计划分解到各个房管段，房管员在本段通过经常性的清理租赁关系等方法完成。这种指令性的住房安排任务，随着城市房地产开发的逐步发展，直到1996年取消。直管公房的维修管理也十分繁杂。由于直管公房的租金长期偏低，收取的租金难以“以租养房”。在“管、修”矛盾突出的情况下，区局的维修经费由市房地局统筹协调。其维修分为小修、中修、大修，翻改建四个等级，采取专业维修与群众维修、经常性日常维修与维修大会战相结合。每个房管段配2～3名小修工人实行三结合(房管员、维修工、租户)、三固定(片段、房屋、维修类别)的办法，主要解决房屋的小修、中修工程，以保房屋不倒不塌，基本不漏。大修以上的工程，由房管员上报维修通知单到区局维修科。每年，区局安排一定数量的大修、翻改建计划，对使用年代久远、存在严重安全隐患的危险房屋进行维修。市房地局根据区局的房屋状况拨付专项资金，进行维修大会战。1989—1992年，曾先后在北正街、红墙巷、外湘春街等街道对直管公房进行维修大会战，以改善居民的居住状况。区房地局还承担对房屋景观环境综合整治的工作。1995年，为迎接第五届城市运动会在长沙市举行，对直管的建湘新村3、5、8、15栋房屋进行“平改坡”“洗脸打粉”的综合整治，“平改坡”面积1785平方米，投资102.95万元:外墙面积6480平方米，投资35.64万元，东风路原90号临街房屋外墙装修工程1850平方米，投资10.20万元。

房屋的产籍包括记载房屋的图、卡、册地号等有关涉及房屋的档案资料。1991年，在对直管的房产权登记发证过程中，对每栋房屋进行全面的资料清理，充实、完善和立卷。以栋为单位建立栋资料，整理其产权、申请登记表、四至墙界、房屋平面图、设施明细资料卡以及记载产权来源等相关证明文件。1994年始，全市房屋档案进入计算机管理，房屋电子文档逐步推广，为房屋档案资料的利用提供便利条件。

二、房屋安全管理

房屋安全管理主要工作是对区辖内私有房屋危险程度进行安全鉴定，配合政府处置房屋安全使用中的突发事件，以及征用拆迁中对拆除房屋安全进行监管督促整改等。

1989年11月，根据国家建设部颁发《城市危险房屋管理规定》，成立北区危险房屋鉴定办公室(简称危房鉴定办)，是市局危房鉴定办的下设分支机构，直接受理北区范围内私有房屋危房鉴定，并核发危险房屋鉴定证书，作出处理结论，自签发之日起有效期两年。1996年改称开福区危房鉴定办。2009年，危房鉴定职能移交至区建设局。1989—2009年，全区累计进行私房危房鉴定700户，鉴定危房面积2.84万平方米。

2003年始，开展拆迁中房屋保障工程的安全监管日常巡查工作。工作内容主要是督促、检查拆除施工队伍是否具备拆除资质，是否按报批的备案拆除施工方案进行施工，施工人员安全措施是否到位，是否文明施工等。开展房屋室内装饰装修的监管，主要是通过日常巡查的方式，由街道和社区的城管专(兼)干在辖区内进行，督查产权人在房屋装饰装修中不发生破坏房屋整体结构的行为，督促施工人员安全文明施工，发现问题及时整改，保证房屋使用安全。2004年，处理蒋家垅2片2栋因地下水管网破裂，污水侵袭，引发该栋房屋北面外地面塌陷突发事件1桩。2008年10月，处理金太阳外婆桥店发生房屋坍塌事故突发事件1起。

三、农村集体土地房屋产权登记发证

1997年始，开福区房地产管理局负责对辖区内农村集体土地上的房屋登记发证。2011年，该职责划入区城乡建设局，至2012年，开福区房地产管理局”开福区房屋产权管理局累计办理农村集体土地房屋产权登记6700户，建筑面积98万余平方米。

四、房产市场管理

区房产市场管理有租赁市场管理和中介市场管理两个方面。2005年，根据(长沙市出租房屋集中清理整顿工作方案》，开福区房地产管理局成立专门工作班子，抽调工作人员22名，将全区15个街道，乡、镇分为6个片区，将人员、工作范围、工作时间、工作重点、工作目标等制成表格，将各街道片区收回的资料进行登记、整理和电脑录入。7—11月，对出租房集中清理整顿工作，以摸清掌握全区范围内的出租房状况。同年6月始，开展对区辖范围内房屋中介机构年度审验和登记备案，以及中介机构违规行为的投诉查处工作。至2010年，全区有备案房屋中介机构12家。2011年1月，该职责划入区城乡建设局。

五、物业监管

物业监管职责主要是监管物业企业在小区物业管理中是否履行其职责和义务，协调处理涉及小区业主与物管企业之间矛盾、诉求。2004—2012年，全区共有180家物业企业在区局登记备案，全区有247个楼盘有物业管理，面积2000万平方米，47个小区有业主委员会。2007年始，小区物业管理作为文明城市建设的一项检查内容。每年4月，开福区房地产管理局组织各街道（乡镇）、社区主管物业的负责人及物业管理专（兼）干进行政策、业务培训2天；对辖区内各物管服务企业进行每月一周的"平安物业""创建全国文明城市"工作的全面督查。建立小区物业矛盾纠纷调解制度，对业主的投诉安排专人接待和受理。至2011年，物业监管接待处理有关业主诉求来信来访共800余人次，调解各种物业诉求会议80余场次，维护当事人的合法权益。

表18–15　　2004—2005年长沙市开福区房屋租赁市场情况表

类型	二环线内					
	住宅		写字楼		门面	
	2004年	2005年	2004年	2005年	2004年	2005年
已租数（户）	1820	2300	854	737	3200	2700
已租面积（万平方米）	15.32	16.18	13.18	11.91	18.21	17.64
出租价格（元/平方米）	6.50	6.80	27	24	46	46
类型	二环线外					
	住宅		写字楼		门面	
	2004年	2005年	2004年	2005年	2004年	2005年
已租数（户）	460	457	60	39	410	405
已租面积（万平方米）	3.67	3.58	0.91	0.63	1.99	1.96
出租价格（元/平方米）	4.35	4.50	12	10	18	20

表18–16　　2012年长沙市开福区部分物业管理公司情况表

序号	企业名称	一级资质证书号	注册所在区	负责人姓名
1	湖南省锦鸿物业管理有限公司	（建）110040	开福区	李　娟
2	湖南鲲鹏物业服务有限公司	（建）111018	开福区	肖　玲
3	长沙世纪金源物业管理有限责任公司	（建）111019	开福区	郭昌彬
4	长沙市万厦园丁物业管理有限公司	（建）112047	开福区	张武芳
5	长沙水清木华物业管理有限公司	（建）113060	开福区	刘　军
6	湖南影视会展物业管理有限公司	湘建房（物）证字第0081号	开福区	滕树良
7	长沙金海物业管理有限公司	湘建房（物）证字第0093号	开福区	喻建国

续表 18-16

序号	企业名称	一级资质 证书号	注册所在区	负责人姓名
8	长沙人人物业管理有限公司	湘建房（物）证字第 0116 号	开福区	王罗平
9	湖南大当家物业管理有限公司	湘建房（物）证字第 0140 号	开福区	杨树林
10	长沙宏房子物业管理有限公司	湘建房（物）证字第 0159 号	开福区	刘明军
11	湖南名家物业管理有限公司	湘建房（物）证字第 0165 号	开福区	李　涛
12	湖南普瑞物业服务有限公司	湘建房（物）证字第 188 号	开福区	刘召伟
13	湖南湘鸿物业管理有限公司	湘建房（物）证字第 189 号	开福区	胡建文
14	长沙育天物业管理有限公司	湘建房（物）证字第 190 号	开福区	赵于平
15	长沙德雅文物业管理有限公司		开福区	黄　雯
16	长沙市金盈物业管理有限公司	湘建房（物）证字第 261 号	开福区	唐一波
17	湖南华盛物业管理有限公司	湘建房（物）证字第 208 号	开福区	何　京
18	长沙双瑞物业管理有限公司	湘建房（物）证字第 226 号	开福区	杨远松

第八章　环境保护

第一节 机　构

1989—1991 年，长沙市北区环境保护职能部门为长沙市北区环境保护办公室。1992 年 2 月，成立北区环境保护局。1996 年 7 月，更名为开福区环境保护局。1992—2012 年，先后担任北区、开福区环境保护局局长的有张道炼、龙伟述、张再林、石放先、王先祥、周砾，先后担任书记的有钟金乐、李莉、陈朝晖、盛诺。

2002 年，长沙市开福区环境保护局内设办公室、法规综合管理科、科技监测自然保护科，下设区环境监察大队、区环境监测站，均为事业单位，各核定事业编制 5 名。

第二节 环境污染治理

一、环境规划

2002—2010 年，开福区先后编制《开福区国家级生态示范区建设规划》《开福区关于采取措施控制大气染污的通告》《 开福区关于实施第二阶段控制大气污染措施》《开福区环境保护“十五”计划及 2015 年远景规划》《开福区土地利用总体规划 (2003—2020)》《开福区资源生态环境补偿办法》《开福区生态建设与环境保护“十二五”规划》等中长期建设规划。

二、水污染防治

1996 年始，开福区以湘江饮用水源保护为中心，加大对湘江、浏阳河、捞刀河、沙河、年嘉湖、月湖、楚家湖等重要水域环境的综合治理，加快城市污水处理厂和截污管网的建设，中科成、开福、新港、大明、沙坪污水处理厂 (站) 先后建成投入使用。2006 年 12 月，关闭严重污染环境的“十五小”①企业和长沙新河电镀厂等一批严重威胁湘江水质的工业企业。2010 年，开福区城市污水日处理能力达到 45 万吨，污水处理能力较 2000 年提高一倍。

三、大气污染控制

1996—2000 年，针对大气污染严重的状况，开福区在全区范围内开展烟尘控制区的建设，建成烟尘

①“十五小”企业即小造纸、小制革、小染料、土法炼汞、土法炼砷、土法炼焦、土法炼油、土法炼铅锌、土法炼硫、土法选金、土法农药、土法漂染、土法电镀以及土法生产石棉制品和土法生产放射性制品企业。

控制区6个，总面积22.20平方千米。2001—2005年，根据市政府关于防治大气污染措施的通告，集中开展治理机动车尾气污染、燃烧二氧化硫和锅炉烟尘、工业粉尘、地石扬尘等大气污染防治专项行动，拆除1吨以下燃烧锅炉（窑炉）198台、大小烟囱36座。在38家单位推广使用低硫煤，加强对基建工地、通路交通扬尘的综合整治，形成以城管、建设执法为主体，环保等部门协调配合，齐抓共管治理扬尘污染的工作格局。2006年，开展污染减排整治大气污染“劲风行动”，加强控制扬尘污染，将扬尘治理纳入目标和绩效考核范畴，区域空气质量得到改善，空气质量优良率得到提升。二氧化硫为首要污染物的累计天数占0%、可吸入颗粒物为首要污染物累计天数占100%。

2008—2012年，开福区开展对饮食业的油烟污染专项治理，拆除燃煤灶4800多个，180余家饮食业企业油烟治理检查获得通过。随着川气入湘和市政府第二阶段控制大气污染的治理，清洁能源在全区获得推广。

表18–17　2001—2005年长沙市开福区二氧化硫、二氧化氮、可吸入颗粒物自动监测结果一览表

指标	年度	2001	2002	2003	2004	2005
SO_2（毫克/立方米）	平均值	0.176	0.135	0.09	0.062	0.06
	最大值	0.488	0.522	0.48	0.179	0.268
	最小值	0.032	0.009	0.005	0.001	0.002
	超标率（%）	49	37.2	13.5	2.6	5.2
NO_2（毫克/立方米）	平均值	0.037	0.04	0.036	0.025	0.03
	最大值	0.09	0.153	0.162	0.132	0.088
	最小值	0.017	0.009	0.002	0.003	0.007
	超标率（%）		1.4	0.6	0.3	
PM_{10}（毫克/立方米）	平均值	0.152	0.141	0.125	0.123	0.115
	最大值	0.496	0.567	0.541	0.298	0.302
	最小值	0.18	0.011	0.011	0.016	0.011
	超标率（%）	46.3	37.3	27.6	29.7	26.6

表18–18　2006—2012年长沙市开福区大气环境质量统计表

年度	首要污染物（毫克/立方米）	累计优良天数（天）	累计优良率（%）	超标天数（天）	
				首要污染物为可吸入颗粒物	首要污染物为二氧化硫
2006	可吸入颗粒物	267	73.96	57	—
2007	可吸入颗粒物	305	84.25	50	—
2008	可吸入颗粒物	306	89.21	36	1
2009	可吸入颗粒物	330	91.67	29	—
2010	可吸入颗粒物	340	93.92	22	—
2011	可吸入颗粒物	331	94.30	19	—
2012	可吸入颗粒物	329	91.64	30	—

四、噪声监控

开福区环境质量状况 1994年，北区开始创建环境噪声达标区，完成老城区环境噪声达标区建设。1999年，开福区创建西长街环境噪声达标区，2003年，创建四方坪环境噪声达标区。全区环境噪声达标区面积28.38平方千米，覆盖人口28.40万人。

城市区域环境噪声 2001—2005年，开福区环境噪声源主要是生活声源，占43.34%；其次为其他和交通声源类型，分别占27.56%和19.92%。区域环境噪声平均值52.7-54.0分贝，达标率96%。2001年最低52.7分贝，2005年最高54.0分贝，五年均值53.4分贝，平均达标率92.7%。全区声环境质量处于较好水平的面积占总监测面积比例的51.53%，处于轻度污染和较好水平下面积分别占总监测面积比例的22.78%和19.24%。其中，城市道路交通噪声平均值69.9-70.0分贝，达标率45.0%～57.93%。道路交通噪声质量处于较好和轻度污染水平的路段分别为42.69%和40.42%。

城市功能区噪声 2001—2005年，开福区功能区交通干线两侧区昼夜平均等效声级最高，达到75.5分贝，昼间噪声达标率12.5%，夜间噪声达标率0%。其次为一类混合区（居民文教区）昼夜平均等效声级64.5分贝，昼间，夜间噪声达标率0%。再次为二类混合区（居民、商业、工业混杂区）昼夜平均等效声级61分贝，昼间噪声达标率64%，夜间噪声达标率30%。最好是工业集中区，昼夜平均等效声级61分贝，昼间噪声达标率95%，夜间噪声达标率55%。

城市区域环境噪声比较 2005年全区域环境噪声监测值比2000年上升0.8分贝，城区生活噪声源构成比由2000年的22.6%上升至2005年的38.9%，交通噪声源构减比由2000年的17.4%上升至2005年的21.5%，交通噪声影响范围和程度逐渐增加。

城市道路交通噪声比较 2005年城市道路交通噪声监测值为70分贝，与2000年的69.8分贝相比变化不大。新监测城市交干线路宽由2000年的20.10米增加到2005年的32.40米。车流量由1914辆/1小时增至2717辆/1小时，城市道路交通基本建设不断加大，车辆拥有量也在不断增加。

城市功能区噪声比较 2005年与2000年相比，一类混合区（居民文教区）昼间噪声与夜间噪声达标率下降25%；二类混合区（居民、商业、工业混杂区）昼间噪声达标率持平，夜间噪声达村率由2000年的50%下降为2005年的16.7%；工业区监测点位处于老城区，由于附近工业企业不十分景气，有的处于半停产状态，加上继续对工业噪声进行有效整治，其昼间噪声与夜间噪声达标率由2000年的25%上升至2005年的100%和75%；交通干线两侧区昼间噪声达标率由2000年的37.5%下降为2005年的12.5%，夜间噪声达标率为0。

五、固体废弃物污染防治

区内排放的固体废弃物主要为烟尘灰、木屑等。2000年，逐步实施城市产业和功能布局的调整和优化。区内污染企业实行“退二进三”和关、停、并、转、迁。长沙石油厂、长沙热水瓶厂、长沙搪瓷厂、湖南制药厂、湘江制鞋厂、汽车电器厂等已实施退二进三，新河三角洲的工业企业将全部实施转型或整体搬迁。同年，加强对城市固体废弃物特别是生活垃圾的处理，分别投入1.09亿元建成城市大型的垃圾中转站，日消纳生活垃圾等固体废弃物2000吨。2003年、2004年分别将收缴的“毒鼠强”集中送湘乡处理。2005年，将湘雅医学院、湘涂集团、省粮油分析中心等单位多年来收贮的废弃危险化学品，分批运至湘乡、新化、衡阳等地有处理资质单位进行保中处置。2005年，工业固体废弃物产生量为2.50万吨。工业固体废弃物综合利用量2.38万吨、综合利用率95.20%；工业固体废物排放量0.12万吨。2008年，以控制亏染物排放为龙头，投入污染治理资金1.10亿元，23家重点工业企业的主要污染物基本实现达标排放，污染源排放达标率94%，达标工作进入全省先进行列。

六、生态环境保护

生态保护园林 2010年，开福区有两座省级森林公园。青竹湖森林公园，位于开福区青竹湖镇新源村、天井村、群力村，以青竹塘水库为中心，包括青竹湖高尔夫球场（稀树草坪），东至柳家塘、西至金鸭塘，北至神仙岭长衣岭、六方岭、马鞍岭、南至张公岭、龙迴岭，面积41.60平方千米。太阳山森林公园，以太阳山、袁家山为中心，北至大风山、南至竹山坡、西至灰虫坡、东至风形坡，面积3.47平方千米。有四座市级森林公园：洪山庙森林公园，位于开福区靳家村，以靳家村风景林区为核心，东至西塘冲、西至果林分场、北至捞刀河、南至港家村，面积2.35平方千米。鹅羊山森林公园，位于开福区新港镇兴联村，以鹅羊山豹子坡为中心，北至小塘村、东至元塘冲、南至母山、西至湘江，面积2.85平方千米。长沙生态植物园，位于开福区捞刀河镇罗汉庄村，以蔡家老屋为中心，东至下八寨、北至柳家山、西至铁铺咀、南至罗汉庄，面积35平方千米。秀峰公园，位于新港镇戽桶坡，面积0.56平方千米。

生态示范建设 2001—2005年，开福区开展创建国家卫生城区、国家生态示范区等工作，加强生态建设，建设美丽"十湖"，推进城市林业生态圈的建设工程，促进城区环境品质提升。

2006—2010年，开福区有青竹湖镇、捞刀河镇正式命名为国家级生态示范镇;2010年，捞刀河镇汉回村、沙坪村正式命名为国家级生态示范村。2011—2012年，青竹湖镇群力村、天井村、新源村，捞刀河镇大明村、茶子山村、乌溪村、罗汉庄村，新港镇竹隐村，洪山街道金鹰社区被列为省级生态示范村。

环保宣传教育 1996年12月，开福区召开第一次全区环境保护大会，开展《中华人民共和国环境保护法》宣传教育活动，普及环境科学和环境法律知识。2001年，开展"2001年环保世纪行"活动，以改善环境质量为目标，率先在城区实施大气污染综合治理，先后大爆破拆除长沙石油厂、长炒油脂厂，建湘瓷厂、汽车电器厂等单位的砖砌烟囱。2005年，开展以"蓝天、碧水、绿地"为主题，以工业污染源达标排放和污染物减排为重点的环境宣传教育活动。

2007年，开展"蓝天行动""劲风行动"。2008年，区环保局与区教育局联合向区内各中、小学校发出《关于创建开福区"绿色学校"的通知》，开展绿色学校和绿色社区的活动，制定开福区"绿色学校"创建考核验收办法。至2012年，全区创建省级绿色学校3个、市级绿色学校19个、区级绿色学校32个；创建省级绿色社区3个、市级绿色社区33个、区级绿色社区83个。

第三节 环境监察

一、环境监测

1989年，北区履行环境监测职能的工作机构为长沙市北区环境监测站。1990年，北区环境监测站通过国家四级考核验收。1996年更名为长沙市开福区环境监测站。2007年，区环境监测站通过计量认证。

区环境监测站按照国家四级站标准，配备有可见分光光度计、紫外分光光度计、非分散红外油分析仪、监测定仪、大气采样器、极普仪、流速仪、烟尘烟气测试仪、振动测试仪、声级仪、TOC测定仪等38台仪器，固定资产约70万元，万元以上设备16台套，包括有环境空气、水质、噪声等分析设备。

区环境监测站按《环境监测技术规范》有关规定，在伍家岭、湖南日报社、沙坪布点，进行环境空气监测，其中沙坪、伍家岭点位为SO_2、NO_2、PM_{10}、降尘、硫酸盐化速率；湖南日报社点位为降尘、硫酸盐化速率。降水的监测点位在沙坪，其主要数据为：pH、电导率、降水量、SO_4−−、NO_3−、F−、CL−、Ca−−、Mg++、K+、Na+、NH_4+。

地表水系监测以湘江和浏阳河为主，湘江开福段1个监测断面，浏阳河开福段2个段面，监测项目为水温、pH值、溶解氧、高锰酸盐指数、COD、BOD5、氨氮、总磷、总氮、铜、锌、氟化物、硒、砷、汞、镉、六价铬、铅、氰化物挥发酚、石油类阴离子表面活性剂、硫化物、粪大肠菌群、总悬浮物、总硬度、浊度、硝酸盐氨、电导率、硫酸盐、氧化物等31项。污染源排放监测，全区每年监测25家工业废水重点源，每季监测一次，监测项目27项。声环境监测分为区域环境噪声和道路交通噪声两个方面。区域环境噪声测点188个，网络面积500米×50米，监测频率1次（昼间）/1点·年。道路交通噪声实际监测12条干线，布设测点57个，监测路段总长度23千米，监测频率1次（昼间）/1点·年。

二、环保执法

2001年始，区环境监察执法围绕"一控双达标"①的主题，加大现场监管执法办度，对污染源监督检查1400余次，检查污染治理设施125台套次，限期治理、督促检查98次，使全区污染治理设施运转率提高到80%以上。

为控制大气污染，全区开展清洁能源改烧、扬尘

①"一控双达标"即1996年《国务院关于环境保护若干问题的决定》中确定的2000年要实现的环保目标。"一控"指的是污染物总量控制，要求到2000年年底，各省、自治区、直辖市要使本辖区主要污染物的排放量控制在国家规定的排放总量指标内；"双达标"指的是工业污染源要达到国家或地方规定的污染物排放标准，空气和地面水按功能区达到国家规定的环境质量标准。

污染行动，对辖区内各建筑施工工地签订《基建工地控制扬尘污染责任书》，对基建渣土运输车辆进行执法监督。区内空气自动站数据显示，2008年空气优良率89.21%提升到2009年的91.67%。

三、群众来信来访

1989—2000年，北区、开福区环境监测站受理群众来信1229件，接待来访104次，其中反映烟尘污染632件、噪声污染427件、废气污染88件、废水污染82件。2002年4月，组建开福环保“110”，系长沙市“110”联动体系的组成部分。2002—2012年，区环保“110”共收到投诉电话3189个，处理3069个，处理率95%，处理率逐年上升。

2011—2012年，开福区环境监测站受理和接待群众来信来访626件(次)，全部处理和回复，处理率和回复率均为100%。

四、环境污染与破坏事故

2003年12月8日，湖南化学试剂总厂在拆除废旧设备时，有少量甲醛流入下水道，造成局部地区大气污染事故。环保执法人员赶赴现场调查，启动紧急处理预案，采取措施，对事故现场进行应急处理，防止污染程度进一步扩大，事故得到控制，未造成人员伤亡。

2004年8月5日上午，群众举报浏阳河黑石渡段发生大面积死鱼。大队立即派员赶到现场调查处理，查明主要原因是：沉积在排污公沟内大量的生活污水(残渣)，由于4日的大雨，将其冲入河中，加之浏阳河水流缓慢，造成局部段面污染严重，河水溶解氧低。另外，天气变化较大，大气压低，也是造成该河段污染加剧的因素之一。

11月6日，长沙新宇化工实业公司发生盐酸泄露事故。区环保局责成该公司采取措施，进行处置，将生产装置停产，采用水喷淋、吸收等措施，控制酸雾扩散，事故得到控制，未造成人员伤亡。

第十九篇　教育·科技

长沙市开福区拥有一批名校，教育资源丰富。改革开放以来，不断加大教育投入，全区教育事业有新的发展。1989年，全区教育经费267万元，2012年达到3.55亿元。1989年，区属中小学校27所，其中区属中学1所、小学26所，在校小学生18426人。1996年以后，开福区先后接管一批子弟学校和中小学，又新办一批学校，至2012年，全区共有区属中学5所，小校46所，在校学生30794人。全区职业教育、成人教育和学前教育发展迅速，至2012年，曾创办职业学校5所，设置省市广播电视大学教学点4处、高等大学函授站7处，公私办幼儿园78所。

学校课程设置与教材，均按教育部的统一设置，使用教育部编教材。2007年和2010年，开福区被教育部、中国教育学会作为全国首批“义务教育课程改革实验区”、全国“教改实验区”。2011年被评为“十二五”全国教育改革实验区。教师队伍有发展，师资水平有提高。

教育现代化水平不断提高。开福区先后于2002年、2006年投资1000多万元和3000多万元，建设开通开福教育信息网，实现城区学校“班班通”工程，同时在300人以上的农村学校启动“班班通”工程。2010年，投入近4000万元，建成教育城域网，全部学校建成班班通及专题网站，教育资源库课件资源容量达到500G，教育城域网资源超过2T，生机比达7：1。

1989—2012年，长沙市开福区地方的科技事业取得很大发展。“九五”至“十二五”时期，北区、开福区先后制定《科技发展规划》，提出和实施“科教兴区”“科教强区”战略、确立科技进步总体目标、突出科技创新、培育高新技术企业，均取得明显成效。1989—2012年，全区科技投入逐年增加，1990年为3.1万元，1996年增加到71万元，2012年达到5228万元。1989年，北区有各类科技人员202人；1995年发展到2666人，至2012年达到5.5万人，科技队伍不断壮大。1989—2012年，区境内有人造板设计研究院等科研机构61个。2001年，开福区聘请中国工程院院士何继善、夏家辉等10位专家为科技经济顾问。20多年来，全区科学技术开发和新项目不断涌现，1988—2012年，全区企业实施各类科技项目1080项，开发新产品860项；1995—2012年，全区新产品开发及科技项目228项。

第一章　教　育

2012年，开福区区属中小学校共51所，其中中学5所、小学46所（含4个教学点），在校中、小学生30794人（含城市新居民子女7093人），在编在岗教职工1573人。2002年和2006年，投资1000多万元和3000多万元，建设开通开福教育信息网，实现城区学校“班班通”工程，同时在300人以上的农村学校启动“班班通”工程。2010年，投入近4000万元，建成教育城域网，全部学校建成班班通及专题网站，教育资源库课件资源容量达到500G，教育城域网资源超过2T，生机比达7：1。

2007年、2010年，作为教育部首批“义务教育课程改革实验区”和中国教育学会首批全国“教改实验区”，开福区连续两次获评全省“两项督导评估考核”“教育强区视导”工作优秀等级。2010年，创建为湖南省现代教育技术实验区，获评全国未成年人思想道德建设工作先进单位。2011年被评为“十二五”

全国教育改革实验区、湖南省示范性社区教育实验区建设单位。2012年获全国社区教育DIY大赛优秀组织奖、市全民终身学习活动周优秀组织奖，并成功申报全国社区教育实验区。

第一节 机 构

机构沿革 1989—1996年，北区的教育管理机构为长沙市北区教育局，内设办公室和政工股、教育股、业教股。1996年6月，长沙市北区教育局更名为长沙市开福区教育局，内设督导室、档案室、审计科、人事科、基教科和计财科，1998年改为督导室、办公室、审计科、人事科、基教科，计财科。2005年，计财科职能细化，成立规划建设科。1989—2012年，先后担任局长的有雷方堃、刘莲珍、周杏武、周静华、文莉、孙家骥、章俐，先后担任局党委书记的有谷中梓、周学政、周雄、章俐、刘大民、胡敬先、李苗、刘洪斌。

二级机构 1989—2004年，区教育局有区卫生所（室）、区体校、区少年宫、区校办企业公司、区招生办、区教研室等6个二级机构。2004年，开福区教育局进行机构改革，撤消合并卫生所和体校，二级机构由原来的6个精简为5个，人员由原来的70名精减为58名。2009年，区教育局实行国库集中支付制度，设立区教育集中支付核算中心，二级机构恢复到6个。

区少年宫 前身为北区少年之家，1988年迁到望麓园小学（今戥子桥25号），主要从事全区少先队、科技、艺术、体育等方面工作，在发展校外教育的同时，巩固少年宫在全区校外教育的培训中心、活动中心、指导中心地位。1996年，北区少年之家更名为开福区少年宫，迁营盘街王祠巷。2002年，开福区少年宫迁址原湘春路小学（今湘春路222号），2010年再迁四方坪二小内（三一大道258号）。

区教育科研培训中心 1989年为北区教研室，1996年更名开福区教研室。2004年更名开福区教育科研培训中心，内设科培中心、教师进修学校、教学仪器电教站，承担对全区教育教学的业务指导，教育科研课题的实验研究以及教师的业务培训和仪器电教装备等任务。

区校产办 1984年为长沙市北区校办企业公司，设于营盘街王祠巷。1996年更名长沙市开福区校办企业公司。2005年迁往黑石渡中学，四年后定址北正街小学，并更名为长沙市开福区教育后勤办公室，主要职能是领导、管理区属校办企业和勤工俭学活动。

区招生办 1988—1995年，为北区招生委员会办公室，与北区自学考试委员会办公室、北区成人教育委员会办公室共同承担区内招生考试业务，俗称“三办”。1996年更名为长沙市开福区大中专招生委员会办公室，仍负责区域内大中专学校招生考试、自学考试、成人大学招生考试工作。

区教育集中支付核算中心 2009年成立，配全额拨款事业编制6人，其职能主要是为区教育局所辖学校及二级机构做好财务管理、会计核算等工作。

第二节 学前教育

一、幼儿园

1989年，全区有4所公办幼儿园。1993年，公办幼儿园增至5所。民办幼儿园开始发展，当年兴办12所。为加强园务管理，全区幼儿园逐步建立和健全各项管理制度，包括幼儿园工作制度、教师备课制度、幼儿安全制度、卫生保健制度及园长、教师、保育员的职责等。

1996年，由于城乡经济的统筹发展，入城农民工和外地迁入人口的增加，幼儿数量随之增长，公办、子弟幼儿园已不能满足幼儿教育的需求。民办幼儿园开始迅速发展。至1999年，公办幼儿园增至11所，民办幼儿园增至38所，逐渐转为占主要地位。2005年，按照省政府办公厅转发省教育厅等单位《关于加快幼儿教育改革与发展意见的通知》规定，全区城乡小学以及社会力量举办的中小学校，一律不再附设学前班，不把学前班与其小学入学挂钩，全区学前教育归入幼儿园。幼儿教育走向集团化，并形成一定的品牌效应，规范化和规模化的幼儿园逐渐取代规模较小、师资力量不足的小园。至2012年，全区公办幼儿园增至13所，民办幼儿园增至65所。

附：公办幼儿园选介

长沙市政府机关荷花幼儿园 位于长沙市开福区望麓园荷花池31号，始建于1954年，原名为长沙市直属机关干部第三幼儿园，主管单位为长沙市人事局。1974年更名为长沙市政府机关第一幼儿园。1985年，因外事工作需要，更名为长沙市政府机关荷花幼儿园，隶属于长沙市机关事务管理局。1991年，由市政府投资、拆旧新建，占地面积3000平方米，建筑面积5230平方米，户外活动场地1700平方米，绿化面积（含垂直绿化）1000平方米。1996年9月3日，新的荷花幼儿园落成开园。

2012年，幼儿园有11个班，其中3个大班，4个中班，3个小班，1个托班，共招收幼儿380多名。74个教职员工中，教师28人，教师全部大专以上学历，本科占教师人数90%，其中5个中高，13个小高。幼儿园各种生活、学习设施配套齐全，室内外活动场地宽敞、整洁、舒适。该园遵循“健康、自然、热爱、探索”的办园理念，尊重幼儿教育发展规律，科学办园，精心管理，注重幼儿自主学习和个性化发展。幼儿园先后获得全国中小学科研兴园示范基地、中央教科所“教材研究中心素质教育课程研究实验基地”、湖南省首家示范性幼儿园、湖南省文明卫生单位、湖南省“青年文明号”、长沙市文明单位示范窗口、长沙市首家示范性幼儿园、长沙市托幼机构卫生保健市级示范性幼儿园、食品卫生A级单位。

长沙师范学院附属第一幼儿园 创办于1951年，位于开福区蔡锷北路351号，是长沙师范学院的见实习中心和科研基地，是湖南省幼教师资培训中心的重要培训基地和国培基地。2010年，该园实行改扩建，成为一所占地面积1.04万平方米，建筑面积9014平方米，能同时开设16个教学班，拥有多个专用活动室的儿童乐园。2012年下学期，该园开设16个教学班，在园幼儿600余名，教职工91名。近20来，该园全面实施素质教育，形成鲜明的办园特色。教师中先后涌现宋庆龄幼儿教育奖获得者、湖南省特级教师、省级芙蓉标兵岗、市区骨干教师及双师型教师，教师撰写论文数百篇，参编教材、教参十余部，参与“绘画教学中幼儿创造性才能的培养”“幼儿园科学教育园本课程研究”“幼儿园浸入式英语教育研究”“幼儿良好行为养成与适宜教育行为的研究”“基于品牌形象下的幼儿园办园模式研究”等多个国家、省、市级课题研究工作；在示范辐射方面，承担开福区长师联组11所园的帮扶以及大量的见实习指导、对外接待、国培送教工作。1988—2012年，该园先后入选为“十五”国家级科研课题新世纪中国素质教育研究幼儿行为教育基地、教育部“十五”规划课题实验基地、“幼儿个性发展理论与实验研究”实验基地；先后被评为省文明卫生单位、省示范性幼儿园、湖南省普通高等学、优秀实习教学基地，被评为长沙市示范性幼儿园、长沙市幼儿园目标考核先进单位、长沙市幼儿园常规管理优秀单位、长沙市花园式单位；连续多年被评为长沙市卫生保健红旗单位。

表19-1　　1989—2012年长沙市开福区（北区）公办幼儿园设置情况表

年份	幼儿园数（所）	班数（个）	幼儿数（人）	教师数（人）	归口管理
1989	4	29	1023	83	北区教育局
1990	4	29	1073	85	北区教育局
1991	4	29	1079	84	北区教育局
1992	4	31	1159	92	北区教育局
1993	5	34	1181	94	北区教育局
1994	5	34	1176	91	北区教育局
1995	5	35	1301	103	北区教育局
1996	5	35	1369	108	开福区教育局
1997	5	35	1373	108	开福区教育局
1998	5	35	1393	108	开福区教育局
1999	11	77	2957	233	开福区教育局
2000	6	44	1522	175	开福区教育局
2001	8	46	1678	216	开福区教育局
2002	10	66	1897	245	开福区教育局
2003	11	68	2188	273	开福区教育局
2004	16	87	2874	345	开福区教育局
2005	20	103	3200	407	开福区教育局

续表 19-1

年份	幼儿园数（所）	班数（个）	幼儿数（人）	教师数（人）	归口管理
2006	19	114	3148	391	开福区教育局
2007	19	114	3420	437	开福区教育局
2008	15	90	2700	345	开福区教育局
2009	15	90	2700	345	开福区教育局
2010	14	84	2520	322	开福区教育局
2011	12	72	2160	276	开福区教育局
2012	13	78	2340	299	开福区教育局

表 19-2　　1989—2012 年长沙市开福区（北区）民办幼儿园园数统计表

年份	民办数（所）	归口管理	年份	民办数（所）	归口管理
1989	0	北区教育局	2001	15	开福区教育局
1990	0	北区教育局	2002	17	开福区教育局
1991	0	北区教育局	2003	19	开福区教育局
1992	0	北区教育局	2004	21	开福区教育局
1993	12	北区教育局	2005	23	开福区教育局
1994	12	北区教育局	2006	26	开福区教育局
1995	12	北区教育局	2007	36	开福区教育局
1996	12	开福区教育局	2008	40	开福区教育局
1997	12	开福区教育局	2009	54	开福区教育局
1998	13	开福区教育局	2010	57	开福区教育局
1999	38	开福区教育局	2011	60	开福区教育局
2000	13	开福区教育局	2012	65	开福区教育局

二、卫生保育

幼儿园注重健康教育，培养幼儿讲卫生、爱清洁的习惯，将卫生常识贯穿于幼儿一日生活之中。各幼儿园皆辟有卫生专栏，开设医务室，定期或不定期向幼儿和家长宣传卫生知识，通过与社区医院的联系、配合，做好幼儿的预防接种工作。

在传染病流行期，各园在医务室专职医师的指导下，定期空气消毒，对教具、玩具、餐具及其他日常用品分开浸泡消毒后，再分别用消毒柜进行二次杀菌。夏、秋两季，定期熏蚊，随时灭蝇。幼儿衣服、被单定期洗晒、消毒。

各园均建立食品安全制度，在保证合理供给幼儿充足营养的基础上，制定适合幼儿进食的菜谱，搞好饮食卫生，并将每周菜谱公布在园内醒目位置，供家长了解和监督。做到餐具消毒再上桌，园内饮用水达到相关标准再使用。区教育局联合区卫生局等相关部门对幼儿园卫生进行抽查。

三、教育教学

幼儿园开设的主要课程有体育、语言、常识、计算、音乐和美术，在教学上注重指导，启发幼儿从不同角度进行创新性思维。

随着民办幼儿教育的兴起和发展，特色教育成为幼儿园办班主流，教育内容也从基础的语言、计算等，扩大为融合艺、体、美的综合性学科，尤其注重器乐、书法等特长的培养，教学方法多采用蒙特梭利法，兼施设计教学法和自然教学法。1992 年，区教育局组织全区幼儿园教师开展幼儿教玩具制作比赛，选送优秀作品参加市级展览，促进幼师素质的提升。在品德教育上，各园多以情感教育（即萌发幼儿爱国、爱集体、爱劳动的情感）和养成教育（培养幼儿良好的行为习惯）为主要内容。在幼儿心理卫生教育方面，开设专门训练幼儿倾听、沟通能力的课程，贯穿于幼儿生活和各项活动中，使之受到潜移默化的影响。各园定期或不定期组织幼师参加心理健康教育培训，以提升老师自身的心理健康素质和教学水平。

四、园务管理

长沙市开福区幼儿园的管理，在管理体制上，除单位子弟幼儿园外，其他各幼儿园均由区教育局管理。各幼儿园实行党支部领导下的园长负责制，每园订有各类工作人员岗位职责、幼儿入园、出园及作息制度，工作人员学习和备课、考勤、奖惩制度，财产与财务管理制度，卫生保健和各种会议制度等。

根据园内学生数量的不同，寄宿制和全日制的幼儿园人员配备不一，规模较大的幼儿园一般配有分管不同部门的副园长，如教学副园长、后勤副园长等。依托单位的子弟幼儿园，设有支部书记一名，分管园内党、团支部和工会。各班教师和保育员，原由教师包班教学，各门学科都是一名老师完成。随着家长对孩子入学目标不断提高，专职专任教师教授一科的情况日渐普遍，在大中型幼儿园内尤其明显。园内另设医务、财会、炊事、洗衣、勤杂、保安人员等。

第三节 小学教育

一、学校与学生

1989 年，长沙市北区有区属小学 26 所，在校学生 18426 人。随着义务教育的普及，适龄儿童入学率达 100%。1993 年 7 月，郊区胜利小学转入北区教育局管辖，接收该校五个低年级班和八名教师。1994 年，北区教育局在国庆新村新建国庆小学，缓解该地区适龄儿童入学难的问题。

1996 年，长沙市北区教育局更名长沙市开福区教育局，接收原西区、郊区的小学，并对原北区的小学实行撤并、停办，又新建多所小学，以满足区内儿童入学需求。1998 年，新建芭茅洲小学（后更名新竹小学）。2000 年 7 月，接收原市属北桥小学。

2003 年 8 月，撤并洪山局教育组、新港镇联校，对捞刀河镇联校进行精简。2004 年，区政府投资近 100 万元，将自安小学建设成为农村寄宿制小学。2005 年，新建青竹湖外国语学校和凤羽小学，拆迁黑石渡小学、凤嘴路小学，收回北正街小学，创建四方坪小学、清水塘小学两所市级示范性小学。

1989—2012 年，对区内的教学资源进行优化整合，以促进农村小学和市区小学的均衡发展，先后停办幸福桥小学、培英小学（原建湘瓷厂子弟学校）、松桂园小学、湘春路小学、茅亭子小学等 8 所学校，将建湘村小学改建为国庆二小、砚瓦池小学改建为东风二小。至 2012 年，区内小学共 46 所，在校学生 23643 人。

附：小学选介

清水塘小学 位于长沙市清水塘路 27 号，始建于 1936 年，原名炮队坪小学，1968 年定名为清水塘小学。学校现有教学班 18 个，学生 948 人，教职工 50 人，市区骨干教师 10 人，教学设施齐全，是湖南省现代教育技术实验学校、长沙市示范性小学。2000 年始，先后通过省素质教育先进实验区达标检查、省级图书室达标验收；获得省红领巾四星级示范学校、省级规范汉字书写教育特色学校、市校本研训示范校、市教学常规先进集体、市友谊教育科研奖、市优秀家长学校、市校本管理先进单位、市文明单位等百余项荣誉称号；语文、数学、英语、艺术、综合实践、品社等教研组均被评为市优秀教研组；学校教师在课堂教学、论文撰写等各类各项竞赛中获得国家、省、市级奖励 500 余人次；学生在奥数、作文、音乐、舞蹈、科技、绘画、体育、信息技术、机器人等各类竞赛中获国家、省、市级以上奖励达 2100 余人次。党和国家领导人胡耀邦、李长春、刘云山及省领导张春贤等先后到学校视察。学校组织的活动曾被新华社、中国文明网、湖南卫视、湖南经视、《湖南日报》、《中国教育报》、湖南教育电视台等媒体多次报道。

四方坪小学 位于长沙市开福区雅雀湖小区，建于 2000 年 9 月。初创时有六个年级 11 个班，教师 28 名。至 2010 年，教学班增至 23 个，学生 1302 人，教师 60 名（其中获得中级职称 58 人，获高级职称的 1 人）。学校先后成为长沙市示范性学校、湖南省红领巾示范学校、开福区绿色学校；获得湖南省安全文明学校、长沙市校本管理先进单位、长沙市模范职工之家、长沙市红旗大队、湖南省交通安全示范校、湖南省模范职工之家等荣誉称号。在数学教学方面，学校先后开展教育科研课题实验项目 8 个，其中省级 3 个、国家级 1 个，获得省级一等奖 2 个，曾获得湖南省教育科学“十一五”规划小学数学课题研究中期评估检查“课题研究优秀学校”，长沙市小学数学第五届教研活动“片断教学现场评议”团体一等奖。

表 19–3　　2012 年长沙市开福区小学情况表

所属街道	学校名称	班级数（个）	学生数（人）	少数民族学生数（人）	教师数（人）
清水塘	清水塘小学	18	971	0	53
	花城小学	6	241	5	19
芙蓉北路	清水塘二小	55	2884	4	127
望麓园	望麓园小学	6	295	0	21
	营盘路小学	13	652	0	37
湘雅路	三角塘小学	17	781	18	40
	麻园岭小学	12	544	0	29
	新竹小学	13	584	10	31
伍家岭	伍家岭小学	9	415	0	28
	国庆小学	13	669	15	39
	国庆二小	10	522	8	23
	浏阳河小学	16	830	15	38
东风路	东风二小	11	506	19	24
	育德小学	12	522	11	31
	东风小学	13	687	12	38
新河	紫凤小学	10	406	3	25
四方坪	四方坪小学	27	1459	26	72
	四方坪二小	14	793	0	35
通泰街	吉祥巷小学	9	401	1	29
	潮宗街小学	6	291	17	19
浏阳河	清水塘三小	15	672	0	34
	史家坡小学	12	625	0	30
洪山	洪西小学	10	441	3	17
月湖	鸭子铺小学	7	386	2	21
	马栏山小学	12	564	5	21
	朝阳小学	10	545	0	17
捞刀河	高岭小学	6	253	0	13
	中岭小学	15	778	12	36
	高源小学	6	290	3	12
	大星小学	6	236	0	10
	捞刀河小学	5	164	8	8
	凤羽小学	12	626	0	27

续表 19-3

所属街道	学校名称	班级数（个）	学生数（人）	少数民族学生数（人）	教师数（人）
沙坪	板塘小学	6	160	0	11
	自安小学	12	505	6	22
	汉回小学	6	162	5	8
	金沙小学	6	188	0	8
秀峰	新竹二小	14	650	16	37
	兴联小学	12	549	7	21
	荷叶小学	6	161	0	11
新港	大塘小学	6	109	0	9
	新安寺小学	6	200	0	9
	戴家河小学	8	341	0	11
青竹湖	金霞小学	5	73	0	3
	向阳小学	6	178	0	10
	植基小学	6	247	0	10
	霞凝小学	4	87	0	6
合计	46	509	23643	231	1180

表 19-4　　1989—2012 年长沙市开福区（北区）小学设置情况表

年份	学校数（所）	班级数（个）	学生数（人）	公办教师数（人）	代课教师数（人）
1989	26	415	18426	1203	—
1990	26	413	18319	1197	—
1991	26	409	18221	1195	—
1992	26	410	18275	1186	—
1993	26	411	18204	1173	—
1994	27	418	18560	1183	—
1995	27	411	18653	1195	—
1996	76	679	30100	1614	—
1997	76	670	2973	1624	—
1998	77	666	28930	1722	—
1999	77	641	26982	1743	—
2000	74	597	24729	1734	—
2001	71	583	23887	1774	—
2002	67	543	21833	1684	—
2003	64	519	20530	1309	—
2004	57	493	21022	1218	—

续表 19-4

年份	学校数（所）	班级数（个）	学生数（人）	公办教师数（人）	代课教师数（人）
2005	51	497	21238	1219	65
2006	50	452	19233	1200	71
2007	50	453	19646	1146	105
2008	53	457	20297	1177	112
2009	49	470	19679	1179	129
2010	46	457	20678	1158	164
2011	47	494	22424	1176	207
2012	46	509	23643	1214	216

二、教材与课程

北区的学校，曾实行五年制的学制，后实行“六三制”（小学六年，初中三年），结合使用湘教版和人教版两种教材。1989—2000 年，区各小学统一开设课程，为语文、数学、自然、体育、音乐、美术、思想品德 7 门。

2001 年，开福区被列入全国 38 个课改实验区之一，在遵照教育部提出的教学目标和课程标准的基础上，除语文、数学等基本学科外，增设地区特色课程，如湘绣等，另外，各校还有针对性地开展校本课程教育，将国家课程、地区课程和学校课程三者有机结合，以促使全区小学教育得到全面发展。

三、体育与卫生

1989—1995 年，北区有很多学校将体育特长或爱好的学生组成各种单项训练队，进行专门训练，参加市、省及全国比赛，多次获奖，并向省和国家有关运动队输送有培养前途的运动员。1989 年，松桂园小学篮球传统项目获得市级甲等奖以及先进单位称号。1992 年，北区体校组队在国家体委、国家教委联合举办的全国小学生迎奥运“雏鹰起飞”田径、乒乓球、游泳三项群众活动中获得国家银盾奖，并被评为迎奥运“雏鹰起飞”乒乓球活动的全国先进单位。三角塘小学的男子、女子排球队在市级比赛中多次名列前茅。

1996 年后，区政府对学校体育设施的专项投资逐年增长，各校建有塑胶跑道、专属的田径场和篮球场，个别学校有专业级别的足球场。2002 年，三角塘小学的羽毛球馆投入使用。全区涌现一批体育特色学校，如以足球特色教育为主的清水塘二小和以排球为特长的三角塘小学等。

各校配有卫生室，各卫生室有卫生与保健制度，根据学校规模和学生人数，有卫生保健老师一到三名不等，负责学校卫生保健工作。学生体检逐渐常态化，达到一年一次，由市儿童医院归档管理并执行，校卫生室配合。学生体检中，肥胖率和近视率有逐年增长的趋势。个别规模大、人数多的学校聘请后勤保洁员，对校内环境定时进行清扫。

饮食方面，各学校取消校内小卖部，联合卫生室向学生宣传食品安全常识；食堂建立食品安全制度，坚持从正规渠道购买食材，工作人员体检后上岗，上班时配备口罩、手套等工具操作，对于食品制作过程把关，配备专门的餐具消毒设施，防止食品安全事故发生。区教育局联合卫生部门定期对各学校食堂进行检查、监督。

四、德育与少先队活动

各小学的学生思想道德建设，通过开展少先队活动落实。按照“一手抓活动、一手抓建设”原则，利用周会、广播站，重大纪念日以及小学生入学、入队等契机，开展文明行为规范教育等主题教育活动，整体推进少先队事业发展。1990 年，在全区中小学生中开展“学习赖宁，做党和人民的好孩子”系列活动。1991 年 4 月，成立学“赖宁”讲演团，到各中小学巡回讲演。

少先队大队部在学校党支部的领导下，制定《少先队工作制度》《一日常规评比细则》等一系列规章制度。创建红领巾广播站、红领巾执勤岗、鼓号队、大队室、少先队宣传栏、周会课、国旗组、“心语吧”、中队角等各类少先队阵地。

结合各时期的教育主题，开展生动活泼、寓教于乐的活动，加强学生行为习惯、文明礼仪养成教育及常规教育。每周的升降旗仪式，为对学生进行思想教育的重要形式，升旗手由各年级推荐的优秀学生担任，为全校学生树立身边可亲、可信、可学的榜样。各学校还通过班会、晨会、黑板报、展板、红领巾广播站、红领巾宣传橱窗等形式，开展系列主题教育实践活动，丰富少先队员校园生活。2008年，创建开福区“快乐教育”品牌活动，开展了快乐大本营、快乐一小时、快乐星期三、快乐假期、快乐大篷车、寻找小巷足迹、创新就在身边、绿色网吧、庆祝少先队建队60周年和国庆60周年系列活动。

五、校务管理

学校校务管理有两种方式，规模较大和学生较多的学校，采取总务、事务分设，教务、教学研究、德育分开的方式；规模较小和学生较少的学校，采用设教导主任主管教学研究和教务，或设兼职总务老师的方式。各校校务管理的具体事项均由各校校务会议部署布置施行。

第四节 中学教育

一、学校与学生

1989—1995年，北区教育局所管中学只有长沙市第三十二中学。1996年，开福区所管中学有长沙市第三十二中学、三十三中学、沙坪中学、植基中学、沅丰坝中学、白霞中学。区域内另有长沙大学附中、长沙市明德中学、长沙市周南中学、长沙市田家炳实验中学、长沙市第一中学（归口长沙市教育局管理），国防科大附中（归口国防科技大学自主管理）。

1998年始，城区小学毕业生全部实行毕业免试、微机派位、就近入学原则。

2000年，长沙市子弟学校收归国有，开福区接受原黑石渡中学为区管中学。2001年，长沙市下放长沙市第七中学、第八中学及第二十五中学归开福区管理。2006年，创办青竹湖湘一外国语学校，该校是一所与长沙市一中合办的民办中学。2012年，根据学区划分和生源情况，长沙市三十二中学并入长沙市第七中学。

至2012年，区内共有13所中学，其中区教育局所辖5所公办中学，在校学生6511人。

表19-5　　2012年长沙市开福区中学情况表

学校名称	所属街道	班级数（个）	学生数（人）	少数民族学生数(人)	教师数（人）
第七中学	东风路	45	2161	47	190
沅丰坝中学	捞刀河	19	907	11	65
植基中学	新港	9	401	13	40
北雅中学	芙蓉北路	50	2598	32	

表19-6　　1989—2012年长沙市开福区（北区）中学设置情况表

年份	学校数（所）	班级数（个）	学生数（人）	公办教师数（人）	代课教师数（人）
1989	11	93	3547	413	—
1990	11	92	3490	407	—
1991	11	89	3387	409	—
1992	11	90	3476	411	—
1993	11	92	3493	396	—
1994	11	94	3455	399	—

续表 19-6

年份	学校数（所）	班级数（个）	学生数（人）	公办教师数（人）	代课教师数（人）
1995	11	97	3659	370	—
1996	16	184	8164	694	—
1997	12	153	6730	519	—
1998	9	104	5253	483	—
1999	8	111	5142	447	—
2000	6	102	4768	365	—
2001	7	93	6453	541	—
2002	12	374	20381	1864	—
2003	7	159	7593	636	—
2004	7	146	6881	550	8
2005	7	132	6111	519	10
2006	7	114	5226	486	5
2007	5	92	2935	304	5
2008	5	160	7830	405	6
2009	6	102	4859	408	5
2010	6	118	5792	402	20
2011	6	135	6588	398	19
2012	5	134	6509	377	18

附：中学选介

北雅中学 位于开福区湘江世纪城旁，由长沙市雅礼中学和开福区政府于2009年联合创办，占地面积5.20万平方米，建筑总面积约5.40万平方米。建有多媒体辅助教学系统、校园广播系统，开通100M光纤实现网络班班通；有图书馆及多功能、现代化的千人大礼堂和百人报告厅；有集理、化、生实验室，计算机机房于一体的综合性实验大楼，有体育馆、食堂、学生公寓楼等配套设施。学校现有三个教学年级共44个教学班，学生2278人；有教职员工170人，其中教师139人（外籍教师2人；研究生学历42人，本科学历97人）。学校秉承百年雅礼“为学生的终身发展奠基”的办学理念，恪守“公、勤、诚、朴”校训，实施学术立校战略，倡导多元创新教学理念，发展数学、信息学、外国语、心理学特色。学校先后8次获省级以上荣誉称号，参加数学、语文、信息学、音乐、美术等学科竞赛获国家级金奖或一等奖的学生20余人次，获省级以上奖励近200人次。2011年7月，学校成为地理学科全国科普教育基地。

沅丰坝中学 位于长沙城北捞刀河畔，是开福区捞刀河镇一所农村初级中学，创办于1948年。学校占地面积3.12万平方米，建筑面积6724平方米，有达省标的图书室、阅览室、多功能室、计算机室、体育器材室、卫生室、工会活动室、档案室、三个实验室、三个仪器室等，有200米运动场一个，教师宿舍、学生宿舍各一栋。学校现有教学班18个，在校学生923人，教职工76人，其中教师64人，研究生1人，本科学历61人，专科学历2人，学历合格率为100%。中学高级教师9人，开福区明星教师2人。学校先后被评为长沙市学雷锋十佳集体、开福区示范性学校、长沙市示范性学校、开福区绿色学校、中国传统文化楹联教育基地、湖南省楹联教育先进单位。

二、教材与课程

中学实行“三三制”，即初中三年、高中三年，后将初中与小学一起并入九年义务制，沿袭至今。教学内容有政治、语文、数学、英语、物理、化学、历史、地理、体育、音乐、美术11科，初中二年级（后称八年级）第二学期进行生物、地理会考，成绩纳入中考；高中二年级文理分科，采用“3+X”+基本能力测试。“3”为必考科目，指语文、数学和外语（含听力，下同），其中数学分为数学（文科）和数学（理科）。“X”为文科综合或理科综合。“文科综合”包括思想政治、历史、地理3门科目，“理科综合”包括物理、化学、生物3门科目。基本能力测试包括人文与社会、科学、艺术、技术、体育与健康、综合实践6个学习领域的基本常识和运用所学知识解决社会生活实际问题的能力测试题。基本能力测试内容不分文理科，是所有考生必考的科目。由原来使用全国卷改为湖南省自主命题。

除基础知识以外，各中学注重发展学生的科学素养和艺术素养，注意提升学生身体素质。学校利用周会、课间操、眼保健操时间，鼓励学生参与体育锻炼。

三、德育与教学

1998年，开福区教育局实施“名师工程”，推荐更多优秀教师加入开福区名师工作室，打造骨干教师队伍。学校对教学的管理实行两手抓，一手抓课堂，提出多元化创新型教学理念，实行集体备课制度和课堂电子监控；一手抓作业，提高巩固效率。各中学加强学生兴趣培训，开设数学、语言、艺术、体育、信息学等兴趣小组，促进学生个性发展。

教师在常规教育教学过程中，加强和改进常规教学管理，开展校本培训和校本教研，实施课题研究。植基中学教师研究的市级课题“运用现代信息技术有效促进学生英语自主学习”，获得第十四届“友谊教育科研奖”二级三等奖。沅丰坝中学教师的省级课题“楹联课程的开发与研究”，获市友谊科研二等奖。

共青团和少先队协助学校对学生进行思想道德教育。在学校党组织的领导下，共青团以团委、团支部为基层组织的方式开展活动；少年先锋队以大队、中队为基层组织的方式开展各项活动。

四、校务与管理

区各中学实行校长负责制，副校长依据学校规模和学生人数的不同而设置，有的学校设有专管教育教学、专管学生德育风纪、专管学校后勤的副校长等。每校设有党支部，主管学校全体师生思想政治工作，共青团和工会在党支部的领导下开展各自的工作和活动，个别学校建立学生自治机构——学生会。

各中学建设优秀教师队伍，强化教师师德师风建设，着力规范教师职业行为。区教育局要求全区教职工在日常教学过程中，真正做到为人师表，教书育人，以身立教，依法执教，加强学校廉政建设，接受家长、社会、教职工、学生的监督。执行长沙市教育局关于师德师风建设有关规定及要求，细化教职工师德师风考核细则，采取学生评、家长评、教师自评、组内互评、领导主评的方式，认真考核，严格检查，提高教师思想境界和道德素养，从而强化师德规范，使教师人人成为具有“敬业、崇德、求真、创新、奉献”精神的人。

开福区不断加大对全区教育基础设施的投资力度，先后与雅礼教育集团、长沙市一中合作，新办北雅中学和青竹湖湘一外国语学校，对区内原有中学校舍进行维修、改造，并实行对沅丰坝中学实验室的改造，修建寄宿生宿舍楼，面积达5550平方米。完善学校各功能室及医务室，由老师兼职医务室工作，或配有专业的校医，对校内医疗卫生情况进行管理。

第五节 职业技术教育

1989—1995年，北区的职业学校有动力职中、铁二中职中、湘瓷职中、交通职中及幼师职中，后因主办方单位变迁及生源缺乏，除幼师职中外，余皆陆续停办。

幼师职业中专的前身是湖南省最早创办的国有公立中等职业学校之一，原设于红墙巷小学，1989年迁至蔡锷北路原长沙市新湘路小学。1998年，迁至中山西路原三十三中学，2005年再迁青竹湖。2006年，开福区教育局撤并德雅村小学，将幼师职业中专迁至德雅村小学办学。2009年，更名为长沙市现代服务职业中专，为开福区唯一一所职业学校。学校教学设施配套齐全，具有高、中级职称的教师占85%，被评为省市优秀教师的达18人次。学校秉承艺术素质促提升、专业技能促发展的办学特色，开展校园文化活动，每年进行唱歌、舞蹈、美术、钢琴、讲故事等专业技能比武。学生参加历届长沙市职校幼师专业技能比武，均获团体总分第一名或第二名。学生文艺节目在中央和省市各类庆典活动及新春文艺晚会上多次获奖。学校设有广播站、美术组、合唱团、舞蹈队、礼仪队等，并组织舞蹈、健美操、合唱等节目和美术作品参加各项比赛、演出和展示。至2012年，学校已培养近万名幼儿教师，为高等院校和艺术团体输送成批专业（音、舞、美）人才。2008年被授予“湖南省中等职业学校学生管理工作先进单位”。2009年被授予“中华人民共和国第十届中学生运动会先进集体”。2011年长沙市第三届“大中专学生创业教育推进月系列活动之——就业创业成果展板竞赛”一等奖，职业生涯演讲比赛第一名。舞蹈专业（国标班）在2011第八届中国湖南省国际标准舞锦标赛暨全国公开赛中获得八项冠军。在2011年第四届“贺龙杯”体育舞蹈全国城市公开赛获得五项冠军。

第六节　成人教育

1989年，北区非文盲率达98%。成人教育主要面向在职从业人员的学历提升、专业进修及普通教育后的教育进阶。根据1995年颁布的《中华人民共和国教育法》规定，区教育局成人教育工作重点是对已经离开正规学校的人员，根据他们所具有的文化基础和实际需要，继续进行基础教育或高等教育；对已经接受过高等教育的专业技术人员和管理人员进行更新和扩展知识、提高能力的继续教育。采取由本区统一招生考试，省、市教育部门主管并发放国家认可的成人教育统一毕业证。

一、广播电视大学

1989—1998年，长沙市广播电视大学在长沙市第二工人文化宫设有教学点，1999年因入学人数逐年减少而撤销。2001年，湖南广播电视大学在青竹湖路399号设立长沙牛耳计算机培训中心。2002年，在上大垅东风路四条巷42号又设立湖南电大开放教育学院；在湘雅路87号中南大学肝胆肠外科研究中心设培训部。

二、高等（大学）函授教育

开福区境内高等函授教育始于1960年10月湖南医学院函授部的创设。改革开放后，高等函授教育快速发展，至1989年，有4所普通高等院校在北区设置函授站，实行高等函授教育。1995年，湖南省社会科学院在德雅路浏阳河村院本部设立函授站。1998年，星城计算机信息学校在开福区文星桥开设函授站。湖南卫生系统培训学校在开福区设置函授站。函授教育采取自主招生，但须在区成招办备案，由区成招办组织进行报名和组考工作。

三、高等教育自学考试

高等教育自学考试实行从中央、省到地（市）、县（区）垂直的领导系统。1987年，北区成立高等教育自学考试指导委员会，下设办公室，主要负责辖区内报名统考及登分建档等工作。1996年，北区自考办与区成人教育委员会办公室及区招生委员会办公室合并，成立开福区大中专招生委员会办公室①。成考通过率每年达80%以上，区内成考报名人数逐年增长。自考难度较大，历年总通过率10%左右，报考人数逐年减少。

表19-7　　2004—2012年长沙市开福区历年成人教育考试情况表

年份	报名数（人）	考点数（个）	录取数（人）
2004	4979	4	3985
2005	8014	7	6050
2006	5277	3	4121
2007	5372	7	4089
2008	9210	9	6915
2009	6870	6	4946
2010	6202	6	4961
2011	9863	6	8087
2012	9955	6	8063

① 招生办从2004年开始接手成人高考报名组考，之前由市教育局负责

表 19-8　　2009—2012 年长沙市开福区历年自考报名、转籍及毕业数据统计表

时间	新生数(人)	报名数（人）	总科次数	考 点	毕业数(人)	转籍数(人)
2009 年 1 月	2812	6224	19296	电子、7 中、12 中、地质	139	50 人
2009 年 2 月	785	4819	15120	电子、7 中、田家炳（东）、电大	184	
2010 年 1 月	2294	—	17427	21 中、7 中、财经、商贸	245	30 人
2010 年 1 月	—	275	460		—	
2010 年 2 月	840	4904	16096	6 中、11 中、7 中、财经	276	
2011 年 1 月	1014	4748	16756	7 中、天心一中、地质中学、财经	332	17 人
2011 年 10 月	—	429	740	市 20 中	—	
2011 年 2 月	312	3913	13804	7 中、11 中、6 中	338	
2012 年 1 月	452	3326	12394	7 中、田家炳、6 中	319	9 人
2012 年 4 月	—	520	1031	理工大（金盆岭）	—	
2012 年 10 月	177	2443	7463	7 中	261	

第七节　教育行政管理

一、教学研究

教研机构　区教育局下设有教研机构区教育科研培训中心，职能为教育教学、教育科研指导与教师培训（包括教师学历培训和专业培训）以及教学仪器装备配备和管理；1994 年新增信息技术指导、研究及培训职能，2010 年新增社区教育指导及研究。

教研活动　见表 19-9、表 19-10、表 19-11、表 19-12。

表 19-9　　1990—2012 年长沙市开福区教学竞赛和教学活动一览表

时间	地点	活动主题或竞赛主题	备注
1990 年	王祠巷 14 号	新苗奖	新苗奖和园丁奖每 4 年举行一次
1991 年	王祠巷 14 号	愉快教育研讨会	愉快教育课堂教学展示
1992 年	王祠巷 14 号	园丁奖	
1994 年	王祠巷 14 号	新苗奖	
1996 年	王祠巷 14 号	园丁奖	
1997—2000 年	王祠巷 14 号	教学能手竞赛	每年开展一次教学能手竞赛
2001 年暑假	国防科大	新课程通识培训	通识培训一共进行 3 天
2001 年 9 月	区政府 901	新课程动员会	邀请教育部课程发展中心主任刘坚及省教育厅领导、区政府主要领导参加会议。
2002 年 12 月	一师二附小、东风小学、三角塘小学三个会场	新课程实验的、课堂教学展示活动	接待全国各地 600 多名代表参加

续表 19-9

时间	地点	活动主题或竞赛主题	备注
2003 年 11 月	长沙开福区	全国第三届主体性教育研讨会	
2005 年 1 月	中岭小学、清水塘小学、元丰坝中学三个会场	全国校本教研制度建设研讨会	在长沙市开福区举行
2006 年	开福区清水塘小学	长沙市高效课堂启动会	
2008 年	新竹小学	长沙市教育科研课题成果推介会	开福区 13 个成果向全市推介
2010年11月17—19日	开福区	全国中小学艺术课程教学与教师成长研讨会	
2012 年	开福区	开福区第一届“新蕾杯”课堂教学竞赛	

表 19-10　　2001—2005 年长沙市开福区课题研究获省级以上奖项情况表

课题名称	研究单位	立项单位	起止时间	获奖情况及其他
基于网络的校际协作学习研究	东风小学	中央电教馆	2001—2005 年	一等奖
利用优秀电影，提高学生科学文化素养	东风小学	中央电教馆	2001—2005 年	一等奖
中小学综合实践活动课程实验	开福区教科中心	省教育科学规划办	2001—2005 年	重点资助课题一等奖
信息网络环境下新型教学模式的研究	一师二附小	湖南省电教馆	2001—2005 年	一等奖
信息技术与小学数学整合的研究	新竹小学	湖南省电教馆	2001—2005 年	一等奖
国家基础教育改革实验的教学改革研究	开福区教科中心	省教育科学规划办	2001—2005 年	重点资助课题二等奖
运用现代教育技术培养学生创新能力的研究	国庆小学	湖南省电教馆	2001—2005 年	已结题
网络环境下的自主协作学习研究	清水塘小学	湖南省电教馆	2001—2005 年	已结题
信息技术培养教师信息意识、能力的研究	三角塘小学	湖南省电教馆	2001—2005 年	已结题
电教媒体参与德育渗透的途径和方法研究	中岭小学	湖南省电教馆	2001—2005 年	已结题
电教媒体参与德育渗透的途径和方法研究	中岭小学	湖南省电教馆	2001—2005 年	已结题

表 19-11　　2005—2012 年长沙市开福区课题研究获得省级以上奖项情况表

课题名称	研究单位	立项单位	起止时间	获奖结果
农村艺术教师成长⊥型模式研究	开福区科培中心	教育部重点课题	2010 年—	研究中
网络环境下的科学综合实践资源建设与应用研究	东风小学	中央电教馆	2006—2011 年	已结题
学校—家庭—社区协同教育模式研究	新竹小学	中央电教馆	2005—2010 年	已结题
后进生”心理问题的表现、成因及转化教育的个案研究	清水塘小学	中国教育学会	2006—2010 年	结题
校本教研促进教师专业发展的研究	国庆小学	中国教育学会	2006—2010 年	结题

续表 19-11

课题名称	研究单位	立项单位	起止时间	获奖结果
发展性教学评价研究	区教科中心	湖南省教育学会重点课题	2006—2011 年	一等奖
构建学校教育与家庭教育和谐沟通平台的研究	捞刀镇中心小学	湖南省教育学会	2006—2011 年	一等奖
游戏校本课程开发的研究	区教科中心	湖南省教育学会重点课题	2006—2011 年	一等奖
基于网络的校本教研与教师专业发展研究	清水塘小学	湖南省电教馆	2005—2010 年	一等奖
培养良好学习习惯和终身学习意识，创建学习型家庭	吉祥巷小学	湖南省教育协会	2008—2010 年	一等奖
新课程有效教学策略研究	区教科中心	湖南省教育科学规划办	2005—2011 年	二等奖
基于艺术教师成长的问题发现与行为改进实践研究	区教科中心	省规划办继续教育专项	2010—2012 年	二等奖
培养农民工子女良好行为习惯，促进其健全人格的形成	浏阳河学校	湖南省教育学会	2008—2010 年	二等奖
以班级文化建设为载体，加强学生道德教育研究与实践	三角塘小学	湖南省教育学会	2006—2011 年	二等奖
楹联校本课程的开发研究	沅丰坝中学	湖南省教育学会	2006—2011 年	二等奖
网络环境下未成年人思想道德培养对策与实践研究	三角塘小学	湖南省电教馆	2005—2010 年	二等奖
阅读教学中拓展习作训练的研究	四方坪小学	湖南省教育学会	2006—2011 年	三等奖
校本培训与教师角色转变的理论与实践研究	一师二附小	湖南省教育科学规划办	2006—2011 年	优秀
利用多媒体技术，提高小学生综合运用英语能力的研究	国庆小学	湖南省电教馆	2005—2010 年	优秀
科学探究的有效教学研究	区教科中心	湖南省教育学会	2006—2011 年	已结题
信息技术促进学生有效学习的策略研究	中岭小学	湖南省电教馆	2005—2010 年	已结题
利用信息技术构筑和谐德育环境的应用研究	新竹小学	湖南省电教馆	2005—2010 年	已结题
基于网络环境下小学学科教育资源建设与应用研究	四方坪小学	湖南省电教馆	2005—2010 年	已结题

表 19-12　　**2011—2012 年长沙市开福区课题研究情况表**

课题名称	研究单位	立项单位	起止时间	获奖结果
区域性开展中小学公民教育的实践研究	开福区教育局	中国教育学会	2011 年—	研究中
乡土文化校本课程的开发与实施研究	中岭小学	中国教育学会	2011 年—	研究中
小学生家庭作业的设计与管理研究	清水塘二小	中国教育学会	2011 年—	研究中

续表 19-12

课题名称	研究单位	立项单位	起止时间	获奖结果
初中生学业情绪的实验研究	北雅中学	省教育科学规划办	2011 年—	研究中
小学班级“悦读”创新研究	清水塘二小	省教育科学规划办青年专项课题	2011 年—	研究中
小学阶段传统文化经典主题式教育研究	科大附小	省教育科学规划办一般课题	2011 年—	研究中
小学数学教学中“以学定教，少教多学”的课例研究	四方坪小学	省教育学会	2011 年—	研究中
湘绣个性化创作校本课程开发研究	沙坪中学	省教育学会重点课题	2011 年—	研究中
语文教学中师生互动方式与教学有效性研究	新风街小学	省教育学会	2011 年—	研究中
乡土文化校本课程开发与实施的研究	中岭小学	省教育学会	2011 年—	研究中
利用微格教学构建高效课堂的研究	东风小学	省教育学会	2011 年—	研究中
课堂观察与评价——分学科合作式听课评课模式研究	紫凤小学	省教育学会	2011 年—	研究中
“我是小军人”校本课程开发与实践研究	四方坪二小	省教育学会	2011 年—	研究中
小学生课内外阅读衔接与整合的研究	史家坡小学	省教育学会	2011 年—	研究中
关于改造薄弱学校国庆二小的研究	国庆小学	省教育学会	2011 年—	研究中
培养城市新居民子弟良好学习习惯的研究	国庆二小	省教育学会	2011 年—	研究中
引领亲子阅读提高学生阅读能力的研究	国庆小学	省教育学会	2011 年—	研究中
信息技术条件下历史课堂启发式教学模式研究	沅丰坝中学	省教育学会	2011 年—	研究中
以学定教的课堂教学模式研究	清水塘小学	省教育学会	2011 年—	研究中
利用现代信息技术手段，提高小学生数学统计能力的研究	开福区国庆小学	湖南省电化教育馆	2011 年—	研究中
基于 web 的中学物理仿真实验交互实践	北雅中学	湖南省电教馆	2012 年—	研究中
利用书法课程促进学生综合素质提升的策略研究	凤羽小学	省继教中心	2010—2012 年	一等奖
借助信息技术手段，提高课堂高效策略研究	清水塘小学	湖南省电教馆一般资助	2011 年—	研究中
信息技术在课堂教学中有效作用发挥的研究	七中	省创造学会	2011—2012 年	合格
利用优秀电影，提升学生心理品质	三角塘小学	中国教育技术协会	2011 年—	研究中
启迪公民意识的童书共读研究	清水塘三小	省教育科学规划办一般资助课题	2012 年—	研究中
综合艺术教师跨域能力的培养与研究	开福区艺术名师工作室	省规划办青年专项课题	2012 年—	研究中

其他综合性教研活动 1994年，区教研室开展“三维”教育。1996年，开展主体性教育。1998年，区教研室获湖南省教育科研课题一等奖。2002年，《人民教育》以《做课程的主人》为题报道开福区的校本课程。9月，开福区组建由区教育局基础教育科、区教研室（即教育科研培训中心）和区中小学示范校共同参与的实验区评价改革研究课题组，参与国家基础教育课程改革“促进教师发展与学生成长的评价体系研究”项目组的系统研究工作。

2003年4月，依据教育部《关于积极推进中小学评价与考试制度改革的通知》精神，开福区教科中心突破以“学业成就作为学生升学的唯一依据”的传统做法，构建以“学业水平考试+综合素质评定+特长鉴定”的三维学生素质评价模式，后在全国推荐。6月，《体验新课程》丛书一套12本由湖南教育出版社出版。2004年，《小本教研的示例与指导》由中央民族大学出版社出版；4月，《新课程发展性学生评价》一书由新华出版社出版；6月，开福区新课程首届初中毕业生综合素质评价工作结束。英语口语测试与科学实验操作、体育与健康与艺术表现性测评全面铺开。

2005年，《案例解说新课程教学法》语文、数学等学科18张光碟由湖南教育音像出版社出版。2006年10月《新课程教学问题解决实践研究》由中央民族大学出版社出版。2007年12月，开福区教育科研培训中心获全国优秀艺术课程实验基地。2009年，小学数学获教育部北师大课程中心突出贡献奖；8月，《新课程教学问题诊断与解决》由天津教育出版社出版。

2010年7月，开福区教育科研培训中心教研员罗炜向全国教育科学规划领导小组申报的课题“农村艺术教师成长⊥型模式研究”，经全国教育科学规划领导小组学科规划组评审，被批准为全国教育科学“十一五”规划2010年度教育部重点课题并在网上公示；10月，《我的课堂我做主》由湖南教育出版社出版。

2012年5月，开福区教育科研培训中心教研员罗炜撰写的专著《艺术教师的成长与研究》获长沙市人民政府颁发的第13届优秀社科成果二等奖。同年9月获第三届湖南省基础教育教学成果奖三等奖。课题成果《基于艺术教师成长的问题发现与行为改进实践研究》获湖南省教育科学“十一五”规划中小学教师继续教育研究专项课题二等奖。

二、教育经费

财政经费投入与支出 区教育经费来源主渠道是区级财政对教育的拨款及中央和省市级财政专项拨款。其它渠道有区政府组织征收的农村及城市教育费附加和地方教育发展费；校办产业、勤工俭学和社会服务收入用于教育的经费；事业收入及学校收费。事业收入指学校按照政府物价部门核定标准，义务教育阶段向学生收取的杂费。在国家财政投入保工资、保基础设施建设及保生均公用经费不足的情况下，事业收入曾是学校保运转的重要经费来源。教育事业的发展对教育经费的需求与区财政的供给能力、税收收入状况和勤工俭学收入的多少，影响不同时期的经费投入。

2005年，省、市开始实施对义务教育阶段家庭经济困难学生免费提供教科书、免杂费和补助寄宿生生活费的“两免一补”政策。2007年，在开福区全面实施，共免补447.11万元。

2009年，开福区将前两年未按时预算下拨的公用经费划到教育局。同年，印发《开福区教育局关于义务教育学校教职工绩教工资考核工作指导意见（试行）》，从师德、教育教学、班主任工作进行考核发放教师绩效工资。完善中、小学财务管理体制，推行“校财局管”的管理模式，实行核算点制度，利用远程控制系统，全区中小学进行信息联网管理。

① “一费制”即在严格核定课本费、作业本费和杂费标准的基础上，一次性统一向学生收取费用。

表 19-13　　1989—2012 年长沙市开福区（北区）教育经费情况表

年度	财政投入（万元）	资助学生		年度	财政投入（万元）	资助学生	
		人数（人）	金额（元）			人数（人）	金额（元）
1989	267	—	—	2001	3655	—	—
1990	266	—	—	2002	6533	—	—
1991	371	—	—	2003	7654	—	—
1992	446	—	—	2004	11078	—	—
1993	607	—	—	2005	14071	155	16500
1994	793	—	—	2006	14374	165	36500
1995	846	—	—	2007	20475	10	4000
1996	967	—	—	2008	28155	10	4000
1997	1836	—	—	2009	35481	99	79500
1998	2473	—	—	2010	37821	182	87000
1999	2867	—	—	2011	31315	182	20150000
2000	3024	—	—	2012	35486	182	23940000

学校教育收费　1989 年秋季至 2004 年春季，全区学校收费按照市物价局、财政局、教育局收费文件执行，收费项目包括杂费、课本费、作业本费等，高中阶段另收取学费。2004年秋季，全区中、小学实行“一费制”①收费办法。2006 年秋季，长沙市对长沙户籍常住人口义务教育阶段家庭贫困生（含子弟学校）实行“一费制”全免，对农村义务教育阶段学生实行秋季免杂费。2007 年秋季，农村中小学实行“一费制”全免，城区免杂费。2008 年秋季，所有长沙市常住人口义务教育阶段的学生实行“一费制”全免。2010 年秋季，所有义务教育阶段学校接收的进城务工人员子女入学一律实行“一费制”入学。

表 19-14　　2004 年长沙市开福区小学秋季教育收费情况表

项目（金额/年级）		小学（元/每生每学期）					
		一年级	二年级	三年级	四年级	五年级	六年级
“一费制”标准	杂费	90	90	90	90	90	90
	实验课本费	25.80	30.95	51.45	37.50	41.60	42.45
	作业本费	10	10	10	10	10	10
	其他费	19	17	57	57	57	58
	合计	144.8	147.95	208.45	194.5	198.6	200.45
“一费制”以外自愿项目	学校自主选择课本	—	—	4.1	18.31	26.52	26.12
	基础训练	12.5	12	18	20	19	18
	法制读本	3.8	—	—	4.5	—	—
	长沙我的家园	—	—	—	—	—	—
	学生学具	—	5.5	5.5	6.0	6.0	6.0
	教育基金	2	2	2	2	2	2

表 19–15　　2004 年长沙市开福区初中秋季教育收费情况表

项目　金额　年级		初中（元/每生每学期）		
		一年级	二年级	三年级
“一费制”标准	杂费	110	110	110
	实验课本费	121.7	93.47	70.37
	作业本费	15	15	15
	其他费	61	58	59
	合计	307.7	276.47	254.37
“一费制”以外自愿项目	学校自主选择课本	15.90	—	—
	基础训练	27	39	38.4
	法制读本	4.9	—	—
	长沙我的家园	4.5	—	—
	教育基金	2	2	2
	中学生百科	9.6	9.6	9.6
	第二课堂			
	校服费	50	50	50
	寄宿费	60	60	60
	合计	173.9	160.6	160

表 19–16　　2004 年长沙市开福区高中秋季教育收费情况表

项目　金额　年级		高中（元/每生每学期）		
		一年级	二年级	三年级
其中	征收部分	800	800	800
	代收（应缴）部分	193.36	179	113.40
	合计	993.36	979	913.40
代收（自愿）费	教育基金	2	2	2
	基础训练	57.70	66.70	114
	法制教育读本	4.90	—	—
	高中生	24	24	24
	中学生百科			
	第二课堂			
	寒假作业	5.0	5.0	—
	信息技术教育费	35	35	35
	合计	128.60	132.70	175
收费总计		1122	1112	1088

后勤创收与服务 1989—1991年，长沙市北区教育局校办产业管理办公室（简称校产办）创办教育印刷厂、物质服务站，为各校提供办公用品、作业本及生活物质；校产办职员另外经营收入，用于解决本部门开支及福利，并为表彰奖励教师提供部分资金。1991—1996年，校产办增办汽车座垫厂、电器元件厂，并与挂靠的20多家企业联合经营，年获教育办厂退税100余万元，资助贫困生、表彰奖励教职员工资金10余万元。

1996—1999年，由于国家税务政策的变化，教育联营办厂利润减少，联合经营的企业逐步脱离挂靠，校产办仅经营教育印刷厂、电器元件厂等，各校勤工俭学走入低谷。1999—2003年，校产办由兴办产业经济转向为学校师生服务：继续办好教育印刷厂，全区各校的办公用品及学生作业本均由印刷厂提供，试行学校办公用品集中采购；将学校校舍房屋基建维修改为归口校产办统一规划实施。2003—2006年，继续为学校师生服务，如办公用品配送、学生饮用水及牛奶供应，学生春、秋游活动组织实施，教育印刷等相继开始运作实施，年创收30余万元。农村学校的种、养、加配套设施设备进一步改造升级，年收获千余吨蔬菜供师生食堂，生猪出栏数达2000余头，创收100余万元，资助贫困学生累计305人，计5万余元。同年，组建开福区教育基建维修公司，每年完成学校基建维修任务达200万元以上，亦揽接一些社会业务。

2006—2008年，校产办对全区学校后勤服务市场进行大规模疏理整顿，将学生春秋游活动、校服制作纳入统一招标运作。区教育基建维修公司更名为长沙市教育建筑有限公司开福分公司，区教育局系统基建维修业务量年均300余万元。继续发展农村学校的种养业，牲猪出栏年3000余头，蔬菜年产1500吨，创收200余万元，扶贫帮困资金年均5万元以上。

2008—2012年，校办产业管理办公室更名为区教育后勤办公室，校服制作、作业本印刷、办公用品配送、学生春秋游活动、学生饮用水及牛奶等一切业务活动，均由原来的创收型改为服务型。奖励农村学校，种养业年评出学校3所，每所奖励资金1万元；对部分初创后勤种养基地的学校给予资助，年资助经费5万元。农村学校年均种养创收200余万元。基建分公司年均完成基建维修任务量600万元以上。

第八节 教师队伍

一、教师队伍结构

1990年，长沙市北区共有教师1250人，其中，专任教师1166人，获得本科文凭的37人、大专218人，中师文凭830人。区属中小学、幼儿园教师中，具有中高职称的15人，中一级474人，初级职称495人。1997年，长沙市开福区110名民办教师转国家教师，以缓解专任教师人数缺少的问题。2010年，全区有本科文凭教师1077人，中师文凭教师46人。具有中高职称的教师人数139人，中一级1196人，初级职称124人。

二、教师编制与考核

1989—2002年，公办学校、幼儿园教师实行派任制，师范毕业生由政府统一分配，其他方面的人员由教育行政部门录用后统一调配，各单位职工子弟学校、幼儿园及民办小学、民办幼儿园教师均由主办单位自行解决，报教育行政部门审定。1999年，开福区曾推行校长负责制、教师聘任制、结构工资制的人事制度改革，全区74名教职工缓聘，4名教职工待聘，17名教师试聘或转岗安置。

2003年4月，市编办、市教育局、市财政局三家联合，对开福区中小学教职工编制进行首次核定。区辖中小学校共有72所，其中，高中3所（包含完全中学2所，职高1所）、初中6所、小学63所；中小学生29458人，其中，高中1859人、初中8357人、小学19242人。中小学在职教职工共有2367人，其中小学教师1504人、初中教师680人、高中教师183人。核定编制后，下达到区的中小学教职工编制总额为1605人，其中，高中80人、初中512人、小学1013人。2004年，对65所区属中小学2000余名教职工实行全员聘用、定岗分流，按核定编制共聘用教职工1605人，共分流教职工498人，其中，辞去公职10人，进修学习4人，提前退休253人，提前离岗159人，校内待聘72人。2005年，教师编制1539人，其中，小学970人，初中322人，高中206人，与2003年相比，小学、初中教师编制人数有所减少，高中编制人数增加27.60%。

2009年1月，开福区率先在全市实施教师绩效工资，将教师工资收入与师德表现、工作绩效直接挂钩；同时率先在全市实行校长职级制，推行校长办学、自主办学。2012年6月，为推进教育人事制度改革，按市、区人社部门的要求，实施教职员工岗位设置管理，有61个教育教学基层单位完成本单位在职在编、退休教师的岗位设置工作。

表19-17　　1989—2012年长沙市开福区（北区）教师考核、调配、职称评定情况表

单位：人

年份	考核				调配				职称评定		
	优秀	称职	基本称职	不称职	调入	调出	退休	退职	初级	中级	高级
1989	—	—	—	—	—	—	—	—	58	37	—
1990	—	—	—	—	—	—	—	—	43	52	—
1991	—	—	—	—	—	—	—	—	53	49	—
1992	—	—	—	—	—	—	—	—	43	52	—
1993	—	—	—	—	11	22	—	—	54	51	—
1994	—	—	—	—	44	21	—	—	49	54	—
1995	—	—	—	—	61	19	—	—	68	51	—
1996	—	—	—	—	78	11	—	—	77	100	—
1997	301	—	—	—	67	—	—	1	180	198	—
1998	—	—	—	—	—	—	—	—	147	130	—
1999	—	—	—	—	—	—	—	—	142	95	16
2000	—	—	—	—	—	—	—	—	151	50	16
2001	—	—	—	—	—	—	—	—	221	111	—
2002	—	—	—	—	—	—	—	—	98	105	14
2003	—	—	—	—	—	—	—	—	93	106	20
2004	—	—	—	—	—	—	—	—	66	109	11
2005	—	—	—	—	—	—	—	—	117	36	17
2006	—	—	—	—	—	8	67	—	71	89	—
2007	—	—	—	—	—	8	78	4	64	134	26
2008	211	1452	—	3	41	8	102	—	35	94	23
2009	205	1457	8	—	22	2	84	2	29	79	21
2010	205	1457	8	—	22	2	84	2	29	79	21
2011	205	1457	8	—	22	2	84	2	29	79	21
2012	205	1457	8	—	22	2	84	2	29	79	21

表 19-18 1989—2012 年长沙市开福区（北区）获省级以上优秀教师、先进工作者等荣誉称号情况表

姓名	性别	奖励称号	授奖单位	获奖年份	评定时工作单位
刘云燕	女	湖南省家庭教育先进个人	省教育学会	2007	麻园岭小学
彭昕	女	全国优秀教师	北师大	2008	科培中心
		全国先进工作者	中国教育学会	2010	科培中心
易虹辉	女	2003 年度全国小学数学课改实验优秀教师	教育部北师大课程研究中心	2003	东风小学
		优秀教研员	教育部北师大课程研究中心	2005	科培中心
		优秀教研员	教育部北师大课程研究中心	2006	科培中心
刘翠鸿	女	中国发明协会中小学创造教育分会先进个人	中国发明协会中小学创造教育分会	2005	科培中心
		中国发明协会中小学创造教育分会先进个人	中国发明协会中小学创造教育分会	2007	科培中心
		中国发明协会中小学创造教育分会先进个人	中国发明协会中小学创造教育分会	2010	科培中心
凌亮	男	“十五”期间中小学教育技术装备工作先进个人	湖南省教育生产装备处	2007	科培中心
罗炜	女	湖南省优秀培训专家	湖南出版集团	2007	科培中心
		全国艺术课程改革先进个人	中央教科所	2010	科培中心
文琼	女	优秀管理员	湖南省中小学班主任省级远程培训中心	2009	科培中心
陈红	男	省“十五”规划课题优秀成果《国家基础教育课程改革实验研究》	湖南省教育厅	2007	科培中心
		2009 年度湖南省中小学教师继续教育“宣传工作先进个人”	湖南省中小学教师继续教育中心	2009	科培中心
		2004-2009 年度中国教育学会系统“先进工作者”	中国教育学会	2009	科培中心
		2009-2010 年度湖南省“电教宣传工作先进个人”	湖南省电教馆	2010	科培中心
		2010 年全国中青年骨干教师优秀教学成果征集活动“先进个人”	中国教育学会	2011	科培中心

表 19-19 1999—2008 年长沙市开福区特级教师一览表

姓名	性别	出生年月	籍贯	评定时间	评定时工作单位	现工作单位	备注
李志宏	男	1947 年 6 月	沅陵	1999 年 8 月	开福区教研室	省教育学会	退休
盛建武	男	1962 年 5 月	望城	2002 年 6 月	开福区教研室	科培中心	—
邱孝玉	女	1953 年 10 月	长沙	2005 年 8 月	开福区教研室	关协	退休
李志强	男	1960 年 1 月	长沙	2005 年 8 月	新竹小学	开福区教育局	—
余炜炜	男	1958 年 10 月	长沙	2008 年 8 月	科培中心	科培中心	—
刘云燕	女	1963 年 6 月	长沙	2008 年 8 月	麻园岭小学	育德小学	—

第二章 科 技

第一节 机 构

1981年成立长沙市北区科学技术委员会（以下简称区科委），为区政府直属正科级单位，设主任一名，副主任若干名，下设科委经济办、技术市场管理办、科技服务团3个二级机构。1989—1995年，周雄担任区科委主任。1995年7月，区科委更名区科学技术局（以下简称区科技局），为区政府直属正科级单位，设局长一名，副局长若干名。1996年4月，成立北区科技领导小组，由区委书记龙长工任组长。7月，北区科技局更名长沙市开福区科技局，为区政府直属正科级单位，设局长一名，副局长若干名。10月，成立开福区科技经济信息中心。1997年，区政府机构改革，开福区科技局定编7人（区科协挂靠科技局），不设内设机构，下设二级机构科委经济办（撤并技术市场管理办、科技服务团、经济信息中心）。2002年，开福区科技局定编5人，区科协在区科技局挂牌，设二级机构开福区科委经济办。2005年再次调整机构，区科技局加挂区知识产权局的牌子，撤销区科委经济办。2011年5月，开福区科技局明确为区政府工作部门，加挂科协、知识产权局牌子，核定行政编制5名。1995年7月至2012年，谭安世、张立中、朱俊东、章俐、刘大民、陶新力先后担任局长，刘大民、陶新力先后担任书记。

第二节 科技管理

一、科技政策

1989—1995年，长沙市北区两次召开全区科技大会，贯彻落实中央、省、市有关科技工作的方针政策。作出《关于进一步加强科技工作，促进科技兴区的决定》，发布《科技兴区实施方案》，学习全国人大1993年制定的《中华人民共和国科技进步法》，先后制定《关于加速科学技术进步的决定》《北区科学技术进步奖奖励办法》《北区科技发展基金管理办法》等政策性文件。

1996年后，开福区发布《开福区科技三项经费管理使用办法（试行）》《关于加快高新技术产业发展的决定》《关于聘请科技经济顾问的决定》，并打造湖南金霞现代物流园、开福区湘雅科技园、大明工业园、长沙青竹湖生态科技产业园等创新科技服务平台。联合湖南省社科院于2007年发布《开福区“十一五”产业与生态布局规划》，提出开福区近中期产业发展与生态建设的初步构想，制定下发《关于加强专利工作促进技术创新的若干意见》和《关于增强自主创新能力建设创新型城区的决定》，进一步促进区域内的科技创新。2008年、2009年先后出台《开福区知识产权联席会议制度》《开福区科普工作联席会议制度》。2012年，开福区修订《开福区科技发展专项经费使用办法》，开福区科技工作逐步形成体系。

二、科技规划

北区“九五”科技发展规划 1995年，北区制定《长沙市北区“九五”科技发展规划》，实施科教兴区战略，确立科技进步总体目标：至2000年，科教进步贡献率达到45%；加快发展高新技术产业，重点发展汽车仪表、医药化工、电子与信息、机电一体化、新能源5个领域中的高新技术项目，高新技术产业产值占工业总产值的比重达到20%；支柱产业的技术水平有较大提高；逐步建立农业科技开发、试验示范和推广服务体系，科技进步对农业的贡献率到达50%；逐步形成汽车电器、仪表、电线电缆、医药化工4大支柱产业，全区形成一批技术开发能力达到或接近国内先进水平、产业规模达到1亿～2亿元的企业和企业集团；运用高新技术，加快传统产业技术改造。按照“扶优扶强”原则，保证70%的技改资金投入到支柱产业；积极推行企业现代化科学管理，培育出6个年产值、销售过亿元的科技示范型企业；建立健全以企业为主体，产、学、研相结合的技术创新体系；建立促进科技成果转化、推广的中介机构和中心，加大与科研部门和大专院校结友攀亲的力度；进一步健全科技成果转化服务体系；加强财政对科技的投入，区科技三项经费①和科学事业费占区本级当年财政预算支出比例逐步达到1%；建立一支科技顾问团队，各级领导部门要建立健全决策科学化、民主化的程序和体制，重大决策应广泛听取专家的意见，重视发挥他们的咨询参谋作用。动员各方面的力量支持科技进步工作，形成科教兴区的合力，团结一致，开拓进取，确保科技兴区的各项任务落到实处。

开福区“十五”科技发展规划 1999年，开福区制定《长沙市开福区“十五”科技发展规划》，围绕全区发展的总体思路和“建成经济强区，创立文明城区”的工作目标，实施“科教兴区”战略，突出科技创新主题，使科技与经济结合更紧密，科技对经济的贡献更大；明确要通过实施高新技术带动战略培植新的经济增长点，壮大工业经济，抓基地龙头，发展高效农业，促进和带动全区经济发展；加大对科技的投入，明确每年科技三项经费支出占全年财政支出的1.3%以上；重点支持企业进行技术改造，新产品、新技术研发及高新技术企业产品认证工作，协助企业做好专利申请和知识产权保护、成果鉴定和新产品试验，确保高新技术总产值年均增长速度达20%以上；建立科技顾问机制，建立基层科技专干、农技员、科技示范员、明星户为基础的推广服务体系；加强科技协会的建设，确保街道、镇、局80%以上成立基层科协组织。

开福区“十一五”科技发展规划 2005年，开福区制定《长沙市开福区“十一五”科技发展规划》，提出培育高新技术企业或企业集团，培植一批高新技术产业集群，逐步形成开福区的经济支撑点；科技工作要为全区商品农业开发和农业商品基地建设提供有力的技术促证，并逐步实现由传统农业向现代化农业转变；加强科技成果的推广工作。加快农业科技成果的转化，在全区实施“科技助农‘直通车’工程”。农业应用性技术成果的推广率达50%。发展农业生态环境保护技术。加强农业资源有效利用技术研究，提高资源利用率，研究、引进农业废弃物的无污染利用技术，保护农业生态环境，实施节水生态农业科技行动，实现农业的可待续发展；发展科技教育事业，重点发展职业技术教育和成人教育。加强科技队伍建设，至2010年，全区万人拥有专业技术人员的数量由858人增至950人；80%以上的农村劳动力，接受科学技术普及培训；10%的青壮年劳力经过系统培训达到农民技术员资格；企业职工年培训面要达到30%以上；科技干部继续教育每年不低于25%；增加科技投入。全区科技三项经费和科技事业费占区财政年度预算总支出的比例达到1.50%，其中科技三项费用不少于1200万元。吸引社会资金和国外资金对科技的投入，建立多元化的科技投入体系；综合科技实力继续保持全市中上等水平。基本形成结构优化、布局合理、精干高效、富有生机和活力的科技开发普及体系；进一步加强技术推广和服务体系建设及科学普及工作；依靠科技进步，在人口控制、医药卫生、环境保护、交通运输、邮电通信、文化体育、资源的综合利用等方面取得明显成绩。尽快把全区建设成为科技进步、教育发达、经济繁荣、社会文明的先进城区。

开福区“十二五”科技发展规划 2010年，开福区制定《长沙市开福区“十二五”科技发展规划》，提出全区科技发展的基本规划和实施规划的具体措施，全面实施“科教强区”战略。加强和扩大区政府科技管理部门的服务职能，健全、强化镇级科技管理部门的密切配合，形成合力，落实推进科技进步、科教强区的各项政策措施。完善科技政策体系，制定鼓励高新技术产业发展、促进企业与高等学校、各级科研机构建立经济、科技合作关系、鼓励企业技术创新，引进科技成果、吸引外地科技人员来区内投资兴业，调动科技人员积极性及知识产权保护的各项政策。加强专利工作，做好专利申请的服务，加大专利执法力度，打击假冒专利、侵犯知识产权的违法行为，调处各类专利纠纷，为科技创业、创新营造良好的政策环境。完善科技投入体系，提高财政投入比例。帮助企业加快现代企业制度建设，健全企业内部各项管理制度，创造条件上市。围绕两个文明建设，争创全国科普示范区，开展形式多样的科普活动，增强全民的科技素养。努力造就具有较高素质的经营管理、科技开发、生产职工三支优秀队伍，强化各类人才的继续教育和专业培训。

---

①“科技三项经费”指国家预算用于科技支出的包括新产品试制费、中间试验费和重要科学研究补助费。

三、科技经费投入

区级科技经费即区级科技发展专项经费和科普经费。1990年前，北区财政拨款用于新产品、新工艺研究、研制的科技经费年均不超过1万元。1990年后，科技投入逐年增加，科技三项经费从1990年的3.10万元增至1993年的15万元。1993年，全国人大会常委会通过《科技进步法》，规定地区科技支出应占地区财政预算支出比例达到1.10%。自此，北区科技投入大幅增加。1996年科技三项经费71万元。1997年，开福区科技投入120万元。2000年后，科技经费投入保持每年20%的增长，2002年达到277万元，2005年达到530万元。2006年达到1317万元，首次超过千万元。2007年12月，全国人大常委会对《中华人民共和国科技进步法》进行修订，规定地区科技支出占地区财政预算支出比例达到1.30%，并将"科技三项经费"更名为"科技发展专项经费"。2008年，科技支出达到2319万元，2012年达到5228万元。1988—2012年，全区科技支出总计投入近1.50亿元。

表19-20　　1995—2012年长沙市开福区（北区）新产品开发及科技项目一览表

年份	项目名称	承担单位	类别	备注
1995	R型铁芯变压器	中南电工器材厂	新产品开发	第一批
	改造仪表生产工艺设备将原有机油塞铜接头改成铁质镀铜	东风汽车仪表厂	新产品开发	第一批
	汽车起动机电枢生产工艺设备改造QD1277超起动机开发生产	东风汽车电器厂	新产品开发	第一批
	系列劳保手套生产线	湘江口罩厂	新产品开发	第一批
	新建农用车起动机生产线	轻型汽车电器厂	新产品开发	第一批
	胶印设备更新	科技印刷厂	新产品开发	第一批
	为开发新产品进行的技术改造	华南交通机械厂	新产品开发	第一批
	4932Q汽车发动机冷却风扇	北区医疗器械厂	新产品开发	第一批
	为上Φ3毫米电缆芯技术改造	华泰电缆厂	新产品开发	第一批
	开发新产品ZD、ZL、ZS减速机	通用减速机厂	新产品开发	第一批
	人体体重浴室磅	顺昌健身器材厂	新产品开发	第一批
	PSG、PSC系列膨胀散热器	光明电力配件厂	新产品开发	第一批
	汽车交流发电机真空泵系列	长沙市长岛日用品厂	新产品开发	第二批
	智能型电脑绣花机（单头多头）汽车化油器用完爆器压铸模具改造及自制	长沙市星火实业公司	新产品开发	第二批
	锌浸出废渣综合回收铅锌	长沙清泉净水剂厂	新产品开发	第三批
	浅浮雕吊顶装饰板	长沙市金属建材厂	新产品开发	第三批
	高层施工机械设备改造	北区建筑工程公司	新产品开发	第三批
	设备改造	长沙市潇湘五金瓶盖厂	新产品开发	第三批
	牛皮纸胶带分切质量改进	长沙市巨力胶带厂	新产品开发	第三批
	FDM-Z125浆油自动分离磨浆机	长沙市机电设备厂	新产品开发	第三批

续表 19-20

年份	项目名称	承担单位	类别	备注
1996	交流鼠笼式自动机软起设备	中南通用电器厂	新产品开发	—
	R-1 氯丙基三氯硅烷	校办企业公司	新产品开发	—
	汽车点火线圈	电器元件一厂	新产品开发	—
	摩托车把座开关总成	星火实业公司	新产品开发	—
	旋转卡式分线盒	南方电信器材厂	新产品开发	—
	固体聚合氯化铝	清泉净水剂厂	新产品开发	—
	SL976 电子车速里程表	东风汽车仪表厂	新产品开发	—
	GQP10 系列起动控制柜	电焊机厂	新产品开发	—
	微波遥控自动窗帘机	微波天线厂	新产品开发	—
	ZHS 变频调速自动恒压供水设备	凯奇科技开发公司	新产品开发	—
	无氧铜杆生产线技术改造	华泰电缆厂	技术改造	—
	205 型专用镗床技术改造	通用减速机厂	技术改造	—
	电动多用绞切机技术改造	机电设备厂	技术改造	—
1999	区农业科技培训服务中心	陈家渡分场	—	第一批
	利用知识经济中社会化服务发展密集型精品商业技术开发	如意街办事处	—	第一批
	膨化鱼饲料中式肉类熟食	华英集团	—	第一批
	聘请农业技师	陈家渡分场	—	第一批
	乌龙山 500 亩腾黏葡萄微灌技术推广	区农办	—	第二批
	牲畜人工受精配种技术推广	捞刀河镇兽医站	—	第二批
	育龄妇女弓形虫病及风疹病毒和巨细胞病毒产前检测程序的研究	区妇幼保健所	—	第二批
	鱼类良种繁殖场开发	渔业分场	—	第二批
	高效渔业养殖技术示范	捞刀河镇	—	第二批
2000	钢架、铝合金架连铄温室大棚微喷滴灌	长沙高效农业设备厂	—	—
	长沙市观赏鱼孵化养殖技术开发中心	国营综合农场月湖分场	—	—
2001	月湖观赏鱼基地建设	洪山旅游局月湖分场	农业科技成果应用	—
	800 万羽樱桃谷鸭产业化项目	华英实业集团		—
	花卉苗木示范基地建设	捞刀河镇		—
	优质鱼类孵化及规模养殖	洪山管理局渔业分场		—
	单板磨削加长机组产业化	长沙三湘华兴电器有限公司	高新技术产业化工程	—
	普天春系列产品开发及产业化	湖南金瑞实业有限公司		—
	新型汽车空调器开发及产业化	长沙众一制冷设备有限公司		—
	卡介苗多糖核酸制备技术开发	湖南园太科技有限公司		—

续表 19-20

年份	项目名称	承担单位	类别	备注
2002	下回转自装式小车臂架塔机开发	长沙沙坪节能设备厂	—	第一批
	湘绣电脑喷绘系列技术开发	长沙沙坪湘绣厂	—	第一批
	观赏鱼孵化养殖技术开发和产业化	洪山旅游局月湖分场	—	第一批
	综合农场绿色农业示范基地建设	洪山旅游局陈家渡分场	—	第一批
	T552.T553.T554 系列金属减活剂研究与开发	长沙望城石油化工厂	—	第二批
	高效农业生态示范工程	洪山旅游局朝阳分场	—	第二批
	可持续高效生态农业科技园规划与建设	捞刀河镇	—	第三批
	开福区名、特、优鱼类良种繁育供应中心	洪山旅游局渔业分场	—	第三批
2003	多转轴防温锁芯	保安服务公司	—	第一批
	发电制冷装置及运行方法	麓枫实业公司	—	第一批
	生物处理垃圾及综合利用方法	金海林置业有限公司	—	第一批
	局域网共享式电话接入系统	中资通讯行	—	第一批
	智能控制报警系统	湖南新族有限公司	—	第一批
	南美螺开发	洪山旅游局月湖分场	—	第二批
	淡水石斑鱼养殖技术推广	洪山旅游局渔业分场	—	第二批
	免疫诊断试剂盒开发	园太科技有限公司	—	第二批
	传统湘绣产业的高新技术应用及工艺开发	沙坪湘绣厂	—	第二批
	瘦肉型猪规模养殖技术推广	新港镇	—	第二批
2004	EM 活性物质制造	湖南宜信创汇农业实业有限公司	—	—
	模块智能型环保住宅研究	长沙浩林房地产开福区有限公司	—	—
	新型复合面料开发	湖南梦洁家纺有限公司	—	—
	奶粉添加剂提取技术	湖南南山食品有限公司	—	—
2004	农副产品深加工	湖南宜信创汇实业有限公司	—	—
	挤压粉磨机	长沙通发通用机械厂	—	—
	混泥土无尘搅拌设备	长沙福兴隆有限公司	—	—
2005	电子办公管理系统	湖南丽臣有限公司	—	—
	建筑用网层结构	长沙长康房地产公司	—	—
	干式施工瓷砖	金海林建设公司	—	—
	组合式混泥土搅拌站开发	金霞开发建设有限公司	—	—
	多功能给水控制装备研发	西湖楼有限公司	—	—

续表 19-20

年份	项目名称	承担单位	类别	备注
2006	电脑雕花工艺在湘绣领域的应用	沙坪湘绣厂	—	—
	地热地板研发与推广	大中木业公司	—	—
	自行开发十万吨乳制品生产线	南山食品有限公司	—	—
	社区宽带综合业务网络系统研制与应用	湖南中南迈特科技有限公司	—	—
	机关大院网络建设	开福区科技局	—	—
	双高效生态有机肥应用及推广	长沙华怡生物科技有限公司	—	—
2007	网上交易信息安全性研究	快乐购物责任有限公司	电子信息	—
	动植物油脂深加工研发	湖南丽臣实业有限公司	生物科技	—
	职工劳动保护研究	长沙市职工技术协会	社会研究	—
	楼房架空层植物培植与栽培	长沙北展房地产开发有限公司	生物科技	—
	青苹果电子图书研发	青苹果电子数据中心	电子信息	—
	保税园货物进出港即时监测系统	金霞保税物流园	电子信息	—
	太阳能 LED 信息显示屏	湖南新亚胜科技发展有限公司	电子信息	—
	机车监视报警灭火系统	湖南省金鼎消防器材有限公司	电子信息	—
	电子商务物流服务平台设计与开发	恩瑞物流有限公司	电子信息	—
	基于天蚕丝湘绣绣线研究	长沙市开福区沙坪天利湘绣厂	传统产业提质改造	—
	生物蛋白胶的开发及在材料工业中的运用	湖南地宝龙装饰材料有限公司	生物科技	—
	数控建筑工程机械研发	中立机械厂	机械制造	—
	节水型混凝土养护材料推广	湖南沙坪建筑有限公司	建筑材料	—
	建筑材料质量控制检测平台	长沙梦洁房地产开发总公司	电子信息	—
	GPS 快速定位定向微型模块研发	湖南纽曼通信集团	电子信息	—
2008	太阳能无线 LED 信息显示屏	湖南新亚胜科技发展有限公司	电子信息	—
	斜槽双定子永磁盘式风力发电机	长沙安川电气有限公司	先进制造	—
	高压挤压对辊粉磨机开发	湖南普沃尔重型机械有限公司	先进制造	—
	电脑湘绣软件及电脑雕花软件研发	长沙沙坪金球湘绣有限公司	传统产业提质改造	—
2008	生物蛋白胶的开发及其在木材工业中的应用	湖南地宝龙装饰材料有限公司	农业深加工	—
	基于天蚕丝的湘绣绣线改性研究	长沙市开福区沙坪天利湘绣厂	传统产业提质改造	—
	湘绣产品创新及核心技术升级的研究	长沙市开福湘绣研究所	传统产业提质改造	—
	生态型几丁多肽有机复合肥研发	长沙华怡生物科技有限公司	生物科技	—
	青苹果系列电子图书	湖南青苹果数据中心	创意产业	—

续表 19-20

年份	项目名称	承担单位	类别	备注
2009	YES-SED 未来窗公交站亭的研发	湖南新亚胜科技发展有限公司	高新技术	—
	3G 手机动漫设计与开发	湖南天闻动漫传媒有限公司	电子信息	—
	水性反射涂料隔热保温系统开发与产业化	湖南涂喜乐新材料科技有限公司	生物材料	—
	YZ 步履式 / 履带式系列长螺旋钻机开发	湖南普沃尔重型机械有限公司	机械技术	—
	SS 曳引驱动人货两用施工升降机项目开发	湖南中立机械有限公司	机械技术	—
	垂直式垃圾压缩站产业化	长沙中巨机械有限公司	机械技术	—
	PVC 壁纸的引进与开发	湖南地宝龙装饰材料有限公司	生物材料	—
	ZD- 键整定模糊智能水泵控制系统	湖南主导科技发展有限公司	电子信息	—
	农产品精深加工及综合利用	湖南长沙湘君茶业有限公司	传统产业	—
	青苹果 iPhone 手机报刊阅读平台研发	湖南青苹果数据中心有限公司	电子信息	—
	牛耳教育管理信息系统	长沙牛耳教育咨询有限公司	教育机构	—
	热压法生产中药橡胶膏剂的研发	湖南杏林春生物制品有限公司	生物科技	—
2010	新能源产业重大专项——智能 LED 照明灯研发与产业化	湖南新亚胜科技发展有限公司	新能源	—
	城市垃圾回收塑料制备高性能再生料的产业化	湖南省仁和垃圾综合处理有限公司	资源综合利用及环保	—
	和谐家居刺绣墙纸研究与开发	长沙沙坪金球湘绣有限公司	传统产业提质改造	—
	ZD- 键整定模糊智能水泵控制系统，变频高楼恒压供水系统（中试）	湖南主导科技发展有限公司	电子信息	—
	建筑节能创新涂料产业化	湖南涂喜乐新材料科技有限公司	新材料	—
	无机复合建筑隔热保温及防水材料的产业化	湖南嘉达节能科技发展有限公司	新材料	—
	现代动漫关键共性技术开发与"大动漫"支撑体系建设——动漫数字化阅读平台研发	湖南天闻动漫传媒有限公司	文化创意	—
	生物安全与资源节约型饲料添加剂"健力肽"的研究与开发	湖南中联生物技术有限公司	新材料	—
	长沙地铁隧道盾构管片长寿命化设计及关键制备技术研发	湖南金鼎交通构件有限公司	高速列车及新能源汽车	—
	中华草龟人工繁育及养殖技术的开发与应用推广	长沙海山名优水产养殖实验场	新医药及生物	—
	凉茶大茶改造及扩建	湖南长沙湘君茶业有限公司	新医药及生物	—
	中南（ZN）YD-2 牙髓活力电测仪开发	长沙市中南口腔医疗器械有限公司	电子信息	—
	湘绣画绣结合技艺的传承创新与开发	湖南沙坪天利湘绣有限公司	传统产业提质改造	—

续表 19-20

年份	项目名称	承担单位	类别	备注
2010	多用农田作业机驾驶安全科技攻关项目	湖南至诚机械有限公司	农业机械	—
	ZJC180 垂直式垃圾压缩站研发	长沙中炬机械有限公司	资源综合利用及环保	—
	组合式城镇建筑用混凝土搅拌输送车研发	湖南中立机械有限公司	高速列车及新能源汽车	—
	青苹果 iPhone 手机报刊阅读平台研发	湖南青苹果数据中心有限公司	电子信息	—
	3G 通信实训课程体系研发	长沙牛耳教育咨询有限公司	电子信息	—
	超大型呼叫中心集约化管理平台研发	湖南金谷国际服务外包呼叫中心有限公司	电子信息	—
	食用菌生产专用有机肥的研究	长沙健硒保生物科技有限公司	新医药及生物	—
	高智能工程监测系统关键技术开发	长沙同盛电子科技有限公司	电子信息	—
	生态环保墙纸的研究与开发	湖南地宝龙墙纸有限公司	传统产业提质改造	—
	凯安富通信技术研发与产业化	凯安富软件服务（中国）有限公司	电子信息	—
	湘绣（沙坪）地理标志申报	沙坪湘绣股份有限公司	传统产业提质改造	—
	中药贴膏剂生产工艺的技术改进	湖南杏林春药业有限公司	传统产业提质改造	—
2011	高亮度户外 LED 绿色照明灯研发及产业化	湖南新亚胜科技发展有限公司	新能源	—
	《华文库》全信息标准数字化智能信息系统项目研发	湖南省青苹果数据中心有限公司	文化创意	—
	基于 Android 终端的远程信息服务系统的研发及产业化	长沙牛耳教育咨询有限公司	电子信息	—
	湘绣产品电子防伪、生产追溯及仓储管理系统研发	湖南沙坪湘绣股份有限公司	传统产业提质改造	—
	湘绣画绣结合技艺的传承创新与开发	湖南沙坪天利湘绣有限公司	传统产业提质改造	—
	和谐家居刺绣墙纸研究与开发	长沙沙坪金球湘绣有限公司	传统产业提质改造	—
	装饰性针法新材料湘绣高端卷轴研发	开福区湘绣研究所	传统产业提质改造	—
	组合式城镇建筑用混凝土搅拌输送车研发	湖南中立工程机械有限公司	机械	—
	食品安全综合检测仪研发	长沙成新实业有限公司	高速列车及新能源汽车	—
	基于工业废弃物轻质混凝土的开发与产业化	湖南嘉达节能科技发展有限公司	资源综合利用及环保	—
	城市垃圾回收塑料制备高性能再生料的产业化	湖南省仁和垃圾综合处理有限公司	资源综合利用及环保	—

续表 19-20

年份	项目名称	承担单位	类 别	备 注
2011	建筑节能创新涂料产业化	湖南涂喜乐新材料科技有限公司	新材料	—
	粉煤气化流化床装置生产线	湖南石油化工建设有限公司	新材料	—
	高效水处理电凝聚设备的研发	长沙新康泉环保科技有限公司	资源综合利用及环保	—
	基于SOA-BPM与物联网技术的商品供应链整合平台研究与实现	湖南地宝龙墙纸有限公司	新材料	—
	食品专用告诉压片机的研究与开发	湖南富马科食品工程技术有限公司	食品工业	—
	凉茶大茶改造及扩建	湖南长沙湘君茶业有限公司	新医药及生物	—
	中华草龟人工繁育及养殖技术的开发与应用推广	长沙海山名优水产养殖实验场	传统产业提质改造	—
	大鲵特色养殖及产业化	湖南亿年酉鱼农牧渔业发展有限公司	特种养殖	—
	基于传感器网络的尾矿库在线监测预警系统产业化	长沙同盛电子科技有限公司	电子信息	—
	基于数字媒体技术的长株潭智能旅游信息平台建设	湖南天下宽信息技术有限公司	电子信息	—
	中药贴膏剂生产工艺的技术改进	湖南杏林春药业有限公司	新医药及生物	—
2012	湖南省中小企业科技成果转化服务平台建设	湖南阿凡提网络科技有限公司	电子信息	第一批
	高效节能型车载式混凝土泵车的研究及产业化	湖南湘中工程机械制造有限公司	机械制造	第一批
	高效天然植物艾香抗菌条的研发及产业化	湖南然润堂中药有限公司	生物医药	第一批
	高可信移动存储介质的研发及产业化	长沙文盾信息技术有限公司	电子信息	第一批
	纳米银微胶囊抗菌剂及其抗菌织物关键技术研究与示范	湖南梦云棉制品有限公司	新材料	第一批
	重金属废水处理螯合新材料及电化学装备产业化	长沙飞达矿冶技术有限公司	环保科技	第一批
	基于3G网络技术建设智能数字校园信息服务平台关键技术研发及产业化	湖南青果软件有限公司	电子信息	第一批
	传统湘绣技艺提升和大师作品保护的研究	湖南再红湘绣有限公司	传统产业	第一批
	高效型泡沫沥青发泡机的研究及产业化	长沙威鸿机电科技有限公司	环保科技	第一批
	基于本体逻辑的自然语言语义处理系统的开发与应用	湖南本体信息科技研究有限公司	电子信息	第一批
	新型生态护坡固化剂的推广与应用	湖南川湘农业环保科技有限公司	新农业	第一批

续表 19-20

年份	项目名称	承担单位	类别	备注
2012	基于计算机软件技术、RFID、二维码及3G通信为一体的湘绣产品质量物联网平台建设	湖南沙坪湘绣股份有限公司	传统产业	第一批
	魔幻舞台系列多功能LED显示屏的研发与产业化	湖南新亚胜科技发展有限公司	电子科技	第一批
	食品专用双螺杆挤压机成套设备研究与开发	湖南富马科食品工程技术有限公司	机械制造	第一批
	三网融合及电广传媒关键技术开发与创新平台建设	快乐购物股份有限公司	创新平台建设	第一批
	数字化、智能化技术与传统湘绣的融合创新及湘绣艺术研究院建设	长沙沙坪金球湘绣有限公司	传统湘绣	第一批
	湘绣数字化技术研究与数字博物馆建设	湖南沙坪天利湘绣有限公司	传统湘绣	第一批
	科技助推企业科技信息综合服务平台建设及应用	长沙科锦信息技术有限公司	创新平台建设	第一批
	现代服务业小微企业第三方预订综合服务平台建设	长沙市阡陌商务信息咨询有限公司	创新平台建设	第一批
	一种高效环保型生物饲料添加剂的产业化	湖南中联生物技术有限公司	生物医药	第一批
	传统茶饮料品质提升关键技术研究与示范	长沙统一企业有限公司	食品技术	第一批
	低热值低压力燃气燃油多功能自动化燃烧机系统产业化	长沙热通机械制造有限公司	机械制造	第一批
	人货两用施工升降机的研发及产业化	湖南天晟建筑机械有限公司	机械制造	第一批
	智能防潮型配电网一体化PT供电装置的研究及产业化	长沙市航信电力科技有限公司	电子科技	第一批
	基于宽带移动网的手机路况实时监控系统产业化	湖南云骏信息科技有限公司	电子科技	第一批
	磁化焙烧弱还原性气体制备技术与装备制造研究与产业化	湖南长拓高科冶金有限公司,	机械制造	第一批
	培训选聘科技特派员	长沙市德为舟农业科技有限公司	新农业	第一批
	培训选聘科技特派员	长沙市开福区文中农产品有限公司	新农业	第一批
	湘绣核心技术提升和湘绣经典作品保护的研究	长沙开福湘绣研究所	传统产业	第二批
	日本锦鲤人工繁育及养殖技术推广	长沙开福名优水产观赏鱼养殖场	新农业	第二批
	北美改良红枫优化品种“秋红枫”的繁育与推广	长沙市开福区北美红枫苗圃	新农业	第二批
	治疗结核中药裸花紫珠的研究	九芝堂股份有限公司	生物医药	第二批
	钢铁烧结烟气$PM_{2.5}$的高效捕集技术与装备的研究	湖南长重机器股份有限公司	机械制造	第二批

续表 19-20

年份	项目名称	承担单位	类别	备注
2012	80：20池塘养殖家鱼技术推广	长沙市开福区大星渔场	新农业	第二批
	大鲵品种培育与高效繁育技术研究及产业化	湖南亿年酉鱼农牧渔业发展有限公司	特种养殖	第二批
	高强度钛酸铝复合增韧陶瓷新型材料	长沙中锦科技发展有限公司	新材料	第二批
	面向湘、滇区域内科技型中小企业技术转移综合服务平台	湖南科德信息咨询有限公司	创新平台建设	第二批
	ZD 一键整定模糊智能水泵控制系统	湖南主导科技发展有限公司	电子科技	第二批
	中通移动网络智能调度系统	湖南中通通信发展有限公司	电子信息	第二批
	聚氨酯节能保温建材自动化生产线	长沙伍扬工业设备科技有限公司	机械制造	第二批
	环保型无机粉体材料与聚合物复合改性乳化沥青灌浆料	湖南腾达岩土工程技术有限公司	新材料	第二批
	中高端环保型墙纸的工艺创新及产业化	湖南地宝龙墙纸有限公司	新材料	第二批
	多功能桩机项目研发	湖南中立工程机械有限公司	机械制造	第二批
	U 盘出版物信息安全保护系统建设项目	湖南省青苹果数据中心有限公司	电子科协	第二批
	气管炎橡皮膏产品研制	湖南杏林春药业有限公司	生物医药	第二批
	基于 RFID 技术智能 IT 设备巡检系统	湖南中和有限公司	电子信息	第二批
	粉煤气化流化库生产线开发	湖南石油化工建设有限公司	高新技术改造	第二批
	基于工业废气物轻质混凝土的开发与产业化	湖南嘉达节能科技发展有限公司	高新技术改造	第二批
	食品安全综合检测仪研发	长沙成新实业有限公司	食品工业	第二批
	光伏低碳优质高效葡萄种植技术示范基地建设	湖南新富豪生态农业开发有限公司	新农业	第二批
	高端空间表现科技与数字化创新服务平台建设	湖南天工展业有限公司	高新技术改造	第二批
	湘绣艺术在旅游产品及居家用品领域的开发应用与产业化	长沙市翰艺湘绣有限公司	传统产业	第二批
	城乡医疗救助管理系统的研发	湖南明创信息系统集成有限公司	电子信息	第二批
	基于传感器网络的尾矿库监测预警系统的研发及产业化	湖南同盛电子科技有限公司	电子科技	第二批
	粉末冶金小直径金刚石串珠绳锯开发	长沙市德天冶金科技有限公司	高新技术改造	第二批
	新型环保复合卡纸的研发及产业化	长沙田田纸业有限公司	节能环保	第二批
	植物营养剂对生产富硒高必需氨基酸大米技术研究	长沙健硒保生物科技有限公司	新农业	第二批

第三节 科技人才与成果

一、科技队伍、人才及引智

1989年，长沙市北区有各类科技人员202人，其中工程师2人、助理工程师33人、技术员33人，大部分为区、街企业中生产技术或工作业务上的骨干。同年，北区聘请国防科技大学、省机械工程学会、长沙铁道学院、长沙大学等单位23名专家组建科技服务团，其中教授1名、副教授7人、高级工程师4人。1995年，全区有各类专业技术人员2666人，其中初级职称1573人、中级117人、高级35人。同年，北区特聘钱仁（省科协副主席、教授）、杨作星（省科协副秘书长、高级工程师）、黄柯棣（省自动化学会理事长、教授）、许树悟（省药学会理事长、教授）、陈谦（省国防科工办总工程师、教授）、吴宏坤（省化工研究院研究员）等6位专家为科技顾问。2009年，中共开福区委、区政府发布《关于实施“个十百千”人才兴区工程的意见》，明确三年内要组建10个行业专业人才协会，评比表彰100名创新创业人才，引进和储备1000名当前急需、长远必须的管理型、技术型和经营型人才，力争造就一支门类齐全、数量充足、结构合理、素质优良、绩效显著的人才队伍。2012年，全区拥有各类专业技术人员5.50万人。

2001年，开福区聘请何继善（中国工程院院士、省科协主席）、夏家辉（中国工程院院士、国家遗传工程重点实验室主任）、周清明（湖南农业大学校长、教授）、邱冠周（中南大学副校长、教授）、陈主初（中南大学湘雅医院院长、教授）、朱翔（湖南师范大学区域社会与经济发展研究中心主任、教授）、龚正虎（国防科技大学教授）、段林毅（湖南省委政策研究室副主任）、雷秉乾（湖南省农业厅总农艺师）、王林（北京大学兼职教授、湖南卫视经济频道顾问团首席顾问）10位专家为科技经济顾问。

表19-21　　1989—2012年长沙市开福区（北区）境内科研机构一览表

序号	机构名称	通讯地址
1	人造板设计研究院	人造板厂
2	湖南省动力集团研究所	长沙市浏阳路239号
3	湖南省商业科技研究所	长沙市碧湾于46号
4	湖南省粮油科学研究所	中山西路109号
5	湖南省少儿出版社科研部	东风路附1号
6	湖南省科技出版社科研部	展览馆路11号
7	湖南省交通规划勘察设计院	八一路442号
8	市陶瓷贴花材料研究所	茅棚街22号
9	湖南省职工技术交流站	民主东街22号
10	湖南省邮电科研所	上大垅东风二村
11	长沙汽车电器厂研究所	上大垅
12	湖南省省体育科研所	长沙市体育馆路一号
13	湖南省省社会科学院	长沙市德雅村
14	湖南省省造漆厂涂料研究所	德雅路216号
15	湖南日用化学科学研究所	浏阳河路1号
16	市蔬菜科学研究所（11个非独立科研所）	开福区马栏山
17	国防科技大学	德雅路
18	长沙大学	洪山路98号
19	医科大学（6个非独立科研机构）	湘雅路88号（北站路）

续表 19-21

序号	机构名称	通讯地址
20	长沙市光明电子研究所	湘春路 105 号
21	湖南民间科技开发研究所	展览馆路 6 号
22	长沙市湘雅应用技术研究所	展览馆路 6 号
23	长沙市高工应用技术研究所	湘春路附 228 号
24	长沙市兰德精细化工医药研究所	上大垅 214 号
25	长沙市银河新材料与传感技术研究所	沿江大道八中院内
26	长沙市百兴科学技术研究所	长沙市建湘中路 79 号
27	长沙市大众科学技术研究所	长沙市展览馆路 50 号
28	冷华中央空调设计研究所	湘雅路 196 号
29	长沙市起重运输通用机械研究所	新北站路 1 号
30	长沙市虹桥经济技术开发研究所	国防科大招待所
31	长沙市电子应用研究所	上大垅 29 号
32	湖南省省环保工业协会燃料研究所	展览馆路 6 号
33	湖南省省经促会应用技术研究所	红墙巷 22 号
34	南方现代化技术研究所	社科院电脑学校
35	市食品机械工业设计研究所	蔡锷北路 537 号
36	长沙市现代机械设计研究所	稻谷仓 23 号
37	长沙市传感器用用技术研究所	解放东路 6 号附 2 号
38	长沙市光明电子研究所	湘春路 105 号
39	长沙市天工机械设计研究所	芙蓉北路新唐家巷
40	达速机械工业设计研究所	国庆新村
41	长沙市明华高新节能研究所	北桥新村 13 栋
42	华工高新技术研究所	通泰街忠信园 12 号
43	高新绕结技术研究所	韶山路 102 号
44	瑞达科技开发研究所	南洋街 83 号
45	虹桥经济技术研究所	科大检测所
46	民间科技研究所	展览馆路 6 号
47	湖南省省无线电通用技术研究所	展览馆路 6 号
48	心血管病研究所	北站路 19 号
49	代谢内分泌研究所	北站路 19 号
50	精神卫生研究所	北站路 19 号
51	中西医结合研究所	北站路 19 号
52	神经病学研究所	北站路 19 号
53	中南大学湘雅医学院	湘雅路 109 号
54	湖南省水产科学研究所	双河路 728 号

续表 19-21

序号	机构名称	通讯地址
55	湖南省工艺美术研究所	三一大道 156 号
56	长沙中南应用科学技术研究院	营盘东路 19 号
57	教育发展研究所湖南省教育科学研究院	蔡锷北路教育街 11 号
58	长沙市第一垃圾中转场垃圾深化处理科研中心	东二环三段 198 号
59	湖南省文物考古研究所	东风 2 村巷 18 号
60	长沙市文物考古研究所	中山路 74 号
61	湖南省粮油科学研究设计院	芙蓉北路金霞开发区粮油交易大楼

二、科技成果与重要奖励

1988—2012 年，全区企业实施各类科技项目 1080 项，开发新产品 860 项，其中 102 项获省、市新产品证书，260 项获省级以上科研成果奖，81 项获市级科技进步奖，新产品产值超过亿元。其中，湖南新亚胜科技发展有限公司研发的“魔幻舞台系列多功能 LED 显示屏”、湖南青苹果数据中心有限公司研发的“全信息标准数字化智能信息系统”等达到国内领先水平。

2007 年始，开福区连续三届被评为“全国科技进步先进城区”。2011 年获“全国科普示范区”称号，开福区科协被评为“全国实施《全民科学素质行动计划纲要》先进单位”。

第四节 知识产权保护

一、知识产权法规

2007 年，开福区发出《关于建立区知识产权联席会议制度的通知》，作出《关于增强自主创新能力建设创新型城区的决定》。2011 年，编制《开福区知识产权战略实施方案（2011—2015）》。在加强组织协调，推进知识产权战略实施，强化专利行政执法，支持企业自主创新，促进专利产业化和增强全社会知识产权意识上，形成各级各部门共同推动专利及知识产权工作的合力，使全区专利及知识产权工作走上制度化、职责化、经常化的轨道。

表 19-22　　2001—2012 年长沙市开福区知识产权专利申请、授权及发明专利授权量统计表

年份	专利申请（件）	专利授权（件）	发明专利授权（件）	备注
2001	102	75	—	—
2002	115	87	—	—
2003	119	59	19	—
2004	178	88	25	—
2005	211	107	31	—
2006	252	121	37	—
2007	292	142	46	—
2008	350	167	55	—
2009	563	284	63	—
2010	757	463	108	—
2011	976	560	210	—
2012	1195	815	280	有 4 件 PCT 授权

二、宣传培训

2007年始，开福区每年围绕“3·15”[①]“4·26”[②]等重要节点，开展知识产权系列宣传活动，举办最新科技成果、专利知识图片展，加强商标与著作权知识宣传，发放知识产权法规资料、图书，组织专家现场咨询等。在每年的“科技活动周”期间，穿插知识产权宣传内容。面向企业组织开展各类培训活动，利用高校院所的人才优势，推动和促进高校与企业间联合开展培训工作。通过经常性的宣传和培训工作，提高知识产权工作的显示度和全社会对知识产权工作的关注度，提升社会公众知识产权意识。

三、执法维权行动

2011年，开福区有3人通过湖南省组织的专利执法考试，获得专利行政执法证，全区始有独立的专利执法权。开福区在加强《中华人民共和国专利法》及其《实施细则》和《湖南省专利条例》等法律法规宣传工作的基础上，坚持专利执法与优化经济发展环境相结合，科技、公安、工商、商务等部门开展联合执法，以保护专利权人的合法权益，营造尊重创造、保护知识产权的良好氛围。

第五节 科技活动与成果推广

一、科技活动

1988—2001年，全区每年开展科技知识及其应用的活动。2001年，根据国务院《关于同意设立“科技活动周”的批复》，每年5月第三周为全国“科技活动周”，全区在活动周期间，开展群众性科学技术活动。至2012年，共举办12届。

表19-23　　2001—2012年长沙市开福区科技活动情况表

时间	举办单位	地点	内容
2001年10月	区科技局、区科协	全区	在芙蓉路、金霞大道悬挂横幅进行科技宣传，精心制作了科普知识板报10余幅到全区20多家小学进行巡回宣传
2002年5月18日	区委宣传部、区科技局、区科协		“科技创造未来”宣传活动日
2002年5月19日	区委宣传部、区教育局、区科技局、区科协	区少年宫	开福区科技馆暨少年宫搬迁仪式，同时，开福区科普学校揭牌
2002年5月21日	区科技局	区政府	科技专题报告会，区科技经济顾问为全区机关干部进行“信息化与工业化”为主题大型报告
2002年5月23日	区科技局、区科协	捞刀河成功村	科普进社区、送科技下乡系列活动
2003年5月17-23日	区科技局	区政府	“十佳科技创新青年人才”评选活动
2003年5月17日	区科技局、区教育局、区青少年科普学校、区科协	东风路沿线	开福区科技宣传一条街活动
2003年5月17-23日	区教育局、区科技局、区科协	区中小学	中小学生个人网页制作竞赛活动
2004年4月	区委宣传部、区科技局、区科协	3个乡、镇、场	送科技电影下乡活动
2004年1-5月	区教育局、区科技局、区科协	中小学	中小学生科技创新大赛
2004年5月15-18日	区科技局	省农博会展中心	组织企业参加科技博览会
2004年5月15-21日	区科技局	街道、社区	科技进街道、科技进社区系列活动

①“3·15”即消费者权益保护日。
②“4·26”即世界知识产权日。

续表 19-23

时间	举办单位	地点	内容
2005 年 4—6 月	区科技局、区教育局、区科协	中小学	1. 创建"科学文明新开福"中小学生行动周；2."我心中的未来开福"征文与演讲比赛；3."我心中的未来开福"创意方案征集；4."美丽星城"摄影及科协构想绘画比赛；5."雏鹰杯"航模比赛
2006 年 4—6 月	区科技局	望麓园街道便河边社区	"创新就在我身边"主题活动
2006 年 5 月 23 日	区科技局、捞刀河镇大明村	捞刀河镇大明村	科技兴村系列活动：1. 快乐大篷车科教进乡村；2. 科技咨询服务；3. 送农资产品到户
2006 年 5 月 26 日	区科技局、区少年宫	区少年宫	"阳光下成长"主题活动：声乐、器乐、舞蹈、校园剧、课本剧比赛
2007 年 5 月 18 日	区科技局、清水塘街道	清水塘街道展览馆社区	搭建社会化科普服务平台，争创和谐社区：科普知识咨询服务，聘请各方面专家、学者现场答疑、义诊；向驻区单位募集科普书籍，并组织科普自愿者向广大市民发放科普宣传资料、倡仪书和科普书籍；科技环保知识展板集中展示
2007 年 5 月 19 日	区科技局、四方坪街道	四方坪街道四方社区	"节约能源资源，保护生态环境，保障安全健康"为主题的网上论坛
2007 年 5 月 21 日	区教育局、区科技局	长沙市第三十二中学	面向青少年开展以"提高创新思维，培养动手能力"为主题的实践活动
2007 年 5 月 23 日	区科技局、捞刀河镇	捞刀河镇大明村	开展科技下乡，科普惠农活动
2009 年 5 月 17 日	区科技局	浏河村社区、丝茅冲社区	社区科普宣传活动
2009 年 5 月 17 日	区科技局	科大佳园社区	第一届开福区"专家企业行"活动，聘请国防科大教授、专家为区内企业科技项目义务指导，开展为企业排难攻关咨询会
2009 年 5 月 17 日	区科技局	茶子山村	送科技下乡活动：①免费为农民赠送有机肥，发放科普资料；②举办农村养殖专业知识培训班；③聘请农业专家义诊咨询
2009 年 5 月 18 日	区科技局、区教育局、区少年宫	区少年宫	①趣味乒乓球；②现场创新制作；③绿色网吧；④四驱车竞速；⑤科普知识讲座；⑥航空模型表演
2010 年 5 月 15 日	区政府	烈士公园	协助省科技厅组织湖南省"科技活动周"启动式暨"科普游园活动"
2010 年 5 月 19 日	区科技局	区属企业	第二届专家企业行活动，组织国防科大老专家、教授下企业开展科技咨询
2010 年 5 月 21 日	区科技局	浏阳河社区、金帆社区	浏阳河社区与金帆社区的方案予以实施。两个社区开展"科普知识讲座""科普绘画竞赛""科普知识家庭抢答赛""科普文艺会演"等活动

续表 19-23

时间	举办单位	地点	内容
2011 年 5 月 17 日	区科技局	沙坪中学	开福区 2011 年科技活动周启动仪式的湘绣绣工培训开班仪式
2011 年 5 月 17-21 日	区科技局	黑石渡、丝茅冲等社区	“科技宣传进社区”活动。黑石渡、丝茅冲、浏阳河、捞刀河及蚌塘 5 个社区开展相关科技、科普活动
2011 年 5 月 20 日	区科技局	区政府	第三届“专家教授企业行”暨“科技兴区”座谈会系列活动。邀请了国防科大、湖南大学、湖南师范大学、中南大学、重庆大学等专家教授 20 余人，通过“请进来下企业，面对面开座谈”的方式，搭建院企对接平台，提升区域产业发展
2011 年 5 月 17 日	区科技局、区教育局	潮宗街小学	在潮宗街小学举行了“创新作品展示、现场创新制作、车模改装展示、竹筷的妙用、小发明知识讲座、建筑模型讲座”等一系列活动
2012 年 5 月 21 日	区科技局、四方坪街道	科大佳园社区	开福区 2012 科技活动周启动式暨科大佳园社区“科技嘉年华”活动
2012 年 5 月 24 日	区科技局	大明山庄	第四届开福专家企业行活动，围绕 2012 年开福区政协提案《关于发展电子商务的建议》，邀请国防科大、长沙大学知名专家、相关企业负责人及区人大、政协相关委员，区工信局、区商务局负责人就如何发展电子商务开展座谈
2012 年 5 月 21-26 日	区科技局	江湾社区、浏河村社区、浏阳河社区	以打造“创新型社区”建设为目标，围绕“节约能源资源、保护生态环境、保障安全健康”主题开展面向普通市民的科普宣传活动

二、科技成果转化

1996 年以前，长沙市北区与 15 所大专院校、科研院所建立了经济合作关系。华泰电线电缆厂与湘潭电缆厂协作生产电线电缆，海联保健品实业公司与湖南医科大学协作开发医疗用品，星火电器厂、斯里胶板厂与中意电器集团公司协作生产冰箱胶链，冰箱门封条；清泉净水剂厂与郑州铝厂协作生产无机高分子聚合氧化铝净水剂；光明电力配件厂与长沙变压器厂协作生产变压器散热器；南方电信厂与省邮电科研所协作开发电信交接箱；汽车风箱厂与长沙铁道学院联合开发其专利产品西叶冷却风扇等。星火电器厂与湖南师大、国防科大合作开发的电脑绣花技术参展湖南省 94 届新产品、新技术交易会。

2007 年始，长沙市召开“中国（长沙）科技成果转化交易会（以下简称“科交会”）”。开福区的科技成果转化及交易每年集中在“科交会”上进行。至 2012 年，开福区内企业、科研机构与外界完成科技项目合作签约 26 项，签约资金 1.20 亿元，发布技术、融资需求各 120 余项，展示科技成果 60 余项。

表 19-24　　2007—2012 年长沙市开福区科交会签约项目一览表

序号	签约项目名称	签约甲方	签约乙方	签约金额（万元）	项目类别	签约年度
1	高压对辊磨粉机新型磨辊开发	湖南普沃尔重型机械有限公司	昆明理工大学机电工程学院	100	高新技术改造传统产业	2007
2	蚀刻液再生循环系统项目	长沙绿铱环保科技有限公司	罗宝林	600	新能源及节能技术	2007
3	高压对辊磨表面金属陶瓷片式耐磨层开发	湖南普沃尔重型机械有限公司	湖南省冶金材料研究所	160	新材料技术	2008
4	高压挤压对辊粉磨机选矿工艺开发	湖南普沃尔重型机械有限公司	湖南有色金属研究院选矿研究所	50	高新技术改造传统产业	2008
5	高压对辊磨表面片式堆焊耐磨材料开发	湖南普沃尔重型机械有限公司	德国法奥迪耐磨技术服务公司	60	新材料技术	2008
6	LED 显示及照明技术产学研合作基地	湖南新亚胜科技发展有限公司	湖南师范大学工学院	500	新能源与节能技术	2008
7	传统湘绣工艺与先进制造技术相结合的湘绣产业化	长沙沙坪金球湘绣有限公司	湖南师范大学	200	高新技术改造传统产业	2008
8	磨机全自动控制技术咨询与审核服务	湖南普沃尔重型机械有限公司	长沙市科大佳园军休服务站老科技工作者协会	30	高新技术改造传统产业	2009
9	高压对辊磨表面陶瓷片式耐磨层开发	湖南普沃尔重型机械有限公司	湖南大学	50	高新技术改造传统产业	2009
10	高效水处理电凝聚设备研发	长沙新康泉环保科技有限公司	成都飞机设计研究所	85	高新技术改造传统产业	2009
11	基于互联网的手机动漫制作平台	湖南天闻动漫传媒有限公司	湖南大学数字媒体研究所	20	电子信息技术	2009
12	城市垃圾回收塑料制备高性能再生料的产业化	湖南省仁和垃圾综合处理有限公司	长沙理工大学	1000	资源与环境技术	2009
13	电力机车车载变压器冷却油泵	长沙理工大学	长沙安川电气有限公司	200	高新技术改造传统产业	2009
14	新型 LED 照明灯研发	湖南新亚胜科技发展有限公司	国防科技大学军休干部科技工作者协会	2	新能源与节能技术	2010
15	GSM 远程短信水泵控制系统开发	湖南主导科技发展有限公司	深圳瑞融投资有限公司	1500	高新技术改造传统产业	2011
16	基于移动互联网的轻小说游戏开发	湖南天闻动漫传媒有限公司	上海奥盛软件科技有限公司	50	电子信息技术	2011

续表 19-24

序号	签约项目名称	签约甲方	签约乙方	签约金额（万元）	项目类别	签约年度
17	基于工业废弃物轻质混凝土的开发与产业化	湖南嘉达节能科技发展有限公司	长沙理工大学	20	节能与新能源技术	2011
18	湘绣创新研发	湖南沙坪湘绣股份有限公司	湖南师范大学	100	高新技术改造传统产业	2011
19	基于文字识别的数据纠错系统开发	软通动力信息系统服务有限公司	长沙金吾软件有限公司	240	电子信息技术	2011
20	中药材栽培技术创新及中药食化产品研发	湖南然润堂中药有限公司	湖南中医药大学	1000	生物与新医药技术	2012
21	电子文档安全管理系统研制与合作推广	北京国卫信安网络技术有限公司	长沙文盾信息技术有限公司	50	电子信息技术	2012
22	合作成立天闻数媒科技（湖南）有限公司协议	中南出版传媒集团股份有限公司	华为技术有限公司	5000	电子信息技术	2012
23	植物营养剂的产业化技术开发	长沙健硒保生物科技有限公司	长沙学院	30	生物与新医药技术	2012
24	白钨废水处理技术开发	长沙新康泉环保科技有限公司	中铝长沙有色冶金设计研究院有限公司市政水风室	400	资源与环保技术	2012
25	商业空间设计研究中心建设	湖南天工展业有限公司	长沙理工大学	500	其他	2012
26	一种蜂胶醇提取物口含片研发及产业化	长沙迷你生物科技有限公司	山东大学	210	生物与新医药技术	2012

第二十篇　文 化

1989—2000年，长沙市开福区（北区）文化事业形成区文化馆、街镇文化站和社区（村）文化活动中心的三级公共文化网络。2001—2003年，在全区各社区建成基层公共文化服务体系。群众文化活跃，成立开福区文化艺术联谊会、老干部书画学会、金鹰艺术团等业余文艺团体，2007—2012年获得省以上奖项38项。开福区开展如“长沙之夏”“爱我开福万人行”等形式多样的群众文化活动，创建新春团拜会、“湘江韵律”、沙坪湘绣文化艺术节等品牌文化。20世纪80年代开放和发展起来的文化市场日益繁荣，1993年，全区有书刊、印刷、娱乐等文化经营户404户；至2012年，为412户。图书馆事业起步较迟，但发展较快。区图书馆于2005年创办，至2012年已拥有藏书20.26万册（件），并建有东风二村、科大景园等6家分馆，形成全区图书馆服务体系。

开福区是长沙历史文化名城的重要组成部分，历史悠久，文化璀璨，保存有大批文物。区政府重视文物的保护和利用，2008年组织第三次文物普查，建立各级各类文物档案，予以有效保护。展开对开福寺历史风貌保护区和潮宗街历史文化街区的保护与整治。至2012年，全区有全国重点文物保护单位中共湘区委员会旧址1处、清代开福寺和湖南自修大学旧址等全省级文物保护单位9处、金九活动旧址等长沙市级文物保护单位6处、同仁里公馆等一般不可移动文物112处。

第一章　文化事业

第一节　机 构

一、机构沿革

1989年，开福区文化事业管理机构为长沙市北区文化科。1990年，更名北区文化局，为区政府直属正科级机构。1995年，区政府机构改革，文化、体育机构合并，成立北区文化体育局。1996年，长沙市北区文化体育局更名为长沙市开福区文化体育局。2011年5月，成立开福区文化体育新闻出版局（以下简称区文体新局），行政编制5人，其中局长1名、副局长2名。1989—2012年，先后担任北区文化科科长和区文体局、区文体新局局长的有周学政、段玉柱、游宇红、张曼平、黎琴、王辉君，先后担任书记的有张曼平、胡爱群、张立中、张晓阳。下设文化馆、文化市场稽查队、文物管理所、图书馆4个二级机构，均属全额拨款事业单位。

区文化馆下设街道（镇）文化站及社区（村）文化活动中心，组成三级公共文化网络。组织协调省、市及区、街（镇）、社区（村）各级群众文化活动，策划、承办各类大中型文艺演出、辅导培训业余文艺骨干、发展壮大业余文艺队伍，挖掘和搜集整理民间非物质文化遗产，并培养造就一批表演、创作、摄影、组织等类别的文化人才。2000年，开福区确定“社区共建、资源共享”的基层文化建设理念，用三年时间在全区各社区基本完成基层公共文化服务体系建设。

二、区文化馆

长沙市北区文化馆成立于1964年，1989年与区文化科合署办公。1996年更名长沙市开福区文化馆。馆址位于区政府机关大院内，设有办公室、剧场、舞厅、地下活动室等文化活动场所。2008年迁至文昌阁155

号，新馆建筑面积892平方米，有舞蹈、声乐、器乐、培训、讲座、展览、图书借阅、电子阅览室等多项群众文化服务功能与设施。主要负责组织协调省、市及区、街（镇）、社区（村）各级群众文化活动，策划、承办各类大中型文艺演出，辅导培训业余文艺骨干、发展业余文艺队伍，挖掘和搜集整理民间非物质文化遗产等工作。2008年始，区文化馆文化辅导员进入社区，分片包干，辅导各社区群众文化活动，以提高社区业余文化辅导员、社区业余文艺团队的综合素质，整体推进社区群众文化工作，建立并实施业余培训制度。区文化馆对乡镇、街道文化站、社区宣传文化法制中心以及所属业余艺术团队人员进行业务培训，统一发放“业余文化辅导员登记证”。文化馆文艺骨干杨志淳为省内著名相声艺术表演家。

三、街道（镇）文化站

1989年，北区有6个街道文化站。2012年，增至17个街道（镇）文化站，每站配备文化专干一名。较具规模的文化站有捞刀河镇综合文化站，位于彭家巷社区办公楼六楼，建于2010年。室内面积450平方米，室外面积4000平方米，购置书报阅览设备、文化信息资源设备、文艺演出设备、电影放映设备、健身器材等，开设多功能活动厅、书刊阅览室、培训教室、文化信息资源共享工程服务室、综合管理室。开展“和谐社会，我是偶像”等群众文化活动。青竹湖镇文化站位于太阳山路3号，建筑面积860平方米，占地面积1000平方米。室内设有规范的图书阅览室、公共电子阅览室、绿色网吧、文体活动室、器乐室、培训教室、多功能厅等。室外有硬化场地300平方米，灯光球场400平方米，总投资150余万元。2010年，被长沙市确立为“示范性乡镇文化站”。四方坪街道文化站位于车站北路609号，室内面积410平方米，开设文化信息资源共享工程服务室、健身房、多功能活动厅等。新港镇综合文化站位于新港镇戴家河社区，总建筑面积900平方米。设施建设总投入60余万元，设有培训室、多功能厅、健身房、桌球室、乒乓球室、图书室、公共电子阅览室、棋牌活动室等。街道（镇）文化站下设社区（村）文化活动中心。至2012年，全区有119个社区（村）文化活动中心。

第二节 群众文化

一、业余文艺团体

开福区文化艺术联谊会 联谊会成立于1998年，会员500余人。联谊会与区文化馆配合，组织和调动全区文化艺术资源，开展群众文化活动，推动区、镇（街道）、社区三级文化事业的繁荣与发展。其下属舞蹈、声乐、书画、摄影等8个协会，活跃于城市、农村，受基层单位和人民群众的喜爱。

开福区老干部书画协会 协会成立于2001年，会员200余人。至2012年，自办展览23次，展出作品7200件，组织4850幅作品在全国、省、市参展参赛，有860幅作品分别获得全国、省、市各级奖励，有16位会员的作品被选入藏湖南画院。协会编印出版有《开福笔浪》《开福书画》等书画集。

开福区老干部诗词楹联协会 协会成立于2003年12月，会员90余人。至2012年，协会先后出版《开福诗联》9期，增刊3期，组织会员采风9次。先后有会员126人次的作品在省、市诗词楹联竞赛中获奖。部分骨干会员还应邀为古街古巷的修复和营造社区文化氛围出谋划策、为景点献艺撰写诗词楹联，受社会各界好评。

开福区业余群众文艺团队 团队始于2004年，至2012年，有馆办团队、街办团队和社区团队共143支，其中金鹰艺术团、通泰老年艺术团、爱心妈妈艺术团等，具有一定影响。金鹰艺术团成立于2003年11月，由合唱队、舞蹈队、戏曲队、时装队组成，有演职人员120余人。从组团至2012年，多次应邀参加中央三台、湖南卫视、湖南经视、市新闻频道、市公共频道、女性频道等组织的演出80余场次，参加区、市公益活动演出130余场次，在参加区、市各类文艺汇演、调演活动中多次获奖。开福区通泰老年艺术团成立于1957年，已有55年历史，有团员150余人。艺术团由合唱团和舞蹈队、时装队、武术健身队、乐队、戏剧队组成。该团常年活跃在长沙各街道、社区、机关、学校、福利部门和企事业单位，先后12次出席全国老年合唱节比赛，多次获得金奖，海内外多家新闻媒体报道，是长沙市十佳业余演出团队之一。爱心妈妈艺术团成立于2009年7月，有艺术专长的演员

80人。艺术团排练歌舞、舞蹈、时装、器乐声乐等各种形式的节目30余个，至2012年，参加各种晚会、汇演100余场，获国家级金奖两次，多次获区、市级文艺会演一、二等奖，是长沙市第四届百佳群众文艺团队之一。

二、群众文化活动和文艺会演

“长沙之夏”系列活动 1989年，长沙市第九届“长沙之夏”文艺调演，北区选送项目获集体项目奖5个，获市文艺演出三等奖以上15个。全区6个街道全部荣获第九届“长沙之夏”先进集体。1991年，长沙市第十一届“长沙之夏”活动，全区组织9场文艺演出、12场露天交谊舞会、16场故事会、4场知识抢答赛、各种乘凉晚会50余场。其时，伍家岭街道文化站在湘江北大桥举办的“长沙之夏”晚会文艺调演、中老年广场舞、青少年游艺活动，吸引成千上万的群众观赏。清水塘街道举办“长沙之夏”活动周，开展30余项群众喜闻乐见的文体活动，参加人数达6千余人。

纪念毛泽东同志诞辰100周年系列活动 1993年5月5日，北区文体协会邀请北京有关专家在清水塘街道举行毛泽东思想专题报告会。6月30日，为纪念毛泽东诞辰100周年，文化局、文化馆编辑出版演唱集《心中的太阳》，共印400册，免费发放给各业余文艺团队和市民使用。10月14日，文化局、区老年协会共同举办北区纪念毛泽东同志诞辰100周年文艺会演。11月2日至5日，文化局、区工会联合举办北区职工纪念毛泽东同志诞辰100周年文艺会演。

节日文化活动 2005年春节期间，开福区举办春节团拜会文艺演出专场。2月23日（正月十五），开福区首届元宵灯会同时在金霞商业街、四方新城两个片区举行，开展全区创建文明城市成果展览、燃放烟花、赏灯、观看龙狮、腰鼓表演、文明社区创建知识抢答、猜灯谜等活动。

2006年1月26日，开福区春节团拜会文艺演出活动，在影视会展中心举行。2月12日，以欢乐元宵、和谐开福为主题的2006年元宵灯会，在湘春路休闲商业街、开福寺路、湘江大道滨江广场同时举行。5月1日至7日，举办《湘江韵律》之“五一”黄金文化周活动，其中有市民电影晚会、市民舞会、市民群众文艺会演等活动。

2010年，举办各种节日大型文艺演出11场，其中包括春节团拜会、元宵节、清明节、庆“五一”、迎国庆、端午节、“5·29”国际家庭日、“6·5”世界环境日、第五届文化遗产日、军民联欢庆“八一”、人民防空60周年庆典和首届中国沙坪湘绣文化节等活动，参与演职人员和观众达5万余人。

“爱我开福万人行”主题文化活动 2005年10月29日，开福区组织“爱我开福万人行”即“万人开福一日游”活动。干部、群众代表6000人和教师、学生代表4000人分乘260余台大巴车，从人民体育场出发，分批参观新开福摄影作品暨开福区建设规划展览；再乘车观赏沿江风光带及风筝表演、开福寺祈福庙会，经芙蓉北路至青竹湖，参观青竹湖高尔夫球会，参加青竹湖湘一外国语学校落成典礼，观看了大型龙狮舞表演、号鼓队表演。下午乘车返城，参观四方新城、金鹰城、圣爵菲斯、西湖楼美食城。晚上，在五洲大剧院召开“开福文明标兵”“优秀开福建设者”颁奖晚会暨大型文艺演出。

庆祝红军长征胜利70周年系列活动 2006年8月至10月，开福区举行庆祝红军长征胜利70周年主题教育系列活动，慰问老红军和其家属。其中，纪念长征胜利70周年文艺晚会和文艺调演、千名青少年“游陵园、学先烈、颂长征”等活动，宣传革命前辈艰苦奋斗、英勇顽强、坚忍不拔的长征精神，对广大人民群众进行革命传统教育。

文艺创作与省市文艺会演 1993年5月，省文化馆、站曲艺、小品调演赛，北区文化馆杨志淳编演的《改革开放颂》获创作、演出二等奖。该作品还获得文化部颁发的群众文化优秀创作奖。2004年6月，由开福区推出的创作舞蹈《火苗》《苗家团圆鼓》参加湖南省第四届“三湘群星奖”舞蹈比赛，均获金奖。10月，《苗家团圆鼓》代表湖南省参加在杭州举行的第七届中国艺术节，获纪念奖。同年区文化馆在全区范围内征集摄影、美术、书法作品175件，参加“三湘群星奖”评比，获金奖6名、银奖5名、铜奖34名。

2007年，长沙市开展“百团会演”活动，开福区有33支业余文艺队伍参加会演和展演，其中有来自乡镇的3支文艺团队新港镇大塘基社区文艺团队、捞刀河镇捞刀河社区文艺宣传队、青竹湖文化艺术团。2008年10月，开福区群众文艺“百品、百星”大赛在湘江风光带滨江广场举行，“百品”大赛的前三名均由金鹰艺术团获得，快乐e家艺术与天乐艺术团分获“百星”大赛的一、二名。2010年，组织参加长沙市“百佳群众文艺团队”评选暨“爱国歌曲大家唱”活动。各团队先后经过学校、部队、企业、社区、街镇、区级各个层面的展演和比赛，演出198场次，参演人员5万人次，观众20万人。开福区推荐的自创作品《中国红·潇湘红》获省级银奖，《开启幸福的地方》获铜奖，《绣女情韵》荣获市级金奖，《阿嬷惹牛》获铜奖。

社会文化工作评优活动 2007年10月，长沙市举行首批10个“新农村文化建设示范村”评选，开福区捞刀河镇捞刀河社区被中共长沙市委宣传部、市文化局授予“新农村文化建设示范村”的光荣称号。2008年，在长沙市社会文化工作先进单位、优秀业余文艺团队评选活动中，开福区文体局被评为先进单位。开福区的省文化厅老干部文华合唱团和长沙通泰老年合唱团2支业余团队获得年度荣誉奖。长沙市举办的全市少年儿童“文明长沙，和谐湖南”美文诵读暨“美术新世界”美文、绘画作品征集评奖活动，开福区图书馆获市少年儿童读书活动优秀组织奖，开福区国防科大附小获得少年儿童读书活动优秀组织奖，开福区代表队获“文明长沙，和谐湖南”美文诵读金奖。2009年，开福区青竹湖镇文化站被列为长沙市建设首批20个示范性乡镇综合文化站之一。

“文化下乡”活动 2005年始，开福区逐步加强农村文化阵地建设，每年有计划地向农村输送书报、体育健身器材，电影、文艺活动等“文化下乡”活动，建立集科技示范、村民教育、文体活动于一体的文体活动中心，以满足农民群众的文化生活需求。在已投入240万余元的基础上，年均购置20万余元的图书、文体器材配送到全区各村、社区，至2012年累计总投入达380万余元。先后三次开展对农村文化骨干的培训，集中授课，并建立农村文化骨干的人才档案，明确任务和要求，制订相应的工作计划。

每年，有计划地组织送戏、送电影下乡活动。2007年，全区送戏、送电影下乡总场次400场，其中，电影农村乡镇300场、城市社区60场，综艺节目（每场90分钟以上）40场，是历年送戏活动场次最多的一年。

在文化共享工程百部戏曲展映周活动中，2008年2月18—22日，区文化馆将国家文化资源中心推荐的100部戏曲带到各基层点，通过光盘、数字电视、有线电视等方式组织群众观看。3月，区图书馆组织全区136个街道、镇、社区、行政村的共享工程专干进行培训，《湖南省公共图书馆通讯》和长沙市公共图书馆简报都作了报道。2010年6至11月，区文体局、文化馆组织开展对全区7个街道乡镇送戏下乡演出活动，总计演出29场，演职人员200余人，参与观众万余人。

农民文化屋场与农家书屋 农民文化屋场一般设有村民聊吧、健身房、书吧、棋牌室和农民低保影院，由区委宣传部、区文体局和区科技局共同管理。2007年，规划以三年时间完成全区33个行政村的文化屋场建设。2008年，建成首批农民文化屋场17所，其中捞刀河镇10个，为自安村张家坪组、中岭村、竹坡村、告塘村、罗汉庄村安置小区、彭家巷龙潭小区、大安村、海塘村双峰组、伍家岭村、乌溪村廖家屋场；新港镇5个，为龙福小区、戴家河社区、大塘基社区、霞凝港社区、竹隐村；青竹湖镇2个，为天井社区、太阳山安置小区。2007年，建成标准农家书屋10个。2008年，建成农家书屋17个。

品牌文化 开福区的群众文化品牌有新春团拜会、《湘江韵律》系列文化活动、开福金秋经贸文化节、开福新春喜乐会、沙坪湘绣文化艺术节等。

开福区春节团拜会暨文艺演出始于1999年，至2012年，连续举办14届。《湘江韵律》系列文化活动始于2004年，以滨江广场为依托，至2012年，举办九届，主要内容有滨江剧场、湘江夜话、我心飞翔、健身长廊、艺术长廊、市民舞会、电影广场、才艺擂台等，举办各类演出活动200余场、播放电影100余场，各类舞会500余场，各类书画、摄影、风筝、健身等赛事200余场。开福金秋经贸文化节始于2008年。2009年，第二届开福金秋经贸文化节开展购房、购车、购物、美食优惠活动，举办长沙大城北建设投资推介会，发布“开福一日游”旅游线路，开通“开福一日游”旅游巴士系列活动。开福新春喜乐会始于2010年，于每年的春节、元宵节期间举办，主要在开福寺、开福寺文化广场及开福寺路沿线展开，融入祈福、赏灯、游乐和公共大舞台四大内容，至2012年举办了三届。沙坪湘绣文化艺术节始于2010年，主要在沙坪湘绣广场开展，举办了中国首届湘绣文化艺术节暨第三届湖南省工艺美术品博览会、沙坪湘绣开街仪式、湘绣工艺美术作品展、第四届湖南省工艺美术品大奖赛、湘绣电视文艺晚会等活动，已办两届。

表 20-1　　2007—2012 年长沙市开福区群众文艺团队获奖情况表

年度	省级以上获奖情况	奖项级别
2007	红叶组合音乐《月亮谣》，获全国第十四届群星奖（创作奖）	国家级
2008	红叶组合获“隆力奇”杯第十三届 CCTV 青年歌手大奖赛民族唱法决赛优秀奖	国家级
2009	爱心妈妈艺术团获 2009 年度慈善救助活动和谐团队先进集体	省级
2009	红叶组合歌曲《簸箕上的麻雀》获湖南省“五个一”工程奖	省级
2010	通泰老年艺术团获第十二届中国老年合唱节“红船杯”奖	国家级
2011	芒果艺术团《美好的家园》《乡里妹子进城来》第 24 届“金夕年华”国际邀请赛文化交流大会奖	国际级
2011	芒果艺术团区志芬获 24 届“金夕年华”国际邀请赛文化交流优秀原创奖	国际级
2011	芒果艺术团刘纯获 24 届“金夕年华”国际邀请赛文化交流优秀原创奖	国际级
2011	爱心妈妈艺术团舞蹈《湘女如花》获首届中华文化艺术节海峡之星三等奖	国家级
2011	爱心妈妈艺术团舞蹈《超越梦想》获首届中华文化艺术节海峡之星一等奖	国家级
2011	爱心妈妈艺术团音乐快板《爱心之花》获首届中华文化艺术节海峡之星二等奖	国家级
2011	通泰街老年艺术团获“永远的辉煌”第十三届中国老年合唱节“创业杯”奖	国家级
2011	爱心妈妈艺术团舞蹈《超越梦想》获湖南省首届银龄风采舞动三湘总决赛优秀节目奖	省级
2011	爱心妈妈艺术团舞蹈《纤夫的爱》获湖南省首届银龄风采舞动三湘总决赛最佳魅力奖	省级
2011	芒果树艺术团获 2011 年第二届湖南“美好愿景”杯声乐大赛金旋律合唱比赛铜奖	省级
2012	芒果树艺术团合唱获世界华人联合会综艺节目国际邀请赛金奖	国际级
2012	中山艺术团肚皮舞《烛光魅影》获第四届世界肚皮舞大赛团体季军	国际级
2012	芒果树艺术团舞蹈《吉祥颂》获第三届两岸三地中老年艺术节金奖	国家级
2012	芒果树艺术团演唱曲目《乡里妹子进城来》获第三届两岸三地中老年艺术节银奖	国家级
2012	芒果树艺术团获第三届两岸三地中老年艺术节最佳组织奖	国家级
2012	中山艺术团舞蹈《郎打山歌姐来和》获中央电视台《舞蹈世界》节目明星奖	国家级
2012	中山艺术团舞蹈《圈》获第六届中央电视台电视舞蹈大赛“十佳作品”	国家级
2012	通泰老年艺术团合唱《永远的辉煌》获第十四届中国老年合唱节“闽江杯”奖	国家级
2012	世纪之声艺术团获我最快乐——2012 年快乐老人才艺大赛决赛优胜奖	国家级
2012	爱心妈妈艺术团获 2012 年“夕阳秀”两岸三地中老年艺术节金奖	国家级
2012	新星艺术团二胡齐奏《战马奔腾》获湖南爱乐协会第二届才艺秀二等奖	省级
2012	帆风艺术团花鼓表演《刘海九妹唱长沙》获湖南省首届“银龄风采舞动三湘”才艺展示会演金奖	省级

续表 20-1

年度	省级以上获奖情况	奖项级别
2012	帆风艺术团合唱《快乐的离退休老人》获湖南省首届“银龄风采舞动三湘”才艺展示会演总决赛银奖	省级
2012	红叶组合女声小组唱《山泉》获第四届湖南省艺术节第七届“三湘群星奖”金奖	省级
2012	中山艺术团舞蹈《绣女情韵》获第四届湖南省艺术节第七届“三湘群星奖”银奖	省级
2012	中山艺术团舞蹈《郎打山歌姐来和》获第四届湖南省艺术节“三湘群星奖”优秀奖	省级
2012	通泰老人艺术团《红灯笼》《快乐的退休老人》获湖南省首届“银龄风采舞动三湘”才艺展示活动银奖	省级
2012	罗琳获“精神新家园”系列歌手赛暨2012年首届中国九嶷山民歌节长沙选拔赛金奖	省级
2012	李索获“精神新家园”系列歌手赛暨2012年首届中国九嶷山民歌节长沙选拔赛银奖	省级
2012	山水组合获“精神新家园”系列歌手赛暨2012年首届中国九嶷山民歌节长沙选拔赛铜奖	省级
2012	龙湘琴获“精神新家园”系列歌手赛暨2012年首届中国九嶷山民歌节长沙选拔赛优秀奖	省级
2012	山水组合获首届九嶷山民歌节、第三届九嶷山旅游小姐选拔大赛民歌赛银奖	省级
2012	爱心妈妈艺术团获首届湖南省社区文艺汇演·幸福秀出来亚军	省级

三、文化活动场所

长沙市青少年宫 青少年宫位于黄兴北路22号，是以青少年素质教育为主导的大型综合性青少年课外学习、培训、文化娱乐场所，也是长沙市青少年对外文化交流阵地。青少年宫每年举办省市大型集会、庆典、公益活动以及重大外事活动80余场次，接待外宾300余人次。知名艺术家谭盾、张也、叶茅、廖沙和著名节目主持人李湘、舒高等都是从这里走向全国和世界。在海内外有一定知名度的小杜鹃艺术团年演出50余场次。

长沙市第二工人文化宫 文化宫位于湘春路305号，文化宫设有歌舞厅、摄影俱乐部、乒乓球厅、少儿培训中心等多个项目，向市民开放，并常年举办各类颇具规模的文化、体育赛事。

湖南省博物馆 博物馆建于20世纪50年代，与烈士公园相邻，占地面积5.1万平方米，建筑面积2.9万平方米，室内展厅2万余平方米，是湖南省规模最大、设施设备最齐全的综合型国家一级博物馆。该馆馆藏丰富，尤以马王堆汉墓出土文物、商周青铜器、楚文物、历代陶瓷、书画和近现代文物最具特色。该馆镇馆之宝——马王堆西汉女尸，吸引海内外参观者络绎不绝。

湖南省书画院 书画院位于营盘东路63号，成立于1991年11月，占地面积3700平方米。该院功能齐全，设施完备，拥有画室、展览馆、陈列厅、接待室、资料室、收藏室、画廊等，是全省书画展览场地之一。湖南省书画院一直承担接待外国文化代表团的任务，并以书画联谊的形式，开展对外书画交流活动，先后接待日本、新加坡、澳大利亚、马来西亚、香港、台湾等10余个国家和地区的画家和书法理论家。

三馆一厅 长沙市博物馆、图书馆、规划展示馆和音乐厅，位于新河三角洲，是长沙市重点文化项目，占地面积20万平方米，建筑总面积16.50万平方米。博物馆建筑面积2.20万平方米，举办长沙市历史文物展览、书画艺术展览、形势教育展等。图书馆建筑面积2.60万平方米，藏书总量为200万册，能同时容纳3000人看书。规划展示馆陈列长沙城市规划，并展示长沙2000多年来的城市建设风貌。音乐厅建筑面积2万平方米，包括1446座的大音乐厅、500座的中型音乐厅和300座的小型音乐厅、排练厅。

长沙世界之窗 世界之窗位于三一大道485号，占地40万平方米，累计投资4亿元，由湖南电广传媒股份有限公司、香港中旅集团、深圳华侨城股份有限公司共同投资兴建。世界之窗将世界各国的今古奇观、历史遗迹、风光名胜汇集于一园。景区内100多个景点建筑，采用不同比例，为游客创造出一个多层次、高品位的游览空间，是湖南省旅游、影视、文化娱乐基地。

长沙海底世界 海底世界位于三一大道486号，是由湖南影视广电集团、印度尼西亚伟查雅集团共同投资兴建的合资企业，占地7万平方米，一期工程2000年7月建成，2010年5月完成二期扩建工程，总投资3.20亿元。长沙海底世界游览区域分为海洋馆、科技馆、水上乐园、儿童乐园四大部分，是湖南大型海洋科普教育馆，也是湖南电视总台影视拍摄基地，被国家旅游局授予国家AAAA级旅游景区。

湖南国际影视会展中心 影视会展中心位于金鹰影视文化城，毗邻世界之窗、海底世界，建筑面积10万平方米，展厅面积5万平方米。国际标准展位有2000个，能容纳2万余人的多功能厅，是中国大型室内文化广场之一，室外广场15万平方米，室内、户外停车泊位1200余个，是举办大型展览、国际会议、演出活动、体育竞赛的较好场所。

第三节 文化产业与文化市场管理

长沙市北区文化市场于20世纪50年代中期开放。其时，文化经营权限审批属市。区文化局对辖区内及文化娱乐项目进行证照审核、业务培训和日常管理，集中整治则联合公安、工商等部门协同进行。1993年，全区共有文化经营户404户，其中书刊店125户、印刷类119户、电游室120户、桌球40户。1995年，收文化市场管理规费30万元。

1998年，区文体局成立直属二级机构文化市场稽查大队，编制3人。其稽查职责是依法对文化经营单位和文化经营活动进行监督和检查；保护合法经营，制止查处文化经营中的违法行为。稽查范围是营业性文艺演出（含时装、健美、气功表演和民间艺人的演出活动）；歌舞娱乐场所、电子游戏室的经营活动；音像制品的批发、零售、出租和放映；书刊经营活动；电脑游戏室经营活动。对非法经营活动涉及的工具、设备及非法物品采取扣押、查封等必要措施；对模范遵守国家法律、法规的经营单位和个人提请有关单位予以表彰和奖励。

2006年，制定《开福区学校周边环境治安综合治理集中整治行动方案》，与公安、工商、文化、城管、卫生等部门，对全区学校周边开展清理整洁行动，取缔无证卡拉OK店8家，查处违规及黑网吧12家，违规经营音像制品店10家，取缔非法赌博电游经营场所20处，收缴非法电路板210块。2007年上半年，对区内出版物市场进行专项检查，出动检查人员260人次，检查各类经营场所300余处，收缴非法书刊和音像制品3万余张。2008年制定《开福区文化市场稽查大队行政执法制度》，进一步规范文化市场依法执法行为。

2012年，全区登记注册的文化市场经营户共412家。其中，体育健身场所4家，印刷企业83家，打字复印场所113家，演出场所2家，游艺娱乐场所19家，歌舞娱乐场所34家，网吧152家，文艺表演团体5家。全区文化市场从业人员3152人，完成协税收入447.15万元。全年共组织开展集中整治行动6次，出动检查人员1690余人次，检查店铺摊点485家，收缴盗版音像制品1.20万张、盗版图书400余册，取缔游商地摊81个。

第四节 广播电视

20世纪80年代末到90年代初，长沙市北区广播事业科在区文化馆内设立北区有线广播站，设正副站长各一名，播音员男、女各一名，机务人员6名，采编3人，外线班工人7人，共18人（其中两位播音员同时兼职采编）。北区广播科（站），以宣传党的中心工作为主，同时报道本区生产、生活、学习、文艺等方面的新闻。广播节目以转播省、市电台新闻为主，自办节目为辅。1989年，连通交干线153对公里，入户喇叭7134只，分布全区6个办事处，61个居委会，下设11个通讯小组，150名通讯员，组成北区广播事业通讯网络，听众23万人，普及率100%。

1990年，北区开始筹备创办区有线电视。1991年投入施工建设，招聘了6名网络布线工人，开通有线电视用户近2万户。同年，北区广播事业科改名为北区有线广播电视局。至1992年，有线电视用户增至2.60万户，有线电视网络事业收入350万元。1996年，北区有线电视用户发展增至近3万户，有线电视网络事业收入480万元。1997年，长沙市开福区广播电视局成建制划归市广播电视局，原区有线广播电视局干部职工共24人，全部调长沙市广播电视局工作。其间，张立中担任广播科科长、广播电视局局长，程婉湘担任局党委书记。

第五节 图书馆

一、开福区图书馆

开福区图书馆创建于2005年，原址长沙市北正街小学。2007年4月整体搬迁至青竹湖湘一外国语学校综合楼，使用面积2471.4平方米。纸质藏书9万余册，报刊244种，电子读物及视听文献千余种。馆内设备设施齐全，设有综合借阅室、精品阅览室、少儿阅览室、电子阅览室（电脑35台）、多媒体播映室、采编室及过刊室，可同时容纳422名读者。馆内图书均实行采、编、分的现代化管理，并采用Interlib借阅系统[①]借还书籍。

2009—2012年，开福区图书馆获得各种集体和个人的表彰、奖励共20次，其中，国家级表彰、奖励1次，省级表彰、奖励7次，市级表彰、奖励11次，区县级表彰、奖励1次。开福区图书馆职工发表论文6篇，其中在国家级刊物发表2篇。

2009—2012年，开福区图书馆年均藏量购置费16万元，年均入藏图书2522种，5044册，报刊242种，视听文献121种。2011年，将自动化管理系统由原来的ILAS(S)小型版系统升级改造为Interlib网络版系统，以适应长沙市公共图书馆服务网群建设的需要。至2012年，开福区图书馆总藏量20.26万册（件），其中，纸质文献9.07万册（件），期刊1.92万册，报纸（含合订本）0.29万册，电子图书8.87万册，视听文献0.11万件，数字资源总量为3TB。在建的数据库有《开福诗联》等。

二、读者服务与基层图书馆工作

2009—2012年，书刊总外借41.89万册次。2011年，向社会免费开放，每周开放56小时以上，并加入长沙市公共图书馆总分馆建设队伍，与长沙市三县六区实施馆际互借服务，在区内已建成6个分馆，5个流动服务车服务点。共举办讲座、展览、培训、阅读推广等读者活动114场次，参与人数10.70万余人次。

老年书友直通车 2009年，区图书馆在七中退休职工宿舍建立老年人流动图书室，开展送书上门，为社区增添一份书香，为生活在这里的老人提供一个读书场所，受到老人们好评。

猜灯谜活动 2009年始，每年元宵节，区图书分馆7馆联动，开展猜灯谜活动，为居民准备灯谜，内容涵盖面广，知识性、趣味性强，增添节日期间的喜庆气氛，推动中华民俗活动的健康发展。

开福区图书馆加强对基层图书馆事业发展的宏观指导工作，促进全区图书馆事业的发展。建成区图书馆服务网络体系，开展“知识工程”送书下乡活动，加大对全区基层图书馆的扶持帮助力度。每年赠送各乡镇、街道图书馆图书3000余册，满足农村广大读者对农业科技信息的需求。

三、开福区图书馆总分馆服务体系

2012年，建有东风二村分馆、科大景园分馆、七中分馆、科大佳园分馆、汉回分馆、江湾社区分馆共6家图书分馆。

东风二村分馆 是开福区图书馆首批在社区设立的分馆之一，面积52平方米，馆内设有藏书区、图书报刊阅览区、电子阅览区等区域。藏书有思想政治类、经济哲学类、文化休闲类、少儿类约3000余册，各类报纸杂志10余种。东风二村分馆开设以“悦读人生”为主题讲座，邀请社区名人通过讲座形式引导学子勤读书、读好书，提升思想道德素质和科学文化素质。

科大景园分馆 面积近100平方米，阅览座位40个，藏书5000册，涵盖文学、历史、医疗保健等近千种。分馆专门为老年人配有相应的服务设施，如提供老花镜、放大镜，供应茶水等，为提高社区居民素质、丰富社区文化生活、提升社区文明程度、促进和谐社区建设提供一个平台。

七中分馆 图书5.54万册，其中工具书190种，教学参考书为8708册，报刊68种。分馆采取集体借阅与个人借阅结合，教师指导借阅和学生兴趣借阅结合的手法，全天面向师生开架出借。分馆利用自身优势，与教育处配合开展书香校园活动，组织学生到馆上阅览课，每学期向新生开设图情知识介绍课，让学生了解图书馆分类知识、工具书使用方法、图书的选择和读书的方法以及图书馆规章制度等。

---

① Interlib借阅系统即图书馆集群管理系统。

科大佳园分馆　位于开福区四方坪街道科大佳园小区会所一楼，面积80平方米，内置图书2000余本。图书种类齐全，分为文学艺术、社会科学、青少年读物、生活百科、农业技术、法律法规等几大类。居民有在图书、刊物上查阅不到的资料，分馆工作人员上网帮助查询。分馆实行全天、全员、全开架借阅，随时为社区未成年人及居民提供服务。

汉回村分馆　长沙市开福区图书馆首个少数民族图书室，面积近80平方米，内置图书7000余本。图书种类齐全，分为文学艺术、社会科学、青少年读物、生活百科、农业技术、法律法规等几大类。馆内配备电脑上网查询。分馆实行全天开放，丰富和改善村民的文化生活，提升思想道德素质和科学文化素质。

江湾社区分馆　2012年8月16日正式对外开放，为湘江世纪城首个社区图书馆，承担近10万人的书籍阅读服务工作。有藏书5000余册，报刊杂志40余种，设有老年书角、科普书馆、红色书苑等特色读书专区。分馆以社区为载体、以家庭为单位，在社区内发起家庭亲子阅读计划活动，倡导家庭亲子阅读，通过家长帮助孩子阅读、讲故事以及正确借阅和查找文献资源，让社区图书馆得以充分利用。

第二章　文物·名胜

第一节　文物普查与保护

长沙市开福区（北区）分别在20世纪80年代、80年代中期、2003年前后，共组织实施过三次程度和规模不等的文物普查工作。

1956年，第一次全国文物普查，北区不是实施主体，只是配合参与，有关北区的数据资料未在区内留存。1985年，第二次全国文物普查，由省、市、区共同组织实施，北区收录进《中国文物地图集·湖南省文物地图集·长沙分册》的不可移动文物共计19处。

2008年，全国开展第三次文物普查，于2011年10月结束。这次普查，开福区组建普查办（设在开福区文物管理所）及文物普查队伍（各园区、街道、乡镇主要负责人、文化专干36人组成）。普查人员踏勘文物点，并记录、摄影、测量、GPS（全球定位系统）卫星定位、编录。2008年5月至2009年12月，共普查辖区内文物点134处，其中新发现文物点118处，复查16处。134处不可移动文物中，有全国重点文物保护单位1处、湖南省文物保护单位9处、长沙市文物保护单位6处，其余为一般不可移动文物。为保护好这些普查成果，根据《长沙市不可移动文物安全管理办法》，落实文物安全经费每年30万元，全区成立一支近百人的文物保护员队伍。对辖区内不可移动文物逐月开展文物安全巡查，每年进行文物安全培训，在每年的文物遗产日活动中，宣传文物安全及文物保护知识，结合区内棚户区改造项目，依据“文物保护为主、兼顾社会经济发展、依法依规审批程序”原则，对棚改区内20处文物点分批分类进行保护，推动开福区文物保护及经济社会发展。

登录文物点的行政保护措施　第三次全国文物普查结束以后，开福区制定《开福区不可移动文物安全管理办法》《开福区棚户区不可移动文物保护实施办法》，为登录不可移动文物提供政策法规保护，构建立法保护体系。普查随后全区构建文物保护单位保护体系，建立文物保护单位的申报机制，其中，申报第七批全国重点文物保护单位3处、第九批湖南省级文物保护单位6处、第六批长沙市级文物保护单位46处。针对文物保存现状，开福区对濒危部分实施抢救性维修，其中已维修1处，列入计划2处。开福区还配合市文物行政部门，将登录不可移动文物纳入《长沙市历史文化名城保护规划》《长沙棚户区提质改造规划》《城乡改造规划》，构建了全区文物保护的规划保护体系，并实施安全巡护机制，组建了专门的巡护队伍，进行日常巡查，确保登录不可移动文物的安全。

新发现不可移动文物的行政保护措施　对新发现的登录不可移动文物的保护，长沙市与开福区签订《目标管理责任书》，明确新发现不可移动文物的保护责任，使新发现不可移动文物成为各级政府的一项重要工作，并纳入对区级年度目标考核体系。开福区建立区、乡镇（街道）、村（村社区）三级文物的保护体系，明确保护责任和保护要求。对于新发现不可移动文物，区文物部门及时登记，并由区政府向社会公布，落实安全巡护资金，按照每处年度安全巡护费4000元标准，其中市级财政投入1200元，区级财政投入2800元。

表 20-2　　1956—2011 年长沙市开福区（北区）历次文物普查登录不可移动文物类别统计表

类别／时间	古遗址（处）	古墓葬（处）	古建筑（处）	石窟寺及石刻（处）	近现代重要史迹及代表性建筑（处）	小计
长沙市第一次全国文物普查						
长沙市第二次全国文物普查	—	14	1	2	2	19
长沙市第三次全国文物普查	—	3	18	—	113	134

表 20-3　　1956—2011 年长沙市开福区（北区）历次文物普查登录不可移动文物级别统计表

类别／级别	古遗址（处）	古墓葬（处）	古建筑（处）	石窟寺及石刻（处）	近现代重要史迹及代表性建筑（处）	小计
全国重点文物保护单位	—	—	—	—	1	1
省级文物保护单位	—	—	1	—	12	13
市级文物保护单位	—	—	1	—	2	3
县级文物保护单位	—	—	0	—	—	0
一般不可移动文物	—	17	16	2	101	136
合计	—	17	18	2	116	153

第二节　名胜、古迹、纪念地

一、公馆与公馆群

李觉公馆　公馆位于周南中学校园内，为老校区办公楼，建于20世纪30年代，为双层青砖清水墙中西合壁式楼房，建筑面积908平方米。2002年，李觉公馆公布为长沙市近现代保护建筑。2005年8月30日公布为长沙市文物保护单位。2011年1月24日公布为湖南省文物保护单位。

九如里—连升街公馆群　公馆群位于连升街九如里，呈“T”形排列，包括九如里2号、4号、6号、连升街54号（新60号）、56号（新62号），多建于1916—1918年。九如里2号建筑面积487.32平方米，4号207.57平方米，6号149.18平方米，连升街60号626.56平方米，四栋连成一体，一色的红砖清水外墙，建筑格局保存完好，均为二层楼房，木楼梯、木地板，盖琉璃筒瓦，色泽明亮。连升街54号，位于连升街九如里巷口西侧，面积197平方米，属典型的中式三合院。民国时期中央银行长沙分行经理辛衡若、原国民党军队黄维兵团副司令吴绍周等人曾居此。2005 年公布为长沙市历史旧宅。

刘廷芳公馆 公馆位于铁佛东街 56 号，原为刘廷芳公馆一部分，建于 20 世纪 30 年代，建筑面积 445 平方米，今为居民住宅。公馆有两层楼房，清水砖墙，中为突出的阁楼，拱型门窗，中楼两侧，六格大窗，对称各两大开间，内屋采光明亮。阁楼三角形坡屋顶与主栋坡屋顶垂直，木楼梯、木地板，下有防潮层，整体格局保持完整。2005 年，刘廷芳公馆被公布为长沙市历史旧宅。

任氏家族公馆 公馆位于十间头 13 号（新）和 17 号（新），为两栋相连的老公馆，均由汨罗任氏家族所建，至今保存完好。十间头 13 号，建筑面积 452 平方米，建于 1910—1920 年间，中西合璧风格，相传为美国著名建筑师墨菲设计。红砖清水墙两层楼房，四角各有一突出阁楼，屋檐四角起翘，西式门窗。石库大门很有特色，巴洛克弧形门头有中式浮雕饰。原房主为任弼时叔父任理卿，后赠予任培辰（任弼时妹妹）夫妇。任理卿（1895—1992），著名专家，曾任上海恒丰纱厂厂长。中华人民共和国成立后，任纺织部司长等职。十间头 17 号，建筑面积 560.86 平方米，建于 1935 年，为一栋两层青砖楼房，今为居民居住。屋顶有砖砌栏杆，运用凹凸起伏砌法，形成韵律感和光影效果，几何色彩十分浓厚。内部房间为纯木结构，走廊上的木护栏做工精致，保存完好。石库门院内三角天井存留一口古井，与附近的鸳鸯井为同一泉脉，至今水质清澈。原房主为任理卿堂兄任邦柱。任邦柱（1889—1936），著名教育家，1927 年任长沙广益中学校长。2005 年，任氏家族公馆被公布为长沙市历史旧宅。

何键公馆 公馆位于望麓园街道水风井社区 2 号，为湘江宾馆中栋。呈长方形布局，坐南朝北，始建于 20 世纪 30 年代。三层，局部四层。建筑面积约 6043 平方米，外部造型为传统民族形式。琉璃瓦层面，歇山屋顶。楼西头进门处门庭由 4 根八角形石柱支撑，庭前石级踏步，庄重大方。1954 年，在公馆旧基上重建“湖南省交际处”。1968 年，更名为湘江宾馆。2002 年，何键公馆被公布为长沙市近现代保护建筑。

同仁里公馆群 公馆群位于通泰街街道吉祥巷同仁里，由6栋近现代建筑组成（同仁里8～13号），总占地面积879平方米，其建筑风格、规制相仿。内部布局稍有不同，10号平面布局为对称式，11号为前后天井式，12号为大量对称布局，敞口堂屋，13号则为上下两层贯通的中庭式和天井式结合，其形式与上海石库门建筑群类似，同时兼有湖南本土建筑风格，保存较为完好，是长沙城内现存不多的民国建筑集中之地。

民国旅社 民国旅社即潮宗街梓园 6 号，为一处四合院，建筑面积 1311.37 平方米，今为居民住宅。民国时为旅社，20 世纪 50 年代曾作为陆军医院和二轻局干校。梓园 6 号是目前发现保存较好的四合院之一。院内保存的旧戏台，为城内现存的唯一一座。2005 年被公布为长沙市历史旧宅。

上胡家花园陈公馆 公馆为一小型两层公馆，建筑面积 173 平方米，今为居民居住。公馆青砖青水墙、砖木结构，木质楼梯扶手雕刻手法，图案明显仿西方葫芦瓶形古栏杆做法。注重立体感，几何线角分明，公馆东侧墙角嵌有“陈姓私墙私脚”石碑，主人生平有待考证。2005 年被公布为长沙市历史旧宅。

伍毓仑公馆 公馆位于湘雅路街道风华巷 6 号，座北朝南，始建于 1935 年，占地面积约 620 平方米。公馆由门楼、主体建筑、院落及后院佣人房构成一体，共有房屋 14 间。后院尚存一口水井，井壁青砖，井面为麻石。伍毓仑，国民党少将军医，20 世纪 30 年代历任军医院院长、军需处处长等职。抗战期间，被授予少将军衔。后参加湖南和平起义。历任邵阳市人民医院院长、邵阳市政协委员。

二、宗教遗产

开福寺 开福寺位于湘江东岸风嘴今开福寺路，是我国古代佛教禅宗临济宗杨歧派的著名寺院。开福寺始建于五代后唐明宗天成二年（927），系楚王马希范将会春园一部分施舍僧人保宁而创建。楚王在附近大兴土木，使开福寺一带成为著名的风景胜地，并形成开福寺十六景，即会春园、紫微山、碧浪湖、白莲池、放生池、龙泉井、鸳鸯井、凤嘴洲、木鱼岭、祓禊亭、回步桥、舍茶亭、清泰桥、舍利塔、嘉宴堂、千僧锅。千余年来，开福寺经过多次改建重修，今存建筑为清光绪十三年（1887）年重建。民国十一年（1922）又有改建修葺。20 世纪 50 年代，曾两次修复。“文化大革命”中损毁严重。1983 年全面修缮，重新开放为佛教场所，主要建筑有山门、三大殿及两厢堂舍等。1983 年，开福寺公布为湖南省文物保护单位。

今规划恢复清代规模，新建大悲殿和千佛塔，再现紫微山、碧浪湖胜景。

长沙天主教堂 教堂位于长春巷7号，清光绪二十八年（1902）意大利籍传教士翁明德来长沙，利用光绪二十六年（1900）“衡州教案”赔款在此修建一小型教堂。1909年建成修女院，1910年长沙“抢米风潮”中被焚毁。1911年又予扩建，重修教堂、修女院、育婴堂和神父住宅，占地面积约4000平方米。后又在旁边建天主堂医院，成为今长沙市中心医院第二医院前身。天主堂面积373平方米，为仿哥特式教堂风格，由教堂和钟楼组成，意大利人设计，武汉张保田营造厂施工修建。教堂座北朝南，为十字架平面造型，长32.52米、高16米，双檐单层空旷砖木结构。南端入口为麻石台阶，近门为尖端石栏门廊及大门牌坊，牌坊上耸立花岗石十字架，高2米，重约千斤。内有唱经台、祭台、圣母玛利亚油画像。大厅有坐凳、跪檐，供信徒祈祷，左右长条木窗上挂有14幅耶稣苦难像，整个教堂肃穆堂皇。天主堂今为天主教湖南教区主教座堂，同时又是省、市天主教爱国会和教务委员会办公场所。2002年被公布为长沙市近现代保护建筑，同年被公布为湖南省文物保护单位。

长沙基督教城北堂 长沙基督教城北堂原名永恒堂，位于外湘春街，始建于1906年，初属英国教会。1912年，美国基督教北美长老会接收。是年4月，长沙基督教长老区会正式组成。1917年，中外信徒捐款重建。1927年，长沙区会加入中华基督教会，教堂定名为永恒堂，后来更名为长沙基督教城北堂。城北堂占地面积6497.8平方米，建筑面积1048平方米，外形为中国古代建筑形式。三层砖木结构，内部则以西方装饰，几何图案格局南北对称，别具一格。1947年，湖南基督教大会在此召开。市基督教“三自”爱国运动委员会和市基督教协会均设立于此。2002年，城北堂公布为长沙市近现代保护建筑，同年被公布为湖南省文物保护单位。

长沙基督教北正街教堂 教堂位于黄兴北路76号，原名中华圣公会礼拜堂。圣公会为基督教的一派，礼拜堂最初由教会负责人黄吉亭于1902年设于坡子街，次年迁吉祥巷。1905年为传布安立甘宗（英国国教）再建于北正街。1910年长沙“抢米风潮”中被饥民所毁。翌年重建，由孟良佐设计，1915年落成。占地920平方米，建筑面积425平方米。平面布局为十字形，花岗石结构，高15米，四周以22根1.10米见方石柱为骨架，由扁六角形花岗石砌成外墙，是长沙独特的石砌建筑物。1904年，黄兴领导华兴会谋划长沙起义失败，曾避于圣公会。1912年黄兴回长沙，曾往圣公会拜访，并为其题词：“耶稣圣名，敬拜宜诚。辞尊居卑，为救世人。”后题词刻石四方，刊嵌于礼拜堂内西墙上端，至今尚在。2002年，圣公会礼拜堂被公布为长沙市近现代保护建筑，同年被公布为湖南省文物保护单位。

潮宗街教堂 教堂位于潮宗街19号，原为真耶稣教会长沙分会教堂，建于1925年，建筑面积约1000平方米，青砖清水外墙，内山墙上精美彩绘犹存，室内布置具中西合璧的特点。真耶稣教会长沙分会成立于1919年，创立人为原基督教复临安息日会传道人李晓峰等，1924年购潮宗街今址建教堂，至今保存完好。2005年潮宗街教堂被列入长沙市第二批近现代保护建筑。

文昌庙 文昌庙位于湘雅路街道文昌阁街89号，由一栋两层硬山顶砖木结构主体建筑及两栋附属建筑组成。文昌庙始建于明万历三十九年（1611），为长沙知县林向阳建。现主体保存完好，结构稳定，花厅部分完整保存清代的建筑风格和特色，壁嵌清同治石碑一方，其楼梯、房柱、框架均保持原貌，但附属建筑保存较差，具有一定的历史、文化、艺术价值。

铁炉寺 铁炉寺位于捞刀河镇汉回村铁炉冲，四面环山，西边偏阔，中为腹地，形似铁锅，故名铁炉冲。铁炉寺始建于清康熙年间，系清代湘籍僧人普振禅师在金山苦参15年返湘后所创。现主体建筑为20世纪80年代重建，宅院内尚保存有清代与民国时期的佛塔和碑刻。

东岳宫 东岳宫又名东岳庙，位于长沙市开福区湘雅路东岳宫巷，巷以宫名。始建于唐开元十三年（725），距今1285年。清同治（1862—1874年）年间，由主持侯理年募化重修。宫分三进，前为灵官殿，中为祖师殿，后为三清殿，占地6000余平方米。1913年，中国道教协会湘支部曾设此。1938年毁于“文夕”大火，火后重建。20世纪末，东岳宫大部分坍塌，2007年重建，现为长沙市道教协会会址。2016年，文物考古发掘时，曾发现大批抗战文物，显示抗战期间，日军在长沙北门外东岳宫一带遭到中国军民的顽强抵抗。

龙王庙 龙王庙位于开福区新河街道新河巷内，东抵开福寺，南临开福寺路，庙内留存的石碑记载：新河龙王庙是为清廷敕封的昭佑少白龙王而建造的祭祀性建筑。清光绪十二年(1886)，湘军将领陈海鹏等人募捐监修；光绪二十四年(1898)，湖南观察使蔡国桢捐资扩建，并劝捐百余金，为龙王庙置办庙宇、庄屋、田产，使之成为晚清长沙城北四大龙王庙之一。龙王庙整体建筑坐东朝西，两厢两进式布局，占地面积约800平方米，整座建筑砖木结构，呈中轴线对称布局，小青瓦硬山顶，青砖灌斗清水墙，中轴线建筑呈“工”字形，前后殿连廊正中部分设有八角藻井，檐口和藻井内饰彩绘图案。因年久失修，现已残破凋零。但残存的新河龙王庙仍是长沙城现存最好、最原汁原味的清代建筑。目前城内文物建筑多数建于民国时期，清代建筑极为少见。2015年，已着手修缮方案及抢救性修缮。

三、近代重要史迹及代表性建筑

乐诚堂 乐诚堂位于泰安里明德中学内，为教学大楼，建于1932年，由著名工程专家周凤九（1891—1960）设计。乐诚堂坐南朝北，四层内廊式钢筋混凝土框架结构，长71米，宽19.70米，高21.90米，建筑面积5595平方米，共有教室、办公室59间，由48根钢筋混凝土柱组成框架横条状布局。正门朝北，18级花岗石台阶上至门庭，花岗石半圆拱门，内刊金色“乐诚堂”三字。明德中学创建于清光绪二十九年（1903），胡元倓创办，黄兴、张继、陈天华、苏曼殊等在此执教。为纪念胡元倓，这栋中西合壁式教学大楼，遂以胡元倓别号“乐诚老人”命名为“乐诚堂”。1938年，长沙“文夕”大火中，乐诚堂受毁严重，后又遭日军飞机轰炸，仅剩框架，战后多次修缮。1980年，乐诚堂按原貌修复，大楼内立胡元倓坐像一尊。2005年被公布为长沙市文物保护单位，2006年公布为湖南省文物保护单位。

湘雅医院早期建筑群 建筑群包括湘雅医院内的原门诊大楼及湘雅医学院校园内的外籍教师楼、小礼堂和校长办公楼，建于20世纪初至30年代。湘雅医院门诊大楼始建于1914年。初为雅礼大学堂所在地。1914年至1916年，建成一栋供教职人员居住的二层红砖清水墙别墅，建筑面积约500平方米。30年代后又修建校长办公楼和小礼堂，均为中西合璧式红砖清水墙建筑。2005年，上述3栋建筑均列入长沙市第二批近现代保护建筑。2011年1月24日公布为湖南省文物保护单位。

咨议局大楼旧址 旧址位于民主东街省总工会内，原为清湖南咨议局所在地。1913年改建为湖南省议会大楼，1918年落成。大楼仿上海太古洋行设计和布局，建筑面积1856平方米。前为三层砖混结构的办公楼，高14米，后为议会厅兼舞厅，系12米高单层建筑。由12根钢筋混凝土圆柱支撑，四面砖墙，盖栗色筒瓦。1926年，该处为国民党湖南省党部所在地。1949年后，大楼由湖南省政府接管，1953年维修后为湖南省总工会驻地。

四、亭阁坊塔

湖南烈士公园纪念塔 纪念塔建于烈士公园内，由2932块白玉石和花岗石砌成，雕栏刻柱。整个建筑由纪念碑和奠堂两大部分组成，奠堂由8根6米长石柱支撑。奠堂正面的奠基纪念碑于1951年12月安放，上面刻着：“近百年来，特别是近三十年来为中国人民解放事业而光荣牺牲的湖南人民英雄烈士们永垂不朽！”奠堂四周有陈列室，奠堂上面是38.7米高的塔楼，毛泽东亲笔题写的“湖南烈士公园纪念碑”镌刻在20米高的汉白玉石上，金光闪耀。烈士碑东北方建有仿宋代建筑的纪念亭，两阁分耸，长廊相接，碧瓦朱栏，雕梁画栋。烈士碑周围簇拥着南岳黑松、喜马拉雅山雪松、南京金钱松和长沙罗汉松，使烈士碑更显庄严。1983年，被公布为湖南省文物保护单位。

中山亭 中山亭位于中山路与黄兴路交汇处。原有一栋二层砖木结构的主楼，建筑面积约460平方米。1930年修筑中山路时，在此建造钟楼。后为纪念孙中山先生，命名为“中山纪念亭”。1949年后，中山亭用作市文化馆，1960年建为市图书馆。2002年，市政府对中山亭进行全面修缮，改为砖混结构。2005年8月被公布为长沙市文物保护单位。2006年5月公布为湖南省文物保护单位。

又一村组亭 组亭位于又一村长沙市青少年宫内，为双清亭、丰乐亭、澄湘亭三座古亭。青少年宫原系清代湖南巡抚衙门所在地。康熙三年（1664），偏沅巡抚移驻长沙，即将抚院衙门设于此处。抚院殿阁之东为花园。乾隆八年（1743），巡抚蒋溥加以扩建，取名“又一村”。道光十一年（1831），巡抚吴荣光又陆续修建双清亭、丰乐亭、澄湘亭。1930年，三亭毁于战火。1931年，省主席何键主持修复丰乐亭。

1945年抗战胜利后，修建中山公园时修复双清亭和澄湘亭。2005年，三座古亭均被列为开福区不可移动文物。2007年被公布为长沙市文物保护单位。

植基塔 植基塔位于青竹湖镇植基社区芙蓉北路与青竹湖大道交汇处，清光绪二十三年（1897），李继堂捐资修建，六边形，五层，塔基较高，通高10米，花岗石结构。内空，有石阶可沿面而上。各层出檐，檐角上翘。顶部以宝瓶作饰，二层东侧拱门上方嵌一横额，上镌“李继堂修，光绪辛酉岁”。2005年被公布为长沙市文物保护单位。

赐闲湖古井及古墙 古井位于望麓园街道赐闲湖2号，现存一段长约10米、高约1米的南北向青砖清水墙，古井即位于墙下，井口内壁及10米青砖矮墙，系明代赐闲湖遗迹。清光绪二年（1876），湖南贡院在此填塘修建号舍。古墙疑为清代湖南贡院围墙残迹。

五、其他重要历史遗迹和革命纪念地

时务学堂旧址 时务学堂是清末戊戌变法运动期间，维新派建立的新式学堂。1897年1月由岳麓书院山长王先谦领衔呈报，湖南巡抚陈宝箴批准创办，请两江总督刘坤一拨盐厘加价银7000两为经费，设于长沙小东街（今中山西路）原清朝大学士刘权之邸宅。1897年8月，任命熊希龄为提调，聘请梁启超为中文总教习、李维格为西文总教习，第一次招收蔡锷、杨树达等学生40多名，于9月正式开学。1898年戊戌变法失败，时务学堂被迫停办。1899年2月改为求实书院。时务学堂是清代湖南最早的新式学堂，是戊戌变法时期湖南维新派的重要阵地，为培养维新人才、推动湖南维新运动的发展起了很大作用，在湖南近代史上具有重大意义。

文化书社旧址 1920年7月，毛泽东由上海回到长沙，联络何叔衡、彭璜、熊瑾玎、陈昌、陶毅、罗宗翰、易礼容等新民学会会员及教育界人士方维夏、湘雅医学专门学校赵运文等人，共同发起文化书社。7月31日，湖南《大公报》刊载了毛泽东撰写的《发起文化书社》一文。

8月2日，文化书社发起人在何叔衡住处召开会议，通过了毛泽乐起草的《文化书社组织大纲》。大纲规定：“本社以运销中外各种有价值之书报杂志为主旨。书报杂志发售，务期便宜、迅速，庶使各种有价值之新出版物，广布全省，人人有阅读之机会。”大纲还规定了书社的组织机构和经营方法。会议推定易礼容、彭璜、毛泽东为筹备员，负责起草书社议事会细则及营业细则，筹备书社成立。8月20日，经赵运文介绍，租定长沙潮宗街56号湖南湘雅医学专门学校的3间房子作为文化书社社址。9月9日，文化书社正式营业。10月22日，文化书社召开第一次议事会，投资者近30人均应邀与会。会上推举易礼容为经理，毛泽东担任书社“特别交涉员”。文化书社发售的主要书目有《马克思资本论入门》《社会主义史》《新俄国之研究》《劳农政府与中国》《克鲁泡特金的思想》等进步书籍达164种，杂志有上海共产党早期组织主编的《劳动界》《新青年》《新潮》等进步刊物45种。

1920年至1921年，书社与省内外发生书报营业往来有70多处，并在本省平江、浏阳、宝庆、衡阳、宁乡、武冈、溆浦7处设立分社。由于社务日益发展，社址于1922年从潮宗街迁到贡院西街（今开福区中山西路处），1926年迁水风井。

文化书社不仅是当时长沙新文化的传播中心，也是新民学会会员活动及国内外会员之间通信联络的主要场所。同时，文化书社还是中国共产党长沙早期组织和毛泽东等人进行建党建团活动的重要基地。1921年1月1日至3月，新民学会在长沙的会员毛泽东、何叔衡、彭璜、易礼容等10余人，在潮宗街56号文化书社召开新年大会，讨论新民学会旅法会员所提出的问题。会议由何叔衡主持。主要讨论了三个问题：“新民学会应以什么作共同目的”“达到目的需采用什么方法”“方法进行即刻如何着手”。新年大会关于“改造中国与世界”的3天讨论，直接导致新民学会会员在革命与改良上的思想阵线分野。在毛泽东、何叔衡等人的周围，聚集了一批赞同布尔什维克主义的先进分子。中国共产党成立以后，文化书社又成为党的秘密联络机关，1921年12月共产国际代表马林在张太雷的陪同下去桂林会见孙中山，路经长沙时，经过文化书社联系，曾与毛泽东、易礼容、黄爱、庞人铨等见面，马林向他们介绍了俄国革命的情况。1921年至1923年，陈潭秋、恽代英、刘少奇等曾在文化书社居住。1927年5月，在“马日”事变中，书社被捣毁，房屋毁于1938年“文夕”大火。有《文化书社社务报告》等文献资料。

八路军驻湘通讯处旧址 1937年11月，中共中央根据与国民党的协商，派徐特立以八路军高级参议、王凌波以上校主任身份，到长沙建立八路军驻湘通讯处，并于年底在东长街徐家祠堂公开挂牌办公。次年2月，通讯处迁至寿星街2号。通讯处设有驻湘代表、主任、指导员、交际副官、秘书、管理员、总务、电台人员等，约20名工作人员。对外作为八路军的公开派出机构（从1938年8月起，亦作新四军驻湘办事处），对内又是共产党的工作机关。受中共中央和中央长江局（后改为南方局）领导。

八路军驻湘通讯处建立不久，中共中央先后派任作民、高文华、帅孟奇、郭光洲等回湖南，组成中共湖南省工委。其间，徐特立组织干部下去做群众工作，自己深入到工矿、农村、码头、学校，做了大量的社会调查，掌握了许多具体情况。一年之内，给中央写了5次调查报告，汇报了湖南地下党组织的情况和各种社会问题。在一篇题为《在湘十个月的工作报告》中，详述了湖南有关厂矿、窑业、码头工人的情况及党组织的工作情况。这一时期中央、外省与本地党组织的联系工作亦由通讯处负责，由通讯处主任王凌波专司其事。不论是中央或外地派来湖南工作，或由湖南调往延安和外省工作的党员干部，都经通讯处接洽和转介。

长沙在八路军驻湘通讯处的影响下，成立了很多的抗日救亡团体，如文抗会、中苏文化协会、妇抗会、青抗会、战地救护队等。文抗会成立后，通过组织讲演队、歌咏队、街头剧团，创办《抗战文化》，出版《抗战小丛书》等多种方式，宣传中国共产党全面抗战的方针和路线，慰劳伤兵难民，按照《工作大纲》，在共产党领导和推动下，团结各界进步人士，开展抗日救亡工作。1937年12月11日，徐特立在银宫电影院作抗日救国十大纲领的讲演，听众达三四千人，影院挤得水泄不通，窗户上爬满了人。当日下午，接见长沙各报记者，回答他们的各种问题。后又在联合大学、青年会礼堂、省教育会礼堂、荷花池中央戏剧学院（设长沙师范内）、长郡中学、湘雅专科医学院、育英小学、第一师范和火宫殿等处作过多次讲演，积极宣传党的抗日主张；说明自己回湘的任务及抗日救国中的各种问题。八路军驻湘通讯处主任王凌波将徐特立的讲演稿及延安新华书店寄来长沙的大批进步书籍，交城北荷花池湘芬书局翻印。湘芬先后印了《毛泽东自传》《毛泽东印象记》《二万五千里长征》《八路军》等书数万册，党的抗日方针政策得到更广泛的传播。

1937年12月19日，在徐特立、任作民的指导下，中苏文化协会湖南分会成立，由国民党元老覃振任会长，徐特立、吕振羽、翦伯赞等任常务理事，通过中苏问题座谈会、抗战座谈会、科学家座谈会等，团结一批爱国民主人士，投身抗日救亡工作。协会党组织荟集一批著名文化人士吕振羽、翦伯赞、田汉、茅盾、张天翼等，编辑发行《抗战前途》《战时民众任务》《战时农村问题》《战时宣传技术》等抗战小丛书。

八路军驻湘通讯处的建立，使湖南人民听到中共中央、毛泽东的声音，对湖南各阶层人民紧紧集合在党的抗日旗帜之下，起了积极的宣传和组织作用。1938年10月27日，周恩来、叶剑英到湘指导抗日工作，曾居住在此。11月23日凌晨发生“文夕”大火，八路军驻湘通讯处随即撤离长沙。

捞刀河抗日陵园　捞刀河抗日陵园位于长沙市开福区捞刀河下游，霞凝乡戴家河村秀峰山山麓，今不存。1941年12月下旬，侵华日军约4万人第三次进犯长沙，国军七十九军九十八师在师长王甲本统率下，在捞刀河奋力阻击，敌我双方伤亡甚众，国军牺牲逾千人。1945年冬，阵亡官兵遗骨掩埋在戴家河村观音塘山坡上，并修建陵园一座。陵园坐西北朝东南，用青砖砌三孔拱门楼，门楼前有石级，门楼正上方嵌王甲本将军所题箔金大字“是为国殇”。进门为阵亡官兵墓群，全长120米，底宽80米，随山势呈梯形向上延伸。陵园中建青砖四柱亭，亭中石碑刻阵亡官兵名录。陵园顶端建花岗石纪念塔，两旁植松柏等常青树。1958年大办水利和1959年修建京广铁路复线时，陵园建筑全部被拆除。

第三次长沙会战之捞刀河战役，由于王甲本率部顽强阻击，延缓了敌军进犯长沙的日程，有利于战区在城区集结重兵布防。敌军入城后，遭到我第10军的沉重打击，陷入四面合围之中。1月5日，日军大将阿南惟畿下令全面撤退。第三次长沙会战，敌人以惨败而告终，我方各路大军纷纷尾追和截击，把敌军驱赶到新墙河以北。会战结束后，战区召开了作战总结会议，王甲本所部第98师功绩卓著，以“硬仗将军王甲本”的评语，受到了上级嘉勉，并升任第79军军长。

沈家大屋旧址　旧址位于潘家坪路。沈家大屋因该宅基地原属一沈姓人家而名，几经变迁后，由董姓、唐姓、翁姓三家居住。据翁姓后人记述，沈家大屋是一幢大屋，共有70多间房，分三处头门出进，属3个业主所有。1927年5月“马日事变”后，中共湖南省委派员乔装客户租住，作为省委驻地之一。

1927年8月7日，中共中央汉口紧急会议（史称“八七会议”），确定了开展土地革命和武装反抗国民党反动派的总方针，决定在群众基础较好的湘鄂粤赣四省举行秋收起义。会后，毛泽东、彭公达受中共中央派遣回湖南传达贯彻八七会议精神、改组湖南省委、发动秋收暴动。8月16日，中共湖南省委在长沙北门外沈家大屋开会，完成湖南省委改组任务。新省委由彭公达、毛泽东、易礼容、夏明翰、贺尔康、王福轩、向钧、谢觉哉、何资深9人组成。18日，中共湖南省委在长沙北门外沈家大屋继续开会。限于当时白色恐怖的严酷环境，会议曾数度转换地点，相继在长沙北门麻园岭苏联领事馆、长沙北门朱家花园等地以不同形式举行。

会议分析了长沙“马日事变”后湖南的革命形势和经济、政治状况，研究了党的“八七会议”精神及党中央对湖南秋收起义的多次指示。会议在旗帜和国民党问题、政权和苏维埃问题、土地和农民问题、军事和策略问题等方面提出了和中共中央不同的意见，在中共湖南省委与中共中央往来函件中有过反复争辩。1927年10月8日，彭公达《关于湖南秋暴经过的报告》有较大篇幅，专门对这些不同意见和争辩进行分类列题，作了较为详尽的记述。其中，直接引用了许多不同意见和争辩的原话。

会议最终没有教条地照搬中央的批示，而是从湖南实际出发，解决了秋收起义一些重大原则问题，如必须彻底抛弃国民党的旗帜，由共产党领导；必须实行军事力量同农民力量相结合，依靠枪杆子夺取政权；必须解决农民土地问题；必须建立苏维埃工农兵政权等。制订了秋收起义的纲领和计划：一是确定了起义区域。决定在以长沙为中心，包括湘潭、宁乡、醴陵、浏阳、平江、岳阳、安源的湘赣边界发动秋收起义。二是拟订了秋收起义宣传大纲和暴动口号。宣传共产党的政治主张和秋收起义的伟大意义，号召农民积极参加暴动。三是提出了起义中必须做的农村工作。即平分土地；恢复农民协会；没收土豪劣绅、反动派及大地主的财产；抗租、抗税等9项。四是建立起义的组织领导机构：由各军事负责人组成党的前敌委员会，毛泽东为书记；由各县党组织负责人组成的行动委员会，易礼容为书记。五是决定了起义的时间。为随后的秋收起义做了思想上、组织上、政策上的准备。

沈家大屋会议对秋收起义及其失败后迅速迎来转机的作用和影响，在随后各时期史书刊物中多有记述和评价。如中共中央党史资料征集委员会、中央档案馆编《八七会议》、中共中央党校出版社《秋收起义》、中共中央党史研究室编《土地革命纪事》、解放军出版社《土地革命战争纪事》、解放军出版社《土地革命战争时期各地武装起义简介》、中共湖南省委党史研究室《中国共产党湖南历史》《中国共产党湖南历史大事记》、湖南人民出版社《湘赣边界秋收起义》、中共长沙市委党史研究室《中国共产党长沙市历史》《长沙人民革命史》等。

1938年，长沙“文夕”大火后，沈家大屋成了染房，中华人民共和国成立后又成了一家织布厂，1954年被长沙仓储公司征收，今大屋不存。

附：沈家大屋相关资料

一、沈家大屋毗邻黄姓的忆述

（2006年3月15日）

沈家大屋屋主姓董，名新田，沈家大屋旁边一户姓唐，一户姓翁，侧边是菜土，沈家大屋据我了解是大家叫成的。沈家大屋四周是围墙，整个房屋都是由“绿页齿”砌成的。

二、沈家大屋毗邻陈姓的第一次忆述

（2006年3月15日）

“我家是紧挨沈家大屋，那时经常进去玩，靠沈家大屋南边是正门，有门楼，门两边有两具雄伟的瓦狮子，正门进去有外厅、内厅、戏台，房屋有2层，且整个房屋面积大，高，屋顶都是那种有翘角亭的式样。靠西边有堵隔墙，间隙有一丈多宽。”“火烧长沙之后沈家大屋成了染房，解放后成了织布厂，1954年被仓储公司征收，征收负责人之一齐麻子（小名）还健在。”“我还知道靠沈家大屋旁500米处有曾国藩的‘过路亭’（就是每次曾国藩路过长沙时在这里歇息的地方），院子很大，正门朝西，四周有围墙，围墙成正方形，里面有口塘，还有桂花树、石阶、亭子、花园。”

三、沈家大屋对邻谭姓的忆述

（2006年6月23日下午）

沈家大屋是一个坐北朝南的用围墙围起来的大院子，围墙粉成白色，正面是一座门楼，有三四级麻石台阶，猪肝红色的两扇大木门，每扇门上都有一个黄铜色的门环，就是一个圆巴巴套一个圆圈的那种，门楼上的瓦是黄绿两色的琉璃瓦，中间是黄色的，两头是绿色的。大门台阶下是一个很大的操坪，从外朝里看尽是房子。

四、沈家大屋毗邻陈姓的第二次忆述

（2006 年 6 月 28 日下午）

“沈家大屋是一座占地近 2667 平方米坐北朝南的大宅院，院外沿围墙有条 1.5 米宽的水沟，水沟外边是一条近 3 米宽的麻石路，水沟上面有三座麻石桥，分别在正南、正西、西北三个方向，走过麻石桥，可以通过三个不同方向的院门进入大院，大院的正门在正南方，麻石门框，两扇大木门，四角镶有铁蝴蝶，门腰镶有铁腰带，门上有门环，门前有三四级麻石台阶，院墙是用六叶齿砖砌的青水墙，墙高是“抬头掉帽”的高度，估计是两三层楼高吧，进得大门迎面是杉木雕花的花格隔断，隔断前面有休息室，后面是草池（天井），左边有个大戏台，据说毛主席曾在西北角上的房子里工作过。沿围墙是一间连一间的偏房。西边有一段围墙是夹层长有百多米，里面宽可摆放一桌酒席，还绰绰有余。院内房屋是木质的两层楼房。北面围墙麻石打底再加砌青砖。”并“确定现潘家坪路 152 号是沈家大屋的正门，现在是一废品收购店。”

五、沈家大屋翁姓业主后人的忆述

（1985 年）

“我父亲翁子全的一幢私房，它叫沈家大屋。沈家大屋确是一幢大屋，共有 70 多间房，分三条头门出进，属三个业主所有，头门朝向东南福寿桥小街的一幢，是属我父亲所有。房间都是用半寸厚的木板装成，板的空隙处，都用桐油石灰涂封，外加桐油擦了三遍，带深棕色。全幢除杂屋花厅外，楼上楼下正房共有 24 间，分前后两幢，中间有两个大天井和一块空坪隔开，前后两幢相隔约十米距离，楼上楼下房间都有天花板和地板。”“我们的前幢房屋坐向右边靠邻居墙壁有一条狭长巷子，从头门进来，穿过这一条巷子，就可以直达后幢。”

六、黄林石、何绪编著《古城长沙》第 168 页关于沈家大屋的忆述

沈家大屋有三栋同样大小的砖木结构两层五开间房屋，开会和住的地方是中间一栋，前面有一空坪。房屋大厅呈“八”字形，进门两边是厢房，经过一条过厅堂屋，两边各有住房 4 间。毛泽东住左边后排紧靠堂屋的一间，夏明翰、谢觉哉等都在这儿住过。1958 年兴建省储运公司仓库时，将旧房拆毁，目前只保留水井一口和旧址部分墙壁及基脚。1972 年公布为湖南省文物保护单位。

七、湖南省历史研究所藏夏明翰之妻郑家均的忆述

（1967 年 5 月 2 日）

沈家大屋的大门外面一边是藕田，一边是辣椒、韭菜地。大门很宽，在门口向右前方看见新河铁桥，向左边走就到福寿桥。我们都住在沈家大屋四开间的房子内，我是住在进堂屋右边的两间屋，煮饭是在后面厨房内。曹云芳同志（罗哲烈士的爱人）的大姐住在进堂屋左边的前房。当时毛主席住在进堂屋左边的后房（即曹姐的后房）。曹云芳同志是住在甲种房（即曹姐旁边的房子），曹的后房是架屋。楼上有贺尔康夫妇和其他同志住，楼上的堂屋是当时主席和同志们经常开会的地方，楼下堂屋是吃饭的地方和开展打牌等活动来做掩护工作。

关于房内的家具情况大概是这样的：

毛主席住房：有普通木架床一个；书桌一张，油印机一架，书架一个，美孚灯一盏，总之是非常简单、朴素。

夏明翰烈士住房：有黑红色木架，麻棚子床一个（可挂围帐）挂有白竹布帐子，枕头是白十字布桃花，荷叶边，被单是白竹布的，被面是一个兰底子起浅红条条的，有黑红色书桌一张，桌上有直径三寸的圆形调墨盒一个，盒上刻有兰花草，并在原上角写有明翰家均惠存，右上角写有何叔衡赠的字样，另外还有可插5～6支毛笔的半圆形的铜笔架一个，此物也是何叔衡烈士送的。黑红色五屉抽柜一个，上面摆有腰园形镜子一个和夏明翰烈士喝茶用的小茶壶一把（白瓷金边的）；有普通木靠背椅两条，普通挂衣架一个，圆椅子四只，门上挂有白竹布门帘一个，美孚灯一盏，前房有窗四扇，后房有窗二扇，下面有一块玻璃是呆的，糊有白纸，其他房间都糊了白纸，后房有普通木架子铺一个，黑红色四方桌一张。

堂屋：正中间靠墙放有香几：普通方桌两张，两边有太师椅各一套，黑红色普通长条凳四条，正中间屋顶上挂有斗笠灯一盏。

当时谢觉哉同志、余树山同志住在隔壁房屋里面，我们没有见过面，但每天晚上十点以后，夏明翰烈士就用楼梯在厨房那里空坪墙上去找纸团团，与隔壁谢觉哉同志取得联系，掌握情况。夏明翰烈士眼睛较近视，不容易找到，我有时也帮助他找。

毛主席和革命同志一起开会，经常是在楼上堂屋内召开的，那时干部来这里开会都化了装，有的化装成工人，有的化装成农民，有的化装成商人来这里开会。

八、1926 年成立的中共长沙县委宣传委员余西迈（余隽五）参加关于沈家大屋谈话会的忆述

(1975 年 10 月 6 日）

一九二七年八月中旬的一天下午，我得到由我的通讯地传来一个简单通知，要我于次日上午到沈家大屋去一趟，有要紧的事情。沈家大屋在北门外约三四里的地方，是一座民间旧式房屋，瓦屋砖墙，并有楼房，颇有气派。当时可能是地下机关之一，我只知道烈士夏明翰夫妇，住在东边楼下，欧阳梅生的爱人陶承住在西房。我是去过好几次的，并与彭公达、周西郁……等同志在这里碰过头，但没有见到过担任其他工作的同志，现在回溯，可能是农民运动的联络地点。我到第二天早饭后，穿了一件特别的羽纱大褂（我们当时只有穿布大褂的资格），

手持折扇，装着一个“小开”（过去的少老板）的样子，绕道前往，至则贺尔康同志已在。夏明翰同志对我们说，今天是毛委员（当时对主席的称呼）找你们谈谈话，你们可先上楼去等。上楼呆了不久，先后来了7个人，最后毛委员衣冠楚楚地像一位中等学校的教师，从容地走上楼来，对我们点头微笑，并示意要我们不动。随即就坐在原先摆好的方桌上方，叫我们分别就座，笑着对我们说：你们先来了，很好！你们都是那个地区的？我们分别作答：贺尔康是衡阳的；余健民是平江的；黄则民是长沙近郊的；我是长沙县的；还有一位醴陵的；一位湘阴的，现在都记不得姓名了，再一位则地区姓名都记不得了，但是7个人则可以肯定，因为毛委员占据一方，余三方各坐两人，我是挂角坐在毛委员的左手旁的。我们说完后，主席点点头说：很好！你们是各个地区的，消息可以传送得快一些。白色恐怖来了以后，各地农民情绪怎样？是不是都动摇了？是不是又有些急怒情绪？我们作了简要的回答后，主席带着笑容继续说：这是自然的，不足为怪，我看他们给我们白色恐怖，我们就回敬一个赤色恐怖何如，你们怕不怕呢？我们报以笑声。他继续说：好，怕是没有用的，怕是懦夫，我们是无所畏惧的，我们给那些反动家伙一些颜色看看，倒是应该的。唯有进行暴动，必须先行筹措武装。乡间土劣私藏枪支，可能还有少许，如能严密调查搜查，可能即有所获，如一时等不及，则短棍、梭标、大刀、斧头都是武器，甚至把竹子破开削尖，经火微烧浸水，亦可坚锐难当，进行刺杀。只要敢于斗争，武器是可以逐步加强和充实的。切不要拘守于武装尚未建成，就不能暴力行动。要知道实行暴动就是要建立武装的行动，不能把镇压反革命的行动和建立农民武装，分开起来看待，只有行动起来，才能建立和扩大武装组织，搞一点积一点，慢慢就会充实起来的，特别要知道这种暴动，势不可能一举成功，而是要不断进行，逐次扩大，就是星星之火，可以燎原的道理。”

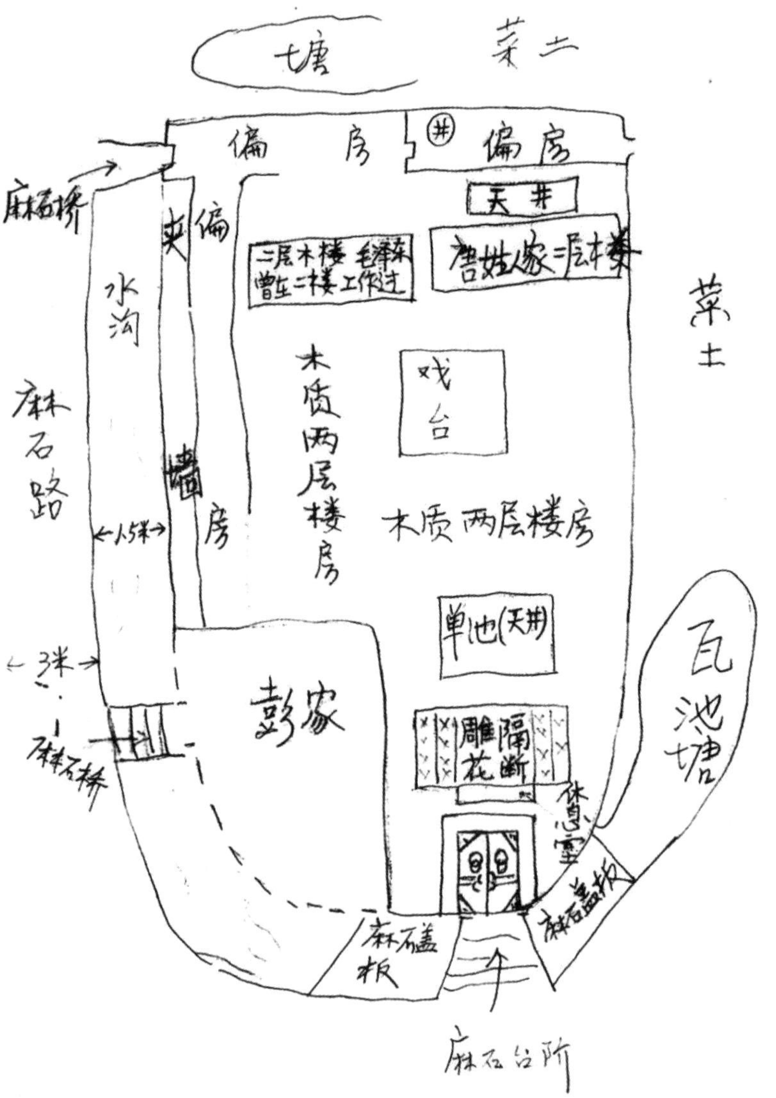

据居家一直毗邻且小时候常去沈家大屋玩的陈国义老人2006年回忆手绘的铅笔示意图描深

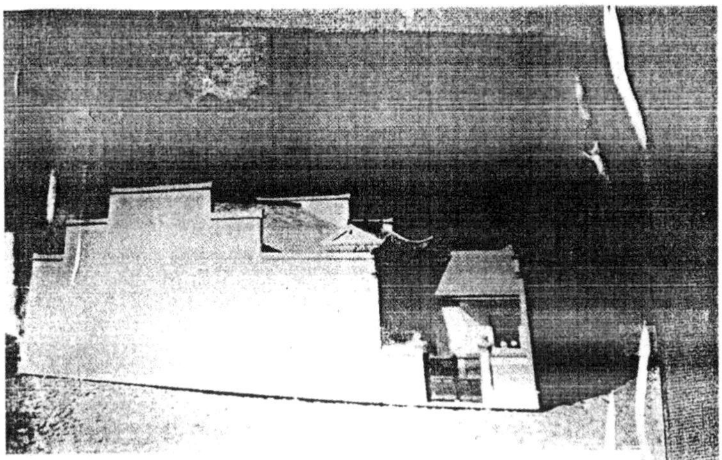

1927年8月31日毛泽东回到板仓看望先期回乡的妻儿，随后在杨开慧陪同下来到长沙，出席在沈家大屋召开的中共湖南省委会议。图为沈家屋旧址。

市博物馆
2006.4.30

清水塘中共湘区委员会旧址　旧址位于八一路清水塘长沙博物馆内。旧址原为清水塘22号，属一陶姓商人住宅，典型南方民居风格，南北朝向，面积118平方米。旧址原为毛泽东和杨开慧旧居，1921年秋至1923年4月，毛泽东、何叔衡等租用此地作为中共湘区委员会机关秘密办公地。1921年10月，毛泽东在长沙建立中共湖南支部，不久改为中共湘区委员会。1923年4月，毛泽东前往上海党中央工作，李维汉接任中共湘区委员会书记，区委机关亦移往他处。2006年，中共湘区委员会旧址被公布为湖南省文物保护单位。

中共湖南省工作委员会旧址　旧址位于湘雅路街道三角塘32号，是解放战争时期中共湖南省工委的所在地。旧址座西朝东，为一栋两层砖木小青瓦结构，上、下正房各两间，楼上东向为木栏走廊。省工委旧址是中共湖南地下组织的领导机关，是反映中共湖南省工委领导全省人民开展爱国民主运动的历史证物，是省工委书记周礼（后改名周里）和向大群、刘亚球等老一辈革命家进行革命活动的地方，又是周里与常杏云的故居，具有重要的革命历史意义和文物保留价值。1959年，湖南省人民委员会将其公布为湖南省文物保护单位。

六、历史文化街区 历史街巷

潮宗街历史文化街区　街区以潮宗街为轴线，南侧街巷有连升街、三贵街、梓园、九如里等，北侧街巷有高升巷、玉皇坪等，是长沙市较好地保存了清代至民国时期的街巷格局和历史风貌、保存了较多历史遗存、具有重大历史意义的街区。潮宗街因直通明清时期的潮宗门而得名，又名草场门正街。明清时，是长沙县署所在地，行人往来，车水马龙，粮食业和旅店业特别发达。潮宗街区有着深厚的历史文化底蕴，在清代至民国时期，清中期大学士刘权之、晚清杰出洋务运动思想家和外交家郭嵩焘、晚清军机大臣瞿鸿禨等居住在此，戊戌变法时的时务学堂、辛亥革命时期的华兴会机关、毛泽东等创办的文化书社都曾设在此处。

20世纪90年代和21世纪初，潮宗街区曾作为历史风貌保护区和历史文化街巷，予以保护。随后又引起长沙市有关领导和部门的重视，以及学术界的关注，被列为长沙市历史文化街区的考察与立项项目。

开福寺历史风貌保护区　保护区以开福寺为中心，南起文昌阁，北至新河，东起华夏路，西至湘江大道，已规划为宗教商贸旅游区。主要老街有文昌阁、十间头、幸福桥、开福寺路和新河老街等。

开福寺是我国古代佛教禅宗临济宗杨岐派的著名寺院，至今仍是红墙环绕、殿宇宏丽。文昌阁至幸福桥一带历史遗迹众多。文昌阁小学为明代长沙县学宫遗址。十间头工农街旧名洋火局，是长沙第一个近代工厂和丰火柴公司所在地。十间头21号、68号保存两座完好的民国时期公馆。幸福桥（原名福寿桥）的鸳鸯井是原开福寺十六景之一，历史悠久，传说水质清洌甘美，汲者如市，昔有亭覆盖。新河原名新开河，是清康熙二十五年（1686）湖南巡抚王艮为停泊船舶而在北门外新开凿的人工港湾，如月形，长1000余米。雍正五年（1727）、乾隆二十七年（1762），湖南巡抚王国栋、陈宏谋先后两次组织疏浚，使月湖两岸均可停泊。光绪二十三年（1897），湖南巡抚陈宝箴再倡疏浚新河，长沙富商朱昌琳捐13万两白银，将湘江、碧浪湖、浏阳河凿通，历时10年竣工，河长数里，泊船盈万。新河一带随之出现街市、码头和行栈，成为长沙北门外的繁华之区。

表20-4　　2012年长沙市开福区市级以上文物保护单位一览表

名称	类　别	年代	保护级别	地　址
北正街基督教堂（原名：中华圣公会）	近现代重要史迹及代表性建筑	民国4年（1915）	省级	望麓园街道北正街社区黄兴北路76号
金九旧居（原名：金九活动旧址）	近现代重要史迹及代表性建筑	民国	市级	通泰街街道连升街社区楠木厅6号
李觉公馆	近现代重要史迹及代表性建筑	民国19年（1930）	市级	通泰街街道西园社区北正街193号周南中学内
外湘春街基督教堂（原名：基督永恒堂）	近现代重要史迹及代表性建筑	清光绪32年（1906）	省级	湘雅路街道三角塘社区外湘春街70号
中共湖南省工作委员会旧址	近现代重要史迹及代表性建筑	民国36年（1947）	省级	湘雅路街道三角塘社区三角塘32号
乐诚堂	近现代重要史迹及代表性建筑	民国21年（1932）	省级	通泰街街道西园社区湘春路389号明德中学校内
湘雅医院原门诊大楼	近现代重要史迹及代表性建筑	民国4年（1915）	市级	湘雅路街道留芳岭社区湘雅路87号
中山亭	近现代重要史迹及代表性建筑	民国19年（1930）	省级	望麓园街道北正街社区中山路与黄兴路交叉口
又一村组亭	古建筑	清末	市级	望麓园街道中山路社区长沙市青少年宫内
湖南自修大学旧址	近现代重要史迹及代表性建筑	1954年	省级	望麓园街道中山路社区中山路74号
湘春巷天主堂（原名：长沙天主教堂）	近现代重要史迹及代表性建筑	清光绪27年（1901）	省级	湘雅路街道三角塘社区湘春巷8号
植基塔（原名：檀基村塔）	古建筑	清光绪23年（1897）	市级	新港镇植基社区芙蓉北路与青竹湖大道交汇处
中共湘区委员会旧址	近现代重要史迹及代表性建筑	民国12年（1923）	国家级	清水塘街道清水塘社区八一路538号市博物馆内
清水塘毛泽东塑像	近现代重要史迹及代表性建筑	1968年	市级	清水塘街道清水塘社区八一路538号市博物馆内
湖南烈士公园纪念塔	近现代重要史迹及代表性建筑	1959年	省级	清水塘街道四季花城社区东风路1号烈士公园内

表 20-5　　2012 年长沙市开福区一般不可移动文物一览表

名称	类别	年代	保护级别	地址
铁炉寺	古建筑	清康熙四十年（1701）	未定级	捞刀河镇汉回村铁炉冲
同仁里 8 号公馆	近现代重要史迹及代表性建筑	清光绪二十四年（1898）	未定级	通泰街街道轩辕殿社区吉祥巷同仁里 16 号
茶馆巷 9 号公馆	近现代重要史迹及代表性建筑	民国	未定级	通泰街街道盐道坪社区茶馆巷 9 号
茶馆巷 15 号公馆	近现代重要史迹及代表性建筑	民国	未定级	通泰街街道盐道坪社区茶馆巷 15 号
茶馆巷 20 号民居	近现代重要史迹及代表性建筑	民国	未定级	通泰街街道盐道坪社区茶馆巷 20 号
茶馆巷 22 号公馆	近现代重要史迹及代表性建筑	1949 年	未定级	通泰街街道盐道坪社区茶馆巷 22 号
西长街 240 号商铺	近现代重要史迹及代表性建筑	民国	未定级	通泰街吉福街社区西长街 240 号
连升街 4 号民居	近现代重要史迹及代表性建筑	民国	未定级	通泰街街道连升街社区连升街 4 号
吉祥巷 37 号民居	近现代重要史迹及代表性建筑	民国	未定级	通泰街街道轩辕殿社区吉祥巷 37 号
救火会旧址	近现代重要史迹及代表性建筑	民国 4 年（1915）	未定级	通泰街街道轩辕殿社区如意街 16 号
潮宗街基督教堂(原名:真耶稣基督教堂)	近现代重要史迹及代表性建筑	民国 14 年（1925）	未定级	通泰街街道中山西路社区潮宗街 143 号
潮宗街防空洞（原名:潮宗街防空设施遗址）	近现代重要史迹及代表性建筑	民国	未定级	通泰街街道中山西路社区潮宗街 165 号
民国旅社旧址（原名:民国旅社戏楼）	近现代重要史迹及代表性建筑	民国	未定级	通泰街街道连升街社区梓园巷 6 号
连升街 52 号民居	近现代重要史迹及代表性建筑	民国 7 年（1918）	未定级	通泰街街道连升街社区连升街 60 号
连升街 33 号民居	近现代重要史迹及代表性建筑	民国 36 年（1947）	未定级	通泰街街道连升街社区连升街 33 号
九如里 2 号公馆	近现代重要史迹及代表性建筑	民国 7 年（1918）	未定级	通泰街街道连升街社区九如里 2 号
九如里 4 号公馆	近现代重要史迹及代表性建筑	民国 7 年（1918）	未定级	通泰街街道连升街九如里 4 号
九如里 6 号公馆	近现代重要史迹及代表性建筑	民国 7 年（1918）	未定级	通泰街街道连升街九如里 6 号
连升街 85 号民居	近现代重要史迹及代表性建筑	民国	未定级	通泰街街道连升街社区连升街 85 号
连升街 54 号民居	近现代重要史迹及代表性建筑	民国 7 年（1918）	未定级	通泰街街道连升街社区连升街 62 号
陈云章公馆	近现代重要史迹及代表性建筑	民国 35 年（1946）	未定级	通泰街街道连升街社区三贵街 29 号

续表 20-5

名称	类别	年代	保护级别	地址
长沙货栈遗址	近现代重要史迹及代表性建筑	清宣统三年（1909）	未定级	通泰街街道中山西路社区潮宗街 91 号旁
涂家公馆	近现代重要史迹及代表性建筑	民国	未定级	通泰街街道中信园 17 号旁、中信园与胡家菜园交界处
胡家菜园 20 号公馆	近现代重要史迹及代表性建筑	民国	未定级	通泰街街道湘春路社区胡家菜园 20 号
周治安公馆（原名：中信园周治安公馆）	近现代重要史迹及代表性建筑	民国	未定级	通泰街街道湘春路社区中信园 2 号
杨公馆（原名：中信园杨公馆）	近现代重要史迹及代表性建筑	民国	未定级	通泰街街道湘春路社区中信园 4 号
通泰街古井	古建筑	民国	未定级	通泰街街道湘春路社区通泰街 218 号
忠信园古井	古建筑	清末	未定级	通泰街街道湘春路社区中信园 59 号
泰安里古井	古建筑	清末	未定级	通泰街街道西园社区泰安里 47 号
西园巷 29 号民居	近现代重要史迹及代表性建筑	民国	未定级	通泰街街道西园社区西园巷 29 号
西园北里 1 号民居	近现代重要史迹及代表性建筑	民国	未定级	通泰街街道西园社区西园北里 1 号
西园北里 48 号居民	近现代重要史迹及代表性建筑	民国	未定级	通泰街街道西园社区西园北里 48 号
西园北里 49 号民居	近现代重要史迹及代表性建筑	民国 36 年（1947）	未定级	通泰街街道西园社区西园北里 49 号
西园北里 55 号民居	近现代重要史迹及代表性建筑	民国 36 年（1947）	未定级	通泰街街道西园社区西园北里 55 号
左宗棠祠墙（原名：群力里清代古墙）	近现代重要史迹及代表性建筑	清光绪 11 年（1885）	未定级	通泰街街道西园社区群力里 7 号
左宗棠祠石山	近现代重要史迹及代表性建筑	清光绪 11 年（1885）	未定级	通泰街街道西园社区湘春路 305 号
王季范旧居	近现代重要史迹及代表性建筑	民国	未定级	湘雅路街道三角塘社区 45 号
三角塘 48 号民居	近现代重要史迹及代表性建筑	民国	未定级	湘雅路街道三角塘社区 45 号
熙宁街 81 号公馆	近现代重要史迹及代表性建筑	民国	未定级	湘雅路街道三角塘社区熙宁街 81 号
熙宁街 79 号民居	近现代重要史迹及代表性建筑	民国	未定级	湘雅路街道三角塘社区熙宁街 79 号
伍毓仑公馆	近现代重要史迹及代表性建筑	民国 24 年（1935）	未定级	湘雅路街道百善台社区风华巷 6 号
百善台 151 号公馆	近现代重要史迹及代表性建筑	民国	未定级	湘雅路街道百善台社区百善台 151 号

续表 20-5

名称	类别	年代	保护级别	地址
陈太宜墓（原名：油铺街陈氏墓）	古墓葬	清末	未定级	湘雅路街道油铺街社区油铺街 105 号
文昌庙花厅（原名：文昌庙）	古建筑	清同治十一年（1872）	未定级	湘雅路街道文昌阁社区文昌阁 89 号
李炳初公馆	近现代重要史迹及代表性建筑	民国	未定级	湘雅路街道文昌阁社区工农街 29 号
大王家巷原水电八局职工宿舍楼	近现代重要史迹及代表性建筑	20 世纪 50 年代	未定级	湘雅路街道文昌阁社区大王家巷幼儿园内
刘廷芳公馆	近现代重要史迹及代表性建筑	民国	未定级	湘雅路街道新湘路社区铁佛东街 67 号
湘雅医院小礼堂	近现代重要史迹及代表性建筑	1950 年	未定级	湘雅路街道上麻园岭社区湘雅路 110 号
湘雅医学院外籍教师楼	近现代重要史迹及代表性建筑	民国 3 年（1914）	未定级	湘雅路街道上麻园岭社区湘雅路 110 号
湘雅医学院办公楼	近现代重要史迹及代表性建筑	民国	未定级	湘雅路街道上麻园岭社区湘雅路 110 号
彭家井	古建筑	清末	未定级	湘雅路街道新湘路社区彭家井 65 号
任邦柱公馆	近现代重要史迹及代表性建筑	民国 24 年（1935）	未定级	湘雅路街道文昌阁社区十间头 72 号
任里卿公馆	近现代重要史迹及代表性建筑	民国	未定级	湘雅路街道文昌阁社区十间头 68 号
十间头 35 号民居	近现代重要史迹及代表性建筑	民国 22 年（1933）	未定级	湘雅路街道文昌阁社区十间头 35 号
十间头 77 号民居	近现代重要史迹及代表性建筑	民国	未定级	湘雅路街道文昌阁社区十间头 77 号
开福寺路原外运车队宿舍楼	近现代重要史迹及代表性建筑	20 世纪 50 年代	未定级	湖南省长沙市开福新河街道开福寺路社区开福寺路 133 号
鸳鸯井（原名：鸳鸯古井）	古建筑	明	未定级	新河街道潘家坪社区潘家坪 205 号长沙市工商银行职工宿舍停车场内
开福寺	古建筑	清	未定级	新河街道开福寺路社区开福寺路 136 号
开福寺路原粮一库仓库	近现代重要史迹及代表性建筑	20 世纪 50 年代	未定级	新河街道开福寺路社区开福寺路 20 号
长沙市商业物流仓库	近现代重要史迹及代表性建筑	1953 年	未定级	新河街道开福寺路社区开福寺路 3 号
湖南省政府大门旧址（原名：教育街原湖南省政府大门门楼）	近现代重要史迹及代表性建筑	1953 号	未定级	望麓园街道中山路社区教育街 66 号
协和里 3 号公馆	近现代重要史迹及代表性建筑	民国 35 年（1946）	未定级	望麓园街道水风井社区协和里 3 号

续表 20-5

名称	类别	年代	保护级别	地址
协和里 4 号公馆	近现代重要史迹及代表性建筑	民国 35 年（1946）	未定级	望麓园街道水风井社区协和里 4 号
湖南贡院院墙（原名：湖南清代贡院院墙）	古建筑	清雍正元年（1723）	未定级	望麓园街道中山路社区省农业厅东侧
望麓园古墙（原名：望麓园清代古墙）	近现代重要史迹及代表性建筑	清同治四年（1865）	未定级	望麓园街道水风井社区望麓园 6 号
祠西门旧址	古建筑	清	未定级	望麓园街道水风井社区衡清里 2 号
局后街 1 号公馆	近现代重要史迹及代表性建筑	民国	未定级	望麓园街道水风井社区局后街 1 号
局后街 6 号民居	近现代重要史迹及代表性建筑	民国	未定级	望麓园街道水风井社区局后街 6 号
局后街 12 号民居	近现代重要史迹及代表性建筑	民国	未定级	望麓园街道水风井社区局后街 12 号
临湘会馆旧址	近现代重要史迹及代表性建筑	民国 36 年（1947）	未定级	望麓园街道水风井社区北墙湾 2 号
北墙湾巷 6 号公馆	近现代重要史迹及代表性建筑	民国	未定级	望麓园街道水风井社区北墙湾 6 号
北墙湾巷 10 号公馆	近现代重要史迹及代表性建筑	民国	未定级	望麓园街道水风井社区北墙湾 10 号
小吴门邮电楼旧址	近现代重要史迹及代表性建筑	民国 26 年（1937）	未定级	望麓园街道水风井社区中山路与建湘路交叉口
何键公馆	近现代重要史迹及代表性建筑	民国	未定级	望麓园街道水风井社区中山路 2 号
陈公馆（原名：上胡家花园陈公馆）	近现代重要史迹及代表性建筑	民国 9 年（1920）	未定级	望麓园街道上胡家花园社区上胡家花园 2 号
上胡家花园 13 号公馆	近现代重要史迹及代表性建筑	民国 27 年（1938）	未定级	望麓园街道上胡家花园社区上胡家花园 13 号
下胡家花园 58 号公馆	近现代重要史迹及代表性建筑	民国 27 年（1938）	未定级	望麓园街道水风井社区下胡家花园 58 号
下胡家花园 66 号公馆	近现代重要史迹及代表性建筑	民国 36 年（1947）	未定级	望麓园街道水风井社区下胡家花园 66 号
蔡锷北路 39 号民居	近现代重要史迹及代表性建筑	民国 27 年（1938）	未定级	望麓园街道水风井社区蔡锷北路 39 号
棕绷厂厂房旧址	近现代重要史迹及代表性建筑	20 世纪 50 年代	未定级	望麓园街道荷花池社区辉煌巷 18 号
蔡杞材公馆	近现代重要史迹及代表性建筑	民国 37 年（1948）	未定级	望麓园街道荷花池社区稻谷仓一条巷 16 号
红墙巷 75 号民居	近现代重要史迹及代表性建筑	民国 27 年（1938）	未定级	望麓园街道营盘街社区红墙巷 75 号
民主西街 31 号民居	近现代重要史迹及代表性建筑	民国	未定级	望麓园街道富雅坪社区民主西街 31 号

续表 20-5

名称	类别	年代	保护级别	地址
民主西街 37 号公馆	近现代重要史迹及代表性建筑	民国	未定级	望麓园街道富雅坪社区民主西街 37 号
高升井	古建筑	清	未定级	望麓园街道富雅坪社区惜阴里 106 号
高升门古井	古建筑	清末	未定级	望麓园街道富雅坪社区高升门 9 号
高升门巷 16 号公馆	近现代重要史迹及代表性建筑	民国	未定级	望麓园街道富雅坪这主区高升门 16 号
谘议局大楼旧址	近现代重要史迹及代表性建筑	民国 7 年（1918）	未定级	望麓园街道营盘街社区民主东街 11 号
北正街原长沙市运输公司职工宿舍楼	近现代重要史迹及代表性建筑	1954 年	未定级	望麓园街道富雅坪社区北正街 112 号
长沙县城隍庙遗址（含菜场坪古井）	古建筑	清末	未定级	望麓园街道富雅坪社区菜场坪巷 34 号
民主东街社会主义大院旧址	近现代重要史迹及代表性建筑	清末	未定级	望麓园街道高升门社区成功街 10 号
赐闲湖古井（原名：赐闲湖古井及古墙）	古建筑	明	未定级	望麓园街道北正街社区赐闲湖巷 2 号
湖南省博物馆办公楼	近现代重要史迹及代表性建筑	1959 年	未定级	清水塘街道四季花城社区东风路 50 号省博物馆内
湖南省博物馆陈列楼（原名：湖南省博物馆雕刻陈列楼）	近现代重要史迹及代表性建筑	1959 年	未定级	清水塘街道四季花城社区东风路 50 号省博物馆内
清太和尚普塔	古墓葬	清光绪 28 年（1902）	未定级	捞刀河镇汉回村铁炉寺
百祥善老和尚塔	古墓葬	清道光 23 年（1843）	未定级	捞刀河镇汉回村铁炉寺
黄筱村墓	近现代重要史迹及代表性建筑	民国 12 年（1923）	未定级	洪山街道洪西社区叶里包桃山上
冯记商铺后院古井	近现代重要史迹及代表性建筑	民国	未定级	新港镇霞凝港社区 82 号
左局街古墙	古建筑	清	未定级	望麓园街道北正街社区长沙市第 32 中旁
三一小学旧址	近现代重要史迹及代表性建筑	民国 13 年（1924）	未定级	望麓园街道北正街社区六堆子 13 号原北正街小学
长沙市博物馆陈列楼	近现代重要史迹及代表性建筑	1966 年	未定级	清水塘街道清水塘社区八一楼 538 号市博物馆内
湖南烈士公园纪念亭	近现代重要史迹及代表性建筑	1955 年	未定级	清水塘街道四季花城社区东风路 1 号烈士公园内
霞凝港食品站旧址	近现代重要史迹及代表性建筑	1966 年	未定级	新港镇霞凝港社区 129 号
霞凝港食品站后院古井	近现代重要史迹及代表性建筑	清	未定级	新港镇霞凝港社区 129 号

续表 20-5

名称	类别	年代	保护级别	地址
霞凝港 127 号后院古井	近现代重要史迹及代表性建筑	民国	未定级	新港镇霞凝港社区 127 号
史记商铺旧址	近现代重要史迹及代表性建筑	民国	未定级	新港镇霞凝港社区 113 号对面
王公馆（原名：霞凝港王公馆旧址）	近现代重要史迹及代表性建筑	民国	未定级	新港镇霞凝港社区 87 号
冯记商铺旧址	近现代重要史迹及代表性建筑	民国	未定级	新港镇霞凝港社区 82 号
四方坪毛泽东塑像	近现代重要史迹及代表性建筑	1968 年	未定级	四方坪街道李家冲社区四方坪金像广场
孙常均公馆	近现代重要史迹及代表性建筑	民国	未定级	湘雅路街道文昌阁社区十间头巷 11 号对面
龙泉井	古建筑	清	未定级	捞刀河镇沙坪社区沙坪老街往北 200 米公路东侧
同仁里 9 号、10 号、11 号、12 号、13 号公馆	近现代重要史迹及代表性建筑	清光绪 24 年(1898)	未定级	通泰街街道轩辕殿社区吉祥巷同仁里 9 号、10 号、11 号、12 号、13 号

表 20-6　　2012 年长沙市开福区已消失的不可移动文物名录一览表

名称	年代	级别	类别	地址及位置	消失时间	消失原因
伍家岭墓群	战国—汉、唐—宋	尚未核定为保护单位	古墓葬——普通墓葬	伍家岭	1951—1952 年	因基本建设需要，主动进行抢救性考古发掘
砚瓦池墓群	战国、东汉、南朝、唐	尚未核定为保护单位	古墓葬——普通墓葬	砚瓦池	1956 年	因基本建设需要，主动进行抢救性考古发掘
丝茅冲墓群	战国、汉、唐—宋	尚未核定为保护单位	古墓葬——普通墓葬	丝茅冲	1955 年	因基本建设需要，主动进行抢救性考古发掘
沙湖桥墓群	战国、汉、唐	尚未核定为保护单位	古墓葬——普通墓葬	沙湖桥	1956 年	因基本建设需要，主动进行抢救性考古发掘
荷花池战国墓	战国	尚未核定为保护单位	古墓葬——普通墓葬	荷花池	1986 年	因基本建设需要，主动进行抢救性考古发掘
留芳岭战国墓	战国	尚未核定为保护单位	古墓葬——普通墓葬	留芳岭	1985 年	因基本建设需要，主动进行抢救性考古发掘
新河墓群	战国、西汉	尚未核定为保护单位	古墓葬——普通墓葬	新河	1952 年	因基本建设需要，主动进行抢救性考古发掘
上大垅墓群	战国	尚未核定为保护单位	古墓葬——普通墓葬	东风路	1956 年	因基本建设需要，主动进行抢救性考古发掘
王家垅墓群	东汉	尚未核定为保护单位	古墓葬——普通墓葬	王家垅	1957 年	因基本建设需要，主动进行抢救性考古发掘
杨家公山东汉墓	东汉	尚未核定为保护单位	古墓葬——普通墓葬	伍家岭	1954 年	因基本建设需要，主动进行抢救性考古发掘

续表 20-6

名称	年代	级别	类别	地址及位置	消失时间	消失原因
桂花园晋墓	晋代	尚未核定为保护单位	古墓葬——普通墓葬	桂花园	1954 年	因基本建设需要，主动进行抢救性考古发掘
风物志碑	清代	尚未核定为保护单位	石窟寺及石刻——碑刻	中山东路青少年宫内	2000 年	因基本建设需要，原址遭到毁坏（碑刻由长沙市青少年宫收藏）
毛泽东考察湖南农民运动旧址	1922—1927 年	市县级文物保护单位	近现代重要史迹及代表性建筑——重要历史事件和重要机构旧址	望麓园 5 号	1999 年	因基本建设需要，旧址被整体拆除
牛角塘唐墓	唐代	尚未核定为保护单位	古墓葬——普通墓葬	牛角塘	1963 年	因基本建设需要，主动进行抢救性考古发掘
刘家冲东汉墓	东汉	尚未核定为保护单位	古墓葬——普通墓葬	刘家冲	1959 年	因基本建设需要，进行抢救性考古发掘
宿龙桥	清代	尚未核定为保护单位	古建筑——桥涵码头	新港镇戴家河村北	2006 年	因修建防洪堤坝被整体拆除
上罗汉庄墓群	东汉—晋	尚未核定为保护单位	古墓葬——普通墓葬	沙坪乡海塘村北	1996 年	因基本建设需要，进行抢救性考古发掘
御祭文碑	明代	尚未核定为保护单位	石窟寺及石刻——碑刻	霞凝乡戴家河村北	2001 年	因基本建设需要，原址被损毁（碑石收藏于市博物馆）
红军渡	1930 年	尚未核定为保护单位	近现代重要史迹及代表性建筑——重要历史事件和重要机构旧址	东风路烈士公园东经	1958 年	因修建京广铁路复线，致使浏阳河改道而消失
西长街教堂	1935 年	尚未核定为保护单位	近现代重要史迹及代表性建筑——重要历史事件和重要机构	开福区通泰街吉福街社区西长街 61 号	2009 年	因基本建设需要，中山西路棚户区改造被拆除
晴佳巷 37 号民居	民国	尚未核定为保护单位	近现代重要史迹及代表性建筑——重要历史事件和重要机构	湘雅路街道新湘路社区晴佳巷 37 号	2009 年	因基本建设需要被拆除
杨柳营公馆	1947 年	尚未核定为保护单位	近现代重要史迹及代表性建筑——重要历史事件和重要机构	湘雅路街道新湘路社区晴佳巷 21 号	2009 年	因基本建设需要被拆除

第二十一篇　卫生·计划生育·体育

1989年，长沙市北区有长沙老年病医院、区卫生防疫站、区妇幼保健所和北区第一—六卫生院等区属医疗卫生机构；另有湘雅医院、长沙市第一医院等省市驻区医院，以及黑石渡职工医院、省邮电职工医院等6家职工医院。1996年开福区成立后，全区城乡医疗事业进一步发展，至2012年形成三级医疗服务体系，共有各级各类医疗机构329家，至2012年，共有医务人员226人，医疗设备增加。在疾病预防控制方面，1989—2012年，开福区疾病预防控制中心，开展艾滋病、结核病、“非典”、霍乱、人禽流感、性病、血吸虫病、手足口病等传染病防治；并开展计划免疫、救灾防病和健康教育、“消杀灭”以及食品、学校、社区、农村、劳动等方面的卫生工作。开福区妇幼保健所承担全区儿童、妇女保健的工作，在全区城乡开展妇科检查、生育保健、保健教育等方面的工作。区卫生监督所开展食品安全、医疗服务安全、食品卫生、公共场所、生活饮用水、医疗执业、传染病防治、职业病防治的卫生监督，开展食品添加剂、保健品、儿童食品、工地食堂卫生、学校食品卫生、桶装饮用水、二次供水的专项检查，处理各类卫生案件。区红十字会开展宣传培训、扶贫帮困、募捐救助、无偿献血等社会服务。区爱国卫生运动委员会开展群众卫生运动，提高人民身体素质、保护人民健康。

20世纪80年代，成立长沙市北区计划生育委员会（以下简称计生委），1996年更名长沙市开福区计生委，2002年改为区计划生育局。开展计划生育宣传，对全区计生干部进行培训，采取措施，做好计划生育管理和服务，控制人口增长、稳定低生育水平、促进人口全面发展。1989—2012年，全区出生率保持在7.36‰～10.56‰之间，符合政策生育率保持在98.87‰～99.80‰。

开福区体育活动活跃。1990年成立区体育总会，建立篮球、乒乓球等10个单项协会和区街、社区体育活动网络体系。1989—2012年，全区群众体育活动蓬勃发展，至2012年，建设街道、镇群众体育设施场地共392个。区文体局和体育总会组织举行各类运动会、全民健身节和专项比赛，并组织区代表团队参加长沙市第二至七届运动会和湖南省单项运动会。全区积极推动学校体育达标活动，创建区、市级体育特色或传统项目学校，参加区、市和国家（省）的体育竞赛，多次获得金牌、银牌和其他奖项。

第一章　卫生事业

第一节　机　构

一、行政机构

1989年，长沙市北区卫生局，内设办公室、医务科、财务科、区红十字会办公室4个科室，下辖长沙老年病医院、北区卫生防疫站、北区妇幼保健所和北区街道第一至第六卫生院。1996年，更名为开福区卫生局，内设综合办公室、财务规划科、医政法监科、公共卫生科4个科室，下辖区血防办公室、局财务集中核算中心、区妇幼保健所、区疾病预防控制中心、区人民医院（长沙老年病医院）。1989—2012年，先后担任局长的有魏习贤、曹进礼（兼）、雍正华、陈安来、朱小红、何惠群、肖秀容，担任局党委书记的有曹进礼、杨秋云、雍正华（兼）、陈庆华、朱小红、刘利军、陈志雄、李国良。

二、专业机构

卫生防疫机构沿革 长沙市开福区疾病预防控制中心（CDC）组建于2003年3月，是区卫生局的二级机构。其前身为北区卫生防疫站，设红墙巷19号。1996年更名开福区卫生防疫站，迁址德雅路891号。

疾病预防控制中心占地面积2205.95平方米，建筑面积3400平方米，人员定编28名。内设办公室、疾控一科、疾控二科、免疫规划科、卫生监测科、检验科、体检科、财务室、质控科、健康教育科等10个科室。负责疾病预防控制、食品风险监测及预警、卫生监测检验、健康教育和健康促进、公共卫生从业人员体检培训、卫生学评价等工作。

中心现有进口荧光定量PCR1台、进口普通PCR1台、进口微生物鉴定仪1台等，总价值500余万元，其中万元以上设备50台。

人员队伍 至2012年，中心有正式职工24人（在编人员21人，政府雇员3人），其中管理人员3人、专业技术人员19人（副高3人，中级4人，初级12人）、工勤技能人员2人。退休22人，临聘19人，后勤8人。

2011年，中心获全省突发公共卫生事件应急能力考核评估第一名、湖南省扩大国家免疫规划工作先进单位，获得市卫生系统奖励7次。2012年，获市级文明单位称号。

1989年，长沙市北区妇幼保健所设红墙巷19号，办公用房124.56平方米。1995年底搬迁至东风路146号，办公用房600平方米。1996年更名开福区妇幼保健所，1998年再迁至新河路217号，办公用房达1795平方米。区妇幼保健所内设办公室、后勤科、妇保科（计划生育技术服务科）、儿保科、医技科、信息资料科、外线科、综合门诊科，开展妇女保健、儿童保健、婚姻保健、计划生育技术服务、社区卫生（内、外、儿、牙科门诊）服务、基层培训等业务。在职职工27人，离退休人员17人，在编人员25人，其中卫生技术人员17人，其中高级职称4人、中级职称9人。有彩色B超1台、进口B超1台、普通B超1台、艾滋病实验室设备1套，设备总价值296万元，其中万元以上器械25件。

区妇幼所先后被评为省计划生育四优一满意单位、甲级计划生育服务站、市区级妇幼卫生先进单位、市级文明单位、市级巾帼文明示范岗。

三、医疗机构

2006年始，开福区在全区启动社区卫生服务中心建设。至2012年，有湘雅路、东风路、通泰街、伍家岭、四方坪五个社区卫生服务中心建设验收合格后投入使用。2010年，完成7个社区卫生服务中心的标准化建设，区妇幼所、疾控中心、卫生监督所相继搬入新办公楼。2005年，改扩建新港镇、青竹湖镇、捞刀河镇三个卫生院。2007年，青竹湖镇卫生院建成投入使用。2009年，新河、洪山两个社区卫生服务中心建成使用。2011年，通泰街社区卫生服务中心改建验收。2012年，青竹湖、新港镇、捞刀河镇卫生院及10个村卫生室项目竣工投入使用。

全区城乡医疗机构分为三级医疗服务体系。第一级，为综合医院、专科医院和中医院共22家。其中综合医院15家，占68%，专科医院6家，占27.3%，中医院1家，占4.5%。第二级，为社区卫生服务中心、乡镇卫生院、门诊部，共47家。其中乡镇卫生院4家，社区卫生服务中心10家，门诊部33家。第三级，为社区卫生服务站、村卫生室、个体诊所和医务室，共260个。其中社区卫生服务站30个，村卫生室40个，个体诊所150个，医务室44个。

第二节 医疗事业

一、医疗设备

至2012年，区妇幼所有B超3台、进口全自动生化仪一套等，设备总价值296万元，万元以上的器械25件。区疾控中心有进口荧光定量PCR一台、进口微生物鉴定仪一台、进口原子吸收分光光度计一台等。设备总价值500余万元，万元以上的设备50台。区人民医院有B超、放射机、动态心电图、心电监护仪、全自动生化仪等，设备总价值500余万元。

二、新型农村合作医疗

开福区新型农村合作医疗（简称“新农合”）于2003年试点，2006年7月全面启动。2009年，全区“新农合”参合率达99.80%，农民住院实际补偿率达38.60%。2010年10月，全区“新农合”参合率达

100%，农民住院实际补偿率达 77.99%，“新农合”基金管理运行良好，综合考核排内五区第一。11 月 1 日，“新农合”移交到区劳动和社会保障局。

三、人才队伍建设

全区采取鼓励医科大学生到基层卫生事业单位工作，推进全科医师规范化培训，完善城乡医院对口支援，加强基层医疗卫生事业单位人员培养培训，推行院长（主任）任期目标责任制及临床进修、集中培训等措施建设医疗卫生人才队伍。至 2009 年，区医药学会举办的“社会医疗与全方位医生”“白血病的论断和治疗”“呼吸系统感染抗生素治疗”“脑血管病防治进展”等专题学术讲座及乡村医生培训班，有 528 人次参加学习。妇幼、防疫部门举办各类学习班，培训人员达 6767 人次。2010 年，培训社区卫生服务机构全科医生 17 人、基层医疗骨干 32 人、乡村医生培训 70 余人。2011 年，举办各类培训班 10 次，参训人员 500 多人，全科医生转岗训练 10 人，村医 80 人，院长、骨干医师 110 人，为农村定向培训全科医生 3 人。组织法人代表的法律法规培训班达 180 人次。2012 年，培训医务人员 130 人，培训和补充医务人员 700 多人。

表 21–1　　2012 年长沙市开福区各级各类医疗机构一览表

序号	单位名称	单位隶属	单位地址	备注
1	中南大学湘雅医院	湖南省卫生健康委员会	长沙市开福区湘雅路 87 号	
2	长沙市第一医院	湖南省卫生健康委员会	长沙市开福区营盘路 311 号	
3	长沙市中心医院分院	湖南省卫生健康委员会	长沙市开福区长春巷 2 号	
4	湖南省交通医院	长沙市卫生健康委员会	长沙市八一路 474 号；麓山路 86 号（限内科＼康复医学科住院业务）	
5	湖南中医药大学第二附属医院	湖南省卫生健康委员会	湖南省长沙市蔡锷北路 233 号	
6	长沙中山医院	长沙市开福区卫生健康局	中山路 18 号	
7	中国人民解放军联勤保障部队第九二一医院（原 163 医院和国防科技大学医院合并）	湖南省卫生健康委员会	湖南省长沙市开福区洪山桥 1 号	
8	长沙仁爱妇产医院	长沙市卫生健康委员会	长沙市湘雅路 212 号	
9	长沙三真康复医院东风分院	长沙市卫生健康委员会	东风路三条巷 10 号；东风路 186 号（作为该院门诊部）	
10	长沙黑石渡医院	长沙市开福区卫生健康局	开福区德雅路 1025 号	
11	长沙捷奥肾病医院（原利兹医院）	长沙市卫生健康委员会	长沙市开福区万家丽北路 378 号	
12	湖南省体育运动医疗专科医院	长沙市开福区卫生健康局	体育馆路 36 号	
13	长沙鸿业皮肤病专科医院	长沙市卫生健康委员会	长沙市五一大道 970 号	
14	中信湘雅生殖与遗传专科医院	湖南省卫生健康委员会	长沙市湘雅路 86 号	
15	长沙市开福区人民医院	长沙市卫生健康委员会	开福区北正街 16 号	
16	长沙市公共卫生救治中心（长沙市一医院北院）	长沙市卫生健康委员会	开福区捞刀河镇高源村	
17	长沙颐而康颈肩腰腿痛医院	长沙市卫生健康委员会	长沙市开福区清水塘福康里 13 号	
18	长沙泰和医院	湖南省卫生健康委员会	长沙市开福区芙蓉北路 529 号	

表 21-2　　2012 年长沙市开福区社区卫生服务中心、乡镇卫生院基本情况表

单位名称	建筑面积（平方米）	床位数（张）	职工数（人）	医务人员数（人）
清水塘	2120	18	25	19
通泰街	5294	30	38	30
望麓园	432	—	—	—
湘雅路	1260	12	14	9
新河	1795	—	—	—
伍家岭	2270	32	48	39
四方坪	1800	27	34	22
洪山	5500	21	32	27
芙蓉北路	1550	9	23	21
新港镇	3900	50	32	26
青竹湖镇	4000	58	26	25
捞刀河镇	7400	70	72	67
沙坪分院	2600	32	32	29

2012 年，全区在职医务人员 226 人，其中专业技术人员 181 人。区人民医院，在职 108 人，专业技术人员 75 人；区妇幼保健所，在职 28 人，高职 4 人，中职 9 人；区卫生监督所，在职 20 人，高职 2 人，中职 6 人；区疾病预防控制中心，在职 24 人，高职 3 人，中职 4 人；青竹湖镇卫生院，在职 41 人，高职 2 人，中职 8 人；捞刀河镇卫生院，中职 5 人；新港镇街道社区卫生服务中心，中职 4 人。

第三节　卫生防疫

一、传染病、慢病防控

长沙市开福区疾病预防控制中心根据国家传染病防治法，制定开福区传染病防治方案，以降低传染病发病率为宗旨，开展传染病防治。

艾滋病防治　社区卫生服务中心负责本辖区内的艾滋病防治工作，加强艾滋病的监测检测力度。加强艾滋血清监测，对出国人员、宾馆、招待所服务人员等重点人群进行艾滋病血清监测，对各行业高危人群开展性病监测；加强对娱乐场所的法制管理，通过各种途径使更多的人对艾滋病的临床症状、传播途径、预防措施有更清楚的认识，提高自我保护意识。2001 年，处理 2 例艾滋病疫情。2002 年，处理 8 例艾滋病疫情，确认检测诊断 5 例。2003 年，监测性质血清 1000 份，艾滋病疫情处理 20 起，共确诊艾滋病 9 例。

2012 年，建立规范化艾滋病监测哨点，提升男性行为者高危人群接受干预的依从性；加强疫情管理，对驻区医院报告 430 例新发现艾滋病病人中的 411 人进行流行病调查，流调完成率 95.55%，承担全市针对新发现病人流调任务的 60% 以上；规范管理艾滋病感染者和艾滋病人。对辖区管理的 32 位病人和 52 名感染者 154 次随访；持续开展艾滋病自愿咨询检测工作，区级艾滋病自愿咨询检测门诊建成两家（疾控中心、妇幼所），疾控中心艾滋病自愿咨询检测门诊接待 475 人次，发现艾滋病自愿咨询检测初筛阳性 6 例，梅毒初筛阳性 6 例；多形式开展高危人群干预，完成男人群干预 154 人次，暗娼人群干预 224 人，吸毒人员干预 45 例，性病门诊男性就诊者干预 224 人，农民工干预 90%。

表 21-3　　1997—2012 年长沙市开福区艾滋病防治统计表

单位：例

项目 年度	报告	流病调查	流调率（%）	随访	男人群干预	暗娼干预	吸毒干预	农民工干预	梅毒干预	艾滋病人（人）	艾滋病死亡（人）	HIV 例	梅毒检测人数（人）
1997	1	1	100	1	0	0	0	0	0	1	0	0	0
1998	0	0	0	1	0	0	0	0	0	0	0	0	200
1999	0	0	0	1	0	0	0	0	0	0	0	0	200
2000	0	0	0	1	0	0	0	0	0	0	0	0	200
2001	0	0	0	1	0	0	0	0	0	0	1	0	400
2002	0	0	0	0	0	0	0	0	0	0	0	0	400
2003	3	3	100	9	0	10	15	12	2	2	1	1	400
2004	0	0	0	9	0	112	10	60	8	0	0	1	500
2005	0	0	0	9	0	102	12	82	7	0	0	1	500
2006	2	2	100	13	0	85	20	105	11	2	0	1	500
2007	4	4	100	29	0	105	9	35	13	4	0	1	500
2008	11	11	100	32	0	190	10	85	18	3	1	1	500
2009	8	8	100	50	0	201	12	100	27	—	1	3	824
2010	227	181	80	79	116	102	50	45	26	8	2	6	916
2011	331	314	94.8	100	198	268	80	100	38	10	2	15	1148
2012	430	411	95.6	154	154	224	45	90	26	10	0	36	1126

结核病防治　1989 年，共确诊肺结核病人 25 例，其中涂阳病人 15 例，投服碘药 4320 人，小学生近 2 万人投服。1999 年，结核病的定诊、治疗工作归口到市防疫站，区站负责宣传发动、病人督导访视工作。全年结核病接诊 70 人，胸透 69 人，胸透异常 54 例，查痰 54 例，活动性肺结核病人 40 例，其中菌阳 27 例，菌阴 13 例。2002 年，登记免费治疗肺结核病人 27 人，进行督导管理、督导访视 75 次。2012 年，接诊疑似肺结核病人 686 例，治疗和管理 71 例。涂阳病人 70 例，涂阴病人 214 例，结核性胸膜炎病人 46 例。加强对免费病人的督导，访视 400 余人次，追访疫情 869 例，总体到位率 75.98%。

表 21-4　　2005—2012 年长沙市开福区结核病防治情况表

单位：例

项目 年度	非结防机构网络报告疫情数	治疗管理涂阳	新发涂阳	新发涂阴	结核性胸膜炎	访视	电话督导	追踪到位	到位率（%）
2005	256	93	69	66	0	—	636	12	12.73
2006	357	72	67	61	0	—	532	39	21.30
2007	500	79	75	160	0	—	960	163	33.20
2008	474	71	66	200	0	—	1084	109	58.72
2009	910	75	73	209	38	299	1136	306	64.80
2010	817	71	71	153	39	464	896	266	66.56
2011	790	72	171	171	48	456	972	411	84.05
2012	950	1	70	217	47	394	1152	511	77.24

“非典”防控 2003年，开福区成立区防治“非典”工作领导小组，组建4支应急处理机动队及疫情信息组、物质装备组、业务培训技术指导组、宣传后勤保障组，疾控中心配备一台防治“非典”专用车，32个应急处理机动包、4个流调箱、4个采样箱，备齐医务人员防护服等各类防护、值班用品、消毒设施、消毒药品等。在全省设立和公布二台疫情专线电话，开通两个月，接到8000余个咨询电话，排查36起“非典”医学观察病例。

霍乱防治 1997年，开福区建立区霍乱防治领导小组，对霍乱防治知识进行培训。驻区医院肠道门诊共收治腹泻病例1268人，做悬滴1136例，培养945例，对确诊菌痢病人进行追踪检测，检测端正原标本52份，全年无一例霍乱疫情。

性病防治 2000年，报告性病病例715例，以淋病、尖锐湿疣、淋菌性尿道炎发病较高。所报性病中，男、女比例为1∶1.5，年龄以20～29岁发病最高；职业以个体、供销人员为多，已婚多于未婚，病源以非婚性接触传染占主要传染。对4所医院性病疫情调查，门诊就诊人数65567人，确认性病1258例。

麻风病防治 1994年后，北区无麻风病新病例发生。此前的4例麻风病人中，需愈合监测的1人，对其密切接触者5人进行临床监测，麻风病人愈后病情稳定，无复发症状，密切接触者无感染症状。

人禽流感防治 选派骨干参加省、市CDC组织的业务培训，对疾控中心职工和全区防疫专干进行业务培训。指导街道、乡镇场卫生院、农贸市场对人禽流感的防治，及时处理竹隐村、群力村、朝阳分场、茶子山村等5起禽流感疫情。进社区、街道，提高市民对禽流感的认识，传授简单的防治知识及注意事项。对职业暴露人群血清流行监测，以及暴露环境样本的禽流感元素监测，采集合格人群标本50份，4次环境标本采集，采集合格环境样本40份。

血吸虫病防治 制定开福区血防工作方案，卫生、农业、教育、财政等单位分工协作。对水上流动人员进行检查，确保急血病例不发生；加强渔民血防管理，请资深渔民为渔民血防管理员。2011年完成查螺310万平方米，药物灭螺面积30.36万平方米，灭蚴面积30.36万平方米，查病826人，化疗389人；抓急血防控，完成发热病人急血排查40余例，发放防蚴膏400多支。

表21-5　2005—2012年长沙市开福区血吸虫病防治情况表

项目 年份	查螺（千平方米）	药物灭螺（千平方米）	灭蚴（千平方米）	查病人（人）	化疗（人）	渔民血检人数（人）	粪检人数（人）	现化其样（例）
2005	1866.6	53.3	0	807	328	328	0	288
2006	2300	53.3	53.3	522	445	45	0	288
2007	2564.8	106.6	107	928	383	20	8	288
2008	2487.6	53.3	107	285	221	168	3	288
2009	3018.3	106.	107	417	548	236	16	288
2010	3321	306.6	306.6	771	1147	904	23	288
2011	3321	30	30	825	389	245	1	288
2012	3276.6	307	614	964	680	341	2	288

手足口病防治 对设儿科医院和幼儿园进行手足口病的专项督查，对托幼机构负责人、保健医生本中心流调人员，对社区服务中心、乡镇卫生院相关人员进行培训。加强对手足口病疫情监测、调查、核实，及时发现聚集性疫情。2012年处理6起托幼机构手足口病聚集性疫情，重症手足口病4例，死亡1例。每月采集5例散发手足口病例样本进行病毒分型，以了解手足口病毒的分布与变化。

表 21-6　　2003—2012 年长沙市开福区其他重点传染病防控情况表

单位：例

年份＼项目	手足口病	出血热	肺炎	肺炎死亡	肠道传染病	疟疾	麻风	禽流感	访视肝炎
2003	—	0	—	—	—	0	0	—	—
2004	—	2	—	—	108	0	0	—	3
2005	0	0	—	—	107	0	0	0	7
2006	6	2	—	—	123	0	0	0	13
2007	6	2	—	—	84	0	0	0	17
2008	699	1	—	—	102	1	0	0	20
2009	713	1	3560	12	80	3	0	0	19
2010	1539	0	5293	5	73	2	0	0	29
2011	1403	1	4981	22	48	2	0	0	20
2012	1859	0	5082	23	58	4	0	0	14

其他疫病防治　1998 年 7 月 1 日至 10 月 5 日，市区内分别发现散在的 5 例输入型“02 号”病人，果断处理，将病人隔离，封锁并控制疫点，就地扑灭疫情，防止第二代疫情的发生。当年，碘缺乏病情监测，共监测 5 所点校 200 名学生甲状腺 1 度肿大率 2%，家庭碘盐定量检测合格率 99.2%。对布鲁氏病进行初步摸底，综合农场有 14 户养奶牛户 42 人，一家畜皮加工厂 10 人，对从业人员进行布鲁氏病菌监测，共检样 300 人份。

2000 年，首次实现长沙地区的计算机联网，加强疫情传递的及时性和准确性。

2001 年痢疾疫情 205 例，均为细菌性痢疾，发病人群以幼儿、学生比例较大。

病毒性肝炎疫情报告 51 例，确诊 29 例，甲肝 2 例，乙肝 23 例，丙肝 3 例，发病率为 7.52/10 万。

计划免疫　以提高疫苗接种率为核心，做好适龄儿童疫苗接种工作。对“五本账”①和五苗基础免疫②进行全面检查，共 30 个点，资料齐全，建卡建证率 100%。开展常规免疫接种。规范接种点疫苗进货渠道，五苗接种率 99%。四苗接种率达 98%，新生儿乙肝疫苗接种率城区 98% 以上，农村 80%。农村卫生院开展钩体疫苗的接种，接种率 66%。完成小学生乙肝疫苗接种工作，流动人口在开福区同样享受基础免疫接种待遇。1999 年，全区共接种 4000 人，控制钩体病的发生。举办免疫学习班，27 个单位参加培训。开展流行性乙型脑炎减毒疫苗的接种，接种率为 97.8%。以消灭脊髓灰质炎为重点开展计划免疫工作，完成两次脊髓扫荡式免疫工作。流行性脑膜炎疫苗接种 10205 人，接种率为 97%。

在农村开展重点人群钩体菌苗接种，接种率为 66.70%。0～7岁儿童开展流行性乙型脑炎减毒疫苗的接种，2000年，实种10455人，接种率为99.50%。对小学一年级学生百白破三联、麻疹疫苗免疫工作，实种3395人，接种率为97%。

2012 年，麻疹强化、脊灰查漏、麻疹实查 17493 人，接种率 95.80%，查漏补种 9126 人，接种率 100%。收到疑似麻疹疫情报告 27 例，乙脑 4 例，流脑 11 例，AFP 病例 24 例，15 岁以下乙肝 14 例，完成 AFP 报告 21 例。开展流动儿童接种率调查和适龄儿童接种率调查。对 52 个小学、124 个托幼机构进行查验，查验率 100%。应补种 6797 人，实补种 6304 人，补种率 92.70%。

① “五本账”即异常反应登记本、生物药品登记本、冰箱测温登记本、预防接种内卡、预防接种证。
② 五苗基础免疫即卡介苗、乙肝首种、脊髓灰质炎疫苗、百白破和麻疹疫苗。

表 21-7　　1995—2012 年长沙市开福区（北区）计划免疫情况表

年份＼项目	麻疹接种数（人）	接种率（%）	脊灰接种数（人）	接种率（%）	疫苗销售（万元）	托幼机构查验（家）	小学查验（家）	补种人数（人）
1995	3821	61.1	2434	82.1	1	3	71	151
1996	3901	60.1	2503	84.3	2	39	71	182
1997	3876	60.4	2428	85.4	4	39	71	198
1998	3821	65.2	2517	86.1	8	40	71	215
1999	4092	69.1	2543	8.3	15	41	70	301
2000	4018	68.4	2612	88.1	26	42	70	363
2001	4520	71.2	2825	85.4	35	42	70	407
2002	4621	70.8	2905	91.2	47	43	68	413
2003	4813	86.3	3808	94.0	60	45	65	806
2004	5012	89.7	3804	95.1	75	48	63	887
2005	4826	96.7	3912	98.2	81	50	62	951
2006	4913	95.1	6504	98.4	90	54	60	1070
2007	5326	95.2	6626	99.3	96	62	58	1512

表 21-8　　2012 年年底长沙市开福区慢病防治累计情况表

单位：人

时间＼项目	糖尿病建档数	高血压建档数	重症精神病人	慢病建档数	恶性肿瘤人数	冠心病人数	脑卒中人数	慢阻肺数	重性精神病患者数	职业危害因素用人企业家数	企业损害数
2012 年年底	9702	32290	815	42817	156	3331	260	340	520	52	4499

救灾防病　1998 年 6 月，长沙市遭受洪涝灾害，受灾严重，环境十分恶劣，灾民饮食、饮水、居住条件差，生命安全受到严重威胁。升福区医疗卫生部门组建 4 个救灾防病机动队、2 个突击队，每队 6 人，筹备 4 万元救灾药物、两台汽车、6 台摩托车、24 小时待命。救灾期间，区防疫部门 6 支防疫突击队共出动 1600 余人次，320 台车次，下发 5 万元各类预防性、消毒性药品。免费给灾民注射疫苗 5800 余人份。采取传染病控制、食物中毒预防处理，饮用水消毒、水源保护、粪便垃圾处理、消毒杀虫、灭鼠、卫生防疫知识宣传教育等措施，印发宣传资料 5 万余份。控制传染病疫情，开展大宣传、大搜索、大防治、大督查等突击行动。开展疫源检索，加强对肠道门诊督促检查、做到逢泻必检、逢疑必报，早发现、早报告、早诊断、早治疗，完成检索任务 2314 份。8 月 10 日，发现浏阳河水检测结果阳性，即进行紧急处理和区域控制。灾后进行钉螺普查，发动灾区群众清理环境，消毒杀虫，搞好临时住棚卫生。灾区内汛期和灾后未发生传染病的暴发流行。

2003 年 5 月 19 日，第一次洪峰过境，开福区五合垸溃垸，受灾面积 52.67 公顷，人口 422 人，145 户进水。疾控中心出动车辆 42 次，机动队员 300 人次，为抗洪军民、受灾群众提供医疗卫生防病、消毒灭虫服务，面积达 4.56 万平方米。消耗 84 消毒液 22 件，漂精片 2 件。加强对抗洪救灾部队官兵驻地、受灾地区的环境卫生、饮食卫生、饮用水的管理、把好病从口入关，灾后未发生传染病的流行。

二、卫生工作

健康教育 开展健康教育。巩固发展健教基层网点413个。举办健教专干学习班，组织计划免疫、结核病防治、碘缺乏病、食品卫生法等宣传活动，设咨询点10个，发放宣传资料2万份，展示四种假、劣、过期食品，增强人民对食品的鉴别力。

注重基层健教专干业务知识的培训，办班18期，巩固健教网点327个。组织资料收集和整理评比、专栏板报评比，干部居民健康知识知晓率调查评比。开展重点行业健康教育与控烟宣传，重点从业人员的卫生知识培训。举办44期培训班，利用媒体广泛宣传教育，新闻媒体有关健教内容的报道15次。

1998年，配合救灾防疫，印发各种健康教育宣传资料，利用标语、墙报、宣传栏等多种形式宣传灾后防疫知识，出动宣传车到12个灾民聚集居点轮流巡回宣传，重点指导灾民灾后饮食卫生、环境卫生。

1999年，举办学校卫生老师的健教培训班18期，食品行业、公共场所行业人员卫生知识培训班44期。

在结核病日（3月24日）、艾滋病日、儿童预防接种日（4月25日）、世界卫生日、世界无烟日及《食品卫生法》实施十周年、《传染病防治条例》颁布十周年等主题宣传活动中，开展预防性病、碘缺乏病、儿童计划免疫、食物中毒等健康教育。

2012年，分别在区政府前坪、砚瓦池社区、伍家岭生活广场、汽车北站等地举行多次大型宣传义诊活动，重点打造“健康知识宣传一条街”健康主题公园、健康加油站等活动品牌。市疾控中心召开全市健康促进现场交流会，介绍开福区健教工作的特点和亮点。

消杀灭 贯彻卫生部《消毒管理办法》。2003年，对医疗卫生单位、学校、公共场所消毒工作及医疗器械、托幼机构物品和一次性卫生用品消毒质量进行监督监测，在7家医疗机构、24家托幼机构消毒质量监测采样75个，样品481个，合格率95.63%。其中医疗用品器械采样157份，合格率为98.09%。物表样149份，合格率97.32，手样73份，合格率94.52%，消毒液96份，合格率91.67%，空气样6份，合格率83.33%。托幼机构消毒质量监测采样单位24个，样品95份，合格率85.26%。其中空气样9个，合格率100%，玩具样22份，合格率90.91%，手巾样21份，合格率90.05%，餐具样23份，合格率79.26%，口杯样20份，合格率75%。对本站02病机动队装备进行检查清理。举办消毒技术培训，参加单位55个。配合区爱卫办开展灭鼠灭蟑检查技术指导，鼠密度测定，对辖区内32家口腔诊疗机构的消毒工作进行抽样检查。对辖区内医疗卫生单位消毒质量进行监督监测，采样44个单位，样品238份，其中医疗机构采样29个单位，样品198份，消毒合格率98.99%；托幼机构采样15个单位，样品40份，合格率95%。

食品卫生 1989年，长沙市北区全年组织卫生监督检查4076店次，因违法违规限期改进2830店次，停业整顿16家，销毁过期变质食品1873千克，过期饮料60吨。全区共有食品生产经营店1275家，核证1019家，健康体检7486人，采食具样6589份，合格率74.80%，采糕点样3071份，合格率95.50%。

1990年，全区第一次迎接“创建全国卫生城市检查”。防疫站印发检查标准2500份，卫生“五四制”①500份，整改通知书2000份，制作食品卫生宣传版画8块。迎检过程中，共检查3936店次，限期改正2849店次，停业改进289店次，吊销卫生许可证56家，取缔无证摊担和不合格食品经营户100家，销毁过期食品800千克，食品检测92样，合格86样，合格率93.50%，餐具检测160件。

1992年，全区第二次迎接“创建全国卫生城市检查”，共检查4917店次，限期改正3032店次，食品检测112样，109样合格，合格率97.30%，餐具检测463件，合格368件，合格率79.50%。

1995年，全区第三次迎接“创建全国卫生城市检查”。区站干部职工2个月加班加点，未休息一天，以每天检查100户的进度进行。共检查1515店次，限期改正763店次，停业改进60家，吊销卫生许可证22家，销毁变质食品1000千克，食品检测473样，合格率96.50%，餐具检测2311件，合格率81.50%。参加国检的食品行业有怡丰斋副食品商场（熟食）、中山路百货大楼（副食）、大顺斋酒家、恩庆大酒店

① “五四制”即四不制度：采购员不进、保管员不收、厨师不做、服务员不卖腐败变质的食品；四隔离：生熟隔离、成品与半成品隔离、食品与杂品药物隔离、食品与天然冰隔离；四过关：一洗、二刷、三冲、四消毒；四确定：定人、定物、定时间、定质量，划片分工，包干负责；四勤：勤洗手、勤剪指甲、勤洗澡理发、勤洗衣被换工作服。

（饮食）4家单位，均获高分。1996年，组织经常性卫生监督检查4076店次，限期整改2830店次，停业整顿16家，销毁过期食品1873千克，过期饮料60吨。全区有食品生产经营业主1275家，核证1019家，核证率达80%，健康体检7486人，不合格人员298人全调离。采食具样6589份，合格率74.80%，糕点样3071份，合格率95.50%。

2001年，开福区处理食物中毒事件4起，分别为梦洁公司食堂食用空心菜中毒、天井砖厂食用小白菜中毒、洪山桥乡食用芹菜引起的“有机磷食物中毒”、洪山桥乡食用豆制品引起的“亚硝酸盐食物中毒”。2002年，区卫生防疫站卫生监督检查3414店次，新办卫生许可证486家，核证482家，餐具检测2851件，合格率74%，食品样1830份，合格率94.70%。2003年，区疾控中心食品卫生监测食品样2730份，餐具样8.55万份。2012年，食品监测检查906批次，水质155批次，公共场所样57批次，医疗机构消毒监测211家，不合格40家。托幼机构消毒监测119家，不合格28家。湘味熟食、大米监测采样70批次，合格率100%。

全区共有公共场所217家，核证113家，核证率52.10%。二次供水8家，从业人员16人，健康体检2600人，不合格98人全调离。卫生监督319个点，合格率93.70%。公共用品采样2496份，合格率84.80%。全区设5个水质监测点，每月监测一次，采水样85份，合格率100%，测余氯1178次，各项指标全合格。

学校卫生　1989年，长沙市北区贯彻《学校卫生工作条例》，加强学校健教，要求有课时有课本，有教案、有卫生专干，有卫生老师。加强学校卫生监督，对22所小学肠道传染病防治措施进行检查，沙眼查治率99.80%，近视综合矫正率99.80%。

1997年，对全区35所小学开展综合执法大检查，监督覆盖率100%。对8所中小学常见病、综合防治进行考评，对全区小学生19591人进行健康监测，全部合格率58%，视力低下为23.69%，沙眼为1.91%，龋齿为9.46%。对部分教室卫生进行监测，对学校卫生老师进行业务培训，授课5次。

全年监测学校28所，监测项目24个，监测点28个，监测覆盖率100%，对学校饮食、饮用水、传染病进行综合管理，对城区30所小学健康体检共检查16206人。

2002年，加强学校卫生培训工作，提高学校卫生工作队伍专业化水平。全年培训6期，200余人参加，发放有关资料1450份。对辖区内33所城区小学食品卫生进行卫生执法检查，重点检查6所学校集体食堂的食品卫生。三次对学校周边环境进行以预防学校群体性食物中毒为主题的食品卫生专项整治执法活动，执法覆盖率96%。加强学校疾病监测、学生健康动态监测，对城区33所小学进行健康体检，共检查17225人，受检率99.56%。对少数学校散发传染病如风疹、水痘、腮腺炎等进行技术指导，提供咨询服务。2012年，疾控中心对血吸虫病疫区的6所中小学进行血防工作督导。发放《告家长通知书》4000余份，完成学生血防知识培训300人次。

社区卫生　2005年，开福区斥资7万元，为社区卫生服务中心配置14台电脑，开通疫情网络直报。2006年4月，区召开创建社区卫生服务示范区动员大会，社区卫生服务示范区工作全面展开，业务用房面积增加近2000平方米，社区卫生服务网络功能进一步健全。2009年，社区卫生服务机构实行200种基本药品零差率销售，居民对社区卫生服务满意度达98%。城市社区卫生服务中心标准化建设，争取中央经费341万元。将部分公共卫生职能下移到社区。13个社区卫生服务中心全部实施基本药物制度，执行药品零差价销售。2012年，将东风路、四方坪街道社区卫生服务中心打造成省级示范性社区卫生服务中心。

农村卫生　2005年，区农村卫生工作会议明确农村卫生工作发展目标及思路。每个村卫生室乡村医生可获得市直接下拨的1万元补助，新型农村合作医疗全面启动。

劳动卫生　1996年，开展劳动、放射卫生有关法律宣传，理顺工作关系，进行区划内的劳动、放射卫生基本情况的调查。区内34家企业，职业危害因素明显的有8家，建档2家，合法档案6家，合法率75%。加大劳动卫生的监督执法力度，检查厂矿监督覆盖率100%，劳动卫生监测率75%。开展职业性体检，完成乡镇卫生院射线装置、同位素应用单位核发证工作。完成有关医院X光许可证年检工作，执行职业病报告制度。开展自我防护安全操作、防暑降温、尘肺病防治等的宣传，发放宣传资料，开展高温作业人员健康检查。贯彻劳动卫生法规，对已建档的区街企业进行监督检查。

表 21-9　　2006—2012 年长沙市开福区学校及公共场所检测情况表

项目 年份	食品监测（次）	水质（次）	公共场所（次）	医疗机构检测（次）	托幼机构检测（家）
2006	900	157	58	59	85
2007	898	150	48	44	88
2008	903	154	50	19	92
2009	920	160	60	62	93
2010	912	152	52	208	106
2011	1008	148	68	213	116
2012	906	155	57	211	119
2012	3276.6	307	614	964	680

表 21-10　　2006—2012 年长沙市开福区实验室检测情况表

项目 年度	健康体检（次）	食品样（份）	餐具样（份）	医疗样（份）	公共场所样（份）	理化盐样（份）	水质监测（例）	梅毒样（例）	HIV（例）	湘味熟食（份）
2006	182	1011	327	829	—	98	98	—	—	—
2007	195	1573	243	1171	—	102	102	—	—	—
2008	104	1092	85	761	—	138	138	—	—	—
2009	76	1290	231	767	—	162	162	—	—	—
2010	104	2127	873	1094	—	223	223	—	—	—
2011	180	1804	912	972	—	268	268	—	—	—
2012	151	1121	949	980	288	243	253	478	478	20

第四节　妇幼保健

一、儿童保健

1989 年，长沙市北区有幼托机构 99 个，其中幼儿园 46 个，托儿所 53 个；有专职保健医师 11 名，兼职保健老师 88 名。在儿童保健方面，健全园所卫生保健制度，启用《儿童保健手册》，举办营养学习班，发放幼儿卫生教育资料 300 余册，进行婴幼儿早期教育。

1991 年，开设儿童入园体检，评估小儿生长发育情况。对保健老师、保健人员进行卫生保健常识、小儿常见病、传染病等知识的培训。制定日常消毒常规，加强托幼机构卫生保健管理，了解婴儿母乳喂养现状，对母乳喂养进行调查。1993 年，召开北区第一次健美儿童评选，评出区健美儿童 33 名、送市健美儿童 25 名。1996 年，长沙市开福区对散居儿童进行“4—2—1”管理，对科学育儿、儿童营养、儿童生长发育和母乳喂养进行宣传和指导。1999 年，投资 15 万元开展优生检测，使用电脑编制“出生医学证明”程序，开福区妇幼保健所成为湖南省首家使用电脑办理“出生医学证明”的单位。

在集体儿童管理方面，严把入园体检、幼儿园体检、工作人员体检关；强化和规范幼托机构的管理，对幼托机构进行注册评审发证工作，以促使幼儿园卫生保健工作走向正规。1999 年 9 月 12 日，通过市卫生局爱婴医院验收，开福区成为长沙市第二个爱婴区。

2012 年，全区 123 所幼儿园，区教育局发证幼儿园 72 所，卫生保健评价合格门诊通过市级验收，被选为市级观摩点，市区妇幼一起举办长沙市创建规范儿童保健门诊观摩会，有市妇幼专家教授，市内五区儿保科主任、区儿保医生、新生儿保专干参加。当年，妇幼卫生主要指标完成情况如下：孕产妇死亡控制绝对数：可避免死亡为0；孕产妇住院分娩率100%；5岁以下儿童死亡率5.23‰；出生缺陷干预：产妇产前筛查率95.58%；新生儿疾病筛查率98.10%；新生儿听力筛查率95.91%；基本公共卫生服务项目：孕产妇系统管理率与健康档案建档率95.96%；3岁以下儿童系统管理率87.74%；7岁以下儿童保健管理率与建档率88.20%；重大公共卫生服务项目：叶酸服用率96.85%；农村孕产妇住院分娩补助人数率109.03%（含2011年4季度农村孕产妇住院分娩补助的补漏）；产妇艾滋病病毒检测率100%；梅毒检测率100%；乙肝表面抗原检测率100%；婚前医学检查率85.82%；农村妇女病普查率45.07%。

二、妇女保健

1989年，长沙市北区贯彻女职工劳动保护条例，举办驻区厂矿、企事业单位女工卫生培训班，请省妇幼专家上课，重点讲妇女常见病、多发病预防。成立“孕产妇抢救领导小组”，由各大医院产科专家教授组成，为孕产妇安全分娩提供技术保证。1998年8月27日，成功抢救捞刀河一名产妇。同年，先后在捞刀河、综合农场、福安乡、霞凝乡等卫生院挑选人员，推行住院分娩，逐步取消家庭接生。捞刀河镇卫生院采取与市退协联合办医的形式，为孕妇住院分娩提供技术保证，为取缔家庭接生提供经验。依法规范母婴保健技术服务，对从事母婴保健技术人员进行操作考核，评审申请母婴保健技术服务医疗机构28个。

2000年始，加强对流动人口、半边户的管理，为孕产妇早建卡、定期检查，利用门诊、孕妇学校等形式，让孕妇知晓孕期的营养卫生，对产后检查宣传避孕知识、卫生知识、母乳喂养。开展高危孕产妇的筛选、评分、报告、追访、转诊、救治工作，实行分级分片管理。2000年，高危评分20分以上的共建卡85人，安全分娩32人。局、镇卫生院高危评分10分以上的51人，全区活产数2204人。高危孕妇723人，高危孕妇检出率33%，产妇2192人，住院分娩率99.10%。

2008年，产后访视由区所移交到街道社区服务中心。

2010年，开展预防艾滋病母婴传播工作，增补叶酸预防神经管缺陷项目。举办艾滋病母婴传播，生殖道感染培训，将预防艾滋病母婴传播工作纳入妇幼保健常规工作。全区共14个采血点，孕产妇预防艾滋病母婴传播咨询率99.90%，孕产妇艾滋病抗体检测率97.96%，驻区医院上报区艾滋病阳性病例7例。2012年，妇幼所配备10名群众妇幼保健人员，2名信息管理员。设置了保健部、妇保科（生殖健康科）、儿保科、信息科、健教科，加强群体保健的工作力量。对非法家庭接生、高危截留、无指针剖宫产进行季度督查，要求医疗机构严格遵守剖宫产指针，积极倡导自然分娩。加强孕产妇、儿童“非典”的防治。制定区孕产妇、儿童“非典”的防治方案，进行“非典”相关知识的业务培训。加强对托幼机构“非典”的防治工作，先后对88所托幼机构“非典”防治工作督查。

表21-11　　2001—2012年长沙市开福区妇幼保建情况表

项目＼年份	2001	2002	2003	2004	2005	2006	2007	2008	2009	2010	2011	2012
新生儿死亡率（‰）	—	—	—	—	—	3.01	3.94	3.27	3.23	3.21	3.61	2.30
婴儿死亡率（‰）	7.1	4.6	5.59	6.29	4.4	3.62	5.42	4.91	4.72	4.35	4.45	4.18
5岁以下儿童死亡率（‰）	8.2	6.2	8.57	7.19	7.59	6.64	6.41	6.3	6.21	5.51	5.51	5.23
7岁以下儿童系统管理率（%）	86	65	77.56	74.34	81.22	78.57	57.3	77.2	89.58	88.35	86.6	88.21
常住儿童系统管理人数（人）	—	—	—	—	—	23229	17579	24865	21250	22690	23757	23737

表 21-11

项目＼年份	2001	2002	2003	2004	2005	2006	2007	2008	2009	2010	2011	2012
3 岁以下儿童系统管理率（%）	46.9	58	58.48	73.75	72	72.84	56.27	89.33	84.61	89.05	87.14	87.74
5 岁以下儿童重度营养不良比重（%）	—	—	—	—	—	0.87	1.16	0.37	0.58	0.2	0.12	0.06
孕产妇死亡率（/10 万）	0	32.55	0	0	0	0	0	23.36	0	0	0	0
住院分娩率（%）	99.2	99.3	99.06	99.01	99.38	100	100	100	100	100	100	100
高危产妇住院分娩率（%）	100	100	100	100	100	100	100	100	100	100	100	100
孕产妇保健覆盖率（%）	99.1	99.4	99.1	99.01	99.35	99.39	99.82	100	—	—	99.87	99.6
孕产妇系统管理率（%）	81.9	79.3	83.33	71.45	54.86	45.25	35.85	44.96	91.9	94.67	96.61	95.96
婚前医学检查率（%）	99.5	93.6	65.41	0.44	0.3	4.43	2.9	6.53	63.04	76.52	80.74	85.82
妇女病查查率（%）	—	—	—	—	—	—	—	—	33.86	33.86	30.73	36.20
肉眼可见出生缺陷发生率（%）	—	—	—	—	—	34.96	29.41	22.94	29.66	49.63	70.07	50.68

三、妇科普查

区妇幼保健所每年到各个厂矿企事业单位，开展妇女保健、生殖保健宣传和妇科防癌普查。1998 年完成普查 1229 人。2002 年，妇女保健工作扩展到社区，首次为纯居民做妇科防癌普查。2003 年发现宫颈癌 3 人、乳腺癌 1 人。2008 年启动农村妇女病普查普治工作，制订《开福区农村妇女病普查普治工作实施计划》，共普查普治 4218 人。2010 年，开福区政府安排农村妇女病普查普治专项经费 30 万元。2012 年，对新港镇、青竹湖镇 7675 名育龄妇女进行妇女病普查，对影响妇女健康的主要因素进行分析，妇女病患病率 54.61%。

生育保健 1994 年 9 月 1 日始，北区的婚前检查由北区妇幼所承担。计生手术室进行三配套建设，即手术室房屋配套、医务人员技术合格、证件齐全的配套，医疗器械、消毒设施、设备配套。

1997 年，开福区将区计生服务站合并到区妇幼所。区妇幼所按计生委的要求，承担计生手术的业务服务和生殖保健工作。1998 年胎儿心电图的使用，为提高人口素质提供科学的诊断依据，对不宜生育、暂缓结婚者提供医学指导意见。同年，开展手术治疗、包皮环切手术，当年手术 32 人，痔激光术 16 人。

2008 年，区妇幼所推行免费婚前医学检查与婚姻登记“一条龙”服务，推行婚前、孕前、孕期保健综合服务模式，全年婚检 350 对。2010 年，区政府安排婚前医学检查专项经费 40 万元、优生检测专项经费 50 万元，购买一台 30 万元的高档黑白 B 超机，下拨救护车一台，区所购置 26 台电脑。2012 年，婚检发现 27 例梅毒感染患者，2 例 HIV 患者。

保健教育 2000 年，开办“孕妇学校”“新婚学校”“父母学校”，参加学习的 5391 人，孕妇、婚姻保健健教率 95% 以上，妇幼保健核心知识知晓率 90% 以上。乡镇卫生院常年定期开办孕妇学校，捞刀河卫生院的父母学校作为父母学校示范乡镇卫生院。开展“为了孩子健康，我所乐于奉献”“妈妈平安、宝宝健康”“为妈妈更为宝宝”宣传活动。

2012 年，婚前健康教育培训 1660 人次，孕妇学校培训 20882 人次，父母学校培训 15221 人次，发放宣传资料 8700 份。

第五节　卫生行政

一、卫生行政职能

1989—2012年，长沙市开福区（北区）贯彻执行卫生法规条例、方针政策，处理公共卫生突发事件，实行医政管理、卫生监督、红十字会、宣传教育，开展救灾防疫，关照特困人员、救护培训、无偿献血、卫生体制等。

开福区卫生局贯彻执行《中华人民共和国母婴保健法》《计划生育技术服务管理条例》《中华人民共和国执业医师法》《托幼机构管理条例》《中华人民共和国传染病防治法》《中华人民共和国食品安全法》《生活饮用水卫生标准》《公共场所卫生管理条例》《中华人民共和国职业病防治法》《医疗机构管理条例》《消毒管理办法》《医疗广告管理办法》等卫生法规条例方针政策。

二、公共卫生突发事件处置

2010年，开福区探索建立医患纠纷第三方调解机制，卫生局参与三级医院医疗纠纷处理，对医疗争议提请医疗事故技术鉴定的18起。2012年12月5日，区康德医院发生一起患者组织数十人冲击医院，砸坏设备、打伤医务人员事件。2012年发生纠纷169起，均依据相关政策法规，妥善处理。

三、医政管理

开福区医政管理由区卫生局履行。对医疗机构规范执业进行检查，对全区66台B超机进行摸底登记、造册管理，对281家医疗机构进行执业验证，对32家母婴保健执业机构进行换发证，对未达标的母婴保健技术执业单位彻底整改，加强农村卫生室、乡村医生的培训、考试、发证工作，完成应征青年体检。同时，制定《开福区开展执法行医专项整治联合行动方案》，督查医院污水处理、医疗废弃物处理，查处非法行医点。对312名护士再次注册，260名医护人员变更登记。

四、卫生监督

1998年，开福区整顿和净化医药市场，对全区医疗机构进行全面执法检查，查处170家，书写文书168份，换发证167家，限改6家，取缔10家非法行医，查处过期变质、假冒伪劣药品60余件。2005年，打击非法行医，对外出租科室等违法行为，取缔黑诊所8家，停业整顿21家。2007年，加大医疗市场监督执法力度，7次打击非法行医，检查医疗机构196店次，取缔非法行医、无证行医的医疗机构14家，查处9家。2012年，打击非法行医行动25次，取缔非法、无证行医16家，处理4家，没收违法行医药品25件，没收违法所得5万元。对281家医疗机构进行现场校验，不合格6家，查处6家，整改108家。

创新建立卫生监督约谈制度，起到事前教育、事后惩戒的警示作用，卫生监督覆盖率达98%。

五、公共卫生框架

2000年，开福区建立多层级的公共卫生框架，由区级（开福区疾病预防控制中心、开福区卫生监督所、开福区妇幼保健所）及驻区的市级公共卫生系统（市血液中心、市疾控中心、市监督所、市急救中心）组成。

基本公共卫生服务覆盖城乡居民，建立健全居民健康档案，实施重大公共卫生服务项目。加强对结核病、艾滋病、血吸虫病等重要疾病防控，实施国家免疫规划和卫生应急重大公共卫生项目，免费婚检、孕前检查、适龄妇女乳腺癌与宫颈癌检查；实施城乡居民健康促进项目，坚持预防为主，自我保健；以基层医疗卫生机构为依托，建立全覆盖的城乡居民保健网络，形成政府主导、部门联动、人人参与的健康机制。

开福区成立后，逐步提高基本公共卫生经费标准，2009年为15元/人、2010年为17.5元/人、2011年为25元/人、2012年为30元/人；并适当安排经费，对特困高危重症孕产妇、艾滋病、晚期血吸虫病人进行救助。

六、卫生体制改革

2009年，开福区成立深化医药卫生体制改革工作领导小组，开展卫生体制改革，先后在望麓园街道实行社区卫生服务试点，在黑石渡街道卫生院实行股份制试点，在望麓园、上大垅两个卫生院试行目标管理经济责任制，在农村卫生院开展联合办院试点。

在经费投入方面，建立基层医疗卫生机构多渠道补偿机制。明确以医疗收入和财政专项补助作为主要收入来源的多渠道补偿机制；明确规定将基层医疗卫生机构经常性收支差额补助基本建设、设备购置、人员经费和其承担的公共卫生服务经费等专项补助经费列入预算；明确财政专项补助收入核定方法。在编制、人员方面，核定编制，合理设置岗位；严格竞聘上岗，院长（主任）公开选聘，稳妥分流安置。在分配激励机制方面，对绩效考核进行改革，出台相关文件，推进绩效工资制度落实，科学运用考核结果。

通过改革，促进全区基本医疗保障持续扩面提标，健全城乡居民医疗保险和城镇职工医疗保险制度。城乡居民参保人数由2009年的82136人增至2012年的21.10万人，城镇职工参保由2009年的1.40万人增至2012年的3.75万人，参保率达95%以上；全区13个基层医疗卫生机构和40个村卫生室全部按要求及时启动实施国家基本药物制度；基层医疗卫生机构新的运行机制基本建立，推进以人事制度改革为核心的基层医疗卫生综合配套改革，逐步完善新的运行机制；提高公共卫生服务均等化水平，受惠面持续扩大。

附记：区红十字会

红十字会是以社区为依托，以红十字会会员和热心公益事业志愿者为主体，以社区居民、弱势群体为服务对象，开展具有红十字特色的社会服务、宣传培训、扶贫帮困、募捐救助、无偿献血等工作的群众团体。

长沙市开福区红十字会成立于2002年，业务主管单位是区卫生局，接受区社团登记管理机关的监督和管理。自2002年以来，李豪、袁剑英、何惠风等先后担任区红十字会会长。

区红十字会之下，全区13个街镇、85个社区、18个医疗单位、58个学校都成立了红十字会组织，会员5万余人。各基层红十字会都建立了红十字站工作制度、红十字志愿服务工作制度等，有固定活动室、必要的活动设施、固定的活动计划和记录，有宣传栏，有会员和志愿者，有服务内容和对象，经常开展活动。

区红十字会多次举办街道、社区宣传培训班，举办红十字进社区研讨会，召开经验交流会等。区红十字会还利用“5·8”国际红十字日进行宣传，开展“阳光照耀新农村，健康援助进农家”活动。2008年1月28日，湖南发生特大冰雪。区红十字会出动3支医疗救护队25人奔赴灾区，义诊300余人，免费送药价值3000万元、救济粮20吨、棉大衣600件。2008年5月12日，四川汶川大地震发生，区红十字会组织募捐106万元。2009年台湾台风莫拉克造成重大损失，区红会募捐13.13万元。2010年，青海玉树发生7.1级地震。区红十字会开展“心系玉树、大爱无疆”救灾募捐活动，捐款32万元。7月20日，伍家岭陡岭路发生大火，区红十字会与街道建立灾后救助工作，及时送上棉被、米、油等生活物资。区红十字会关心特困人员，开展“上百家门、识百家情、暖百家心、管百家事、解百家难”的活动。2006年资助4名特困大学生完成学业。2007年举办“送温暖、构和谐”活动。2012年开展“红红火火过大年、博爱送万家”活动，区红十会字发放慰问物质93.10万元，与省、市红十字会及其他单位捐款捐物共计375.28万元，慰问2431户7291人。

区红十字会经常开展卫生救护培训，在全区13个街镇普及现场救护知识2万人次，在32所中小学建立红十字青少年急救队，12所小学开展急救逃生模拟演练，全区卫生老师进行急救培训系列讲座，提高自救互救能力。2009年5月12日是全国首个防灾减灾日，浏阳河小学80名青少年进行卫生救护表演。区红十字会召开第四届卫生救护表演，14支代表队表演现场心脏复苏、伤员搬运等卫生救护技能。区红十字会还积极推进无偿献血工作。1998年义务献血148人次，无偿献血731人次，收取献血基金23.30万元。2000年无偿献血670人次。2004年创建博爱超市，加大无偿献血宣传力度，普及无偿献血知识和法规，招募无偿献血志愿者。2010年无偿献血1077人次，无偿献血率108%，超额完成任务。

第六节　爱国卫生运动

长沙市开福区爱国卫生运动委员会负责统一领导、统筹协调全区公共环境卫生、防病治病、病媒生物防制（除“四害”）、健康教育工作；贯彻国家和地方公共卫生和防病治病等方针、政策和措施；发动广大群众，开展除四害、讲卫生、防病治病活动；广泛进行健康教育，普及卫生知识，提高卫生素质；开展群众性卫生监督，不断改善城乡生产、生活环境的卫生质量；检查和进行卫生评价，提高人民健康水平。组织机构是由区长任爱卫会主任，分管副区长任副主任，相关单位为成员，下设办公室，设于区城管局，城管局局长任主任，分管副局长任副主任。

开福区爱国卫生运动委员会开展群众的卫生运动，经历长沙市1998年创建全国卫生城市、长沙市创建湖南省卫生城市和省级卫生城市复查，协助全区创建42家省级文明卫生单位。1996—2011年16年的农村改水改厕期间，为开福区农户改厕1万座，让群众吃上安全卫生水，防止传染病的传播。开福区爱国卫生运动委员会现有成员单位36家，职责分工明确；开福区爱国卫生运动委员会办公室是区城管局四个职能科室之一。参与拟订《开福区城乡环境卫生整洁行动（2016—2020）》五年计划。

2000年始，开福区爱卫会的主要职责由最开始的病媒生物防制、健康教育逐渐发展成病媒生物防制、城乡环境整洁、卫生创建、健康教育等多项工作。

第七节　卫生监督

2003年3月，长沙市开福区卫生监督所成立，负责全区的餐饮环节食品安全、医疗机构执业及传染病防治、公共场所和生活用水的水卫生、学校卫生、职业卫生、放射卫生等的监督工作。卫生监督所内设办公室和卫生监督一、二、三、四科，监督科室按地域划分实行综合执法，有职工16人，其中高级职称2人、中级职称6人。2012年5月，监督所从红墙巷迁至德雅路湘药巷1号办公，面积1695平方米。

2004年，区卫生监督所开展食品安全、医疗服务安全、食品卫生、公共场所、生活饮用水、医疗执业、传染病防治、职业病防治的卫生监督，发放食品卫生许可证557家，新发证386个、核证171个。同年，开展餐饮卫生、早餐食品卫生、食品生产企业卫生、夏秋季高危食品专项整治，查处超市无生产日期食品200千克，销毁不合格腊制品2500千克。“3·15”打假，销毁不合格猪头1500千克、榨菜2000千克、米粉500千克、卤菜200千克，捣毁非法加工机械设备30余件。规范医疗服务市场，取缔非法诊所6家，没收价值5000元的药械；查处超范围执业，无医师证行为执业15家，处罚1.46万元；落实医疗场所的消毒措施；打击虚假诊疗欺诈行为，查处4起假义诊之名进行贩药的非法活动。开展公共场所卫生监督，核发卫生许可证95家，重点对足浴、宾馆、旅店专项检查，督查36家旅店、20家足浴单位。

2005年，处理各类卫生案件81例，罚款18.05万元，发放卫生许可证384家，其中餐饮161个、食堂33个、零售174个、加工15个。开展食品添加剂、保健品、儿童食品、工地食堂卫生、学校食品卫生、桶装饮用水的专项检查。2006年，开展凉菜、奶粉、食用油的专项整治，重点检查熟食、糕点（月饼）、乳业、米粉、豆制品等35家食品加工单位，处理举报投诉19起。创建湘春路、潮宗街、东风路3条卫生示范街。2007年，开展重要节假日、重大活动食品安全专项整治，重点检查农家乐、美容美发、洗浴场所、化妆品、娱乐场所、酒吧等。

2011年，对辖区内二次供水进行检查，检查学校自备水单位29家、直饮水单位22家。2012年，开展早饮行业食品安全，小餐饮、农家乐、水发食品、地沟油、潲水油等的专项整治。全年发放餐饮服务许可证2340本，公共场所卫生许可证1226本。开展“七大类”[①]卫生监督，核发卫生许可证845个，取缔违法经营户148家，停业整顿67家，销毁有害食品5560千克，罚款42家，金额6.4万元。

第八节　开福区人民医院

开福区人民医院，即原长沙老年病医院，位于中山西路与黄兴北路交汇处，总建筑面积5000多平方米，是一所综合性二级医院，属于非营利性医疗机构。医院有职工108人，其中专业技术人员75人，院内设有内、外、儿、康复、理疗、痔瘘、泌尿、妇、口腔、五官、B超、心电图、放射、检验等诊疗及检查项目。开设病床121张，有B超、放射机、动态心电图、心电监护仪、全自动生化仪、血气分析仪、电解质检测仪、血象检测自动分析仪、理疗仪等检测治疗设备。

1989年，长沙老年病医院实行聘任制，由科室主任把关统一签订劳动合同。从改变人浮于事、人员老化的实际出发，医院实行内退制度，对女46岁、男53岁的人员实行内退。医院通过招商引资，建立“夕阳城”“扎老院”，加强灯具市场管理，以解决部分职工的工资问题。

1996年，医院医疗业务一再大幅度下降，面临生存危机，实行“群策群力、同舟共济、振兴医院，减负增效、竞争上岗、合理分流”的改革，女性45岁、男性50岁内退，在岗人员定目标、定任务，一部分分流到社区医疗点。

2001年，医院再次实行人员分流，先后分流16人，设7个社区医疗点。当年，医院门诊挂号9127人，住院105人，医疗总收入187.40万元，财政补助40

①“七大类”即：（一）宾馆、饭馆、旅店、招待所、咖啡馆、酒吧、茶座；（二）公共浴室、理发店、美容店；（三）影剧院、录像厅（室）、游艺厅（室）、舞厅、音乐厅；（四）体育场（馆）、游泳场（馆）；（五）展览馆、博物馆、美术馆、图书馆；（六）商场（店）、书店；（七）候诊室、候车（机、船）室、公共交通工具。公园、露天体育场不再单独颁发“公共场所卫生许可证”，公园、露天体育场区域内的独立公共场所须按规定办理相应类别的“公共场所卫生许可证”。

万元。2003年，医院提出“花重金、聘优才、添设备、严管理”的十二字方针，引进正副主任级医师数人，增添先进仪器设备如B超机、心电图、双目显微镜等；并发挥痔瘘科、前列腺专科作为特色拳头科室，开辟社区医疗新支点，作为医院发展的新出路，并抓住黄兴北路拉通的契机，将朝北正街的院大门改向拓宽后的黄兴北路，启动亮化工程，对院内外大整容。2004年，经济收入稳步增长。是年，医院医疗收入110.44万元，药品收入129.89万元，其他收入47.44万元，财政拨款71.10万元，社保返回55.33万元，总收入414.20万元，比2003年增加102万元。职工收入4.69万元，比2003年增加1.5万元。

2006年，青竹湖分院建成。同年，区人民医院完成区政府交办的救护任务62次，出动救护车226次，在新农合方面取得定点资格，并成为长沙市流浪人群定点医院之一，接受救治20人，实现“五保户”、低保人群、精神药品发放、精神病人体检四定点。全年总收入目标（毛利）900万元，完成966.65万元，增幅7.41%。2007年，逐步接手计免、传染病防治、慢病管理、妇幼计生、康复保健等工作，接种免费百白破二联280人，流脑疫苗450人，流感疫苗270人次。同年，区人民医院与湘雅医院、省人民医院、市中心医院、市一医院等几家医院签订双向转诊协议，与辖区内居委会签订社区康复协议书，承接区政法委、城管、劳动、出版社、家政保姆等部门的体检业务。

2008年，医院经济创收受挫。医保部门停止定点资格，原定目标1200万元，只完成887.7万元，入院病人数量逐月下降，门诊收入比上年同期下降57%，住院收入下降63.60%，药品收入下降57.71%。随后，医院争取到区新型农村合作医疗定点资格，提高参合对象住院率。

2010年4月，医院接管通泰街和望麓园两个街道社区卫生服务中心，启动医院承办卫生服务中心工作，业务收入387.89万元，比上年增长16.40%。2011年6月20日，医院启动实施基本药物制度工作，保障居民公平享有安全、有效、必需、廉价的基本药物，保证居民基本用药和合理用药。

2012年，医院业务大幅提升，每天住院病人达70人左右，承担体检业务量增加。全年总收入1688.17万元，比上年同期增长48.14%。当年，医院进一步开展人事制度改革，并将128名退休职工安排到10个社区卫生服务中心和3个乡镇卫生院。

第二章 计划生育

第一节 机 构

一、区级机构

1989年，长沙市北区计划生育管理机构为北区计划生育委员会（以下简称计生委），1996年更名长沙市开福区计生委，设主任、副主任。2002年7月更名为长沙市开福区计划生育局，并核定人员编制和机构职能，设局长、副局长。2006年，更名为长沙市开福区人口与计划生育局。2011年，开福区人口和计划生育局明确为区人民政府工作部门，内设办公室、政策法规科、统计和流管科、宣传教育科技科四个职能科室，机关行政编制10名，其中局长1名，副局长3名。1989—2012年，先后担任区计生委主任和区计划生育局、区人口与计划生育局局长的有何小兰、王冬元、邹志腾、杨艳、陈殷。

开福区人口和计划生育局下设区计划生育药具管理站和开福区计划生育协会。

二、街（镇）局计划生育机构

2001年，根据省编委等《关于规范乡镇计划生育机构编制人员管理的通知》精神，开福区在每个街道配备3～5名计划生育人员，其中卫生技术人员1～2名；每个镇（局）配备3～6名，其中卫生技术人员2～4名。同时规定，各镇（街、局）计生办配备行政编制1名，两镇一局设置的计生服务所予以保留，其人员编制按3～5名的标准配备；驻区单位千人以下的指定兼职人员负责计划生育工作；千人以上的单位设计划生育办公室，配备专职干部1～3人，车间、门店设计生育宣传员，由工会女工委员或工会小组长兼任，居委会由妇女主任兼管。

第二节　计划生育宣传与培训

一、计生宣传

1991 年是全国第三次人口出生高峰期，长沙市北区开展全区计划生育宣传月活动。全区参与宣传 14622 人次，出动宣传车 129 台，设立宣传站、咨询点 298 个，印发各种资料 2.91 万份，制定固定标语 1735 幅。1993 年 9 月，开展计划生育宣传月活动，宣传省委、省政府规定的计划生育“三三金桥工程”[①]内容，坚持“三加强”，开展“三结合”，实现“三为主”。1996 年，全区订阅各种计划生育报刊 3000 余份，做固定宣传标牌 1242 块，永久性横幅 55 条，出黑板报 1603 块期，橱窗 1303 个，42 所计生学校，培训 74489 人次，出动宣传车 51 台次，上门宣传 15.64 万人次，市以上发表稿件 43 篇。1997 年，制作图文并茂的宣传版报 100 余块，印发宣传资料 18 万多份（册），流动人口管理通告 10 万册。1998 年 9 月，发布《关于在全区认真开展计划生育宣传周活动的意见》。2002 年 2 月 25 日，全区在华夏市场、捞刀河镇、新港镇的大塘基开展庆祝颁布《中华人民共和国人口与计划生育法》百米长卷万人签名活动，出动 15 台宣传彩车，送 10 万册宣传书，宣传入户 8 万份，为外来人员送慰问信 3 万份，慰问计生特困家庭 900 多户。8 月 6 日，制订关于“十五”期间广泛深入开展婚育新风进万家活动计划。

2007 年，开福区在伍家岭广场设立计生婚孕文化广场，开展小巷婚孕文化，关爱女孩、综合改革论坛宣传活动。2009 年，组织服务育龄群众“百日行”活动，突出落实避孕节育措施，计划生育法律责任和流动人口管理服务措施三个重点；制作宣传牌 257 块，出宣传栏 136 期，宣传标语横幅 750 条（幅），贴计生春联 2000 幅、挂计生灯笼 1000 个；开展入户宣传品制作竞赛，区、街道、镇和村、社区及单位都制作计划生育入户宣传品共 5000 余份；开展集中宣传，上街宣传 14 场次，5000 余人参加，文艺宣传 17 场次，参加人员近 7000 人，座谈宣传 116 场次，510 人参加。

2010 年，组织“万幅春联进农家”活动，开展计生入户宣传品制作竞赛，开展“9·25”纪念活动[②]，上街宣传、座谈宣传等活动 1210 场次；组织“公开信”发表 30 周年纪念活动，评选十佳计生工作者和计生十佳共产党员（团员）宣传活动。“7·11”世界人口日，全区 123 个社区分别出一条喷绘标语，共举办大型宣传活动 16 场，发放宣传品 2 万份，避孕药具 400 多盒，为群众义诊 400 人次，上万人参加了活动。2011 年，发布各类信息 80 余条，元旦、春节和“5·29”[③]“7·11”主题宣传工作中，开展活动 100 场次，发放宣传资料 2 万余份，3 万余人参加。

二、计生培训

1993 年 3 月，对区、街两级计生干部进行 4 天的培训。6 月 3 日，对街道、居委会驻区各单位计划生育专（兼干）进行 3 天培训。1994 年 1 月至 11 月，利用计划生育学校对育龄青年进行提高人口素质，普及优生优育知识培训，1924 名青年参加学习。全区选送 11 名单位专干参加市计生委安排的 25 天专业知识学习班。1995 年，举办育龄青年学习班 12 期，2000 人参加学习，学习《计划生育纲要》和省政府 35 号令。1997 年，开福区以区、街 9 所计生学校为阵地，开展人口与计划生育基础知识教育，办各类学习班 500 多期，受教育人数 4 万多人。2002 年，对分管领导、计生干部、计划生育技术服务人员进行培训，之后，按照国家、省、市计生要求，对从事人口与计划生育工作的党政领导、计生干部、村（居）民委员会干部、技术人员、育龄妇女小组长、协会会员和志愿者，进行《中华人民共和国人口与计划生育法》、相关法律法规的教育培训，由区培训街镇、街镇负责培训到村（社区）和单位。2004 年 2 月 23 日至 3 月 5 日，举办全区计生干部业务知识培训班，全区街、镇（局）计生办、社区、村、场和驻区单位计生专干近 200 人参加培训。

---

① “三三金桥工程”即坚持“三加强”：加强基层基础工作，加强人口计划管理，加强法制管理；推行“三结合”：计划生育工作与发展经济相结合、与引导农民勤劳致富相结合、与建设文明幸福家庭相结合；实现“三为主”：宣传教育为主、避孕为主、经常工作为主，在计划生育工作中，架起密切党群、干群关系，建设社会主义新农村的“金色桥梁”。

② “9·25”纪念活动即《中共中央关于控制我国人口增长致全体党员、共青团员的公开信》（简称“9·25”公开信）纪念日活动。

③ “5·29”即计生协会会员活动日。

表 21-12

1989—2012 年长沙市开福区（北区）人口和计划生育工作情况表

指标 / 年度	出生人口（人）	出生率（‰）	自然增长率（‰）	符合政策生育率 %	出生性别比（女孩=100）	出生婴儿缺陷发生率（%）	统计信息准确率（%）	属地管理到位率（%）	群众满意率（%）	综合治理到位率（%）	参与率（%）	优惠政策落实到位率（%）	社会抚养费征收到位率（%）	育龄妇女计生知识普及率 (%)
1989	2221	10.02	4.50	99.80	—	—	—	—	—	—	—	—	89.00	—
1990	1749	9.80	4.30	99.80	—	—	—	—	—	—	—	—	90.00	—
1991	1564	9.81	4.10	99.70	—	—	—	—	—	—	—	—	92.00	—
1992	1388	9.30	4.20	99.90	—	—	—	—	—	—	—	—	88.00	—
1993	1428	9.60	4.30	99.50	—	—	—	—	—	—	—	—	76.00	—
1994	2338	9.50	4.95	99.70	—	—	—	—	—	—	—	—	95.00	—
1995	1929	9.70	4.00	99.90	—	—	—	—	—	—	—	—	94.00	—
1996	3392	9.00	3.70	99.90	—	—	—	—	—	—	—	—	97.00	—
1997	2935	8.90	3.80	99.50	—	—	—	—	—	—	—	—	88.00	—
1998	3170	8.00	3.90	99.70	—	—	—	—	—	—	—	—	90.00	—
1999	3094	7.80	3.75	99.90	—	—	—	—	—	—	—	—	85.00	—
2000	3204	8.29	3.26	99.75	117.60	0.30	98.20	95.20	84.23	92.30	77.20	85.00	72.00	77.10
2001	3080	8.35	3.59	99.61	105.26	0.25	98.60	95.30	85.10	93.20	77.50	85.00	73.00	77.20
2002	3078	7.73	3.73	98.89	115.25	0.30	98.60	96.20	86.40	93.10	78.10	85.00	70.00	77.20
2003	2868	7.43	3.86	99.24	115.72	0.26	98.80	96.80	87.20	94.50	79.20	91.20	96.00	78.20
2004	3139	8.36	3.83	99.36	108.95	0.27	99.20	97.20	87.70	95.20	82.30	95.50	95.00	82.10
2005	3332	8.60	3.61	99.41	108.88	0.26	99.30	98.20	88.10	96.10	84.20	100.00	83.57	83.20
2006	3199	8.10	3.70	99.48	105.30	0.51	99.20	98.80	91.50	97.20	87.50	100.00	93.00	86.80
2007	3706	9.20	4.90	99.58	107.60	1.10	99.50	99.54	92.80	99.21	87.80	100.00	97.89	87.10
2008	3779	7.64	3.94	99.56	107.68	0.26	99.02	99.20	92.50	97.20	88.20	100.00	86.20	90.20
2009	3735	7.36	3.79	99.46	104.20	0.53	99.33	99.21	92.60	98.40	88.20	100.00	89.20	90.60
2010	4132	8.56	4.42	99.51	104.88	0.21	99.42	99.26	92.80	98.50	88.40	100.00	91.20	95.20
2011	4592	9.59	4.89	98.87	104.06	0.36	98.79	99.41	91.70	98.60	89.10	100.00	75.60	94.80
2012	5067	10.56	4.46	98.90	106.02	0.29	99.30	99.56	92.50	98.60	89.50	100.00	77.80	95.40

2005年，分期分批对全区50多名计生干部进行10天封闭式的培训；选送计生干部参加国家、省、市学习培训；编印系列《计生工作指南》。2008年，组织全区计生干部学习理论知识、法律法规、业务知识，有40名计生干部取得市政府颁发的行政执法证。是年还组织500多名计生干部进行为期1个月的集中培训，80名计生干部参加省、市组织的培训。2009年，举办各类培训班260期，培训1万余人。2010年3月，用9天时间分三批集中区、街、镇、村（社区），驻区单位四个级别计生工作的主管领导和工作人员460余人，举办人口计生专业学习培训。2012年2月2日至18日，分三期对全区486名计生干部进行培训。至2012年，选派干部参加国家、省、市举办的业务培训近70场，3700人次。

第三节　计划生育管理与服务

一、计生管理

1989—2012年，长沙市开福区（北区）的计划生育经历了严格控制人口增长阶段（20世纪70年代至1995年）；稳定低生育水平阶段（1996年至2006年）；稳定低生育水平，统筹解决人口问题促进人口全面发展阶段（2006年以来），形成一套较完整的措施。

目标管理　1990年，全区实行党政一把手负总责制，层层由党政一把手签订人口目标责任书；把人口计划完成情况纳入考核街道、单位党政领导政绩的主要内容。

制度管理　1989年，北区根据上级有关规定，实行条条负责、块块领导，辖区范围内单位（含门店）均应遵守本区有关规定。对驻区、区属单位作出健全办事机构、配齐计生专干的规定，即1000人以上的单位成立计划生育办公室，500人以上的单位配专干1名，500人以下单位配兼干1名；计生专干必须保证有一半以上时间从事计生工作，由街道进行目标考核。党员、团员、干部、职工违反计划生育，除受经济处罚外，还要给予组织或行政处分。要求工商行政管理局加强对全区个体户计划生育的管理，对“纯居民户”“空挂户”“半边户”以及征地转户人员和其他农村外地人城劳务活动人员，由各街道办事处、派出所、居委会协调配合，齐抓共管。

1989年，长沙市北区开始推行发放准生证工作并实行独生子女政策。1999年，实行规范化管理，办事公开，即规范信访接待处理、规范生育证审批和发放工作、规范性文件逐级审查上报、提高办事的透明度。

依法管理　1989年，长沙市北区政府规定，将计划生育工作纳入实行经济承包责任制的单位（含门店）承包管理内容。

2007年12月，开福区制定《长沙市开福区社会抚养费征收实施办法》。2010年，发布《开福区查处“两非”①典型案件奖励办法》。

日常管理　1999年，区计生委成立常年调查队，每月下基层检查督促，排名通报，发现纠正存在的问题。对各街道、乡、镇（局）和驻区各单位分类制定不同的考核标准，提出不同的工作要求，纳入不同类的检查评比，根据不同类别单位的工作情况，实施不同的管理措施。实行分线管理，分区分部门线、基础管理线和财务行政执法线进行单线检查评比。实行分级落实，重心放在“村为主”的落实上，使村（居）委会“单位管理服务到人”，落到实处，使基层干部思路清晰，目标明确，加强对计划生育的日常管理。

属地管理　2002年3月，发布《开福区人口与计划生育工作综合改革方案》，改革现行的条块结合的管理机制，建立“属地管理，单位负责，居（村）民自治，社区服务”的属地管理机制。在坚持“三不变”②的前提下，改革以户籍人口为主的计划生育模式，全部按现居住地的归属进行管理。将计划生育的管理落实在社区，使优生优育，避孕节育，生殖保健等服务融入到社区医疗卫生之中，使流动人口计划生育管理

①“两非”即非医学鉴定胎儿性别和选择性别终止妊娠。

②“三不变”即坚持各级党政一把手亲自抓、负总责的制度不会变；坚持现行计划生育政策不会变，保持政策的稳定性和连续性；坚持既定的人口控制目标不会变。

融入到社区综合治理服务之中。

2009年3月，开福区发布《计划生育“三级联创四到基层”工作实施方案》，决定在全区开展创建全省计划生育优质服务先进单位，市计划生育优质服务红旗单位；街、镇创建长沙市计划生育模范单位；社区（村）创建计划生育优质服务模范（先进、合格）工作，实现责任到基层，投入到基层、指导到基层、考核到基层（称“三级联创四到基层”）。建立党政领导、部门配合、群众参与、职责联动创建机制。

二、计生服务

1992年10月，长沙市北区耗资40多万元，建成一座计生“三优”[①]服务站。“三优”服务站办公楼使用面积580平方米，集计生管理、技术服务、宣传教育于一体，设B超室、妇检室、节育手术室、休息室、咨询室、药具室和计划生育学校，有8名医务人员。为全区15～49岁育龄妇女进行计生体检服务，至1993年6月底，检查24532名妇女，占应检查人口的55.10%。1994年，全区培训药具管理人员550人，发放上岗证598人，组织1000多名干部上门走访育龄妇女4万多户，征求意见，进行慰问。

1997年5月，“三优”服务站与开福区妇幼保健所合并成立开福区计生服务站，实行“两块牌子、一套人马”，成立计划生育技术领导小组。根据服务对象开展生殖保健全程服务和避孕节育服务门诊，对育龄妇女进行孕情检查和产前检查，对产妇进行产后保健检查和避孕节育知识的宣传指导，开设专门门诊，为群众提供计生服务。7月，发布《开福区计划生育优质服务试点工作方案》，对育龄群众开展“生产、生活、生育”的全面服务。

1999年6月，开福区发布《计划生育优质服务实施计划》，基本实现“村为主”“单位、居委会管理服务到人”，杜绝严重违法行政事件。区服务站、乡服务站、城区街道社区服务协作体开展计生服务。北站路、新河街道组织已婚育龄妇女进行乳透等妇科疾病检查9500余人，查出病例760余人。望麓园、伍家岭等街道发优质服务联系卡2万余张，热线电话服务1万余人次。

2003年，进一步规范计生技术服务工作。2005年，全区132个社区、村均设立计生服务站；配备生殖健康宣传展板，光盘避孕药具免费发放柜区，规范《已婚育龄妇女生殖健康档册》。在全省率先开展“中国人口早期教育示范区”试点，为育龄群众进行生殖健康检查3万人次，免费发放生殖健康科普资料10万余份，为有生殖疾病者治疗1000人次。

2007年，共7.50万名育龄妇女做B超检查和妇科病检查。2008年，全年免费做优生检查2200人，出生缺陷干预31人，开展生殖健康普查3万人，免费治疗3000余人。2009年上半年，全区投入五项奖金共167.23万元，一免一干预2668人，32.16万元，免费开展妇科病普查普治8845人，38万元。捞刀河镇1984年以来，为纯女户购买养老保险1379户54.10万元。2010年，全区生殖健康普查481567人次，普查率90.20%。区计划生育服务站成为全省四优一满意服务站，区药具站成为全省模范药具站。

2011年，开福区启动以关怀困难计划生育家庭和关怀育龄群众、独生子女、女孩、基层计划生育工作者为主要内容的“生育关怀行动”，独生子女保健费奖励15903人162.09万元，城市低保奖励扶助285人16.58万元，独生子女伤残死亡扶助529人63.48万元，再弃再生69户7.40万元。全区优生检测3054人，病残儿鉴定16例。全区免费生殖健康检查20086人，优生遗传检测2680人，出生缺陷干预20人，病残儿鉴定11例。2012年，出生缺陷干预免费孕前优生健康检查7631人，生殖感染普查85598人，药具服务4380人，城镇独生子女父母奖励334.88万元。

三、流动人口计划生育管理

1991年，遵照中共长沙市委、市政府《关于流动人口计划生育清理工作安排意见》，在全区清查流动人口12635人，按规定进行计划生育管理。

1992年1月，北区发布《关于流动人口计划生育管理通告》，规定进入本城区流动人口的计划生育管理，由户籍地和本区人民政府共同负责。区计生委、

① “三优”即作风优、服务优、质量优。

公安、综合治理办、工商行政管理、房管处和街道办事处密切配合，共同搞好流动人口计划生育。是年，全区组织4次大清查活动，清查流动人口1.6万多人，其中500多人补办流动人口计划生育管理证。1993年，建立流动人口档案，加强计生管理。

1995年6月，召开全区流动人口计划生育综合治理大会。6月10日至7月2日，对全区流动人口计划生育情况进行大清理，把流动人口计生工作纳入常住人口管理。1996年，提出关于加强流动人口计生工作管理的意见，建立流动人口计划生育管理组织机构网络，建立市场计划生育协会组织。公安上户口、工商安排市场经营摊位，均结合计划生育情况办理。1999年3月，在贯彻落实国家计生委颁发的《流动人口计划生育工作管理办法》时，建立公安、工商、卫生、民政、劳动、建设、城管、计生等部门每季度一次联席会议制度，研究解决综合治理过程中存在的困难和问题。

2005年，开福区把流动人口计划生育管理服务视同市民同管理、同享受、同待遇，建立以属地管理为主，以综合治理为核心的流动人口计生机制。完善"一站式"管理服务，落实流动人口免费享受计划生育服务，子女就业入学等优惠政策，促使外来人口和常住人口之间形成平等友爱、融洽和谐的人际环境。

2009年4月始，在全区镇、街、村、社区开展流动人口计划生育省内"一盘棋"试点工作，成立试点工作协调领导小组，廖建华任组长，袁剑英任副组长。各乡镇（街道）成立"一盘棋"试点工作相关的机构，区、乡镇（街道）、村、（社区）三级配优配强信息技术服务人员，全区建立一支信息员队伍。从4月27日开始，各单位按照统一要求开展信息采集。7月30日，完成"一盘棋"的信息采集和录入工作，采集录入17.20万户，户籍全员信息45万条，流入人口全员信息8.20万条，流入人口育龄妇女信息3.20万条，提交电子孕检信息1.65万条，2.30万条信息已经与户籍地联系，基本实现信息协同与互动。为配合流动人口计划生育省内"一盘棋"工作，全区举办各类培训班260期，培训1万余人；制作宣传牌（栏）1143条（期）；开展入户宣传品制作竞赛，发放春联灯笼等入户宣传品5万余份；开展上街、文艺、座谈等集中宣传137场次；开展流动人口清理行动，共清查流动人口4.2万余人次。信息采集录入率99.86%，信息提交率100%，孕检率85.90%，办证率100%，长效措施落实率71.50%，节育措施落实率98%以上，孕检到位率98%以上。2010年10月底，全区共补采人口信息9.80万条，删除重复人口信息6.30万条，完成纠错9.6万条，补填身份证空项2.20万条，补采、补录流动人口信息2.10万条，处理流入地提交信息1021条，反馈及时率99.25%，处理流出地提交信息6854条，反馈及时率98.01%。全区人员信息入库率99%以上，信息准确率95%以上，信息运用率95%以上，信息处理及时率98%以上。依托流动人口"一盘棋"监管平台、乡镇智能客户端软件和全国流动人口管理系统，对全区89762流动人口实现科学化、无缝化管理。2011年，落实开福区创建"流动人口计划生育基本公共服务均等化示范区"实施方案。全区落实流入已婚育龄妇女妇科病检查、B超检查、避孕节育等7.20万例，流动人口专项资金经费93.81万元，免费技术服务经费3.24万元。2012年，全区常住人口48万人，流动人口14.50万人，出生人口4478人，出生率9.33‰，自然增长率4.87‰，符合政策生育率99.13%，统计表准确率98.50%。

1989—2012年，全区计划生育工作被评为长沙市人口和计划生育工作红旗单位；1989—1998、2000—2012年，被评为全省人口和计划生育工作模范单位；2004年，被评为全省计划生育先进药具站；2004—2012年获全国人口和计划生育优质服务先进区称号；2006年，获全国早期教育暨独生子女培养示范区称号；2009年，获全省"四优一满意"计划生育服务站称号和全国人口和计划生育军民共建示范区；2009—2012年，被评为全省先进计划生育协会；2010年，被评为全省人口计生信息化建设先进单位；2010—2012年，被评为全国先进计划生育协会；2011年，评为全省"十一五"期间人口和计划生育工作先进集体、全省阳光计生行动示范单位、全省婚育新风进万家活动示范区；2012年，获得全国阳光计生行动示范区称号。

附记：区计划生育协会

1984年，成立北区计划生育协会（以下简称区计生协会）。至2009年，经历四届，历任名誉会长龙纪初、谢树林、张迎春，历任会长彭菊琼、陈迟怡、朱德文、李正元。区计生协会理事会理事、常务理事及会长、副会长，每届任期五年，同一职务连任不超过两届。常务副会长为本会的法定代表人。

区计生协会在全区各街道、乡镇和行业及企事业单位建立协会，街（镇）13个、村（居）123个、行业3个、企事业单位261个，会员31128人。

开福区计生协会是在中共开福区委的领导下，协助政府动员广大群众自觉实行计划生育，促进人口与经济、社会、资源、环境协调发展和可持续发展，不以营利为目的全区性群众团体。协会的业务主管单位是开福区人口与计划生育局，接受开福区社团登记管理机关的监督和管理。

开福区计生协会的主要任务是：协助政府落实计划生育政策法规和全区人口与计划生育工作方案；依法维护群众在计划生育和生殖健康方面的合法权利，促进男女平等；向群众提供生殖健康的信息和服务，提高育龄群众知情选择避孕措施的能力；发动会员在控制人口数量，提高人口素质，改善人口结构，稳定低工生育水平，促进优生优育优教中起带头作用；宣传计划生育方针、政策和法律、法规，宣传人口科学理论、弘扬先进的人口生育文化，普及计划生育和性与生殖健康等知识；协调社会力量，为群众提供生育、生产、生活服务，积极发展社会保障事业，建立有利于计划生育的社会保险制度，帮助群众解决实行计划生育的实际困难和后顾之忧。

开福区计生协会的主要业务与活动：每年5月29日协会活动日、7月11日世界人口日、10月28日男性健康日、12月1日艾滋病预防日，组织会员开展宣传教育，走访慰问，药具技术服务，生育健康保险等。2003年5月，举办宣传服务、扶贫帮困等活动146场，其中文艺宣传42场、演讲座谈培训70场、大型扶帮活动16场、上门宣传服务2万人次，参加活动人员达94000人次，其中协会组织704个，占会员组织95%以上。2010年5月28日，由省、市计生协会，市计生委主办，中共开福区委、区人民政府承办的庆祝中国计生协会成立30周年纪念活动，在开福区湘江风光带滨江剧场举行，活动分为启动仪式、文艺表演、宣传咨询和协会成果展四个部分。活动期间，向20户计生困难户发放救助金，开福区计生协会“十佳会长”“十佳会员”向全省基层计生协会发出《贯彻落实〈规划纲要〉深入开展“两为两争”的倡议书》，举办大型宣传活动16场，展出宣传画板百余块，发放各种宣传品2万余份、避孕药具4000多盒，为群众义诊400人次，救助女孩家庭50多户。

2010—2012年，区计生协会获得全国、全省先进计生协会称号，望麓园街道计生协会于2010年获全国先进计生协会称号。

第三章 体 育

第一节 机 构

1989年，长沙市北区政府设立体育运动委员会（以下简称区体委），设主任、副主任。1995年，区体委与区文化局合并为区文化体育局（以下简称区文体局），设局长、副局长。1996年更名为长沙市开福区文化体育局。2012年，调整为长沙市开福区文化体育新闻出版局（以下简称区文体新局）。自1989年以来，先后担任北区体委主任、北区文体局局长和开福区文体局、文体新局局长的有罗建南、魏华生、段玉柱、游宇红、张曼平、黎琴、王辉君，先后担任局党委书记的有张曼平、胡爱群、张立中、张晓阳。

开福区文体新局是全区体育工作的领导和管理机构，负责拟定全区体育事业的发展办法并指导实施；组织区内各项体育赛事，组团参加省、市运动会及各单项体育比赛。

区体育总会是全区的体育社团组织，成立于1990年10月，1996年更名长沙市开福区体育总会，委员116人，是区体育行政部门联系社会体育工作者、爱好者的桥梁和纽带。开福区体育总会建立了篮球、乒乓球等十个单项协会和区、街、社区体育活动三级网络体系，会员3600余人，遍布全区90余个社区。

区老年人体育协会成立于1983年，有13个街镇老年体协分会，93个社区和30个村均成立老年体协组织，在参加省、市历届老年人运动会中，多次获得优秀成绩和被评为省、市先进单位。

区体育学校创办于1958年，原为长沙市北区少儿业余体校，今为开福区体育学校，编制4人。1989—1995年，北区业余体校在松桂园少年之家，与区幼儿园、招生办一起办公。1996年更名为长沙市开福区体育学校，迁至东风小学内。2003年迁至黑石渡中学，2006年迁至湘春路408号，2011年迁至三一大道258号（原十八中）今四方坪二小校园内。区体校担负对全区学校体育工作的管理，组织全区的学校体育各类比赛，对全区各校参加市赛的赛前训练指导，会同少年宫对区内学校体育苗子进行培训输送工作。1996—2012年，区体校向市重点中学及体育专业院校累计输送各类体育人才117人。区体校先后荣获全国青少年NBA篮球挑战赛（长沙赛区）优秀组织奖、全国第四届亿万学生阳光体育活动启动仪式暨长沙市阳光体育展示活动优秀组织奖、长沙市全民健身先进单位、市群体工作先进单位、市“奇奇运动会”优秀组织奖、市首届全民健身节“全能小子”总决赛优秀组织奖。

第二节 群众体育

1991年3月至8月，长沙市北区举行第二届运动会，比赛项目设有篮球、排球、足球、乒乓球、羽毛球、门球、田径、游泳等。

1994年1月至2月，区体育总会成立龙狮队。春节期间，4支龙狮队到各街道、各社区慰问表演20余场次。1994年6月，北区组成体育代表队，参加长沙市第三届运动会，获金牌47块，银、铜奖牌96块，团体总分712分，获全市三个第一的优异成绩。

1996年，开福区举办首届全民健身“三评优”活动，从街道社区中评出80余名最佳领导、40个先进单位、100名先进个人。

1997年4月至8月，举行全区迎香港回归、庆十五大系列群众体育活动。6月举行大型群众健身项目表演展示会，7月份举行千人环湖长跑比赛和“沙建杯”篮球赛，8月举办乒乓球、门球、象棋、围棋单项比赛和老年健身操展示活动。同年，开福区文体局获全国全民健身宣传周优秀组织奖。

1998年3月至10月，开福区体育代表队参加长沙市第四届运动会，获得金牌64枚，奖牌159枚，总分1413分，获得全市三个第一。6月，由湖南省体委、开福区文体局、开福区体育总会联合举办省第二届全民健身节开幕式暨开福区全民健身展示大会。中心会场设在烈士公园，10个分会场由街道、乡镇场开展10个大众体育展示项目活动。同年，开福区文体局第二次获得全国全民健身宣传周优秀奖，上大垅街道办事处获得全国体育先进社区称号。

1999年5月，开福区举办区第三届全民健身节，主要有划船比赛、老年健身操展演、中国象棋、围棋比赛等项目。

2000年5月，开福区承办全国城区群众体育工作研讨会，全国28个省份近200名代表出席参加。举办观摩活动，观看开福区烈士公园万人展练、清水塘街道社区运动会、上大垅首届社区大众体育运动会。同年，开福区文体局第四次荣获全国全民健身宣传周优秀奖。

2001年6月10日，开福区第六届全民健身展示会在市青少年宫举行，有10支街道、社区代表队参加展演，项目有中老年健身操、太极拳表演、体操表演等。10月，开福区组织体育代表团参加长沙市第五届运动会，获得41块金牌，团体总分834.8分，排名第三。同时，还组团参加长沙市老年运动会，参加全部8个项目的比赛。

2003年5月至2004年10月，开福区组织全民健身周展示系列活动，举办捞刀河龙舟赛、烈士公园健身展演。全区举办大、小规模健身活动比赛97次，开设健身讲座18场，印制宣传资料5000份，投入专项经费40余万元，直接参加健身活动达5.5万人次。

2004年6月，开福区举办第九届全民健身宣传月活动，举行庆祝开福区老年体协成立10周年庆典、全区象棋比赛、全区少年儿童呼啦圈大奖赛、全区腰鼓队表演展会等系列活动。

2005年6月25日，开福区在长沙市一中体育馆举行纪念《全民健身计划纲要》颁布10周年庆典暨全民健身周启动仪式，有百人威风锣鼓表演、百名小学生广播体操表演、百人木兰双扇表演，还有健身球、太极拳、健身舞、花棒、功夫扇等表演。

2006年8月，开福区举办"佳得乐"杯首届社区男子篮球开福赛区赛，历时近10天，展览馆路社区代表队、浏河村社区代表队分别获第一、二名，马栏山和科大佳园社区代表队获并列第三名。

2007年，开福区举办"迎奥运五环开福行"系列活动。4月25日至30日组织全区"迎奥运五环开福行"暨机关干部登山、乒乓球、羽毛球比赛。5月29日，组队参加市太极拳、健身球比赛，分别获得第一、二名。6月24日，开福区组织一支500人队伍参加市全民健身活动日展示活动，被评为最佳组织单位和最佳表演队。7月3日至19日，全区组织600名社会体育指导员进行培训。10月份举办迎奥运开福区球类运动会。

2008年10月至11月，开福区代表队参加湖南省第三届大众体育运动会，主要参加健身项目和围棋两项，获5.99万元奖励。

2009年4月28日，开福区组织一支500人队伍参加长沙市全民健身日宣传展示活动。8月下旬至9月中旬，区文体局、区体育总会组织区体育代表团参加长沙市第七届运动会，取得47金、20银、17铜的优秀成绩。同年，开福区组织队伍参加市庆祝建国60周年"千人演奏、万人拔河"大型活动。

2010年10月，开福区参加湖南省第10届运动会，羽毛球代表队取得8块金牌，全省排名第二。同年，由政府购买服务，区文体局组织区内7家游泳场馆，暑假期间，免费向中小学生开放45天，后每年如是。

2012年6月24日至25日，开福区龙舟协会在浏阳河举行"千龙湖龙舟赛"开福选拔赛，捞刀河队获第一名，马厂队获第二名；开福区"阳光杯"少儿围棋定段、定级赛在阳光围棋俱乐部举行。7月2日至6日，开福大众体育运动会篮球赛，由文体局举办，为期5天，区直机关代表队获冠军，清水塘队获亚军。7月18日，开福区"非凡"杯羽毛球赛，在市一中体育馆举行，通泰街队获冠军，四方坪队获亚军。

表21-13　　2012年长沙市开福区街道、镇群众体育设施场地情况表　　单位：个

街道、镇	场地设施项目	数量	街道、镇	场地设施项目	数量
芙蓉北路街道	健身场（路径）	10	清水塘街道	健身场（路径）	10
	篮球场	7		篮球场	6
	乒乓球室	7		乒乓球室	5
	足球场	1		足球场	2
	游泳馆（池）	1		游泳馆（池）	2
	网球、羽毛球场	2		网球、羽毛球场	1

续表 21-13

街道、镇	场地设施项目	数量
四方坪街道	健身场（路径）	20
	篮球场	7
	乒乓球室	7
	足球场	1
	游泳馆（池）	1
	网球、羽毛球场	3
湘雅路街道	健身场（路径）	17
	篮球场	7
	乒乓球室	2
	足球场	
	游泳馆（池）	
	网球、羽毛球场	1
	门球场	2
新河街道	健身场（路径）	18
	篮球场	4
	乒乓球室	4
	足球场	—
	游泳馆（池）	1
	网球、羽毛球场	1
	门球场	1
洪山街道	健身场（路径）	13
	篮球场	6
	乒乓球室	5
	游泳馆（池）	2
	网球、羽毛球场	3
	田径场、溜冰场	1
新港镇	健身场（路径）	9
	篮球场	7
	乒乓球室	2
	足球场	—
	游泳馆（池）	1
	网球、羽毛球场	2
	高尔夫球场	1
捞刀河镇	健身场（路径）	4
	篮球场	12
	乒乓球室	12
	足球、田径场	9
	掷地球、门球场	2
	网球、羽毛球场	9
东风路街道	健身场（路径）	17
	篮球场	8
	乒乓球室	4
	足球场	—
	游泳馆（池）	—
	网球、羽毛球场	1
望麓园街道	健身场（路径）	26
	篮球场	7
	乒乓球室	5
	足球场	—
	游泳馆（池）	—
	网球、羽毛球场	2
	门球场	1
通泰街街道	健身场（路径）	6
	篮球场	2
	乒乓球室	2
	足球场	—
	游泳馆（池）	—
	网球、羽毛球场	—
	门球场	—
伍家岭街道	健身场（路径）	22
	篮球场	5
	乒乓球室	6
	足球场	2
	游泳馆（池）	2
	网球、羽毛球场	3
青竹湖镇	健身场（路径）	8
	篮球场	5
	乒乓球室	3
	足球场	1
	游泳馆（池）	—
	网球、羽毛球场	3
	高尔夫球场	1

第三节 学校体育

一、师资力量与基础设施

开福区有中小学校55所，配置在岗体育教师104名。体育教师均接受体育教学培训，并取得体育培训合格证书。

1989—2012年，全区学校体育教学基础设施已建成标准篮球场58个，室内体育活动室24个，体育训练馆6个，200米以上跑道32条（其中塑胶跑道26条）。全区有国家级裁判员8名，一级裁判员96人，一级教练员110人。

二、体育达标锻炼

在学校体育教学中，全区中小学实施《国家体育锻炼标准》，推动体育锻炼达标活动，推广面100%。1989—2012年，区教育局、区体委配合市教委、市体委，四次对全区中小学体育达标进行验收、评估，多次被评为市达标先进单位。

表21-14　　1994—2012年长沙市开福区（北区）体育达标情况表

年份	及格率（%）	良好率（%）	优秀率（%）	年份	及格率（%）	良好率（%）	优秀率（%）
1994年小学生	96.6	37.7	21	1996年小学生	97.5	39.8	21.8
2002年小学生	96	30.1	45.6	2012年小学生	98.8	32.5	24.5
2002年中学生	95.8	37.6	23.4	2012年中学生	96.7	45.5	36.2

第四节 体育竞赛

全区各中小学通过参加区、市历届运动会以及省级、国家级单位体育比赛，在提高学生的体质、体能的同时，提高参赛选举的竞技水平。近20年来，先后4人次破区纪录，11人次破市纪录，4人次达少年运动员标准，10人次达三级运动员标准，2人次达二级运动员标准。

一、区级春季长跑单项比赛

2003年，开福区第七届小学生春季长跑赛，洪山局、新竹小学、清水塘小学获团体总分前三名。2004年，开福区第八届小学生春季长跑赛，中岭小学、三角塘小学、一师二附小获团体总分前三名。2008年，开福区“迎奥运”小学生春季长跑赛，新竹小学、四方坪小学、浏阳河小学获团体总分前三名。2009年，开福区第十三届小学生春季长跑赛，新竹小学、育德小学、四方坪小学获团体总分前三名。

表21-15　　2000—2012年长沙市开福区区辖学校田径运动会团体排名情况表

年份	举办地点	分区团体总分前三名学校
2000	七中	黑石渡小学、新竹小学、综合农场小学
2002	七中	新竹小学、洪山小学、一师二附小
2003	七中	城区学校：三角塘小学、麻园岭小学 乡镇学校：中岭小学、自安小学、史家坡小学
2004	七中	城区学校：育德小学、新竹小学、黑石渡小学 乡镇学校：中岭小学、高源小学、史家坡小学
2005	七中	城区学校：育德小学、新竹小学、一师二附小 乡镇学校：中岭小学、自安小学、大兴小学

表 21-15

年份	举办地点	分区团体总分前三名学校
2006	七中	城区学校：新竹小学、四方坪小学、东风小学 乡镇学校：植基小学、中岭小学、自安小学
2007	七中	城区中学：青竹湖湘一、植基中学、其中 城区小学：新竹小学、四方坪小学、伍家岭小学 乡镇学校：植基小学、中岭小学、兴联小学
2008	七中	城区学校：新竹小学、四方坪小学、长师附小 乡镇学校：中岭小学、史家坡小学、兴联小学
2009	七中	城区学校：新竹小学、育德小学、长师附小 乡镇学校：中岭小学、凤羽小学、兴联小学
2010	七中	城区学校：新竹小学、清水塘小学、东风小学 乡镇学校：中岭小学、史家坡小学、高源小学
2011	七中	城区学校：一师二附小、新竹小学、科大附小 乡镇学校：凤羽小学、自安小学、中岭小学
2012	青竹湖	城区中学：北雅中学、植基中学、七中 城区小学：青竹湖二小、科大附小、新竹二小 乡镇小学：凤羽小学、自安小学、中岭小学

2010 年，开福区第十四届中小学生春季长跑赛于 3 月 19 日在市七中举行。参赛学校 54 所，其中小学 47 所，中学 7 所，参赛运动员 387 人，其中小学 317 人，中学 70 人。新竹、育德、三角塘获得小学组团体总分前三名。植基中学、青竹湖、沙坪中学获得中学组前三名。2011 年 3 月 25 日，开福区第十五届中小学生春季长跑赛于在市七中举行，本次比赛参赛学校 52 所，其中小学 45 所，中学 7 所。参赛运动员 349 人，小学生 280 人，中学生 69 人。新竹、清水塘、四方坪一小、东风一小、凤羽、浏阳河、花城、科大附小获得小学组团体总分前八名；植基中学、沅丰坝中学、第七中学获得中学组前三名。

二、市级体育比赛

1991 年，长沙市“雏鹰起飞”田径赛，北区松桂园小学获女子 4×100 米金牌、女子 100 米银牌和铜牌。同年，长沙市小学生基层田径运动会，北区麻园岭小学获男子团体第一名，松桂园小学获女子团体第一名。北区各学校共获单项第一名 7 个、第二名 5 个、第三名 3 个，四人次破市小学生纪录。北区荣获总分第一名。1994 年 8 月，以望麓园小学、新河小学为主力组成的北区小学生田径队，参加长沙市第三届运动会，夺得金牌 8 枚。在游泳赛中夺得金牌 11 枚、银牌 7 块、铜牌 6 块，总分 174 分，获团体总分第一，金牌总数第一。清水塘小学获小学生甲组第一名，红墙巷小学获小学生乙组第三名。北区学生代表队 10 人次达到三级运动员标准，4 人次达少年级运动员标准。1995—1996 年两届长沙市业余体操田径赛，北区连续两次获得团体总分第一名，破五项、平一项市小学生田径赛纪录，2 人达二级运动员标准。1998 年，开福区组织小学生代表队参加长沙市第四届运动会少年组的比赛，获得集体项目 3 个第一名、6 个第二名、3 个第三名。个人单项获得 3 个第一名、2 个第二名。

2000 年，开福区组队参加长沙市田径运动会，获得 2 个单项第一名、2 个第二名、3 个第三名。同年，开福区组织学生代表队参加长沙市第七届运动会少年组的比赛，获得 38 枚金牌，获得体育道德风尚奖。2012 年，长沙市广播体操比赛，开福区小学组清水塘第二小学获一等奖，国庆小学获二等奖。中学组市七中获二等奖。

2002 年，长沙市青少年游泳比赛中，开福区代表队夺得 13 块金牌、11 块银牌、13 块铜牌。

表 21-16　　1989—2001 年长沙市开福区（北区）小学生田径运动会个人最好成绩一览表

项目	男子组				女子组			
	成绩	姓名	单位	年份	成绩	姓名	单位	年份
800 米栏	—	—	—	—	15″4	陈驰	吉祥巷	2001
100 米栏	17″	何自力	综合农场	2001	—			
60 米	8″2	赵军	茅亭子	1999	8″4	陈文娟	新河	1993
100 米	12″9	任超	东风	1998	13″2	彭婧莹	黑石渡	2000
200 米	26″3	林四清	砚瓦池	1993	28″7	彭妍	新河	1998
300 米	47″7	侯政	新河	1992	49″3	邓尚	建湘村	1990
400 米	58″82	刘思敏	德雅村	1997	1′6″	张瑜	科大	1989
800 米	2′33″5	谢国辉	砚瓦池	1989	2′32″9	刘蓉	育德	1998
1500 米	5′23″9	屈细雅	捞刀河联校	2001	—			
4×100 米接力	56″	—	北正街	1997	57″9	—	新河	1993
跳高	1.40 米	朱煜敦	砚瓦池	1998	1.34 米	陈薇	松桂园	1989
跳远	5.17 米	周冠	清水塘	1999	4.61 米	刘双	清水塘	1998
立定三级跳远	7.49 米	陈熙	黑石渡	1999	7.03 米	刘双	清水塘	1998
铅球	11.59 米	王昕	一师	1998	9.69 米	丁梅	文昌阁	1991
垒球	62.80 米	周学武	胜利	1997	53.70 米	陈群	胜利	1996
三项全能	535 分	曾怀务	北桥	1991	1201 分	朱莎	黑石渡	1992

三、国家（省）级体育比赛

2009 年，全国健美操比赛，开福区代表队获长沙赛区团体第一名，并获 5 枚全能金牌；湖南省健美操比赛，青竹湖湘一外国语学校获团体第一名。2011 年，全国健美操锦标赛，青竹湖外国语学校荣获团体第一名，单项第一名 1 人次，第二名 8 人次，第三名 4 人次。湖南省少年速度轮滑锦标赛，开福区中岭小学获小学组团体总分第三名，单项第一名 2 个，第二名 2 个，第三至六名 3 人次。

四、体育特色项目学校

至 2012 年，开福区已挂牌的区级体育特色项目、市级体育传统项目学校共 17 所。在特色项目的训练、组织参赛、项目开发等方面比较突出的学校有三角塘小学等学校。

三角塘小学　市级体育传统（排球）项目学校。2012 年，有专职排球、篮球项目老师 2 人，有完善的室内体育馆、标准排球场 2 个，篮球场 2 个，学校体育设施 100% 达到国家、省市器材配备标准。2002—2012 年，女子排球队参加长沙市球类单项比赛，实现八连冠，成为长沙市小学排球项目的一支劲旅。

清水塘二小　市级体育传统项目学校，全国校园足球布点小学。学校建有标准足球训练场，配有国家一级教练执教，学生参与人数多，梯队建设好。

麻园岭小学　市级传统体育篮球项目学校。篮球项目为学校教学课程必修课，2003—2012 年，获市级比赛奖项 10 次，区级篮球比赛奖项 19 次。其中，2005 年 8 月长沙市小学生篮球联赛获女子组第二名，2007 年区小学女子篮球赛第一名，2011 年 6 月区第八届小学生篮球赛女子组第二名，男子组第五名。

中岭小学　长沙市轮滑运动学校，湖南省轮滑运动试点学校，2011 年国家体育总局授予中国轮滑运动示范学校。学校建有轮滑运动训练场，配有轮滑运动专职老师。同年，在湖南省轮滑运动锦标赛中获金牌 3 枚、银牌 4 枚、铜牌 3 枚。在长沙市第八届运动会取得 4 金、3 银、4 铜的优秀成绩。

金鹰小学　长沙市体育传统足球项目学校，训练场地、师资力量等条件好，具有品牌优势，2012年，在申报全国足球布点学校。

青竹湖湘一外国语学校　长沙市体育传统体操项目学校，国家级健美体操训练后备基地。学校有完善的室内体操训练馆，训练经常，师资力量强，区赛、市赛成绩突出。

一师二附小　区体育特色篮球项目学校，在区级、市级的小学生篮球比赛中，多次取得好成绩，2000年区第二届小学生篮球赛获女子组第一名，2008年区赛男子第二名，2012年区赛第一名。2007年市级篮球比赛获女子组第二名，并获得体育道德风尚奖。2011年参加市赛，取得女子组第三名、男子组第四名。

表21–17　　2002—2012年长沙市开福区小学生田径比赛个人最好成绩一览表

项目		成绩	姓名	单位	创造时间
男子组	100米	12″98	黄卓	黑石渡	2002年
	200米	27″50	黄卓	黑石渡	2002年
	400米	1′3″36	刘劲	文昌阁	2005年
	800米	2′33″9	刘劲	文昌阁	2005年
	跳高	1.35米	杨邦	新港	2011年
	跳远	4.72米	赵军	茅亭子	2002年
	铅球	10.55米	周仁方	捞刀河	2002年
	垒球	56.3米	胡任	东风	2006年
	立定三级跳远	7.23米	杨邦	新港	2011年
女子组	100米	13″2	彭婧莹	黑石渡	2002年破市纪录
	200米	28″84	彭婧莹	黑石渡	2002年
	400米	1′8″	杨岩	新竹	2008年
	800米	2′46″	杨紫年	新竹	2008年
	跳高	1.37米	杨卓	国庆	2010年
	铅球	9.75米	顾晓林	建湘村	2002年
	垒球	46.2米	石佳	育德	2003年
	立定三级跳远	6.57米	王晴	黑石渡	2010年
	三项全能	538分	陈洋	中岭	2003年

表20–18　　2012年长沙市开福区学校体育场地设施情况表

项目	数量	项目	数量
体育场馆（座）	5	塑胶跑道（条）	25
篮球场（个）	52	普通跑道（条）	13
排球场（个）	15	乒乓球台（张）	210
田径场（处）	38	体操健身房（个）	

第二十二篇　社会生活

清末民国时期的开福区社会生活，在古代传统文化风俗的基础上，随着经济社会的不断发展和进步，并吸收近代文化的积极因素，不断演变和发展，形成具有一定特点的习俗。中华人民共和国成立以来，中共北区、开福区委和区人民政府十分重视继承和发扬本区长期以来形成的优良风俗传统，对于旧风俗中与社会主义制度不相适应的部分，进行改革，提倡和号召移风易俗，逐步地形成新的社会风尚与社会习俗。

第一章 婚姻·家庭

第一节 婚 姻

旧时，开福区境内地方，婚姻状况较为复杂。一般普通百姓多为一夫一妻制，官宦富贵之家有的一夫一妻多妾，即一个男人娶有一个妻子，另又娶一个或多个妾。妾又称小老婆、姨太太。民国时期，虽然在法律上规定一夫一妻制，但事实上并没有得到真正的实行。

旧时，男子的结婚年龄一般为16~18岁，有早至15岁的，少数超过30岁。富家多早婚，贫家多晚婚。女子的年龄普遍比男子低，从14岁到16岁为最多，人称“满轿姑娘”，也有早至13岁的，少有超过20岁的，民间有“男大十，女大一”的说法。家里贫寒的，五六岁就送去做童养媳。婆家养活着她，教导她，使用她，等她长大再结婚。有兄娶亡弟妻或弟娶亡兄妻的，叫“转房”。女子一般不嫁给舅家，有“骨肉还乡，家败人亡”的忌讳。离婚妇女叫“生离妻”，往往受到歧视。

民国时期，随着妇女开始走向社会，新的风尚得到推行，出现男女自由恋爱、自主婚姻大事的情况，但这主要是在社会的中上层，尤其是在知识界。在社会下层特别是在农村，仍然多为父母包办婚姻形式。

1950年5月1日，《中华人民共和国婚姻法》颁布实施，开福区境内城乡地区真正实行一夫一妻制。男女双方自由恋爱，自主婚姻，年龄达到男23岁、女20岁以上，即可到区民政部门登记结婚，领取结婚证，即表示婚姻成立，正式成为夫妻。《中华人民共和国婚姻法》规定结婚自由、离婚自由，但在中华人民共和国成立初期直到20世纪60~70年代，离婚较为少见。80年代以后，离婚现象逐渐增多，离婚率升高。

第二节 家 庭

一、家庭结构

旧时，开福区境内，家庭特别是农村地区的家庭基本上仍然保持传统形式，家族聚居，共同生活。在清代，开福区境内的家庭，一般都有五六人或七八人，即父母及诸子女，有的还有祖父母一起生活。有的家庭甚至处于大家庭状态，即祖父母与其子女，及其子女之子女，三代同堂甚至四代同堂，人数多达十余人至20余人。祖父或父亲为全家的家长，主管家庭的财产、生产或经营安排，以及全家成员的生老病死，家庭的节庆活动。在这些事务中，祖父或父亲的长子往往是其重要的助手。祖父或父亲去世以后，其子才开始分家。居住在今开福区蔡锷中路司马里的左宗棠家族，人口最多时，就有左宗棠与其夫人及其4个儿子、10个孙子、2个曾孙，最多时达20余人。居住在今开福区丝茅冲余园的巨商朱昌琳家族，朱昌琳与其夫人及其 7 个子女、十几个孙子，最多时亦达 20 余人。

民国时期，农村家庭的形式没有太大的变化，但由于近代生产方式和生活方式的影响，城市家庭结构开始发生变化。家庭人口一般都还是五六人或七八人，即父母及其诸子女，但那种三代同堂甚至四世同堂的盛况则较为少见了。

中华人民共和国成立以后，农村家庭的形式也发生变化，这主要因为自 1953 年以来的合作化，直至 1958 年的人民公社化，不再有大家族聚居的情况。家庭规模，一般为五六人或七八人，或稍多一点。20 世纪 70 ~ 80 年代以后，党和政府号召计划生育，城市家庭均为三口之家，即父母亲与一个儿子或女儿。农村家庭或为四口之家，即父母与两个子女。

二、家庭经济

在清代和民国时期，开福区境内的农民，以家庭为生产单位，从事农业生产。一般自耕农，家有数亩至十亩左右的农田，生产水稻，每亩产量仅三四百斤，收获稻谷数千斤，除去交税、留种等以外，尚不够一家人全年吃饭所需。农村每一个家庭还必须种植蔬菜，畜养鸡鸭、生猪以为辅助。另外，旧时的农村家庭都是“男耕女织”形态，妇女在家纺纱织布，以解决全家人穿衣的问题。农村还有一些手工业者和从事其他服务行业的人，如泥木建筑、纺织、日常用品修理、小商品买卖、理发、医疗、打铁等，以出售手工业产品或提供日常生活服务获取报酬，维持一家生活。在居住方面，清代和民国时期，大多数的农民家庭居住茅草房，即以土砖砌墙、茅草盖顶的简易房屋。少数富裕农民和地主家庭，多居住砖瓦房，即上盖小青瓦，下砌青砖墙，房间较多也较为宽敞。

清代和民国时期的城市，一般居民多为手工业者和小商小贩，从事建筑、维修、铸造、冷作、饮食和各种小商品制造与修理，以获取少量的报酬。由于近代工业和近代商业的产生与发展，开福区城区出现不少工厂、商店的雇佣工人，依靠微薄的工资养活一家人。城区的官绅、教师、医生，拥有较高的薪酬，一般为普通工人、店员的好几倍。各不同家庭住房情况也有很大差别。清代和民国时期，一般城市居民均租赁房屋居住，少数家庭购买或建造较为简陋的房屋。城市上层阶级多有属于自己的公馆，一般有小院落，二层楼，房间较多。

清代和民国时期，开福区境内农村家庭，大多就是“粗茶淡饭”，主食为大米，是自己种田所收获，蔬菜也是自家菜园所产，只有逢年过节的农忙季节才有鸡鸭鱼肉等荤菜。在城市，一般家庭同样也是过着“粗茶淡饭”的生活，米面和蔬菜都要到市场购买，一般也很少食用荤菜。

中华人民共和国成立以后，开福区境内农村开展土地改革，部分贫苦农民分得土地房屋。1953—1983 年实行集体化，并从初级合作社发展为政社合一的人民公社。农村家庭不再是社会基本的生产单位，农民都成为合作社或人民公社的社员，参加集体劳动，依靠工分，于年终岁末参加分配，分得口粮和少量人民币。十一届三中全会以后，农村实行“生产责任制”，农村开始富起来，大部分农民住上了砖瓦房，居住条件有了很大改善。家庭仍从事饲养和自留地种植，以生产生活必须的蔬菜、蛋品、肉类等。农村实行“生产责任制”，农村家庭仍然成为生产的基本单位，但由于生产力水平的很大提高，其经济收入也有了较大增加。

中华人民共和国成立以后的城市居民，基本上都成为城市单位的成员，在各自的工厂、商店、服务行业、学校、文化团体、机关、部队工作，其工资为唯一的收入，较为稳定，并有一定的提高。各单位都实行级别工资制，一般来说，工资水平没有太大的差别。家庭生活有了改善。大多数家庭是居住政府分给的房屋或单位分配的宿舍，一般1 ~ 2间，面积狭小，但租金很低，多使用公用的厨房和厕所。在较长时间里，城市由于粮食、蔬菜、肉食禽蛋实行计划供应，饮食生活比较艰苦。改革开放以后，个体、私营经济得到恢复和发展，由于企业改制，大批工人下岗和重新就业，有的成为个体经营者或私营企业主，有的成为个体、私营经济的工人，同时自由职业者广泛出现。新的经济体和新的从业者的出现，拉开了居民经济收入的差别。20世纪90年代后期，城市实行住房制度改革，大多家庭都购得住房，居住面积逐渐扩大，并逐渐有了现代居住条件。改革开放以后，取消粮食和副食品的计划供应，开福区城乡家庭的生活有了很大改变，不仅每天都有肉食禽蛋，而且过去被视为高级营养食品的牛奶、水果、饮料，成为日常普通食物。

第二章 民俗 方言

第一节 生产生活习俗

一、生产习俗

农事习俗 开福区境内农村的传统农业生产，与自然气候有着十分密切的关系，在从事农事活动时，形成与二十四节气有关的的风俗习惯。

立春为全年二十四节气之首，农村有“打春牛”习俗，俗称“打春”，即用黄土制成一泥牛供一泥人（芒神）役使状。

惊蛰，菜农于这天播种，称“头春秧”，可使夏季瓜果菜蔬多结实。农谚云“过了惊蛰节，春耕不停歇”，意为春耕大忙开始。

清明为二十四节气之五，夏秋作物应及时下种，农谚云“二月清明迟下种，三月清明早下泥”。

谷雨，已萌芽的种谷撒种秧田，农谚“清明下种，清明落泥”即此意。此日又为牛神生日，不役使牛耕田。

立夏以前应插完早稻，农谚谓“春插日头夏插时”。第一天扯秧，农户全家要到秧田旁边点燃香烛叩拜秧神，当家老农下田扯第一把秧，要放鞭炮，称“开秧田门”。

芒种，秋收旱粮作物应及时播种或栽插薯苗，同时晚稻应及时播种。

小暑过后，早稻开始收割。大暑时早稻普遍成熟，全面收割。收割结束时洗扮桶，然后由东家办“洗桶酒”，菜馔丰盛。

处暑时宜种萝卜，能使块茎肥硕，并且不易空心，俗称“处暑萝卜”。

白露后天气转凉，此时宜种白菜种，俗称“处暑萝卜白露菜”。

霜降前，红薯、芋头应挖回，晾干后入窖做种，同时油菜和春小麦播种。

小雪，长沙天气仍然暖和，俗称“十月小阳春”，长沙习俗好在此后做剁辣椒、用扑菜坛腌菜，谓此时做腌菜可保明春不腐。

大雪后进入农闲季节，农村习惯修复塘坝堤垸、收集肥料，以备来年生产。

冬至，长沙有聚族祭祖习俗，办“冬至酒”。是时长沙有做霉豆腐之俗，俗称“猫乳”。又云是日采摘的桑叶为正宗冬桑叶，可解热明目。

手工业习俗 开福区境内城乡的传统手工业，包括泥木、纺织、刺绣、砻碓、锻冶、冷作、裁缝等各行各业，各有其崇拜的神祇，亦各有其行业习俗。

泥木业。包括泥工、木工、石匠，共以传说中的鲁班为祖师爷。木工在建房时要三择，即择地、择向、择时，房屋界址、方位和建造时间勘定后举行奠基。正厅上梁被视为最重要的一环，俗称圆顶，要举行隆重仪式。梁木中央画太极图和蟠龙彩凤，并书建造时间。造船竣工、船艘下水，要举行仪式，挂丝条，摆方斗，宰雄鸡，由掌本师傅率同各工匠顶礼膜拜。

纺织业。境内城乡均有从事手工纺织的习惯，一般来说农村为家庭手工纺织，由家庭妇女以手摇纺车、小型织机纺纱织布，供全家衣着。城市有手工纺织作坊，配备纺车、织机，生产棉沙、布匹以销售。

刺绣业。今开福区沙坪在清末民国时期湘绣业繁荣，号称“湘绣之乡”，不少农家妇女以刺绣为业。少小年纪，心灵手巧，就会绣花。及长大成人，即专事刺绣，绣品一出，就有作坊或绣庄前来收购，俗称“收发花点”。

烧窑业。系制造陶瓷品的行业。该行业祭祀舜帝，每年农历六月初六日舜帝生日，窑业主必组织祭祀活动，办酒席，称“吃庙酒”。

砻碓业。砻碓为稻谷加工，在清代全部以砻碓推踩，使稻谷去壳成米。砻碓业因以粮食加工，故崇拜神农氏，今开福区吉祥巷社区曾有轩辕殿，即是砻碓业祭祀神农氏之所。潮宗街清代中期砻碓业繁盛，有大批碓坊。

锻冶业。今开福区捞刀河及沙坪一带锻冶业甚为发达，以生产刀剪著称，奉老子为祖师爷。清康熙年间，沙坪焦塘坡生产剃刀的工匠董元春，在长沙城内开办董同兴刀剪店。后又收购捞刀河锻造作坊生产的剪刀胚，加工精制，质量上乘，远近闻名。清乾隆年间，长沙城北湘春门外有锻造作坊。今浏阳市永和乡某族祠，至今尚保存一铁钟，高一米余、重约千斤，上铸“乾隆三十六年秋”“长沙府北门外金火匠黄仕宣”，可知该黄氏锻造坊之规模。

传统商业、服务业。清代和民国时期，境内商业繁荣，各种服务业亦颇发达。其传统商业有谷米、南货、广货、酒席、蔬菜、酱食、茶馆、布庄、药店、书店、笔庄、肉食水产、竹木、铁器等行、号、庄、店，进行生产工具、生产原料及日常生活用品、文化用品的销售贸易；其传统服务业有运输、理发、沐浴、烹饪等摊担、店铺、行号。各行各业亦有其行业师祖和行业习俗。

烹饪业，旧时又称“酒席业”。供奉詹王，专门办理饭食、酒席的商店，也有厨师上门为客户专做筵席。人们对于厨师较为尊重，往往酒席开始或结束之时，主家都要前往厨房“谢厨”，或举杯敬酒，或打发红包。

理发业。清代，汉人蓄满族式发辫，官府雇用理发匠穿街过巷，并不收费。理发匠肩挑小担，一头系方形木斗，内插小龙旗。清中期，理发改为民办。民国时期，汉人剪去发辫，恢复汉族发式，后流行西式头，妇女剪短发、烫发。

沐浴业。长沙沐浴业始于清光绪二十四年（1898）的大吉祥旅社（在今开福区吉祥巷）附近，使用木盆、木桶等。民国时期，市区又开设新园、三星等多家，器具和环境均有改善。澡堂有工人，为顾客服务，还可以修脚、擦背、按摩。

二、生活习俗

居 住 清代和民国时期，境内家庭人们的住房、居室讲究风水。农村建房，一般坐北朝南，所谓“朝南起个屋，子孙好享福”。屋前屋后，喜欢山水怀抱，地势开阔。富贵人家公馆大宅，均采对称建筑，有中轴线，多为前后两进或多进，两进之间有天井，以排水采光，每进之中有厅堂，为接待客人或聚会祭祖之处。各公馆大宅一般外有围墙，两侧建风火山墙，前有槽门，门外有八字墙，门内辟地坪，后辟花园。每当人们新建房屋，即将入住之前，要祭祀土地神和灶神，以求福佑。

饮 食 境内城乡居民饮食，不论家常便饭或是酒席宴请，都重口味，喜好咸、酸、辣。主食为米饭，米饭以炉锅蒸煮，煮至半熟时，要“聊”去其水，称为“米汤”。20世纪70年代以后，蒸煮之法不再流行，都改蒸为煮。旧式的炉锅、饭甑也不再使用，而改用高压锅、电饭煲了。菜肴包括肉食禽蛋和蔬菜、酱菜，一般称肉食禽蛋为荤菜，蔬菜和豆腐为素菜、小菜。肉食类，喜欢吃红烧肉、火焙鱼、大杂烩；蔬菜类，喜欢白菜、萝卜、空心菜、苦瓜、丝瓜等。人们尤好辣椒，无论荤、素，无论蒸煮炒熘，都要放入辣椒，还有豆豉炒辣椒、剁辣椒两种更为人喜爱。旧时境内城乡居民家家户户都有菜坛，制作腌菜、干菜，每年秋冬之季，将白菜、萝卜等晒干、放盐，置于坛内，是为酸菜、盐菜；或在冬季，用烟火熏制鸡鸭鱼肉。改革开放以后，人们的饮食开始讲究营养，以前咸、酸、辣的嗜好逐渐改变。

服 饰 清代和民国时期，境内城乡各普通家庭，穿着均十分简朴，有蓝衫、长袍马褂、短装等，衣裤均用家机土布，白色或以土靛染成青、蓝色。民国时期，城市学校师生、机关职员人等多穿西装、学生装，妇女喜穿旗袍。中华人民共和国成立后，社会风尚俭朴，男女均穿布料衣服。女士穿列宁装，男士穿中山装，时称干部服。农村家庭服饰无太大改变。“文化大革命”时期，草绿色军装风靡一时，20世纪70年代，青年人一度讲究时髦，喜穿牛仔裤、大裤脚，但被视为“奇装异服”。改革开放后，人民生活水平有了很大提高，开福区城乡各家庭成员衣着愈益讲究，追求衣料质量，崇尚新潮服饰。

出 行 在清代，境内城乡普通家庭成员一般少有出行，平时走亲访友，多为步行，路途较远则乘船或租用轿子。民国时期，城市出现人力车，又称黄包车，后有了火车、轮船、汽车和自行车，人们的出行条件有了较大改善。中华人民共和国成立后，开福区城乡家庭出行较为频繁，人们在出差、出远门上学或走亲访友时，都普遍地乘坐轮船、汽车。20世纪70～80年代，自行车普遍成为人们代步工具。改革开放以后，开福区城乡家庭出行有了很大变化，不少家庭购置了摩托车，以作代步工具。出门远行不仅乘坐轮船、汽车，即乘坐飞机也视为常事。21世纪初后，不少家庭购买了电动车，甚至小汽车，还经常出门到国内或国外各地旅游。

第二节 传统节日习俗

开福区境内城乡民众最为重要的传统节日为春节、端午、中秋3个节日，分别为农历的正月初一日、五月初五日、八月十五日。

元旦，即大年初一日。这天刚亮，即打开大门燃放鞭炮，叫做“出天行”。一般只吃两餐，以除夕团年饭剩余饭菜为主，佐以青菜芋头，谐音“清泰”和好的“遇头”。早饭后先向父母拜年，再到祖先牌位前拜年。初二日，去岳父母家拜年。初三初四才开始亲友家拜年。有“初一崽，初二郎，初三初四拜地方”的传统习俗。女婿拜年不能在初五日，有“要得穷，郎来拜五中”的禁忌。从初五开始，各家互相宴请，叫“请春客”“请春饭”，一直延续到正月十五日中餐止。

元宵节，为正月十五日，家家吃“元宵团”。入夜房内灯火辉煌，有的还在门前扎挂彩灯。还要到先人坟上送灯。从正月初五开始，村里人要玩龙舞狮，尤其以元宵晚上最为热闹。过了十五，熟人见面再不喊“拜年”，表示过年已经结束。

端午节，为五月初五日。这天近中午时分，家家户户在门框上悬挂菖蒲、葛藤、艾叶，吃雄黄酒，吃包子、粽子、大蒜，还备有潮糕、玉露霜等点心。小孩子配戴香囊，家里点蚊香，墙角喷撒雄黄酒。农村各地还自发地组织青壮年农民，在湘江或浏阳河划龙船，举行竞赛，热闹非常，妇女小孩都三五成群去河边看赛龙船。

中秋节，为八月十五日，家家都要设宴饮酒，宴席上少不了黄牛肉，晚上在露天设席，一家人或邀亲友共同赏月，吃月饼、瓜果。

小除日，亦称“过小年”，时在十二月二十四日，人们开始杀年猪，打扬尘，送灶神。

除夕，为十二月三十日（月小为二十九日）晚，村里男女老少都穿上新衣，预备过年，贴春联，贴门神。年轻妇女则喜欢在房内贴上几张胖娃娃、金色鲤鱼、五谷丰登之类的年画，祈求新年幸福。洒扫院子，清除垃圾和灰尘，到处都打扫得干干净净。晚餐吃团年饭，家家户户大办酒肴。煮饭要煮得多，要留一部分来年吃，意谓来年粮食丰收。饭后在堂屋中立香案和食案，用淘盆盛满热饭，插上松柏等长青树枝，盆上竖木架四根，挂以纸钱，敬祀祖先，祈求人寿年丰，人兴财旺。之后，由长子率全家向父母辞年，父母要给“压岁钱”。三十晚上一定要燃起熊熊柴火，有“三十晚上火”之谚。各家大多喜欢烧枫树兜，预示来年六畜兴旺。一家人围炉向火，谈论古今，除小孩外，全家都不睡觉，一边喝，一边说，一边笑。彻夜不眠，叫“守岁”。半夜燃香烛，放鞭炮，关上大门叫“封财门”。

第三节 礼仪习俗

一、生日习俗

开福区境内城乡人民均重视出生日的纪念，称为“过生日”。婴儿出生，女婿要去岳家“报喜酒”，鸣炮送礼。生男孩礼物用公鸡一只，白酒一对，鞭炮两封；生女孩送未下过蛋的母鸡一只，白酒一瓶，鞭炮一封。外婆收到报喜礼物后，则以米潲水换酒，并以红白糖一包，面粉、面条或鸡回赠。是男孩，回赠母鸡，是女孩，回赠雄鸡。婴儿出生后家中来的第一个客人叫“逢生”，最好是男逢女生，或女逢男生，民间有谚云：“男逢男生，睡断床梃，男逢女生，三年时兴”。若遇上男逢男生，主家可在来客身上趁其不备，在其身上逢上一根线，就可免其不利。婴儿出生三天，要用艾叶煎水洗澡，叫“洗三朝”，亲友来贺则请吃煮熟了的“红蛋”。逢三朝，满月或周岁宴请宾客，分别叫“三朝饭”“满月饭”“周岁饭”。婴儿满月，随母亲抱婴儿到外婆家小住，叫“出窝”，外婆家要鸣放鞭炮迎接。回家时，外婆家要赠送面粉、鸡蛋、猪脚等催奶食品。除此外婆家还要送衣服、被褥、鞋帽，有的还要送摇窝、坐栏、点心，俗称“做外婆”。有的还将文具、针线、胭脂、口红等物放在盘中，让婴儿去抓，以测婴儿志向，俗称“抓周”。

岁数逢十叫“整生”，其余叫“散生”。整生一般要做“生日饭”宴客，整生宴客男性计虚岁，女性计足岁，称“男做进，女做满”。60岁以下叫生日，60岁始称寿。贺生日叫“拜寿”。富裕人家在堂屋上首立寿堂，挂寿幛，寿联，摆寿桃、寿饼等。儿女晚辈要向父母下跪拜寿。先日晚餐吃寿面，中餐设寿宴。“散生”则不如“整生”隆重，亲友来贺叫“生日饭”。

二、婚礼习俗

开福区境内，在清代，男女婚嫁全凭父母之命，媒妁之言。要经采纳（送礼求婚），问名（询问女方生辰八字），纳吉（送礼订婚），纳征（送聘礼），请期（议定婚期），迎亲（新郎亲自到女方迎娶）等，称六礼。民国时期婚俗有所革新，先由媒人说媒，两家把男女的年岁、生日、时辰写下交给八字先生，如果男女八字相符，男方则把女方“庚贴”（生时年月日时称八字）压在堂屋神龛上的香炉或罄下，叫“压庚”，如七日内家中没发生不吉利的事，就认为女方没有“刑克”，如果男女八字相符，婚姻就此而定。否则，即使男女二人都很合意，也不能定婚。八字合好后，则择定吉日，由媒人通知女方举行定婚仪式，叫“回双庚”。女子由媒人引领，父母陪同，到男家见面。男方要备首饰、衣服、包封打发女方，还要备鱼、肉、酒、饭招待，叫做“下定”，男女两家就算结了亲家。还有指腹为婚的，就是两家快要生育小孩了，又是世交，所以在小孩出母腹之前，两家大人就预先约定。一男一女结为亲家，两家都是男孩结成兄弟，两家都是女孩结为姐妹。结婚先由男方择定婚期，一般是上旬下旬各择一天，发出一娶帖，由媒人交女方，叫做“送日期单子”。娶帖也很讲究，封面写上“预报佳期”等字样，里面装有十页红书，红书上写上娶期。女方同意选定日子后，男方在婚前三天，备齐衣服鞋帽和“离娘席”、过礼钱，交媒人送到女方，叫“过礼”。婚前一日，男方设酒宴谢媒人，还要请亲友长辈作陪，叫“启媒”或“陪媒”。并将迎亲花轿（又叫红轿）放置堂屋内，请上两位老妇人，点燃红烛，用镜子在轿外照一周。每照完一角，两人相对鞠躬，这叫“照轿”。当晚，男方要安排两人睡在新娘床上，叫“压铺”。新婚当日早饭后，新郎开始“整容”，坐在洞房内不与外人见面，媒人率领仪仗、鼓乐、红轿、条盒（内装茶、盐、果子、鱼肉、衣服、化妆品、鞭炮）等组成迎亲队，前往女家迎亲，鼓乐一般只备一套专用小锣鼓，配两人敲打，使用全套鼓乐的少见。除迎亲花轿外，还要备二张轿子，一张是供上亲坐的绿轿，一张是供媒人坐的布蓬轿（又叫三人拐），花轿将到达女方屋外，女方就有人通风报讯，把门关上，凑热闹的人全在屋内闹要开门包封。男方将开门包封从门逢里塞进去，或将喜糖丢进去，这样才开门。在媒人监督下，将男方条盒内的物品取出交与女方，换成女方嫁妆。抬轿的将轿杠取下，手托花轿在女家堂屋内绕三圈再让新娘上轿。新娘辞别祖先、父母，由母亲或嫂子扶进花轿，媒人锁好花轿，贴上“金花诰封”红纸封条，请新娘的母亲、兄弟嫂、姐妹送亲。送亲队伍走在花轿前面，最前面的是十个身穿红衣、手提红灯的小孩，接着是举旗打伞的，旗子一般也是十面，伞只有一把。再接着是敲锣打鼓的。到达男家时，须经新郎“三请”，上亲（新娘的父母，叫“上亲”或“高亲”）才下轿进屋。待新娘花轿抵达，就燃放鞭炮，把花轿迎进堂屋。媒人开锁启封，新娘下轿后，由男方亲友抱入洞房，新娘与新郎并坐床沿，行合卺礼，喝交杯茶。亲友手端瓜子，果子和枣子进洞房唱赞词，叫“赞床”。中午吃喜酒，开席前首先要请上亲和媒人坐在最上一席的上方，叫“坐上头”，安排专人添饭、加菜、敬酒。第一轮坐男客，第二轮坐女客。宴席一般分两个档次，上等叫海参席，中等叫鱿鱼席，至于下等的蛏干席是不常用的。晚餐吃花烛宴。然后举行拜堂，新娘新郎先拜天地祖宗，后拜父母，再夫妻对拜，礼毕由童男童女捧烛，送新夫妇入洞房。亲朋戚友闹洞房，闹洞房的人还要制造一些恶作剧，闹得新婚夫妇通宵不得安静。

翌日，新婚夫妇要拜见父母、伯叔、兄弟姐妹，叫“分大小”。新婚三日内，不分老幼可以同新娘开玩笑，叫“三天内不分大小”。新娘进入厨房动炊具，叫“下厨”。第三天，新郎陪新娘回娘家，叫“回门”。岳家要办“回门酒”款待。饭后，新娘必须随新郎一道回家，一个月内夫妻不能在外处住宿。

中华人民共和国成立后，颁布《中华人民共和国婚姻法》，开福区（北区）号召移风易俗，部分传统婚姻礼仪习俗渐渐退出历史舞台。婚姻自由、婚姻自主和婚姻受法律保护的观念开始深入人心。男女结婚，只要双方自愿，即可结婚，结婚不坐花轿，不拜堂，不索彩礼的新式结婚形式。

20世纪50年代末至60年代，结婚形式极为简单，有的靠亲友找窍门搞几斤米、几斤肉，放在食堂，加几个菜，作为婚宴。有的干脆不举行婚礼，新娘家准备的简单嫁妆，就让姐妹兄弟肩挑手提到男家，就算完婚。

“文化大革命”时期，结婚仪式也很简单，曾提倡实行“革命化的婚礼”。结婚前，男女双方办好结婚登记，男方为女方添置几件象样的衣服，把父辈结婚的家具涂上油漆或洗刷一下就当新婚家具，稍有条件找窍门买上一块手表、一部自行车、一台缝纫机（当时叫三大件）当作聘礼。20世纪70～80年代，还曾实行集体婚礼，由区民政部门或共青团区委、区妇联主持，组织十余对甚至数十对已办理结婚登记的青年男女，举办隆重而简洁的仪式。

80年代以后，开始讲究排场，装奁日趋现代化，男方一般要添置木器，女方嫁妆一般有电视机、录音机、洗衣机、沙发。20世纪90年代以后，开始用摩托、液化气灶“陪嫁”。小轿车组成“迎亲车队”，新娘要坐花车，迎亲要放礼花，结婚仪式十分隆重。婚宴形式由中式走向中西结合，新婚夫妇不仅要喝交杯茶，还要喝相宾酒。

三、丧葬习俗

清代和民国时期，境内城乡重视厚葬，家户死了人，邻里自动帮忙。有“人死饭甑开，不请自己来”的习俗。丧葬仪式十分隆重，但有贫富简繁之分。时间一般3～5天，有的7～9天，特殊情况也有不到三天就埋葬的叫“三天懵葬”。

人死后，要杀雄鸡，放鞭炮，烧倒头纸，点清油灯。尸体入棺前，要用檀香水洗抹，穿上五、七、九层衣服（寿服），戴“唐巾帽”，穿寿靴，口含金银珠宝或饭团、茶叶。棺内垫以石灰炭末。尸体入棺叫“上材”或“入椋”。入椋要焚钱纸，点香烛，放鞭炮，死者已无父母的，灵柩放在堂屋上首正中，老父老母尚健在的，灵柩放置要偏左（男）或偏右（女），柩前设置香案和食案，张以帏幕，子女要彻夜守护。人死后亲属要亲自上门下跪通知亲戚，叫“把信”。要请地生择定出葬日期和埋葬地点，有因死者与子女的生庚、属相发生冲克而停柩十余天，甚至几个月才安葬的。葬前要请僧人道士做道场，或请礼宾喊礼。做道场一般有告庙、朝王、成服、祀神、开方、破狱、转莲、家奠、客奠、祖荐等程序。

出葬又叫“发引”“上山”，灵柩上覆盖“丧罩”。灵柩一般用8人抬，讲排场的多达16人或32人。要举“引路幡”，丢“买路钱”。孝子披麻戴孝，手持孝棍，捧灵牌走在柩前，花圈、祭幛随后，柩前柩后各置鼓乐队。送葬者中的亲属均穿白孝衣，戴白花。沿途亲友设祭或鸣鞭炮，孝子必须磕头致谢。到达葬穴不远处，抬柩者要由东向西将灵柩转一圈，叫“回龙”，也叫“回光返照”，意在告别和庇佑亲人。灵柩入土叫“下市”。坟墓用三合土筑成，上首竖以石碑，刻写死者姓名和生卒、辈份，入葬年月及子孙名字。葬后三天，按死者岁数，用稻草结成相等圈数的草把，烧在坟墓旁边，叫“烧烟包”。从死者断气之日算起，每七天为“一七”，35天之内孝子不能理发，叫“蓄五七”。死后的第一个生日叫阴生，要烧钱纸、杀鸡、祭奠。死后的第一个七月初一至初十，要办酒菜，烧纸祭奠死者，叫“烧新包”。有的还将做道场时用的灵牌留下，供入纸扎的灵屋内，每天早、中、晚要用饭菜祭奠，叫“留灵”，直到死后一周年才能撤除，叫“除灵”。经过这些程序丧葬仪式才算全部结束。

中华人民共和国成立后，人民政府号召移风易俗，改革丧葬制度。家中有人去世，由该家庭或逝者单位发出讣告，并在家设置灵堂，举行悼念，大多在殡仪馆举行追悼会。20世纪七八十年代，提倡火葬，悼念仪式结束，即将逝者火化，其骨灰或埋葬，或水葬。

2003年6月1日起，推行火化制度，丧葬习俗无多大改变，只是将原备用的木棺材换成冰棺材，尸体火化后，骨灰装入骨灰盒后直接送入墓穴埋葬，其他程序大体照旧。

专记：开福区汉回村回族风俗

开福区汉回村作为长沙市唯一汉族和回族老百姓混居的自然村落，已有数百余年和睦相处的历史，形成了特殊的“村落文化”，回族文化特征鲜明。

回族的婚姻风俗。回族人结婚一般要经过做媒、订婚、结婚、回门4个程序，要对“八字”，不办酒席，不收礼仪，不择吉日。结婚仪式，必须男女双方自愿，父母不得包办。新郎新娘同坐一条板凳，表示平等相爱；桌上摆有糖果和“五子”，即瓜子、枣子、杏子、花生子、桂元子，表示祝福“早生贵子，五子登科”。婚礼上，由阿訇撒发“五子”，让参加的人们争吃，以示共享幸福。结婚后的第二天，新婚夫妇一同去女方娘家“回门”。婴儿出生后，要请阿訇按照回族习俗给孩子取个经名。与汉族人联姻的还必须答应“进教”，愿意遵守回族风俗习惯，联姻才能确立。

回族有开斋节、古尔邦节、圣纪节三大节日。开斋节又叫尔德节。伊斯兰教规定每年教历九月为斋月，斋月期间，凡有条件的穆斯林都要封斋。封斋是五功之一，也就是每天早晨日出前和傍晚日落后才能进餐，白天禁止吃喝，意在使人们体验贫困户忍饥挨饿的痛苦，启示有钱人要救济贫困户，即为富者要仁。封斋时间多为30天. 斋戒期满，就是开斋节。开斋节这一天，回民要沐浴净身，穿上干净衣服，头戴白礼帽. 去清真寺礼拜，然后在清真寺聚餐，庆祝节日。

古尔邦节又叫宰牲节或忠孝节，时间从开斋节之日算起，往后推70天（即伊历12月12日）。节日里，回民头戴白帽，穿干净衣，成年男子都要去清真寺礼拜。清真寺要宰牛、宰羊，集体聚餐。有经济能力的回民，将自己所宰牛羊肉分送亲友或清真寺，是应尽的义务。

圣纪节又叫冒路德节。这个节日是伊斯兰教教历每年3月12日。为纪念伊斯兰教创始人穆罕默德的诞生日和忌日。由清真寺主持，穆斯林都要去清真寺礼拜，听阿訇讲经，赞颂穆罕默德的功绩。

回族人服饰朴素。中华人民共和国成立以前，回族妇女一般有蒙黑色“盖头布”的习惯。伊斯兰教把妇女头发作为羞体，必须遮盖起来不让人看。回民男子多戴白帽，因为白色象征着纯洁干净。现在分散杂居的回民服饰基本上与汉族相同，举行宗教节日或葬礼时，都戴上白帽子。

丧葬习俗颇有特点，可概括为简办速葬。一般都是当日死次日葬，如欲等候亲人，亦不得超过3天。安葬形式主要是土葬，以入土为安。死后，家里人将亡人放在洗盆里，头朝北、脚朝南，让死者仰卧，面部稍向西倾；再按教规进行浴礼、备殓、站礼、埋葬等程序。

回族语言简洁，一般用阿拉伯语和波斯语。由于回族与汉族杂居，逐渐地用汉语作为本民族的共同语言。穆斯林在宗教活动中，仍用阿拉伯语和阿拉伯文念诵、书写《古兰经》。

第四节　方　言

开福区地处长沙城区北部及北郊，境内使用方言属长沙方言。长沙方言是汉语七大方言之一的湘方言中的次方言新湘方言的代表。与普通话相比较，它有着自己独成系统的声母、韵母和声调系统，在词汇和语法方面，也有着自己的特点。

一、语音

开福区方言的语音系统是古代汉民族共同语的地域发展过程中的产物。它保留了古代汉语的部分特征。例如，它以不带塞音韵尾、自成一个调类的形式而完整地保留了古代汉语的入声。境内城区与城郊农村地区部分词汇尚残留“新派”“老派”的（读）音区别，如“周—邹”“绸—愁”“根—庚—公”等字，新派城区读音无区别，而城郊农村地区读音在声母上仍有尖、团音及韵母上前、后鼻音的区别。开福区北部的青竹湖街道、新港镇、捞刀河街道一带的方言与望城桥驿镇、丁字湾街道一带所说的河东腔相同。随着社会经济的发展，进入21世纪后，老派读音日渐式微，受普通话的影响，开福境内方言的部分词汇的读音有向普通话靠拢倾向。但这种倾向并不足以影响其自成一体的语音系统。

1. 声母

开福区方言有20个声母，包括零声母在内。

p 巴步	pʰ披派	m 美门	f 飞回	
t 堆同	tʰ太体			l 脑老
ts资知	tsʰ此尺		s 思事	z 人日
tɕ焦骄	tɕʰ秋丘	ȵ泥娘	ɕ选显	
k 阶高	kʰ考开	ŋ牙我	x 和红	
∅禾耳衣雨				

说明：开福区方言不分n、l。古泥（娘）、来母一、二等字同音，一般念l，也有人念n，有的人n、l混杂。三、四等字一般有分别，来母念l或n，泥（娘）母念ȵ，但有的人也把泥（娘）母念成l或n。

与普通话相比较，普通话声母为22个。普通话和开福区方言均有的17个：p、pʰ、m、f、t、tʰ、l、ts、tʰ、s、tɕ、tɕh、ɕ、k、kʰ、x、ϕ。

开福区方言有，普通话没有的声母有3个：z、ȵ、η。

普通话有，开福区方言没有的有5个：tʂ、tʂh、ʂ、ʐ、n。

开福区方言的声母有如下几个特征：

一、无卷舌音声母。即无tʂ、tʂʰ、ʂ、ʐ 4个声母。例如：茶、柴、叉、助、志、池、插、诗、日、肉等，开福区方言都读成不卷舌的ts、tsʰ、s、z。

二、n、l不分。在开福区方言中，n、l可自由变换，不影响词义表达。语言学上，这种现象称之为是不具备区别意义的音节。例如：拉、乐、雷、那、脑、老、男、兰、力等，都属同一个声母，可随意发音成n或l，没有区别意义的作用。

三、f、x相混。如虎、花、怀、回、魂。开福区都发音成f声母。风、凤、欢、缓、换都读x声母。在具体语境中，f、x随意转换，不具备区别意义的作用。

四、普通话的ϕ（零声母）字，开福区方言声母为η，如：硬、爱、藕等。

五、声调为阳平时，普通话中的送气音pʰ、tʰ、kʰ、tsʰ、tɕʰ，在开福区方言中声母为相应的不送气音：p、t、k、ts、tɕ。例如：朋、平、台、田、葵、扛、前、其、才、曹等。

2. 韵母

开福区方言有38个韵母，包括自成音节的鼻韵母及声化韵在内。

开福区方言的韵母如下：

例字下加单线表示白读。

ɿ 司诗	i 皮地	u 布姑	y 居朱
a 他马	ia 佳假	ua 瓜夸	ya 抓刷

o 多梭	io 岳学		
ə 车舌	ie 些结	uə 国	ye 靴决
ai 台才		uai 乖快	yai 衰揣
ei 杯岁		uei 归卫	yei 追水
au 刀跑	iau 标妙		
əu 都路	iəu 丘粟		
o˜ 欢钻			
ə ˜扇展	ie˜ 天见		ye˜ 专劝
an 丹当	ian 乡粮	uan 关光	yan 窗庄
ə n 根公	in 金穷	uə n 昆文	yn 君纯
n̩ 你~郎家嗯~啰			
m̩ 姆~妈			

开福区方言中 a、ia、ua、ya 等韵母的 a 比 A 偏后。“车、舌、得、格”一类字中的韵母读音比普通话的 ɤ 松弛一些，故记为 ə 。

ian、yan 韵中的 a 实际音值在 æ 与 a 之间。

与普通话韵母相比较，普通话有 39 个韵母，不包括儿化韵，开福区方言没有儿化韵。此外，没有后鼻音 η 韵尾。所有普通话读成 η 韵尾的字，开福区方言多数读成 n 韵母，若读成“η”韵尾，亦不具备区别意义的作用。例如：黄、荒、帮、党、汤、崩、彭、生、应、双、创、瓮、冰、星、兄、胸、永等。

3. 声调

开福区方言有阴平、阳平、上声、阴去、阳去、入声 6 个声调。与普通话相比较，普通话有阴平、阳平、上声、去声 4 个声调。开福区方言声调不仅调类数量不同，而且，各相应调类的调值（汉语语言声调研究中，将单个汉字的读音从发音到收尾的音高变化，由低至高分为 5 个域值，分别用数字 1 ~ 5 予以标识）也不同。见表 22-1。

表 22-1　　普通话与开福区方言声调比较表

普通话	阴平(55)	阳平（35）	上声（214）	去声（51）		入声无
开福区方言	阴平(33)	阳平（13）	上声（42）	阳去（21）	阴去（45）	入声（24）
例字	猜	材	彩	是	菜	七、百、六

说明：开福区方言的上声调值有的学者记做 41，我们在调查长沙方言时，通过语音实验分析，认为记做 42 更为合理。开福区方言的一部分阳去字在文读或读书时会改读为阴去，但仍有习惯读阳去的。另外，有一些字只有阳去一个读法。因此，开福区方言的去声仍须分阴阳两个调类。又，开福区方言的入声字读音起点比 2 略低

和普通话一样，开福区方言的阳平调是从古汉语平声调字的浊声母字分化而成的一个调类。所不同的是，开福区方言的去声调也从古汉语去声调中分出了一个阳去声调。此外，宋元以后，古汉语入声调由逐渐消失 P、t、k 促声韵尾到彻底消失，在普通话里入声字“乱派四声”融入阴平、阳平、上声和去声之中，开福区方言则完整地保留了古代汉语的入声而自成一个调类，其中的例外字仅 20 来个而已。例外字多为去声，如:“亿”“忆”“幕”等，读平声的有“扑”“摸”“拉”“昨”“蟋”5个。

4. 声韵配合关系

开福区方言的语音内部结构的音韵配合关系如表 22-2。

表 22-2　　音韵配合关系表

声＼韵	开口呼	齐齿呼	合口呼	撮口呼
p p^h m	班攀忙	边偏棉	布普〇	〇〇〇
f	番	〇	胡	〇
t t^h l	单滩男	低梯里	〇〇〇	〇〇〇
ʦ ʦ^h s z	簪餐三让	〇〇〇〇	〇〇〇〇	〇〇〇〇
ʨ ʨ^h ȵ ɕ	〇〇〇〇	鸡欺泥西	〇〇〇〇	居区女书
k k^h x	甘康酣	〇〇〇	关匡〇	〇〇〇
ŋ	安	〇	〇	〇
Ø	阿	衣	乌	淤

5. 文白异读

文白异读是指同一个字有文言（书面语）读音和白话（口语）读音的不同，有两个或几个不同的读法。开福区方言也有为数不少的文白异读现象。

例如：

牙：拾人牙〔ia〕^{13}慧——牙〔ŋ a〕^{13}齿

野：野〔ie〕^{42}营——野〔ia〕^{42}猫子

射：射〔sə〕^{45}击——射〔sa〕^{45}石头——眼泪水直咯射〔sa〕^{21}

驾：驾〔tɕiɑ〕^{45}驶——驾〔ka〕^{45}船

架：打架〔tɕia〕^{45}——架〔ka〕^{45}子床

上述例字中，前者为文读，后者为白读，开福区方言的文读音均呈现出向普通话靠拢的趋势。

二、词汇

和普通话相比较，开福区方言词汇多数与普通话一致，其构词方法与结构类型也高度吻合。但也有许多不同的地方，如独特的构词材料和不同的表义方式等。此外，开福区境内方言中还存在部分有音有义但没有字的词汇现象。这些，体现了开福区方言的词汇特点。

兹分类略举如下：

1. 名词：扫把星——①慧星；②不吉利的人　（足拜）子——跛子　光蒂油——秃子　水老倌——行为着装不正经的人　线车子——自行车　圳〔tɕyn〕^{45}——田间通水的小沟　墈〔k^{h}o〕^{45}——水、塘等的岸边　叫鸡——公鸡　断黑——傍晚　爹爹——爷爷　蛤蟆——青蛙　吸铁石——磁石　堂客——妻子　檐老鼠——蝙蝠　菢鸡婆——孵小鸡的母鸡　颈根——脖子　毛毛——婴儿　洋咪咪——蜻蜓　茅司（室）——厕所

2. 动词：

谈讲——聊天　　跍〔ku〕^{13}——①蹲②停留　服鳅〔tsəu〕^{33}——服输

斢头——回头　　眝〔ku〕^{42}——瞪大眼睛　畣〔t^{h}ai〕^{42}视——轻视

賯〔xəu〕^{13}——贪　嚏〔ts^{h}ən〕^{45}——吵嘴　吆〔ya〕^{45}——大声喊叫

抈〔yẽ〕^{42}——折、弄断　睽〔tɕ^{h}i〕^{24}——近视　哆〔ts^{h}a〕^{33}——张开口

擿〔ts^{h}ɿ〕^{33}手——伸手　弆〔kə〕^{42}——（把东西）藏起来　抻〔ts^{h}ən〕^{33}腰——伸腰　喫〔tɕ^{h}ia〕^{13}饭——吃饭　信謶〔so〕^{45}——轻信别人的欺骗言行　鞏〔kon〕^{45}——钻　颂〔ŋon〕^{24}汐〔mei〕^{21}子——潜水　检场——整理　訬〔ts^{h}o〕^{24}白——扯谎　捡篓〔ləu〕^{42}子——占便宜　打屌胯——一丝不挂　打

野〔ia〕^{41}——心不在焉　谩它〔to〕^{13}——批评　翻耙——翻脸、不兑现承诺　嗍〔so〕^{33}——吸气、吮吸　抍〔ton〕^{24}——举

3. 形容词

门口——附近　盖世——最好的　绿——情况不好或事情弄糟了　膠腮(ȵia)^{45}(sai)^{33}——好　灵泛——聪明　滑跳——做事能随机应变　富态——身材丰腴、气质富贵　捩〔lie〕^{45}——不正　戗〔tɕʰian〕^{45}——斜 湖里马大海——办事糊涂无章法，粗心。

长沙方言的形容词具有丰富的表现形式：

① XA 式

例如：绷紧的；刷白的，墨黑的、稀糟的、滚烽〔o〕^{45}的（很烫）、滑苦的、臼酸的、蜡软的、令燶〔tsau〕^{33}的（很脆）、崭平的、浏〔liəu〕^{45}清的、壁直的、喷〔phən〕^{45}香的、津咸的、拍实的、刮瘦的、乌青的、泛亮的

② 其他形式

很多八多、沤热子热、干冷子冷、擂急火急、牛高马大、严〔ŋ an〕^{13}丝密缝、扭头砑〔ŋ a〕^{24}颈、扬五六成（羊舞鹿尘）、鬼五十七（鬼舞尸起）、痒兮兮的、疲癃残疾、熨斯熨贴、火星烦躁、死呆八板、罗里巴唆、作古正经

4. 副词

刚合——恰巧　如势——正好　独如——恰巧　流时——连忙　原直——仍然　特事——特地　横去〔kʰə〕^{45}——反正　罗呵——即将　崽不——也许　以莫——索性　前世——根本、从来　是咯——不停地

5. 有音无字的词

开福区方言词汇中，存在一些有音无字的词。

例如：□〔lie~〕^{21}（“□”表示有音无字的例字，下同）常——常常　□〔tɕia〕^{13}多粒多——罗嗦　□〔pia〕^{21}泻〔ɕia〕^{45}的——很烂、□〔kon〕^{24}黄的——很黄、打□〔lin〕^{33}它子——暗中害人、□〔tgai〕^{42}雨——淋雨、□〔tsa〕^{24}眼睛——眼一闭一合、□〔tshon〕^{42}车子——推车、发□〔ɕin〕^{42}气——作出蠢事

这里有两种情况，其一，汉字是记录汉民族共同语的书面语言。方言中多有口语性词汇，而且，方言与普通话有着许多不同，因此，有些方言词汇汉字中没有合适的字来记录它，这注定了方言中永远存在着有音无字的现象。其二，这类词是古汉语词汇的词义、字音的保留。但随着语言的发展，它们在现代汉语中已发生变化，一般人已找不到它的本字了，而要找到它的本字，则需要专家学者用专业手段才能考证出来。如杨树达先生《积微居小学金石论丛·长沙方言考（续考）》援引古籍数十种，根据音同、音近、音转的关系考求长沙方言本字，共考出125个方言词，大多已被后人采纳。

三、语法

开福区境内的方言，在虚词及语序和句式上也存在一些自己的特色，兹分别略举数例如下：

表 22–3　　特殊虚词简表

虚词	例句	说明
咖	我麻起胆子打咖九回	作补语，表完成时
哒	后背又到一中读哒半年书	作补语，表完成时
咖哒	我把床单洗咖哒	作谓语，表已然状态
咖……哒	我们班换咖一个组长哒	作谓语，表已然状态
着	我不是去梳下头着	作补语，表已然状态
起	毛衣打起哒	作补语，表结果或持续状态

表 22-4　　特殊语序简表

普通话	开福区方言	说明
他美美地吃了一餐	他吃咖一餐好的	状语“好的”后置于动词后
我狠狠地骂了他一顿	我骂咖他一顿好的	状语“好的”后置于动词后
吃得完这碗饭	吃得咯碗饭完	补语“完”后置于宾语后
搬得动这块砖	搬得咯块砖动	补语“动”后置于宾语后

表 22-5　　特殊句式简表

普通话	开福区方言	说明
我能走	我走得	表状态的状语“得”后置于动词“走”后
这事不能着急	咯事着急不得咧	否定词“不得”后置于动词“急”后
他一餐饭吃得完两斤米	他一餐吃得两斤米完	宾语“米”插入表示结果的动补动结式中
他在家里啥事也不做	他在屋里连不做一点事	动量词“一点”置于动词“做”后
他一点都不谦虚	他连不谦虚一点	状语“一点”后置于动词
你犯不着跟他吵	你不犯着跟他吵	否定词“不”放在动词前
你第一个看，我第二个看，他最后看	你看头，我看二，他看末	状语“头”“二”“末”后置于动词后

四、方言语料

1．童谣《坛子罐，罐子坛》

坛子罐，罐子坛，tan^{13} ʦɿ^{0} ko~^{45}, ko~^{45} ʦɿ^{0} tan^{13},

讲起个岳麓山就真好玩。kan^{42} ʨʰi^{42} ko^{45} io^{24} ləu^{24} san^{33} ʨiəu^{21} ʦən^{33} xau^{42} uan^{13}.

云麓宫，最高峰，yn^{13} ləu^{24} kən^{33}, ʦei^{45} kau^{33} xən^{33},

下去就是自来钟。ɕia^{21} kʰə^{45} ʨiəu^{21} sɿ^{21} ʦɿ^{45} lai^{13} ʦən^{33}.

自来钟，几千年，ʦɿ^{45} lai^{13} ʦən^{33}, ʨi^{42} ʨʰie~^{33} ȵie~^{13},

下去就是白鹤泉。ɕia^{21} kʰə^{45} ʨiəu^{21} sɿ^{21} pə^{24} xo$^{24-33}$ ʨie~^{13}.

白鹤泉的水真好吃，pə^{24} xo$^{24-33}$ ʨie~^{13} ti^{0} ɕyei^{42} ʦən^{33} xau^{42} ʨʰia^{24},

下去就是五伦塔。ɕia^{21} kʰə^{45} ʨiəu^{21} sɿ^{21} u^{42} lən^{13} tʰa^{24}.

五伦塔，平又平，u^{42} lən^{13} tʰa^{24}, pin^{13} iəu^{45} pin^{13},

下去就是爱晚亭。ɕia^{21} kʰə^{45} ʨiəu^{21} sɿ^{21} ŋai^{45} uan^{42} tin^{13}.

爱晚亭，八只角，ŋai^{45} uan^{42} tin^{13}, pa^{24} ʦa^{24} ko^{24},

下去就是湖南大学。ɕia^{21} kʰə^{45} ʨiəu^{21} sɿ^{21} fu^{13} lan^{13} ta^{45} ɕio^{24}.

湖南大学真好过，fu^{13} lan^{13} ta^{45} ɕio^{24} ʦən^{33} xau^{42} ko^{45},

下去就是二里半。ɕia^{21} kʰə^{45} ʨiəu^{21} sɿ^{21} ə^{21} li^{42} po~^{45}.

二里半就真难走，ə^{21} li^{42} po~^{45} ʨiəu^{21} ʦən^{33} lan^{13} ʦəu^{42},

下去就是湘江口。ɕia^{21} kʰə^{45} ʨiəu^{21} sɿ^{21} ɕian^{33} ʨian^{33} kʰəu^{42}.

湘江口，搭轮渡，ɕian^{33} tɕian^{33} kʰəu^{42} ta^{24} lən^{13} təu^{45}，

一搭搭得五一马路。i^{24} ta$^{24-33}$ ta^{24} tə^{24} u^{42} i$^{24-21}$ ma$^{42-21}$ ləu^{45}.

五一马路铺子多，u^{42} i$^{24-21}$ ma$^{42-21}$ ləu^{45} pʰu^{45} tsɿ^{0} to^{33}，

糖粒子饼干往口里嗍。tan^{13} li^{45} tsɿ^{0} pin^{42} kan^{33} uan^{21} kʰəu^{42} li^{42} so^{33}.

2．快板《新旧南门口》

刚才报幕员把幕报，kan^{33} tsai^{13} pau^{45} mo^{45} ye~$^{13-21}$ pa^{42} mo^{45} pau^{45}，

要我来讲一段莲花闹。iau^{45} ŋo^{42} lai$^{13-21}$ kan^{42} i^{24} to~^{21} lie~^{13} fa^{33} lau^{45}.

讲莲花闹我冇开过张，kan^{42} lie~^{13} fa^{33} lau^{45} ŋo^{42} mau^{21} kʰai^{33} ko^{45} tsan^{33}，

走上台来心里慌。tsəu^{42} san^{21} tai^{13} lai$^{13-33}$ ɕin^{33} li^{42} fan^{33}.

大家鼓掌又发笑，tai^{21} ka^{33} ku^{42} tsan^{42} iəu^{21} fa^{24} ɕiau^{45}，

不讲会说我扳翘。pu^{24} kan^{42} fei^{21} ɕye^{24} ŋo^{42} pan^{33} tɕʰiau^{45}.

我三脚二步走上台，ŋo^{42} san^{33} tɕio^{24} lian^{42} pu^{21} tsəu^{42} san^{21} tai^{13}，

打起莲花闹唱起来。ta^{42} tɕʰi$^{42-21}$ lie~^{13} fa^{33} lau^{45} tsʰan^{45} tɕʰi$^{42-33}$ lai^{13}.

自从四九年得解放，tsɿ^{45} tsən^{13} sɿ^{45} tɕiəu^{42} ȵie~$^{13-21}$ tə^{24} kai^{42} fan^{45}，

国家的面貌大变样。kuə^{24} tɕia^{33} ti^{0} mie~^{45} mau^{45} tai^{21} pie~^{45} ian^{45}.

远的不讲讲近的，ye~^{42} ti^{0} pu^{24} kan^{42} kan^{42} tɕin^{21} ti^{0}，

单讲那个长沙的省城里。tan^{33} kan^{42} la^{45} ko^{45} tsan^{13} sa^{33} ti^{0} sən^{42} tsən^{13} li^{0}.

省城里有个南门口，sən^{42} tsən^{13} li^{0} iəu^{42} ko^{45} lan^{13} mən^{13} kʰəu^{42}，

一讲大家都清楚。i^{24} kan^{42} tai^{21} ka^{33} təu^{33} tɕʰin^{33} tsʰəu^{42}.

……

提起过去的南门口，ti^{13} tɕʰi$^{42-21}$ ko^{45} tɕʰy^{45} ti^{0} lan^{13} mən^{13} kʰəu^{42}，

有事莫往那里走。mau^{21} sɿ^{21} mo^{24} uan^{21} la^{45} li^{0} tsəu^{42}.

几条小小的麻石街，tɕi^{42} tiau$^{13-21}$ ɕiau^{42} ɕiau^{42} ti^{0} ma^{13} sɿ^{24} kai^{33}，

破烂摊子两边排。pʰo^{45} lan^{21} tʰan^{33} tsɿ^{0} lian^{42} pie~^{33} pai^{13}.

屎尿臭水到处流，sɿ^{42} ȵiau^{21} tsʰəu^{45} ɕyei^{42} tau^{45} tɕʰy^{45} liəu^{13}，

蚊子苍蝇碰鼻头，uən^{13} tsɿ^{0} tsʰan^{33} in^{33} pʰən^{45} pi^{24} təu^{13}.

人又多，路又窄，zən^{13} iəu^{21} to^{33}，ləu^{21} iəu^{21} tsə^{24}，

清早挤得到断黑。tɕʰin^{33} tsau^{42} tɕi^{42} tə^{0} tau^{45} tən^{21} xə^{24}.

……

第二十三篇　街道、乡镇概况

长沙市开福区2012年年末现辖清水塘、望麓园、通泰街、湘雅路、东风路、伍家岭、新河、四方坪、洪山、芙蓉北路10个街道，捞刀河、青竹湖、新港3个镇。1996年前，10个街道分别为长沙市北区、西区和长沙县的行政区域。3个镇分别属于长沙市郊区和长沙县、望城县的行政区域，1996年划入新成立的长沙市开福区。

作为开福区所辖的行政区域，开福区人民政府在10个街道设置派出机构街道办事处。在3个镇建立基层政权镇人民政府。长沙市公安局开福区分局在各街道和各镇设置派出所。各街道办事处之下，划设社区，现有社区共81个，人口46.13万人。各镇之下划设社区和村，现有社区和村共48个，人口9.6万人。

1989—2012年，各街道、镇发挥所在区域的自然、历史条件与优势，招商引资，开辟市场，推进城市化进程，发展现代商业、金融业、制造业、建筑业、农业和旅游业，使经济得到很大的发展。各街道、乡镇加强基础设施与市政建设，推动科学技术、文化教育、医疗卫生、体育事业的发展，加强社会保障体系的建设，提高人民群众的就业率、医疗保险率和基本养老水平，促进人民生活水平的提高和社会的进步与发展。

第一章　乡镇概况

一、捞刀河镇

名称由来　因辖区内有捞刀河穿境而过得名。捞刀河古名涝塘河，相传三国时名将关羽的青龙偃月刀不慎坠落于此，部将周仓在此河段捞起，故名捞刀河。

区位四至　地处长沙市开福区东北部，东临白沙河，与长沙县安沙镇一衣带水；南临捞刀河，与开福区洪山街道隔河相望；西部由南向北，依次与开福区新港镇、青竹湖镇毗连；北与长沙县北山镇搭界。镇人民政府驻中青路板塘村路中段。

建置沿革　捞刀河地区原属长沙县高岭乡，1989年更名捞刀河镇。1995年长沙地区拆区并乡之后，长沙县沙坪乡并入，仍名捞刀河镇。1996年，长沙城区区划调整，由长沙县划至长沙市开福区。

辖域区划　2012年年末，捞刀河镇辖捞刀河、彭家巷、沙坪3个社区；大安、板塘、大明、高岭、捞刀河、凤羽、中岭、白霞、大星、罗汉庄、伍家岭、汉回、乌溪、广胜、金霞、钟石、茶子山、高源、自安、成功、竹坡、双湖、海塘、告塘24个行政村。下设29个居民小组，302个村民小组。

人口面积　2012年年末，辖区总人口58500人，以汉族为主，57999人，占99.14%。辖区内有长沙地区唯一的少数民族村——汉回村，村中有回族501人，占总人口的0.86%。辖区东西最大距离9.60千米，南北最大距离13.06千米，总面积94平方千米。

自然条件　地处湘中丘陵向洞庭湖平原过渡地带。地势北高南低，地形中部为丘陵，呈西北往东南走向，南部为捞刀河中下游冲积平原，其中苏托垸为捞刀河镇不可多得的万亩堤垸。辖区最高峰竹家垄南，位于成功村，海拔114.80米，最低点山窑潭西北，位于凤羽村，海拔28米。辖区河道属湘江流域，主要河道有二级河捞刀河，流经镇区11.40千米；三级河白沙河，流经镇区10.80千米。辖区矿产资源主要为麻石（又名花岗岩，亦名黑云母，长石），集中分布在金霞村一带，属于全国有名的丁字湾麻石矿脉带。辖区内主要自然灾害有旱涝、暴风雨、冰冻、雷击、泥石流等。暴雨、风灾易发于每年4月至7月春夏间，持续时间短，造成损失大，导致民房受损、倒塌。洪涝灾害多发于4月至6月，干旱多发于7月至11月。

基础设施与市政建设 辖区内有绕城高速、北二环、中青路、兴联路、老长湘路、长青公路、卫沙公路等与干线交汇。2006年，绕镇公路建成，惠及13个村（社区），改变了捞刀河东北片区交通闭塞的局面。2011年，车站北路延长线开始建设。2012年，车站北路捞刀河大桥项目、青竹湖大道东沿线顺利施工。至2012年，已经实现村村通公路，其中省道长湘公路12千米，县道38千米，乡村公路423千米；辖区铺设干线水管5千米，生活用水8万吨，居民自来水普及率20%，年人均生活用水50吨；铺设排水管道14千米，建设排水泵站5座，排水量20万吨。辖区拥有双湖50万伏，中岭、高源22万伏变电站（所）3座，主变压器170台，总容量2.7兆伏安，高压输电线路3条，总长度800千米，用电负荷40千瓦，年售电量累计完成5000万千瓦时，综合电压合格率100%，供电可靠率100%。辖区内有由兰州经郑州的长输油管道和西汽东输天然汽管道过境到星沙。辖区有邮政局2个，代办所3个，电信企业3家，服务网点142个。辖区有公园4个，面积20公顷，其中公共绿地15公顷，绿化覆盖率85%。

经济概况 辖区耕地面积2320公顷，人均0.04公顷，林地面积4046.67公顷。粮食作物以水稻为主，主要经济作物为蔬菜，主要品种有白菜、黄瓜、豆角、辣椒等；畜牧业以猪、家禽为主；渔业以鲫鱼、鲢鱼、草鱼、鳊鱼为主，可用于水产养殖水面65.40公顷。因地处长沙市近郊，城市化、工业化不断推进，农业生产比重逐年下降，为综合治理环境污染，生猪饲养也将逐步退出。辖区经济以机械制造、湘绣、建筑、乡村旅游为主，镇政府依托沙坪工业组团和大明工业园，加大招商引资引企力度，成功引进台湾统一集团、地宝龙、新源石油、山河实业、富马科、武汉佳海标准厂房等多家知名企业。捞刀河镇号称“建筑之乡”，拥有高岭、顺天、沙建、捞刀河、品诚5家国家特级和一级建安企业。捞刀河镇沙坪是中国四大名绣之一湘绣的发源地，集中了金球、天利、天泰、手牌服饰等14家全国知名湘绣企业，2012年，产值逾2亿元，外贸出口680万美元。辖区有各种观光休闲农业企业21家，已成为长沙有名的休闲观光农业旅游乡镇，其中比较著名的有海天山庄、和道源、大明山庄、良家庄、河冲山庄等。沙坪风情小镇，核心景区所在地沙坪湘绣文化广场，有湘绣博物馆、湘绣名人馆、湘绣工艺体验馆、湘绣艺术馆、绣乡食府等仿古建筑，已成为游客集散、休闲、娱乐、购物的综合性文化广场。汉回民俗文化村，有回族原生态文化，村内有佛教铁炉寺、伊斯兰教清真寺。长沙园林生态园，位于捞刀河镇罗汉庄村捞刀河畔，为湖南百里花卉走廊的龙头，植物的大观园和博物馆，是集园林科研、花卉苗木生产、科普教育、园艺展示、旅游度假、休闲娱乐于一体的现代园林生态园。辖区内土特产品有沙坪社区的湘绣绣品和捞刀河社区的刀剪。辖区有城乡集贸市场2个，大型“赶集”市场4个。2012年，完成农村经济总收入180亿元，地方财政税收3308万元，规模工业总产值51.70亿元，引进省外境内资金3.78亿元，合同外资2784万美元，全社会固定资产投资45.15亿元，社会消费品零售总额17.09亿元，农民人均可支配收入2.58万元。

社会发展 2012年年末，辖区有文化艺术院团3个，文化站1个，市民文化广场2个，村级文化活动中心27个；公共图书馆（室）34个，藏书6万册。2012年年末，辖区有幼儿园13所，小学9所，初级中学2所，初中适龄人口入学率、小升初升学率、九年义务教育覆盖率均为100%。2012年年末，辖区有科研机构1个，省级重点实验室1个，省级工程技术研究中心2个，博物馆1个，各类科技人员1000余人，湖南省种鱼场，在“芙蓉鲤鲫”“湘华鲮”等选育和推广上，获得4项国家专利和奖项。2012年年末，辖区有各级各类医疗卫生机构27个，其中有医院1所，乡镇卫生院2所，村卫生室24所。2012年年末，辖区有学校体育场5个，室外看台设座椅400张，75%的村安装了健身器材，广场舞是村民娱乐健身的流行节目，在全镇24个行政村实施农民体育健身工程，经常参加体育活动的人员占常住人口的34%。2012年年末，享受城镇最低生活保障户数324户，人数617人，支出171万元，比上年增长22%；居民医疗保险参保人数41200余人，享受城乡低保1523户，支出583万元，比上年增长37%。农村“五保户”集中供养62人，支出84万元，比上年增长30%；农村“五保户”分散供养276人，支出79.50万元，比上年增长8%；农村医疗救助161人次，城乡临时救助435人次，支出20.80万元，比上年增长10.50%。新增城镇就业人数240人，下岗失业人员再就业155人，农村劳动力转移就业388人。

二、青竹湖镇

名称来历 因辖区内有1976年修建的一座山环水抱、风景优美的青竹湖水库得名。

区位四至 青竹湖镇地处长沙市开福区北部，东与开福区捞刀河镇相邻，南与开福区新港镇接壤，西、西北与望城丁字镇毗连，东北与长沙县北山镇搭界。镇人民政府驻太阳山路1号。

建置沿革 青竹湖地区原属长沙县捞刀河镇和望城县霞凝乡。1996年由长沙县、望城县划至长沙市开福区。2003年6月，在已设置的青竹湖外商城和青竹湖生态科技（产业）园的基础上，经湖南省民政厅批准从捞刀河镇划入5个村、新港镇划入2个村成立青竹湖镇。

辖域区划 2012年年末，青竹湖镇辖太阳山、霞凝、天井、新源、群力、青竹湖畔、金盆丘、植基8个社区，下设76个居民小组。

人口面积 辖区东西最大距离约4.8千米，南北最大距离约7.20千米，总面积约21平方千米。其中陆地17.40平方千米，占83%；水域3.6平方千米，占17%。2012年年末，辖区总人口13668人，其中城镇常住人口11267人，另有流动人口1850人；人口出生率9.29‰，死亡率5.99‰。

自然条件 青竹湖镇地处湘中丘陵向洞庭湖平原过渡地带。地势北高南低，地形北部、中部多丘陵，西南多湖塘，境内最高峰为三宫殿，位于新源社区，海拔234.80米，最低点位于金盆丘社区，海拔37米。辖区内河道属湘江流域，主要有二级河沙河，流经镇区1千米。全镇水域面积120公顷，有青竹湖水库、立新水库、太阳山水库、星月水库、砂塘水库、白石塘水库、灰尘坡水库共水库塘坝7座，其中立新水库为小（一）型水库，东西宽约0.23千米，南北长约0.02千米，总面积为11.33公顷左右。

基础设施与城镇建设 辖区内市政基础建设已初具规模，形成"四纵四横"城市路网，境内有青竹湖大道、太阳山路、星月路、南一道、西二路、北二道、中青路、青竹湖大道延长线、北一道、西一路、天井路、球场路，总计约24.20千米，西临湘江千吨级深水港。给水、排水、天然气、电力、电讯、公交、网络等已基本配套，学校、医院、影剧院、图书馆、派出所、森林公园等城市公共设施日趋完善。辖区内风景优美，太阳山森林公园占地面积5平方千米，是集资源保护、开发、建设于一体的城市森林公园，内有太阳山、高尔夫、砂塘、立新四个核心景观区。至2012年，已修建水面及登山环道、环湖游道、景观亭等设施，基本建成可供游人观赏的植物多样性、景观多样性、空间多样性森林公园，2008年被评为省级森林公园。青竹湖国际高尔夫球会是湖南首家国际标准高尔夫球场，占地140万平方米，其中湖面26万平方米。球场设计具有浓厚的欧美风韵，湖区造型各异的山脊错落分布，环湖球道地势高低起伏。

经济概况 辖区内耕地面积400公顷，人均0.04公顷，林地面积800公顷。2012年，农业总产值1250万元，粮食作物以水稻为主。2012年，生产粮食1900吨，人均184千克。主要经济作物为蔬菜、油菜等。2012年，蔬菜种植面积133.33公顷，产量2100吨，主要品种有韭菜、大葱、西红柿等。畜牧业以猪、家禽为主。2012年，生猪饲养量1.20万头，年末存栏8500头；鸡、鸭、鹅等家禽年饲养量1.90万羽。山林计733.33公顷。辖区内渔业以四大家鱼为主，可用于水产养殖水面120公顷。2012年，人工水产养殖50公顷。2012年，拥有大型农业机械30台（辆）；农民人均收入21231元。2012年，辖区内工业总产值达到2.64亿元，比上年增长25%。规模工业完成增加值2.05亿元，增长100%，规模工业企业盈亏相抵后实现利润4000万，工业对经济增长的贡献率超过8%，工业企业实现税收560万元，规模工业企业吸纳就业人数1400人。2012年年末，辖区内社会商品零售额总额达3.09亿元。2012年，进出口总额3000万美元；主要产品有电子报刊、美容装饰品等，销往日本、韩国等6个国家和地区。辖区有城乡集贸市场1个，年总成交额4500万元。2012年末，辖区内财政总收入4615万元，比上年增长10%。其中地方一般预算收入3475万元。完成营业税3020万元，增值税3万元，企业所得税52万元，个人所得税81万元，其他税收1267万元，人均财政收入535元。2012年末，辖区内有银行业金融机构1家，农村商业银行1家。银行业金融机构各项存款余额3.70亿元，新增6094万元。

社会发展 2012年年末，辖区内有幼儿园3所，在园幼儿310人，专任教师26人；小学3所，在校学生580人，专任教师44人，小学适龄儿童入学率100%；九年一贯制寄宿学校1所，专任教师257人，初中在校学生3120人，小学在校学生980人，初中适龄人口入学率、小升初升学率、九年义务教育覆盖率均达100%。学校在编在岗教师301人，其中特级教师5人，高级教师31人，全国优秀教师8人，省级优秀教师10人，省市级骨干教师55人，国家级裁判4人，国家级赛课一等奖11人次。学校校园面积12.88万平方米，校舍面积4.99万平方米，教学功能室46个，图书10.53万册。青竹湖湘一外国语学校的实验室、舞蹈室、美术室、音乐室、计算机室、校园监控室、校园电视台、医务室等一应俱全，教学、生活、运动相对分区，有机结合，浑然一体，为九年义务教育的实施创造了良好的硬件环境。2012年，财政预算内教育经费20万元，比上年增长20%，预算内教育经费占财政总支出比例为6.25%，比上年增长12%。2012年年末，辖区内有区级图书馆、影剧院各1处，有镇文化站1处，外来务工人员俱乐部1处，有社区文体活动中心8处，农村文化屋场2处，镇级文艺团队1支，村级文艺团队8支，参与人数450人。各类图书室12处，藏书10万余册。2012年年末，辖区内有乡镇卫生院1所，社区卫生服务室8个。参加新型农村合作医疗10081人，参保率100%。2012年年末，辖区内有学校体育场4个，看台座椅2000张，社区安装了健身器材，经常参加体育活动的人员占常住人口的35%。2012年年末，辖区内有城市最低生活保障5户，人数6人，农村最低生活保障357户，人数750人；医疗救助67人，国家抚恤、补助各类优抚对象44人，抚恤金20万元；参加新型农村养老保险2276人，参保率100%。

三、新港镇

名称来历 因辖区内有长沙新港深水码头得名。

区位四至 新港镇地处开福区西北部，东与捞刀河镇相邻；南临捞刀河与芙蓉北路街道隔河相望；西濒湘江与望城县星城镇隔江遥对；北部由西向东，依次与望城县丁字镇、开福区青竹湖镇、捞刀河镇搭界。

建置沿革 新港镇原属长沙市望城县霞凝乡。1996年6月，由望城县划至开福区，2000年9月，撤销霞凝乡、设立新港镇。镇人民政府驻宿龙桥社区。

辖域区划 2012年年末，新港镇辖宿龙桥、戴家河、大塘基、霞凝港、综合场、新安寺、兴联7个社区，金霞、鹅羊山、荷叶、湘粤、大塘、竹隐6个行政村，下设53个居民小组，85个村民小组。

人口面积 2000年，辖区总人口20668人。2012年，辖区总人口23844人，其中常住人口16833人，流动人口7011人。辖区东西最大距离3.40千米，南北最大距离7.65千米。总面积31.40平方公里，其中陆地26.87平方千米，占85.57%；水域4.53平方千米，占14.43%。

自然条件 地处湘中丘陵向洞庭湖平原过渡地带，地势由东南向西北渐次降低. 水流注入湘江，地形东南部多山丘，如鹅羊山、秀峰山、母山等，境内最高峰鹅羊山，最低点新屋冲子。年平均降水量1410.80毫米，平均降水日数（包括下雪）165天，无霜期274天。境内河道属湘江流域，主要有二级河捞刀河、沙河。捞刀河自宿龙桥社区东入境，由东北向西南，汇入湘江，流经镇区总长14.60千米，河网密度0.54千米/平方千米。全镇水域面积73.33公顷，有小（二）型水库1座，有湖泊山塘水坝264个，其中枫树湾水库东西宽约0.32千米，南北长约0.21千米，总面积4公顷。主要自然灾害有洪涝等，多发于4月至9月，干旱多发于7月至10月，其中1998年7月爆发特大洪灾，五合垸、太平垸、金竹垸、袁家湖垸、顺口湖垸、跃进垸、霞凝垸地段出险，自然灾害受灾人口200人次，紧急转移安置20人次，倒塌房屋15间，救灾支出10万元。

经济概况 1989年，农业总产值、粮食总产量分别为772万元、8800吨。1992年，分别为1252万元、9708吨。2002年，实施“农业改制”工程，稻改菜、改渔、改经济作物433.33公顷，改制率76.50%。到2012年年底，耕地面积300.87公顷，人均240平方米，林地面积598.67公顷。2012年，农业总产值1.76亿元，占国内生产总值11.23%。畜牧业以牲猪为主，牲猪饲养量1989年，为2.51万头。1992年，增至2.69万头。2012年，生猪饲养量1.20万头，年末存栏0.83万头，畜牧业总产值3100万元，占农业总产值的21.14%。渔业以养殖、捕捞为主，1989年鲜鱼产量，为2120担。1992年，为3213担。2012年，人工水产养殖47公顷，水产品总产量650吨，主要品种为淡水鱼类，渔业总产值830万元，占农业总产值的4.53%。1989年，乡镇企业总产值、工业总产值分别为1872万元、1012万元。1992年，分别为2400万元、1810万元。1998年，企业总产值、农业总产值、财政收入、人均纯收入分别为4.55亿元、1659万元、201万元、2292元。2001年，企业总产值、农业总产值、财政收入、人均纯收入分别为7亿元、2169万元、500万元、2924元。固定资产投资由2006年的15.90亿元增加到2012年的64.48亿元。规模工业生产总值由2006年的3000万元增加到2012年的12.80亿元。2012年完成财税任务8788万元、内联引资固定资产投资3.16亿元、引进省外境内资金1.69亿元、三资企业销售1.54亿元。2003年，湖南粮食中心批发市场、长沙物流配送中心项目启动建设，招商引资突破1亿元。社会消费品零售总额由2006年的2.77亿元增加到2012年的7.66亿元。2012年，外贸进出口2615万美元，主要产品有机电产品、高新技术产品、化工产品以及金属轧机及零件产品，销往欧盟、美国、日本、韩国等10余个国家和地区。2008年，华江·乐天花亭、北湾景园、山语城、创远·湘江一号商业住宅楼盘开盘销售，恩瑞物流、宏吉、开泰、法利达、福兴隆、青竹湖小区南片启动建设，掀起以现代物流、房地产业为龙头的项目建设高潮，2012年，配合金霞开发区引进九州通医药物流基地项目，总投资达1.20亿元；与香江集团签订《中南现代商贸物流城建设运营整体框架合同》，签约金额500亿元。农民人均收入由1989年的627元增至2012年1.72万元，增长27.43倍。2008年至2011年，连续四年跻身长沙市“十强乡镇”。

社会发展 2012年年末，辖区有文化艺术院团16个，从业人员640人，其中高级职称8人，中级职称20人；文化馆（站）1个，建筑面积2000平方米，市民文化广场14个，村级文化活动中心6个；公共图书馆（室）6个，建筑面积200平方米，藏书3万册。2012年年末，辖区有幼儿园7所，在园幼儿736人，教师20人；高中1所，初中1所，小学（含教学点）7所，植基中学、兴联小学为市级“示范性学校”，在编教职工200人，中小学生2923名，初中适龄人口入学率、小升初升学率、九年义务教育覆盖率均达100%。2012年年末，辖区有独立科研与技术开发机构2个，科技人员13人。2001年，创建爱婴医院和南城坡卫生分院。2012年3月15日，由中南大学湘雅医院全面托管的长沙泰和医院正式运营，为省卫生厅批复设置的三级综合医院。2012年年末，辖区有各级各类医疗卫生机构12个，其中有医院2所，乡镇卫生院1所，村卫生室9所，有床位2077张，每万人拥有病床800张，专业卫生人527人，其中执业医师226人，执业助理医生11人，注册护士290人。2012年年末，新型农村合作医疗参合人数12791人，参合率100%，统筹地区政策范围内平均住院补偿率100%，孕产妇住院分娩率100%，免费婚检率100%。农村安全饮用水普及率100%，农村卫生厕所普及率100%。2012年年末，辖区有体育场馆7个，60%的村安装了健身器材，全镇9个村（社区）实施了农民体育健身工程，经常参加体育活动人员占常住人口的38%，人均寿命达79岁。街道有社区服务设施35个，其中社区服务中心7个，社区服务站7个，其他社区服务设施21个；慈善超市6个，2012年，接受社会捐款50万元；实现城镇新增就业615人，失业人员再就业120人，就业困难人员再就业30人，城镇登记失业率2.89%。2012年，发放城市低保13054人次，共计349万元，农村低保14660人次，共计197万元，做到应保尽保。随着城市化进程推进，自2006年以来，共完成50多个重点工程项目拆迁，总征地面积达686.67万平方米，拆迁房屋总面积72万平方米，涉迁群众6700余人；建成戴家河兴隆小区、新安寺恩瑞物流项目等12个安置小区。

基础设施与市政建设 新港镇地处长沙市北大门，湘江、捞刀河、沙河交汇于此，长沙新港、火车货运北站建成，石长线、二环线、三环线贯穿东西，芙蓉北路接通南北，形成“两横七纵”路网格局，交通便利，物流发达。2011年年末，城区公交汽车线路5条，运营总里程达13千米，公交运营车辆200辆，万人拥有量为70.13台，年客运量801.61万人次；出租车82辆，万人拥有量28.75台，年客运量238.05万人。2001年，按照“100年一遇”洪水标准，投资20余万元，对1998年水毁工程进行堤防加固，确保旱涝保收。2012年，辖区自来水，铺设干线水管8.90千米，年工业用水80.50万吨、生活用水60.02万吨，年人均生活用水22.50吨，居民自来水普及率65.40%；建设排水泵站4座，排水量110万吨。2012年，拥有110千伏及以上变电站（所）2座，主变压器4台，总容量1.10亿伏安，高压输电线路3条，总长度165.50千米，用电负荷17.61万千瓦，是长沙电网公司确定的1个重点粮库线电网之一，年售电量累计完成8572万千瓦时，综合电压合格率98.30%，供电可靠率100%。2012年年末，辖区有公园2个，公园面积49.15公顷，园林绿地面积24.90公顷，绿化覆盖率50.70%，人均绿地9.20平方米。

名胜古迹 鹅羊山，又名石宝山、东华山，傍湘江东岸。面积约120公顷，主峰海拔140.30米，雄立江滨，旷时千古。山多奇石，或踞或立，远望如鹅，如羊，故名。唐杜光庭著《洞天福地记》将其列为道教第二十二福地，传为成少卿升仙之处。旧有仙坛、炼丹台、鹅羊观等遗迹，宋代毕田有《鹅羊山》诗，明代王伟晚年筑北庄于鹅羊山下。鹅羊山旧有八景，今无存，今已辟为公园，供人游憩。秀峰山海拔120米，林木葱茏，地处长沙大城北中心地段，芙蓉北路与城市中环线交汇处的东北角部位，占地40公顷，明代王伟墓位于新港镇戴家河社区秀峰山麓。2000年8月，长沙市文物考古工作队在此发现明成化七年“御祭文碑”。捞刀河烈士陵园。位于开福区新港镇戴家河社区，今已无存。1941年12月底，约4万名日军沿粤汉铁路南犯，第三次进逼长沙。国军夏楚中部79军第98师坚守鹅羊山、捞刀河阵地，奋力阻敌，阵亡逾千人。1945年冬，国民政府将烈士遗骨掩埋在戴家河村观音塘山麓，并修建纪念陵园。陵园坐西北朝东南，沿石级而上，有用青砖砌成的三孔圆拱门楼，正上方嵌王甲本将军所题箔金大字“是为国殇”。进门楼后即阵亡将士墓群，全长约120米，底宽80米，随山势呈梯形向上延伸。忠烈遗体用木板钉成匣子装殓，一排一排安葬在此。陵园中有青砖四柱亭，亭中竖石碑。陵园顶端是一座花岗石建造的纪念塔，庄严肃穆。1958年大办水利和1959年修建京广铁路复线时，陵园建筑全部被拆毁，其石块都用作建筑材料。

第二章 街道概况

一、清水塘街道

名称来历 清水塘街道辖区内有新民主主义革命时期纪念地中共湘区委员会旧址（清水塘22号）。该宅原系长沙城东郊外民居，因宅前有两口水塘，上塘小而水浊，下塘大而水清，民取清者称为清水塘。

区位四至 清水塘街道地处长沙市开福区南部，东部由北向南，依次与开福区东风路街道、芙蓉区火星镇相邻；南与芙蓉区韭菜园街道接壤；西部由南向北，依次与开福区望麓园街道、湘雅路街道毗连。

清水塘街道办事处驻开福区清水塘路152号。

建置沿革 1989年，北区清水塘街道辖八一路、迎宾路、福康里、清水塘路、展览馆路、建湘中路、崇兴里、心安里、芙蓉路、博物馆10个居委会。1995年，居民4617户14070人。1996年北区清水塘街道更名开福区清水塘街道，同时划出八一路居民区。2001年，所辖9个居民区，调整合并后辖清水塘路、芙蓉路、迎宾路、展览馆路4个社区居民区。2006年，划入原上大垅街道砚正街、上大垅两个社区及望麓园街道便河边社区，同时划出芙蓉路社区部分辖区范围。

辖区区划 至2012年年末，清水塘街道辖迎宾路、清水塘路、芙蓉路、展览馆路、便河边、四季花城6个社区，下设85个居民小组。

人口面积 2012年年末，辖区总人口38264人，其中城镇常住人口22120人，另有流动人口16144人。总人口中，男性19400人，占50.70%，女性18864人，占49.30%；14岁以下4362人，占11.40%，15～64岁30382人，占79.40%；65岁以上3520人，占9.20%。总人口中以汉族为主，达37826人，占98.86%；有回、瑶、土家族等16个少数民族，共438人，占人口的1.14%。2012年人口出生率5‰，死亡率2‰，人口自然增长率3‰。辖区东西最大距离1.30千米，南北最大距离1.50千米，总面积2.93平方公里，其中陆地2.45平方公里，占83%；水域0.48平方千米，占17%。人口密度为每平方千米13059人。

经济概况　1989年，北区清水塘街道完成工业总产值2008万元，与1988年同期相比增长55.40%。华南机械厂的汽车平面轴承"988211"荣获1989年新产品证书。1997年，开福区清水塘街道完成工业总产值6333万元，比1996年增长36.30%，完成工业销售4884万元，比1996年增长35%；完成工业利用209万元，比1996年增长35%。华南机械厂实行企业改制，到1998年，起重厂、包装厂、金建厂全部改制完毕。2001年完成工业产值1.36亿元，销售1.31亿万元，利润652万元。2006年以后，因财税改革，街道工业发展情况不再进行专门统计。清水塘街道商贾较多，资金、信息、技术、商品等要素流动较快。如炮队坪古玩字画街、体育馆路文化体育用品街、营盘路餐饮娱乐休闲街和芙蓉路金融街、潇湘大酒店、三和大酒店、台湾钱柜KTV、金融大厦、新闻大厦等。1989年，完成工商销售2239.02万元，完成工商利润159.47万元。2001年，完成商业销售6.09亿元，利润2593万元。2011年社会商品销售总额达17.40亿元，其中限额以上企业实现社会消费品零售额14亿元。2012年末，完成社会消费品零售总额20.60亿元。完成固定资产投资21.58亿元，内联引资固定资产投资8.10亿元，引进省外境内资金3.15亿元，利用外资2320万美元。2001年完成国税、地税分别为60万、561万元。2011年财政总收入10.73亿元，其中地方一般预算收入2.74亿元。完成营业税1.84亿元，增值税566万元，企业所得税4470万元，土地增值税208万元，个人所得税1619万元，其他税收2103万元，人均财政收入4.85万元。2012年，因财税体制改革，统计口径发生变化，完成一般预算收入5324万元，其中国税473万元、地税4112万元。

社会发展　2012年年末，开福区清水塘街道有文化艺术院团1个，从业人员10人，其中高级职称3人，中级职称3人。有清水塘艺术团等群众艺术团体5个；有文化馆（站）1个，建筑面积200平方米；社区文化活动中心6处；有公共图书馆（室）1个，建筑面积40平方米，藏书3000册。2012末，有幼儿园4所，在园幼儿951人，专任教师81人；小学2所，在校学生1496人，专任教师84人，小学适龄儿童入学率100%。小升初升学率100%，九年义务教育覆盖率100%；普通高中1所，在校生3600人。2012年末，辖区有各级各类医疗卫生机构4个，其中医院2所，社区卫生服务站2所，病床400张，专业卫生人员230人，其中执业医师100人，执业助理医师30人，注册护士100人。2011年，医疗机构（门诊部以上）完成诊疗1.26万人次，住院病人手术160台次，出院病人4500万人次，病床使用率为82%。2所基层医疗卫生机构实施国家基本药物制度，实行基本药物零差率销售；城乡居民规范化电子健康档案建档率65‰。2012年年末，有体育场6个（标准场地1个，体育馆1座，运动场2个，游泳池2个），100%的社区安装了健身器材，经常参加体育活动的人员占常住人口的42%。2012年末，辖区有新闻出版单位2家，其中《第二课堂》杂志社创办于1985年2月，2012年出版12期，从业人员32人，期发行量36万册；《湖南交通科技》杂志社创办于1975年，期发行量16万册。2012年，辖区城镇最低生活保障户数222户，人数401人，支出9.75万元，月人均243元。国家抚恤、补助各类优抚对象21人，接收军队离退休干部3人，接收无军籍职工2人。社区服务设施58个，其中社区服务中心6个，社区服务站1个，其他社区服务设施51个。慈善超市4个，全年接受社会捐款18万元，捐赠物资折款1.50万元，接受捐赠衣被2.70万件，使680人（次）困难群众受益。实现城镇新增就业1676人，失业人员再就业426人，就业困难人员再就业158人，城镇登记失业率为2.76%。参加城镇基本养老保险650人，参加城镇基本医疗保险2544人，参加失业保险215人，参加生育保险2392人，全年共有141人次享受生育保险待遇，参加工伤保险175人，评定伤残等级210人。

名胜古迹　辖区有湖南省文物保护单位3处；中共湘区委员会旧址清水塘22号，保存完好，始建于1951年，面积153.30万平方米，其中水面面积67.60万平方米，是湖南省最大的集纪念与游览于一体的综合性公园；湖南省博物馆，占地面积5.70万平方米，建筑面积4500平方米，是全省珍贵文物荟萃之地，有举世闻名的长沙马王堆西汉墓出土文物陈列；长沙市博物馆，占地4.26万平方米，建筑面积达4万平方米。辖区还有便河边巷、炮后街、协操坪、经武门等老街古巷。便河边巷位于营盘街与芙蓉路交汇处东北面路边，原为长沙古护城河便河边的小巷。协操坪为清末护城河外新军第二十五混成协的操坪。经武门为清末新军操练时出入的城门。炮后街位于清水塘路与芙蓉路之间，因清末新军第二十五混成协四十九标炮队营曾驻扎此地而名，后形成街巷，又名炮队坪后街。2005年，炮后街的西门建一仿古炮台，基座刻“炮队坪后街”，为炮后街芙蓉路入口的标志。

二、望麓园街道

名称来历 望麓园街道因辖区内有新民主主义革命时期纪念地望麓园1号旧址得名。

区位四至 望麓园街道位于长沙市开福区南端，东与开福区清水塘街道相邻，南与芙蓉区韭菜园街道、府后街街道接壤，西与开福区通泰街街道毗连，北与开福区湘雅路街道搭界。街道办事处驻开福区营盘路315号。

建置沿革 1989年，北区望麓园街道辖14个居民区。1995年，居民共8644户，26322人。辖区内有中山路、蔡锷北路、芙蓉路、东风路、湘春路等道路街巷56条。2006年6月，撤销开福区原民主东街街道、望麓园街道，原民主东街街道所辖12个社区，居民8679户23569人及辖区内的中山路、北正街、营盘路、红墙巷、巡道巷、赐闲湖等64条道路街巷，并入新设立的望麓园街道。

辖区区划 2012年年末，望麓园街道辖荷花池、水风井、营盘街、富雅坪、北正街、中山路6个社区，下设185个居民小组。

人口面积 2012年年末，辖区总人口53227人，其中常住城市人口37999人，流动人口15228人。总人口中，65周岁及以上人口为8335人，占15.66%。2012年人口出生率9.11‰，人口死亡率4.71‰，人口自然增长率4.41‰。辖区东西最大距离1千米，南北最大距离1.22千米，总面积1平方公里，均为陆地。人口密度为每平方公里53227人。

经济概况 1989年，北区民主东街街道有区、街属企业13家，其中职工在50名以上的企业有长沙东风电机厂（1996年改制）、长沙南方耐特汽车制造厂（1998年改制），长沙巨力胶带厂（1997年改制），全街企业职工总数达437人。企业效益最好的1996年，全街企业总产值达2900万元，利润190万元。1989年，北区望麓园街道有长沙市湘中五金厂（2003年改制）、望麓园蚊香厂（2007年1月改制）、长沙市新光服装厂（2006年5月改制），区、街属企业3家，企业有职工182人。企业效益最好的2000年，全街企业实现总产值2400万元，利润170万元。2006年以来，开福区望麓园街道引资12亿多元，引入注册资本达200万元以上的企业269家，其中有世界500强企业4家。先后有长沙地铁1号线、营盘路湘江隧道工程和黄兴北路7、8号地改造等18个重大项目落户或途经望麓园街道。街道协助搬迁居民696户2800人，协调处理矛盾纠纷465起，解决农民工子女入园就学67人次。2012年，坐落于望麓园街道的10层以上的商务楼宇22栋，面积55万平方米，入驻企业987家，入住率95%以上。

社会发展 2012年年末，全街有文化馆（站）1个，建筑面积200平方米，有社区文化活动中心10处；公共图书馆（室）7个，建筑面积5000平方米，藏书70万册；有荷花艺术团等群众性艺术团体8个。2012年末，辖区驻有幼儿园6所，在园幼儿1478人，专任教师136人；小学4所，在校生2688人，专任教师132人，小学适龄儿童入学率100%；初中1所，初中在校生624人，专任教师56人，初中适龄人口入学率100%，小升初升学率100%，九年义务教育覆盖率达100%；中等职业学校1所，在校生7271人。2012年年末，驻区各级各类医疗卫生机构9个，其中三级甲等医院3所，疾病预防控制机构2所，城市社区卫生服务中心1所，社区卫生服务站3所。3所医院中，病床2646张，专业卫生人员2429人，其中执业医师915人，执业助理医师4人，注册护士1354人，2011年，医疗机构（门诊部以上）完成诊疗131.23万人次，住院病人手术33771台次，出院病人17.06万人次，病床使用率为118.80%。辖区内4所基层医疗卫生机构（包括乡镇卫生院、社区卫生服务机构及村卫生室）实施国家基本药物制度，实行基本药物零差率销售；城乡居民规范化电子健康档案建档率为65‰。2012年年末，辖区有体育场地6个，有长沙市青少年活动中心1个，老年体育协会6个。2012年年末，境内驻有《湖南工人报》《湖南日报》《三湘都市报》《文萃报》等报社4家。1997年9月，城镇低保在全街全面铺开。至2012年，望麓园街道城镇最低生活保障户数775户，人数1512人，支出36.74万元，月人均242.97元，比上年增长12.2%；城市医疗救助76人次，共支出16.78万元。2012年，街道有国家抚恤、补助各类优抚对象34人，抚恤事业费支出28.50万。社区服务设施196个，其中社区服务中心1个，社区服务站6个，社区日间照料床位

24张。慈善超市6个，全年接受社会捐款14.90万元，捐赠物资折款3.01万元，接收捐赠衣被575件，使1495人（次）困难群众受益。实现城镇新增就业1852人，失业人员再就业442人，就业困难人员再就业163人，城镇登记失业率为2.76%，全年共帮助91户零就业家庭实现每户至少一人就业。2012年末参加城镇基本养老保险1172人，其中参保职工909人，参保离退休人员263人。参加企业基本养老保险784人，参加城镇基本医疗保险14791人，其中参加城镇职工基本医疗保险1056人，参加城镇居民基本医疗保险13735人，参加失业保险735人，比上年年末增加184人，年末领取失业保险金125人。参加工伤保险775人，其中参加工伤保险的农民工295人，全年认定（视同）工伤2人，全年享受工伤保险待遇2人，参加生育保险636人，全年共有46人次享受生育保险待遇，比上年增加9人次。

名胜古迹 辖区有湖南省文物保护单位3处。望麓园1号原为清代宁乡县试馆，清陕西巡抚刘典倡建，为宁乡学子到省城考试居住场所。清末改为宁乡驻省中学，1926年，毛泽东在此撰写农民运动考察报告。1938年，毁于“文夕”大火。1952年复建，旧有“望麓园”门额，1959年，郭沫若重题。1972年公布为长沙市文物保护单位。后于1999年拆除，今仅存一线残垣。湖南自修大学旧址位于中山东路263号，原为曾国藩祠的一部分。1914年，刘人熙在此创办船山学社。1921年8月，毛泽东、何叔衡在此创办湖南自修大学。1938年毁于“文夕”大火，1954年修复，后公布为湖南省文物保护单位。中山亭位于开福区先锋厅街心。1930年2月建，为纪念孙中山而命名为中山亭。钟楼装设德国电动标准时钟，是为长沙城市使用公共标准时钟之始。1932年，市立民众教育馆设于附楼。20世纪50年代后，移交长沙市图书馆管理，后公布为长沙市文物保护单位。

三、通泰街街道

名称来历 通泰街街道因辖区内原有清代城门通泰门得名。

区位四至 通泰街街道位于长沙市开福区南部，东部由北向南，依次与开福区望麓园街道、芙蓉区府后街街道相邻；南与天心区坡子街街道接壤；西临湘江，与岳麓区望月湖街道隔江遥对；北与开福区湘雅路街道搭界。街道办事处驻开福区寿星街36号。

建置沿革 1996年，通泰街、如意街、西长街3个街道由原西区划入开福区。2000年，西长街街道辖西长、吉福、中山西路、潮宗街、连升街、三贵街、福星门、雷家园、碧湾街9个居民区，如意街街道辖轩辕殿、明月池、桥东、先锋厅、盐道坪、吉祥巷、环城堤7个居民区。2001年，西长街街道和原如意街街道合并成立新西长街街道，辖盐道坪、西长街、吉祥巷、轩辕殿、吉福街5个居民区。2005年，通泰街街道辖湘春路、寿星街、通泰街、西园、草塘湾、培元桥、草河街、新建街、茅棚街、活元桥10个社区。2006年，通泰街街道和原西长街街道合并成立新的通泰街街道。

辖区区划 2012年年末，通泰街街道辖轩辕殿、盐道坪、吉福街、连升街、中山西路、通泰街、寿星街、西园、湘春路9个社区。

人口面积 2012年年末，辖区总人口48104人，其中城镇常住人口38435人，流动人口9669人，城镇化率79.90%。总人口中，男性24918人，占51.80%；女性23186人，占48.2%；14岁以下3945人，占8.20%；15～64岁31604人，占65.70%；65岁以上12555人，占26.10%。总人口中，以汉族为主，达42908人，占总人口的89.20%；少数民族5196人，占总人口的10.80%。辖区东西最大距离0.62千米，南北最大距离1.67千米，总面积1.05平方千米，全部为陆地。人口密度为每平方千米45813人。

经济概况 1989年，通泰街、如意街、西长街街道隶属长沙市西区，完成工业总产值分别为2050.4万元、2100万元和4650万元，通泰街街道实现利润147.13万元；如意街、西长街街道完成工业销售1345万元、3320万元。2001年，开福区通泰街街道完成赤球缝纫厂、湘江印刷厂、长沙电感电器厂三大企业改制。2012年，通泰街街道完成工业总产值6亿元，工业实现增加值7000万元，规模工业企业累计实现主营业务收入73.60亿元，规模工业企业盈亏相抵后实现利润1.20亿元，增长2.20%，销售收入超过亿元以上的企业1家。2002年，西长街街道有大力实业公司、万代大酒店、新世界大酒店、长百大楼、协裕有限公司、鸿业医院等企业入驻。2004年，吉福社区儒商城项目改造，长沙港务局建成休闲娱乐一体的现代候轮厅，桥东农副产品干货市场建立辐射全省的海鲜市场。2005年，西长街街道完成社会消费品零售总额3.60亿元，通泰街街道招商引资1.60亿元，招商引进规模企业5家，其中国家二级建安企业1家，房地产开发公司1家，七彩江南酒楼、似水华年酒吧和金太阳酒楼3家企业。2012年，全街有商业网点1956个，职工11172人，城乡集贸市场9个，年成交额17亿元。完成“三资”企业销售收入5.80亿元。引进长沙百慧广告有限公司、湖南锦绣神州影视文化传媒有限公司。2012年，社会商品销售总额达40亿元，比上年增加19.20%。其中限额以上企业实现社会消费品零售额19.50亿元，同比增长22.80%。1989年，西长街、如意街街道完成税收412万元、260万元。2005年，通泰街街道完成国、地两税1600万元，全社会固定资产投资4亿元。2012年，通泰街街道完成财政总收入5100万元，比上年增长25.50%，人均财政收入1060元。全年完成固定资产投资63.50亿元。2012年，进出口总额2200万美元。比上年增长24.30%，引进省外境内资金3.55亿元，完成合同外资2650万美元，实际到位外资2450万美元。

社会发展 2012年年末，辖区内有文化艺术院团9个；公共图书馆（室）7个，建筑面积178平方米，藏书1.20万册。2012年年末，辖区内有幼儿园3所，在园幼儿362人，专任教师42人；小学3所，在校学生1108人，专任教师74人，小学适龄儿童入学率100%；初中2所，在校生3708人，专任教师233人，初中适龄人口入学率、小升初升学率、九年义务教育覆盖率均100%；普通高中2所，在校生2456人，专任教师172人。主要学校有潮宗街小学、吉祥巷小学、新风小学、周南中学南校区、明德华兴中学。2012年年末，辖区内有各级各类医疗卫生机构4个，城市社区卫生服务中心1所，社区卫生服务站3所，病床121张，专业卫生人员46人，其中执业医师8人，注册护士38人，医疗机构（门诊部以上）完成诊疗1.10万人次，病床使用率为33.50%。2012年年末，辖区内有体育场地2个，看台设座椅1000张，88.90%的社区安装了健身器材，经常参加体育活动的人员占常住人口的42%。2012年，城镇最低生活保障户数1671户，人数3338人，支出81万元，比上年增长15%，月人均224元，比上年增长16.50%。城市医疗救助209人次，共支出39万元，比上年增长11%。国家抚恤、补助各类优抚对象35人，接收军队离退体干部4人，抚恤事业费支出12万元。社区服务设施9处，社区服务中心9个，社区服务站9个，社区日间照料床80张，社区留宿照料床70张。实现城镇新增就业325人，失业再就业223人，就业困难人员再就业173人，城镇登记失业率为30%。

名胜古迹 辖区内有历史文化街区潮宗街。潮宗街因西临古城门潮宗门而名，东起黄兴中路，西至湘江大道，长400米，宽9米。麻石路面整齐平坦，与街巷两边的民房、房铺相映，古拙质朴。明清时是长沙县署所在地，行人往来，车水马龙，旅店业发达，尤以米市闻名于时，有德安、益华、恒丰、太丰、顺丰、义丰、恒丰、友和、邓春生等10多家粮栈、米厂。潮宗街又是人文荟萃之地，清末军机大臣瞿鸿机曾居于此街。1914年，湘雅医学专门学校创办于此。潮宗街56号是1920年毛泽东创办文化书社的旧址，曾列为湖南省重点文物保护单位。寿星街2号为八路军驻湘通讯处旧址， 1938年10月，周恩来、叶剑英到湘指导工作，曾居住于此。中山西路三贵街有时务学堂故址。真耶稣教会堂位于潮宗街19号，始建于1924年，保存较好，已公布为长沙市文物保护单位。抗日战争防空洞遗址，发现于2005年，十分坚固，已按原貌修缮。民国旅社及戏台位于梓园巷，为近代公馆建筑，有200平方米小院，院南建有一旧式戏台，2004年公布为长沙市重点保护历史旧宅。中华圣公会礼拜堂位于北正街（今黄兴北路），始建于1911年，坐东朝西，花岗石结构，为长沙独特的石砌建筑物，2002年公布为湖南省文物保护单位。李觉公馆始建于20世纪30年代，为中西合璧式建筑，今为周南中学办公楼，2005年公布为长沙市文物保护单位。左文襄祠位于群力里和工人文化宫，为祭祀清代左宗棠的祠堂，1938年被毁，仅存假石山，20世纪50年代改建为工人文化宫。九如里公馆群，建于民国时期，清水红砖墙、石库门，内有天井回廊结构，阳台、甬道、歇亭、花园等，为典型的民国建筑。2004年，九如里公馆群中4栋公馆被公布为长沙市重点保护历史旧宅，2010年被公布为开福区不可移动文物。

四、湘雅路街道

名称来历 湘雅路街道因辖区内有湘雅医院得名。

区位四至 湘雅路街道位于长沙市开福区西南部，东与开福区清水塘街道相邻；南由东向西，依次与开福区望麓园街道、通泰街街道接壤；西部濒临湘江，与岳麓区银盆岭街道隔江遥对；北与开福区新河街道搭界。街道办事处驻开福区湘雅路文昌阁7号，距开福区政府约5.10千米。

建置沿革 1995年，北区北站路街道辖16个居民区，居民11737户34603人。2006年，北站路街道更名为湘雅路街道，共辖7个社区。原湘雅南院社区并入留芳岭社区，湘雅北院社区并入上麻园岭社区，二马路社区和外湘春街社区并入三角塘社区，铁佛东街社区并入新湘路社区。辖区内有湘雅路、芙蓉路、沿江大道等道路街巷59条。

辖区区划 2012年年末，湘雅路街道辖留芳岭、上麻园岭、三角塘、新湘路、百善台、文昌阁、油铺街7个社区，下设202个居民小组。

人口面积 2012年年末，辖区总人口55106人。其中城镇常住人口43057人，流动人口12049人，城镇化率78.13%。总人口中，男性28556人，占51.82%，女性26550人，占48.18%；14岁以下4282人，占7.77%，15～64岁44134人，占80.09%，65岁以上6690人，占12.14%。2011年人口出生率7.76‰，人口死亡率5.10‰，人口自然增长率2.66‰。辖区东西最大距离1.40千米，南北最大距离1.60千米，总面积1.47平方千米，其中陆地面积1.27平方千米，占总面积的86.39%，水域面积0.2平方千米，占总面积的13.61%。人口密度为每平方千米49979人。

经济概况 1996年，街道有企业12家，全年完成工业总产值3982万元，工业总销售3484万元，工业利润178万元，商业销售3940万元，利润62万元，税收480余万元。2006年，重点项目有华盛新外滩、湘雅新医疗城、梦洁大厦、省卫生厅大楼、聚福园等，全年完成固定资产投资9.26亿元，完成财税收入4500万元。2012年，街道有商业网点78个，职工130人，城乡集贸市场1个，年成交额2.89亿元。辖区内有公司企业300多家，其中限额以上公司企业82家，家润多、黄山头酒业、梦洁、泊富国际、上海复地、湖南盛长安、新天地等公司相继落户境内。全年完成财税收入4791万元，完成固定资产投资52亿元，完成社会消费品零售总额37亿元，引进市外境内资金形成固定资产投资8.10亿元，引进省外境内资金3.15亿元。到位外资2180万美元，实现“三资”企业销售收入5.20亿元，进出口总额3.10亿美元。

社会发展 2012年年末，辖区有文化艺术院团2个，群众文艺团队9个，从业人员415人；街道文化站1个，建筑面积200平方米，文化活动中心7处；公共图书馆（室）8个，建筑面积340平方米，藏书3万册。2012年年末，辖区有幼儿园2所，在园幼儿668人，专任教师66人；小学3所，在校学生2100人，专任教师120人，小学适龄儿童入学率100%；初中1所，在校生480人，专任教师40人，初中适龄人口入学率100%，小升初升学率100%，九年义务教育覆盖率达100%；高职（专科）院校1所，在校生1066人。2012年年末，辖区有独立科研与技术开发机构13个，国家级重点实验室5家，省级重点实验室14家，国家级工程技术研究中心1家，省级工程技术研究中心1家，拥有各类科技人员657人，其中两院院士3人。2012年年末，辖区有各级各类医疗卫生机构5个，其中医院3所，卫生监督机构1所，城市社区卫生服务中心1所，医院病床4800张，专业卫生人员3260人，其中执业医师618人，执业助理医师48人，注册护士2289人。2011年医疗机构（门诊部以上）完成诊疗200余万人次，住院病人手术5万余台次，出院病人9.50万人次，病床使用率为97%。辖区内基层医疗卫生机构实施国家基本药物制度，实行基本药物零差率销售；城乡居民规范化电子健康档案建档率为65‰。2012年年末，辖区有体育场地15个（标准场地2个，非标准场地11个，游泳池2个），与单位共建篮球场4个，体育活动场所5处，所有社区安装健身器材，经常参加体育活动的人员占常住人口的42.50%。2012年年末，辖区有湖南省教育报刊社、高中生杂志社、湖南科技出版社等新闻出版单位3家，从业人员365人。2006年，为1238户29120人发放低保金25.35万元，发放大病医疗救助款8.33万元。2012年，城镇最低生活保障897户，人数1747人，支出41.95万元，月人均240.11元。城市医疗救助137人次，民政部门资助参加合作医疗54人次，共支出28.69万元。国家抚恤补助各类优抚对象65人，接收军队离退休干部1人，接收无军籍职工19人，参战退伍士兵42人，1953年老战士1人，病故军人家属1人，因公牺牲军人家属1人，抚恤事业费支出62.30万元。实现城镇新增就业1770人，失业人员再就业421人，就业困难人员再就业161人，城镇登记失业率为2.76%，全年共帮助87户零就业家庭实现每户至少一人就业。

2012年，参加城镇基本养老保险1574人，参加企业基本养老保险294人，参加城镇基本医疗保险13500人。参加城乡居民养老保险1280人，其中享受城乡居民养老保险退休待遇1120人；参加失业保险234人，年末领取失业保险金243人；参加工伤保险234人，参加生育保险234人，全年共有110人次享受生育保险待遇，比上年增加28人次。辖区有社区服务设施137个，其中包括社区服务中心1个，社区服务站7个；社区日间照料床位18张，社区留宿照料床位328张。辖区有慈善超市7个，2012年接受社会捐款12.75万元，捐赠物资折款2.71万元，使1387人（次）困难群众受益。

名胜古迹 辖区内有湖南省文物保护单位4处、长沙市文物保护单位9处和其他历史建筑，其中有中共湖南省工委旧址、长沙市天主教堂、长沙基督教永恒堂、湘雅医院老建筑群、任氏家族公馆、刘廷芳公馆及东岳宫等。中共湖南省工委旧址位于开福区熙宁街三角塘28号，是解放战争期间中共湖南机关所在地，保存完整，1959年公布为省级文物保护单位。长沙基督教永恒堂位于开福区外湘春街50号，始建于1906年，坐东朝西，二层砖木结构，外形为中国古典形式，重檐歇山顶，筒瓦屋面，内部则以西方教堂装饰，栗色板门，几何图案，格局南北对称，教堂平面仍采用西方教堂的拉丁十字平面，2002年被公布为省级文物保护单位。长沙市天主教堂位于开福区湘春巷8号，始建于1901年，在1910年“抢米风潮”中被毁，1911年重修教堂，建有教堂、修女院、育婴堂和神父住宅，又在旁建天主教医院。1946年为湖南总主教座堂，1966—1980年停止开放。1980年12月修复后重新开放。现为天主教湖南教区主教座堂、长沙市天主教爱国会和教务委员会办公场所。1991年公布为长沙市文物保护单位。2002年公布为省级文物保护单位。长沙东岳宫位于开福区三角塘西侧的东岳宫街，始建于唐代，清同治间重修。20世纪五六十年代，宫观房屋先后作为学校和工厂。1988年，房屋围墙倒塌，到20世纪末大部坍塌。2009年，道教协会自筹资金修复改造，并在此进行宗教活动。湘雅医院原门诊大楼位于开福区湘雅路，始建于1915年，由美国著名建筑师墨菲设计，1917年建成。1944年长沙沦陷时被日军破坏，1946年加高为4层，另建一栋病室相连，组成马蹄型布局，2002年公布为长沙市近现代保护建筑，2005年公布为长沙市文物保护单位。

五、东风路街道

名称来历 东风路街道因辖区内有东风路纵贯全境而名。

区位四至 东风路街道地处长沙市开福区南部，东与开福区四方坪街道相邻，南与开福区清水塘街道接壤，西与新河街道毗连，北与伍家岭街道搭界。街道办事处驻开福区东风路222号。

建置沿革 1988年，北区上大垅街道有砚瓦池、浏河村、公社新村、苗圃、科大一、科大二、科大三、建塘、丝茅冲、湘药、日化、邮电、德雅村、下大垅、工人新村、王家垅、上新村、上大垅、砚正街、湖绸、新二村、汽电、黑石渡、北郊等24个居民区。1992年，拆分为上大垅街道和黑石渡街道。1995年，上大垅街道辖14个居民区，258个居民小组，居民5883户，24000余人。2006年，撤销上大垅街道、黑石渡街道，将原黑石渡街道下辖12个社区（蚌塘、国防科大、德雅村、丽臣、浏河村、朱家花园、德雅里、德邦新村、丝茅冲、洪山桥、黑石渡和苗圃）与原上大垅街道下辖7个社区（下大垅、砚正街、砚瓦池、上大垅、王家垅、东风一村、东风二村），合并设立新的东风路街道。

辖区区划 2012年年末，东风路街道下辖东风一村、王家垅、东风二村、砚瓦池、浏河村、德雅村、丽臣、蚌塘、科大9个社区，374个居民小组。

人口面积 1988年，辖区总人口23800人。1992年为17000人。2012年年末为56867人，其中城镇常住人口45910人，另有流动人口10957人。总人口中，男性28382人，占49.91%，女性28485人，占50.09%；14岁以下5772人，占10.15%，15～64岁43054人，占75.71%，65岁以上8040人，占14.14%。总人口中，以汉族为主，达56305人，占99.01%；有苗族、白族、瑶族、土家族等11个少数民族，共562人，占0.99%；2012年，人口出生率7.39‰，人口死亡率3.21‰，人口自然增长率4.18‰。辖区东西最大距离2.60千米，南北最大距离3千米，总面积5.29平方千米。人口密度为每平方千米10750人。

道路交通 辖区内有东风路、德雅路等街巷道路25条。境内道路四通八达，三一大道、德雅路贯穿东西，芙蓉路、车站北路、东风路、连通南北。辖区内10多条公交线路交织成网，交通十分便利。

经济概况　辖区内有沪昆客专、湘江涂料集团、南方航空湖南公司、湖南汽车城、好来登大酒店、五星大酒店等企业。1989年，街道有重点企业18家，全街企业实现工业产值1160.56万元。1997年，全街企业实现工业生产总值4.30亿元。2006年，全街企业完成工业生产总值9.95亿元。2012年，全街企业完成工业生产总值19.72亿元，规模工业完成增加值1.72亿元，规模工业企业累计实现主营业务收入19.36亿元，规模工业企业盈亏相抵后实现利润1.18亿元。1989年，全街完成商业销售收入958.21万元。1990年，全街完成商品销售总额1238.33万元。1997年，全街实现社会商品零售总额8.75亿。2006年全街实现社会商品零售总额18.37亿。2012年末，全街实现社会商品零售总额41.70亿元，其中限额以上企业实现社会消费品零售额35.50亿元。辖区共有商业网点568个，职工1704人，城乡集贸市场2个，年成交额300万元，完成进出口总额1648万美元。1988年，全街完成财政收入57.53万元。1997年，完成财政收入825万元。2006年，完成财政总收入3613万元。2012年，完成财政总收入2.46亿元，人均财政收入5365元。2006年，完成税收625万元。2012年，完成地方一般预算收入5302万元，其中，营业税3169万元，增值税573万元，企业所得税332万元，土地增值税63万元，个人所得税709万元，其他税收456万元。

社会发展　2012年末，辖区有文化活动中心9处，文化馆（站）1个，建筑面积180平方米；有公共图书馆（室）10个，建筑面积1200平方米，藏书200万余册；有蓝天艺术团等群众性艺术团体9个。2012年末，辖区有幼儿园3所，在园幼儿300人，专任教师21人；小学4所，在校生2378人，专任教师360人，小学适龄儿童入学率100%；初中1所，在校生1024人，专任教师72人，初中适龄人口入学率100%，小升初升学率100%，九年义务教育覆盖率100%；普通高中1所，在校生980人。高职（专科）院校1所，在校生400人；中等职业学校1所，在校生480人。国防科技大学是国防部和教育部双重领导下的国家重点综合性大学，列入国家“985工程”和“211工程”的重点建设项目，在校生14000人。2012年年末，辖区有4个国家级重点实验室、3个省部重点实验室和工程研究中心，2个科研公共服务中心。2012年末，辖区有各级各类医疗卫生机构6个，其中医院2所，城市社区卫生服务中心1所，社区卫生服务站3所，病床280张，每万人拥有医疗床位41.20张，专业卫生人员312人，其中执业医师144人，执业助理医师58人，注册护士110人。2012年，医疗机构（门诊部以上）完成诊疗26万人次，住院病人手术560台次，出院病人3000人次，病床使用率为85%。在辖区内2所基层医疗卫生机构实施国家基本药物制度，实行基本药物零差率销售；城乡居民规范化电子健康档案建档率为65‰。2012年年末，辖区有体育场地9个，其中标准体育场1个，体育馆1座，运动场6个，游泳池1个。9个社区全部安装了健身器材，经常参加体育活动的人员占常住人口的58%。2012年年末，辖区有湖南金蜂音像出版社，从业人员72人，隶属于湖南广播影视集团，是一个集音像出版、电视节目供片和影视剧制作于一体的音像出版单位。2012年，街道有城镇最低生活保障户数1116户，人数2284人，支出55.94万元，月人均244.90元，城市医疗救助122人次。社区服务设施224个，其中社区服务中心1个，社会服务站9个，慈善超市9个。全年接受社会捐款28万元，捐赠物资折款2.50万元，接受捐赠衣被2.90万件，使960人（次）困难群众受益。实现城镇新增就业1804人，失业人员再就业442人，就业困难人员再就业163人，城镇登记失业率为2.38%。全年共帮助93户零就业家庭实现每户至少一人就业。2012年年末，参加城镇基本养老保险750人，其中参保职工420人，参保离退休人员330人；参加城镇基本医疗保险13637人，其中参加城镇职工基本医疗保险750人，参加城镇居民基本医疗保险12887人；参加失业保险592人，年末领取失业保险金1516人；参加工伤保险592人，全年评定伤残等级329人，全年享受工伤保险待遇12人；参加生育保险592人，全年共有129人次享受了生育保险待遇。

六、伍家岭街道

名称来历　伍家岭因相传明洪武年间，靳、毛、李、廖、杨五姓在此岭插草为标得名。

区位四至　地处长沙市开福区中部，东与开福区四方坪街道为邻，南连东风路街道，西临新河街道，北抵浏阳河，与洪山街道一水相隔。办事处驻东风路387号。

建置沿革 伍家岭地区原为浏阳河路街道，1989年更名为伍家岭街道。

辖域区划 1989—2001年，伍家岭街道辖有建湘一、二、三村，国庆一、二、三村，蒋家垅一、二、三村，陡岭一、二村，枫林，友谊，陈家湖，刘家冲，伍家岭，九尾冲，浏阳河、新码头19个社区。2001—2009年，辖伍家岭、陈家湖、友谊、国庆、紫荆园、建湘、刘家冲、浏阳河、陡岭、蒋家垅、新码头11个社区。2009—2012年，辖建湘新村、紫荆园、刘家冲、友谊、蒋家垅、陈家湖、浏阳河、陡岭8个社区，将伍家岭、国庆并入紫荆园，新码头并入蒋家垅。

人口面积 2012年年末，辖区总面积为6.01平方千米，总人口50767人，其中常住人口40021人，流动人口10372人。辖区内有楼宇513栋，户籍人口38729人。总人口中，男性25835人，占50.89%，女性24932人，占49.11%；常住人口中14岁以下4510人，占11.27%，15～64岁29776人，占74.40%，65岁以上5735人，占14.33%。人口出生率8.50‰，人口死亡率5‰，人口自然增长率3.65‰。

经济概况 1989年，街道共有街办企业20家，其中有华湘耐火材料厂、浏阳河电器厂、新湘五金机械厂（后改为长城电器开关厂）、浏阳河广播器材厂、建湘瓷厂、长沙胶鞋厂、长沙橡胶厂、长沙铝制品厂、长沙电器开关厂等骨干企业12家，全年完成工业总产值5000万元、销售6000万元、利润700万元。20世纪90年代企业改制，街办企业先后破产、停办，建一塑料厂于1997年解散，是街办企业最后停办的单位。2010年，街道工业总产值10亿元，销售11亿元，利润1亿元。2012年，街道工业总产值12.70亿元，销售13亿元，利润1.40亿元。规模以上企业5个，小企业30余个。是年，九尾冲拆迁，先后有长沙求精包装印务有限公司、长沙沐阳印刷有限公司、长沙昌龙印刷有限公司、湖南省恒润消防工程有限公司、长沙镁华印务有限公司、长沙园彩印刷有限公司、长沙市兴旺彩色印刷厂、长沙市志运轮胎有限公司等20多家企业搬迁。20世纪末，伍家岭地区有北斗星商厦、泰阳商城等大商店，是长沙市重要商业区之一。泰阳商城于1996年开业，仅三年被评为全国代销系统销售百强商城第三名，是湖南省消费者信得过单位、全国青年文明号，位列湖南八大商业企业之一，1998年，实现销售6.13亿元。北斗星商厦曾是长沙较为繁华的商业中心，2002年修建波隆立交桥，使伍家岭地区商业一度陷入低迷。2006年，开福区委、区政府决定重振伍家岭商圈，伍家岭地区的商务、商贸走向复兴。至2012年，伍家岭街道辖区内有华创国际广场等城市大型商业综合体、通程电器等商业旗舰店，建鸿达现代公寓、伍家岭生活广场等6座商务楼宇，万煦园、上林紫郡、瑞都豪庭、听香水榭、凯乐楚源、金鼎苑等大型商业楼盘，沙湖桥市场、瑞雪冷冻物流市场等专业市场和146个商业网点。2012年，完成社会商品销售总额55.20亿元，街道完成财政总收入9724万元。

社会发展 2012年，街道有文化站1个，多功能活动室1个，网站1个，绿色网吧8个，演艺团队8个。有群文共享基层服务站点5个，文化活动中心9个，图书室10个，藏书2万余册。2012年，辖区内有幼儿园13所，在园幼儿1426人，专任教师96人；小学4所，在校学生2227人，专任教师161人，小学适龄儿童入学率100%。2012年，辖区内有各级各类医疗卫生机构7个，其中医院1所，社区卫生服务站6所，各类私人诊所22所，病床104张，每千人拥有医疗床位15.20张，专业卫生人员234人，其中执业医师76人，注册护士158人，每千人拥有注册护士23.20人。医疗机构（门诊部以上）完成诊疗5万人次，病床使用率95%。2012年，辖区内共有体育场地28个，经常参加体育锻炼的人数占人口的60%，人均寿命75岁。2010年，全街享受低保的困难居民1111户，保障人口2502人，累计发放低保金约525万元，城市低保月人均补差204元。全年实施大病医疗救助118人次，发放救助金22万元。2012年，全街道享受低保户数1249户，保障人口2639人，累计发放低保金额656万元；办理养老保险326人，医疗保险登记15186人，办理失业保险269人，办理工伤保险281人；居家养老服务中心注册老年人225名，建立医疗保健档案144份，政府购买居家养老服务对象16名，享受高龄老人生活补贴84人，全年发放补贴金额7.78万元；街道有持二代残疾证残疾人433人，办理重度残疾人补贴78人，发放补贴金额1.06万元，组织残疾人及残疾人家属应聘街道、社区残联专干5人，办理就业失业证801本；下岗失业人员实现再就业537人，就业困难人员再就业228人，累计实施再就业援助 138 人，无新增零就业家庭；办理社保补贴返还 138 人，返还补贴金额 43.30 万元。全年组织春、秋两季招聘会，动员 30 多家单位参会，提供就业岗位 200 多个，组织创业培训、物业培训两次，参加培训人数 120 人。

七、新河街道

名称来历 新河街道因辖区内有清代开凿的人工港湾新开河故址得名。

区位四至 地处长沙市开福区中西部，东与开福区伍家岭街道相邻，南与开福区湘雅路街道接壤，西临湘江，与岳麓区观沙岭街道隔江遥对，北临浏阳河，与开福区芙蓉北路隔河相望。街道办事处驻开福区潘家坪路 197 号。

建置沿革 新河街道于 1992 年 3 月 11 日成立，隶属北区，由伍家岭街道划出 9 个社区，北站路街道划出 5 个社区组成。1995 年，辖 15 个社区，191 个居民小组，有居民 10510 户 33876 人。1996 年隶属开福区。2001 年，九家湾社区划归湘雅路街道，其余社区通过合并，调整为 9 个社区。2007 年，再次合并为 7 个社区。

辖区划分 2012 年年末，新河街道下辖凤嘴路、三角洲、幸福桥、开福寺路、竹山园、新河路、北桥新村等 7 个社区，下设 178 个居民小组。

人口面积 2012 年年末，辖区总人口 42992 人。其中城镇常住人口 34245 人，流动人口 8747 人。总人口中，男性 21514 人，占 50.04%；女性 21478 人，占 49.96%。辖区东西最大距离 1.63 千米，南北最大距离 2.88 千米，总面积 4 平方千米。

道路交通 辖区内有芙蓉中路、潘家坪路、开福寺路、华夏路、新河路等主次干道。浏阳河隧道贯通南北，银盆岭大桥、浏阳河大桥、波隆立交桥穿城而过。9 路、111 路、115 路、142 路、368 路、501 路等 20 余条公交线路交织成网、贯通东西南北，交通十分便利。

经济概况 至 2012 年年末，辖区内有梦洁家纺、新一佳开福店、猴王茶厂、岁宝百货、华悦酒店等大小企业 70 多家，个体工商户 1075 家，建安项目 6 个，其中重点项目 4 个，除建安项目外纳税大户 10 家，其中 4 家工业、4 家餐饮服务行业和 2 个商业销售商场。各项经济指标中，完成工业总产值 21.50 亿元，完成社会消费品零售 36 亿元。完成固定资产投资 88 亿元，完成财税收入 5136 万元。

社会发展 2012 年年末，有社区文化活动中心 9 处，文化馆（站）1 个，建筑面积 80 平方米；公共图书馆（室）9 个，建筑面积 109 平方米，藏书 1500 册。辖区内新河三角洲三馆一厅，即长沙市博物馆、图书馆、长沙规划陈列馆和音乐厅，于 2007 年开工建设，占地面积约 2 万平方米，总建筑面积约 16.50 万平方米，建筑气势磅礴、外观雄浑，将成为长沙市的文化名片和标志性建筑。2012 年年末，辖区有幼儿园 4 所，在园幼儿 430 人，专任教师 66 人；小学 1 所，在校学生 460 人，专任教师 54 人，小学适龄儿童入学率 100%；初中适龄人口入学率 100%，小升初升学率 100%，九年义务教育覆盖率 100%。2012 年年末，辖区各级各类医疗卫生机构 7 个，其中医院 2 所，城市社区卫生服务中心 1 所，社区卫生服务站 4 个，专业卫生人员 67 人，其中执业医生 29 人，执业助理医师 10 人，注册护士 28 人，病床 38 张，社区日间照料床位 20 张。医疗机构完成诊疗 4.70 万人次，辖区内 5 所基层医疗卫生机构实施国家基本药物制度，实行基本药物零差率销售，城乡居民规范化电子健康档案建档率为 85% 以上。2012 年年末，辖区有体育场地 1 个，游泳池 2 个，7 个社区全部安装健身器材，经常参加体育活动的人员占常住人口的 68%。2012 年年末，城镇最低生活保障户数 4600 户，人数 8896 人，支出 212.54 万元，月人均 238.92 元；慈善超市 4 个，2012 年，接受社会捐款 12 万元，捐赠物资折款 15 万元，接收捐赠衣被 90 套，使 629 人（次）困难群众受益；实现城镇新增就业 590 人，失业人员再就业 495 人，就业困难人员再就业 168 人；养老保险覆盖率达 96%，失业保险扩面 274 人，工伤保险扩面 274 人，居民医保扩面登记人数 13610 人。

名胜古迹 开福寺，位于新河与湘江交汇之处的凤嘴。五代创建，后经宋、明及清代五次重修，有释迦牟尼像及大小罗汉五百，寺内及附近有紫薇山、碧浪湖、白莲池、龙泉井、放生池等十六景，是历史上颇具声名的佛教胜地。开福寺每年有观世音菩萨三个生日和春节共四次庙会，分别是农历的二月十九、六月十九、九月十九和正月十五。鸳鸯井，位于开福区幸福桥，为双眼井，水清而甜。1978 年，为方便群众取水，将原井台抬高 0.80 米，增建泵房。2011 年修复井台，并立“鸳鸯古井”标志碑。

八、四方坪街道

名称来历 四方坪街道因辖区内有四方坪地段而得名。

区位四至 地处长沙市开福区中南部，东部及东南部临浏阳河，与开福区洪山街道一衣带水；南与开福区东风路街道接壤；西与开福区伍家岭街道毗连；北临浏阳河，与开福区洪山街道隔河相望。街道办事处驻开福区德雅路1488号。

建置沿革 四方坪街道于1998年4月15日成立，由原福安乡、红色渔场和胜利村合并组成。2006年7月，从原黑石渡街道划入丝茅冲、黑石渡、德邦新村、德雅里4个社区。

辖域区划 2012年年末，四方坪街道辖四方、金帆、科大佳园、科大景园、李家冲、左岸、花城、丝茅冲、黑石渡、滨江、胜利、四季美景12个社区。整体可分为以丝茅冲、黑石渡社区为代表的棚户区，以胜利、滨江社区为代表的“城中村”，以科大佳园、左岸、花城社区为代表的新城区三大块。

人口面积 1998年，共有人口6217人，其中农业人口2350人。到2012年年末，辖区总面积4.76平方千米，总人口达44894人，其中城镇常住人口37136人，流动人口7758人。

经济概况 1998年，辖区内有福安建筑公司、东方锑化公司、晨光彩印公司、福安乡堤委会等企业286家，企业总产值3.23亿元。2006年原黑石渡街道部分社区并入后，街道区域面积进一步扩大，增加湖南丽臣实业股份有限公司等国有工业企业，引进湖南华运丰汽车销售公司、哈木门窗、中原物业、中石化、博禧餐饮、骏业房产等注册资本100万元或固定资产投资额在1000万元以上的企业，街道经济实力得到大幅提升。2012年年末，街道共计完成财政总收入7697万元，完成税收总收入7550万元，其中营业税4736万元，增值税1192万元，房产税670万元，土地增值税7651万元，印花税187万元，非税收入147万元，社会商品零售总额62.70亿元，其中限额以上企业实现社会消费品零售额41亿元，完成进出口总额2.50万美元。辖区内规模工业企业主要有长沙罗莎食品有限公司、湖南丽臣实业股份有限公司、长沙市雅高彩印有限公司等，2010年，街道工业产值近20亿元。随着长沙羽绒制品厂、长沙搪瓷制品厂、长沙保温瓶制品厂等企业因企业体制改革，破产倒闭，原长沙毛巾集团整体搬迁至湘阴。2012年，工业产值为17.60亿元，对全街经济增长的贡献率占7%。工业企业交纳税金1.30亿元，吸纳就业人数7000人。2012年年末，辖区有商业网点592个，职工3761人，城乡集贸市场7个，年成交额5.13亿元。辖区有以湖南永通集团、湖南华隆汽车销售服务有限公司为代表的汽车销售企业，年销售额近25亿元，占街道全年社会消费零售总额的40%。有以麦德龙长沙开福商场、毛家桥水果市场、四方商贸城等为代表的商品零售市场，截至2012年年末，麦德龙长沙开福商场销售额近6亿元。有SOHO天都商业裙楼、永通商邸项目、第一湾、世方水岸、左岸春天、海洋明珠、才子佳苑等10多个大型住宅小区相继落地，截至2012年，商业裙楼面积共计14.16万平方米，入驻企业686家，入驻率达到85%以上。辖区内现代服务业集聚了天华会所酒店、天河酒店、颜年旗舰店、博禧楼酒店、延年世纪酒店、金海大酒店、非尝道酒店等规模企业，形成沿浏阳河路、车站北路的餐饮美食一条街；长沙开福农村信用合作银行、长沙银行、工商银行、农业银行等现代金融业以及湖南省移动公司、湖南省直工会帮扶中心、长沙市福利彩票发行中心、市消防支队、开福区国税局等省、市、区企事业单位的入驻，为街道经济建设和人民生活提供了方便。

社会发展 2012年年末，辖区有文化馆（站）1个，文化活动中心11处；公共图书馆（室）12个，建筑面积1200平方米，藏书2万册；有科大佳园艺术团、水木轩快乐健身团等群众性艺术团体8个；建成雅雀湖、先福、左岸、制药厂、第一湾、科大佳园、胜利、四方8个社区公园。2012年年末，辖区有幼儿园20所，在园幼儿3225人，专任教师314人；小学2所，在校生3346人，专任教师161人，小学适龄儿童入学率100%；中学1所，在校生1900人，专任教师115人，初中适龄人口入学率100%，小升初升学率100%，九年义务教育覆盖率100%。2012年末，辖区有各级各类医疗卫生机构8个，其中医院1所，疾病预防控制机构1所，城市社区卫生服务中心1所，社区卫生服务站5所，病床50张，有专业卫生人员58人，其中执业医师21人，执业助理医师6人，注册护士20人，2012年医疗机构（门诊部以上）完成诊疗3800人次，住院病人手术226台次，出院病人2600人次，病床使用率45.01%。在辖区内6所基层医疗卫生机构实施国家基本药物制度，实行基本药物零差率销售；城乡居民规范化电子健康档案建档率 87.80%。2012 年末，辖区有体育场地 5 个，运动场 3 个，游泳池 4 个。社区全部安装了健身器材，经常参加体育活动的人员占常住人口的 60%。2012 年年末，辖区有低保户 506 户 1030 人，人均享受低保金 269.98 元，占城市人口比例 2.06%；共为 114 人次的困难群众申报各类临时救助，发放金额近 3 万元；对 51 人次的特困居民进行大病救助，救助金额共计 14.52 万元；参加城镇基本养老保险 395 人，参加企业基本养老保险 395 人，参加城镇基本医疗保险 261 人，参加城镇居民基本医疗保险 1.25 万人，参加失业保险 135 人，年末领取失业保险金 201 人；参加工伤保险 170 人，参加生育保险 85 人，全年共有 23 人次享受生育保险待遇。街道成立四方坪雷锋超市总站，下设丝茅冲、左岸、科大景园、黑石渡等社区分站。2012 年，接受各类捐赠 4000 元，市、区级拨款 2 万元，逐月分批用于救济街道辖区内的困难群众共 70 人次。

九、洪山街道

名称来历　洪山之名始于明清时期，传说昔日山洪暴发，浏阳河、捞刀河洪水呼啸而下，波涛汹涌，而此处山头仍巍然屹立于洪峰之中，因此有洪山之名。一说被清乾隆皇帝敕封的洪山老龙王择址建庙（即洪山庙）于麓峰山（现长沙学院大门西侧）而得洪山之名。

区位四至　洪山街道地处长沙市开福区东南部，东与长沙县湘龙街道相邻，东南与芙蓉区东岸街道接壤；南临浏阳河，与开福区伍家岭、四方坪、东风路街道和芙蓉区火星街道相望；西连芙蓉北路街道；北靠捞刀河，与捞刀河镇隔河相望。街道办事处驻东二环三段 279 号。

建置沿革　洪山街道的前身是长沙市国营综合农场，原属长沙市郊区管辖。1996 年 7 月划归长沙市开福区管辖，是年 12 月成立长沙市洪山旅游区管理局（副县级事业单位），与长沙市国营综合农场实行局场合一管理体制。2006 年 3 月，划入原黑石渡街道苗圃、洪山桥两个社区，成立长沙市开福区洪山街道，与洪山管理局（2005 年 11 月，洪山旅游区管理局更名为洪山管理局）、长沙市国营综合农场合署办公。

辖域区划　长沙市郊区管辖下的长沙市国营综合农场，下辖陈家渡、渔业、畜牧、果林、洪西、马栏山、朝阳、月湖、鸭子铺、园艺、马厂 11 个分场和 1 个养殖场，109 个生产队。1996 年 7 月划归长沙市开福区，下辖陈家渡、渔业、史家坡、毛家垅、洪西、马栏山、朝阳、月湖、鸭子铺、马厂、园艺 11 个分场（管区），109 个生产队。2006 年 3 月成立洪山街道，下辖朝阳、马栏山、鸭子铺、洪西、月湖、毛家垅、陈家渡、史家坡、双河 9 个社区，2010 年新成立金鹰社区，共 10 个社区，77 个居民小组。

人口面积　2012 年年末，辖区总人口 64270 人，其中常住人口 36871 人，流动人口 27399 人。辖区总面积 19.72 平方千米。驻街单位有湖南广播电视台、省国际会展中心、金鹰影视文化城、省高速公路管理局、省武警总队、国防科大工程兵学院、解放军第 163 医院、解放军 75105 部队、长沙学院等。

道路交通　辖区道路四通八达，三一大道、福元路、洪山路、鸭子铺路贯穿东西，万家丽路、芙蓉北路、车站北路、东二环连通南北，七座大桥横跨浏阳河、捞刀河。113 路、132 路、136 路、205 路、501 路、704 路、805 路、807 路、808 路、901 路、星沙 2 路等 10 多条公交线路交织成网，交通十分便利。

经济概况　1997 年，蔬菜、水稻、林木、奶牛、牲猪、鱼、水果等各业并举，总产值 1.02 亿元。2007 年，以蔬菜、牲猪、林木、柑桔和养鱼为主，总产值 9841 万元。随着城市化进程的快速推进，2012 年，只剩下朝阳、陈家渡两个蔬菜基地、部分山林和少量渔业，总产值 6398 万元。陈家渡分场（管区）于 1996 年列为长沙市一级蔬菜保护基地，1997 年成为新一轮“菜篮子工程”建设示范基地。1998 年确立为省级重点蔬菜基地。1997 年，全街总产值 2 亿元，利润 2950 万元，上缴税收 510 万元；2007 年，总产值 9.88 亿元，利润 6168 万元，上缴税收 2599 万元；2012 年，规模工业企业 9 家，职工 739 人，总产值 4.87 亿元，利润 5467 万元，上缴税收 3220 万元。金龙电缆有限公司荣获长沙市“小巨人”企业、省民营企业百强、长沙制造 20 强、质量信誉 AAA 级企业等荣誉称号，2009 年经省科技厅认定为高新技术企业，产品多次荣获湖南省“著名商标”“名牌产品”等称号。辖区有月湖大市场、快乐购、通程电器、洪山旅游公司、世界之窗、海底世界、山鹰潭度假村、月湖公园等商贸、旅游知名品牌数十家，2012 年营业额 30 多亿元，上缴税收近 2000 万元。圣爵菲斯、西湖楼等品牌酒店（楼）在此落户，数百家餐馆遍布全域，2012 年，营业额4600余万元，上缴税收近200万元。恒大雅苑、藏珑、珠江花城、万国城、万科城等10多个大型住宅小区相继落户洪山街道，累计营业额近40亿元，上缴税收近3亿元。地方财税收入。1997年、2007年、2012年分别为500万元、1.06亿元、2.20亿元。

社会发展 2012年，辖区有文化站1个，建筑面积128平方米，社区文化活动中心10处，其他文化活动中心2处；网站1个；公共图书室15个，建筑面积855平方米，藏书135万余册；有“芒果树”“祥康”“新星”等群众艺术团体12个；创建市级文明单位4个，省级文明村镇1个。2012年，辖区有幼儿园24所，在园幼儿2818人，专任教师290人；有小学6所，在校学生2630人，专任教师157人，小学适龄儿童入学率100%。有长沙学院附属中学1所，初中部在校生1240人，专任教师82人，初中适龄人口入学率、小升初升学率、九年义务教育覆盖率均达100%，高中部在校生936人，专任教师62人；辖区有国防科大工程兵学院、长沙学院2所大专院校。2012年，辖区有各级各类医疗卫生机构21个，其中医院2所，社区卫生服务中心1个，社区卫生服务站4个，私人诊所14个，病床1041张，其中2所医院有病床956张，社区卫生服务机构有病床85张。专业卫生人员2040人，其中执业医师327人，执助理医师139人，注册护士624人，其他卫生人员950人。5个社区卫生服务机构实施国家基本药物制度，实行基本药物零差率销售；居民规范化电子健康档案建档率为60%；计划生育工作保持市级模范单位称号。辖区有体育场地15个，其中标准体育场1个、标准体育馆1座、非标准运动场1个、游泳池3个、社区健身场地9个，90%的社区安装健身器材。2012年，街道享受城、乡最低生活保障727户，共发放低保款24.48万元；民政部门资助参加合作医疗1273人，补偿资金230.35万元；集中或分散供养“五保户”52人，支付供养金15.38万元；城乡医疗救助130人，发放救助金32.68万元。街道有社区服务设施30处，社区日间照料床位20张，留宿床位10张；慈善超市3个，2012年，接受社会捐款52.40万元，捐赠物资折款2.80万元，接受捐赠衣被2400件，使128人次困难群众受益。参加城镇、企业基本养老保险1586人，城填基本医疗保险1.32亿元，参加失业保险140人，工伤保险152人，生育保险180人。实现城镇新增就业650人，城镇登记失业率2.80%。

名胜古迹 洪山寺，前身为洪山庙，始建于清雍正年间。抗日战争时期，庙宇大部分被毁。20世纪50年代，庙宇全部拆除。1993年，经长沙市郊区人民政府批准，在离原洪山庙址4千米的捞刀河南岸山鹰潭处重新修建庙宇，定名洪山寺，纳入市佛教协会管辖。洪山寺座落在峰峦起伏、树木苍翠的蕲家山顶上，庙宇建筑面积1000多平方米，呈四方型，前后两栋，前栋为洪山福主殿堂，后栋为大雄宝殿，庄重雄伟，金碧辉煌。世界之窗，由湖南电广传播股份有限公司、香港中旅集团、深圳华侨控股股份有限公司共同投资3亿元兴建，占地40万平方米，是湖南省最大的文化旅游项目之一，也是湖南省重要的精神文明建设基地。长沙世界之窗将世界奇观、历史遗迹、古今名胜以及各国民俗风情、歌舞艺术表演、大型游乐设施汇集于一园，向人们展现了一个浓缩的美妙世界。

十、芙蓉北路街道

名称来历 芙蓉北路街道的名称由芙蓉北路而来。2006年伍家岭以北的金霞路更名为芙蓉北路，地处原金霞路上的金霞路街道也随之更名。

区位四至 芙蓉北路街道位于开福区湘江东岸，是开福区党政机关所在地，东起京广铁路，毗邻洪山街道，西至湘江东岸，与观沙岭街道遥遥相望，南抵浏阳河，与新河街道相邻，北滨捞刀河，与新港镇一水相隔。全街三面环水，又称“江湾半岛”。

建置沿革 芙蓉北路街道地域原属长沙市郊区综合农场马厂分场，1996年划入开福区，1999年3月设立金霞路街道办事处，2006年7月更名为芙蓉北路街道办事处。街道办事处位于福城路与金马路交汇处。

辖域区划 1999年金霞路街道下辖躲风亭、落刀嘴和陈家铺3个居民区；2006年，更名为第一社区、第二社区和第三社区；2009年，新增凤亭、金泰路社区；2010年，新增江湾、盛世路社区；2012年年末，下辖江滨、欣城、福城、金秦路、凤亭、江湾、盛世路7个社区，辖区内有广福园、恒鑫·澜北湾、顺天·黄金海岸、长泰豪园、水韵花都、湘江世纪城、江临天下等30多个居民小区。

人口面积 1999年组建街道时有969户3500人，辖区面积2.34平方千米。2005年捞刀河改道后，原五合垸的1.11平方千米并入街道，总面积达3.45平方千米。2012 年年末，辖区总人口 39957 人，其中城镇常住人口 26514 人，流动人口 13343 人，男性 21185 人，女性 18772 人，汉族 39913 人，少数民族有白族、苗族、藏族、土家族等共 44 人。

道路交通　经过辖区内的芙蓉北路、湘江北路两条主干道南北贯通，和金马路、金龙路、经一路、经二路以及网船班路等纵连全街，与福城路、华章路、盛世路、凤亭路、江湾路、金泰路、迎霞路、沿江路等东西横向道路相互交错，形成六纵七横的交通布局。福元路大桥横跨湘江东西两岸，拉近了与河西的距离。辖区内有马厂、区政府、凤亭路口、江湾路口、陈家铺、北雅中学、金霞苑、汽车北站、湘江世纪城等公交车站，终点和途经的公交车有 9 路、11 路、106 路、112 路、116 路、128 路、149 路、159 路、801 路，直接通往城区各个角落。在建的地铁 1 号线沿芙蓉北路直达汽车北站，辖区沿线设有 2 个地铁出入站。汽车北站开通了往北方向的长途汽车。

经济概况　街道原属偏僻郊区，在开福区确立的"开创滨水新区，建设幸福北城"的战略目标推动下，变成高楼林立、车水马龙的江湾新城。1999 年，刚刚组建的金霞路街道有集体企业金飞公司、维修公司和砂场 3 家，个体企业有华康淀粉厂、饲料经营部和巨人砂场 3 家，商业有木材场、洗车场和个体商业等，全年工、商、农业实现经济产值 2155.26 万元，完成税收 388 万元，其中地税 373 万元，国税 5 万元，农业税 10 万元。随城市的发展，辖区相继进驻世纪金源购物中心、长沙世纪金源大饭店、华润万家超市、居然之家建材中心、四座大型农贸市场、两大纸业市场及 20 多家大型餐饮业，2012 年实现社会消费品零售 8.30 亿元，规模工业 1.80 亿元，固定投资 27 亿元，内联引资 8.10 亿元，引进省外资金 3.15 亿元，利用外资 2300 万元。完成税收 4715 万元，其中，地税 4375 万元，国税 340 万元。

社会发展　辖区有幼儿园 21 所，小学有清水塘二小，中学有北雅中学。辖区有各级各类医疗卫生机构 21 个，其中城市社区卫生服务中心 1 所，社区卫生服务站 1 所，私立医院 1 家，各类私人诊所 18 所。辖区有体育场地 19 个，其中标准场地 13 个，非标准场地 6 个。2012 年末全街有文化站 1 个，长沙市图书馆分馆 1 家，群众性文化艺术团 9 个。2012 年，城镇最低生活保障户数 88 户，人数 148 人，支出 46.65 万元；实现城镇新增就业 550 人，失业人员再就业 180 人，就业困难人员再就业 60 人；参加城镇基本养老保险 1100 人，参加企业基本养老保险 192 人，参加城镇基本医疗保险 6741 人，其中参加城镇职工基本医疗保险 192 人，参加城镇居民基本医疗保险 6549 人。

人 物

人物传

蔡杞材（1909—1995） 字可庵，又名修慝，湖南省益阳县兰溪乡（今益阳市赫山区兰溪镇）人。1922年入兰溪小学，后考入益阳县立第一高小。1925年考入益阳信义中学。1926年10月加入国民党。1927年考入中央军事政治学校第三分校，次年春转入南京中央军官学校第六期步兵科。1928年，分派到国民革命军第八军三师见习，旋升中尉连附。1929年任南京编遣委员会中尉科员，后离职，任津浦、陇海两路运输司令部中尉军车管理员。1931年任国民革命军第一集团军独立第五旅少校总务科科长兼政治指导员。1932年初入军事委员会干部训练班，11月化名余去非加入复兴社外围组织"革命军人同志会"。1933年任中央军校军官训练班政治指导员。1934年任复兴社首都护卫队队附，后任训练总监部少校科员兼暑期训练班中校队长。1937年初任湖南省第三届高中学生集训总队上校大队长兼省国民军事训练委员会专员。抗战爆发后任湖南省军管区司令部军训处上校科长兼复兴社湖南分会干事。1939年任湖南省军管区编练处少将处长，参加四次长沙会战。1941年发动国民捐献飞机，募得可购两架飞机的款项，获中央航空委员会奖章和国防部"忠勤勋章"。1942年参加军政部全国兵役会议，获陆军甲等奖章。1947年，任国民党湖南省军管区少将参谋长，当选"国大代表"。1948年定居长沙北区稻谷仓（今开福区望麓园街道蔡锷北路稻谷仓一条巷17号）。是年，出席国民代表大会，后任戡乱建国委员会委员和宪政督导委员会委员，辞戡乱委员。1949年3月加入"湖南省进步军人民主促进社"，并与中共湖南省工委取得联系，秘密参加湖南和平运动小组。后任湖南省保安司令部副司令、湘东师管区司令、湖南省第五区（益阳）行政督察专员兼保安司令。8月3日在湖南益阳起义。后任解放军第二十一兵团第53军副军长。1950年任湖南省人民政府参事室参事。1954年加入民革，历任民革长沙市委委员、中央团结委员、中央监察委员、湖南省委副主委。1955年当选湖南省政协委员。1957年被错划右派，1979年平反。1982年任湖南省人民政府参事室副主任。系第五、六届湖南省政协常委，第五届省政协副秘书长，湖南省黄埔军校同学会副会长。2010年，蔡杞材公馆定为"近现代重要史迹及代表性建筑"，为一般不可移动文物。

瞿同祖（1910—2008） 字天贶，后改天况。长沙人，瞿鸿禨子。1934年入燕京大学研究院，获硕士学位，其学位论文《中国封建社会》翌年由商务印书馆出版。1939年到云南大学执教，并兼任西南联大教师，历任讲师、副教授、教授，其间所撰写的《中国法律与中国社会》一书，甚受好评。1945年春，经费孝通联络，应魏特夫邀请赴美国，先后任哥伦比亚大学中国历史研究室研究员、哈佛大学东亚研究中心研究员。1947年出版《清代地方政府》。该书英文本于1962年由哈佛大学出版社出版。同年，任加拿大不列颠哥伦比亚大学亚洲系副教授，讲授中国通史。1965年回国，历任湖南文史研究馆馆员、湖南省政协文史资料研究委员会副主任、中国社会科学院近代史研究所研究员。2006年当选为中国社会科学院荣誉学部委员。

陈云章（1911—2004） 字仪曾，益阳县人，陈天倪之子，居住长沙三贵街。1923年考入长沙兑泽中学，1930年考入湖南大学，攻读土木工程。1936年赴南京任技佐，次年任重庆工业学校土木科主任。1938年任四川公路局副工程师，主修川湘公路龙潭桥工程，晋升工程师。1940年执教于中央工业学校，任土木科主任。在渝期间，结识湘籍著名实业家范旭东、李烛尘，深受实业救国思想影响。旋返湘，得湖南大学校长胡庶华荐于湖南省主席薛岳，赴沅陵筹办省立第九职业中学，任校长。1943年接办常德《新潮日报》，兼任社长，极力宣传抗日救亡。1945年抗战胜利，到长沙创办中原建筑公司。1946年内战爆发，陈以呼吁和平为己任，并逐步走上民主进步的道路。1946年冬选为湖南省参议员。1947年，在省参议会揭露蒋介石独裁统治，反对钦定包办中央监察委员、立法委员选举，拍案而起，慷慨陈辞，被称为"大炮参议"。1948年春，当选湖南省工业会理事长，不久，当选全国总工业会常务理事。随后公推为湖南省、长沙市工农商六团体联谊会主席。同年3月，蒋介石决定召开国民代表大会。陈草拟《致国大代表书》，要求停止内战，呼吁和平。1948年10月，蒋介石密令将湖南中央银行的库存黄金、白银转运台湾。陈率领省市工农商六团体50多名代表，封存长沙中央银行企图启运的黄金、白银、银元及美元。后银行将部分金银偷运出省，陈以工农商六团体名义，向社会揭露真相。1949年1月8日，陈以工农商六团体名义分别致电蒋介石和毛泽东，呼吁和平。后策动成立湖南省市51个公法团体和平促进会，推为召集人。与中共湖南省工委取得联系，其三贵街17号公馆成为省工委策反组联络点，而西楼则是湖南进步军人民主促进社的秘密活动据点。中华人民共和国成立以后，陈云章被任命为水利部参事，执教于南京水利学校。1954年改任湖南省人委参事。1958年调湖南大学任教。1959年当选为第三届全国政协委员。1966年，任湖南省政府参事。党的十一届三中全会以后，陈担任湖南省政协第四、五、六届常委。1989年3月任湖南省文史研究馆名誉馆长。

单先麟（1914—2010） 原名厚康，湖南省平江县瓮江乡人。1921年入平江第四高小。1927年"马日事变"后，举家迁往长沙。1929年入长沙协均中学。1930年起先后在大麓中学、广雅中学就读。居住长沙市会春区十间头（今属开福区文昌阁社区）。1932年中学毕业，在长沙三公祠和春电池厂当工人。1935年到湖南国术训练所师范班求学，毕业后任平江国术馆馆长。同年与任弼时妹任培辰结婚。1938年入国民党陆军军官学校长沙分校第二期学员班。年底任安仁县抗日自卫团直属队队长。1939年秋任国民党第95师技术教官兼中医师。1941年任耒阳保安训练所区队长兼国术教官，开设竹益堂中医诊所。1943年6月经湖南省民政厅长周澜介绍，任平江县警察局局长兼保安大队大队长。1944年平江沦陷后，率警察大队坚守抗战，开展游击战。同年12月，率部在浯口乡黄棠伏击日军，击毙日军指挥官部队长及以下官兵30余人，缴获日军军旗一面、轻机枪一挺、步枪30余支，获第九战区司令长官部传令嘉奖，个人记大功一次。1945年2月，国民自卫警察大队发展到1000余人，单率部乘胜追击，收复县城。6月任平江县县长兼自卫团司令，曾掩护八路军南下支队顺利通过平江。同年秋偕妻离开平江潜往上海。1946年两次写信给任弼时，要求去延安，未能如愿。1947年2月任上海高等法院主管书记兼看守所所长。1949年1月，绕道香港到北京，8月回上海。1950年元月回长沙，与湖南省军区合作开办信记大米加工厂，平价供应前线部队。1953年9月作为工商业代表到北京参加国庆观礼活动。1954年春将米厂上交当地政府，在长沙设竹益堂诊所，从事中医业务。1956年加入中国国民党革命委员会。1959年任长沙市北区医院院务委员、常委兼门诊部主治医师。1980年2月任湖南省人民政府参事室参事。1983—1993年任湖南省第五、六届政协委员。1988年获全国老有所为贡献奖。1993年，创办长沙红十字会中医门诊部。1999年被中宣部定为"九九重阳节"全国重点宣传四位老人之一。2004年当选为湖南省黄埔军校同学会副会长。同年，十间头竹益堂公馆公布为长沙市历史旧宅。2005年9月应邀赴京参加抗日战争暨世界反法西斯战争胜利60周年纪念活动，受到胡锦涛等党和国家领导人接见。2006年被评为黄埔军校同学会先进工作者。曾帮助平江县创办全国第二家云母纸厂，个人投资40余万元开办中药材种养场。多次为平江捐款，累计近60万元。2008年10月，国务院总理温家宝对其给国务院的信作出批示，对其"生命不息、工作不止"的无私奉献精神给予赞扬和肯定，并委托湖南省参事室负责人登门看望和慰问。曾参与编写《长沙中医验方选编》，发表《对口疽》等论文。2004年，十间头竹益堂公馆公布为长沙市历史旧宅，2010年以任理卿公馆名义公布为长沙市一般不可移动文物。

慈云桂（1917—1990） 安徽省桐城县杨树湾（今属铜陵市枞阳县）人。1938年8月考取西南联合大学航空系，因病借读于湖南大学机械系，后转入电机系。1943 年 7 月毕业。8 月保送清华大学无线电研究所攻读研究生。1946 年 1—7 月赴英国考察雷达技术。同年 8 月留校任物理系助教，后任讲师。1950 年任大连高等海军学校指挥系副教授，1953 年任雷达通信系副主任。次年调任哈尔滨军事工程学院海军系雷达教研室主任，负责筹建雷达声纳专业。1955 年任电子工程系副主任。1956 年加入中国共产党。1957 年夏，接受鱼雷快艇指挥仪研制任务。1958 年 5 月，提出把数字计算机用于指挥仪的方案并组成计算机研制小组；9 月 8 日，中国第一台电子管专用数字计算机样机 901 诞生。1961 年晋升教授，提出研制晶体管计算机。1964 年研制成功中国第一台晶体管通用电子计算机 441B/I 型机。1965 年提出研制集成电路计算机，又研制成功 441B/Ⅱ型机。1966 年，率团赴英国参观考察。回国后，创建电子计算机系，任系主任。1970 年秋任长沙工学院（哈军工主体南迁长沙，更名长沙工学院，1978 年 6 月更名国防科技大学）电子计算机系主任。1972 年该系扩建为电子计算机系和计算机研究所，慈云桂兼任所长。1973 年，开始进行元器件测试、生产和调机，于 1977 年研制成功第一台百万次级集成电路计算机 151-3。1978 年，接受亿次巨型机研制任务，担任工程技术总指挥和总设计师。同年，二百万次级集成电路计算机 151-4 通过国家鉴定，并装上“远望 1 号”科学测量船。1979 年任国防科技大学副校长，兼电子计算机系主任和计算机研究所所长。1980 年当选为中国科学院技术科学部委员、院士。1985 年 1 月任国防科工委科技委常委，1989 年 7 月改任顾问。慈云桂曾任国务院电子振兴领导小组计算机顾问组组长，国家科技进步奖和发明奖、国务院学位委员会计算机学科学位评审组、中国自然科学基金会计算机学科的评委，中国计算机学会副理事长，《中国科学》《科学通报》《电子学报》《计算机学报》编委，以及荷兰未来计算机系统 FGCS 杂志的国际编委和《科技导报》的中国编委。1974 年、1979 年当选为中共十大、十一大代表。1995 年，国防科技大学设立“慈云桂计算机科技奖金”。

李　普（1918—2010）湘乡人，其村今属涟源县。华中大学肄业。1937 年抗日战争爆发后，参加湖南文化界抗敌后援会，从事抗日救亡宣传活动。1938 年加入中国共产党，曾任中共长沙北区区委书记、湖南省委机关报《观察日报》特派记者、重庆《新华日报》社记者、专栏作家、特派记者。后入华中大学历史系学习。1947 年以后，历任新华社刘邓大军前线分社社长、中原总社采访部主任。中华人民共和国成立后，任新华社特派记者。后调任中共中央宣传部副处长。此后历任北京大学政治系主任、中共中央中南局政策研究室主任、广东省委宣传部副部长、新华社北京分社社长、新华社国内部主任、新华社党组成员、副社长。是首都新闻学会副会长、中国新闻工作者协会书记处书记，北京大学、中国新闻学院等校新闻系兼职教授，全国人大第六届代表。著有《光荣归于民主》《记者甘苦谈》《开国前后的信息》《社会主义与人民生活》《风雨鸡鸣集》等。

程鹤轩（1919—1995） 湖南宁乡人，中共党员。1953—1954 年，为筹建湖南省博物馆，在全省收购文物古籍，先后到平江、桑植、浏阳、耒阳、郴县等 10 余县老革命根据地，征集文物近 800 件，又接收省土改展览会展品 1800 余件，至 1955 年年底，共征集革命文物资料及自然标本达 2 万件。1975 年，主持“红军长征在湖南”历史调查与文物征集工作，组织全省 200 多位专职干部，在红军长征经过的湖南 40 余县收集资料 200 余万字，征集红军文物几百件，并主编出版《红军长征在湖南》一书。1980 年，主持“湖南农民运动历史”调查，获得大量资料。湖南省博物馆成立以后，担任历史部主任、副研究员。主持“湖南革命史陈列”等 20 多个大中型陈列的内容设计，提出“以全国为纲，突出地方”的地方革命史陈列方针，获得全国文博工作会议的肯定。先后受聘于国家文物局中南文博干部培训中心、湘潭大学文博大专班，讲授博物馆陈列，并承担有关研究课题。程鹤轩曾担任湖南省政协第四、五届委员，中国博物馆学会理事、湖南省博物馆学会副理事长，湖南省中共党史学会、省中共党史人物研究会、省历史学会、省船山学社、西南军阀史研究会湖南分会理事。撰写发表《博物馆科学研究的范围和特点》等多篇论文，编辑出版《新民学会资料》《马日事变资料》《湖南农民运动资料选编》《红军日报》等专辑，共 200 余万字。1992 年获“湖南省社会科学联合会首届优秀成果奖”。

史　穆（1922—2009） 字荫嘉，湖南省长沙县麦子坡（今属开福区）人。幼承庭训，读书写字。1936 年入湖南国学专科学校，研习古汉语、经史及诗古文辞。后专修书艺，始习唐楷，继习兰亭、圣教两序，后致力于北碑。1940年考入黄埔军校。1942年毕业，随即考入军令部参谋班，毕业后留国民党军事机关任参谋，授少校军衔。1945年前研究日军情报。1949年4月，在武汉和中共华中局社会部取得联系，后在四野十三兵团工作。1950年春回长沙，在湘剧院工作。后为长沙市第二商业局照相总店的美术技师，兼“红专学院”教师，1982年退休（1983年改为离休）后，致力于书法教学。先后应邀到常德、株洲、益阳、岳阳等市县讲学或交流，在解放军长沙政治军官进修学院、国防科技大学、中南工业大学等大专院校讲课，在省市图书馆、省市书协举办书法和诗词讲座。1986年参加纽约中国大使馆展出的“李振翩纪念会书画展”。1987年聘为湖南省文史研究馆馆员。1989—1995年，多次赴日本鹿儿岛市开展书法交流。1990年，四川省人民美术出版社出版《史穆自书诗卷》专集。1991年参加湖南赴新加坡书画展。1996年11月获第二届国际书法大展金奖，作品大量流入东南亚及美国。同时先后三次应邀赴日本举办书展、讲学、交流。1998年，应邀赴美参加“首届国际书法教育现场会”并在大学讲授书法。史穆曾任长沙市政协第五、六、七届常委，中国书法家协会会员，中华诗词学会会员，黄埔同学会湖南分会副会长，湖南省书法家协会常务理事、顾问，长沙市书法家协会主席、顾问，长沙市文学艺术界联合会常委，中南工业大学、长沙大学客座教授。其书艺作品被选入《中国现代书法选》《当代中国书法作品集》《毛主席纪念堂珍藏书画集》《当代楹联墨迹选》《古诗文行书字帖》《中日百人书法集》等10余种全国性大型专集。

崔志刚（1924—2001） 山西省昔阳县人。中共党员。1972年1月至1974年初，在中国科学院考古研究所指导下，组织发掘长沙马王堆西汉墓葬，并主持修建当时最先进的文物仓库，为马王堆汉墓的发掘、陈列作出重要贡献。1975年，组织领导“红军长征在湖南”调查工作，搜集300多万字的文字资料、2000多件革命文物，并组织举办全省各地博物馆、革命纪念馆专业干部培训班。1979年，担任湖南省博物馆馆长。1980年，组织开展“湖南农民运动历史”调查，在3099个公社进行普查，访问和重点调查了曾担任农协会员的4180人、曾担任农协委员长的140余人，写下2万份调查、访问记录，征集革命文物739件。这两次全省范围的革命文物普查和历史调查，历时5年，为湖南各地革命文物陈列和革命历史研究，收集和保存了大量文物和珍贵史料。崔志刚担任湖南省博物馆馆长期间，在长沙新火车站建筑工地、东江水电站建筑工地以及各地市县组织举办8期亦工亦农考古培训班，为全省各地培训一批考古工作者。1982年主持筹建湖南省博物馆学会，并任第一任副理事长。

李　立（1925—2014），湖南湘潭县小花石（今属株洲）人，原名心挚，自号石庵，后在求学期间更名李立，号立翁。早年随母亲寄居湘潭王十万乡花石村外祖父家。外祖父喜好金石书画，与齐白石过从甚密。舅舅亦擅长治印。少年李立因此深受感染，17岁时集成《石庵诗草》，艺惊乡邻，拓寄齐白石先生。白石老人对之赞赏有加，复信称其：“刀法足与余乱真，可喜可畏可惭也”，并嘱咐他先学古人贤人，然后自造门户，另具派别。白石老人还索要其仿刻的“古潭州人”石印留存。19岁时在龙潭书院毕业，后入华中美术学校。2年后考入杭州国立艺术学校雕塑系，常去听潘天寿等大师的金石书画课，专攻刻石治印之学，谦称“白石门外”。20世纪40年代定居长沙市西园北里，50年代，在长沙市第八中学任美术教师。80年代调湖南轻工业学校（今长沙理工大学设计艺术学院）任教。

1985年在香港举办个人金石书法展，1990年在台湾举办个人书画展。后捐资在家乡建造两所希望小学，当地命名为“李立小学”和“立翁小学”。

一生研习金石书画，擅长甲骨、钟鼎、小篆、铁线、竹筒，用笔遒劲，风格古雅浑朴，苍老挺拔，独具匠心。其花鸟画作品先后荣获团中央、全国少工委授予“星星火炬”一级奖章，中国书法家协会成立20周年大会颁发的“中国书法艺术荣誉奖”、中国书法家协会颁发的“从艺60周年成就奖”。曾与王福庵、齐白石、邓散木等一并被选入日本出版的《现代中国著名印人三十二家》。曾先后在国内和香港出版《毛主席诗词印谱选》《李立金石书画集》《文天祥正气歌》。其传记已被收入美国出版的《世界5000名人辞典》和英国出版的《世界著名知识分子辞典》《国际名人传记辞典》《成就卓著名人辞典》。

曾任中国书法家协会理事，湖南省书法家协会副主席，湖南省文史研究馆馆员，中国西泠印社社员，中南大学客座教授，湖南省民盟书画院名誉院长，长沙理工大学设计艺术学院名誉院长，政协长沙市委常委。

戒　圆（1926—1995）　法名能智，号离执，俗名王贵珍、王球。湘潭人。出生于贫穷农民家庭，13岁在湘潭县西禅寺出家为僧，18岁赴长沙县石峰寺随了意和尚受戒。后居南岳大善寺修行，曾受教于当代高僧巨赞、明真，于戒定慧三学多有所得。1948年定居长沙市开福寺，担任湖南佛学讲习所的国文、历史教师。1956年被推荐入中国佛学院本科研修佛学，后因病退学返湘。接任长沙市佛教协会副会长，又在以佛教徒为主要成分的长沙织布社（在开福寺内）担任主任理事，组织僧尼生产自救。“文化大革命”中被迫还俗，改名王球。落实宗教政策后，重归佛门，并被选为湖南省佛教协会副会长兼秘书长。1986年去武汉归元寺补戒。此后，一直担任开福寺的负责人。曾与明真法师共同编写《湖南省志·宗教志》的佛教部分，撰写《精进集》《长沙市佛教史述要》《湖南佛教简史》《明真法师传略》《佛教人生观初探》及《湖湘文化大辞典·宗教分篇》佛教部分的大多数词条。是湖南省人大第六、七、八届代表，长沙市政协常委，全国佛教协会理事、湖南省佛教协会副会长等职。

侯　良（1927—2011）　原名侯寅秋、侯国良，河南林县人。1947年入河南开封师范学校。1949年毕业后，加入中国人民解放军，参加解放大西南作战，次年担任川东军区《战斗报》和第二野战军《人民战士报》通讯员。1951年入朝作战，次年任副连级干部。1953年加入中国共产党。同年，立三等功，并获朝鲜民主主义人民共和国军功章。1954年4月回国后，历任记者、秘书。1956年转业到湖南省文化局。1958—1966年，历任湖南艺术学院党支部书记、湖南省文化局党总支秘书、湖南省戏剧学校党支部书记。1962—1964年，曾率花鼓戏、舞蹈、京剧、湘剧科学生到安化、郴州、醴陵、津市、澧县、岳阳等地演出。后下放湖南省靖县甘棠公社，1969年调入湖南省博物馆，任副馆长。1970年任湖南省博物馆革命委员会副主任。1970—1974年，组织领导长沙马王堆汉墓的发掘及其展陈、整理、研究的组织联络工作。1977年任湖南省艺术学校副校长。1980—1989年，历任湖南省文化局文物处第一副处长、处长、调研员。1981年，在长沙县板仓开办中南文博干部培训中心。1982年，组织对“文化大革命”期间公布的100处省级文物保护单位进行重新调查、调整，保留、恢复和发现黄兴故居、刘少奇故居等文物保护单位共154处，由湖南省人民政府于1983年重新公布。1983年协助查处湖南省工艺品进出口公司走私文物案件，被文化部和湖南省人民政府授予二等奖。1984—1987年，组织完成全省文物普查，发现各类历史文物共16700多处。1985年，被文化部授予全国文物博物馆系统先进工作者称号。2003年，担任湖南省博物馆义务讲解工作，直至2009年。侯良曾担任湖南省博物馆学会副理事长、理事长，中国博物馆学会、中国文物学会理事，副研究馆员。撰写出版《神奇的马王堆汉墓》《马王堆传奇》《尘封的文明——神秘的马王堆汉墓》等。编撰《博物馆学纲要》《考古学纲要》《文物保护管理学纲要》等教材。主编《湖南省志·文物志》，参与编辑《中国博物馆志》《湖南大辞典》《当代中国的博物馆事业》等。

李正光（1930—2012）　湖南宁乡人。1950年参加工作，1958年调入湖南省博物馆，从事陈列艺术设计、文物复制和中国古代工艺美术史方面的研究。曾主持“马王堆汉墓陈列”“刘少奇纪念馆”陈列等数十个大中型展览，获湖南省文化工作优秀成果奖、省文化厅陈列艺术设计成绩优异奖。曾先后担任湖南省博物馆美工复制部主任、复制厂厂长、陈列部主任、研究馆员，先后为湖南省博物馆和中国军事博物馆、中医博物馆、台湾自然博物馆等复制大批文物，屡次获奖。为国家文物局扬州培训班、长沙县板仓培训中心、湘潭大学、湖南师大、省文物培训班讲授“陈列设计”“考古绘图”“古代铜镜”等课程。2008年，将收藏50多年的江永女书六本捐给湖南省博物馆。李正光曾担任湖南省政协第六、七届委员。1992年，被聘为湖南省参事室参事。曾任中国博物馆学会陈列艺术委员会委员、中国工艺美术学会会员、湖南省工艺美术系列高级评委。发表论文40余篇，出版专著《汉代漆器艺术》《马王堆汉墓出土帛书、竹简》《楚汉简帛书典》《楚汉装饰艺术》等。

胡恒觉（1931—2001）　湖南省长沙县沙坪乡长婆塘（今属开福区）人。1951年考入北京农业大学农学系。1955—1956年，在北京俄语学院学习，加入中国共产党。1956年赴前苏联乌克兰农学院研究生院学习，1960年毕业，获副博士学位。回国后在甘肃农业大学任教，历任副教授、教授、博士生导师。

1969年，因保存一张赫鲁晓夫与中国联欢节共青团员合影照被开除党籍。1971年恢复党籍。1982年任中国耕作制度研究会副董事长。1983年任甘肃农业大学副校长兼党委副书记。1984年任中国农业科学院第二届学术委员会委员、中国作物学会第二届理事会副理事长。创办以旱农耕为特色的作物栽培学与耕作学学科，1985—1994年先后获硕士、博士学位授予权。1986年被国家授予"有突出贡献中青年专家"称号。1987年，任甘肃省高校教师职务评审委员会委员、中国农学会第五届理事会副会长、甘肃省自然科学研究高级职务评审委员会副主任委员、甘肃省科技进步奖评审委员会委员、甘肃省科委专家顾问团成员。1988年5月任甘肃农业大学校长兼党委副书记。1989年任甘肃省农学会理事长。1991—1996年，任国务院学位委员会学科评议组成员、北京农业大学、西北农业大学兼职博士生导师。胡恒觉长期从事旱农耕作制度、旱农生态和集约持续农业工程研究。先后主持完成国家和省级重点科研项目17项，获省部级和厅局级科研成果奖16项。主编《甘肃土地生产力与承载力》《旱地农业生态学》《旱地农业与绿洲农业研究》《新型多熟种植研究》等专著，参编《作物栽培学》《耕作学》《旱农学》等教材和《中国耕作制度》《多熟种植》等专著，发表学术论文80余篇。

陈火旺（1936—2008） 福建省安溪县人。1953年考入上海复旦大学数学系，1956年毕业，留校任助教。同年加入中国共产党。1958年，被选派到北京大学进修数理逻辑。1965年，赴英国伦敦国家物理所进修计算机软件专业。1967年回国后，借调到上海华东计算机研究所。1970年入伍，任长沙工学院（今国防科技大学）教员，历任计算机系副教授、教授、博士生导师、研究生院副院长。1973年，研制远望号测量船中心计算机DJ151语言系统，于1978年完成。1974年，完成441B-III Fortran编译系统，于1978年获全国科学大会奖。1975年，被派往湘西农村支援农业学大寨。1978年3月，担任国防科技大学计算机研究所"银河I"亿次巨型计算机项目研制软件系统总负责人，后于1983年通过国家级鉴定、1984年获国防科技一等奖。1984年，成为国防科技大学计算机软件专业学科第一位博士生导师。1987年，率先在国内开展"面向对象的集成化软件开发环境"项目研究，于1990年通过国家教委成果鉴定，次年获国防科技进步一等奖。1989年主持研制非单调推理系统GKD-NMRS，于1991年通过国家"863"计划计算机专家组鉴定，1993年获国防科技进步一等奖、YH-2 FORTRAN编译系统获国防科技进步一等奖。1990年被授予少将军衔。1991年授予国家有突出贡献的中青年专家称号，同年获光华科学基金一等奖。1997年当选为中国工程院院士。陈火旺曾任国务院学位委员会计算机学科评议组成员、解放军总装备部科技委委员、中国计算机学会计算机科学理论专业委员会名誉主任、全国工科院校计算机专业教学指导委员会主任、国家"863"计划信息领域第一届专家委员会委员、中国软件行业协会副主任委员。撰有《能行连续泛函》《串行运算向量化》等论文、研究报告60余篇，《数理逻辑与控制论》《程序设计语言编译原理》《程序设计方法学基础》等著作。

欧阳恒（1939—2015），男，汉族，湖南省安仁县排山乡人，中共党员。1939年10月出生。1958年进入广州中医学院（今广州中医药大学）医疗系学习。1964年毕业后分配到湖南中医学院附属第二医院。同年参加卫生部中医司援外针灸班学习针灸一年。1975年参加援非医疗队，赴塞拉利昂行医两年多。1977年回国后到湘雅一医院、二医院进修中医外科皮肤专科。先后任湖南中医学院第二附属医院皮肤科主任医师、博士生导师，历任副院长、院长等职。曾赴美国、韩国等国家参加对外医疗援助和国际学术交流。1996年、2002年、2008年获全国第二、三、四批中医学术继承指导老师。

欧阳恒主攻白癜风、银屑病、皮肤癌等的治疗，对疑难重症银屑病独创了一套有效治疗方法。研究和配制紫铜消白片、紫铜消白酊、竹黄颗粒剂等20余种。20世纪80年代以来，培养硕士、博士研究生30余名，高级学徒4名。主编出版《中医皮肤病学》《中医皮肤科古籍精选》《实用皮肤病诊疗手册》《中西临床性病学》《新编中医皮肤病学》《银屑病的诊断与治疗》《白癜风的诊断与治疗》《颜面皮肤病中西医结合诊治》等。在国家级或省级杂志上发表《以毒攻毒法在皮肤疮疡科的应用》等学术论文56篇；完成《皮肤病发物与忌口》《神经性皮炎的防与治》等科普短文70篇。主持和参与国家、省级科研基金资助课题10余项。1983年，因"发扬中医特色，抢救危重病人"，获湖南省人民政府颁发立功证书。1994年，因《紫铜消白方治疗白癜风的临床应用研究》获中国中医药科技进步三等奖。《竹黄颗粒剂对角朊细胞增殖和分化的影响》获湖南省中医药科技进步一等奖。

欧阳恒曾任人事部特聘专家，全国中医皮肤疮疡医疗中心主任，国家中医药管理局重点学科皮肤科、湖南省教育厅重点学科外科学术带头人，国家食品药品监督管理局新药评审专家，中华中医药学会科学技术奖评审专家，长沙医学会医疗事故技术鉴定专家库成员，兼任国家、省级医学类学会顾问、理事、委员等职，享受国务院特殊津贴。

杨志淳（1942—2005） 艺名杨五六。益阳人。中国曲艺家协会会员、湖南省曲协理事、长沙市曲协主席。年轻时当过演员、工人、工会干事、教师。1981年调长沙市北区文化馆，历任文学、曲艺专干、副馆长、馆长。20世纪70年代开始曲艺创作，发表作品数百篇，后为湖南经济电视台专栏编导，编创并参与演出多部电视连续剧，如《杨五六笑传》等。自编自演的节目屡屡获奖，如顺口溜《闯讲台》《护像》参加全国曲艺调演获奖；方言相声《欢歌乐舞》获湖南省首届笑的艺术大奖赛一等奖；《明星晚会》获湖南省笑的艺术电视大奖赛二等奖；顺口溜《票》获湖南省曲艺调演二等奖等。

黄纲正（1947—2003） 湖南省望城县白若乡光明村人。中共党员。1964年12月，到长沙县·梨镇高塘公社插队落户。1976年进入省、市文化部门举办的第一期工农考古训练班。后调入长沙市博物馆工作。1979年至1983年，参加长沙唐代铜官窑遗址调查和考古发掘。1981年到北京大学考古专业进修。1983年，参加省、市文物部门联合组织的对长沙唐代铜官窑窑址的大型考古发掘工作。1985年至1987年，参与主持长沙市文物普查，发现、清理和抢救大量文物，同时参与完成《长沙地区文物普查资料汇编》《中国文物地图集·湖南卷》《长沙文物名胜志》编撰工作。1986年，主持长沙县南托乡大塘遗址考古发掘。1988年，任长沙市博物馆馆长兼长沙市文物工作队队长。1989年获湖南省劳动模范称号。1993年，从事长沙宁乡县老粮仓出土青铜编铙的科学研究保护和开发利用。主持修建毛泽东诗词对联书法艺术碑廊、长沙市博物馆文物库房、湘楚文化艺术品市场。1998年推出“中国南方青铜大铙古乐”表演项目。1999年，市委、市政府授予“长沙市首届社科优秀人才”荣誉称号。2001年，评聘为文博战线“研究馆员”高级职称。黄纲正曾任长沙市政协委员，湖南省博物馆学会理事、湖南省考古学会常务理事、长沙市历史文化名城建设推委会委员。先后在国家级、省级与海外刊物发表学术论文30余篇，主编和参编学术专著6部，并参加国家重点社科课题《长沙铜官窑》《长沙楚墓》的编研工作，是《长沙铜官窑》课题出版编委之一，《长沙楚墓》主要撰稿人之一。1996年，主持编写《湘城沧桑之变》。

人物表

（以姓氏笔画为序）

姓名	性别	出生年份	工作单位	主要业绩、荣誉称号
尹清华	男	1981	长沙市第一医院	2008 年荣获长沙市杰出青年岗位能手；2009 年荣获湖南省优秀共青团员荣誉称号
毛勇臻	男	1972	湖南沙坪天利湘绣有限公司	2009 年荣获湖南省政协新中国成立 60 周年、人民政协成立 60 周年新闻人物荣誉称号
毛炯明	男	1953	湖南金龙国际集团	2001 年荣获湖南省乡镇企业家、第四届全国乡镇企业家，2011 年荣获长沙市优秀特色社会主义建设者荣誉称号
王达佳	女	1995	长沙市一中	先后荣获长沙十佳少年、长沙十大慈善人物、长沙市首届道德模范、长沙雷锋式美德少年、长沙十大年度人物，2010 年当选全国百名优秀志愿者，2011 年荣登中国好人榜
王俊杰	男	1962	湖南湘江涂料集团有限公司	2000 年荣获湖南省劳动模范荣誉称号
王爱民	女	1962	长沙市第一医院	先后荣获全国卫生系统先进工作者、湖南省先进工作者、长沙市劳动模范荣誉称号
卢光琇	女	1939	中信湘雅生殖与遗传专科医院有限公司	发明了超长降调节促排卵方案，使试管婴儿临床妊娠率提高到 62%，却降低了诊疗费用 25%，该方案在国内得到广泛推广，初步掌握了从胚胎干细胞定向诱导分化成造血细胞和神经细胞的技术达到国际领先水平
任菲莉	女	1963	国防科技大学	2008 年荣获中国十大杰出母亲称号，荣登中国十大杰出母亲称号，荣登中国好人榜，2009 年荣获长沙市道德模范、湖南省道德模范、全国道德模范、2010 年荣获湖南省三八红旗手标兵称号
向利华	女	1961	开福区捞刀河镇	2008 年荣获全国优秀农民工荣誉称号
江再红	女	1968	开福区湘绣研究所	先后荣获中国十佳民间艺人、湖南省十佳创业成功女性、湖南省三八红旗手、长沙市优秀专家等荣誉称号
汤明辉	女	1968	长沙市红旗织布厂	1989 年荣获中国纺织工业部、湖南省、长沙市劳动模范，1990 年荣获长沙市女能人、长沙市三八红旗手荣誉称号
何文德	男	1964	长沙学院	2000 年荣获全国劳动模范
张九龄	男	1963	湖南粮食集团有限责任公司	2004 年荣获长沙市劳动模范
李长志	男	1972	长沙市国土局开福分局	1998 年江泽民主席签署命令授予抗洪抢险勇士荣誉称号，1999 年荣获第四届湖南省十大杰出青年荣誉称号
李建国	男	1966	长沙市新奥燃气有限公司	2012 年荣获湖南省五一先锋荣誉称号
杨德才	男	1962	开福区东风路街道	先后荣获长沙市文明市民标兵、长沙市雷锋式道德模范、长沙市十佳扶残助残爱心个人、长沙市第二届助人为乐道德模范，荣登中国好人榜
肖新华	女	1940	长沙市财经学校	先后被评为省市优秀教师、优秀班主任、湖南省先进工作者、湖南省三八红旗手、1994 年荣获长沙市劳动模范

续表－人物表

姓名	性别	出生年份	工作单位	主要业绩、荣誉称号
陈明军	男	1970	长沙市公安局交通警察支队开福交警大队	2003年荣获全国优秀人民警察荣誉称号
陈奕志	男	1967	湖南粮食集团有限责任公司	2011年荣获全国物流行业劳动模范、湖南省劳动模范
周千如	男	1953	长沙市公安局开福分局	先后荣获长沙市第四届学雷锋十佳个人、优秀公务员、优秀共产党员、全省优秀人民警察、全国优秀人民警察荣誉称号
屈林岩	男	1961	长沙学院	先后荣获湖南省优秀教师、湖南省优秀中青年专家、全国优秀教师、享受国务院特殊津贴专家，入选新世纪百千万人才工程国家级人选
范先成	女	1949	长沙市第一医院	先后荣获湖南省三八红旗手、湖南省劳动模范、全国五一劳动奖章
胡小平	女	1959	开福区市容环境卫生管理中心	1999年荣获长沙市劳动模范
殷金玉	女	1956	开福区市容环境卫生管理中心	1995年荣获湖南省劳动模范
贾齐正	男	1955	湖南丽臣实业股份有限公司	2004年荣获长沙市劳动模范，2010年荣获湖南省劳动模范
黄海兰	男	1970	长沙市新奥燃气公司	先后荣获湖南省劳动模范、全国五一劳动奖章
黄莉莉	女	1948	长沙市人民织布厂	先后荣获长沙市劳动模范、湖南省三八红旗手、湖南省劳动模范
彭义均	男	1963	湖南湘江涂料集团有限公司	2010年荣获湖南省劳动模范
彭星林	男	1957	长沙市第四运输公司	1988年荣获长沙市劳动模范、湖南省劳动模范，1989年荣获交通部劳动模范
黄志平	男	1972	湖南省沙坪建筑有限公司	2006年荣获长沙市技术能手、长沙市杰出青年岗位能手，2010年荣获全国劳动模范，2011年荣获湖南省杰出青年农民工，省政府记一等功，2012年荣获长沙市雷锋式学习标兵
蒋爱兵	男	1978	长沙市消防支队	先后荣立一等功4次，二等功5次，三等功9次，荣获全国抗震救灾模范、全国优秀人民警察、全国消防部队灭火抢险救援尖兵、全国公安现役部队优秀士官、中国消防英雄、全国消防部队十大模范共产党员、湖南省杰出青年卫士、十大岗位能手等荣誉，两次受到中共中央总书记胡锦涛，国务院总理温家宝等党和国家领导人的亲切接见
谢文辉	男	1967	湖南粮食集团有限责任公司	先后荣获中国诚信企业家、全国粮食行业优秀企业家、全国物流行业劳动模范、湖南省农业产业化十大领军人物、湖南省十大杰出经济人物、湖南省劳动模范
虞振新	男	1947	长沙帅牌油脂有限公司	1999年荣获长沙市劳动模范
黎辉	女	1953	长沙财经学校	先后荣获长沙市三八红旗手、长沙市劳动模范、湖南省优秀职业教育工作者

说明：已列入长沙市开福区志第七篇第一章工会、共青团、妇女联合会的人物未列入。

前志补遗人物

（一）前志补遗人物传

刘　蜕　字复愚，号文泉子。唐长沙人，传说筑蜕园于城北以居。蜕园即今开福区通泰街周南中学校园。大中四年（850）进士。此前长沙50年无得进士者，以此人称刘蜕为“破天荒”。湖南观察使崔铉送钱17万，称为“破天荒钱”。刘复书称：“五十年来，自是人废；一千里外，岂曰天荒！”后刘屡官至左拾遗。咸通四年（863），刘上书指斥淮南节度使令孤绹之子以“布衣行卿相之权”，遭倾陷，出为华阴令。终于商州刺史。为文取法杨雄，以复古自任。著有《文泉子集》。

黄重冠　字逸洲，明庐陵籍人，世居长沙潮宗门内。性孝友，赎父所鬻宅，抚弟妹六人，以次婚嫁。添置产业，分给诸昆。教弟重寄、重京，期以文学著家声。尝自署一联云：“求天地祐，莫如积德；要子孙贤，无过读书。”后同里公举善人，知县李养裕曾旌其庐曰“高行表俗”。

王　伟（1412—1461）字士英，号桐山、王灵子。明攸县籍人，世居长沙城北。幼时随父戍宣府，明仁宗北巡，献《安边颂》，得嘉奖、命补保安州学生员，时年仅14岁。正统元年(1436)成进士，选庶吉士，改任户部主事。蒙古也先入寇，明英宗被俘，王伟纠集士民据守广平，以功升兵部郎中。时文书繁多，其援笔立就，甚得于谦信任，晋兵部右侍郎。天顺元年(1457)，以于谦党羽论罪，除籍归。后诏复原官，旋以病卒，葬于捞刀河畔之秀峰山。成化五年（1469）明宪宗谕祭，并赐祭文。今谕祭碑尚在。清乾隆四年（1739），在北门大街（即北正街）建有王公祠。

黄　宝　字廷用，号东冈。明长沙县人。成化二十年（1484）进士。历官吏部郎中、悬鉴励操，风节凛然，有“黄宝不爱宝”之谣。迁太常侍卿，修举礼乐。擢佥都御史、陕西巡抚等职。时潼关大饥，城堡亦多倾圮，羽檄旁午，仓卒莫备。黄宝运粮救灾，又严扼烽燧，秦地得安。后以忤刘瑾罢官。刘败，起复为山东巡抚，不踰月以疾致仕，卒于家。著有《东冈集》。赐祭葬，祀乡贤。于长沙城北门大街（今北正街）建都宪坊，潮宗门内建铨衡坊。其墓在长沙智度山。

陈时中　号白石。明长沙县人。博学，善交游，尝创建环中书院，集士子肄业其中。嘉靖（1522—1566年）中，以贡生任吉水县丞，捐俸建尊经阁，并从长沙运米至吉水，以供建阁膳食。后弃官居乡，致力于本乡交通水利事业，曾创水渡石桥，筑修北乡之麻林坝等，民赖其利。

庄天合　字德全，号冲虚。明长沙县人。万历十七年（1589）进士。选庶吉士，授编修，侍讲筵，以端谨受知于太子。曾为南畿乡试主考官，又分校会试卷。在史馆20余年，多所造就，如左光斗等皆有名于时。后官至少詹事，卒赠礼部侍郎。长沙城北新开门内建玉堂清要坊，北门大街建宗伯师臣坊。

周继圣　字述之，明长沙县人。邑廪生。幼颖悟，8岁从师，14岁补弟子员。曾筑精室于黑麋峰，学益进，名益噪。崇祯十五年（1645），张献忠攻占长沙，网罗名士，欲授以官。继圣深匿不出，大西军执其母、妻。继圣赴营请自代，然均已不屈死，乃逃归，破产募士，杀敌以祭母。湖广总督何腾蛟上其事，授儒学教谕。继圣以母死义、妻死姑，终生不仕。著作甚丰，多毁于兵，存《惨然录》及七哀诗。

朱前诒　清江南无为州（今属安徽）人，举人出身。授中书，康熙二十二年（1683）任长沙知县。时长沙县署因毁于明崇祯末年，尚未修复，历任长沙知县治事，“或僦居藩邸，或赁贷民房”。是年秋，朱前诒“自倾资斧”，并节省经费，购回潮宗街明代长沙县署地基，重建县署，历时四月而工竣，初具规模。在任期间，朱前诒均赋役，劝农桑，主持修复长沙县学宫（在今开福区学宫街至红墙巷一带），续修《长沙县志》，颇具政绩。后迁任云南麻哈州知州，官至苍梧道道员，卒于任。

刘权之（1739—1818）字德舆，号云房。长沙县人。清乾隆二十五年（1760）进士，授编修，以编纂《四库全书》功，升侍讲。累迁大理寺卿，左副都御史。乾隆五十二年（1787）大挑直省举人，条陈革除大挑积弊之法，晋礼部侍郎。嘉庆四年（1799），为左都御史，上疏请革除湖南采买之弊，亦得允许。迁吏部尚书后，改革铨政，号称公允。后授军机大臣、礼部尚书、协办大学士，加太子少保。寻升体仁阁大学士，管理工部及户部事。为人精细宽厚，历任京官数十年，眷注优隆。几次主持乡试、会试，读殿试卷，皆称得士。以病致仕，卒谥文恪。其宅第在今连升街。

余正焕 字星堂。长沙县人。贫苦力学，清嘉庆六年（1801）进士。授翰林院编修，外迁陕安兵备道，与汉中知府严如熤等协力镇压农民起义，改迤西兵备道。时云南腾越州夷族以不堪压迫，准备起事。正焕克期进兵，起事者溃散。乃上疏议改腾越州为厅，驻兵防守，清廷纳其议。裁减陋规，省银近万两，以其中八千两生息，供豫章书院生员膳食之费。官至代理按察使。致仕后，主讲长沙城南书院。并捐资重建学宫、贡院，置义田兴学，有益乡里。

刘若珪（？—1854）字桐坡。长沙县人，刘权之子，家居连升街。清嘉庆十八年（1813）中副榜。由工部员外郎就外职，署遵化、定冀等州及大名知府。后又历署宜昌、德安、襄阳等府事。咸丰二年（1852）署黄州府，题补安陆，迁盐法道。未赴任而太平军占黄州，去职回籍。四年（1854）年，太平军再进武昌，遇难。

左宗棠（1812—1885） 字季高、朴存。湘阴人。少年时代曾随父在长沙贡院西街（今开福区中山路）左氏祠堂读书。清道光十二年（1832）举人。十七年（1837）主讲醴陵渌江书院，后为安化陶澍家馆塾师。咸丰二年至九年（1852—1859年）间，先后入湖南巡抚张亮基、骆秉章幕，赞划军事，受赏识。咸丰七年（1857），得骆秉章及友人胡林翼资助银500两，购置长沙东长街（今开福区蔡锷路）司马桥房屋，遂将全家自湘阴移居长沙。咸丰十年（1860）以四品京堂襄办曾国藩军务，募练楚勇8000人开赴赣、浙，与太平军作战。次年任浙江巡抚。同治二年（1863）升闽浙总督，三年（1864）攻占杭州，控制全浙，先后加太子少保衔，封一等恪靖伯。五年(1866)，创办我国第一个机器造船厂——马尾造船厂。同年九月移督陕甘，次年授钦差大臣，督办陕甘军务。先镇压西捻军于山东海滨，晋太子太保衔；旋回师陕甘，于同治十二年（1873）冬攻占回军最后据点肃州，加协办大学士，赐轻车都尉世职。次年晋东阁大学士。光绪元年（1875）以钦差大臣督办新疆军务，督率西征大军出关，讨伐阿古柏匪帮，收复新疆。四年（1878）初获全胜，晋二等侯。建议新疆设省。六年（1880）建成我国第一家机器纺织厂——甘肃织呢总局。七年（1881）任军机大臣，旋调任两江总督。十月，请假回湘省墓，于十一月下旬回到长沙，在司马桥旧宅留居数日。光绪十年（1884）以钦差大臣督办福建军务，抗法援越。次年病逝于福州，谥文襄。遗著有《左文襄公全集》。后湖南巡抚奉命于长沙西城大湾地方（即今北正街工人文化宫）建祠祭祀，现尚存假石山、石桌石礅等。

郭嵩焘（1818—1891） 字伯琛，号筠仙，晚号玉池老人。湘阴人。清道光二十七年（1847）进士，改庶吉士。咸丰三年（1853）协助曾国藩创办湘军。同治元年（1862）授苏松粮储道，迁两淮盐运使。次年署广东巡抚。同治五年（1866），因与两广总督瑞麟不合辞职。回湘后，于同治七年（1868）在长沙六堆子建宅以居，命其名为养知书屋。光绪元年（1875）初，授福建按察使，后奉命在总理衙门上行走，署兵部左侍郎。光绪二年（1876）八月任出使英国大臣。光绪三年（1877）自上海出洋赴英。光绪四年（1878），兼驻法公使。主张学习西方科学技术，办铁路，开矿务，整顿内政，遭到顽固派攻击。光绪五年（1879）以病辞归。回长沙后，于寿星街建玉池别墅。光绪六年十月初八（1880年11月10日）率家移居于此。生平著述大半散佚，存者有《养知书屋遗集》《史记札记》《使西纪程》《郭嵩焘日记》等。子郭庆藩亦有名。光绪十七年（1891），在寿星街玉池别墅逝世。

朱昌琳（1822—1912） 字雨田。清长沙县人。父朱原善，曾在省城草潮门开一小碓坊以营生。朱昌琳“少承儒业”，中秀才后，乡试屡不第，乃以教书为业，并以小本经营乾升杂货店。道光二十五年(1845)湘中农业丰收，谷价骤跌。朱大量囤积谷米，次年大灾，谷价陡涨，获利无算，乃改乾升杂货店为“朱乾升碓房”，专营谷米。同治四年(1865)成立“乾顺泰盐号”，运卖淮盐，又经营西北茶叶，获利甚巨。朱昌琳经营米、盐、茶近50年，财富剧增，遂发行朱乾升号市票、银饼，致力于金融业，成为湖湘巨富。朱昌琳发家以后，曾在城内西长街建造公馆，有心远楼，登楼远眺，可极湘江、岳麓之胜。咸丰末年，朱昌琳兄弟在长沙北郊丝茅冲营造别墅，面积六百余亩，内有亭台、水阁、回廊、假山等，遍植名贵花木，风景雅致，名曰“余园”，人称“朱家花园”，民国年间曾对外开放。他还广置田地房产，拥有长沙北门外丝茅冲至新河一带、新河长庆街全部，以及城内太平街、西长街、高井街等地的大片房地产。朱昌琳乐善好施，热心地方公益，凡修路修桥、赈灾救济等善行义举，出资捐款，动辄巨万。长沙城北郊浏阳河渡口黑石渡，他特置三只渡船，雇专人司渡，供行人免费渡河。光绪十年（1884），他积极参与修浚城北新河之举，先后捐银13万两，使工程顺利竣工，并使原湘江新河至浏阳河一带沙滩连成一片，形成街市。宣统二年(1910)经湖南巡抚保奏，奉诏特授内阁学士衔。

郭崑焘（1823—1882） 字意诚。湖南湘阴人，郭嵩焘弟。清道光二十四年（1844）举人。咸丰初，入湖南巡抚张亮基、骆秉章幕府，筹划防御太平军，赞襄军务，筹设厘金、盐茶二局，为湘军搜罗军费。继任湖南巡抚毛鸿宾、恽世临、刘崑亦相率延入幕府，参赞军机，办理饷糈，保荐内阁中书至四品卿。光绪六年（1880），迁居长沙城内草潮门，在此度过余生。

妙　华（1830—1906） 俗姓张，名皓月，字仁参。清长沙县人。14岁入本邑铁炉寺依寿一和尚出家。翌年，于江苏句容宝华山隆昌寺受具足戒。17岁行脚参访，朝礼四大名山。后于扬州高旻寺挂搭常住，参究20余年。同治九年（1870）移锡金山江天寺。次年返长沙铁炉寺，在该寺30余年，皈依弟子甚众。有《法语》一卷行世。

魏伯益 湖南人，县籍不详。清光绪二十六年（1890）参与唐才常自立军起义。二十九年（1904）年底与黄兴成立华兴会，谋举义失败，亡走日本。后加入同盟会。旋返长沙组织五金矿务公司，掩护革命活动，事泄，改名张元平，往来长沙一带从事秘密工作。继在湖北被捕，备受酷刑，因无供证，得脱险。光绪三十二年（1906），变卖祖产，以为联络会党起事之需。嗣走上海，拟在沪设立团体改进会，刊行日报，鼓吹革命。辛亥长沙光复后，与唐蟒等返湘。值焦、陈被害，谭延闿任都督。他提议调和感情，化除小组织私见。1913年被选为国民党长沙支部干事。宋案发生后参加反袁斗争，被杀害。

王闿运（1832—1916） 字壬秋，晚号湘绮老人。清湘潭县人。少孤贫，依叔父就学。17岁时，读书于营盘街戴氏祠堂，始应童子试。后肄业于长沙城南书院。咸丰七年（1857）成举人。性高旷，不慕荣利。光绪二年（1876），赁居营盘街，随即在此营建湘绮楼，从此移居长沙。先后主讲成都尊经书院、长沙思贤讲舍、衡州船山书院、江西大学堂，弟子数千人。光绪年间，与郭嵩焘、徐树钧、陈海鹏等在开福寺结碧湖诗社，诗酒文会，几无虚日，又集资修葺佛殿、构建湖亭。宣统年间，授翰林院检讨，加侍读衔。辛亥革命后，任清史馆馆长。其为学主治《春秋公羊传》，宗今文经学。诗文模拟汉魏六朝，为当时拟古派所重。著述颇多，主要有《湘军志》《湘绮楼日记》《湘绮楼文集》等，并辑有《八代诗选》。

海　印（1840—1924） 俗姓张，法名释永光，自称憨头陀。清益阳人。幼聪慧，习儒业。16岁在南岳祝圣寺剃度，从师默庵，潜心禅理。光绪六年（1880）卓锡沅江景星寺，四方募化，重新修葺，再复原貌。后又为益阳白鹿寺住持。尝居长沙开福寺、宁乡密印寺等。1912年，在开福寺创立中华佛教总会湘省支会，任会长。清末民初“庙产兴学”，白鹿寺被占，景星寺亦部分被占。1914年起，海印“七入京师，两行蒙古”求助，据理力争，两寺终陆续得以恢复。能诗善书，尤长于画兰。系“南社”社员。主白鹿寺时结湖山诗社。1914年与刘善泽等在开福寺重开碧湖诗社，广结贤士，相与交往唱和者有柳亚子、王闿运、刘善泽、释芳圃（笠云）、释敬安（八指头陀）、道香、张琳、张建勋、溥心畬（爱新觉罗·溥儒）等。著有《禅海珍参》《碧湖集》二卷、《海印上人诗集》等行世。时人评论其诗，比之唐人齐己，堪称一代诗僧。1924年圆寂于景星寺，葬于寺左庆云山南麓。

王先谦（1842—1917） 字益吾，号葵园。清长沙县人，出生于长沙营盘街。同治四年（1865）进士，选庶吉士，授编修，迁侍讲，后任国子监祭酒、江苏学政。光绪十五年（1898），于长沙城东北古荷花池建造住宅，号曰葵园，从此移居于此。后主讲思贤讲舍、城南书院、岳麓书院。二十二年（1896），集资创设宝善成机器制造公司，设火柴厂于北门外福寿桥。次年与张祖同等在草潮门正街购买房屋一栋，改建谷仓。戊戌变法时期，与叶德辉等反对南学会，攻击时务学堂，提出停刊《湘报》，破坏湖南维新运动。二十六年(1900)自立军起义失败后，向巡抚俞廉三告密，杀害湖南维新士。宣统二年(1910)长沙发生抢米风潮，以“梗议义粜”，奉旨“降五级调用”。武昌起义后易名豚，匿避平江，后返长沙，居善化县凉塘。博览群书，治学重考据，荟集群言，附以己意，多有成就。曾设局刻书，编校刊印历史文献，汇刻《皇清经解续编》。著有《诗三家义集疏》《汉书补注》《虚受堂文集》《后汉书集解》《十朝东华录》等多种。

张百熙（1847—1907） 字冶秋，号潜斋，清长沙县霞凝乡蔚霞庄（今属开福区青竹湖街道金霞村）人。早年就读长沙城南书院。同治九年（1870）举人。十三年（1874）进士，选翰林院庶吉士，授编修，督山东学政、国子监祭酒。命值南书房，再迁侍读学士。中日甲午战争时，屡陈国事，劾李鸿章阳作战备、阴实主和。光绪二十三年（1897）督广东学政，迁内阁学士。次年，奏荐康有为应经济特科，又奏保使才，戊戌政变后革职留任。二十六年（1900）任礼部侍郎，升都察院左部御史。《辛丑和约》后，疏请改官制、理财政、变科举、办学堂、设报馆，迁工部、吏部尚书。1902年，任管学大臣，主持京师大学堂，奏准《钦定学堂章程》，为我国第一次以政府名义制定和公布的完整学制。又创办医学馆及翻译学堂、实业馆，选派留学生出国深造。后历任户部、邮传部尚书等职。有《张百熙奏议》《退思轩诗集》等传世。卒后赠太子少保，谥文达。葬长沙县春华镇洞田村。2005年，张百熙墓公布为长沙市文物保护单位。

瞿鸿禨（1850—1918） 字子玖，号止庵，晚号西岩老人。清善化（今长沙）人。同治十年（1871）进士，授编修，晋侍讲学士。光绪二十一年（1895）被贬回乡，营建宅第于潮宗街。二十三年（1897）升为内阁学士，先后出任福建、广西乡试考官及河南、浙江、四川、江苏学政。中日甲午战争时，上四路进兵之策，未被采纳。二十六年（1900）义和团运动爆发，主张镇压。八国联军进攻北京，随慈禧太后西逃，深得赏识，任工部尚书、军机大臣、政务大臣。其后总理各国事务衙门改为外务部，位在六部之上，任尚书。又代徐桐为内阁协办大学士。三十二年（1906），参与策划清政府预备立宪。次年因与奕劻矛盾，忤慈禧旨意，被劾开缺回籍。次年于潮宗街营建家庙，并建超览楼，以遥望岳麓。宣统三年（1911）迁居上海。袁世凯复辟帝制时，聘其为参政员，坚拒不就。后寓居沪上以终。

明　教（1852—1932） 俗姓萧，号道香。清湘乡县永丰（今属湖南双峰县）人。为虚云老和尚俗家族侄。同治七年(1868)依本邑狮山寒泉长老出家。20岁受具于南岳祝圣寺，后住该寺8年，专心念佛，并深入经藏，兼习篆、隶，以应世缘。28岁行脚参访，历参五台、普陀及江浙诸名刹。光绪九年(1883)，行脚至南京，偶遇日本僧侣达磨山村，相谈投契。达磨山村邀其往游日本，遂同至大阪，在日本游历多处寺庙和名胜古迹。所至之处，声誉传播，日人求书法者接踵而至，明教率以篆、隶应之。在日5年，返国时日僧赠以《大藏经》全部，携返长沙。长沙四众全体欢迎，请任方丈者达十余处之多。他先后出任过麓山、上林、开福三寺住持。1917年，与岳峰、海印二法师赴铁炉寺参妙华老和尚，言下顿悟皈依者数万。

龙　璋（1854—1918） 字研仙，号甓勤、潜叟。清攸县人。刑部侍郎龙湛霖侄。光绪二年（1876）举人。曾居长沙城北西园（即今通泰街西园）。后任江苏如皋、上元、泰兴、江宁等县知县，致力兴学育才，曾创办如皋新式小学堂、旅宁中学堂等，对湖南明德、经正学堂亦多所资助。思想倾向进步，多接近维新志士、革命党人。与谭嗣同为儿女亲家，黄兴组华兴会谋起义，他资助甚多；黄在上海被捕，他奔走援救出狱。光绪三十三年（1907）以母丧弃官归里，致力教育，兴办实业。先后参与创办瓷业、铁路、南云商业诸学堂，汽船公司，开济、利济轮船公司，并组织商船公会、农会等。长沙西园龙宅，常为革命党人聚会之所。辛亥革命后，龙璋任湖南军政府交通司司长，旋为西路巡按使，前往常德和湘西各属招抚，事定返省。1913年，参与湖南反袁独立活动，事败，走上海。1916年返湘，1918年南北军阀混战中遁避长沙乡间，病卒。

左孝同（1857—1924） 字子异，晚年自号逸叟。清湘阴县人。左宗棠第四子。光绪十一年（1885）左宗棠去世后，以荫恩赏举人，复纳资为道员。居家长沙司马桥时，主持编辑出版《左文襄公全集》。中日甲午战争爆发，湖南巡抚吴大澂率湘军出关作战，调其总理营务，并统领五营屯驻山海关。后改隶魏光焘。不久，调会办北洋机器制造局，旋改北洋营务处。二十三年（1897）去职返湘。维新运动期间，应邀会办湖南保卫局"擘划巨细，昕夕瘁"，颇得陈宝箴赏识，并以"志识通敏，晓练世务"荐举于朝。戊戌政变后被参劾，又一度以道员分发浙江试用，统领湖州防军。光绪二十七年（1901），清廷实行新政，应召入京，授四品京堂候补，派充督办政务处帮办，旋升总办、帮提调等职。又历署光禄寺少卿、顺天府丞，补授太常寺少卿，调任光禄寺卿、宗人府府丞。三十三年（1907）任河南按察使。次年调江苏按察使，后署江苏布政使。辛亥革命后避居上海，闲居而终。

胡元倓（1872—1940） 字子靖，号耐庵，晚年自署乐诚老人。清湘潭人。光绪二十三年（1897）拔贡。二十八年（1902），留学日本弘文学院速成师范科。次年返国，在长沙租赁左文襄公祠堂创办明德学堂，为湖南私立学堂之始。继又设立经正学堂。后于附近之西园建设校舍。三十年（1904）增开高等小学班，三十四年（1908）又开设高等学堂银行科，规模渐臻完备。宣统三年（1911），赴日就任留日学生监督。辛亥革命爆发，即返国，继续致力于教育事业。1913年，创办明德大学于北京，设商科及政治经济科。1915年，愤袁世凯阴谋复辟，乃停办明德大学。五四运动时期，支持爱国学生运动，反对北洋军阀残暴统治。同年再设明德大学于汉口，1926年以经费拮据停办。此后专意致力办中学，志在培养人才，以"坚苦真诚"四字为校训。1927年7月任湖南大学校长。抗日战争时期，出任国民参政会参政员。1938年长沙大火发生，明德校舍被毁，明德中学暂迁湘乡县霞岭乡（今属湖南双峰县）继续上课。1940年冬，以高血压症猝逝于重庆歌乐山寓所。1948年归葬长沙岳麓山。

宝　生（?—1942） 又名宝生利。衡阳县人。早年出家，初在五台山碧山寺修习禅定。1921年回到湖南，先后驻锡长沙、南岳、沩山、岐山等处。出家前曾学过木工，出家后，于各处参访时，认真浏览、考察各处寺院建筑，成为造诣颇深的佛教建筑艺术家。曾主持过长沙开福寺、南岳上封寺和准提庵、沩山密印寺、岐山仁瑞寺的重建。他亲为规划设计，监督施工。每修造一处，绝不雷同，各有特色。他一生还热心佛学教育。1927年，在沩山密印寺住持任内，创办了佛学社，自任社长，为学僧讲解佛学。1939年抗日战争期间，南岳成立"南岳佛道求难协会"，被选举为会长。

龙绂瑞（1874—1952） 字萸溪，晚号希静；因排行第八，人称八先生，清攸县人，龙湛霖子，家住长沙西园。幼随父宦游，从学于欧阳中鹄、沈业祉。光绪二十九年（1903）春，捐资助胡元倓创办明德学堂，任监督，旋又集资办经正学堂及湖南第一女学堂。对华兴会及党人黄兴等多所赞助。三十年（1904）九月，黄兴领导长沙起义失败，龙绂瑞与妻黄国仪掩护黄兴等脱险。次年，主持长沙府中学堂。三十三年（1907），任四川洋务总办，颇有政绩。"二次革命"失败，乃隐居不仕。1917年夏任湖南官产处处长。抗日战争期间，流寓湘西。抗战胜利后，反对内战，要求民主，为湖南和平解放作过贡献。中华人民共和国成立后任湖南省文史研究馆馆员。病逝长沙。

张汉藩（1876—1928） 字泽嵬。长沙人。家贫，3岁丧父，随母流浪。9岁过继给叔父为子，后从其习缝纫。1915年，在长沙外湘春街开设德成衣店。1922年，在长沙成衣工中组建工会，任工会委员长，发动工人开展罢工斗争。同年加入中国共产党。次年"六一"惨案后，代替郭亮任全省工团联会总干事，领导全省各界对日经济绝交斗争。1925年出席全国第二届劳动大会。次年任中共长沙市委工运部部长、湖南区委委员、国民党湖南省党部候补委员。大革命失败后，在中共中央长江局领导下从事工人运动，并参加湘鄂赣边特委工作。1928年在汉口被国民党反动派杀害。

金　九（1876—1949） 幼名昌洙，号白凡。韩国人。因从事反日斗争而长期流亡中国，曾担任韩国临时政府总理。1937年11月，率韩国抗日光复战线三党人员及其家属百余名到长沙，设三党总部于连升街之楠木厅。次年5月7日，与玄益哲、柳东悦、李青天等在楠木厅开会时，遭到韩国人李云焕枪击，金九、柳东悦人受重伤，玄益哲死亡，李青天受轻伤，是为1938年楠木厅事件。后在中国政府关心下，经湘雅医院治疗，痊愈出院。

胡　美（Edward Humel，1876—1957） 美国人，通用译名爱德华·希克斯·休姆，美国雅礼学会成员、医学教育家。生于印度。毕业于美国耶鲁大学、约翰·霍普金斯大学。清光绪三十一年（1905），受美国耶鲁大学雅礼学会邀请，偕妻带子来到湖南长沙。光绪三十二年（1906），在长沙西牌楼创办湖南第一所西医医院——雅礼医院并任院长。宣统三年(1911)，设立雅礼男女护病学校。1914年，雅礼学会与湖南育群学会合作，于潮宗街创建湘雅医学专门学校。胡美及全家均居此，工作之余，常和他的孩子们去湘江边散步。雅礼医院、护病学校亦更名为湘雅医院、湘雅护士学校，作为该校（院）的附属机构。胡出任学校教务长、湘雅医院院长。1919年，湘雅医院和湘雅医学专门学校迁至城东北留芳岭一带。1924年兼任长沙雅礼大学校长。1927年1月辞职回国。著有《道一风同——一位美国医生在华30年》。

茂　飞（1877—1954）美国人，通用译名亨利·墨菲，建筑设计师。1914年，受美国雅礼学会聘请，来长沙规划设计湘雅医学专门学校校舍。1917年年底，其设计的学校附属湘雅医院病栋大楼建成，是当时中南地区建筑物中最好的医院之一。此后他还设计了燕京大学、金陵女子大学等校舍。1928年以后，任南京国民政府的建筑顾问。

陈继舜（1878—1962）　字杏骢，号猥菴。清长沙县桥驿人。自幼好学，6岁入家塾。13岁即通读四书、五经。14岁，撰文“微有章法”。光绪二十年（1894）考入岳麓书院。转学城南书院。三十年（1904）中举。随赴河南开封参加会试，中第四十名进士。后赴京殿试，获二甲第七十四名。授户部主事。三十三年(1907)，调任驻俄罗斯大使馆一等参赞。是年十一月二十七日，自京启程赴俄，于十二月二十二日抵达俄罗斯首都圣彼得堡。在俄国，认真考察其国情形，撰写《俄游日札》。次年调任度支部主事兼军饷司司长。辛亥革命以后，陈继训回到长沙。民国4年（1915），陈继训在长沙北城潮宗街购地建房，于民国8年（1919）秋迁入，从此定居于此。惟与前清监察御史赵启霖、著名诗人陈三立及湘中名士萧仲祁、王季范、李肖聃、杨树达、陈嘉会等相交往，流连诗酒，日相唱和，凡39载。其交游广泛，湘军著名将帅后裔，左宗棠子左孝同，曾国藩孙、著名诗人曾广钧，胡林翼之孙胡祖荫等常相过还。其后院花园有一楼亭，名曰碧桐轩，可眺望河西麓山红叶。陈继训常与南社诗友在此雅集，称之为“兰亭”。其一生好藏书，其东厢房有藏书楼，命名“潮宗书庪”，并请谭延闿题书匾额，以汉白玉石镌刻，高悬门楣。陈继训工古诗文辞。1951年，陈继训应聘为湖南省文史馆馆员。次年6月，又就聘为中央文史馆馆员，从此举家北迁，寓居首都。1962年3月在北京寓所逝世。著作除《俄游日札》外，尚有《代农堂文稿》《猥菴诗草》《猥菴文草》，1936年还曾主纂《长沙陈氏通谱》。

陈天倪(1879—1968）原名鼎忠，字星环。益阳人，居住长沙三贵街原时务学堂故址。25岁为博士弟子员，就读岳麓书院。辛亥革命后，与曾运乾、黎锦熙等共主《湖南公报》笔政。历任湖南官书局编审、长沙多所中学教师、省长公署秘书、东北大学教授、湖南大学教授兼中文系主任、中山大学教授兼文学研究所主任。与曾运乾合著《通史》，但仅成“叙例”10余万字，由钟山书局刊行。所著《尊闻室诗稿》，融诗人、学人之诗于一炉。晚年关心桑梓，为《益阳县志》成《百年大事记》40余卷。其著述尚有《六艺后论》《六艺论衡》《诸子引经考》《金文统抄》等10余种。

谭延闿（1880—1930）字祖安、祖庵，号无畏，清茶陵县人，两广总督谭钟麟之子。家居长沙城北茅亭子。清末最后一名会元，赐进士出身。清末，任湖南咨议局议长。辛亥长沙光复后，出任湖南参议院议长兼军政府民政部长，先后三次督湘。官至国民党政府主席、行政院长。谭延闿极力支持湘雅医学院的创办，并曾亲临潮宗街视察该校尸体解剖试验。1917年，谭延闿二次督湘离职，在校长胡美家里躲藏，又得其掩护，在潮宗门外乘英美烟草公司汽艇，前往上海。谭延闿是民国四大书法家之首，善长真书，曾应毛泽东之请，为潮宗街文化书社题书牌匾。

胡绳生（1880—1937）　胡林翼孙。字镜庵，自号楚狂歌者。原籍益阳，世居长沙通泰街胡宅。早年一度经商，失败后退而醉心于戏曲，为首创办湘剧票房闲吟曲社，历时20年，是长沙为期最长、阵营最强、行头最齐、影响颇大的湘剧业余演出团体。胡氏擅长小生戏，曾得欧阳予倩赞赏。所演如高腔戏《拷打吉平》之吉平、《琵琶记》之蔡伯喈、《打猎回书》之刘承佑、弹腔戏《借箭打盖》之周瑜、《玉堂春》之王金龙、昆腔戏《闻铃》之唐明皇等，可谓文武唱做皆能，高、低、昆、乱不挡；并能串演《醉打山门》《水淹七军》等工架戏。还可演话剧，常扮剧中女角，为湖南话剧演出的倡导者之一。

章士钊（1881—1973）　字行严。清长沙县鸭子铺人。光绪二十八年(1902)入南京江南陆师学堂肄业。

次年在上海加入爱国学社，任《苏报》主笔，积极进行反清宣传。三十年(1904)加入华兴会，后留学日本、英国。辛亥革命后任《民立报》主编，兼任江苏都督府顾问。临时政府迁往北京后，任参议院议员。1913年7月任江苏讨袁军司令部秘书长。次年在日本创办《甲寅》杂志，宣传民主共和思想。1917年后，任北京大学教授兼图书馆主任、北京农业学校校长、广东军政府秘书长、南北议和代表。1924年，任北洋政府司法总长兼教育总长，并创办《甲寅周刊》，反对新文化运动。1935年，任冀察政务委员会委员兼法制委员会主席。抗日战争时期，历任第一、二、三届国民参政员。解放战争后期，同江庸、颜惠庆、邵力子组成上海和平代表团进入解放区。1949年，任南京国民政府和平谈判代表团成员。同年出席中国人民政治协商会议第一届会议。中华人民共和国成立后，任中央人民政府政务院法制委员会委员、中央文史研究馆馆长。是全国人大常委、全国政协常委。著有《甲寅杂志存稿》《长沙章氏丛稿》《逻辑指要》《柳文指要》等。

颜福庆（1882—1970） 上海人。1904年毕业于上海圣约翰大学医学院，后赴美、英、奥等国深造。1910年受雅礼医院院长胡美之邀来到长沙。1914年，创办湘雅医学专门学校（现中南大学湘雅医学院前身）于潮宗街，并担任第一任校长至1927年。离开湘雅后，又先后创办上海医学院、上海中山医学院、澄衷肺病疗养院。从1910年起历任湘雅医学院、协和医学院、上海医学院公共卫生学教授、副院长、院长达60年。中华人民共和国成立后当选为第一、二、三届全国人大代表和全国政协委员。是中华医学会主要创始人，并任首任会长。此外，还积极参加红十字会、卫生防疫防痨协会、麻风病防治和妇幼保健等方面的社团组织工作。1911年组建中国红十字会湖南分会，1924年又组建中华医学会湖南支会，并分别担任两会首届会长。治学谨严，为培养我国医学卫生人才作出贡献。1994年10月湖南医科大学80周年校庆时，为弘扬校风，继往开来，将老校长颜福庆、张孝骞的半身铜像安放在校园中。中华人民共和国成立后，曾当选为第一至第三届全国人大代表和全国政协委员。

朱剑凡（1883—1932） 曾用名家纯。宁乡县人，湘军名将周达武子。早年留学日本，曾回国动员岳父两江总督魏光焘起兵抗俄，被勒令返日学习。后潜心研究教育。光绪三十年(1904)执教于宁乡速成师范学校（校址在长沙望麓园）。次年三月在长沙所居蜕园创办周氏家塾，招收女性，垂帘授课，以防止封建势力攻击。旋将占地80余亩的蜕园捐作校舍，学校经费大多由变卖家产支付。辛亥革命后，学校改名周南女子师范学校。1920年改为周南女中。1919年，积极投入五四运动，与教育界进步人士创办健学会。旋参加驱逐军阀张敬尧的斗争，资助毛泽东创办文化书社。1920年被选为省议员。1924年参加国民党一大。1926年任国民党长沙市党部常委。次年任省政府委员、长沙市政筹备处主任、市公安局局长。“马日事变”后被国民党通缉、抄家。1930年，随宋庆龄、鲁迅等发起组织自由运动大同盟。其上海住地，常是共产党人的联络处所。鼓励子女从事革命活动。

惠　光（1888—1976） 俗姓李，名鹤松，字家桃。湘潭县人。因父母信佛，4岁即皈依三宝。11岁于长沙铁炉寺依妙华和尚出家，法名圣如，字惠光，别号复定。19岁于开福寺受具足戒。先后于长沙开福寺佛学院、武昌佛学院、四明山观宗寺弘法研究社等处求学14年。继而朝礼名山，亲近高僧大德，并四度掩关阅藏，于佛教各宗皆有甚深体悟。1950年赴香港，驻锡大屿山宝莲寺，在港居留8年，于1958年应基隆大觉寺住持灵源老和尚之请，自港赴台，于大觉寺主持佛经讲座。1962年，应屏东东山寺之礼聘，开讲《金刚经》，法缘殊甚，四众弟子共建铁炉精舍为其驻锡之所，后又改建为铁炉寺。1976年惠光圆寂后，铁炉寺由其弟子佛禅继任住持。其著作有《宗门讲录》《禅学指南》《禅学问答》《释迦应化史迹》等。

瞿宣颖（1893—1973）字兑之，号蜕园。长沙县人，瞿鸿禨子。早年博览古代典籍，熟悉前朝近世掌故。1921年至1927年任职北京国务院秘书厅，继在南开大学、北平研究院从事教学和编辑，并曾为王揖唐幕客。1949年后，致力于古籍整理校勘工作，先后编有《楚辞今读》《左传选译》《史记故事选》《汉魏六朝赋选》等。著述颇丰，有《人物风俗制度丛谈》《同光间燕都掌故辑略》《中国社会史料丛抄》《蜕园日记》等。

张西曼（1895—1949） 名百禄，长沙县洪山地区马栏山（今属开福区）人。1908年加入同盟会。1909年入学京师大讲堂，并从事地下反清工作。1911年赴俄，入帝国东方语言专科学校。归国后在哈尔滨创办华东中学，为革命青年赴俄学习提供方便。曾在《新青年》发表《俄国共产党党纲》等译作，与李大钊、陈独秀等组织社会主义研究会，宣传俄国十月革命。1919—1922年，3次向孙中山建议实行“联俄、联共、扶助农工”三大政策。后曾任北平大学法商学院教授、孙中山奉安专刊编辑主任。1927年，任武汉大学法学院院长兼教务主任、武汉国民政府政治顾问。1931年“九一八”事变后，主张停止内战、建立民主统一政权，因未被采纳，愤而拒绝接任湖北省主席职务。1935年任国民政府立法委员。曾以中苏文化协会理事身份参与主持《中苏文化》杂志的出版，并最早译刊《斯大林宪法》，首倡联苏抗日。1941年，与柳亚子联名通电指责国民党制造皖南事变。1945年，在重庆创办《民主与科学》杂志，任中央大学教授。因在抗日战争中援助绥远抗战，获国民政府颁发胜利勋章。1946年5月，当选九三学社第一届理事会理事，率领学生参加反饥饿、反内战、反迫害运动。曾任中国民主宪政促进会理事长、《民主与科学》杂志社社长兼总编，为九三学社创始人之一。

潘子和（1898—1972）华容人。终生以说书为业，先后在华容、南县、长沙行艺。1930年，他将流传于长沙一带的近代湖南人民抗击官府除暴安良的传说，如三刺马提台、抢米风潮等连缀编成长篇评书《近代侠义英雄传》在长沙讲说，颇受市民欢迎。中华人民共和国成立后，参加长沙市北区曲艺联组。1958年，《近代侠义英雄传》由其口述，近60万字。后经廖夔记录、长沙市曲艺创作组整理，更名为《三湘英雄传》，由《湖南文学》连载。1982年，《三湘英雄传》又由周汉平整理，更名为《太平隐义》出版，是为湖南省出版的第一部长篇评书，亦为全省第一部曲艺艺人创作的长篇评书。

文湘舫（1899—1968） 字道生，湖南善化人。父文先彬为清末长沙名医，曾设文伯全医社。文湘舫兄弟四人，居长。幼因家贫辍学，乃从父学医，攻读医书，苦学十载，并继承父业，专攻喉、眼、外科，在长沙行医50年。1932年创文华湘医社于中山西路，直至1965年。曾参加长沙大众中医联合诊所，后并入长沙市南区联合医院（今长沙市中医院）。其擅长外科，主张诊治应以外治为主、内治为辅，外治用药注重“良、精、准”；又以治外证当攻中有补、补中有清。为博采众长，曾收集膏药、油膏、箍围药、渗透药等处方，精制“疔疮膏”“内消散”专治痈疽，又制成“麝海散”“五虎散”“喉王”等外科特效药，疗效显著。1958年长沙市卫生局审定为长沙市13位名老中医之一。侄克强自幼随其学医，并从业于文华湘医社，曾将其治疗喉、眼、妇、外各科医方、药方编撰成书，装订成册（现存稿本三册，由其女定伟保存）。继子健堃亦曾将其治疗疔疮秘方公布于医界。

李　觉（1900—1987） 字云波。长沙县人。在长沙北正街建有楼房一栋，并曾居住于此。1922年保定军校毕业，历任连长、营长、团长，参加北伐，升第三十五军旅长。1929年兼长沙警备司令，次年升任第二十军第十九师师长。1933年率所部担任湘鄂赣闽粤五省“剿匪”军西路军总预备队，次年7月赴道县、宁远追击红六军团，12月赴常德进攻红二方面军。1935年任第四纵队司令，率第十六师、十九师尾随红军入黔、滇。抗日战争时期，任杭州湾守备，升第七十军军长。“八一三”之役，率第十九师在麦桥宅一线苦战20余天，屡挫敌锋。1938年到鄂东担任武汉外围和九江以东湖防河防守备。在金官桥、亘沙河连续三次击退日军进攻。并参加过南昌、上高、长沙会战及浙赣线西段阻击战诸役。1941年升第二十五集团军总司令，指挥衢县、上饶等地对日作战。抗战胜利后，历任中央训练团重庆分团主任、阜阳第十四绥靖区司令、总统府中将参军等职。1948年冬回湘，与唐生智合作组织湖南和平自救会，参与湖南和平解放运动。1949年8月13日与黄绍竑、龙云等44人在香港发表反蒋通电。中华人民共和国成立后，历任中国人民解放军第二十一兵团副司令员、中南军区高参、中南军政委员会参事，是全国政协委员、常委，民革中央候补委员、监委会常委。

刘廷芳（1900—2000） 美国华人企业家、社会活动家，湖南衡山人。少年时随父母移居福建。父早丧，20岁即成婚就业，任职于长沙华昌实业公司。1925年秋赴美留学，入哥伦比亚大学冶金学系，攻读有色金属专业。1928年秋毕业后回国。1929年到长沙，任湖南省建设委员会主任委员，相继创办湖南省银行、湖南模范劝工场、湖南国货陈列馆（今中山路百货大楼）、国货展览会、国际贸易处，提倡保护国货和实业救国。后任国防设计委员会委员、经济部燃料管理处处长等职。20世纪30年代在铁佛东街修建公馆（现铁佛东街72号），并曾在此居住。抗日战争时期，任国民政府资源委员会成员，曾受命到英国考察。抗战胜利后，以中国首席代表身份赴日内瓦出席世界动力会议，后因病留海外就医。回国后，辞去南京政府职务，赴香港，后在阿根廷滞留。1949年赴美，从事教育和商业。后入美国籍，定居纽约并创办廷兴实业公司，任董事长，为湖南矿产、土产输美服务。中美建交后，多次访问中国，与王震、钱昌照等多有来往，致力于中国统一事业。1980年后六次回长沙，并于1994年重游国货陈列馆。1986年2月发表《记两广“六一事变”未曾公开的一段内幕——我说服蒋介石先生化解一场内战危机的经过》。2005年，刘廷芳公馆旧址公布为“长沙市重点保护历史旧宅”。

史海林（1905—1980） 长沙市洪山地区涝湖垸史家老屋人。1952年1月，成立洪山地区第一个农业生产互助组——“史海林互助组”，带头试种水稻良种“万粒籼”，创长沙市水稻高产纪录，当年被评为湖南省特等劳动模范，授予中南军政委员会金质奖章，“史海林互助组”评为省级农业生产先进单位。1954年12月，联合其他互助组，成立太阳升初级农业合作社，任社长。全面推广水稻良种“万粒籼”“南特号”等，亩产突破一千斤，实现粮食大丰收。1955年冬，再次评为湖南省农业劳动模范，并用45元劳动模范奖金开办洪山地区第一个湘粉加工厂，后陆续创办7个湘粉厂，成为长沙市湘粉加工、销售主要基地。又建有一大型养猪场，养猪200多头。1956年12月，成立太阳升高级农业合作社，继任社长。1957年10月，太阳升高级农业合作社所辖涝湖一社转为长沙市国营农场，史海林先后担任渔业分场、农场联合工厂、湘粉厂的党支部书记。1965年退休。

常承仁（1906—1980） 字君达，长沙人。1919年在潮宗门其外公的正大粮行学徒。1922年，粮行倒闭。1923年，常到大西门正有粮行帮生意，后又在裕泰、人和、正和等粮行，后成为花粮行四大金刚之一。1934年秋，辞去正和粮行的职务，与人合伙在潮宗门外正街开申多粮行。后又与董炳成在大西门组织颐庆花粮行，同时在洪家码头开颐茂米厂，资本雄厚，成为长沙米业巨子。1943年，常承仁回到长沙，在草上河街兴建仁丰米厂，年底开工。1944年6月，日寇进攻，长沙沦陷，避居河西，后到津市与人合伙做土纱、食盐生意。抗日战争胜利后，回到长沙，重建仁丰米厂外，还与上海人罗正午等在潮宗街创办湘申面粉公司。这一时期，常运销粮食、加工军粮和经营美国“救济物资”，大获其利。先后在营盘街、福兴街、潮宗街等处扩建多所仓库、厂房、门面，添置机器设备，还在武汉、广州、津市、安乡、南县、草尾等十几个市镇设庄。1949年长沙解放前夕，常承仁携眷去香港，将仁丰米厂无偿租与店员，改名联生米厂。与人在香港组织南通公司，经营香烟、呢料、化妆品等。是年12月，回到长沙，协助湘申面粉公司复业。1950年秋筹办达农米厂，次年1月开业，经营谷米运销和大米加工业务。不久，达农米厂与吉成、勤业、联生米厂组成长沙市粮食第一联营处。1956年1月，申请公私合营，走社会主义道路，后担任长沙市第一大米总厂副厂长。同年加入民主建国会，后又当选为粮食加工业同业公会副主任委员和省政协委员。

（二）前志补遗人物表

（以姓氏笔画为序）

姓名	性别	出生年份	工作单位	主要业绩、荣誉称号
许荣怀	男	1944	湖南湘江涂料集团	1985 年荣获全国化学工业劳动模范
李国栋	男	1941	长沙市第四运输公司	1982 年荣获长沙市劳动模范
肖国良	男	1890	开福区捞刀河镇	1954 年成立捞刀河刀剪厂，任厂长。创建了全国刀具知名品牌－捞刀河刀剪，与北京王林子、杭州张小泉的刀具齐名，被国家评为优质产品
唐晓初	男	1907	开福区洪山管理局	1927 年参加红军，1930 年随部队攻打长沙，1934 年参加二万五千里长征，在突破乌江时双手负伤，1935 年在抢渡大渡河时双腿负重伤离开部队。1949 年颁发军属证，享受红军待遇
袁学良	男	1929	开福区捞刀河镇	1960 年组织捞刀河地区的手工业者成立高岭基建队，任队长。1962 年注册成立高岭建筑公司，任董事长，开创了长沙地区以集团形成在城市承包工程先河，多次获得建筑行业鲁班奖，公司被评为国家一级资质企业，国家特级资质企业
黄世牧	女	1931	长沙市一医院	先后荣获长沙市劳动模范、全国文教卫生先进工作者，全国劳动模范
黄树田	男	1925	长沙市油脂化工厂	1979 年荣获全省财贸战绩劳动模范，1983 年荣获湖南省劳动模范
黄珍明	女	1937	长沙市第一医院	先后荣获长沙市优秀共产党员、长沙市三八红旗手、长沙市劳动模范、湖南省先进工作者
蔡玉梅	女	1929	开福区望麓园街道	1969 年作为基层党员的优秀代表出席中国共产党第九次全国代表大会，受到毛泽东、周恩来等党和国家领导人接见

长沙市开福区民政管理部门档载烈士名录

截至2012年12月

序号	姓名	籍贯	出生时间	参加革命时间	牺牲时间	牺牲时职务	牺牲地点及原因
1	林 圭	湘阴县	1875年	1899年	1900年7月28日	统领	湖北紫阳湖畔被清朝政府杀害
2	周 濂	耒阳县	1904年12月	1925年12月	1926年7月	宣传部部长	耒阳县城被杀害
3	苏梅初	长沙市	1897年5月	1925年	1927年5月	联合会会长	长沙县东山镇被国民党枪杀
4	佘立亚	长沙县	1897年	1926年1月	1927年5月	不详	在沪西区被捕，腰斩牺牲
5	曹麓钟	长沙县	1884年2月25日	1926年	1927年7月5日	委员长	长沙县春华被反动派枪杀
6	常建勋	长沙市	1908年6月5日	1926年	1927年8月22日	组织委员	长沙市浏阳门外识字岭被捕牺牲
7	向厚兆	溆浦县	1907年3月	1926年	1927年	组织干事	溆浦县“敬甘惨案”中被杀害
8	戴世荣	新邵县	1899年10月24日	1924年	1928年1月18日	区委书记	攻打南昌时身中数弹，后医治无效逝世，追认为烈士
9	李汉藩	耒阳县	1901年	1925年	1928年3月	军委书记	衡阳市被反动派杀害
10	仇寿松	长沙市	1900年	1921年	1928年4月2日	县委书记	长沙识字岭牺牲
11	张汉藩	长沙县	1876年11月15日	1920年1月	1928年5月1日	长江局特委	湖北武昌被国民党枪杀
12	杨锡纯	长沙县	1909年6月	1926年	1928年5月18日	秘书	长沙教育会坪被杀害
13	李光恒	宜章县	1909年12月	1927年3月	1928年5月	连长	江西宁岗“围剿”战斗中牺牲
14	方享生	平江县	1893年5月	1927年2月	1928年6月	支部委员	湖田乡被捕牺牲
15	朱峨章	平江县	1888年	1925年	1928年8月	通讯员	平江拓庄从事地下工作被杀害
16	陈 刚	汉寿县	1906年1月	1924年3月	1928年8月	军政部长	汉寿工农运动中牺牲
17	贺良才	湘乡县	1909年	1926年	1928年9月27日	通讯员	湘乡县城北门马家坪被反动派杀害
18	黄 瓒	望城县	1901年12月	1925年1月	1928年11月30日	连长	长沙识字岭牺牲
19	杨春霖	望城县	1903年	1925年	1928年	特派员	嵩山寺被反动土豪劣绅杀害
20	吴听泉	平江县	1885年12月13日	1926年11月	1929年6月	赤卫队员	平江县思村北风洞作战牺牲
21	魏 特	望城县	1907年4月24日	1925年	1929年8月	浙江医科学校负责人	杭州监狱牺牲

续表－烈士名录

序号	姓名	籍贯	出生时间	参加革命时间	牺牲时间	牺牲时职务	牺牲地点及原因
22	吴崇枢	九江县	1905 年	1922 年	1929 年	县委书记	九江县南门外被国民党反动派杀害
23	刘梅清	茶陵县	1904 年	1928 年	1930 年 1 月	代理区长	茶陵东南乡大屋组与敌激战牺牲
24	董阳生	浏阳县	1900 年	1927 年	1930 年 3 月	战士	江西炉溪与敌作战牺牲
25	金文凯	长沙市	1894 年 9 月	1922 年 9 月	1930 年 7 月	教导员	江西铜鼓遇敌作战牺牲
26	吴尊山	平江县	1912 年	1930 年	1930 年 7 月	战士	攻打长沙战斗中负伤后于醴陵县牺牲
27	陈定云	长沙县	1888 年	1927 年	1930 年 7 月	特务长	平江芦洞战斗中牺牲
28	朱伍德	浏阳县	1890 年	1926 年	1930年8月13日	赤卫队队长	浏阳县南门状元洲被杀害
29	柳光章	浏阳县	1881 年	1926 年	1930年8月13日	侦探员	长沙县永安市被国民党杀害
30	刘瑞芝	长沙县	1888 年 5 月	1927 年	1930 年 8 月	队长	龙喜乡老女桥被敌人杀害
31	骆正凯	长沙县	1907年4月26日	1927 年 3	1930年9月26日	联络员	长沙市教育会坪被杀害
32	李寿益	长沙县	1883 年 6 月	1928 年 1	1930 年 9 月	委员	长沙县高桥被反动派杀害
33	李寿卿	长沙县	1907年1月16日	1929 年	1930 年 9 月	通讯员	长沙县白沙石牯牛被杀害
34	郑家奕	长沙县	1900 年 9 月	1925 年	1930 年 9 月	代理书记	长沙县竹山铺被敌杀害
35	周绍生	望城县	1898 年 5 月	1927 年	1930年10月3日	交通员	长沙识字岭被叛徒出卖牺牲
36	彭鼎璜	湘阴县	1908年9月17日	1925 年	1930年10月13日	协会会长	湘阴县李家坪灵官庙被杀害
37	刘春林	长沙市	1908 年	1925 年	1930 年 11 月	地下党工作人员	长沙识字岭被杀害
38	唐生涛	平江县	1900年6月13日	1926 年	1930 年 11 月	赤卫队员	平江艾家桥战斗中杀害
39	姚虞庭	平江县	1900 年	1926 年	1930 年 11 月	赤卫委员	长沙被捕识字岭被杀害
40	欧振凡	湘阴县	1907年5月14日	1922 年	1930年12月12日	军粮主任	因叛徒告密牺牲
41	佘桂生	平江县	1912 年	1930 年 6 月	1930 年 12 月	队长	平江县作战负伤抢救无效牺牲
42	彭绍铭	浏阳县	1898 年	1926 年	1930 年 12 月	生产委员	浏阳县五区被国民党杀害
43	刘黄胜	平江县	1884 年	1927 年	1930 年	委员长	长沙南门外遇敌拷打牺牲
44	苏启勋	长沙县	1894 年 4 月	1926 年 1 月	1930 年	委员长	长沙市南大十字路被杀害
45	苏墨松	长沙县	1900 年 5 月	1930年6月19日	1930 年	筹补员	在江西省被杀
46	赵人寿	浏阳县	1895 年	1928 年	1930 年	排长	1956 年由浏阳县人民政府追认为烈士
47	王洪伦	湘潭县	1893年7月9日	不详	1930 年	指挥员、司令员	湖南常德执行任务被杀害
48	陈　昌	浏阳县	1894 年 8 月	1921 年	1930 年	总指挥	澧县被捕杀害于长沙
49	张许吾	浏阳县	1906年5月9日	1930 年	1930 年	战士	浏阳县境内一次战斗中牺牲
50	汪培根	浏阳县	1901 年	1927 年	1930 年	司号员	浏阳县城东门战斗中牺牲

续表－烈士名录

序号	姓名	籍贯	出生时间	参加革命时间	牺牲时间	牺牲时职务	牺牲地点及原因
51	刘世国	红安县	1907 年	1927 年	1930 年	担架员	红安县作战中牺牲
52	张汉生	宁乡县	1911 年	1930 年 9 月	1931 年 3 月	战士	宁乡县城南门外放哨被反动派杀害
53	蒋长卿	长沙县	1901年2月12日	1925 年	1931 年 3 月	代理省委书记	长沙识字岭被叛徒告密牺牲
54	罗　醒	浏阳县	1901年12月15日	1926 年 8	1931 年 12 月	妇联委员长	浏阳永和大桥河洲牺牲
55	佘田榜	平江县	1906 年	1930 年	1931 年	战士	1954 年被平江县人民政府追认为烈士
56	马孝明	长沙市	1901年9月17日	1925 年	1931 年	秘书长	江西反围剿作战中中弹牺牲
57	张永茂	平江县	1903 年	1928 年	1931 年	战士	江西盐井作战中牺牲
58	郭成棵	吉安县	1907 年	1926 年	1931 年	不详	安福县与分宜县交界路口被敌团杀害
59	张秋贵	浏阳县	1912年8月19日	1930 年	1931 年	先锋队队长	浏阳县达许驻地放哨敌人偷袭牺牲
60	谭南波	浏阳县	1871 年	1930 年	1931 年	秘书	浏阳小河被杀害
61	钟文华	湘潭县	1894 年 3 月	1925 年	1932年2月25日	情报处处长	因叛徒告密在宁乡县驿马坪被杀害
62	董润生	浏阳县	1906 年 2 月	1930 年 3 月	1932 年 3 月	战士	江西省高峰县高岸地区作战牺牲
63	丁福贵	湘乡县	1890年11月14日	1925 年	1932 年 4 月	队长	1932 年 4 月在湘乡县狱中因刑讯牺牲
64	郭国荃	株洲县	1890 年 8 月	1925 年	1932年11月28日	组织委员	攸县沙滩被杀害
65	陈金刚	平江县	1898 年 8 月	1922 年 8 月	1932 年	参谋长、师长	江西钢鼓作战牺牲
66	孙孝思	吉安县	1906 年	1930 年	1933 年	战士	江西省吉安县梅塘作战牺牲
67	黎代坤	浏阳县	1903 年 12 月	1927 年	1933 年	部长	1956 年 4 月被浏阳县人民政府追认为烈士
68	于戟启	慈利县	1905 年 9 月 6 日	1923 年	1933 年	主任	江西井冈山作战牺牲
69	邓崇德	浏阳县	1902 年 1 月	1924 年	1934 年 3 月	排长	江西省永新县低田作战牺牲
70	李振鹏	长沙县	1906年1月4日	1926 年	1934 年	教导员	贵州遇敌作战牺牲
71	陈为人	江华县	1899 年	1920 年	1937年3月13日	省委书记	1945 年被党中央追认为革命烈士
72	何显符	平江县	1910 年	1935 年	1937 年 3 月	组长	平江县长寿街因受刑讯牺牲
73	潘子仰	永顺县	1907年8月18日	1937 年	1937年11月1日	中校	上海宝山抗日阵亡
74	高　逊	桃源县	1904 年	不详	1937 年	中校团副	淞沪抗战中阵亡
75	宋荣文	苍山县	1910 年	1937 年	1938 年	连长	山东燕砬山作战中牺牲
76	沈仲昆	长沙市	1908 年	1923 年	1938 年	战士	抗日战争中壮烈牺牲

续表－烈士名录

序号	姓名	籍贯	出生时间	参加革命时间	牺牲时间	牺牲时职务	牺牲地点及原因
77	宁国志	长沙县	1912 年	1937 年	1939年12月15日	司务长	湖北通城县虎形山对日作战牺牲
78	杨爱华	桃江县	1909年5月3日	1939 年	1939 年	连长	浙江余杭前线对日作战牺牲
79	王东亮	长沙县	1890 年	1930 年	1940年4月21日	主任、副会长	耒阳县汤家饭店被反动派杀害
80	罗宾武	浏阳县	1909 年	1939 年	1940 年	副官	江苏延陵地区作战牺牲
81	秦　光	洞庭县	1900 年	1939 年 3 月	1941 年 3 月	党支部书记	益阳市被反动派杀害
82	尹涤尘	鄂城县	1908 年	1935 年	1941年5月20日	股长	常德被严刑杀害
83	黄和亭	汉阳县	1919 年 8 月	1938 年	1941年7月25日	股长	汉阳县柏泉突围中弹牺牲
84	王　勋	福州县	1913 年	1931 年	1941年9月21日	副校长	福建省建阳县东杭头与敌作战牺牲
85	贾发信	靖江县	1919 年	1940 年 7 月	1942 年 7 月	科长	靖江恒吉乡头圩港遇敌偷袭牺牲
86	陈飞龙	—	—	—	1943年12月1日	—	常德会战中阵亡
87	周学海	大城县	1918 年	1944 年 5 月	1945 年 6 月	班长	河北省涧县沙河桥战斗中牺牲
88	王宝起	无棣县	1920 年	1936 年	1947 年	连指导员	解放山东省德州时牺牲
89	于连臣	海阳县	1928 年	1945 年	1948年3月4日	排长	山东竞州地区作战牺牲
90	叶挺荃	霞埔县	1918年9月9日	1947 年 4 月	1948 年 4 月	工长	1956 年被福建省委追认为烈士
91	顾宝才	延寿县	1925 年	1946 年	1948 年 4 月	炮兵	辽宁章武县黑坨村作战牺牲
92	苏友联	万荣县	1915 年	1937 年	1948 年 5 月	副政委	山西临汾被敌机轰炸牺牲
93	孙子仁	湘潭县	1917 年	1937 年	1948 年 8 月	市委书记	四川成都市农运工作中牺牲
94	刘宗生	长沙县	1926年8月14日	1946 年 7 月	1948年11月21日	班长	淮海战役牺牲
95	杨于京	长沙县	1909 年	1930 年 6 月	1948年11月22日	连长	辽沈战役沈阳外围作战牺牲
96	李仁初	潍坊县	1914 年	1931 年	1948 年 11 月	县委书记	遇伏击负伤在怀柔县汤河口不治牺牲
97	梅振武	沧县	1901 年	1932 年	1948 年	正团	遵化县平津战役执行任务牺牲
98	廖　湘	涟沅县	1906 年	1948 年	1949 年 3 月	高参、团干	在邵阳被敌军杀害
99	常承业	长沙县	1924 年 11 月	1948 年	1949 年 5 月	学生	江西上栗市执行任务牺牲
100	高继青	宁乡县	1927 年 3 月	1948 年	1949年6月19日	理事长	苏州公山被反动派活埋
101	唐　光	株洲县	1931 年 6 月	1949 年 3 月	1949 年 6 月	联络员	执行任务被反动派跟踪杀害
102	张克本	应县	1919 年	1937 年	1949 年 7 月	主任	山西绥远县被国民党杀害
103	廖　湘	安化县	1906 年	1949 年 9 月	1949 年 9 月	团级干部	在邵阳市因受刑讯牺牲
104	李名熙	嘉禾县	1904 年	1926 年	1949 年 12 月	上校副员	成都被国民党逮捕牺牲

续表－烈士名录

序号	姓名	籍贯	出生时间	参加革命时间	牺牲时间	牺牲时职务	牺牲地点及原因
105	曾保定	涟源县	1930 年 4 月	1946 年	1950 年 1 月	护士	朝鲜第五次战役中牺牲
106	朱刚夫	湘乡县	1913 年 11 月	1946 年 3 月	1950年3月23日	主任	1954 年 9 月被湘乡县人民政府追认为烈士
107	周渭川	定海县	1926 年 5 月	1949 年 11 月	1950年7月25日	副区长	四川省巴县因犯人暴动牺牲
108	唐献文	平江县	1924年9月16日	1950 年 2 月	1950 年 11 月	战士	朝鲜平安北道战斗中牺牲
109	康　辉	长沙市	1931 年 8 月	1950 年 7 月	1951 年 2 月	战士	朝鲜作战牺牲
110	李桂武	长沙市	1930 年 2 月	1948 年 2 月	1951 年 2 月	战士	朝鲜作战牺牲
111	王炳桃	长沙县	1931 年 4 月	1951 年 1 月	1951年3月28日	战士	广东省陆丰县因公牺牲
112	王树德	安阳县	1930 年	1949 年	1951 年 3 月	战士	朝鲜礼峰山作战牺牲
113	龙佩林	长沙县	1930年4月2日	1951 年 3 月	1951 年 5 月	战士	广东省潮安因公牺牲
114	彭运泉	望城县	1923 年	1950 年 1 月	1951 年 5 月	担架员	朝鲜第五次战役中牺牲
115	杨顺喜	新晃县	1928 年	1950 年 3 月	1951年6月25日	战士	朝鲜作战牺牲
116	邓建国	长沙市	1933 年	1949 年 12 月	1951 年 6 月	汽车修理员	朝鲜运送军火时牺牲
117	程桂生	湘潭县	1927 年	1949 年 5 月	1951 年 9 月	副班长	朝鲜连川郡德寺作战牺牲
118	夏银训	长沙市	1932 年 12 月	1951 年 3 月	1951年11月4日	战士	朝鲜作战牺牲
119	罗仲篪	长沙市	1927 年 1 月	1950 年 11 月	1951 年	战士	朝鲜作战牺牲
120	李鹤钧	望城县	1930 年 9 月	1951 年 5 月	1952年2月4日	战士	朝鲜鱼隐山作战牺牲
121	郭道中	湘阴县	1934 年	1950 年 12 月	1952 年 2 月	驾驶员	朝鲜长丰群作战中牺牲
122	易大明	株洲县	1930 年	1951 年 6 月	1952 年 6 月	副班长	朝鲜作战牺牲
123	苏海云	长沙县	1932 年 6 月	1951 年 6 月	1952年11月25日	战士	朝鲜高旺里作战牺牲
124	黄治国	长沙县	1930 年 1 月	1951 年 6 月	1952年11月25日	战士	朝鲜高旺里作战牺牲
125	刘映祥	湘潭县	1935 年 4 月	1951 年 1 月	1952 年 11 月	学员	朝鲜作战敌机轰炸牺牲
126	龚　毅	长沙市	1929年12月26日	1950 年	1952年12月12日	文印员	朝鲜上甘岭战斗中牺牲
127	刘旷奇	长沙县	1934年6月6日	1952 年 5 月	1953年1月19日	司账员	朝鲜作战牺牲
128	谭英加	湘潭县	1934年11月4日	1950 年	1953 年 1 月	战士	朝鲜作战牺牲
129	李翰纶	湘潭县	1932 年	1949 年 1 月	1953年4月12日	测绘员	朝鲜南市执行任务因敌机轰炸牺牲
130	高持真	武邑县	1891 年 11 月	1925 年	1953年4月14日	卫生局局长	1953 年 4 月被河北省民政厅批准为烈士
131	赵国凤	祁阳县	1925 年	1950 年	1953年5月24日	战士	朝鲜平安南道战斗中牺牲
132	佘建星	长沙县	1934 年 5 月	1952 年 2 月	1953年6月6日	战士	朝鲜作战牺牲
133	谢子立	望城县	1928 年 12 月	1950 年 1 月	1953年6月16日	战士	朝鲜作战中牺牲
134	朱星桥	望城县	1927年11月18日	1951 年 5 月	1953 年 7 月	话务员	朝鲜战场触雷牺牲
135	任　凯	湘阴县	1926 年 8 月	1949 年 5 月	1955 年 8 月	班长	浙江省永固村游泳训练时牺牲

续表－烈士名录

序号	姓名	籍贯	出生时间	参加革命时间	牺牲时间	牺牲时职务	牺牲地点及原因
136	李毅之	新乡县	1907年9月	1937年1月	1955年11月17日	副厅长、主任	1956年被省人民委员会批准为烈士
137	周寿钦	长沙县	1891年10月20日	1927年1月	1956年	秘书	长沙识字岭被杀害
138	凌光国	长沙县	1936年12月8日	1956年3月	1957年5月5日	文化教员	在广西为抢救国家财产牺牲
139	袁宪君	长沙县	1938年11月23日	1958年1月	1958年4月25日	战士	洛阳市郊区洛阳河抢救国家财产牺牲
140	甘胜华	永兴县	1912年	1931年	1959年11月	主任	1960年被湖南省人民委员会追认为烈士
141	易正明	长沙县	1945年3月	1968年3月	1959年12月13日	战士	广西壮族自治区南宁市因公牺牲
142	刘景星	长沙市	1935年4月	1951年1月	1961年8月	司药	1961年9月被中国人民解放军铁道兵团政治部批准为烈士
143	卿尚南	武岗县	1928年8月	1952年12月	1963年8月12日	工长	吉林柳河县国防施工中塌方牺牲
144	杨正寿	望城县	1940年1月	1959年	1963年9月	战士	岳阳城陵矶执行生产任务落水牺牲
145	王世雄	汉阳县	1931年	1951年	1964年7月	中尉助教	山东威海执行任务牺牲
146	陈明凯	长沙县	1942年1月	1960年8月	1964年8月26日	保管员	广州市沙河游泳训练中牺牲
147	周星海	长沙县	1942年2月15日	1961年7月	1965年11月23日	副班长	广州市珠江大桥施工中触电牺牲
148	尹华俊	攸县	1928年4月	1949年1月	1966年7月	文化教员	1966年被中国人民解放军总政治部追认为烈士
149	张安南	桃源县	1944年4月28日	1963年8月	1967年10月27日	党支部委员	1967年10月于重庆歌乐山因公牺牲
150	邓昌良	慈利县	1941年3月	1959年3月	1968年8月19日	排长	广西河池县六甲火车站因公牺牲
151	傅甫生	醴陵县	1940年12月1日	1958年	1968年9月	消防战士	市消防大队因公牺牲
152	李国斌	湘阴县	1947年6月	1969年3月	1969年6月	战士	辽宁省开源县因公牺牲
153	丁运均	望城县	1952年1月	1971年1月	1971年6月16日	战士	广东省佛岗县军训中牺牲
154	邹春生	衡阳县	1917年1月	1951年	1971年7月28日	随军职工	北京8770部队因公牺牲
155	王治平	随县	1926年11月	1941年3月	1972年3月	参谋长	1972年3月被中国人民解放军总政治部追认为烈士
156	张振球	长沙县	1945年1月	1963年3月	1972年6月2日	连长	1972年5月在陕西进行手榴弹训练时发生事故，为掩护战友牺牲
157	林光明	开源县	1931年6月	1949年2月	1973年5月15日	教导队队长	1973年5月被广州军区工程兵政治部授予烈士称号
158	刘运淞	宜章县	1938年9月	1961年	1976年1月10日	实习研究员	江苏无锡89001卫队执行任务时牺牲

续表－烈士名录

序号	姓名	籍贯	出生时间	参加革命时间	牺牲时间	牺牲时职务	牺牲地点及原因
159	刘泽万	长寿县	1942 年 2 月	1959 年 3 月	1976年10月14日	教员	株洲市因公牺牲
160	蔡爱卿	岳阳市	1913年2月15日	1930 年 8 月	1978 年 3 月	副司令员	1978 年 6 月被湖南省军区政治部批准为烈士
161	邱国洪	岳阳市	1960年1月16日	1978 年 12 月	1979年2月18日	战士	广西中越边境对越自卫还击战中牺牲
162	王利辉	长沙市	1957年7月1日	1978 年 1 月	1979年2月20日	战士	中越边境自卫还击作战中牺牲
163	邵振云	长沙县	1958 年 1 月	1978 年 4 月	1979年2月22日	战士	对越自卫还击作战中牺牲
164	潘维佳	丹东市	1959年12月14日	1979 年 1 月	1979年2月23日	战士	中越边境自卫还击作战中牺牲
165	周国庆	长沙县	1959 年 9 月	1978 年 2 月	1979年2月25日	战士	对越自卫还击作战中牺牲
166	刘　进	衡山县	1958年5月31日	1979 年 1 月	1979年2月27日	战士	中越边境自卫还击作战中牺牲
167	王资江	鹿邑县	1960 年 2 月	1978 年 4 月	1979 年 2 月	战士	中越边境自卫还击作战中牺牲
168	李　杰	长沙市	1959 年 5 月	1978 年 2 月	1979 年 2 月	通讯员	中越边境自卫还击作战中牺牲
169	朱干明	长沙市	1957年12月24日	1978 年 3 月	1979 年 2 月	战士	广西龙州县自卫还击战中牺牲
170	魏波	湘阴县	1960年6月21日	1979 年 1 月	1979 年 2 月	战士	对越自卫还击作战中牺牲
171	苏海波	长沙市	1958 年 6 月	1978 年 3 月	1979年3月9日	战士	广西对越自卫还击战牺牲
172	余明煌	长沙市	1959 年 7 月	1979 年 1 月	1979 年 3 月	战士	广西半边山对越自卫还击作战牺牲
173	李泽钧	长沙县	1958年10月7日	1978 年 1 月	1979 年	战士	对越自卫还击作战中牺牲
174	刘毛良	安乡县	1942 年	1962 年 8 月	1980年5月29日	副处长	1980 年 5 月在执行任务途中，因车祸不幸遇难牺牲
175	曾宪安	江华县	1936 年 4 月	1955 年 1 月	1980年9月17日	科长	与盗窃分子作斗争中牺牲
176	朱淑坤	长沙县	1951年11月26日	不详	1986年7月19日	出纳员	为保卫国家财产牺牲
177	陈立福	湘乡县	1951 年 8 月	1987 年 9 月	1988年10月12日	联防队员	治安联防队执行任务牺牲

备注：籍贯据档案记载

附　录

一、区政文献辑要

中共长沙市北区委员会
关于认真学习贯彻落实中共中央〔1992〕2号文件
精神的意见（摘要）

（北发〔1992〕13号）

最近，中共中央〔1992〕2号文件已逐级传达到基层，在广大党员干部中产生了强烈的反响。根据省委工作会议要求，把深入学习和贯彻落实小平同志的重要谈话精神作为当前一件头等大事来抓，并以此为强大动力，来促进思想解决，加快改革开放，加速经济建设，努力实现年初区委提出的工作目标。

一、明确意义

邓小平同志在当前我国社会主义现代化建设和改革的关键时刻，抓住人们普遍关心的一系列关键性问题，发表了关键性的谈话，意义非常重大深远。小平同志的谈话，是一个马克思主义的纲领性、历史性文件，是对建设有中国特色的社会主义理论的丰富和发展。是统一思想，解放思想的“硬道理”，它不仅对当前的改革和建设，对开好我们党的十四大具有十分重要的指导作用，而且对推进整个社会主义现代化建设事业，具有十分重大而深远的意义，因此，各级党组织一定要组织党员、干部认真学习小平同志谈话。区委从现在开始要以小平同志的谈话精神为武器，在全区科以上机关广泛深入地开展一场进一步解放思想的大学习、大讨论，通过学习和讨论，破除旧的观念，改变那种安于现状，墨守成规、求稳怕乱、怕担风险、怕犯错误的精神状态，发扬敢闯、敢试、敢“冒”的精神，加快我区改革开放的步伐，进一步提高全面贯彻执行党的基本路线的自觉性、坚定不移地走有中国特色的社会主义的道路，自觉抓住当前的有利时机，努力发展自己，把经济建设搞上去，提高领导艺术，在整个工作中坚持两手抓、两手硬。一手抓经济建设，一手抓法制建设；一手抓改革开放，一手抓惩治腐败；一手抓物质文明，一手抓精神文明建设。这次开展的大学习、大讨论，一定要联系各自的思想和工作实际，进行自我教育，自我总结提高，目的是为了“解放思想、开动脑筋、实事求是、团结一致奔小康”。在讨论中，要坚持做到“三不”：不搞层层作检讨，不搞争论、辩论，不互相指责埋怨。通过这次大学习、大讨论，给人们的思想带来新的解放，给我区改革开放和经济建设注入新的活力。

二、吃透精神

要学习好邓小平同志关于建设有中国特色的社会主义的重要论述，并用以指导当前的改革开放和经济建设，至关重要的是要吃透精神，理解实质。小平同志重要谈话的总的要求，就是要坚定不移地贯彻执行党的“一个中心，两个基本点”的基本路线，坚持走有中国特色的社会主义道路，特别是抓住当前的有利时机，加大改革开放步伐，加快经济发展速度，集中精力把经济建设搞上去。小平同志讲的六个问题，集中到一点就是，抓住时机，大胆改革，加速发展，再上台阶。学习讨论中，一定要紧紧抓住这一核心内容，着重学懂和掌握以下几个观点：一是“改革也是解放生产力”的观点。小平同志说：“革命是解放生产力，改革也是解放生产力。过去只讲社会主义条件下发展生产力，没有讲还是要通过改革解放生产力，不完全”。这样把改革放在与革命同样重要的位置，从解放生产力的高度来认识改革的性质和意义，是理论上的重大突破，在改革理论上澄清了这个大是大非，一系列认识问题也就迎刃而解。二是关于“社会主义本质”的观点。小平同志在谈话中把社会主义的本质高度概括为五句话二十八个字，即社会主义的本质是“解放生产力，发展生产力，消灭剥削，消除两极分化，最终达到共同富裕”。三是关于“判断姓‘资’姓‘社’的标准”的观点。判断姓‘资’姓‘社’，主要看是否有利于发展社会主义生产力，是否有利于增强社会主义国家的综合国力，是否有利于提高人民的牛活水平。计划和市场都是经济手段，加快发展社会主义的商品经济，要大胆吸收和借鉴人类社会创造一切文明成果，吸引和借鉴当今世界各国包括西方发达国家的先进经营方式和管理方式。四是关于“经济发展总是波浪式前进”的观点。小平同志在谈到处理稳定、协调、发展的关系时指出，发展是主要的，发展是硬道理。我国的经济发展，总要力争隔几年上一个台阶。当然，不是鼓励不切实际的高速度，而要扎扎实实、讲求效益、稳定协调地发展。“台阶”的论点，就是波浪式前进的观点。小平同志指出：“要在某一阶段，抓住时机，加速搞几年，发现问题及时加以治理，尔后继续前进。”“低速就等下停步，甚至等于倒退。”以上这些观点充满了马克思主义唯物辩证法，既是小平同志关于建设有中国特色的社会主义理论的新发展，又是对马克思主义理论的重要贡献。学习和掌握这些观点，就能使我们的认识有一个新的飞跃，提到一个新的高度，与此同时，我们还要努力学习和掌握关于“基本路线要管一百年，动摇不得”的观点，“要警惕右，但也要防止左”的观点，“中国要出问题还是出在共产党内部的观点”，“形式主义也是官僚主义”的观点，等等。总之，要通过全面领会《谈话》的精神，坚持做到抓住有利时机，大胆改革开放。加速发展经济，力争再上新台阶。

三、狠抓落实（略）

四、具体要求（略）

全区各级党组织一定要把学习和贯彻落实中共中央〔1992〕2号文件作为当前一件大事来抓，区委将对全区各党委（党组）学习贯彻落实中共中央〔1992〕2号文件的情况进行一次全面的督查，学习中的有关情况及问题须及时向区委宣传部反映。

中共长沙市北区委员会
一九九二年三月二十五日

中共长沙市北区委员会
关于学习贯彻党的十四大精神的情况报告（摘要）

（北发〔1992〕13号）

市委：

我们按市委要求对全区及区属党委（工委）学习贯彻十四大精神的情况进行了一次全面督促检查，现将情况报告如下：

一、传达贯彻党的十四大精神的情况及收获、体会

1. 进一步领会了建设有中国特色的社会主义的理论。

建设有中国特色社会主义理论是十四大报告中最重要的内容，这一理论既具有中国特色，又具有一定的普遍意义，这一理论凝结了新中国43年的经验，特别是十一届三中全会以来14年社会主义实践的经验。这一理论阐明了社会主义的一系列根本性的问题，形成了理论体系，这一理论是马克思主义与中国实践相结合的最新科学成果，是指导我们实现新的历史任务的强大的思想武器。

2. 社会主义市场经济理论的确立，是对马克思主义的新贡献。

经济体制改革的核心是计划与市场的关系问题，过去我们一些同志的思想被一些传统观念束缚，总认为计划经济是社会主义经济的基本特征，市场经济是资本主义的特有的东西。十四大报告从根本上解除了把计划经济和市场经济看作属于社会基本制度范畴的束缚，使我们的思想大解放，认识有了新突破。正如区计经委工委在谈到这个问题时所说，通过学习我们明确了为什么要建设社会主义市场经济体制，认识到了社会主义能够比资本主义更有效地利用市场，懂得了搞市场经济不会变成资本主义的道理。

3. 用建设有中国特色社会主义理论武装全党，指导各项工作

十四大鲜明地提出，用邓小平同志建设有中国特色社会主义的理论武装全党是新时期党的建设的根本任务，我们要按照丨四大要求，增强贯彻执行党的基本路线的自觉性和坚定性，加强领导班子建设，培养社会主义事业接班人，密切党同群众的联系，坚决克服消极腐败现象，加强基层党组织建设，充分发挥党员的先锋模范作用，坚持和健全民主集中制，维护党的团结和统一，带领全党和人民群众做好各项工作。

二、按照十四大精神，以适应社会主义市场经济体系为主线，加快改革开放，加速经济发展的新思路、新举措

区委和区属党委（工委）都根据十四大精神确定了今后三年奋斗的总目标，提出了加速经济发展的新思路和新措施。

区委今后三年奋斗的总目标是：以党的十四大会议精神为指针，坚持党的基本路线，加快改革，扩大开放，经济建设上台阶，精神文明建设上水平，城市

开发有大的动作，城区面貌发生根本性变化。努力把我区建设成为经济发达、市场繁荣、社会安定、基础设施配套、环境整洁、人民生活方便的社会义新城区。

经济工作的总思路是：

抓住机遇，加速发展，统筹规划，“三业”并举。

横联外引，形成规模，依靠科技，振兴经济。

强化管理，提高效益，广辟财源，增强实力。

到 1995 年全区工业总产值超过 3.5 亿元，年均递增 20%， 工业销售 3 亿元，年均递增 38%，工业利润 2000 万元，年均递增 18%；商业销售 3 亿元，年均递增 44%；商业利润 500 万元，年均递增 50%。按照只要有条件加快，就尽可能快一点的思路，工业总产值力争达到 4.4 亿元，实现翻番，其他各项经济指标同步增长。商业销售力争 4 亿元，利润同步增长。城市开发到 1995 年，将完成 13.20 万平方米旧城改造任务和 100 万平方米的开发任务，三年后区财政收入达 4800 万元。

三、狠抓当前工作，特别是经济工作，超额完成今年国民经济和社会发展计划（略）

中国共产党长沙市北区委员会
一九九二年十一月二十日

国务院关于同意湖南省调整长沙市市辖区行政区划的批复

湖南省人民政府：

你省《关于调整长沙市市区行政区划的请示》（湘政〔1995〕42 号）及有关补充报告收悉。现批复如下：

同意撤销长沙市东区、南区、西区、北区、郊区，设立长沙市岳麓区、芙蓉区、天心区、开福区、雨花区。

岳麓区辖原西区的麓山南路、银盆岭、桔子洲、望月村 4 个街道办事处，原郊区的岳麓山、望岳 2 个乡和望城县天顶乡，区人民政府驻银盆路 89 号；芙蓉区辖原东区的韭菜园、府后街、五里牌、浏正街、文艺路、解放路、都正街、朝阳街、人民路 9 个街道办事处，原郊区的马王堆、东岸 2 个乡和火星镇，区人民政府驻韭菜园路 62 号；天心区辖原南区裕南街、金盆岭、城南路、书院路 4 个街道办事处，原西区的坡子街、学院街 2 个街道办事处和原郊区的大托乡，区人民政府驻樟树园 9 号；开福区辖原北区的望麓园、伍家岭、新河、清水塘、北站路、黑石渡、民主东街、上大垅 8 个街道办事处，原西区的西长街、如意街、通泰街 3 个街道办事处，原郊区的福安乡和长沙县的捞刀河镇及望城县的霞凝乡，区人民政府驻蔡锷北路 393 号；雨花区辖原南区的左家塘、侯家塘、井湾子、圭塘、南大路 5 个街道办事处，原郊区的黎托、洞井、雨花亭 3 个乡，区人民政府驻人民路 4 号。

中华人民共和国国务院
一九九六年四月二十二日

中共长沙市开福区委员会 长沙市开福区人民政府 关于乡镇区街企业产权制度改革的实施方案（摘要）

（开发〔1997〕30 号）

为适应中央提出的“两个根本性转变”，推动全区经济健康高效发展，区委、区政府决定集中时间、集中精力，在全区企业推行以股份合作制为主要形式的企业产权制度和经营机制改革。现依据国家有关法规政策和我区实际，制定该项工作的实施方案。

一、指导思想和原则

以“三个有利于”作为我区企业改革的根本标准，以中央、省、市有关文件为依据，以推行股份合作制为主要形式，以结构调整为重点，以建立“产权清晰、权责明确、政企分开、管理科学的现代企业制度为目标，加强领导，大胆实践，大胆突破，积极推进，严格规范，分期分批对具备条件的企业进行改制，使企业真正成为自主经营、自负盈亏、自我发展、自我约束的市场竞争主体。

改制过程中必须坚持以下原则：（1）先易后难，试点引路，“漂亮女儿先嫁，好苹果先吃”；(2) 思想工作先行；（3）清产核资、资产评估实事求是、独立操作、公正合理、不重不漏，实行收益现置法、重置成本法、现行市价法、清算价格法相结合；（4）产权界定按“谁投资、谁拥有产权”；（5）先改制，后规范，边改制，边完善；（6）改制与生产两不误。

二、总的目标和改制重点对象

1. 从今年起，三年内乡镇区街企业要全部完成改制，并争取提前半年时间完成任务。“九五”期间，全区企业要全部建立现代企业制度，以新型的企业组织形式进入社会主义市场经济。

2. “九五”期间，要调整好产业与产品结构，形成全区的支柱产业和优势产品群，要组建企业集团，培植“小型巨人”，形成全区优势企业群。

3. 改制的对象是区直、乡、镇、场、街道办直属集体企业。符合下列条件之一的必须重点改制：一是有净资产，且产品有市场、有潜力的企业；二是产品有市场，通过改制可扩大生产的企业；三是资金紧张，通过改制可以解决生产资金，实现良性循环的企业；四是因管理不善造成亏损，但有潜力可挖的企业。

三、组织领导及分工

企业产权制度改革是一项政策性强、牵涉面广、工作量大的工作，必须在区委、区政府的统一领导下进行，必须建立健全务实高效的工作机构。

1. 成立区企业改制工作领导小组（略）。

2. 配备一支精干的队伍（略）。

3. 明确部门分工（略）。

4. 建立企业改制督办会议制度（略）。

5. 严格组织纪律。深化企业产权制度改革是一项复杂的系统工程，牵涉到法院、财政、国资、国土、劳动、税务、信用社、银行等各部门。对此，区委、区政府要求各级各部门都要围绕改革搞好“大合唱”，上下一条心，形成一盘棋，齐心协力、齐抓共管。各级各部门的领导和企业负责同志要责无旁贷地积极参与和支持改革，不得以任何借口违反区里的政策规定，推卸改制责任，为改制设阻。对思想不通，不抓改革的企业主管部门的负责人和企业的主要领导，不换思想就换人，对阻碍企业改革的负责人除就地免职外，还将予以纪律处分，对符合改制条件而不改制的企业，政府将不给予任何扶植；对阻扰、消极对待企业改革而不服从政府协调的部门，将对有关责任人进行严肃查处，对改制中可能出现的违纪问题，区纪委、监察局要严明纪律规定，全方位追踪监察，一旦发现违纪行为，严肃查处。

四、分期分批改制和培植规模企业

根据我区企业的现状，不仅要彻底改革企业产权制度，而且要优化资本结构，组建企业集团，培植支柱产业，发展拳头产品（略）。

五、方法步骤

第一阶段：宣传教育、培训骨干（略）。

第二阶段：因企制宜，抓好规范化运作。按照“先改制、后规范，边改制、边规范，点上抓规范，面上抓进展”的方法进行，每个单位首先要选择一家企业进行股份合作制改造的规范化运作，为求站得稳，推得开。企业其他改制形式的运作也要严格规范。第一批面上推进，要突出抓好几个环节：

（一）严格资产评估，确保集体财产不受损失（略）。

（二）进行股份合作制改造。具体操作可按照原北政办发〔1996〕23 号文凭《关于对区街集体企业进行股份合作制改造的暂行办法》（以下简称《暂行办法》）和参照长发〔1997〕22 号文件进行，但要抓住几个关键：

1. 合理进行股权设置（略）。

2. 按照“先出售，后改制”的程序，发动职工持资入股（略）。

3. 制定下发了企业股份制章程（略）。

4. 严格操作程序，建立新的企业领导体制。股份募足后，按照国家有关程序，改革现行的管理体制和经营方式。首先，通过公司章程，选举董事会、监事会，选举中政府不定框子、不提候选人，按规定程序，由全体一股一票直接选举。选举出董事、监事后，分别召开董事会、监事会，选举董事长、监事会主席，并由董事会聘任公司经理，主管会计和其他高级管理人员，组成新的领导班子。新的公司领导体制是：股东大会为公司的最高权力机构，董事会是企业的常设权力机构，董事长为公司的法定代表人。监事会对董事会及其成员、经理及其他管理人员行使监督职能。（略）

5. 召开创立会议。筹备工作结束后，要依法办理报批手续，召开股东大会，通过章程，进行新的工商、税务登记。每个股份合作制企业创立的时候，必须重新制定各项企业管理制度，重点是财务、劳动用工和分配制度。同时，政府应把《转换企业经营机制条例》中规定的 14 项权利，全部下放给企业。

第三阶段：总结完善（略）。

六、几点具体要求

（一）改制要从实际出发，不唯上，不唯书、只唯实。鼓励企业采取灵活多样的改制形式，什么形式能搞活企业，就采取什么形式。具体可参照原北政发〔1996〕31 号文件《关于进一步放开搞活区街集体企业的意见》提供的几种方式进行。

（二）改制要勇于实践，坚持说了算，定了干，一抓到底。要坚决克服“部门怕丢权，厂长怕丢位，职工怕丢利”的“三怕”思想。

（三）要认真学习有关文件，领会精神，用好用足政策。在改制中遇到的具体问题，上级有明文规定的按文件办；政策上能靠上的和可以靠上的尽量靠上；没有明文规定又靠不上文件的，先按本单位具体实际做，拿不准的请示上级；复杂问题，重调醒研究，请教专家。

（四）新开办企业，原则上实行股份合作制，形成投资主体的多元化，拓宽筹资融资的渠道。

（五）企业改制工作完面情况要纳入年度经济工作奖励办法进行考核评比，没有完成企业改制工作目标任务的经济主管部门、乡、镇、场、街道，取消其当年评奖资格。实行“一票否决”。

（六）指导督查组服务不取酬，指导不越位，抽调的人员工作要与原工作单位脱钩，一年一轮换。

（七）区体改办要通过《体改动态》简报，及时通报各单位改制情况，形成通报制度。

一九九七年五月二十日

中共长沙市开福区委一届九次
长沙市开福区政府一届七次
全体（扩大）会议
关于原则通过《长沙市开福区国民经济和社会发展“十五”计划和2015年长期规划目标纲要》的决议（摘要）

中共长沙市开福区委员会一届九次、长沙市开福区人民政府一届七次全体（扩大）会议，审议了《长沙市开福区国民经济和社会发展“十五”计划和2015年长期规划目标纲要》（以下简称《规划纲要》）。全会认为，根据国家关于实施第三步战略部署和省、市“十五”规划的编制要求，在我区“九五”计划主要目标全面实现的基础上，制定开福区国民经济和社会发展“十五”计划和2015年长期规划，对确保我区在新世纪争创优势，加快发展，关系重大，意义深远。

全会认为，“十五”计划是向第三步战略目标迈进的第一个五年计划，是指导我区在新世纪之初全面推进经济社会发展的宏伟蓝图的行动纲领。《规划纲要》从战略的高度，全面分析了“十五”经济社会发展的阶段性特征和国际国内经济环境，明确提出了“十五”期间和中长期我区国民经济和社会发展的指导思想、发展思路、发展模式、战略目标、产业布局和战略举措。

全会决定，原则通过这个《规划纲要》。全会同意。按照法定程序提请区一届人大五次会议审议批准。

全会号召，全区人民万众一心，艰苦奋斗，抢抓机遇，共谋发展，为把开福区建设成为富强、开放、繁荣、秀美的现代化城区而努力奋斗。

二〇〇〇年十二月二十八日

长沙市开福区人民政府
关于印发《开福区全面建设小康社会规划纲要》的通知
（开政发〔2003〕24号）

洪山旅游区管理局，各街道办事处、镇人民政府，区属各有关部门（单位）：

《开福区全面建设小康社会规划纲要》已经区委常委会议和区政府常务会议审议，并报区人大常委会议讨论通过，现印发给你们。各单位要以党的十六大精神为指针，对照纲要确定的各项目标，结合工作实际，搞好规划分解，认真组织实施，确保全面建设小康社会目标任务的实现。

附：《开福区全面建设小康社会规划纲要》

二〇〇三年五月三十日

开福区全面建设小康社会规划纲要目录

一、现状评估（略）
二、奋斗目标
（一）指导思想（略）。
（二）指标体系（略）。
（三）主要目标（略）。
三、发展重点
（一）倾力拓展城区面积（略）。

（二）加快推进新型工业化（略）。

（三）大力发展第三产业（略）。

（四）积极营造文明环境（略）。

四、保障措施

（一）坚持改革创新、开拓奋进，营造小康建设发展氛围（略）。

（二）完善城区综合管理体制，培育城区综合服务功能（略）。

（三）调整农业经济结构，努力增加农民收入（略）。

（四）加大招商引资力度，提高对外开放水平（略）。

（五）提高人民生活质量，健全社会保障体系（略）。

（六）正确处理经济和人口、资源与环境的关系，实现小康建设可持续发展（略）。

附件：

一、开福区全面建设小康社会指标体系

二、开福区全面建设小康社会主要预期目标

附件一：

长沙市开福区全面建设小康社会指标体系

类别	序号	指标名称	计量单位	全面建设小康参照值	权数
合 计					100
经济发展	小 计				27
	1	人均国内生产总值	美元／年	3000	15
	2	三次产业增加值占国内生产总值比重		7：45：48	6
	3	财政总收入占国内生产总值比重	%	20	6
社会进步	小 计				24
	4	城市化水平（城市人口比重）	%	55	6
	5	非农产业从业人中占全部从业人员比重	%	75	4
	6	等级公路网密度	公里／百平方千米	40	3
	7	新型农村合作医疗覆盖率	%	90	3
	8	城镇从业人员三项保险覆盖率	%	100	4
	9	公众安全感指数	%	80	4
人民生活	小 计				23
	10	城镇居民家庭人均可支配收入	元／人年	20000	6
	11	农村居民家庭人均可支配收入	元／人年	8000	6
	12	恩格尔系数	%	32	3
	13	居民人均娱乐、教育和文化支出占消费支出比重	%	22	2
	14	居民家庭电脑普及率	台／百户	50	2
	15	居民家庭私人汽车普及率	辆／百户	12	2
	16	居民人均居住面积	平方米／人	20	2

续表 附件一

类别	序号	指标名称	计量单位	全面建设小康参照值	权数
人口素质	小 计				8
	17	初中毕业生升学率	%	90	4
	18	高等教育毛入学率	%	65	2
	19	人口平均预期寿命	年	75	2
可持续发展	小 计				18
	20	人口自然增长率	‰	5	3
	21	城市人均公共绿地面积	平方米 / 人	15.5	4
	22	城市空气质量达标率	%	95	4
	23	（城市）集中式生活饮用水源达标率	%	100	3
	24	城市污水处理率	%	80	4

附件二：

2001—2020 年长沙市开福区全面建设小康社会主要预期目标

类别	序号	指标名称	计量单位	全面建设小康参照值	权数	2001 年实际	预期目标		
							2005 年	2010 年	2020 年
合 计					100				
经济发展	小 计				27				
	1	人均国内生产总值	美元 / 人年	3000	15	3100	4950	8900	30000
	2	三次产业增加值占国内生产总值比重		7：45：48	6	11.75：39.3：48.95	8.6：36.8：54.6	6：34.2：59.8	2.8：32.4：64.8
	3	财政总收入占国内生产总值比重	%	20	6	12	15	20	25
社会进步	小 计				24				
	4	城市化水平（城市人口比重）	%	55	6	78	80	85	98
	5	非农产业从业人中占全部从业人员比重	%	75	4	75	80	83	90
	6	等级公路网密度	千米 / 百平方千米	40	3	42	46	50	60
	7	新型农村合作医疗覆盖率	%	90	3	45	70	90	100
	8	城镇从业人员三项保险覆盖率	%	100	4	85	100	100	100
	9	公众安全感指数	%	80	4	60	65	85	90

续表 附件二

类别	序号	指标名称	计量单位	全面建设小康参照值	权数	2001年实际	预期目标 2005年	2010年	2020年
人民生活	小计				23				
	10	城镇居民家庭人均可支配收入	元/人年	20000	6	9000	13000	21000	52000
	11	农村居民家庭人均可支配收入	元/人年	8000	6	4364	5937	8326	16378
	12	恩格尔系数	%	32	3	33	32	28	25
	13	居民人均娱乐、教育和文化支出占消费支出比重	%	22	2	17	19	24	30
	14	居民家庭电脑普及率	台/百户	50	2	15	20	50	70
	15	居民家庭私人汽车普及率	辆/百户	12	2	0.8	3	22	40
	16	居民人均居住面积	平方米/人	20	2	10.95	15.05	22	35
人口素质	小计				8				
	17	初中毕业生升学率	%	90	4	96.8	97.8	98.5	100
	18	高等教育毛入学率	%	65	1	79	83.5	85.5	90.5
	19	人口平均预期寿命	年	75	2	73.9	74	75	76
可持续发展	小计				18				
	20	人口自然增长率	‰	5	3	4.2	5	5	5
	21	城市人均公共绿地面积	平方米/人	15.5	4	6.85	9	16.6	30
	22	城市空气质量达标率	%	95	4	58	80	95	99
	23	(城市)集中式生活饮用水源达标率	%	100	3	95	96	100	100
	24	城市污水处理率	%	80	4	40	60	80	90

长沙市开福区人民政府关于实行农业税免征政策的通知

(开政发〔2004〕19号)

青竹湖外商城管委会、洪山旅游区管理局,各镇人民政府、有关街道办事处、区直有关部门:

为切实贯彻《中共中央国务院关于促进农民增加收入若干政策的意见》(中发〔2004〕1号)文件精神,进一步减轻农民负担,促进农业和农村发展,经研究,我区从2004年1月1日起统一实行农业税免征政策,实现农业生产环节“零税率”。现将有关事项通知如下:

一、各镇(局)于2004年6月20日前将未使用的农业税缴税凭证从各征收机构、代征村和执收人员处收集归总,并移交区财政局统一封存。

二、农业税免征前形成的历史欠税,各镇(局)必须认真清理造册,以村为主体落实清缴,镇(局)负责监督执行。

三、农业税免征后形成的财力缺口，待中央、省、市、区转移支付政策明确后，再结合区、镇（局）财政体制调整和镇（村）两级经济情况确定财政结算方案。各镇（局）应支付给村（分场）的各项经费必须按原政策足额到位，严禁以任何形式将负担和减少的财力转嫁到村（分场）和农户。

四、积极推进与免税政策相适应的机构改革和职能转变，相应精简农税机构人员，区、镇（局）农税部门和村（分场）的农税职能由原来的征税为主转变为以农业税整籍工作为主，各镇（局）应将在农业税征收过程中形成的基础资料整册归档，并继续根据实际计税耕地的变化情况定期完善。

五、加强镇（局）、村（分场）建设。继续做好镇、村两级债务化解工作，努力培育后续财源。压缩非生产性开支，努力提高干部待遇，加强农村组织和民主法制建设，严格农民负担的监督管理，规范村内“一事一议”筹资筹劳制度，严禁乱摊派。

六、全面落实农业税免征政策，各镇（局）、村（分场）要坚持党政一把手亲自抓，分管领导具体负责，认真做好免征政策的宣传工作，将相关的免税措施落到实处。组织、纪检、监察、财政、农林水等部门要切实做好监督检查工作，对违反农业税免征和其他农民减负政策的单位和个人要严肃查处。

二〇〇四年六月七日

长沙市开福区人民政府办公室
关于印发《开福区创建全国生态示范区实施方案》
的通知

（开政办发〔2005〕2号）

青竹湖外商城管委会，洪山旅游区管理局，各镇人民政府、街道办事处、区直有关部门：

《开福区创建全国生态示范区实施方案》已经区人民政府同意，现印发给你们，请遵照执行。

二〇〇五年一月七日

开福区创建全国生态示范区实施方案（摘要）

为了加快我我生态示范区建设，促进全区经济快速、协调发展，力争2005年8月通过国家环保总局考核验收，按照国家级生态示范区建设程序及国家环保总局考核验收的要求，特制定本实施方案。

一、指导思想

以生态学与生态经济学原理为指导，坚持科学发展观，以人为本，加强生态环境建设，促进区域经济可持续发展，将我区建成一个生态环境优美、区域布局合理、基础设施完善，社会经济发达的经济强区、旅游名区、文化大区和生态新区。

二、总体目标

按照《全国生态示范区建设试点暂行规定》（环办〔1998〕272号）和《关于开展2003年度生态示范区建设试点考核验收工作的通知》（环然发〔2003〕20号）的要求，发挥我区区位优势、资源优势、科技优势、生态优势，以创建城市化的生态示范区为目标，充分调动各部门、各单位以及全社会的积极性，广泛参与，认真实施生态规划，力争我区在2005年8月通过国家环境保护总局组织的专家考核验收，成为国家级生态示范区。

三、工作重点

（一）加大产业结构调整力度，优化产业布局（略）。

（二）发展都市型农业，改善农村生态环境质量（略）。

（三）加强生态环境基础设施建设，提高城市生态环境质量（略）。

（四）加大城市环境综合整治力度，建立和谐社会体系（略）。

四、主要任务

（一）生态经济建设（略）。

（二）生态环境建设（略）。

（三）生态社会建设（略）。

五、实施步骤

创建全国生态示范区分四个阶段组织实施。

第一阶段，创建准备阶段（2003年4月——2003年5月）（略）。

第二阶段，宣传发动阶段（2003年5月——2003年7月）（略）。

第三阶段，全面建设阶段（2003年7月——2005年5月）（略）。

第四阶段，验收阶段（2005年5月——2005年

8月）（略）。

六、保障措施（略）

附：长沙市开福区全国生态示范区建设指标分解表1、表2

表1　2002—2005年长沙市开福区生态示范区建设规划目标

	项　目	生态示范区一类标准	2002年现状值	2005年	责任单位
社会经济发展	1. 农民年人均可支配收入（元）	4000	4775	6535	农林水利局
	2. 城镇单位GDP能耗（吨标煤/万元）	1.2～1.3	1.15	1.18	计统局
	3. 人口自然增长率（‰）	符合当地政策	符合长沙政策	符合长沙政策	计生局
	4. 村镇饮用水卫生合格率（%）	≥90	88	92	卫生局
	5. 环保投资占GDP比例（%）	1.20	1.20	1.40	环保局
	6. 单位GDP耗水（立方米/万元）	<200	220	200	农林水利局
	7. 森林覆盖率（%）	25	31.2	33	农林水利局
区域生态环保	8. 退化土地治理率（%）	>80			农林水利局
	9. 水分生产率（千克/立方米）	>1.5	1.5	1.65	农林水利局
	10. 受保护地区面积（%）	>10	25	30	农林水利局
	11. 矿山土地复垦率（%）	>50			国土分局
农村环境保护	12. 秸秆综合利用率（%）	>90	90	95	农林水利局
	13. 禽畜粪便处理（资源化）率（%）	100（50）			农林水利局
	14. 化肥施用强度（折纯，千克/立方百米）	≤280	236.6	235	农林水利局
	15. 农林病虫害综合防治率（%）农药使用强度（折纯，千克/立方百米）	>70 <3.0	65 2.88	80 2.54	农林水利局
	16. 农用薄膜回收率（%）	>90	90	92	农林水利局
	17. 受保护基本农田面积（%）	>90	90	90	国土分局
城镇环境保护	18. 城镇大气环境质量	达标	部分达标	达标	环保局
	19. 水环境质量	达标	部分达标	达标	环保局
	20. 城镇噪声环境质量	达标	部分达标	达标	环保局
	21. 城镇固体废物处理率（%）	达标	达标	达标	环保局
	22. 城镇人均公共绿地面积（平方米）	>10	6.7	11	园林局
参考指标	23. 卫生厕所普及率（%）	>70	75	80	卫生局
	24. 城市气化率（包括用电）%	>90	94	97	计统局
	25. 城市生活污水处理率	>50	40	55	环保局
	26. 旅游环境达标率（%）	100	95	100	外经局

表 2　　2005 年长沙市开福区生态示范区重点建设领域与重点工程责任明细表

领域	重点生态建设工程	2005 年前完成投资（亿元）	责任单位
生态城市	1. 老城区改造与拆迁工程	12.6	建设局
	2. 城市生命线系统工程	13.2	建设局
	3. 现代新城—捞霞片区	9.6	建设局
	4. 组团式生态城市建设	16	建设局
	5. 都市园林绿化建设工程	2.2	园林局
	6. 城市景观建设工程	1.5	建设局
	7. 湘江、浏阳河、捞刀河生态风光带建设工程	1.5	建设局、园林局
	8. 生态文明建设工程	0.6	文明办
	9. 扶贫、就业与再就业工程	0.3	民政局、劳动保障局
	10. 文物古迹保护工程	0.1	文体局
	合　计	57.3	
生态工业	11. 青竹湖生态工业园	6	青竹湖管委会
	12. 沙坪湘绣工业园	1	经贸局
	13. 退二进三企业搬迁工程	6	经贸局
	合　计	13	
第三产业	14. 商贸业建设工程	19	经贸局
	15. 房地产业	12	建设局
	16. 科技教育产业工程	4	科技局、教育局
	17. 金融证券业	1.3	人民银行
	18. 生态旅游业	1.2	文体局
	合　计	57.6	
生态农业	19. 开福区三高农业示范推广项目	1.5	农林水利局
	20. 生态林业建设工程	0.5	农林水利局
	21. 农业循环经济示范基地	1.3	农林水利局
	22. 都市无公害蔬菜基地	0.7	农林水利局
	23. 都市畜牧水产业	0.6	农林水利局
	合　计	116.8	
生态建设与污染控制	24. 景观生态建设工程	0.5	园林局、建设局
	25. 污水处理厂工程	1.8	环保局
	26. 工业污染控制工程	0.3	环保局
	27. 城市污染控制工程	0.4	环保局
	28. 农村污染控制工程	0.3	环保局
	29. 节能降耗节水工程	0.1	环保局
	30. 生物多样性保护工程	0.2	环保局
	31. 生态灾害与生态恢复工程	0.4	农林水利局
	32. 资源利用、保护与控制工程	0.1	环保局
	合　计	4.1	

中共长沙市开福区委员会
长沙市开福区人民政府
关于推进社会主义新农村建设的实施意见(摘要)

（开发〔2006〕3号）

区属各党（工）委、党组，各街道办事处，各镇人民政府，区直各部门：

建设社会主义新农村是全面建设小康社会的一项重大历史任务。为扎实稳步推进新农村建设，促进区域经济社会健康协调发展，现根据（《中共中央国务院关于推进社会主义新农村建设的若干意见》（中发〔2006〕1号）的文件精神和省、市工作部署，结合我区以城带乡的实际，特提出以下实施意见：

一、统一思想认识，明确社会主义新农村建设的目标任务

1. 充分认识社会主义新农村建设的重大意义。社会主义新农村建设是统筹城乡协调发展、全面建设小康社会的客观要求，是加速推进现代化、构建和谐社会的重大战略，也是加快农业产业化和农村城市化进程的重要途径。开福区作为省会长沙农村面积最大的城区，有条件也有职责在长沙市乃至全省率先推进新农村建设。全区各级各部门要从全面落实科学发展观、统筹城乡发展、构建和谐社会、全面建设小康开福的战略高度，深刻认识社会主义新农村建设的重要性和紧迫性，抓住城市化发展机遇，扎实稳步推进我区的新农村建设。

2. 明确社会主义新农村建设的指导思想和基本原则。指导思想是：坚持以邓小平理论和“三个代表”重要思想为指导，全面贯彻落实科学发展观，按照“生产发展、生活宽裕、乡风文明、村容整洁、管理民主”的要求，坚持用城市化统揽全区社会主义新农村建设，以建设新村镇、发展新产业、构建新组织、培育新农民、塑造新风尚为主要内容，扎实推进农村经济、政治、文化、社会和党的建设，不断缩小农村，减少农民，加快城乡一体化进程，建设具有开福特色的城郊新农村。社会主义新农村建设是一项长期而艰巨的历史任务和系统工程，开展这次工作的基本原则是：必须坚持以发展经济为中心，多渠道促进农民持续增收；必须坚持以城市化为核心，加快农村开发建设和农民身份转变；必须坚持以人为本，切实解决农民生产生活中的实际问题；必须坚持以规划为龙头，因地制宜，分类指导，有序推进；必须坚持政府引导，动员全社会共同参与，依靠农民辛勤劳动，调动各方面的积极性；必须坚持以点带面，通过典型示范和整治帮扶，带动新农村建设整体推进。在新农村建设工作中，要注重实效，不搞形式主义；要量力而行，不盲目攀比；要民主商议，不强迫命令；要突出特色，不强求一律；要引导扶持，不包办代替；要强农富民，不增加农民负担。

3. 把握社会主义新农村建设的目标任务。主要任务是：不断增加公共财政对“三农”工作的投入，建立健全财政支农资金增长机制；抓好新农村发展规划，搞好农田水利建设、农村道路硬化、农村电网改造和人居环境整治等工程，加快城乡基础设施对接；推进农业科技创新，加快农业产业化经营，突出发展城郊二三产业，促进农民持续增收；推进农村综合改革，建立城乡统筹发展的长效机制；发展农村公共事业，建立与经济发展水平相适应的农村社会保障体系；加强农村民主政治和精神文明建设，增强农村自主发展能力；实施典型示范和整治帮扶工程，带动农村实现全面小康。具体目标：到2010年，农田水利设施和农村电网全部改造达标，通村公路全部硬化，农村森林覆盖率达55%以上；农村自来水受益率达80%以上，清洁能源使用率达80%以上；新型农村合作医疗参合率达90%以上，农村养老保险覆盖率达80%以上，95%的青壮年农民掌握1～2门实用技术；农村产业和村级集体经济比较发达，农民人均可支配收入达8000元；每村拥有一个文体室、图书室和卫生室，农村生产生活条件明显改善，农民文化素质明显提高；农村城市化率达70%以上，一半以上的农民陆续转变为市民；城乡基本形成基础设施对接、产业发展互补、社会事业同步、管理服务并轨的一体化格局。

二、加强农村基础设施建设，改善社会主义新农村建设的物质条件

4. 突出抓好新农村发展规划（略）。

5 . 大力加强农田水利建设（略）。

6. 加大农村道路、能源、生态等建设力度（略）。

7. 全面治理农村人居环境（略）。

三、重点发展二三产业，促进农民增收，强化社会主义新农村建设的经济支撑

8. 加快发展城郊新型工业（略）。

9. 培育壮大农村服务经济（略）。

10. 抓好农产品流通和质量安全工作（略）。

四、统筹发展农村各项事业，培养建设社会主义新农村的新型农民

11. 加快发展农村教育和卫生事业（略）。

12. 大力发展农村文化事业（略）。

13. 健全农村劳动就业服务体系（略）。

14. 逐步健全农村社会保障制度（略）。

五、加强农村民主政治建设，提高社会主义新农村建设的组织化程度

15. 切实加强农村基层组织建设（略）。

16. 加强农村民主法制建设（略）。

17. 加快推进“村改居”工作（略）。

18. 稳妥成立农村合作经济组织（略）。

19. 培育发展农村新型专业服务组织（略）。

六、切实加强组织领导，形成社会主义新农村建设的强大合力

20. 加强对社会主义新农村建设工作的领导(略)。

21. 动员全社会力量关心支持参与社会主义新农村建设（略）。

22. 完善社会主义新农村建设的投入机制（略）。

23. 抓好社会主义新农村建设的典型示范和整治帮扶工程（略）。

中共长沙市开福区委员会
长沙市开福区人民政府
二〇〇六年二月十七日

长沙市开福区人民政府办公室
关于印发《开福区两型社会创建活动实施方案》的通知

（开政办发〔2009〕59 号）

长沙金霞经济开发区管委会，青竹湖生态(科技)产业园管委会，金霞保税物流中心，各街道办事处，镇人民政府，区直各部门：

根据《长沙市两型社会创建活动实施方案》(长政办函函〔2009〕101 号)安排和部署，现将《开福区两型社会创建活动实施方案》印发给你们，请认真组织实施。

二〇〇九年九月十七日

开福区两型社会创建活动实施方案（摘要）

为广泛动员全社会积极参与资源节约型和环境友好型社会（以下简称“两型社会”）建设，在全区党政机关、学校、企业、社区、村庄等层面开展“两型社会”创建活动，特制定本方案。

一、总体要求

1. 重要意义。开展“两型社会”创建活动，有利于形成政府推动、社会参与、全民行动的“两型社会”建设格局，有利于形成节约能源资源、保护生态环境的良好社会氛围，有利予推动全国文明城市的创建工作。

2. 指导思想。全面贯彻落实科学发展观，按照“两型社会”建设要求，结合文明城市创建工作，以节能、节水、节地、节材、资源综合利用和保护环境、加强生态建设为重点，以宣传动员、教育培训、制度标准、行为规范、设施建设和技术进步为手段，建立健全长效机制，广泛开展“两型社会”创建活动，在社会的各个层面逐步形成与“两型社会”相适应的思想观念，形成节约环保、健康文明的行为方式。

3. 基本原则. 一是紧扣“两型”，突出主题。紧紧围绕“两型社会”建设的基本要求，推动创建工作深入开展。二是广泛动员，全民行动。通过有效的宣传动员，增强社会成员投身“两型社会”建设的主动性，扩大创建工作的覆盖面。三是务求实效，积极创新。注重实际成效，避免形式主义，创新创建方式和途径。四是因地制宜，突出特色，紧密结合单位和地域特点，避免千篇一律，形成创建工作的特色。五是精细管理，注重细节，提倡从点滴做起，从自身做起，以精细化管理落实创建目标。

二、创建内容

（一）创建“两型”机关

1. 发挥表率和导向作用（略）。

2. 节约使用办公用品（略）。

3. 落实节约用电措施（略）。

4. 促进公务用车节油（略）。

5. 强化节约用水（略）。

6. 建设绿色办公环境（略）。

7. 推行“绿色政府采购”（略）。

（二）创建“两型”学校

1. 加强节能环保基础教育（略）。

2. 开展主题教育和实践活动（略）。
3. 加强用电、用水、用纸管理（略）。
4. 保持校园整洁美观（略）。
（三）创建“两型”企业
1. 开展节能减排宣传教育（略）。
2. 严格执行节能减排相关规定（略）。
3. 加强“三废”利用和处理（略）。
（四）创建“两型”社区
1. 广泛开展节能环保宣传动员（略）。
2. 推进垃圾分类回收和中水回用（略）。
3. 推进社区节能和新能源利用（略）。
4. 优化社区综合环境（略）。
5. 建设节能环保家庭（略）。
（五）创建“两型”村庄
1. 积极发展生态农业（略）。
2. 对村镇进行合理规划和科学建设（略）。
3. 推进利用可再生能源（略）。
4. 推进村庄节能节电（略）。
5. 大力整治村容村貌（略）。

三、工作措施（略）

二、地方著述辑要

《长沙市北区志》

长沙市北区政府《长沙市北区志》编纂委员会编著。

《长沙市北区志》是在长沙市志办的指导下，在长沙市北区政府《长沙市北区志》编纂委员会领导下，由编委会办公室负责组织，由编委会主编、副主编、执行主编具体编撰的长沙市北区建置以来的第一部志书。先后担任编委会主任的有黄世钊、龚长力、彭振武、阳克春、龙长工、唐纽武、余建国、李继红；先后担任编委会办公室主任的有徐荣连、涂浩、王四清、王静芳；先后担任编委会主编的有李万健、龚长力、沈裕谋（改称总编）；先后担任编委会副主编的有徐荣连、李万健、李豪（改称副总编）、袁剑英（改称副总编）；担任编委会执行主编的有李正宇（特约）。全书计16篇61章244节，约54万字，经市志办评审，于2005年3月印刷出版。由长沙市北区政府内部发行。

《中国共产党长沙市开福区历史（1921—2010）》

中国共产党长沙市开福区委《中国共产党长沙市开福区历史》编纂委员会编著。中共党史出版社出版。

该书是在省、市党史研究室的指导下，在中共长沙市开福区委《中国共产党长沙市开福区历史》编纂委员会领导下，由编委会办公室负责组织，由编委会总编室具体编撰的长沙市开福区建置以来的第一部中共地方党史著作。先后担任编委会主任的有赵文彬、张迎春；先后担任编委会常务副主任的有柳美景、廖建华、沈裕谋；先后担任编委会办公室主任的有王静芳、吴亚君；先后担任编委会办公室副主任的有王素平、王从福；主要编撰执笔人员有编委会总编室主编朱志雄，执行主编李正宇，编辑刘云甫、王书高、黄沐定、黄兆明、陈安来等。全书分上、中、下三册，计8篇30章108万字。2011年6月呈送省市评审及中共党史出版社审查后，于同年12月出版，公开发行。

作为开福区（含原北区）建置以来第一本地方党史著作，该书以丰富的史料，翔实的内容，全面、真实、准确地记述了中国共产党在开福区90年来，团结常领广大人民进行革命、建设、改革事业所走过的艰辛而辉煌的伟大历程。

《中华人民共和国政区大典·湖南卷·长沙分卷·开福篇》

长沙市开福区政府《政区大典》编纂委员会编著。

《中华人民共和国政区大典·湖南卷·长沙分卷·开福篇》是根据2011年民政部发出的《关于编纂出版〈中华人民共和国政区大典〉的通知》及2012年1月4日长沙市人民政府办公厅印发的《〈中华人民共和国政区大典·湖南卷·长沙分卷〉编纂工作实施方案》的精神。在开福区政府《政区大典》编纂委员会的领导下，由编委会办公室负责组织，由编委会编辑部具体编撰的开福区（含原北区）建置以来的第一部地方政区大典。编委会主任为胡政旗；编委会副主任为李光华、焦灿、杨艳、肖文中；编委会办公室主任为杨艳（兼）；编委会办公室副主任为肖文中（兼）；编委会编委李猜；编委会编辑部主编朱志雄；执行主编李正宇；编辑黄沐定、陈安来。全书6.7万字，2012年12月，印刷出版。由长沙市开福区政府内部发行。随后该书全文纳入国家民政部主编的《中华人民共和国政区大典·湖南卷》，由湖南地图出版社正式出版，公开发行。

《中国共产党长沙市开福区历史大事记（1919—2006）》

中共长沙市开福区委党史联络组、《中国共产党长沙市开福区历史》编委会总编室、长沙市开福区史志档案局编著。

《中国共产党长沙市开福区历史大事记（1919—2006）》是在中共长沙市开福区委及区委党史工作领导小组领导下，由区委党史工作联络组组长朱志雄主持，由区史志档案局王静芳、王素平负责组织，由区委党史编委会总编室分工负责集体完成。主要编撰执笔人员为刘云甫、黄沐定、陈安来、谢志刚，参与本书讨论并提出修改意见的有王书高、黄兆明。全书35万字，由刘云甫统稿，朱志雄、李正宇审校，于2008年9月印刷出版。由开福区史志档案局内部发行。

《红色发祥地：开福——中共长沙开福地方新民主主义革命时期史料汇编》

中共长沙市开福区委党史联络组、《中国共产党长沙市开福区历史》编委会总编室、长沙市开福区史志档案局编。

该书是在中共长沙市开福区委和区委党史工作领导小组的领导下，由区委党史联络组组长朱志雄主持，区史志档案局王静芳、王素平负责组织，编委会总编室分工负责，集体完成。承担全书基本框架和主要编撰工作人员为黄沐定、陈安来。参与本书议论，并提出修改意见的有王书高、黄兆明、刘云甫、罗忠卿、谢志刚。全书约29万字，由李正宇统稿。2006年印刷出版。由区史志档案局内部发行。

《长沙市北区文史资料》

长沙市北区政协文史资料委员会主编。

《长沙市北区文史资料》是在北区政协领导下，由北区政协文史委员会负责组织编撰的一本不定期刊物。1985—1995年共出7辑刊物，刊载北区相关文史资料200余篇。主编为曾文章、徐荣连。由长沙市北区政协内部发行。

《中国共产党长沙市北区组织史资料（1949.10—1987.12）》

中共长沙市北区委组织部、中共长沙市北区委党史办编。

《中国共产党长沙市北区组织史资料》是根据省委和市委关于征编组织史资料的部署，在中共长沙市北区委领导下，由区委组织史资料征编领导小组负责组织编写的。主要叙述1949年10月至1987年12月长沙市北区党、政、军、统、群等系统组织机构和领导人的任职情况。主编为阳克春，责任编辑为张文华，全书19万字，1991年5月印刷出版。由中共长沙市北区委组织部内部发行。

《中国共产党湖南省长沙市北区——开福区组织史资料（1988.1—2000.12）》

中共长沙市开福委组织部、长沙市开福区史志办公室编。

《中国共产党湖南省长沙市北区——开福区组织史资料》是根据省、市委组织部关于编纂组织史料的部署，在中共长沙市开福区委领导下，由开福区委组织史料编纂工作领导小组负责组织编写的。主要叙述1988年1月至2000年12月长沙市北区——开福区党、政、军、统群系统组织机构和领导人的任职情况。编纂工作领导小组组长为戴源、责任编辑为杨秋云、杜琼。全书19.30万字，2001年11月印刷出版。由中共长沙开福区委组织部内部发行。

《中共长沙市北区党史大事年表（1949.8—1989.12）》

中共长沙市北区委党史办编。

该书是根据中共湖南省委湘发(1986)7号文件精神和中共长沙市委党史办1986年工作部署，在中共长沙市北区委领导下，由区委党史资料征集办公室负责进行征集、整理和编纂的。主要编撰执笔人员为张文华、罗俊凤。全书共收录资信987条，约14万字，由杨秋云统改。1992年12月印刷出版。由中共长沙市北区委党史办内部发行。

《中共长沙市北区党史大事年表（1990.1—1996.7）》

长沙市开福区史志办公室编。

《中共长沙市北区党史大事年表（1990.1—1996.7）》是《中共长沙市北区党史大事年表（1949.8—1989.12）》的续编。

该书在中共长沙市开福区委领导下，由长沙市开福区史志办公室负责组织；主要编撰执笔人员为杨秋云。全书共收录资信669条，约11万字，由区委办彭志一审定。1999年1月印刷出版。由长沙市开福区史志办公室内部发行。

《长沙市北区1990年人口普查资料》

长沙市北区1990年人口普查资料是在长沙市北区第四次人口普查领导小组的领导下编辑的。全书约5万字，主笔为汪启祖。

《长沙市开福区2000年人口普查资料》

长沙市开福区2000年人口普查资料是根据长沙市人民政府第五次人口普查领导小组办公室《关于做好第五次全国人口普查资料编印工作的通知》要求，在开福区委和政府的领导下编辑完成。本资料人口普查数据均为2000年11月1日零时的常住人口数据，全书约17万字，主编为罗妹华，责任编辑为范为宁，资料编辑为刘长根、孔雪明。

《沙坪词绘》

湖南省企（事）业文联与长沙市开福区自觉策划创意工作室、开福区捞刀河镇党委、政府联合编著。中华图书出版社出版。

该书内容涉及沙坪小镇之山川图志、历史遗踪、湘绣源流、民族宗教、湘风湘韵、景点荟萃等方面，以故事诠释其历史变迁，以传说讲述其岁月风云，以词条并辅绘画的形式展示其特有魅力，侧重于考据史实，亦倾情于畅想蓝图，形式新颖，图文辉映。主编为廖静仁，执行主编为赵涛，执笔为刘明祥、阳小华、蒋英姿、张吉安。全书26万字，2010年11年印刷出版，公开发行。

《开福区科学发展调研文集》

中共长沙市开福区委深入学习实践科学发展观活动领导小组办公室编。

该书是在中共长沙市开福区委、开福区政府的关心支持下，由该书编委会负责组织编撰。科学发展观是党中央提出的推动我国经济社会发展的重要指导方针，是发展中国特色社会主义的重大战略思想。开福区各级领导和各单位在深入学习科学发展观，努力实践科学发展观的热潮中，撰写了许多有价值、指导全区工作的调研报告。全书收录调研报告69篇，约32万字，编委会主任廖建华，常务副主任周度，副主任胡正旗、任安良、张作林，主编周虔（兼），副主编吕宏凯，编辑李亚雄、邹青。于2009年7月印刷出版，由中共长沙市开福区委组织部内部发行。

《历史的足迹——开福文史集粹》

政协长沙市开福区委员会编。

该书是在中共长沙市开福区委、开福区政府的关心支持下，在政协长沙市开福区委员会的领导下，由该书编辑委会负责组织编撰。内容涉及行政建制、经贸史记、文教之光、宗教史料、名胜话旧。耆宿乡贤、红色印记、资治史鉴等方面。全书40万字，编辑委员会主编刘正林，副主编刘永红，编辑刘修平、王湘等。于2011年9月印刷出版，由政协长沙市开福区委员会内部发行。

《长沙市开福区文化资源概览》

中共开福区委宣传部、开福区文化体育新闻出版局、开福区文物管理所编。

该书分历史文化资源、文化事业资源、文化产业资源三个部分，名人鸿爪、革命遗址、公馆寻踪、宗教遗产、公共建筑、历史街巷、非遗精品、群艺活动、活动阵地、文艺团队、文化企业等内容，图文并茂，都在书中有确切翔实的记载介绍。全书约11万字，主编杨应龙，副主编周朝旭、骆炬、贺国华、王辉君、潘建军，编委王强等，责编张曼平。于2012年8月印刷出版，开福区内部发行。

《开福笔浪》

中共长沙市开福区委老干部局、长沙市开福区老干部书画协会编。

该书是在中共长沙市开福区委、开福区政府的关心支持下，由该书编委会编撰。该书的作者大都是开福区的离退休干部。他们有一颗老有所学、老有所为、老有所乐、老有所爱而充满激情的心。他们关注社会、关爱人生、关心下一代，尤其对晚年的美好生活充满希望。他们尽情释放心灵的感触，施展笔端的神韵，为知音者赞颂，为知情者赞许。编委会总策划葛长庚、陈殷、周海燕，主编贺丰玉，副主编巢福初、曹君、林承先，编委陈米杰、肖宗瑾等。于2008年8月印刷出版，开福区内部发行。

《开福诗联》

长沙市老干部诗词楹联协会开福分会编。

《开福诗联》是在长沙市老干部诗词楹联协会指导下，在中共长沙市开福区委、区政府关心支持下，由开福区老干局负责组织，由开福分会《开福诗联》编委会具体编撰的一本不定期出版的会刊。辟有五言诗、七言诗、古风、词曲、楹联、杂俎、诗词论坛等栏目，每期刊载发表诗文约200余篇。从2003年创刊至2012年共出刊10期、前5期编委会主任为李正宇、副主任为陈殷、审校为伏家芬；后5期编委主任为陈迟怡、副主任为陈殷、审校为伏家芬；执行主编为黄汨潜、副主编为陈国强；编委为杨铸、杨斌文、谢镇衡、刘重光。由开福区老干局内部发行。

《古韵新风望麓园》

长沙市开福区望麓园街道编。

该书是在中共长沙市开福区委、开福区政府的关心支持下，在中共望麓园街道工委、街道办事处的领导下，由该书编纂委员会编撰。全书分为上下两册。上篇古韵悠悠，沧桑余绪，收录地名寻踪20处，史迹钩沉34处；下篇新风习习，盛世华章，从城市之光、文明之花、媒体之声等不同角度记录了望麓园地区城市发展变迁。全书约5万字，编撰委员会主任李程，主编裴文欢，执行主编李正宇（特约）。于2004年11月印刷出版，由开福区望麓园街道内部发行。

《和谐望麓园》

长沙市开福区望麓园街道编。

该书是在中共长沙市开福区委、开福区政府的关心支持下，在中共望麓园街道工委、街道办事处的领导下。由该书编纂委会编撰。《和谐望麓园》一书对街道辖区的历史文化进行了深入的研究和挖掘，凸显了湖湘文化的深厚底蕴和革命老街的红色情结，创造性地提出了“十二五”街道发展规划，在社会管理创新方面探索形成了“望麓园模式”。对新形势下城市街道社会服务和管理创新具有一定的借鉴和指导意义。全书约11万字。主编梅文辉，副主编刘勇，执行主编彭雁冰。于2012年1月印刷出版，由望麓园街道内部发行。

《廛闬沧桑——民主东街地区文史辑佚》

长沙市开福区民主东街街道编。

该书是在中共长沙市开福区委、开福区政府的关心支持下，在中共民主东街街道工委街道办事处的领导下，由该书编委会负责组织编撰的民主东街地区第一本文史辑佚书。内容广涉民主东街地区40余条街巷的历史文化、兴废演替。全书约18万字，编委会主任为魏建良、副主任为谭树茗；全书由执行主编（特约）李正宇主笔、统稿。于2004年印刷出版，由开福区民主东街街道内部发行。

《潮宗古街》

政协长沙市开福区委员会编，主编熊建伟。2014年12月内部出版。全书分为街巷寻踪、军政机关、社会机构、米业经纬、潮宗人物、名人故居、市井生活、诗赋联语附：历史文化遗标志碑等八个部分，收辑有关潮宗街历史文化街区的历史沿革、社会经济、历代名人、历史掌故等回忆录和历史文献资料89篇、诗联赋31首，以及有关历史地图、历史照片和附录，共计29万字。

《开福山水》

政协长沙市开福区委员会编，主编熊建伟。2016年1月内部出版。全书分为毓秀青山、钟灵秀水、古今设施、佚闻遗事、历代英杰、诗文联语等六个部分及附录，收入有关开福区山水人文的历史沿革、寺观园林、交通水利设施、重大历史事件和历史人物等回忆录和历史文献资料85篇、诗文联百余首，以及有关历史地图、历史照片；书后附录民革长沙市委、开福区政协委员关于治理和建设开福山水的提案，共计32万字。

三、诗词楹联辑存

（一）诗词辑存

钱太守招游开福寺不赴奉答

明・李东阳

潭州城北楚江边，此地招提父老传。
十里青山斜鸟外，满庭芳草闭门前。
题诗自足骚人兴，爱客深知太守贤。
多病屡惭招不起，故园花柳为谁妍。

开福寺

明・李冕

最爱招提景，天然入画屏。
水光含镜碧，山色拥螺青。
抱子猿归洞，冲云鹤下汀。
从容坐来久，花落满闲庭。

开福寺

明・翟瓒

梵宇初晴二月天，汉朝宫殿楚江边。
青林背日双僧出，翠壁含风万佛悬。
鹿苑惊沙风黯黯，莲花拱水故娟娟。
远公客至开方丈，漫索诗篇问草玄。

碧浪湖秋宴辞陈吏部罗孝廉招饮作十首

清・土启原

（一）

香蹄浮影荡郊垌，欲傍精蓝问酒星。
匣里秋霜时出入，似惊风雨一泠泠。

（二）

隔江山翠落明湖，湖上秋光昼有无。
岁岁白莲开不尽，短笻凉漏傍菰蒲。

（三）

九龙无地落宫槐，五季文流霸府开。
嘉宴匆匆鸳瓦尽，不知明月几回来。

（四）

小劫刀兵藕孔余，珠林初地见真如。
人天拥卫今何在，回向看翻贝叶书。

（五）

点缀池台弄紫瑛，将军一枕午阴清。
旄麾虹曳明江上，历乱林钟鼓角声。

（六）

鞠华霜节逼天香，醽醁高浮虎魄光。
秋老西风一摇荡，等闲看与醉重阳。

（七）

一鉴方壶荡月低，菩提法露覆金堤。
残阳匝地余烟雨，不使湖亭尽姓西。

（八）

松叶浮珍翠作围，金尊不尽醉无归。
酒酣珠玉飞天上，乱落明霞万片飞。

（九）

沉饮何人问独醒，断云幽屿晚山青。
浮杯一逐风花舞，恐有蛟龙水上听。

（十）

瑶琴宝匣郁斓斑，日日烟波破醉颜。
记买鉴湖春一曲，寻常不看剡溪山。

题开福寺

清・储大文

八叶仙源谱未凋，龙飞遗事此鸱鸮。
寿皇殿里空宵漏，贾相江边待午潮。
引得绿衣中使泪，招来白发讲官朝。
茂陵楚邸无穷恨，只在宫花一树飘。

开福寺

清・徐树钧

百年野寺没蒿莱，绀殿珠宫次第开。
碧浪无情春去尽，青山不老客归来。
湖边落日穿鱼艇，江上轻云映酒杯。
莫问会春当日事，樵歌一曲起林隈。

冬日游开福寺

清・李佐

漫游宁畏朔风狂，踏破深林上戒堂。
树色尚连湘水绿，烧痕疑带阵云黄。

衔花鹿自游仙界，酌酒人谁泛羽觞。
还约春明晴月上，梦回高阁听沧浪。

碧浪湖宴集

清·吴士萱

霸图歇绝又千年，嘉宴仍开湖上筵。
绕郭山光来槛外，隔江帆影落樽前。
绮罗人去余秋草，殿阁天荒有暮烟。
惆怅九龙歌舞地，寒林空送磬声圆。

碧浪湖为展重九会

清·郭嵩焘

晴秋敛尽碧湖水，千载醉魂扶不起。
马王园地莲社开，寒烟远泛暮山紫。
重阳迟我十日觞，尚余故事展重阳。
荻花枫叶愁无奈，独雁叫空天雨霜。
褒衣大袑集舒慢，高僧韵士各雄盼。
长鲸吸川酒味薄，布置樱笋杂苣苋。
飞雨忽来秋草萋，向时野水今成蹊。
天荒地坼斗龙虎，斗觉庭院生清凄。
振衣起作孙登啸，穷荒日月开蚓窍。
万古芬芳兰芷地，挈提尊罍托年少。
世间无地无茱萸，但须一杖青藜扶。
将军构屋真息壤，借问有酒何处沽。
王郎妙语谁能识，碧湖便可名金鲫。
南邻诗老掉头去，钓竿鱼尾不相值。

过马氏宫址四首

清·黄景仁

（一）

此地当年歌舞盈，沉沉别殿宴三更。
一时粉黛齐回首，东野新填乐府成。

（二）

俄令野屋化千门，匹手居然帝业尊。
开遍夭桃又秾李，东风忙煞会春园。

（三）

才从宫树听啼乌，旋见荒台叫鹧鸪。
不用官家亲饮马，一鞭已塞洞庭湖。

（四）

长驱红粉出荆关，旧日承恩数阿蛮。
老大飘零人不识，月明低唱望家山。

春暮寻会春园饮花下作

清·孙绳武

落花三月春风煦，游丝袅空千尺悬。
流莺欲语语不圆，满堤芳草青芊绵。
此时不饮心茫然，径须沽酒酒垆边。
会春园中口口口，愁红乱绿交翩翩。
桃花颜色亦可怜，回头一笑生清妍。
劝君百斛酒如泉，且复暇日相周旋。
古人不作今千年，曲池台榭冷荒烟。
幽苔细藓埋珠钿，清商激徵悲管弦。
春山无人啼杜鹃，桑叶渐老蚕欲眠。
人生扰扰苦世缘，何不及此开芳筵。
沉醉便卧桃花前，长歌白眼望青天。

同段起山谭右夔游开福寺

清·余廷灿

郭北寻萧寺，斋钟隔树迎。
平畴秋草远，一径夕阳明。
佛殿梁穿鸟，僧房子落枰。
何年归白社，谈笑共题名。

开福寺亦笠亭落成次竹轩上人韵

清·黄本骥

面岳曾游一笠亭，甘棠遗植久凋零。
当头又见亭如笠，到眼仍看岳作屏。
五代园林余劫烧，四山风雨泣神灵。
头陀指点兴亡梦，寺辟枢南羊亩青。

碧湖曲

清·谌鸿鋆

双桡划破湖天白，短艇斜阳载秋色。
黄叶争随渡水人，惊起浴鸥呼拍拍。
白草荒苔旧宫殿，题碑字没寻难见。
会春园里佛灯明，泠泠晚钟飞远声。
僧指妆台覆破瓦，渔樵常宿妆台下。
昔对麓山如画屏，卷入湖波摇古青。
扫蛾云子竞双绿，日夜追欢盛丝竹。

湖上而今秋月辉，香魂啼血碧磷飞。
烟苍露白渔讴起，寺门一片菱花水。

帝台春·会春园五代马希范故宫词

清·蔡以偁

北门路，会春园，空尘雾。金谷重来，春色可怜，野花无主。扑蝶打球人不见，但斜阳、钟磬禅扉暮。问如今，猴弟羊兄，断碑何处。壮瑶服，标铜柱。陂池荡，荒狐兔。一望凄迷，冷烟寒食。僧塔风摇铃语，铲转繁华鸳井，月不照、当年细腰舞。燕子尚来栖，蝶化饥魂去。

长沙春游曲同中实作

清·易顺鼎

碧浪湖边二月花，湘春门外燕飞斜。
才见飞来向花里，复看飞去落谁家？
谁家绣户正青春，十五妖姬冠等伦。
几回妙舞常欢子，一曲清歌欲动人。
清歌妙舞看难足，初道如花还似玉。
蜀国文君绿绮琴，汉家武帝黄金屋。
金屋由来不贮愁，双飞双宿更双修。
生来玉树皆连理，比似莲花总并头。
并头连理夸俦侣，朝作行云暮行雨。
曾从楚国斗腰肢，更向章台弄眉妩。
眉妩章台漫比妍，春风秋月自年年。
绿珠价重仍无主，碧玉情深每自怜。
银鞍玉勒垂杨道，青袍纵酒欢年少。
十里珠帘迤逦开，一行画烛分明照。
青春如梦梦如云，楚瑟湘弦不忍闻。
湘春门外花还落，碧浪湖边日易曛。
一从江国飘零久，青青尤复当时柳。
且看银镜坐梳头，莫言金印能悬肘。
明月高楼又几回，珍珠帘底玉交杯。
空闻宋玉犹能赋，不遇襄王亦可哀。

会春园

清·周有声

马家父子相承日，草创难将割据论。
一等荒寒野人屋，不知曾是会春园。

偕粟谷青黄芥沧游开福寺

清·萧荣爵

旧日笙歌地，惟余一抹烟。
空街铜辇歇，芳草石麟眠。
清磬闲中定，孤灯暮更圆。
吾生欲何托，上策只逃禅。

开福寺次韵

清·胡茂

月湖斜照水拖蓝，倒影楼台一镜涵。
天送青山来阁外，鸟衔黄叶度湘南。
江声浩浩尘沙洗，诗思茫茫胜境探。
不尽浮生栖隐意，欲招惠远更仃骖。

碧浪湖

清·陈绳祖

碧浪重经打桨来，平沙无际鸟飞回。
长天漠漠鱼龙晓，春縠鳞鳞荇藻开。
山色萦盘成岛屿，人家疏落认蒿莱。
平生雅慕鸱夷子，望断湖东大小雷。

碧湖晚眺，与宝觉居士吴雁舟同作

清·八指头陀

碧浪湖边寺，紫微山上亭。
湘浮一线白，天压四围青。
细草侵禅塔，闲鸥浴远汀。
数声渔笛晚，惊起蛰龙听。

碧湖怀古

清·八指头陀

湘春门外马王宫，五代荒凉霸业空。
阅尽繁华成老衲，漫将时事问渔翁。
湖山亦逐沧桑变，天地徒看日月同。
尘世兴亡何足论，且携长笛弄松风。

开福寺怀古

清·八指头陀

只今开福寺，自昔会春园。
驻锡神僧杳，流杯旧址存。
客来一洒泪，花落竟无言。
怀古情何限，江寒啼暮猿。

阅碧湖吟社诗卷

清·饶智元

嘉宴堂前草树漫，微风细雨寺钟寒。
扁舟今夜昭潭月，苦忆高人释敬安。

九日海印招集开福寺

民国·程颂万

身出城外游，飘飘若虚舟。
况挈九日酒，而无三里陬。
山门截驰道，廊戍森刀头。
诗禅别一房，赚入深重幽。
砌碧耸寄舫，窗红多坏油。
春关花木荄，迭为兵火搜。
僧言幸不战，呗诵余今丘。
碧洼槛前场，突爛凌高秋。
缅寻儿时钓，虚触老泪流。
鏖诗劝取酒，莫耽城中忧。
城居曩凭高，见异咫亦愁。
不如祓郊坰，权遂一日谋。
出城矜已高，入城虚类囚。
怅望麓山渡，归人如蚁稠。

开福寺展重阳二首

民国·程颂万

（一）

为补重阳禊，翻留独客杯。
近廛添树少，回雁向人哀。
榻隘藏经地，亭空野史才。
从君衣衲古，飘拂谢尘埃。

（二）

身世晚冥冥，虚堂过鸟情。
黄花几明日，白发已今生。
恶竹芰何惜，风巢戟有声。
更篮谋窟室，凄感赋兰成。

出湘春门谒开福寺新佛殿

民国·雷飞鹏

北郭旷阛市，兴瞩良超夷。
烦困俗事中，散游始觉怡。
校经昔所舍，今过景物非。
衢陌持赢车，坎客防倾欹。
蘋光漾塘浒，稻苗接田畦。
行行来觉远，寺树看已齐。
千年旧禅域，新作存人为。
自非大愿力，安得宏布施。
天音下钟磬，尘梦庶弗迷。
孔训懔祸福，佛说戒贪痴。
俱以救世害，奈尔人心危。
风廊送禽语，云旗扬午曦。
听睹自寓化，兹游不可疲。

题沩潭寺

唐·裴休

沩潭形胜地，祖塔在云湄。
浩劫有穷日，真风无坠时。
岁华空自老，消息竟谁知。
到此轻尘虑，功名自可遗。

注：又名报恩寺，位于唐代古城长乐门外，宋代古城新开门内。遗址在今开福区荷花池。1957年女子师范（今长沙师范）学校内曾出土大铁锅一只，上有铭文“五代重兴沩潭报恩寺上湛下修和尚嗣法门人伊山仁逾”。

报恩寺

明·李鉴

此地歌游忆昔年，重来不见赵州禅。
当年老树栖孤鹤，傍水垂杨哭杜鹃。
非色非空芳草梦，半晴半雨落花天。
吟余无限伤心处，徒倚阑干思惘然。

过沩潭寺

清·张迪贞

不信城中寺，翻如郭外春。
山僧方过客，林鸟欲依人。
浊水无珠颗，莲花有佛身。
未能耽妙谛，香影坐消尘。

春日友人招游沩潭寺

清·陈纶

春明山色媚晴空，杖底风光自不同。
绿柳几行飞翠羽，虹亭十里驻花骢。
情高才饮心先醉，兴惬何妨句未工。
领略招提千载胜，夕阳归送晚烟中。

游沩潭寺

清·周有易

乘兴招提憩，花风动客襟。
潭秋烟罩阁，桥月夜闻砧。
水碧从鱼泳，林疏度鸟音。
偶来幽意惬，趺坐一琴横。

沩潭寺

清·王展鹏

沩石嵯峨灿尚方，潭州人话旧沧桑。
寺连城市皈依众，僧入繁华道念长。
飞锡占山情漫切，乘杯泛海意徒忙。
但能了得无生义，何必匡庐更擅场。

初秋过沩潭寺

清·周桢

步展寻幽远，行行到寺前。
荷深添水气，鹤懒耐茶烟。
径折秋花隐，林空疏磬传。
茅亭同坐晚，别是一江天。

暮春同友人过访沩潭寺湛修和尚二首（选一）

清·胡之太

咫尺沩潭寺，经年未得过。
雨余穿小径，花发踏青莎。
庭韵琴声好，池平蛙鼓多。
相将长不厌，携手共婆娑。

宿龙兴寺

唐·綦毋潜

香刹夜忘归，松清古殿扉。
灯明方丈室，珠系比丘衣。
白日传心静，青莲喻法微。
天花落不尽，处处鸟衔飞。

注：万福禅林在长沙驿步门内，其遗址在今开福区盐道坪西侧，原为龙兴寺旧址。龙兴寺始建于唐代，今不存。

雪中过龙兴寺留宿方丈

明·刘声远

雪卷篮舆入翠微，凭栏顿觉故心非。
珠浮钵面人犹卧，月上松枝鹤未归。
楼殿玲珑云外迥，烟霞缥缈望中飞。
老僧课罢残钟后，坐对孤灯补衲衣。

万福禅林山居诗（二十二首选四）

清·释素默

（一）

一间茅屋不堪夸，不是云埋雾便遮。
幸得老来无个事，扫些竹叶煮松花。

（二）

门径深深路又荒，草头多露月来光。
其中亦有忘年者，日日焚香坐草堂。

（三）

年来无事可当心，一把锄头斫古今。
翻转溪云睡去好，长留明月伴松阴。

（四）

山中日日有云飞，飞的飞来归的归。
惟有这些归不得，留为山寺补僧衣。

宿万福禅林

清·易祖枝

曲巷深深护短篱，篱边青桂更骈枝。
禅关静夜钟声响，古屋残灯客梦迟。
风逆落花香到枕，雨淹空翠润生帷。
此身何用浮名绊，拟向香岩问卓锥。

友人读书万福禅林诗以代柬

清·高拔

遥知耽雅趣，今夕定如何。
对月勘疑字，将花发浩歌。
龙宫空梵呗，纸帐冷云萝。
樽酒他时晤，论文不惮苛。

赋得花发上林

唐·周渭

灼灼花凝雪，春来发上林。
向风初散蕊，垂叶欲成荫。
人过香随远，烟晴色自深。
净时空结雾，疏处未藏禽。

苯茸何年值，间关几日吟。
一枝如可冀，不负折芳心。

注：上林寺为唐代善觉禅师创建，亦为戒灵禅师演法之所。遗址在今开福区仓后街。

上林寺述怀

清·八指头陀

身似孤云无定踪，南来三度听霜钟。
人方见雁思乡讯，山亦悲秋见病容。
佳句每从愁里得，故人多向客中逢。
自嗟未了头陀愿，辜负云峰几万重。

题长沙上林寺藏经阁诗并序

清·八指头陀

金容一西逝，大法遂东流。
昏衢朗智炬，爱河济宝舟。
长沙古藩国，骚客资淹留。
应真亦戾止，讲肆如云浮。
哀哉二千年，法运犹未周。
如何狮子窟，今成狐兔丘？
禅枝日凋谢，念兹深余忧。
幸有智者诞，定慧崇前修。
妙谛融真俗，平等齐恩仇。
乞食于京阙，机辩惊王侯。
龙藏出天府，象教耀神州。
炎维赖以镇，篾戾为之柔。
赞扬安可穷，聊用纪因由。

铁佛寺

清·张九镒

浩劫前唐渺弗论，岿然古刹镇星垣。
天教布地金光满，人仰开山铁象尊。
四面楼台辉法界，百年身世忏尘根。
谈禅说偈缘何事？垂老心依不二门。

注：位于今开福区铁佛东街，建自唐朝，其开山祖为法华禅师。

铁佛寺闻风铎

清·李天任

似是闻天籁，花宫何处寻。
清风为断续，明月共高深。
暑退宜秋夜，山空见佛心。
惟将海外意，移入古瑶琴。

铁佛寺二首

清·李承纲

（一）

何年结构辟烟霞，往迹分明记法华。
初地云开金作贡，诸天雨散玉为花。
三朝衣钵宗风远，五季兵戈劫火赊。
花木依然供览眺，会春园畔噪群鸦。

（二）

象物裴公说法华，十年宰相岳峰头。
自来古刹多幽赏，如此名山足胜游。
坐久禅心生永夜，诗成逸兴落沧洲。
他时谁续湘南志，好记清华第一流。

饮铁佛寺后一笠亭次芝轩韵二首

清·黄本骐

（一）

乱石槎枒插两旁，一亭阴接树疏黄。
攒眉对佛来元亮，吐舌生花学广长。
五季园林荒劫火，百年身世炼风霜。
眼前秋色浑无赖，搔首苍茫立夕阳。

（二）

烂醉秋风古佛旁，新刍酒熟压鹅黄。
遥山落几分僧瘦，野竹过墙比客长。
看菊休寻彭泽雨，擘橙还忆洞庭霜。
诗成共剪湘波写，未羡传钞遍洛阳。

铁佛寺

清·周有声

一湾碧泻功德水，四面青分髻顶螺。
还向浮图高处望，秋风黄叶洞庭波。

铁佛寺浮图

清·石承藻

佛地千年在，霞标四望开。
湖光随塔涌，岳色过江来。
马氏余荒圃，陶公尚古台。
风云真浩荡，北极首重回。

湘春塔

清·熊少牧

马王城外开元塔，片片苔花蚀铁幢。
劫火千年侵佛国，断云孤影插湘江。
林鸦如叶阵初散，檐马无风声自撞。
长啸振衣凌绝顶，离骚一卷酒瓢双。

偕同人游铁佛寺

清·释本照

欲访人间古化城，相逢知己订同行。
地留胜迹邀清赏，天为名流放晓晴。
遗构当年思节使，良游今日快平生。
兴阑啼鸟催归侵，百八钟飞阆苑声。

铁佛寺塔铁柱歌

清·张家榘

浮屠七级如螺旋，中央铁柱嵌空圆。
上生皈依大身咒，護书升刻淳化年。
野牛角利砺不到，鼎足三佛撑南天。
一千年经几兵燹，更辽金蹶元明颠。
当时金石阁帖最，潭州丞相重摩编。
人间稍识希白字，欲觅碑版空云烟。
吾湘唐兴传古刹，褚公书劲题门联。
欹斜一柱久不仆，齐东谬说支金鞭。
此铁完并真经寿，上花锈蚀光莹然。
不供孟蜀君山器，不铸马氏乾封泉。
吴越金涂散略尽，杨吴炉字非完全。
溪州会溪天福柱，西铜东铁当俱传。
我生错铸铁难聚，轻尘况望金石坚。
摩挲遽发长公叹，未遑行乐行安禅。

铁佛寺

清·晏贻琮

迢迢北城外，中有欢喜园。
梵诵寂无响，松风寒到门。
山僧扫磬石，野客开清尊。
归去碧云合，苍苍烟树昏。

吴王祠

清·熊少牧

长沙国小亦金汤，带砺绳承异姓王。
未必韩彭无反迹，莫将烹狗怨高皇。

注：今开福区湘雅路靠湘江一端传为吴王墓和吴王祠所在地。民国初，这里一片碧绿的菜园中尚存有吴王祠的遗迹。吴王即吴芮，西汉第一代长沙王。

长沙王墓

清·彭开勋

番君园墓在，胙土旧分王。
慷慨河山誓，萧条草木荒。
韧灰悲楚汉，磷火照湖湘。
望古徒搔首，凄风废垒旁。

张公祠

清·彭开勋

大疫流长郡，公曾救众生。
伤寒新论出，金匮妙方行。
活命恩先溥，酬庸庙晚成。
贤良祠并峙，秩祀并增荣。

注：即张仲景祠，始建于清嘉庆年间，光绪二年(1876)改修。遗址在今蔡锷北路省中医院。

长沙谒曾文正祠

清·曾希文

衡湘历历公犹在，江汉滔滔去不还。
槛外春流分碧玉，石头斜日见青山。
十年须发干戈里，一代君臣管葛间。
太息汾阳兵罢后，津门遗憾水潺潺。

注：祭祀晚清名臣曾国藩的祠堂，建于清同治、光绪年间，遗址为今中山路省少儿图书馆和田家炳实验中学一带，祠内有浩园。

曾文正祠观彭侍郎画梅歌同邓弥之观察作

清·黄维中

雪后园林才满树，水边篱落忽横枝。
林逋妙句真堪写，千古何人识此奇？
侍郎铁骨生来硬，况更冰襟照明镜。
自言知己是梅花，岂有繁华悦幽性。
濡染大笔图癯仙，凌寒元立悄无言。
空山一啸万籁绝，恍惚孤军破贼年。
当年相国危城困，悔不与梅同隐遁。

芒鞋千里踏重围，衡阳义侠真无憾。
一战吴城贼胆寒，南康再厉屠凶顽。
是时庾岭梅初放，万舸乘风雪满山。
小姑竞被彭郎夺，纵横扫荡波涛阔。
书生胆气万人豪，智勇由来推管葛。
彭泽东流次第收，遂下铜陵指石头。
中兴大业由斯定，无复梅花玉笛愁。
功成不取黄金印，却访江梅闲问讯。
冰心早已彻重霄，雪色从他入双鬓。
丞相祠堂忽斩新，一枝聊画江南春。
莫教闲却调羹手，孤负当时宋广平。

浩园夜集，次湘绮翁韵呈龙阳方伯遁叟易公二首

清·八指头陀

（一）

禅栖罢清梵，寒夜访幽人。
共有名园兴，来同法会亲。
烟痕淡可掬，梅影瘦如皴。
居士其摩诘，玄谈妙入神。

（二）

林灯然欲烬，池鸟寂无声。
自契空中赏，谁知物外情？
苦吟霜入鬓，久坐月窥城。
心地超诸蕴，如何可强名？

九日登浩园高阁喜鹤村诗老至戏作

清·郭嵩焘

百年三万六千日，几日能逢笑口开？
剩取衰颜酬令节，强登高阁劝衔杯。
西风不遣黄花放，短日还输白发催。
正拟狂吟无住着，恰逢诗老杖藜来。

九日陪熊鹤村登浩园楼次鹤村韵

清·郭嵩焘

行天日月古来忙，小驻高楼憩影旁。
胜日园游探曲折，衰年力健斗清狂。
秋移物色归华发，老掬心肝付锦囊。
君自豪吟吾自懒，未容鸥鹭逐鹂皇。

甲申元日文正公祠讲舍中作呈郭筠仙侍郎

清·艾作漠

漏尽更残春意生，天开地辟曙光分。
梅花雨过香生水，竹树烟含绿作云。
一代高人归有道，千秋大业仰希文。
南溟已报长鲸动，投笔遥思净海氛。

曾文正国藩

清·陈运溶

将将原推第一流，文章经术各千秋。
平生自负人伦鉴，驱策群材遍九州。

曾公孙广钧饮集浩园作

清·陈三立

潇湘滟滟春城夕，几日看花梦相隔。
帘外东风吹细寒，西园烂漫招吟客。
华筵轩馆敞清峻，佩影琼琚映瑶壁。
压槛桃枝低亚红，倒池杨柳轻摇碧。
草长蜂游祗自媚，拂拭栏干更相惜。
黑云仓皇送飞雨，照眼江山失咫只。
主人解颐工说诗，咳唾珠玉纷葳蕤。
翰林博士尽惆怅，大呼脱帽倾流离。
酒酣潦倒百忧集，瀛海飞轮羽书急。
已惊哥舒弃关陇，又见王恢伏马邑。
圣主焦劳促视师，城郭呜呜夜吹笛。
将率功名委草莽，江海楼船压强敌。
只今时事已成冤，相逢花发且开尊。
高歌上马各归去，送客流莺啼到门。

咏浩园

民国·陈天倪

凌空一沼驻流霞，揽尽园林四面华。
出水自然初日好，着花无奈晚风斜。
应依茂叔生濂水，不羡西施到若耶。
小艇撑归珠露滴，倏看凉月度窗纱。

左文襄祠

民国·刘善泽

曾胡差伯仲，琬琰大名同。
遗像宗臣肃，明禋上国崇。

康候邀宠锡，奕世想虏功。
蟊贼公知否，于今又内讧。

船山诞辰社友雅集分韵得往字

民国·刘人熙

学社萃群彦，趋跄通螽。
水木既明瑟，轩棂复开敞。
降神始何年，南服人文朗。
祝融孕炎德，佳气郁方广。
仰瞻德容清，俯念哲人往。
寒泉荐秋菊，方外同幽赏。
余生苦蹇劣，人世嗟鲁莽。
歧路纷亡羊，爱河摇滉漾。
壮岁读遗书，直绳弹曲枉。
中流据一壶，玄珠求象罔。
浮生哀流转，战胜在吾党。
忽忽七十年，悠悠千秋想。
十驾追骅骝，虚白道心长。
千圣有传德，朱弦无懦响。
自从庖牺来，周孔互竞爽。
微言合天人，大义森教养。
珍重姜斋翁，为我重指掌。

注：位于今开福区中山东路，其前身是郭嵩焘创建的思贤讲舍，今存两进院落，砖木结构。内有庭院、讲堂和多间厢房。船山学社屋舍又是原曾国藩祠的一部分。民国三年(1914)，屋舍再次开辟为讲堂，此即刘人熙创建的船山学社。

次韵答梅根居士（四首之四）

清·何绍基

又一村中深复深，外人不许听幽禽。
群贤朱履千间厦，一树枇杷五亩阴。
画帧留题感时节，佳思何异在山林！
勉储才笔歌铙凯，日日江南有好音。

注：[1]位于今开福区长沙市青少年宫一带。又一村原为湖南巡抚院花园。清康熙三年(1664)偏沅巡抚移驻长沙，在此处建抚署衙门。乾隆年间巡抚蒋溥扩建园林，取名“又一村”。

荷丈设宴又一村，以诗纪事，次韵书王叔明秋山行旅图后

清·何绍基

秋气着林叶初赭，万蛩夜语篱巴下。
堂堂日月去如波，人事输与知更鼍。
青山如镜明靓冷，照见天涯游子影。
浪逐鱼龙战秋窟，却似猿䶂坠丛岭。
躅来骑轮车，忽就九逵道。
选胜复探幽，睟豁双足 。
一樽名酒同古冰，百世才人共秋抱。
飞腾前辈去若仙，叹息吾生胡不早？
黄花欲开我先贺，豪论惊人公未老。
银槎杯事想绝奇，江上康山空尔为。
且倚虚廊醉瑶斝，起绕细路穿烟霏。
珠阑画柱曲折历，竹篱茅舍仿佛之。
拾级陟峻不敢画，江光晚红岳色碧。
天风浪浪到巾屦，瑟瑟幽怀坐水石。
莫看秋山行旅图，猛泪思亲怕留迹。

廿六日开忠义录书局于又一村，村中有望湘台，联珠合璧，八月瑞事

清·何绍基

秋花环绕望湘台，又一村中志局开。
耆宿竞濡鸿笔俟，风云齐护古魂来。
钦闻上瑞联珠璧，会见祥光照棘槐。
老钝欣逢中兴日，一编青史佐闲杯。

为研生题明四贤书画卷

清·何绍基

佳节来寻又一村，苍深雨后好林园。
前贤书画同披赏，何必商量到酒樽？

湖南抚军节署八咏，分体得七律八首

清·孙铤

又一村

中台宿望出维垣，别墅旁开又一村。
地领重湖瞻 节，星依两辖驻旌门。
久从泥饮夸田父，亲见营农放弩番。
甚熟麦黄风景遍，坐令野色上篱根。

丰乐亭

丰登纪岁得嘉誉，亭倚香茅十笏余。
五日大酺宽酒禁，百年休养见仓储。
人家秋报黄陵庙，地脉泉分太乙居。
高论定知从摆落，园林胜事乐何如。

问雨亭

挂梁龙骨响初停，问雨关心到草亭。
屡见甘霖随大沛，况闻请室减轻刑。
葑田拓地通江夏，漕运连樯下洞庭。
应念扶风曾志喜，太空造物两冥冥。

艺育山房

国事经营借老谋，山房树艺复深求。
长沙风物存 把，洲渚生涯念橘头。
两税不行唐节度，破分兼采宋诸州。
犹闻户口勤宵旰，议佐煌煌诏列侯。

介寿堂

湖湘千里带岩疆，宾从初筵散鹤觞。
书纪馆臣编盛典，贡来蛮长附华堂。
峰高南岳祠坛近，角起苍龙列宿张。
远胜元和潭部事，铭词介福勒巫阳。

学灌轩

学灌闲情自葆真，小轩休暇岸纶巾。
定应汉上机心息，常拟胶西治道醇。
苦笋岂缘思蜀菜，秋风宁复忆吴莼。
会须东府调元日，宰相堂餐计万缗。

平台

平台栏檐掠烟霏，幕府清霜有澹威。
江绕戈船浮古戍，日斜铜柱照边旗。
尽知溪峒风谣杂，自喜茶盐奏札稀。
记取洛中寻地室，高庵还试蜀公非。

叠石

飨军堂后极峥嵘，叠石能令一炮惊。
桂水潺凌烦给事，中山雪浪识端明。
闲支琴尾商颜出，微涨尊窊岛屿生。
归雁亭诗谁寄和，他时回首滑台情。

晚步又一村

清·王闿运

夕照微阴似欲霜，井梧池柳报凄凉。
莫言城里秋寒晚，一夜西风万木黄。

流杯池诗

宋·徐兰皋

楚王宫阙马王宫，唯有江山带旧风。
属玉不知兴废事，双双飞入藕花丛。

注：在长沙城北，五代马希范凿为上巳祓禊地，取九曲流觞的意境。遗址在今开福区马王塘一带。

流杯池

清·彭开勋

马王修禊饮，池旧号流杯。
半亩水偏秀，三春花竞开。
当年遗策府，上客尽诗才。
载读兰皋句，兴亡念劫灰。

咏明月池

蔡江门尽节处

清·张雄图

小池如井刚三尺，传道千人饮不竭。
一碧涵天不染尘，都缘曾沁江门血。

注：在今开福区明月池街，原名明月圃，为五代时楚王马殷踞潭州所建。明崇祯十六年(1643)，张献忠率军攻陷长沙，守城推官蔡道宪被捕，被凌迟处死于此。

咏明月池

清·易维郊

盈盈一池水，千古忠臣血。
欲吊忠臣魂，翘首望明月。

明月池

清·彭开勋

小池泉不竭，星正值长沙。
皎皎月常满，溶溶水自舍。
封苔蹲白石，倒影漾丹霞。
却恨苌宏碧，招魂万古嗟。

榕树园中杂咏十六首

明·庄天合

（一）

自笑从前癖，终年苦闭关。
不知精舍迩，只讶夙缘悭。
问竹寻幽径，披林见远山。
偶然心境会，相对日忘还。

（二）

暂因逃暑至，习惯却重来。
风涤烦襟爽，云移望眼开。
无奇谁问字，有兴或衔杯。
随意秋原上，悠悠步履回。

（三）

攲枕横清簟，时从午梦惊。
野泉穿石溜，空响落松声。
转觉山中静，浑忘世上名。
起来披宝偈，且欲学无生。

（四）

书阴当午合，老树任婆娑。
风入琴尊悄，凉侵薜荔多。
狂来歌白苎，醉里把青荷。
更踏嫦娥影，留欢待月歌。

（五）

空塘明素练，隔浦泻寒流。
花是凌波出，鱼因戏藻浮。
烟轻时带雨，月浩回临秋。
最爱王摩诘，翩翩辋口游。

（六）

兰亭如在眼，攀磴一相过。
拔地临丹壑，凭虚到绿波。
觞随流水曲，竹倚茂林多。
莫道山险巇，争传晋永和。

（七）

水树披襟处，中流日夜清。
客来杯里渡，鱼乐镜中行。
桥影支灵鹊，波光荡石鲸。
一尊聊复尔，不必问蓬瀛。

（八）

瑟瑟风千里，盈盈水一湾。
自天移碧汉，拥地入青山。
蜃气岑楼外，蝉声古树间。
何如彭泽令，醉卧北窗闲。

（九）

白日移轻棹，沿溪引兴长。
岸花明锦缆，林雀下牙樯。
浦逼蒹葭乱，洲回橘柚香。
自谙渔父意，鼓枻咏沧浪。

（十）

颇忆烟波叟，真思与世违。
不须元灞去，已似鉴湖归。
返照临高阁，空山隐翠微。
白衣相送罢，乘月下渔矶。

（十一）

水穷仍有地，谷邃更成原。
结束空斋小，皈依大士尊。
野阴低竹槛，岚气温松门。
似得登山路，潮音回欲翻。

（十二）

昔闻南海岸，今日礼山阿。
想像青童引，依稀白雀过。
花间余净土，洲际见恒河。
坐觉尘嚣远，须臾到普陀。

（十三）

环水盘飞阁，丹梯倚凤楼。
阁间云气湿，阑外飒风秋。
岳麓低西岭，湘江影北流。
何时仙子下，愿托赤松游。

（十四）

水天经岁隔，聊此陟崔巍。
已觉凌三岛，谁能赋七哀。
芙蓉千顷抱，堞雉万家回。
赏胜看如此，明朝好更来。

（十五）

湖海容高卧，乘秋望不穷。
天连飞鸟碧，霞散远山红。
荡漾浮瀛海，虚无到祝融。
楚台如可接，直欲啸雄风。

（十六）

高栋方移午，城阴半覆墙。
不知云漠漠，更觉树苍苍。
斗逼银河下，秋空玉宇凉。
倩谁携美酒，邀月据胡床。

注：在长沙新开门（今兴汉门）内，为明礼部侍郎庄天合私家园林，其父庄如岱始建。明李腾芳撰《庄如岱墓表》载："园城东备亭沼之胜，释巾布袍来往于柳烟竹露红叶碧带之中，望之若仙也。"

榕树园

清·彭开勋

大好林园在，蒙庄此著书。
棣花楼外吐，榕叶苑边舒。
秋水归图画，南溟纵鸟鱼。
独怜簪绂客，生汁羡樵渔。

偕郡大夫饮丛桂园二首

明·庄天合

偶从冠盖后，长啸狎名园。
五马如龙过，三春负日暄。
酒香花自媚，歌细鸟无言。
醉眼双横白，都忘郡牧尊。
赏心无限好，最是草元亭。
处处堪浮白，行行更踏青。
竹垂风自袅，柳暗日初暝。
竟夕兰膏续，清谈入窈冥。

蜕园觞月柬同社诸子

清·何维棣

湘州二月莺歌起，芳心都入西园里。
画阁晴开鹦鹉风，清溪凉绉鸳鸯水。
当年安定旧乌衣，竹崦松廊又一时。
碧桃前度刘郎梦，眷草新吟康乐诗。
金波穆穆生瑶席，楼台不夜延词客。
词客乘酣上画船，眠鸥惊起玻璃烟。
抽豪齐奉陈王牍，添酒重张白傅筵。
归来醉乞邻扉火，怊怅蟾辉倏西堕。
可怜今日刁家池，明日尊前照别离。
汴柳燕花催驿路，楚云蛮雨问征期。
君侯笑赠青萍剑，豪士交驰白玉羁。
衫痕烛影悲华发，珍重音书各天末。
君不见一回分镜一回圆，万古多情唯此月。

蝶恋花·和易五蜕园池上看雨

清·姚肇椿

密密疏疏难尽数，池上轻烟，遮断池边路。
隔岸风来吹不往，房栊寂寞惟闻雨。
有恨无言愁万缕，压柳攒花，散作丝丝雾。
又听寒鸦啼日暮，空亭悄立伤神处。

刘蜕故宅

清·彭开勋

故宅千年在，门题左拾遗。
文章传汲冢，名字忆残碑。
一第终非福，三朝事可悲。
成通称盛治，何处论安危。

春日游蜕园歌

清·陈三立

名园当春花欲繁，鸣鸠喈喈来唤门。
门外游人自相知，清歌烂漫携孤尊。
东风飞翻袂初舞，云吹一丝絮黏缕。
桃李杨枝映细睛，小立栏干扑香雨。
绿波盈盈腾雾隔，西去轩亭倒深碧。
万竹森沉浸昼寒，烟影天痕淡将夕。
夕照摇摇欲上衣，还移双浆趁鸳飞。
鸳鸯自飞风自起，剪尽愁痕一池水。
何处凌波更渺然，萍丝荇带镇相牵。
侧帽微吟映霄汉，空教世外看神仙。
参差石径苔泥没，洞壑玲珑印瑶月。
取次红墙一线通，歌舞楼台忆恍惚。
倦眼依然湘上山，主人恋官去不还。
东陵瓜熟风光老，寂寞良辰空闭关。

长沙蜕园

清·谭嗣同

水晶楼阁倚寒玉，竹翠抽空满天绿。
湘波湿影芙蓉魂，千年败草萋平麓。
扁舟卧听瘦龙吼，幽花潜向诗鬼哭。
昔日繁华余柳枝，水底倒挂黄金丝。

长沙春游曲和赠易中实

民国·程颂万

湘春门外行人稀，薄衫窄袖缝春衣。
爱听紫陌莺啼好，初见红楼燕子飞。
彩燕双飞高复下，倚廊莫放春愁冶。
几处珠帘欲误人，几回白袷亲调马。
侧帽疲驴江上春，香名曾唤作春人。
不知绿鬓年年减，唯见桃花岁岁新。
年年岁岁寻春侣，暮暮朝朝忏愁语。
金谷曾辞洛下尘，玉骢又系湖边墅。
芳墅湖边号蜕园，吞花卧酒看青山。
雅才今日推双陆，乐府当年说四莲。
河东双战高门第，南楼宾宴同倾醴。
茗酪应传天宝奴，筌篌竞学延年弟。
烛觯花阑话昔游，十三回入海天秋。
凤阙晓光依日下，鲤盘春水荐黄流。
少日功名须称意，绣衣持节文章贵。
但使莺花解笑人，未须琴鹤贫为仕。
倦仕惊看近日容，相如惆怅旧眉峰。
启君匣里双菱镜，送客江天七宝钟。
江天隐隐红阑色，定有春魂倚阑侧。
来日还须拂锦鞯，与君买醉垂杨陌。

金缕曲·湘社集既镌，乃以业稿瘗于蜕园西隅，碣日诗冢，以词二阕媵之，并柬诸子同作（二首之二）

民国·程颂万

刘蜕遗编重。瞰名园，苍松紫桧，下留文冢。鸾鹤青冥怀倦羽，后劫诗魔相共。怕岑寂，夜台吟讽。骏骨黄金空自感，远郊寒、且把穷来送。君在世，等无用。

浮生天地都如梦。好招他，墨魂千点，墓门低拥。已是葬花时节了，风雨更寻诗垄。呼李杜，来为翁仲。似瘗衣冠梅岭雪，趁月明，有客骑么凤。歌与泣，幻愁种。

西园操四首

民国·吴芳吉

（一）

西园楼阁映池塘，缥缈胜潇湘。
小桥芳径夹垂杨，人影几双双。

（二）

晨昏游息且翱翔，此地乐而康。
无边清兴最难忘，四季百花香。

（三）

谁怜此老热心肠，廿载走风霜。
犹凭肝胆渡重洋，鬓发已苍苍。

（四）

门外山高水又长，岳麓与湘江。
良宵风雨共联床，书声听未央。

集湘绮楼，同龙皞臣、邓弥之、王壬秋作

清·李寿蓉

东城有高楼，绮疏拓幽敞。
开春纳明景，朋辈攸然往。
落落四五人，结 盛畴曩。
中年生乖离，落月积梦想。
岂无偶然会，求一罕得两。
东风吹还云，此复萃轮鞅。
悲欢杂狂言，效唾发高响。
出门各遐顾，天地入泱漭。

注：清著名学者、王闿运故宅位于今开福区营盘路，二层楼房，前有庭院，今不存。

荷花池新宅成，移居有作（二首之二）

清·王先谦

少爱城北隅，菜畦无尽绿。
白水足陂塘，清风散林木。
嬉顽逐童稚，起坐忘炎伏。
中间经寇乱，飞祸惨沉陆。
焉知三十载，鱼鳞次华屋。
我来虱其间，苟完是亦足。
稍能远廛市，借可安诵读。
本无遗世心，安用逃虚躅。
扬亭富文字，杜居耽水竹。
百代访斯庐，从人闲品目。

注：系晚清著名学者王先谦晚年所筑别墅，位于今开福区荷花池，名葵园。葵园本为五代马楚王朝所筑，《长沙府志》云："在府治北，马氏立，有石刻葵花二字。"

题葵园

清・王先谦

小筑园林已忝叨，余生未肯外甄陶。
姿如柳弱秋先觉，心似葵倾日愈高。
岂有羽毛夸皎洁，不堪鬓发更刁骚。
天涯望阙无穷感，梦逐湘江北去舠。

寄葵园老人二首

清・八指头陀

（一）

九天一疏大珰惊，垂老烟霞惬野情。
应笑山僧未忘我，与人犹自竞诗名。

（二）

老人老矣复何求，自首栽松为鹤谋。
今日巢栖霜露净，西风长忆仲宣楼。

秋仲省外祖母至下泥市，月色满江，船犹未泊

清・罗淑芳

为念慈颜隔，秋江独泛舟。
四围烟树合，一碧水天浮。
寺近闻清磬，灯明识远楼。
波心涌圆月，帆影在中流。

注：下泥港，位于今开福区霞凝镇。清《湘城访古录》载：下泥港源出长沙县接湘阴县界之土梯坳，南流经龙家桥至洋桥，合罗家山水，源出罗家山。又南合旺谷岭水，再经长湖洲、桥头驿、王新桥，与桂花垅水、落马桥水相合注入湘江。

鹅羊山

宋・毕田

羽客何年此炼丹，尚留空灶镇孱颜。
云中鸡犬仙应远，山下鹅羊石转顽。
湘渚几因沧海变，辽城无复令威还。
何年仙驭重来此，尽遣飞腾上九关。

注：位于今开福区霞凝镇境，傍湘江东岸。雄立江滨，旷时千古。山多奇石，或踞或立，远望如鹅，如羊，故名。唐杜光庭著《洞天福地记》将其列为道教第十九福地，传为成少卿升仙之处。

北庄清隐八景诗

明・王伟

鹅羊福地

湖南福地说鹅羊，叠嶂层峦接大荒。
云气四时连岳麓，山形千古捍潇湘。
径危苔藓沾衣润，树老松花满地香。
日暮严城催鼓角，平沙惊起雁行行。

桐树名山

梧桐曾种遍山隈，桐死梧枯凤不来。
十二峰峦飞翠绕，几千年地待时开。
拟于幽处营书屋，还傍清流筑钓台。
卜此便为终老计，名场利府已心灰。

清泉醒心

一泓泉水碧涵天，白罅流来不计年。
圆净正疑丹凤眼，清香还讶老龙涎。
静观炎暑浑消去，掬饮精神顿洒然。
嗟我久为尘土客，相依终日竟忘还。

平湖豁目

平湖如掌对山河，纳尽潇湘万顷波。
箬笠每来垂钓客，兰桡时听采莲歌。
玉壶湛露宁由斫，宝镜涵空不用磨。
试向连珠峰上望，满怀清思费吟哦。

岳麓晴峰

云开岳麓翠屏张，点点峰峦接混茫。
远瞰洞庭雄七泽，高标翼轸俯三湘。
弯环不让峨眉秀，曲折还同鸟道长。
千古桐山相望处，好为云雨救年荒。

涝塘烟树

涝塘树色晓苍苍，尘土交驰正渺茫。
十里通衢烟火杂，一湾流水芰荷香。
穿林啼鸟声声巧，竞渡行人日日忙。
暇想不如抛俗累，绿阴深处醉壶觞。

湘江澄练

梧桐山下是潇湘，曲折南来绕北庄。
万顷波光澄素练，一天星彩浸微芒。
势穷今古人何在，流尽年华恨更长。
老我已为疏散客，纶竿时复钓沧浪。

水陆铺毡

天生洲渚似铺毡，界破湘江在两边。
蟠地铁根应不朽，倚空楼阁尚依然。
谁开清镜雄千古，回隔红尘息万缘。
俨若印星浮水面，桐山一望势钩连。

注：北庄去长沙百十里许，在桐树山中，静室山人之隐居也。山自平江发脉，至此起十二峰峦，左右拱在峨眉峰下。山阴二里许，巍然特立，以捍水口，日鹅羊山，即道家所谓七十二福地之一。偃月峰下有泉，冬月不竭，掬饮之，心神洒然。山外有湖，平漫可爱。远景如岳麓秀峰、湘江清流，水陆洲如毡浮水面，涝塘人烟丛萃，树色微茫。登临瞩望，皆在目间。于是随义立名，为八景。予以衰年卜居得此，亦复何幸，不有赋咏，曷抒雅怀。诗凡八首，辞鄙意浅，不足传诸大方，特寄一时之兴云。

罗洋山

唐・韩愈

绕廓青山一座佳，登高满袖贮烟霞。
星沙景物堪凝眺，遍地桑麻遍囿花。

注：又名大富山，位于湖南烈士公园年嘉湖北畔，东面受浏阳河水切削，悬岩壁立，遍山森林覆盖，郁郁葱葱，旧为城东胜景。

罗洋山房即事二首

明・萧禹臣

（一）

山城日霁雨初收，云树依稀野色幽。
灵谷烟深渔舍远，湘江水涨鹭鸥浮。
水田处处看苗硕，茅屋家家指麦秋。
岁月无端华发变，斜阳独立不胜愁。

（二）

江空云影日依依，回首春山霭翠微。
静里独闻啼鸟怨，坐来时见落花飞。
窗留返照帘垂晚，门掩深苔客到稀。
惆怅西风何以慰，谩将尊酒破愁围。

初晴登罗洋山二首

清・陶丙寿

（一）

妙鬘云生缦缈间，人家深在翠微湾。
分明一幅营丘画，着我岩头看远山。

（二）

树杪湖光一片悬，鸭头新绿蘸春天。
南风数点蒲帆下，散作云蓝纸上烟。

舟发乔口至罗洋

清・杨瑞

天江滈潗波淙淙，鲸鬣骋怒驱龙宫。
放帆美满料峭风，日落不落涛头红。
鳌极六足撑溟蒙，翻风转石千丈虹。
鬼物撇捩奔蛟龙，白马蹴裂冰绡空。
明月珠子光熊熊，金枞玉戛相撞舂。
贝阙倒翻愁波童，飞廉挟势当其冲。
飚戾欲拔横江风，罗洋一点明灭中。
与波上下青丰茸，湘妃汉女珮琤琮。
翠蕤云旱纷导从，烟回雾薄暝色同。
苍水使者真神功，一气回斡漭错综。
阳开阴阖回长虹，麓山峨峨眉黛浓。
快哉不辨风雌雄，吕梁滟滪险则同。
济川之策神明钟，须臾风止舣孤篷，
江帘酒渴闻晨钟。

秋日返长沙留别广陵亲友

清・赵永怀

烟云岳麓爱朝晖，舟近铜官家不违。
黄叶村连红叶墅，黑头人到白头归。
乍看幼子疑生客，远见长松识旧扉。
收拾丝纶寻钓叟，罗洋山下赤鳞肥。

罗洋山

清・彭开勋

郭外一峰秀，青分湘水涯。
春光融黛髻，秋色染金钗。
地有桑麻胜，人多登眺怀。
昌黎诗句在，指点旧烟屋。

蜕园八章

清·杨翰

其一曰：蜕叟闲园在，唐贤旧迹存。山公今易主，北海比开尊。野鸟惊游侣，鸳柯识旧村。酒边意飞动，往事尚堪论。

其二曰：欣遇奎垣日，兰亭展禊初。留传东武迹，摹勒北平书。老辈风流在，残碑散漫馀。主人凋替尽，徒倚屧廓虚。

其三曰：浩荡王师下，牂牁毒雾开。对平名将返，秋老故人来。朝市身终隐，兵戈首重回。淮南悲木落，携客共登台。

其四曰：苦竹黄芦外，何人理钓丝？芽寒厅猿看剑，废圃鹿听诗。石洞闲云入，花棚瘦竹支。苍凉寻旧迹，感慨此心知。

其五曰：老将幽燕去，空庭菊自花。柳荒无系马，草乱只藏蛇。水泻疑琴韵，风高忆鼓挝。征车何日返，莫到夕阳斜。

其六曰：坛席无前辈，吾思何道州。挥杯谈五岳，下笔向千秋。碑没龙蛇隐，仓空鸟鼠愁。古槐雏橘在，岁月记悠悠。

其七曰：太史能驱贼，元戎雅好文。旌旗迓名士，诗礼重将军。桥接湘江水，楼藏岳麓云。湖壖挥手别，雨雪又纷纷。

其八曰：同镇西南徼，搀枪贯斗杓。孤城方火急，一旅倏兵销。惨淡山川暮，峥嵘岁序遥。长歌声激越，林莽日萧萧。

注：遗址在今开福区泰安里周南中学老校园内。相传为唐代“破天荒进士”刘蜕宅，故名蜕园。清光绪年间，周达武从胡兴仁手中将蜕园买下，以精心修治建成一园林胜地。

万福禅林主僧素默

清·刘献廷

长沙万福禅林主僧素默，以藏字画一束求售，董元宰临二王帖一卷，破门石浪和上临智永千字文，陈正言水墨花鸟一卷，魏国公徐瞻草书大幅一纸。董字极佳，真迹无疑。破门石浪住南岳飞来船下，深入晋、唐阃奥，绝无近人蹊径，黄慎轩而后不可多得。陈正言，近时湖南人，笔墨有士夫气，非工匠手所能。徐瞻，不知魏国公第几世，字亦雄伟可观。此皆铁目和尚所遗以镇山门者。素师索价过高，余不能酬也，遽返之。又有石浪草书，其自作山居诗二十二首，别为一体，佳绝。乃为俗僧借去临摹，数日而还，则于每字之旁皆以恶札书楷字以释之，如杨升庵之释岣嵝禹字碑者然。见之令人骇绝、笑绝、恨绝，此罪当加于焚琴煮鹤数等。昔有人以方竹杖赠一僧，后问之，则已规而漆之矣。古今蠢人，未尝无对也。

山居即事诗，自写性灵，不落体格，绝无烟火气。今录其十八首。

（一）

一间茅屋不堪夸，不是云埋雾便遮。
幸得老来无个事，扫此竹叶煮松花。

（二）

门径深深路又荒，草头多露月来光。
其中亦有忘年者，日日焚香坐草堂。

（三）

年来无事可当心，一把锄头斫古今。
翻转溪云睡去好，长留明月伴松阴。

（四）

山中日日有云飞，飞的飞来归的归。
惟有这些归不得，留为山寺补僧衣。

（五）

小桥流水入山幽．一径松阴脚底收。
处处白云堆谷口，家家黄叶堕枝头。

（六）

一村深树一村烟，村树深烟断欲连。
不断不连分野色，浓浓淡淡夕阳边。

（七）

昨来相送出柴扉，冷雾寒烟湿我衣。
一路脚尖深冻里，溪声踏作雪声归。

（八）

十年无梦到乡关，为个蒲团债未还。
幸有月来常问问，不知身在几重山。

（九）
幸得为僧不甚贫，东来西去若云屯。
其中滋味无端的，手指青山一故人。

（十）
山中有事不寻常，云满溪来月满床。
处处花枝皆梵字，山山鸟语说文章。

（十一）
一间茅屋住山湾，烟雾层层石上斑。
几日欲消消不得，看来身在米家山。

（十二）
红霞远散夕阳残，日暮还家鸟雀寒。
茅屋半间云外出，梅花一树月中看。

（十三）
沿门竹外种芭蕉，嫩绿分阴过小桥。
乍得一番新雨后，明朝色亦胜今朝。

（十四）
一山黄叶唤秋风，阵阵飞来诗眼中。
不是老僧吟不得，溪边送出曲无穷。

（十五）
春到春山草木齐，清泉白石燕衔泥。
有时步出溪头看，片片春云拄树枝。

（十六）
踏断云根问路忙，春风阵阵野花香。
无心石上看流水，不觉穿云到草堂。

（十七）
山中十月正飞寒，打煞梅花雪一团。
不及故园青竹子，枝枝叶叶好相看。

（十八）
白日山穿梦不惊，床头书卷半公卿。
山僧未醒禽先醒，过我篱边三两声。

泐潭寺八景诗碑并序

清·释衍义

康熙辛酉岁，山僧住长安荐福寺。癸亥，榆杨波罗副戎大护法胡公升长沙协镇，相邀至楚，供礼数载。一日，闻有泐谭马祖道场，荒废百有余年，无人住持，被人占为家园。达于胡公，慨叹久之，因发心捐赀，向伊赎回，重为佛地。由是鸠工采木，创立山门，重修大雄宝殿，庄严巍峨，焕然一新。此叚因缘，宛如给孤，长者布金，为大梵刹之功德无二也。山僧不敢没人之善，爰纪其事，使后之游斯地者，遡其由来，善念勃兴，开将来眼。胡公诚为中兴之始矣。

谛观席之左右，有天然八景，乌可置而不问。放参之余，聊咏俚言八绝，志其胜概。愧余不文，唯自鸣其天籁，达者览之，第索意于语言文字之外耳。

大士现图
宝阁飞甍耸碧空，天然图画别神功。
曾因此处敷华座，故现楼台大化中。

说法狮台
马祖当年法令开，婆心济世一登台。
而今卓锡经行处，每见飞花缀绿苔。

银龙出壑
脉脉甘泉味更殊，灵源涌出佐香厨。
清凉不似人情别，点滴回头现宝珠。

放生鱼沼
藻荇风牵浪几重，锦鳞游泳水溶溶。
有时听法乘云跃，一入天池尽化龙。

云覆长桥
弥天佳气日氤氲，飞绕桥边映夕曛。
野畔逃禅无个事，往来策杖伴闲云。

古洞明月
古洞天开似凿成，冰轮掩映暗光生。
阴森凉夜休烧烛，自有清辉显妙明。

莲香曲浦

一阵香风拂锦莲，花开池畔曲波妍。
尘氛不染真孤洁，时有清风到法筵。

静宝清风

暑极人登选佛场，萧萧翠竹拂炎光。
闲来趺坐蒲团久，消受清风透体凉。

（二）楹联辑存

题时务学堂

清·谭嗣同

揽湖海英雄，力维时局；
勖沅湘子弟，共赞中兴。

题时务学堂

清·熊希龄

三代遗规重庠序；
九州奇变说山河。

时务学堂长联

民国·詹鸿章

时务莫空谈，要留心五大洲中，白种奚强，黄种奚弱，红种奚灭，黑种奚奴，勘破总机关，将一切舆算步量，声光化电，庶几征实用耳，倘徒侈钞胥富，徒矜骇俗奇，虽上口西文，聱牙佶屈，要只许窃馀拾慧，何补我神州自立鸿基，吾党萃英才，趁方今文轨攸同，好向简编窥穷窔；

学堂刚起点，到展眼十余年后，德育增重，智育增宏，体育增加，教育增广，造成新世界，纵千古稷契皋夔，伊莱望散，安见难得再乎，唯勿希弋禄缘，勿作欺人想，只眷怀东亚，捷足飞奔，当然能揭地掀天，不让彼邻邦独开骏业，老夫般厚望，愿异日风云共际，都从竹帛建功名。

题烈士公园纪念亭

当代·易祖洛

负郭辟名园，西屏岳麓，东枕浏河，错落见亭台，树绿甍红，山色水光相映带；

浮屠祠烈士，朝荐澧兰，夕供沅芷，依稀认猿鹤，心丹血碧，云旗风马尚驰驱。

题烈士公园纪念塔

当代·何光年

千秋碧血壮山河，殊勋永在；
一片丹心垂宇宙，浩气长存。

题长沙烈士公园

当代·程士万

离离草密密疏疏，点点花红红绿绿，枝枝叶叶，摆摆摇摇，春色正融融，郁郁青青长扑扑；

曲曲栏齐齐整整，弯弯路叠叠重重，种种形形，奇奇怪怪，游人常济济，来来往往日纷纷。

烈士公园民俗村萝架联

当代·胡六皆

西窗画稿藤萝月；
南浦春歌柳絮风。

烈士公园民俗村竹廊联

当代·胡六皆

霜痕月色秋容淡；
帘影蝉声午梦凉。

烈士公园民俗村潇湘阁联

当代·史穆

杰阁仰弥高，移来八景潇湘，妆点四时佳境；
名园今胜昔，管领一湖烟水，安排九寨弦歌。

烈士公园民俗村摆手堂联

当代·史穆

回首故山，耕云锄月同心干；
移情新寨，曼舞轻歌摆手来。

开福寺山门联

清·韩葑

紫微栖凤；
碧浪潜龙。

开福寺弥勒殿门联

清·周溢声

法界无双地；
华严不二门。

开福寺大雄宝殿联（一）

民国·释悟性

溯周昭占宝气以来，道法渊源，久与灵山施妙化；

从汉明梦金人而后，殿堂林立，长令率土仰高风。

开福寺大雄宝殿联（二）

佚名

因赅果，果彻因，发心便成正觉；

理函事，事具理，行布不碍圆融。

开福寺大雄宝殿联（三）

清宣统·赵宗献

佛本无生，信陆象水龙，百转却灰终不死；

我来访旧，看紫微碧浪，千秋景物经重新。

开福寺大雄宝殿联（四）

佚名

龙降虎伏镇禅身，愿借得传家宝璐，救世金刚，暗消除华夏氛祲，紫盖芙蓉来现佛；

鸟革翚飞张慧眼，若种遍拥座莲花，荫门珈叶，应恍惚会春烟景，碧湖杨柳定留人。

开福寺千佛塔联

佚名

能于众生施无畏；

普渡世间得大明。

开福寺毗卢殿联

佚名

斋鱼敲落碧湖月，觉、觉、觉、觉，先觉后觉，无非觉觉；

法钟撞破麓峰云，空、空、空、空，色空相空，总是空空。

开福寺中殿石柱联（一）

佚名

此地本楚国故宫，自会春园废，碧浪湖湮，经几度沧桑涕泪，变作了王珉舍宅，祇陀施林，才博得万户长沙，皆大欢喜；

今日丁修罗劫运，看演若头迷，波旬箭猛，侭众生业海沉沦，非还他道树森梢，宝堂岌业，更谁识一真法界，无量庄严。

开福寺中殿石柱联（二）

佚名

千年常住，总还吾湘楚山河，纵浮山苍狗，浩劫红羊，棋局逐枰翻，任他巧者、黠者、忌嫉者、倾轧者，种种恶业相缠，须知成败兴衰，即牵连地水火风，挡住悉凭龙象力；

七宝如来，侭具足梵天家业，看岳麓青岚，平湖碧浪，道场排仗列，无论禅宗、律宗、性空宗、净土宗，各各法门判立，大栈始终因果，惟绝弃贪嗔痴爱，修持得证苾 缘。

开福寺紫微堂大门联

佚名

华藏庄严，并是众心感现；

恒沙世界，无非诸佛总持。

题开福寺

当代·赵家寰

何处染尘埃，三藐三菩提，晨钟暮鼓和平愿；

此中有真意，一花一世界，清磬红鱼普渡情。

题开福寺

当代·熊绪文

宝殿烟浮，听楼头鼓响钟鸣，九龙奉佛；

山门夕照，映湖上风清月白，五凤蟠桥。

开福寺大悲殿联

当代·祝钦坡

儒释皆以善为归，无怪观音称大士；

罪孽却随缘而度，须知菩萨亦忙人。

会春园集句联

集五代·徐仲雅句

（一）

珠玑影冷偏粘草；

兰麝香浓却损花。

（二）

山色晓堆螺黛雨；

草梢春夏麝香风。

（三）

衰兰寂寞含愁绿；
小杏妖娆弄色红。

（四）

旁搜水脉湘心满；
静谒泉根楚底通。

（五）

深浦送回芳草日；
忽滩牵断绿杨风。

（六）

藕梢逆入银塘里；
蘋迹潜来玉井中。

（七）

败菊篱疏卧野渡；
落梅村冷对江枫。

（八）

翦开静涧分苗稼：
划破莲漪下钓筒。

洪山寺山门联

当代·李立

洪钟鸣古寺；
山气涌祥云。

洪山寺一味亭联

佚名

四大皆空，坐片刻不分你我；
两头是路，吃一盏各奔东西。

洪山寺客堂联

佚名

客至此间参佛果；
堂中随意品香茗。

洪山寺念佛堂联

佚名

有释子，资格受天人供养；
无五观，授食堕三途业因。

洪山寺斋堂联

佚名

万法皆空明佛性；
一尘不染证禅心。

题洪山寺

当代·颜家龙

心无俗念精神奕；
室有清新智慧开。

题仓颉庙（一）

清·李篁仙

上古结绳，惟轩辕史官，察见蹄迹，克继庖牺而圣；
新祠释奠，愿湖湘群彦，搜罗钟鼎，勤研洨长之书。

题仓颉庙（二）

清·陈桐阶

古文仰作家，论周孔神灵，也当瞻拜门墙，于此同来问字；

大笔惊雄鬼，除梵卢伯仲，可以别研经术，其他未敢抗衡。

题局关祠关帝庙联

清·王闿运

匹马斩颜良，河北英雄俱丧胆；
单刀会鲁肃，江南名士尽低头。

题局关祠关帝庙联

清·吴獬

忠肝得汉主同盟，魏不敢死，吴不敢生，六旬历史三知己；

庙食与尼山并盛，作者重文，读者重武，一部春秋两圣人。

成功街城隍庙联

清·赵文

此地启容瞒，任百般诡计阴谋，登场便见；
及身当有报，看千古忠臣孝子，结局方知。

成功街城隍庙联

民国·姜济寰

哀二生备受木火土石俱伤，寂寂于心，事后事前皆有憾；

拼一身以与怪力乱神相斗，悠悠人口，真是真非总难明。

一路吉祥青年会礼堂联

清·熊希龄

人无论东西，但博爱大同，都是皇穹赤子；
学岂分新旧，愿乐群敬业，勿愧模范青年。

潮宗街真耶稣教堂大门联

佚名

行所当行行真道；

信以致信信福音。

潮宗街真耶稣教堂二门联

佚名

圣灵警醒千古梦；

真理刺透万人心。

潮宗街真耶稣二楼礼拜堂联

佚名

活水出锡安，澎湃分流东西海；

灵恩先中土，丰盈普召亿兆民。

湖南抚署大门联

清·赵申乔

但愿民安若堵；

何妨署冷如冰。

湖南抚署大堂联

清·赵申乔

君不可负，只是心难负，负心者不容于尧舜；

天不可欺，谁言人易欺，欺人者如见其肺肝。

湖南抚署大堂联

清·刘崐

愿与不解周旋客饮酒；

难为未识姓名人作书。

湖南抚署招贤馆联

清·吴大澂

叶公好龙，真龙必出；

伯乐相马，凡马皆空。

湖南贡院大门联

佚名

十七科辛苦初心，正野橘香来，井梧月上；

六千卷文章巨手，是洞庭波阔，衡岳云高。

湖南贡院大门联

佚名

立政待英才，慎乃攸司，知人则哲；

兴贤共天位，勋哉多士，观国之光。

题湖南贡院

清·陈宏谋

矮屋静无 ，听食叶蚕声，敢忘当年辛苦；

文星光有耀，看凌云骥足，相期他日勋名。

题湖南贡院

佚名

场列东西，两道文光齐射斗；

帘分内外，一毫关节不通风。

文昌阁联

佚名

多赋念嘉宾，彩笔昔曾干气象；

持衡留藻鉴，文昌新入有光辉。

潮宗街长沙县署头门楼联

清·朱前诒

三湘首邑；

九郡名区。

潮宗街长沙县署仪门联

清·安佩莲

歌万寿以尊阳，喜景物新康，愿上临湘淳化谱；

法大贤而明道，羡风兴清泰，好绘河西锦绣图。

长沙盐道堂联

清·王阎运

资湘北汇总无波，看列城控带黔吴，山水钟奇多将相；

纲引东来承旧法，更禺荚旁通岭蜀，倪桑著论待经纶。

蔡锷北路张仲景祠联

当代·李寿冈

识用精微，举孝廉，官太守，许洛阳时才，陈志范书无传记；

论广汤液，救贫贱，疗君亲，称岐黄圣手，伤寒金匮有遗篇。

新开门榕树园小隐堂门联

明·庄天合

地偏不信容冠盖；

俗俭真堪顿腐儒。

通泰街胡氏五福堂中堂联

池圃足高卧；

图书供古欢。

司马里左公馆正厅联

清·左宗棠

慎交游，勤耕读；

务根本，去浮华。

养知书屋联

清·郭嵩焘

无补清时，终老书丛原宿愿；

偶谈瀛海，重摊诗卷纪前游。

养知书屋

清·郭崙焘

忧人之所戚，乐人之所欣，毕竟鹊噪乌啼，有何干涉；

爱我者勿悲，嫉我者勿喜，同是电光石火，只此须臾。

曾国藩祠联

清·李篁仙

功名独有千秋，安危海内资元老；

朝野都为一哭，风雨江南落大星。

左文襄祠联

清·刘璈

尽瘁佐中兴，丞相祠传青史远；

受知成往事，孤衷泪洒黑云寒。

荷花池古游憩地台榭联

佚名

亭前皆净植，更绕竹雨松涛，疑是引来仙境；

池外接闲园，无数豆棚瓜架，宛然绘出豳风。

荷花池古游憩地远香亭联

清·杨锡绂

时倚曲栏贪看水；

不安四壁怕遮山。

丝茅冲朱家花园联

清·何绍基

亭台四时乐；

山水一家春。

丝茅冲朱家花园联

清·左宗棠

绕岸白云常自在；

依亭黄鹤有时来。

兴汉门长联

佚名

元历法洪钧，难得此元功神速，元气弥纶，特借元宵补祝元年正统，元旦芳辰，并贺我元戎克敌，元勋定国，元首履新，元吉元良，造成大汉元元福；

万喘谋郅治，实凭那万马奔腾，万夫奋击，顿教万姓重开万世宏基，万方盛世，还望他万众齐心，万派朝宗，万邦协力，万能万有，保住共和万万秋。

中山路湖南自修大学联

民国·何叔衡

汇人间群书博览者，何其好也；

集天下英才教育之，不亦乐乎。

中山路船山学社讲堂联

清・王夫之

六经责我开生面；

七尺从天乞活理。

中山路船山学社大厅柱联

清・陶澍

天下士非一乡之士；

人伦师亦百世之师。

中山路船山学社联

清・唐鉴

自抱孤忠悲越石；

群推正学接横渠。

泰安里明德中学联

民国・黄兴

江汉荡荡，这逝水流年，常记取八月十九；

风云郁郁，愿中华民国，继自今万岁千秋。

赠明德中学联

民国・黄兴

劝诸君努力加餐，每饭莫忘天下事；

看先贤断齑划粥，立身端正秀才时。

泰安里周南女中老门联

民国・朱剑凡

周礼尽在；

南化流行。

周南女中剑凡堂联

佚名

名出国风，声蜚海外，桃李遍神州，煌煌业迹昭史册；

缅怀畴昔，瞻望来朝，弦歌谱新曲，莘莘学子尽英才。

紫东园湖南省立一中联

民国・李肖聃

一以贯之，自强不息；

中流砥柱，其命维新。

湖南抚署双清亭联

清・刘坤一

举废各有时，重为山川添胜览；

往来惟趁兴，且将风月寄闲身。

湖南抚署旧址国术俱乐部联

民国・何键

聚三湘七泽豪杰于一堂，各显身手；

无武当少林派别之恶习，即是英雄。

中山路中山亭联

民国・王选豪

一览凌空，城郭万家归眼底；

九宫在望，云山四面豁胸怀。

衡清里衡山会馆联

清・祁隽藻

（一）

气凌衡岳三千丈；

心托离骚廿五篇。

（二）

八百里浪迹归来，相逢萍水；

七二峰从头数去，尽是家山。

寿星街龙王庙戏台联

清・黄逢元

听水又听风，好与霓裳翻作谱：

见首不见尾，偶然鱼服化来身。

局关祠关帝庙戏台联

清・吴獬

神似日行天，天行日即行，那管孙，那管曹，那管江东河北；

戏将人换世，世换人不换，甚么唐，甚么宋，甚么往古来今。

吉祥巷大吉祥旅馆联

清・吴恭亨

孰能为之，鹏背扶摇九万里；

昭其文也，瓦当流落二千年。

北正街北协盛药店联

民国·谭延闿

大开窗户纳宇宙；

醉与花鸟为友朋。

北正街北协盛药店门联

佚名

方有千金传思邈；

言无二价学韩康。

皇仓街醉仙小馆联

清·王闿运

既醉以酒；

有仙则名。

集如意街办事处街名联

当代·熊绪文

高井春风，吹彻仓后墙湾，年年如意，户户吉祥，盐道溯西河，轩辕驻马孚嘉颂；

茨山明月，照遍藩城堤下，处处回龙，家家接贵，三兴朝北斗，药王怡庆太平歌。

庆中山路竣工联

佚名

读金刚院梵经，登银盆岭绝顶，嗔铜铺街喧噪，拜铁佛寺偶身，惟求锡厚里仁，泽佑桑梓；

听东学宫书韵，赏西牌楼月华，饮北（白）沙井清泉，眺南门口远景，但愿中山路义，广布环球。

四、旧文辑存

请浚长沙北门旧河疏

清·王国栋

窃臣上年奉命自浙赴湖南任，道经长沙所属之湘潭县，见千艘云集，四方商贾辐辏，数里市镇，堆积货物，懋迁有无，居民栉比。而长沙系省会之区，府城又逼临湘江，乃环顾江干，无船停泊者。盖因湘潭江形稍曲，北风势缓，而长沙江面既宽，北风势紧，又无小港可以湾入，猝然风起涛涌，一时难御，沉溺漂没者往往而有。此官民船只不能停泊，而商船亦多往湘潭，以舍湘潭无可栖泊处也。

即如江西之湖口矣，先设湖口县，江水浩瀚，商人上税停舟，常遭风涛之险。荷蒙皇移驻九江，则人称便焉。臣谨按：长沙北门外原有旧河一道，计长三百余丈，淤塞已久。若将此河照旧开挖深阔，可以多泊船只，诚为大便于民之事。不但往来官民船可以避险，其驾小舟以谋生者可以安宿湖港，不致飘泊风波，而且商船四集，来百工则财用足，通百货则生计饶。即肩挑食力之民，有商货往来上下，可以担负累累，亦贫民衣食之薮也。

臣目击地方情形，而兴工费财，无项可抵。今据驿盐粮储道详称，长、岳、常三府堤工，钦奉谕旨，行令修筑。现查本道衙门，向有每年盐规银八千两，愿以雍正五年现存银八千两，并雍正六年所余银八千两，岁底汇齐共一万六千两，作为修筑堤工之用。再，查长沙省会之地，长江浩瀚，竟无湾泊舟楫之所。北门外有旧河一道，俟雍正七年分所余八千两解到之日，可以开浚此河，停泊船只，庶于地方民生不无小补等语，与臣见适合。今估计工银约费一万四千有奇，但事关为民兴利，似不可缓。据臣愚见，或于冬兴工，应否先于司库正项内动用开浚，俟雍正七年该道归公银抵补？伏乞皇上睿鉴。

注：北门旧河为清康熙二十五年(1686)湖南巡抚王艮在长沙北门外新开凿的港湾。雍正五年(1727)、乾隆二十七年(1762)，湖南巡抚王国栋、陈宏谋疏浚，光绪二十三年(1897)巡抚陈宝箴再倡疏浚。长沙大商人朱昌琳捐资十三万两白银。将湘江、碧浪湖和浏阳河凿通，随之出现街市、码头，成为长沙北门繁华之区。

勘估长沙月河檄

清·陈宏谋

长沙为省会之区，商贾贸易，百货云集，咸从此地出入。只因湘江之水由此归湖，迅流奔赴，滩浅岸远，不能泊舟。偶有停泊之船，骤遇水发，常至衡失。杨前院（按：杨锡绂）曾经奏明，于城南之南湖港挑浚一河，引水一港，为泊船之地。比来水渐局促，水由倒漾而入，停蓄而出，易于曼淤，每届一二年仍须挑浚一次。而所泊之船仍属无多。又有西湖桥，前人曾经议挑，俾小船从此湾泊以避风浪。但桥口窄狭，舟不能入，即或将桥高架宽展，而桥内之塘已渐窄小淤塞，积水无多，不能泊舟。本部院两次莅任，为之相度经理，不能挑浚，泊舟无多，终无善策。

考《长沙府志》书所载，长沙省城泊舟之处，城北有成功堤一条，专为避风。当初堤岸有盐仓街及典当街，为湖湘一大都会，至今砖石遗址犹存。后因堤毁于贼，水漫堤塞，不能修复。惟湘江之旁，有新开月河一道，经熊姓重开，为泊舟之用。曾谕令长沙县沈维基前往查勘，据称月河一道，上口宽二十丈，下口宽一十五丈，上首之上半截尚有河形，下半截已经淤塞，绘图贴说送阅。但既有河形，自是可以开河通流之处，河如月形，则水与大江分流，与江西闸河相似。水有来去，可以长流，不致如南湖港之短促受淤。如能将下半截开挖深，通于湖江之旁，有此百丈之月河与湘江分流间隔，不致有风浪冲击之患。月河两岸均可泊船，比南湖港气势舒展，泊船较多。再，月河之旁现有碧浪湖，四季有水，若从月河开通相连，湖中亦可泊船。长沙省会，有此泊船之地，则商贾云集，运载百货，转移谷米，实为便益。

仰布政司会同盐驿道，专委干员，会同长沙县将北城新开月河逐段测量：现在长若千里，宽深若千丈尺；现在有水几尺，其阻塞之处，挑挖几尺即可通流泊船。再，由月河开通达于大河，俾船只由此出入，可以泊船以避风浪。据实估计，需费若干，作何动修，妥议通详，核夺毋违。

开浚长沙城北新河议

清·李元度

长沙郡城西濒湘江，地势少湾曲，水急，不便泊舟，每遇风涛暴作，舟多漂溺撞碎，苦之。多泊隔江水陆洲，其在商船起货、载货，率用小舟，剥运既多不便。其在州县漕船、饷船、淮纲盐船、滇省铜船、外国贡船、大府及群有司往来官船，皆须与城中交际，亦借小舟接渡，其不便于官者尤多。且水陆洲亦系直流，遭风往往失事。其有一年失事数次者，言之寒心。以舍此洲更无可泊处，故仍勉强停泊，实则无可如何耳。此虽地势使然，固此邦之大缺陷也。明推官翟台、守道金学曾、知府刘昶、知县彭堣、唐源均有开河通商之议，而唐源请开南湖港四利之说，《通志》具录之。可见留心利济者，有同心也。

顾长沙在前明一府城耳，国朝康熙三年，分置湖南布政使司，移偏沅抚治于此，则西南一大都会也。官商往来，百倍繁庶，而仍无地泊舟，以省会之大反不逮湘潭一县。坐视城外数千艘栖泊险地，如处堂之燕雀，于心安乎？昔人有忧之，是以有新开河、南湖港之役。志称康熙初，巡抚王公艮于城北相度，新开引河，泊舟甚便。后因河身逼窄，岁久淤废。巡抚赵公申乔重浚，今复淤。又称乾隆十一年（1746），巡抚杨公锡绂奏请开浚南湖港，旋淤。乾隆二十一年（1756），巡抚陈公宏谋筑分水坝以刷沙泥，开月形渠以畅水势，商民便之，《通志》所书如此。

今南湖港如故，惜泊船无多。新开河则咸丰中巡抚骆公秉章因寇警，委员重修，以石多中止，可见从前大府莫不拳拳于此。惜未得要领，故无成功耳。议者欲从北门转小吴门，遵陆路而东，凿通回西渡。无论地势不便，庐墓尤难，措置亦犹未得要领也。要领维何，孟子日：“为下必因川泽。”语曰：“善创不如善因。”今明明有基可因，而顾熟视之若无睹乎，请得备举其说。

长沙城北四里许，有碧浪湖，五代时楚王马希范避暑处也，俗称黑罗塘，一称黑潦塘，盖方音转注耳。志载，碧浪湖在城北开福寺后，即黑罗塘。有流杯池，池上有亭，马肴范凿为上巳祓禊之所。又有会春园，即开福寺地。《五代史·楚世家》：“天福四年，马希范作会春园、嘉宴堂，其费巨万。”《张南轩文集》：“长沙开福兰若，故为马氏避暑之地。所谓会春园者，下临湖光，举目平远，为此邦登览胜处。”此湖之见诸载记者也，湖广袤约二三十顷，周四五里，春夏成巨浸，至冬渐涸。上有九尾冲小溪来注之，并可凿通浏河水以杀涝塘水之险。湖与江只隔一堤，堤即大路也，长约二十余丈，广二丈有奇，水涨时船多泊湖内。水乍退，则阂于堤，不易出，故多未便。今拟掘其堤，改其路，则湖与江通，泊舟当以万计。此可因之基，亦自然之利也。

唯江底较湖约低五六丈，须乘冬涸时雇工挑挖，使与江平。庶湖水不虑外泄，再于掘堤处砌石岸，照运河式于水口立闸，以时启闭，则湖虽略高，水亦不至倾泄矣．至挑挖之法，土以方计，每方纵横各一丈，厚一尺。估需工食钱四百七八十文，以十万方计之，约需五万缗。若令驻防勇丁协力挑浚，更可省其半。透底积算，每五十方可得五丈深，纵横各一丈，宽若十万方，即可得二千丈宽，一律五丈深，而泊舟不可胜计矣。就中仍可略分界段，挖极深数十处，借以潴水。界段略高，使江水缩而所潴之水不随以缩，舟行则循洪路以进。狭其口而广其腹，所容必多。是又在督工者之因地制而大略则具此矣。

兴工须在十月至次年正月止，春水一生即可泊船，迟则罔济，所贵预为之备也。是有四便，有八利，请更详陈之。

凡开凿河道，多碍坟墓田庐。坟墓须改葬，田庐须价买。所费不赀，人仍有愿有不愿。兹湖自五代至今九百年，汪洋巨浸，无寸椽片甓、孤冢尺田之碍工，便一。新开河之难凿，以土坚而石确也。今湖底悉淤泥松土，锄攫易施，便二。南湖港之易淤，以水面窄而乏来源也。今湖之上游，有九尾冲小溪来注，若将浏河水开通，分一支入湖，计凿港不过二百丈，即有源头活水，可以流恶而刷沙，便三。凡开河虑无堆积新土处，若购民田堆土，亦殊费事。今湖之下岸为抚标三营牧地，堆土成丘，草必愈茂，彼此有益，便四。

若夫工成之后，湖与江通，千艘万舶宾至如归，无漂泊耗折之患，而百货日益流通。行商坐贾取多用宏．可以运掉如意，其利于商，一也。客艘云集，凡无业之户，挑运之夫，可以小舟贸易、负贩营生，养活贫民不少。至日需之煤米转运者多，则居奇者少，日用亦觉裕如，而湖内鱼虾并可为资生之助，其利于民，二也。赴任调任之员，挈家来去，因事羁泊江干，动淹旬日，一遇风涛猝起，心旌摇摇。若解粮、解饷、解铜、解运军火，诸委员责任匪轻，尤虞失事。今泊舟得所，如在堂室，风雨无惊，其利于官，三也。湖工告成，北门外百货所屯，行栈栉比，会馆典肆皆将次第兴修，视昔日之南门，必且远过。即城中隙地，亦将化为列肆高墉，人烟繁盛，地比寸金，其利于地主，四也。咸丰二年，粤逆围长沙，踞南门外，其时倘有战船环击，贼必难支。迨四年春，曾侍郎以舟师至，又苦无地泊船，分扎南湖，势终涣散。今湖中可容战船数百，不特锁钥北门，四面皆可援剿。老营既固，出入均得自由，其利于防守，五也。省脉自平、浏而来，至湘岸循江而下，凡数十里，堪舆家皆谓之顺水，走窜阳宅阴基，皆未尽善。今开浚此湖，停蓄随龙诸水，可以贮旺气而挽回澜，加以市廛鳞次，水口益有关拦，气象迥异。至新土堆积下岸，种树成林，重门叠嶂，皆以培护省城，其利于风水，六也。浏水在城北十里西流入湘，谓之浏口。亦有涝塘河。其地有骆驼嘴，矶流迅急，舟行常易失事。今凿通浏河，分一支由湖以入江，则遇风狂水涨时，可由内湖出进，以避浏口之险，其利于舟，七也。湖水溉田数万亩，居民赖之相仍不废者近千年。今加挑深广，则潴水益多，虽旱不竭，其利于民田，八也。

至若工作之费，则请于盐厘局借支，分三年归款。筹款之法有四：湖成后设局，另抽船厘、货厘，岁可得万缗，此一说也。南省淮盐咨明每斤加价一文，由督销局代收，岁可得六七万缗。如谓普加未便，则派入省岸轮销者，每票抽捐四十两，岁可得千四五百金，此一说也。城内十八省皆有会馆，公积均多，此举为各商所深愿，若传集劝捐，善导之，可得万金，此又一说也。各州县船帮各分码头，各有公积，令船行传谕各帮，分别捐助，可得巨款，此亦一说也。四说并行，一年可以弥补，即用其一二，亦不过三年。若当轴主裁径提公款，不事补苴，则尤快事也。

同治四年冬，同人有建此议者，言于中丞李公瀚章。公甚韪之，命往勘三次，议且定。有尼之者，遂不果行。尼之之说曰：湖水溉田数万亩，居民虑绝其荫。不知天下有填湖而荫绝者矣，岂有浚湖而荫反绝者乎。水且十倍于前，何虑之有？又曰：省运方隆，是年同乡任外官者，凡五督、五抚、五藩、五臬，可称一时之盛，若轻易动土，虑有伤夷。其说尤陋，查省脉自南门天心阁人城，壬子八月贼挖地道，官军掘濠以御之，宽深各数丈，宜其伤矣。乃自时厥后，湘人士立功平贼，膺封爵、任疆圻，及建牙专阃者，不可数计，而以一甲第二人赐及第者，亦迭见焉。岂非地灵以开凿而愈显乎。咽喉之地尚尔，城外可知，此皆过虑之说也。昔者史郑开渠，利任万世。白、苏二公先后浚西湖，至今俎豆尸祝。古名臣兴利除害，往往注意一二事，即可千秋。尤其识精力定所见者大，故所被者远也。前抚军赵恭毅、杨勤悫、陈文恭、骆文忠皆当代名臣，于此举皆有志而未逮。岂非常之功百世之利，天固留以俟后之君子乎？方今景运休明，大府励精图治，百废具兴，有能举而措之，一举手之劳耳，而其利赖生民，则虽百世不祧可也。谨议。

湘绮楼记并铭

清·王闿运

湘绮楼者，余少时与妇同居之室。时所居无楼，假楼名之。家临湘滨，而性不喜儒，拟曹子桓诗曰："高文一何绮，小儒安足为？"绮虽不能，是吾志也。

后居衡石门，始建南楼。蛟唳潜兴，二年而圮。

岁在丙子，复还省城。假北纱帽塘东陈氏宅居焉。堂室卑喧，稍事营葺，为小楼，临菜圃。屋危，可望湘船。女盼九龄，独登跃焉。既覆瓦，唯露远山而已，不复见湘水。然当代贤豪不遗僻陋，无不知湘绮楼，故枉过者暇则登视。而妻老且病，不能栖居，遂专为余书楼。

又十三年六月丁亥，族孙妇遗火，悉焚居室，独西厢及楼得存。陈氏赎宅银，既来逾年。今无宅可还，非事礼所宜，乃亟庀工，将谋更造。张雨珊（告余曰："城中如陈舫仙、谭心可皆言君力不给，宜有赙补，而郭玉池亦赞成之。度此宅五六十万钱可复故观矣，君可无勤。"余欣然曰："是吾志也。"往昔何猿叟城中无居止，余尝言宜各造公宅，使安琴书，因循未果。今陈、谭诸公高澶渊之风，垂念及兹，虽未敢当，然不可辞隗始之义。顾旧宅不足相容，又限于地，屡欲更其制，令足栖主祏，共四祭，请出私钱，从诸君役。改其制如试馆家祠，一厅一堂，书室二椽，增楼为外二间。焚后二旬起工，三月乃毕，费钱百七万，而湘绮楼复成，上更作曝衣楼耳。

瞰湘帆如在槛外，湘春雪月之景毕收于望。余或还家无所居，则讲读于此，别于先人云湖之庄。更作庙寝，依《周礼》士制以居妻子妇女。亦对云峰为湘绮楼，从吾名题之。彼楼临涟水，云湘者，湘潭地也。或在他乡，则曰"湘绮寓楼"。独客羁游，各从其所居馆之名。盖迁流卅六年，旧私三造楼，再厄于水火，而后得有两楼。比之彭雪琴于钱塘、衡阳奏建两庵，诚雄劣之不同；而其经营之勤仍寄之情，及诸公之谊，皆有可纪。又前记遗大女篆屏，初无录本。及毁，唯忆数十字。昔人欲刻金石，以期永存，乌知及身而遂遗亡哉。乃补记，因自追录旧铭。铭曰：

莹莹物性，高深相养。谋野宜幽，在城思旷。亭亭之楼，通廊相向。身安容膝，神超四望。如舟陵风，在樊斯旺。庐牟六合，攀跻百丈。

长沙县新迁县治记

明·李腾芳

邑之在湖以南者，惟长沙壤地大而赋入为最贫，户口多而民力为最罢。地大赋贫以其土瘠，户多力罢以其俗惰。故吏于斯者，薄敛缓征，那东补西，而犹不足于财；简徭省事，匮上贷下，而犹不足于力。虽然使得宅幽阻静，自为城郭人民，则财虽贫而以自奉其邑，尚不至于病；力虽罢而以自治其邑，尚不至于急也。而是邑又为丽郡之首邑，自监司郡守以外，驿道之使如织，期会伏谒必先至，钩索诛责必先偿，厨传廪饩必先供。

其次为善化。善化邑小，以十计者，长沙取六焉。然使邑与善化并城而居，凡所至、所偿、所供者，长沙先而善化从之，则邑虽贫而病罢而急，亦不过与善化等耳。

而邑治又偏郡城东十有余里以外，空枕郊，无城郭市区，凡吏舍、管库、狴犴之属，皆颓然于断垣榛棘之间。长吏岁时之剧，十九在郡，十一在邑。所至、所偿、所供者，善化以小邑名，以四取之而无不给，有不给则以长沙解；长沙以大邑名，以六取之而有不给，有不给则不得以善化解。故长沙之贫而病罢而急，实倍于善化，而吏之来令二邑者，善化每以最闻，而长沙则否。

予为童子时，闻是邑欲迁于内者屡矣，而卒不果迁也。郡守汪公，一旦悯其艰，揆其便，相厥土宜，檄赵令亟迁之。而令勇于受命．为之有方，阅期月，县遂以成。其始也，守捐俸，令捐薪，县人复率粮米以助，自斗及升，而人不以为费。梁桷瓦甓，择其旧县之可用者，使践更移挽，城旦治地，而人不以为劳。外则自屏以达于堂，内则自燕阁以达于室，旁则自椽吏之舍以达于丞尉之治所，秩秩翼翼，高广爽丽，而人不以为侈。予顷从京师归，将以明日怀刺谒令于旧治，而候人以新迁告。予喜而怍，令因为予道其所以迁之始末，使予记之，且曰：此邑百世之大利也，不可以无词。

呜呼，夫古今有大利大害而弗克为者多矣，非吝则怯。吝者惜其费之出之于己，怯者逃其责之来于人。苟可以惜焉，苟可以逃焉，而乌用为之？故是邑之欲迁者屡矣，而弗果迁也。迄今乃克迁焉，若守与令，非所谓不吝不怯者欤？不吝是其廉也，不怯是其勇也。当今世而予及见夫廉与勇者，以为郡邑创无穷之规，真不可以无词。

注：长沙县治在今开福区潮宗街。明万历以前曾设于大西门内、定王台、北关外玄妙观旧址等处。万历三十三年（1605），长沙县知县赵彬迁至潮宗门内，后迁。康熙二十二年（1683），知县朱前诒在潮宗街县署旧址重建。

重建长沙县治碑记

清·车万育

尝改长沙之为郡，自西汉始也。长沙之为邑自隋大业始也。前乎此曰“临湘”，后乎此曰“龙喜”，曰“常丰”，代有更置。而以隋所称名者近是，故元与明皆因之。古来县治东西屡迁，洪武初建于北城之内，寻移于北城之外，是郡自郡而邑自邑也。

皇哉世运隆平，疆宇清晏，虽作邑于郊而人不诚，古道有然。阅二百余年，吏恪职而民乐生，闾里无叹息之声，此屋有可封之俗，至今父老谈天宝遗事，犹足令人耳熟焉。无何隆、万而下，风渐嚣陵，人无固志，尔时吏政亦遂有难为者矣。

万历乙巳，洛阳赵公彬惊心时事，请于潮宗门内便民仓址而营邑焉，今即处也。迨崇祯癸未，不四十年，流贼张献忠由秦豫至，斯时也，徭赋增而人心怨，藩蘖作而内衅生，遂令瓦解。而邑治毁者四十年，伊可叹耶，亦可鉴也。

天祚皇清，一统中外。惟湖南不靖，复若而年，滇祸重生，西山蠢动。几番征调，蕞尔长沙，无一得免，民力衰竭所固然也。官兹土者类如传舍，或僦居藩邸，或赁贷民房，社稷无依，地灵罔叶。无他官不知爱养则物力绌，民不亲上长则携贰生，有坐视其废坠焉耳。爰及癸亥，序易上元，识者谓否将倾矣。恭逢邑侯朱公前诒，江南名阀且名士也，深心大力学道，爱人者有年。分符涖邑，甫下车而慨然曰：“有是哉邑无官廨，令宰鸡栖，奚以为政乎。然劳民力而耗民财，吾不忍也。”于焉自倾资斧矣，自割餐钱矣。除供亿之常数，汰买办之漏卮矣。且也比较宽而手足得暇，追呼省而愁怨日纾。癸亥之秋，因相其旧区，披荆棘，涤瓦砾，度形规胜而鼎建之。凡军民席其基者还以价，而木石采于里者给以钱，万姓欢呼，踊跃趋事，无旦夕焉。公乃戒曰勿亟且有待，然其士民乐效，急欲观成，皇皇如也。经四月而工竣。请公择吉居之，则十二月八日也。

是日也，绅士与民无远近皆至，簇拥鼓歌，公升堂而乐焉。僚属贺曰：径四十年，阅十六官而莫能兴复，我公毅然任之，涖治历甫半载，鸠工不数月而告成功。非爱养情深，民心推戴不至此．于以巩千百载之苞桑，肇亿万人之乐利，建国本而奠民生，皆我公再造之长沙，奕世戴德，曷敢忘乎？

最异者，公乔迁犹未竟日，其先所僦民舍几被邻灾。公得以无恐，驰往载拜而风反火灭。人谓天之报施循良如此。行见公之身登紫闼，公之家大驷门，与今县治叶吉同作是观，乌可不勒石以示后人哉。邑之人征言于余。余家邵陵，距长沙二百余里，德政锡光，照临甚迩，虽备员垣中，闻之志喜，得采风而为之记。

题梁任公所书“时务学堂故址”墨迹

民国·李肖聃

有清光绪甲午之岁，翁同稣偕诸朝贵，责李鸿章东征日本，牛庄战败，割地输币，定马关之约。普天义士，同声愤怒，争言兴学自强。丁酉之春，湖南巡抚陈公宝箴，学政江公标，奏设时务学堂于长沙，聘新会梁任公先生为中文总教习。其年十月，先生偕李维格、叶觉迈、韩文举三人莅堂，以《公羊》、《孟子》、英文、算学教授生徒。湘阴范源廉，邵阳蔡艮寅（后易名锷），长沙杨树达，浏阳唐才中辈，号为高第弟子。

明年戊戌，先生入都会试，与其师南海康有为奉德宗之命，参与新政。朝命以举人赏六品官督办译书局事，遂改科举，废时文，讲武兴工，百度维新。守旧大臣群起反抗，复拥那拉后垂帘听政，遂于八月十三日杀刘光第、杨深秀、杨锐、谭嗣同、康广仁、林旭六人于菜市。先生亡命日本，居横滨凡十五年，至民国二年癸丑之岁，凤凰熊希龄为国务总理，乃始归为司法部长。未半岁而辞职，中经三年袁世凯之称帝，六年张勋之复辟，先生率蔡锷、段祺瑞于肇庆、天津，督师而戡定之。

民国十一年（1922），先生谢绝政事，主讲南京东南大学。湘中教育会诸人请其重来长沙，至则往寻北门小东街讲学故址，时已易为泰豫旅馆。周览堂舍，感怆积中，盖距先生居此时，已阅二十六年。昔时学生，泰半物故，乃泫然书此六字以为记，馆人张之于壁。今先生即世，又已廿年，益阳陈生云章，实买此屋，为中原建筑公司，因获先生手书墨迹，属余题字。余惟先生事迹著在国史，其文章学问，表见其所著书。书法始学小欧，旁参诸家，秀劲有力，吾宗衡山岳松君所述甚详。国人得其只字，珍为瑰宝，云章其善庋之。庚寅八月中秋后一日，前时务学堂外课生、司法部秘书、门下士李某拜识。

注：时务学堂故址位于今开福区中山东路三贵街口。

毁于1938年长沙大火，为清乾嘉年间任礼部尚书、大学士刘权之宅。1922年8月30日，梁启超应湖南省长赵恒惕之邀来湘讲学，专程寻访故址，并作书。

明德中学乐诚堂记

民国·李肖聃

庚子事定后，清廷布令兴学，湖南巡抚俞公廉三，奏遣湘士十人，赴日本习师范，中表湘潭胡君子靖与焉。已抵东京，亲见明治维新原本教育，而其老儒福泽谕吉，私立庆应义塾，自小至中，上及专门大学，实开其先。因念中国积弱，非刮绝旧敝，兴起人才，无以抗应列强，自立此世。及反国，过泰兴，请先大兄研仙先生出私财立学，陶育湘中子弟，先生敬诺。归谋于绂瑞，以陈先府君侍郎公。公大韪之。乃赁北门左文襄祠室为堂，命曰“明德”。子靖奉先公为总理，自任监督，立教施事，禀而后行。于癸卯三月朔始业，登弟问学，都百十人。先公以“坚苦贞诚”四训，日夕敦厉诸生。茶陵谭君组安，闻而斥千金相助。自是三人同心尽力经营。而创制之初，群疑纷起，适黄克强、张溥泉二君来堂主讲，潜谋引会党举兵。事发，二君匿吾家数日，始得间亡命。湘官绅大哗，咸目子靖比匪。明德势且岌岌，终赖先公力解，幸无倾覆。其后谭君独任维持，子靖专事集资，穷年奔驰，匪皇臆息。

辛亥事起，谭君为湖南都督，时校舍已移泰安里之西园，场室简陋，未能廓新。丁丑革命军北伐，奠都金陵，谭君为行政院长。子靖至京，以明德兴学始末，具陈枢府，教育部始年给经费。主席某公复以此校效绩章闻，冠绝私学，特发国币十五万元建筑新校。子靖遂请周君凤九，就故址绘图营造，经年落成，工固费廉，署曰“乐诚之堂”。盖距癸卯始设时，已三十有二年，而先公见背亦阅二十九年，中间生徒班列，成才众多，先公已不及见，当时同志泰半沦丧。子靖以绂瑞与知校事，属为之记。

夫士之立身，始有坚定不移之志，继以贞艰强力之操，益以笃固忠纯之节，而后能成己而育物。胡氏承番禺东塾陈氏之学，代以经术造士，游学海外，恢弘先绪，而于先公所云四训，实能身践而实行之。及今虽年将七十，须发皤然，而其心力之坚强，殆且陵乎英少。后之人能求先公四训之旨、子靖乐诚之意，上承安定湘学之教，旁采海东巨儒之说，以昌大楚学，陶铸一世之才，他日学术之兴，人才之美，将有能超越先贤，任家国之重任，为苍生所托命者。余虽衰钝，犹庶几能偕子靖亲见其人也，明德之盛也。

注：明德中学位于今开福区泰安里，始建于1903年。乐诚堂建于1932年，由著名工程专家周凤九设计。后为纪念明德学堂创始人胡元倓，将教之学以胡元倓别号“乐诚老人”命名。今为湖南省文物保护单位。

五三纪念碑铭

民国·谌锡康

民国十七年（1928），国军北伐师入鲁，日本违国际公法，倾兵驻济南，藉名保侨，屠我人民，火我庐舍，戕我外交官吏。惨毒兽行，军民噎愤，战机朕兆，如矢在弦。军事当局重外交，训兵约民，以静镇暴。国人奔走相告，集战于心，约与经济绝交，愤于义也。

湘之人富革命性称最，集会反日，齐一心志，导从于党，坚垒于民，潜气默运，遵轨合撮，持之及期，外贿竭流，寇气沮丧。国内物产，居积轶出，泉府充实，代彼勃兴。寇守我疆，月糜兵费巨万，损货币巨万，盐我脑血，适长仇雠。国际不直，内怨忽沸，惕然憬怀，遂率蛇豕，东返鲸鲵，妖焰解于无形，敢告国人曰：民气战胜，此为心效，心不死，气不馁，愿闲此心。以劳以逸，以镌五卅，以铭六一，保此效而永之，毋使或失。爰纪石勒铭，以励后责。铭曰：

倭酋游食，自唐祖明。蠢蠢封豕，日迈月征。鞑虏乱华，酋亦姤视。黄胄殃波，血不溅耻。耻耻未涤，如弦转急。民族既张，桎梏勿替。人盐我脑，我扼其吭。昭示有众，薪胆共赏。力不可敌，心则莫徨。集力于心，虽雄莫睨。彼殖彼繁，予取予求。我竭其源，彼则不犹。嗟嗟我民，哀在心死。何以永之，勒石夫此。

注：五三纪念碑于1928年建在省教育会坪内（今开福区教育街省农业厅内）。1928年5月3日，日寇制造济南惨案，激起长沙人民无比愤怒，省政府建此碑纪念。碑为花岗石质，高三米，长方形，有基座，上镌“五三纪念碑”。今不存。

楚南新建校经书院碑记

清·张亨嘉

光绪戊子，使者初受命，视学楚南，上疏言：救制科之弊以讲求经史为先，储致用之才以通知古今为要。天子可其言。既校试三载，所得士出湘水校经堂为多。校经堂者，前抚部南海吴公荣光议以湘省书院循常例课八比文，不足以觇根氏，拟辟斯堂，以倡朴学。

会军兴中辍。前学使余姚朱公逌然始设课额二十四名，经费由湘岸淮商按票抽捐。顾费绌未能议建置，僦屋以处生徒，而僻郡高才生，或以额隘有向隅之叹。使者心以为歉，乃谋之湘中勋望，醵资贷贾人，岁输子钱于官，而鹾局亦推广捐数，共增肄业弟子二十名，并前为四十四名，略仿古人经义、治事分斋之意，月试以经史大义及当世之务。咨商抚部灵州张公煦，假官钱改建书院于长沙城北，而以在籍陈提军海鹏董其役，六阅月而工竣，乃进诸生而告之曰：

呜呼，古今天下治乱、中国强弱之故，岂不由学乎哉？方其盛也，以《易》卟疑，以《尚书》明治道，以《三百篇》使绝域，以《春秋》决疑狱、制兵谋，以《礼》定郊禘大典，以编年纪传之书鉴兴亡而明损益。虽其时治不皆纯王，人不皆近圣，而魁宠奇伟绝特之士时出其所学以宏济艰难，故内治而外鞭挞四裔而有余。自经术之微，洎胜国千数百年矣。熹怀之际，制举之文，号称极盛，而世愈乱，中国愈弱：顾亭林（按：顾炎武）氏作《生员论》，至谓士不成士，官不成官，将不成将，寇贼奸宄得而乘之，敌国外侮得而胜之，以守则必危，以战则必败。嗟夫，顾氏之言何其创巨痛深，至此极也。而世之俗儒，动援古之不学而成大功，享大名者以自文饰。夫霍博陆之为相、斛律明月之为将伟矣，然以视邺侯定策、新建戡乱何如也？枚、马、张、陆、徐、庾之文章富矣，然以视贾、董诸大儒又何如也？国家龙兴辽沈，显功元德之佐多产东北，累世文治，旁魄光昭纯懿之气渐集于南，而湘之厚殖，适足受之。自顷潢池倡乱，数十年来，伟人名业项背相望，顾皆出于布衣儒服章句之儒，通经致用，其成效亦略可睹矣。夫上有所求，则下思所应；前有所成，则后思所继，诸生勉乎哉。

方今天子神武，环瀛九大土，将折棰笞之。诸生积其忠孝侠烈之性，出肝胆以报君父，举平日所闻于经者，抒之为方略，成之为事功，一洗二百年来穿凿破碎空谈汉宋门户之耻。近与其乡诸巨人长德后先辉映，其尤足壮矣哉。即或寂寞空山，贫贱不试，而所以为往圣继绝学，为万世开太平之理，亦可毅然自任而不疑。若仅以经明行修，乡里称善人，其所成就犹小也。老子曰："不出户知天下，不窥牖见天道。"诸生得贤师友，于身心义利之界，古今善败之迹，天地蕃变之端，辨之幾微，而规之远大，它日出而应天下之务，如素习然，非所谓藏器于身，待时而动者邪。

使者行有日矣，所望于诸生者甚大，书此勖同志，且以为来者诏也。

光绪十七年（1891）十月初吉，湖南督学使者张亨嘉记，优贡生湘潭黄笃志书。

注：湘水校经堂，清道光十一年（1831）湖南巡抚吴荣光始创。光绪元年(1875)，湖南学政朱逌然，再设于都正街原城南书院旧址。光绪十六年(1890)，湖南学政张亨嘉改设于湘春门外熙宁街，并更名校经书院。

长沙县修学记

明·韩阳

寿沙为湖南望郡，长沙为郡之甲邑，旧有学在郡治定王台后。元至元十三年，徙于郡学之右，址废不存。国朝洪武戊午岁，知县句容王铨始迁于府治北门外，与县治东西不远，即今学也。到此余七十，岁月滋久，加以风雨之漂摇，雀鼠之穿穴，蠹朽攲斜，日就倾覆。

正统乙丑，昌黎赵君勉来知府事，时秀水张扩为令斯邑。拜谒之际，顾瞻咨嗟，慨然以修治作兴为任。乃悉心竭力，鸠工庀材，彻而新之。不一二载，其殿巍然，其堂奕然以正，东西两庑，左右二斋，与夫师生燕处之室，庖湢会馔之区，罔不莞葺。丹垩辉煌，金碧照耀，较诸旧规大不侔矣。凡若此者，虽由郡守赵君表倡以开其端，而邑令张扩之功不可少也。

今年春，子按历寿沙，邑丞庆符文锡，其以张令修治之劳及事之颠末再拜，请文为记。予忝提督胶庠，义不容拒。矧邑丞文锡乃能不泯前人之善，征文以重不朽，亦可见其存心之厚也，文其可靳哉。尚冀由今而后，诸士子之游学于斯者，攻经史子氏之书，讲修齐治平之道，朝益暮习，日新月将。上思无负朝廷右文教养之恩，下思毋忘守令新学作兴之念，斯可也。苟徒处此维新之学，而不知所处者为何事，业焉而不加修，德焉而不加进，碌碌庸庸，无补于世，匪惟有孤圣朝崇儒养贤之盛心，抑亦有忝守令新学待士之深意也。因其请，并书以记。

注：清代长沙县学宫，明洪武三年(1370)建于长沙县署东之烟霞巷，1378年迁建于北门外文昌阁，清顺治十五年(1658)重建于大西门内。康熙二十二年(1683)复迁于北门外今蔡锷北路旧址。康熙四十七年(1708)巡抚赵申乔再建于今学宫街，有大成殿、崇圣祠、名宦祠、明伦堂、乡贤祠等。

长沙县修学记

清・朱前诒

余幼读《贾谊书》至“移风易俗”等语，慨然怀之谓：儒者一行作吏，求远于俗，则将有志于移风，欲移风则先造士，欲造士则先崇学。文翁之化可变巴蜀，常衮之教可易閦海。其在文献之区，尤有易为力者。岂可簿书期会，遂足毕吏事之所长乎。

既谒选得长沙，泛湘水之清涟，瞻岳麓之崇巍，采奇芳于屈、宋（按：宋玉），寻坠绪于朱、张，不自知其为簿书期会中人也。

诘朝释奠，问殿庑安在，群指榛莽。未几，有奉木主至者，扫狐兔之穴以坐至圣，拂郊牧之樵以列群贤。汉唐以来，诸儒或存或亡，有不可以按籍求者。余手披茂草，始可展拜，因与徐、张两君及博士弟子班荆而坐。语及兴废，太息泣下，谓滇氛之恶过于秦火，矫语兴作，谈何容易。未几而大劳艾矣，未几而汔可休矣。爰进徐、张两君复申前议，上请列宪，下咨多士，始有事于卜筑焉。初营殿，次营庑，其次营门，数仞之墙及肩之墙后先毕举，而登堂入室，俱绰乎其有余地。

既落厥成，多士问记于余。余惟他学之修半属完旧，而长学之修近于创始，而循元明之丕基，遵高曾之陈规，则创始之中寓完旧之意焉。长为文薮，两闱之隽蔚然辈出，简练揣摩多士，固优为之。而余独有进者，圣人之教，先行于文，岳麓、城南流风未坠，多士沉思乎？考亭潜心乎？南轩庶儿处大儒而出名世，使人谓制科干禄之外别有学术也，其庶乎可。多士深然余言，遂略具日月而书此言于石。

重修县学记

清・王克庄

学校之设，所以敷文教也。长沙为湖湘都会，乃首邑黉宫屡迁屡毁。考诸邑乘，康熙二十二年（1683）再徙于湘春门外，仍其旧基，建大成殿，而两庑犹未完至。康熙三十四年（1695），前令刘始创明伦堂，名宦、乡贤祠，棂星门，与学博胡君先曾经营之，启圣祠及增修之两庑，同襄顾事，礼制初备。不十年，又日就倾圮。

殆余莅任后，每春秋释奠、朔望拜瞻之次，见风雨飘摇，荆榛蒙灭，辄低徊兴慨，不能去。且余亦章缝，一旦绾绶于兹，纵传舍一官，未可并传舍学宫而置笾豆之事于弗问，因勉捐十年之俸为倡。经始于壬午春，庀材鸠工，先整正殿，再广两庑，备制配享各主，旨奉以龛座。重葺明伦堂，并建尊经阁，凿泮池，布甬道。一甓一椽，毫发不及于闾里，今粗可观。

惟是郊垧为莽苍历落之区，北枕涝塘河，而西绕湘江之三叉矶，一带冈岭，惊飚骇飓，无时不薄激于檐瓦栏楣，故工作不耐坚久，甚非所以揭虔妥灵。此余心终阙然。然犹愿诸子弟之考业于斯者，精勤懋勉，以期光大宫墙，成一劳永逸之宏基，斯甚慰余之志也。若兴行教化、作育人才，则御制训士文至矣尽矣，余不敢复赘。

重建县学记

清・安佩莲

学者亲被圣天子作人雅化，倾风仰镜，鳞集麇至，沐浴歌咏，于鼓钟芹藻之休，务其远大而无负先师训迪之旨。此长吏所董于士，而士亦快乐以此勗者也。岂止新庠序，焜耀一时已哉。然士气之昌炽，与其疆义之心之奋且坚，则往往兆于作兴之日。

壬申秋七月，莲宰长沙。入庙释菜，见旧制应图合法，麓云翔栋，轸耀烛门灵区也，然已坍圮矣。询诸吏，知已尸冬绅耆请续修，宁海赵君文在、涪陵周君如冈前两升令，议撤新之，而皆未克集事。莲不敢告劳，乃进某士领某事，俾毋辞毋杂毋懈。于时有毅然起者，度木辇石，走数百里外，风雪险阻恬如也。莲甚喜选任得人，公余相与筹划，而经营之。癸酉，先师殿成，其巍峨岌嶪，则冈陵屹立，坚固不可动也。其丰丽博敞，则云谲波诡，星县而虹指也。其肸蠁布写，则丹葩荣而紫药缀也。其轩翥高骧，则虬龙蜿蟺而朱鸟舒翼也。入庙拜谒，焕然改观，辄低徊不能去。是秋，邑之捷南闱者，自领解而下，共得十有三人；捷北闱者一人，贡成均者三人。连茹汇征，迈于往岁。古称潇湘有洙泗风，又称清慧能文。文行固多士所优，而圣人之灵之福，于兹土而鼓舞之者，何其声响不爽与。

甲戌，东、西两庑，殿后之奎文阁、崇圣祠，殿前之戟门、棂星门，门左右之名宦、乡贤、忠义、孝弟祠，暨彝伦堂、射圃、泮池、石坊、宫墙、甬道，以次就理。厥制虽各有差，而钩心斗角，植矩悬规，鎬鎬烁烁，炳炳麟麟，适与先师殿称。是役也，名惟求旧，而实则谋新，所需财则倍蓰于昔。邑太史易君文基捐千余金首倡，或数百金，或数十金，或数金，靡不踊跃恐后，共襄盛举。莲幸从容观成焉。於戏，邑之学，美矣富矣。游其间者，斟酌道德，肴核仁义。他日出其所学，赞于朝廷，济美其乡。先达润金石而炯云汉，抑何伟与。至董兹役者周君邦瑞、屈君本璇、阎君有容、郑君世宾、王君甸之、易君凤翥等，一酒一浆，毫毛不取诸公。晓夜劳瘁，历寒暑无间，克成此举。洵端悫廉洁、勤慎士也。余尤韪之。工竣，泐名于石。

湖南重建贡院号舍记

清・杨锡绂

贡士于天子曰“贡”，三年大比。扃棘而试曰“贡院”。湖南贡院之基在长沙城北隅，其始盖湖湘书院也。雍正元年，世宗宪皇帝俯念洞庭之险，多士赴试不无艰蹷，特命南北湖分闱乡试，例建贡院。时观光期促，百务草创。限于地列号西偏，土龛单薄，一脊对向，其体制与他省迥异，风簷苦之。

乾隆十年，前抚臣蒋溥以修葺入告，经部复准，未经举行，旋晋秩少宰。乙丑夏，绂恭膺简命，接抚湖南。甫下车，士习民风惓惓，目营手画，以仰答圣明，无负职守。岁丙寅（按：乾隆十一年），率司道等于贡院周遭相视，思恢厥制。正筹画经费，适有长沙副车高拔等联七十九庠，公请本科恩赐盘缠、是年廪饩银两，踊跃出捐，随据情转达，蒙允报可。遂于丁卯之春，委员庀材鸠工，改号舍于东西两翼，计五千间。建明远楼于甬道之中，其仪门、头门、东西官廨皆扩而出之。另购民地以为屏墙及外供给所。西号舍后置录、对读二所。东内供给所后置弥封、掌卷二所。细至门垣、屏楔、井湢、庖溷之属，按具如法，既坚且硕，丹雘有烂。

是秋循例监临，每坐至公堂，见群贤执事，容与严翼。环视广庭，觉双槐拱霄，吟声惊籁，相为酬答。诸生以土龛局蹐之艰，忽而得展从容之乐，高明洁固，士气方伸，真可以垂诸永远。

注：湖南贡院位于今开福区教育街一带，清雍正元年(1723)朝廷诏两湖分闱，湖南巡抚利用湖湘书院建立贡院。

录试馆图记

清・刘典

案图：由望麓园入，不数武，设一栅栏，额曰“道义之门”。入门以内为通道，长二十五丈，宽一丈五尺。前凿一池，方如璧，为洗墨池，绿波溁溁与翰灌馨逸，相为映发。池之东偏，跨水为船厅。厅构屋数楹，回栏曲榭，净几明窗，尘嚣自远。池之西为马厂，圉人是居，刍秣有所，云棚高敞，巍然翼然。

试馆凡三进。第一进为头门，额曰“沩宁试馆”，左右有房阍者，居之中为正厅，最上为内厅，左右均有房。正厅之左为会客厅，昭忠祠右偏为达道斋。凡四斋，斋房各十四间。试馆之左为行义斋，凡四斋，斋房各六间，其规制略仿岳麓、城南两书院。落成之时，适为大比之年，多士云集，雍雍如也。

试馆之东，倚城垣，夜静更阑，街声与刁斗声应答也。西连瀪阓，远望岳麓诸山，峰峦秀拔，爽气袭人，可快心目也。南抵颜子庙后垣，近大贤祠宇，道德崇高，穆然意远也。北抵民家菜圃，民不可有此色，吾辈当知此味，有慨乎其言之也。试馆之前辟一园，曰“后乐天下之忧”，果何时已乎以见志也。周围缭以崇垣，可数百步，其址广三十丈，袤十六丈有奇。

是役也，为费甚钜，不可勒吾邑人，盖皆得诸省躬克己，综覈名实之所留贻，以培植人材，可以备国家任使，意甚盛也。吾乡人士类多勤学尚义，一旦得时行志，必有能奠安海宇，大庇民物，卓然为一代伟人，以为邦家光者。则斯馆之建，仅有造于吾乡也？余日望之矣。

注：沩宁试馆位于今开福区望麓园，清同治四年(1865)刘典倡建，为宁乡籍学子来省城参加科举考试时居住和学习的场所，起名望麓园。光绪三十一年(1905)科举废除后，试馆改为宁乡县驻省中学。中共长沙早期秘密机关一度设此，曾公布为长沙市文物保护单位。今存一线残垣。

碧浪湖记

清・李家

开福寺后碧浪湖，曾名王塘、黑罗塘，其义无所考。湖之上紫微山如凤形凤头，宛如枕湖心，其势若下。五代时马武穆王创建蜂台，命保宁禅师卓锡兹山，所以奉佛，亦所以为芮城北关之巨镇也。自武穆造修伊始，继起者有定王、吉王、卜都督诸上善人以襄丰举。自保宁畅道其间者，则有紫珂、徹堂、溪谷、普性、佛国诸禅师以展宗风，迄今千百余年，其间荒废者屡矣。

暨我国家顺治之末年，寺宇倾颓殆尽，榛莽荒秽而已。溶溶碧浪，惟此一湖。佛国则募修法苑，卜镇则清理山基。其寺之东抵阮家垅，南界木鱼山，罗家桥跨湖之西，白莲池居湖之北，湖宽计丈，百三十亩。寺僧正修原纳水饷八两零，近居湖上者私垦田亩曰益多渐，而赋税以湖水灌溉为额，僧故不愿虚纳水饷，遂成讼。雍正三年（1725），县审案结，以民田不可虚饷，水势必分注断。令廖仕臣等书立，承认字代僧完纳，水课印票归僧照田数派纳。僧租二十石，其湖任僧栽藕蓄鱼，以存此湖，庶不致为人侵夺。数十年来，田多易主，人亦贪私完饷纳租，僧皆不敢过问焉。斯寺之前后左右所为侵削者不止一湖，且轮流住持往往畏避三舍了事，惟恐瓶钵之空虚者，何可胜道。斯开福殆兴而将废者与。戊午春，祖章宪禅师为方丈长老，与达洪、悟彬、悟明、悟林诸开士，念祖庭荒废，一水一山，几非佛有，欲钮奸究，必赖宰官。盐法道宪达邑侯蒋庭讯分明，仍照雍正三年（1725）原案断结，并给僧收租图记。其立法备案者更详，岂非佛力，现宰官身而为之说法哉。

悟林，字海粟，系祖章法嗣监院，继誓大慈愿，不辞劳瘁，又赖达洪、悟彬、悟明秉公以襄厥事。继佛国而振宗风者，斯其人欤。夫佛法之感人，潜移默易，原不强其所难，以人心未泯，象教难欺。欲广福田，须还佛地。继卜镇而成盛举，自不乏人，所为感激推让以供奉于佛者，将不止一湖，斯开福将废而复兴者欤。行见一碧万顷，浪影澄澈，中生五色莲花。一花一世界，一叶一如来，佛光与湖光相映，彼之得罪于佛，当必有报。依恐后者，是为记。

大清嘉庆四年（1799）岁次己未重九日，当代住持祖章宪监院悟林、副寺悟寿暨仝门法眷两序大众公立。

中湘李家撰文，长沙余正观书，黄永定刻石。

注：会春园为五代时楚王马希范营造的大型园林，位于今开福区开福寺一带。会春园内有碧浪湖、紫微山、嘉宴堂、金华殿、祓禊亭、流杯亭等。

碧浪新亭记

清・王闿运

开福寺，故马氏会春园。霸府改为梵宫，风景犹胜往年。余欲约裴樾岑、李次青诸公各造屋三四间，环湖堤，埤游观，苦其不能避春涨，未可卜筑也。独佛殿后临水，一圆洲可亭，云旧有而后圮。余与郭筠仙修禊赋诗于殿后堂，尝议修之。郭出银十二斤，徐寿衡自京师寄银六斤四两，余皆以属陈总兵鸠工庀材。陈时方避暑寺中，大有兴修，以水心亭当巨费乃集，少余银不肯承也。

昔汉文露台，百金尚以为费，今三百精鏐不能造一亭，故当罢之。然余自计，若得暇督工，以百金成之不难。故尝谓彭雪琴：“他日，当以此亭为君专祠，比莫愁棋楼。”彭薨后，衡城专祠费银六万两，省城专祠购地已万两，而余欲以百金敌之，夸矣。余又尝借彭千金，彭薨，义当偿。适张孝达令盐局岁馈余家及胡文忠家六百金，让不敢受，积局中，满三千金。乃属程生及李生，以千金成此亭。程、李估工，俱在二千金以外，知余银有馀也，余又吝不肯。偶与日本僧水野师话之，师欣然乐助其成。时师方游湘，阐夫法，开僧学，以开福为坛场，亦议饬亭榭，与余前意合。即日以五百金兴工，筑亭基，合用东西法以避水，其费若干，余皆不复问，取成一亭而已。师又谓余曰：“古人兴作，辄沉碑水中，立石山巅，以待陵谷之变。今此亭始末当先作记，霾基址，亦释家安象塔下之意。”故余为文纪而瘗之。

紫荆园记

清・张晋本

调梅和尚者，总佛寺僧也。辛巳夏，余移寓大花园，长伏苦热。寺在紫荆园右，高而敞，受满城风。亭临四方塘，风掠波过，袭人毛发。遂与僧因缘，茗碗蒲龛，间理旧劫。前明藩基占省垣大半，内宅为今万寿宫。前之可指者为东西牌楼，王府坪后为大花园，俗呼麻园，误也。右侧为更衣亭，再右为王城堤。今总佛寺为梳妆楼，塘为万春池，府署侧为小花园。院署为四将军府老照壁，或其屏墙欤？北门之营盘街，盖其护卫之所居也。

注：紫荆园为明代吉王府园林，为今黄兴北路、西至藩城堤、南达仓后街、北抵吉祥巷，一带明藩府最大的花园。清代园毁，故址建有总佛寺。

万春池记

清·陶丙寿

予应童子试时，偕一友僦居黄氏宅，其前后左右地明藩殿基也。宅邻一废园，短垣隔之。秋雨，园坦坏，主人邀往游观，棘刺攫帽，长过人头，紫荆三五株，为宫树由孽。假山半角，颓卧地上。小竹数丛，点缀石侧。幽华泫露，泣不胜情。主人因吟骆苑游诗，友爱其“永巷无人吹玉笛，断墙有鬼泣香囊”句，洛诵不已。是夕友归，寝耿不成寐，忽距墙外几步有往还低唱者，急起伏棂间，谛听得七绝句曰：

十五学吹笛，高楼明月多。清霜裂紫玉，长罢踏云歌。

暮鸦寒有声，风萤澹无影。梦倚玉阑干，却悉罗袖冷。

梁棁珊瑚毁，帘栊翡翠抛。可怜旧宫燕，各处定新巢。

拾得后庭瓦，片片鸳鸯偶。飞去万春池，东西不回首。

不省旧颜色，弓鞋印井苔。谩言侬善记，粉镜不将来。

太恨西风急，新凉早晚加。吹侬裙上蝶，飞散作秋花。

劝客莫哦诗，哦诗令侬苦。星前一个行，石罅草虫语。

节拍酸楚，不可卒闻。开户即之，余音历历，越垣而去。遥望前径，阴惨逼人，不敢寻而返，促予醒，挑灯录其词。明日告主人，主人曰，此不怪也，每漏沉月黑，园内青磷如豆，闪闪出游，但未闻一唱鲍家诗耳，因出诗详说。主人曰，万春池，吉王凿，即今大四方塘，惟踏云歌不审何典，想是宫中逸事也。

东圃记

清·旷敏本

署之东有圃，圃有亭、有阜、有台、有竹树。中丞范公公退之余，邀宾从觞咏其中。亭曰“丰乐”，祝有年也。是公所拳拳而圃，所由辟也。阜枕亭之北，陟其上，清湘横于前，岳麓近在眉睫间。东邻棘院，北接琳宫绀宇，綮星沙全郡，迆逦而蜿蜒。周遭稻畦村舍，隐隐远碧中，春秋佳日，微雨新晴，花香鸟语，乃应不逊桃源。

公曰凡子所绳于圃者，尚非圃之胜也，侈苑囿亭台之为适，余非敢愿抑不暇。下车之始，睬兹隟地一区弥望平旷，余曰是圃基也。顾瓦砾哓堉，荒秽不治，谋举而畀之工，不訾而置之，亦难其所。乃于南步廊为台于后，则就故阜基而增培焉。搏砂砾而捄之筑之，见者曰若亭也，若台也，若阜也，不知其以圃也。募园丁四五人，平其坴，沃其壤，见土之宜而布之，窊隆干湿罔或乖。其圃四隅之竹，则自别苑榛莽中移而植之者也。其旁有涸汪，则园丁箕敛署内外图馀为壅本者也。其右侧有草寮，则以居园丁者也。计圃之费，权圃之入息不翅三倍，后之君子踵而增焉。土膏肥而物产丰，则余三载来经画之心，亦藉以少慰。

今将移节西江矣，钱镈畚拘之具为条件而弃之，增丁之月直，俾其守护维谨，以待他日棨戟之临，盖不胜惓惓于斯圃废兴焉。予因是而叹圃之重取尔也，春播夏芸，南霈北霁，察土脉，卜年景也。风散日晅，渚泉疏潦，相水利轸农田也。去碍涤滓，灌本培元，觇物象，观心地也，羹藿餐藜，咀淡茹辛，却荤腻，清肠胃也。食力资生，傭直赡孥，仰给斯圃者口不十计，谌土地养人也。蔬熟而摘，摘丰护瘠，摘已而溉蔬忘其摘，治圃治人留厥有馀，道无二也。抑斯菜圃也，亦射圃也。公与僚属校藝于斯，烹蔌而饷之，尝其味而凛簠之饬，观其色而廑民碞之畏，圃之助不既多与。而予因有感焉，往更代之际，饲马于轩，曹猳于庑，汙而庐，糜而器。斯圃也，其可以鉴乎。曩者兹故无圃也，公曰“然”，遂书之以为记。

又一村赋并序

清·张世浣

湖南抚署之东，有园十亩，名又一村。村有八景，掩映四时。前虞山蒋文肃公所创也，后渐荒芜。今梁大中丞（按：梁国治）葺而新之，治政之暇，常读书染翰于此焉。夫莫为之前，虽美弗彰；莫为之后，虽盛弗传。彼其作为亭林后先同志，殆古所谓地以人传，于兹不朽者，岂仅一时之游览哉。爰书己见，厥赋斯篇。其词曰：

繄楚南之抚署，有澹霭之园林。堪骋怀而游目，可即物而写心。水媚山清，似辋川之图画；花明柳暗，叶放翁之歌吟。揽景物于公余，兴复不浅；接风流于前席，情与俱深。别有洞天，八景之佳名足赋：缅兹福地，两公之盛迹堪钦。则有匝地名花，侵阶弱柳。

既敞南荣，旋疏北牖。千章绕屋，间有莺啼。万卷连床，时看蠹走。抚韶光之绰约，宁仅用夫三余：托胜地以翱翔，直欲该夫二酉。而且明流衣袂，清水平陂。类倪迂之画本，同米颠之墨池。睡鸭惊回，两岸之波纹荡漾；飞鹢过去，一篙之浪影逦迤。洗笔池头，暖绉千层之縠；读书堂畔，晴添万顷之漪。无何过亭，北历村西。芸菜圃，灌瓜畦。官有余闲，每忘机而抱瓮：心无纤翳，聊学圃以酿齑。效开府之一犁，陇头鞠散；待黄台之三摘，园畔青齐。日午挥锄，处处有葱菁之景；雨余刈种，声声歌滑刺之泥。

若乃送夕阳，坐庭樾，琴瑟停，茶烟歇。扇一阵之清风，露半痕之纤月。珍珠箔卷，魂消姮女之宫：玳瑁筵开，望断蟾蜍之窟。已而竹径生凉，群花弄影。数枝清浅，乌啼蝶梦之时：几树横斜，云破月来之境。形迷玉砌，风来而野坞生香；影混晶帘，露滴而疏篱欲冷。更或徘徊朱槛，徙倚红桥。翠浪频翻，涧底之锦鳞欲跃；碧波乍喷，蒲边之朱鬣难描。避饵唼花，等江湖之游泳：忘筌知乐，类濠濮之逍遥。

至若亭际霜凝，坡前雪积。惟老干之垂青，有虬枝之挺翠。喷寒涛兮，千尺不改真操；掩苍盖兮，几重偏绕逸致。龙鳞秀发，疑白玉之平铺；麈尾风摇，似晶盐之乱坠。以知景物之胜，惟在因人，兴废何尝，必归同志。仰二公之品望，人杰者地灵：辟一境之荒芜，先难而后易。桃花流水，恍入武陵；饮酒歌诗，非同傲吏。阅岁月而常存，历风霜而不敝。宁仅东坡之喜雨，于以名亭；黄冈之竹楼，因之作记也哉。

柚村记

清·杨彝珍

长沙城北隅有废园焉，其大可数十亩，居氓艺豆菽其中，四周有垣，其高过修人有半。内有井，芳洌可饮，有塘径数百步，雨潦至，其流涓涓然。汤子即出厚值货焉，日以余力增治之。于塘之北，种柚十余本，冬时黄实累然，因名曰“柚村”。又杂植桂、梅、桃、李、石榴、芙蓉、海棠各数本。折而左，聚怪石为小阜隆然。上植纤竹数百挺，覆亭其内，曰“苍莨亭”。循亭而南，以篱障隙地，外艺蔬焉。旁有阁，曰晚菘阁。跨塘为桥，上踞以亭。亭之下，右别为南塘，水深及膂，蓄鱼百许头，曰“布影藻荇”。间宾至，可叉得之。有楼翼然，曰“归云楼”。天高气清，白云流影，舒与夷犹，低拂檐际。飘尔忽冥，仍返高素，若与人意相远。汤于顾而怡之，将谢荣欸遂幽栖，浩浩乎肆于永归。

注：柚村为清道光年间著名学者汤鹏所建园林。位于长沙城北，详址待考。园内种柚十余本，名曰柚村，又植桂、梅、桃、李、石榴、芙蓉、海棠等。

曾文正公祠雅集图记

清·王定安

同治十三年（1874）冬十月，太傅曾文正公祠落成，其弟澄侯都转谋于乡人士，仿香山洛社故事选高年耆宿，负时望有文行者，若而人，宴集祠东轩，图形壁间，复诗以张之。呜呼，盛矣。先是天子嘉念公勋，诏所莅行省皆建祠，于是天滓、金陵、安庆、南昌、武昌同时鸠工蕆事，而湖南为公乡里，中兴来，达宦贵人遍天下，厮养走卒跻大僚者相踵，醵金庀材，尤易举。其规模壮阔，延帙数十亩，缭以周墙，绕二塘，其中崇堂峻宇，既庄既肃，危亭瞰青，飞榭激素，翼如缭如，瑰淑殊观。诸老既醉且乐，属定安记之。因举觞言曰：海内失承平二十年矣，当道光末造，上下恬熙，奸人伏草莽，卵育胎孳，日肆以大，有司务为姑息，苟简饰美言，欺罔大吏，大吏因之欺朝廷，罔又加甚焉。至于痈溃肿决，不可收拾，乃张皇补苴，驱疲癃之卒，驭之以褒衣姁步之将，一蹶再蹶而大局糜烂不可为矣。

公以儒臣奋起闾里，无度支转运之供、羽檄征调之权，又非素习孙、吴，而夙养技击鹰扬之土也。徒以忠忱感召，率二三迂懦朴士，张空拳，持白梃，以号其乡人子弟。于是豪杰骧起，帕首缚裤，释耜而操利刃，霆击湘汉，席卷三吴，义旗所向，金石摧靡．然犹跰 羊于漳水，踯躅于祁门。内讧外哄，含垢忍尤，积十余年而后禽渠扫穴，以竟厥功，盖经营若斯之难也。

今寰宇义安，将阅一纪，后生新进，狃于军功保荐之速，嬉游宴处，动至大官，欲问湘军创立之规，艰苦百战之迹，茫然不可复识。又安知此喧喧赫赫者，固倡于二三儒生之所为哉。君子居安乐，不敢忘忧危之景，回忆寇盗纵横，湖湘骚动，居人汹汹携老幼走避山谷间，登高瞭远，烽火达旦不息，或扁舟隐匿，浮湛于苍烟白浪之中，与葭苇菰蒲相枕藉，鸟惊鱼骇，一日数迁，当斯时，苟得一椽之安，豆羹麦饭以为生人大幸矣。岂尚冀夫宾朋游宴之乐，园林暇豫之观哉。

今吾与诸老徜徉湘上，饮酒为欢，睹山水之曜晖，悦风日之晴美，涧松答啸，园鞠扇英，瞬百代于须臾，纳宇宙于一室，幽蹑邈睇，陶然自得，以视畴昔之流离转徙，其欣戚悲愉，为何如也？

古之骚人迁客，登山临水，凭吊遗迹，虽在异世，犹流连慨慕不置，矧吾所躬历而目睹者耶。扬子云曰：当其有事也，非萧、曹、子房、平、勃、樊、霍则不能安；当其无事也，章句之徒相与坐而守之，亦无所患。然则吾辈之居安履顺，得举一觞以相属者，岂可不知所自耶。诸老咸韪余言，命勒诸石，并列姓氏官阀年岁如左：

杨白元紫楼，年八十一。

四川永宁道，前翰林院编修，松滋黄士瀛仙峤，年八十。

光禄寺署正善化熊兆松鹤都，年七十四。

署湖北布政使、湖北按察使，善化唐际盛荫云，年七十二。

内阁中书，湘潭罗汝怀研生，年七十一。

盐运使衔，署湖南衡永郴桂道，汉阳黄文琛海华，年七十。

兵部主事，前翰林院庶吉士，武陵杨彝珍性农，年六十九。

内阁中书，前翰林院庶吉士，湘阴易堂俊海青，年六十四。

布政使衔，湖南辰永沅靖道，前翰林院编修，新城杨翰海琴，年六十三。

凡为客者九人。

盐运使衔．候补郎中，湘乡曾国潢澄侯，年五十五。

布政使衔，云南按察使，平江李元度次青，年五十四。

江西候补道，长沙朱昌霖禹田，年五十三。

盐运使衔，候选道湘阴李概仲云，年五十一。

知府衔，候选通判，长沙任鹤年芝田，年五十一。

布政使衔，广东候补道，长沙黄瑜子寿，年四十五。

布政使衔，浙江候补道，湘阴张自牧力臣，年四十四。

陕西候补道，东湖王定安鼎丞，年四十一。

凡为主者八人。

云南云龙州知州，浏阳贺祥麟麓侨，年八十六。

候选教谕，长沙熊少牧雨胪，年八十一。

前署广东巡抚，翰林院编修，湘阴郭嵩焘筠仙，年五十七。

凡期而未至者三人。

王定安撰记，杨翰书石。

浩园雅集图记

清·郭嵩焘

光绪六年（1880）春三月，新宁刘公自粤移督两江，衡阳宫保彭公适巡江东下，相见长沙，而善化少宰黄公方以浙江督学假归省墓。于是李君次青、朱君字田、李君仲云、黄君子寿、张君力臣、邓君弥之及吾弟意城，相与会觞于曾太傅祠之浩园。

彭公据石作古梅，高八尺，雄奇自喜，题诗云：“莫言老干坚如铁，曾历千霜万雪来。”起立四顾，拈须大笑，相将穿石步池上，循水榭，凭栏展坐，纵论天下得失。刘公独上危楼，俯清池，桥亭水竹，映带左右，怡然有邱壑之思，其意量皆若不可穷者。自曾太傅起一军，削平寇乱，将相接踵以起，声名动天下。二公功益盛，名益高。黄公官翰林且四十年，为老师祭酒。各以王事会于乡里。嵩焘得与诸公文酒从容，揖让一堂之上，此景良不易得。而诸公所至，光气照耀，学士文人，追摹而赞颂之，以自矜宠。矧今聚集欢宴，衣冠言貌，伟视一时。于是十一人各图其形，刊之祠壁，以志湖湘韵事。更千百年，必有流连慨慕，想念今日之盛者。是会也，黄公自以居省会，亦附主人之列云。

听橘园记

清·周寿昌

予少居城北之敝庐，曰“听橘园”者，实蔬圃也：圃后有池，广数亩。楼三楹，据其上，蔽池十之四。左右藏书籍，中拓丈余，为予与弟筱楼读书所。楼窗面岳麓，朝霞夕月，吐纳万状。读书之暇，辄肆吟眺。得诗，互相质。亦时持竿，钓于池。客来则掇蔬烹鱼以为供。谈艺外，不许及时事，违者罚，尽醉乃去。

时道光中叶，海波甫靖，中外清晏。湖湘称诗者数十家，以湘皋邓先生为职志。若吴耘台、凌荻洲、瞿石芸、李棣生、郭筠仙意城昆弟，及予与弟两人，皆修布衣兄弟之好，过从频数，赠答靡间。年少气盛，视天下事无一足当吾意。至意所不得逞，则各奇之于诗已。予官京师，弟橐笔游鄂，陶凫芗先生官汉黄德道，礼致之幕中。幕客多胜流，觞咏无虚日。荻洲亦游鄂抚幕，王子寿白京请养归。二子者与弟雅故，益以诗相切劘，而子寿陶染之力尤多。弟倜傥负奇，性不谐俗，文亦如之。故食饩于庠有年，而科名侘得复失，遂屏去，一意于诗。诗笔清绝物表，理隽神远，筑基于汉、魏，而摩垒于韩、杜。既身丁寇乱，骨悲心悚，凡骚屑不平之概，悉于诗乎达之。古心郁盘，壮响激越，发言流咏，义兼雅怨。盖诗境愈变而愈上，而时事，益变而不可问矣。

迨寇乱削平，诸君子先后物故，子寿亦于前岁归道山，今独筠仙、意城及予与弟存耳。予卅载京尘，势艰退遂，筱楼埴以粗官，需次鄂中，白首弟兄，求一日踪迹之合并而不可得。回忆楼中读书时，邈若旷代，当时时事不可闻，今即所不愿闻者千百于昔，而义固不得不闻。而才退志劣，冀如吾弟之骚屑不平达之以诗者，抑又不能。四顾茫茫，几不知涕泗之何从也。

光绪二年（1876）丙子正月。

注：听橘园，位于今开福区原营盘街南侧，为晚清周寿昌、周礼昌兄弟私家宅园。民国时毁，所在街巷以园为名。1999年，因修建营盘路而被拆除。

游葵园记

民国·欧阳纶

幼从师受古文辞，稔长沙王葵园先生名，及客长沙，尤习闻葵园多遗书，心响往久之，尘鞅拘牵，造纺莫由。丁丑（按：民国二十六年）夏仲，铁路局同仁王震万君，俊逸其姿，冲和其性，年少文雅，风味醰然，健羡不置，闲叩家世，则葵园先生孙也。一日震万要约，驱车至稻谷仓，有额门葵园者，叩而入，震万介见其叔石菴，及《国学报》魏编辑节山尔先生。茗谈甚欢，石菴先生曰："葵园，先公解组所筑居也，乐道著书，数十年不复出，世称葵园先生。"

园，曾以乙亥岁军库失火，殃及大半，旋斥产修复，稍异旧观。园西为居室，室尽左折构层楼，曰"虚受堂"，储遗书。室之右为荣禄公祠。既乃取次导观居室各幢，张列充栋，四壁石刻林立，郭筠仙所书"永慕庐"额及跋语尤矫健，使人神王。转涉园林，矗然者墙，潴然者池，鹅鸭绕栅，瓜果成畦，异卉名花，族聚而繁植，绿荫连幄，青苔遍地，小鸟迢啅，零露有声，踯躅怡神，几忘身在阛市中矣。

登藏书楼，比屋叠架，皆玉轴牙签，精整光洁，目为之炫。《国学报》社即设偏东楼，时渐炎熇，南风不振，凭栏偶憩。遥闻呼卖报声浓，亟探视，则《倭寇侵卢沟桥，我军奋起抗战》之号外也，相与怃然而别。

夫今日而言国学，殊类失晨之鸡。虽然一武士道耳，倭邦矜为太和魂，矧我国学，垂五十年，圣圣相承，树不拔之基。民族精神，胚胎所系，讵可瞀于世变之日新，今昔之异势，而舍已芸，尽忘国本哉。此有识当道，所以提倡国学，扶大雅之轮，与时代文化巨流汇合而齐驱，兼收众长，以适应于不敝，而追崇明德、转移风气，并为当务之急也。

葵园先生，近世国学泰斗。斯园一隅，实关国故，宜乎世之推崇拥护，岿然长存天地间，以兴起我后之人。于吾固有文化，确乎以自信，卓乎以自尊，益阐发光大于勿替，又岂僅流连光景，观游观之乐已哉。越日，特抒所怀以语震万，时虽方棘，群情皇皇。震万顾不以余言迂且悖也，属书为之记。

咏风亭记

民国·曹典球

清初，湘士之应试者闱场与湖北共，必涉洞庭，历风涛之险，甚以为苦。至雍正时，乃分南闱在湖南，就赐闲湖遗址建立贡院。赐闲湖者，明吉藩以赐颜副使退休养老者也，旧有亭台楼榭早废。清季罢科举，湘人议改贡院为学校，而其时余与谭组安、黄泽生诸人，创设教育会，请诸有司，割贡院地二三十亩为会址，推廖笏堂主工程。掘地得水洗，上刻"稼轩宝用"，后为笏堂持去，或者斯地于明以前，曾为辛氏旧居欤？会初建固简陋，经民国十余年，栋宇将圮毁。湘省长赵炎午复推余主新建之役，方事兴筑，而湘乱作，舍去。嗣为何芸樵主席、张慕舟厅长续成之，逾年，复毁于战火，又修复之，即今会所，又名中山堂者是也。属王生季范、胡生翼如各董会务，择会侧隙地，构一亭，颜曰"咏风"，以余曾与会事，请为文以记之。

余维教学之法，莫善于诗。诗以风为首。《毛序》曰："风，风也，教也。"风以动之，教必化之，盖风者大气之鼓荡，人无风则窒其息。以风为教，其取义之精微，非深于教育之理者，莫能知也。王生以"咏风"名亭，或亦有悟于此乎。余又见人事之代榭，一如风之变动不居，即此会址，以考其始末，犹不能不感慨系之也。

题长沙开福寺

宋·张栻

长沙开福兰若，故为马氏避暑之地，所谓会春园者。今荒郊中得砖甓，皆为鸾凤之形，而奇石林立。二百年来，其城中官府及人家亭馆之玩何可数计也，而蔽于榛莽、卧于泥池者，尚多有之。当时不知载致何所，用民之力又何可量哉。马氏父子乘时盗据一方，竭泽聚敛以自封，而又以资其侈靡之用，旋踵而衰。兄弟相售敌，鱼肉为恐不及，亦其理与势宜然。

今湘岸有淫祠，江中有誓洲，及其交兵诅誓之所。小家自为蛮触，只足以发千载之快。一快西被禊亭，下临湖光，举目平远，自为此邦登览胜处，不足用马氏为汙也。

重修紫微山开福寺碑记

清·胡景曾

凡山川胜概，皆灵气所钟，而最灵者莫如人。故非具开辟之手，不能从荒芜榛莽之地，大启招提，宏开色相，而树峻巍之观，以阐扬宗教。斯其人，或数百年而一见，或数十年而一出，岂易觏欤？

潭州紫微山，踞府西北，山环水绕，距城数里。虽舟车络绎之途，实缁衲息肩之所。粤西自马武穆称王建国，命保宁禅师开法其间，千僧云集，佛法创兴，何其盛也。至宋嘉祜，有紫珂禅师中兴塔院，梵聚诸方，殆继美欤。先朝洪武辛亥岁，有彻堂禅师复崇庙貌，大阐宗风，四方缁素景从向慕，又一时之烈也。其后简藩膺封，定王继统，重加修葺。迨至嘉靖，栋宇摧颓，墙垣倾圮。时则吉王与通郡搢绅人等合力鼎建，峻宇丹楹，复睹壮丽。讵意承平已久，百六害周；兵燹叠起，遂为灰烬。孤塔参天，荆棘被地。人天失利，四众无依。象教凌夷，莫此为甚。

暨我皇肇基，天命聿新。幸佛国禅师航海而来，见兹祖庭荒废，破草辟榛。掷锡单瓢，时禁双足。纲宗日久，参究功深：法本天童，灯传临济。湖南阐道，竹关便是禅关；城北宏宗，道岸原来彼岸。德足服众，诚以感人。缁流拜其下风，绅衿嘉其苦行。茶亭润渴，绝之行人。香积饱参，方之众衲。是以卜镇一见倾心，欣然相得，发无穷之信向，作佛法之干城。遂领上善人誓共发心，捐资洪造。起于辛丑，以迄乙巳，五载营建，方奏厥功。殿宇廊厦岿焕，佛像钟鼓猗欤庄严。千僧锅利益诸天，放生池鸿慈及物。迨至戊申，继创寿塔。本郡庠生萧丽上思祖庭已复，灵骨无藏，资作普同率睹，起造幽明长钟。施屯田五石，供永远香灯。

是寺也，西至罗家桥，东抵阮家垅，木鱼岭界其南，白莲池抵其北。湖名“碧浪”，井曰“龙泉”。宇内巨观，人天法眼，远迩瞻仰，咸曰休哉。拮据成劳，讵可泯诸。

余宦星沙，目击其事。感废兴之有时，非大力之莫振。佛国不啻为传灯之法嗣，实兴复之功臣矣。当与保宁、紫珂诸禅师同开福以不朽。

爰镌之石，以纪其胜。是为记。

开福寺邑志碑记

清·韩崶

开福寺，湘春门外二里紫微山碧浪湖之前，五代马殷创建寺宇。马希范作会春园、嘉宴堂。僧保宁讲法其间。宋嘉祐时，僧紫珂继修。明初，僧徹堂暨简藩相继重修。嘉靖时倾圮，吉藩同绅庶鼎建。后有观音阁，四面皆水，颇称佳胜。

国初顺治十七年（1660），僧佛国卓锡于此，募修本寺，建茶亭以待旅人。康熙八年，总兵卜世龙倡捐重建。巡抚周召南、藩司郎永清、臬司李荣宗、知县胡壮生助修天王诸殿，推官胡景曾为之记，郡庠萧丽上施屯田五石为香火田，属僧日夜击幽明钟，勒石监寺。乾隆三十七年（1772），寺后制解川火药，廊屋被焚。巡抚梁国治饬僧募修。六十年，制征苗火药，火发于臼，延及后栋廊屋。后修葺其山门，联云“紫微栖凤，碧浪潜龙”，盖方伯韩崶嘉庆十五年（1810）所题也。

长沙开福寺碑

清·徐树钧

从来废兴之故，虽曰人事，实关天运焉。释氏之法，称曰常住，宜若不言兴废矣。乃此邦兰若招提之建置，历数百千载，迭兴迭废，固与天运为转移焉。

开福寺者，五代石晋时马武穆王所创建，马希范嗣业落成，在长沙湘春门外二里许。麓山拱其旁，碧湖枕其后，有会春园、嘉宴堂、祓禊亭、圆通阁诸胜。时则有保宁禅师阐扬主教，大启禅关。

宋嘉祐间，紫珂禅师继修正觉。元祐间，真如喆禅师重演菩提。崇宁间，道宁禅师精契三藏，法门中兴。今寺后宁祖舍利塔存焉。绍兴间，圆悟勤禅师讲明心性，高宗特赐藏经，聿宏象教。

明洪武间，彻堂、溪谷、普性诸禅师载新庙貌，净土复光。嘉靖间，吉王与谷城王及善士周麟等合力兴修。明季兵燹，栋宇无存。

国朝顺治十七年（1660），佛国禅师剪荆卓锡，重修茶亭、放生池。康熙八年（1669），卜总兵世龙、周中丞召南、郎方伯永清、李廉访荣宗、胡大令庄生重修天王殿；推宫胡景曾为记。僧众置寺田七百余亩。雍正七年（1729），县令成泰薰亏空库帑，借寺田抵偿，寺僧不能拒。九年（1731），赵中丞宏恩慨然捐廉，赎回寺田，报部立案。十三年（1735），上谕清查天下丛林产业，永作香火挂单食用之费。该寺契据存库，毋许典卖侵蚀，刊碑竖寺，造册给僧。此寺东抵阮家垅，西抵罗家桥，南界木鱼岭，北至白莲池。基业世垂，徒侣云集。乾隆三十七年（1772），金川用兵。湘中应副军需，就寺旁制造火药，猝焉轰发，殿宇碑石悉为灰烬。既而梁中丞国治，姜中丞晟，先后修复毗卢殿，数年告成。嘉庆初，川楚剿匪，复因造火药轰发，此寺焚如。十一年（1806），韩方伯重葺之。咸丰初，粤寇犯长沙，复毁于贼。盖自五季至今历九百余年，凡十兴十废矣。同治间，僧御烦、常静、自修、自皈、安定、安然等，率众禅和，披榛薙莽，嗣法传灯，并造五百阿罗汉像，大悲八十四像。凡寺田侵夺者收复之，重佃者减轻之，于是岁入香火租谷八百余石矣。光绪初，少登禅师舍财供众，法侣皈依；筏喻禅师心性慨然，祖堂续建；实明禅师宏慈振废，传戒开来；常静禅师具大慧力，为实头陀，募修僧寮、方丈、禅堂、斋堂。遂开选佛之场，宠演毗卢之偈。虽则旧观未备，庶几坠绪克举焉。

嗟夫，自粤逆倡乱以来，精蓝古刹，夷为丘墟者不知凡几。自非诞降贤豪，笃履苦行，群神肃翼，愿力护持，则曷由继绝扶衰，传宗衍绪，以迄于今乎。吾故曰：“废兴皆天也。”

福山镇总兵官长沙陈君海鹏及善士等，修葺毗卢佛殿，并施金构亭于寺后，俯瞰碧浪湖，规复祓禊之旧。春朝秋夕，集缁素之能诗文者，联吟煮茗，嗣响风骚，亦吾湘之胜概已。僧众请纪兴废之由，为文以告来者。

记名御史赏戴花翎、户部福建司郎中、军机处行走长沙徐树钧撰并书。光绪十三年（1887）岁丁亥正月。

重修万福禅林碑

明·陶汝鼐

粤稽瑶光拟殿，俪黄屋之珠林；石影留龛，踵兰台之自氎。五家盛其禅叶，枝枝接菩萨身云；十界演于心花，历历见轮王掌果。毗岚大而恒河不改，悲愿重则劫土选灵，有由来矣。若夫南岳而下，沩仰开宗；杨岐所承，石霜再震。则潭州为多宝之山，星郡实众香之国也。倘复金汤宏护，锡杖孤飞，感裴、李之重来，崇律、禅之二德，如斯盛事，并利嘉生。

万福寺在郡西宪府之左，或谓古龙兴旧址也。当其戎马云屯，独披净域；精蓝日盛，遂冠湘州。尧衢启甘露之门，雄梵广布金之地。盖自岳禅铁目，始皇帝顺治戊戌（1658）奉其师破愚老人，辍南询之棹，休暇于兹。谢彼万山，行其六度，丰干未敢饶舌，顽石遽欲点头。逗念刹竿，随缘渠水。

又二年，庚子岁（1660），经略内院洪公肤公万里，还节三湘。金轮放道于天童，玉衡作镇而星聚，爰有八旗上将七校雄师，以其地逼高牙，梵邻铙角。成钦白足，杂施朱提，初刨关帝庙。种树绕垣，依莲作社，迁其茶庵，以临周道。明年，建大士殿，云房翼之虚，其中为祖师、伽蓝二堂，殿后接宇为轩三楹，肖韦功德像。北向甘泉出其左，规流为池。池有岛，岛上为阁，祀龙神，竹树环映之。距泉数十步为香积厨，则山门廊庑、钟鼓之楼，丹垩焕然，成大兰若。然且严净地，置床座而有余戒。定香薰河沙而未已也。

今上乙巳（1655），藩伯郎公瞻礼起信，喜施捐财，特构后殿五楹。中为牟尼大像，侍二尊者；玉毫妙相，雅极庄严，璇榜雕棡，工尤壮丽。又明年，于殿之左别为方丈，以待咨请，则又聚石多奇，雨花不绝。相轮风转，迦陵警震旦之音；飞观云衔，紫贝绚标霞之影。乃有南岳舍利，远来放光；西域沙门，闻而挂锡矣。

夫虎邱海涌，即在烟阛之中；鹫岭天容，特出金台之表。拟斯殊胜，何以加欤。惟时开府大司空周公，维摩种智，金粟前身，随喜落成，深加赞叹。灵岩继起大师，受公敦请，幢盖同临。天人围绕如斯，希有之会。适当告竣之时，盖康熙丙午岁晏，日在房也。是役也，计为殿三重，后殿高倍于前宇，广视丈又倍之，址方若干丈，次第工作，凡八岁而竣。

袈裟所覆，意至皆圜，瓶钵之资，神输自满。庶几永崇佛庙，增翊皇图者矣。然而，事有补于南宗，文莫道于北海，表为仙梵，谨泐贞铭。

修泐潭寺记

清·姜立广

山林之与廊庙不相侔也。景物者，达士之功名，而仕宦不与焉。虽然，亦视乎所好之人与所遇之时耳。犹忆康熙壬戌，余分刺泉州。自幽燕下青徐，望岱岳，溯江淮，逾仙霞岭，其间丹山碧水，应接不暇，辄流连不忍去。然是时年方弱冠，海氛甫靖，碌碌簿书，欲历探诸胜以记，一时之兴而心焉未逮。嗣后浮沉郎署，复有岁年，昨壬午始奉命出守长沙。长沙为楚南会城，即古潭州地。湘江、岳麓映带回环，实称壮丽。而都人士亦彬彬儒雅，闾井稠密，风俗敦朴，盖沐浴于孔圣天子教养之深，为之上者抚绥之备，而又时和年丰，有以致之也。

余剖符此郡，苦无余闲。一日，偶至北隅，平衍空旷，俨然山林气象，有寺曰“泐潭”。夫城内外不少名刹，而基址空旷，形势宏敞，莫泐潭若也。第其中佛宇鼎新，隙地甚宽。相度周遭，见夫荷沼竹溪，高下曲折，意其先必有亭台桥榭以资游览，或岁久湮没，寺僧弗之识耳。

余因之而思，古来诸贤达官，坐堂皇理政事，兴利除害，孜孜无刻晷之暇，犹采风问俗于二三父老，周招博访，辙迹所至，未尝无其地，无其事焉。至于登眺徘徊，悦心志而怡耳目，又其余也。兹幸官是土者皆贤士大夫之选，于是与长沙王令转相劝募，鸠工庀材，畚锸所加，旧址厘然，所谓岁久湮没者，与余心中若有默契。构造聿新，轮奂斯美。堂所以聚贤论政也，阁所以登高望远也，箭亭所以较力观德也。山远而清，水环而碧，鱼沫禽飞，卉夭木乔，何莫非昭著太平之景象，描写吏治之优闲乎。则是举也，山林之与仕宦，其人、其时不相谋而有相济者矣。

故为记其事略，将使后之人摩挲其岁月，以见吾一体相关之雅。且如藉以息机涤虑。非等诸不急之务，则增修而致饰之者，未必无同志也。

重修铁佛寺记

清·任绍爌

长沙郡城北里许铁佛寺，考碑盖唐开元时僧法华创建者也。范铁为佛像三尊，故名，后以兵火寺毁。明初，僧鲁山领本郡都纲正僧纲司于东庑，僧圆真嗣其任，建大雄、天王二殿，观音阁、左右廊庑、门墉、井湢毕具。成化间，僧大云复广募修葺，寺遂称盛。当明末之际，兵火频仍，寺复残败。

迨本朝康熙十三年（1674），长郡为吴逆窃据，至十八年（1679）始恢复。余滥叨郡守，偶过前寺，止大雄、天王二殿。殿后三间率皆破损倾攲，未几而大雄殿顿尔颓倒，巍然三佛露峙于风雨之中，过者兴嗟。或谓湘江迤城西，直泻北去。兹寺镇锁下关，则秀气停蓄不泄，形势家能言之。顾以羽书旁午，无暇及此。二十一年（1682），滇、黔底定，军供渐稀，经前任抚部院韩公念寺为风水所关，慨然捐资以为重修之计，委予监修。甫购材庀工，而韩公以移镇西蜀而去，予又以罣误离任，寺工亦以资竭停止。从前所购之材木久将朽弃，所费之工价尽属虚靡。予每念及，辄为憬然。会原任永郡伯许公慨捐六十金，勉予必竣其事。是时各郡邑诸公亦复量为捐助，共计百十余金。遂委徐经历督修，仍复兴工。讵意工巨资微，甫竖木，而捐资辄尽，势难再辍。予于是独肩其费，遣宁、袁二书计守、督工匠，每日晨往暮归，三阅其月，幸而事半功倍，工以告成，计起建大雄殿周回共五楹。因其旧址，高耸过之，飞甍重楼，上下二层，以第二区为楼。登楼四眺，则江山风雨吐纳如在几席。又制铁鼎三、瓶二、磬一，作佛前香供。厥工粗毕，予得借以无负韩公之委，而所费金钱不致虚靡，予志足矣。倘云将以邀福，则非予之本志也。

唯是殿宇虽成，不过仅蔽风雨，而其楼上北、东、西三面，予皆护以板扇，其南面须作明窗亮牖，方惬楼制。楼下、殿前、后门以及佛像尚未装修完备，其天王殿破损如故。顾予旅况萧然，力实告竭，当以俟后之君子。先时长沙士子久未发科，是秋殿楼甫成，而秋闱登隽者顿有其七。岂兹寺果有关于长沙之风水，而遂有验可信与？故并记及之，以为后征云。

重修铁佛寺塔诗序

清·觉罗敦福

国朝乾隆四十年（1775），前中丞令少司农会稽梁公重修长沙铁佛寺。之明年，寺既毕工，绀宇焕发，像教重辉。时则岁丰人和，百物阜成。余方摄官抚军，乃率僚属，顶礼梵王，介厘迓祉，香介清严，咸称盛举。遥见寺门左方有塔巍然，俯瞰江郭，风雨久摧，相轮隤陊。虑匠石不继，无以肃观瞻，普慈利。询谋佥同，檀施协力，鸠工庀材，将拓规而加扩焉。练日蒇事，除旧甓，启敝扃，得铁柱如幢贯塔中。长丈有四尺，围圜尺有七寸，首微锐，有穿下，砥平如截，项刻蟠螭，重约百钧。一鼓镕成，完好无缺。爰命工剔抉锈藓，环饰文字悉露。上为宋潭州判官李思明《皈依慈氏佛发愿文》，下为观音大士《陀罗尼咒》，皆进士董護书。寺僧曰道崧，镌工曰李升。计字七百六十有奇，楷法隽妙，得未曾有。余维颜书《多宝》，柳书《玄秘》，并皆砻石垂示来兹。至于镂称坚铁，疏著夏书，铸勒铭文，功归冶氏，如景龙法性。各钟识款，靡不发金就范，倾写印成。若此大书深刻，錾凿精良，洵属奇觏。

考郡志载，唐开元时，衡岳降神，舍铁造佛，兼铸是塔。塔之铁柱，唐制无疑。末署淳化元年（990）庚寅，岂宋修唐塔时所镂欤？又考，明成化十二年（1476），及我朝康熙二十二年（1683），并经重修佛寺，未及修塔。故塔柱无闻碑乘，但言铸塔，亦不言铁柱。塔柱为铁，铁柱有文，至是始显。盖舍坚固金刚不坏，加以空誓秘文真言法宝，天人拥护，历劫如新。一时好古者，日就摹拓，奉为稀真，固其宜也。于是督学使李公汪度、廉使郑君大进、观察仓君、圣裔粱君敦书、汪君、新郡守王君，鸣歌咏其事，继声属和者若而人，共得诗若干首，不啻集古金石诸篇，搜奇录异，提唱宗风，响达檐铎，于以首导众生，宣扬佛日。塔与寺俱复旧观，上祝圣寿，永镇江国，尤足志庆也。夫因颠末与诗亦并勒贞珉，籍传不朽云。

寻故铁佛寺记

清·熊少牧

出湘春门迤西数武，为铁佛寺，唐法华禅师所建，铸铁成大佛三尊，故名。寺前有塔高七级，中铸铁幢镌佛偈，书法精妙，宋以前物。禅宫宏邃，旁一笠亭犹胜。

道光丁亥（1827）夏，余偕人避暑，同游其中。老木交荫，凉风徐来，上悬诗额有“草光坠地凉如水，岳色窥人绿过江”之句，秦小岘瀛笔也。座间指岳麓、天马诸峰，岚翠扑眉宇，湘流浩淼，贾樯渔舸明灭。林外历溯南唐马氏会春园、九龙殿，遗址宛然。虽霸业烟消，而一时豪雄割据之略，至今犹可想见。剧谈极饮，薄暝始归。

嗣后余远出，不至寺二十余年。每遇名山梵宇，仿佛其境，辄惓然思续前游也。

咸丰壬子（1852），粤逆犯长沙，攻围数月，势汹汹。大帅恐塔寺穴贼，下令摧毁，半椾无存，铁佛露坐瓦砾中，蓬封藓蚀而已。寇去之明年，中丞骆公议复其旧，以费绌不果。

夫江山欲胜之区，乃天地大友，即人事代谢而风物不改。然无林卉台观、钟鼓麟羽以活其趣，助其升华，则风月无聊，荣落异局。游者虽可以神过，不以形求，而俯仰陈迹，觉沧桑陵谷之感，怅惘于怀而不能自已焉耳。庄子曰：“山林与泉壤，于使我欣欣然而乐。”于乐未毕也，哀又继之。旷达如漆园，亦无从而矫之也，宜也。

今年春，偶与客散步城外，周览故墟，凭吊久之，因书而为记。辛酉寒食日。

募修上林寺小引

清·郭嵩焘

佛法入中国垂三千年，所言明心见性之旨，与吾道相为异同，今之僧众罕有焉，独其所为戒律，其徒固世守之，有非吾儒所能及者。彼教中神通衍为北宗，其于生死来去，神鬼怪秘，诚若有以尽其变，为人所敬信，则今喇嘛僧是也。为僧众者，因缘附会，舍其真实而求权应，而南宗之传亦微。要其象教之设与禅真之所栖止，盛衰兴废，历时百变，固尝有人焉持其后，教以延而弗绝。

上林寺者，唐戒灵禅师演法之所也。递传至康熙初，懋功禅师实昌其绪，而布政使郎公因其寺基恢廓而崇大之，遂为会垣名刹，十方接引，饭僧常数百人。而其后侵寻为刊刻官书之所，僧寮阒然，莫庇其生，寺亦颓废逾半，多治为民居。剑州李公来为布政使，檄书吏还诸寺僧。于是西枝和尚实住持斯寺，感李公之加惠，重启法门，建戒律。既乃顾瞻寺宇，喟然曰：“是寺重修于郎公又二百年，敝坏不治，且日蹙矣。佛殿之存者，栋桷摧朽，架木枝柱之，又十余年于兹。今传次在予，而令是寺及予身而圮，无以赞益李公之德而永其延，厥咎滋大。”谋博微同志，式宏佛教，葺而新之，属嵩焘为之引。

异时会垣上林、沕潭、开福三寺，为僧众聚集之区。居者有所安，行者有所庇，法教普焉，志愿宏焉。沕潭、开福寺基仅存，独上林寺犹为丛林，不宜更就倾颓，使戒灵一钵之传，迄今而就荒也。夫彼教所以觉悟愚民，常有所偏胜。晋、梁以来，释、老代兴，乃今而俱衰微，则耶稣之强民以崇事者兴焉。佛之教，日引召其徒修而行之，其传有所归，而其流有所止，使人知其为教犹不逾乎心性，以无急折而入于耶稣也。倘亦吾儒之志也欤。

潭州重建寿星观记

元·虞集

古者六宗之禋，星居其一。《大宗伯》：“以实柴祀日月星辰。”辰者，日月所会十二次也，故角亢为寿星之祠也。秦人立祠于雍，自日月星辰以降，祠庙百数十，寿星祠在焉。说者曰：“寿星，南极老人星也，在狼南北地，则参角之下一也。”古者以为生人寿命应之，恒秋分时见于南郊，有国者以时祠之其地焉。然则一祠也，俱谓之寿星。唐开元礼寿星坛，既祭老人星，又祭角亢七宿，盖兼之也。荆及衡阳之野，上应翼轸，而潭州有寿星，则以长沙一星在轸旁，而轸旁之余度入辰故也。宋政和中，湖南漕臣以潭之子城西北隅所为民地者作之，以为有乔松苍龟之瑞。方是时，人士崇尚道教，祷祀神祇，四方依仿，以将顺其上，何可胜数。然未数十年，胥为沦没，讫不复存，而寿星观独传至于今不泯。岂非上下之应，次舍之限，真有不可诬者，而所谓渊跃光明之下属，必将表现于斯也耶。然观旧无田以备瓜华之奉。庆元间，自岳麓宫分余业给之，乃见夺于势力，不能全其有。至己酉之间毁。住持提点石以能奥其徒，劝众人出财，累辑以新之。寿星有殿，万寿有阁，鼓钟有楼，藏经有室。翼以两庑，表以三门，而观始具，可谓势而成者哉。表著其事，以示久远。

而窃以为寿星者，礼诚当祠乎，宜自天子置祠。官倾之法，应祠在郡国乎，则为郡国者当治之。今至使方外之士，殚其私力以为之者，何也？且今为道家者，自玄教大宗，宗师、嗣师为朝廷所尊贵。予尝见其在廷中为公卿言有国久长之道，皆合于清净无为之说。其所谓祝釐上方者，意甚深远。寿星果有系于寿命之应，必胜推而明之以报乎哉。夫论次用事，鬼神之表里，予所不得辞也，故因其有请而为之书焉。

注：今开福区通泰街南两条毗邻老街，名寿星街和玉皇坪。寿星街源于寿星观，玉皇坪源于玉皇殿。玉皇殿前身乃寿星观。寿星观始建于宋代政和（1111—1118）中，元至大（1308—1311）间重修，“初在府城驿步门（大西门）内，洪武（1368—1398）初徒通货门内”，即今寿星街、玉皇坪一带。清光绪三十一年（1905）端方抚湘，将玉皇殿前殿改作官立第四校校址，后殿仍供奉玉皇。

重建寿星观记

明·黄宝

长沙寿星观旧在郡城驿步门内，《图经》不载其所始，洪武初徙今地，永乐辛卯毁于回禄。天顺戊寅，道录司掌书邓潜哲倡率其徒，募缘修葺，少司马王公伟记其事。谨按，《大明一统志》：长沙古荆州之域，天文翼轸分野，旁有星，名长沙，适应其地。然寿星明，则人民寿昌，名观之义盖如此。逮岁历既久，风雨浸渍，颓垣栋桡，岌焉弗支。暮鼓晨钟，声沉响阒，有不堪属目者。幸际吉王殿下有屏藩之寄，多历年所，习知地方事情，闻而叹曰：寿星为观，迹肇前古，且为国家祝釐之所，敝而弗修，岁时称庆，习礼何以耸人之观视。乃发内资若干，命承奉李献总其纲典，宝正江宏董其役。于是发材于山，运甓于陶，川汇山积，简材召工，以正德壬申岁僦工。经制施为，各以其序。中为殿，曰“三清”；后殿曰“玉皇”；前殿曰“四圣”，次为山门及廊庑之属，明年乙亥四月告成，总之为屋若干，栋宇言言，檐阿晕晕。丹垩鲜治，金石辉煌，高明靓深，瑰玮轩豁。虽不改旧名，而胜概壮观，视昔百倍。盖工用以万计，赀费以千亿，使吾郡之大夫士岁时簪合，骈首跂足，瞻望祝颂，以为一郡伟观，不有所记，将无以垂后。

况余家潮宗门，距观不一里许，目击修葺之功，是不可以无传也。余窃闻之道家者流，本出于黄帝、老子，其道以清净无为为宗，以虚明应物为用，以慈俭不争为行。自秦汉以来，为其徒者，相与推演，乃有飞仙变化之术，黄庭大洞之法，太上、天真、木公、金母之号。至于丹药奇技，符箓小数，自京畿以达于中州通都大邑，靡所不知。下至远方，虽僻陋穷边，山海万里之外，莫不崇奉。然黄帝、老子之道本也，后之推演者末也。修其本末，自应仰惟贤王，好善忘势，屈己下贤，竟明以处事，虚静以应物。兹乃侈赢余，一新是观，盖欲寿星辉朗，上以祝天子亿万斯年，下以祈一郡黎元灾厉不作。洽于康裕，夫为国保黎，可谓忠也。欲民寿而且康，可谓仁也。既忠且仁，此本之所以修也。

《易》曰：“天之所助者顺也。”《书》曰：“作善降之百祥。”《诗》曰：“显显令德，受禄于天。”今观成之日，民大和会。鼓舞讴歌，声闻于天。天地歆答，神其来格。祝史无求，福禄攸同。时万时亿，藩国弥昌。所谓修其本而末自应，岂不然欤。予既书之以告来世，复系之铭。铭曰：

惟我贤哲，默运化枢。其作飙举，其助云输。图新去故，厥工群趋。百废具举，在于斯须。仪观有伟，光彩发舒。上祈懋德，天神鉴之。贽贽维藩，永锡蕃釐。勒祠贞珉，百世之垂。

重修寿星观碑记

清・姜晟

楚南省会曰长沙，其地按天官家属轸宿分野，长沙一星在轸中，主寿命也。长沙明，则人寿，子孙盛。又，轸为南方七宿之终，于角亢躔次为最近。《尔雅》以角亢拥寿星，而长沙星又主寿命，其请长沙以寿星各具观之所。前明崇祯碑睇然独存，而遗迹荡焉不可辨识。辛亥（按：乾隆五十六年）之岁，余奉命求其故址不得。得故碑而读之，始知旧所谓寿星观，即今邦人士所谓之玉皇殿也。有明废复，不知改于何时，已不可考。明长沙黄令理其役，鸠工庀材，不渝时而告成。瞻榱栋之崇闳，仰神灵之赫奕，令人肃然有上帝临汝之惧焉。岁时为民祈福，则使省与官斯土，成有事于庙。比岁以来，年谷顺成，无雨旸旱，无厉疫夭折之患。夫孰非太清之表，有以执大同之制，调壶鸿之气，以锡之福哉。夫宦辙所至，往往搜采幽秘，表章胜迹，作为诗歌记序，以侈其游观谨赏。宝从之盛，不过学士文人约会之所寄耳。而此观则民生休戚相关，非可同年而语也。唯是土木之黄，日久必圮。正德重修复不数百年，而碑所云高明靓深，瑰玮轩豁，胜概壮观，视昔百倍，有已不可复睹。安知自今以往，不更夷为荆榛荒秽之区哉。

余爰捐廉为之倡，方伯、廉使，以次递为之资其成，以为岁修垂之计。勒诸贞珉，传后之君子，踵而行之，且接而允之。于以祝国家万年有道之长，而吾民之乐其乐，而利其利者，亦亿万年永天之休矣，岂不懿欤。

重修玉皇殿记代湖南巡抚姜晟作

清・魏瀚

百神统于天，天神之大者曰昊天上帝。玉皇之名不见经传，要即贵者太一之说也。楚骚《九歌》有《东皇太一》篇，楚之祇事上皇由来已久。长沙玉皇阁旧名寿星观，在郡城北门内，莫知其所缘起，毁于永乐，屡建于天顺、正德中。殿有三居，玉皇殿前者殿曰“三清”，次曰“四圣”。廊庑之属若干，其以寿星名者盖取长沙上应天文分野之义，而卑不可以统尊，则称今名为协。阅岁既久，丹黝剥落，垣圮而榱崩，非所以致尊也。

予膺命巡湖以南三年，岁皆有秋，民无疵疠，乃克修之。某某董其役，鸠工庀材，经始某年月日，落成某年月日，仿其旧规，新其像而妥焉。或谓天子郊天南郊埽地为坛崇质也，室处而像设焉，不异于古所云乎。

予唯天之礼至尊不可亵，而神实近于人，至尊则非，惟人道事之不可。即以神犹不可。是故王者对侑昊穹，《礼》《易》《乐》简，其他罔敢干。然匹夫匹妇翛首而瞻，此蔚蓝苍苍者，则尔心若或临之。渊泉不可穷掘，深则得水；上帝不可私倦，极则呼天。非天之近人乎。天子臣民之莫敢干。天而神之，魄宝昭临，光灵来格。恍兮惚兮，謦咳呼吸可通也。室之神，于是乎凭，固不得执礼经之说相难，况夫欲与神通。宫室被服非像神，神亦不至。明堂仿自周制，秦汉以来，祠天神者咸有庙宇台室。而汉武于甘泉宫画天地太一诸鬼神而置祭具。像之设，盖由兹仿。又见丹其室，金其躯，之于古乎异也。

方今圣人乘龙御天，百神受职，司牧者既无敢不心乎民，而又崇德报功，咸秩明禋。谓山川蒸云出雨，守土罔不虔恭祀事。况在天神，其何敢不惟民之勤、惟神之肃。都墙匝紫微之垣，楼观惊金银之阙。懿夫剡剡扬灵，天神咸降；雷师戒具，飞廉奔属。降年惟康我，民乃用庆。比岁以来，幸无获罪。垂享以歆，蒙福以宁；雨旸时若，札瘥夭昏。屏伏不作，其敢忘恩眷之自。然而不可常者，人之心也。天心仁爱，斯民亦视人心之敬肆为转移。抚臣旬宣兹土，敢告同官，君一天也。不负吾君，斯精诚格天。予用是懋焉，匡率其不逮。凡百君子，庶几恪其尔事，更有裨于民，以对扬天子休命。维时上帝，其居歆哉。然则伐材运甓，不足以为劳；黄金白镪，不足以为资。辨尊卑之等，合天人之交。仪制勿戾乎古，典礼可式乎俗。报本反始，致洪化于仁寿，以惠此一方黔黎，皆于是乎在。爰书而镌之石。

迁建关圣帝庙碑

明・黄学谦

按民教有三祀，典居一，祀法以死勤事则祀之，以劳定国则祀之，能御大灾捍大患则祀之。然汾阴好畴祀各其地，朝日夕月亦各其时，禋望升中，四峃各举焉耳。若夫肸蠁万尸祝千古，蒲坂瞽宗楚蜀神游，未有如诏封天尊帝君之隆且赫者也。郡治北城外旧有帝庙，父老岁时争持醵钱聚赛，至磔鸡刺彘，禳吉筮从，芸芸昏旦，遥应如響，盖不计年。

余治兵兹土，每低回义勇之色，忾若凭之。丁丑冬，流寇猝薄城下，无虑千人。初不得志于城南，辄相率于北隅稀旷之地，恣所劫掠。帝庙故逼垣楼，诸寇顺风纵火，计令守垣者惊且溃。余乃属望帝灵礼祷焉。须臾风且反而西，亡何内应之奸，近楼不数武，袖火四焚。余祷之再而风反亦再，旋得大索魁党，磔之城上，而寇稍稍焰熄。逾八日，冠复西窥江楼，谩意造云车可跨耳。而北则火帝庙以及垣楼，乘墉兼克，风霆莫支。余三祷而又三反，寇卒以失利而宵奔。嘻，睥睨之间，若有摄其魄而沮之者，佹叩佹协。将坛蟠踞，仿佛英标，则帝之神愈王、灵愈爽，其惠一方愈不斁也哉。余且齐心申祷曰，寇之犷逆如彼，帝之拯荡如此。万一阴隲下民，悉就烹缚，矢为逾新庙祀，作镇城中。曾未及期，而天王寺巢中集大兵临之，虺蛇之蛰尽屏妖纵，夫非当年横刀跃马之遗烈也耶。余悚且跃曰，闻之忠义民轨也，匪扬则淹；寇患民厉也，弗驱乃伤。驱厉于神，扬轨于吏，帝之赐也。社以稷之，匪以为报，永为民觃耳。已惟旧庙，前蔽狭径，而郭外既非所以妥灵。于是选胜内地得卫局之东，周遭可十五亩，间广阴森，宜帝降止。郡人来观，抵掌戟手，若神基之。

已而思曰，时得无绌乎。是未可以烦父老子弟，蒐餐钱之余先后得七百有奇，自吉王殿下厚倡之，两辅从焉，守佐令或百什以下为等，文武衿氓辈在其差。差乐效岩者、壑者、斲者、圬者、力者一如治私室，莫不义其役而归功于神。繇是堂殿垲洞，左右各翼以十楹。后为寝制杀于堂，宾庐在序，庖湢庾井各适其所，缭以丹墙，捍以崇门，巃然异往格矣。自命期以迄完缮，阅月有八。郡绅谈公嘉瑞、都尉吴景朝力董此役以告成。爰饵诹月吉迎神而入，佥谋记石以答帝功，余义不能默。

余唯帝在当时义勇雄概，称万人敌，记其挥戈斩级之所，在襄樊为多。方昭烈之西也，帝以节钺独守江陵。江陵距吴魏之冲，帝援襄攻樊，降其郡县数十。即智若彧、攸、勇若瑜、肃，无不委伏称臣妾。且也洞该麟史之略，宜会人心之天。解梁奋拔，涿鹿合并。参真壁于乱氓，识独鹤于群鸡。奇气高风，雄视三国。夫何域射豨啮，顿失隆勋，竟不获遂其祀汉配天之志。故曰，帝生而能英，死而能灵，天兵鬼斧无不知之也。湘城一垒耳，蠢兹肖寇，遽动其讐贼讨乱之心。呼而答祷而应，风可使回，炎可使熄。岂畴昔荆楚之戈，转而止于长沙，而皑皑之甲亦赭其马，以助圉臣之行间，而俾少逭其陷城之罚乎。则今日之迁祀，余区区初念，殆有先于子来者，乃忘其固陋而僭次于左。又为迎送神侗以侑饗云：

神之来兮髯飘飘，赤兔马兮青龙刀。汉朱幡兮蜀锦袍，风稜稜兮山鬼号。庙象岿兮俯平皋，荐桂醑兮然兰膏。抚境内兮祟勋劳，神之往兮朝贝阙。马腾云兮刀偃月，前青旗兮后黄钺。援荆襄兮度燕粤，行万里兮如电掣。岁降康兮歼彼孽，镇此邦兮灵不歇。

注：关帝庙原在北门外吊桥。汉献帝建安十三年（208）关羽屯营于此，后人即其地建祠以祀。后迁局关祠。长沙河西溁湾镇溁湾桥于明代又建关壮缪侯庙。关壮缪侯亦即关羽，因关羽死后追谥壮缪侯。清代营盘街省城隍庙侧亦建有关帝庙。另，南正街（今黄兴南路）、坡子街等多处亦有关帝庙。关帝是民间的护国神和武财神，被视为与文圣人孔子相并列的武圣人，又是忠义、诚信的化身。据《关帝志祀典》载："明嘉靖年间，定京师祀典，每岁五月十三日遇关帝生辰，用牛一、羊一、猪一、果品五、帛一，遣太常官行礼。四孟及岁暮，遣官祭，国有大事则告凡祭，先期题请遣官行礼。"

局关祠田碑记

清·赵申乔

祭法，以死勤事、以劳定国则祀之；能御大灾、能捍大患则祀之。自古名臣载在祀典者，皆其有功德于民者也。然或血食一方，而不能遍天下，或尊奉于儒林，或崇信于释道，而不能达之三教九流；或畏敬爱戴在于荐绅士大夫，而不能下逮于村夫健儿妇人孺子之辈。以是知神灵有及有不及，而人心之归向遂因之以异也。

唯帝君关夫子则不然，予尝过都越国，见夫嚣若城市交衢僻若村社，大而名山道院、浮屠住锡之场，小而荒原侧岭、行人栖息之宇，像帝君而尸祝之者，十有八九，而虔心稽首，无论贤愚贵贱，靡不肃然起敬，凛然其如在也。昔帝君之言曰："日在天之上，心在人之中。夫天无二日，而万方同照；人无二心，而万变同归。"帝君之威灵普遍，其即天之日、人之心乎。

长沙故三国时荆州属郡也，郡北郭旧有帝君祠，明崇祯丁丑毁于寇。备兵使者高君斗枢移建小吴门卫局之东，庙之四围有田一十五亩，募一老僧守之，岁取所入以供香火。僧既没，其徒与里中豪窃相与鬻且尽，而香火遂废，庙亦日就残圮，盖已二十余年矣。今协将高君一靖见而心恝，慨然以兴复为己任，捐俸薪尽赎其田以归。会高君循例赴京师，副协刘都司克圣推广其意，复虑将来僧民之不免觊觎也，且恐兵弁口实于营，将捐赀而藉端侵据焉，乞一言以禁诸石。予嘉其义，乃进而告之曰：

帝君独奋神勇，拥水军万人捍蔽荆州，以故荆南属郡之民幸不罹曹瞒之蹂躏。今日长沙赤子非其苗裔，即则帝君之大有造于此邦，其功德尤烈。自兹以往，犹有觊觎侵据以隳斯庙之香火者，是不戴天之日而丧失乎人之心，其奚可也。楚人奈何而出于是，聊书此以示来者。田之外有水塘七口，圃地五区，又街西屋基三间，周围皆有壕堑，皆不可泯灭也。故得并书。

康熙四十四年（1705）赵申乔撰。

重修关帝庙记

清・王加敏

省城武庙为大府致祀之所，庙貌尊严，基址接连省城隍庙。当军兴孔棘，制造火药，即在城隍庙内。咸丰己未二月念四日，药局火灾，倾刻焦土，而帝庙亦被毁，惟正殿尚存。殿中所庋火器尤伙，此而一发，省城东北隅将不知作何究竟矣。

幸蒙圣帝在天之灵发而即熸，危而复安，岂偶然哉。时加敏正综理军需局务，目睹神伤，首先捐赀，在事各友亦欣然乐助，越两年积有成数。遂于辛酉秋兴工，同治壬戌春告竣。计后殿一栋，正殿一栋。殿前左右两厢，其左厢奉移黄汉升将军像。又前为中门，左右各造厅事，为致祭时官僚憩息之所。头门外东西各树石坊、照壁，益加宏阔，昭肃敬也。共费钱三千三百七十余缗，同人仰霑帝惠久矣，所有捐赀皆本至诚乐输，故不愿书姓氏数目。加敏窃惟帝庙一落成，而省城隍庙颓败如故，火药依然堆积坐此，不能重建。惟冀皇威远播，草窃潜消，息烽火之惊，罢军装之役，俾省城隍基宇再造重新，是则加敏拭目以待。而尤仰圣帝之威灵，保障巩固于无穷也。是为记。

长沙府城隍庙钟铭

明・黄宝

余省墓至中湘昭山，昭山观道士刘信常，谨行之士，凡桥梁道路多所修葺，乃进而前曰："长沙府城隍之神，曩因土木绘像世远腐朽。"正德庚午，敬惟吉王殿下以是神国朝崇重，福善祸淫，有裨治化。盍若征金工，范金为像，庶与天地宗社相为悠久。是年冬，像成。第长沙古名郡，百族错居，动数万计。咸以神为一方具瞻，不假重器，无以孚洽神人，严晨昏之禁。据释氏云，钟之声扣之，可以上极天界，下洞幽泉。导死者冥昧之魂，出地狱沉沦之苦。若如其说，又能售拯苦之资，为神功之助，钟不可阙也，明矣。辛未仍发内帑，命承奉李献监铸大钟，信常董其事，帅金工相地抟泥成范，画其铣角，衡之度侈，弇为良篆，炼黑金五千斤，筮以十月吉火，天地之炉，扇阴阳之炭，聚精会神，鸠工其间，落成有期，请为铭之。

余闻先王之世，金部有七，黄钟乃乐之所自出，律吕由是而应，阴阳由是而均，夫岂细故哉。今我贤王仁德孚于一邦，贤声著于四国。既范金以为神像，尤垂睿意于鸿钟，则其宣畅和气，裨益化原，亦于是乎有赖，非特孚洽神人，严晨昏之禁而已。铭曰：

维天穆清，磅礴昆仑。雷霆一鼓，百物以生。维神具瞻，祸淫福谦。大镛斯扬，发挥沉潜。贤哉宗室，德音秩秩。范金为像，永镇邦邑。乃饬工倕，融金为水。不鉏不铻，轮圆顺轨。既启其型，涂衅礼成。台构悬植，摩乾荡坤。扬音大千，琅琅阗阗。傍震万壑，高闻九天。大鸣于翌，千门斯辟。訇然暮吼，群勋如息。欲摅灵气，昭融品汇。物无夭札，年谷攸遂。稽乐之原，钟实为先。裨益治功，亿万斯年。

注：长沙府城隍庙，明正德五年（1510）吉藩首建于城北空地古飞虎寨西（今开福区营盘路附近）。万历十九年（1591）知府吴道行重修，明末倾毁。清顺治四年（1647）知府孔延禧捐修。乾隆二十八年（1763）巡抚陈宏谋改作省城隍庙。乾隆三十八年（1773）、嘉庆十四年（1809）二次重修，添立八府四州城隍像和乾、风、永三门城隍像，规模更加宏大。咸丰九年（1859），因庙后火药局不慎爆炸被毁。同治十二年（1873）重建，光绪三年（1877）左侧重建一省城隍庙，从此省城隍庙、府城隍庙与关帝庙齐肩而立，为省城之一大福地。

长沙府城隍庙碑志

清·陈雅琛

从来有功于民者则祀之。庙居城北，福国佑民，为十二邑之保障。明末兵燹，栋宇倾圮。至本朝固山祖督师南征，驻劄星沙。又遇太守孔莅任，慨捐修建，焕然维新。并置河西地名双板桥田七十八亩，塘四口半，以供香火，立碑刻文以纪其事。不意住僧磨灭碑石，祖、孔两宪之功德几泯矣。然而犹有田在也。近年住僧并将田盗卖与刘姓，以致东西两班等众状其罪。经郡守王讯明，饬吏胥备价赎取，仍勒祖、孔两宪碑记，不忍没其善果也。然汶阳已返前宪之绩，不泯人心，叵测后来之变。因是董理首事属余为文，勒石永垂，以示不朽云。

康熙四十二年（1703）冬月陈雅琛撰。

省城隍庙碑代作

清·李元度

城隍之文见于《易》，庙祀则不知所自。昉《长乐图经》云：汉御史周苛为项羽所烹，高帝嘉其忠烈，诏州县庙祀之。然未闻遂名其神曰城隍也。惟镇江、庆元、华亭、芜湖等属，祀纪信为城隍神。龙兴、吉安、建昌、临江、南康等属，祀灌婴为城隍神。《南雍州记》亦云：南阳有萧相国庙，相传为城隍神。然则城隍之祀，殆始于汉欤？若其见于正史，则自吴赤乌二年，建芜湖城隍祠，外北齐慕容俨镇郢城，有祷城隍神获帝祐事。梁武陵王纪烹牛祭城隍神，有赤蛇绕牛口事。嗣是唐张说、张九龄、李德裕、杜牧、李商隐并有祭城隍文，李阳冰有《缙云城隍祠记》，则由汉迄唐，庙祀已遍天下。宋颁封爵，锡庙额礼秩有加焉。明初去庙为坛。自京师城隍神至直省、府、州、县，封王、公、侯、伯有差。寻诏去封爵，仍用庙祀，称其省、府、州、县城隍之神。国朝因之，《会典》及《通礼》有祭都城隍及直、省、府、州、县城隍庙之礼。盖天生民而立之君。有封疆吏暨郡守、州牧、县令以理阳，即各有神以理阴。阴之与阳，犹昼夜寒暑之相倚，理不诬也。

湖南行省治长沙府，于汉为长沙国，后为郡、为州、为路，至明复为府。成化十三年（1477），分藩于长沙，是为吉王。城隍庙在府治东北飞虎寨关帝庙之右，神像铸金为之。有文曰：都城隍像，正德五年（1510）吉藩造。盖郡既立国，神即为国城隍矣。入国初，复为府城隍。康熙三年分湖广为南北三行省，移偏沅巡抚于长沙。法当立省城隍庙，未遑也。乾隆二十八年（1763），巡抚陈文恭公始即府城隍庙改祀之，仍以府城隍配庙，遂合为一。咸丰初，军兴，设火药局于旁舍。九年（1859）二月，局不戒于火，庙轰毁，无片甓存。同治十二年（1873），议修复，佥以两庙宜分设，乃先复府城隍庙于故基。越光绪三年（1877）八月，卜地关帝庙左肇建省城隍庙。庙三成，各五楹。门庑五楹，缭以垣。为门二重，歌榭一。东西庑各八楹，分祀九府、三厅、四直隶州各城隍神，犹节署之有属官厅事也。其后为寝宫，为斋厨，神库崇闳赫旷，视旧有加。工竣于四年，共縻白金万二千有奇。新庙既作，像设有严，篮簋、笾豆、尊罍之属咸饬，乃筮日逆主，肃将祀事。时崇福以布政使权巡抚事，众请文其丽，牲之石。爰缕述始末，暨创建落成之岁月，勒贞石以诏来者，且为迎飨乐神之辞，俾工歌以祀焉。其辞曰：

大湖南兮风泱泱，砺岣嵝兮带沅湘。城伊淢兮屹金汤，有神绾毂兮绥是邦。神之格兮逶迤，驾苍虬兮骖王螭。揭桂栋兮芝楣，考新宫兮神是依。坎坎鼓兮傞傞舞，樽缇齐兮牲折俎。神醉饱兮谷士女，祛疫疠兮时旸雨。宜稼于晦兮蒸髦于庠，祭受福兮善降祥，祚我湘氓兮惠千万祀其无疆。

重修长沙城隍庙记

清·朱前诒

楚俗信巫尚鬼，《离骚》所载怪异不经，凭吊者过而忘之，以其非命祀也。命祀之隆，无如城隍，御大灾，捍大患，与祀典固合。而福善祸淫，守令之赏罚，时相表里，故余祗事之，诚未入庙而已笃焉。莅官阱来，斋心肃谒，而顾瞻庙貌，莫名其处，未几，马驰草径，车堕砾中。群相告曰：此即古城隍庙也。窜苍鼠于古瓦，莓苔之座已空；穴野狐于颓垣，土木之骸难乞。

嗟乎，《易》所云：城复于隍者其悲凉，当作如是观矣。顾毁于畴昔者，既应即戎之占；建于将来者，尤非自邑之告。而始有度土之劳，继有庀材之苦，惨淡经营，难忘贞励之戒也。越明年，瘠土日以滋，劳民日以纾。迄可不休，岁乃有秋。因作而叹曰：古人有言，先成民，而后致力于神。今民粗成矣，致力于神当在此一时。爰集父老以卜筑告之，佥曰：唯唯，吾见高国之鼓不悬，而遐迩响应矣；华元之扶不行，而畚锸毕具矣。材不必甚美，而竹苞松茂惟其固，不惟其丽也；工不必甚巧，而引绳削墨昭其俭，不昭其华也。庙成之后，奉盛以告，则黍稷惟馨；奉牲以告，则硕大繁滋。有不阴阳和而风雨时，以赞成天地之泰者哉。余念祀典之重，而推其庙之所名，勒诸石以告来者。

注：长沙县城隍庙，旧在湘春门外，清康熙二十八年(1689)知县朱前诒改建于湘春门内之保宁街（今开福区成功街）。乾隆五十二年(1787)、乾隆五十八年(1793)、嘉庆十四年(1809)屡次修葺，香火日盛。

五、历史地名辑存

原民主东街街道旧地名

中山路 东起小吴门口，西止沿江大道，为纪念民主革命先行者孙中山而命名，是长沙最早建成的东西干道，于1929年拆让小吴门正街、贡院东街、贡院西街、辕门上、小东街，直出福星门河岸，1930年竣工。民主东街道地段另有小巷名友爱村。

六堆子、五堆子 位于今青少年宫后，六堆子西起左局街，东止五堆子，五堆子西起六堆子，东止又一村。六堆子、五堆子原名六堆口、五堆口。

左局街、右局巷 左局街西起北正街，东止五堆子，右局巷东起北正街，西止三贵街。据清同治《长沙县志》载，明吉藩左营公局和右营公局分别设在这两处地方，故名。

巡道街 南起教育街，北止营盘街。该路近处有小巷名巡道巷，又名北牛里。

民主东街 南起学宫街，北止民主后街。原名学宫巷、小学宫街，因通长沙县学宫得名，1913年湖南省咨议会大楼建于此，街改名为议会东街。1926年北伐军进入长沙，国民党省党部驻此，又改称党部东街。1950年更名民主东街。与民主东街相邻的还有民主西街、民主后街、民主巷、福善坊。近处有小巷名东兴园、新运街、佘家塘。

先锋厅 黄兴中路与中山东路的交会三角地带。

又一村 今青少年宫旁，南起中山路，北止六堆子。青少年宫系昔日抚署花园。乾隆年间巡抚蒋溥将园林拓建，取陆游“山重水复疑无路，柳暗花明又一村”意，将园林取名“又一村”。街名沿用花园名。

营盘街 东起蔡锷北路，西止北正街。据《湘城访古录》载，北门营盘街为明四将军府卫队驻地，街由此得名。一说，南宋淳熙年间，潭州知州兼湖南安抚使辛弃疾创建飞虎军，以五代马殷故垒为营，即在今营盘街。该路另有小巷名戴祠巷、新生里。

教育街 东起蔡锷北路，西止又一村。清同治《长沙县志》载，清雍正元年（1723），湖南、湖北分闱省试，即以湖湘书院改建为贡院（今中山路百货大楼处）。1907年谭延闿等人在此创建教育会，此街即改称教育会街，后简称教育街。教育会前有一块宽广空坪，当时搭建有面北背南的戏台一座，坪两侧砌有围栏，成为有名的集会场所，后习惯称教育会坪（今省农业厅前部）

高升巷 南起潮宗街，北止活源桥。高升巷西侧为高升坪。该路近处另有几条小巷名聚奎园、怀清里、民主村、吴祠巷、熙乐园。

学宫街 西起民主东街，东止蔡锷北路。清同治《长沙县志》载，康熙四十七年（1708），长沙县学宫迁建至此，故名学宫街。该路另有几条小巷名一条巷、二条巷、三条巷、四条巷、五条巷、六条巷、七条巷希圣园、八条巷潮音旧里。

红墙巷 位于学宫街北侧，西起民主东街，东止蔡锷北路。古代巷之南侧为长沙县学宫的围墙。因学宫围墙粉刷成朱红色，故称红墙巷。巷西端南侧有魁星楼，故此巷亦名魁星楼。

崇文里、崇圣里 原名北文庙坪，崇文里西起民主东街，北止崇圣里，崇圣里南起民主东街，北止红墙巷。两街均因靠近长沙县学宫而得名。“圣”是对孔子的尊称。学宫街南侧还有希圣园，亦因学宫而得名。

头卡子 位于北正街、通泰街、成功街交叉的十字路口。头卡子十字路口之东的成功街因明代成功堤而得名。

成功街 位于头卡子十字路口之东，因明代成功堤得名。两侧有小巷名民主西街、北正巷、长春巷、光明巷、钟表巷。

惜阴里 西起北正街，东止民主西街。曾名惜阴书舍。东晋名臣陶侃，官至八州都督，封长沙郡公。史称陶侃朝夕运甓语人曰：“大禹圣人犹惜寸阴，吾人当惜分阴。”惜阴之名由此而来。

赐闲湖 南起五堆子，北止营盘街。据《湖广通志》载：明湖广督学颜鲸，退居长沙城北，吉藩赐以园池，名赐闲湖。清时已废，残留小湖，亦称四方塘。清光绪二年（1876）贡院曾在此填塘修号舍，巷侧原有水井，石碑“赐闲湖古井”仍嵌街壁。民间传说，此巷为东汉末刘备攻打长沙时汉降将魏延追刺长沙太守韩玄处，故又称刺韩湖。

杨家塘 学宫街南侧，因旧时此处有杨姓池塘而得名。

范祠巷 位于北正街东侧。些处原有范家祠堂。

王祠巷 位于营盘街北侧。此处原有王家祠堂。

菜场坪 位于成功街（城隍街）北侧。旧时为北门蔬菜市场，故名。

草药铺巷 位于北正街东侧，因旧时此巷有几家草药铺而得名。

听橘园 位于营盘街西侧。旧时为私家橘园。

文星桥 南起左局街，北至学宫街。1971 年将喻家巷并入，统称文星桥。文星桥西侧有文星里。湖南省第一中学最初于 1912 年创建于紫东园。

富雅坪 南起红墙巷，北止东兴园。清同治《长沙县志》载，抚标中军参将署建于学宫侧。又名副爷坪，后雅化为富雅坪。该路近处有小巷名富雅里。

盘乐园 盘乐园是营盘街北侧的一条小巷。此处系古代驻军营盘之地。后设置供军营将士游乐场所，故名。

原望麓园街道旧地名

蔡锷路 南起解放路，北止湘雅路。以中山路为界，北段称蔡锷北路，南段称蔡锷中路。蔡锷路始建于 1933 年，初名东长路，1939 年更名伯陵（当时省政府主席薛岳的字）路，1943 年定名蔡锷路，以纪念民初讨袁护国的名将蔡锷。蔡锷北路原为羊风拐角、小桃园、司马桥、三公祠等许多小街巷。起于兴汉门，经彭家井口至湘雅路上的新湘路（初名军库路）也建于 1933 年，1971 年并入蔡锷北路。路侧有小巷名普善里。

水风井 位于蔡锷北路偏南一段，南起中山路，北止局关祠。旧时又称羊风拐角，相传原有五口水井，水源充足，故名水丰井。因繁体字“丰”为“豐”难于书写，故简化为“风”。近处有小巷名小桃园、桃园里。

小吴门 中山路、八一西路与建湘路的交汇地段。小吴门亦名小乌门，原系古城长沙九门之一。进城之街称小吴门正街。

经武门 芙蓉中路与体育馆路的交汇地段。清末长沙城东北角开有一门，曰“经武门”。此处附近即清军二十五混成协四十九标、五十标驻地，取整军经武门之义命名。民国拆城墙修环城马路时，经武门外一段路称经武路。

兴汉门 蔡锷北路与湘春路交汇的地段，为古长沙城北二门之一新开门的所在地。1911 年 10 月 22 日湖南新军响应辛亥革命，从湘春门入城，赴新开门夺取军备局，一举成功，遂将新开门改名为兴汉门。民初拆除古城墙时在兴汉门东侧、现省妇幼保健院处发现地下还有古城门遗迹，并出土宋代石刻“云阳门”门额一方，上题款“景定庚申（1260）向士壁书并立”。向士壁为当时潭州知州。据考证，云阳门即后来的新开门。

便河边 南起展览馆路，北止体育馆路。便河是原长沙城经武门外的护城河，路在河边上，故名。民国初城墙拆除，在便河原址上修筑铁路。铁路于 70 年代迁城外。该路近处有小巷名东风街及体育馆路。

北正街 原名北门正街，南起中山路，北止湘春路。清同治《长沙县志》载：“自北门（湘春门）入城南行，名长春街，又南行至二圣庙名清泰街，旧志总名北门正街。”1971 年将湘春街至清泰街合并，统称北正街。该路民主东街街道路段另有几条小巷名面馆巷、相家巷、烟霞巷、毛祠巷、碓坊巷。

戥子桥 南起局关祠，北止松桂园。戥子桥原是唐代长沙从西至东护城河上的一座桥，因造型像称重量的戥子故名戥子桥。

松桂园 西起三公里，东止建湘中路。

惜字公庄 位于松桂园北侧。惜字公庄是旧时焚烧字纸的公共场地，设有“惜字炉”。

稻谷仓 呈曲尺形，西起蔡锷北路，北止荷花池。因清代此处为长沙县粮仓所在地而得名。

望麓园 西起戥子桥，东止建湘中路。因望麓园坐落在此，街以园名。望麓园原为宁乡县试馆，清署陕西巡抚、宁乡籍人士刘典于同治四年（1865）倡建。近处有小巷名局后街、北墙湾。

衡清里 东起建湘路，北止松桂园，呈曲尺形。清代衡清试馆建此，故名。

乐古道巷 在水风井东侧，此古道疑指与此街相邻的古局关祠。

三公里 西起蔡锷北路，东止松桂园，因原有三公祠而得名。据《湘城访古录》载，三公祠为清同治十三年（1874）湖南巡抚王文韶奉建，祭祀湖南巡抚骆秉章、张亮基和湖南布政使潘铎三人。三人在咸丰间太平军攻打长沙时有功于守卫长沙城和稳定长沙社会经济。

局关祠 西起蔡锷北路，东止乐古道巷。明崇祯间，北门外关帝庙毁，兵备道高斗枢在此处新建一祠，移关公神像于此，名局关祠。两侧有小巷名西梧桐、协和里、紫香花园。

胡家花园 分上下胡家花园，均位于蔡锷北路东侧。胡家花园是清嘉庆末年（约1819年）由胡姓所建的营业性花圃，是长沙最早的商业花圃。

制造局巷 位于蔡锷北路东侧，因清代戊戌维新时期，湖南巡抚陈宝箴为兴办近代工业在这里设制造局而得名。

荷花池 位于经武门西侧，东起芙蓉中路，西至蔡锷北路。《宋史·五行志》载："绍兴元年（1131），荆湖南路总管孔彦舟，于州城莲花池得玉一片，堪篆刻御宝，诏却之。"清同治《长沙县志》载：乾隆初年，池上建远香亭，匝以回栏，池中杂植芰荷，旁架飞桥，环砌花墙，为游憩胜地，名荷花池。后池废，街沿用其名。两侧有小巷名辉煌巷、墩奖里、军械局巷。

恒香花园 位于蔡锷北路东侧。恒香花园是清末民初建在这里的营业性花圃。

司马里 西起蔡锷北路，北止三公里。清同治《长沙县志》载，司马桥旧名丝茅桥，后雅化为司马桥，原为北门护城河上的一座桥，此街在司马桥东侧，故名。

留芳岭 兴汉门原玄帝宫东侧，西接蔡锷北路，东通建湘北路。原为一片荒山，人称牛坊岭，后雅化为留芳岭。该路近处有小巷名留芳里。

喜鹊桥 喜鹊桥为建湘路（今芙蓉北路）东北侧一街巷名。东起姚正街，西至芙蓉路，南临体育馆路，北靠火车北站地段。

茅亭子 茅亭子为建湘路西侧一小巷名，昔日此地茅棚、民房较多，故名。近处有小巷名西斋巷。

姚正街 姚正街为建湘路（今芙蓉北路）东侧一街巷名，又名姚家巷，今指东临省体委宿舍区，西靠喜鹊桥，南起体育馆路，北连苗元里。旧里流传一联："姚家高列云台，李家上凌云阁。"据传，姚家指姚家巷，李家指李家菜园，姚、李分别指唐相姚崇，唐将李靖。路侧有小巷名苗园里。

司马桥 今名司马里，西起蔡锷北路，北止于三公里。清同治《长沙县志》载：司马桥旧名丝茅桥，后雅化为司马桥。另说，司马桥原为南宋辛弃疾飞虎寨护寨河上的一座桥，因辛弃疾身任军府之官，故名司马桥。

协操坪 协操坪位于建湘路（今芙蓉北路）东侧。原为清末新军二十五混成协四十九标、五十标驻地操坪。49标在今省展览馆一带。协操坪为当时两标新军共同操练处。为方便驻防和操练的需要，在操坪西侧墙上新开一门，曰："经武门"。1958年改建成广场，占地5.10万平方米，为省会人民举行大型集会的场所，名东风广场。2003年，原东风广场为适应全国第五届城市运动会在长沙召开所需，通过改建，更名为湖南省人民体育场。

其他旧地名有建新街等。

原清水塘街道旧地名

清水塘 南起八一西路，北止展览馆路，中与炮队坪后街呈"丁"字形相会，因路旁有一池塘而得名。1913年建长潭军用公路，此路为其中一段，初名军路侧。

建湘路 南起人民路，北止伍家岭，今存人民路至松桂园一段。松桂园以北与芙蓉路接通，改称芙蓉北路。此路绝大部分为民国初年修建的环城马路。其中天心阁至浏城桥称天心路，浏城桥至小吴门称东站路，小吴门至湘春路称经武路，又名建湘中路，近处有小巷名经武新街、经武后街。湘春路以北一段始建于1952年，初名北长路，后改建湘北路，1971年全路统称建湘路。建湘路东侧有建湘里，西侧有建湘巷。

其他旧地名有展览馆路、铁路边、杜家岭、煤灰堆、寿康里、十字横街、福康里、陶然巷、瓦屋街、炮后街、心安里、螃蟹桥、螃蟹桥后街、教园门、崇兴里、民利村、居然里等。

原上大垅街道旧地名

黑石渡 位于浏阳河畔，泛指丽臣路与浏阳河路的汇集地段。以浏阳河河西岸的河边自然生长的一排黑石而得名。

砚瓦池 西起东风路，西接德雅路。旧时此地有一池塘，形状像砚瓦，砚瓦池由此而得名。围绕砚瓦池产生一系列街名，如砚瓦池正街、砚瓦池后街、砚瓦池前街、砚瓦池横街、砚瓦池大巷子等。

朱家花园 德雅路西侧至丝茅冲一带，地以园名。朱家花园又名余园，系晚清实业家、慈善家朱昌琳（朱镕基之曾伯祖父）的私家园林，花园今不存，留其地名。其旧址在德雅路520号总参兵种部长沙干休所。

其他旧地名有德雅里、德雅村、德雅路、工农路、丝茅冲、伍黑路、四方坪、洪山庙、鸭子铺、王家垅、上大垅、下大垅、浏阳河村、工人新村、北郊俱乐部等。

原浏阳河街道旧地名

开福寺路 西起沿江大道，东止潘家坪，因开福寺位于路北侧得名。近处有小巷名竹山园、朝阳河。

凤嘴路 南起湘江北大桥东端，北至新河垸。此地原为新河与湘江交汇处的沙洲，名为凤嘴洲，为古开福寺十六景之一。1926年国民革命军在新河三角洲修建军民合用机场，始有道路。

新河 位于古开福寺之西，在其附近以新河命名的路有新河路、新河正街、老新河、新河南堤、新河北堤等，新河又名新开河，为清康熙年间开挖的一条人工河。雍正五年（1727），乾隆二十七年（1762），湖南巡抚王国栋、陈宏谋两次重修。光绪二十三年（1897）巡抚陈宝箴再倡疏浚，长沙大商人朱昌琳捐资13万两，将湘江、碧浪湖和浏阳河凿通，河长数里，泊船盈万，这一带随之出现街市、码头和行栈。近处有地名新河村、国庆村。

九尾冲 位于丽臣路（原浏阳河路）中段，因与陆家、喻家、上刘家、下刘家、甘家、白水、秧田、西坡等八冲冲尾相连，故名九尾冲。有羊肠小道由伍家岭通黑石渡，现小道已成丽臣路。

伍家岭 丽臣路与芙蓉北路、长捞路的交汇地段。原为一片荒山野岭，相传明洪武年间，靳、毛、李、廖、杨五姓在此插草为标定居，故名伍家岭。近处有小巷名南粉墙。

其他旧地名有刘家冲、陡岭路、陡岭村、建湘村、甘家冲、友谊村、蒋家垅、三角洲、新码头路等。

原北站路街道旧地名

鸳鸯井 位于新河幸福桥，原是开福寺十六景之一，因有两个并列较大的泉眼，俨然一对佳偶，故名鸳鸯井。

沿江大道 北起新河，南止西湖桥。始建于1924—1932年，完成中山西路至湘春路口一段。1945年抗日战争胜利后继续修筑中山路口至西湖桥一段。北段延至北大马路。

三角塘 位于北二马路西侧。南起熙宁街，北止湘雅路。1921年前此地有一口三角形的水塘，街以塘名。

外湘春街 北起北二马路，南止湘春路。因位于湘春门外而得名。近处有小巷名湘春巷、晴佳巷。

湘春路 西起沿江大道，东止芙蓉北路，因古湘春门在此处而得名。始筑于1917年，是拆除城墙后，在墙址上修筑的环城马路北段。此处古有湘春阁等古迹，为唐开元法华禅师所建，塔自下而上共七层，有铁柱如幢，毁于清咸丰间兵燹。近处有小巷名罗湘里，合作新村。

长春巷 外湘春街中部，取湘春街的“春”字为巷名。近处有小巷名长春里。

盐仓街 西起沿江大道，东止三角塘。明崇祯《长沙府志》即有盐仓街的记载。明代盐法实行引法，官运官卖，或令商人买引取盐。故官盐都设有大规模盐仓，盐仓街即是长沙府盐仓的所在地。

文昌阁 南起湘雅路，北止于十间头，街以阁名。文昌阁为古代学宫的一个组成部分，专祀文昌帝君。

湘雅路 西起沿江大道，东止芙蓉路，因湘雅医院（今湖南医科大学）驻此而得名。湘雅路始建于1936年，原为碎石路面，1957年改为沥青路。因路之东端为长沙火车北站，故曾名北站路。近处有小巷名群英巷及二马路。

古吊桥 又名湘春桥，今名湘春巷，西起外湘春街，东止彭家井。原为古长沙城北湘春门外护城河上的一座石桥，始建于汉代。相传建安十三年（203）关羽取长沙时在此屯营，并与黄忠作战于此，桥侧原有关帝庙。

铁佛东街 西起外湘春街，北止湘雅路，因位于古铁佛寺之东而得名。

百善台 西起油铺街，东止大王家巷。此地旧有百善祠。百善，犹言众善。《吕氏春秋·孝行》：“夫执一术而百善至，百邪去。天下从者，其唯孝也。”近处有小巷名廖家湾。

大王家巷 南起湘雅路，北止毛家桥。长沙原有两处王家巷，为便于区别，分别称大王家巷和小王家巷。近处有小巷名风华巷、文德里。

唐家巷 分为老唐家巷和新唐家巷。老唐家巷位于于芙蓉北路东侧；新唐家巷西起上潘家坪，东止芙蓉北路。

潘家坪 东接唐家巷，北至开福寺路，呈曲尺形，因过去多有潘姓居民聚居而得名。解放后为长沙县人民政府驻地。潘家坪之北为上潘家坪，1927 年大革命失败后，中共湖南省委在此处沈家大屋召开大会，制订了“秋收起义”计划。

赵家坪 南起彭家井，东止蔡锷北路。旧有赵姓人家聚居这里。

彭家井 南起湘春路，东止蔡锷北路，呈曲尺形，因本街原有一口水质清亮的“彭家井”而得名。

毛家桥 南起大王家巷，北止开福寺路。相传旧有石桥为毛姓捐修，故名毛家桥。

油铺街 南起湘雅路，北止廖家湾，旧时为油铺集中之地，故名。近处有小巷名跃进巷。

洋火局 南起文昌阁，北止十间头。旧称火柴为洋火。清光绪二十一年（1895），长沙最早的近代工业企业——“善记和丰火柴股份公司”设在此处。洋火局由此而得名。解放后因忌将外国发明的产品称为洋货，改名为工农街。

麻园岭 位于芙蓉北路与湘雅路丁字路口的西北角一带，分为上麻园岭、下麻园岭和麻园岭，因旧时这里为一片麻园而得名。近处有小巷名唐家巷。

熙宁街 西起三角塘，东止外湘春街。民国年间广益、丽文中学建在此街。

福寿桥、十间头 福寿桥南起十间头，北止潘家坪；十间头南起文昌阁，北止福寿桥，福寿桥今名幸福桥，原为长沙北郊石涧头上的一座便桥。“石涧头”街变成“十间头”。近处有小巷名十间头后街、庆和里、工农街。

芭茅洲 西起沿江大道，东止油铺街。旧时此地芦茅丛生，称为芦茅沟，后雅化为芭茅洲。

其他旧地名有三角岔、北新街、九家湾等。

原如意街街道旧地名

仓后街 北起紫荆街，南止五一西路。

二仓里 西向出入仓后街。

湘清里 东起黄兴中路，西止仓后街。

黄兴中路 曾用名大庆路。南起司门口，北止先锋厅。

和平村 西向出入黄兴中路。

益民巷 曾用名大庆路八条巷。西向出入黄兴中路。

紫荆街 曾用名大庆路七条巷。东起黄兴中路，西止一路吉祥。

李公庙 东起黄兴中路，西止一路吉祥。

春风街 曾用名吕祖巷。北起一路吉祥，西止藩城堤。

一路吉祥 北起吉祥巷，南止紫荆街。

吉祥巷 东起黄兴中路，西止藩城堤。

同仁里 北起吉祥巷，南向不通。

吉祥巷横街 北起史家巷，南止吉祥巷。

史家巷 东起先锋厅，西止接贵街。

藩城堤 曾用名凡城堤。北起吉祥巷，南止五一西路。

何家坪 西向出入藩城堤。

王家坪 西向出入藩城堤。

小喻家巷 西向出入藩城堤。

福兴巷 南起燎原巷，西止藩城堤。

燎原巷 曾用名鸡鸭巷。东起一路吉祥，西止藩城堤。

白福园 南向出入燎原巷。

接贵街 曾用名藩城堤。北起中山西路，南止藩城堤。

如意街 东起接贵街，西止西长街。

茶馆巷 北起中山西路，南止如意街。

盐道坪 南向出入如意街。

永兴街 东起如意街，西止西长街。

堤下街 曾用名明月街。北起永兴街，南止藩城堤。

肉铺巷 曾用名明月街三条巷。东向出入堤下街。

石栏杆 曾用名明月街五条巷。东起藩城堤，西止堤下街。

谭家里 曾用名明月街四条巷。西向出入堤下街。

仁兴园 东起堤下街，南止明月池。

五一西路 东起五一广场，西止湘江桥头。

太平街 北起五一西路，南止金庭里口。

四家井 曾用名明月街二条巷。西向出入堤下街。

轩辕殿 曾用名五一新村。南起五一西路，北止春风街。

原西长街街道旧地名

西长街 北起中山西路，南止五一西路。

杨家巷 西向出入西长街。

濂溪里 东起明月池，西止西长街。

西安里 东起西长街，西止吉福街。

书铺巷 东向出入西长街。

红星巷 曾用名水来庙。东起明月池，西止西长街。

落棚桥 曾用名乐朋桥。东起西长街，西止吉福街。

谢祠坪 南起落棚桥，西止吉福街。

紫竹林 北起谢祠坪，南止落棚桥。

福星门 东起西长街，西止沿江大道。

更生坪 曾用名黄祠坪。东起更生坪后巷，西止更生坪后巷。

更生坪前巷 北起自力巷，西止吉福街。

更生坪后巷 北起自力巷，南止更生坪前巷。

自力巷 曾用名黄祠坪。东起西长街，南止吉福街。

福庆街 曾用名复兴街。北起潮宗街，南止中山西路。

郭家巷 东起福庆街，南止草上墙湾。

福庆巷 东向出入福庆街。

自由里 东向出入福庆街。

郭家坪 东向出入福庆街。

福庆坪 西向出入福庆街。

雷家园 北起福庆街，南止中山西路。

连升街 东起三贵街，西止福庆街。

九如里 北起梓园，南止连升街。

群胜里 东起楠木厅，北止梓园。

楠木厅 东起永清巷，西止群胜里。

水道巷 东起北正街，西止永清巷。

永清巷 北起朝宗街 南止水道巷。

三贵街 北起水道巷，南止中山西路。

右局巷 曾用名全局巷。东起北正街，西止三贵街。

潮宗街 东起北正街，西止沿江大道。

潮宗里 曾用名反帝巷。北向出入潮宗街。

栗木巷 北向出入潮宗街。

希贤里 曾用名药铺巷。南向出入潮宗街。

潮宗巷 南向出入潮宗街。

梓园 北起潮宗街，南止群胜里。

当铺巷 南向出入潮宗街。

福庆后街 北起潮宗街，南止福庆街。

草上墙湾 北起潮宗街，南止中山西路。

碧湾街 曾用名盐运坡。北起福星门，南止湘江桥头。

外铁铺巷 曾用名铁铺巷。东起吉福街，西止碧湾街。

长寿里 曾用名反帝坪。西向出入碧湾街。

东新巷 曾用名铜铺巷。东起丰裕街，西止碧湾街。

碧湾码头 西向出入沿江大道。

吉福街 北起福星门，南止湘江桥头。

福内堆 曾用名大陆银行堆。东起谢祠坪，西止吉福街。

丰裕街 曾用名反封巷。北起福星门，南止五一西路。

道巷子 曾用名龙王庙巷。东向出入丰裕街。

车铺巷 东向出入丰裕街。

鞋铺巷 东起丰裕街，北止东新巷。

安全里 东向出入丰裕街。

中山西路 东起黄兴中路，西止沿江大道。

原通泰道街街道旧地名

通泰街 曾用名通太街。东起北正街，西止沿江大道。

三胜里 曾用名三义里。南向出入通泰街。

太润里 北向出入通泰街。

仪庄巷 南向出入通泰街。

三湘里 曾用名慕莲里。北向出入通泰街。

胡家菜园 南向出入通泰街。

忠信园 南向出入通泰街。

泰安里 曾用名太安里。北起西园，南止通泰街。

寿星街 北起通泰街，南止潮宗街。

一元里 东向出入寿星街。

寿星坪 东向出入寿星街。

培元桥 东起千佛林，西止寿星街。

复初里 西向出入培元桥。

千佛林 南起孙家桥，西止寿星街。

孙家桥 东起北正街，西止千佛林。

草河街 曾用名草下河街。北起通泰街，南止潮宗街。

梅花坪 曾用名桂花祠。东起草河街，西止沿江大道。

兴隆巷 东起草河街，西止沿江大道。

草墙湾 曾用名草下墙湾。北起通泰街，南止潮宗街。

草墙巷 曾用名一条巷。西向出入草墙湾。

螃蟹井 曾用名金甲坊。东起马王塘，西止草墙湾。

茅棚街 北起湘春路，南止通泰街。

保城堤 北起沿江大道，南止通泰街。

高升巷 北起活源桥，南止潮宗街。

高升坪 东向出入高升巷。

旭日村 曾用名圣公新村。北向出入高升坪。

活源桥 东起寿星街，西止螃蟹井。

石英园 南向出入活源桥。

活源里 曾用名二条巷。东起高升巷，北止活源桥。

活源巷 曾用名三条巷。北起活源桥，南止高升坪。

新风街 曾用名龙王宫。北起通泰街，南止玉皇坪。

新风里 曾用名雷祖殿。起止均在新风街。

敦仁巷 东起寿星街，西止玉皇坪。

玉皇坪 曾用名革新坪。北起敦仁巷，南止活源桥。

玉皇巷 曾用名井巷子。东起玉皇坪，北止新风街。

玉皇里 曾用名养园。东向出入玉皇坪。

福裕街 东起新风街，西止草墙湾。

绥福巷 曾用名蚌壳巷。北起福裕街，西止马王塘。

马王塘 东起新风街，西止草墙湾。

西园北里 北起湘春路，南止西园。

西园 东起北正街，西止西园北里。

九仪里 南起西园，北端不通。

西园井巷子 曾用名屈家祠堂。北向出入西园。

群力里 曾用名左文襄祠。东向出入北正街。

双合巷 曾用名彭家菜园。南向出入湘春路。

文化里 曾用名彭家菜园。东向出入双合巷。

团结巷 曾用名彭家菜园。南向出入湘春路。

迎春巷 曾用名周家菜园。东起团结巷，西止劳动巷。

劳动巷 曾用名周家菜园。东起迎春巷，西止新民巷。

新民巷 曾用名周家菜园。南向出入劳动巷。

湘春里 曾用名周家菜园。南向出入湘春路。

集中里 曾用名烧包坪。南起湘春路，北止木码头。

木码头 曾用名协寿围子。南起集中里，北止湘雅路。

原福安乡（含原上大垅公社）旧地名

上大垅公社 1950年属会春区，1956年撤区并乡，属会春乡；1961年划归清水塘人民公社，属伍黑路分社；1962年属长沙市郊区所辖，命名上大垅公社。因地处上大垅定名。

刘家冲 清末，刘姓定居此冲，故名。

国庆大队 1950年属会春区；1956年撤区并乡，属福兴乡；1958年成立万年红公社，因时逢国庆佳节，命名国庆大队，沿用至今。

蒋家垅 清代，蒋姓定居此垅，故名。

周家大屋 民国，周姓在此建一栋大屋，故名。

王家垅 清末，黄兴的祖坟葬于此地，因“黄”“王”近音，故名。

陡岭上 民国，此岭北面有条很陡的斜道，村建岭上，故名。

唐家巷 民国，唐姓定居此巷，故名。

新桂园 村侧原有一个桂花园，1958年取名为新桂园。

南粉墙 民国初年，曹姓在此建屋，墙壁粉成兰色，因“兰”“南”同音，称为南粉墙。

牛车堆 原此地有口塘，周围架有牛车，故名。

甘家冲 清朝末年，甘姓定居此冲，故名。

新村 原名庙坡，1949年后，因新建了很多工人宿舍，改名新村。

彭家大屋 清朝末年，彭姓在此建了一栋大屋，故名。

铁路边 此村处于长沙铁路机务段旁边，故名。

新码头 民国初年，朱姓定居新河，新建一停船码头，故名。

上大垅 此地原是一大垅田园，垅中有一条水港，以港为界，港南定名为上大垅。

新河大队 1950年划属会春区，1956年撤区并乡，属永安乡，1958年成立万年红人民公社，划为新河营，1962年划归长沙市郊区上大垅公社，以地处新河而命名。

下潘家坪 清朝末年，潘姓定居一冲，北部下为潘家坪。

田心港 此港处于田园中心，故名。

石桥垅 垅中有一水港，曾用麻石筑桥通行，故名。

鲍家咀 鲍姓曾定居此山咀，故名。

大鹰洲 此洲原洪水泛滥成灾，人们形容水灾凶猛，象大鹰一样，故名。

新建 1962年生产队建房时，将此地取名新建。

新河南堤 清代在此开一条新河，南岸名新河南堤。

新河北堤 新河北岸，定名为新河北堤。

三角洲 此洲紧靠湘江，呈三角形，故名。

先福大队 1950年属福安乡，1958年成立万年红人民公社，属红光社，1962年划归长沙市郊区上大垅公社，命名福安大队，1962年改名先锋大队，1982年改名先福大队，后改为先福村。

四方坪 此地原是一块正方形的草坪，故名。

芦家塘 明洪武年间，卢姓定居此塘附近，因“卢”“芦”同音，故名。

竹山园 清朝末年，龙姓定居此园，园内楠竹成林，故名。

怀德堂 明洪武年间，周怀德在此建屋定居，取名怀德堂。

王绿园 民国年间，王姓定居于此，种植蔬菜、水稻，一片葱绿，将村取名王绿园。

湖坳上 村建于湖边山坳上，故名。

红旗村 此村住户于1958年由新河大队、国庆大队迁来，生产年年评为红旗单位，故名红旗村。

济龙港 此地一港，弯曲如龙，港水自流灌溉农田，故名济龙港。

胜利大队 1950年属福安乡，1958年成立万年红公社属红光社，1962年划归长沙市郊区上大垅公社，命名黑石大队，1966年改名胜利大队。

沿河村 村建于浏阳河西沿岸，故名。

下丝茅冲 原此冲丝茅草丛生，故名丝茅冲，冲的下截称为下丝茅冲。

李家冲 明初，李姓来此插草为标，故名。

沙灌咀 每当浏阳河涨水，沙灌此咀，水向外涌，故名。

大屋山 民国年间，此山建有一栋大屋，故名。

八家大屋 原有一老人叫良周八爷定居此大屋，故名。

马家园 民国时期，马家种此田园，故名。

月亮坪 此坪每逢干旱年岁，呈现一块月亮形的干地。故名。

杨家巷 明洪武年间，杨姓定居此巷，故名。

樟树屋场 因此屋前原有一棵大樟树，故名。

周家咀 明洪武年间，周姓在此咀插草为标，故名。

原国营综合农场旧地名

长沙市国营综合农场 1950年曾建制为朝镇、涝湖乡，1957年建立长沙市国营综合农场。因菜、猪、鱼、果、稻、奶全面发展而得名。

洪山庙 昔日山洪暴发，浏阳河水泛滥成灾，而此山巍然屹立于洪峰之畔，故名洪山。明代，周姓倡首在此建庙，后人遂称此地为洪山庙。

洪西管区 1950年属朝镇乡，1954年改属洪山乡，1958年成立万年红人民公社，名洪西大队，1959年转长沙市国营综合农场，定名洪西管区。

三字墙 清光绪年间，戴姓所建一栋三连平房，前墙垛呈三字形，故名。

方塘冲 此冲有塘两口，略呈方形，故名。

左家冲 清同治年间，左姓定居此冲，故名。

茅坡 原此坡盛长芦茅，故名。

许家大屋 明洪武年间，许姓在此立业，建屋数十间，故名。

龙塘岭 清光绪年间，此均东侧有一长塘。形似游龙，故名。

宋家塘 原宋姓在此塘附近立业，故名。

长岭上 此岭长约四华里，故名。

栗山塘 原山内栗树成林，山边一塘，故名。

毛家屋场 清光绪年间，毛姓在此建屋分居，故名。

柏竹坡 原此坡有古柏一棵，西侧楠竹成林，故名。

蜡树咀 原此山咀有株大蜡树，故名。

苏家老屋 明洪武年间，苏姓定居此地，故名。

湾坡 因此坡，弯曲，故名。

香铺屋场 民国年间，彭姓曾在此地生产和经营香烛，故名。

范家冲 原范姓定居此冲，故名。

栗山冲 原此冲山上栗树成林，故名。

梅树冲 清同治年间，靳姓在此冲种植梅树，故名。

巷口屋场 因左右山峦对峙，出口处住数家，故名。

岭上屋 此岭陡峭，岭上建屋，故名。

山窑塘 在此山建窑烧砖瓦，山下有塘，故名。

矮屋庄 此地原有矮小的竹篱茅舍数栋，故名。

江家大坡 清咸丰年间，江姓定居此大坡，故名。

靳家冲口 此地是通往靳家冲的必经路口,故名。

围塘冲 此冲三面环山,中间有塘,故名。

反水坳 坳内庄稼,需车水灌溉,故名。

山门口 原东西山峦对峙,为洪庙山一带山水泻入浏阳河的门户,故名。

石湾 此地属风化岩土质,冲形弯曲,故名。

两口塘 村侧两塘相连,故名。

靳家冲 明洪武年间,靳姓来此冲标业,故名。

土地咀 原有一土地庙位于山咀,故名。

西塘冲 此冲西向有一塘,故名。

水竹坡 此坡原水竹成林,故名。

马家坡 马姓世代居此坡,故名。

戴家老屋 明洪武年间,戴姓在此定居落业,故名。

栊栗塘 原塘边长有一株大栊栗树,故名。

连塘基上 从上至下一连4口塘,冲口塘基高而宽,故名。

西横冲塘 古驿道西边横亘于此塘旁,故名。

化字炉 清末文人徐树林以尊儒术为名,建炉焚化字纸,故名。

彭家坡 原彭姓定居此坡,故名。

小冲 因此冲狭小得名。

垅中间 此村东西皆山,中间开阔,故名。

咀上 此山形似碓咀,故名。

大王庙 此地曾建有驱罗大王庙一座,故名。

大王坳 此地距驱罗大王庙近,地势平坦,故名。

长坡 此坡窄长,故名。

烟坡 相传清代有人曾在此坡种植烟草,故名。

上小冲 小冲南端,取名上小冲。

小园子 清同治年间,周姓在此地围小园种菜,故名。

柯家屋场 清光绪年间,柯姓定居于此,故名。

椅子坡 此坡似椅,故名。

桎木坡 原坡上桎木丛生,故名。

杨家大山 明洪武年间,杨姓在此方圆十里的大山插标为业,故名。

枫树屋场 清初,此冲枫树成林,周姓在林旁建屋定居,故名。

四马冲 此冲两侧四山挺拔,如四马昂首嘶鸣,故名。

四支公屋 明初,周姓四兄弟集资在此建一公祠,取名四支公屋。

老虫坡 原坡上茅草丛生,常有老虎出没,故名。

哑巴塘 村内一塘,地势低洼,水无出路,故名。

茅屋 清咸丰年间,杨姓在此建茅屋一栋,故名。

横冲塘 小冲横亘于大冲,冲口有塘,故名。

周家新屋 原周姓购此地,折旧茅屋,建新屋,故名。

指路碑 清嘉庆年间,周敬甫刻碑立于分岔路口,为行人指路,故名。

上何家冲 明洪武年间,何姓在此标业,后人分家建居于老屋上端,故名。

柏竹塘 原塘的东边有古柏一株,西南侧有楠竹林,故名柏竹塘。

周家老屋 清咸丰年间,周姓在此建有两进平房一栋,日久而称为周家老屋。

白茅铺 古南北驿道设铺在此,铺旁当时白茅丛生,故名。

上白茅铺 因处于白茅铺之北端,而得名。

下白茅铺 因处于白茅铺之南端,故称下白茅铺。

石湾冲 此冲地属风化岩土质,冲形弯曲,故名。

鸭子铺管区 1950年属朝镇乡,1956年属洪山乡,1958年属万年红人民公社,1959年转属长沙市国营综合农场,定名鸭子铺管区,因驻地而得名。

鸭子铺 古长浏驿道在此设一铺,因地形似鸭咀,曾称鸭咀铺,后人顺口称之为鸭子铺。

横堤 清光绪年间,筑此堤连接南、北两堤故名。

菜瓜塘 清光绪年间,此地建有一座菜瓜塘土地庙,故名。

大禾场 甘姓曾在此辟有一大晒谷场,故名。

刘家饭铺 清光绪年间,刘姓在此开设饭铺,故名。

侯家屋场 明洪武年间,候姓在此建屋定屋,故名。

横溪滩 枯水季节,沙滩横阻溪水,故名。

莫家屋场 1920年莫姓建屋于此,故名。

六房屋场 甘姓分居时,此屋分归第六子,故名。

杉树湾 河堤弯处,原有大杉树一株,故名。

汤家湾 明洪武年间,汤姓在此湾标业,故名。

周家棚 明洪武年间,周姓在此搭茅棚落业,故名。

彭家塘 清光绪年间,彭姓在此筑基建屋,取土成塘,故名。

马家塘 明洪武年间,马姓在此筑基建屋,取土成塘,故名。

十八磴 此堤用花岗岩砌有十八级的码头坡,故名。

黑石渡 浏阳河岸有黑色风化岩峭壁，故名。

朝阳管区 1950年属朝镇乡，1954年属洪山乡，1958年属万年红人民公社，1961年转属长沙市农业科学研究所，1971年划属长沙市国营综合农场，因管区内有朝阳寺，故名。

谢家塘 明洪武年间，谢姓沿此塘附近插草为标，故名。

老屋湾 明洪武年间，解姓在浏阳河弯曲处建屋定居，后人称老屋湾。

大屋湾 明洪武年间，甘姓在浏阳河弯曲处建大屋一栋，故名。

河港子 因此港，引河水灌溉农田，故名。

雷家园 雷姓曾在此围园种菜，故名。

茶园岭 甘姓曾在此岭开园种茶，故名。

陈家大屋 1900年陈姓在此建大屋一栋，故名。

杨家大屋 明洪武年间，杨姓在此建大屋一栋，故名。

彭家园 彭姓曾在此围园种菜，故名。

大塘尾 方圆十里，此塘最大，它的北部形似鱼尾，故名。

坡塘 此塘位于彭家园的坡下，故名。

大湾角 古麻石大路的转弯处，形似钝角，故名。

长塘湾 沿河堤的大湾处，有长塘一口，故名。

文家巷 明洪武年间，文姓在此巷立业，故名。

枫林塘 原此塘周围枫树成林，故名。

马栏山管区 1950年属朝镇乡，1954年属洪山乡，1958年成立万年红人民公社，定名马栏山大队，1959年转属长沙市国营综合农场，因管区地处马栏山而定名。

二宇墙 清咸丰年间，黄姓建有两进平房一栋，前墙呈二字形，故名。

东塘冲 此冲位于东塘侧，故名。

干冲 此冲地势高，无水源，易遭干旱，故名。

许家咀 明洪武年间，许姓在此山咀落业，故名。

张家堆 原张姓在此筑堆建屋，故名。

毛坡 毛姓在此坡定居，故名。

甘家老屋 明洪武年间，甘姓在此建屋定居，故名。

马家冲 马姓在此冲建屋定居，故名。

下何家冲 明洪武年间，何姓在此冲立业，后人分家建居于老屋下边，故名。

杨家老屋 原杨姓在此建居立业，后人分居，称旧居为杨家老屋。

毛家冲 明洪武年间，毛姓在此冲标业，故名。

杜家冲 此冲原系杜姓定居，故名。

荒塘冲 此冲有塘，早已荒废，茅草丛生，故名。

坳予塘 此塘位于山坳处，故名。

毛家冲尾 毛姓定居此冲尾，故名。

梁家巷 梁姓定居此巷，故名。

塘加塘 此塘原系彭、杨两姓管业，常有水利纠纷。杨姓将塘尾加深，另成一塘，故名。

二塘坳 垅中一连三口塘，李姓在第二口塘塍上建居，故名。

甘家公屋 明洪武年间，甘姓族人捐款建此专供祭祀用的房屋一栋，故名。

三字墙 清咸丰年间，杨姓建有三进平房一栋，前墙垛呈三字形，故名。

新塘子 原此村内用水不便，户主在冲头挖了一口塘，故名。

兰粉墙 此地陈姓建屋定居，外墙下粉刷兰色，故名。

范林塘 明洪武年间，范、林两姓同来此塘附近定居，故名。

林家咀 林姓在此咀附近定居，故名。

林家塘 林姓在此塘附近定居，故名。

杨家湾 杨姓在此湾定居，故名。

樟树屋场 清末，此地有古樟数株，建村后，以此定名。

马栏山 明洪武年间，马、杨两姓同来此山插草为标，取名马杨山。人谓：“马”“羊”同栏，对羊不利。杨姓他迁，遂名马栏山。

何家冲 明洪武年间，何姓在此冲标业，故名。

月湖管区 1950年属朝镇乡，1954年属洪山乡，1958年转万年红人民公社，1959年划归长沙市国营综合农场。因管区驻地得名。

月湖 湖形如月，故名。

何家围子 何姓在此定居，取土筑围，故名。

杨家围子 杨姓在此定居，取土筑围，故名。

曹家堆子 曹姓在此地取土成堆，建屋定居，故名。

陈家堆子 1920年陈姓迁来此地，挑土筑堆建屋，故名。

剪子铺 1921年锻工刘姓设铺于此，锻造剪刀，故名。

杨家港口 杨姓居此港口，故名。

胡家巷子 胡姓居此巷子，故名。

刘家堆子 刘姓在此筑堆建屋，故名。

周家堆子 周姓在此筑堆建屋，故名。

果林管区 1950年属涝湖乡，1954年属洪山乡，1957年转长沙市国营综合农场。以从事果林生产而定名。

皂角冲 清康熙年间，此冲有皂角树一株，故名。

牛栏坡 原牧童在此坡放牧栓牛，宛如牛栏，故名。

杉树坡 原此坡杉树成林，故名。

萧家公屋 清宣统三年（1911），萧耀海等建此公屋，专供祭祀之用，故名。

梅塘 塘前有一棵大梅树，取名梅塘，村以此命名。

许家冲 明洪武年间，许姓在此冲立业，故名。

滥田冲 此冲浸水田多，泥脚很深，故名。

毛家垅 明洪武年间，毛姓在此垅立业，故名。

腰塘子 此塘位于闵家冲、毛家垅中间，故名。

闵家冲 清宣统元年，闵茂生迁居此冲，故名。

横冲子 因与闵家冲横向，故名。

马家冲 原马姓在此冲插草为标，故名。

涝湖管区 1950年属涝湖乡，1954年属洪山乡，1957年转长沙市国营综合农场，因位于涝湖，故定名涝湖管区。

三字墙 清末，卢姓在此建有三进平房一栋，前墙垛呈三字形，故名。

社仓 清光绪年间，群众捐款建仓，积谷防荒，故名。

史家老屋 原为史姓旧居，子孙家分后，将故居称为老屋。

楠竹山 清末，此山楠竹成林，故名。

浣塘湾 浣姓在此塘湾建居，故名。

芦冲 原此冲盛长芦茅，故名。

秧田冲 此冲宜种防洪秧苗，故名。

塘坡 沿坡口筑基，蓄水成塘，故名。

甘家湾 清末，甘姓在此湾建居，故名。

伍家巷 原伍姓从村庄出入为山丘所阻，后开凿了一条30米长的巷道，故名。

粟家巷 民国初年，粟姓建居于此巷，故名。

廖家渡 明洪武年间，廖姓沿捞刀河两岸插草为标，设置渡口，故名。

涝湖围 此围地势低洼，雨季湖水上涨，渍水成涝，故名。

畜牧管区 1950年属涝湖乡，1954年属洪山乡，1957年转属长沙市国营综合农场，因专门饲养奶牛等牲畜，故名畜牧管区。

罗家塘 明洪武年间，罗姓在此塘附近标业，故名。

渔业管区 1950年属涝湖乡，1954年属洪山乡，1958年转长沙市渔场，同年转长沙市国营综合农场，定名涝湖管区，1978年由涝湖管区划出一部分，以养鱼为主，定名渔业管区。

六担洲 此洲有田六担，故名。

筒车坝 清嘉庆年间，农民在河内筑坝挡水，后装筒车引水灌田，故名。

茅屋街 1966年将堤上住户拆迁此地建茅屋八栋，故名。

桥挡上 清嘉庆二十四年（1819），此地建大桥一座，黄姓建屋于桥挡，故名。

河西黄家 民国12年（1923），湘江河西黄花港黄姓迁此立业，故名。

唐家书铺 清光绪年间，唐姓在此开设书铺，故名。

八家大屋 此屋土改时分给八户人家，故名。

下围子 此地两围相连，住居下方的叫下围子。

苏家堆 明洪武年间，苏姓迁至此堆落业，故名。

宋家堆 原名八担，民国36年（1947）宋姓由马厂迁至此堆，改名宋家堆。

横堤上 捞刀河堤与原粤汉铁路接近平行，筑此堤相接，故名。

陈家渡管区 1950年属涝湖乡，1954年属洪山乡，1957年转长沙市国营综合农场，因所在地有陈家渡遗址，故名。

史家大屋 清代，史姓在此建有两进一厅的大屋，故名。

易家堆子 明洪武年间，易姓在此筑堆建屋，故名。

陈家渡 明洪武年间，陈姓在浏阳河两岸插草为标，设置渡口，取名陈家渡。

黄栀园 原此地黄栀丛生，故名。

荫子园 清末，何姓在此建有一栋两进一厅的住宅，以为子孙造福之意取名。

鸡鸭局 清末，李姓在此建有十余亩面积的养鸡场，饲养鸡鸭，故名。

荷叶井 井口形似荷叶，故名。

韩家坡 此坡原系韩姓落业，故名。

罗家菜园 清末，罗姓定居此地，围园种菜，故名。

陈家围子 清末，陈姓定居此地，四周筑有防洪土围，故名。

张家坟坪 此坪为张家墓地，故名。

夏家湖 明朝末年，夏姓来此湖滨立业，故名。

四窑塘 此地曾建有砖窑四座，取土成塘，故名。

港口子 毛家垅一带山水流此汇合，注入浏阳河，故名。

大塘尾 此塘南宽北窄，村建塘尾，故名。

塘湾 此塘北面有一弯曲地段，故名。

何家大屋 清光绪年间，何姓在此建有大屋，故名。

庙巷子 清代，此巷建有“兴隆庙”一座，故名。

史家坡 明洪武年间，史姓在此坡标业，故名。

马厂管区 1950年属涝湖乡，1954年属洪山乡，1958年转长沙市国营综合农场，称马厂管区。因地处马厂而得名。

落刀咀 此咀位于浏阳河汇入湘江河口北岸，原名骆驼咀，后传三国时关公大战长沙，渡此河，不慎失落青龙宝刀，故名。

左家围子 明洪武年间，左姓在此筑围立业，故名。

躲风亭 清光绪年间，陈姓募捐建成渡口亭，便行人躲风雨，故名。

牛角湾 此湾形似牛角，故名。

尾巴上 此地南宽北狭长，形似尾巴，故名。

中间围子 明洪武年间，此地防洪围多，黄姓所筑围子居中，故名。

兰家桥 明洪武年间，兰姓定居此地，架桥小溪上，故名。

吴家堆子 清光绪年间，吴姓在此筑堆建居，故名。

李家新屋 清末，李姓在此新建房屋一栋，故名。

围屋塘 明洪武年间，李姓绕屋筑围防水，取土成塘，故名。

大围 明洪武年间，此地方圆十里，李姓筑的围子最大，故名。

史家屋场 清咸丰年间，史姓来此建屋定居，故名。

姜家老屋 此地姜姓世代定居，故名。

姜家新屋 民国12年（1923），姜姓从鸭子铺迁入此地，建新宅，故名。

叶家湖 明朝末年，叶姓来此湖滨立业，故名。

桑树围 民国初年，长沙蚕桑局所辖“高农学校”在此地种植桑树，取名桑树围。

戴家湾 清嘉庆年间，戴姓迁居此湾，故名。

宋家台子 清咸丰年间，宋姓在此筑堆建屋，故名。

宋家堆子 清光绪年间，宋姓分居，筑堆建屋，故名。

杨家围子 清嘉庆年间，杨姓在此筑围定居，故名。

戴家堆子 清嘉庆年间，戴姓在此筑堆建屋，故名。

浣家茅屋 民国16年（1927），浣姓迁居此地，建茅屋定居，故名。

龙王宫 清光绪年间，陈姓募捐建庙，祭祀龙王菩萨，故名。

老屋围子 清初，谢姓在此筑围建屋，后人称老屋围子。

黄家新屋 民国年间，黄姓在此地建一新屋，故名。

陶家屋场 明朝中叶，陶姓在此建屋定居，故名。

大学堂 民国初年，长沙蚕桑局在此地举办“高农学校”，故名。

谢家新屋 清咸丰年间，谢姓来此地新建一屋，故名。

洋油池 清咸丰年间，美国商人在此地建有大型储油池三个，故名。

马厂 清初，官兵第三营驻此放牧军马，故名马厂。

网船班 原此地杂草丛生，为湘江、捞刀河渔民们停船、晒网、修船场所，故称网船班。

原红色渔场旧地名

红色渔场 原属上大垅公社先锋大队的一个养鱼专业队，1968年改为红色渔场，1977年直属郊区所辖，仍称红色渔场。

碑塘子 此地有口塘，塘的周围是稻田，每年放鸭的很多，农户为防鸭损坏农作物，在塘边立了一块禁碑，后称此塘为碑塘子。

土地咀 清朝末年，此咀上有口塘，在塘咀上建了一个土地庙，故名土地咀。

东茅园 此园东边有一条水圳，圳旁茅草丛生，故名。

大世湖 原湖周围都是稻田，湖水公用，故名。

高叶塘 清朝末年，高、叶两姓定居此地，共用此塘水，故名。

学堂园 清朝末年，此地周姓创设学堂一所，故名。

陆家冲 明洪武年间，陆姓居此冲，故名。

金盆塘 此地有口塘，长年有浸水，从未干过，灌溉周围农田，年年丰收，故名金盆塘。

湴塘 塘周围多属湴田，故名。

利沿村 清朝末年，人们将下沿河村一带改名利沿村。

附：人工筑物、自然实体等地名

新河垸 位于上大垅公社境内、浏阳河西岸。新河北堤，故名新河垸。1950年成立堤委会。

福安垸 位于上大垅公社境内、浏阳河西岸。三方濒水，一面临城。人们曾以福安垸定名，意在追求幸福安定。1950年成立堤委会。

朝镇垸 位于综合农场。因地跨朝阳寺与镇湘寺而得名。1950年成立堤委会。

涝湖垸 位于综合农场涝湖管区。境处涝湖，故名。1950年成立堤委会。

长捞公路 从长沙市至捞刀河，故名。其中经郊区境内起洪山桥，止廖家渡，全长2.50千米，柏油路面。

洪青公路 从洪山庙通往青山铺的公路，故名。

长宁公路 由长沙通往宁乡的公路，故名。

洪山桥 位于综合农场洪山庙，故名。

黑石渡渡口 位于长沙市北郊。系黑石头通往鸭子铺的渡口，故名。

落刀咀渡口 位于浏阳河湘江汇合处，地名落刀咀，渡口以此命石。

新码头 清代在此开了一条新河，新建了一个码头，故名。为国营综合农场至长沙市的交通渡口。

东塘水库 位于长沙市国营综合农场洪西管区境内。1957年将东塘扩建成水库，故名。

龙塘水库 位于长沙市国营综合农场洪西管区内。1958年将龙塘扩建成水库，故名。

大王岭 位于综合农场境内，清时，此岭修有大王庙，故名。

湘江 该河自海阳山麓的龙母岩与离水相离而去，后人们将“相离”二字加上水傍，用来称呼这背道而驰的两股流水，向北的称湘江。

新河 位于长沙市北郊，为清代开凿的一条新河，西接湘江，北抵浏阳河，故名。

浏阳河 因发源于浏阳县大围山东峰，故名。

捞刀河 据《一统志》载：源出浏阳县石柱峰，名黄泥港，西流至长沙县十二里入湘江。又按《清代地舆志》载；名为涝塘河。亦传三国时，蜀将关羽在此河将落水宝刀捞上，故而得名。

陈家湖 清朝末年，陈姓定居此地，因境内有一小湖而得名。1958年上大垅公社国庆大队将此湖改为渔场。

李家湖 位于上大垅公社，新河大队。清代末年，李姓定居此地，开湖泻洪，故名李家湖。

月湖 位于长沙市北郊，国营综合农场，月湖管区，湖形弯曲如月，故名。

谢家塘 位于国营综合农场，朝阳管区院内，明洪武年间，谢姓在此塘附近插标为业，故名。

上大垅公社农科站 位于上大垅公社先锋大队，因直属公社管辖、用科学方法培育蔬菜和牲猪品种，故名。

长沙市苗圃 位于长沙市北郊综合农场境内。建于1951年，总面积58公顷，职工210人。以育苗为主，故名。

注：福安乡、国营综合农场、红色渔场系系原长沙市郊区划入地域。

原沙坪公社旧地名

沙坪公社 1950年春建政时，属自安乡。1958年公社化时，因境内有沙坪，故名沙坪公社。沿用至今。驻地：官亭桥。人口：20059人。

官亭桥 相传桥建于1821年，桥头有碑，文曰：“道光官亭桥”。屋建桥端，以桥名。

沙坪大队 1950年春建政时，因境内有沙坪，故名沙坪乡。1958年公社化时，定名沙坪大队。沿用至今。驻地：沙坪。人口：976人。

沙坪 原长塘村东侧，有大片沙洲，故名沙坪。屋建坪东，亦名沙坪。

熊家湾 熊姓依山湾建屋，故名。

长岭上 此岭长约500米，屋建岭侧，故名长岭上。

茶子山大队 1950年春建政时，属自安乡。1958年公社化时，属沙坪大队。1962年体制调整时，为五一大队。因境内有茶子山村，1981年11月13日更名为茶子山大队。驻地：茶子山。人口：1205人。

茶子山 山上多茶子树，陶姓于山下建屋，故名茶子山。

金家塘 原金姓于塘侧建屋，故名金家塘。

田塍上 屋建于田塍上，故名。

何冲 原何姓在此山冲建屋定居，故名何冲。

窖塘大队 1950年春建政时，属竹安乡。因境内有一塘建于屋前地窖之下首，名窖塘。1958年公社化时，名窖塘大队。沿用至今。驻地：路冲坳。人口：1163人。

路冲坳 路侧一冲，屋建冲内山坳之侧，故名。

长坡 山坡较长，屋建其内，故名。

香王寺 屋侧一寺，内供香王，名香王寺，屋以寺名。

高公塘 山侧一塘，原为高姓公管，屋建塘侧，故名高公塘。

浩山口 两山对峙，形如峡口，名峡山口。屋建其侧，后讹称浩山口。

荷叶塘 屋前有塘，田田荷叶，故名荷叶塘。

老塘冲 屋建冲内塘侧，又在冲口另建新屋，名原塘为老塘冲。

寒婆山 山上茅草甚密，多生寒婆菌，屋建山侧，故名寒婆山。

天井大队 1950年春建政时，属双清乡。据《长沙县志》载：山顶有白龙寺，山半有井，故名天井山。1958年公社化时，名天井大队。沿用至今。驻地：干塘坡。人口：1103人。

干塘坡 坡内山塘，难于蓄水，故名干塘。屋建坡内，故名。

神钟坡 原坡内有庙，暮鼓晨钟，寓“使人警觉醒悟”之意，名晨钟坡。屋建坡侧，谐称神钟坡。

柳家塘 柳姓建屋于塘侧，故名柳家塘。

阳雀嘴 山嘴形似阳雀，屋建嘴上，故名。

梁家坳 原梁姓建屋于山坳，故名。

鄢家湾 原鄢姓依山湾建屋，故名鄢家湾。

钟石大队 1950年春建政时．属阳石乡。1952年调整行政区划时，园境内有钟石桥，取名钟石乡。1958年公社化时，为钟石大队。沿用至今。驻地：钟石桥。人口：1163人。

钟石桥 石桥为钟姓所建，名钟石桥。屋建桥侧，亦以桥名。

唢呐冲 山冲形如唢呐，屋建冲内，故名唢呐冲。

群力大队 1950年春建政时，属双清乡。1958年公社化时，属天井大队。1962年体制调整时，取群策群力之意，命名为群力大队。驻地：土地冲。人口：862人。

土地冲 冲内原有土地庙，庙侧建屋，故名土地冲。

牛头桥 桥之两端，竖有牛头石柱，因名牛头桥。屋建桥头，亦以桥名。

鄢家嘴 原鄢姓在山嘴建屋定居，故名。

周家冲 原周姓世居冲内，故名周家冲。

太阳山大队 1950年春建政时，属双清乡。1958年公社化时，属天井大队。1962年体制调整时，名清太大队。因境内有太阳山，1981年11月13日更名为太阳山大队。驻地：太阳山。人口：1689人。

太阳山 平地突起一山，日照时间很长，人称太阳山。屋建于山之东麓，亦以山名。

土地嘴 山嘴原有土地庙。屋建庙侧，故名土地嘴。

柁栗塘 屋前塘侧有柁栗树一株，故名柁栗塘。

霸王桥 霸王庙前一桥，名霸王桥，屋建桥头，以桥名。

蔡家坝 屋前一坝，原为蔡姓所有，故名蔡家坝。

飞舟坡 坡形似船，居港侧两山之间，坡势陡峭，颇有飞向港内之势，故名飞舟坡。屋建坡侧，以坡名。

霞凝大队 1950年春建政时，属双清乡。1958年公社化时，因境内有霞凝火车站，故名霞凝大队。沿用至今。驻地：羊屎巷。人口：1643人。

羊屎巷 一山巷，原为养羊之地，屋建其侧，故名。

马鞍岭 屋后一岭，形似马鞍，故名。

霞凝站 原名“下泥”，后人以“朝霞凝聚”之意，雅化为霞凝。火车站建于其侧，故名。村以站名。

荷叶塘 屋前有塘，历种荷莲，故名荷叶塘。

长林塘 塘侧有一狭长林带，屋建于此，故名长林塘。

张婆坳 原张姓老妪在坳下坡内建屋，故名张婆坳。

邬家湾 原邬姓在山湾内建屋定居，故名邬家湾。

竹坡大队 1950年春建政时，为竹安乡。1958年公社化时，属窖塘大队。1962年调整体制时，因境内有竹坡，故名竹坡大队。驻地：竹坡。人口：1515人。

竹坡 坡内原多楠竹，屋建坡内，故名竹坡。

围墙屋 某姓建屋于此，周围筑以围墙，敌名围墙屋。

三亩冲 冲内屋前，仅有水田三亩，故名三亩冲。

范家冲 原范姓于冲内聚居，故名。

魏家老屋 原魏姓于此建屋世居，故名魏家老屋。

山字墙 原朱姓屋前有一照壁，形如山字，故名山字墙。

汪家屋场 原汪姓在此建屋定居，故名汪家屋场。

龙泉冲 冲内有井两口，终年不涸，人称龙泉。屋建冲内，故名龙泉冲。

鸭婆塘 一塘形似鸭婆，屋建其侧，故名鸭婆塘。

朱家冲 原朱姓在冲内建屋定居，故名朱家冲。

金霞大队 1950年春建政时，属钟石乡。1958年公社化时，属钟石大队。1962年体制调整时，因境内有金山冲、蔚霞庄，取名金霞大队。驻地：大兴塘。人口：1341人。

大兴塘 屋建塘侧，屋主冀能“大兴家业”，名大兴堂。后谐称大兴塘。

塘坡 山坡内有一大塘，屋建其侧，故名塘坡。

董家塘 昔董姓建屋于塘边，故名。

杨家围 杨姓屋周小山围绕，故名杨家围。

浸塘坡 坡内一塘，终年浸水不断，屋建其侧，故名。

大坡冲 冲内一坡，面积较大，屋建其侧，故名大坡冲。

晏山塘 原晏姓在山塘边建屋定居，故名晏山塘。

海棠大队 1950年春建政时，属竹安乡。1958年公社化时，属窖塘大队。1962年体制调整时，因境内有海亭塘，故名海塘大队。1972年改为海棠大队。驻地：海亭塘。人口：1089人。

海亭塘 塘侧屋为杨姓所建，名海亭堂，后谐称海亭塘。

杨家老屋 昔杨姓在此建屋定居，故名杨家老屋。

杨家祠堂 祠为杨姓所建，故名。

白云潭 屋前潭大水清，白云倒映，水天一色，人称白云潭。

新源大队 1950年春建政时，属双清乡。1958年公社化时，属天井大队。1962年体制调整时，以饮水思源，气象更新之意，故名为新源大队。驻地：鲇鱼山。人口：1212人。

鲇鱼山 一山蜿蜒跌宕，形似鲇鱼，屋建山旁，故名。

雷家冲 原雷姓在冲内建屋定居，故名。

蛇窟里 冲细而长，迂回曲折，其状如蛇，屋建冲尾深处，故名蛇窟里。

肖家塘 原肖姓于塘侧建屋定居，故名肖家塘。

张家场 原张姓建屋场于此，故名。

双湖大队 1950年春建政时，属竹安乡。1958年公社化时，属窖塘大队。1962年体制调整时，因境内有金家湖和董家湖，故名双湖大队。驻地：罗家洲。人口：1163人。

罗家洲 此洲原为罗姓管业，故名罗家洲。

洋石潭 潭边岩石重叠，原杨姓于潭侧建屋，名杨石潭。后讹为洋石潭。

西边岸 屋建在白沙河西岸，故名西边岸。

中间屋 三屋相连，此屋居中，故名中间屋。

干塘坡 坡内一塘．难于蓄水，经常干涸，屋建其侧，故名干塘坡。

严家华屋 原严姓在此建一大屋，颇为华丽，故名严家华屋。

董家冲 冲为董姓管业，故名董家冲。

广胜大队 1950年春建政时，属双清乡。1958年公社化时，属板塘大队。1962年体制调整时，因境内有广胜桥，故名广胜大队。驻地：横冲坳。人口：1096人。

横冲坳 一冲横于坳前，屋建坳侧，故名。

东冲 冲位于广胜桥之东，屋建冲内，故名东冲。

肖家塘 原肖姓建屋于塘边，故名肖家塘。

广胜桥 桥为吴宝善所修，名宝善桥，后讹为广胜桥。屋建桥头，亦以桥名。

穆家庄 此屋原为穆姓所居，故名。

龙背 一山垸蜒似龙，屋建山背，故名龙背。

皋东坡 原易姓在山坡内建有“皋东山庄”，故名皋东坡。

朱家嘴 原朱姓建屋于山嘴，故名朱家嘴。

成功大队 1950年春建政时，属白安乡。1958年公社化时，属沙坪大队。1962年体制调整时，因境内有成功桥，故名成功大队。驻地：成功桥。人口：1376人。

成功桥 桥系陈姓公建，名陈公桥。后重修，改名成功桥。屋建桥头，亦以桥名。

檀木岭 原此岭多檀木，屋建岭侧，故名檀木岭。

屈家湾 原屈姓在山湾建屋定居，故名屈家湾。

单嘴上 一山嘴单独延伸垅中，屋建嘴上，故名单嘴上。

陡家园 四周山峰陡立，中有一园，屋建其中，故名陡家园。

浅塘 塘大而浅，屋建其侧，故名。

新屋里 原陈姓在旧屋基上建造新屋，故名新屋里。

自安大队 1950年春建政时，并自然、蚌安两乡，取名自安乡。1958年公社化时，属沙坪大队。1962年体制调整时，定名自安大队。驻地：大冲。人口：1044人。

大冲 檀木岭下一冲，长而宽大，屋建冲内，故名大冲。

张家坪 原张姓建屋于坪中，故名张家坪。

翟家冲 原翟姓在此山冲建屋定居，故名翟家冲。

附：

天井山 位于沙坪公社境内，为天井、广胜、霞凝等大队界山。方圆七公里，海拔202.60米，山上原有一庙，庙后一井，泉水清澈，不盈不竭，以其高，名天井。山以井名。现庙毁泉存，山腰建有清竹塘水库，为山之又一“天井”。山南麓有高峰，曰太阳山，海拔70米。

钟鼓坨 位于沙坪公社成功大队南部。山呈东西走向，海拔114.4米。该山两峰并峙，一峰圆而直立如钟，一峰椭圆如鼓，故名钟鼓坨。

乌龙山 位于沙坪公社广胜大队西部。海拔110米。山脉蜿蜒如龙，故名乌龙山。

楚家湖 位于高岭公社高岭大队境内。容量73000立方米。原楚姓聚居湖畔，故名楚家湖。该湖濒临捞刀河。有宽50米，长90米的泻洪道与捞刀河相连。捞刀河涨水期间，洪水倒灌入湖，有分洪之益。水退时，水出捞刀河，是捞刀河的调节湖。

山窑潭 位于高岭公社凤羽大队东部捞刀河上游河边。因水运方便，曾有人在潭侧山麓建窑烧炭，故潭以山窑命名。潭面大0.13公顷，水深约6米。潭水清澈，潭壁陡峭，浪击石壁，铿锵有声，溶洞甚多，富藏鱼虾，风景颇为幽美。

杀塘冲水库 建于1958年冬。因座落在沙坪公社茶子山大队杀塘冲，故名。积雨面45.60公顷，坝高10米，轴长75米，有效库容16万立方米。有渠道长500米，灌溉53.33公顷农田。库内有养鱼水面2.13公顷。

青竹塘水库 因位于沙坪公社新源大队青竹塘，故名。1975年建成。水库积雨面82.30公顷，外引90公顷，有效库容202.86万立方米。主坝高25.50米，长160米，土石垒筑如城，颇为雄伟。有主干渠5条，隧洞、渡槽、倒虹吸配套齐全，全长1.97万米。与周家冲水库干渠相连，灌溉该社13个大队800公顷农田。设有渔场粉厂，配有专职人员，年产鲜鱼300担。

鱼婆塘水库 因位于沙坪公社茶子山大队鱼婆塘，故名鱼婆塘水库。建于1974年。坝高12米，坝长120米，水深8米，有效库容15万立方米，积雨面积18.30公顷。灌溉茶子山大队4个生产队20公顷农田。

何冲水库 因位于沙坪公社茶子山大队何冲境内，故名何冲水库。建于1969年。坝高12米，坝轴长120米，水深12米，有效库容22.30万立方米，积雨面积31.50公顷。修筑干渠一条长800米。灌溉茶子山大队8个生产队的78.67公顷稻田。

大吉冲水库 因位于沙坪公社金霞大队大吉冲，故名大吉冲水库。建于1968年，坝高12米，坝轴长400米，水深12米，有效库容量20万立方米，积雨面积26.70公顷。修筑渠道一条，长1500米，灌溉金霞大队10个生产队的26.67公顷稻田。库内养鱼水面2公顷。

鱼翅塘水库 因位于沙坪公社双湖大队鱼翅塘境内，故名鱼翅塘水库。建于1957年。坝高11米，坝长200米，水深8米，有效库容14万立方米，积雨面积28.60公顷。修建渠道一条，长700米。可灌溉双湖大队8个生产队的20公顷稻田。库内养鱼水面2公顷。

山塘水库 因位于沙坪公社海棠大队山塘境内，故名山塘水库。建于1976年。坝高8.50米，坝长130米，水深7米，有效库容10万立方米，积雨面积14公顷。灌溉该大队2个生产队的26.67公顷稻田。库内养鱼水面1.67公顷。

寒婆山水库 因座落在沙坪公社窖塘大队寒婆山，故名寒婆山水库。建于1978年。坝高15米，坝长30米，水深6米，库容40万立方米，积雨面积39公顷，渠道长400米。可灌溉窖塘、竹坡、双湖三个大队38个生产队的33.33公顷稻田。养鱼水面宽2.25公顷。

张山冲水库 因位于沙坪公社海棠大队张山冲，故名张山冲水库。建于1972年。坝高15米，坝长150米，水深25米，库容18万立方米。积雨面积28.30公顷，灌溉3个生产队的26.67公顷稻田。

柴坡水库 因位于沙坪公社天井大队河东顺生产队境内柴坡，故名柴坡水库。建于1973年。坝高10米，坝长70米，水深10米，积雨面积50公顷，有效库容70万立方米，该大队5个生产队的28公顷稻田受益。

烟坡水库 因位于沙坪公社竹坡大队烟坡，故名烟坡水库。建于1976年。坝高13.50米，坝长150米，水深13米，积雨面积1650公顷，有效库容15万立方米，并修有渠道一条，全长800米，隧洞两处共长240米。该大队9个生产队33.33公顷田旱涝保收。

周家冲水库 因位于沙坪公社群立大队周家冲，故名周家冲水库。1965年修建。积雨面积65公顷，外引积雨面20公顷，坝高21米. 坝长230米，水深15米，有效库容57万立方米。主渠与青竹塘水库主渠相连，灌溉群立、天井、广胜、金霞、钟石、沙坪、砚池坝、成功、自安共九个大队112个生产队的72公顷农田，有4公顷水面可养鱼。

师古塘水库 建于1972年，积雨面28公顷，坝高8米，系均匀土质坝，有效库容14万立方米，正常蓄水位6.50米，渠道长1000米，灌溉稻田26.67公顷。库内有养鱼水面2公顷。因位于沙坪公社自安大队师古塘，故名。

灰尘坡水库 因位于沙坪公社太阳山大队灰尘坡，故名。建于1980年。系均匀土质坝，属小Ⅱ型水库，积雨面19.70公顷，坝高16米，有效库容20万立方米，灌溉26.67公顷农田。库内有养鱼水面1.87公顷。

沙塘水库 因位于沙坪公社新源大队沙塘冲，故名沙塘水库。建于1958年冬。积雨面50公顷，系均匀土质坝，坝高16米，面宽5米，轴长86米，有效容量为20万立方米，渠道长1000米，灌溉20公顷农田。库内养鱼水面2公顷。

铁炉冲水库 因位于高岭公社汉回大队铁炉冲，故名。1980年冬修建。坝长120米，坝高16米，宽4米，水深16米，积雨面积32.30公顷，有效库容70万立方米，渠道长1600米，灌溉汉回、乌溪、中岭、伍家岭四个大队16个生产队的100公顷稻田。养鱼水面2.67公顷。

鱼婆塘水库 位于高岭公社板塘大队境内。1980年扩建成小(二)型水库。坝高10米，坝轴长155米，宽17.50米，水深15.50米，积雨面积91.40公顷，有效库容40.80万立方米，渠道长1400米，灌溉板塘、大安两个大队11个生产队的33.33公顷稻田。因座落在鱼婆塘，故名。

白霞水库 1959年冬建成。积雨面180公顷，坝高11米，轴长126米，有效库容60万立方米，灌溉86.67公顷农田。库内能养鱼。因位于高岭公社白霞村，故名白霞水库。

青竹塘渠道 座落在沙坪公社新源大队境内。因属青竹塘水库配套工程，故名。建于1975年。全长7500米。渠宽1.20米，流量为每秒2.50立方米，引渡青竹塘水库的水灌溉新源、群力、金霞等大队的稻田达667公顷。

金山冲渡槽 因位于沙坪公社群立大队金星生产队金山冲，故名金山冲水库渡槽，系周家冲水库配套工程。建于1968年，为四墩三拱麻石结构渡槽。槽高6.50米，宽1.50米，深1米，全长50米，流量每秒0.60立方米。金霞、沙坪、钟石、广胜4个大队35个生产队的233.33公顷稻田受益。

青竹塘渡槽 位于沙坪公社新源大队毛力塘生产队境内。因系青竹塘水库配套工程，故名青竹塘渡槽，建于1976年冬。系麻石混凝土结构。槽高6米，宽2.50米，深2米。长260米，每秒流量0.80立方米。渡槽建成后，可灌溉金霞、钟石、沙坪、广胜、天井、自安、新源、群力等9个大队75个生产队的166.67公顷稻田。

金山冲隧洞 建于1968年。位于沙坪公社群力大队金山冲，故名。全长500米，高1.50米，宽1米，导引周家冲水库之水，灌溉72公顷农田。

沙坪公社电动排灌站 因位于沙坪公社砚池坝大队境内，故名沙坪公社电动排灌站。1979年建成。建筑面积150平方米，拥有50千瓦电动机一台，灌溉竹坡、海棠、窖塘、双湖4个大队15个生产队的100公顷农田。设有管理员一人。

双湖电动排灌站 位于沙坪公社双湖大队西南部，站依队名。1964年建成。建筑面积20平方米，拥有55千瓦电动机一台，流量每秒0.48立方米，主灌双湖大队7个生产队的53.33公顷稻田。配有职工1人管理电排站业务。

甘嘴坨机埠 位于高岭公社捞刀河西部。1960年建机台三处。电动机四台，功率共两百千瓦。由中岭变电站供电。水泵设在捞刀河边深潭内，水源充足。主灌捞刀河等7个大队的77个生产队的农田。抗旱紧张时，全部电机开动能灌溉266.67公顷稻田。因座落在甘嘴坨，故名甘嘴坨机埠。

窑湾机埠 建于1980年，因位于高岭公社捞刀河大队西部之窑湾，故名窑湾机埠。装机两台，容量为200千瓦。提取捞刀河水，灌溉农田26.67公顷。对捞刀河、汉回等大队的抗旱保收，具有重要作用。

中岭变电站 位于高岭公社中岭大队境内，因担负变电业务，故名。直属省电业局管理。能量22万千伏安，从中岭架有至市苗圃、市机砖厂、市化工厂、省外贸机修厂以及望城县霞凝公社跃进大队等高压线5条，共长78.50千米。沿线有变压器87台，共12435千伏安，供电半径最大为15.49千米，最小为2.19千米，对北山、安沙以及市北区的工、农生产关系甚大。

苏家坨堤 位于高岭公社境内的捞刀河北岸。起于火炉湾，止于斗笠洲，全长11.13千米。因垸内原为苏姓聚居，故名。坨侧有一条长达4千米的撇水圳、一条长达20.14千米的排灌渠道，并建有甘嘴坨、窑湾等四座排灌站，装机10台，功率共计1077千瓦。近30年来不溃不涝，保障坨内7695人的生命财产安全和977.40公顷农田的排灌。

青捞公路 起于广福公社青山铺，止于捞刀镇。为沟通广福、石常、牌楼、北山、沙坪、高岭等公社的四级县道公路。全长30.60千米。由卫星桥往南到彭家巷子为长湘公路。

乌溪桥 位于高岭公社乌溪大队南部。一溪自北山公社流经乌鸦嘴注入白沙河，桥架溪上，故名乌溪桥。原为单拱行人便桥。1969年改建为钢筋混凝土结构公路桥，长15米，宽5米，高6米。

沙坪公社林场 沙坪公社林场建于1972年，是以林为主的专业林场。总面积为76.67公顷，其中杉林74.40公顷，茶叶0.67公顷。

沙坪公社成功大队林场 沙坪公社成功大队境内钟鼓坨，海拔80米。1970年成功大队兴建林场于此。全场立林蓄积量已达3500多立方米。松叶如针，苍翠欲滴；茶叶畦横垄、嫩绿如茵，茫茫林海，泉水潺潺，置身其中，如入画境。

高岭公社林场 建于1967年，为高岭公社经营的综合性林场。总面积为200公顷。设果木、茶叶、杉林等工区。该场现有杉林185.33公顷，楠竹0.33公顷，果木5.67公顷，茶叶4公顷，水田0.13公顷，旱土4公顷。

沙坪公社农机站 位于沙坪公社沙坪大队长岭生产队境内。1973年建站。建筑面积550平方米。担负沙坪公社农业机械管理和运输生产、生活物资、支援基本建设等任务。

原高岭公社旧地名

高岭公社 1950年春建政时，为高源乡。1958年公社化时，属沙坪公社。1962年体制调整时，因境内有高岭村，定名高岭公社。驻地：源丰坝。人口：23665人。

源丰坝 屋前一坝，水源丰富，故名源丰坝。

高源大队 1950年春建政时，因境内有高岭上、源丰

坝，故名高源乡。1958年公社化时，属乌溪大队。1962年体制调整时，定名高源大队。驻地：新塘基。人口：1460人。

新塘基 原侯姓建屋时，将屋前塘基新修加固，故名新塘基。

柳家冲 柳姓聚居此冲，故名柳家冲。

回龙坡 坡周小山迂回，形如盘龙，屋建坡中，故名回龙坡。

谢塘坡 坡内山塘，系谢姓开掘，屋建塘侧，故名谢塘坡。

蓝粉墙 原黄姓在此建屋，用蓝灰粉墙，故名蓝粉墙。

东如塘 原屋主以“福如东海”之义，命宅为东如塘。

猫公桥 此桥系戴姓所建，原名太平桥。因桥侧一山，形如蹲猫，俗称桥为猫公桥。屋建桥侧，以桥名。

大竹塘 屋前塘边，楠竹高大，故名大竹塘。

蔡家坝 此坝原系蔡姓管业，故名蔡家坝。屋建其侧，以坝名。

彭家冲 原彭姓在此冲建屋定居，故名彭家冲。

易家冲 原易姓在此冲建屋定居，故名易家冲。

大明大队 1950年春建政时，属高源乡。1958年公社化时，属板塘大队。1962年体制调整时，因原属大岭、新明两农业社，故名大明大队。驻地：牛头嘴。人口：1177人。

牛头嘴 山嘴形似牛头，屋建其上，故称牛头嘴。

炭坡 坡内原有炭窑，屋建其侧，故名炭坡。

汤家冲 冲内房屋原系汤姓所建，故名汤家冲。

茶园屋场 胡姓建屋于茶园之侧，故名茶园屋场。

梅花塘 屋前塘边多梅花，故名梅花塘。

黄金园 园侧多黄荆，屋建其内，名黄荆园，谐称黄金园。

塘坳上 屋建在塘坳上，故名。

罗汉庄大队 1950年春建政时，属罗凤乡。1958年公社化时，属苏托大队。1962年体制调整时，名同心大队。因境内有罗汉庄，1981年11月13日更名为罗汉庄大队。驻地：罗汉庄。人口：1181人。

罗汉庄 原村庄中人多以纸扎为业，所做罗汉脸驰名远近，故称罗汉庄。

肖家堤 此堤原系肖姓所筑，屋建堤上，故名肖家堤。

张婆冲 相传张姓老妪建屋此冲，故名张婆冲。

戴家渡 相传捞刀河原由此处注入湘江，戴姓设渡口于此，故名戴家渡。

盐船洲 洲处捞刀河侧，相传曾翻盐船于此。屋建洲上，故名盐船洲。

大坡 一坡较大，屋建坡侧，故名大坡。

乌溪大队 1950年春建政时，属竹安乡。因境内小溪内多乌泥，溪上架桥，称乌溪桥，1958年公社化时，故名乌溪大队。沿用至今。驻地：夏家冲。人口：1037人。

夏家冲 原夏姓建屋于此冲口，故名夏家冲。

享堂 此屋原系劳姓墓庐，其中设有享堂，故名享堂。

易家围子 原易姓建屋于堤围内，故名易家围子。

杨家祠堂 祠为杨姓所建，故名杨家祠堂。

蒋婆冲 冲内原住蒋姓老妪，故名蒋婆冲。

马家大巷 巷处竹坡、洋石潭之间，马姓建屋于巷口，故名。

桥湾 屋建在乌溪桥侧山湾内，故名桥湾。

荷叶冲 冲内屋前塘内，原植莲藕，荷叶茂盛，故名。

石嘴上 屋建于乌溪桥边石嘴上，故名。

车家老屋 屋为车姓世居，故名车家老屋。

楮树塘 屋前塘边原有一较大楮树，故名楮树塘。

伍家岭大队 1950年春建政时，属竹安乡。1958年公社化时，属乌溪大队。1962年体制调整时，为白沙大队。因境内有伍家岭，1981年11月13日更名为伍家岭大队。驻地：伍家岭。人口：1259人。

伍家岭 原伍姓建屋于岭侧定居，故名伍家岭。

唐家湾 原唐姓依山湾建屋定居，故名唐家湾。

新家屋场 原辛姓在此建屋定居，故名辛家屋场，后讹为新家屋场。

鹅鸭塘 原塘边住户喜喂鹅鸭，故名鹅鸭塘。

黄家屋场 此屋原系黄姓所建，故名黄家屋场。

炭坡 从前有人在此坡伐木烧炭，建屋坡中，故名炭坡。

曾家塘 原曾姓在此塘边建屋定居，故名曾家塘。

赵家冲 赵姓在冲内建屋定居，故名。

解放嘴 原名象鼻嘴。相传曾有一叫化饿死于此，故名叫化嘴，解放后，改名解放嘴。

中岭大队 1950年春建政时，属罗风乡。1958年公社化时，属苏托大队。1962年体制调整时，因境内有中岭，定名中岭大队。驻地：中岭上。人口：2103人。

中岭上 塅中一岭，名中岭，屋建其侧，以岭名。

曲尺湾 山湾形如曲尺，屋建其中，故名曲尺湾。

黄蜂嘴 山嘴原荆棘丛生，黄蜂甚多，因名黄蜂嘴，后建屋其侧，亦以嘴名。

下马坑 相传三国时关羽征长沙，路过此处，因坑阻下马，故名下马坑。屋建其侧，以坑名。

新管子 解放后加修苏家托大堤，在堤侧新建一排渍石管，屋建管侧堤上，故名新管子。

戴家湾 原戴姓在山湾建屋定居，故名戴家湾。

枫树岭 岭上枫树成林，屋建岭下，故名枫树岭。

苏家冲 原苏姓在冲内建屋，故名苏家冲。

藕塘冲 比冲一塘原多菜藕，屋建冲内，故名藕塘冲。

烟坡坳 坳下坡内，常年栽种旱烟，屋建坳侧，故名烟坡坳。

双塘 屋前两塘并列，故名双塘。

茅岭上 岭上茅草丛生，屋建岭侧，故名茅岭上。

茅屋湾 山湾内原多茅屋，故名茅屋湾。

麦子坡 坡内年年种麦，屋建其侧，故名麦子坡。

鸭婆嘴 山嘴形似鸭婆，屋建嘴上，故名鸭婆嘴。

灵官树下 屋建于灵官庙侧古树下，故名。

高岭大队 1950年春建政时，属高源乡。1958年公社化时，属苏托大队。1962年体制调整时，因境内有高岭，故名高岭大队。驻地：高岭上。人口：1910人。

高岭上 此岭较高，故称高岭，屋建岭上，故名高岭上。

捞刀河镇 村民于捞刀河畔结庐成镇，故名捞刀河镇。

彭家巷 原彭姓于巷口建屋聚居，故名彭家巷。

窑岭 昔长沙修建城墙时，曾在此岭建窑烧砖，屋建其侧，故名窑岭。

刘家坡 原刘姓曾在坡内垦荒建屋定居，故名。

向家湾 原向姓依山湾建屋．故名向家湾。

熊家新屋 熊姓在原屋基上重建新屋，故名。

李家祠堂 祠为李姓所建，故名李家祠堂。

唐家坝 昔唐姓在屋前筑坝堵水，故名唐家坝。

铁炉湾 山湾内曾设铁铺，开炉打铁，故名铁炉湾。

枫林塘 塘周原枫林茂盛，屋建塘侧，故名枫林塘。

野山坡 山坡内原野草丛生，人畜罕至，屋建坡内，故名野山坡。

黄泥大丘 屋前有七亩大丘，泥呈黄色，故名黄泥大丘。

周家冲 原周姓聚居冲内，故名周家冲。

水塘冲 冲内屋前有水塘一口，故名。

蛇嘴上 山麓一嘴，其形如蛇，屋建其上，故名蛇嘴上。

兔子坡 坡内常有野兔出没，屋建坡中，故名兔了坡。

汉回大队 1950年春建政时，属竹安乡。1958年公社化时，属乌溪大队。1962年体制调整时，因境内汉族回族杂居，故名汉回大队。驻地：蓝家老屋。人口：1114人。

蓝家老屋 原蓝姓世居于此，故名蓝家老屋。

铁炉冲 此冲有铁矿，明代曾有人在此开炉炼铁。屋建冲中，故名。

杉仙庙 此地原有古庙，供奉杉仙菩萨，名杉仙庙，屋建其侧，以庙名。

三塘坡 坡内三塘相连，屋建坡侧，故名三塘坡。

彭家公屋 屋系彭姓祀祖公屋，故名彭家公屋。

史家塅 原史姓在塅边建屋定居，故名史家塅。

大塘塝 原唐姓建屋在大塘坳上，故名。

楸树嘴 山嘴原有大楸树一株，屋建其侧，故名楸树嘴。

黄泥冲 屋侧一冲，泥呈黄色，故名。

骆家湾 原骆姓于山湾内建屋，故名骆家湾。

白霞大队 1950年春建政时，属罗风乡。1958年公社化时，属苏托大队。1962年体制调整时，因境内一寺，相传内供白霞仙姑像，名白霞寺，故大队名白霞。驻地：浣家坪。人口：1819人。

浣家坪 原浣姓聚居此坪，故名浣家坪。。

白霞寺 有古寺名白霞寺，屋建其侧，以寺名。

茶园冲 屋建于冲内茶园之侧，故名茶园冲。

傅家冲 此冲原居傅姓，故名傅家冲。

月塘 屋前一塘，形如弯月，故名月塘。

琪华塘 相传某人建屋于塘侧，名琪华堂。后谐称琪华塘。

三亩冲 冲内仅有稻田三亩，屋建冲内，故名三亩冲。

郭家冲 此冲原系郭姓所有，故名郭家冲。

王家新屋 此屋原系王家新建，故名王家新屋。

浣公岭 岭上原有浣公真人庙，浣姓聚居于山脚，屋以岭名。

捞刀河大队 1950年春建政时，属高岭乡。1958年公社化时，属苏托大队。1962年体制调整时，因位于捞刀河（相传三国时蜀将关云长取长沙时，曾在此河捞刀。）北岸，定名捞刀河大队。1971年改名新华大队。1981年11月13日改名为捞刀河大队。驻地：菜花塘。人口：2322人。

菜花塘 屋前塘侧，种有蔬菜，菜花倒映水中，殊觉悦目，故名菜花塘。

宿龙坪 相传某皇帝游幸至此，宿于此坪，后屋建坪上，故名宿龙坪。

窑湾 相传长沙修建城墙时，曾在此湾设窑烧砖，屋建窑侧，故名窑湾。

易家堆子 原易姓建屋于山侧土堆上，故名易家堆子。

沙湖子 昔此地有一小湖，内多沙子，屋建其旁，故名沙湖子。

蓝屋场 此屋原系蓝姓所有，故名蓝屋场。

矮堆子 屋建于矮小土堆上，故名。

大星大队 1950年春建政时，属罗凤乡。1958年公社化时，属苏托大队，1962年体制调整时，以“共产党是人民大救星”之义，命名为大星大队。沿用至今。驻地：阎家冲。人口：1403人。

阎家冲 原阎姓建屋冲中，故名阎家冲。

笔架山 三山相连，形如笔架，屋建山旁，故名笔架山。

苏家湾 原苏姓依山湾建屋，故名苏家湾。

鲁家湾 原鲁姓居此山湾，故名鲁家湾。

杨梅庄 此处原多杨梅树，屋建于此，取名杨梅庄。

槲树脚下 此屋建于槲树下方，故名槲树脚下。

刘家湾 原刘姓依山湾建屋，故名刘家湾。

凤羽大队 1950年春建政时，属罗凤乡。1958年公社化时，属苏蚝大队。1962年体制调整时，因境内有凤羽湾，故名凤羽大队。驻地：高岸子。人口：2537人。

高岸子 屋建于垅侧高岸之上，故名高岸子。

山窑潭 山下有一深潭，潭侧原有瓦窑，后建屋于此，故名。

苏家托 原苏姓聚居托内，故名苏家托。

吊井湾 山湾内一井，架有辘轳吊桶汲水，屋建其侧，故名吊井湾。

解放屋场 屋建于解放之后，故名解放屋场。

凤羽湾 相传凤凰飞经此处，曾落羽毛于山湾之内，名凤羽湾，屋建于此，沿用湾名。

屈家老屋 原屈姓世居于此，故名屈家老屋。

菜花屋场 原蔡姓聚居于此，名蔡家屋场，后谐称菜花屋场。

垅塝上 屋建于垅口塝上，故名。

春台屋场 相传某筑台于此，名春台，屋建其侧，取名春台屋场。

大安大队 1950年春建政时，属双清乡。1958年公社化时，属板塘大队。因境内一寺，内供大安神像，名大安寺。1962年体制调整时，名大安大队。沿用至今。驻地：何家老屋。人口：1394人。

何家老屋 屋系何姓世居，故名何家老屋。

鲁婆冲 原鲁姓老妪居于此冲，故名鲁婆冲。

汤家老屋 原汤姓在此建屋世居，故名汤家老屋。

曲湾坝 屋前一坝，迂回曲折，故名曲湾坝。

伍家塅 昔伍姓于塅侧建屋世居，故名伍家塅。

汤家坳 原汤姓建屋于山坳上定居，故名。

莫家坝 原坝为莫姓所筑，屋建其侧，故名。

板塘大队 1950年春建政时，属双清乡。1958年公社化时，因境内有板塘冲，故名板塘大队。沿用至今。驻地：板塘冲。人口：1436人。

板塘冲 冲内一塘，底平如板，屋建塘侧，故名。

东冲 冲位于乌龙山东面，屋建冲内，故名东冲。

麟趾塘 某人于塘侧建屋，取“麟趾呈祥”之义，名麟趾堂，后谐称麟趾塘。

胡家湾 原胡姓依山湾建屋，故名胡家湾。

楸树脚下 原此处楸树成林，屋建其下侧，故名。

芋婆塘 屋侧一塘，形似芋头，故名。

注：捞刀河镇（含原沙坪公社、高岭公社）系原长沙县划入地域。

原霞凝乡旧地名

霞凝区 解放初属五区，1951年分属十二、十三、十四区，1958年称五一（后改桥驿）公社，1961年体制调整时，因驻地霞凝港著名，故称霞凝区，辖6社1镇至今。

霞凝港正街 传说很早以前，一帝王派人来此处（天子坡）刺死假天子，但其人已殁，来人掘坟戮尸，将其废土倒入港中，泥下即逝，于是称下泥港。清光绪年间，当地人取其谐音，改为霞凝港，以后逐渐集居成市。

霞凝公社 解放初属霞凝乡，1958年属桥驿公社，1961年体制调整时改属霞凝区，因霞凝港著名，故称霞凝公社。

贺家冲 此冲在清宣统年间系贺姓祖居而名。

鹅羊山大队 1961属霞凝公社称湘江大队，因湘江地名不确切，境内鹅羊山著名，1982年更为鹅羊山大队。

龙家湾 据龙氏族谱载，清乾隆年间江西人龙百万来此定居而名。

李家新屋 李氏因人口增多，分居建屋而名。

沙塘冲 二百多年前，农户杜氏开塘九口，此塘沙石颇多，叫沙塘，冲以塘命名。

黑塘冲 冲口一塘，枯枝落叶污染其水呈黑色，故名黑塘，冲以塘命名。

夏家湾 夏氏祖居此湾而名。

茅塘 原荒坪上有小塘二口，茅草丛生而名。

长塘冲 此冲一塘，狭长而名。

陈家屋场 陈氏祖居之屋而名。

早禾冲 夏姓在此冲耕种，选择良种，比其他禾早熟，故名。

新安寺大队 1961年属霞凝公社称鹅羊大队，因鹅羊山在邻队，境内新安寺著名，1982年更为新安寺大队。

南城坡 此坡昔日兰花丛生，名兰丛窝，建屋后用谐音改为南城坡。

新安寺 清时，在此建有一寺称新安寺，久后传为地名。

毛家垅 此垅原系毛姓祖居之地。

古井冲 冲口有一古井，大旱之年水源不断而名。

茶园 此处一园，茶叶多、味道好，故名。

大竹山 山中土质肥沃，楠竹径大株高，故名。

杨屋塘 杨姓建屋于塘侧而名。

蓝粉墙 屋外墙均涂蓝色而名。

西湾 昔时，此处通水路，停靠船只，可避风浪，因位于矶头之西，故称西湾。

顺口湖 昔时春夏两季，山水顺流而下，经此湖入湘江，故名。

咀上 清末，龙姓建屋，于山脉尽头处，故名。

金霞大队 1961年属霞凝公社，因地处金盆丘和霞凝港之中，各取首字称金霞大队至今。

黄泥山 此处土质全系粘土黄泥原称烂泥坡，后用谐音改名黄泥山。

土地咀 山咀处曾有一土地庙而名。

黄茅冲 此处土地贫瘠，山上遍生茅草，秋后呈黄色，故名。

长塘 此塘呈长方形而名。

彭家大屋 清光绪年间，彭姓家族和睦，取名彭敬爱堂，群众称为彭家大屋。

草塘湾 此湾一塘，游草丛生而名。

响鼓岭 此岭有一巨石，用足踏之响声如鼓而名。

金盆丘大队 1961年属霞凝公社称跃进大队，因无地名意义，境内金盆丘著名，1982年更为金盆丘大队。

团屋山 解放前团防局办公地址，当时称团屋，故此山称团屋山。

金盆丘 此丘田面积六亩多，产量极高，群众誉为出黄金的金盆，故名。

袁家湾 此湾系袁姓祖居之地。

苗湾 湾内原有关帝庙故称庙湾。清末，周慧甫在此建大屋，门楼上有石刻“苗湾”二字，后改成苗湾。

游草塘 塘浅多生游草而名。

干塘坡 此塘因底部是沙土，不能蓄水称干塘，此坡亦称干塘坡。

德山坪 据传此处原名黑山坪，明初，有官兵来此搜捕元军，询问此地是否黑山坪？乡民听不懂，回答是德山坪，明军乃去，以后便称德山坪。

喻家场 喻姓祖居此地而名。

植基大队 1961年属霞凝公社，因境内植基冲著名，故称植基大队至今。

雷家场 明初，雷姓在此定居而名。

植基冲 明初，江西丰城人李姓来此定居，以纺织为生计，故名织机冲。后在此处办学，培植人才，用谐音改为植基冲。

杨家塘 此塘系杨姓管业而名。

板塘 塘边原有大板栗树一株而名。

西冲子 此冲在椅子湾之西而名。

余家场 余姓祖居此地而名。

藕塘冲 冲内一塘，曾多年栽藕而名。

椅子湾 因山的形状似弯形靠椅而名。

溢塘冲 此冲溢田极多，此塘亦系溢田开挖而成，故名。

介寿堂 李姓家族建一大屋称介寿堂，后传为地名。

湘粤大队 1961年属霞凝公社，因粤汉铁路穿过境内，故称湘粤大队至今。

八字塘 屋前两边各有一塘，形似八字而名。

汤家坳 汤姓聚居此坳而名。

庙冲 此冲一庙，内立李广将军牌位而名。

彭家老屋 彭姓定居后首建的第一栋屋而名。

洗澡塘 相传南宋福王为元军所追，逃难过此，令人在塘内取水洗澡，故名。

野鸡垅子 山中灌木茂密常有野鸡栖息于此而名。

唐家屋场 唐姓祖居于此而名。

张家湾 张姓祖居此湾而名。

观音井 水井侧曾有一小观音庙，故名。

上观音井 此村位于观音井之北，故名。

下观音井 此村位于观音井之南，故名。

王家老屋 清时王姓祖居的第一栋屋而名。

霸王桥 王姓在此建有石桥一座，与西面观音井相对，取刚柔相济之意，故名。

秧字冲 清末，此处从事织夏布鱼网者极多，麻纺成后，必须络成团，方言称为“秧 ”，故此冲称秧 冲，后简化为秧字冲。

荷叶大队 1961年属霞凝公社，因境内荷叶塘著名，故称荷叶大队。

中和堂 清末，福建彭姓兄弟到此定居，兄弟和睦，取名中和堂，以后传为地名。

荷叶塘 此塘以前植藕，盛夏荷叶满塘，故名。

高家场 高姓祖居于此而名。

徐家垅 徐姓祖居此垅而名。

五里堆 此处在古驿道旁，地势较高，距平头铺五里而名。

太阳塘 秀峰山北麓，有大塘一口，日照时间很长，故名。

大塘大队 1961年属霞凝公社，因境内大塘基著名，故称大塘大队。

响堂坡 此坡是古刹大安寺和尚圆寂之处，称响鼓坡。以后迁民居住，故称响堂坡。

大塘基 大塘塘基又长又坚，既可保大塘蓄水，又可防洪，故名。

蜡树下 此处在60多年前，蜡树又多又大，建屋于树附近，故名。

公屋桥 胡家祠堂(祠堂俗称公屋)于清光绪三年捐资在附近坝上修桥一座，故名。

陈家湾 明初，陈姓来此湾定居而名。

何家湾 何姓祖居于此湾而名。

枫树湾 此湾三面环山，山腰有一古枫而名。

高家坡 高姓祖居此坡而名。

罗塘湾 此湾一塘，为罗姓管业而名。

竹隐大队 1961年属霞凝公社，因境内竹隐寺著名，故称竹隐大队至今。

竹隐寺 传说观音在南海紫竹林中隐居修行，得道后十分显圣，乡人在此也建一观音寺，故名。

戴家洲 此洲由浏阳河泥沙淤积而成，又系戴姓祖居，故名。

戽桶坡 坡形如戽桶，故名。

香铺巷子 清末，林姓在巷子口开设香铺而名。

柴家场 民国时期，柴姓在此建大屋一栋而名。

屈家铺子 清末，屈姓在此开设店铺而名。

高塘基 古大路边有一塘，地势高，塘基也高，故名。

林家冲 林氏聚居此冲而名。

林家祠堂 林氏在此所建宗祠，故名。

兴联大队 1961年属霞凝公社称兴联大队，虽兴联无地名意义，但自初级农业社起就以此命名，群众已成习惯。

墈山咀 此处一高墈直入田垅中，三面是田，形成山咀，故名。

井坡 坡口有一井，大旱时从不枯竭，供坡内百余人饮用，故名。

廖家冲 廖姓祖居此冲而名。

马家咀 山咀原系马姓祖业而名。

新塘坡 此处原称死牛坡，解放后新开一塘，故改名。

六塘冲 此冲有水塘六口而名。

龙家场 原系龙百万居处而名。

柳家屋场 原系柳姓家业而名。

窑冲 清末，曾有人在此冲建窑烧炭而名。

戴家湾 戴姓祖居于此湾而名。

戴家河大队 1961年属霞凝公社称兴隆大队，因重名，境内戴家河著名，1982年更为戴家河大队。

牌楼湾 明末，兵部侍郎王伟葬于此湾，前面修有牌楼及石人石马，故名。

戴家河 戴家湾、平头铺等处积水汇成小河，顺流入湘江，沿河两岸均系戴姓田产，故名。

宋家坡 明末，宋姓在此坡定居而名。

茶园坡 原此坡茶树极多而名。

茅塘坡 此坡原无人居住，遍生茅草，且有大塘一口而名。

观音塘 观音庙下一塘，故名。

老屋洲 此处位于湘江东岸，因河道淤塞成洲，很早为黄姓开发定居，故名。

杨家围 杨姓在此筑堤垦田而名。

肖家洲 肖姓祖居于此洲而名。

龙洲 此洲系龙姓祖居而名。

附：

鹅羊山 据明《统志》云：在府城（长沙）北二十里，山多奇石，或踞或立，状若鹅羊。

母山 此处在湘江西岸和东岸各有一山，隔河相对，群众称河西之山为公山，在河东之山为母山而名。

七家湖 从前此地有垸七个，1949年冬，人民政府组织围垦七垸合一，地势仍低，故名。

注：霞凝乡系原望城县划入地域。

六、中央、省、市驻区单位情况表

截至 2018 年 5 月

序号	单位名称	单位隶属	单位性质	单位地址
1	中国人民解放军国防科技大学	中央	军事	开福区德雅路 109 号
2	中国人民解放军长沙工程兵学院	中央	军事	开福区福元路 1 号
3	中国南方航空股份有限公司湖南分公司	中央	事业	开福区三一大道 312 号
4	中国华融资产管理股份有限公司	中央	企业	开福区五一大道 982 号
5	中国人民财产保险股份有限公司湖南省分公司	中央	企业	开福区湘雅路 167 号
6	中国储备粮管理集团有限公司湖南分公司	中央	企业	开福区潮宗街 138 号
7	中石化销售有限公司长沙分公司	中央	企业	开福区秀峰街道芙蓉北路 338 号
8	铁道部第五工程局机械修理厂	中央	企业	开福区秀峰街道湘荷村荷叶塘组
9	中铁五局集团机电有限责任公司 长沙三环机械厂	中央	企业	开福区秀峰街道新大塘社区
10	广州铁路五局林场	中央	企业	开福区秀峰街道湘荷村庙冲组
11	湖南省政协	省	机关	开福区营盘东路 62 号
12	湖南省委统战部	省	机关	开福区迎宾路 185 号
13	湖南省总工会	省	机关	开福区民主东街 11 号
14	湖南省卫生与计划生育委员会	省	机关	开福区湘雅路 30 号
15	湖南省农业委员会	省	机关	开福区教育街 66 号
16	湖南新闻出版广电局	省	机关	开福区金鹰影视文化城
17	湖南省体育局	省	机关	开福区体育馆路 36 号
18	湖南省公路管理局	省	机关	开福区八一路 520 号
19	湖南省水运管理局	省	机关	开福区五一大道 982 号
20	湖南省参事室、省文史研究馆	省	机关	开福区衡清里 5 号
21	湖南省文物考古研究所	省	机关	开福区东风二村巷 18 号
22	中国人民解放军第 163 医院	省	军事	开福区洪山桥 1 号
23	湖南省粮食局	省	事业	开福区湘江中路一段 6 号
24	湖南省文物局	省	事业	开福区蔡锷北路 153 号
25	湖南省高速公路管理局	省	事业	开福区三一大道 500 号
26	湖南省科学技术协会	省	事业	开福区东风路 17 号
27	湖南省归国华侨联合会	省	事业	开福区迎宾路 185 号
28	湖南省社会科学院	省	事业	开福区德雅路浏河村巷 37 号
29	湖南省社会科学界联合会	省	事业	开福区德雅路浏河村巷 37 号
30	湖南省地方志编纂委员会	省	事业	开福区德雅路浏河村巷 37 号
31	湖南日报报业集团	省	事业	开福区芙蓉中路一段 442 号
32	湖南广播电视台	省	事业	开福区金鹰影视文化城
33	湖南广播电台	省	事业	开福区金鹰影视文化城

续表－中央、省、市驻区单位情况

序号	单位名称	单位隶属	单位性质	单位地址
34	湖南国际会展中心	省	事业	开福区金鹰影视文化城
35	中国保险监督管理委员会湖南监督局	省	事业	开福区三一大道 203 号
36	中国银行湖南省分行	省	事业	开福区芙蓉中路一路 593 号
37	邮政储蓄银行湖南省分行	省	事业	开福区芙蓉中路一路 489 号
38	长沙学院	省	事业	开福区洪山路 98 号
39	中南大学湘雅医学院北院	省	事业	开福区湘雅路 110 号
40	中南大学湘雅附属第一医院	省	事业	开福区湘雅路 87 号
41	湖南中医药大学第二附属医院	省	事业	开福区蔡锷北路 233 号
42	湖南省妇幼保健院	省	事业	开福区湘春路 43 号
43	湖南省交通医院	省	事业	开福区八一路 474 号
44	长沙市一中	省	事业	开福区清水塘路 53 号
45	湖南省教育科学研究院	省	事业	开福区教育街 11 号
46	湖南省工艺美术研究所	省	事业	开福区三一大道 156 号
47	湖南省妇女儿童活动中心	省	事业	开福区东风路 19 号
48	湖南省福利彩票发行中心	省	事业	开福区湘福路 9 号
49	湖南省直单位困难职工帮扶中心	省	事业	开福区车站北路 406 号
50	湖南省烈士公园	省	事业	开福区东风路 22 号
51	湖南省博物馆	省	事业	开福区东风路 50 号
52	湖南省展览馆	省	事业	开福区营盘东路 19 号
53	湖南省画院	省	事业	开福区营盘东路 69 号
54	湖南省少年儿童图书馆	省	事业	开福区中山路 70 号
55	湖南省水产研究所	省	事业	开福区捞刀河街道中岭社区
56	湖南省救灾物资储备中心长沙储备库	省	事业	开福区湘福路 5 号
57	湖南省水利厅物资储备中心	省	事业	开福区秀峰路 1 号
58	沪昆铁路客运专线湖南公司	省	事业	开福区东风路 139 号
59	湖南金蜂音像出版社	省	事业	开福区德雅路 542 号
60	湖南省军供总站	省	事业	开福区又一村巷 42 号
61	湖南省路桥公司捞刀河基地	省	事业	开福区湘荷村五里堆组
62	湖南省人民政府直属机关第一幼儿院	省	事业	开福区芙蓉北路 619 号
63	中国石油化工股份有限公司湖南分公司	省	企业	开福区湘春路 113 号
64	湖南省通信建设有限公司	省	企业	开福区车站北路 302 号
65	湖南中核勘探有限责任公司	省	企业	开福区德雅路 1488 号鑫政大厦
66	湖南核工业建设有限公司	省	企业	开福区德雅路 1488 号鑫政大厦
67	湖南中移通信技术工程有限公司	省	企业	开福区三一大道 357 号

续表－中央、省、市驻区单位情况

序号	单位名称	单位隶属	单位性质	单位地址
68	湖南省农业集团有限公司	省	企业	开福区芙蓉中路一段163号新时代广场
69	湖南省新闻出版控股集团	省	企业	开福区营盘东路38号
70	湖南粮食集团有限责任公司	省	企业	开福区芙蓉北路1119号
71	湖南友阿黄金珠宝有限公司	省	企业	开福区中山路56号
72	湖南科学技术出版社有限责任公司	省	企业	开福区湘雅路276号
73	湖南华润万家生活超市有限公司	省	企业	开福区金泰路199号世纪金源购物中心
74	国药控股湖南有限公司	省	企业	开福区华宁路229号
75	中信银行长沙分行	省	企业	开福区湘江北路1500号
76	北京银行湖南分行	省	企业	开福区芙蓉中路一段163号新时代广场
77	湖南省交通勘察设计院	省	企业	开福区芙蓉北路二段158号
78	长沙潇湘华天大酒店	省	企业	开福区芙蓉中路一段597号
79	湖南陋园宾馆有限公司	省	企业	开福区湘春路111号
80	湖南省华悦大酒店	省	企业	开福区芙蓉中路一段2号
81	湖南外贸湘丰实业公司	省	企业	开福区潘家坪路29号
82	湖南省化学试剂总厂	省	企业	开福区秀峰街道湘荷村牛角坡组
83	湖南省汽车城	省	企业	开福区东风路340号
84	湖南省军区装备修理所	省	军事	开福区洪山路28号
85	长沙民兵仓库	省	军事	开福区洪山路24号
86	湖南省工业设备安装有限公司二分公司	省	企业	开福区湘春路238号
87	长沙市食品药品监督管理局	市	机关	开福区戥子桥69号
88	长沙市供销合作总社	市	机关	开福区湘春路292号
89	长沙市机动车检测站城北车管分所	市	机关	开福区兴隆路7号
90	长沙市公安消防支队	市	军事	开福区学堂园路1号
91	长沙市第一医院（含北院）	市	事业	开福区营盘路311号
92	长沙市中心医院分院	市	事业	开福区长春巷2号
93	长沙市疾病预防控制中心	市	事业	开福区万家丽北路二段509号
94	周南中学（含周南实验中学）	市	事业	开福区鹅羊山路20号
95	长沙学院附属中学	市	事业	开福区福元中路88号
96	长沙市田家炳实验中学	市	事业	开福区局关祠3号
97	长沙市青少年宫	市	事业	开福区中山路272号
98	长沙市第二工人文化宫	市	事业	开福区湘春路305号
99	长沙市白蚁防治站	市	事业	开福区湘江中路一段76号
100	长沙市二轻供销公司	市	事业	开福区湘江中路一段14号
101	长沙市海事局	市	事业	开福区芙蓉北路一段99号

续表－中央、省、市驻区单位情况

序号	单位名称	单位隶属	单位性质	单位地址
102	长沙市建设综合开发公司	市	事业	开福区东风二村巷15号
103	长沙市旧城房屋管理有限公司	市	事业	开福区中山路393号
104	长沙市社会福利有奖募捐委员会办公室	市	事业	开福区双拥路168号
105	长沙市花鼓戏保护传承中心	市	事业	开福区油铺街60号
106	长沙法制教育培训中心	市	事业	开福区捞刀河街道中岭社区丰岭组
107	长沙市文物考古研究所	市	事业	开福区中山路70号
108	长沙市水质检测中心	市	事业	开福区新河路1号
109	长沙市党史馆	市	事业	开福区八一路538号
110	长沙滨江文化园	市	事业	开福区北辰三角洲滨江文化园
111	长沙图书馆	市	事业	开福区北辰三角洲滨江文化园
112	长沙博物馆	市	事业	开福区北辰三角洲滨江文化园
113	长沙规划展示馆	市	事业	开福区北辰三角洲滨江文化园
114	长沙市音乐厅	市	事业	开福区北辰三角洲滨江文化园
115	长沙市园林生态园	市	事业	开福区捞刀河街道罗汉庄村
116	长沙农村商业银行	市	企业	开福区东风路89号
117	新韩银行（中国）有限公司长沙分行	市	企业	开福区芙蓉中路一段161号新时代广场
118	长沙市储运公司	市	企业	开福区秀峰街道湘荷村咀上组
119	长沙机床电器厂	市	企业	开福区芙蓉中路一段308号
120	长沙红卫织布厂	市	企业	开福区西长街66号
121	长沙市第四纺织厂	市	企业	开福区西长街附8号
122	长沙市水利投资管理有限公司	市	企业	开福区楚家湖路1号
123	长沙市燃气实业有限公司	市	企业	开福区楚家湖路374号
124	湖南金和石油实业有限公司	市	企业	开福区湘春路199号
125	长沙香江商贸有限公司	市	企业	开福区兴联路669号高岭国际商贸城
126	湖南省长沙商业储运集团捞霞储贸公司	市	企业	开福区秀峰街道新大塘社区响塘组

七、历史地图辑存

1. 大富山图（大富山即罗洋山）
2. 鹅羊山图
3. 校经书院图
4. 长沙县疆域图
5. 长沙县城图
6. 北关外山水图
7. 1931 年，长沙市区图
8. 1981 年，长沙市区图
9. 1987 年，长沙市北区行政区划简易图

原载清嘉庆《长沙县志》

大富山图（大富山即罗洋山）

鹅羊山图

原载清嘉庆《长沙县志》

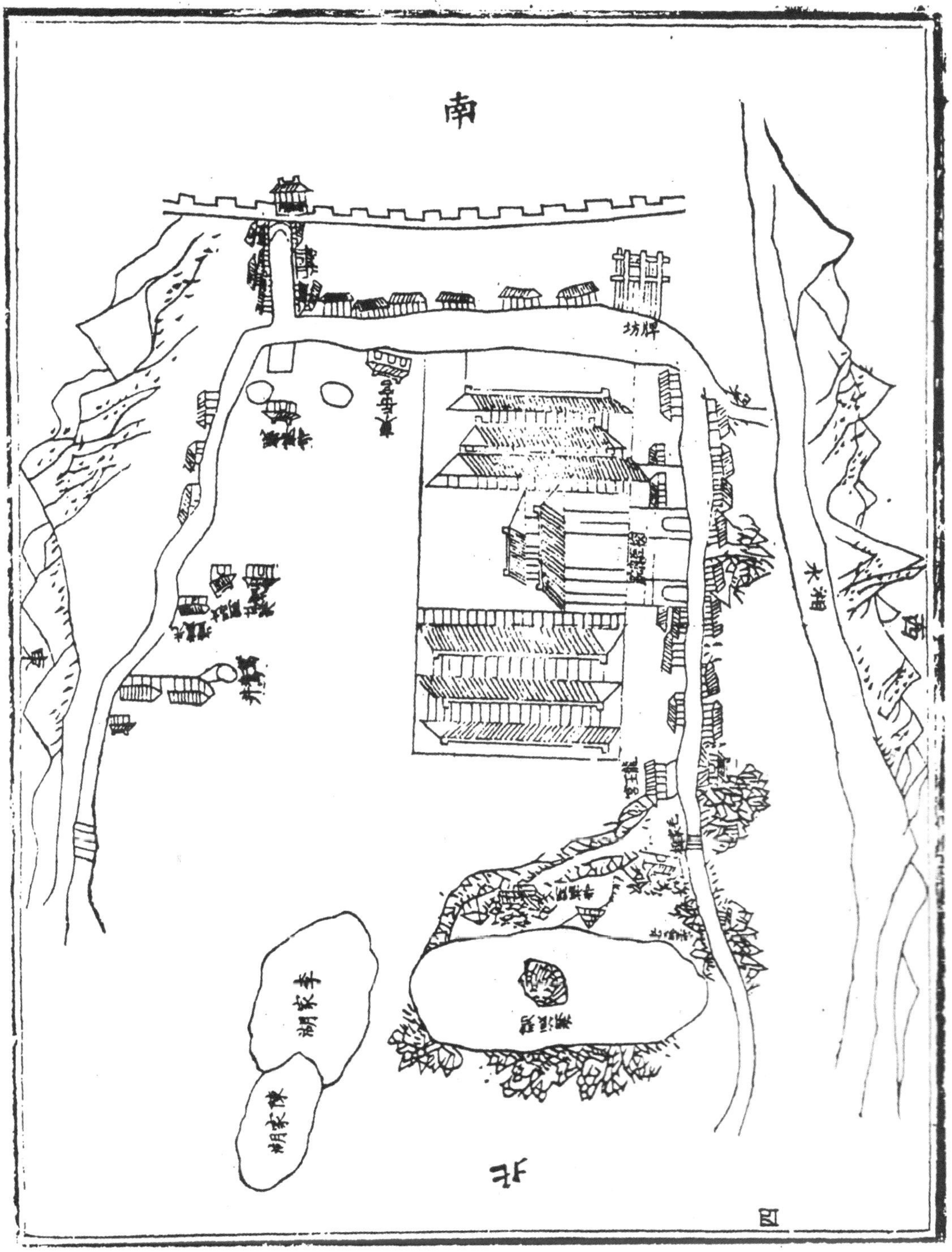

原载清光绪《校经书院志略》

校经书院图

原载清嘉庆《长沙县志》

长沙县疆域图

原载清嘉庆《长沙县志》

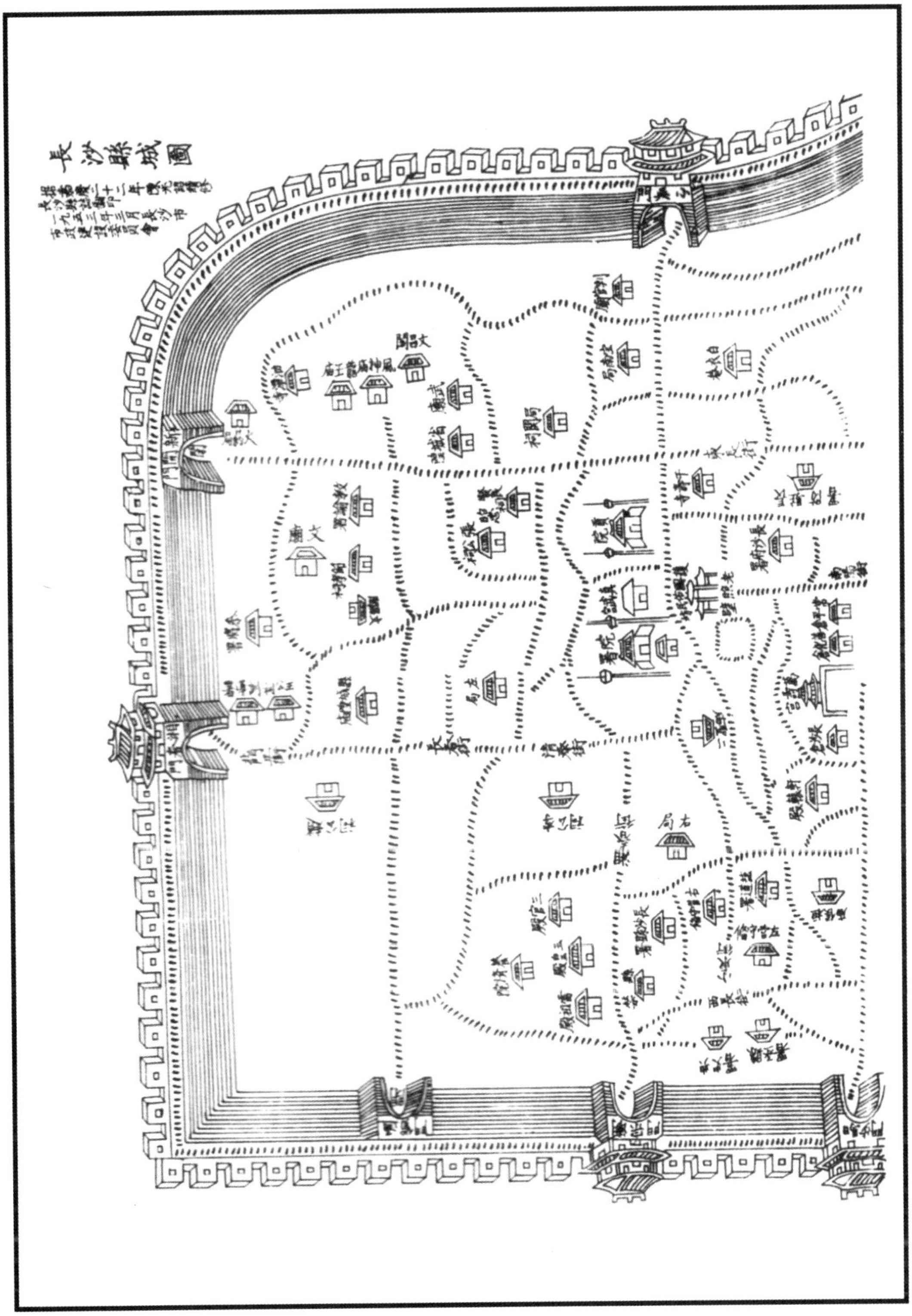

长沙县城图

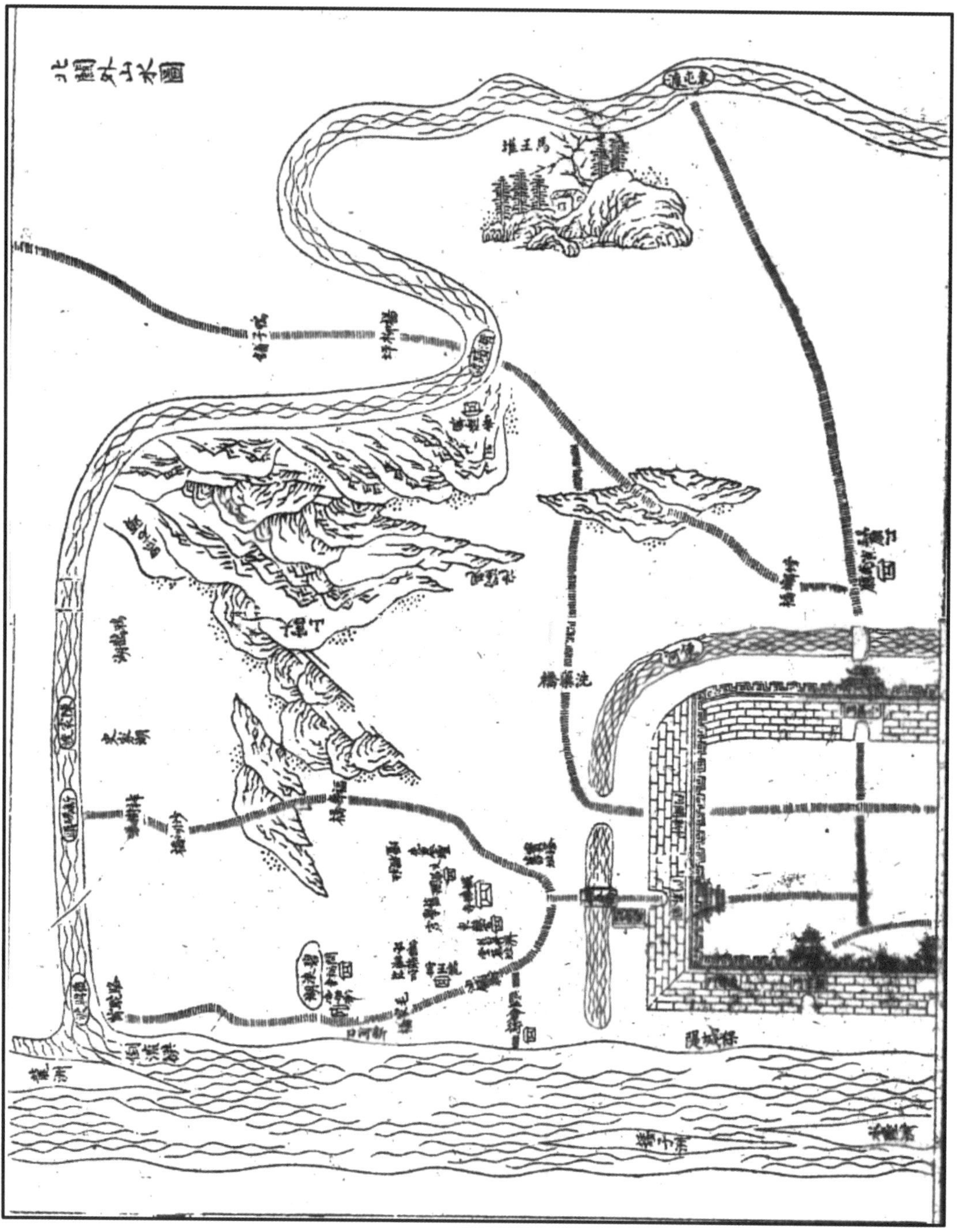

北关外山水图

录自清同治《长沙县志》

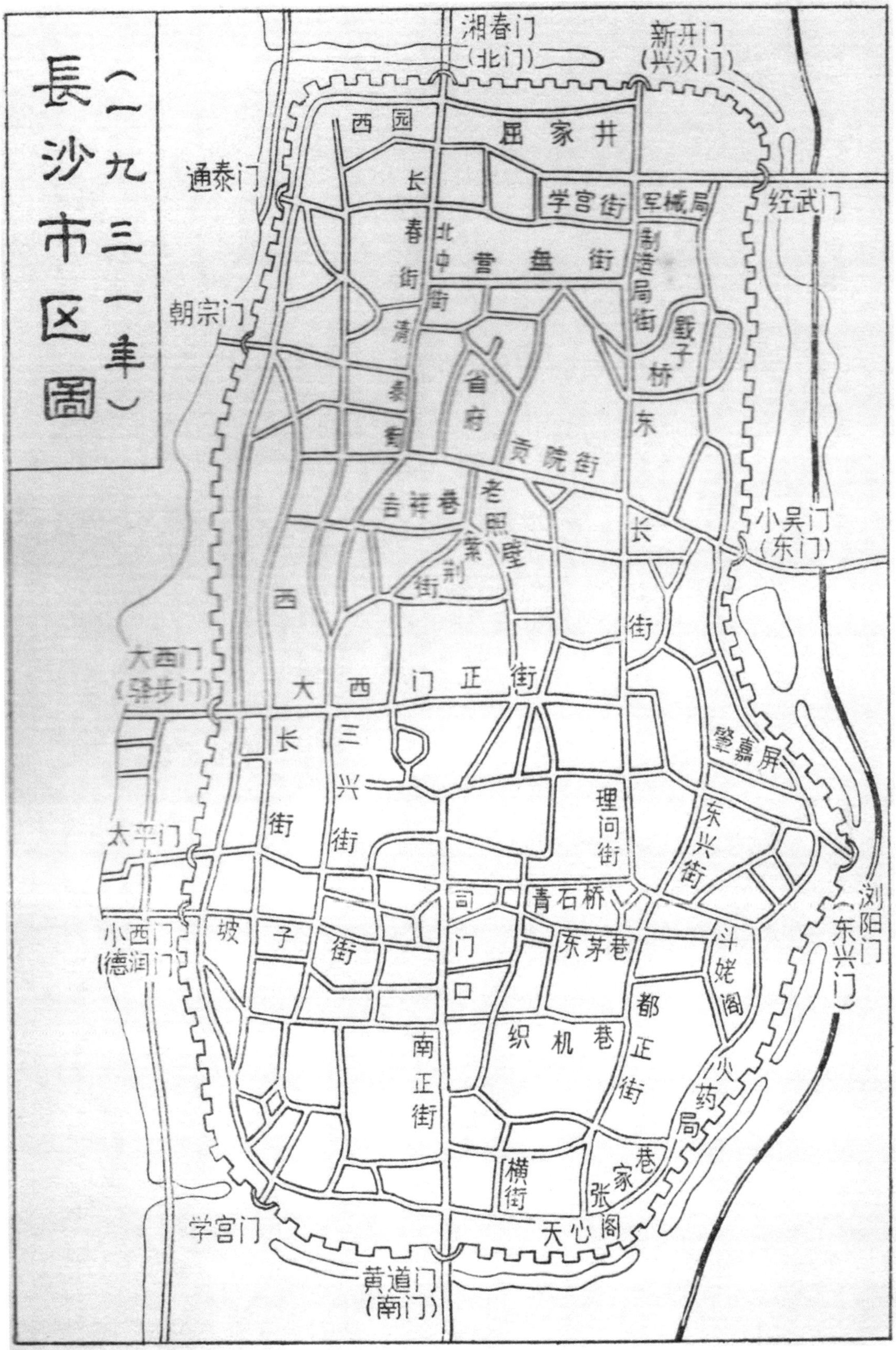
長沙市区圖
（一九三一年）
湘春门
（北门）
新开门
（兴汉门）
西园
屈家井
通泰门
长春街
学宫街
军械局
经武门
北
中营盘街
制造局街
朝宗门
戥子桥
清泰街
省府
东长街
贡院街
吉祥巷
老照壁
紫荆街
小吴门
（东门）
西长街
大西门
（驿步门）
大西门正街
三兴街
擎嘉屏
理问街
东兴街
太平门
青石桥
司门口
小西门
（德润门）
坡子街
东茅巷
斗姥阁
浏阳门
（东兴门）
都正街
织机巷
南正街
火药局
张家巷
横街
天心阁
学宫门
黄道门
（南门）

1931 年，长沙市区图

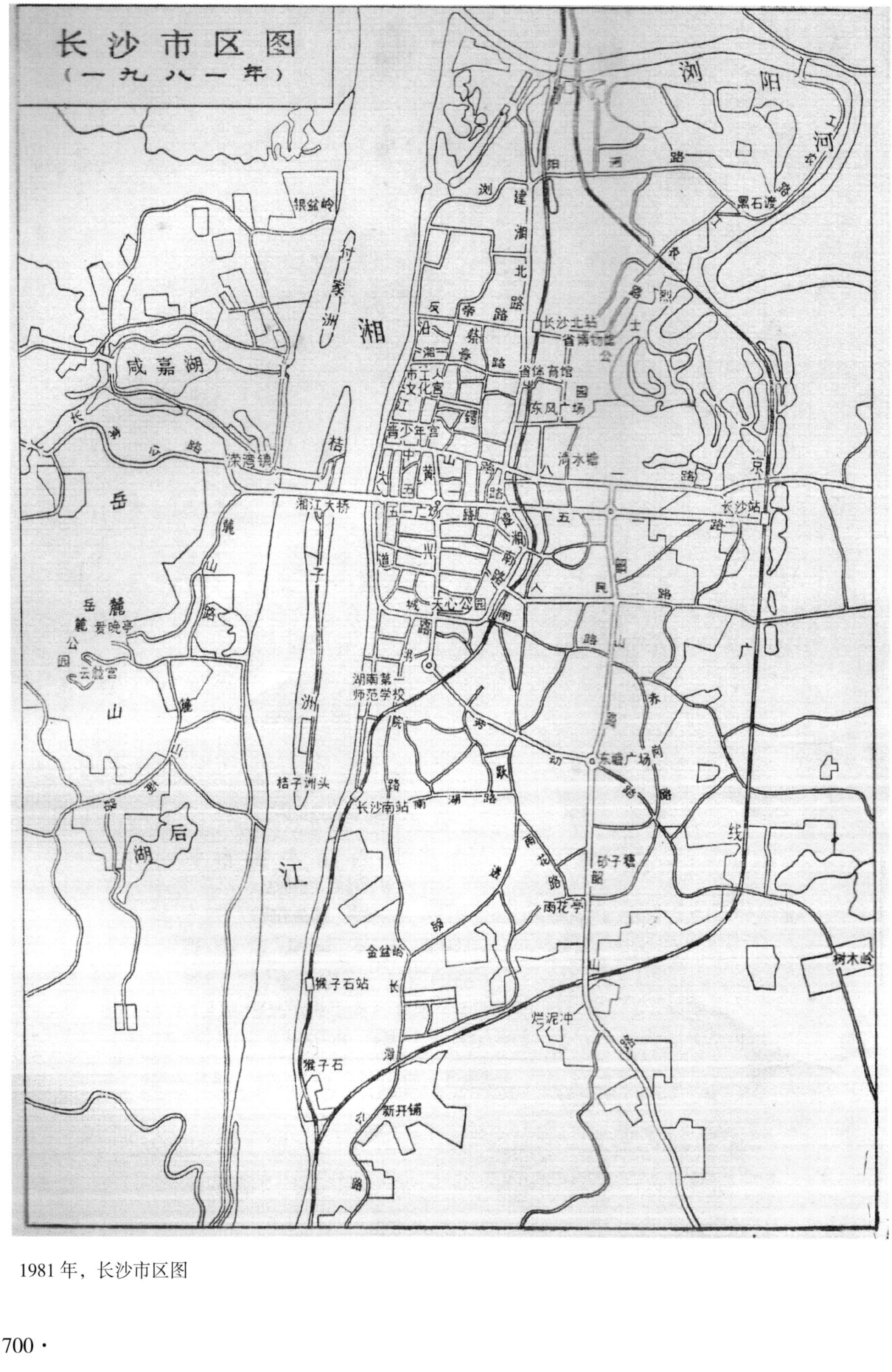
长沙市区图
（一九八一年）
浏阳河
银盆岭
付家洲
湘
咸嘉湖
黑石渡
长沙北站
省博物馆
省体育馆
市工人文化宫
青少年宫
东风广场
清水塘
溁湾镇
湘江大桥
五一广场
长沙站
岳
岳麓公园
爱晚亭
云麓宫
天心公园
湖南第一师范学校
东塘广场
桔子洲头
长沙南站
砂子塘
雨花亭
金盆岭
猴子石站
烂泥冲
猴子石
新开铺
树木岭
后湖
江

1981 年，长沙市区图

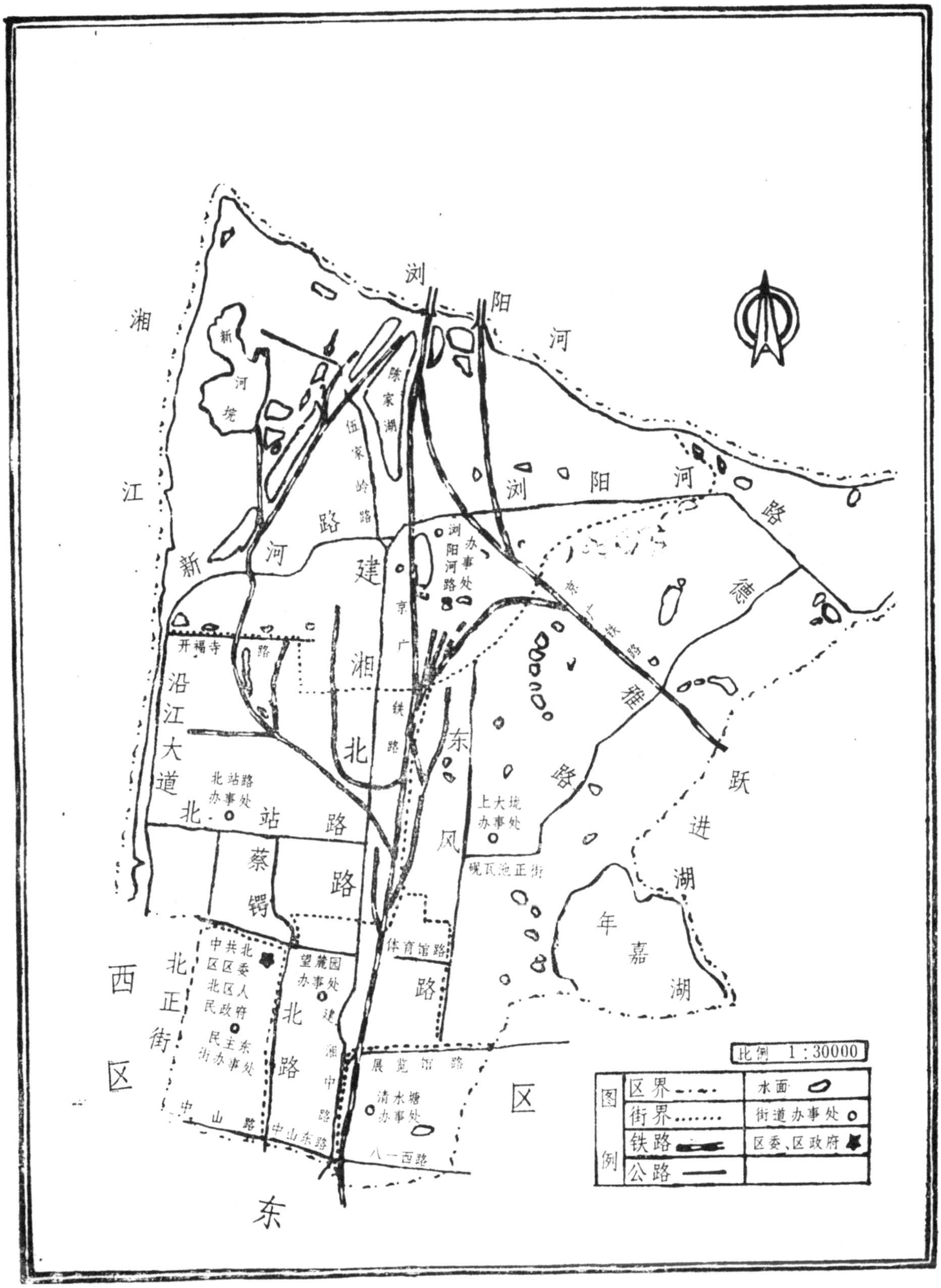

1987 年长沙市北区行政区划简易图

录自《中共长沙市北区组织史资料（1949 年 10 月—1987 年 12 月）》

八、《长沙市北区志》勘误表

页码	行数	误	正
38	右第 14 列	湖南省社会科学湖南电视台	湖南省社会科学院
39	左第 9 列	城北区才	城北区
41	右第 4 列	统计总结届制	统计总结
52	右第 2 列	区纪委委员会	区纪委委员
62	右第 17 列	一名息信网络员	一名信息网络员
68	左倒数第 3 列	张伟块	张伟玦
75	倒数第 3 列	区长	副区长
82	左第 10 列	疏通沟渫	疏通沟渠
88	右倒数第 3 列	20 对多次	20 多次
96	左倒数第 16 列	奉精神	奉献精神
104	右倒数第 12 列	老、幼、病、残	老、幼、病、残及
108	左第 22 列	毒犯烟民工作	毒犯烟民登记工作
110	左倒数第 6 列	瓦争团伙	瓦解团伙
114	右第 4 列	受收	收到
114	右倒数第 8 列	抢动	抢劫
115	第 6 列	198	1981
143	倒数第 10 列	建筑湘中路	建湘中路
170	倒数第 17 列	贵宾路	迎宾路
187	左第 23 列	交锐	交税
187	左倒数第 14 列	派出动	派出去
187	右第 9 列	1965 年年创办	1965 年创办
192	右倒数 1—9 列	197 198 198 198 198 198 198 198 198	1979 1980 1981 1982 1983 1984 1985 1986 1987
211	右倒数第 13 列	建后后 1986 1987	中华人民共和国成立后
229	左倒数第 12 列	城区北境内	城北区境内
270	右第 16 列	同学为主要	同学为主

表格索引

（本表格索引按表格主题内容分为三大类：政治部类、经济部类、社会部类，每部类按表题年代排序。）

政治部类

经济部类

社会部类

POSTSCRIPT 后 记

根据国务院《地方志工作条例》关于地方志续修规定和省、市第二轮修志工作会议的部署，中共长沙市开福区委、区人民政府于2013年成立以区委书记为名誉主任、区长为主任的区志编纂委员会，开展了志书编撰筹备工作，并于当年11月7日召开全区动员大会，全面启动开福区区志编撰。

启动后的区志编撰工作，分为六个阶段：2014年为资料征集阶段；2015年为资料整理阶段；2016年为正文编撰阶段；2017年为初纂统稿阶段；2018年为复纂、评审阶段；2019年为汲纳评审意见，整改定稿阶段。

在资料征集阶段，主要工作是发动、组织、培训、督导、催收文稿等。培训工作采取集中讲课与下点辅导相结合方式进行。2013年动员大会后，本志总编室顾问梁小进就地方志源流、机构及编撰原则、体例等方面，作了一次全面系统的讲座。随后，区志编纂委员会编撰工作人员陆续到部分区直部门和镇、街道就志书编撰工作某些专题进行辅导和进一步讲解。组织工作主要是落实区直部门和镇、街道区志工作负责人、文稿执笔人、志书工作联络人等人员名单及“一纳入五到位”（将区志工作纳入社会发展规划和政府工作目标管理及领导、机构、经费、队伍、条件到位），并及时答疑解难，指导文稿撰写、督查文稿进度等。对全区13个街道、镇采取依次下点、现场听取志书工作汇报、给予点评方式进行；对几十个区直部门则采取分期分批分组召集座谈会，听取志书工作汇报、给予点评方式进行。在督导反馈互动过程中，编委会总编室据实酌情对少部分承编单位编撰任务作了几次微调。至2014年年底，80%以上的承编单位，如期交稿。

在资料整理阶段，主要工作是对文稿进行首轮修改。至2015年年底，有80%以上文稿按志书提纲组成志书资料长篇。

在正文编撰阶段，主要工作是对志书资料长篇进行第二轮修改，并按志书体例编排，形成本志主体部分初稿。至2016年年底形成志书正文汇总稿本。

在初纂统稿阶段，主要工作除初纂统稿外，还有目录、图版、大事记、总述、凡例及附录部分的选编整理等项，由编委会总编室人员编撰。至2017年年底，形成志书正文与其他部分齐全的《开福区志》初稿（第一稿）。

在复纂、评审阶段，主要工作是对志书初稿进行复纂，继续修改、完善，依次形成征求意见稿（第二稿）、送审稿（第三稿）。并于当年12月召开了志书评审会。省、市评审人员在充分肯定成绩的同时，提出了从篇目调整到体例规范等多方面整改意见。

在吸纳评审意见、整体定稿阶段，主要工作是根据评审会上省、市评审人员意见，进行志书提纲篇目调整及部分篇章改写重写，增删史料，规范体例等，至2019年12月，形成评审整改后的志书定稿，并于2020年1月，呈国家方志出版社审批。5月底，根据国家方志出版社反馈意见，志书全文逐条修正无误，整改就绪。

至此，历经七载寒暑，《长沙市开福区志》在开福区编纂委员会领导下，在省志委、市志办领导、专家指导下，在全区各级各部门共同努力和驻区单位、社会各界广泛参与下，特别是担负编撰工作人员焚膏继晷，研精覃思，于2020年6月底，样稿杀青，以23篇89章353节100余万字的巨篇长什，达到国务院《全国地方志事业发展规划纲要》关于到2020年要“完成第二轮地方志规划任务、省、市、县三级地方志全部出版”的目标要求。在此，谨向关心、支持、指导、参与志书工作的所有人员表示诚挚的谢意！

《长沙市开福区志》的具体编撰工作，由区志编委会总编室主编朱志雄主持。总编室人员分工如下：志书提纲拟定、篇下无题序、人物传、全书统稿等总纂工作（梁小进）；资料征集、整改、单篇成稿等分纂工作（朱志雄、梁小进、李正宇、龙伟述、吴娅君、吴冬良）；图版（王从福、吴娅君、龙伟述）；目录整理及英译（吴冬良）；大事记及附录部分的区政文献辑要、地方著述辑要、中央、省、市驻区单位情况、人物表（龙伟述）；总述撰稿、附录部分的诗词楹联辑存、旧文辑存（李正宇）；历史地名辑存（李正宇、吴娅君）；长沙市开福区民政管理部门档载烈士名录、前志勘误（吴娅君）；全部文稿多轮打印、校对（吴娅君、吴冬良）。方言部分另延请该领域专业人士（贺孝武）完成。

《长沙市开福区志》编务后勤保障等项工作由区志编委会办公室先后任主任的周立辉、罗海嵩，先后任副主任的王从福、任少文、常灿担负。

本志书所用图片，主要由有志书篇目编撰任务的区属部门提供，少量专题图片由区志总编室组织拍摄，另有一部分出自开福区档案馆馆藏图片资料及馆藏图书类出版物，此类图片大多年代久远，且几经转载而非原刊，其作者已无从查考。鉴此，本志书图片，均不署名。

鉴于新时代方志及方志悠久传统所要求的严谨、完备与规范，我们深感自身水平有限，虽经百般努力，殚精竭虑，仍难免有舛误及遗珠之处，尚祈各方批评指正。

长沙市开福区志编纂委员会总编室

2020年5月10日